Michele Solitario
L' *Ermotimo* di Luciano

Untersuchungen zur antiken
Literatur und Geschichte

Herausgegeben von
Marcus Deufert, Heinz-Günther Nesselrath
und Peter Scholz

Band 136

Michele Solitario

L'*Ermotimo* di Luciano

Introduzione, traduzione e commento

DE GRUYTER

Die vorliegende Arbeit wurde mit Mitteln des Kölner Gymnasial- und Stiftungsfonds unterstützt.

 Kölner Gymnasial- und Stiftungsfonds

ISBN 978-3-11-099198-7
e-ISBN (PDF) 978-3-11-061182-3
e-ISBN (EPUB) 978-3-11-061002-4
ISSN 1862-1112

Library of Congress Control Number: 2020930931

Bibliografische Information der Deutschen Nationalbibliothek
Die Deutsche Nationalbibliothek verzeichnet diese Publikation in der Deutschen Nationalbibliografie; detaillierte bibliografische Daten sind im Internet über http://dnb.dnb.de abrufbar.

© 2022 Walter de Gruyter GmbH, Berlin/Boston
Dieser Band ist text- und seitenidentisch mit der 2020 erschienenen gebundenen Ausgabe.
Druck und Bindung: CPI books GmbH, Leck

www.degruyter.com

Ai miei genitori

Ringraziamenti

Questo libro è la versione rivista e ampliata della mia tesi di dottorato, condotta in cotutela tra l'Università di Trento e la Georg-August-Universität di Göttingen.

Desidero ringraziare vivamente in questa sede tutti coloro i quali hanno contribuito al raggiungimento di questo risultato. Il mio primo e più vivo ringraziamento va al mio relatore tedesco, il Prof. Heinz-Günther Nesselrath per il suo costante e premuroso sostegno nel corso di tutto il lungo e non sempre facile periodo di gestazione e di elaborazione del lavoro. In modo particolare gli sono grato per la paziente e infaticabile lettura del mio manoscritto, nonché per la continua disponibilità a discuterne i contenuti fin nei minimi dettagli: tutto ciò rappresenta per me un modello di insuperata dedizione e sincera generosità.
Il mio ringraziamento va anche ai due relatori italiani, il Prof. Tristano Gargiulo e il Prof. Michele Napolitano, che hanno accompagnato i miei studi con genuino interesse, fornendomi preziosi consigli e validi suggerimenti in occasione della correzione e poi della rielaborazione della tesi. Desidero ringraziare anche il Prof. Mauro Bonazzi, il quale con estrema sollecitudine ha accettato di leggere parti del mio lavoro, stimolandomi a ripensare con lucidità e rigore le sezioni filosoficamente più complesse e ambiziose del commento. Infine, sono molto grato alla Prof.ssa Irmgard Männlein-Robert per aver letto ben volentieri i capitoli introduttivi del libro, fornendomi utili indicazioni bibliografiche senza lesinare importanti proposte di integrazione ai contenuti.

In questa sede sento il dovere di ringraziare gli editori della collana "Untersuchungen zur antiken Literatur und Geschichte" per aver accolto il mio lavoro nella prestigiosa serie, così come i collaboratori della casa editrice De Gruyter, soprattutto Katharina Legutke e Katja Schubert, che mi hanno costantemente supportato nella complessa fase di impaginazione del libro.
La mia più profonda gratitudine va anche alla fondazione "Kölner Gymnasial- und Stiftungsfonds", il cui sostegno umano ed economico mi ha permesso di portare a termine le ricerche, favorendone la pubblicazione. Per il completamento della mia tesi di dottorato è stato altrettanto benefico il finanziamento ottenuto dalla Graduiertenschule für Geisteswissenschaften Göttingen (GSGG).

Una particolare riconoscenza meritano il Dott. Luca Ferri per aver letto indefessamente la versione finale dell'intero lavoro e con cui ho discusso a lungo di numerose questioni; il Dott. Francesco Padovani, che mi ha sostenuto nella revisione attenta ed accurata di tutta l'introduzione, fornendomi validissimi suggerimenti; infine le amiche di sempre, Barbara e Simonetta, che hanno accettato la sfida di leggere il manoscritto in una versione non ancora definitiva, aiutandomi a cogliere aspetti non sempre facilmente riconoscibili agli addetti ai lavori. Per tutte le imprecisioni e gli errori rimasti sono evidentemente l'unico responsabile.

Vorrei esprimere infine la mia gratitudine a tutti coloro che durante questi anni, in modi e in contesti differenti, mi hanno incoraggiato a proseguire i miei studi, condividendo con me i momenti più felici e le fasi più faticose: Remigio nel mio anno padovano e non solo; Elena, Efi e Konstantinos a Göttingen; Sabrina e gli amici italiani trovati a Tübingen; mio fratello, che con la sua discreta presenza ha seguito l'evoluzione del lavoro, mostrandomi sempre il suo più schietto interesse.

Questo libro è dedicato ai miei genitori: senza il loro laborioso sostegno e la loro indubbia fiducia nelle mie scelte non avrebbe mai potuto trovare compimento.

Tübingen, Marzo 2020												Michele Solitario

Indice

Introduzione — 1
1.1 L'*Hermotimus* nello *Spannungsfeld* tra retorica e filosofia — 1
1.2 Datazione dell'opera — 5
1.3 Il dialogo filosofico di Luciano: tradizione e innovazione — 11
1.4 Scetticismo e antidogmatismo — 22
1.5 Luciano e gli Scetticismi antichi — 29
1.6 Luciano e Favorino — 38
1.7 Platone scettico e Scetticismo antico — 49
2.1 Tecnica analogica: tra prassi platonica e *Bildersprache* di età imperiale — 61
2.2 Tecnica argomentativa e linguaggio figurato: una sinossi del dialogo — 72
2.2.1 Esordio — 73
2.2.2 Confutazione dei criteri di scelta — 74
2.2.3 Similitudine della città ideale — 76
2.2.4 Interrogazioni fittizie e scenari immaginari — 77
2.2.5 Argomentazione analogica: la ricerca della vera dottrina — 80
2.2.6 Dibattito sul metodo di ricerca migliore: il tutto e la parte — 83
2.2.7 Esito della confutazione e resa di Ermotimo — 86
2.2.8 Rinsavimento di Ermotimo e conclusione del dialogo — 88

Testo — 91
ΕΡΜΟΤΙΜΟΣ Η ΠΕΡΙ ΑΙΡΕΣΕΩΝ — 91
Divergenze rispetto all'edizione di Macleod — 126

Traduzione — 132

Commento — 171

Bibliografia — 581

Indici analitici — 613

Addendum — 647

Introduzione

1.1 L'*Hermotimus* nello *Spannungsfeld* tra retorica e filosofia

La maggior parte delle opere trasmesse nel *corpus* di Luciano sfugge a qualsiasi tentativo di datazione. L'autore, infatti, offre generalmente pochi riferimenti utili per precisare il contesto e la circostanza in cui sono stati concepiti i singoli testi, precludendo ogni possibilità di tracciare una cronologia puntuale della sua ampia produzione[1]. In assenza di parametri di datazione sicuri, è tuttavia possibile identificare gruppi di opere affini, che condividono formati stilistici e modelli letterari specifici, a testimonianza della complessa e variegata formazione culturale del Samosatense.

Malgrado la carenza di informazioni biografiche, è evidente che Luciano sia stato iniziato sin da giovane agli studi retorici, fino a diventare un esperto oratore e a riscuotere un notevole successo di pubblico[2]. Nel contesto della cosiddetta *Vortragskultur*[3] il pieno dominio del λόγος, ovvero l'uso abile ed efficace della parola, rappresentava la caratteristica discriminante dell'intellettuale di successo, che si presentava in primo luogo come un valente maestro di discorsi,

---

[1] Nonostante l'assenza di riferimenti cronologici certi, Croiset, 1882, pp. 1-86 e Schwartz, 1965 hanno tentato di ricostruire con un notevole grado di speculazione le varie fasi cronologiche della vita e della produzione di Luciano. Vedi la reazione critica di Hall, 1981, pp. 44-63 e Nesselrath, 2001¹, pp. 15-16, che richiamano l'opportunità di attenersi ai dati oggettivamente validi deducibili dall'opera dell'autore. Si vedano anche Baldwin, 1973, pp. 7-20 e Jones, 1986, pp. 6-23. L'unica testimonianza su Luciano proveniente da un autore contemporaneo è preservata nella versione araba di uno scritto di Galeno, in cui si parla di un autore di parodie con interessi per la filosofia e la grammatica (cfr. Strohmaier, 1976, pp. 117-122).

[2] L'autore stesso allude alla sua formazione retorica, presentandola come la componente più importante della sua educazione. A tal proposito, nel *Somnium* Luciano costruisce una cornice letteraria fittizia, descrivendo il suo abbandono dell'esercizio attivo di una tecnica manuale (la lavorazione della pietra) e il conseguente impegno profuso in un percorso formativo di carattere prevalentemente intellettuale (*in primis* retorico). Sul valore autobiografico di questo scritto vedi Raina, 2001, pp. 399-409, mentre Iannucci, 2009 e Pirrotta, 2012 insistono opportunamente sulla rielaborazione letteraria delle vicende narrate. Nel *Bis acc.* 27-28 proprio la Retorica appare sulla scena rivendicando il suo ruolo di rilievo nel processo educativo dell'autore. Su questo passo vedi Braun, 1994, pp. 255-266, mentre Jones, 1986, pp. 9-10; Gómez, 2007 e Zweimüller, 2008, pp. 89-107 evidenziano l'influenza degli studi retorici per la *forma mentis* di Luciano.

[3] Si tratta del concetto con cui si identifica il carattere prevalentemente retorico della temperie culturale dei primi secoli dell'età imperiale. Su questo tema si vedano almeno Bowersock, 1969, pp. 17-30; Anderson, 1993, pp. 13-46; Borg, 2004¹; Whitmarsh, 2005, pp. 23-40 e Schmitz, 2011.

rivolgendosi evidentemente ad un destinatario esperto ed esigente⁴. Alla luce del ruolo predominante assunto dalla parola, ogni aspetto della cultura è diretto a conformarsi ad essa, al punto che anche la filosofia, vale a dire l'altra componente di maggiore rilievo, accanto alla retorica, nel piano educativo del tempo, risente profondamente della necessità di prestare maggiore attenzione alla cura formale dei testi, spesso a detrimento dei contenuti⁵. Partendo, dunque, dal presupposto che *"l'arte oratoria, e più precisamente la sua connotazione epidittica, costituisce l'episodio centrale della cultura del secondo secolo"*⁶, occorre prendere atto che tra filosofia e retorica si imposta un fitto scambio di reciproche influenze; ciò rende del tutto inverosimile ogni netta cesura e ancor più un rapporto esclusivamente conflittuale tra le due discipline. All'interno di questo clima socioculturale prende piede la figura del cosiddetto *Halbphilosoph*⁷. La denominazione comprende tutta una serie di intellettuali, spesso di rango inferiore, prevalentemente retori, interessati a tematiche di ordine etico-filosofico. Tuttavia, questa designazione non rende sufficientemente giustizia alla poliedricità di figure che, come Luciano, danno prova di un fermento creativo capace di trascendere i limiti del mero esercizio retorico, nonché della ripetizione di tematiche predefinite⁸.

---

4 Sul rapporto tra il retore e il suo pubblico vedi Korenjak, 2000.
5 Un prodotto tipico di questo contesto storico-culturale sono le cosiddette διαλέξεις filosofiche, discorsi finemente elaborati, ma latori di contenuti scarsamente originali, se non addirittura banali e moralmente inefficaci. Questo aspetto della cultura filosofica del tempo è prontamente registrato da Luciano, che ne condanna la sterilità morale (vedi almeno *Bis acc.* 11; *Symp.* 34 e *Tim.* 9). A questo riguardo vedi almeno Boulanger, 1923, pp. 48-49; Trapp, 1997, pp. 1945 ss. e Romeri, 2001, pp. 647-655.
6 Moreschini, 1994, p. 5102. Anche Michel, 1993 e, successivamente, Sidebottom, 2009 optano per una contrapposizione radicale tra i campi d'azione del sofista e del filosofo, trascurando gli intensi contatti tra queste figure. Diversamente, Bowersock, 2002; Kasulke, 2005; Trapp, 2007 e Lauwers, 2013 evidenziano i tratti in comune tra sofisti e filosofi.
7 A tal proposito vedi Anderson, 1982, p. 64 e *Id.* 1989, pp. 118-119, che descrive ampiamente le peculiarità di questa figura, presupponendo il lavoro di Stanton, 1973, pp. 350-364, il quale, pur non adottando tale denominazione, aveva già tematizzato la classificazione problematica degli esponenti della cultura del tempo, non facilmente distinguibili tra sofisti e filosofi. Vedi anche Brancacci, 1985, p. 11.
8 Questa denominazione risulta fuorviante anche per Aristide, autore di orazioni che riflettono *"gli spiriti della propria epoca, di un tempo, cioè, intimamente commisto di elementi retorici e tendenze filosofiche"* (Milazzo, 2002, p. 23). Vedi anche Donini, 1992 (su Galeno); Barigazzi, 1993 e Amato, 2005 (su Favorino); Trapp, 1997 e Solitario, 2017 (su Massimo Tirio); Desideri, 1978 e Fornaro, 2009 (su Dione), nonché i contributi di Dillon, Opsomer e Bonazzi nel volume miscellaneo di Beck, 2014, pp. 61 ss. (su Plutarco). In generale, sui rapporti dinamici tra filosofia e sofistica vedi Lauwers, 2014, pp. 338-357, che esamina numerosi esempi tratti dalle opere di Filostrato, Epitteto ed Aristide.

Retori e filosofi, infatti, in questo periodo sembrano cimentarsi con temi affini sia nella forma scritta sia in quella orale, tanto che è difficile distinguere un ruolo dall'altro[9]. Del resto, l'adozione di tematiche prettamente filosofiche nelle scuole di retorica è testimoniata sin dalla prima età imperiale, quando si impone, soprattutto in ambito latino, la necessità di armonizzare le competenze proprie del retore e del filosofo, facendo sì che le rispettive discipline non fossero più percepite come due rivali irriducibili[10].

Un tratto distintivo della Seconda Sofistica diviene proprio l'intreccio molto stretto tra le competenze del ῥήτωρ e del σοφιστής[11]. Dalle testimonianze letterarie ed epigrafiche a nostra disposizione, infatti, emerge un quadro composito, in cui le attività precipue di queste due figure, connotate alternativamente in senso positivo e negativo, non sono precisamente distinguibili, e si trovano a convivere in alcuni esponenti dell'intellighenzia del tempo (si passa dalle attività di insegnamento agli esercizi epidittici fino alle mansioni forensi)[12]. In aggiunta, è opportuno ricordare che il filosofo dell'epoca svolgeva le sue mansioni sia nel

---

[9] Cfr. Bowersock, 1969, p. 11. Sui motivi convergenti tra retorica e filosofia vedi Anderson, 1989, pp. 118-123 e Milazzo, 2002, pp. 263-264, che rimanda a casi concreti di opere improntate in senso eminentemente sofistico, nonostante siano attribuibili a filosofi di professione (Syn. *Enc. calv.* 63 ss., in cui si fa cenno al perduto *Comae Encomium* di Dione). Allo stesso modo, anche nel *corpus* di Luciano vi sono testi che manifestano questa stessa mescolanza: si pensi almeno all'elogio paradossale (*De Parasito; Muscae Encomium*, etc.; cfr. Fav. fr. 29 Amato), che è il risultato dell'incrocio tra dialogo platonico e discorso epidittico-sofistico (vedi Nesselrath, 2001[1], p. 18), mentre nello *Iuppiter Confutatus*, nel contesto di una discussione tra Zeus e Cinisco dai toni esplicitamente eristici, si parla della πρόνοια divina, un argomento di carattere filosofico, dibattuto anche all'interno delle scuole di retorica (Th. *Progymn.* 11.120.12-128, pp. 82-94 e Aphth. *Progymn.* 13). In generale, si veda Alexiou, 1990, pp. 23-29 e Baumbach - von Möllendorff, 2017, pp. 65-75.

[10] Esemplare è il caso di Seneca, che non rifiuta pregiudizialmente gli esercizi retorici, considerandoli "*utilia si preparant ingenium, non detinent*" (*Ep.* 88.1). Vedi anche le indicazioni fornite da Teone, che appare propenso ad una maggiore integrazione tra formazione retorica e filosofica (*Progymn.* 1.59-65, pp. 1-9), e il modo in cui questo argomento è trattato da Gellio e Frontone, i quali si fanno promotori di un modello culturale retorico mai del tutto scevro da contenuti filosofici (cfr. Holford-Strevens, 2003, pp. 260-289). Tuttavia, Brunt, 1994, p. 46 arriva a sostenere che non la retorica, ma la filosofia costituisce "*the true centre of intellectual activity in the reputed heyday of the sophists*".

[11] Si tratta del termine con cui viene identificato il contesto culturale dei primi due secoli dell'età imperiale, che negli ultimi decenni è stato oggetto di numerosi studi. Vedi, tra i più significativi, il già citato Bowersock, 1969; André, 1987; Anderson, 1993; Moreschini, 1994; Whitmarsh, 2005; Richter - Johnson, 2017, pp. 3-9 e Wyss, 2017, pp. 177-212.

[12] Cfr. Kasulke, 2005, pp. 60-64, che offre una sintesi soddisfacente della complessa discussione sorta intorno a questo argomento.

contesto delle abitazioni private sia in quello pubblico delle scuole e delle assemblee. La sua attenzione era perciò rivolta alle proprietà della declamazione orale, nonché all'effetto sortito sul pubblico in ascolto[13].

Alla luce di questi tratti tipici della Seconda Sofistica, il tentativo di distinguere nettamente due periodi nella vicenda biografica di Luciano, l'uno dominato da interessi retorici e l'altro da motivi filosofici, produrrebbe un'immagine falsata dell'autore. Al contrario, Luciano, in gran parte delle sue opere, ma soprattutto nell'*Hermotimus*, mostra una grande abilità nel combinare e mescolare differenti generi filosofico-letterari, senza mai rinunciare ai molteplici moduli stilistici attinti dal *background* retorico della sua formazione.

Uno dei risultati migliori ottenuti da Luciano riguarda senza dubbio l'impiego creativo del dialogo filosofico tradizionale, un genere letterario che proprio con il nostro autore vive una delle pagine più fertili della sua storia[14]. Nonostante fosse consapevole del carattere prettamente filosofico della tradizione dialogica[15], Luciano arricchisce i suoi dialoghi di un apparato retorico variegato, che non funge da mero dispositivo esornativo[16], concorrendo piuttosto a produrre e a trasmettere la sua stessa idea di filosofia. In conclusione, il λόγος filosofico che si dispiega nei dialoghi lucianei non resta imbrigliato nella forma statica e rigidamente codificata della διάλεξις filosofica o della declamazione sofistica[17], ma assume la forma del διά-λογος, vale a dire di una discussione dinamica e aperta, là dove l'autore ripropone con assoluta originalità il modello del dialogo

---

13 Cfr. anche Epict. *Diss.* 3.23.33-38, che critica la ripresa da parte dei filosofi di argomenti propriamente retorici, oltre che l'attenzione preponderante rivolta alla messinscena della declamazione, il tutto a svantaggio della sua portata morale. In Max. *Or.* 1.8-10, invece, la filosofia, dopo aver rinunciato a tutto il suo apparato concettuale e ai suoi numerosi tecnicismi, sembra aver assunto le caratteristiche di un discorso piacevolmente costruito. Vedi anche Plut. *De rect. rat. aud.* 7.41D; Philostr. *VS* 1.480 ed Herodian. 1.9.3-5. Sui caratteri teatrali preponderanti nella cultura del secondo secolo vedi D'Arms, 1999, pp. 301-320; Whitmarsh, 2001, pp. 288-289 e Thomas, 2017, pp. 181-201.
14 Vedi Hirzel, 1895, vol. II, p. 343, che, non senza una certa solennità, introduce con queste parole la sezione dedicata al dialogo lucianeo: "*Und so schien der Dialog in den stillen Tiefen der menschlichen Brust begraben zu sein … mit doppelter Front, voller Muth, ja Uebermuth betrat er den Kampfplatz, geleitet von Lucian*". Cfr. Andrieu, 1954, p. 308: "*Au déclin de l'hellénisme, le dialogue dramatique retrouve une extraordinaire vitalité sous la plume de Lucien*".
15 Sulla connotazione prettamente filosofica del dialogo vedi le considerazioni in Capra, 2001, pp. 13-33 e Segoloni, 2012, i quali focalizzano soprattutto le ragioni che portarono Platone a prediligere il dialogo come forma espressiva e comunicativa per le sue opere. Cfr. *infra*, pp. 15-22.
16 Vedi Moreschini, 1994, p. 5111, che parla dei "colori della retorica" usati in termini meccanici e uniformati da tutta una schiera di intellettuali di caratura inferiore a Luciano. Sulle numerose componenti retoriche dell'*Hermotimus* vedi *infra*, pp. 13-22.
17 Vedi Anderson, 1993, p. 135 e Lauwers, 2015, pp. 125-165.

filosofico di stampo platonico-socratico[18], facendo tesoro delle strategie discorsive apprese nelle scuole di retorica.

1.2 Datazione dell'opera

La predilezione del dialogo rispetto alla mera pratica retorica[19] non implica la ripresa di una vaga moda letteraria, bensì l'adozione di un modello specifico, quello dei dialoghi platonici, che costituivano l'esempio più maturo del genere a disposizione dell'autore[20], nonché lo strumento privilegiato per veicolare contenuti di carattere filosofico[21].

Nel *Bis Accusatus* la doppia causa contro Parresiade è intentata in successione prima da Retorica e subito dopo da Filosofia che, più precisamente, appare nelle vesti del Dialogo filosofico. Non si tratta di una scelta casuale, poiché la discussione evita di scadere nell'argomento, talmente ricorrente da essere banale, del confronto-scontro tra retorica e filosofia. Al contrario, Luciano, pur mantenendo sempre questo tema sullo sfondo dell'opera, evita ogni sorta di speculazione[22]: oggetto costante del suo impegno rimangono i λόγοι, ovvero l'impiego poliedrico e versatile della parola.

---

18 Sulla fortuna del dialogo platonico in età imperiale vedi i quadri dettagliati delineati in De Lacy, 1974, pp. 4-10; Trapp, 1990; Fowler, 2000 e Flinterman, 2002.
19 A proposito delle opere segnatamente retoriche comprese nel *corpus* lucianeo si veda Nesselrath, 2001¹, pp. 16-19 e Baumbach - von Möllendorff, 2017, pp. 101-127.
20 Fra le altre forme dialogiche disponibili a Luciano si pensi almeno ai cosiddetti "dialoghi socratici", così come alla produzione di Senofonte e di Eschine. La visione d'insieme più dettagliata sul dialogo resta quella di Hirzel, 1895, ma vedi anche i più recenti contributi di Aygon, 2002; Hösle, 2006, pp. 79-105 e Müller, 2013, che hanno colmato parzialmente il *desideratum* di studi riguardanti il dialogo antico.
21 Vedi Anderson, 1989, p. 119, il quale ritiene che, nella ripresa del dialogo, "*literature and philosophy are linked again and again by reverence for Plato*" (una valutazione affine era stata espressa molto prima da Bellinger, 1928, p. 3: "*dialogue had been regarded as the property of philosophy, devised for eager learners, not for audiences intent only on amusement*"). Vedi anche le osservazioni di Hirzel, 1895, vol. II, pp. 269-272 e Bompaire, 1958, pp. 549-585. Sull'influenza di Platone nel contesto della Seconda Sofistica vedi *supra*, n. 18. Di gran lunga più aleatoria sembra la motivazione apportata da Baldwin, 1973, p. 20, che individua negli "*endless real dialogues between factions and individuals*" una delle ragioni cui poter ricondurre la scelta del dialogo da parte di Luciano.
22 Si noti che Luciano non si cimenta mai con la pura discussione teorica, nemmeno là dove il tema del confronto-scontro tra retorica e filosofia è più esplicito. Cfr. *Par.* 25 ss., in cui questa controversia si spinge fino a livelli di *nonsense* comica. Su questo argomento vedi Nesselrath, 1985, pp. 353-354; Alexiou, 1990, pp. 136-138 e Alain, 1993, pp. 54-61.

Questa premessa consente di mettere nel giusto rilievo l'approccio dell'autore al dialogo filosofico, nonché di fornire una collocazione cronologica e tematica all'*Hermotimus*, generalmente considerato come il risultato migliore raggiunto da Luciano nella sua produzione dialogica.

Nel *Bis Accusatus*, infatti, l'autore dichiara che solo dopo aver compiuto i quarant'anni decise di abbandonare l'esercizio attivo della retorica per dedicarsi alla pratica del dialogo filosofico[23]. Egli fissa così un preciso momento di svolta, che viene presentato enfaticamente nei termini di una consapevole conversione di vita[24]. Tuttavia, i dati deducibili dai testi di Luciano non possono considerarsi il riflesso fedele della cronologia delle vicende personali dell'autore, sempre occultate dietro un notevole grado di finzione letteraria[25].

A questo proposito è esemplare il caso di Licino, personaggio ricorrente nell'opera di Luciano, a lungo identificato come *alter ego* dell'autore[26]. L'ipotesi di far coincidere la figura di Licino e la persona di Luciano comporta una serie di

---

23 *Bis acc.* 32 (καλῶς εἶχέ μοι ἀνδρὶ ἤδη τετταράκοντα ἔτη σχεδὸν γεγονότι θορύβων μὲν ἐκείνων καὶ δικῶν ἀπηλλάχθαι καὶ τοὺς ἄνδρας τοὺς δικαστὰς ἀτρεμεῖν ἐᾶν, τυράννων κατηγορίας καὶ ἀριστέων ἐπαίνους ἐκφυγόντα, εἰς δὲ τὴν Ἀκαδήμειαν ἢ εἰς τὸ Λύκειον ἐλθόντα τῷ βελτίστῳ τούτῳ Διαλόγῳ συμπεριπατεῖν ἠρέμα διαλεγομένους, τῶν ἐπαίνων καὶ κρότων οὐ δεομένους). Un accenno simile ricorre anche in *Herm.* 13, ove Licino lascia intendere di essersi rivolto agli studi filosofici all'età di quarant'anni. Vedi *infra*, pp. 7-8 e 248.
24 Già Hirzel, 1895, vol. II, p. 271, n. 1 sosteneva che la ragione della conversione sarebbe da ricercare "*nicht in dem Eindruck einer Rede, nicht in einem Bedürfnis nach Ruhe und Seelenfrieden, sondern in einer bestimmten Richtung des rhetorischen Geschmacks*". Cfr. anche Schwarz, 1914, p. 49, che sottolinea l'abbandono dei discorsi forensi e pubblici da parte dell'autore, a vantaggio di un impegno maggiore nei discorsi filosofici. Su questo vedi anche Hall, 1981, p. 155 e p. 459, n. 54, la quale suggerisce l'eventualità per cui Luciano, stanco della pratica retorica delle *controversiae*, abbia deciso di dedicarsi ad altro. Cfr. anche Nesselrath, 2001[1], p. 28, per il quale Luciano, da un certo momento in poi, avrebbe sfruttato le potenzialità dei meri esercizi retorici, applicandole ad altri generi letterari quali il dialogo e la satira menippea (un aspetto su cui insiste Saïd, 2015, pp. 179-196). Vedi anche Kasulke, 2005, pp. 107-132; Gassino, 2017, pp. 203-221 e Deriu, 2017[1], pp. 15-31.
25 Sui portavoce fittizi ricorrenti nel *corpus* lucianeo vedi Saïd, 1991; Dubel, 1994; Ní Mheallaigh, 2010 e Baumbach - von Möllendorff, 2017, pp. 13-57. Vedi anche le considerazioni svolte *infra*, pp. 172-174.
26 Con i cosiddetti "dialoghi di Licino" si intende un gruppo di opere accomunate dalla presenza della figura di Licino e caratterizzate da una notevole varietà tematica e formale, che va dal discorso adulatorio a quello epidittico (*Imagines* e *Pro Imaginibus*), fino ad assumere i toni della critica antiatticistica (*Lexiphanes*) o, più generalmente, rivolta contro ogni forma di dogmatismo o fanatismo culturale (*De Saltatione, Hesiodus, Symposium, Navigium, Eunuchus*). Su questi scritti vedi Richard, 1886; Dubel, 1994, pp. 19-26 e Ní Mheallaigh, 2010, pp. 121-132. Invece, sulla figura di Licino nel nostro dialogo vedi *infra*, pp. 172-174, in cui si ripercorre il dibattito critico su questo personaggio nell'intero *corpus* lucianeo.

difficoltà non facilmente risolvibili. Dai due passi citati poc'anzi, per esempio, emerge che Luciano avrebbe cominciato ad occuparsi con maggiore impegno di filosofia non prima dei quarant'anni. In modo particolare, posto che il nostro dialogo sia ambientato ad Atene (§§ 4 e 37[27]), dove Licino lascia intendere di essere rimasto stabilmente negli ultimi vent'anni, osservando l'evoluzione del comportamento di Ermotimo (§ 2), se ne dovrebbe dedurre che Luciano stesso abbia fissato la sua dimora in questa città a partire dal 140 circa[28]. Si tratta di un dato, però, che collide con le informazioni fornite dal resto dei suoi testi. È molto più verosimile immaginare in questo periodo il giovane Luciano impegnato a frequentare scuole di retorica in Ionia, cui fa seguito una serie di viaggi nella zona occidentale dell'impero, ossia in Italia e in Gallia, dove riesce a riscuotere anche un certo successo di pubblico[29]. Nonostante la somiglianza fonica con il nome proprio dell'autore sia molto efficace, è opportuno non sottovalutare il carattere artificioso della figura di Licino[30]. Il riferimento reiterato all'età dei quarant'anni, per esempio, prima ancora di individuare un momento specifico nella carriera di Luciano, intende marcare idealmente la cosiddetta ἀκμή, vale a dire il

---

27 Cfr. le puntuali indicazioni in Remacly, 1854-1855, pp. 17-20 ("*Quo loco dialogus sit habitus*") e Hall, 1981, p. 33.
28 Una precisa ricostruzione dei dati per arrivare a definire la data di nascita di Luciano è offerta da Hall, 1981, pp. 13-16, che vede in *Bis acc.* 2 riferimenti alla guerra partica del 165. Stando a questo scritto, infatti, giacché il Siro sostiene di avere quarant'anni, l'autore dovrebbe essere nato attorno al 125. Tuttavia, Jones, 1986, p. 8 intende la guerra intorno a Babilonia in termini più generici, senza la pretesa di coglier023 dei riferimenti storici attendibili, e proponendo il periodo 115-125, approvato anche da Nesselrath, 2001[1], p. 12.
29 Questi dati si deducono soprattutto da *Bis acc.* 27, in cui Retorica ripercorre le prime tappe della formazione educativa di Luciano. Cfr. Braun, 1994, pp. 252-255; Nesselrath, 2001[1], pp. 12-13 e Baumbach - von Möllendorff, 2017, pp. 15-17.
30 Su questo argomento vedi Schwartz, 1965, p. 95, il quale intravede in Licino una figura che "*ne recouvre pas forcément toute la personnalité de Lucien.*" Larga parte della critica, però, per un periodo piuttosto prolungato, è stata incline ad identificare Licino con Luciano, intravedendovi il riflesso fedele delle principali vicende biografiche dell'autore. Questa impostazione è stata ribadita con particolare determinazione da Hall, 1981, pp. 151 e 445, che attribuisce a Licino la stessa verosimiglianza assegnata al Siro del *Bis Accusatus*. Tuttavia, anche in questo caso, come in quello di Parresiade nel *Piscator* e Tichiade nei *Philopseudeis*, non è opportuno intravedere dietro queste maschere direttamente l'autore, che può aver certamente conferito loro tratti della propria personalità, senza mai mirare ad un'identificazione integrale con esse. Cfr. Nesselrath, 1992, p. 3457. Sui limiti di una lettura autobiografica dei testi di Luciano vedi almeno i contributi di Humble - Sidwell, 2006; Iannucci, 2009; Deriu, 2017[1], pp. 185-199 e Richter, 2017, pp. 327-336 (nonostante Diarra, 2017, pp. 149-161 sembri sposare ancora una linea interpretativa autobiografica dei testi del nostro autore). Cfr. *infra*, pp. 8-10.

raggiungimento della sua piena maturità intellettuale[31]. L'interpretazione autobiografica dei fatti delineati nel dialogo si complica nel punto in cui si accenna ad una vicenda vissuta da Licino quindici anni prima dell'ambientazione del dialogo: stando al suo racconto, allora egli non avrebbe dato credito ad un anziano che gli prometteva di condurlo alla città ideale (§ 24). In questo episodio, solo brevemente abbozzato, è stata colta un'allusione al *Nigrinus*, dove uno degli interlocutori parla dell'incontro cruciale avvenuto con l'omonimo filosofo, il quale sarebbe riuscito a persuaderlo a dedicare un impegno maggiore allo studio della filosofia[32]. Tuttavia, se in questo caso le parole di Nigrino trovano nell'allievo in ascolto un riscontro ampiamente positivo, nel nostro dialogo Licino si mostra riluttante a prestare la giusta attenzione alle parole dell'anziano filosofo, respingendo perentoriamente il suo discorso protrettico[33]. Lungi dal considerare valida qualsiasi correlazione tra i due avvenimenti, appare più plausibile leggere la vicenda giovanile di Licino come un'allusione ai primi contatti di Luciano non tanto con specifici maestri di filosofia, bensì con tematiche squisitamente filosofiche, non di rado usate come pretesto per gli esercizi praticati nelle scuole di retorica[34]. Non è improbabile, infatti, immaginare che Luciano sia stato messo a confronto sin dalle prime fasi della sua educazione con i rudimenti della filosofia, che ebbe probabilmente modo di approfondire in una fase più avanzata, senza mai rinunciare alla sua formazione retorica[35].

Infine, una lettura del dialogo in maniera troppo aderente alle vicende personali dell'autore condurrebbe ad un'ultima, ma non meno significativa, difficoltà. Posto che Luciano abbia maturato i suoi interessi filosofici proprio a partire dai suoi quarant'anni, il suo entusiasmo sembrerebbe esaurirsi nel corso del brevissimo arco temporale segnato dall'*Hermotimus* (§ 71 ss.), tracciando così una parabola storicamente inverosimile. Una soluzione ragionevole a questa

---

31 Su questa interpretazione vedi Nesselrath, 1992, pp. 3468-3472 e Braun, 1994, p. 297, n. 1. Vedi *infra, ad loc.*, p. 248.

32 Sul *Nigrinus* vedi Swain, 1996, pp. 315-317, che riassume efficacemente i problemi non ancora risolti relativi alla struttura composita nonché ai contenuti di questo scritto, che è stato spesso, e a torto, considerato come una verace testimonianza della conversione di Luciano alla filosofia. Si vedano Nesselrath, 2001[1], pp. 19-20; Clay, 1992 e Deriu, 2017[2].

33 Una discussione più dettagliata di questo passo si trova *infra*, pp. 302-303.

34 A questo proposito vedi la panoramica dettagliata in Michel, 1993.

35 Sulla modesta educazione filosofica ricevuta da Luciano vedi *Salt.* 2, se è lecito coglievi un riferimento all'autore stesso (φιλοσοφίᾳ τὰ μέτρια ὡμιληκώς), e *Apol.* 15 (μεμνῆσθαι χρὴ τοὺς ἐπιτιμῶντας ὅτι οὐ σοφῷ ὄντι μοι ... ἐπιτιμήσουσιν ἀλλὰ τῶν ἐκ τοῦ πολλοῦ δήμου, λόγους μὲν ἀσκήσαντι καὶ τὰ μέτρια ἐπαινουμένῳ ἐπ' αὐτοῖς, πρὸς δὲ τὴν ἄκραν ἐκείνην τῶν κορυφαίων ἀρετὴν οὐ πάνυ γεγυμνασμένῳ). Cfr. Alexiou, 1990, p. 32.

contraddizione potrebbe ottenersi solo considerando l'età di Licino come un dato irrelato alla data di composizione dell'opera[36]. Si tratta di un suggerimento che riceve supporto dal fatto che i "dialoghi di Licino"[37] non sono riferibili ad una fase temporale ben delimitata, ma abbracciano piuttosto un periodo molto ampio, il che renderebbe ammissibile uno slittamento della data di composizione del nostro dialogo alla fase finale della produzione lucianea[38]. In tal senso, non è da escludere che l'autore ritorni a servirsi della figura di Licino in un momento di molto successivo a quello in cui si svolge l'azione del dialogo, e quindi in un'età più avanzata rispetto a quella di Licino nel dialogo[39].

Del resto, è opportuno tenere nella giusta considerazione il grado di spettacolarizzazione con cui Luciano enfatizza i momenti salienti del suo percorso formativo, dando particolare rilievo sia al momento iniziale, quando abbandona il mestiere di scalpellino in favore degli studi retorici, sia a quello successivo, riguardante la dichiarata conversione dalla retorica alla filosofia[40]. A questo proposito, nel *Somnium* l'autore, dietro una cornice fittizia di rimandi letterari, delinea le prime fasi della sua educazione, insistendo sul passaggio dalla condizione di artigiano a quella di retore abile nell'uso della parola e capace di ottenere così fama e ammirazione[41]. Nel *Bis Accusatus*, invece, Luciano, dipingendosi non senza un certo vezzo letterario come un intellettuale affermato, bersaglio delle critiche concertate di Retorica e Dialogo, priva il testo di qualsiasi valore

---

36 A questo proposito vedi *supra*, pp. 6-7.
37 In merito a questa produzione vedi *supra*, p. 6, n. 26.
38 Si tratta di una soluzione avanzata già da Remacly, 1854-1855, p. 15, che ipotizzava un Luciano cinquantenne, mentre Schmid, 1891, p. 309, si è spinto anche oltre, supponendo che, anche in fasi più avanzate della sua carriera, Luciano continuasse a mantenere un atteggiamento critico verso la filosofia e i filosofi (cfr. l'*Eunuchus*, che è databile dopo il 176). Vedi anche Gallavotti, 1932, pp. 175 ss., che data il dialogo al 172, in una fase nettamente successiva a quella menippea (giusti rilievi contro questa ricostruzione sono in Hall, 1981, p. 50). Tuttavia, Longo, 1964, pp. 9-12, rifiutando ogni ipotesi evoluzionistica nella carriera di Luciano, propende per una datazione più bassa, negli anni intorno al 165.
39 Cfr. Nesselrath, 1992, p. 3457, il quale sostiene che Luciano, scrivendo l'*Hermotimus*, "an die Tradition der früher bereits verfassten Lykinos-Dialoge anknüpfen wollte und zu diesem Zweck der Hauptperson auch noch einmal ihr damaliges Alter verlieh".
40 Vedi Kasulke, 2005, p. 137.
41 Su quest'opera vedi Iannucci, 2009, pp. 99-118, che nella messinscena lucianea della scelta di *Paideia* ravvisa, oltre al modello prodiceo (Xen. *Mem.* 2.1.21-34), cenni alle *Nubes* di Aristofane e, in modo particolare, al dibattito contemporaneo all'autore sulla forma di educazione da impartire alla nuova generazione. Sulla questione della παιδεία nel contesto della Seconda Sofistica vedi Jones, 2004; Gómez, 2007 (su Luciano); Lauwers, 2012 e gli ultimi contributi di Webb, 2017 e Schmitz, 2017.

documentario verosimile, e fornisce al lettore una testimonianza generica relativa ai suoi vari interessi e alle sue molteplici inclinazioni[42].

Nel complesso multiforme di questa *Selbstinszenierung*, con l'*Hermotimus* Luciano non sembra voler fornire retrospettivamente un profilo intellettuale di sé ben definito, bensì aggiungere un nuovo, significativo tassello al quadro dei suoi rapporti sempre conflittuali con i dogmatismi del suo tempo, nella fattispecie con quello di carattere filosofico, che trova qui il bersaglio principale nella dottrina stoica. Il Licino all'opera nel dialogo, dunque, lungi dal rappresentare un Luciano ancora alle prime armi, intento ad occuparsi delle diverse scuole filosofiche del suo tempo, è evidentemente una maschera dell'autore. Al suo personaggio Luciano presta il tipico approccio antidogmatico che lo caratterizza, declinato in termini scetticheggianti, non senza far trasparire una notevole abilità nell'uso efficace della parola, retaggio della sua formazione retorica. Si tratta della chiave di lettura migliore per comprendere la stratificazione letteraria e filosofica testimoniata nell'*Hermotimus*. In questo dialogo, infatti, l'autore, oltre a dimostrare una notevole perizia nell'impiego ben calibrato degli strumenti retorici[43], fa emergere con particolare evidenza, rispetto ad altri dialoghi filosofici, la sua posizione personale verso la filosofia del tempo. Del resto, un'operazione parodica così finemente costruita sui concetti filosofici più rappresentativi delle diverse correnti di pensiero presuppone un processo di assimilazione di non breve durata[44].

In conclusione, alla luce degli argomenti sinora addotti, l'elaborazione formale particolarmente raffinata del dialogo e la piena consapevolezza della complessa temperie culturale contemporanea, inducono ad inquadrare l'*Hermotimus* nella fase più tarda della produzione di Luciano, nonostante resti difficile, forse impossibile, stabilire una datazione precisa.

---

42 A tal proposito si veda Schlapbach, 2010, che mette in luce l'interesse mostrato dall'autore rispetto alla funzione performativa delle parole dei filosofi. Vedi anche Solitario, 2017.

43 Si pensi solo alla lunga battuta di Licino nei §§ 71-76, al termine della quale Ermotimo manifesta tutto il suo stupore (οὐδένα τοιοῦτον εἶδον), cui segue la rinuncia alla difesa della dottrina stoica sostenuta strenuamente nel corso del dibattito.

44 Sulle differenze tra l'*Hermotimus* e il resto dei dialoghi filosofici di Luciano, prevalentemente incentrati sul rovesciamento di una serie ben precisa di motivi (aspetto esteriore, brama di denaro, comportamento indecoroso, etc.), vedi *infra*, pp. 269-276. Il contributo di Bosman, 2017, pp. 223-235, mette in luce i procedimenti attuati da Luciano per alterare numerosi argomenti filosofico-letterari in chiave satirica (soprattutto in riferimento allo *Iuppiter Tragoedus* e allo *Iuppiter Confutatus*).

1.3 Il dialogo filosofico di Luciano: tradizione e innovazione

La netta cesura tra una fase retorica ed una filosofica nella carriera di Luciano non corrisponde ad un mutamento negli interessi dell'autore né tantomeno ad una presa di posizione a favore di una determinata scuola di pensiero[45].

Al contrario, Luciano insiste esplicitamente sul passaggio dall'uso del λόγος forense e dimostrativo al διά-λογος filosofico, il che non implica necessariamente una trasformazione radicale nella *forma mentis* dell'autore. L'efficacia della filosofia, infatti, così come nel caso della retorica, è veicolata dalla forza delle parole, dalla nitidezza dei pensieri articolati, nonché dalla capacità di influenzare il proprio destinatario[46]. Esemplare è il caso delle parole del filosofo Nigrino, il cui effetto è paragonato a quello esercitato dal mitico canto delle Sirene o dal suono degli usignoli: una volta ascoltate, rimarrebbero impresse nella mente dell'interlocutore, suscitando in lui un profondo cambiamento[47]. Anche Demonatte, presentato come la figura ideale di filosofo, appare ben disposto al dialogo, esprimendosi chiaramente e con grazia attica, al punto tale che le sue parole, comprese quelle di rimprovero, vengono accolte di buon grado e incidono positivamente sulla formazione morale del suo uditorio[48].

---

[45] Nonostante alcuni tentativi di ricostruzione (vedi almeno Gallavotti, 1932), è difficile distinguere fasi filosofiche differenti in Luciano. Al contrario, è lampante l'uso, spesso indiscriminato, di specifici contenuti filosofici, che l'autore adatta alle istanze specifiche dei suoi testi. Su questo vedi Alexiou, 1990, pp. 23 ss. e Nesselrath, 2001², pp. 135-152. Sono utili anche le considerazioni in Jones, 1986, pp. 24-32 e Branham, 1989, pp. 46-57.

[46] Si tratta di un'idea diffusa tra gli intellettuali della Seconda Sofistica e ampiamente condivisa dallo stesso Luciano. In merito a questo argomento vedi *infra*, p. 179.

[47] *Nigr.* 3 (τοσαύτην τινά μου λόγων ἀμβροσίαν κατεσκέδασεν, ὥστε καὶ τὰς Σειρῆνας ἐκείνας, εἴ τινες ἄρα ἐγένοντο, καὶ τὰς ἀηδόνας καὶ τὸν Ὁμήρου λωτὸν ἀρχαῖον ἀποδεῖξαι· οὕτω θεσπέσια ἐφθέγξατο) e 36-37. Si tratta di esempi impiegati solitamente per indicare la validità di un λόγος retorico (cfr. *Electr.* 5; *Cont.* 21; *Calumn.* 30). Il timore di compromettere le parole di Nigrino nell'atto stesso di riferirle ad un altro è indice dell'attenzione riservata alla presentazione retorica del λόγος filosofico, ossia alla sua ricezione da parte dei destinatari (*Nigr.* 10: ὡς εὖ γε νὴ τὸν Ἑρμῆν καὶ κατὰ τὸν τῶν ῥητόρων νόμον πεπροοιμίασταί σοι· ἔοικας γοῦν κἀκεῖνα προσθήσειν, ὡς δι' ὀλίγου τε ὑμῖν ἡ συνουσία ἐγένετο καὶ ὡς οὐδ' αὐτὸς ἥκεις πρὸς τὸν λόγον παρεσκευασμένος καὶ ὡς ἄμεινον εἶχεν αὐτοῦ ταῦτα λέγοντος ἀκούειν· σὺ γὰρ ὀλίγα καὶ ὅσα οἷόν τε ἦν, τυγχάνεις τῇ μνήμῃ συγκεκομισμένος). Su questo passo vedi Whitmarsh, 2001, pp. 265-279 e Schlapbach, 2010, pp. 21 ss.

[48] *Demon.* 6: χάριτος δὲ Ἀττικῆς μεστὰς ἀποφαίνων τὰς συνουσίας, ὡς τοὺς προσομιλήσαντας ἀπιέναι μήτε καταφρονήσαντας ὡς ἀγεννοῦς μήτε τὸ σκυθρωπὸν τῶν ἐπιτιμήσεων ἀποφεύγοντας, παντοίους δὲ ὑπ' εὐφροσύνης γενομένους καὶ κοσμιωτέρους παρὰ πολὺ καὶ φαιδροτέρους καὶ πρὸς τὸ μέλλον εὐέλπιδας. Cfr. Cancik, 1984, pp. 115-130 e i più recenti Fuentes-González, 2009; Schlapbach, 2016, pp. 142-145 e Beck, 2016.

I due filosofi in realtà restano alquanto isolati nella vasta produzione lucianea, che, al contrario, indugia nella descrizione di una serie di circostanze in cui la parola filosofica, anziché favorire un confronto sincero e proficuo tra gli interlocutori, si fa strumento di contesa[49] o mezzo di ostentazione di oscuri concettualismi fini a sé stessi[50].

Per quanto concerne la retorica, invece, Luciano mostra piena consapevolezza della validità irrinunciabile di questa disciplina nel quadro dell'educazione tradizionale, criticando aspramente ogni futile abuso del linguaggio[51].

Coerentemente con la sua impostazione antidogmatica, l'autore riesce così ad evitare di schierarsi ideologicamente a favore di una delle due discipline, mostrandosi piuttosto incline ad una loro integrazione armoniosa: ne risulta un sapere moderatamente filosofico, ma non banale, espresso in un linguaggio semplice e trasparente[52]. La presunta conversione, dunque, che avrebbe segnato un netto discrimine tra un periodo retorico ed uno più marcatamente filosofico non corrisponde tanto all'effettiva vicenda personale dell'autore[53], quanto piuttosto

---

49 Un caso esemplare è *Iupp. trag.* 35-52. Lo stoico Timocle e l'epicureo Damide mettono a confronto le proprie idee con l'intento di sconfiggere il proprio avversario, declinando la conversazione nelle modalità tipiche di un agone sofistico. Del resto, lo scontro che ne deriva avviene di fronte ad una folla in fermento per gli esiti della gara retorico-filosofica cui assistono con notevole partecipazione. Vedi Coenen, 1977, pp. 106-110, che mette in rilievo i punti di contatto con gli agoni comici, soprattutto quelli rappresentati da Aristofane negli *Equites* e nelle *Ranae*. Cfr. anche *Eun.* 1, in cui la tenzone tra i due aspiranti filosofi peripatetici si svolge in una piazza pubblica. Il conflitto è un motivo caratteristico anche dei dialoghi platonici, debitamente esaminato da Wolz, 1963 e Capra, 2001 (che si sofferma soprattutto sul *Protagoras*).
50 A questo proposito vedi la *Vitarum Auctio*, ove Luciano mette in scena non tanto personaggi concreti, bensì βίοι (cfr. Bruns, 1888, pp. 89-90), distinti solo dalle parole pronunciate presso i banchi dell'asta. In aggiunta, le vite filosofiche non intrattengono un vero dialogo con i propri acquirenti, che si limitano a brevi rilievi critici, dando adito solo a repentini giochi di parole. Su questo argomento vedi Michel, 1993 e Solitario, 2017.
51 Nel *Rhetorum Praeceptor* (cfr. Zweimüller, 2008, pp. 89-107) e nel *Lexiphanes*, per esempio, l'autore prende di mira l'uso esagerato di termini attici, a detrimento della limpidezza dell'eloquio. In termini più generici, è nota la critica lucianea alla figura del sofista, che potrebbe essergli costata l'esclusione dal canone di Filostrato. Quest'ultimo, infatti, intravede nel termine σοφιστής l'abile oratore, esperto della parola e di ogni tecnica necessaria per le sue reboanti *performances* pubbliche. Luciano, invece, delinea il sofista in termini molto meno favorevoli, identificandolo generalmente con un falso filosofo o un oratore incapace (cfr. *Iupp. trag.* 19 e 30; *Iupp. conf.* 6; *Gall.*4; *Peregr.* 13, etc.). Su questo tema vedi Nicosia, 1994, p. 88 e Gómez, 2003, che discutono un certo numero di passi lucianei. Vedi *infra*, pp. 381-382.
52 Vedi *supra*, p. 8, n. 35.
53 Cfr. Whitmarsh 2001, pp. 248-253.

alla costruzione artificiosa della propria immagine, con l'ausilio di motivi comuni diffusi al suo tempo[54].

Si ricordi che la distinzione tra λόγος retorico e filosofico è un tema particolarmente caro a Platone, che lo tematizza con una certa attenzione nella nota digressione del *Theaetetus* (172c-177c)[55]. Socrate evidenzia due differenti τρόποι τοῦ βίου, l'uno retorico e l'altro filosofico, descrivendo i λόγοι corrispondenti. Mentre il discorso concepito dal retore è sottoposto all'attenzione del δῆμος e del suo giudice, nonché alle regole e al tempo stabilito per l'arringa, il filosofo è libero da ogni vincolo temporale, poiché tenendosi alla larga dalle dispute politiche e giudiziarie, fa spaziare le sue indagini tra le profondità della terra e le realtà celesti (*Theaet.* 173e). In tal modo, il filosofo tradisce la sua estraneità alle consuetudini della città[56], al punto da risultare perfino ridicolo perché "*antropologicamente avulso dai valori e dalle dinamiche*"[57] che governano la convivenza sociale.

Alla luce di questo modello platonico è possibile cogliere meglio il carattere fittizio della figura dietro la quale Luciano intende presentarsi al suo pubblico, millantando un netto passaggio da una fase marcatamente retorica ad una prevalentemente filosofica nel corso della sua formazione. Al contrario, è di gran lunga più verosimile credere che il nostro autore non abbia mai dismesso le vesti di retore esperto della parola, posto che, da un certo momento in poi, abbia orientato buona parte della sua energia creativa verso un particolare genere filosofico-letterario: il dialogo platonico-socratico[58]. Date queste premesse, possiamo

---

54 L'abbandono della retorica in favore della filosofia è un motivo ricorrente anche per altri intellettuali di età imperiale. Cfr. Plut. *De soll. an.* 1.959B, dove Plutarco definisce l'esercizio della retorica un peccato di gioventù, mentre in *De rect. rat. aud.* 9.42C-D egli condanna l'uso sofistico e moralmente inefficace della parola. Vedi anche i riferimenti *supra*, p. 2, n. 8.
55 Si tratta di una sezione molto discussa del dialogo platonico, che è apparsa a taluni un inutile *excursus* retorico nel dibattito filosofico (McDowell, 1973, p. 174), e ad altri un passo indispensabile nell'economia complessiva del dialogo (Spinelli, 2002, pp. 201-215).
56 In questa sezione viene riportato anche il celebre episodio della caduta di Talete nel pozzo (*Theaet.* 174a), per il quale si veda anche *Phaedr.* 269e-270a. Invece, in *Gorg.* 484c-485e Callicle descrive il filosofo come un individuo incapace di agire adeguatamente in pubblico, essendo abituato a dialogare con pochi ragazzini, senza mai operare al cospetto di un'assemblea. Su questo aspetto vedi Giannantoni, 2005, pp. 41 ss.
57 Ferrari, 2011, p. 75. Anche Luciano (*Bis acc.* 26-34) contrappone l'attività del retore a quella del filosofo, sottolineando non solo le differenti situazioni contingenti in cui sono inquadrate le due figure, ma anche la natura specifica dell'esercizio filosofico, praticato in un contesto piuttosto privato, e libero da qualsiasi forma di coercizione (applausi, successo, esigenze dei clienti).
58 Già da tempo le ragioni a favore della "conversione filosofica" di Luciano (sulla quale sono rappresentativi gli studi di Gallavotti, 1932 e Quaccuarelli, 1956) si sono rivelate infondate. Vedi Schwartz, 1964 e soprattutto Hall, 1981, pp. 18 ss., che traccia una panoramica esaustiva della questione. Tuttavia, Braun, 1994, pp. 301-306 sembra mostrare ancora una certa disposizione

procedere ad analizzare le caratteristiche specifiche che Luciano imprime al dialogo filosofico, conseguendo con l'*Hermotimus* uno dei suoi risultati migliori.

Com'è stato già anticipato precedentemente, Luciano ritiene la forma dialogica maggiormente appropriata alle tematiche filosofiche, in maniera coerente con la tradizione di questo genere letterario e con quanto risulta dall'intero panorama culturale della prima età imperiale, in cui esso appare "*the most important single form of philosophical literature*"[59]. Oltre a ribadire a più riprese la stretta affiliazione tra il dialogo e la pratica filosofica[60], l'autore insiste sul rapporto strumentale che intercorre tra di esse: il dialogo è dunque il mezzo di trasmissione del λόγος filosofico concepito all'interno di ciascun indirizzo di pensiero[61].

L'esistenza di uno stretto contatto tra filosofia e dialogo si trova attestata nel filosofo medioplatonico Albino[62], ma anche nella poco più tarda opera dossografica di Diogene Laerzio[63]. Queste fonti mettono in luce il carattere filosofico dei

---

favorevole ad un'eventuale conversione filosofica di Luciano (attirandosi le critiche di Nesselrath, 2001¹, p. 16), motivo per cui è opportuno ribadire la piena integrazione tra queste due componenti nella produzione dell'autore, limitando il valore realistico dell'immagine che questi lascia trasparire di sé. Vedi *infra*, pp. 247-248. Sul progressivo avvicinamento del nostro autore al dialogo vedi Karadimas, 1996, pp. 18-25. Inoltre, il fatto che Luciano, anche nella fase più tarda della sua vita, non abbia mai adottato uno stile di vita autenticamente filosofico è avvalorato da altri due dati: da un lato, l'autore sembra aver accettato un incarico importante nell'amministrazione della provincia dell'Egitto (vedi Pflaum, 1959, pp. 281-286), e dall'altro alcune προλαλιαί sono state composte certamente nella fase finale della sua produzione, a testimonianza di un'attenzione costante per la retorica (a tal proposito vedi Nesselrath, 1990²).

59 Russell, 1968, p. 136.

60 Vedi *Pisc.* 26: καὶ τὸ πάντων δεινότατον, ὅτι τοιαῦτα ποιῶν καὶ ὑπὸ τὸ σὸν ὄνομα, ὦ Φιλοσοφία, ὑποδύεται καὶ ὑπελθὼν τὸν Διάλογον **ἡμέτερον οἰκέτην ὄντα**, τούτῳ συναγωνιστῇ καὶ ὑποκριτῇ χρῆται καθ' ἡμῶν. Cfr. *Bis acc.* 28: αὐτὸς δὲ τὸν γενειήτην ἐκεῖνον, τὸν ἀπὸ τοῦ σχήματος, τὸν Διάλογον, **Φιλοσοφίας υἱὸν** εἶναι λεγόμενον, ὑπεραγαπήσας μάλα ἐρωτικῶς πρεσβύτερον αὑτοῦ ὄντα, τούτῳ σύνεστιν. L'uso metaforico dell'immagine del dialogo "*deutet auf seine literaturgeschichtliche Bedeutung als typischer Darstellungsform philosophischer Prosa*" (Braun, 1994, p. 263).

61 Cfr. *Prom. es* 6, dove i filosofi sono detti complessivamente οἱ τοῦ διαλόγου ἑταῖροι.

62 Alb. *Prol.* 2.1-8 (λόγος μὲν οὖν εἶναι λέγεται ὁ διάλογος καθάπερ ὁ ἄνθρωπος ζῷον ... τὸ δὲ περί τινος τῶν φιλοσόφων καὶ πολιτικῶν πραγμάτων πρόσκειται, διότι οἰκείαν εἶναι δεῖ τὴν ὑποκειμένην ὕλην τῷ διαλόγῳ). Si noti che Albino presenta il dialogo come un'entità viva (su questo autore si vedano almeno Nüsser, 1991 e il dettagliato commento di Reis, 1999, pp. 53-71), in maniera affine a Luciano che, oltre alla personificazione del Dialogo nel *Bis Accusatus*, nell'*Hermotimus* allude al λόγος filosofico come ad una figura vivente, che influisce concretamente sugli interlocutori (vedi i §§ 50, 63, 66, 83). Vedi *infra*, pp. 455-456.

63 D. L. 3.48: ἔστι δὲ διάλογος λόγος ... περί τινος τῶν φιλοσοφουμένων καὶ πολιτικῶν. Si vedano Rossetti, 2011 e Dubel, 2014, che ripercorrono tutta la vasta discussione antica sulla forma

temi trattati dal dialogo, che lascia spazio a riflessioni non solo o non tanto genericamente concettuali, quanto soprattutto di carattere etico-politico[64]. La peculiarità filosofica del dialogo trova conferma anche nello stato delle fonti retoriche: se ne evince che il dialogo fosse assente dalla prassi consueta delle scuole, poiché compare in pochi riferimenti di carattere teorico[65]. La messinscena del Dialogo, al posto di Filosofia, come avversario di Retorica nel *Bis Accusatus*, dunque, trova sufficienti giustificazioni nel clima culturale del tempo, giacché è plausibile immaginare che Luciano abbia individuato nel dialogo il dispositivo formale privilegiato per una comunicazione di ordine filosofico, distinguendosi sotto taluni aspetti da una prassi smaccatamente retorica.

In *Bis acc.* 28 Retorica mette in rilievo le peculiarità del dialogo: un fitto scambio di battute tra i due interlocutori, articolato per mezzo di un serrato ἐρωτᾶν καὶ ἀποκρίνεσθαι, detto anche βραχὺ διαλέγεσθαι[66]. Il carattere brachilogico dei dialoghi filosofici si oppone al periodare articolato e di ampio respiro del retore, che non è soggetto alle variazioni indotte dall'andamento del confronto con il proprio interlocutore. Per questa ragione, Retorica vieta al retore Siro di impostare la sua replica secondo il metodo appreso al suo seguito, costringendolo invece a ricorrere a quello filosofico, che è largamente inadeguato ad articolare un discorso difensivo elaborato e convincente. Similmente, nel *Piscator* i filosofi resuscitati discutono la scelta del portavoce che dovrebbe difenderli contro Parresiade. A questo proposito, Crisippo propone Platone, confidando nell'efficienza del suo stile forbito e persuasivo, arguto e pieno di domande[67]. A sorpresa, Platone stesso rifiuta l'invito ad assumere questo incarico, sottolineando la specificità della situazione, in cui è richiesta una considerevole abilità nell'uso del

---

dialogica e sui suoi prodromi filosofico-letterari. Utile per il nostro discorso è Baltzly, 2017, che considera le modalità di ricezione del dialogo e la funzione pedagogica riconosciutagli anche presso gli interpreti neoplatonici.

64 A tal proposito vedi la discussione in Segoloni, 2012, p. 346.

65 Vedi Ps.-Herm. *Meth.* 36, che considera il dialogo incentrato su argomenti etici e scientifici e composto dall'alternanza tra una semplice conversazione e un'indagine più stringente, mentre in Th. *Progymn.* 11.124-126, pp. 89-91 è contrapposto ad un enunciato di tipo narrativo. Sulla discussione della forma dialogica nelle fonti retoriche vedi Aygon, 2002, pp. 197-208 e Patillon, 1997, pp. LX-LXIV.

66 Vedi anche Ps.- Herm. *Meth.* 5.

67 *Pisc.* 22: ἥ τε γὰρ μεγαλόνοια θαυμαστὴ καὶ ἡ καλλιφωνία δεινῶς Ἀττικὴ καὶ τὸ κεχαρισμένον καὶ πειθοῦς μεστὸν ἥ τε σύνεσις καὶ τὸ ἀκριβὲς καὶ τὸ ἐπαγωγὸν ἐν καιρῷ τῶν ἀποδείξεων, πάντα ταῦτά σοι ἀθρόα πρόσεστιν ... ἐπίπαττε οὖν καὶ τῆς εἰρωνείας καὶ τὰ κομψὰ ἐκεῖνα καὶ **συνεχῆ ἐρώτα**.

λόγος δικανικός[68]. Alla diversità delle situazioni e della funzionalità del discorso filosofico e retorico si aggiunge un'ulteriore ragione, non meno significativa. Luciano identifica il dialogo filosofico con la figura di Platone, cosicché il personaggio del Dialogo nel *Bis Accusatus* incarna tutte le caratteristiche essenziali del dialogo platonico, stabilendo un nesso inscindibile tra il genere letterario e il suo più illustre esponente. Evidentemente l'autore sa bene che, avendo deciso di cimentarsi nel genere dialogico, dovrà necessariamente tener conto di Platone, che rappresenta il modello di riferimento imprescindibile per chiunque intenda confrontarsi con questa produzione.

Una delle caratteristiche del dialogo platonico consiste nella modulazione delle battute dei parlanti in brevi domande e risposte, in modo da evitare la formulazione di lunghi discorsi, tipica di una maniera comunicativa smaccatamente retorico-sofistica[69]. Nonostante Luciano sia consapevole dell'importanza del metodo di discussione per domanda e risposta, egli vi ricorre solo raramente nelle sue opere. Nell'*Hermotimus*, per esempio, questo procedimento scandisce soprattutto la parte iniziale del dialogo: dopo che Ermotimo ha concesso al suo interlocutore la possibilità di fargli da contraddittorio (§ 13), Licino comincia a porre le prime domande, interrompendo ripetutamente il discorso dell'aspirante stoico. Lo scambio serrato di battute che ne consegue, però, è stabilito da entrambi gli interlocutori sotto il segno della φιλία, il che contribuisce a sviluppare il dialogo

---

[68] In *Pisc.* 6 e 23 Platone sottolinea la perizia retorica di Parresiade, per il quale sarebbe stato più adeguato un avversario dall'eloquio meno raffinato, ma più veemente e serrato nell'argomentazione. La medesima distinzione è confermata anche in *Bis acc.* 33, là dove il Dialogo dichiara la sua scarsa familiarità con il νόμος giudiziario, proponendosi di conformarsi nel miglior modo possibile alle sue prerogative. Vedi Braun, 1994, pp. 308-310.

[69] In *Prot.* 334e-335c, per esempio, Socrate prega Protagora di rispondere in maniera concisa, senza diffondersi in lunghi interventi. Cfr. anche *Soph.* 217d-e, in cui lo straniero si scusa con Socrate per essersi esibito in una sorta di ἐπίδειξις, venendo meno allo scambio diretto con il proprio interlocutore (αἰδώς τίς μ' ἔχει τὸ νῦν πρῶτον συγγενόμενον ὑμῖν μὴ κατὰ σμικρὸν ἔπος πρὸς ἔπος ποιεῖσθαι τὴν συνουσίαν, ἀλλ' ἐκτείναντα ἀπομηκύνειν λόγον συχνὸν κατ' ἐμαυτόν, εἴτε καὶ πρὸς ἕτερον, οἷον ἐπίδειξιν ποιούμενον). Numerosi altri riferimenti testuali sono discussi in Giannantoni, 2005, pp. 48-57, che fornisce cospicue indicazioni bibliografiche. Si noti che sia Diogene Laerzio (D. L. 3.48: ἔστι δὲ διάλογος λόγος ἐξ ἐρωτήσεως καὶ ἀποκρίσεως συγκείμενος) sia Demetrio (*De eloc.* 183 ss.) illustrano questa stessa peculiarità del dialogo platonico-socratico, confermandone la specifica percezione in età imperiale. Accanto a queste testimonianze è opportuno ricordarne almeno altre due: da un lato quella di Albino (*Prol.* 2.4-6: ἴδιον τοῦ διαλόγου ἐρωτήσεις καὶ ἀποκρίσεις· ὅθεν ὁ <διάλογος> λόγος ἐξ ἐρωτήσεως <καὶ ἀποκρίσεως> εἶναι λέγεται) e dall'altro quella riportata dall'anonimo autore dei *Prolegomena* alla filosofia di Platone (*Prol. Plat. phil.* 14.4-6: διάλογος τοίνυν ἐστὶν λόγος ἄνευ μέτρου ἐξ ἐρωτήσεως καὶ ἀποκρίσεως ποικίλων προσώπων συγκείμενος μετὰ τῆς προσηκούσης αὐτοῖς ἠθοποιΐας). A tal proposito si veda Charalabopoulos, 2012, pp. 24-32 e Dubel, 2014.

nell'orizzonte comune della ricerca filosofica[70]. Tuttavia, nel corso della discussione, Licino abbandona ben presto i toni socratici per assumere quelli più aspramente critici, tesi alla mera confutazione del proprio interlocutore, che finirà per essere travolto dalle sue argomentazioni. Così Licino, dopo un confronto dialogico intenso con Ermotimo, quando ha ormai pressoché compiuto la sua confutazione, infrange definitivamente le regole proprie del confronto dialogico, abbandonandosi ad una sorta di *performance* virtuosa (§§ 70 ss.)[71]. In questa fase Licino ricapitola efficacemente tutti gli snodi più importanti del dialogo finora svolto, conquistandosi l'ammirazione sconcertata di Ermotimo (§ 77) e il plauso del pubblico astante. Affidando a Licino il monopolio della parola[72], Luciano rivela la sua natura di retore e la sua riluttanza ad adattarsi integralmente alle regole della dialettica filosofica, ovvero alla costruzione paziente e reciprocamente dipendente dei discorsi degli interlocutori.

L'inserimento di lunghi discorsi in una struttura formalmente dialogica, in realtà, emerge già in alcuni dialoghi di Platone (vedi almeno *Phaedrus*, *Timaeus* e *Leges*), e diviene un tratto caratterizzante della produzione dialogica di Aristotele, che ad un confronto dialettico serrato preferisce l'impiego di lunghe sezioni monologiche[73]. Benché non sia facilmente comprovabile l'influenza del dialogo aristotelico su Luciano[74], non può essere esclusa a priori una certa familiarità con

---

70 Cfr. i §§ 13-15: da un lato Ermotimo invita il suo interlocutore a porre le domande e a fargli i rilievi che desidera (ἐρώτα μεταξὺ καὶ ἀντίλεγε), mentre dall'altro Licino comincia ad interpretare subito il suo ruolo di controparte (εἰπέ μοι, μία τις ὁδός ἐστιν κτλ. e ὦ φιλότης, ἀπόκριναί μοι). Vedi *infra*, pp. 248-249.

71 Per altri esempi si pensi almeno a *Navigium*, *Philopseudeis*, *Toxaris* e *Anacharsis*, tutte opere in cui Luciano impiega solo minimi segnali di raccordo con il modello platonico (il percorso a piedi dal Pireo ad Atene; il racconto di altri racconti, etc.), per poi allontanarsene nella concreta orchestrazione del dialogo, che diventa solo una cornice al cui interno l'autore fa emergere tutta la sua "*Freude am Erzählen*" (Nesselrath, 2001[1], p. 21).

72 È necessario ricordare che le sezioni monologiche sono caratteristiche del cosiddetto "dialogo didattico", dove uno degli interlocutori trasmette unilateralmente e distesamente il suo sapere all'altro in ascolto. Su questo argomento vedi Föllinger, 2013, pp. 24-26 e il recente contributo di Hose, 2016, pp. 235-255.

73 Come ricorda giustamente Barigazzi, 1994, p. 185 "*nel dialogo posteriore a Platone ... cominciò a prevalere l'esposizione filosofica, cosicché esso si avvicinò alla forma del trattato, relegando il colloquio alla parte introduttiva e rinunciando perfino ai personaggi reali*". Si tratta di una caratteristica che si perpetua fino a diventare modello per la produzione dialogica ciceroniana (Cic. *Att.* 13.19.3) e si protrae in epoca imperiale. Sul dialogo in età imperiale vedi Hirzel, 1895, vol. II, pp. 224 ss.

74 Le scarse fonti testuali sul dialogo aristotelico non consentono un'analisi approfondita degli eventuali rapporti con Luciano e, in generale, con la successiva produzione dialogica antica. Su questo argomento vedi *infra*, p. 18, n. 75.

questo ramo della produzione dialogica. Nel *Bis Accusatus*, ad esempio, il retore Siro, portavoce di Luciano, rivela la decisione di abbandonare la retorica per recarsi presso l'Accademia o il Liceo al fine di intrattenersi con il dialogo, accennando qui, tra gli altri, all'importanza del modello peripatetico per la costruzione del suo dialogo filosofico[75]. Del resto, la stima dell'entità dell'influenza aristotelica nel *corpus* lucianeo è resa particolarmente problematica dal fatto che alcuni tratti tipici del dialogo aristotelico, quali l'assenza di un apparato drammatico ragguardevole e l'inclinazione ad irrigidirsi nella forma di trattato, sono riconducibili anche e soprattutto alla formazione retorica di Luciano[76].

Per quanto riguarda l'*Hermotimus*, nel corso del suo lungo monologo (§ 70 ss.) Licino mira ad impartire non tanto dei futili insegnamenti teorici, quanto precise istruzioni pratiche, conferendo a questa parte del dialogo un tono maggiormente didattico[77]. La destinazione del testo, però, impone a Luciano di non proseguire nella riproduzione di un vero dialogo filosofico, per non perdere *appeal*

---

[75] *Bis acc.* 32: καλῶς εἶχέ μοι ... εἰς δὲ τὴν Ἀκαδήμειαν ἢ εἰς τὸ Λύκειον ἐλθόντα τῷ βελτίστῳ τούτῳ Διαλόγῳ συμπεριπατεῖν. Su questo passo vedi Braun, 1994, pp. 300-301. Inoltre, si consideri che anche la produzione dialogica di Plutarco risulta più sensibile ad una forma di dialogo fatto per ampi discorsi particolarmente elaborati, che risente della stessa forma aristotelica ed ellenistica del dialogo filosofico (sui rapporti tra Luciano e Plutarco vedi Wälchli, 2003). A proposito di questo argomento vedi Russell, 1973, p. 34 e Görgemanns, 2011, pp. 16-20. In Saïd, 2015, pp. 179-196, invece, è presente una valida introduzione al dialogo lucianeo, con particolare attenzione per il modello platonico espressamente richiamato nel *Bis Accusatus*.

[76] L'ipotesi di un'influenza di elementi della διάλεξις retorico-filosofica nella composizione del nostro dialogo trova conferma nel tipo di παιδεία impartita a Luciano, considerato che all'interno delle scuole di retorica frequentate dall'autore i temi filosofici costituivano il soggetto delle θέσεις trattate nei cosiddetti esercizi preparatori (i προγυμνάσματα). Cfr. Ps.-Herm. *Progymn.* 11.8, in cui sono citati differenti argomenti, resi oggetto di un dibattito che prevede anche il confronto con una serie di obiezioni (cfr. anche Aphth. *Progymn.* 13.3). La contaminazione tra strumenti dialogici e retorici, che Luciano nel *Bis Accusatus* finge di mantenere distinti, resta, però, una caratteristica largamente diffusa nei dialoghi filosofici lucianei. Si consideri, a titolo esemplificativo, il *De Parasito* che, nell'ambito di dialogo impostato in maniera marcatamente platonica, dà largo spazio all'elogio paradossale della tecnica parassitica (cfr. Nesselrath, 2001[1], p. 18). Inoltre, alcune caratteristiche prettamente retoriche (discorsi pro e contro un determinato argomento, l'interlocutore fittizio, il linguaggio figurato, etc.) sono rintracciabili anche nell'*Hermotimus*. Su questo argomento vedi *infra*, pp. 72-90.

[77] Tackaberry, 1930, p. 13, arriva ad equiparare l'*Hermotimus* ad un esercizio letterario, in cui l'autore adopera determinati argomenti scettici con l'obiettivo di attaccare caratteristiche proprie della filosofia dogmatica del suo tempo. Vedi anche Schäublin, 1985, pp. 126-129, che considera il nostro dialogo come la parodia di un protrettico filosofico, giacché Licino tenta di persuadere l'aspirante stoico ad abbandonare il cammino filosofico intrapreso.

presso il suo pubblico[78], interessato non tanto a disquisizioni raffinate e logicamente lambiccate, quanto piuttosto a discussioni meno impegnate e capaci di lusingare la sua attenzione, tanto è radicata l'abitudine di ascoltare discorsi confezionati con un adeguato apparato retorico, atto a soddisfare le esigenze di un certo *standard* performativo[79]. Per questa ragione, nel corso della discussione, e soprattutto per bocca di Licino, abbondano le figure di suono, come pure talune peculiarità sintattiche e stilistiche, per esempio la ridondanza, il gusto per il paradosso, la personificazione di concetti astratti[80] e l'uso di figure mitologiche, nonché di innumerevoli similitudini, che rimandano direttamente al repertorio della *Bildersprache* propria della diatriba antica, riccamente riprodotta nel nostro dialogo[81].

---

[78] Su questo aspetto riguardante la relazione tra autore e pubblico vedi Camerotto, 1998, pp. 275-277 e Korenjak, 2000, pp. 52-65.

[79] La consapevolezza dei limiti congeneri al metodo filosofico platonico-socratico, congiuntamente all'esigenza di un apparato retorico, costituisce un problema affrontato diffusamente da Cicerone. Questi, infatti, considera come modello di filosofia perfetta non tanto quella fatta per brevi domande e risposte, propria del metodo socratico, quanto quella che "*de maximis quaestionibus copiose posset ornateque dicere*" (*Tusc. disp.* 1.7). In modo particolare, egli preferisce quanti trattino gli argomenti *graviter*, *copiose* e *ornate*, come i Peripatetici e gli Accademici (*De fin.* 4.79), evitando di cadere in ogni sorta di capziosità concettuale, tipica degli Stoici (*De fin.* 4.6), o in discussioni spinose come quelle propriamente dialettiche (*Tusc. disp.* 1.16), in modo da risultare convincente dinanzi ai propri discepoli e capace di influire sulla loro condotta. A questo proposito sono interessanti le considerazioni di Gorman, 2005 (p. 191: "*in spite of the evident satisfaction he expressed for re-introducing philosophy by question and answer, he did not consider the Socratic method best suited to lead to the peace of mind that constituted happiness. Instead he looked to a remedy more able to instill conviction*: 'eloquent philosophy' (prudentia cum eloquentia)"). Sul dialogo ciceroniano vedi anche Schofield, 2009, pp. 63-84. Con le dovute differenze, è possibile sostenere che anche Luciano, pur consapevole della specificità del dialogo filosofico platonico-socratico, fondato sul serrato scambio di domande e risposte, abbia considerato congeniale alle sue istanze, nonché alle aspettative del suo pubblico, un discorso filosofico dal periodare più ampio, che gli consentisse di superare la *pars destruens* della sua operazione elenctica e di preservare ancora per la filosofia una funzione concreta (§ 86).

[80] Sulle personificazioni in Luciano vedi Dolcetti, 1997 e Jouanno, 2008, pp. 201-204. Si tratta di una strategia stilistica presente già in commedia (vedi il quadro d'insieme in Zimmermann, 2012) e ampiamente sfruttata in ambito diatribico, soprattutto per dare rilievo a specifici contenuti morali (vedi Stößl, 1937 e Moretti - Bonandini, 2012). Sulla funzione svolta nel contesto del dialogo filosofico vedi *infra*, pp. 456 e 472-473.

[81] Sull'uso di similitudini e metafore nella prosa moralistica antica vedi Kindstrand, 1976, pp. 31-33 e Fuentes-González, 1998, pp. 148-159. Su questo argomento vedi *infra*, pp. 61-72. Benché larga parte della critica si sia soffermata soprattutto sulla *mixis* di generi letterari differenti quale caratteristica precipua della produzione dialogica di Luciano (vedi Bompaire, 1958, pp. 549 ss.; Branham, 1989, pp. 55 ss.; Camerotto, 1998, pp. 75-140 e Marquis - Billault, 2017), che

A tal proposito, è opportuno ricordare che una certa quantità di opere del *corpus* senecano sono etichettate come *dialogi*, benché in quasi nessuno di questi testi si sviluppi un dialogo tra gli interlocutori[82]. Al contrario, questa produzione è contrassegnata stilisticamente dalla presenza del monologo, che assume la forma del lungo discorso retorico, nel corso del quale la voce parlante può a tratti prefigurarsi la reazione del suo interlocutore fittizio. Il confronto dinamico tra diverse figure parlanti, invece, è una caratteristica propria del dialogo platonico, che rifugge il rischio di rappresentare il contraddittorio tra due λόγοι in termini astratti, e anzi mette sulla scena personaggi distinti, impegnati in un confronto pacifico delle proprie idee[83].

In epoca imperiale il verbo διαλέγομαι è reso in latino con il verbo *sermocinari*, chiaramente imparentato con *sermo/sermocinatio*. Il termine designa un dialogo filosofico animato da figure caratterizzate da un modo specifico di porsi e di esprimersi[84]. La distinzione tra un dialogismo propriamente retorico e diatribico, caratterizzato dal ricorso a un interlocutore fittizio, che non interviene sulla scena[85], ed un contraddittorio serrato tra persone concretamente definite[86] è

---

resta certamente una delle categorie più utili per far emergere la complessità di questi testi, è opportuno far attenzione alla commistione tra elementi e strutture retoriche con altre propriamente filosofiche, e nello specifico dialogiche. Vedi a questo proposito Branham, 1989, p. 36, il quale, in riferimento al *Bis Accusatus*, parla di un "*attempt to avoid both the meretricious diversions (dulce) of fashionable Rhetoric and the arid pedantry (utile) of disputatious old Dialogue*". Si tratta di un'affermazione adeguata a descrivere soprattutto le peculiarità della nostra opera, che testimonia gli sforzi compiuti da Luciano per trasmettere l'immagine di una parola filosofica nuova e impostata in termini di chiarezza e pragmatismo. Cfr. anche Braun, 1994, p. 32.

[82] Cfr. Quint. 10.1.129. Su questo argomento vedi Grimal, 1953, p. 5 e De Giorgio, 2015, pp. 109-110.

[83] Vedi anche Alb. *Prol.* 1 e D. L. 3.48, in cui si fa riferimento all'ἠθοποιία di chi parla come elemento proprio del dialogo filosofico di Platone. In merito a questo argomento è utile Nüsser, 1991, pp. 42-44.

[84] Vedi Quint. 9.2.31: "*ac sunt quidam, qui has demum* προσωποποιίας *dicant, in quibus et corpora et verba fingimus; sermones hominum assimulatos dicere* διαλόγους *malunt, quod Latinorum quidam dixerunt sermocinationem*". Vedi anche *Rhet. ad Her.* 4.65: "*sermocinatio est cum alicui personae sermo attribuitur et is exponitur cum ratione dignitatis*". Cfr. Aul. Gell. 19.8.2. Sull'uso di questa parola per indicare un dialogo filosofico vedi anche Cic. *De off.* 1.37.134-135 e Hor. *Carm.* 3.21.9-10.

[85] Quint. 9.2.37. Su questo vedi Griffin, 1976, pp. 413-414.

[86] Già Zenone rappresentava mimicamente la differenza tra dialettica e dialogo, alludendo con il pugno chiuso al carattere stringato del confronto dialettico e suggerendo con la mano aperta lo stile ampio e abbondante di un discorso retorico (Cic. *De fin.* 2.6 e *Or.* 32. Vedi anche *SVF* 2.294 = Sext. Emp. *Adv. math.* 2.7: τὸ δὲ λέγειν ἀμφότεροι [scil. Ξενοκράτης δὲ ὁ Πλάτωνος et oἱ ἀπὸ τῆς Στοᾶς φιλόσοφοι] παραλαμβάνουσιν ὡς διαφέρον τοῦ διαλέγεσθαι, ἐπειδήπερ τὸ μὲν ἐν

dunque ben chiara in quest'epoca. Il nostro dialogo corrisponde alla seconda tipologia, poiché dall'incontro casuale tra i due interlocutori, di impronta propriamente platonica, si dipana progressivamente un fitto scambio di battute, in cui si riferiscono abitudini (§§ 1-2) nonché attitudini personali (§ 50) e, soprattutto, si registrano le reazioni ai vari argomenti affrontati nel corso della discussione. Il dialogo mette così in scena due personaggi a tutto tondo, e l'incontro-scontro tra le rispettive idee nel corso di una discussione non sempre del tutto lineare. A differenza del modello platonico-socratico, però, per cui il dialogo è soprattutto "*strumento e metodo di ricerca della verità*"[87], nel nostro testo Licino, pur apparendo nelle prime battute pronto a cercare con il suo interlocutore la vera dottrina filosofica, tralascia ben presto tale obiettivo per abbracciare progressivamente le forme di un attacco elenctico retoricamente raffinato[88]. In tal modo l'*Hermotimus*, benché fuori da un contesto propriamente pubblico o giudiziario, assimila in maniera originale i tratti distintivi dell'agone filosofico[89]: contrapponendo alla voce dogmatica di Ermotimo un'altra ad essa contraria, Luciano ne relativizza la validità agli occhi del pubblico astante, promuovendo una rivisitazione critica di qualsiasi modello filosofico[90].

In conclusione, il rapporto tra Luciano e la filosofia è segnato da un'estrema libertà e autonomia che, prima ancora che nell'uso di dottrine eterogenee, emerge nella variazione stilistica e formale dello strumento dialogico. La "conversione" di Luciano, dunque, se non si vuole rinunciare a tale denominazione, oltre ad essersi verificata in maniera fluttuante e nient'affatto repentina[91], comporta non tanto la rinuncia netta all'esercizio della retorica, quanto la ripresa creativa del dialogo platonico, cui l'autore mostra di essersi accostato oculatamente, attraverso una personale ed originale rivisitazione artistica.

συντομίᾳ κείμενον κἂν τῷ λαμβάνειν καὶ διδόναι λόγον διαλεκτικῆς ἐστιν ἔργον, τὸ δὲ λέγειν ἐν μήκει καὶ διεξόδῳ θεωρούμενον ῥητορικῆς ἐτύγχανεν ἴδιον).
87 Segoloni, 2012, p. 340.
88 A questo proposito lo *Iuppiter Confutatus* è particolarmente emblematico. L'intera opera è impostata sul confronto tra Zeus e Cinisco, il quale non intavola alcun dialogo costruttivo con il padre degli dei, sottoponendolo piuttosto ad una serrata confutazione. Similmente, nello *Iuppiter Tragoedus* la discussione tra Timocle e Damide assume i tratti di una tenzone da cui dipendono i destini degli dei, messa al centro di un impianto tragicomico molto efficace. Infine, nell'*Eunuchus* i due filosofi aristotelici si affrontano in una contesa volta ad aggiudicare ad uno dei due candidati il posto vacante della cattedra peripatetica. Su questo tema vedi Solitario, 2017.
89 Si tratta di una peculiarità propria della produzione dialogica lucianea, al punto che Braun, 1994, p. 406, n. 3, parla opportunamente di un "*agonistisches Denken bei Lukian*".
90 Sul valore antidogmatico e scettico del dialogo vedi *infra*, pp. 22-28.
91 *Bis acc.* 28: φασὶν δὲ αὐτὸν μηδὲ πρὸς τὸν ἐρώμενον τοῦτον εἰρήνην ἄγειν, ἀλλὰ οἶμαι καὶ ἐκεῖνον ὑβρίζει.

Il dialogo di Luciano, dunque, non è il banale risultato di una *mixis* tra dialogo filosofico, commedia e satira menippea, poiché presuppone una profonda conoscenza dello strumento dialogico e la capacità di modularlo al servizio delle istanze satiriche, antidogmatiche e performative dell'autore[92].

1.4 Scetticismo e antidogmatismo

L'*Hermotimus* è il più ampio e ambizioso tra i dialoghi filosofici trasmessi nel *corpus* di Luciano. L'assetto meditato degli snodi della discussione, unitamente alla complessità dell'argomento prescelto, collocano il testo oltre i confini consueti del genere della satira filosofica variamente esplorato dall'autore[93]. I motivi ricorrenti in questa ricca produzione spaziano dalla critica alle molteplici dottrine filosofiche[94] e alle loro sofisticherie concettuali[95], fino al biasimo del comportamento contraddittorio mostrato dai sedicenti filosofi, che Luciano si impegna a smascherare in maniera sempre innovativa[96].

---

[92] Vedi Favreau-Linder, 2015, pp. 197-210, che esamina le potenzialità drammatiche, a tratti spettacolari, insite nel dialogo lucianeo (soprattutto in riferimento ai *Contemplantes*). Sulla spettacolarizzazione della cultura nel contesto della Seconda Sofistica vedi Clay, 1992, pp. 3414-3420; Whitmarsh, 2001, pp. 247-294 e Camerotto, 2014, pp. 127-129.

[93] I riferimenti bibliografici principali sulla satira filosofica lucianea sono Bruns, 1888; Caster, 1937, pp. 9-122; Hall, 1981 e i più recenti Camerotto, 2014, pp. 63-92 e Baumbach - von Möllendorff, 2017, pp. 171-191. Vedi anche i sommari forniti da Jones, 1986, pp. 24-32 e Nesselrath, 2001², pp. 135-152.

[94] Cfr. *Nec.* 4; *Icar.* 29; *Par.* 27 e *Pisc.* 43, in cui si trovano elencati gli esponenti dei vari indirizzi filosofici in contraddizione tra di loro, mentre in *Symp.* 43-46 ed *Herm.* 12 essi assumono comportamenti apertamente violenti, propri del *topos* menippeo della λογομαχία. Su questo tema vedi Tackaberry, 1930, p. 55, n. 355 e Nesselrath, 1985, pp. 361-362. In termini affini a Luciano, questo tema è attestato anche in Max. *Orr.* 26.2 e 30.1, che parla delle πολυφωνίαι cui danno forma le differenti scuole di pensiero, e Plut. *De virt. mor.* 7.447F-448A e *De Stoic. rep.* 10.1036A-B. Su questo argomento vedi Szarmach, 1983, pp. 223-226.

[95] Esemplare è il caso della *Vitarum Auctio*, in cui ciascun filosofo ha la possibilità di esibire sulla scena dell'asta le proprie peculiarità dottrinali, che risultano non sempre facilmente intelligibili ai potenziali acquirenti (cfr. anche *Bis acc.* 11; *Tim.* 54-55; *Gall.* 11; *Pisc.* 35). Vedi Braun, 1994, pp. 115-116. Sul παίγνιον parodico del lessico filosofico in Luciano vedi Dolcetti, 1996 e Solitario, 2017.

[96] A proposito della caratterizzazione del falso filosofo in Luciano vedi l'analisi dettagliata di Gerlach, 2005, pp. 151-97, che richiama opportunamente il contesto socioeconomico in cui prolifera questa figura. Sul mordente critico di Luciano verso la società del suo tempo vedi anche Baldwin, 1961, pp. 199-208 e i rilievi mossi contro questa ricostruzione da Fumarola, 1964, pp. 106-107 e Macleod, 1994, p. 1373. Non sempre, però, i falsi filosofi sono distinguibili da quelli veri, così come non è possibile discernere con assoluta immediatezza la vera filosofia da quella

L'oggetto di discussione dell'*Hermotimus*, invece, non è costituito dalla polemica contro una o più scuole filosofiche[97], né tantomeno da un argomento filosofico specifico[98]. Piuttosto, in questo testo Luciano si impegna in una discussione approfondita sulla portata educativa della filosofia, ponendosi come obiettivo l'identificazione della dottrina migliore, grazie alla quale sia possibile pervenire alla verità e alla somma felicità che ne deriva[99].

Sulla scena del dialogo un aspirante stoico, Ermotimo, comincia una discussione con l'antidogmatico Licino[100], il quale, al di là di un apparente desiderio di apprendere la dottrina del suo interlocutore, procede a confutarlo gradualmente, fino a provocarne lo scacco definitivo. In un progressivo crescendo, Licino mette in discussione tutte le certezze di Ermotimo, dimostrando l'inconsistenza delle singole ragioni addotte a sostegno della sua scelta filosofica. Tuttavia, benché Licino conformi il suo ἔλεγχος alle peculiarità dell'aspirante stoico, la confutazione non è concepita esclusivamente *ad personam*, ma è costruita in modo tale da essere potenzialmente efficace contro le pretese avanzate da qualsiasi corrente dogmatica di pensiero[101]. La dottrina stoica, infatti, rappresenta il bersaglio della discussione in virtù di un sistema di pensiero complesso e rigidamente strutturato, che raffigura al meglio la vanità delle varie scuole filosofiche e la loro pretesa di possedere la verità, pur non riuscendo a dimostrarla con assoluta evidenza[102].

---

falsa (*Pisc.* 11-13). Sulla distinzione tra filosofi veri e falsi vedi Nesselrath, 2001², pp. 140-143 e Männlein, 2000, pp. 247-262. Cfr. *infra*, pp. 279-281.
97 Sulla funzione esercitata dalla sfaccettata polemica lucianea e sulle strategie retoriche messe in atto al suo servizio dall'autore vedi il quadro riassuntivo di von Möllendorff, 2010¹.
98 Per esempio, nello *Iuppiter Confutatus* e nello *Iuppiter Tragoedus* il dibattito ruota rispettivamente attorno al tema del fato e a quello dell'esistenza della provvidenza divina. Cfr. anche *Piscator*, *Bis Accusatus* e *Vitarum Auctio*, che mettono in scena le principali dottrine di ciascun indirizzo filosofico (sui tratti in comune tra questi scritti lucianei vedi Helm, 1906, pp. 288-290; Schwartz, 1965, pp. 88-95; Hall, 1981, pp. 64-79 e Braun, 1994, pp. 23-34).
99 Sulla connessione tra verità, virtù e felicità come eredità delle filosofie ellenistiche vedi Long, 1989, pp. 262-309 e Hadot, 2005, pp. 29-42. Vedi anche *infra*, pp. 196-198.
100 Sulla figura di Licino quale portavoce di Luciano stesso vedi i riferimenti dettagliati s. l. Λυκῖνος, *infra*, pp. 172-174.
101 Cfr. *Herm.* 85: ταῦτα πάντα, ὦ φιλότης, ὁπόσα εἶπον, μή με νομίσῃς κατὰ τῆς Στοᾶς παρεσκευασμένον ἢ ἔχθραν τινὰ ἐξαίρετον πρὸς Στωϊκοὺς ἐπανῃρημένον εἰρηκέναι, ἀλλὰ κοινὸς ἐπὶ πάντας ὁ λόγος. Vedi *infra*, pp. 569-670.
102 Altri riferimenti alla dottrina stoica sono in *Iupp. trag.* 35 ss. (lo stoico Timocle è sconfitto da Damide); *Bis acc.* 20-22 (le argomentazioni di Epicuro risultano più forti rispetto a quelle di Stoà) e *Vit. auct.* 21-25. Cfr. *Symp.* 21 ss.; *Gall.* 11 e *Nec.* 4, dove compaiono altri cursori riferimenti alle dottrine stoiche, sottoposte alla sferzante ironia dell'autore. Vedi a questo proposito Dolcetti, 1996, pp. 70-89 e Nesselrath, 2001², pp. 143-144.

Con l'*Hermotimus*, dunque, la satira filosofica lucianea abbandona la consueta cornice paradossale ai limiti del farsesco[103] e affronta in maniera diretta le peculiarità del discorso filosofico dogmatico, fornendo una testimonianza esemplare della forza persuasiva e dell'efficacia argomentativa dei ragionamenti addotti[104]. Inoltre, optando per un dialogo diretto e non narrato, l'autore evita i toni autoreferenziali, mostrando al pubblico in ascolto l'efficacia del λόγος antidogmatico a confronto con i nodi cruciali della dottrina stoica[105].

Del resto, com'è stato già accennato, Licino non si limita a misurarsi con il solo Stoicismo. Piuttosto, il dibattito con l'aspirante stoico Ermotimo offre a Licino l'appiglio per indagare i fondamenti che dovrebbero legittimare qualsiasi scelta filosofica, mettendo a frutto le potenzialità critiche della filosofia[106], e convogliando la discussione nell'alveo del pensiero scettico, dichiaratamente ostile nei confronti di qualsiasi dogmatismo[107].

Questa premessa consente di individuare immediatamente i due nuclei centrali del nostro dialogo: da un lato la tradizione satirica, che mette alla berlina le

---

103 Si consideri l'impianto delle satire filosofiche più importanti di Luciano. Nel *Piscator* la situazione descritta è inverosimile poiché prevede il ritorno sulla terra dei filosofi del passato, mentre nello *Iuppiter Confutatus* e nello *Iuppiter Tragoedus* i filosofi discutono direttamente con gli dei o sono oggetto delle loro goffe sollecitudini. Infine, nel *Bis Accusatus* e nella *Vitarum Auctio* la cornice scenica è ugualmente bizzarra, al punto da comunicare immediatamente il contenuto ironico e parodico delle due opere.

104 A differenza di altri dialoghi filosofici lucianei, nell'*Hermotimus* Luciano riduce l'apparato scenico al semplice incontro casuale tra i due interlocutori in un luogo non precisamente definito (§§ 1-2; si tratta dello schema del *Wandergespräch*, su cui vedi Braun, 1994, p. 32 e Deriu, 2017, p. 78). Al contrario, nel resto dei dialoghi filosofici gioca un ruolo rilevante lo scenario che fa da sfondo al dibattito, spesso al centro dell'attenzione dell'uditorio immaginato nel testo, nonché di quello presente alla declamazione dell'opera. In *Iupp. trag.* 35-52 ed *Eun.* 1, per esempio, la tenzone tra i filosofi avviene in un luogo pubblico e dinanzi ad un uditorio numeroso. Analogamente, in *Bis acc.* 4 le varie cause sono celebrate sull'acropoli, che è la sede in cui si svolge anche il processo dei filosofi redivivi contro Parresiade (*Pisc.* 15). Infine, in *Vit. auct.* 1-2 il dialogo ha evidentemente luogo in un contesto pubblico, mentre nel *Symposium* la contesa filosofica si svolge in un banchetto privato, dinanzi ad un folto gruppo di invitati.

105 Con un obiettivo simile Plutarco riprende la forma dialogica, in modo da ritrarre parallelamente posizioni differenti, invitando il lettore/spettatore a partecipare attivamente al dibattito e a riflettere attentamente sulle varie posizioni rappresentate (a tal proposito vedi Hirsch-Luipold, 2000, p. 16 e Opsomer, 2010).

106 Bonazzi, 2010, p. 45.

107 L'affinità tra pensiero scettico e satira antidogmatica viene descritta da Sesto Empirico nei termini di una prassi ordinaria e naturale (*Pyrrh. hyp.* 1.62: καὶ γὰρ καταπαίζειν τῶν δογματικῶν τετυφωμένων καὶ περιαυτολογούντων οὐκ ἀποδοκιμάζομεν μετὰ τοὺς πρακτικοὺς τῶν λόγων). Su questo argomento, in relazione a Luciano, vedi Schwarz, 1914, pp. 5-9; Tackaberry, 1930, pp. 51-52 e Branham, 1989, pp. 103-104.

diverse dottrine filosofiche, così come ogni credo religioso e consuetudine sociale; dall'altro, l'armamentario di immagini e procedimenti argomentativi propri dello Scetticismo antico, dal quale Licino appare largamente influenzato.

Il connubio tra satira antidogmatica e pensiero scettico non è una caratteristica esclusiva di Luciano. L'autore si inserisce in una tradizione molto più antica, che trova nella produzione di Timone di Fliunte uno dei suoi esponenti più rappresentativi[108]. Tuttavia, lo stato frammentario in cui ci è pervenuta l'opera di questo poeta-filosofo di età ellenistica non consente di tracciare il quadro preciso delle sue relazioni con Luciano[109]. Al di là di talune immagini e di singoli paralleli lessicali, un motivo che accomuna in misura più rilevante la produzione di questi autori è l'insistenza con cui entrambi evidenziano la discordia inconciliabile tra le varie dottrine filosofiche, rivelando la comune matrice scettica nei confronti della scena filosofica di riferimento[110]. Mentre Timone, non senza intenti celebrativi, contrappone alle numerose dottrine dogmatiche la parola del suo maestro Pirrone[111], Luciano, mettendo in rilievo le contraddizioni che sussistono tra i molteplici filosofi, si limita a vanificare le rispettive pretese assiomatiche. Il Samosatense, infatti, pur condividendo l'impostazione antidogmatica propria del pensiero scettico, non intende proporsi come strenuo sostenitore di questo indirizzo filosofico, tanto è vero che egli affila le armi dell'ironia mordace anche nei suoi confronti[112].

L'affinità tra la forza destabilizzante dello spirito satirico e la *Weltanschauung* propria del pensiero scettico trova nel *corpus* lucianeo un'espressione efficace non tanto a livello dottrinario, bensì nella caleidoscopica modulazione

---

108 Cfr. Long, 1978, pp. 68-91, ripubblicato con alcune integrazioni in Long, 2006, pp. 70-95. Vedi anche Claymann, 2009, pp. 209-217.
109 Vedi il quadro offerto in Pratesi, 1985. Un'ulteriore fonte dell'antidogmatismo lucianeo può essere rintracciata nella satira menippea, su cui è ugualmente impossibile formarsi un'immagine chiara e dettagliata (vedi Di Marco, 1989, pp. 21-24 e Branham, 1989, pp. 14-28). Per questo motivo, al profilo speculativo di Helm, 1906 è stata contrapposta una ricostruzione più verosimile, che rivisita criticamente, ridimensionandola, la presunta influenza diatribica sul *corpus* lucianeo. Cfr. McCarthy, 1934, pp. 3-55 e Hall, 1981, pp. 64-150.
110 Nello specifico, si tratta del riflesso del *tropos* scettico ἐκ διαφωνίας (Sext. Emp. *Pyrrh. hyp.* 1.89; *Adv. math.* 7.313-349 e D. L. 9.88). Questo stesso motivo è alla base dell'aporia sperimentata da Menippo, il quale, dinanzi alla molteplicità contrastante delle opinioni filosofiche, decide di recarsi in un caso da Zeus, in un altro da Tiresia per ottenere una soluzione ai suoi dubbi indirimibili (vedi *Icar.* 5 e *Nec.* 4). Cfr. *Par.* 28 e il commento di Nesselrath, 1985, pp. 361-364.
111 Vedi i frr. 61A e B Decleva Caizzi, in cui Pirrone è definito "simile a un dio".
112 Per una trattazione più dettagliata dei rapporti tra Luciano e la filosofia scettica vedi *infra*, pp. 29-38.

della voce critica, indirizzata verso differenti aspetti, non solo filosofici, ma anche sociali e religiosi, dell'epoca[113].

Questa specificità della produzione di Luciano è illustrata eloquentemente nel giudizio riassuntivo di Fozio (*Bibl.* 128.96a35-38):

> ἔοικε δὲ αὐτὸς [*scil.* Lucianus] τῶν μηδὲν ὅλως πρεσβευόντων εἶναι· τὰς γὰρ ἄλλων κωμῳδῶν καὶ διαπαίζων δόξας, αὐτὸς ἣν θειάζει οὐ τίθησι, πλὴν εἴ τις αὐτοῦ δόξαν ἐρεῖ τὸ μηδὲν δοξάζειν[114].

Il μηδὲν δοξάζειν in cui Fozio individua la cifra caratterizzante dell'opera del Samosatense richiama il μὴ δογματίζειν che con Sesto assurge a *slogan* distintivo dell'indirizzo scettico (Sext. Emp. *Pyrrh. hyp.* 1.13-15):

> λέγομεν δὲ μὴ δογματίζειν τὸν σκεπτικὸν ... καθ' ὃ δόγμα εἶναί φασί τινες τήν τινι πράγματι τῶν κατὰ τὰς ἐπιστήμας ζητουμένων ἀδήλων συγκατάθεσιν...εἰ ὁ δογματίζων τίθησιν ὡς ὑπάρχον τοῦτο ὃ δογματίζει, ὁ δὲ σκεπτικὸς τὰς φωνὰς αὐτοῦ προφέρεται ὡς δυνάμει ὑφ' ἑαυτῶν περιγράφεσθαι, οὐκ ἂν ἐν τῇ προφορᾷ τούτων δογματίζειν λεχθείη.

Il filosofo scettico, infatti, non enuncia nessuna affermazione con tono asseverativo, ma si limita a dare espressione a ciò che percepisce con i sensi, evitando così di pronunciarsi su quanto non sia di evidenza immediata. In tal modo, egli si sottrae al rischio di scadere in una forma di antidogmatismo negativo, restando fedele ad una *forma mentis* empiristico-sperimentale del tutto soggettiva. In maniera affine Luciano, pur contestando la pretesa validità di ciascun sistema dottrinario dogmatico, si astiene dal negare l'esistenza della verità stessa, prendendo così le distanze dai toni meramente nichilistici che venivano talvolta imputati agli Scettici[115]. La critica antistoica messa in atto nel nostro dialogo, dunque, e potenzialmente applicabile a qualunque corrente dogmatica di pensiero, non si propone di contestare la validità della filosofia *tout court*, bensì di

---

113 Su questo tema vedi il quadro dettagliato fornito da Hall, 1981, che esamina i vari aspetti della satira lucianea. Cfr. anche Branham, 1989, pp. 9-64 e, da ultimo, Camerotto, 2014, che mette in rilievo le caratteristiche dell'eroe satirico protagonista di queste opere.

114 Vedi anche D. L. 9.111 (= T 1 Di Marco), ove è riportato un parere affine formulato sul conto di Timone, la cui opera sembra aver dato voce al rovesciamento parodico di ogni forma di dogmatismo (τῶν δὲ Σίλλων τρία ἐστίν, ἐν οἷς ὡς ἂν σκεπτικὸς ὢν πάντας λοιδορεῖ καὶ σιλλαίνει τοὺς δογματικοὺς ἐν παρῳδίας εἴδει).

115 Luciano si sottrae così all'accusa di ἀπραξία mossa agli Scettici (Sext. Emp. *Adv. math.* 10.133 e 164: su questo argomento vedi Amato, 2005, p. 178, n. 530 e Spinelli, 2005, pp. 140-143), insistendo sul rifiuto di ogni futile concettualismo e sostenendo al tempo stesso una pratica filosofica riflessa in uno stile di vita concreto. Vedi Giangrande, 1972, p. 99; Branham, 1989, pp. 52-57, 62-63 e 101 ss.; Nesselrath, 1992, pp. 3474-3479 ed Esposito, 1995, pp. 181-182.

riassegnarle un ruolo adeguato nel contesto della παιδεία di età imperiale, liberandola da ogni capziosità intellettuale propria delle scuole filosofiche dogmatiche, nel tentativo di farne uno strumento educativo idoneo per le nuove generazioni[116].

Il senso dell'operazione antidogmatica di Luciano è espressa dal medesimo autore per bocca di Parresiade, una delle sue maschere più significative, il quale, per rispondere ad una domanda di Filosofia (*Pisc.* 20: ἡ τέχνη δέ σοι τίς;), così descrive le caratteristiche della sua arte:

> μισαλαζών εἰμι καὶ μισογόης καὶ μισοψευδὴς καὶ μισότυφος καὶ μισῶ πᾶν τὸ τοιουτῶδες εἶδος τῶν μιαρῶν ἀνθρώπων[117].

Subito dopo, però, Parresiade rivela a Filosofia di conoscere anche la tecnica di segno contrario:

> οὐ μὴν ἀλλὰ καὶ τὴν ἐναντίαν αὐτῇ πάνυ ἀκριβῶς οἶδα, λέγω δὲ τὴν ἀπὸ τοῦ φιλο τὴν ἀρχὴν ἔχουσαν· φιλαλήθης τε γὰρ καὶ φιλόκαλος καὶ φιλαπλοϊκὸς καὶ ὅσα τῷ φιλεῖσθαι συγγενῆ.

Parresiade, in realtà, sembra aver quasi dimenticato il secondo procedimento, per il quale sono disponibili solo pochi destinatari degni, mentre sono di gran lunga più numerosi i bersagli esposti agli strali del suo graffiante fervore satirico. In aggiunta, Filosofia fa notare che le due pratiche definite da Parresiade fanno capo al profilo del vero filosofo. Ne consegue che l'ideale lucianeo del sapiente autentico si esplica nell'esercizio di due funzioni fondamentali: da un lato vi è il μῖσος indiscriminato verso tutti i presunti filosofi e contrario ad ogni genere di pensiero dogmatico[118]; dall'altro, invece, c'è la φιλία per la verità, che egli continua a cercare con un atteggiamento libero da qualsiasi costrutto teorico.

Benché Luciano non si distingua per l'elaborazione di una posizione filosofica originale, la sua critica non si ferma al livello dei *clichés* riguardanti ciascun indirizzo di pensiero. Al contrario, nell'ampia discussione messa in scena nel nostro dialogo, l'autore dà prova di saper suscitare nei suoi uditori γέλωτα κωμικὸν ὑπὸ σεμνότητι φιλοσόφῳ[119], rivendicando tutta la portata, per niente banale,

---

116 Sul rapporto tra filosofia e παιδεία in età imperiale vedi almeno Moreschini, 1994; Whitmarsh, 2001, pp. 3-22 e Borg, 2009.
117 Su questo passo vedi Macleod, 1979, pp. 326-328.
118 Su questo argomento vedi Gerlach, 2005, pp. 151-197.
119 *Prom. es* 7. Cfr. il giudizio affine pronunciato da Eunapio sull'opera di Luciano: Λουκιανὸς δὲ ὁ ἐκ Σαμοσάτων, ἀνὴρ σπουδαῖος ἐς τὸ γελασθῆναι (*Vit. soph.* 2.1.9). A parere di Bruns, 1888, p. 170 Luciano non ha un interesse autentico per i contenuti filosofici, bensì una certa inclinazione meramente estetica, vale a dire stilistica, per la forma dialogica, che egli adatta variamente

dell'operazione satirica messa in atto[120]. Non si tratta, infatti, di un mero *divertissement* letterario o di un gioco retorico privo di qualsiasi efficacia, giacché l'attacco satirico ordito da Luciano non è mai esclusivamente demolitore, bensì teso a cercare una verità data per esistente, ma oscurata dai vacui sofismi filosofici e sfuggente a qualsiasi analisi razionale. Luciano, dunque, in modo particolare nell'*Hermotimus*, si impegna in una riflessione sull'essenza e, quindi, sulla funzione della filosofia, attaccando di conseguenza tutto ciò che gli sembri inopportuno e contrario alla funzione educativa del λόγος filosofico che, in sé, continua a mantenere un valore positivo indiscusso[121].

L'autore persegue questo obiettivo nelle modalità che gli sono più consone, avvalendosi non solo degli stratagemmi propri della satira, ma anche dell'armamentario argomentativo offerto dalla filosofia scettica[122], che si mostra particolarmente confacente alla natura parodica di larga parte della sua produzione, e nell'*Hermotimus* rappresenta una delle fonti più importanti per l'ἔλεγχος antidogmatico architettato da Licino[123].

---

alle istanze specifiche delle sue opere. Cfr. Helm, 1902 e Caster, 1937, che rappresentano validamente l'*opinio communis* secondo la quale Luciano aveva solo una conoscenza vaga delle tematiche filosofiche. Ad eccezione del lavoro di Tackeberry, 1930, prima Nesselrath, 1985, poi Alexiou, 1990 e Dolcetti, 1996, senza dimenticare Bonazzi, 2010, hanno rivendicato a Luciano una contezza non superficiale del panorama filosofico contemporaneo e delle singole dottrine filosofiche, tale da permettergli di rivisitarle in chiave comico-parodica.

120 Si tratta del cosiddetto σπουδαιογέλοιον, ovvero quel tono seriocomico che ricorre ripetutamente nei testi del nostro autore, non privo di un risultato costruttivo (*Pisc.* 14: οἶδα γὰρ ὡς οὐκ ἄν τι ὑπὸ σκώμματος χεῖρον γένοιτο, ἀλλὰ τοὐναντίον ὅπερ ἂν ᾖ καλόν, ὥσπερ τὸ χρυσίον ἀποσμώμενον τοῖς κόμμασι, λαμπρότερον ἀποστίλβει καὶ φανερώτερον γίγνεται.). Su questo aspetto dello stile lucianeo vedi Branham, 1984, pp. 143-163 e Camerotto, 1998, pp. 120-129, che offre numerose indicazioni bibliografiche. Sulla satira lucianea vedi il quadro tracciato da Rütten, 1997, pp. 24-46.

121 Cfr. Gazza, 1955, pp. 373-414; Longo, 1964 ed Esposito, 1995, pp. 180-182.

122 L'efficacia satirica del nostro dialogo, come si vedrà nel dettaglio, non emerge solo dal reimpiego di motivi comici o diatribici, ma anche dal sapiente adattamento degli strumenti argomentativi scettici, impiegati per controbattere le ragioni di Ermotimo (sui motivi scettici vedi Barnes, 1990). In maniera simile, ma di certo meno ampia e complessa, in altri scritti Luciano si serve di argomentazioni propriamente epicuree. Cfr. *Alex.* 47, là dove le κύριαι δόξαι di Epicuro sono rese oggetto di esplicito encomio. Esse, infatti, λόγῳ ὀρθῷ καὶ ἀληθείᾳ καὶ παρρησίᾳ hanno dato pace e libertà ai lettori, affrancandoli da superstizioni, paure e vane speranze. Su questo passo vedi Tackaberry, 1930, pp. 58-61.

123 A conclusione di questo paragrafo appare opportuno riportare le parole di Schwarz, 1914, p. 5, che riassume efficacemente la discussione precedente: "*Satiriker und Skeptiker sind insofern miteinander verwandt, als bei beiden Kritik und Angriff das Wesentliche ihrer Betätigung ist ... Während der Satiriker durch Spott häufig im Verein mit künstlerisch-poetischer Darstellung den zu*

1.5 Luciano e gli Scetticismi antichi

Lo studio dei rapporti tra Luciano e il pensiero scettico antico è reso particolarmente controverso da un doppio ordine di difficoltà: da un lato, l'approccio sfaccettato dell'autore nei confronti della corrente scettica, dall'altro l'articolazione complessa dello Scetticismo antico che, nella prima età imperiale, conosce una delle fasi più dinamiche della sua storia. In modo particolare, a differenza degli indirizzi dogmatici di pensiero, lo Scetticismo non si identifica con una scuola, né con un fondatore unanimemente riconosciuto. In aggiunta, nel II secolo d.C. è ormai netta la distinzione tra le due correnti scettiche, dei Pirroniani e degli Accademici, che Luciano menziona nei suoi scritti senza distinguerli troppo accuratamente. L'unità della scuola scettica, infatti, è una categoria assente nel panorama filosofico antico e risponde piuttosto all'esigenza anacronistica degli studi moderni di dare sistematicità ad un pensiero che sfugge ad una classificazione omogenea[124].

Lo Scetticismo pirroniano prende il nome da Pirrone (360-270 a.C.), i cui contorni biografici e dottrinari restano tuttora evanescenti e sono oggetto di un complesso dibattito storiografico[125]. Dalle scarse fonti a disposizione si evince che Pirrone, pur avendo rifiutato perentoriamente ogni forma di speculazione ontologica, abbia cercato di scandagliare la natura più profonda delle cose, senza riuscire ad arrivare ad una conoscenza fondata e definitiva. Dopo aver constatato che su ciascuna cosa è possibile formulare indifferentemente affermazioni tra loro contrarie, Pirrone sarebbe pervenuto ad uno stallo conoscitivo insolubile[126]. Questa impostazione asistematica del pensiero non resta confinata nel dominio

---

bekämpfenden Gegenstand lächerlich macht, führt der philosophische Skeptiker die Waffe wissenschaftlicher Argumentation".

124 Al contrario, è opportuno tenere in considerazione le *"due forme diverse di scetticismo, fra loro non coincidenti, anzi spesso fra loro apertamente rivali"* (Spinelli, 2005, p. 3), che arrivano a costituire due paradigmi ben distinti. La distinzione tra le due correnti scettiche costituisce una *vetus quaestio* (Aul. Gell. 11.5.6), divenuta particolarmente sensibile a partire da Enesidemo, il quale, in reazione anti-accademica, individuava in Pirrone la figura maggiormente adeguata a rappresentare lo spirito più radicale dello Scetticismo. Vedi Sedley, 1983, pp. 9-29 e Görler, 1994, pp. 721-725 (con una ricca bibliografia).

125 Le fonti relative alla figura di Pirrone sono raccolte in Decleva Caizzi, 1981, mentre una visione d'insieme sulle questioni sollevate da questo filosofo è in Chiesara, 2003, pp. 4-14; Spinelli, 2005, pp. 3-4 e Perin, 2010. Sulla ricezione di questa figura in età imperiale vedi Bailey, 2002 e Floridi, 2002.

126 Su questo punto si consideri la testimonianza di Arist. *ap. Eus. Praep. ev.* 14.8.1-4 (= T 53 Decleva Caizzi) su cui vedi Dal Pra, 1975², pp. 61-64 e il commento di Decleva Caizzi, 1981, pp. 218-234.

della mera conoscenza teorica[127], ma sembra aver improntato uno stile di vita specifico, contraddistinto dall'inattività (la cosiddetta ἀπραξία), assurto a metodo di ricerca di uno stato di imperturbabile felicità[128].

Lo Scetticismo accademico, invece, affonda le sue radici in una linea interpretativa della figura di Socrate e del pensiero del suo discepolo Platone interna alla stessa Accademia. A partire da Arcesilao, divenuto scolarca intorno al 165 a.C., l'interesse per le sezioni aporetiche dei dialoghi platonici condusse progressivamente ad assegnare all'autore un'immagine smaccatamente scetticheggiante[129]. Sulla stessa linea interpretativa proseguì anche Carneade, acuendo la polemica antidogmatica e al contempo ridimensionando la radicalità della sospensione della facoltà di giudizio promossa dai suoi predecessori[130]. La storia dello Scetticismo accademico, a differenza del pirronismo antico, non sembra aver conosciuto soluzioni di continuità, fino al momento di svolta rappresentato dalla figura di Filone. Questi, riducendo drasticamente i tratti scettici del pensiero accademico, limitò la portata dell'ἀκαταληψία, arrivando ad ammettere una forma di conoscenza fondata sulla certezza dell'esistenza di un vero oggettivamente inconfutabile[131].

Nonostante Luciano non citi esplicitamente tutti questi esponenti scettici, nei suoi scritti e, in modo particolare, nel nostro dialogo, è necessario presupporre buona parte del *background* filosofico riconducibile ad entrambe queste correnti di pensiero[132].

Alla luce della molteplice e variegata storia dello Scetticismo antico, è possibile esaminare nel dettaglio le modalità in cui le complesse articolazioni di questa

---

127 Cfr. D. L. 9.62-64 (= T 6 e 10 Decleva Caizzi).
128 Tra i vari contributi riguardanti il nesso tra sospensione del giudizio e inabilità operativa vedi Striker, 1980, pp. 54-83 e Annas, 1998, pp. 193-220.
129 Vedi D. L. 4.28: πρῶτος ἐπισχὼν τὰς ἀποφάσεις διὰ τὰς ἐναντιότητας τῶν λόγων. πρῶτος δὲ καὶ ἐς ἑκάτερον ἐπεχείρησε, καὶ πρῶτος τὸν λόγον ἐκίνησε τὸν ὑπὸ Πλάτωνος παραδεδομένον καὶ ἐποίησε δι' ἐρωτήσεως καὶ ἀποκρίσεως ἐριστικώτερον. Cfr. Cic. *De or.* 3.67 ("*Arcesilas primum ... ex variis Platonis libris sermonibusque Socraticis hoc maxime arripuit, nihil esse certi, quod aut sensibus aut animo percipi possit*") e *Ac. post.* 1.44-45. Sulla figura di Arcesilao vedi Ioppolo, 1986, pp. 9-70 e Schofield, 1999, pp. 323-351.
130 In modo particolare, sulla figura di Carneade vedi von Arnim, 1919, coll. 1964-1985; Dal Pra, 1975², pp. 167-285 e Dorandi - Queyrel, 1994, pp. 224-227.
131 Sext. Emp. *Pyrrh. hyp.* 1.235: οἱ δὲ περὶ Φίλωνά φασιν ὅσον μὲν ἐπὶ τῷ Στωικῷ κριτηρίῳ, τουτέστι τῇ καταληπτικῇ φαντασίᾳ, ἀκατάληπτα εἶναι τὰ πράγματα, ὅσον δὲ ἐπὶ τῇ φύσει τῶν πραγμάτων αὐτῶν, καταληπτά. Su Filone vedi anche Dal Pra, 1975², pp. 301-322, mentre sulle eventuali influenze filoniane sul nostro dialogo vedi Esposito, 1995, p. 166.
132 Il nome di Carneade è presente solo in Ps.-Luc. *Macr.* 20. Su questo vedi Fuentes-González, 2005, pp. 146-147.

dottrina filosofica si trovano riflesse nell'opera del Samosatense e le peculiarità del suo approccio in apparenza non sempre coerente nei confronti della medesima dottrina di pensiero[133]. Una siffatta analisi risulta tanto più opportuna nel caso dell'*Hermotimus*, giacché è il testo in cui Luciano attraverso i discorsi di Licino rivela più esplicitamente una notevole consuetudine con il materiale scettico a sua disposizione.

Tra i vari esponenti della scuola scettica, Luciano assegna a Pirrone la posizione preminente. In *Vit. auct.* 27 l'ultima vita messa all'asta da Zeus reca il nome di Pirria, che richiama evidentemente il nome di Pirrone, percepito come la figura maggiormente rappresentativa dello Scetticismo antico[134]. Si noti che Sesto, nel riportare le differenti denominazioni dell'indirizzo filosofico scettico, cita anche quella di "pirroniano", a conferma del merito riconosciuto a Pirrone nel contesto dello Scetticismo antico[135]. Tuttavia, in epoca imperiale proprio attorno alla figura di Pirrone era sorta un'accesa polemica che vedeva schierati da un lato quanti gli riconoscevano l'autorità di maestro, dall'altro chi ravvisava il pericolo di farlo apparire latore di principi affini a quelli formulati dai filosofi dogmatici[136]. Al di là di questa controversia, i Pirronisti sono stati i primi in ordine di tempo a darsi il nome di Scettici, motivo per cui Pirrone ha potuto rappresentare gli Scettici antichi nel loro complesso, apparendo come loro autorevole πρῶτος εὑρετής[137].

Si noti, però, che Luciano non si mostra particolarmente ligio a mantenere una netta distinzione tra Pirrone o lo Scetticismo pirroniano da un lato e quello

---

133 L'indagine più ampia e approfondita su questo tema resta quella di Schwarz, 1914, preceduta (vedi Praechter, 1892) e seguita da una serie di indagini più brevi e meno sistematiche (vedi Tackaberry, 1930, pp. 51-58; Longo, 1964; Nesselrath, 1992; Esposito, 1995 e Bonazzi, 2010).
134 Sul nome attribuito al βίος scettico vedi Beaupère, 1967, vol. II, p. 137. Similmente, il nome di Pirrone ricorre anche in *Icar.* 25 (ὥσπερ ὁ Πύρρων ἐπεῖχεν ἔτι καὶ διεσκέπτετο) e *Bis acc.* 25 (ὁ Πύρρων δὲ οὐδὲ τὴν ἀρχὴν ἀνελήλυθεν ... οὐδὲν ἡγεῖται κριτήριον ἀληθὲς εἶναι), su cui si veda Braun, 1994, pp. 218-220.
135 Sext. Emp. *Pyrrh. hyp.* 1.7: ἡ σκεπτικὴ τοίνυν ἀγωγὴ καλεῖται ... καὶ Πυρρώνειος ἀπὸ τοῦ φαίνεσθαι ἡμῖν τὸν Πύρρωνα σωματικώτερον καὶ ἐπιφανέστερον τῶν πρὸ αὐτοῦ προσεληλυθέναι τῇ σκέψει. Cfr. anche D. L. 9.69-70. Su questo punto vedi Decleva Caizzi, 1981, pp. 200-204.
136 In D. L. 9.70 si tramanda che il medico scettico di orientamento empirico Teodosio (II sec. d.C.) abbia rifiutato la denominazione della scuola scettica come pirroniana, ritenendo inapprensibile il pensiero di Pirrone, salvo la manifestazione esterna della διάθεσις, ovvero lo specifico stile di vita promosso dal maestro. Nonostante non sia possibile tracciare delle linee dirette d'influenza tra questo genere di discussioni e Luciano (vedi Longo, 1964, pp. 20 ss., che arriva a considerarlo arditamente come fonte di Luciano), è un dato di fatto che il nostro autore rappresenti Pirrone come βίος scettico, senza assegnargli dottrine filosofiche specifiche.
137 Sul titolo pirroniano e le implicazioni interne alla corrente scettica vedi Giannantoni, 1981, pp. 11-34 e Burnyeat, 1987, pp. 13-43.

accademico dall'altro. Al contrario, a scorno di ogni differenziazione dottrinaria, i due rami scettici appaiono spesso indistinti e non precisamente contrassegnati nella sua opera. A questo proposito è esemplare il passo di *Icar.* 25:

> δύο γὰρ ἀνδρῶν τἀναντία εὐχομένων καὶ τὰς ἴσας θυσίας ὑπισχνουμένων οὐκ εἶχεν [scil. Zeus] ὁποτέρῳ μᾶλλον ἐπινεύσειεν αὐτῶν, ὥστε δὴ τὸ Ἀκαδημαϊκὸν ἐκεῖνο ἐπεπόνθει καὶ οὐδέν τι ἀποφήνασθαι δυνατὸς ἦν, ἀλλ' ὥσπερ ὁ Πύρρων <u>ἐπεῖχεν</u> ἔτι καὶ <u>διεσκέπτετο</u>.

Menippo sta descrivendo la situazione di incertezza in cui Zeus è stato ridotto dalle richieste degli uomini, che accompagnano le loro invocazioni con la promessa di sacrifici della medesima qualità o nella stessa quantità, al punto da rendere impossibile qualsiasi scelta. Il padre degli dei non sa quale preghiera soddisfare, al punto da sperimentare il dubbio tipico degli Accademici, astenendosi, in maniera simile a Pirrone, dal formulare qualsiasi giudizio e continuando l'esame delle supliche che gli vengono rivolte. Le distinzioni teoriche tra le due correnti scettiche appaiono così unificate efficacemente nell'esperienza concreta di Zeus, cioè nell'esercizio della sua funzione di padre degli dei. In *Ver. Hist.* 2.18 Luciano descrive tutti i filosofi presenti sull'isola dei Beati, ad eccezione degli Accademici, che non sono ancora arrivati a destinazione: dopo aver sospeso il giudizio, essi continuano a cercare, giacché non hanno ancora compreso se quell'isola esista davvero o no:

> τοὺς δὲ Ἀκαδημαϊκοὺς ἔλεγον ἐθέλειν μὲν ἐλθεῖν, <u>ἐπέχειν</u> δὲ ἔτι καὶ <u>διασκέπτεσθαι</u>· μηδὲ γὰρ αὐτὸ τοῦτό πω καταλαμβάνειν, εἰ καὶ νῆσός τις τοιαύτη ἐστίν.

Gli stessi verbi che nel passo precedente denotano la condotta di Pirrone, descrivono ora l'atteggiamento degli Accademici, i quali sospendono il giudizio, pur continuando la ricerca, in assenza di una cognizione certa e fondata della reale esistenza dell'isola.

Si noti sin da ora che la 'confusione' operata da Luciano riguarda soprattutto l'uso di termini filosofici specifici[138] che, in epoca imperiale, erano già stati assimilati dai due rami scettici. L'attribuzione del concetto di ἐποχή a Pirrone, per esempio, è attestata già in una fase antica della tradizione dossografica[139]; ciò

---

138 Vedi Bonazzi, 2010, pp. 38-39.
139 Si tratta della discussione riportata in D. L. 9.61 (= T 1A Decleva Caizzi): Πύρρων Ἠλεῖος Πλειστάρχου μὲν ἦν υἱός, καθὰ καὶ Διοκλῆς ἱστορεῖ· ὥς φησι <δ'> Ἀπολλόδωρος ἐν Χρονικοῖς, πρότερον ἦν ζωγράφος, καὶ ἤκουσε ... Ἀναξάρχου, ξυνακολουθῶν πανταχοῦ, ὡς καὶ τοῖς γυμνοσοφισταῖς ἐν Ἰνδίᾳ συμμῖξαι καὶ τοῖς Μάγοις. ὅθεν γενναιότατα δοκεῖ φιλοσοφῆσαι, τὸ τῆς ἀκαταληψίας καὶ ἐποχῆς εἶδος εἰσαγαγών, ὡς Ἀσκάνιος ὁ Ἀβδηρίτης φησίν. Cfr. anche *Suda* ε 2824 (= T 1C Decleva Caizzi). Su questo passo vedi Decleva Caizzi, 1981, p. 280.

vale anche per altri concetti formalizzati da esponenti scettici successivi, e poi attribuiti retroattivamente allo stesso Pirrone[140].

Luciano, inoltre, individua nella stasi intellettuale degli Scettici un altro tratto in comune tra le due correnti, senza preoccuparsi di una più precisa differenziazione. Anche in questo caso l'autore, lungi da qualsiasi indugio teorico, offre una rappresentazione concreta di questo tratto propriamente scettico, ricercando effetti comici esilaranti.

In *Vit. auct.* 27 Pirria/Pirrone appare sulla scena paralizzato, poiché in assenza di un solido criterio di giudizio non è in grado di prendere alcuna decisione capace di innescare un'azione concreta:

ΑΓΟΡ. Τῶν ἄλλων δὲ τί ἂν πράττοις ἐμμελῶς; ΠΥΡΡ. Τὰ πάντα πλὴν δραπέτην μεταδιώκειν.
ΑΓΟΡ. Τί δὲ τοῦτό σοι ἀδύνατον; ΠΥΡΡ. Ὅτι, ὦγαθέ, οὐ καταλαμβάνω.

Il rovescio parodico della figura di Pirrone risiede nella doppia interpretazione del verbo καταλαμβάνω che, oltre a smentire la validità della κατάληψις stoica, nella cornice concreta del dialogo si traduce nell'inabilità a catturare uno schiavo in fuga[141]. Ne deriva una situazione di *impasse*, in cui il dubbio e l'indecisione sono tali da rendere la vita scettica priva della facoltà sensitiva e sprovvista della capacità di giudizio, avvicinandola così alla condizione propria di un verme (ἄκριτός γε προσέτι καὶ ἀναίσθητος καὶ ὅλως τοῦ σκώληκος οὐδὲν διαφέρων)[142].

---

140 In Sext. Emp. *Pyrrh. hyp.* 1.3 l'ἀκαταληψία caratterizza soprattutto gli Accademici, mentre gli Scettici risultano contraddistinti dall'esercizio ininterrotto della ricerca. Al contrario, Sozione (D. L. 9.21) attribuiva questo concetto a Senofane, mentre un certo Ascanio di Abdera assegnava a Pirrone sia l'ἀκαταληψία sia l'ἐποχή (D. L. 9.61). Su questo argomento vedi Decleva Caizzi, 1981, pp. 135-136 e Long - Sedley, 1987, vol. I, p. 446.

141 Luciano gioca abilmente con il termine tecnico καταλαμβάνω, vale a dire con il concetto scettico dell'ἀκαταληψία, opposto alla καταληπτικὴ φαντασία, il principio fondamentale della gnoseologia stoica (cfr. *infra*, p. 217). Su questo argomento vedi Beaupère, 1967, vol. II, p. 140. Si veda anche l'illuminante scolio al passo (Rabe, p. 131: τὰ πάντα πλὴν δραπέτην μεταδιώκειν] τοῦτό φησιν, ἐπειδὴ ἀκαταληψίαν ἐπρέσβευεν. αὕτη δὲ ἡ ἀκαταληψία, τὸ μηδὲν ἐφικνεῖσθαι πρὸς λῆψιν ἀλλὰ πάντα διαδιδράσκειν αὐτήν, οὐδὲν εἰς γνῶσιν ἔχειν δοκεῖ. διὰ τοῦτό φησιν ὁ Πύρρων ἀδυνάτως ἔχειν δραπέτην μεταδιώκειν ἤτοι ὅτι 'τὰ τὴν γνῶσιν ἀποφυγγάνοντα οὐδὲ ἑλεῖν οἷός τέ εἰμι'). In *Ver. Hist.* 2.18 il verbo καταλαμβάνω è impiegato di nuovo in riferimento agli Accademici, i quali non riuscendo a cogliere l'esistenza dell'isola dei Beati, mancano inevitabilmente la loro meta. Su questo passo vedi Dolcetti, 1996, pp. 116-117.

142 Si consideri che Pirria compare sulla scena con delle bilance su cui sono disposti i due discorsi, l'uno a favore e l'altro contrario ad un medesimo argomento. Si tratta di una chiara allusione all'ἰσοσθένεια dei λόγοι, che è una strategia argomentativa tipicamente scettica (cfr. Sext. Emp. *Adv. math.* 1.8-12; 26 *passim*), impiegata anche da Num. fr. 27 des Places; Cic. *Ac. post.* 1.45 e Gal. *De opt. doc. gen.* CMG V 1,1, 1.1, p. 92.

Similmente, in *Bis acc.* 25 Pirrone preferisce non presentarsi in tribunale, poiché è convinto che non esista alcun criterio di giudizio adeguato a giudicare la sua causa, al punto da meritarsi la condanna in contumacia (ὁ Πύρρων δὲ οὐδὲ τὴν ἀρχὴν ἀνελήλυθεν, καὶ ἑῴκει τοῦτο πράξειν...ὅτι **οὐδὲν ἡγεῖται κριτήριον ἀληθὲς εἶναι**). L'immagine del tribunale ricorre anche in *Ver. Hist.* 2.18, là dove gli Accademici sono assenti dall'isola dei Beati perché temono la reazione di Radamanto. Dopo aver invalidato ogni criterio di giudizio, infatti, essi hanno precluso al giudice dell'Ade l'uso degli strumenti con cui vagliare le anime dei morti, attirandosi inevitabilmente il suo sdegno (ἄλλως τε τὴν ἐπὶ τοῦ Ῥαδαμάνθυος, οἶμαι, κρίσιν ἐδεδοίκεσαν, ἅτε καὶ τὸ κριτήριον αὐτοὶ **ἀνῃρηκότες**)[143]. Ancora una volta, Luciano fonde le due correnti dello Scetticismo antico non tanto sul piano della disquisizione teorica, bensì nel contesto di situazioni drammaticamente efficaci, che innalzano il livello di ἐνάργεια del testo e favoriscono un ribaltamento parodico dei singoli concetti filosofici.

Anche nell'*Hermotimus* la mescolanza di contenuti filosofici pirroniani ed accademici elude i termini del dibattito astratto e prende corpo nella figura concreta di Licino, il quale impiega liberamente nei suoi discorsi un'ampia gamma di dispositivi scettici in risposta agli argomenti addotti dall'aspirante stoico. In modo particolare, Licino accosta con estrema disinvoltura elementi propri della tradizione neopirroniana (soprattutto i tropi) a concetti (§§ 66 εἰκός e 68 ἄδηλον) e metodi argomentativi (§§ 32, 38 e 49: *disputatio in utramque partem*) tipici dello Scetticismo accademico[144], senza indulgere in nessuna distinzione specifica.

Dal momento che non è possibile dimostrare che Luciano disponesse di una conoscenza diretta di tutte le vicende dello Scetticismo pirroniano e accademico, è opportuno considerare di volta in volta gli elementi dottrinari che affiorano nel tessuto delle opere, nonché la funzione che essi svolgono in ogni singolo contesto. Luciano evita di citare direttamente figure scettiche filosoficamente, oltre che istituzionalmente, ben definite, quali potevano essere gli esponenti Accade-

---

143 La discussione relativa al criterio di giudizio, ossia il principio in base al quale discernere la verità, costituisce un argomento centrale nello sviluppo del nostro dialogo. Su questo tema, di grande rilievo non solo all'interno della scuola scettica, ma anche presso altre correnti filosofiche antiche, vedi la ricostruzione dettagliata di Striker, 1974 e Doty, 1992. Sulla sua presenza in Luciano vedi Tackaberry, 1930, p. 54, n. 345 ("*the question of the criterion of knowledge was the great problem of post-Aristotelian philosophy and the crux of the controversy between the Stoa and Scepticism*").

144 Per una trattazione più dettagliata di questi argomenti si rimanda al commento ai rispettivi paragrafi del dialogo, in cui sono forniti maggiori riferimenti bibliografici. Una visione d'insieme è presente in Nesselrath, 1992, pp. 3474-3479; Esposito 1995, pp. 171-173 e Bonazzi, 2010, pp. 38-40.

mici[145]. L'Accademia, infatti, si caratterizzava per un apparato di contenuti precisamente definito, nonché per un metodo filosofico di gran lunga più sistematico rispetto a quello attribuito all'indirizzo pirroniano[146]. Licino –vale a dire, in questo caso, la maschera di Luciano– fa proprio di queste peculiarità del metodo accademico il bersaglio della sua deformazione parodica, benché in taluni passi non esiti a servirsene in chiave dialettica per dare forza argomentativa alla sua critica antidogmatica[147].

Al contrario, Luciano non allude mai ad una corrente 'pirroniana', ma fa riferimento alla sola figura di Pirrone, rappresentante di un τρόπος βίου, ovvero di un modello di vita sottoposto ad un meditato ribaltamento comico-parodico. L'autore si rifà probabilmente ad una tradizione dossografica attestata da Diogene Laerzio, ma sicuramente più antica, in cui è messa in discussione la legittimità di considerare lo Scetticismo pirroniano come una vera scuola filosofica. In particolare, la mancanza di coerenza tra le dottrine trasmesse, costituisce il motivo centrale per la riduzione dello Scetticismo pirroniano a semplice stile di vita[148]. Anche il Cinismo era stato percepito dai dossografi antichi come mero

---

145 Vedi *Demon.* 14 (ἐὰν Ἀριστοτέλης με καλῇ ἐπὶ τὸ Λύκειον, ἕψομαι· ἂν Πλάτων ἐπὶ τὴν Ἀκαδημίαν, ἀφίξομαι· ἂν Ζήνων, ἐν τῇ Ποικίλῃ διατρίψω); *Icar.* 21 (μὴ δυνατόν ἐστί μοι κατὰ χώραν μένειν, ἢν μὴ ... τὴν Στοὰν κατασκάψῃ καὶ τὴν Ἀκαδημίαν καταφλέξῃ καὶ παύσῃ τὰς ἐν τοῖς περιπάτοις διατριβάς); *Pisc.* 52 (ποῖ δὲ καὶ πρῶτον ἀπιέναι δεήσει; μῶν εἰς τὴν Ἀκαδημίαν ἢ εἰς τὴν Στοάν; <ἢ> ἀπὸ τοῦ Λυκείου ποιησώμεθα τὴν ἀρχήν;); *Par.* 27 (ἑτέρως μὲν γὰρ Ἐπικούρῳ δοκεῖ τὰ πράγματα ἔχειν, ἑτέρως δὲ τοῖς ἀπὸ τῆς Στοᾶς, ἑτέρως δὲ τοῖς ἀπὸ τῆς Ἀκαδημίας, ἑτέρως δὲ τοῖς ἀπὸ τοῦ Περιπάτου, καὶ ἁπλῶς ἄλλος ἄλλην ἀξιοῖ τὴν φιλοσοφίαν εἶναι); *Dial. mer.* 10.2. Sull'Accademia in età imperiale vedi Glucker, 1978, pp. 256 ss. e Opsomer, 1998, pp. 9-26.

146 L'intera scena in *Bis acc.* 15-17 è strutturata su un'esilarante rappresentazione del metodo accademico della *disputatio in utramque partem*, storicamente legata alla figura di Carneade. Celebre è l'episodio secondo cui Carneade nel 155 a.C., in occasione di un'ambasceria a Roma, avrebbe pronunciato un discorso a favore ed uno contrario alla giustizia. Cfr. Cic. *De rep.* 3.6-7; *Ac. post.* 1.45-46 e *De or.* 3.67-68. Vedi anche D. L. 4.28 (Ἀρκεσίλαος ... τῆς μέσης Ἀκαδημείας κατάρξας, πρῶτος ἐπισχὼν τὰς ἀποφάσεις διὰ τὰς ἐναντιότητας τῶν λόγων. πρῶτος δὲ καὶ ἐς ἑκάτερον ἐπεχείρησε) e Sext. Emp. *Pyrrh. hyp.* 1.232-234. Sul valore antistoico di questo procedimento dialettico vedi Cic. *Ac. pr.* 2.76-78 e Sext. Emp. *Adv. math.* 7.150-158.

147 Sui vari elementi accademici presenti in Luciano vedi Schwarz, 1914, soprattutto p. 14 in cui l'autore sostiene che "*ob Lukian auf Karneades selbst etwa in der Überlieferung des Kleitomachos zurückgegangen ist, oder ob eine Mittelquelle anzunehmen ist, wird sich mit Sicherheit kaum entscheiden lassen*". Cfr. anche le considerazioni di Tackaberry, 1930, pp. 55-58 ed Esposito, 1995, pp. 168-170.

148 Si noti che il peripatetico Aristocle di Messene (I sec. a.C. - I sec. d.C.) si rifiutava di considerare lo Scetticismo come una vera scuola filosofica, poiché gli sembrava privo dei requisiti

modello di vita, motivo per cui risulta escluso dai vari cataloghi di αἱρέσεις[149]. In Luciano, infatti, né il Cinismo né lo Scetticismo vengono mai considerati nei termini di correnti filosofiche propriamente dette, bensì come βίοι esemplari, contrassegnati da peculiarità inconsuete, se non eccentriche, e slegati da un complesso dottrinario specifico[150]. Si capisce, dunque, il motivo per cui Luciano, nell'atto di passare in rassegna le varie scuole di pensiero, escluda questi due indirizzi, lontani dall'essere percepiti nei termini di scuole istituzionalizzate dotate di un sistema dogmatico definito[151].

L'uso indistinto e apparentemente farraginoso delle fonti scettiche, che si manifesta con maggiore rilievo nelle argomentazioni di Licino, meglio si spiega nel contesto storico ove Luciano si trova ad operare[152]. In epoca imperiale è ampiamente testimoniata la tendenza ad accomunare le due correnti scettiche[153],

---

minimi per essere paragonato ad una qualsiasi corrente di pensiero (Aristocl. fr. 4.30 C). Su questo argomento vedi Trabucco, 1960 e Chiesara, 2003, pp. 135-136.
149 A questo proposito vedi D. L. 6.103 e Ps.-Gal. *Hist. phil.* 3, p. 602, 5 Diels. Cfr. Goulet-Cazé, 1986, pp. 28-29. Invece, sulle relazioni tra Luciano e il Cinismo vedi Nesselrath, 1998 e Fuentes-González, 2009.
150 In realtà, anche nelle fonti scettiche la designazione dello Scetticismo in termini di αἵρεσις può essere intesa non tanto come assenso ad un insieme compatto di dottrine filosofiche, bensì come assunzione di uno stile di vita ispirato alla sospensione del giudizio (D. L. 1.20: ἔνιοι δὲ κατά τι μὲν αἵρεσιν εἶναί φασιν αὐτήν, κατά τι δὲ οὔ. δοκεῖ μὲν γὰρ αἵρεσις εἶναι· αἵρεσιν δὲ λέγομεν, φασί, τὴν λόγῳ τινὶ κατὰ τὸ φαινόμενον ἀκολουθοῦσαν ἢ δοκοῦσαν ἀκολουθεῖν· καθ' ὃ εὐλόγως ἂν αἵρεσιν τὴν Σκεπτικὴν καλοῖμεν. εἰ δὲ αἵρεσιν νοοῖμεν πρόσκλισιν δόγμασιν ἀκολουθίαν ἔχουσιν, οὐκέτ' ἂν προσαγορεύοιτο αἵρεσις· οὐ γὰρ ἔχει δόγματα). In termini molto simili si esprime anche Sext. Emp. *Pyrrh. hyp.* 1.16-17, con l'obiettivo di difendere lo statuto filosofico della propria setta, pur preservandone il carattere antidogmatico. Tuttavia, anche Sesto non considera Pirrone alla stregua di un maestro, bensì come modello di saggezza, evitando così di riconoscersi in qualsiasi forma di dogmatismo dottrinario. A tal proposito vedi anche Decleva Caizzi, 1981, p. 201; Bonazzi, 2003, p. 35 e Pellegrin, 2010, pp. 120-142.
151 Cfr. *Herm.* 14-15. Vedi anche *Nec.* 4; *Symp.* 34 e *Par.* 52. Sull'elenco delle scuole filosofiche in Luciano vedi Nesselrath, 1985, p. 362.
152 Si noti che la mescolanza tra i due indirizzi scettici è denunciata anche da uno degli scoliasti al testo di Luciano, che avverte come inopportuno l'amalgama realizzato dall'autore (Schol. ad *Icar.* 25, Rabe, p. 108: οὐκ ἀκριβῶς τὴν Ἀκαδημίαν τοῖς Πυρρωνείοις ἤτοι Ἐφεκτικοῖς ἀπονέμεις, Λουκιανέ· ἀντιδιαστέλλονται γὰρ τούτοις οἱ ἐξ Ἀκαδημίας, ὡς αὐτῶν ἔστιν ἐκείνων τῶν Πυρρωνείων ἀκοῦσαι ἐν ταῖς Ὑποτυπώσεσιν. ἔπασχον γοῦν τοῦτο ὑπὸ τῆς ἰσοσθενείας τῶν ἀντιπάλων λόγων οὐκ ἔχοντες, ὁποτέρῳ παράσχοιεν αὐτοὺς εἰς συγκατάθεσιν).
153 Oltre a Luciano, sono numerosi gli autori di età imperiale che sembrano confondere o assimilare lo scetticismo accademico a quello pirroniano. Basti ricordare Favorino (fr. 26 Barigazzi e 32 Amato); Epict. *Diss.* 1.27.2 e 15; Gal. *De opt. doc. gen.* (= Fav. frr. 33-34 Amato) e *De animi cuiusl. pecc. dign. et cur.* CMG V 4,1,1, 1.6, p. 42; Phil. *Quaest. in Gen.* 3.33 e Sen. *Ep.* 88.44. Sulle

fino a casi estremi in cui Pirrone assurge a fondatore della corrente accademica[154]. Non a caso, Sesto Empirico, raccogliendo il materiale scettico pirroniano a sua disposizione, avrebbe cercato di preservare l'identità di questo indirizzo, affinché non venisse irrimediabilmente confuso con l'altra tendenza scettica[155]. Sull'altro fronte, gli affiliati dogmatici dell'Accademia platonica, avvertendo ormai come compiuta l'identificazione degli Accademici con un orientamento filosofico marcatamente scettico, avrebbero assunto il termine di Platonici, rivendicando un rapporto diretto con la dottrina genuina del proprio caposcuola[156]. È questa la ragione per cui nei testi di Luciano il filosofo pirroniano non viene nettamente distinto dall'accademico, mentre quest'ultimo è chiaramente differenziato dal platonico, ovvero il dogmatico medioplatonico.

Per concludere, i fattori che possono aver indotto Luciano alla mescolanza delle due correnti scettiche possono essere così riassunti: l'avversione verso ogni vana pedanteria linguistica e concettuale, che accomuna entrambi gli indirizzi scettici; l'evanescenza della corrente scettica pirroniana, e infine la tendenza ad assimilare i due rami scettici seguendo un'attitudine diffusa negli ambienti della Seconda Sofistica.

Alla luce del quadro storico-filosofico cursoriamente tracciato, è dunque legittimo chiedersi quali possano essere state le fonti scettiche che hanno influenzato maggiormente Luciano, benché resti preclusa una risposta univoca, che identifichi un modello preciso. Nella *Quellenforschung* lucianea, a parte proposte

---

numerose fonti che riportano questo dibattito vedi Mansfeld, 1995, p. 245, n. 42 e Bonazzi, 2003, p. 42, n. 92, da cui dipendono alcune osservazioni espresse in questa sede.
154 Hipp. *Philos. Prooem.* p. 553 Diels (= 82 Decleva Caizzi), che attribuisce a Pirrone anche l'argomentazione pro e contro un qualsiasi oggetto di discussione e la sospensione del giudizio. Sulla testimonianza di questo autore cristiano della prima età imperiale vedi Decleva Caizzi, 1981, pp. 280-281; Cerrato, 2002 (per un quadro d'insieme esaustivo sull'autore e sulla rilevanza dei suoi testi) e Bonazzi, 2003, pp. 41-42.
155 Vedi soprattutto Sext. Emp. *Pyrrh. hyp.* 1.220-222 e 226-235, in cui sono elencati dettagliatamente gli elementi distintivi del ramo scettico rispetto a quello accademico. Cfr. Natorp, 1883, p. 32, che attribuisce questa sezione ad Enesidemo. Sesto, infatti, si riallaccia alla discussione avviata da Enesidemo (I sec. a.C.), il quale si era impegnato a distinguere le peculiarità proprie dello Scetticismo pirroniano da quelle dell'indirizzo accademico, a suo parere solo superficialmente scettico, ma in realtà radicato nel dogmatismo platonico.
156 Come rileva Bonazzi, 2003, p. 210, Luciano è sorprendentemente una delle prime fonti a parlare di filosofi 'Platonici' (in *Herm.* 16 si parla di Πλατωνικοί). È proprio all'epoca in cui opera il nostro autore che risalgono le prime attestazioni di una Πλατωνικὴ αἵρεσις, a conferma della necessità di dare una corretta definizione agli esponenti del nuovo platonismo. Ancora una volta, Luciano testimonia un fenomeno proprio del suo tempo, rivelando una sensibilità filosofica non solo superficialmente satirica. Vedi *infra*, pp. 264-265.

meno significative[157], l'ipotesi che ha goduto di un certo successo è quella che ha individuato in Favorino il punto di riferimento di maggiore rilievo per gli aspetti scettici dell'autore. Si tratta di un sofista e filosofo contemporaneo di Luciano, cui l'autore stesso fa riferimento esplicito nelle sue opere, presumibilmente propenso ad assimilare le due correnti scettiche: sono queste le ragioni che, insieme ad altre meno decisive, hanno indotto ad intravedere in Favorino uno dei punti di riferimento più importanti per i dialoghi filosofici lucianei e, in modo particolare, per l'armamentario scettico dispiegato nell'*Hermotimus*.

1.6 Luciano e Favorino

1. I riferimenti alla figura di Favorino nel *corpus* di Luciano sono caratterizzati da una particolare avversione, diretta non solo verso talune velleità dottrinarie del retore, definito sprezzantemente πολυμαθής[158], ma anche verso alcune sue peculiarità fisiche, secondo un gusto comico-satirico che non disdegna accenni sarcastici[159]. Tuttavia, come spesso accade in Luciano, dietro i toni apertamente ostili non è impossibile che si celi anche una certa inclinazione favorevole nei confronti del suo bersaglio critico, abilmente dissimulata sotto le forme di un reboante

---

157 Un quadro d'insieme degli studi è in Esposito, 1995, pp. 177-180 e Bonazzi, 2010, pp. 41-43. Ci si limita in questa sede ad accennare alle due proposte minori, vale a dire un modello menippeo, probabilmente di derivazione varroniana (Fritzsche, 1868, pp. 9-12), ed uno scettico, individuato in un certo Teodosio (II sec. d.C.), una figura in realtà molto evanescente (vedi *supra*, p. 31, n. 136), che sembra essersi schierato a favore di un'interpretazione unitaria delle due correnti scettiche antiche (Longo, 1964, pp. 29-34). Entrambe queste ipotesi non si fondano su testimonianze testuali solide, ragione per cui sono destinate a rimanere poco più che suggerimenti (sui rapporti ambigui tra Luciano e la tradizione menippea vedi McCarthy, 1934, pp. 3-5, mentre rispetto a Timone di Fliunte vedi Pratesi, 1985, pp. 40-68).
158 Vedi *Demon.* 12 e *Herc.* 4 (Κελτὸς δέ τις παρεστὼς οὐκ ἀπαίδευτος τὰ ἡμέτερα, ὡς ἔδειξεν ἀκριβῶς Ἑλλάδα φωνὴν ἀφιείς, φιλόσοφος, οἶμαι, τὰ ἐπιχώρια). L'identificazione, in quest'ultimo passo, dell'anonimo celta con Favorino è stata avanzata da Amato, 2004, mentre Lapini, 2006, pur respingendo l'identificazione con Favorino, riscontra nell'operetta lucianea la presenza di materiale favoriniano. Sulla base di questi risultati, è chiaro che Luciano disponesse di una conoscenza non superficiale della figura e dell'opera del retore di Arles, il che ha una certa rilevanza ai fini del presente studio.
159 Vedi *Eun.* 7, in cui a sostegno dell'esercizio della filosofia da parte delle donne viene citato anche l'accademico eunuco, di origine celta, vale a dire Favorino, che avrebbe riscosso grande fama tra i Greci (παρήγοντο Ἀσπασία καὶ Διοτίμα καὶ Θαργηλία συνηγορήσουσαι αὐτῷ, καί τις Ἀκαδημαϊκὸς εὐνοῦχος ἐκ Κελτῶν, ὀλίγον πρὸ ἡμῶν εὐδοκιμήσας ἐν τοῖς Ἕλλησιν. Cfr. *ivi* 10). Al contrario, in *Demon.* 12-13 Demonatte si prende gioco dell'aspetto effeminato di Favorino, ritenendolo un elemento inopportuno per l'esercizio della filosofia.

umorismo polemico[160]. È opportuno verificare, dunque, se Luciano conoscesse nei dettagli la posizione assunta da Favorino nel panorama culturale del tempo e se ne condividesse, anche solo parzialmente, i contenuti. L'ipotesi di possibili relazioni tra Luciano e Favorino risale a Schwarz[161], che riteneva di aver individuato importanti analogie tra i due autori a livello di contenuti filosofici e aspetti formali. Questa ipotesi è stata alternativamente approvata o rigettata negli studi successivi[162], fino ad essere accreditata anche in tempi più recenti, seppur continui a mancare un esame puntuale degli eventuali elementi in comune tra i due autori sulla base delle fonti favoriniane a nostra disposizione.

Come nota preliminare occorre rilevare che sia Favorino che Luciano, pur provenendo da zone periferiche dell'impero, sono riusciti ad appropriarsi pienamente del patrimonio culturale greco, nonché ad accedere ai livelli più alti dell'ambiente intellettuale del tempo, guadagnandosi una notevole fama di abili declamatori e di retori esperti. Tuttavia, a differenza di Luciano, la formazione di Favorino sembra essere stata improntata maggiormente allo studio della filosofia, benché nella sua fase iniziale abbia avuto un'inclinazione prevalentemente retorica[163].

Al netto di un certo eclettismo che pure caratterizza la figura di Favorino[164], egli viene collocato solitamente tra i ranghi dell'Accademia scettica, con un profilo che lo stesso retore-filosofo sembra convalidare, dichiarandosi fedele alla

---

160 Sulla base dei passi appena citati, dove traspare una certa ostilità verso Favorino, Fritzsche, 1869, p. XXXIV, esclude che vi siano i margini per una considerazione positiva di questa figura da parte di Luciano. Al contrario, già Praechter, 1892, p. 293, n. 23 riteneva l'apparente avversione di Luciano nei confronti di Favorino insufficiente ad escluderne un velato apprezzamento.
161 Schwarz, 1914, pp. 59-61.
162 L'idea di possibili contatti tra questi autori era stata timidamente formulata com'è stato già detto, da Praechter, 1892, accolta con favore da Helm, 1902, col. 1744, ma negata successivamente da Caster, 1937, p. 62 e Longo, 1964, pp. 29-34. Più recentemente, questa ipotesi è ritornata preponderante con Esposito, 1995, mentre Nesselrath, 1992, p. 3477 assume una posizione meno marcata e da ultimo Bonazzi, 2010, p. 42 contempla Favorino tra le fonti di Luciano, senza riconoscergli nessun rilievo particolare.
163 Cfr. T 2 Amato (= *Suda* φ 4: φιλοσοφίας μεστός, ῥητορικῇ δὲ μᾶλλον ἐπιθέμενος). Favorino stesso si dichiara filosofo (*Cor.* 26 Barigazzi), ma questa denominazione gli viene attribuita anche da Gellio (T 27 Amato), Luciano (T 65 e 67-68 Amato) e Filostrato (T 1 Amato). Su questo argomento vedi Amato, 2005, p. 155, n. 447, che riporta numerose altre fonti.
164 Sull'eclettismo di Favorino vedi Amato, 2005, pp. 167-176, mentre sul medesimo fenomeno nel più ampio contesto culturale dell'età imperiale vedi Donini, 1988, pp. 15-33. In Luciano è esemplare il caso di Demonatte (*Demon.* 5-6), su cui si veda almeno Cancik, 1984; Clay, 1994, pp. 3425-3429 e Beck, 2016.

dottrina accademica e astenendosi dal formulare qualsiasi giudizio[165]. In coerenza con la sua impostazione scettica, Favorino avrebbe contribuito attivamente alla controversia antistoica, fino a scontrarsi apertamente con i maggiori esponenti contemporanei della Stoà. Più specificamente, Favorino avrebbe attaccato soprattutto il criterio stoico della conoscenza, individuato nella fantasia catalettica, che dovrebbe assicurare uno stabile fondamento all'ἐπιστήμη[166]. Per gli Stoici, infatti, la fantasia catalettica rappresentava lo strumento più appropriato, oltre che infallibile, per giungere ad una conoscenza vera e indubitabile, facendo di loro i filosofi più dogmaticamente inflessibili tre le varie correnti di pensiero esistenti[167].

In risposta a questa dottrina, Favorino si sarebbe avvalso delle argomentazioni proprie dell'Accademia di Arcesilao arrivando a sostenere, almeno in un primo momento, che non ci siano metodi o criteri di giudizio validi per acquisire una conoscenza fondata, cosicché tutto, in quest'ottica, è destinato a rimanere incomprensibile. In questa posizione sembra potersi riconoscere non solo una marcata acquisizione di tratti scettici, ma anche l'adozione di toni polemici, che portarono Favorino ad affrontare Epitteto in una celebre controversia[168].

---

165 Emblematica è la testimonianza tramandata in T 37 Amato (= Aul. Gell. 20.1.9), là dove Favorino, discutendo con Sesto Cecilio l'Africano sulle dodici Tavole, pare aver affermato: *"noli ex me quaerere, quid ego existumem. Scis enim solitum esse me pro disciplina sectae, quam colo, inquirere potius quam decernere"*.
166 Dalle fonti in nostro possesso sembra che Favorino avesse scritto un Περὶ τῆς καταληπτικῆς φαντασίας, in cui avrebbe dimostrato che non esiste nessuna fantasia così vera da poter essere distinta nettamente da un'altra falsa. Si noti che Galeno parla dell'opera di Favorino in tre libri riferendo che, in virtù di un'efficace argomentazione, vi sarebbe stata dimostrata l'inconsistenza del criterio stoico di verità (*De opt. doc. gen.* CMG V 1,1, 1.3, p. 94: ὥστε καὶ τρία βιβλία γράψας, ἓν μὲν πρὸς Ἀδριανόν, ἕτερον δὲ πρὸς Δρύσωνα καὶ τρίτον πρὸς Ἀρίσταρχον, ἅπαντα 'Περὶ τῆς καταληπτικῆς φαντασίας' ἐπέγραψε, καὶ καθ' ὅλα γε αὐτὰ γενναίως ἀγωνίζεται πειρώμενος ἐπιδεικνύναι τὴν καταληπτικὴν φαντασίαν ἀνύπαρκτον). Su questo argomento vedi Barigazzi, 1966, pp. 190-191; Holford-Strevens, 1997, pp. 212-217 e Amato, 2005, pp. 181-183.
167 Si tratta di un'impressione corrispondente ad un determinato oggetto e che non può che provenire da questo, comprovata dal sigillo della facoltà razionale (D. L. 7.54). Benché Licino si faccia portavoce di numerose dottrine scettiche, egli evita di impiegare altri termini scettico-accademici, concepiti in alternativa alla fantasia catalettica stoica. Si pensi all'εὔλογον di Arcesilao (cfr. Frede, 1984) e al πιθανόν di Carneade (cfr. Bett, 1989), che consentivano di salvaguardare una forma, anche minima, per quanto non dogmaticamente fondata, di conoscenza. In generale, si veda Long, 1980, pp. 161-174.
168 Favorino scrisse un Πρὸς Ἐπίκτητον, pervenutoci solo in forma frammentaria (fr. 35 Amato). All'interno di una cornice dialogica, Favorino avrebbe messo in scena una conversazione tra Epitteto, schierato a favore della tesi stoica, ed uno schiavo di Plutarco, portavoce della prospettiva scettico-accademica. Galeno, in seguito, rispondendo a Favorino, avrebbe scritto un

Quest'ultimo, facendosi fautore della dottrina stoica, era fermamente convinto della possibilità di giungere alla verità grazie ai criteri di giudizio forniti dalla natura, senza i quali, a suo parere, non sarebbe immaginabile neppure la più semplice azione, ragione per cui rappresentava i suoi avversari Scettici come ἀποκεκωφωμένοι e ἀποτετυφλωμένοι (*Diss.* 2.20.37)[169].

Quali che siano stati i termini precisi di questa polemica, Favorino cercò di trovare una soluzione originale al problema della conoscenza entro il perimetro dello Scetticismo antico. Insistendo ripetutamente sul concetto di "probabile" (πιθανόν), Favorino lo pose al centro della sua riflessione[170], temperando così il tratto più intransigente del pensiero scettico, quello cioè che preclude ogni possibilità di pervenire a qualsiasi conoscenza sicura[171]. In tal modo Favorino sarebbe riuscito a mitigare la rigidità negativa dell'ἀκαταληψία, fondendo ingegnosamente il probabilismo di Carneade[172], il fallibilismo di Filone[173] e la necessità di ricorrere a un linguaggio non assertivo in senso pirroniano. Inoltre, Favorino, consapevole dei punti che accomunavano[174] e di quelli che distinguevano gli Accademici dai Pirroniani[175], avrebbe cercato di trovare una via differente, onde potesse evincersi che la sua filosofia, pur lanciando una sfida contro le varie pretese dogmatiche, non si ostinava nella prosecuzione di queste polemiche, ma mostrava invece una certa apertura verso ciò che appariva persuasivo, benché non

---

Ὑπὲρ Ἐπικτήτου πρὸς Φαβωρῖνον ἕν a difesa del filosofo stoico (*De libr. propr.* 11 Boudon-Millot). Su queste opere perdute vedi Hirzel, 1895, vol. I, p. 123 e Barigazzi, 1966, pp. 191-192.

169 Cfr. Epict. *Diss.* 1.5. In *Vit. auct.* 27 Luciano rappresenta il βίος scettico sordo e cieco, incapace di giudicare e di sentire, e dunque non molto diverso da un verme (vedi *supra*, p. 33). Su questa rappresentazione vedi Beaupère, 1967, vol. II, pp. 136-143 e Solitario, 2017, pp. 136-140.

170 Si vedano le testimonianze raccolte da Bonazzi, 2003, p. 164, n. 67 e Amato, 2005, p. 189, n. 560, che dipende parzialmente dal primo.

171 Gal. *De opt. doc. gen.* CMG V 1,1, 1.3, p. 92: εἴρηκε πιθανὸν ἑαυτῷ φαίνεσθαι, μηδὲν εἶναι καταληπτόν.

172 Sulla distinzione tra il probabilismo di Carneade e quello di Favorino, nonché della Quarta Accademia, vedi Esposito, 1995, p. 165. Vedi le indicazioni bibliografiche *supra*, p. 40, n. 167.

173 Sulla posizione di Filone vedi Glucker, 1978, pp. 13-91 e Tarrant, 1985, pp. 96 ss. Sulla dipendenza di Favorino dalla Quarta Accademia vedi Bonazzi, 2003, p. 164, n. 66.

174 Fav. fr. 26 Barigazzi (= Aul. Gell. 11.5.6): "*utrique enim* σκεπτικοί, ἐφεκτικοί, ἀπορητικοί *dicuntur, quoniam utrique nihil adfirmant nihilque comprehendi putant*". A tal proposito si veda Bett, 2017, pp. 553-554.

175 Fav. fr. 26 Barigazzi (= Aul. Gell. 11.5.8): "*cum haec consimiliter tam Pyrronii dicant quam Academici, differre tamen inter sese et propter alia quaedam et vel maxime propterea existimati sunt, quod Academici quidem ipsum illud nihil posse comprehendi quasi comprehendunt et nihil posse decerni quasi decernunt, Pyrronii ne id quidem ullo pacto verum videri dicunt, quod nihil esse verum videtur*". Su questo passo sono utili le considerazioni di Glucker, 1978, pp. 290-291 e Opsomer, 1998, p. 238.

dotato della solidità argomentativa di una conoscenza scientificamente fondata[176].

Ricapitolando, la discussione sulla conoscenza, che ritorna particolarmente accesa nel II e III secolo, vedeva da un lato Stoici ed Epicurei, certi di poter arrivare alla verità, e dall'altro gli Scettici, che negavano l'esistenza di qualsiasi parametro di valutazione efficace, impedendo così ogni possibile discernimento del vero dal falso[177]. Del resto, a questa discussione sembrano aver dato il proprio contributo anche i filosofi medioplatonici[178], tanto che il tema della conoscenza sembra essere stato un argomento alla moda, al centro dell'attenzione di pressoché tutte le scuole di pensiero[179].

---

176 Bonazzi, 2003, pp. 163-164.
177 Sext. Emp. *Pyrrh. hyp.* 2.18 e *Adv. math.* 7.47. Sui termini di questa complessa discussione filosofica vedi Annas, 1980, pp. 84-104; Brunschwig, 1988, pp. 145 ss. e Vogt, 2006. Alla luce delle accuse scettiche, si comprende la ragione per cui il criterio è concepito non più solo come "*Urteilsmittel*" della verità, bensì come suo "*Beweismittel*", poiché permette di comprendere "*wie man zwischen wahren und falschen Eindrücken unterscheiden könne*" (Striker, 1974, p. 84).
178 Sulla partecipazione dei medioplatonici alla ricerca della verità vedi Opsomer, 1998, pp. 21-26; Brittain, 2007, pp. 297-315 e Bonazzi, 2015, pp. 339-357. Tra i vari esponenti intervenuti in questa *querelle* non è possibile prescindere dalla testimonianza dell'Anonimo commentatore del *Theaetetus* di Platone (II sec. d.C., ma sulla datazione incerta di quest'opera vedi Bastianini - Sedley, 1995, pp. 254-256; Dillon, 1977, pp. 270 ss. e Bonazzi, 2003, pp. 181-182). Il dibattito si svolge proprio intorno al tema della conoscenza e, in modo particolare, intorno al criterio di giudizio che è "*at the core of the epistemological debate between and within the Hellenistic schools*" (Opsomer, 1998, pp. 37-38). L'Anonimo, infatti, sostiene che il κριτήριον sia ciò "[δ]ι' οὗ κ[ρίν]ομεν ὡς ὀρ[γ]άν[ο]υ. [δ]εῖ γὰρ ἔχειν ὧι κρ[ι]νοῦμεν τὰ πράγματα, ε[ἶ]τα ὅταν ἀκρι[ι-]βὲς ἦι τοῦτο, ἡ τῶν καλῶς κριθέντων μόν[νι]μος παραδοχὴ [γί-][γνετα]ι ἐπισ[τήμη]" (*In Theaet.* 2.23-32). Cfr. Tarrant, 2000, pp. 167-170 e Bonazzi, 2013, pp. 312 ss. In generale, sono utili anche i lavori di Witt, 1937, p. 48 e Striker, 1981, p. 103. Tracce del dibattito relativo a questi due criteri affiorano anche in D. L. 1.21, che menziona il criterio d'agente (τὸ ὑφ' οὗ) e quello strumentale (τὸ δι' οὗ), utili per discernere la verità dal falso.
179 Si noti che Galeno, intervenendo a difesa di Epitteto (vedi *supra*, pp. 40-41, n. 168), sembra aver contestato a Favorino una certa contraddizione nelle sue teorie. Questi, infatti, nello scritto intitolato Πλούταρχος ἢ περὶ τῆς Ἀκαδημίας avrebbe affermato che vi sia qualcosa di conoscibile con sicurezza, tradendo un certo intento polemico verso il suo avversario (Gal. *De opt. doc. gen.* CMG V 1,1, 1.3, p. 92: ἀλλ' ἐν τούτῳ μὲν εἴρηκε πιθανὸν ἑαυτῷ φαίνεσθαι, μηδὲν εἶναι καταληπτόν, ἐν δὲ τῷ Πλουτάρχῳ συγχωρεῖν ἔοικεν εἶναί τι βεβαίως γνωστόν), mentre nell'*Alcibiades* avrebbe dato espressione alla punta più avanzata del suo scetticismo, tanto da dichiarare che nemmeno il sole può essere compreso razionalmente (Gal. *De opt. doc. gen.* CMG V 1,1, 5.3, p. 108: ὁ θαυμαστὸς Φαβωρῖνος ... ἐν ὅλον γράψας βιβλίον, ἐν ᾧ δείκνυσι, μηδὲ τὸν ἥλιον εἶναι καταληπτόν). La forzatura operata da Galeno sul pensiero di Favorino è resa evidente dall'uso di ἔοικε, come sottolineano Ioppolo, 1993, p. 191, n. 32 e Opsomer, 1998, p. 228. Sulla discussione di questo passo vedi Barigazzi, 1966, pp. 176-177; Ioppolo, 1993, pp. 196-198; Bonazzi, 2003, pp. 163-164 e Amato, 2005, pp. 187-188. Il tema della conoscenza è anche al centro

È probabile che Luciano fosse a conoscenza di questo dibattito e almeno a grandi linee delle posizioni assunte dai vari esponenti[180]. Nel contesto di una controversia così accesa, l'*Hermotimus* affronta proprio il problema della conoscenza e del criterio di giudizio, dominante nella discussione filosofica contemporanea, che troverebbe così un certo riverbero nelle maglie costitutive del nostro dialogo. Resta perciò almeno plausibile come ipotesi di lavoro chiedersi se Luciano intendesse offrire, nella maniera a lui più congeniale, una risposta serio-comica alle tematiche ampiamente dibattute nella temperie filosofico-culturale del suo tempo, che, come s'è visto, risulta conoscere in termini non così superficiali come gli è stato imputato da una tanto lunga quanto pregiudiziale corrente di studi[181].

Nell'*Hermotimus*, benché non trovino spazio i concetti tecnici di questa polemica, né tantomeno ricorra la parola κριτήριον[182], il criterio di verità costituisce il nucleo centrale della discussione, inteso come uno strumento capace di operare un netto discrimine tra vero e falso[183]. Sin dall'inizio della discussione, infatti, Licino, interrogando il suo interlocutore sulle ragioni della sua scelta in favore dello Stoicismo, gli chiede ripetutamente di illustrargli il criterio che lo avrebbe condotto alla sua decisione[184]. In particolare, il dialogo si concentra sulla disamina di tre criteri di giudizio: quello di maggioranza (§ 16), che in realtà non fornisce nessuna garanzia sulla bontà dei suoi risultati; quello fondato sul giudizio di un terzo, che non sia né un filosofo, con il rischio far cadere il discorso in una *petitio principii*, né un profano, giacché sarebbe evidentemente inaffidabile (§ 17);

---

dell'interesse di Plutarco (vedi il titolo di un'opera non pervenuta, ma tramandata nel *Catalogo di Lampria*, n. 225: πῶς κρινοῦμεν τὴν ἀλήθειαν). In *Adv. Col.* 29.1124B Plutarco trasforma il concetto di ἐποχή presentato dall'epicureo Colote come fonte di incertezza e confusione in strumento costruttivo atto a dare saldo fondamento al giudizio (κρίσις, in cui Bonazzi ha giustamente intravisto un riferimento al termine tecnico del κριτήριον). Su questo vedi Bonazzi, 2003, pp. 216-240 e Corti, 2014.

180 In merito all'impatto di questa discussione su Luciano vedi Tackaberry, 1930, p. 54.
181 Vedi *infra*, pp. 199, 217 e 372-373.
182 Al contrario, Licino richiama la necessità di guadagnarsi una κριτικὴ παρασκευή (§ 64) o una κριτικὴ δύναμις (§ 68), che consenta di distinguere e di individuare la verità. La parola κριτήριον, invece, ricorre in *Ver. Hist.* 2.18 e *Bis acc.* 25.
183 È questo il senso dell'immagine del κανών (§§ 18 e 76), attestata anche in Epict. *Diss.* 1.17.6 e 2.20.21; Gal. *De opt. doc. gen.* CMG V 1,1, 3.2-4.3, pp. 100-105; Arist. *ap. Eus. Praep. ev.* 14.20.6; Sext. Emp. *Adv. math.* 2.440; 7.27 *passim*. Su questo tema vedi Barigazzi, 1966, p. 178 e Striker, 1978, pp. 62 e 99-100. Ancora una volta, Luciano si mostra più favorevole all'uso di immagini concrete filosoficamente meno marcate rispetto a taluni termini astratti, ma retoricamente più incisivi sul pubblico in ascolto. In generale sui caratteri della *Bildersprache* in voga negli autori di età imperiale e sulle sue peculiarità nel *corpus* lucianeo vedi *infra*, pp. 61-72.
184 Cfr. Il § 15: **τῷ** πότε πιστεύσας τὸ πρῶτον ... **τίνι** ταῦτα **ἐτεκμαίρου** τότε; Sulla parola τέκμαρ vedi nota *ad. loc.*, p. 254.

quello dell'apparenza esteriore, il cosiddetto σχῆμα (§ 19), che spesso riesce a simulare perfettamente un'impostazione interiore molto lontana da quella propria del saggio[185]. In questa sezione del dialogo Ermotimo appare privo di argomenti solidi a sostegno del suo credo filosofico[186], mentre Licino amplia la controversia sul criterio, integrandola con un'articolata similitudine, vale a dire quella della πόλις ideale, che assurge a simbolo della verità ricercata e costituisce la cifra caratterizzante di tutta la sezione successiva del dialogo (fino al § 47). Inoltre, con questa similitudine (§§ 22-28) il criterio di giudizio assume un rilievo ancora più significativo nella discussione, personificandosi nella guida in grado di portare alla città ideale. Si tratta di una figura dotata di numerose prerogative, *in primis* l'aver percorso tutte le potenziali vie, senza averne tralasciata nemmeno una: in caso contrario, egli non sarebbe affidabile, poiché proprio nel percorso ignorato potrebbe celarsi la soluzione tanto ambita[187]. In definitiva, la vera guida filosofica sarebbe solo colui che disponga di una conoscenza complessiva di tutte le dottrine filosofiche, unico requisito in grado di assicurare una valutazione scrupolosa, e quindi un valido criterio di giudizio[188].

A partire da queste premesse, il discorso sul criterio assume dei toni paradossali, giacché lo studio integrale delle numerose correnti di pensiero si protrae oltre i limiti temporali della vita umana, risultando così impraticabile (§§ 48-49). La sezione successiva del dialogo, messo da parte il discorso sul criterio, ruota intorno alla questione del metodo, considerato nei termini di un espediente logico-argomentativo in grado di rendere attuabile lo studio integrale della filosofia in tempi ragionevoli, senza tuttavia legittimarne una conoscenza parziale (fino al § 63). Tuttavia, secondo Licino, pur concedendo almeno per via ipotetica che sia possibile conoscere ogni singola dottrina filosofica, nulla potrebbe assicurare che tra di esse vi sia davvero la verità, ossia che uno dei filosofi esistenti l'abbia realmente conosciuta (§ 66). Questo argomento probabilista improntato in senso negativo delegittima qualsiasi tentativo di arrivare alla verità: non essendo certo,

---

[185] Su questi vari criteri di giudizio vedi le osservazioni corrispondenti nel commento.
[186] Si noti che al § 20 la domanda di Licino (πῶς οὖν οἷόν τέ σοι ἦν ἀφ' ὧν ἔφησθα ἐκείνων τῶν γνωρισμάτων διορᾶν τὸν ὀρθῶς φιλοσοφοῦντα ἢ μή;) non riceve nessuna risposta e la questione dello γνώρισμα indicativo della verità resta in sospeso.
[187] Sulla stessa linea si muove la similitudine dell'etiope (§ 31), il quale, essendo rimasto sempre nella sua terra e non avendo mai visitato altri popoli, crede solo nell'esistenza di uomini neri (cfr. anche l'immagine al § 34).
[188] Anche la similitudine della coppa smarrita e dell'efedro sono inserite nel dialogo con la funzione di ribadire la specificità del criterio di giudizio, ovvero della necessità imprescindibile di una conoscenza complessiva della filosofia da parte dell'aspirante guida (vedi il quadro riassuntivo al § 45 e il commento *infra*, pp. 370-373).

né garantito che almeno una tra le dottrine filosofiche esistenti contenga la verità ricercata, tutto lo studio dedicato a queste dottrine potrebbe rivelarsi fallimentare (§ 67). Inoltre, anche nel caso in cui si arrivasse alla conoscenza della verità, Licino crede che non sarebbe possibile saperlo con piena consapevolezza, poiché la verità stessa resterebbe incommensurabile a qualsiasi criterio di giudizio razionale (§§ 70 ss.)[189].

Un approccio simile alla ricerca della verità è illustrato anche nel *Piscator*, là dove Parresiade, facendo le veci dell'autore, descrive i numerosi tentativi intrapresi allo scopo di individuare la vera filosofia (*Pisc.* 2). Egli racconta che, durante la ricerca della dimora della vera filosofia, ad un certo punto avrebbe notato molta gente accalcata davanti alla porta di un'abitazione. Credendolo un segno altamente plausibile della presenza della vera filosofia, Parresiade avrebbe constatato ben presto che in quella casa c'era solo una filosofia fraudolenta, finendo per compiangere tutti quelli che si erano lasciati ingannare da questa donna[190]. La filosofia, dunque, non è disciplinata da regole fisse e oggettivamente valide, proprie di un sapere scientifico dimostrabile[191], poiché non è sostenuta da un metodo rigoroso che garantisca sia la fondatezza sia la verificabilità dei suoi contenuti. Per questa stessa ragione, così come avviene nell'*Hermotimus*, anche nel *Piscator* non è proposta nessuna forma praticabile di conoscenza in senso filosofico. Se pure una qualche verità esistesse, essa resterebbe al di fuori di ogni dinamica di apprendimento e rimarrebbe solo la possibilità di arrivare ad esiti incerti e immotivati.

Licino assume questa posizione inflessibilmente scettica prima di tutto in funzione dialettica nei confronti dell'aspirante stoico Ermotimo, per saggiare la solidità di tutte le sue certezze dogmatiche, e condurlo infine ad una condizione aporetica irresolubile[192]. Licino, come Parresiade, non nega l'esistenza della verità, giacché dinanzi all'offerta di numerose scuole di pensiero manifesta il fermo convincimento che esista una verità unica ed esclusiva, nonostante essa sfugga

---

189 Molto probabilmente Luciano, attribuendo a Licino questo genere di argomentazione, intende colpire il criterio del πιθανόν che, lungi dal garantire una forma certa di conoscenza, comporta il rischio di cadere nell'inganno, prendendo per vero ciò che non lo è, con tutte le conseguenze sconvenienti che potrebbero scaturirne.

190 *Pisc.* 12: ταῦτα ἰδὼν ἐπὶ πόδα ἂν εὐθὺς ἀνέστρεφον, οἰκτείρας δηλαδὴ τοὺς κακοδαίμονας ἐκείνους ἑλκομένους πρὸς αὐτῆς οὐ τῆς ῥινὸς ἀλλὰ τοῦ πώγωνος καὶ κατὰ τὸν Ἰξίονα εἰδώλῳ ἀντὶ τῆς Ἥρας συνόντας.

191 Cfr. Schwarz, 1914, p. 82: "*Gänzlich davon verschieden ist die Frage, ob Philosophie als Wissenschaft möglich ist; sie wird c. 11 ff. verneint*".

192 *Herm.* 66: ἤ σοι ἀδύνατον δοκεῖ ἅπαντας ψεύδεσθαι, τὸ δ' ἀληθὲς ἄλλο τι εἶναι πρὸς μηδενὸς αὐτῶν πω εὑρημένον;

ad una conoscenza lucida e cosciente[193]. Licino, dunque, estremizzando l'impostazione scettica, fa apparire inutili tutti i tentativi volti ad individuare la verità per via razionale: anche nel caso in cui potesse essere raggiunta, la vera filosofia non potrebbe essere riconosciuta in quanto tale[194]. Risulta perciò arduo assegnare allo stesso Luciano un profilo strettamente probabilista: al contrario, rigettando ogni eventualità di pervenire consapevolmente alla verità, l'autore insiste sulla paralisi della conoscenza, che costituisce il tratto comune alle due correnti scettiche, l'accademica e la pirroniana, nonché uno dei punti di forza della sua rappresentazione comico-parodica[195].

Si spiega così perché l'intera discussione tra Licino ed Ermotimo sia costruita sull'immagine dell'ὁδός, l'unica via atta a condurre alla città ideale della felicità, ovvero, fuor di metafora, quella sola μέθοδος di conoscenza valida per accedere alla verità, nonostante essa risulti pressoché impossibile da reperire.

È legittimo, dunque, credere che Luciano approvi l'ἐποχή scettica, visto che *de facto* l'esito del dialogo è aporetico e preclude ogni forma di conoscenza? La risposta viene dall'autore stesso, che, come abbiamo visto, oltre a rappresentare in termini paradossali l'ἐποχή scettica, evita prudentemente di ricorrere a questo

---

193 Cfr. Schwarz, 1914, p. 13, che accosta la concezione di Licino ad alcuni passi di ispirazione neo-accademica tratti da Cicerone. Vedi soprattutto Cic. *Ac. pr.* 2.115 ("*plura enim vera discrepantia esse non possunt*"), 132 e 147; *De nat. deor.* 1.5 ("*alterum certe (fieri) non potest, ut plus una vera sit*") e *De or.* 2.30 ("*cum plus uno verum esse non possit*"). Si noti che questa formulazione ricorre anche in Sen. *Ep.* 102.13, il quale parla di una sola *vis* e una sola *facies* della verità, in contrasto con le innumerevoli opinioni false ("*illi* [scil. uni viro bono] *placet verum, veritatis una vis, una facies est; apud hos falsa sunt, quibus adsentiuntur*"). Cfr. anche Plut. *Quaest. Plat.* 1.2-3.1000C-D, che parla similmente di un'unica verità, a fronte della presenza di numerose dottrine filosofiche (ἡ γὰρ οἰκεία δόξα καὶ σύνοικος οὐ προσδέξεται τὸ διαφωνοῦν πρὸς αὐτήν, ὡς μαρτυρεῖ τῶν αἱρέσεων τὸ πλῆθος, ὧν, ἂν ἄριστα πράττῃ φιλοσοφία, μίαν ἔχει κατορθοῦσαν, οἰομένας δὲ τὰς ἄλλας ἁπάσας καὶ μαχομένας πρὸς τὴν ἀλήθειαν). Cfr. *Quaest. conv.* 8.9.732E. Questa affermazione non è del tutto incompatibile con l'indirizzo pirroniano, secondo il quale ἀδύνατον γίνεται τὸ βεβαίως γνῶναι ὅτι ἔστι τι ἀληθές (Sext. Emp. *Adv. math.* 2.16). Su questo argomento vedi Burnyeat, 1980, p. 22 e Opsomer, 1998, pp. 11 e 160-161. Vedi anche *infra*, pp. 252 e 306-308.

194 A questo proposito, occorre sottolineare che l'arrivo di Filosofia come figura reale sulla scena dei dialoghi lucianei è accompagnato da una pur breve discussione sulla reale identità del personaggio, che presuppone il rischio di non riuscire a distinguerlo da altri solo apparentemente veri. Cfr. *Pisc.* 13 e *Fug.* 2. In *Par.* 27-28 Simone, dinanzi ad un'ampia gamma di filosofi, arriva alla conclusione più generale che la filosofia abbia perso la sua ὑπόστασις. Su questo punto vedi Nesselrath, 1985, pp. 362-363.

195 A questo proposito vedi Dolcetti, 1996, pp. 110-148 e Solitario, 2017.

concetto nel corso di tutto il dialogo[196]. Inoltre, nella fase conclusiva del dibattito, l'autore lascia intravedere una certa soluzione al problema della conoscenza che, altrimenti, rischierebbe di restare sospeso in uno stallo aporetico. Giudicando inutile qualunque disquisizione teorica, Licino individua l'unica via d'uscita nell'azione concreta, eludendo così una forma di immobilismo sia intellettuale sia pratico con la proposta di un modello attivo di vita. Si tratta del cosiddetto κοινὸς βίος, uno stile di vita che tiene conto delle convenzioni e dei costumi del contesto di riferimento, senza disdegnare un impegno sociale costruttivo[197]. Luciano, dunque, è prudente a non imbarcarsi in una discussione speculativa che si ponga come unico obiettivo la ricerca di una verità astratta, indicando piuttosto una soluzione extrafilosofica, che permetta di arrivare pragmaticamente al godimento di una vita virtuosa e felice[198].

La posizione di Luciano rispetto alla teoria della conoscenza, dunque, non è equiparabile al probabilismo positivo di Favorino, visto che quest'ultimo contempla la possibilità di pervenire ad una qualche conoscenza, cui Luciano, in definitiva, non è particolarmente interessato[199]. Inoltre, è difficile immaginare Luciano impegnato a sostegno di una soluzione teoretica complessa come quella elaborata da Favorino, considerato che il nostro autore deplora notoriamente proprio l'eccessivo intellettualismo cui talvolta conduce la teoria filosofica[200].

Sulla base di tutte queste considerazioni, dunque, le presunte influenze di Favorino su Luciano si rivelano inverosimili.

---

196 Vedi *Vit. auct.* 27 e *Ver. Hist.* 2.18. Luciano sembra riflettere l'accusa di ἀπραξία architettata nei confronti dello Scetticismo in termini affini a quelli in cui si sarebbe espresso anche Colote rispetto agli Scettici del suo tempo, stando a quanto dice Plutarco nel suo libello polemico contro il filosofo epicureo. Su questo argomento vedi Brittain, 2001. Inoltre, si noti che Luciano non dà l'avallo alle soluzioni offerte dai vari indirizzi scettici (l'εὔλογον di Arcesilao, il πιθανόν di Carneade e i φαινόμενα dei neopirroniani), ritenendo presumibilmente tutti questi concetti non meno capziosi di quelli elaborati dalle correnti dogmatiche, al punto da non farne alcun cenno. Vedi *infra*, pp. 497-498.
197 Cfr. *Nec.* 21 e *Apol.* 14. Sul senso del κοινὸς βίος in Luciano vedi Nesselrath, 1992, p. 3480; Esposito, 1995, p. 177 e Bonazzi, 2010, pp. 45-48. Vedi anche *infra*, pp. 567-568.
198 Al § 79 Licino dichiara apertamente che la filosofia non risiede nelle parole o nelle discussioni futili, bensì nelle opere e nelle scelte compiute e verificabili nella prassi (ἡ μὲν ἀρετὴ ἐν ἔργοις δήπου ἐστίν). Su questo passo vedi *infra*, pp. 543-546.
199 Sull'importanza del concetto di "probabile" in Favorino vedi Plut. *De prim. frig.* 23.955C (= T 16 Amato). Cfr. anche Aul. Gell. 3.1 (= T 24 Amato), su cui vedi Amato, 2005, p. 189.
200 Sul carattere ingegnoso del pensiero filosofico di Favorino vedi Aul. Gell. 11.5.5 (= fr. 32 Amato): "*Favorinus quoque subtilissime argutissimeque decem libros composuit quos* Πυρρωνείων τρόπων *inscribit*". Su questo argomento vedi Bonazzi, 2003, p. 165 e Amato, 2005, p. 192.

2. Un ulteriore elemento che potrebbe avvicinare Luciano a Favorino consiste nella mancata distinzione delle due correnti scettiche, in entrambi gli autori designate sotto la medesima etichetta di Scetticismo antico[201]. Come abbiamo visto poc'anzi, Luciano attribuisce indistintamente ad Accademici e Pirroniani la mancanza di qualsiasi criterio di giudizio valido per individuare la dottrina filosofica migliore, indugiando sulle conseguenze paradossali che potrebbero derivare da una paralisi intellettuale di questo genere.

Favorino, consapevole della complessità della questione, cerca di conciliare le due anime dello Scetticismo antico, smorzando le differenze che tra le due correnti persistevano ancora a livello gnoseologico[202]. Nonostante si professi dichiaratamente accademico, Favorino si confrontò attivamente con temi propri dell'altro ramo scettico, scrivendo un'opera sui tropi pirroniani (Πυρρώνειοι), reputata da Filostrato la migliore tra gli scritti dell'autore[203]. In questo caso specifico, però, occorre tener presente che, mentre Favorino sembra aver esaminato soprattutto i dieci tropi pirroniani, Luciano, in modo particolare nel nostro dialogo, si è avvalso prevalentemente dei cinque tropi di Agrippa[204]. Questa constatazione, per quanto non basti ad escludere un'influenza favoriniana, è certamente utile a ridimensionarne la portata. Inoltre, Favorino, nonostante prenda in stretta considerazione concetti propriamente pirroniani, continua a dichiararsi e a manifestare la volontà di essere percepito come uno scettico accademico[205]. Non è del tutto improbabile, dunque, che Luciano, mostrando maggiore simpatia per l'indirizzo meno istituzionalizzato dei Pirroniani, possa aver nutrito un certo sospetto nei confronti di Favorino, avvertendone la distanza rispetto alla sua impostazione liberamente antidogmatica.

La distinzione tra gli indirizzi pirroniano e accademico è un tema che ha coinvolto non solo gli esponenti scettici antichi, ma anche altri autori di età imperiale,

---

201 Vedi Schwarz, 1914, pp. 7-9 ed Esposito, 1995, p. 177.
202 Si noti che Favorino parla di σκεπτικοί intendendo non solo i Pirroniani, ma anche gli Accademici (vedi *supra*, p. 41, n. 174).
203 Frr. 30-32 Amato. Qualunque sia stato il livello di competenza di Favorino, è indubitabile un suo impegno in campo filosofico, che non si ferma al mero riuso di materiale moralistico e alla sua presentazione in una veste retorica opportunamente rifinita. Su quest'opera vedi le considerazioni di Barigazzi, 1966, pp. 172-173 e Bonazzi, 2003, pp. 159-160, che trovano il consenso di Amato, 2005, p. 108.
204 Tuttavia, non bisogna dimenticare che anche Licino, nel corso del dialogo, fa riferimento ai dieci tropi di Enesidemo (§§ 16 e 62), su cui vedi Nesselrath, 1992, p. 3476; Esposito, 1995, pp. 171-172 e Bonazzi, 2010, p. 39.
205 Sui rapporti intercorsi tra Favorino e l'Accademia vedi Swain, 1997, pp. 178-179 e Bett, 2017, pp. 552-553.

impegnandoli in una discussione accesa e stimolante. Su questo argomento, per esempio, risulta aver preso posizione anche Plutarco, direttamente coinvolto nella polemica antistoica a fianco del suo amico Favorino, come si desume dai titoli di alcuni scritti non pervenutici[206]. Anche l'avversario di Favorino, Epitteto, menziona Accademici e Pirroniani senza alcuna distinzione, mostrando un tono visibilmente critico nei confronti dei suoi oppositori. Nonostante Luciano non reagisca verso gli Scettici con lo stesso fervore mostrato nei confronti di altre correnti di pensiero, la sua apparente confusione è dettata presumibilmente da una disapprovazione dei contenuti teorici di questa scuola filosofica, il che trapela in numerosi passi della sua opera[207]. In altre parole, mentre gli Scettici, incluso Favorino, erano impegnati a disegnare l'identità, ovvero le peculiarità proprie di ciascun indirizzo scettico, Luciano avrebbe ignorato intenzionalmente tali sottigliezze concettuali e tutto il dibattito filosofico sorto intorno a questo tema, optando per un'assimilazione provocatoria tra le due correnti.

3. Se sul piano dei contenuti filosofici i contatti tra Favorino e Luciano non appaiono così solidi e fondati su testimonianze verificabili, consideriamo ora le caratteristiche condivise tra i due autori sul piano strettamente formale. A tal proposito, occorre considerare la predilezione mostrata dai due autori per il modello dialogico, che li inserisce in una tradizione molto più ampia e di gran lunga più antica. Si tratta di un aspetto della questione tanto più importante nel caso dell'*Hermotimus*, l'opera in cui Luciano è riuscito meglio che altrove a riprodurre numerose caratteristiche proprie del dialogo filosofico di stampo platonico. Come abbiamo avuto modo di osservare, infatti, la scelta del dialogo imbevuto di contenuti filosofici, pur non inserendosi in una tradizione letteraria canonica, non può prescindere dal confronto con il modello platonico, né con le sue successive rivisitazioni. Tanto più perché Favorino, in misura maggiore di Luciano, con la sua produzione dialogica, in larga parte perduta, sembra aver esercitato una certa influenza nel contesto filosofico-letterario del tempo, un aspetto che al Samosatense non può essere passato inosservato.

1.7 Platone scettico e Scetticismo antico

L'unica evidenza disponibile dell'uso del dialogo da parte di Favorino consiste in una scarna testimonianza indiretta, che non ci consente di apprezzare l'impegno

---

206 Vedi *supra*, pp. 40-41, n. 168.
207 Sui passi in questione vedi *supra*, pp. 32-34.

di Favorino nel genere dialogico, oltre che il suo contributo specifico[208]. Al contrario, sono numerose le fonti relative alle tecniche di dialogismo per cui Favorino pare aver ottenuto anche una certa rinomanza già tra i suoi contemporanei[209]. Dai dati a nostra disposizione emerge che il tratto più originale del dialogo favoriniano consiste nell'introduzione di figure tratte dalla realtà contemporanea, "*secondo la maniera socratica*"[210], differenziandosi in ciò dalla consuetudine di Luciano, il quale recupera i suoi personaggi dialoganti dal mito o dal passato, indugiando raramente nella riproduzione di una situazione attuale, cui preferisce uno sguardo d'insieme di più ampio respiro[211].

In entrambi gli autori il dialogo è il dispositivo formale alla base dei testi filosofici, che, lungi dal presentarsi a guisa di trattati o conferenze, costituiscono piuttosto l'occasione d'incontro tra personaggi pronti a mettere a confronto le proprie idee, evitando di imporle in maniera unilaterale[212]. Il dialogo, dunque, si presenta come lo strumento retorico-argomentativo più adeguato a contrastare ogni genere di dogmatismo, giacché relativizza le ragioni di ciascun interlocutore, facendole collidere con quelle avanzate dall'altro o dagli altri partecipanti alla discussione[213].

L'acume critico intrinseco al genere dialogico, che consiste nel mettere in discussione qualsiasi posizione espressa in termini rigidamente assiomatici, è uno

---

208 In fr. 35 Amato (= Gal. *De opt. doc. gen.* CMG V 1,1, 1.2, p. 92) Galeno accenna all'opera Πρὸς Ἐπίκτητον (per la quale vedi *supra*, p. 40, n. 168). Gli unici dati a disposizione consentono di stabilire che si trattava di un'opera in un libro, in cui Onesimo, uno schiavo di Plutarco, discuteva con Epitteto di argomenti gnoseologici. Probabilmente nel corso del dialogo interveniva lo stesso Favorino nelle funzioni di arbitro, imponendo definitivamente la sua opinione su quelle espresse a turno dai due interlocutori. Su questo argomento vedi Hirzel, 1895, vol. II, p. 123 e Barigazzi, 1966, p. 192.
209 In merito a questo aspetto retorico-letterario dell'opera di Favorino si veda almeno Barigazzi, 1966, p. 79 e Amato, 2005, pp. 127, ove sono esaminate le varie strategie messe in atto dall'autore per introdurre nel suo testo punti di vista contrastanti, volti a rendere il discorso più attrattivo ed efficace dinanzi ai suoi destinatari. Questa peculiarità stilistica contraddistingue anche le orazioni di Massimo di Tiro, sul quale vedi Puiggali, 1983, pp. 35-42; Trapp, 1997, pp. 1945-1976 e Lauwers, 2009, pp. 593-607.
210 Barigazzi, 1966, p. 192.
211 Si tratta di una delle caratteristiche proprie della satira che, a differenza della commedia, imposta una prospettiva d'osservazione svincolata dalla situazione contingente. Su questo aspetto della produzione lucianea, che si riflette sia nella modulazione dei suoi dialoghi filosofici sia nella scelta dei personaggi messi in scena, vedi Camerotto, 2014, pp. 103-107.
212 Si noti che Favorino, in modo affine a Luciano, individuava nell'ἐν ἐρωτήσει λόγος, ovvero nell'argomentazione per domanda e risposta, la caratteristica fondamentale del dialogo filosofico (*Bis acc.* 30-32). A tal proposito vedi Braun, 1994, pp. 282-306 e Segoloni, 2012.
213 Sulla portata antidogmatica del dialogo vedi *supra*, pp. 21-22.

dei tratti distintivi della produzione platonica, là dove la discussione messa in scena tra figure diverse consente al testo di aprirsi a numerose linee interpretative e scongiura il rischio di presentare un pensiero unico in termini perentori. Questa peculiarità, apparentemente solo formale, è in realtà all'origine dell'immagine del *Plato scepticus* che, come si è accennato, si è fatta progressivamente spazio all'interno della stessa Accademia, stimolando un dibattito filosofico-letterario particolarmente acceso[214].

Da un lato, Sesto ed Enesidemo, proponendosi di preservare il carattere genuinamente scettico della corrente pirroniana, apparivano refrattari ad approvare una lettura scettica di Platone, mentre dall'altro Arcesilao e i membri della sua Accademia[215] sostenevano fermamente l'immagine di un Socrate, ovvero di un Platone, scettico, provocando, a loro volta, la reazione contraria degli esponenti medioplatonici, favorevoli ad instaurare una linea esegetica di carattere eminentemente dogmatico[216].

A fronte di testimonianze molto frammentarie risulta impossibile ricostruire precisamente il contributo dato da Favorino a questa controversia, per cui si è costretti molto spesso a speculare sulla base di pochi, incerti riferimenti. Tra i titoli delle opere attribuite al retore di Arles vi è un Περὶ Πλάτωνος, in cui probabilmente sarà stato dato spazio alla questione relativa alla natura più o meno dogmatica della filosofia di Platone. Galeno, invece, pur polemizzando spesso con Favorino, non sembra fare alcun cenno ad un'eventuale interpretazione scettica di Platone proposta dal suo avversario[217], mentre replica ad un altro scritto,

---

214 Oltre a Bonazzi, 2003, un utile quadro d'insieme è in Vogt, 2012.
215 Cic. *De or.* 3.67 e *Ac. post.* 1.45-46.
216 Tra gli esponenti medioplatonici è opportuno menzionare l'Anon. *In Theaet.* 54.39-43, che potrebbe aver avuto tra i suoi bersagli polemici lo stesso Favorino (τινες οἴονται Ἀκαδημαϊκὸν τὸν Πλάτωνα ὡς οὐδὲν δογματίζοντα). Su questa eventualità vedi Spinelli, 2000, p. 54 e Brittain, 2001, pp. 252-254. Anche Numenio, autore di un Περὶ τῆς τῶν Ἀκαδημαϊκῶν πρὸς Πλάτωνα διαστάσεως (frr. 24-28 des Places), cerca di riabilitare i successori immediati di Platone, contro la deviazione scettica avvenuta con Arcesilao e Carneade (vedi Robin, 1944, pp. 130-134). Sulle origini di questo dibattito si considerino almeno Annas, 1994, pp. 309-34; Shields, 1994, pp. 341-366 e Ferrari, 2010, pp. 533-538 (il quale mette in evidenza la linea esegetica dogmatica adottata da esponenti medioplatonici nella lettura dei dialoghi di Platone). Bonazzi, 2003, p. 166, n. 73, invece, richiama la possibilità che in epoca imperiale vi potessero essere differenti *"pensatori interessati a una difesa della tradizione scettico-accademica"*, facendo riferimento ai cosiddetti "Pirroniani rustici" (Gal. *De puls. diff.* 4, vol. 8, p. 711 Kühn). Su questo argomento vedi anche Ioppolo, 1994, p. 100.
217 Vedi Ioppolo, 1993, pp. 187-188: *"Favorinus, at least in the works discussed by Galen, cannot have mentioned Plato, much less have considered him a sceptic, since, if this were the case, it does not seem likely that Galen would have omitted to discuss something that was as important to him*

ove il retore si sarebbe schierato a favore di una lettura scettica di Socrate[218]. Evidentemente l'*argumentum e silentio* non è sufficiente a provare l'estraneità di Favorino alla costruzione dell'immagine scettica di Platone, né è possibile stabilire fino a che punto il profilo scettico di Socrate possa essere stato distinto da quello del suo discepolo, considerato che le due questioni, soprattutto in età imperiale, risultavano ormai pressoché indistinguibili[219].

Ai fini della nostra indagine, cioè per inquadrare meglio l'*Hermotimus* nella temperie filosofica in cui fu concepito, è sufficiente ribadire che nel II secolo d.C. la discussione sullo scetticismo di Platone conobbe una certa ripresa, coinvolgendo un ampio numero di esponenti della cultura del tempo, travalicando i confini del mero dibattito filosofico.

Dal momento che Luciano annovera esplicitamente il dialogo platonico tra gli ipotesti fondamentali del suo nuovo prodotto letterario[220], si impone l'esigenza di verificare se questa controversia possa aver trovato un certo riflesso nella sua produzione, lasciando la sua impronta tra le maglie dei dialoghi filosofici. Non si tratta di un aspetto del tutto irrilevante, soprattutto qualora si cerchi di esplorare l'*humus* filosofico dell'*Hermotimus*, che è l'opera in cui l'autore arriva ad esiti distintamente scettici all'interno di una struttura formale, il dialogo, di carattere marcatamente platonico. Del resto, tale questione non coinvolge solo superficialmente la struttura dell'opera, poiché finisce per influenzarne in maniera preponderante anche i contenuti, non solo nella distribuzione e nella concatenazione reciproca, ma anche nel risultato raggiunto alla fine del dialogo.

Al centro della discussione dell'*Hermotimus*, infatti, c'è il tema della conoscenza della verità, che ha suscitato una lunga discussione partita sin dagli albori del pensiero filosofico greco e protrattasi fino all'età imperiale[221], facendo tesoro

---

as the question of Plato's philosophical position. That is why I find Galen's silence so very eloquent". Vedi anche Opsomer, 1998, p. 239 e Bonazzi, 2003, p. 167.

218 Si tratta del Περὶ Σωκράτους καὶ τῆς κατ' αὐτὸν ἐρωτικῆς τέχνης (*Suda* φ 4), cui Galeno pare aver reagito con il Πρὸς Φαβωρῖνον κατὰ Σωκράτους (*De libr. propr.* 12 Boudon-Millot), attaccando l'immagine scettica di Socrate suggerita presumibilmente da Favorino. Su questo tema vedi Barigazzi, 1966, p. 178 e Ioppolo, 1993, p. 212.

219 Su questo vedi *infra*, pp. 406-407.

220 Cfr. *Pisc.* 26 e *Bis acc.* 33, su cui si veda Braun, 1994, pp. 331-339. Utili riferimenti sono anche in Tackaberry, 1930, pp. 62-84 e Alexiou, 1990, pp. 132-145, mentre l'analisi approfondita di Branham, 1989, pp. 81-104, non coglie il senso della ripresa di alcuni moduli argomentativi propri del dialogo platonico nel nuovo dispositivo dialogico prodotto da Luciano (soprattutto nell'*Hermotimus*), limitandosi ad evidenziare solo un generico approccio umoristico nei confronti di questa tradizione filosofico-letteraria (a questo proposito vedi almeno Korus, 1984 e Husson, 1994).

221 A questo proposito vedi *supra*, pp. 22-28.

del contributo offertone da Platone. A questo proposito, una delle ragioni che hanno contribuito a determinarne il profilo scettico risiede proprio nell'interpretazione del *Theaetetus*, che è il dialogo in cui Platone tratta con maggiore sistematicità i procedimenti afferenti alla conoscenza, tentando invano di darne una definizione precisa. L'esito aporetico di quest'opera ne fa lo *"star dialogue"*[222] di quel filone ermeneutico che insiste sulle potenzialità antidogmatiche degli scritti platonici e, in modo particolare, sulle conseguenze scetticheggianti che potrebbero derivare da una disposizione simile degli argomenti trattati[223]. I commentatori scettici, infatti, nella lettura del *Theaetetus*, dinanzi alla confutazione delle varie definizioni possibili di conoscenza avanzate in successione nel corso del dibattito, ovvero in presenza dello scacco finale del dialogo (*Theaet*. 210a-b), hanno finito per credere che Platone mirasse ad invalidare qualsiasi genere di conoscenza, facendosi in qualche modo promotore *ante litteram* dell'ἀκαταληψία scettica.

Non è possibile provare con certezza che la scelta dell'argomento dell'*Hermotimus* sia stata ispirata dalla discussione sul profilo della filosofia platonica, ma è un dato di fatto che il problema della conoscenza proprio in quel frangente temporale fosse intimamente connesso con il dibattito sulla natura stessa della filosofia di Platone, un autore, occorre ripetere, che Luciano mostra di conoscere approfonditamente[224]. Inoltre, come l'esito del nostro dialogo consiste nel riscontro della mancanza di strumenti logici ed argomentativi validi per individuare la vera filosofia, così anche la lettura scettica di Platone insiste sulle difficoltà esibite dal filosofo nella ricerca di una definizione fondata della conoscenza. In termini più specifici, nel *Theaetetus* appare tematizzata non solo la questione della conoscenza, ma anche il problema del criterio della conoscenza, ovvero di ciò che, alla stregua di uno strumento, rende possibile la formulazione di un giudizio fondato ed oggettivamente valido[225]. Su questo stesso punto sono concentrati

---

222 Annas, 1994, pp. 309-340.
223 I riferimenti testuali a questa discussione sono molteplici e disseminati in differenti autori. Si passa da Cicerone (*Ac. post*. 1.46) al medioplatonico commentatore del *Theaetetus* (Anon. *In Theaet*. 54.38-55.13), fino a Diogene Laerzio (D. L. 9.72) e al commentatore neoplatonico del sesto secolo (Anon. *Prol. Plat. phil*. 10.23-26). Per un'analisi più dettagliata delle fonti vedi Opsomer, 1998, pp. 37-69 e Bonazzi, 2003, pp. 97 ss.
224 Vedi il resoconto dettagliato in Tackaberry, 1930, pp. 62-85 e Branham, 1989, pp. 67-123.
225 Vedi Anon. *In Theaet*. 2.18-32, che si sforza di sottolineare la presenza di questi strumenti nei testi di Platone, rispondendo alle accuse dei suoi avversari (π[ρ]όκειται περὶ ἐπιστήμης εἰπ[ε]ῖν τ[ῆς ἁπλ]ῆς καὶ ἀσυνθέτου· εἰς τοῦτο δὲ ἀν[α]γκαίως περὶ κριτηρί[ο]υ σκοπεῖ. λέγω δὲ νῦν κρ[ι]τήριον τὸ [δ]ι' οὗ κ[ρίν]ομεν ὡς ὀρ[γ]άν[ο]υ. [δ]εῖ γὰρ ἔχειν ὧι κρ[ι]νοῦμεν τὰ πράγματα). Sul problema del criterio vedi anche *Theaet*. 146e e 157c. Cfr. Bonazzi, 2003, p. 187.

anche gli sforzi di Licino ed Ermotimo, il quale tenta a più riprese, pur senza successo, di trovare prima criteri di giudizio e poi metodi di ricerca utili per discernere la vera filosofia. Anche a questo proposito, nonostante sia arduo dimostrare che Luciano fosse a conoscenza del dibattito sorto attorno al *Theaetetus*, la coincidenza dei temi non può passare inosservata senza far insorgere il dubbio che l'autore intendesse adeguarlo ai fini antidogmatici tipici della sua produzione[226].

Il problema della conoscenza della verità, inoltre, non è isolato nell'*Hermotimus*, ma sembra affiorare anche nel *Piscator*, dove i filosofi del passato, una volta tornati in vita dall'Ade, cercano di portare a compimento la propria vendetta contro Parresiade che, in precedenza, li aveva messi ingiustamente alla berlina. Parresiade, invece, reclama i suoi diritti, e riesce ad ottenere di essere processato dinanzi alla Filosofia. Si pone, a questo punto, il problema del riconoscimento della vera Filosofia, che dà avvio ad una lunga ricerca, nel corso della quale Parresiade è costretto a constatare l'inettitudine dei presunti filosofi a fornirgli un sostegno adeguato. Tra gli altri, anche Platone si mostra incapace di dargli un aiuto concreto, limitandosi a dichiarare:

Τοῦτο μὲν ὀρθῶς ἔλεξας· οὐ γὰρ πρόδηλος οὐδὲ πᾶσι γνώριμος ἡ θύρα (*Pisc.* 13).

Platone, dunque, non propone nessuna soluzione concreta al problema della ricerca della Filosofia, che irrompe sulla scena indipendentemente dai tentativi dei filosofi di raggiungerla, lasciando la questione insoluta dal punto di vista metodologico[227]. La circostanza per cui Platone risulta sprovvisto di un procedimento

---

226 Si noti che in Tert. *De an.* 17.11-12 è riportata la critica scettica a Platone, il quale "*in Theaeteto adimit sibi scire atque sentire et in Phaedro post mortem differt sententiam veritatis postumam scilicet*". Lo stesso argomento è impiegato con la medesima coloritura ironica anche da Licino, il quale, a fronte di una formazione filosofica talmente lunga da oltrepassare i limiti della vita umana, insinua l'idea che Ermotimo abbia deciso di affrontarla in vista di una vita migliore successiva alla morte (§ 78: εἰ μή τι ἐς ἄλλον, ὦ γενναῖε, βίον προγυμνάζεις ἑαυτόν, ὡς ἐς ἐκεῖνον ἐλθὼν ἄμεινον διαγάγοις, εἰδὼς ὅντινα τρόπον χρὴ βιοῦν). Si tratta di uno stravolgimento del principio della filosofia come μελέτη θανάτου, che se in Platone "*è legato alla contemplazione della totalità, all'elevazione del pensiero, che passa dalla soggettività individuale e passionale all'oggettività della prospettiva universale, ossia all'esercizio del puro pensiero*" (Hadot, 2005, pp. 53-54), in Luciano diventa solo un motivo per ridicolizzare l'inanità della filosofia e delle sue ricerche speculative. Un ulteriore elemento a sostegno della conoscenza del dibattito sul *Theaetetus* e quindi della sua interpretazione scettica consiste nel fatto che tra i testi platonici Luciano, come abbiamo detto, preferisce quelli zetetici, tra i quali, oltre ai dialoghi giovanili, il *Theaetetus* è uno degli esempi più rappresentativi (vedi Tackaberry, 1930, p. 69). Vedi anche alcuni accenni diretti nel testo, *infra*, pp. 198, 270, 330, 400, etc.

227 Platone avverte Parresiade che potrà individuare la vera Filosofia dal modo in cui essa si esprimerà, limitandosi a questa vaga affermazione. Del resto, anche in altre opere di Luciano

specifico per arrivare alla vera filosofia sottintende una considerazione scettica della sua produzione dialogica, in cui spesso si trova esibita un'ampia gamma di opinioni, senza che venga patrocinata una dottrina precisa rispetto alle altre[228].

Per comprendere il senso della ripresa dei dialoghi platonici da parte di Luciano è opportuno non perdere di vista il significato della scelta della forma dialogica compiuta prima di tutto da Platone. A questo proposito occorre sottolineare che non si tratta di un'opzione formale casuale, bensì della risposta più adeguata per fornire una rappresentazione idonea del filosofo. Il filosofo, infatti, non è colui che detiene la verità, bensì chi ne è alla continua ricerca, restando aperto al confronto con le idee altrui[229]. Da questo punto di vista, l'affinità con lo Scetticismo è lampante, dal momento che gli Scettici, rifiutando ogni forma di dogmatismo, svincolano la filosofia da qualsiasi impostazione rigidamente definita, orientandola verso una ricerca libera e priva di pregiudizi[230].

---

questo criterio si rivela poco affidabile, poiché impedisce di arrivare ad una conoscenza effettiva della verità (*Bis acc.* 11; *Icar.* 5 e *Nec.* 4) con il rischio di poter essere facilmente imitato dai falsi filosofi (*Pisc.* 35; *Fug.* 19-20): la soluzione fornita da Platone, dunque, è solo un espediente contingente, legato allo svolgimento del dramma, per introdurre la Filosofia sulla scena. Ne consegue che, se al fondatore dell'Accademia "*diese zurückhaltende Äusserung untergeschoben wird, so erinnert das daran, dass die skeptischen Akademiker betonten, ihre Lehre sei ganz in dem Sinne der alten Akademie*" (Schwarz, 1914, p. 80).

228 A questo proposito occorre ricordare che nei primi due secoli dell'età imperiale si era diffusa l'idea di un Platone polifonico che, dando voce a numerose dottrine, avrebbe finito per non privilegiarne nessuna, precipitando in una sorta di scetticismo conoscitivo. Vedi Annas, 1992, pp. 267-291. Questa idea si trova riflessa in Cicerone, il quale insiste sul metodo impiegato da Platone, che, riportando tesi contrastanti intorno ad un dato argomento, non avrebbe affermato nulla in termini definitivi (*Ac. post.* 1.46: "*cuius* [scil. Platonis] *in libris nihil adfirmatur et in utramque partem multa disseruntur, de omnibus quaeritur, nihil certi dicitur*"). Questa interpretazione è contrastata da Ario Didimo (I secolo a.C. – I secolo d.C.), il quale, al di là dei molteplici modi d'espressione impiegati da Platone, rileva la fedeltà ad un'unica idea di fondo (Stob. 2.7.4, p. 55: Πλάτων πολύφωνος ὤν, οὐχ ὥς τινες οἴονται πολύδοξος, πολλαχῶς διῄρηται τἀγαθόν). Si veda Ferrari, 2001, p. 543 e Bonazzi, 2011, pp. 441-456. Similmente, questa accusa si trova riflessa anche in Anon. *In Theaet.* 54.38-55.13, che la rigetta sottolineando la presenza di dottrine dogmatiche definite (cfr. anche Plut. *Adv. Col.* 26.1121F-1122A). Questo argomento richiama il motivo scettico della diafonia filosofica (cfr. Sext. Emp. *Pyrrh. hyp.* 1.88; *Adv. math.* 11.173 e su questo Janáček, 1972, pp. 74-76), che indugia sull'affastellamento di molteplici e contrastanti dottrine rispetto ad un medesimo argomento, con il risultato di indurre alla sospensione del giudizio (cfr. Nesselrath, 1985, pp. 361-362, che rimanda ai numerosi passaggi della satira filosofica di Luciano contrassegnati da questo motivo scettico).

229 Sulla funzione della forma dialogica nella formulazione di un pensiero di ordine filosofico vedi Clay, 1994, pp. 26-32; Nightingale, 1996 e Rossetti, 2011.

230 Vedi Sext. Emp. *Pyrrh. hyp.* 1.1-7. Nei suoi scritti menippei Luciano rappresenta in termini drammatici questa istanza del pensiero scettico. Tuttavia, in questo caso, Luciano non adotta la

Nell'*Hermotimus*, infatti, è proprio il dialogo a farsi strumento al servizio degli intenti antidogmatici dell'autore, per contrastare efficacemente tutte le pretese assiomatiche di Ermotimo. Il carattere platonico dell'opera, infatti, consiste proprio nella capacità di coinvolgere i due personaggi parlanti[231], almeno per una buona metà del dialogo, in una fitta trama comunicativa, in cui non solo le dottrine, ma soprattutto le differenti esperienze filosofiche di entrambi i personaggi entrano in contatto, confliggendo progressivamente tra di loro[232]. Il dialogo si pone come vero e proprio antidoto contro la boria di Ermotimo, esercitando un effetto concreto sui suoi vacui convincimenti stoici. Spinto da Licino a riflettere in maniera sempre più approfondita sui fondamenti della sua scelta e sulla legittimità della dottrina stoica da lui prediletta, Ermotimo, alla fine della conversazione, non può che prendere atto dell'inconsistenza dei suoi studi[233]. È proprio attraverso il dialogo, dunque, che Ermotimo è indotto ad acquistare coscienza della sua condizione e dei suoi sforzi intellettuali illusori, benché Licino lo inviti a proseguire una ζήτησις della verità al riparo da giudizi troppo frettolosi o solo parzialmente giustificati (§§ 85-86). Nel fare questo, Licino rifugge dal rischio di assumere l'aria seriosa e solenne di un maestro, mostrando all'aspirante filosofo tutta la portata educativa del suo approccio satirico. La ricerca della verità,

---

forma del dialogo, preferendo la narrazione dell'esperienza di Menippo attraverso la sua viva voce: egli, infatti, riferisce dei suoi rapporti controversi con i filosofi, diffondendosi nella descrizione di viaggi paradossali, rispettivamente nell'Ade (*Necyomantia*) e presso Zeus (*Icaromenippus*), con la speranza di poter soddisfare la sua sete di conoscenza. Su questi scritti vedi Hirzel, 1895, vol. II, pp. 316-318; Nesselrath, 2001[1], p. 24 e Baumbach - von Möllendorff, 2017, pp. 191-195.

231 Nesselrath, 2001[1], p. 20 definisce l'*Hermotimus* come il *"gelungenster platonischer Dialog"* dell'intero *corpus* dell'autore. Si tratta della definizione più esplicita di un giudizio espresso anche altrove (cfr. Croiset, 1881, p. 330; Tackaberry, 1930, p. 68; Longo, 1964 e da ultimo Camerotto, 2014, p. 55).

232 Luciano, infatti, non fa precipitare la conversazione in una mera tenzone, o peggio in un conflitto violento, come avviene in altri dialoghi (vedi *Symposium, Enuchus* e *Iuppiter Tragoedus*). Al contrario, nel confronto tra le due differenti prospettive, Licino fa emergere la sua lucida ricerca della verità, mentre Ermotimo constata progressivamente la debolezza delle sue pretese dogmatiche.

233 Una delle accuse rivolte dagli Scettici ai filosofi dogmatici consiste nell'eccessiva fretta nel concedere il proprio assenso alla filosofia di riferimento (Cic. *Ac. post.* 1.45; Plut. *Adv. Col.* 26.1122C; D. L. 9.74; Sext. Emp. *Adv. math.* 9.49). Tracce di un argomento simile si trovano nella fase iniziale del nostro dialogo, là dove Licino chiede conto al suo interlocutore del criterio di giudizio che sta alla base della sua scelta, ricevendone in risposta motivazioni superficiali e infondate (cfr. i §§ 15 ss.).

dunque, che è un tratto caratteristico del dialogo platonico[234], nell'*Hermotimus* viene affrontata nell'arco di un lungo e vivace procedimento elenctico nutrito di un numero consistente di argomenti scettici, che conducono il dibattito in un vicolo cieco, senza prospettare alcuna soluzione concettualmente fondata.[235] Licino, infatti, evitando di impostare una conversazione schiettamente teorica e di precipitare in un uso puramente esornativo del linguaggio, nonché avvalendosi di un insieme di immagini e di tutta una serie di strategie discorsive tali da rendere visibilmente tangibile il senso del suo discorso[236], propone una soluzione pragmatica all'aporia del discorso, distinguendosi nettamente dalla prassi socratica.[237]

La discussione sullo scetticismo di Platone, però, si può cogliere in maniera più definita in un'altra caratteristica del dialogo. Accanto a determinati stilemi o a caratteristiche formali che richiamano solo molto genericamente l'ipotesto platonico[238], Licino, rifacendosi in numerosi aspetti alla figura di Socrate, sfrutta efficacemente le potenzialità scettiche della sua tecnica argomentativa. Il procedimento confutativo di Licino, infatti, pur esordendo con la stessa discrezione del Socrate platonico, ben presto appare animato non tanto da uno spirito di ricerca condivisa della verità, bensì dalla necessità di mettere in rilievo le falle nel discorso dell'interlocutore, con l'obiettivo di confutarlo senza nessuna possibilità di replica[239]. Mentre Socrate interpreta la sua missione filosofica come "*una*

---

234 Si tratta di una delle caratteristiche largamente riconosciute al dialogo platonico, che non è volto a trasmettere sistematicamente dei contenuti ma, attraverso il confronto dialogico tra i personaggi messi in scena, rappresenta il percorso verso la verità attraverso domande, risposte e confutazioni. Cfr. Press, 1995, pp. 147-148 e Bonazzi, 2003, pp. 134-135; Giannantoni, 2005, pp. 207 ss.; Rossetti, 2011, pp. 23-53 e Candiotto, 2013.
235 Su questo argomento vedi Striker, 2001, pp. 113-129, che mette in luce le affinità tra la pratica filosofica di Platone e quella scettica: entrambi risultano impegnati in una continua ricerca, senza assestarsi in una forma definitiva di sapere, né nel possesso certo della verità. Anche Luciano sembra cogliere questa peculiarità della ricerca filosofica, costruendo nel dramma di Ermotimo un'esperienza filosofica paradigmatica, lasciando trasparire una certa abilità nell'accordo delle potenzialità antidogmatiche e dei risultati scettici del dialogo platonico.
236 Vedi *infra*, pp. 61-72 e il sommario del dialogo a pp. 72-90.
237 Vedi Mittelstrass, 1988, p. 131.
238 Una rassegna degli elementi platonici nel nostro dialogo è in Tackaberry, 1930, pp. 68-69 e Nesselrath, 1992, pp. 3472-3474. Sulle caratteristiche dei dialoghi platonico-socratici di Luciano vedi Croiset 1888, pp. 325-331; Hirzel, 1895, vol. I, pp. 269-334 e Bompaire, 1958, pp. 303-320.
239 La figura di Licino riflette maggiormente il senso del dialogo platonico-socratico in altre opere del nostro autore. Si consideri a questo proposito la funzione di εἴρων svolta in *Hesiodus*, *Lexiphanes* e *Philopseudeis*, tutte opere in cui Licino contrasta con il suo ἔλεγχος le presunzioni degli interlocutori di turno. Su questo tema vedi Camerotto, 2014, pp. 51-55 e Deriu, 2017, pp. 127-131. Sulla funzione affine svolta da Tichiade nei *Philopseudeis* vedi Ebert, 2001, pp. 56-60.

domanda relativa a ciò che pretende di presentarsi come una risposta più o meno definitiva"[240], promuovendo l'uso libero della ragione nel contesto di uno ζητεῖν indirizzato verso la verità, Licino fa dell'ἔλεγχος uno strumento al servizio del suo piano confutativo, così da vanificare i risultati dello stesso ζητεῖν. La ricerca della verità, infatti, nel corso del dialogo sembra destinata a protrarsi oltre ogni misura, fino a risultare impraticabile, giacché non è soccorsa da criteri di giudizio o da metodi di indagine adeguati per individuare in tempi congrui e con una sufficiente sicurezza la verità ambita. In definitiva, Licino riesce a mostrare che la verità è destinata a rimanere sconosciuta, fintantoché non siano stati individuati degli strumenti logico-argomentativi funzionali alla realizzazione di un'impresa di questo genere.

Infine, mentre l'ἔλεγχος di Socrate, al di là della sua portata ironica, mantiene una forte valenza pedagogica e costruttiva, anche nel caso in cui finisce per arrivare ad un risultato aporetico, l'esito dell'*Hermotimus*, di per sé aporetico, segna la fine di qualsiasi ricerca filosofica, rappresentando provocatoriamente la resa del filosofo come valido istruttore morale, al punto che il suo ruolo è relegato a fornire un orientamento pratico piuttosto banale alla vita di ogni giorno[241]. Socrate riconosce nell'insegnamento filosofico una visione armonica ed unitaria tra conoscenza ed azione, al contrario di Licino, che evidenzia una netta rottura tra dottrina filosofica e stile di vita, facendo apparire la filosofia inadeguata rispetto alle sue istanze paideutiche originarie[242].

---

240 Vedi Giannantoni, 2005, p. 195. Molto interessanti sono anche le considerazioni di Vlastos, 1991, pp. 135-136, che parla di *elenctic knowledge*, distinguendola dall'argomentazione eristica volta solo a guadagnarsi il sopravvento sul proprio interlocutore.

241 L'esito aporetico dei dialoghi socratici, infatti, consiste nell'ammissione da parte dell'interlocutore di Socrate dell'inconsistenza della propria presunta sapienza, in maniera simile a quanto compie lo stesso Ermotimo (§ 71 ss.). Tuttavia, l'aporia dell'interlocutore socratico marca il passaggio da una situazione di ignoranza ad una consapevolezza di ignoranza, talvolta condivisa dallo stesso Socrate, il che costituisce già di per sé un certo progresso (vedi *Ion* 533a-c; *Prot.* 333a; *Lach.* 194a-c). Su questa interpretazione dell'ἔλεγχος di Socrate vedi Vlastos, 1994, pp. 7-10; Erler, 1991, pp. 150-180 e Giannantoni, 2005, p. 167, che fornisce numerosi riferimenti testuali e bibliografici. Nel nostro dialogo, invece, Ermotimo appare in preda all'angoscia, perché comprende che gli è stata preclusa la strada per ogni ulteriore indagine filosofica, mentre Licino funge da eroe satirico, comparendo alla fine del dialogo nelle vesti di un *deus ex machina*, che libera l'aspirante filosofo dalle sue vane fantasticherie, indicandogli una semplice soluzione extrafilosofica (vedi i §§ 84-86).

242 Licino, però, non intende condurre la discussione in un vicolo cieco meramente scettico, poiché sente la necessità di lasciare aperta una possibilità d'azione alla filosofia, che è avvertita come uno strumento educativo insostituibile (§§ 84-86). Vedi Longo, 1964, pp. 41-45 ed Esposito, 1995, pp. 181-182, che parla del travaglio spirituale di Luciano, il quale, pur nella critica più radicale al λόγος filosofico, si mantiene lontano da ogni esito integralmente scettico, improntato

Ne consegue che anche la dichiarazione del "non-sapere" socratico sulle labbra di Licino non ha la medesima schiettezza né è ispirata dai medesimi obiettivi argomentativi che aveva in Socrate. Nel caso di Licino, infatti, essa è ridotta a mero dispositivo di dissimulazione ironica, fungendo da ulteriore argomento scettico contro Ermotimo, secondo la linea interpretativa avviata presumibilmente da Arcesilao[243]. Non appare del tutto implausibile, dunque, ipotizzare che Luciano, per mezzo di Licino, si sia valso dell'immagine scetticheggiante di Socrate prima di tutto in funzione dialettica, per contrastare le pretese dogmatiche dell'interlocutore stoico e costringerlo a prendere atto della sua ignoranza[244]. Nel linguaggio di Licino, oltre a motivi propriamente scettici, spiccano espressioni di dubbio e di cautela, frequentemente attestate anche in Platone, e divenute una delle ragioni su cui si fondava la lettura in senso scettico dei suoi testi. In Platone, così come in Luciano, queste formulazioni rivelano non solo un uso circospetto e mai perentorio del linguaggio, ma anche l'assenza di qualsiasi certezza e la conseguente difficoltà di abbracciare una determinata opinione, prestandosi così facilmente ad un genere di interpretazione smaccatamente scettica[245].

Entrambe le correnti scettiche erano particolarmente attente alle modalità del proprio eloquio, al fine di evitare di cadere in una forma di dogmatismo negativo, ma anche nella vana pretesa di aver raggiunto una qualche conoscenza definitiva[246]. Tra i vari termini, εἰκός sembra essere stato usato sia in ambito

---

solo alla rigida ed immobilizzante ἐποχή. Sulla soluzione lucianea vedi anche Bonazzi, 2010. Cfr. *infra*, pp. 565-580.

243 Su questo vedi Cicerone (*De or*. 3.67: "*id fuit Socraticum maxime, non quid ipse sentiret ostendere sed contra id, quod quisque se sentire dixisset, disputare*") e le altre fonti discusse in Shields, 1994, pp. 341-366. Con il tempo, però, la questione relativa allo scetticismo di Socrate ha finito per coinvolgere Platone, al punto che in età imperiale la discussione riguardava pressoché esclusivamente Platone e la sua produzione dialogica. Su questo passaggio, non facilmente ricostruibile, vedi Bonazzi, 2003, p. 125.

244 In *Herm*. 48 si dice che Socrate ripeteva a tutti non solo di non conoscere tutte le cose, ma proprio niente, se non di non sapere (Σωκράτης οὐδὲν φαυλότερος αὐτῶν, ὃς ἐκεκράγει πρὸς ἅπαντας οὐχ ὅπως μὴ πάντα, ἀλλὰ μηδ' ὅλως εἰδέναι τι ἢ τοῦτο μόνον ὅτι οὐκ οἶδεν). Vedi anche *Dial. mort*. 6.5, in cui Socrate ribadisce di non possedere alcuna conoscenza, pur godendo della fama di uomo sapiente. Le restanti attestazioni lucianee su Socrate, invece, mettono in rilievo non tanto i contenuti più o meno dogmatici della figura, quanto il suo carattere ciarliero e logorroico (*Ver. Hist*. 2.17; *Vit. auct*. 15; *Par*. 43 e *Nec*. 18).

245 Vedi almeno Plat. *Tim*. 27d-28a, e il commento di Dal Pra, 1975², p. 120 e Bonazzi, 2003, p. 134. La portata di una modulazione indeterminata del linguaggio non è una questione di dettaglio, come appare esemplarmente riassunta da Cicerone, il quale in riferimento a Platone sostiene che questi "*nihil certi dicitur*" e "*nihil adfirmatur*" (*Ac. post*. 1.46). Vedi *supra*, p. 55, n. 228.

246 Si ricordi a questo proposito la sezione in Sext. Emp. *Pyrrh. hyp*. 1.187-219, nonché D. L. 4.36.

accademico sia pirroniano[247], e ricorre anche tra le parole di Licino, palesando la prudenza tipica della maschera lucianea[248]. Tra le altre espressioni platoniche suscettibili di una lettura in senso scettico[249], e attestate con una certa frequenza nel tessuto argomentativo del nostro dialogo, occorre menzionare almeno ἴσως[250], τάχα[251], οἶμαι[252] e il verbo φαίνεσθαι[253], tutte parole che Licino impiega per relativizzare la validità di ogni affermazione di Ermotimo, evitando al tempo stesso di conferire alla sua confutazione i toni di un antidogmatismo negativo. L'uso reiterato di queste espressioni, in un dialogo connotato in senso marcatamente scettico, anche se formalmente ancora molto legato al modello platonico, rende almeno verosimile la possibilità di cogliervi il riflesso della discussione sul *Plato scepticus*, ancora particolarmente accesa al tempo in cui Luciano concepì l'opera.

Alla luce di tutte queste considerazioni è possibile parlare, in riferimento all'*Hermotimus*, non solo di Scetticismo imperiale "*in Platonischem Gewand*"[254], bensì di una riconversione del dialogo platonico in senso scettico. Nel portare a compimento questa operazione Luciano non è solo. Consapevole di avere alle sue spalle una lunga tradizione in cui il paradigma platonico è stato oggetto di una discussa interpretazione scettica, egli procede a darne la sua personale interpretazione. Inoltre, proprio il carattere antidogmatico di Platone su cui insisteva una buona parte della critica del tempo può aver incontrato il favore incondizionato

---

247 Su questo vedi Brittain, 2001, p. 210.
248 Vedi i § 6: οὐ γὰρ δὴ σέ γε εἰκὸς ἐπὶ τῷ ἀδήλῳ, εἰ βιώσῃ μέχρι πρὸς τὴν ἀρετήν, τοσούτους πόνους ἀνέχεσθαι; § 31: τοιαῦτα ἄττα εἰκὸς ἐρεῖν αὐτούς; § 66: εἰκὸς μὲν οὖν καὶ τούτων ἕν τι εἶναι τὸ εὔδαιμον, οὐκ ἀπεικὸς δὲ καὶ ἄλλο τι παρ' αὐτὰ πάντα.
249 Anon. *In Theaet.* 54.38-55.13 (il quale discute delle λέξεις che hanno indotto alla lettura scettica di Platone); Anon. *Prol. Plat. phil.* 10.7-15. Su questo argomento vedi Bonazzi, 2003, pp. 92-93; 133 e 147.
250 § 6: τουτὶ μὲν ἴσως ἀληθές; § 28: ἴσως ποτὲ ἐγένετο ἐν τῷ μακρῷ χρόνῳ; § 41: ἴσως ἂν εὕροις; § 45: ἴσως μὲν γὰρ καὶ οὗτος καλός § 47: ἴσως ἂν εὐμαρῶς τοὺς λαβυρίνθους ἐκφύγοιμεν (ove la soluzione non è presentata in termini di certezza assoluta); § 66: ἴσως ἂν ἀποκρίναιτό σοι ὅτι οὐδέπω.
251 § 31: τάχ' ἄν τις αὐτῶν καὶ προσέροιτό με; § 45: τάχα γὰρ ἂν ἡ ἀρίστη ἐκείνη εἴη.
252 § 8 ἀλλ' εὐφημεῖν χρὴ οἶμαι; § 14: τὸ δέ γε ἀληθὲς οἶμαι πάντως που ἓν ἦν αὐτῶν; § 28: εἰκάζειν οἶμαι; § 36: ἔνθα δὴ κρίσεως μάλιστα οἶμαι δεῖ; § 41: οὐ πρότερον οἶμαι μάθοις ἂν ὅστις ὁ ἔφεδρός ἐστιν; § 54: εἴσῃ, οἶμαι; § 56: νῦν δὲ μάντεως οἶμαι δεήσει σοι κἀνταῦθα; § 66: la fondamentale argomentazione: ἔδει δ'οἶμαι πρότερον φανερὸν γενέσθαι ὅτι ἔγνωσται τἀληθές; § 68: ἓν τοῦτό ἐστιν οἶμαι; § 70: οὐκ αὐτίκα, οἶμαι, πιστεύσομεν αὐτῷ; § 73: ῥάδια γάρ, οἶμαι, τὰ μετὰ ταῦτα; § 79: ἀλλὰ μὴν οὐδ' ἐκεῖνό πω κατανενόηκας οἶμαι; § 84: τὸ γὰρ τοῦ μύθου ἐκεῖνο πάνυ συνετόν, οἶμαι.
253 § 26: ὁδός γε μὴν οὐ μία καὶ ἡ αὐτὴ φαίνεται; § 52: ἀδύνατον δέ γε ἡμῖν ἐφαίνετο; § 73: ὥς γέ μοι εἰκάζοντι φαίνεται.
254 Nesselrath, 1992.

dell'autore, la cui produzione, come nel caso di Platone, è stata etichettata generalmente sotto la formula del μὴ δογματίζειν[255]. Luciano non si adegua acriticamente a Platone ma, allo stesso modo che con gli Scettici, attinge dalle sue opere un variegato repertorio di motivi e di strumenti, rivisitati e reinterpretati nel contesto e secondo le istanze peculiari che presiedono alla sua produzione.

In conclusione, i segni del dibattito sullo scetticismo di Platone consentono di inquadrare meglio la figura di Luciano e il *corpus* dei suoi testi nel contesto culturale del II secolo, in cui sembra operare con la piena consapevolezza delle questioni maggiormente significative[256]. Inoltre, anche in questo caso Luciano, dinanzi ad una controversia che gli sarà apparsa certamente espressa in termini troppo teorici o sofisticati, assume una posizione originale, con risultati di sintesi e di rielaborazione che non possono essere ricondotti a modelli univoci, rivelando la potenzialità creativa della sua satira filosofica in veste dialogica.

2.1 Tecnica analogica: tra prassi platonica e *Bildersprache* di età imperiale

Tra i dialoghi filosofici di Luciano, l'*Hermotimus* rappresenta non solo l'esempio maggiormente significativo del nuovo prodotto letterario rivendicato ripetutamente dall'autore, ma anche il risultato più ambizioso cui egli approda raccordando le tecniche retoriche apprese nei primi anni della sua formazione con gli interessi filosofici nutriti senza alcuna pretensione speculativa[257].

Questa fertile compenetrazione tra le due discipline fondamentali del sistema educativo tradizionale che, come si è visto, è la cifra caratterizzante dell'identità intellettuale dell'autore[258], trova nell'*Hermotimus* un riflesso nella modulazione del dialogo e, più specificamente, nell'uso peculiare della similitudine, che costella larga parte della discussione tra i due personaggi presenti sulla scena.

Secondo la teoria antica, metafora e similitudine rientrano nel dominio retorico, rappresentando un tropo decorativo molto influente sul piano formale di un testo[259]. In modo particolare, a partire da Aristotele, com'è noto, la metafora è

---

[255] Su questo vedi *supra*, p. 26.
[256] Vedi Hankinson, 1995, pp. 150-152.
[257] Vedi *supra*, pp. 5-10.
[258] Su questo argomento vedi *supra*, pp. 1-5.
[259] A proposito di questo approccio critico, che postula una netta dicotomia tra contenuto e forma, si veda Innes, 2003, p. 10.

correlata ad un registro esclusivamente poetico²⁶⁰, giacché l'analisi appare incentrata sul modello epico di Omero, senza prendere in considerazione la portata di questo medesimo dispositivo stilistico, la metafora appunto, in un tessuto testuale in prosa²⁶¹.

Al linguaggio metaforico sono riconosciute due prerogative che, in maniera differente, attraversano tutta la critica letteraria antica, trovando un concreto riscontro nei suoi molteplici usi diacronici, da Omero fino all'età imperiale. In primo luogo, la metafora segna uno stacco rispetto alla prassi linguistica consueta, poiché si avvale di un apparato espressivo tendenzialmente elevato, introducendo nel testo una serie di immagini volte sia ad incrementare l'evidenza icastica di determinate scene o situazioni²⁶², sia a visualizzare concretamente il contenuto di talune discussioni, nel caso si tratti, per esempio, di poesia didascalica²⁶³. Di qui deriva il valore meramente estetico individuato nel linguaggio metaforico, capace di esercitare un indubitabile fascino sul destinatario di turno, favorendone la ricezione del testo²⁶⁴. In secondo luogo, la similitudine può suscitare un piacere non solo latamente emotivo, ma anche di ordine intellettuale, che scaturisce dal riconoscimento dell'affinità sussistente tra i termini raffrontati²⁶⁵. Si tratta, in realtà, di due aspetti strettamente congiunti nel linguaggio figurato, cui è stato dato un rilievo differente nel corso degli studi retorici e filosofici antichi.

La nota similitudine epica di Omero, per esempio, è impostata in modo tale che due oggetti di ordine differente siano messi in reciproca correlazione e che il secondo appartenga al mondo della quotidianità, rientrando nella sfera familiare al pubblico di riferimento. Il poeta cerca così di mettere in evidenza la somiglianza tra i due termini comparati, in modo tale che emerga il punto di contatto tra entrambi, ovvero la qualità o il tratto che costituisce la ragione di fondo della

---

260 *Rhet.* 3.4.1406b24-25.
261 Continua a restare fondamentale il lavoro di Fränkel, 1921 sulle similitudini omeriche, benché sia significativo anche un certo numero di studi sulla ricezione omerica in ambito latino. Cfr. Carlson, 1972 e Rieks, 1981, a proposito dell'uso della similitudine in Virgilio.
262 Considerata la vasta bibliografia a proposito di questo argomento, si rimanda semplicemente ad alcuni titoli recenti: Boys-Stones, 2003; Shipp, 2007; Scott, 2009 e Ready, 2017.
263 A tal proposito vedi Schindler, 2000, per quanto si concentri soprattutto su esempi tratti dalla letteratura latina.
264 Vedi *Rhet.* 3.2.1405a8. Questo avviene soprattutto nel caso in cui la metafora agevoli la visualizzazione concreta di concetti che, altrimenti, resterebbero alquanto astratti. A questo proposito si rimanda a Ricoeur, 1978, pp. 142-143.
265 Aristotele, a questo proposito, parla di μάθησις (*Rhet.* 3.10.1410b12 e *Poet.* 9.1451b4-7). Questo valore cognitivo delle metafore è indagato successivamente soprattutto da Filodemo (*Rhet.* 1.180 Sudhaus). Cfr. Worman, 2015, pp. 28-33.

messa a punto della similitudine stessa (il cosiddetto *tertium comparationis*). Nell'impostazione di questo rapporto analogico il poeta è attento a suscitare la meraviglia di chi ascolta, attivando in lui un certo processo, in virtù del quale possa ottenere ulteriori informazioni, entrando così in maggiore intimità con un personaggio o una situazione specifica narrata nel corso del poema. Si tratta di un raffronto diretto e semplice, che innesca un'intuizione estetica volta a illuminare una peculiarità del piano narrativo principale, senza pretendere che l'uditorio si addentri nell'analisi precisa delle relazioni tra altri termini[266]. La similitudine, dunque, si presenta come uno strumento poeticamente efficace, utile non solo sul piano meramente narrativo, ma anche su quello argomentativo di un testo[267].

Il valore cognitivo insito in una comunicazione *per imagines* viene valorizzato soprattutto nei dialoghi filosofici di Platone, il quale, conoscendo molto bene la portata didattica di questa strategia stilistico-retorica, se ne serve per chiarire o dare un maggiore supporto all'esito di una discussione, benché resti intatta la validità del procedimento dialettico ortodosso per poter accedere ad una forma di vera conoscenza[268].

Esemplare a tal proposito è il passo del *Politicus*, in cui la raffigurazione dettagliata della tessitura è raffrontata con l'azione politica al centro del dialogo. In questo caso, l'immagine non si limita a mettere in luce le consonanze tra il tessuto da un lato e il consorzio sociale dall'altro, ma implica piuttosto la relazione più ampia tra le attività dell'artigiano e l'operato dell'uomo politico[269]. Sarebbe più opportuno parlare perciò non tanto di immagini, quanto di paradigmi, giacché essi implicano un rapporto tra elementi che, nel loro insieme e nel modo in cui sono reciprocamente interrelati, costruiscono progressivamente le intime e

---

[266] Sulla valenza cognitiva della metafora vedi Ar. *Rhet.* 3.10.1410b10-13: τὸ γὰρ μανθάνειν ῥᾳδίως ἡδὺ φύσει πᾶσιν ἐστί, τὰ δὲ ὀνόματα σημαίνει τι, ὥστε ὅσα τῶν ὀνομάτων ποιεῖ ἡμῖν μάθησιν, ἥδιστα. αἱ μὲν οὖν γλῶτται ἀγνῶτες, τὰ δὲ κύρια ἴσμεν· ἡ δὲ μεταφορὰ ποιεῖ τοῦτο μάλιστα. Lo stesso effetto è assegnato anche alla similitudine, che non differisce di molto dalla metafora: ποιοῦσιν μὲν οὖν καὶ αἱ τῶν ποιητῶν εἰκόνες τὸ αὐτό· διόπερ ἂν εὖ, ἀστεῖον φαίνεται. ἔστιν γὰρ ἡ εἰκών, καθάπερ εἴρηται πρότερον, μεταφορὰ διαφέρουσα προθέσει. Cfr. Ar. *Rhet.* 3.11.1411b22-25: ὅτι μὲν οὖν τὰ ἀστεῖα ἐκ μεταφορᾶς τε τῆς ἀνάλογον λέγεται καὶ τῷ πρὸ ὀμμάτων ποιεῖν, εἴρηται· λεκτέον δὲ τί λέγομεν πρὸ ὀμμάτων, καὶ τί ποιοῦσι γίγνεται τοῦτο. λέγω δὴ πρὸ ὀμμάτων ταῦτα ποιεῖν ὅσα ἐνεργοῦντα σημαίνει.
[267] Sul senso e sulla funzione di metafore e similitudini si considerino almeno Moulton, 1977; Buxton, 2004, pp. 139-155 e Edwards, 2011, pp. 801-803.
[268] Vedi *Crit.* 107b, dove Crizia sostiene di ricorrere all'immagine delle pitture di soggetti umani e divini solo per ragioni di chiarezza (ἵνα δὲ σαφέστερον ὃ λέγω δηλώσω). Cfr. *Gorg.* 517d; *Theaet.* 198d, etc. A questo proposito vedi Lloyd, 1966, pp. 394-400.
[269] *Pol.* 306a-311c.

complesse articolazioni dell'oggetto al centro della discussione[270]. Evidentemente il paradigma, detto anche analogia, funziona perché, mettendo a confronto due entità, le caratteristiche note e familiari di x possono essere colte e riconosciute anche nel contesto poco noto di y. A differenza di una semplice εἰκών metaforica o di una più elaborata similitudine, dunque, l'analogia implica una scena complessa e ricca di dettagli, ovvero un complesso di relazioni, che si ripresentano in modalità affini nei due ambiti messi a confronto. Considerando che nel passo del *Politicus* citato poc'anzi le operazioni della tessitura si trovano raffrontate con le attività di governo di una città, ciascun aspetto è distinto in modo tale che possano emergere i punti in comune tra le due scene e, soprattutto, sia gettata maggiore luce sugli aspetti meno perspicui dei due termini implicati nel confronto. In tal senso, Platone si serve dell'analogia per analizzare un determinato soggetto (la figura del politico, in questo caso) in maniera più sistematica e controllata, il che va ben oltre le facoltà di una semplice metafora o similitudine. Si ricava così l'impressione che Platone si sia impegnato nella ricerca di un modello che potesse offrire "*a more secure basis for understanding than an image or metaphor*"[271]. A differenza di una metafora o di una similitudine, per quanto elaborate e ricercate possano essere, l'analogia è contraddistinta da un'impostazione più complessa e articolata di relazioni, presentandosi come "relazione di relazioni"[272]. Pur condividendo la natura di fondo con la metafora/similitudine, infatti, l'analogia non imposta un paragone tra due termini specifici, bensì, come s'è detto, tra due coppie di termini, ove ad essere raffrontati sono soprattutto i rapporti sussistenti all'interno di ciascuna coppia, donde scaturiscono la densità argomentativa e la forza persuasiva che la caratterizzano[273].

---

270 Vedi Rosen, 1995, p. 83.
271 Pender, 2003, p. 70. Sull'analogia intesa come metafora/similitudine estesa in modo da analizzare le similarità e le differenze tra due domini differenti, si veda Black, 1962; Soskice, 1985; Kearns, 1987 e Pribram, 1990.
272 A questo proposito Grenet, 1948, p. 11 sostiene che l'analogia non è una mera similitudine tra qualità o cose, bensì una similitudine relazionale o proporzionale.
273 Sono numerosi gli esempi che potrebbero essere citati dal *corpus* di Platone. Su questo argomento vedi almeno Moore, 2009, pp. 15-16 e Grasso, 2013, pp. 531-537. Per esempio, nel secondo libro della *Respublica* è nota l'analogia tracciata tra una città-tipo e un corpo umano, in cui non sono evidenziati solamente elementi di vaga somiglianza tra le due immagini, giacché è impostato un raffronto tra le differenti classi sociali della πόλις da una parte e le varie parti del corpo dall'altra, mostrando il modo in cui, in entrambi i casi, gli elementi costitutivi funzionino armonicamente all'interno di un organismo unitario e quali siano le eventuali cause perturbanti di quest'ordine. L'analogia mette così a confronto due ordini di relazioni pertinenti a due oggetti dissimili, considerati nella loro complessità strutturale, ovvero non tanto nelle semplici forme

La questione relativa al valore epistemico delle analogie affioranti nelle opere di Platone è tutt'altro che pacifica, poiché costituisce tuttora l'oggetto di un aspro dibattito, in cui sono spesso riflessi i termini della controversia moderna sull'argomento[274]. Del resto, è ormai ampiamente diffuso il convincimento secondo il quale Platone abbia individuato nelle immagini, siano esse metafore o analogie, degli strumenti utili a dare un supporto ai vari procedimenti di apprendimento, anche se questi stessi non possono ritenersi come fonte di una conoscenza certa, che deriva esclusivamente da un solido ragionamento dialettico[275].

Il valore euristico delle immagini, che indirizzano la conoscenza, sostenendo il ragionamento alla base del sapere, vale anche per l'uso che ne fa Luciano nell'*Hermotimus*. Nella prassi comunicativa del λόγος dispiegato nel corso del dialogo, la presenza di metafore e similitudini non risponde soltanto alla necessità di conferire una maggiore attrattiva retorica al testo. Piuttosto, ben lungi dall'essere un semplice orpello formale, le immagini disseminate lungo l'intera conversazione si fanno strumento argomentativo imprescindibile cui entrambi gli interlocutori ricorrono al fine di progredire nella conoscenza: da un lato Ermotimo, con l'ausilio delle immagini, comprende gradualmente i limiti del suo presunto sapere filosofico e, dall'altro, Licino impara a far fronte e a conoscere meglio le modalità in cui si intrica o districa un ragionamento dogmatico, scandendo abilmente la sua confutazione. Le immagini, infatti, siano esse impiegate come metafora/similitudine o analogia, costituiscono l'elemento portante della dinamica comunicativa, poiché l'interazione tra contesti semantici differenti favorisce un vero e proprio "*commercio di pensieri*" tra i due interlocutori, vale a dire una progressiva "*transazione fra contesti*", pur continuando a gravitare attorno all'argomento centrale della discussione[276]. In tal modo, il ricorso a numerose similitudini non implica di per sé un certo avvicinamento al tema centrale

---

esteriori, quanto piuttosto nelle modalità in cui si articolano nelle rispettive parti costitutive. Si veda anche *Soph.* 218c-d.

274 In definitiva, al centro della questione si pone il dilemma se l'analogia sia in grado di produrre solo nuovi stimoli per la conoscenza o, in maniera più radicale, segni il cammino che, a partire dalla semplice opinione, porta ad una conoscenza salda e stabile (si considerino almeno Robinson, 1953, p. 213 e Lane, 1998, pp. 63-68).

275 A questo proposito si veda Pender, 2003. Nonostante il noto sospetto nutrito da Platone nei confronti di immagini fittizie, considerate fallaci perché due volte lontane dalla verità (*Prot.* 331d-e; *Parm.* 132d-133a; *Soph.* 231a-b), è altrettanto evidente che egli fosse pronto a servirsene qualora non fosse stato in grado di chiarire meglio il senso dei concetti al centro della discussione. Si veda anche il recente contributo di Destrée - Edmonds, 2017, pp. 1-10.

276 Cfr. Richards, 1967, p. 90.

della discussione, bensì una sua elaborazione in termini via via più espliciti e stringenti rispetto alle conclusioni che ne derivano.

Le immagini introdotte nel corso dell'*Hermotimus*, dunque, non possono più essere considerate come un semplice fatto retorico[277], bensì come un meccanismo privilegiato del procedimento conoscitivo che si compie all'interno del dialogo e si presuppone anche nel destinatario del testo. Per mezzo delle immagini, infatti, come vedremo in seguito, i due protagonisti costruiscono un *"figuratives Wissen"*[278], che non ha nulla di astratto ma, al contrario, cerca di riformulare la controversia sul tema della conoscenza in termini concretamente rappresentabili e largamente accessibili[279]. Inoltre, il modo stesso in cui le immagini si avvicendano è indice della capacità ad esse congenere di stimolare l'interazione tra i due interlocutori, che se ne servono a tratti in maniera quasi convulsa per cercare più rapidamente la soluzione alla questione fondamentale della discussione, inseguendo sempre nuove vie di sviluppo e facendo vibrare così il discorso di molteplici significati[280].

Il serrato piano argomentativo che si estende nel corso dell'*Hermotimus* tra le due figure parlanti, infatti, non dà forma ad una delle numerose conversazioni fugaci che disseminano larga parte del *corpus* lucianeo[281], bensì ad un confronto elaborato, ove i due protagonisti danno prova di una notevole abilità nell'intreccio delle proprie posizioni, riuscendo così ad evitare di assumere i toni della mera astrazione speculativa o di una contrapposizione frontale inconciliabile[282]. Al contrario, essi riescono a dare estrema evidenza al senso degli argomenti filosofici addotti grazie ad una scelta finemente calibrata di immagini (metafore, similitudini o analogie), che scandiscono progressivamente lo svolgimento del confronto dialettico, ricorrendo con una frequenza tale da risultare una delle caratteristiche formali distintive del dialogo, cui non è stata data ancora la dovuta considerazione[283].

---

[277] Sulla discussione retorica relativa alle metafore/similitudini vedi McCall, 1969. Vedi anche Zymner, 1997, pp. 724-727.
[278] A questo proposito vedi Konersmann, 2007, pp. 10-16.
[279] Sul tema centrale del dialogo vedi *supra*, pp. 22-24.
[280] Cfr. Ricoeur, 1975, pp. 100-109.
[281] Si pensi qui ai dialoghetti tra i filosofi nei *Dialogi Mortuorum*, ma anche alla *Vitarum Auctio* e alle scene dialogate in *Icaromenippus*, *Necyomantia*, etc.
[282] I due parlanti si sottraggono in questo modo alla mera esibizione nell'uso raffinato della tecnica delle interrogazioni e delle risposte, che insieme ad altri numerosi particolari costituisce la vera cifra platonica del dialogo. Su questo aspetto vedi *supra*, pp. 16-17.
[283] Si ricordi l'articolo di Joly, 1981, pp. 419-426, che del resto indaga non tanto l'uso dell'analogia, quanto la modificazione delle analogie introdotte dagli interlocutori del dialogo.

In modo particolare, la tecnica dell'analogia, di cui nel corso dell'argomentazione danno prova alternativamente sia Licino sia Ermotimo, assolve a tre funzioni fondamentali: la prima è *euristica*, poiché l'analogia indica nuove direzioni di indagine, verso cui il discorso si avvia, esaurendo tutte le possibilità implicite nell'immagine impiegata[284]. La seconda funzione è *sintetica*, dal momento che la figura analogica permette di condensare argomentazioni complesse ed eterogenee, presentandole in una forma perspicua. Infine, l'analogia ha una funzione *evocativa*, poiché la pregnanza estetica delle immagini delineate è tale da stimolare l'immaginazione di chi le percepisce, aiutandolo ad estrarre dal discorso i contenuti di cui è stato imbevuto da parte dell'autore[285]. In tal modo, l'analogia non è solo un surrogato razionale, vale a dire un νόθος λογισμός[286], poiché si fa veicolo privilegiato dell'argomentazione filosofica, fornendo un contributo significativo all'avanzamento della conoscenza, per quanto fallimentare, che si dipana nel corso del dialogo[287].

Basti in questa sede dare un solo esempio tratto dall'*Hermotimus*, che, più avanti, verrà illustrato nei suoi complessi procedimenti argomentativi.

Ai §§ 37-39 Ermotimo si avvale di un'immagine semplice per conferire maggiore concretezza al suo convincimento in base al quale l'identificazione della vera dottrina filosofica sarebbe immediata. L'aspirante stoico, infatti, postula che due tali siano entrati in un tempio e che dopo la loro visita sia sparito un oggetto dal tesoro sacro. Per ritrovare questo manufatto sarebbe dunque sufficiente perquisire i due pellegrini, giacché, a rigor di logica, uno dei due deve averlo necessariamente rubato. Licino interviene per modificare questa immagine, mostrando la maggiore complessità del caso. Prima di tutto è arbitrario pensare che nel tempio siano entrati solo due pellegrini. Al contrario, è di gran lunga più verosimile immaginare numerosi pellegrini in visita al tempio, il che rende notevolmente più difficile la ricerca dell'oggetto. In seconda istanza, non si sa con precisione quale sia la cosa sparita, ossia la sua foggia e il materiale di cui è fatta. Del resto,

---

284 A tal proposito si veda Høffding, 1931, p. 10, il quale sostiene che l'analogia, gettando luce su un'idea non nota per mezzo di idee più familiari, può condurre a nuove conoscenze. Vedi anche *infra*, pp. 68-69.
285 Su queste funzioni vedi il quadro complessivo tracciato da Melandri, 1968, pp. 29-34.
286 Plat. *Tim.* 52b.
287 L'opportunità di un'efficiente trasmissione del λόγος filosofico emerge soprattutto all'inizio del *Nigrinus*, ove Luciano si scusa di non poter rendere con la stessa forza la parola pronunciata dal filosofo (*Nigr.* 8-9). Il ricorso alle immagini risponde alla stessa esigenza retorica costantemente presente nell'autore: offrire una parola che sia vivida e persuasiva, ponendo, o meglio, materializzando opportunamente il discorso e il contenuto dibattuto tra gli interlocutori. Sulla perspicuità del linguaggio filosofico vedi *infra*, p. 179.

è possibile che i pellegrini abbiano addosso anche beni privati, tra i quali sarebbe difficile identificare l'offerta sottratta al tempio in mancanza di un segno che la identifichi con precisione. L'immagine non imposta un raffronto semplice e diretto tra l'oggetto rubato e la filosofia vera, poiché implica un più complesso ordine relazionale tra le figure contenute sia sul piano fittizio sia su quello reale. Oltre a dover fare i conti con un numero elevato di pellegrini, infatti, chi è preposto alla ricerca del manufatto sparito è costretto a considerare le caratteristiche di ciascuno di essi, nonché di tutto ciò che è stato trovato in loro possesso. Allo stesso modo, chi intende mettersi alla ricerca della vera filosofia, non conoscendone i contenuti, è indotto ad apprendere le dottrine di ogni scuola di pensiero, considerandone le singole caratteristiche e mettendole a confronto. Tuttavia, in assenza di un segno di riconoscimento preciso, è impossibile identificare la vera dottrina di pensiero, che, come si vedrà nel corso del dialogo, è destinata a rimanere all'oscuro.

La valenza cognitiva di cui Luciano investe le immagini introdotte, discusse e rettificate nel corso del dialogo non può essere separata dalla loro portata retorica. L'autore, infatti, in virtù della sua formazione retorico-sofistica[288], è pienamente consapevole delle potenzialità argomentative del linguaggio figurato, particolarmente congeniale per aumentare il grado di persuasività di un discorso o di un ragionamento. Inoltre, in assenza di un apparato performativo, che avrebbe fornito il sostegno necessario per legare il pubblico alle parole pronunciate sulla scena, Luciano sfrutta fino in fondo la forza attrattiva della *Bildersprache*, al fine di mantenere desta l'attenzione del pubblico, ravvivandone a più riprese l'interesse prima che possa attenuarsi nel corso della lunga declamazione.

Nel caso appena discusso, per esempio, l'autore stabilisce provocatoriamente un'analogia tra la ricerca della vera filosofia, vale a dire dell'unica dottrina di pensiero autentica, e il ladro sacrilego dei templi. Si tratta di uno dei delitti maggiormente diffusi a quel tempo, e tali da suscitare un ampio clamore per l'offesa recata alla morale tradizionale[289]. In definitiva, Luciano si avvale di una scena complessa, tratta direttamente dall'esperienza quotidiana, così da poter convertire in termini concretamente visibili contenuti altrimenti destinati a restare insondabili e difficili da comunicare[290]. Attraverso le similitudini, infatti,

---

[288] Sulla formazione retorica di Luciano vedi *supra*, pp. 1-5.
[289] Vedi *infra*, nota *ad loc.*, pp. 353-360.
[290] Luciano si fa interprete, così, di un'idea ampiamente diffusa nella cultura greca, che privilegia la vista su qualsiasi altro senso, considerandola più persuasiva ed incisiva rispetto agli altri (in Hdt. 1.8.2 Candaule, per dimostrare la bellezza di sua moglie a Gige, preferì mostrargliela concretamente piuttosto che avvalersi di una dettagliata descrizione). Sulla scorta di questa considerazione l'autore, evocando immagini, e con esse colori, forme e luoghi, intende coinvolgere

Luciano tocca le corde dei sensi dei suoi uditori, stimolandone la memoria e suscitandone un certo trasporto emotivo[291], così da dimostrare la veridicità dei contenuti della sua satira filosofica attraverso il maggior grado possibile di trasparenza visiva e di attrattiva estetica[292], a scorno di qualsiasi sterile futilità argomentativa.

Nella costruzione e nella successione ben articolata delle varie immagini, Luciano non trae spunto solamente dalla tradizione retorica, ma anche da quella diatribica, che si ravvisa soprattutto nella selezione dei soggetti introdotti nella conversazione, spesso allusivi ad un repertorio noto ed ampiamente esplorato dall'autore. Nel nostro dialogo, per esempio, sono rintracciabili numerose categorie di similitudini o analogie caratteristiche della tradizione diatribica cinica[293].

---

emotivamente il suo pubblico, incrementando l'*appeal* del suo discorso. In *Dom.* 19-21 Luciano ribadisce a più riprese il valore persuasivo superiore della vista rispetto a qualsiasi altro senso (ἄμαχόν τι ἔοικεν εἶναι ἡ δι' ὄψεως ἡδονή ... πολὺ ἐπικρατέστερά ἐστι τῶν ἀκουομένων τὰ ὁρώμενα ... ὦτα γὰρ τυγχάνει ἐόντα ἀπιστότερα ὀφθαλμῶν ... ἡ δὲ τῶν ὁρωμένων τέρψις ἀεὶ παρεστῶσα καὶ παραμένουσα πάντως τὸν θεατὴν ὑπάγεται ... ψιλὴ γάρ τις ἡ γραφὴ τῶν λόγων). Su questo argomento vedi Cistaro, 2009, pp. 265-278 e Camerotto, 2014, pp. 192-217.

291 In riferimento a questo argomento, ampiamente dibattuto nella retorica antica, vedi Ps.-Long. *Subl.* 15.1-2 (καλεῖται μὲν γὰρ κοινῶς φαντασία πᾶν τὸ ὁπωσοῦν ἐννόημα γεννητικὸν λόγου παριστάμενον· ἤδη δ' ἐπὶ τούτων κεκράτηκε τοὔνομα ὅταν ἃ λέγεις ὑπ' ἐνθουσιασμοῦ καὶ πάθους βλέπειν δοκῇς καὶ ὑπ' ὄψιν τιθῇς τοῖς ἀκούουσιν. ὡς δ' ἕτερόν τι ἡ ῥητορικὴ φαντασία βούλεται καὶ ἕτερον ἡ παρὰ ποιηταῖς οὐκ ἂν λάθοι σε, οὐδ' ὅτι τῆς μὲν ἐν ποιήσει τέλος ἐστὶν ἔκπληξις, τῆς δ' ἐν λόγοις ἐνάργεια, ἀμφότεραι δ' ὅμως τό τε <παθητικὸν> ἐπιζητοῦσι καὶ τὸ συγκεκινημένον); Herm. *De id.* 2.8 e Quint. 6.2.29 ("quas φαντασίας Graeci vocant, nos sane visiones appellemus, per quas imagines rerum absentium ita repraesentantur animo, ut eas cernere oculis ac praesentes habere videamur. has quisquis bene conceperit, is erit in adfectibus potentissimus"). A questo proposito vedi almeno Lévy - Pernot, 1997, pp. 229-248; Moretti, 2004, pp. 63-96 e Webb, 2009.

292 Si tratta della cosiddetta ἐνάργεια, che è un principio su cui si esprimono anche altri autori di età imperiale. Vedi Plut. *De glor. Athen.* 3.347A: ὁ γοῦν Θουκυδίδης ἀεὶ τῷ λόγῳ πρὸς ταύτην ἁμιλλᾶται τὴν ἐνάργειαν, οἷον θεατὴν ποιῆσαι τὸν ἀκροατὴν καὶ τὰ γινόμενα περὶ τοὺς ὁρῶντας ἐκπληκτικὰ καὶ ταρακτικὰ πάθη τοῖς ἀναγινώσκουσιν ἐνεργάσασθαι λιχνευόμενος. Su questo concetto vedi Lévy - Pernot, 1997 (miscellanea sull'ἐνάργεια con numerosi studi relativi al suo rilievo in ambito retorico); Calboli Montefusco, 2005; Pasquier, 2011, pp. 87-102 (sulla Seconda Sofistica); Berardi, 2011 e *id.*, 2012, pp. 22 ss. Su Luciano, invece, si consideri Dobrov, 2002, pp. 173-192.

293 Vedi Joel, 1921, p. 923, che sottolinea l'uso privilegiato delle metafore e, più generalmente, di una vasta gamma di immagini da parte dei Cinici (sul cosiddetto εἰκασμός cinico vedi almeno Roca Ferrer, 1974 e Di Marco, 1989, p. 50), che è segno di una *forma mentis* avversa a formulazioni astrattamente dottrinarie, probabilmente riconducibile anche ad una prassi propriamente socratica. Notoriamente Socrate, nel corso delle sue discussioni filosofiche, si avvaleva di esempi tratti dall'esperienza di ogni giorno, riuscendo a dare una notevole limpidezza alle sue parole,

C'è il paragone degli uomini con le formiche (comparazione con gli animali)[294]; ci sono una serie di immagini o accenni al campo semantico militare[295] o commerciale[296]; ancora, un certo numero di similitudini accennano a personaggi storici o mitici[297]; infine, vi sono anche vari paragoni di carattere medico, in cui l'immaturità morale dei filosofi è spesso paragonata a dei sensi corrotti, in modo particolare ad una vista debole[298]. In generale, così come si evince dalla tradizione diatribica, Luciano ricorre ad immagini comuni, impostando paragoni con una serie di circostanze e oggetti tratti dalla realtà quotidiana, tali da rendere immediatamente evidente il senso della discussione svolta tra i due interlocutori.

Nonostante il gran numero di metafore, similitudini e analogie[299] che attraversano e scandiscono tutto il nostro dialogo presuppongano uno scarto rispetto alla prassi usuale del parlato, tanto che esse rientrano tra le modalità del linguaggio improprio[300], è grazie a queste stesse immagini che il dialogo riesce ad evitare di assumere toni troppi teorici. La discussione dell'*Hermotimus*, infatti, rischierebbe a più riprese di scadere in vacue pedanterie concettuali, valicando i limiti della meno pretenziosa satira filosofica entro i quali si orienta l'azione dell'autore. Nel difficile equilibrio che Luciano in questo testo stabilisce tra le istanze di un'argomentazione solidamente fondata e le convenzioni retorico-letterarie, lo strumento dell'immagine metaforica o analogica si presta facilmente a mediare tra i due ambiti, producendo un risultato esemplare. Benché l'autore impieghi un ampio spettro di metafore in un numero nutrito di opere[301], nell'*Hermotimus*, in

---

pur attirandosi spesso le critiche degli interlocutori (Plat. *Gorg.* 491a: νὴ τοὺς θεούς, ἀτεχνῶς γε ἀεὶ σκυτέας τε καὶ κναφέας καὶ μαγείρους λέγων καὶ ἰατροὺς οὐδὲν παύῃ, ὡς περὶ τούτων ἡμῖν ὄντα τὸν λόγον. Cfr. Plat. *Symp.* 221e e Xen. *Mem.* 1.2.37). Si veda Kindstrand, 1976, p. 31.
294 Cfr. il § 5. Si veda Weber, 1887, pp. 106 e 174 e Gerhard, 1909, pp. 23 e 48.
295 Cfr. i §§ 11-12 e 33.
296 Cfr. i §§ 58-59 e 81.
297 Cfr. i §§ 4-5; 7-8; 17; 47; 59 e 72.
298 Come corollario a questa forma di similitudine, si notino anche i cenni alla malattia causata dai vizi umani, che il vero discorso filosofico sembra in grado di risanare, favorendo una giusta considerazione della realtà (su questo vedi soprattutto la parte finale del dialogo). Cfr. Weber, 1887 e Kindstrand, 1976, pp. 31-32 e n. 45.
299 Sono queste le varie forme della *comparatio*, distinte da altri tropi come la sineddoche e la metonimia, che non possono ritenersi elementi costitutivi della *Bildersprache*. A tal proposito vedi Lakoff - Johnson, 2003², pp. 35-40 e Silk, 2003, pp. 115-147.
300 Vedi Quint. 9.1.4: "*est ... tropos sermo a naturali et principali significatione translatus ad aliam ornandae orationis gratia, vel, ut plerique grammatici finiunt, dictio ab eo loco, in quo propria est, translata in eum, in quo propria non est*". Cfr. Lausberg, 1990, p. 295.
301 Resta imprescindibile lo studio di Schmidt, 1897, benché sia caratterizzato da un approccio prevalentemente descrittivo, senza dare il giusto rilievo alla funzione svolta dalle immagini nel contesto delle singole opere.

virtù della maggiore ambizione dei contenuti, nonché dell'argomentazione filosoficamente più complessa e articolata intessuta dai due interlocutori, le metafore aiutano a conferire ad un argomento – la ricerca della verità – potenzialmente aperto a facili speculazioni un profilo accessibile e facilmente comprensibile[302].

La tendenza all'uso di un ampio e ricco apparato iconografico è testimoniata anche in vari autori appartenenti alla stessa temperie culturale di Luciano. Per esempio, un repertorio variegato di immagini e analogie risulta dominante nei cosiddetti λόγοι φιλοσοφούμενοι, discorsi retoricamente elaborati, ispirati a dibattiti di natura filosofica e incentrati su temi di ordine morale. Tale è la caratteristica delle διαλέξεις di Massimo di Tiro, destinate ad un contesto declamatorio pubblico o privato, e dotate di tutti quegli accorgimenti retorici e letterari adeguati a rendere i propri contenuti persuasivi e piacevoli[303]. Diverso, invece, è il caso di Favorino, che non sembra rientrare in questo genere, per quanto ne possa essere stato anche marginalmente influenzato, considerata la sua raffinata formazione retorica[304]. Altri esempi interessanti sono offerti anche da Dione e da Plutarco, che costituiscono un quadro dalle molteplici sfaccettature, entro il quale Luciano trova una piena e giustificata collocazione[305]. Allo stesso tempo, la valenza strutturale di cui Luciano investe le immagini ricorrenti nel dialogo lo distinguono nettamente dagli autori contemporanei, nelle cui opere l'impianto iconografico assolve essenzialmente una funzione retorica o meramente ornamentale.

Nell'*Hermotimus* è soprattutto Licino a promuovere un dibattito per analogie, il che sembra più conforme al suo profilo di sedicente dilettante in materia filosofica, concedendogli la possibilità di confrontarsi su un campo più sicuro e meno pretenzioso con il proprio interlocutore stoico. Tuttavia, proprio questo

---

302 Vedi D. Cairns, Ψυχή, Θυμός, and Metaphor in Homer and Plato, in *Études platoniciennes*. Online: http://journals.openedition.org/etudesplatoniciennes/566; DOI: 10.4000/etudesplatoniciennes.566.
303 Sullo stile e la tecnica compositiva delle dissertazioni di Massimo di Tiro, in cui emerge con maggiore evidenza l'uso di similitudini e di altri accorgimenti stilistici, vedi almeno Dürr, 1899-1901, pp. 124 ss.; Russell, 1983, pp. 74-76; Trapp, 1997, pp. 1945-1976 e il più recente Lauwers, 2015, pp. 125 ss.
304 Mentre Barigazzi considerava Favorino l'iniziatore dei λόγοι φιλοσοφούμενοι, Amato rileva che nelle testimonianze a nostra disposizione nulla deponga a sostegno di questa ipotesi. Al contrario, alcune opere non pervenute di Favorino sono designate con il titolo di σύγγραμμα e λόγος, il che allude ad un trattato o ad uno scritto storico-filosofico, piuttosto che ad un'orazione retorica particolarmente elaborata. Su questo vedi Amato, 2005, pp. 106-108.
305 Su Dione vedi Weber, 1887; Oesch, 1916, mentre per Plutarco vedi Dronkers, 1892 e Fuhrmann, 1964. In generale, vedi Fuentes-González, 1998, pp. 154-155.

metodo di discussione che, almeno inizialmente, potrebbe suscitare l'impressione di rispondere solamente alle istanze di mero *lusus* intellettuale, diventa nelle mani di Licino una strategia argomentativa potente che, oltre a garantirgli una posizione differente rispetto a quella iniziale (dal mettersi al seguito di Ermotimo, Licino riesce progressivamente a diventare l'esaminatore dello stesso Ermotimo), gli consente di ottenere dei risultati sorprendenti, fino ad avere la meglio su Ermotimo.

In conclusione, l'analogia filosofica si presenta come uno strumento cognitivo ed argomentativo estremamente sintetico. Luciano, da parte sua, ben lontano dal dare solamente prova di notevole perizia nella modulazione della *Bildersprache* in voga al suo tempo, percepisce le potenzialità insite nel linguaggio figurato e, in modo particolare, in quello comparativo-analogico, peculiare del dialogo platonico, adattandolo abilmente agli scopi satirici ed antidogmatici del suo nuovo dialogo filosofico[306].

2.2 Tecnica argomentativa e linguaggio figurato: una sinossi del dialogo

Per cogliere la meditata struttura retorico-argomentativa, nonché le potenzialità drammatiche sapientemente calibrate nello sviluppo del dialogo, è opportuno ripercorrere brevemente i nodi centrali del dibattito o, per meglio dire, le modalità in cui il filo del discorso si dipana nell'avvicendamento delle battute tra le due figure parlanti. In modo particolare, è opportuno focalizzare i momenti in cui il λόγος si aggroviglia al punto da sembrare destinato ad uno strappo inevitabile, per poi districarsi nuovamente prendendo altre vie. Proprio in queste circostanze, che ricorrono con una certa regolarità nel corso della discussione, traspare l'abilità tecnica di Luciano nel modulare il διά-λογος, in altre parole nel controllare la regia dell'intreccio delle battute, vale a dire l'efficacia dialettica delle parole dei due personaggi e, in generale, del ritmo complessivo del lungo confronto[307].

---

[306] L'uso dell'analogia filosofica risale, come abbiamo visto, a Platone, che l'ha ripreso verosimilmente da campi differenti, per esempio quello religioso, artistico e matematico, applicandolo sistematicamente ad un discorso di ordine filosofico. Si ricordi che Grenet, 1948, p. 16 sostiene che Platone sia stato *"le premier à percevoir la fécondité illimitée"* di questo procedimento, che assurge al livello di metodo a sostegno della conoscenza. Su questo tema vedi anche Goldschmidt, 1947, pp. 9-11. Cfr. *supra*, pp. 63-65.

[307] Si intende offrire qui di seguito un sommario dello svolgimento del dialogo come supporto ad una migliore comprensione dell'avvicendamento delle varie fasi della discussione e della disposizione dei contenuti.

2.2.1 Esordio

a) Subito dopo l'incontro casuale tra le due figure protagoniste del dialogo ed un rapido schizzo della situazione, lo scettico Licino manifesta il convincimento che Ermotimo sia ormai prossimo al compimento dei suoi studi stoici. Si pone, così, la prima questione del dialogo: in quale punto è opportuno immaginare Ermotimo lungo il percorso degli studi filosofici intrapresi? (§ 3: **ποῦ;**). Strettamente legata alla prima, Licino deduce anche la seconda questione. Se non è possibile definire la posizione precisa di Ermotimo, quando è possibile immaginare che egli raggiunga la meta ambita? (§ 4: **πότε;**). Con il susseguirsi di queste domande si assiste ad una certa *Steigerung* dei toni, che coincide con la differente percezione della realtà da parte dei due parlanti. Ermotimo, infatti, riconosce progressivamente il carattere mordace della gragnola di domande poste da Licino, il quale, perlomeno nella fase iniziale del dibattito, dissimula abilmente il suo approccio critico, esibendo un notevole interesse per la scelta filosofica dell'aspirante stoico.

b) Ermotimo si rivela incapace di quantificare lo studio rimanente prima del raggiungimento del suo obiettivo (§ 6), dichiarando genericamente che dovrebbero essere sufficienti altri vent'anni oltre a quelli già spesi nella sua impresa. Di qui prende le mosse un doppio corollario di idee, formulate non senza un intento ironico: da un lato Licino insinua malignamente che il precettore stoico sia una sorta di indovino, capace di assicurare al suo allievo il raggiungimento del proprio obiettivo, nonostante ciò sia previsto in un futuro molto lontano, e dall'altro mette in dubbio la convenienza stessa del cammino intrapreso (§ 7), considerato che, nel migliore dei casi, Ermotimo potrebbe godere solo per brevissimo tempo della felicità vagheggiata per lunghi anni.

c) A questo punto assistiamo al primo stallo della discussione. Accanto alla terza domanda (**πόθεν;**), con cui Ermotimo è invitato a motivare la certezza mostrata rispetto alla bontà della dottrina filosofica prescelta, Licino pone al suo interlocutore un interrogativo fondamentale, chiedendogli di descrivere la natura della felicità immaginata alla fine del suo percorso di studi[308]. A questo proposito, Licino prospetta all'aspirante stoico una serie di alternative tra cui è invitato a scegliere la risposta secondo lui più congeniale alla felicità stoica tanto ambita[309].

---

[308] § 7: ἔλεγε δὲ πρὸς θεῶν **ποῖα** τὰ περὶ αὐτῶν ἢ **τίνα** τὴν εὐδαιμονίαν εἶναι τὴν ἐκεῖ; Si tratta di una domanda di "primo grado", con cui Socrate era solito richiedere la definizione dell'essenza di un concetto morale, avviando la confutazione del suo interlocutore.
[309] § 7: ἦ που τινὰ πλοῦτον καὶ δόξαν καὶ ἡδονὰς ἀνυπερβλήτους; Si tratta di una domanda affine a quelle disgiuntive tipicamente socratiche, caratterizzate dalla presenza di un interro-

Ermotimo, di contro, rifiuta tutte le possibili risposte suggeritegli dal suo interlocutore, rivendicando il carattere incommensurabile e incomparabile della vita morale rispetto ai beni materiali solitamente desiderati dai mortali.

d) Licino ritorna così ad una nuova domanda diretta, interrogando il suo interlocutore sulla natura dei beni che potranno ottenere quanti riusciranno a pervenire in cima al monte della virtù[310]. Nella replica, Ermotimo si diffonde in una dettagliata descrizione dei beni morali, premurandosi di declinare ancora una volta i presunti beni indicati poco prima da Licino.

e) A questa risposta elaborata ed alquanto teorica segue una riflessione di approfondimento sul profilo del vero saggio stoico (§ 8). Licino si mostra in questa circostanza molto abile a spostare in maniera quasi impercettibile il soggetto della conversazione, che passa dalla natura della felicità immaginata in cima al monte all'identità del maestro in cui questo ideale dovrebbe trovare concreto riflesso. Ermotimo crede di averlo individuato nel profilo alquanto vago del vero saggio stoico: Licino, però, si affretta a contestarlo, contrapponendovi un esempio reale di sapiente stoico, che egli stesso avrebbe visto agire in maniera del tutto opposta rispetto ai principi propugnati. Dopo aver suscitato la curiosità di Ermotimo[311], Licino rivela l'identità di questo filosofo. Si tratta del maestro di Ermotimo, su cui si apre un *excursus*, che segna la conclusione della prima parte del dialogo (§§ 9-12). Licino indugia in un doppio ordine di racconti. Nel primo (§§ 9-10) è descritto l'atteggiamento aggressivo tenuto dal precettore stoico nei confronti di un discepolo moroso nel pagamento del compenso, mentre nell'altro (§§ 11-12) si riferisce del comportamento indecoroso manifestato dal medesimo maestro nel corso di un banchetto cui avrebbe partecipato la sera prima, azzuffandosi con un peripatetico.

2.2.2 Confutazione dei criteri di scelta

a) Le domande di Licino riprendono il loro corso a partire dal § 13, quando, in maniera molto più esplicita di prima, egli chiede all'aspirante stoico di spiegargli il modo in cui ha intrapreso lo studio della filosofia. A fare da appendice a questa

---

gativo seguito da una serie di opzioni di risposta offerte all'interlocutore di turno. Vedi *infra*, p. 213.
310 § 7: τίνα φησὶ τἀγαθὰ εἰ μὴ ταῦτα ἕξειν πρὸς τὸ τέλος τῆς ἀσκήσεως ἐλθόντας;
311 A tal proposito Licino ricorre ad una nuova domanda di secondo grado, prospettando al suo interlocutore una doppia possibilità di scelta: da un lato che egli riveli il nome del filosofo stoico osservato, e dall'altro che lo tenga celato (βούλει φῶ τίνα; ἢ ἱκανὸν καὶ ἄνευ τοῦ ὀνόματος;), coinvolgendo così progressivamente l'aspirante stoico nella conversazione appena cominciata.

domanda vengono pronunciate due brevi affermazioni: Licino dichiara il suo sincero interesse ad apprendere la dottrina stoica e si appella ai presunti sentimenti di amicizia che avrebbe già instaurato con Ermotimo, cercando così di ingraziarsene i favori. In queste parole si percepisce un tono notevolmente ironico, cui Ermotimo reagisce in maniera alquanto ingenua, apparendo lusingato dall'attenzione esibita da Licino per lo studio della filosofia stoica.

b) Dopo aver concordato con Ermotimo le modalità in cui impartire gli insegnamenti, prevedendo il ricorso ad una dialettica serrata di domande e risposte, Licino pone il suo primo interrogativo, che mette in luce una delle questioni di maggiore rilievo dell'intero dialogo: se lo Stoicismo sia l'unica scuola di pensiero o se ve ne siano altre ad esso concorrenti (§ 14). Licino comincia così a sondare le motivazioni che starebbero alla base della scelta compiuta da Ermotimo, ponendo in aggiunta una serie di domande di primo grado[312], che stimolano l'interlocutore a fornire risposte chiare ed esaustive. Ermotimo, invece, in un primo momento non sembra capire il senso della domanda del suo interlocutore, il quale la riformula in termini più espliciti, ripetendo l'espressione impiegata poco prima, cui segue un poliptoto atto a rendere maggiormente evidente la consequenzialità logica delle azioni descritte[313].

c) Dinanzi ad ulteriori tergiversazioni di Ermotimo, Licino lo incalza chiedendogli in maniera ancora più diretta di insegnargli il modo in cui è riuscito ad individuare la filosofia migliore, identificandola oltretutto in quella stoica[314]. Si apre a questo punto una lunga sezione, in cui Ermotimo fa cenno ad una serie di criteri di giudizio prontamente rigettati da Licino, che ha buon gioco nel ricorrere ad argomentazioni tratte dall'armamentario scettico (i cosiddetti tropi).

In primo luogo si discute del principio di maggioranza, che si rivela inaffidabile, poiché il consenso si basa su un calcolo impreciso degli adepti di ciascuna scuola filosofica (§§ 16-17).

A seguire, Licino rifiuta anche il criterio dell'aspetto esteriore, giacché non tiene conto della discrepanza tra i *dicta* e i *facta* di un presunto filosofo, risultando, invece, molto più congeniale per la valutazione delle caratteristiche materiali di una statua (§§ 18-19).

Considerato che la discussione sui criteri di giudizio non riesce a giungere a nessun risultato positivo, Licino riassume nuovamente il senso delle sue doman-

---

[312] § 15: **τῷ** πότε πιστεύσας τὸ πρῶτον σύ, ὁπότε εἰς τὴν τῶν Στωϊκῶν ἧκες; ... **τίνι** ταῦτα ἐτεκμαίρου τότε;
[313] § 15: τῷ σὺ πιστεύσας τοὺς μὲν ἄλλους εἴας, ἐξ ἁπάντων δὲ **προελόμενος ἅπερ προῄρησαι**, ἀξιοῖς κατὰ ταῦτα φιλοσοφεῖν;
[314] § 16: τίς ἡ ἀρίστη φιλοσοφία ἐστί καὶ ἡ ἀληθεύουσα καὶ ἣν ἄν τις ἕλοιτο παρεὶς τὰς ἄλλας.

de, chiedendo ad Ermotimo il modo in cui, avvicinandosi agli Stoici, sia stato persuaso della bontà della loro dottrina e soprattutto in quale maniera sia riuscito a scrutare i loro pensieri così da avere la certezza che si trattasse dei filosofi migliori, in possesso dell'autentica verità filosofica (§ 21).

d) Il senso della domanda, in questo caso, si fa particolarmente evidente con l'ausilio di un aneddoto su Momo, una divinità secondaria del *pantheon* greco, il quale avrebbe rimproverato Efesto, l'architetto dell'uomo, per non aver previsto alcuno stratagemma, per esempio una porticina sul petto, attraverso la quale sarebbe stato possibile verificare immediatamente la consistenza dei pensieri e delle intenzioni dell'essere umano. Con questo racconto Licino provoca il primo strappo con il suo interlocutore. Ermotimo, infatti, percepisce di essere burlato, protestando contro Licino, il quale, da parte sua, decide di procedere da solo nella ricerca della verità e del metodo di ricerca migliore, invitando l'aspirante stoico ad ascoltare semplicemente quello che dirà di lì a poco. Rinunciando a capire il metodo con cui Ermotimo sia arrivato a credere nella filosofia stoica come nella migliore delle dottrine esistenti, Licino assume la parte del parlante principale, nonostante intendesse assegnarla inizialmente proprio al suo interlocutore.

2.2.3 Similitudine della città ideale

a) Licino cerca di dare viva rappresentazione al suo concetto di felicità, delineando l'immagine della città ideale e insistendo sull'identificazione della via che potrebbe condurvi con una certa sicurezza. Una volta tratteggiata la città virtuosa nei termini propri del lessico utopistico greco, facendone l'obiettivo esclusivo dei propri desideri, e forte dell'appoggio ricevuto dal suo interlocutore (§§ 22-25), Licino descrive le difficoltà che impediscono il raggiungimento di questa meta.

b) L'ostacolo maggiore consiste nel fatto che tutte le potenziali guide accampano le medesime pretese di attendibilità, presentandosi ciascuna come l'unica in grado di condurre fino alla città ideale (§ 26). A fronte della varietà delle guide e della diversità dei percorsi, infatti, una sola è la verità, cosicché si impone una scelta non facile, con il rischio di credere di essere pervenuti alla città della virtù, pur non avendola raggiunta (§ 27).

c) In questa circostanza Licino esclude la possibilità di prendere una scelta casuale (§ 28), visto che non ci sarebbe nessuna garanzia sul suo buon esito. In aggiunta, lo scettico ricorre ad una serie di immagini, al fine di corroborare meglio questo suo convincimento, fondamentale per gli sviluppi successivi della conversazione.

1. In primo luogo si fa cenno all'impresa improbabile di attraversare il mare Egeo o lo Ionio su una stuoia, che avrebbe le stesse probabilità di insuccesso di una scelta votata al caso.

2. In secondo luogo è introdotto l'esempio mitico di Teucro, l'arciere omerico che, proponendosi di colpire una colomba, finì per tagliare la cordicella cui era legato l'uccello. Similmente, è molto più probabile che il caso, dovendo cogliere tra tante dottrine filosofiche l'unica vera, manchi il colpo, prendendone una sbagliata.

3. Licino non trascura di mettere in risalto i rischi di una scelta inadeguata, adoperando a questo proposito l'immagine della navigazione. Per assicurarsi una traversata sicura e serena, ancor prima di salpare, è necessario scegliere la nave più solida e la guida più esperta, oltre che verificare attentamente se le condizioni meteorologiche siano favorevoli al viaggio. Una volta raggiunto il largo, infatti, è difficile invertire la rotta, giacché si potrebbe incappare in situazioni altamente pericolose. Allo stesso modo, chi intende raggiungere la verità filosofica, non può affidarsi alla prima guida filosofica che gli capiti sotto mano; al contrario, dovrebbe esaminare scrupolosamente le varie scuole di pensiero, raffrontando le singole dottrine, nonché le rispettive proposte di vita. Diversamente, è impossibile raggiungere l'obiettivo finale, vale a dire la conquista della virtù; piuttosto, ci si potrebbe illudere di aver raggiunto la felicità, pur non avendola conseguita.

2.2.4 Interrogazioni fittizie e scenari immaginari

A questo punto del dialogo Licino introduce un altro tratto propriamente platonico della tecnica dialogica, vale a dire la proiezione nella discussione in corso di figure estranee ai dialoganti presenti sulla scena, le quali, nonostante la loro natura immaginaria, non restano confinate ai margini del dibattito, ma vi prendono parte attivamente, ponendo domande ed esercitando una notevole influenza sui personaggi parlanti e sul tema discusso[315].

a) Se in un primo momento (§ 29) Licino prospetta solo l'eventualità che non solo gli stoici Crisippo e Zenone, ma anche i rappresentanti delle altre scuole filosofiche possano avanzare le medesime pretese di autenticità, poco dopo, appellandosi in maniera più diretta all'aspirante stoico (§ 30: ἐπεὶ φέρε), lo porta a figurarsi paradossalmente l'arrivo sulla scena di uno dei filosofi del passato. Nella cornice di questa circostanza immaginaria, lo stesso Licino rinuncia alla

---

[315] Su questo aspetto della strategia drammatico-argomentativa del dialogo vedi Longo, 2000.

sua identità, assumendo i panni di un discepolo stoico, certo della bontà della scelta compiuta a danno delle altre scuole di pensiero.

Si intrecciano, così, in questa scena molteplici piani fittizi, sapientemente orchestrati dall'autore: 1) Licino assume la maschera di Ermotimo, l'adepto stoico *partner* nella discussione; 2) i filosofi redivivi indirizzano contro Licino quelle critiche che, in realtà, sono dirette a colpire la scelta arbitraria compiuta da Ermotimo in favore dello Stoicismo; 3) Licino, infine, manifesta una notevole difficoltà nel trovare una risposta soddisfacente alle contestazioni mosse dai suoi interlocutori fittizi, invocando l'aiuto dello stesso Ermotimo, il quale appare qui non più come suo avversario, bensì come fidato alleato nella tenzone contro i filosofi redivivi. Dinanzi al rimprovero di questi filosofi, che potrebbero accusarlo di non aver tenuto nella debita considerazione le loro dottrine, Licino ricorrerebbe ai suggerimenti ricevuti dal suo amico Ermotimo (§ 30). Tuttavia, stando all'immaginazione di Licino, è plausibile prevedere che tali filosofi, non conoscendo Ermotimo, rifiutino di riconoscergli qualsiasi autorevolezza, esprimendo piuttosto il loro disappunto per il modo superficiale e irriguardoso con cui sono stati trattati dallo stesso Licino. Il gioco delle parti in questa sezione del dialogo è di notevole effetto drammatico e argomentativo, perché implica non solo un ribaltamento dell'identità dei personaggi dialoganti, ma anche un'inversione dei ruoli tra i due interlocutori, giacché Licino non è più nelle condizioni di formulare interrogativi (così come aveva fatto a partire dal § 13), bensì solo di rispondere a tutte le domande che gli vengono poste da altri.

b) Come in un gioco di scatole cinesi, Licino incrementa il carattere paradossale della scena, immaginando che i filosofi ritornati in vita arrivino a dipingere un'ulteriore situazione fittizia, continuando ad appellarsi a lui nelle vesti di aspirante stoico (§ 31: τάχ' ἄν τις αὐτῶν καὶ προσέροιτό με). In modo particolare, Licino ipotizza che uno dei filosofi tornati in vita gli proponga il caso di un etiope, il quale, non avendo mai lasciato il suo paese, nutre il fermo convincimento che esistano solo individui neri, ignorando del tutto altre popolazioni al di là di quella in cui ha speso la sua intera esistenza. In tal caso, l'etiope si attirerebbe un nugolo di critiche, perché è giunto a conclusioni infondate, indotte da una conoscenza solo molto parziale di tutti gli uomini presenti sulla terra. Terminando questo racconto, Licino si dichiara d'accordo con i rimproveri mossi all'etiope, guadagnandosi l'approvazione dello stesso Ermotimo, che riscontra in queste critiche delle ragioni inconfutabili.

Licino, però, prevede che l'accordo con Ermotimo sia destinato a fallire non appena risultino manifesti i riflessi del racconto fittizio sull'argomento centrale della discussione. Riaprendo momentaneamente il sipario sulla scena immaginaria, ovvero dando ancora una volta voce all'artefice delle critiche contro l'etiope arrogante, Licino disvela il senso dell'analogia, intrecciando i termini consonanti tra il piano immaginario e quello reale della conversazione in corso[316]. Da un lato, dunque, c'è l'etiope che, non avendo mai messo piede fuori dalla sua terra, crede nella sola esistenza di individui neri, e dall'altro uno stoico, il quale, in maniera affine ad Ermotimo, nonostante abbia appreso le sole dottrine stoiche, senza mai cimentarsi nello studio di altre, ritiene la scuola stoica in possesso dell'unica vera dottrina filosofica. Di conseguenza, risulterebbe che Ermotimo, avendo sperimentato il solo Stoicismo, non sia legittimato a coglievi la filosofia migliore, soprattutto perché non ha tenuto conto di quelle sostenute dagli altri indirizzi di pensiero. Ermotimo, invece, insiste nella sua posizione, continuando a reputare le dottrine stoiche preferibili a quelle propugnate da qualsiasi altro filosofo. Licino, da parte sua, evita qualsiasi replica in prima persona, proseguendo la comunicazione con Ermotimo al livello della dimensione fittizia tratteggiata nel corso del dialogo.

c) Incrementando le potenzialità drammatiche e dialettiche della scena immaginaria, Licino prevede non più un singolo personaggio, bensì un coro di voci oppositive levarsi contro i due interlocutori del dialogo. Tuttavia, in questo caso, il bersaglio della critica non sarebbe tanto Licino, quanto Ermotimo stesso, che viene interpellato ripetutamente dai filosofi redivivi proiettati sulla scena[317]. Il ritmo argomentativo della discussione subisce una certa accelerazione, segnata dalla descrizione di una serie di immagini che i filosofi del passato innestano nella discussione irreale con Ermotimo, mediata abilmente dalla voce di Licino. La scelta compiuta da Ermotimo in favore dello Stoicismo, infatti, è paragonata prima all'allenamento di un atleta senza antagonisti, che non può dichiarare nessuna vittoria in assenza di una controparte (§ 33), e poi a dei bambini che, dopo aver costruito delle fragili casette, provvedono essi stessi a distruggerle, il che traduce in termini concreti l'approccio arbitrario e abusivo del precettore stoico e dello stesso Ermotimo nei riguardi delle dottrine filosofiche altrui. Infine, il metodo di insegnamento dei maestri stoici è paragonato alle esercitazioni degli

---

316 § 32: "Ἀνάλογον τοίνυν, ὦ Λυκῖνε, κείσθω τις ἡμῖν τὰ Στωϊκῶν μόνα εἰδώς, καθάπερ ὁ σὸς φίλος οὗτος ὁ Ἑρμότιμος, <u>ἀποδημήσας δὲ μηδεπώποτε</u> μήτε ἐς Πλάτωνος μήτε παρὰ τὸν Ἐπίκουρον μήτε ὅλως πρὸς ἄλλον τινά. εἰ τοίνυν λέγοι μηδὲν οὕτω καλὸν εἶναι μηδ' ἀληθὲς παρὰ τοῖς ἄλλοις, οἷα τὰ τῆς Στοᾶς ἐστι καὶ ἃ ἐκείνη φησίν, οὐκ ἂν εὐλόγως θρασὺς εἶναι δόξειέν σοι περὶ πάντων ἀποφαινόμενος, καὶ ταῦτα ἓν εἰδώς, <u>οὐδεπώποτε ἐξ Αἰθιοπίας τὸν ἕτερον πόδα προελθών</u>;" τί βούλει ἀποκρίνωμαι αὐτῷ; Sono sottolineate le parti in cui, nel contesto della critica filosofica mossa nei confronti di Ermotimo, si ravvisano tracce del lessico afferente all'immagine delineata poco prima.
317 § 33: "Οἷα ποιεῖ, ὦ Λυκῖνε, ὁ ἑταῖρός σου ὁ Ἑρμότιμος;"

arcieri, che dispongono a poca distanza il proprio bersaglio in modo da colpirlo agevolmente e senza pericolo.

Conclusa la descrizione di queste scene, Licino ne profila subito una nuova, immaginando che Platone racconti uno degli aneddoti riguardanti il suo soggiorno siciliano (§ 34). Si tratta del noto episodio della moglie di Gelone, la quale, avendo conosciuto solamente suo marito, si era convinta del fatto che il suo alito cattivo fosse una caratteristica comune a tutti gli uomini. Allo stesso modo, sembrerebbe concludere Platone, Ermotimo, avendo avuto a che fare con i soli Stoici, non conosce le dottrine degli altri filosofi. Licino, del resto, tradendo ormai la cornice immaginaria della sua argomentazione, fa notare che questa obiezione potrebbe essere mossa da qualsiasi altro filosofo, compreso lo stoico Crisippo, qualora fosse lui ad essere trascurato a favore di altri filosofi. In definitiva, conclude Licino, finché non sarà chiaro quale sia la corrente filosofica vera, è meglio non compiere nessuna scelta, dal momento che, oltre ad essere ingiusta e irrispettosa verso gli altri filosofi, apparirebbe inevitabilmente infondata.

La tecnica dell'interrogazione fittizia, dunque, che Luciano riprende plausibilmente da Platone[318], inquadrandola in una cornice drammatica più ampia e meglio definita, non assolve solo ad una funzione chiarificatrice, perché Ermotimo possa cogliere meglio il senso della confutazione architettata da Licino[319], ma anche per mediare la forza sempre più stringente dell'ἔλεγχος scettico, evitando quello scontro che si poteva intravedere sin dalle mosse iniziali del dibattito tra i due protagonisti del dialogo (§ 13).

2.2.5 Argomentazione analogica: la ricerca della vera dottrina

Ermotimo segna una cesura nella discussione, chiedendo esplicitamente a Licino di tralasciare tutta la serie di personaggi richiamati nel corso della discussione e di ritornare ad un dialogo serrato, oltre che franco, tra di loro (§ 35). L'aspirante stoico, infatti, non riesce a comprendere il senso del coinvolgimento di una quantità nutrita e variegata di personaggi all'interno della discussione. Licino accondiscende a questa richiesta, lasciando trasparire, non senza una certa nota ironica, aspettative elevate sugli argomenti che Ermotimo si avvia ad addurre a giustificazione della sua scelta filosofica.

---

[318] A questo proposito vedi Longo, 2000, pp. 93-96.
[319] Ermotimo, infatti, non comprende sempre il senso delle domande pressanti di Licino, che ricorre ad immagini o a questioni immaginarie per chiarirne il senso. Cfr. *supra*, pp. 61-72.

a) Ermotimo, in realtà, non desiste dall'intento di attribuire surrettiziamente agli Stoici il possesso della verità, immaginando che essi siano i soli in grado di eseguire correttamente dei semplici calcoli matematici. Ancora una volta, Licino contesta il ragionamento capzioso del suo interlocutore, osservando che anche gli Epicurei o i Platonici potrebbero arrivare al medesimo risultato. Pertanto, fino al momento in cui non sarà dimostrato che solo gli Stoici siano capaci di garantire il risultato corretto di un calcolo matematico, occorrerà prestare ascolto a tutti i filosofi, evitando così l'accusa di un giudizio sommario e fazioso (§ 36)[320].

b) Ermotimo insinua che il suo interlocutore scettico non abbia capito in pieno il senso delle sue parole (cfr. il § 37), il che spinge Licino a chiedergli nuovamente di esporre meglio, e con maggiore chiarezza, i suoi argomenti. Il discepolo stoico ricorre così ad una nuova immagine analogica, abbozzando una situazione dal forte valore argomentativo (§§ 37-39). Posto che dal tesoro del tempio di Dioniso sia stato sottratto un oggetto sacro e che i visitatori del tempio siano stati solo due, Ermotimo crede di poter svelare facilmente chi sia stato l'autore del crimine, perché se il manufatto sacro non è in possesso del primo, sarà certamente tenuto nascosto dall'altro pellegrino. In senso traslato, immaginando che il calice rubato sia trovato in mano agli Stoici, non sarebbe più necessario proseguire l'indagine. Contestando la costruzione fallace del discorso imbastito dall'aspirante stoico, Licino adatta la scena immaginata ai termini specifici della discussione. In primo luogo Licino preferisce pensare che i visitatori del tempio sono stati di gran lunga più di due e che non è nota l'entità dell'oggetto sacro trafugato. A tal proposito, accentuando il carattere drammatico della situazione fittizia, Licino delinea i sacerdoti del tempio nell'atto di esprimere pareri differenti rispetto al materiale dell'oggetto sparito, il che richiama distintamente la divergenza di opinioni espresse dai vari filosofi a proposito della natura della vera dottrina. In modo particolare, alla fine del suo intervento correttivo, Licino proietta Ermotimo nella scena immaginaria, invitandolo a perquisire ciascun pellegrino entrato nel tempio e a proseguire l'indagine, raccogliendo tutti gli oggetti posseduti dai visitatori del tempio (§ 38). Tra le cose ritrovate addosso ai pellegrini non è facile discernere quale sia quella appartenente al tesoro sacro, visto che l'oggetto in questione non è dotato di un segno di riconoscimento oggettivo.

c) In questo momento si verifica una nuova accelerazione del ritmo argomentativo di Licino. Subito dopo aver rettificato la scena del furto sacrilego, senza concedere ad Ermotimo nessuna possibilità di replica, Licino introduce un'ul-

---

320 Licino ritrae anche in questo caso una scena fittizia in cui i singoli esponenti filosofici sembrano accampare la pretesa di compiere il calcolo corretto, disconoscendo questa stessa facoltà ai propri avversari.

teriore immagine, con cui intende approfondire la questione del segno introdotta poco prima (§ 39). Si tratta, nello specifico, del metodo solitamente impiegato per comporre le coppie di atleti in occasione dei giochi olimpici e individuare il cosiddetto efedro, vale a dire l'atleta destinato a restare fermo per un turno. Per imprimere un senso più pregnante alla scena ritratta, Licino invita Ermotimo a non porsi più come spettatore rispetto al contesto immaginato, bensì a svolgere il ruolo di uno degli stessi giudici panellenici attivamente operanti nel contesto rappresentato (§ 41)[321]. Questo continuo andirivieni tra il piano analogico e quello reale della discussione, contrassegnato dall'inversione dei ruoli tra i due parlanti e dall'alterazione temporanea dell'identità dei singoli interlocutori, manifesta la complessità argomentativa del dialogo, vale a dire la profonda riflessione che è alla base dell'elaborazione concettuale e stilistica dell'*Hermotimus*.

d) Dopo aver avuto la meglio su Ermotimo, dimostrandogli quanto sia inverosimile credere di poter individuare l'efedro senza un'analisi comprensiva di tutti gli atleti (§§ 42-44) e quanto sia altrettanto impensabile identificare la guida migliore per la città di Corinto o il sacrilego del tempio di Dioniso senza aver effettuato una ricerca accurata e precisa (vedi il § 45, che riassume brevemente le tre immagini), Licino arriva alla conclusione che, se un qualsiasi filosofo avanzasse la pretesa di conoscere l'unica vera dottrina filosofica non potrebbe essere degno di fiducia, a meno che non riuscisse a dimostrare chiaramente di aver studiato approfonditamente tutte le dottrine di pensiero esistenti. Ancora una volta, per corroborare questa idea Licino abbozza una situazione fittizia ove un tale, sopraggiungendo in compagnia di un uomo, lo presenta come il più bello tra tutti gli esseri viventi. Anche in questo caso, il suddetto parere non può che ritenersi infondato a meno che non si basi sull'esame dettagliato di tutti gli uomini (§ 45).

e) Una volta constatato concordemente che non è possibile individuare un filosofo che abbia percorso tutte le vie filosofiche, dominando così le dottrine di ogni singola scuola, i due interlocutori decidono di intraprendere questa enorme impresa. Per evitare il rischio di restare intrappolati nei tortuosi sistemi dottrinali di ciascun indirizzo di pensiero, Licino introduce pur brevemente nel discorso un efficace riferimento mitico[322], manifestando una certa attenzione per la *variatio*

---

[321] Si noti che Licino, poco dopo, alla domanda di Ermotimo, che lo interrogava sul modo in cui egli avrebbe operato nel caso in cui si fosse imbattuto per primo nell'efedro, gli ricorda che, sul piano fittizio della conversazione, lui svolge il ruolo di giudice ellanodico, cosicché spetta a lui sapere come procedere (§ 42: σὺ ὁ Ἑλλανοδίκης ἐθέλω εἰδέναι ὅ τι καὶ πράξεις).

[322] Mentre al § 7 Ermotimo ha introdotto nel discorso l'immagine di Eracle suicida sul monte Eta a sostegno della funzione purificatrice della filosofia, in questo caso Licino accenna alla nota vicenda di Teseo e Arianna presso il labirinto di Cnosso per evidenziare la strategia maggiormente adeguata ad un esame complessivo ed efficace di tutte le dottrine filosofiche.

nella scelta delle immagini addotte nel dibattito (§ 47). Ermotimo, invece, come capita anche in altri momenti del dialogo, dapprima non sembra capire il senso dell'immagine delineata da Licino, che è costretto a spiegarlo in termini espliciti: nello studio dei labirinti dottrinali delle varie dottrine di pensiero occorre mantenere una facoltà critica vigile, senza cedere alle lusinghe dei singoli maestri, il che potrebbe implicare un assenso ingiustificato ad una qualsiasi scuola filosofica.

f) A questo punto Licino comincia a passare in rassegna i vari indirizzi di pensiero esistenti, proponendo per ciascuno un numero di anni reputati sufficienti per apprenderne le rispettive dottrine. Allo studio di ogni singola dottrina viene assegnato un lasso temporale parossisticamente esagerato (§ 48), giacché sono comuni i casi di stoici, epicurei o platonici ottantenni pronti ad ammettere la propria ignoranza, nonostante i lunghi studi già portati a termine. Per rendere più incisivo il suo intervento, Licino immagina che, se gli adepti di queste scuole di pensiero non avessero confessato le difficoltà della loro condizione, lo avrebbero fatto i vari capiscuola, ossia Crisippo, Aristotele e Platone, per non parlare di Socrate, celebre per le dichiarazioni del suo "non-sapere".

La tecnica argomentativa di Licino, dunque, conferma la sua cifra caratterizzante. Pur partendo da un tema astratto, il calcolo degli anni necessari alla formazione filosofica integrale, egli conferisce al discorso un aspetto vivace, considerato che gli stessi filosofi sono evocati nel discorso come entità reali, capaci di interagire, anche solo potenzialmente, con le figure parlanti del dialogo[323]. Inoltre, Licino, come abbiamo visto, nel corso del suo discorso confutativo cerca sempre un coinvolgimento diretto del proprio interlocutore, in modo tale che entrambi risultino ugualmente corresponsabili dello sviluppo impresso alla discussione (§ 51). In modo particolare, Licino sollecita Ermotimo non tanto sul piano diretto, bensì su quello immaginario della comunicazione, là dove si consuma buona parte dell'intera confutazione[324].

2.2.6 Dibattito sul metodo di ricerca migliore: il tutto e la parte

a) A partire dal § 52 Licino abbozza scene fittizie al servizio dell'ἔλεγχος scettico senza introdurre figure estranee al dialogo, bensì proiettando gli stessi parlanti

---

[323] In questo caso sono i discepoli a prendere potenzialmente la parola, giacché sarebbero pronti ad ammettere la propria ignoranza, nonostante i lunghi anni di studio già conclusi (§ 48).
[324] Vedi le critiche che Licino muove al suo interlocutore nel corso dei §§ 48-49. Cfr. *infra*, pp. 379 ss.

in una situazione paradossale, che diventa paradigmatica per la condizione presente in cui si muovono i due interlocutori. Licino crede che, dopo aver avvertito Ermotimo, smanioso di congiungersi con una statua, del carattere astruso, oltre che impraticabile del suo desiderio, possa attirarsene le ire, giacché l'aspirante stoico non comprenderebbe le intenzioni benevole di questo richiamo (§ 51). Lo scarto tra piano fittizio e reale in questo caso è molto meno accentuato rispetto a quelli precedenti, poiché nella situazione immaginaria sono rappresentati i protagonisti stessi del dialogo. Ermotimo comprende subito la portata della scena dipinta da Licino sull'argomento centrale del dialogo, reagendo in maniera piuttosto stizzita (§ 52). Nel battibecco che segue, Ermotimo, lungi dall'apparire remissivo, muove delle forti accuse al suo interlocutore, insinuando dapprima che questi intenda promuovere uno stile di vita ozioso e privo di qualsiasi formazione intellettuale (§ 52) e poco dopo che, disprezzando tutti i filosofi e i rispettivi discepoli, Licino desideri apparire come l'unico capace di condurre alla verità (§ 53).

b) In seguito a questa fase transitoria del dialogo, in cui Licino ribadisce la necessità di una conoscenza onnicomprensiva della filosofia, per quanto essa comporti una fatica incalcolabile e sia destinata a prolungarsi oltre i limiti temporali della vita umana, Ermotimo cerca di trovare un metodo che giustifichi una conoscenza della filosofia più rapida ed altrettanto affidabile. A tal proposito, l'aspirante stoico si serve di una nuova analogia. Riportando un celebre aneddoto, in base al quale Fidia dalla semplice vista della zampa di un leone sarebbe riuscito a ricostruire le dimensioni e le proporzioni dell'intero animale nascosto, Ermotimo aggiunge che lo stesso Licino, alla vista di una mano, riuscirebbe a comprendere subito che appartiene ad un essere umano, anche se non gli sia pienamente visibile. Licino reagisce in maniera decisa a questa argomentazione, smentendo ogni possibilità di conoscere il tutto a partire da una sua sola parte[325]. È significativo in questo passaggio rilevare il commento sarcastico di Licino che, presumibilmente dinanzi ad un iniziale smarrimento del suo interlocutore, lo invita a rispondere, proponendosi egli stesso di fornire una risposta[326]. Ancor prima di attendere la risposta, Licino provvede a svelare il senso dell'analogia, mettendo in luce i tratti in comune tra le due immagini. Così come Fidia non avrebbe

---

[325] § 55: τῷ μὲν γὰρ **Φειδίᾳ** καὶ **σοὶ** οὐδὲν ἄλλο τοῦ γνωρίζειν τὰ μέρη αἴτιον ἦν ἢ τὸ εἰδέναι τὸ ὅλον—ἄνθρωπον λέγω καὶ λέοντα.

[326] La proposta di Licino di sostituirsi al suo interlocutore è qui di gran lunga più provocatoria rispetto a quanto s'è visto in precedenza, là dove Licino, nel contesto di un confronto immaginario con i filosofi redivivi del passato (§§ 30-33), aveva assunto la difesa di Ermotimo. Vedi *supra*, pp. 78-79.

potuto riconoscere dalla zampa l'animale cui essa appartiene se non avesse visto e conosciuto in precedenza il leone, e allo stesso modo per cui Ermotimo dalla vista di una mano non sarebbe potuto risalire alla figura di un essere umano se non ne avesse già fatto esperienza, nello studio di una scuola filosofica l'apprendimento dei soli capisaldi non sarebbe sufficiente per formulare un giudizio sull'intero sistema dottrinario (§ 55).

c) Dopo aver ribadito il bisogno ineluttabile di conoscere tutte le dottrine esistenti, Licino suggerisce al suo interlocutore con un manifesto tono ironico due scorciatoie, che gli consentirebbero di individuare rapidamente la verità filosofica (§§ 56-57)[327]. Ermotimo non replica in maniera altrettanto dispiegata ma, dopo aver etichettato le parole del suo interlocutore come meri βωμολοχικά, introduce una nuova immagine. Si noti che, a partire dal § 54 c'è stata una certa inversione dei ruoli tra i due parlanti. Mentre prima era Licino a tratteggiare delle immagini o a suggerirne l'idea, adesso l'iniziativa è tutta in mano ad Ermotimo, il quale mostra una certa volontà di reazione all'attacco confutatorio scettico. In questo caso, Ermotimo rievoca una scena abituale, inquadrandola appropriatamente nel contesto argomentativo del dialogo in corso (§ 58). L'aspirante stoico immagina di intrattenersi a conversare con un oste, rivolgendogli la paradossale richiesta di poter bere una botte intera di vino prima di acquistarne una sola coppa. Licino replica nella maniera che gli è propria: riprendendo l'immagine della botte, egli rileva in primo luogo l'incongruenza insita tra le immagini messe a confronto nell'analogia appena impostata. Mentre il contenuto di una botte potrebbe essere facilmente valutato sulla sola base di un campione, lo stesso non potrebbe avvenire nel caso di un qualsiasi indirizzo filosofico, che comprende una quantità disparata di dottrine, tali da rendere imprescindibili lezioni sempre nuove da parte del maestro e un impegno costante del discente. Ermotimo, infatti, è presentato come una sorta di novello Odisseo, dal momento che continua a seguire assiduamente il suo precettore ormai da vent'anni, pur non avendo compiuto neppure la metà del suo intero percorso formativo[328]. Sulla base di questa considerazione, Licino ritorna sull'immagine della botte di vino, proponendone una rivisitazione sostanziale, al fine di renderla più aderente al tema della filosofia: pur mantenendo intatta la botte, al posto del vino si immagina che vi sia contenuta

---

[327] Si tratta da un lato di un indovino che, nel corso dei suoi rituali, potrebbe ricavare questa informazione direttamente dalla divinità, e dall'altro di un fanciullo che, estraendo da un'urna una sola tra le tante tavolette recanti il nome dei singoli filosofi, individuerebbe immediatamente quello migliore.
[328] Al § 61 Licino allude con la medesima rapidità ad un altro esempio mitico, quello delle Danaidi, paragonando il caso della loro botte con quella della filosofia. Sull'uso del mito da parte di Licino vedi *supra*, p. 19.

un'ampia varietà di sementi disposte a strati differenti, con la conseguenza che dal *test* del campione di semi colti in superficie non sarebbe possibile valutare la qualità dei semi presenti nei livelli inferiori (§ 61). All'immagine della botte Licino ne fa seguire immediatamente una nuova, secondo quel gusto per l'accumulazione asindetica di paradigmi che ricorre in altri passi del dialogo[329]. Si tratta del veleno, i cui effetti deleteri non si manifestano assumendone una quantità minima, bensì una sufficiente per farlo agire. Allo stesso modo, per poter godere delle conseguenze positive della filosofia, occorre garantirsi il pieno dominio sulla dottrina intera, senza limitarsi ad una sua porzione minima.

d) Segue un ultimo momento di *impasse* prima della confutazione definitiva. Ermotimo protesta ancora una volta di essere diventato motivo di burla nelle mani del suo interlocutore, il quale non risponde a queste accuse, invitando l'aspirante stoico a proseguire gli studi intrapresi. Ciononostante Licino accenna all'ultimo argomento confutativo, mettendolo efficacemente in bocca al λόγος stesso, presentato come un'entità concreta con cui Ermotimo è invitato a confrontarsi (§ 63).

2.2.7 Esito della confutazione e resa di Ermotimo

a) Facendosi portavoce di Licino, il λόγος insisterebbe sull'opportunità di un'indagine accurata ed imparziale delle singole scuole filosofiche, richiamando a titolo esemplificativo il procedimento seguito dall'Areopago nelle riunioni notturne, in occasione di decisioni cruciali, là dove si sarebbe dovuta evitare qualsiasi influenza esterna (§ 64). Ermotimo, invece, suppone maliziosamente che il suo interlocutore si aspetti di raggiungere la vera filosofia solo dopo la morte, considerato che l'indagine delle singole dottrine, come è apparso nella fase precedente del dialogo, andrebbe oltre la durata naturale di una vita umana. Tuttavia, come fa notare subito dopo, Licino intende ben altro, ossia che neppure oltre la morte sarebbe possibile cogliere la vera dottrina, visto che non c'è nessun segno identificativo che la renda riconoscibile rispetto alle altre. Questo motivo paradossale è chiarito subito con una nuova immagine (§ 65). Licino evoca la figura di un pescatore, il quale sentendo le sue reti appesantirsi, crede di essersi procacciato un buon pescato. Al contrario, una volta tirate su le reti, egli constata amaramente di essere stato ingannato da una giara o da un masso, il che finisce per vanificare tutte le sue ambiziose aspettative. Allo stesso modo, conclude Licino, chi cerca la filosofia vera, potrebbe incappare in una situazione affine,

---

329 Vedi *infra*, pp. 87-88.

giacché pensando di aver sposato la dottrina giusta, è destinato a prendere atto prima o poi di questa falsa illusione.

b) Alle difficoltà di Ermotimo nel comprendere la portata di questo argomento, Licino risponde con un'altra immagine: se un tale prendesse venti fave e, tenendole chiuse nel pugno della mano, chiedesse a dieci persone quante siano, è ugualmente probabile che tutti dicano numeri differenti, compreso quello esatto, ma anche che quest'ultimo non venga affatto menzionato. Similmente, non è chiaro se la vera filosofia sia stata colta dalle filosofie esistenti, per cui lo studio di queste dottrine avrebbe senso solo se si sapesse anticipatamente, e con certezza, che la filosofia vera sia stata individuata da almeno una tra tutte queste scuole di pensiero. Alle ulteriori rimostranze di Ermotimo, che lo accusa di avergli reso impossibile l'esercizio della filosofia, Licino lo invita a rivolgersi al λόγος stesso, il quale ribadirebbe il risultato raggiunto dalla conversazione (§ 66). L'innalzamento della tensione è destinato ad acuirsi, giacché Licino accenna ad ulteriori argomenti lasciati volutamente da parte perché richiederebbero molto tempo per essere adeguatamente esaminati. Sotto la curiosità incalzante di Ermotimo, Licino gli rivela che la ricerca accurata non sarebbe necessaria soltanto in riferimento alle varie scuole di pensiero esistenti, ma anche rispetto agli affiliati di ciascuna di esse, visto che il rappresentate migliore potrebbe essere individuato solo dopo un'indagine accurata dei singoli membri. Una volta trovato l'insegnante più affidabile, ovvero capace di distinguere con la massima efficienza il vero dal falso, l'aspirante filosofo acquisirebbe la certezza di praticare la filosofia autentica e di poter accedere così alla virtù, e quindi alla felicità.

c) Licino si diffonde in una serie di immagini susseguentisi per mero gusto estetico. Il maestro, infatti, è assimilato ad un perito capace di riconoscere l'argento vero escludendo quello falso, il che delinea al meglio quella finezza critica necessaria per accostarsi alle varie dottrine e non lasciarsi abbindolare dai singoli filosofi, così come si è soliti fare con una pecora, mostrandole una foglia, o con l'acqua rovesciata sul tavolo, che si può indirizzare nella direzione desiderata, imprimendole un po' di pressione con la sola punta del dito (§ 68). Ermotimo, per un momento, crede di aver trovato la soluzione al suo problema, prima che Licino intervenga ribadendo la persistenza del problema irrisolto. Posto, infatti, che vi siano numerosi maestri potenzialmente veri, non sarebbe possibile trovare quello autentico in assenza di un criterio di giudizio obiettivamente valido. Si tratta, in realtà, di un rilievo critico apparso sin dall'inizio del dialogo, ragione per cui Licino dichiara di essere ritornato al punto di partenza, senza aver conseguito nessun risultato positivo dal dibattito con il suo interlocutore. A ciò segue la dichiarazione di resa di Ermotimo, il quale non può che constatare la vanità dei suoi studi, icasticamente rappresentati come un tesoro improvvisamente ridotto a nient'altro che cenere (§ 71).

2.2.8 Rinsavimento di Ermotimo e conclusione del dialogo

Da questo momento in poi Licino intraprende un lungo monologo (§§ 71-83, a parte due brevissimi interventi di Ermotimo), ripercorrendo le tappe essenziali della discussione pregressa avuta con Ermotimo e fornendo un riassunto che soccorra il pubblico in ascolto nel ristabilire il complesso filo argomentativo.

a) In primo luogo Licino paragona l'accesso di stizza cui si abbandona Ermotimo, dopo essere stato confutato e disilluso nelle sue aspettative, a quanto avviene a chiunque si fabbrichi sogni impossibili (per esempio sollevarsi verso il cielo, immergersi nel mare in Sicilia e riemergere a Cipro, oppure non poter volare in un solo giorno dalla Grecia all'India), salvo poi rendersi conto di non poterli realizzare.

b) Sempre nello stesso frangente segue un elenco di ulteriori sogni impraticabili, attestati in altri *loci* lucianei, con cui è messa in stretta relazione analogica la situazione di Ermotimo. Nel linguaggio icastico di Licino, che si dipana sul filo rosso comune del sogno, l'impresa temeraria dell'aspirante stoico è paragonata ad alcune figure mostruose del mito (Ippocentauri, Chimere e Gorgoni), che i poeti hanno concepito in sogno, giacché non esistono né potrebbero mai esistere (§ 72). Subito dopo, il desiderio spasmodico ed esagerato di Ermotimo è raffrontato con un nuovo paradigma mitico. In modo particolare, Ermotimo, essendosi invaghito di un'idea di felicità, senza averla esperita in prima persona, e non avendo nessuna garanzia che sia quella autentica, è paragonato a Medea, la quale si innamorò di Giasone in sogno, ancor prima di vederlo di persona (§ 73).

c) Il senso di questo raffronto mitico viene approfondito nel momento in cui lo scettico Licino cerca di scandagliare meglio il meccanismo che avrebbe indotto Medea prima ed Ermotimo poi a riporre la propria fiducia incondizionata in qualcosa di non pienamente evidente (§ 74). Licino, infatti, è del parere che, così come avviene quando, ammesse le peculiarità di base di un mostro mitico (per esempio posto che ve ne sia uno con tre teste e sei mani), si sia costretti a credere automaticamente alle conseguenze che ne derivano (che abbia sei occhi, sei orecchie, tre bocche con tre voci, etc.), allo stesso modo Ermotimo, dopo aver approvato incautamente le premesse di un sistema filosofico, si è trovato obbligato ad accettarne tutte le conseguenze. Acuendo la paradossalità della sua argomentazione, Licino sostiene che, una volta date per vere le premesse di un teorema geometrico o matematico, per quanto esse siano false, se ne potranno dedurre delle conseguenze con esse perfettamente coerenti, nonostante il sistema resti complessivamente ingannevole. Prima ancora di abbracciare i principi di una data filosofia, dunque, e tutto quanto ne consegue, sarebbe necessario provarne la consistenza e l'autenticità, tanto più perché ciascun filosofo è pronto a difendere la propria scuola di pensiero, rifiutando di ammettere il proprio errore (§ 75).

d) Tralasciando la gragnola di critiche mosse fino a quel momento e accettando per via ipotetica che lo Stoicismo sia davvero la filosofia migliore, Licino si propone di verificare se sia possibile giungere alla meta promessa dalla filosofia stoica, ossia se le fatiche intraprese siano giustificate dall'esempio concreto di un maestro virtuoso (§ 76). A differenza di quanto era avvenuto in precedenza, in questo caso Ermotimo non cerca di giustificare il suo maestro, giacché confessa di non aver mai incontrato un saggio perfetto come quello invocato dal suo interlocutore (§ 77). Licino affetta un certo imbarazzo, poiché non riesce a comprendere le ragioni che abbiano mosso Ermotimo a scegliere la filosofia stoica, in assenza di un maestro perfetto sotto ogni punto di vista e nella consapevolezza che lo stato di beatitudine potrebbe essere goduto per un periodo di tempo molto limitato, nonostante le enormi fatiche sofferte per raggiungerlo. Alla fine di un intervento particolarmente elaborato, Licino dichiara che la virtù non consiste in vani discorsi, bensì in azioni concrete, richiamando Ermotimo a riflettere sulla portata educativa della filosofia (§ 79).

e) Si assiste, intanto, ad un acceleramento del ritmo argomentativo, coincidente con l'abbozzo di una serie di immagini, formulate tutte intorno al medesimo significato: i filosofi si comportano come chi abbia rifiutato il frutto di un albero per occuparsi della corteccia e delle foglie, o come chi vada a caccia di ombre, preoccupandosi più della pelle che del serpente stesso, o, ancora, allo stesso modo di chi pesti sterilmente l'acqua in un mortaio.

Infine, il discorso ritorna sul comportamento immorale esibito dal maestro stoico (§ 80), senza trascurare l'impatto negativo che esso potrebbe esercitare sui discepoli (§§ 81-82). In questo caso Licino riferisce un breve racconto, in cui lo zio di un discepolo stoico si rivolge non senza una certa stizza al maestro del nipote, imputando alle dottrine inculcate al fanciullo la causa della sua condotta abietta e ripugnante. Il maestro tenta di difendere i contenuti del proprio insegnamento, pretendendone il dovuto compenso perché, a suo parere, avrebbe impedito che il ragazzo assumesse atteggiamenti ancora più sconvenienti. La scena è molto più viva dei due aneddoti narrati nella fase iniziale del dialogo (§§ 9-12), dal momento che qui il maestro stoico è rappresentato in azione, attraverso la sola mediazione delle parole di Licino, che riproduce la scena per Ermotimo, ossia per il pubblico in ascolto.

f) Alle parole di disperazione di Ermotimo, che vede ormai ridotte in fumo tutte le speranze con cui aveva intrapreso gli studi stoici, Licino reagisce raccontando una breve favola esopica: ad un uomo che, seduto in riva al mare, si tormentava per aver commesso un errore nel contare le onde, si avvicinò una volpe, consigliandogli di non darsi più pena per quelle passate, ma di ricominciare la conta a partire da quelle future. Ancora un'immagine, dunque, soccorre il discorso di Licino, intensificando il senso e l'efficacia estetico-argomentativa delle sue parole.

Licino, infine, invita il suo *partner* nel dialogo a non restare vittima del pentimento, ma a dare una svolta radicale al suo stile di vita, conscio degli errori compiuti in passato. Il dialogo si conclude, dunque, con Ermotimo che, dopo aver preso consapevolezza della bontà dell'ἔλεγχος subìto, paragona Licino ad un *deus ex machina* e i filosofi a dei cani rabbiosi, proponendosi di evitarli in futuro, così da poter salvaguardare la sua integrità intellettuale e morale.

Testo

ΕΡΜΟΤΙΜΟΣ Η ΠΕΡΙ ΑΙΡΕΣΕΩΝ

1. ΛΥΚΙΝΟΣ Ὅσον, ὦ Ἑρμότιμε, τῷ βιβλίῳ καὶ τῇ τοῦ βαδίσματος σπουδῇ τεκμήρασθαι, παρὰ τὸν διδάσκαλον ἐπειγομένῳ ἔοικας· ἐνενόεις γοῦν τι μεταξὺ προϊὼν καὶ τὰ χείλη διεσάλευες ἠρέμα ὑποτονθορύζων καὶ τὴν χεῖρα ὧδε κἀκεῖσε μετέφερες ὥσπερ τινὰ ῥῆσιν ἐπὶ ἑαυτοῦ διατιθέμενος, ἐρώτημα δή τι τῶν ἀγκύλων συντιθεὶς ἢ σκέμμα σοφιστικὸν ἀναφροντίζων, ὡς μηδὲ ὁδῷ βαδίζων σχολὴν ἄγοις, ἀλλ' ἐνεργὸς εἴης ἀεὶ σπουδαῖόν τι πράττων καὶ ὃ πρὸ ὁδοῦ σοι γένοιτ' ἂν ἐς τὰ μαθήματα.

ΕΡΜΟΤΙΜΟΣ Νὴ Δί', ὦ Λυκῖνε, τοιοῦτό τι· τὴν γὰρ χθιζὴν συνουσίαν καὶ ἃ εἶπε πρὸς ἡμᾶς, ἀνεπεμπαζόμην ἐπιὼν τῇ μνήμῃ ἕκαστα. χρὴ δὲ μηδένα καιρὸν οἶμαι παριέναι εἰδότας ἀληθὲς ὂν τὸ ὑπὸ τοῦ Κῴου ἰατροῦ εἰρημένον, ὡς ἄρα βραχὺς μὲν ὁ βίος, μακρὴ δὲ ἡ τέχνη. καίτοι ἐκεῖνος ἰατρικῆς πέρι ταῦτ' ἔλεγεν, εὐμαθεστέρου πράγματος· φιλοσοφία δὲ καὶ μακρῷ τῷ χρόνῳ ἀνέφικτος, ἢν μὴ πάνυ τις ἐγρηγορὼς ἀτενὲς ἀεὶ καὶ γοργὸν ἀποβλέπῃ ἐς αὐτήν, καὶ τὸ κινδύνευμα οὐ περὶ μικρῶν —ἢ ἄθλιον εἶναι ἐν τῷ πολλῷ τῶν ἰδιωτῶν συρφετῷ παραπολόμενον ἢ εὐδαιμονῆσαι φιλοσοφήσαντα.

2. ΛΥΚΙΝΟΣ Τὰ μὲν ἆθλα, ὦ Ἑρμότιμε, θαυμάσια ἡλίκα εἴρηκας. οἶμαί γε μὴν οὐ πόρρω σε εἶναι αὐτῶν, εἴ γε χρὴ εἰκάζειν τῷ τε χρόνῳ ὁπόσον φιλοσοφεῖς καὶ προσέτι τῷ πόνῳ οἷόν μοι οὐ μέτριον ἐκ πολλοῦ ἤδη ἔχειν δοκεῖς. εἰ γάρ τι μέμνημαι, σχεδὸν εἴκοσιν ἔτη ταῦτά ἐστιν ἀφ' οὗ σε οὐδὲν ἄλλο ποιοῦντα ἑώρακα, ἢ παρὰ τοὺς διδασκάλους φοιτῶντα καὶ ὡς τὸ πολὺ ἐς βιβλίον ἐπικεκυφότα καὶ ὑπομνήματα τῶν συνουσιῶν ἀπογραφόμενον, ὠχρὸν ἀεὶ ὑπὸ φροντίδων καὶ τὸ σῶμα κατεσκληκότα. δοκεῖς δέ μοι ἀλλ' οὐδὲ ὄναρ ποτὲ ἀνιέναι σεαυτόν, οὕτως ὅλος εἶ ἐν τῷ πράγματι. ταῦτ' οὖν σκοπουμένῳ μοι φαίνῃ οὐκ ἐς μακρὰν ἐπιλήψεσθαι τῆς εὐδαιμονίας, εἴ γε μὴ λέληθας ἡμᾶς καὶ πάλαι αὐτῇ συνών.

ΕΡΜΟΤΙΜΟΣ Πόθεν, ὦ Λυκῖνε, ὃς νῦν ἄρχομαι παρακύπτειν ἐς τὴν ὁδόν; ἡ δ' Ἀρετὴ πάνυ πόρρω κατὰ τὸν Ἡσίοδον οἰκεῖ καὶ ἔστιν ὁ οἶμος ἐπ' αὐτὴν μακρός τε καὶ ὄρθιος καὶ τραχύς, ἱδρῶτα οὐκ ὀλίγον ἔχων τοῖς ὁδοιπόροις.

ΛΥΚΙΝΟΣ Οὐχ ἱκανὰ οὖν ἵδρωταί σοι, ὦ Ἑρμότιμε, καὶ ὡδοιπόρηται;

ΕΡΜΟΤΙΜΟΣ Οὔ φημί. οὐδὲν γὰρ ἐκώλυέ με πανευδαίμονα εἶναι ἐπὶ τῷ ἄκρῳ γενόμενον. τὸ δὲ νῦν ἀρχόμεθα ἔτι, ὦ Λυκῖνε.

3. ΛΥΚΙΝΟΣ Ἀλλὰ τήν γε ἀρχὴν ὁ αὐτὸς οὗτος Ἡσίοδος ἥμισυ τοῦ παντὸς ἔφη εἶναι, ὥστε κατὰ μέσην τὴν ἄνοδον ἤδη λέγοντες εἶναί σε οὐκ ἂν ἁμάρτοιμεν.

ΕΡΜΟΤΙΜΟΣ Οὐδέπω οὐδὲ τοῦτο· πάμπολυ γὰρ ἂν ἡμῖν ἤνυστο.

ΛΥΚΙΝΟΣ Ἀλλὰ ποῦ γάρ σε φῶμεν τῆς ὁδοῦ τυγχάνειν ὄντα;

ΕΡΜΟΤΙΜΟΣ Ἐν τῇ ὑπωρείᾳ κάτω ἔτι, ὦ Λυκῖνε, ἄρτι προβαίνειν βιαζόμενον. ὀλισθηρὰ δὲ καὶ τραχεῖα καὶ δεῖ χεῖρα ὀρέγοντος.

ΛΥΚΙΝΟΣ Οὐκοῦν ὁ διδάσκαλός σοι τοῦτο ἱκανὸς ποιῆσαι ἄνωθεν ἐκ τοῦ ἄκρου καθάπερ ὁ τοῦ Ὁμήρου Ζεὺς χρυσῆν τινα σειρὰν καθιεὶς τοὺς αὑτοῦ λόγους, ὑφ' ὧν σε ἀνασπᾷ δηλαδὴ καὶ ἀνακουφίζει πρὸς αὑτόν τε καὶ τὴν ἀρετὴν αὐτὸς πρὸ πολλοῦ ἀναβεβηκώς.

ΕΡΜΟΤΙΜΟΣ Αὐτὸ ἔφησθα, ὦ Λυκῖνε, τὸ γιγνόμενον. ὅσον γοῦν ἐπ' ἐκείνῳ πάλαι ἀνεσπάσμην ἂν καὶ συνῆν αὐτοῖς· τὸ δ' ἐμὸν ἔτι ἐνδεῖ.

4. ΛΥΚΙΝΟΣ Ἀλλὰ θαρρεῖν χρὴ καὶ θυμὸν ἔχειν ἀγαθὸν ἐς τὸ τέλος τῆς ὁδοῦ ὁρῶντα καὶ τὴν ἄνω εὐδαιμονίαν, καὶ μάλιστα ἐκείνου ξυμπροθυμουμένου. πλὴν ἀλλὰ τίνα σοι ἐλπίδα ὑποφαίνει ὡς δὴ πότε ἀναβησομένῳ; εἰς νέωτα εἴκαζεν ἐπὶ τὸ ἄκρον ἔσεσθαί σε, οἷον μετὰ τὰ μυστήρια τὰ ἄλλα ἢ Παναθήναια;

ΕΡΜΟΤΙΜΟΣ Ὀλίγον φῄς, ὦ Λυκῖνε.

ΛΥΚΙΝΟΣ Ἀλλ' ἐς τὴν ἑξῆς ὀλυμπιάδα;

ΕΡΜΟΤΙΜΟΣ Καὶ τοῦτο ὀλίγον ὡς πρὸς ἀρετῆς ἄσκησιν καὶ εὐδαιμονίας κτῆσιν.

ΛΥΚΙΝΟΣ Μετὰ δύο μὲν δὴ ὀλυμπιάδας πάντως; ἢ πολλήν γ' ἂν ὑμῶν ῥᾳθυμίαν καταγνοίη τις εἰ μηδ' ἐν τοσούτῳ χρόνῳ δύνασθε, ὅσον τρὶς ἀπὸ Ἡρακλείων στηλῶν εἰς Ἰνδοὺς ἀπελθεῖν εἶτ' ἐπανελθεῖν ῥᾴδιον, εἰ καὶ μὴ εὐθεῖαν μηδὲ ἀεὶ βαδίζοι τις, ἀλλὰ ἐν τοῖς διὰ μέσου ἔθνεσι περιπλανώμενος. καίτοι πόσῳ τινὶ βούλει ὑψηλοτέραν καὶ λισσοτέραν θῶμεν εἶναι τὴν ἄκραν, ἐφ' ἧς ὑμῖν ἡ Ἀρετὴ οἰκεῖ, τῆς Ἀόρνου ἐκείνης, ἣν ἐντὸς ὀλίγων ἡμερῶν ὁ Ἀλέξανδρος κατὰ κράτος εἷλεν;

5. ΕΡΜΟΤΙΜΟΣ Οὐδὲν ὅμοιον, ὦ Λυκῖνε, οὐδ' ἔστι τὸ πρᾶγμα τοιοῦτον οἷον σὺ εἰκάζεις, ὡς ὀλίγῳ χρόνῳ κατεργασθῆναι καὶ ἁλῶναι, οὐδ' ἂν μυρίοι Ἀλέξανδροι προσβάλλωσιν· ἐπεὶ πολλοὶ ἂν οἱ ἀνιόντες ἦσαν. νῦν δὲ ἐνάρχονται μὲν οὐκ ὀλίγοι μάλα ἐρρωμένως καὶ προσέρχονται ἐπὶ ποσόν, οἱ μὲν ἐπὶ πάνυ ὀλίγον, οἱ δὲ ἐπὶ πλέον· ἐπειδὰν δὲ κατὰ μέσην τὴν ὁδὸν γένωνται πολλοῖς τοῖς ἀπόροις καὶ δυσχερέσιν ἐντυγχάνοντες ἀποδυσπετοῦσί τε καὶ ἀναστρέφουσιν ἀσθμαίνοντες καὶ ἱδρῶτι ῥεόμενοι, οὐ φέροντες τὸν κάματον. ὅσοι δ' ἂν εἰς τέλος διακαρτερήσωσιν οὗτοι πρὸς τὸ ἄκρον ἀφικνοῦνται καὶ τὸ ἀπ' ἐκείνου εὐδαιμονοῦσιν θαυμάσιόν τινα βίον τὸν λοιπὸν βιοῦντες, οἷον μύρμηκας ἀπὸ τοῦ ὕψους ἐπισκοποῦντές τινας τοὺς ἄλλους.

ΛΥΚΙΝΟΣ Παπαῖ, ὦ Ἑρμότιμε, ἡλίκους ἡμᾶς ἀποφαίνεις οὐδὲ κατὰ τοὺς Πυγμαίους ἐκείνους, ἀλλὰ χαμαιπετεῖς παντάπασιν ἐν χρῷ τῆς γῆς. εἰκότως — ὑψηλὰ γὰρ ἤδη φρονεῖς καὶ ἄνωθεν· ἡμεῖς δὴ ὁ συρφετὸς καὶ ὅσοι χαμαὶ ἐρχόμενοι ἐσμέν, μετὰ τῶν θεῶν καὶ ὑμᾶς προσευξόμεθα ὑπερνεφέλους γενομένους καὶ ἀνελθόντας οἷ πάλαι σπεύδετε.

ΕΡΜΟΤΙΜΟΣ Εἰ γὰρ γένοιτο καὶ ἀνελθεῖν, ὦ Λυκῖνε. ἀλλὰ πάμπολυ τὸ λοιπόν.

6. ΛΥΚΙΝΟΣ Ὅμως οὐκ ἔφησθα ὁπόσον, ὡς χρόνῳ περιλαβεῖν.

ΕΡΜΟΤΙΜΟΣ Οὐδ' αὐτὸς γὰρ οἶδα, ὦ Λυκῖνε, τἀκριβές. εἰκάζω μέντοι οὐ πλείω τῶν εἴκοσιν ἐτῶν ἔσεσθαι, μεθ' ἃ πάντως που ἐπὶ τῷ ἄκρῳ ἐσόμεθα.

ΛΥΚΙΝΟΣ Ἡράκλεις, πολὺ λέγεις.

ΕΡΜΟΤΙΜΟΣ Καὶ γὰρ περὶ μεγάλων, ὦ Λυκῖνε, οἱ πόνοι.

ΛΥΚΙΝΟΣ Τουτὶ μὲν ἴσως ἀληθές. ὑπὲρ δὲ τῶν εἴκοσιν ἐτῶν ὅτι βιώσῃ τοσαῦτα πότερον ὁ διδάσκαλός σου καθυπέσχετο, οὐ μόνον σοφός, ἀλλὰ καὶ μαντικὸς ὢν ἢ χρησμολόγος τις ἢ ὅσοι τὰς Χαλδαίων μεθόδους ἐπίστανται; φασὶ γοῦν εἰδέναι τὰ τοιαῦτα. οὐ γὰρ δὴ σέ γε εἰκὸς ἐπὶ τῷ ἀδήλῳ, εἰ βιώσῃ μέχρι πρὸς τὴν ἀρετήν, τοσούτους πόνους ἀνέχεσθαι καὶ ταλαιπωρεῖν νύκτωρ καὶ μεθ' ἡμέραν οὐκ εἰδότα εἴ σε πλησίον ἤδη τοῦ ἄκρου γενόμενον τὸ χρεὼν ἐπιστὰν κατασπάσει λαβόμενον τοῦ ποδὸς ἐξ ἀτελοῦς τῆς ἐλπίδος.

ΕΡΜΟΤΙΜΟΣ Ἄπαγε. δύσφημα γὰρ ταῦτα, ὦ Λυκῖνε. ἀλλ' εἴη βιῶναι ὡς μίαν γοῦν ἡμέραν εὐδαιμονήσω σοφὸς γενόμενος.

ΛΥΚΙΝΟΣ Καὶ ἱκανή σοι ἀντὶ τῶν τοσούτων καμάτων ἡ μία ἡμέρα;

ΕΡΜΟΤΙΜΟΣ Ἐμοὶ μὲν καὶ ἀκαριαῖον ὁπόσον ἱκανόν.

7. ΛΥΚΙΝΟΣ Τὰ δὲ δὴ ἄνω ὅτι εὐδαίμονα καὶ τοιαῦτα ὡς πάντα χρῆν ὑπομεῖναι δι' αὐτά πόθεν ἔχεις εἰδέναι; οὐ γὰρ δὴ αὐτός πω ἀνελήλυθας.

ΕΡΜΟΤΙΜΟΣ Ἀλλὰ τῷ διδασκάλῳ πιστεύω λέγοντι. ὁ δὲ πάνυ οἶδεν ἅτε ἀκρότατος ἤδη ὤν.

ΛΥΚΙΝΟΣ Ἔλεγε δὲ πρὸς θεῶν ποῖα τὰ περὶ αὐτῶν ἢ τίνα τὴν εὐδαιμονίαν εἶναι τὴν ἐκεῖ; ἦ που τινὰ πλοῦτον καὶ δόξαν καὶ ἡδονὰς ἀνυπερβλήτους;

ΕΡΜΟΤΙΜΟΣ Εὐφήμει, ὦ ἑταῖρε. οὐδὲν γάρ ἐστι ταῦτα πρὸς τὸν ἐν τῇ ἀρετῇ βίον.

ΛΥΚΙΝΟΣ Ἀλλὰ τίνα φησὶ τἀγαθὰ εἰ μὴ ταῦτα ἕξειν πρὸς τὸ τέλος τῆς ἀσκήσεως ἐλθόντας;

ΕΡΜΟΤΙΜΟΣ Σοφίαν καὶ ἀνδρείαν καὶ τὸ καλὸν αὐτὸ καὶ τὸ δίκαιον καὶ τὸ πάντα ἐπίστασθαι βεβαίως πεπεισμένον ᾗ ἕκαστα ἔχει. πλούτους δὲ καὶ δόξας καὶ ἡδονὰς καὶ ὅσα τοῦ σώματος ταῦτα πάντα κάτω ἀφῆκεν καὶ ἀποδυσάμενος ἀνέρχεται, ὥσπερ φασὶ τὸν Ἡρακλέα ἐν τῇ Οἴτῃ κατακαυθέντα θεὸν γενέσθαι· καὶ γὰρ ἐκεῖνος ἀποβαλὼν ὁπόσον ἀνθρώπειον εἶχε παρὰ τῆς μητρὸς καὶ καθαρόν τε καὶ ἀκήρατον φέρων τὸ θεῖον ἀνέπτατο ἐς τοὺς θεοὺς διευκρινηθὲν ὑπὸ τοῦ πυρός. καὶ οὗτοι δὴ ὑπὸ φιλοσοφίας ὥσπερ ὑπό τινος πυρὸς ἅπαντα ταῦτα περιαιρεθέντες ἃ τοῖς ἄλλοις θαυμαστὰ εἶναι δοκεῖ οὐκ ὀρθῶς δοξάζουσιν, ἀνελθόντες ἐπὶ τὸ ἄκρον εὐδαιμονοῦσιν πλούτου καὶ δόξης καὶ ἡδονῶν ἀλλ' οὐδὲ μεμνημένοι ἔτι, καταγελῶντες δὲ τῶν οἰομένων ταῦτα εἶναί <τι>.

8. ΛΥΚΙΝΟΣ Νὴ τὸν Ἡρακλέα, ὦ Ἑρμότιμε, τὸν ἐν Οἴτῃ, ἀνδρεῖα καὶ εὐδαίμονα λέγεις περὶ αὐτῶν. πλὴν ἀλλὰ τόδε μοι εἰπέ, καὶ κατέρχονταί ποτε ἐκ τῆς ἄκρας (ἢν ἐθελήσωσι) χρησόμενοι τοῖς κάτω ἃ καταλελοίπασιν; ἢ ἀνάγκη ἅπαξ ἀνελθόντας αὐτοὺς μένειν καὶ συνεῖναι τῇ ἀρετῇ πλούτου καὶ δόξης καὶ ἡδονῶν καταγελῶντας;
ΕΡΜΟΤΙΜΟΣ Οὐ μόνον τοῦτο, ὦ Λυκῖνε, ἀλλ' ὃς ἂν ἀποτελεσθῇ πρὸς ἀρετήν, οὔτε ὀργῇ οὔτε φόβῳ οὔτ' ἐπιθυμίαις ὁ τοιοῦτος ἂν δουλεύοι οὐδὲ λυποῖτο οὐδὲ ὅλως πάθος ἔτι τοιοῦτον πάθοι ἄν.
ΛΥΚΙΝΟΣ Καὶ μὴν εἴ γέ με δεῖ μηδὲν ὀκνήσαντα εἰπεῖν τἀληθές —ἀλλ' εὐφημεῖν χρὴ οἶμαι μηδὲ ὅσιον εἶναι ἐξετάζειν τὰ ὑπὸ τῶν σοφῶν γιγνόμενα.
ΕΡΜΟΤΙΜΟΣ Μηδαμῶς, ἀλλ' εἰπὲ ὅ τι καὶ λέγεις.
ΛΥΚΙΝΟΣ Ὅρα, ὦ ἑταῖρε, ὡς ἔγωγε καὶ πάνυ ὀκνῶ.
ΕΡΜΟΤΙΜΟΣ Ἀλλὰ μὴ ὄκνει, ὦ γενναῖε, πρός γε μόνον ἐμὲ λέγων.
9. ΛΥΚΙΝΟΣ Τὰ μὲν τοίνυν ἄλλα, ὦ Ἑρμότιμε, διηγουμένῳ σοι παρειπόμην καὶ ἐπίστευον οὕτως ἔχειν, σοφούς τε γίγνεσθαι αὐτοὺς καὶ ἀνδρείους καὶ δικαίους καὶ τὰ ἄλλα· καί πως ἐκηλούμην πρὸς τὸν λόγον. ὁπότε δὲ καὶ πλούτου ἔφησθα καταφρονεῖν σφᾶς καὶ δόξης καὶ ἡδονῶν καὶ μήτε ὀργίζεσθαι μήτε λυπεῖσθαι, πάνυ ἐνταῦθα (μόνω γάρ ἐσμεν) ἐπέστην ἀναμνησθεὶς ἃ πρώην εἶδον ποιοῦντα —βούλει φῶ τίνα; ἢ ἱκανὸν καὶ ἄνευ τοῦ ὀνόματος;
ΕΡΜΟΤΙΜΟΣ Μηδαμῶς, ἀλλὰ καὶ τοῦτο εἰπὲ ὅστις ἦν.
ΛΥΚΙΝΟΣ Διδάσκαλος αὐτὸς οὗτος ὁ σός, ἀνὴρ τά τε ἄλλα αἰδοῦς ἄξιος καὶ γέρων ἤδη ἐς τὸ ὕστατον.
ΕΡΜΟΤΙΜΟΣ Τί οὖν δὴ ἐποίει;
ΛΥΚΙΝΟΣ Τὸν ξένον οἶσθα τὸν Ἡρακλεώτην ὃς ἐκ πολλοῦ συνεφιλοσόφει αὐτῷ μαθητὴς ὤν, τὸν ξανθόν, τὸν ἐριστικόν;
ΕΡΜΟΤΙΜΟΣ Οἶδα ὃν λέγεις· Δίων αὐτῷ τοὔνομα.
ΛΥΚΙΝΟΣ Ἐκεῖνον αὐτόν, ἐπεὶ τὸν μισθὸν οἶμαι μὴ ἀπεδίδου κατὰ καιρόν, ἀπήγαγε παρὰ τὸν ἄρχοντα ἔναγχος περιθείς γε αὐτῷ θοἰμάτιον περὶ τὸν τράχηλον καὶ ἐβόα καὶ ὠργίζετο, καὶ εἰ μὴ τῶν συνήθων τινὲς ἐν μέσῳ γενόμενοι ἀφείλοντο τὸν νεανίσκον ἐκ τῶν χειρῶν αὐτοῦ, εὖ ἴσθι προσφὺς ἂν ἀπέτραγεν αὐτοῦ τὴν ῥῖνα ὁ γέρων, οὕτως ἠγανάκτει.
10. ΕΡΜΟΤΙΜΟΣ Πονηρὸς γὰρ ἐκεῖνος ἀεὶ καὶ ἀγνώμων, ὦ Λυκῖνε, περὶ τὰς ἀποδόσεις· ἐπεὶ τούς γε ἄλλους οἷς δανείζει πολλοὺς ὄντας οὐδὲν τοιοῦτό πω διατέθεικεν. ἀποδιδόασι γὰρ αὐτῷ κατὰ καιρὸν τοὺς τόκους.
ΛΥΚΙΝΟΣ Τί δέ, ἂν μὴ ἀποδιδῶσιν, ὦ μακάριε, μέλει τι αὐτῷ καθαρθέντι ἤδη ὑπὸ φιλοσοφίας καὶ μηκέτι τῶν ἐν τῇ Οἴτῃ καταλελειμμένων δεομένῳ;
ΕΡΜΟΤΙΜΟΣ Οἴει γὰρ ὅτι ἑαυτοῦ χάριν ἐκεῖνος περὶ τὰ τοιαῦτα ἐσπούδακεν; ἀλλ' ἔστιν αὐτῷ παιδία νεογνὰ ὧν κήδεται μὴ ἐν ἀπορίᾳ καταβιώσωσιν.

ΛΥΚΙΝΟΣ Δέον, ὦ Ἑρμότιμε, ἀναγαγεῖν κἀκεῖνα ἐπὶ τὴν ἀρετήν, ὡς συνευδαιμονοῖεν αὐτῷ πλούτου καταφρονοῦντες.

11. ΕΡΜΟΤΙΜΟΣ Οὐ σχολή μοι, ὦ Λυκῖνε, περὶ τούτων διαλέγεσθαί σοι· σπεύδω γὰρ ἤδη ἀκροάσασθαι αὐτοῦ, μὴ καὶ λάθω τελέως ἀπολειφθείς.

ΛΥΚΙΝΟΣ Θάρρει, ὦγαθέ. τὸ τήμερον γὰρ ἐκεχειρία ἐπήγγελται. ὥστε ἐγὼ ἀφίημί σοι ὅσον ἔτι λοιπὸν τῆς ὁδοῦ.

ΕΡΜΟΤΙΜΟΣ Πῶς λέγεις;

ΛΥΚΙΝΟΣ Ὅτι ἐν τῷ παρόντι οὐκ ἂν ἴδοις αὐτόν, εἴ γε χρὴ πιστεύειν τῷ προγράμματι. πινάκιον γάρ τι ἐκρέματο ὑπὲρ τοῦ πυλῶνος μεγάλοις γράμμασι λέγον τήμερον οὐ συμφιλοσοφεῖν. ἐλέγετο δὲ παρ' Εὐκράτει τῷ πάνυ δειπνήσας χθὲς γενέθλια θυγατρὸς ἑστιῶντι πολλά τε συμφιλοσοφῆσαι ἐν τῷ συμποσίῳ καὶ πρὸς Εὐθύδημον τὸν ἐκ τοῦ Περιπάτου παροξυνθῆναί τι καὶ ἀμφισβητῆσαι αὐτῷ περὶ ὧν ἐκεῖνοι εἰώθασιν ἀντιλέγειν τοῖς ἀπὸ τῆς Στοᾶς. ὑπό τε οὖν τῆς κραυγῆς πονηρῶς τὴν κεφαλὴν διατεθῆναι καὶ ἱδρῶσαι μάλα πολλὰ ἐς μέσας νύκτας ἀποταθείσης, ὥς φασι, τῆς συνουσίας. ἅμα δὲ καὶ πεπώκει οἶμαι πλέον τοῦ ἱκανοῦ, τῶν παρόντων ὡς εἰκὸς φιλοτησίας προπινόντων, καὶ ἐδεδειπνήκει πλείω ἢ κατὰ γέροντα· ὥστε ἀναστρέψας ἤμεσέ τε ὡς ἔφασκον πολλὰ καὶ μόνον ἀριθμῷ παραλαβὼν τὰ κρέα ὁπόσα τῷ παιδὶ κατόπιν ἑστῶτι παραδεδώκει καὶ σημηνάμενος ἐπιμελῶς τὸ ἀπ' ἐκείνου καθεύδει μηδένα εἰσδέχεσθαι παραγγείλας. ταῦτα δὲ Μίδου ἤκουσα τοῦ οἰκέτου αὐτοῦ διηγουμένου τισὶ τῶν μαθητῶν, οἳ καὶ αὐτοὶ ἀνέστρεφον μάλα πολλοί.

12. ΕΡΜΟΤΙΜΟΣ Ἐκράτησε δὲ πότερος, ὦ Λυκῖνε, ὁ διδάσκαλος ἢ ὁ Εὐθύδημος; εἴ τι καὶ τοιοῦτον ἔλεγεν ὁ Μίδας.

ΛΥΚΙΝΟΣ Τὰ μὲν πρῶτά φασιν, ὦ Ἑρμότιμε, ἀγχώμαλα σφίσι γενέσθαι, τὸ δ' οὖν τέλος τῆς νίκης καθ' ὑμᾶς ἐγένετο καὶ παρὰ πολὺ ὁ πρεσβύτης ὑπερέσχε. τὸν γοῦν Εὐθύδημον οὐδὲ ἀναιμωτί φασιν ἀπελθεῖν, ἀλλὰ τραῦμα παμμέγεθες ἔχοντα ἐν τῇ κεφαλῇ. ἐπεὶ γὰρ ἀλαζὼν ἦν καὶ ἐλεγκτικὸς καὶ πείθεσθαι οὐκ ἤθελεν οὐδὲ παρεῖχε ῥᾴδιον αὐτὸν ἐλέγχεσθαι, ὁ διδάσκαλός σου ὁ βέλτιστος ὃν εἶχε σκύφον Νεστόρειόν τινα καταφέρει αὐτοῦ πλησίον κατακειμένου, καὶ οὕτως ἐκράτησεν.

ΕΡΜΟΤΙΜΟΣ Εὖ γε. οὐ γὰρ ἄλλως ἐχρῆν πρὸς τοὺς μὴ ἐθέλοντας εἴκειν τοῖς κρείττοσι.

ΛΥΚΙΝΟΣ Ταυτὶ μέν, ὦ Ἑρμότιμε, πάνυ εὔλογα. ἢ τί γὰρ παθὼν Εὐθύδημος ἄνδρα γέροντα παρώξυνεν ἀόργητον καὶ θυμοῦ κρείττονα, σκύφον οὕτω βαρὺν ἐν τῇ χειρὶ ἔχοντα; **13.** ἀλλά, σχολὴν γὰρ ἄγομεν, τί οὐ διηγῇ μοι ἑταίρῳ ὄντι ὃν τρόπον ὡρμήθης τὸ πρῶτον φιλοσοφεῖν, ὡς καὶ αὐτός, εἰ δυνατὸν ἔτι, συνοδοιποροίην ὑμῖν τὸ ἀπὸ τοῦδε ἀρξάμενος. οὐ γὰρ ἀποκλείσετέ με δηλαδὴ φίλοι ὄντες.

ΕΡΜΟΤΙΜΟΣ Εἰ γὰρ ἐθελήσειας, ὦ Λυκῖνε· ὄψει ἐν βραχεῖ ὅσον διοίσεις τῶν ἄλλων. παῖδας εὖ ἴσθι οἰήσῃ ἅπαντας ὡς πρὸς σέ, τοσοῦτον ὑπερφρονήσεις αὐτός.

ΛΥΚΙΝΟΣ Ἱκανόν, εἰ μετὰ εἴκοσιν ἔτη γενοίμην τοιοῦτος οἷος σὺ νῦν.

ΕΡΜΟΤΙΜΟΣ Ἀμέλει. καὶ αὐτὸς κατὰ σὲ γεγονὼς ἠρξάμην φιλοσοφεῖν τετταρακοντούτης σχεδόν —ὁπόσα οἶμαι σὺ νῦν γέγονας.

ΛΥΚΙΝΟΣ Τοσαῦτα γάρ, ὦ Ἑρμότιμε. ὥστε τὴν αὐτὴν ἄγε λαβὼν κἀμέ — δίκαιον γάρ. καὶ πρῶτόν γέ μοι τοῦτο εἰπέ· δίδοτε ἀντιλέγειν τοῖς μανθάνουσιν ἤν τι μὴ ὀρθῶς λέγεσθαι δοκῇ αὐτοῖς, ἢ οὐκ ἐφίετε τοῦτο τοῖς νεωτέροις;

ΕΡΜΟΤΙΜΟΣ Οὐ πάνυ. σὺ δέ, ἤν τι βούλῃ, ἐρώτα μεταξὺ καὶ ἀντίλεγε. ῥᾷον γὰρ οὕτω μάθοις.

14. ΛΥΚΙΝΟΣ Εὖ γε —νὴ τὸν Ἑρμῆν, ὦ Ἑρμότιμε, αὐτὸν οὐ ἐπώνυμος ὢν τυγχάνεις. ἀτὰρ εἰπέ μοι, μία τις ὁδός ἐστιν ἡ ἐπὶ φιλοσοφίαν ἄγουσα ἡ τῶν Στωϊκῶν ὑμῶν; ἢ ἀληθῆ ἐγὼ ἤκουον ὡς καὶ ἄλλοι πολλοί τινές εἰσιν;

ΕΡΜΟΤΙΜΟΣ Μάλα πολλοί —Περιπατητικοὶ καὶ Ἐπικούρειοι καὶ οἱ τὸν Πλάτωνα ἐπιγραφόμενοι, καὶ αὖ Διογένους ἄλλοι τινὲς καὶ Ἀντισθένους ζηλωταὶ καὶ οἱ ἀπὸ τοῦ Πυθαγόρου καὶ ἔτι πλείους.

ΛΥΚΙΝΟΣ Ἀληθῆ ταῦτα· πολλοὶ γάρ εἰσιν. πότερον δή, ὦ Ἑρμότιμε, τὰ αὐτὰ οὗτοι λέγουσιν ἢ διάφορα;

ΕΡΜΟΤΙΜΟΣ Καὶ πάνυ διάφορα.

ΛΥΚΙΝΟΣ Τὸ δέ γε ἀληθὲς οἶμαι πάντως που ἓν ἦν αὐτῶν, ἀλλ' οὐ πάντα, διάφορά γε ὄντα.

ΕΡΜΟΤΙΜΟΣ Πάνυ μὲν οὖν.

15. ΛΥΚΙΝΟΣ Ἴθι δή, ὦ φιλότης, ἀπόκριναί μοι· τῷ πότε πιστεύσας τὸ πρῶτον σύ, ὁπότε ᾔεις φιλοσοφήσων πολλῶν σοι θυρῶν ἀναπεπταμένων, παρεὶς σὺ τὰς ἄλλας εἰς τὴν τῶν Στωϊκῶν ἧκες καὶ δι' ἐκείνης ἠξίους ἐπὶ τὴν ἀρετὴν εἰσιέναι ὡς δὴ μόνης ἀληθοῦς οὔσης καὶ τὴν εὐθεῖαν ἐπιδεικνυούσης, τῶν δὲ ἄλλων εἰς τυφλὰ καὶ ἀνέξοδα φερουσῶν; τίνι ταῦτα ἐτεκμαίρου τότε; καὶ μή μοι τὸν νῦν δὴ τοῦτον σεαυτὸν ἐννόει, τὸν εἴτε ἡμίσοφον εἴτε σοφὸν ἤδη τὰ βελτίω κρίνειν ὑπὲρ τοὺς πολλοὺς ἡμᾶς δυνάμενον, ἀλλὰ οὕτως ἀπόκριναι ὁποῖος τότε ἦσθα, ἰδιώτης καὶ κατὰ τὸν νῦν ἐμέ.

ΕΡΜΟΤΙΜΟΣ Οὐ συνίημι ὅ τι σοι τοῦτο βούλεται, ὦ Λυκῖνε.

ΛΥΚΙΝΟΣ Καὶ μὴν οὐ πάνυ ἀγκύλον ἠρόμην. πολλῶν γὰρ ὄντων φιλοσόφων, οἷον Πλάτωνος καὶ Ἀριστοτέλους καὶ Ἀντισθένους καὶ τῶν ὑμετέρων προγόνων, τοῦ Χρυσίππου καὶ Ζήνωνος καὶ τῶν ἄλλων ὅσοι εἰσίν, τῷ σὺ πιστεύσας τοὺς μὲν ἄλλους εἴας, ἐξ ἁπάντων δὲ προελόμενος ἅπερ προῄρησαι, ἀξιοῖς κατὰ ταῦτα φιλοσοφεῖν; ἆρα καὶ σὲ ὥσπερ τὸν Χαιρεφῶντα ὁ Πύθιος ἐξέπεμψεν ἐπὶ τὰ Στωϊκῶν ἀρίστους ἐξ ἁπάντων προσειπών; ἔθος γὰρ αὐτῷ ἄλλον ἐπ' ἄλλο εἶδος φιλοσοφίας προτρέπειν, τὴν ἁρμόττουσαν οἶμαι ἑκάστῳ εἰδότι.

ΕΡΜΟΤΙΜΟΣ Ἀλλ' οὐδὲν τοιοῦτον, ὦ Λυκῖνε, οὐδὲ ἠρόμην περί γε τούτων τὸν θεόν.
ΛΥΚΙΝΟΣ Πότερον οὐκ ἄξιον θείας συμβουλίας ἡγούμενος αὐτὸ ἢ ἱκανὸς ᾤου αὐτὸς εἶναι ἑλέσθαι τὸ βέλτιον κατὰ σαυτὸν ἄνευ τοῦ θεοῦ;
ΕΡΜΟΤΙΜΟΣ Ὤιμην γάρ.
16. ΛΥΚΙΝΟΣ Οὐκοῦν καὶ ἡμᾶς διδάσκοις ἂν τοῦτο πρῶτον, ὅπως διαγνωστέον ἡμῖν εὐθὺς ἐν ἀρχῇ, τίς ἡ ἀρίστη φιλοσοφία ἐστὶ καὶ ἡ ἀληθεύουσα καὶ ἣν ἄν τις ἕλοιτο παρεὶς τὰς ἄλλας.
ΕΡΜΟΤΙΜΟΣ Ἐγώ σοι φράσω. ἑώρων τοὺς πλείστους ἐπ' αὐτὴν ὁρμῶντας ὥστε εἴκαζον ἀμείνω εἶναι αὐτήν.
ΛΥΚΙΝΟΣ Πόσῳ τινὶ πλείους τῶν Ἐπικουρείων ἢ Πλατωνικῶν ἢ Περιπατητικῶν; ἠρίθμησας γὰρ δηλαδὴ αὐτοὺς καθάπερ ἐν ταῖς χειροτονίαις.
ΕΡΜΟΤΙΜΟΣ Ἀλλ' οὐκ ἠρίθμησα ἔγωγε, εἴκαζον δέ.
ΛΥΚΙΝΟΣ Ὡς οὐκ ἐθέλεις διδάξαι με ἀλλ' ἐξαπατᾷς, ὃς περὶ τῶν τοιούτων εἰκασμῷ φῂς καὶ πλήθει κρῖναι ἀποκρυπτόμενος λέγειν πρός με τἀληθές.
ΕΡΜΟΤΙΜΟΣ Οὐ μόνον τοῦτο, ὦ Λυκῖνε, ἀλλὰ καὶ ἤκουον ἁπάντων λεγόντων ὡς οἱ μὲν Ἐπικούρειοι γλυκύθυμοι καὶ φιλήδονοί εἰσιν, οἱ Περιπατητικοὶ δὲ φιλόπλουτοι καὶ ἐριστικοί τινες, οἱ Πλατωνικοὶ δὲ τετύφωνται καὶ φιλόδοξοί εἰσιν, περὶ δὲ τῶν Στωϊκῶν πολλοὶ ἔφασκον ὅτι ἀνδρώδεις καὶ πάντα γιγνώσκουσιν καὶ ὅτι ὁ ταύτην ἰὼν τὴν ὁδὸν μόνος βασιλεύς, μόνος πλούσιος, μόνος σοφὸς καὶ συνόλως ἅπαντα.
17. ΛΥΚΙΝΟΣ Ἔλεγον δὲ ταῦτα πρὸς σὲ ἄλλοι δηλαδὴ περὶ αὐτῶν. οὐ γὰρ δὴ ἐκείνοις ἂν αὐτοῖς ἐπίστευσας ἐπαινοῦσιν τὰ αὑτῶν.
ΕΡΜΟΤΙΜΟΣ Οὐδαμῶς, ἀλλὰ οἱ ἄλλοι ἔλεγον.
ΛΥΚΙΝΟΣ Οἱ μὲν δὴ ἀντίδοξοι οὐκ ἔλεγον ὡς τὸ εἰκός.
ΕΡΜΟΤΙΜΟΣ Οὐ γάρ.
ΛΥΚΙΝΟΣ Οἱ δ' ἄρα ἰδιῶται ταῦτα ἔλεγον.
ΕΡΜΟΤΙΜΟΣ Καὶ μάλα.
ΛΥΚΙΝΟΣ Ὁρᾷς ὅπως αὖθις ἐξαπατᾷς με καὶ οὐ λέγεις τἀληθές; ἀλλὰ οἴει Μαργίτῃ διαλέγεσθαί τινι, ὡς πιστεῦσαι ὅτι Ἑρμότιμος, ἀνὴρ συνετός, ἔτη τότε γεγονὼς τεσσαράκοντα, περὶ φιλοσοφίας καὶ φιλοσόφων ἀνδρῶν τοῖς ἰδιώταις ἐπίστευσεν καὶ κατὰ τὰ ὑπ' ἐκείνων λεγόμενα ἐποιεῖτο τὴν αἵρεσιν τῶν κρειττόνων. ἄξιον –οὐ γάρ; πιστεῦσαί σοι τοιαῦτα λέγοντι.
18. ΕΡΜΟΤΙΜΟΣ Ἀλλ' οἶσθα, ὦ Λυκῖνε, οὐχὶ τοῖς ἄλλοις μόνον ἐπίστευον ἀλλὰ καὶ ἐμαυτῷ. ἑώρων γὰρ αὐτοὺς κοσμίως βαδίζοντας, ἀναβεβλημένους εὐσταλῶς, φροντίζοντας ἀεί, ἀρρενωπούς, ἐν χρῷ κουρίας τοὺς πλείστους, οὐδὲν ἁβρὸν οὐδ' αὖ πάνυ ἐς τὸ ἀδιάφορον ὑπερεκπίπτον ὡς ἔκπληκτον εἶναι καὶ κυνικὸν ἀτεχνῶς, ἀλλ' ἐπὶ τοῦ μέσου καταστήματος, ὃ δὴ ἄριστον ἅπαντες εἶναί φασιν.

ΛΥΚΙΝΟΣ Ἆρ' οὖν κἀκεῖνα εἶδες ποιοῦντας αὐτοὺς ἃ μικρῷ πρόσθεν ἔλεγον αὐτὸς ἑωρακέναι τὸν σὸν διδάσκαλον, ὦ Ἑρμότιμε, πράττοντα; οἷον δανείζοντας καὶ ἀπαιτοῦντας πικρῶς καὶ φιλονίκως πάνυ ἐρίζοντας ἐν ταῖς ξυνουσίαις καὶ τὰ ἄλλα ὅσα ἐπιδείκνυνται; ἢ τούτων ὀλίγον σοι μέλει, ἄχρι ἂν εὐσταλὴς ἡ ἀναβολὴ καὶ ὁ πώγων βαθὺς καὶ ἐν χρῷ ἡ κουρά; καὶ πρὸς τὸ λοιπὸν ἄρα ἔχωμεν τουτονὶ κανόνα καὶ στάθμην ἀκριβῆ τῶν τοιούτων, ὡς Ἑρμότιμός φησιν, καὶ χρὴ ἀπὸ σχημάτων καὶ βαδισμάτων καὶ κουρᾶς διαγιγνώσκειν τοὺς ἀρίστους, ὃς δ' ἂν μὴ ἔχῃ ταῦτα μηδὲ σκυθρωπὸς ᾖ καὶ φροντιστικὸς τὸ πρόσωπον, ἀποδοκιμαστέος καὶ ἀποβλητέος; **19.** ἀλλ' ὅρα μὴ καὶ ταῦτα, ὦ Ἑρμότιμε, παίζεις πρός με πειρώμενος εἰ ἐξαπατώμενος συνίημι.

ΕΡΜΟΤΙΜΟΣ Διὰ τί τοῦτο ἔφησθα;

ΛΥΚΙΝΟΣ Ὅτι, ὦγαθέ, ἀνδριάντων ταύτην ἐξέτασιν λέγεις τὴν ἀπὸ τῶν σχημάτων. παρὰ πολὺ γοῦν ἐκεῖνοι εὐσχημονέστεροι καὶ τὰς ἀναβολὰς κοσμιώτεροι, Φειδίου τινὸς ἢ Ἀλκαμένους ἢ Μύρωνος πρὸς τὸ εὐμορφότατον εἰκάσαντος. εἰ δὲ καὶ ὅτι μάλιστα χρὴ τεκμαίρεσθαι τοῖς τοιούτοις, τί ἂν πάθοι τις, εἰ τυφλὸς ὢν ἐπιθυμοίη φιλοσοφεῖν; τῷ διαγνῷ τὸν τὴν ἀμείνω προαίρεσιν προῃρημένον οὔτε σχῆμα οὔτε βάδισμα ὁρᾶν δυνάμενος;

ΕΡΜΟΤΙΜΟΣ Ἀλλ' ἔμοιγε οὐ πρὸς τυφλοὺς ὁ λόγος, ὦ Λυκῖνε, οὐδ' ἐμοὶ μέλει τῶν τοιούτων.

ΛΥΚΙΝΟΣ Ἐχρῆν μέν, ὦ χρηστέ, κοινόν τι τὸ γνώρισμα εἶναι τῶν οὕτω μεγάλων καὶ ἅπασι χρησίμων. πλὴν εἰ δοκεῖ, οἱ μὲν ἔξω ἡμῖν φιλοσοφίας μενέτωσαν οἱ τυφλοί, ἐπείπερ μηδὲ ὁρῶσι —καίτοι ἀναγκαῖον ἦν τοῖς τοιούτοις μάλιστα φιλοσοφεῖν ὡς μὴ πάνυ ἄχθοιντο ἐπὶ τῇ συμφορᾷ. οἱ δὲ δὴ βλέποντες κἂν πάνυ ὀξυδερκεῖς ὦσιν τί ἂν δύναιντο συνιδεῖν τῶν τῆς ψυχῆς ἀπό γε τῆς ἔξωθεν ταύτης περιβολῆς; **20.** ὃ δὲ βούλομαι εἰπεῖν τοιόνδε ἐστίν· οὐχ ὅτι τῆς γνώμης τῶν ἀνδρῶν ἔρωτι προσῄεις αὐτοῖς καὶ ἠξίους ἀμείνων γίγνεσθαι ἐς τὰ τῆς γνώμης;

ΕΡΜΟΤΙΜΟΣ Καὶ μάλα.

ΛΥΚΙΝΟΣ Πῶς οὖν οἷόν τέ σοι ἦν ἀφ' ὧν ἔφησθα ἐκείνων τῶν γνωρισμάτων διορᾶν τὸν ὀρθῶς φιλοσοφοῦντα ἢ μή; οὐ γὰρ φιλεῖ τὰ τοιαῦτα οὕτω διαφαίνεσθαι, ἀλλ' ἔστιν ἀπόρρητα καὶ ἐν ἀφανεῖ κείμενα, λόγοις καὶ συνουσίαις ἀναδεικνύμενα καὶ ἔργοις τοῖς ὁμοίοις ὀψὲ μόλις. ὁ γοῦν Μῶμος ἀκήκοας οἶμαι ἅτινα ἠτιάσατο τοῦ Ἡφαίστου· εἰ δὲ μή, ἀλλὰ νῦν ἄκουε. φησὶ γὰρ ὁ μῦθος ἐρίσαι Ἀθηνᾶν καὶ Ποσειδῶνα καὶ Ἥφαιστον εὐτεχνίας πέρι, καὶ τὸν μὲν Ποσειδῶ ταῦρόν τινα ἀναπλάσαι, τὴν Ἀθηνᾶν δὲ οἰκίαν ἐπινοῆσαι, ὁ Ἥφαιστος δὲ ἄνθρωπον ἄρα συνεστήσατο, καὶ ἐπείπερ ἐπὶ τὸν Μῶμον ἧκον ὅνπερ δικαστὴν προείλοντο, θεασάμενος ἐκεῖνος ἑκάστου τὸ ἔργον, τῶν μὲν ἄλλων ἅτινα ἠτιάσατο περιττὸν ἂν εἴη λέγειν· ἐπὶ τοῦ ἀνθρώπου δὲ τοῦτο ἐμέμψατο καὶ τὸν ἀρχιτέκτονα ἐπέπληξε τὸν Ἥφαιστον διότι μὴ καὶ θυρίδας ἐποίησεν αὐτῷ κατὰ τὸ στέρνον, ὡς ἀναπετασθεισῶν γνώριμα γίγνεσθαι ἅπασιν ἃ βούλεται καὶ ἐπινοεῖ καὶ εἰ ψεύδεται ἢ ἀληθεύει. ἐκεῖνος μὲν οὖν ἅτε ἀμβλυώττων οὕτω περὶ τῶν ἀνθρώπων διενοεῖτο, σὺ δὲ ὑπὲρ τὸν Λυγκέα ἡμῖν δέδορκας καὶ ὁρᾶς τὰ ἔνδον ὡς ἔοικε διὰ τοῦ στέρνου καὶ ἀνέῳκταί σοι τὰ πάντα, ὡς εἰδέναι μὴ μόνον ἃ βούλεται καὶ ἃ γιγνώσκει ἕκαστος ἀλλὰ καὶ πότερος ἀμείνων ἢ χείρων.

ΕΡΜΟΤΙΜΟΣ Παίζεις, ὦ Λυκῖνε. ἐγὼ δὲ κατὰ θεὸν εἱλόμην καὶ οὐ μεταμέλει μοι τῆς αἱρέσεως. **21.** ἱκανὸν δὲ τοῦτο πρός γοῦν ἐμέ.

ΛΥΚΙΝΟΣ Ὅμως οὐκ ἂν εἴποις, ὦ ἑταῖρε, καὶ πρὸς ἐμέ, ἀλλὰ περιόψει με παραπολόμενον ἐν τῷ πολλῷ συρφετῷ;

ΕΡΜΟΤΙΜΟΣ Οὐδὲν γάρ σοι ἀρέσκει ὧν ἂν εἴπω.

ΛΥΚΙΝΟΣ Οὔκ, ὦγαθέ, ἀλλ' οὐδὲν ἐθέλεις εἰπεῖν ὁποῖον ἄν με ἀρέσειεν. ἐπεὶ δ' οὖν σὺ ἑκὼν ἀποκρύπτῃ καὶ φθονεῖς ἡμῖν ὡς μὴ ἐξ ἴσου γενοίμεθά σοι φιλοσοφήσαντες, ἐγὼ πειράσομαι ὅπως ἂν οἷός τε ὦ κατ' ἐμαυτὸν ἐξευρεῖν τὴν ἀκριβῆ περὶ τούτων κρίσιν καὶ τὴν ἀσφαλεστάτην αἵρεσιν. ἄκουε δὲ καὶ σύ, εἰ βούλει.

ΕΡΜΟΤΙΜΟΣ Ἀλλὰ βούλομαι, ὦ Λυκῖνε. ἴσως γάρ τι γνώριμον ἐρεῖς.

ΛΥΚΙΝΟΣ Σκόπει δὴ καὶ μὴ καταγελάσῃς, εἰ παντάπασιν ἰδιωτικῶς ἀναζητῶ αὐτό· ἀνάγκη γὰρ οὕτως, ἐπεὶ μὴ σὺ ἐθέλεις σαφέστερον εἰπεῖν εἰδὼς ἄμεινον. **22.** Ἔστω δή μοι ἡ μὲν ἀρετὴ τοιόνδε τι οἷον πόλις τις εὐδαίμονας ἔχουσα τοὺς ἐμπολιτευομένους (ὡς φαίη ἂν ὁ διδάσκαλος ὁ σὸς ἐκεῖθέν ποθεν ἀφιγμένος), σοφοὺς ἐς τὸ ἀκρότατον, ἀνδρείους ἅπαντας, δικαίους, σώφρονας, ὀλίγον θεῶν ἀποδέοντας· οἷα δὲ πολλὰ γίγνεται παρ' ἡμῖν, ἁρπαζόντων καὶ βιαζομένων καὶ πλεονεκτούντων, οὐδὲν ἂν ἴδοις, φασίν, ἐν ἐκείνῃ τῇ πόλει τολμώμενον, ἀλλὰ ἐν εἰρήνῃ καὶ ὁμονοίᾳ ξυμπολιτεύονται, μάλ' εἰκότως· ἃ γὰρ ἐν ταῖς ἄλλαις πόλεσιν οἶμαι τὰς στάσεις καὶ φιλονικίας ἐγείρει καὶ ὧν ἕνεκα ἐπιβουλεύουσιν ἀλλήλοις, ταῦτα πάντα ἐκποδών ἐστιν ἐκείνοις. οὐ γὰρ οὔτε χρυσίον ἔτι οὔτε ἡδονὰς οὔτε δόξας ὁρῶσιν ὡς διαφέρεσθαι περὶ αὐτῶν, ἀλλὰ πάλαι τῆς πόλεως ἐξεληλάκασιν αὐτὰ οὐκ ἀναγκαῖα ἡγησάμενοι ξυμπολιτεύεσθαι. ὥστε γαληνόν τινα καὶ πανευδαίμονα βίον βιοῦσιν ξὺν εὐνομίᾳ καὶ ἰσότητι καὶ ἐλευθερίᾳ καὶ τοῖς ἄλλοις ἀγαθοῖς.

23. ΕΡΜΟΤΙΜΟΣ Τί οὖν, ὦ Λυκῖνε; οὐκ ἄξιον ἅπαντας ἐπιθυμεῖν πολίτας γίγνεσθαι τῆς τοιαύτης πόλεως μήτε κάματον ὑπολογιζομένους τὸν ἐν τῇ ὁδῷ μήτε πρὸς τὸ μῆκος τοῦ χρόνου ἀπαγορεύοντας, εἰ μέλλουσιν ἀφικόμενοι ἐγγραφήσεσθαι καὶ αὐτοὶ καὶ μεθέξειν τῆς πολιτείας;

ΛΥΚΙΝΟΣ Νὴ Δία, ὦ Ἑρμότιμε, πάντων μάλιστα ἐπὶ τούτῳ σπουδαστέον, τῶν δὲ ἄλλων ἀμελητέον, καὶ μήτε πατρίδος τῆς ἐνταῦθα ἐπιλαμβανομένης πολὺν ποιεῖσθαι λόγον μήτε παίδων ἢ γονέων ὅτῳ εἰσὶν ἐπικατεχόντων καὶ κλαυθμυριζομένων ἐπικλᾶσθαι, ἀλλὰ μάλιστα μὲν κἀκείνους παρακαλεῖν ἐπὶ τὴν αὐτὴν ὁδόν· εἰ δὲ μὴ ἐθέλοιεν ἢ μὴ δύναιντο, ἀποσεισάμενον αὐτοὺς χωρεῖν εὐθὺ τῆς πανευδαίμονος ἐκείνης πόλεως καὶ αὐτὸ ἀπορρίψαντα τὸ ἱμάτιον εἰ τούτου ἐπειλημμένοι κατερύκοιεν, ἐσσύμενον ἐκεῖσε —οὐ γὰρ δέος μή σέ τις ἀποκλείσῃ καὶ γυμνὸν ἐκεῖσε ἥκοντα. **24.** ἤδη γάρ ποτε καὶ ἄλλοτε πρεσβύτου ἀνδρὸς ἤκουσα διεξιόντος ὅπως τὰ ἐκεῖ πράγματα ἔχοι, καί με προὔτρεπεν ἕπεσθαί οἱ πρὸς τὴν πόλιν· ἡγήσεσθαι γὰρ αὐτὸς καὶ ἐλθόντα ἐγγράψειν καὶ φυλέτην ποιήσεσθαι καὶ φρατρίας μεταδώσειν τῆς αὑτοῦ, ὡς μετὰ πάντων εὐδαιμονοίην. ἀλλ' ἐγὼ οὐ πιθόμην ὑπ' ἀνοίας καὶ νεότητος τότε, πρὸ πεντεκαίδεκα σχεδὸν ἐτῶν· ἴσως γὰρ ἂν αὐτὰ ἤδη ἀμφὶ τὰ προάστεια καὶ πρὸς ταῖς πύλαις ἦν. ἔλεγε δ' οὖν περὶ τῆς πόλεως, εἴ γε μέμνημαι, ἄλλα τε πολλὰ καὶ δὴ καὶ τάδε, ὡς ξύμπαντες μὲν ἐπήλυδες καὶ ξένοι εἶεν, αὐθιγενὴς δὲ οὐδὲ εἷς, ἀλλὰ καὶ βαρβάρους ἐμπολιτεύεσθαι πολλοὺς καὶ δούλους καὶ ἀμόρφους καὶ μικροὺς καὶ πένητας, καὶ ὅλως μετέχειν τῆς πόλεως τὸν βουλόμενον· τὸν γὰρ δὴ νόμον αὐτοῖς οὐκ ἀπὸ τιμημάτων ποιεῖσθαι τὴν ἐγγραφὴν οὐδ' ἀπὸ σχημάτων ἢ μεγέθους ἢ κάλλους οὐδ' ἀπὸ γένους, ὅτῳ λαμπρὸν ἐκ προγόνων, ἀλλὰ ταῦτα μὲν οὐδὲ νομίζεσθαι παρ' αὐτοῖς, ἀποχρῆν δ' ἑκάστῳ πρὸς τὸ πολίτην γενέσθαι σύνεσιν καὶ ἐπιθυμίαν τῶν καλῶν καὶ πόνον καὶ τὸ λιπαρὲς καὶ τὸ μὴ ἐνδοῦναι μηδὲ μαλακισθῆναι πολλοῖς τοῖς δυσχερέσιν κατὰ τὴν ὁδὸν ἐντυγχάνοντα, ὡς ὅστις ἂν ταῦτα ἐπιδείξηται καὶ διεξέλθῃ πορευόμενος ἄχρι πρὸς τὴν πόλιν, αὐτίκα μάλα πολίτην ὄντα τοῦτον ὅστις ἂν ᾖ καὶ ἰσότιμον ἅπασι· τὸ δὲ χείρων ἢ κρείττων ἢ εὐπατρίδης ἢ ἀγενὴς ἢ δοῦλος ἢ ἐλεύθερος οὐδὲ ὅλως εἶναι ἢ λέγεσθαι ἐν τῇ πόλει.

25. ΕΡΜΟΤΙΜΟΣ Ὁρᾷς, ὦ Λυκῖνε, ὡς οὐ μάτην οὐδὲ περὶ μικρῶν κάμνω πολίτης ἐπιθυμῶν γενέσθαι καὶ αὐτὸς οὕτω καλῆς καὶ εὐδαίμονος πόλεως;

ΛΥΚΙΝΟΣ Καὶ γὰρ αὐτός, ὦ Ἑρμότιμε, τῶν αὐτῶν σοι ἐρῶ καὶ οὐκ ἔστιν ὅ τι ἂν μοι πρὸ τούτων εὐξαίμην γενέσθαι. εἰ μὲν οὖν πλησίον ἦν ἡ πόλις καὶ φανερὰ ἰδεῖν ἅπασι, πάλαι ἄν, εὖ ἴσθι, μηδὲν ἐνδοιάσας αὐτὸς ᾖειν ἐς αὐτὴν καὶ ἐπολιτευόμην ἂν ἐκ πολλοῦ. ἐπεὶ δέ, ὡς ὑμεῖς φατε, σύ τε καὶ Ἡσίοδος ὁ ῥαψῳδός, πάνυ πόρρω ἀπῴκισται, ἀνάγκη ζητεῖν ὁδόν τε τὴν ἄγουσαν ἐπ' αὐτὴν καὶ ἡγεμόνα τὸν ἄριστον. ἢ οὐκ οἴει σὺ χρῆναι οὕτω ποιεῖν;

ΕΡΜΟΤΙΜΟΣ Καὶ πῶς ἂν ἄλλως ἔλθοι τις;

ΛΥΚΙΝΟΣ Οὐκοῦν ὅσον μὲν ἐπὶ τῷ ὑπισχνεῖσθαι καὶ φάσκειν εἰδέναι πολλὴ ἀφθονία τῶν ἡγησομένων. πολλοὶ γὰρ ἕτοιμοι παρεστᾶσιν αὐτόχθονες ἐκεῖθεν ἕκαστος εἶναι λέγοντες. ὁδός γε μὴν οὐ μία καὶ ἡ αὐτὴ φαίνεται ἀλλὰ πολλαὶ καὶ διάφοροι καὶ οὐδὲν ἀλλήλαις ὅμοιαι· ἡ μὲν γὰρ ἐπὶ τὰ ἑσπέρια, ἡ δὲ ἐπὶ τὴν ἕω φέρειν ἔοικεν, ἡ δέ τις ἐπὶ τὰς ἄρκτους, καὶ ἄλλη εὐθὺ τῆς μεσημβρίας, καὶ ἡ μὲν διὰ λειμώνων καὶ φυτῶν καὶ σκιᾶς ἔνυδρος καὶ ἡδεῖα, οὐδὲν ἀντίτυπον ἢ δύσβατον ἔχουσα, ἡ δὲ πετρώδης καὶ τραχεῖα πολὺν ἥλιον καὶ δίψος καὶ κάματον προφαίνουσα. καὶ ὅμως αὗται πᾶσαι πρὸς τὴν πόλιν ἄγειν λέγονται μίαν οὖσαν ἐς τὰ ἐναντιώτατα τελευτῶσαι. **26.** ἔνθα δή μοι καὶ ἡ πᾶσα ἀπορία ἐστίν. ἐφ' ἣν γὰρ ἂν ἔλθω αὐτῶν, ἀνὴρ κατὰ τὴν ἀρχὴν τῆς ἀτραποῦ ἑκάστης, ἐφεστὼς ἐν τῇ εἰσόδῳ μάλα τις ἀξιόπιστος ὀρέγει τε τὴν χεῖρα καὶ προτρέπει κατὰ τὴν αὐτοῦ ἀπιέναι, λέγων ἕκαστος αὐτῶν μόνος τὴν εὐθεῖαν εἰδέναι, τοὺς δὲ ἄλλους πλανᾶσθαι μήτε αὐτοὺς ἐληλυθότας μήτε ἄλλοις ἡγήσασθαι δυναμένοις ἀκολουθήσαντας. κἂν ἐπὶ τὸν πλησίον ἀφίκωμαι, κἀκεῖνος τὰ ὅμοια ὑπισχνεῖται περὶ τῆς αὐτοῦ ὁδοῦ καὶ τοὺς ἄλλους κακίζει, καὶ ὁ παρ' αὐτὸν ὁμοίως καὶ ἑξῆς ἅπαντες. τό τε τοίνυν πλῆθος τῶν ὁδῶν καὶ τὸ ἀνόμοιον αὐτῶν οὐ μετρίως ταράττει με καὶ ἀπορεῖν ποιεῖ, καὶ μάλιστα οἱ ἡγεμόνες ὑπερδιατεινόμενοι καὶ τὰ αὑτῶν ἕκαστοι ἐπαινοῦντες. οὐ γὰρ οἶδα ἥντινα τραπόμενος ἢ τῷ μᾶλλον ἀκολουθήσας ἀφικοίμην ἂν πρὸς τὴν πόλιν.

27. ΕΡΜΟΤΙΜΟΣ Ἀλλ' ἐγώ σε ἀπολύσω τῆς ἀπορίας. τοῖς γὰρ προωδοιπορηκόσιν, ὦ Λυκῖνε, πιστεύσας οὐκ ἂν σφαλείης.

ΛΥΚΙΝΟΣ Τίσι λέγεις; τοῖς κατὰ ποίαν ὁδὸν ἐλθοῦσιν; ἢ τίνι τῶν ἡγεμόνων ἀκολουθήσασιν; αὖθις γὰρ ἡμῖν τὸ αὐτὸ ἄπορον ἐν ἄλλῃ μορφῇ ἀναφαίνεται ἀπὸ τῶν πραγμάτων ἐπὶ τοὺς ἄνδρας μετεληλυθός.

ΕΡΜΟΤΙΜΟΣ Πῶς τοῦτο φῄς;

ΛΥΚΙΝΟΣ Ὅτι ὁ μὲν τὴν Πλάτωνος τραπόμενος καὶ συνοδοιπορήσας μετ' αὐτοῦ ἐκείνην ἐπαινέσεται δῆλον ὅτι, ὁ δὲ τὴν Ἐπικούρου, ἐκείνην, καὶ ἄλλος ἄλλην, σὺ δὲ τὴν ὑμετέραν. ἢ πῶς γάρ, ὦ Ἑρμότιμε, οὐχ οὕτως;

ΕΡΜΟΤΙΜΟΣ Πῶς γὰρ οὔ;

ΛΥΚΙΝΟΣ Οὐ τοίνυν ἀπέλυσάς με τῆς ἀπορίας, ἀλλ' ἔτι ὁμοίως ἀγνοῶ τῷ μᾶλλον χρὴ πιστεῦσαι τῶν ὁδοιπόρων. ὁρῶ γὰρ ἕκαστον αὐτῶν (καὶ αὐτὸν καὶ τὸν ἡγεμόνα), μιᾶς πεπειραμένον καὶ ἐκείνην ἐπαινοῦντα καὶ λέγοντα ὡς αὕτη μόνη ἄγει ἐπὶ τὴν πόλιν. οὐ μέντοι ἔχω εἰδέναι εἰ ἀληθῆ φησιν. ἀλλ' ὅτι μὲν ἀφῖκται πρός τι τέλος καὶ εἶδέ τινα πόλιν δώσω αὐτῷ ἴσως· εἰ δὲ ἐκείνην εἶδεν ἣν ἐχρῆν ἐν ᾗ ἐπιθυμοῦμεν ἐγώ τε καὶ σὺ πολιτεύσασθαι, ἢ δέον εἰς Κόρινθον ἐλθεῖν ὁ δ' εἰς Βαβυλῶνα ἀφικόμενος οἴεται Κόρινθον ἑωρακέναι, ἄδηλον ἐμοὶ γοῦν ἔτι. οὐ γὰρ πάντως ὁ τινὰ πόλιν ἰδὼν Κόρινθον εἶδεν, εἴ γε οὐ μόνη πόλις ἐστὶν ἡ Κόρινθος. ὃ δὲ δὴ μάλιστα εἰς ἀπορίαν με καθίστησιν, ἐκεῖνό ἐστι, τὸ εἰδέναι ὅτι πᾶσα ἀνάγκη μίαν εἶναι τὴν ἀληθῆ ὁδόν· καὶ γὰρ ἡ Κόρινθος μία ἐστίν, αἱ δὲ ἄλλαι πανταχόσε μᾶλλον ἢ εἰς Κόρινθον ἄγουσιν, εἰ μή τις οὕτω σφόδρα παραπαίει ὡς οἴεσθαι καὶ τὴν εἰς Ὑπερβορέους καὶ τὴν εἰς Ἰνδοὺς ἄγουσαν εἰς Κόρινθον στέλλειν.

ΕΡΜΟΤΙΜΟΣ Καὶ πῶς οἷόν τε, ὦ Λυκῖνε; ἄλλη γὰρ ἀλλαχόσε ἄγει.

28. ΛΥΚΙΝΟΣ Οὐκοῦν, ὦ καλὲ Ἑρμότιμε, οὐ μικρᾶς δεῖ βουλῆς ἐπὶ τὴν αἵρεσιν τῶν ὁδῶν τε καὶ ἡγεμόνων, οὐδὲ τοῦτο δὴ τὸ τοῦ λόγου ποιήσομεν, ἔνθα ἂν ἡμᾶς οἱ πόδες φέρωσιν, ἐκεῖσε ἄπιμεν· ἐπεὶ λήσομεν οὕτως ἀντὶ τῆς εἰς Κόρινθον ἀγούσης τὴν ἐπὶ Βαβυλῶνος ἢ Βάκτρων ἀπιόντες. οὐδὲ γὰρ οὐδὲ ἐκεῖνο καλῶς ἔχει, τῇ τύχῃ ἐπιτρέπειν ὡς τάχα ἂν τὴν ἀρίστην ἑλομένους, εἰ καὶ ἄνευ ἐξετάσεως ὁρμήσαιμεν ἐπὶ μίαν τῶν ὁδῶν ἡντιναοῦν. δυνατὸν μὲν γὰρ καὶ τοῦτο γενέσθαι, καὶ ἴσως ποτὲ ἐγένετο ἐν τῷ μακρῷ χρόνῳ· ἡμᾶς δέ γε περὶ τῶν οὕτω μεγάλων οὐκ οἶμαι δεῖν παραβόλως ἀναρρίπτειν οὐδὲ ἐς στενὸν κομιδῇ κατακλείειν τὴν ἐλπίδα ἐπὶ ριπός, ὡς ἡ παροιμία φησί, τὸν Αἰγαῖον ἢ τὸν Ἰόνιον διαπλεῦσαι θέλοντας, ὅτε οὐδὲ αἰτιασαίμεθ' ἂν εὐλόγως τὴν τύχην, εἰ τοξεύουσα καὶ ἀκοντίζουσα μὴ πάντως ἔτυχε τοῦ ἀληθοῦς, ἑνὸς ὄντος ἐν μυρίοις τοῖς ψεύδεσιν, ὅπερ οὐδὲ τῷ Ὁμηρικῷ τοξότῃ ὑπῆρξεν, ὃς δέον τὴν πελειάδα κατατοξεῦσαι, ὁ δὲ τὴν μήρινθον ἐνέτεμεν, ὁ Τεῦκρος, οἶμαι. ἀλλὰ παρὰ πολὺ ἐκεῖνο εὐλογώτερον τῶν πολλῶν τρωθήσεσθαι καὶ περιπεσεῖσθαι τῷ τοξεύματι ἐλπίζειν ἢ πάντως ἐκεῖνο τὸ ἓν ἐξ ἁπάντων. ὁ δὲ κίνδυνος ὅτι οὐ μικρός, εἰ ἀντὶ τῆς ἐπ' εὐθὺ ἀγούσης ἐς τῶν πεπλανημένων μίαν ἀγνοοῦντες ἐμπέσοιμεν, ἐλπίζοντες ἄμεινον αἱρήσεσθαι τὴν τύχην ὑπὲρ ἡμῶν, εἰκάζειν οἶμαι. οὐδὲ γὰρ ἀναστρέψαι ἔτι καὶ ἀνασωθῆναι ὀπίσω ῥᾴδιον, ἢν ἅπαξ ἐπιδῷ τις αὑτὸν τῇ πνεούσῃ τὰ ἀπόγεια λυσάμενος, ἀλλὰ ἀνάγκη ἐν τῷ πελάγει διαφέρεσθαι ναυτιῶντα ὡς τὸ πολὺ καὶ δεδιότα καὶ καρηβαροῦντα ὑπὸ τοῦ σάλου, δέον ἐξ ἀρχῆς πρὶν ἐκπλεῦσαι ἀναβάντα ἐπὶ σκοπήν τινα σκέψασθαι εἰ ἐπίφορόν ἐστι καὶ οὔριον τὸ πνεῦμα τοῖς Κόρινθόνδε διαπλεῦσαι ἐθέλουσιν, καὶ νὴ Δία κυβερνήτην ἕνα τὸν ἄριστον ἐκλέξασθαι καὶ ναῦν εὐπαγῆ οἵαν διαρκέσαι πρὸς τηλικοῦτον κλύδωνα.

29. ΕΡΜΟΤΙΜΟΣ Οὕτω γε ἄμεινον, ὦ Λυκῖνε, παρὰ πολύ. πλὴν οἶδά γε ὅτι ἅπαντας ἐν κύκλῳ περιελθὼν οὐκ ἄλλους ἂν εὕροις οὔτε ἡγεμόνας ἀμείνους οὔτε κυβερνήτας ἐμπειροτέρους τῶν Στωϊκῶν, καὶ ἢν ἐθελήσῃς γε ἀφικέσθαι ποτὲ εἰς τὴν Κόρινθον, ἐκείνοις ἕψῃ κατὰ τὰ Χρυσίππου καὶ Ζήνωνος ἴχνη προϊών· ἄλλως δὲ ἀδύνατον.

ΛΥΚΙΝΟΣ Ὁρᾷς τοῦτο ὡς κοινόν, ὦ Ἑρμότιμε, εἴρηκας; εἴποι γὰρ ἂν αὐτὸ καὶ ὁ τῷ Πλάτωνι ξυνοδοιπορῶν καὶ ὁ Ἐπικούρῳ ἑπόμενος καὶ οἱ ἄλλοι, μὴ ἂν ἐλθεῖν με εἰς τὴν Κόρινθον εἰ μὴ μεθ' ἑαυτοῦ, ἕκαστος. ὥστε ἢ πᾶσι πιστεύειν χρή, ὅπερ γελοιότατον, ἢ ἀπιστεῖν ὁμοίως. μακρῷ γὰρ ἀσφαλέστατον τὸ τοιοῦτο ἄχρι ἂν εὕρωμεν <τὸν> τἀληθῆ ὑπισχνούμενον.

30. Ἐπεὶ φέρε, εἰ καθάπερ νῦν ἔχω, ἀγνοῶν ἔτι ὅστις ἐξ ἁπάντων ἐστὶν ὁ ἀληθεύων, ἑλοίμην τὰ ὑμέτερα σοὶ πιστεύσας, ἀνδρὶ φίλῳ, ἀτὰρ μόνα γε τὰ τῶν Στωϊκῶν εἰδότι καὶ μίαν ὁδὸν ὁδοιπορήσαντι ταύτην, ἔπειτα θεῶν τις ἀναβιῶναι ποιήσειε Πλάτωνα καὶ Πυθαγόραν καὶ Ἀριστοτέλη καὶ τοὺς ἄλλους, οἱ δὲ περιστάντες ἐρωτῷέν με ἢ καὶ νὴ Δί' ἐς δικαστήριον ἀγαγόντες ὕβρεως ἕκαστος δικάζοιντο λέγοντες, "Ὦ βέλτιστε Λυκῖνε, τί παθὼν ἢ τίνι ποτὲ πιστεύσας Χρύσιππον καὶ Ζήνωνα προετίμησας ἡμῶν, πρεσβυτέρων ὄντων παρὰ πολύ, χθὲς καὶ πρώην γενομένους, μήτε λόγου μεταδοὺς ἡμῖν μήτε πειραθεὶς ὅλως ὧν φαμεν"; εἰ ταῦτα λέγοιεν τί ἂν ἀποκριναίμην αὐτοῖς; ἢ ἐξαρκέσει μοι ἂν εἴπω ὅτι Ἑρμοτίμῳ ἐπείσθην φίλῳ ἀνδρί; ἀλλὰ φαῖεν ἄν, οἶδ' ὅτι, "Ἡμεῖς, ὦ Λυκῖνε, οὐκ ἴσμεν τὸν Ἑρμότιμον τοῦτον ὅστις ποτέ ἐστιν οὐδὲ ἐκεῖνος ἡμᾶς. ὥστε οὐκ ἐχρῆν ἁπάντων καταγιγνώσκειν οὐδὲ ἐρήμην ἡμῶν καταδιαιτᾶν ἀνδρὶ πιστεύσαντα μίαν ὁδὸν ἐν φιλοσοφίᾳ καὶ οὐδὲ ταύτην ἴσως ἀκριβῶς κατανοήσαντι. οἱ δέ γε νομοθέται, ὦ Λυκῖνε, οὐχ οὕτω προστάττουσι ποιεῖν τοῖς δικασταῖς οὐδὲ τοῦ ἑτέρου μὲν ἀκούειν, τὸν δὲ ἕτερον οὐκ ἐᾶν λέγειν ὑπὲρ ἑαυτοῦ ἃ οἴεται ξυμφέρειν, ἀλλ' ὁμοίως ἀμφοῖν ἀκροᾶσθαι, ὡς ῥᾶον ἀντεξετάζοντες τοὺς λόγους εὑρίσκοιεν τἀληθῆ τε καὶ ψευδῆ, καὶ ἤν γε μὴ οὕτω ποιῶσιν ἐφιέναι δίδωσιν ὁ νόμος εἰς ἕτερον δικαστήριον". **31.** τοιαῦτα ἄττα εἰκὸς ἐρεῖν αὐτούς. ἢ τάχ' ἄν τις αὐτῶν καὶ προσέροιτό με, "εἰπέ μοι", λέγων, "ὦ Λυκῖνε, εἴ τις Αἰθίοψ μηδεπώποτε ἄλλους ἀνθρώπους ἰδών, οἷοι ἡμεῖς ἐσμεν, διὰ τὸ μὴ ἀποδεδημηκέναι τὸ παράπαν, ἔν τινι συλλόγῳ τῶν Αἰθιόπων διισχυρίζοιτο καὶ λέγοι μηδαμόθι τῆς γῆς ἀνθρώπους εἶναι λευκοὺς ἢ ξανθοὺς μηδὲ ἄλλο τι ἢ μέλανας, ἆρα πιστεύοιτ' ἂν ὑπ' αὐτῶν; ἢ εἴποι τις ἂν πρὸς αὐτὸν τῶν πρεσβυτέρων Αἰθιόπων, σὺ δὲ δὴ πόθεν ταῦτα, ὦ θρασύτατε, οἶσθα; οὐ γὰρ ἀπεδήμησας παρ' ἡμῶν οὐδαμόσε οὐδὲ εἶδες νὴ Δία τὰ παρὰ τοῖς ἄλλοις ὁποῖά ἐστι". φαίην ἂν ἔγωγε δίκαια ἐρωτῆσαι τὸν πρεσβύτην. ἢ πῶς, ὦ Ἑρμότιμε, συμβουλεύεις;

ΕΡΜΟΤΙΜΟΣ Οὕτω. δικαιότατα γὰρ ἐπιπλῆξαι δοκεῖ μοι.

ΛΥΚΙΝΟΣ Καὶ γὰρ ἔμοιγε, ὦ Ἑρμότιμε. ἀλλὰ τὸ μετὰ τοῦτο οὐκέτ' οἶδα εἰ ὁμοίως καὶ σοὶ δόξει. ἐμοὶ μὲν γὰρ καὶ τοῦτο πάνυ δοκεῖ.

ΕΡΜΟΤΙΜΟΣ Τὸ ποῖον;

32. ΛΥΚΙΝΟΣ Ἐπάξει δηλαδὴ ὁ ἀνὴρ καὶ φήσει πρός με ὧδέ πως, "Ἀνάλογον τοίνυν, ὦ Λυκῖνε, κείσθω τις ἡμῖν τὰ Στωϊκῶν μόνα εἰδώς, καθάπερ ὁ σὸς φίλος οὗτος ὁ Ἑρμότιμος, ἀποδημήσας δὲ μηδεπώποτε μήτε ἐς Πλάτωνος μήτε παρὰ τὸν Ἐπίκουρον μήτε ὅλως πρὸς ἄλλον τινά. εἰ τοίνυν λέγοι μηδὲν οὕτω καλὸν εἶναι μηδ' ἀληθὲς παρὰ τοῖς ἄλλοις, οἷα τὰ τῆς Στοᾶς ἐστι καὶ ἃ ἐκείνη φησίν, οὐκ ἂν εὐλόγως θρασὺς εἶναι δόξειέν σοι περὶ πάντων ἀποφαινόμενος, καὶ ταῦτα ἓν εἰδώς, οὐδεπώποτε ἐξ Αἰθιοπίας τὸν ἕτερον πόδα προελθών"; τί βούλει ἀποκρίνωμαι αὐτῷ;

ΕΡΜΟΤΙΜΟΣ Τὸ ἀληθέστατον ἐκεῖνο δηλαδή, ὅτι ἡμεῖς τὰ μὲν Στωϊκῶν καὶ πάνυ ἐκμανθάνομεν ὡς ἂν κατὰ ταῦτα φιλοσοφεῖν ἀξιοῦντες, οὐκ ἀγνοοῦμεν δὲ καὶ τὰ ὑπὸ τῶν ἄλλων λεγόμενα. ὁ γὰρ διδάσκαλος κἀκεῖνα μεταξὺ διέξεισι πρὸς ἡμᾶς καὶ ἀνατρέπει γε αὐτὰ προσθεὶς αὐτός.

33. ΛΥΚΙΝΟΣ Ἦ νομίζεις ἐνταῦθα σιωπήσεσθαι ἡμῖν τοὺς ἀμφὶ τὸν Πλάτωνα καὶ Πυθαγόραν καὶ Ἐπίκουρον καὶ τοὺς ἄλλους, οὐχὶ δὲ ἀναγελάσαντας ἂν εἰπεῖν πρὸς ἐμέ, "Οἷα ποιεῖ, ὦ Λυκῖνε, ὁ ἑταῖρός σου ὁ Ἑρμότιμος; ἀξιοῖ τοῖς ἀντιδίκοις περὶ ἡμῶν πιστεύειν καὶ οἴεται τοιαῦτα εἶναι τὰ ἡμέτερα ὁποῖα ἂν ἐκεῖνοι φῶσιν ἢ οὐκ εἰδότες ἢ κρυπτόμενοι τἀληθές; οὐκοῦν ἤν τινα καὶ τῶν ἀθλητῶν ἴδῃ ἀσκούμενον πρὸ τοῦ ἀγῶνος λακτίζοντα εἰς τὸν ἀέρα ἢ πὺξ κενήν πληγήν τινα καταφέροντα, τὸν ἀνταγωνιστὴν δῆθεν παίοντα, εὐθὺς ἀνακηρύξει αὐτὸν ἀγωνοθέτης ὢν ὡς ἄμαχόν τινα ἢ ἐκεῖνα μὲν οἰήσεται ῥᾴδια εἶναι καὶ ἀσφαλῆ τὰ νεανιεύματα οὐδενὸς ἀνταιρομένου αὐτῷ, τὴν δὲ νίκην τηνικαῦτα κρίνεσθαι ὁπόταν καταγωνίσηται τὸν ἀντίπαλον αὐτὸν καὶ κρατήσῃ ὁ δ' ἀπαγορεύσῃ, ἄλλως δὲ οὔ; μὴ τοίνυν μηδὲ Ἑρμότιμος ἀφ' ὧν ἂν οἱ διδάσκαλοι αὐτοῦ σκιαμαχῶσι πρὸς ἡμᾶς ἀπόντας οἰέσθω κρατεῖν αὐτοὺς ἢ τὰ ἡμέτερα τοιαῦτα εἶναι ὡς ἀνατρέπεσθαι ῥᾳδίως. ἐπεὶ τὸ τοιοῦτο ὅμοιον ἂν εἴη τοῖς τῶν παιδίων οἰκοδομήμασιν ἃ κατασκευάσαντες ἐκεῖνοι ἀσθενῆ εὐθὺς ἀνατρέπουσιν, ἢ καὶ νὴ Δία τοῖς τοξεύειν μελετῶσιν, οἳ κάρφη τινὰ συνδήσαντες, ἔπειτα ἐπὶ κοντοῦ πήξαντες οὐ πόρρω προθέμενοι στοχάζονται ἀφιέντες, καὶ ἢν τύχωσί ποτε καὶ διαπείρωσι τὰ κάρφη ἀνέκραγον εὐθὺς ὥς τι μέγα ποιήσαντες, εἰ διεξῆλθεν αὐτοῖς τὸ βέλος διὰ τῶν φρυγάνων. ἀλλ' οὐ Πέρσαι γε οὕτω ποιοῦσιν οὐδὲ Σκυθῶν ὅσοι τοξόται, ἀλλὰ πρῶτον μὲν αὐτοὶ κινούμενοι ἀφ' ἵππων ὡς τὸ πολὺ τοξεύουσιν, ἔπειτα δὲ καὶ τὰ τοξευόμενα κινεῖσθαι ἀξιοῦσιν οὐχ ἑστῶτα οὐδὲ περιμένοντα τὸ βέλος ἔστ' ἂν ἐμπέσῃ, ἀλλὰ διαδιδράσκοντα ὡς ἔνι μάλιστα. θηρία γέ τοι ὡς τὸ πολὺ κατατοξεύουσι, καὶ ὀρνίθων ἔνιοι τυγχάνουσιν. ἢν δέ ποτε καὶ ἐπὶ σκοποῦ δέῃ πειραθῆναι τοῦ τόνου τῆς πληγῆς, ξύλον ἀντίτυπον ἢ ἀσπίδα ὠμοβοΐνην προθέμενοι διελαύνουσιν, καὶ οὕτως πιστεύουσιν κἂν δι' ὅπλων σφίσιν χωρῆσαι τοὺς οἰστούς. εἰπὲ τοίνυν, ὦ Λυκῖνε, παρ' ἡμῶν Ἑρμοτίμῳ ὅτι οἱ διδάσκαλοι αὐτοῦ φρύγανα προθέμενοι κατατοξεύουσιν, εἶτά φασιν ἀνδρῶν ὡπλισμένων κεκρατηκέναι, καὶ εἰκόνας ἡμῶν γραψάμενοι πυκτεύουσιν πρὸς ἐκείνας, καὶ κρατήσαντες ὡς τὸ εἰκὸς ἡμῶν κρατεῖν οἴονται. ἀλλὰ φαίημεν ἂν ἕκαστος πρὸς αὐτοὺς τὰ τοῦ Ἀχιλλέως ἐκεῖνα, ἅ φησι περὶ τοῦ Ἕκτορος, ὅτι

οὐ γὰρ ἐμῆς κόρυθος λεύσσουσι μέτωπον".

ταῦτα μὲν οἱ ξύμπαντες ἐν τῷ μέρει ἕκαστος.

34. Ὁ Πλάτων δ' ἄν μοι δοκεῖ καὶ διηγήσασθαί τι τῶν ἐκ Σικελίας ὡς ἂν εἰδὼς τὰ πλεῖστα. τῷ γὰρ Συρακουσίῳ Γέλωνί φασι δυσῶδες εἶναι τὸ στόμα καὶ τοῦτο ἐπὶ πολὺ διαλαθεῖν αὐτὸν οὐδενὸς τολμῶντος ἐλέγχειν τύραννον ἄνδρα, μέχρι δή τινα γυναῖκα ξένην συνενεχθεῖσαν αὐτῷ τολμῆσαι καὶ εἰπεῖν ὅπως ἔχοι. τὸν δὲ παρὰ τὴν γυναῖκα ἐλθόντα τῇ ἑαυτοῦ ὀργίζεσθαι ὅτι οὐκ ἐμήνυσε πρὸς αὐτὸν εἰδυῖα μάλιστα τὴν δυσωδίαν, τὴν δὲ παραιτεῖσθαι συγγνώμην ἔχειν αὐτῇ· ὑπὲρ γὰρ τοῦ μὴ πεπειρᾶσθαι ἄλλου ἀνδρὸς μηδὲ ὁμιλῆσαι πλησίον οἰηθῆναι ἅπασι τοῖς ἀνδράσι τοιοῦτό τι ἀποπνεῖν τοῦ στόματος. καὶ Ἑρμότιμος τοίγαρ ἅτε μόνοις τοῖς Στωϊκοῖς ξυνών, φαίη ἂν ὁ Πλάτων, εἰκότως ἀγνοεῖ ὁποῖα τῶν ἄλλων τὰ στόματά ἐστιν. ὅμοια δ' ἂν καὶ Χρύσιππος εἴποι ἢ ἔτι πλείω τούτων, εἴπερ λιπὼν αὐτὸν ἄκριτον ἐπὶ τὰ Πλάτωνος ὁρμήσαιμι πιστεύσας τινὶ τῶν μόνῳ Πλάτωνι ὡμιληκότων. ἑνί τε λόγῳ ξυνελὼν φημι, ἄχρι ἂν ἄδηλον ᾖ τίς ἀληθής ἐστι προαίρεσις ἐν φιλοσοφίᾳ, μηδεμίαν αἱρεῖσθαι· ὕβρις γὰρ ἐς τὰς ἄλλας τὸ τοιοῦτον.

35. ΕΡΜΟΤΙΜΟΣ Ὦ Λυκῖνε, πρὸς τῆς Ἑστίας, Πλάτωνα μὲν καὶ Ἀριστοτέλη καὶ Ἐπίκουρον καὶ τοὺς ἄλλους ἀτρεμεῖν ἐάσωμεν· οὐ γὰρ κατ' ἐμὲ ἀνταγωνίζεσθαι αὐτοῖς. νῶϊ δέ, ἐγώ τε καὶ σύ, ἐφ' ἡμῶν αὐτῶν ἐξετάσωμεν, εἰ τοιοῦτόν ἐστι τὸ φιλοσοφίας πρᾶγμα οἷον ἐγώ φημι αὐτὸ εἶναι. Αἰθίοπας δέ γε ἢ τὴν Γέλωνος γυναῖκα τί ἔδει καλεῖν ἐκ Συρακουσῶν ἐπὶ τὸν λόγον;

ΛΥΚΙΝΟΣ Ἀλλ' ἐκεῖνοι μὲν ἀπίτωσαν ἐκποδών, εἴ σοι δοκοῦσιν περιττοὶ εἶναι πρὸς τὸν λόγον. σὺ δὲ λέγε ἤδη· θαυμαστὸν γάρ τι ἐρεῖν ἔοικας.

ΕΡΜΟΤΙΜΟΣ Δοκεῖ μοι, ὦ Λυκῖνε, καὶ πάνυ δυνατὸν εἶναι μόνον τὰ τῶν Στωϊκῶν ἐκμαθόντα εἰδέναι τἀληθὲς ἀπὸ τούτων, κἂν μὴ τὰ τῶν ἄλλων ἐπεξέλθῃ τις ἐκμανθάνων ἕκαστα. οὑτωσὶ δὲ σκόπει· ἤν τις λέγῃ πρός σε μόνον τοῦτο ὡς αἱ δύο δυάδες τὸν τέτταρα ἀριθμὸν ἀποτελοῦσιν, ἆρα δεήσει περιιόντα σε πυνθάνεσθαι τῶν ἄλλων ὅσοι ἀριθμητικοί μή τις ἄρα εἴη πέντε ἢ ἑπτὰ λέγων αὐτὰς εἶναι; ἢ αὐτίκα εἰδείης ἂν ὅτι ὁ ἀνὴρ ἀληθῆ λέγει;

ΛΥΚΙΝΟΣ Αὐτίκα, ὦ Ἑρμότιμε.

ΕΡΜΟΤΙΜΟΣ Τί ποτ' οὖν ἀδύνατον εἶναί σοι δοκεῖ, ἐντυγχάνοντά τινα μόνον τοῖς Στωϊκοῖς λέγουσιν τἀληθῆ πείθεσθαί τε αὐτοῖς καὶ μηκέτι δεῖσθαι τῶν ἄλλων εἰδότα ὡς οὐκ ἄν ποτε τὰ τέτταρα πέντε γένοιτο, κἂν μυρίοι Πλάτωνες ἢ Πυθαγόραι λέγωσιν;

36. ΛΥΚΙΝΟΣ Οὐδὲν πρὸς ἔπος, ὦ Ἑρμότιμε. τὰ γὰρ ὁμολογούμενα τοῖς ἀμφισβητουμένοις εἰκάζεις, πάμπολυ αὐτῶν διαφέροντα. ἢ τί ἂν φαίης; ἔστιν ᾧ τινι ἐντετύχηκας λέγοντι τὰς δύο δυάδας συντεθείσας τὸν ἑπτὰ ἢ ἕνδεκα ἀριθμὸν ἀποτελεῖν;

ΕΡΜΟΤΙΜΟΣ Οὐκ ἔγωγε. ἢ μαίνοιτ' ἂν ὁ μὴ τέτταρα ξυμβαίνειν λέγων.

ΛΥΚΙΝΟΣ Τί δέ, ἐντετύχηκας πώποτε (καὶ πρὸς Χαρίτων πειρῶ ἀληθεύειν) Στωϊκῷ τινι καὶ Ἐπικουρείῳ μὴ διαφερομένοις περὶ ἀρχῆς ἢ τέλους;

ΕΡΜΟΤΙΜΟΣ Οὐδαμῶς.

ΛΥΚΙΝΟΣ Ὅρα τοίνυν μὴ πώς με παραλογίζῃ, ὦ γενναῖε, καὶ ταῦτα φίλον ὄντα. ζητούντων γὰρ ἡμῶν οἵτινες ἀληθεύουσιν ἐν φιλοσοφίᾳ, σὺ τοῦτο προαρπάσας ἔδωκας φέρων τοῖς Στωϊκοῖς, λέγων ὡς οὗτοί εἰσιν οἱ τὰ δὶς δύο τέτταρα τιθέντες, ὅπερ ἄδηλον εἰ οὕτως ἔχει. φαῖεν γὰρ ἂν οἱ Ἐπικούρειοι ἢ Πλατωνικοὶ σφᾶς μὲν οὕτω ξυντιθέναι, ὑμᾶς δὲ πέντε ἢ ἑπτὰ λέγειν αὐτά. ἢ οὐ δοκοῦσί σοι τοῦτο ποιεῖν ὁπόταν ὑμεῖς μὲν μόνον τὸ καλὸν ἀγαθὸν ἡγῆσθε εἶναι, οἱ Ἐπικούρειοι δὲ τὸ ἡδύ; καὶ ὅταν ὑμεῖς λέγητε σώματα εἶναι ἅπαντα, ὁ Πλάτων δὲ νομίζῃ καὶ ἀσώματόν τι ἐν τοῖς οὖσιν εἶναι; ἀλλ' ὅπερ ἔφην, πλεονεκτικῶς πάνυ τὸ ἀμφισβητούμενον συλλαβὼν ὡς ἀναμφιλόγως ἴδιον τῶν Στωϊκῶν δίδως αὐτοῖς ἔχειν, καίτοι ἀντιλαμβανομένων τῶν ἄλλων καὶ λεγόντων αὐτῶν τοῦτο εἶναι, ἔνθα δὴ κρίσεως μάλιστα οἶμαι δεῖ. ἂν μὲν οὖν πρόδηλον γένηται τοῦτο ὡς Στωϊκῶν ἐστι μόνον τὰ δὶς δύο τέτταρα ἡγεῖσθαι, ὥρα σιωπᾶν τοῖς ἄλλοις. ἄχρι δ' ἂν αὐτοῦ τούτου πέρι διαμάχωνται, πάντων ὁμοίως ἀκουστέον ἢ εἰδέναι ὅτι πρὸς χάριν δικάζειν δόξομεν.

37. ΕΡΜΟΤΙΜΟΣ Οὔ μοι δοκεῖς, ὦ Λυκῖνε, ξυνιέναι πῶς βούλομαι εἰπεῖν.

ΛΥΚΙΝΟΣ Οὐκοῦν σαφέστερον χρὴ λέγειν, εἰ ἑτεροῖόν τι ἀλλὰ μὴ τοιοῦτον φήσεις.
ΕΡΜΟΤΙΜΟΣ Εἴσῃ αὐτίκα οἷόν τι λέγω. θῶμεν γάρ τινας δύο ἐσεληλυθέναι ἐς τὸ Ἀσκληπιεῖον ἢ ἐς τοῦ Διονύσου τὸ ἱερόν, εἶτα μέντοι φιάλην τινὰ τῶν ἱερῶν ἀπολωλέναι. δεήσει δή που ἀμφοτέρους ἐρευνηθῆναι αὐτοὺς ὁπότερος ὑπὸ κόλπου ἔχει τὴν φιάλην.
ΛΥΚΙΝΟΣ Καὶ μάλα.
ΕΡΜΟΤΙΜΟΣ Ἔχει δὲ πάντως ὁ ἕτερος.
ΛΥΚΙΝΟΣ Πῶς γὰρ οὔ, εἴ γε ἀπόλωλεν;
ΕΡΜΟΤΙΜΟΣ Οὐκοῦν ἂν παρὰ τῷ προτέρῳ εὕρῃς αὐτήν, οὐκέτι τὸν ἕτερον ἀποδύσεις. πρόδηλον γὰρ ὡς οὐκ ἔχει.
ΛΥΚΙΝΟΣ Πρόδηλον γάρ.
ΕΡΜΟΤΙΜΟΣ Καὶ εἴ γε μὴ εὕροιμεν ἐν τῷ τοῦ προτέρου κόλπῳ ὁ ἕτερος πάντως ἔχει, καὶ οὐδὲν ἐρεύνης οὐδὲ οὕτως δεῖ.
ΛΥΚΙΝΟΣ Ἔχει γάρ.
ΕΡΜΟΤΙΜΟΣ Καὶ ἡμεῖς τοίνυν εἰ εὕροιμεν ἤδη παρὰ τοῖς Στωϊκοῖς τὴν φιάλην, οὐκέτι ἐρευνᾶν τοὺς ἄλλους ἀξιώσομεν ἔχοντες ὃ πάλαι ἐζητοῦμεν. ἢ τίνος γὰρ ἂν ἕνεκα ἔτι κάμνοιμεν;
38. ΛΥΚΙΝΟΣ Οὐδενός, εἴ γε εὕροιτε καὶ εὑρόντες ἔχοιτε εἰδέναι ὡς ἐκεῖνο ἦν τὸ ἀπολωλός, ἢ εἰ ὅλως γνώριμον ὑμῖν εἴη τὸ ἀνάθημα. νῦν δέ, ὦ ἑταῖρε, πρῶτον μὲν οὐ δύο εἰσὶν οἱ παρελθόντες ἐς τὸν νεών, ὡς ἀναγκαῖον εἶναι τὸν ἕτερον αὐτοῖν τὰ φώρια ἔχειν, ἀλλὰ μάλα πολλοί τινες· εἶτα καὶ τὸ ἀπολόμενον αὐτὸ ἄδηλον ὅ τι ποτέ ἐστιν, εἴτε φιάλη τις ἢ σκύφος ἢ στέφανος. ὅσοι γοῦν ἱερεῖς, ἄλλος ἄλλο εἶναι λέγουσιν καὶ οὐδὲ περὶ τῆς ὕλης αὐτῆς ὁμολογοῦσιν, ἀλλ᾽ οἱ μὲν χαλκοῦ, οἱ δὲ ἀργύρου, οἱ δὲ χρυσοῦ, οἱ δὲ κασσιτέρου εἶναι αὐτὸ φάσκουσιν. ἀνάγκη τοίνυν ἅπαντας ἀποδῦσαι τοὺς εἰσελθόντας, εἰ βούλει εὑρεῖν τὸ ἀπολωλός· καὶ γὰρ ἂν παρὰ τῷ πρώτῳ εὐθὺς εὕρῃς φιάλην χρυσῆν, ἔτι καὶ τοὺς ἄλλους σοι ἀποδοτέον.
ΕΡΜΟΤΙΜΟΣ Διὰ τί, ὦ Λυκῖνε;
ΛΥΚΙΝΟΣ Ὅτι ἄδηλον εἰ φιάλη τὸ ἀπολόμενον ἦν. εἰ δὲ καὶ τοῦτο ὑπὸ πάντων ὁμολογηθείη, ἀλλ᾽ οὔτι γε χρυσῆν ἅπαντές φασιν εἶναι τὴν φιάλην. εἰ δὲ καὶ μάλιστα γνώριμον γένοιτο ὡς φιάλη ἀπόλοιτο χρυσῆ, καὶ σὺ παρὰ τῷ πρώτῳ εὕροις φιάλην χρυσῆν, οὐδὲ οὕτω παύσῃ διερευνώμενος τοὺς ἄλλους· οὐ γὰρ δῆλόν που εἰ αὕτη ἦν ἡ τοῦ θεοῦ. ἢ οὐκ οἴει πολλὰς φιάλας εἶναι χρυσᾶς;
ΕΡΜΟΤΙΜΟΣ Ἔγωγε.
ΛΥΚΙΝΟΣ Δεήσει δὴ ἐπὶ πάντας ἰέναι ἐρευνῶντα καὶ τὰ παρ᾽ ἑκάστῳ εὑρεθέντα πάντα εἰς μέσον καταθέντα εἰκάζειν ὅ τι ποτὲ αὐτῶν πρέποι ἂν θεῖον κτῆμα οἴεσθαι. **39.** καὶ γὰρ αὖ τὸ τὴν πολλὴν ἀπορίαν παρεχόμενον τοῦτό ἐστιν, ὅτι ἕκαστος τῶν ἀποδυθησομένων ἔχει τι πάντως, ὁ μὲν σκύφον, ὁ δὲ φιάλην, ὁ

δὲ στέφανον, καὶ ὁ μὲν ἐκ χαλκοῦ, ὁ δὲ ἐκ χρυσοῦ, ὁ δὲ ἀργύρου. εἰ δὲ ὃ ἔχει, τοῦτο <τὸ> ἱερόν ἐστιν, οὐδέπω δῆλον. πᾶσα τοίνυν ἀνάγκη ἀπορεῖν ὅντινα ἱερόσυλον εἴπῃς, ὅπου γε καὶ εἰ πάντες τὰ ὅμοια εἶχον ἄδηλον ἦν καὶ οὕτως ὅστις ὁ τὰ τοῦ θεοῦ ὑφῃρημένος —ἔστι γὰρ καὶ ἰδιωτικὰ ἔχειν. τὸ δ' αἴτιον τῆς ἀγνοίας ἕν ἐστιν οἶμαι τὸ ἀνεπίγραφον εἶναι τὴν ἀπολομένην φιάλην (θῶμεν γὰρ φιάλην ἀπολωλέναι), ὡς εἴ γε ἐπεγέγραπτο τοῦ θεοῦ τὸ ὄνομα ἢ τοῦ ἀναθέντος ἧττον ἂν ἐκάμομεν καὶ εὑρόντες τὴν ἐπιγεγραμμένην ἐπεπαύμεθ' ἂν ἀποδύοντες καὶ ἐνοχλοῦντες τοὺς ἄλλους. οἶμαι δέ σε, ὦ Ἑρμότιμε, καὶ ἀγῶνας ἤδη γυμνικοὺς ἑωρακέναι πολλάκις.

ΕΡΜΟΤΙΜΟΣ Καὶ ὀρθῶς οἴει, πολλάκις γὰρ καὶ πολλαχόθι.

ΛΥΚΙΝΟΣ Ἦ οὖν ποτε καὶ παρὰ τοὺς ἀθλοθέτας αὐτοὺς ἐκαθέζου;

ΕΡΜΟΤΙΜΟΣ Νὴ Δία, ἔναγχος Ὀλυμπίασιν ἐπὶ τὰ λαιὰ τῶν Ἑλλανοδικῶν, Εὐανδρίδου τοῦ Ἠλείου θέαν μοι προκαταλαβόντος ἐν τοῖς ἑαυτοῦ πολίταις· ἐπεθύμουν γὰρ ἐγγύθεν ἅπαντα ὁρᾶν τὰ παρὰ τοῖς Ἑλλανοδίκαις γιγνόμενα.

ΛΥΚΙΝΟΣ Οἶσθα οὖν καὶ τοῦτο, πῶς κληροῦσιν ὅντινα ᾧτινι χρὴ παλαίειν ἢ παγκρατιάζειν;

ΕΡΜΟΤΙΜΟΣ Οἶδα γάρ.

ΛΥΚΙΝΟΣ Οὐκοῦν ἄμεινον σὺ εἴποις ὡς ἐγγύθεν ἰδών.

40. ΕΡΜΟΤΙΜΟΣ Τὸ μὲν παλαιὸν ἐπὶ Ἡρακλέους ἀγωνοθετοῦντος φύλλα δάφνης –

ΛΥΚΙΝΟΣ Μή μοι τὰ πάλαι, ὦ Ἑρμότιμε, ἃ δὲ εἶδες ἐγγύθεν, ἐκεῖνα λέγε.

ΕΡΜΟΤΙΜΟΣ Κάλπις ἀργυρᾶ πρόκειται ἱερὰ τοῦ θεοῦ. ἐς ταύτην ἐμβάλλονται κλῆροι μικροί, ὅσον δὴ κυαμιαῖοι τὸ μέγεθος, ἐπιγεγραμμένοι. ἐγγράφεται δὲ ἐς δύο μὲν <τὸ> ἄλφα ἐν ἑκατέρῳ, ἐς δύο δὲ τὸ βῆτα, καὶ ἐς ἄλλους δύο τὸ γάμμα καὶ ἑξῆς κατὰ τὰ αὐτά, ἢν πλείους οἱ ἀθληταὶ ὦσι, δύο ἀεὶ κλῆροι τὸ αὐτὸ γράμμα ἔχοντες. προσελθὼν δὴ τῶν ἀθλητῶν ἕκαστος προσευξάμενος τῷ Διὶ καθεὶς τὴν χεῖρα ἐς τὴν κάλπιν ἀνασπᾷ τῶν κλήρων ἕνα καὶ μετ' ἐκεῖνον ἕτερος, καὶ παρεστὼς μαστιγοφόρος ἑκάστῳ ἀνέχει αὐτοῦ τὴν χεῖρα οὐ παρέχων ἀναγνῶναι ὅ τι τὸ γράμμα ἐστὶν ὃ ἀνέσπακεν. ἁπάντων δὲ ἤδη ἐχόντων ὁ ἀλυτάρχης οἶμαι ἢ τῶν Ἑλλανοδικῶν αὐτῶν εἷς (οὐκέτι γὰρ τοῦτο μέμνημαι) περιιὼν ἐπισκοπεῖ τοὺς κλήρους ἐν κύκλῳ ἑστώτων καὶ οὕτως τὸν μὲν τὸ ἄλφα ἔχοντα τῷ τὸ ἕτερον ἄλφα ἀνεσπακότι παλαίειν ἢ παγκρατιάζειν συνάπτει, τὸν δὲ τὸ βῆτα τῷ τὸ βῆτα ὁμοίως καὶ τοὺς ἄλλους τοὺς ὁμογράμμους κατὰ ταὐτά. οὕτω μέν, ἢν ἄρτιοι ὦσιν οἱ ἀγωνισταί, οἷον ὀκτὼ ἢ τέτταρες ἢ δώδεκα, ἢν δὲ περιττοί, πέντε ἑπτὰ ἐννέα, γράμμα τι περιττὸν ἑνὶ κλήρῳ ἐγγραφὲν συμβάλλεται αὐτοῖς, ἀντίγραφον ἄλλο οὐκ ἔχον. ὃς δ' ἂν τοῦτο ἀνασπάσῃ ἐφεδρεύει περιμένων ἔστ' ἂν ἐκεῖνοι ἀγωνίσωνται· οὐ γὰρ ἔχει τὸ ἀντίγραμμα. καὶ ἔστι τοῦτο οὐ μικρά τις εὐτυχία τοῦ ἀθλητοῦ, τὸ μέλλειν ἀκμῆτα τοῖς κεκμηκόσι συμπεσεῖσθαι.

41. ΛΥΚΙΝΟΣ Ἔχ' ἀτρέμα· τούτου γὰρ ἐδεόμην μάλιστα. οὐκοῦν ἐννέα ὄντες ἀνεσπάκασιν ἅπαντες καὶ ἔχουσι τοὺς κλήρους. περιιὼν δὴ (βούλομαι γάρ σε Ἑλλανοδίκην ἀντὶ θεατοῦ ποιῆσαι) ἐπισκόπησον τὰ γράμματα, καὶ οὐ πρότερον οἶμαι μάθοις ἂν ὅστις ὁ ἔφεδρός ἐστιν, ἢν μὴ ἐπὶ πάντας ἔλθῃς καὶ συζεύξῃς αὐτούς.

ΕΡΜΟΤΙΜΟΣ Πῶς, ὦ Λυκῖνε, τοῦτο φῄς;

ΛΥΚΙΝΟΣ Ἀδύνατόν ἐστιν εὐθὺς εὑρεῖν τὸ γράμμα ἐκεῖνο τὸ δηλοῦν τὸν ἔφεδρον, ἢ τὸ μὲν γράμμα ἴσως ἂν εὕροις, οὐ μὴν εἴσῃ γε εἰ ἐκεῖνός ἐστιν· οὐ γὰρ προείρηται ὅτι τὸ Κ ἢ τὸ Μ ἢ τὸ Ι ἐστὶν τὸ χειροτονοῦν τὸν ἔφεδρον. ἀλλ' ἐπειδὰν τῷ Α ἐντύχῃς, ζητεῖς τὸν τὸ ἕτερον Α ἔχοντα καὶ εὑρὼν ἐκείνους μὲν ἤδη συνέζευξας, ἐντυχὼν δὲ αὖθις τῷ βῆτα τὸ ἕτερον βῆτα ὅπου ἐστὶν ζητεῖς, τὸ ἀντίπαλον τῷ εὑρεθέντι, καὶ ἐπὶ πάντων ὁμοίως, ἄχρι ἂν ἐκεῖνός σοι περιλειφθῇ ὁ τὸ μόνον γράμμα ἔχων τὸ ἀνανταγώνιστον.

42. ΕΡΜΟΤΙΜΟΣ Τί δ' εἰ ἐκείνῳ πρώτῳ ἢ δευτέρῳ ἐντύχῃς, τί ποιήσεις;

ΛΥΚΙΝΟΣ Οὐ μὲν οὖν, ἀλλὰ σὺ ὁ Ἑλλανοδίκης ἐθέλω εἰδέναι ὅ τι καὶ πράξεις. πότερον αὐτίκα ἐρεῖς ὅτι οὗτός ἐστιν ὁ ἔφεδρος, ἢ δεήσει ἐπὶ πάντας ἐν κύκλῳ ἐλθόντα ἰδεῖν εἴ που αὐτῷ γράμμα ὅμοιόν ἐστιν; ὡς εἴ γε μὴ τοὺς πάντων κλήρους ἴδοις οὐκ ἂν μάθοις τὸν ἔφεδρον.

ΕΡΜΟΤΙΜΟΣ Καὶ μήν, ὦ Λυκῖνε, ῥᾳδίως ἂν μάθοιμι. ἐπὶ γοῦν τῶν ἐννέα ἢν τὸ Ε εὕρω πρῶτον ἢ δεύτερον, οἶδα ὅτι ἔφεδρος ὁ τοῦτο ἔχων ἐστίν.

ΛΥΚΙΝΟΣ Πῶς, ὦ Ἑρμότιμε;

ΕΡΜΟΤΙΜΟΣ Οὕτως· τὸ Α δύο αὐτῶν ἔχουσιν καὶ τὸ Β ὁμοίως δύο, τῶν λοιπῶν δὲ τεττάρων ὄντων οἱ μὲν τὸ Γ, οἱ δὲ τὸ Δ πάντως ἀνεσπάκασιν καὶ ἀνήλωται ἤδη ἐς τοὺς ἀθλητὰς ὀκτὼ ὄντας τὰ τέτταρα γράμματα. δῆλον οὖν ὅτι μόνον ἂν οὕτω περιττὸν εἴη τὸ ἑξῆς γράμμα τὸ Ε, καὶ ὁ τοῦτο ἀνεσπακὼς ἔφεδρός ἐστιν.

ΛΥΚΙΝΟΣ Πότερον ἐπαινέσω σε, ὦ Ἑρμότιμε, τῆς συνέσεως, ἢ θέλεις ἀντείπω τά γ' ἐμοὶ δοκοῦντα ὁποῖα ἂν ᾖ;

ΕΡΜΟΤΙΜΟΣ Νὴ Δί'· ἀπορῶ μέντοι ὅ τι ἂν εὔλογον ἀντειπεῖν ἔχοις πρὸς τοιοῦτον.

43. ΛΥΚΙΝΟΣ Σὺ μὲν γὰρ ὡς ἑξῆς πάντων γραφομένων γραμμάτων εἴρηκας, οἷον πρώτου τοῦ Α, δευτέρου δὲ τοῦ Β καὶ κατὰ τὴν τάξιν, ἄχρι ἐς ἓν αὐτῶν τελευτήσῃ ὁ ἀριθμὸς τῶν ἀθλητῶν· καὶ δίδωμί σοι Ὀλυμπίασιν οὕτω γίγνεσθαι. τί δέ, εἰ ἐξελόντες ἀτάκτως πέντε γράμματα ἐξ ἁπάντων, τὸ Χ καὶ τὸ Σ καὶ τὸ Ζ καὶ τὸ Κ καὶ τὸ Θ, τὰ μὲν ἄλλα τέτταρα διπλᾶ ἐπὶ τῶν κλήρων τῶν ὀκτὼ γράφοιμεν, τὸ δὲ Ζ μόνον ἐπὶ τοῦ ἐνάτου, ὃ δὴ καὶ δηλοῦν ἔμελλεν ἡμῖν τὸν ἔφεδρον, τί ποιήσεις πρῶτον εὑρὼν τὸ Ζ; τῷ διαγνώσῃ ἔφεδρον ὄντα τὸν ἔχοντα αὐτό, ἢν μὴ ἐπὶ πάντας ἐλθὼν εὕρῃς οὐδὲν αὐτῷ συμφωνοῦν; οὐ γὰρ εἶχες ὥσπερ νῦν τῇ τάξει αὐτῶν τεκμαίρεσθαι.

ΕΡΜΟΤΙΜΟΣ Δυσαπόκριτον τοῦτο ἐρωτᾷς.
44. ΛΥΚΙΝΟΣ Ἰδοὺ δὴ καὶ ἑτέρως τὸ αὐτὸ ἐπισκόπησον. τί γὰρ εἰ μηδὲ γράμματα γράφοιμεν ἐπὶ τῶν κλήρων ἀλλά τινα σημεῖα καὶ χαρακτῆρας, οἷα πολλὰ Αἰγύπτιοι γράφουσιν ἀντὶ τῶν γραμμάτων —κυνοκεφάλους τινὰς καὶ λεοντοκεφάλους ἀνθρώπους; ἢ ἐκεῖνα μὲν ἐάσωμεν, ἐπείπερ ἀλλόκοτά ἐστιν. φέρε δὲ τὰ μονοειδῆ καὶ ἁπλᾶ ἐπιγράψωμεν ὡς οἷόν τε εἰκάσαντες ἀνθρώπους <δύο> ἐπὶ δυοῖν κλήροιν, δύο ἵππους ἐπὶ δυοῖν καὶ ἀλεκτρυόνας δύο καὶ κύνας δύο, τῷ δὲ ἐνάτῳ λέων ἔστω τοὐπίσημον. ἢν τοίνυν τῷ λεοντοφόρῳ τούτῳ κλήρῳ ἐν ἀρχῇ ἐντύχῃς, πόθεν ἕξεις εἰπεῖν ὅτι οὗτός ἐστιν ὁ τὸν ἔφεδρον ποιῶν, ἢν μὴ παραθεωρήσῃς ἅπαντας ἐπιὼν εἴ τις καὶ ἄλλος λέοντα ἔχει;
ΕΡΜΟΤΙΜΟΣ Οὐκ ἔχω ὅ τι σοι ἀποκρίνωμαι, ὦ Λυκῖνε.
45. ΛΥΚΙΝΟΣ Εἰκότως· οὐδὲ γὰρ εὐπρόσωπον οὐδέν. ὥστε ἢν ἐθέλωμεν ἢ τὸν ἔχοντα τὴν ἱερὰν φιάλην εὑρεῖν ἢ τὸν ἔφεδρον ἢ τὸν ἄριστα ἡγησόμενον ἡμῖν ἐς τὴν πόλιν ἐκείνην τὴν Κόρινθον, ἐπὶ πάντας ἀναγκαίως ἀφιξόμεθα καὶ ἐξετάσομεν ἄκρως πειρώμενοι καὶ ἀποδύοντες καὶ παραθεωροῦντες. μόλις γὰρ ἂν οὕτω τἀληθὲς ἐκμάθοιμεν. καὶ εἴ γέ τις μέλλοι σύμβουλός μοι ἀξιόπιστος ἔσεσθαι φιλοσοφίας πέρι ἥντινα φιλοσοφητέον, οὗτος ἂν εἴη μόνος ὁ τὰ ὑπὸ πασῶν αὐτῶν λεγόμενα εἰδώς, οἱ δ' ἄλλοι ἀτελεῖς, καὶ οὐκ ἂν πιστεύσαιμι αὐτοῖς, ἔστ' ἂν καὶ μιᾶς ἀπείρατοι ὦσιν —τάχα γὰρ ἂν ἡ ἀρίστη ἐκείνη εἴη. οὐ γὰρ δὴ εἴ τις παραστησάμενος καλὸν ἄνθρωπον λέγοι τοῦτον εἶναι κάλλιστον ἀνθρώπων ἁπάντων, πιστεύσαιμεν αὐτῷ, ἢν μὴ εἰδῶμεν ὅτι πάντας ἀνθρώπους ἑώρακεν. ἴσως μὲν γὰρ καὶ οὗτος καλός, εἰ δὲ πάντων κάλλιστος οὐκ ἂν ἔχοι εἰδέναι μὴ ἰδὼν ἅπαντας. ἡμεῖς δὲ οὐ τούτου μόνον <τοῦ> καλοῦ, ἀλλὰ τοῦ καλλίστου δεόμεθα· καὶ ἢν μὴ τοῦτο εὕρωμεν, οὐδὲν ἡμῖν πλέον πεπρᾶχθαι ἡγησόμεθα. οὐ γὰρ ἀγαπήσομεν ὁποιῳδήποτε καλῷ ἐντυχόντες, ἀλλ' ἐκεῖνο τὸ ἀκρότατον ζητοῦμεν κάλλος, ὅπερ ἀνάγκη ἓν εἶναι.
46. ΕΡΜΟΤΙΜΟΣ Ἀληθῆ.
ΛΥΚΙΝΟΣ Τί οὖν; ἔχεις μοί τινα εἰπεῖν ἁπάσης ὁδοῦ πεπειραμένον ἐν φιλοσοφίᾳ καὶ ὃς τά τε ὑπὸ Πυθαγόρου καὶ Πλάτωνος καὶ Ἀριστοτέλους καὶ Χρυσίππου καὶ Ἐπικούρου καὶ τῶν ἄλλων λεγόμενα εἰδώς, τελευτῶν μίαν εἵλετο ἐξ ἁπασῶν ὁδῶν ἀληθῆ τε δοκιμάσας καὶ πείρᾳ μαθὼν ὡς μόνη ἄγει εὐθὺ τῆς εὐδαιμονίας; εἰ γάρ τινα τοιοῦτον εὕροιμεν, παυσόμεθα πράγματα ἔχοντες.
ΕΡΜΟΤΙΜΟΣ Οὐ ῥᾴδιον, ὦ Λυκῖνε, τοιοῦτον ἄνδρα εὑρεῖν.
47. ΛΥΚΙΝΟΣ Τί δὴ οὖν πράξομεν, ὦ Ἑρμότιμε; οὐ γὰρ ἀπαγορευτέον οἶμαι ἐπεὶ μηδενὸς ἡγεμόνος τοιούτου ἔς γε τὸ παρὸν εὐποροῦμεν. ἆρα τόδε πάντων κράτιστόν ἐστιν καὶ ἀσφαλέστατον, αὐτὸν ἕκαστον ἀρξάμενον διὰ πάσης προαιρέσεως χωρῆσαι καὶ ἐπισκέψασθαι ἀκριβῶς τὰ ὑπὸ πάντων λεγόμενα;
ΕΡΜΟΤΙΜΟΣ Ἔοικεν ἀπό γε τούτων. πλὴν ἐκεῖνο μὴ ἐναντίον ᾖ ὃ μικρῷ πρόσθεν ἔλεγες, ὡς οὐ ῥᾴδιον ἐπιδόντα ἑαυτὸν καὶ πετάσαντα τὴν ὀθόνην

ἀναδραμεῖν αὖθις. πῶς γὰρ οἷόν τε πάσας ἐπελθεῖν τὰς ὁδοὺς ἐν τῇ πρώτῃ, ὡς φής, κατασχεθησομένῳ;
ΛΥΚΙΝΟΣ Ἐγώ σοι φράσω. τὸ τοῦ Θησέως ἐκεῖνο μιμησόμεθα καί τι λίνον παρὰ τῆς τραγικῆς Ἀριάδνης λαβόντες εἴσιμεν ἐς τὸν λαβύρινθον ἕκαστον, ὡς ἔχειν ἀπραγμόνως μηρυόμενοι αὐτὸ ἐξιέναι.
ΕΡΜΟΤΙΜΟΣ Τίς ἂν οὖν ἡμῖν Ἀριάδνη γένοιτ' ἂν ἢ πόθεν τοῦ λίνου εὐπορήσομεν;
ΛΥΚΙΝΟΣ Θάρρει, ὦ ἑταῖρε. δοκῶ γάρ μοι εὑρηκέναι οὗτινος ἐχόμενοι ἐξέλθοιμεν ἄν.
ΕΡΜΟΤΙΜΟΣ Τί οὖν τοῦτό ἐστιν;
ΛΥΚΙΝΟΣ Οὐκ ἐμὸν ἐρῶ ἀλλά τινος τῶν σοφῶν, τὸ νῆφε καὶ μέμνησο ἀπιστεῖν· ἢν γὰρ μὴ ῥᾳδίως πιστεύωμεν ἀκούοντες ἀλλὰ δικαστικῶς αὐτὸ ποιῶμεν ἀπολιπόντες καὶ τοῖς ἑξῆς λόγον, ἴσως ἂν εὐμαρῶς τοὺς λαβυρίνθους ἐκφύγοιμεν.
ΕΡΜΟΤΙΜΟΣ Εὖ λέγεις, καὶ τοῦτο ποιῶμεν.
48. ΛΥΚΙΝΟΣ Εἶεν. ἐπὶ τίνα δὴ αὐτῶν πρῶτον ἔλθοιμεν ἄν; ἢ τοῦτο μὲν οὐδὲν διοίσει; ἀρξάμενοι δὲ ἀφ' ὁτουοῦν οἷον ἀπὸ Πυθαγόρου, ἢν οὕτω τύχῃ, πόσῳ ἂν χρόνῳ οἰόμεθα ἐκμαθεῖν τὰ Πυθαγόρου ἅπαντα; καὶ <μή> μοι ἐξαίρει καὶ τὰ πέντε ἔτη ἐκεῖνα τὰ τῆς σιωπῆς· σὺν δ' οὖν τοῖς πέντε ἱκανὰ τριάκοντα οἶμαι, εἰ δὲ μή, ἀλλὰ πάντως γε εἴκοσι.
ΕΡΜΟΤΙΜΟΣ Θῶμεν οὕτως.
ΛΥΚΙΝΟΣ Εἶτα ἑξῆς τῷ Πλάτωνι θετέον δηλαδὴ τοσαῦτα ἕτερα, ἔτι μὴν καὶ Ἀριστοτέλει οὐκ ἐλάττω.
ΕΡΜΟΤΙΜΟΣ Οὐ γάρ.
ΛΥΚΙΝΟΣ Χρυσίππῳ δέ γε οὐκέτι ἐρήσομαί σε πόσα. οἶδα γὰρ παρὰ σοῦ ἀκούσας ὅτι τετταράκοντα μόγις ἱκανά.
ΕΡΜΟΤΙΜΟΣ Οὕτως.
ΛΥΚΙΝΟΣ Εἶτα ἑξῆς Ἐπικούρῳ καὶ τοῖς ἄλλοις. ὡς δὲ οὐ πολλὰ ταῦτα τίθημι, ἐκεῖθεν μάθοις ἄν, ἢν ἐννοήσῃς ὅσοι ὀγδοηκοντούτεις εἰσὶν Στωϊκοὶ ἢ Ἐπικούρειοι ἢ Πλατωνικοὶ ὁμολογοῦντες μὴ πάντα εἰδέναι τὰ τῆς ἑαυτοῦ προαιρέσεως ἕκαστος, ὡς μηδὲν ἐνδεῖν σφίσιν ἐς τὰ μαθήματα. εἰ δὲ μή, ἀλλὰ Χρύσιππός γε καὶ Ἀριστοτέλης καὶ Πλάτων φαῖεν ἄν, καὶ πρὸ τούτων ὁ Σωκράτης οὐδὲν φαυλότερος αὐτῶν, ὃς ἐκεκράγει πρὸς ἅπαντας οὐχ ὅπως μὴ πάντα, ἀλλὰ μηδ' ὅλως εἰδέναι τι ἢ τοῦτο μόνον ὅτι οὐκ οἶδεν. λογισώμεθα οὖν ἐξ ἀρχῆς· εἴκοσι τῷ Πυθαγόρᾳ ἐτίθεμεν, εἶτα Πλάτωνι τοσαῦτα ἕτερα, εἶτα ἑξῆς τοῖς ἄλλοις. πόσα δὴ οὖν ταῦτα συντεθέντα ἐν κεφαλαίῳ γένοιτ' ἄν, εἰ δέκα μόνας θεῖμεν τὰς προαιρέσεις ἐν φιλοσοφίᾳ;
ΕΡΜΟΤΙΜΟΣ Ὑπὲρ διακόσια, ὦ Λυκῖνε.

ΛΥΚΙΝΟΣ Βούλει οὖν ἀφαιρῶμεν τὸ τέταρτον, ὡς πεντήκοντα καὶ ἑκατὸν ἔτη ἱκανὰ εἶναι, ἢ τὸ ἥμισυ ὅλον;

49. ΕΡΜΟΤΙΜΟΣ Αὐτὸς ἂν εἰδείης ἄμεινον· ἐγὼ δὲ ὁρῶ τοῦτο, ὅτι ὀλίγοι ἂν καὶ οὕτω διὰ πασῶν ἐξέλθοιεν ἐκ γενετῆς εὐθὺς ἀρξάμενοι.

ΛΥΚΙΝΟΣ Τί οὖν πάθοι τις, ὦ Ἑρμότιμε, εἰ τοιοῦτόν ἐστιν τὸ πρᾶγμα; ἢ ἀνατρεπτέον ἐκεῖνα τὰ ἤδη ὡμολογημένα, ὡς οὐκ ἄν τις ἕλοιτο ἐκ πολλῶν τὸ βέλτιστον μὴ οὐχὶ πειραθεὶς ἁπάντων; ὡς τόν γε ἄνευ πείρας αἱρούμενον μαντείᾳ μᾶλλον ἢ κρίσει τἀληθὲς ἀναζητοῦντα. οὐχ οὕτως ἐλέγομεν;

ΕΡΜΟΤΙΜΟΣ Ναί.

ΛΥΚΙΝΟΣ Πᾶσα τοίνυν ἀνάγκη ἐπὶ τοσοῦτον βιῶναι ἡμᾶς, εἰ μέλλοιμεν εὖ τε αἱρήσεσθαι ἁπάντων πειραθέντες καὶ ἑλόμενοι φιλοσοφήσειν καὶ φιλοσοφήσαντες εὐδαιμονήσειν. πρὶν δὲ οὕτω ποιῆσαι, ἐν σκότῳ φασὶν ὀρχοίμεθ' ἂν οἷς ἂν τύχωμεν προσπταίοντες καὶ ὅ τι ἂν πρῶτον ἐς τὰς χεῖρας ἔλθῃ, τοῦτο εἶναι τὸ ζητούμενον ὑπολαμβάνοντες διὰ τὸ μὴ εἰδέναι τἀληθές. εἰ δὲ καὶ εὕροιμεν ἄλλως κατά τινα ἀγαθὴν τύχην περιπεσόντες αὐτῷ, οὐχ ἕξομεν βεβαίως εἰδέναι εἰ ἐκεῖνό ἐστιν ὃ ζητοῦμεν. πολλὰ γάρ ἐστιν ὅμοια αὐτοῖς, λέγοντα ἕκαστον αὐτὸ εἶναι τἀληθέστατον.

50. ΕΡΜΟΤΙΜΟΣ Ὦ Λυκῖνε, οὐκ οἶδα ὅπως εὔλογα μὲν δοκεῖς μοι λέγειν, ἀτάρ —εἰρήσεται γὰρ τἀληθές— οὐ μετρίως ἀνιᾷς με, διεξιὼν αὐτὰ καὶ ἀκριβολογούμενος οὐδὲν δέον. ἴσως δὲ καὶ ἔοικα οὐκ ἐπ' ἀγαθῷ ἐξεληλυθέναι τήμερον ἐκ τῆς οἰκίας καὶ ἐξελθὼν ἐντετυχηκέναι σοι, ὅς με πλησίον ἤδη τῆς ἐλπίδος ὄντα εἰς ἀπορίας φέρων ἐμβέβληκας, ἀδύνατον ἀποφαίνων τῆς ἀληθείας τὴν εὕρεσιν ἐτῶν γε τοσούτων δεομένην.

ΛΥΚΙΝΟΣ Οὐκοῦν, ὦ ἑταῖρε, πολὺ δικαιότερον μέμφοιο ἂν τῷ πατρί σου Μενεκράτει καὶ τῇ μητρὶ ἥτις ποτὲ ἐκαλεῖτο (οὐ γὰρ οἶδα), ἢ καὶ πολὺ πρότερον τῇ φύσει ἡμῶν ὅτι σε μὴ κατὰ τὸν Τιθωνὸν πολυετῆ καὶ μακρόβιον ἔθεσαν, ἀλλὰ περιέγραψαν μὴ πλείω βιῶναι τὸ μήκιστον ἐτῶν ἑκατὸν ἄνθρωπον ὄντα. ἐγὼ δὲ μετὰ σοῦ σκεπτόμενος εὗρον τὸ ἐκ τοῦ λόγου ἀποβάν.

51. ΕΡΜΟΤΙΜΟΣ Οὔκ, ἀλλὰ ὑβριστὴς ἀεὶ σύ, καὶ οὐκ οἶδ' ὅ τι παθὼν μισεῖς φιλοσοφίαν καὶ ἐς τοὺς φιλοσοφοῦντας ἀποσκώπτεις.

ΛΥΚΙΝΟΣ Ὦ Ἑρμότιμε, ἥτις μὲν ἡ ἀλήθειά ἐστιν ὑμεῖς ἂν ἄμεινον εἴποιτε οἱ σοφοί, σύ τε καὶ ὁ διδάσκαλος· ἐγὼ δὲ τό γε τοσοῦτον οἶδα, ὡς οὐ πάνυ ἡδεῖά ἐστιν αὕτη τοῖς ἀκούουσιν, ἀλλὰ παρευδοκιμεῖται ὑπὸ τοῦ ψεύδους παρὰ πολύ. εὐπροσωπότερον γὰρ ἐκεῖνο καὶ διὰ τοῦτο ἥδιον, ἡ δὲ ἅτε μηδὲν κίβδηλον ἑαυτῇ συνειδυῖα μετὰ παρρησίας διαλέγεται τοῖς ἀνθρώποις καὶ διὰ τοῦτο ἄχθονται αὐτῇ. ἰδού γέ τοι, καὶ σὺ νῦν ἄχθῃ μοι τἀληθὲς ἐξευρόντι περὶ τούτων μετὰ σοῦ καὶ δηλώσαντι οἵων ἐρῶμεν ἐγώ τε καὶ σύ, ὡς οὐ πάνυ ῥᾳδίων. ὥσπερ εἰ ἀνδριάντος ἐρῶν ἐτύγχανες καὶ ᾤου τεύξεσθαι ὑπολαμβάνων ἄνθρωπον εἶναι, ἐγὼ δὲ κατιδὼν ὡς λίθος ἢ χαλκὸς εἴη ἐμήνυσα πρός σε ὑπ' εὐνοίας ὅτι ἀδυνάτων ἐρᾷς, καὶ τότε δύσνουν ἐμὲ εἶναι ᾤου ἂν σαυτῷ διότι σε οὐκ εἴων ἐξαπατᾶσθαι ἀλλόκοτα καὶ ἀνέλπιστα ἐλπίζοντα;

52. ΕΡΜΟΤΙΜΟΣ Οὐκοῦν τοῦτο, ὦ Λυκῖνε, φῄς, ὡς οὐ φιλοσοφητέον ἡμῖν, ἀλλὰ χρὴ ἀργίᾳ παραδιδόντας αὑτοὺς ἰδιώτας καταβιῶναι;

ΛΥΚΙΝΟΣ Καὶ ποῦ τοῦτο ἤκουσας ἐμοῦ λέγοντος; ἐγὼ γὰρ οὐχ ὡς οὐ φιλοσοφητέον φημί, ἀλλ᾽ ἐπείπερ φιλοσοφητέον ὁδοί τε πολλαί εἰσιν, ἐπὶ φιλοσοφίαν ἑκάστη καὶ ἀρετὴν ἄγειν φάσκουσαι, ἡ δ᾽ ἀληθὴς ἐν αὐταῖς ἄδηλος, ἀκριβῆ ποιήσασθαι τὴν διαίρεσιν. ἀδύνατον δέ γε ἡμῖν ἐφαίνετο πολλῶν προτεθέντων ἑλέσθαι τὸ ἄριστον εἰ μὴ ἐπὶ πάντα ἴοι τις πειρώμενος· εἶτά πως μακρὰ ἡ πεῖρα ὤφθη. σὺ δὲ πῶς ἀξιοῖς; αὖθις γὰρ ἐρήσομαι —ὅτῳ πρώτῳ ἂν ἐντύχῃς, τούτῳ ἕψῃ καὶ συμφιλοσοφήσεις κἀκεῖνος ἕρμαιον ποιήσεταί σε;

53. ΕΡΜΟΤΙΜΟΣ Καὶ τί σοι ἀποκριναίμην ἂν ἔτι, ὃς οὔτε αὐτόν τινα κρίνειν οἷόν τε εἶναι φῄς, ἢν μὴ φοίνικος ἔτη βιῴη πάντας ἐν κύκλῳ περιιὼν καὶ πειρώμενος οὔτε τοῖς προπεπειραμένοις πιστεύειν ἀξιοῖς οὔτε τοῖς πολλοῖς ἐπαινοῦσιν καὶ μαρτυροῦσιν;

ΛΥΚΙΝΟΣ Τίνας φῄς τοὺς πολλούς; <τοὺς> εἰδότας καὶ πεπειραμένους ἁπάντων; εἰ γάρ τις τοιοῦτός ἐστιν, ἱκανὸς ἔμοιγε καὶ εἷς, καὶ οὐκέτι πολλῶν δεήσει. ἢν δὲ τοὺς οὐκ εἰδότας λέγῃς, οὐδέν τι τὸ πλῆθος αὐτῶν προσάξεταί με πιστεύειν ἄχρι ἂν ἢ μηδὲν ἢ ἓν εἰδότες περὶ ἁπάντων ἀποφαίνωνται.

ΕΡΜΟΤΙΜΟΣ Μόνος δὴ σὺ τἀληθὲς κατεῖδες, οἱ δὲ ἄλλοι ἀνόητοι ἅπαντες ὅσοι φιλοσοφοῦσιν.

ΛΥΚΙΝΟΣ Καταψεύδῃ μου, ὦ Ἑρμότιμε, λέγων ὡς ἐγὼ προτίθημί πῃ ἐμαυτὸν τῶν ἄλλων ἢ τάττω ὅλως ἐν τοῖς εἰδόσι, καὶ οὐ μνημονεύεις ὧν ἔφην, οὐκ αὐτὸς εἰδέναι τἀληθὲς ὑπὲρ τοὺς ἄλλους διατεινόμενος ἀλλὰ μετὰ πάντων αὐτὸ ἀγνοεῖν ὁμολογῶν.

54. ΕΡΜΟΤΙΜΟΣ Ἀλλ᾽, ὦ Λυκῖνε, τὸ μὲν ἐπὶ πάντας ἐλθεῖν χρῆναι καὶ πειραθῆναι ὧν φασι καὶ τὸ μὴ ἂν ἄλλως ἑλέσθαι τὸ βέλτιον ἢ οὕτως, εὔλογον ἴσως, τὸ δὲ τῇ πείρᾳ ἑκάστῃ τοσαῦτα ἔτη ἀποδιδόναι, παγγέλοιον, ὥσπερ οὐχ οἷόν τε ὂν ἀπ᾽ ὀλίγων καταμαθεῖν τὰ πάντα. ἐμοὶ δὲ καὶ πάνυ ῥᾴδιον εἶναι δοκεῖ τὸ τοιοῦτον καὶ οὐ πολλῆς διατριβῆς δεόμενον. φασί γέ τοι τῶν πλαστῶν τινα, Φειδίαν οἶμαι, ὄνυχα μόνον λέοντος ἰδόντα ἀπ᾽ ἐκείνου ἀναλελογίσθαι, ἡλίκος ἂν ὁ πᾶς λέων γένοιτο κατ᾽ ἀξίαν τοῦ ὄνυχος ἀναπλασθείς. καὶ σὺ δέ, ἤν τίς σοι χεῖρα μόνην ἀνθρώπου δείξῃ τὸ ἄλλο σῶμα κατακαλύψας, εἴσῃ, οἶμαι, αὐτίκα ὅτι ἄνθρωπός ἐστι τὸ κεκαλυμμένον, κἂν μὴ τὸ πᾶν σῶμα ἴδῃς. καὶ τοίνυν τὰ μὲν κεφαλαιώδη ὧν ἅπαντες λέγουσι, ῥᾴδιον καταμαθεῖν ἐν ὀλίγῳ μορίῳ ἡμέρας, τὸ δὲ ὑπερακριβὲς τοῦτο καὶ μακρᾶς τῆς ἐξετάσεως δεόμενον οὐ πάνυ ἀναγκαῖον ἐς τὴν αἵρεσιν τοῦ βελτίονος, ἀλλ᾽ ἔνεστι κρῖναι καὶ ἀπ᾽ ἐκείνων.

55. ΛΥΚΙΝΟΣ Παπαῖ, ὦ Ἑρμότιμε, ὡς ἰσχυρὰ ταῦτα εἴρηκας ἀπὸ τῶν μερῶν ἀξιῶν τὰ ὅλα εἰδέναι. καίτοι ἐγὼ τὰ ἐναντία ἀκούσας μέμνημαι ὡς ὁ μὲν τὸ ὅλον εἰδὼς εἰδείη ἂν καὶ τὸ μέρος, ὁ δὲ μόνον τὸ μέρος οὐκέτι καὶ τὸ ὅλον. οὕτως καί μοι τόδε ἀπόκριναι· ὁ Φειδίας ἄν ποτε ἰδὼν ὄνυχα λέοντος ἔγνω ἂν ὅτι λέοντός ἐστιν, εἰ μὴ ἑωράκει ποτὲ λέοντα ὅλον; ἢ σὺ ἀνθρώπου χεῖρα ἰδὼν ἔσχες ἂν εἰπεῖν ὅτι ἀνθρώπου ἐστὶ μὴ πρότερον εἰδὼς μηδὲ ἑωρακὼς ἄνθρωπον; τί σιγᾷς; ἢ βούλει ἐγὼ ἀποκρίνωμαι ὑπὲρ σοῦ τά γε ἀναγκαῖα ὅτι οὐκ ἂν εἶχες; ὥστε κινδυνεύει ὁ Φειδίας ἄπρακτος ἀπεληλυθέναι μάτην ἀναπλάσας τὸν λέοντα· οὐδὲν γὰρ πρὸς τὸν Διόνυσον ὦπται λέγων. ἢ πῶς ταῦτα ἐκείνοις ὅμοια; τῷ μὲν γὰρ Φειδίᾳ καὶ σοὶ οὐδὲν ἄλλο τοῦ γνωρίζειν τὰ μέρη αἴτιον ἦν ἢ τὸ εἰδέναι τὸ ὅλον —ἄνθρωπον λέγω καὶ λέοντα· ἐν φιλοσοφίᾳ δέ, οἷον τῇ Στωϊκῶν, πῶς ἂν ἀπὸ τοῦ μέρους καὶ τὰ λοιπὰ ἴδοις; ἢ πῶς ἂν ἀποφαίνοιο ὡς καλά; οὐ γὰρ οἶσθα τὸ ὅλον οὗ μέρη ἐκεῖνά ἐστιν.

56. Ὃ δὲ φῄς, ὅτι τὰ κεφάλαια ῥᾴδιον ἀκοῦσαι ἁπάσης φιλοσοφίας ἐν ὀλίγῳ μορίῳ ἡμέρας (οἷον ἀρχὰς αὐτῶν καὶ τέλη καὶ τί θεοὺς οἴονται εἶναι, τί ψυχήν, καὶ τίνες μὲν σώματα πάντα φασί, τίνες δὲ καὶ ἀσώματα εἶναι ἀξιοῦσιν, καὶ ὅτι οἱ μὲν ἡδονήν, οἱ δὲ τὸ καλὸν ἀγαθὸν καὶ εὔδαιμον τίθενται καὶ τὰ τοιαῦτα) οὑτωσὶ μὲν ἀκούσαντας ἀποφήνασθαι ῥᾴδιον καὶ ἔργον οὐδέν· εἰδέναι δὲ ὅστις ὁ τἀληθῆ λέγων ἐστίν, ὅρα μὴ οὐχὶ μορίου [ἐστὶν] ἡμέρας ἀλλὰ πολλῶν ἡμερῶν δέηται. ἢ τί γὰρ ἐκεῖνοι παθόντες ὑπὲρ αὐτῶν τούτων ἑκατοντάδας καὶ χιλιάδας βιβλίων ἕκαστοι συγγεγράφασιν, ὡς πείσαιεν οἶμαι ἀληθῆ εἶναι τὰ ὀλίγα ἐκεῖνα καὶ ἅ σοι ἐδόκει ῥᾴδια καὶ εὐμαθῆ; νῦν δὲ μάντεως οἶμαι δεήσει σοι κἀνταῦθα πρὸς τὴν αἵρεσιν τῶν κρειττόνων, εἰ μὴ ἀνέχῃ τὴν διατριβὴν ὡς ἀκριβῶς ἑλέσθαι, αὐτὸς ἅπαντα καὶ ὅλον ἕκαστον κατανοήσας. ἐπίτομος γὰρ αὕτη γένοιτ' ἄν, οὐκ ἔχουσα περιπλοκὰς οὐδ' ἀναβολάς, εἰ μεταστειλάμενος τὸν μάντιν ἀκούσας τῶν κεφαλαίων ἁπάντων σφαγιάζοιο ἐφ' ἑκάστοις· ἀπαλλάξει γάρ σε ὁ θεὸς μυρίων πραγμάτων δείξας ἐν τῷ τοῦ ἱερείου ἥπατι ἅτινά σοι αἱρετέον.

57. Εἰ δὲ βούλει, καὶ ἄλλο τι ἀπραγμονέστερον ὑποθήσομαί σοι, ὡς μὴ ἱερεῖα καταθύῃς ταυτὶ καὶ θυσιάζῃς τῳ μηδὲ ἱερέα τινὰ τῶν μεγαλομίσθων παρακαλῇς, ἀλλὰ ἐς κάλπιν ἐμβαλὼν γραμματεῖα ἔχοντα τῶν φιλοσόφων ἑκάστου τοὔνομα κέλευε παῖδα —τῶν ἀνήβων ἀμφιθαλῆ τινα— προσελθόντα πρὸς τὴν κάλπιν ἀνελέσθαι ὅ τι ἂν πρῶτον ὑπὸ τὴν χεῖρα ἔλθῃ τῶν γραμματείων, καὶ τὸ λοιπὸν κατὰ τὸν λαχόντα ἐκεῖνον ὅστις ἂν ᾖ φιλοσόφει.

58. ΕΡΜΟΤΙΜΟΣ Ταυτὶ μέν, ὦ Λυκῖνε, βωμολοχικὰ καὶ οὐ κατὰ σέ. σὺ δὲ εἰπέ μοι· ἤδη ποτὲ οἶνον ἐπρίω αὐτός;
ΛΥΚΙΝΟΣ Καὶ μάλα πολλάκις.
ΕΡΜΟΤΙΜΟΣ Ἆρ' οὖν περιῄεις ἅπαντας ἐν κύκλῳ τοὺς ἐν τῇ πόλει καπήλους ἀπογευόμενος καὶ παραβάλλων καὶ ἀντεξετάζων τοὺς οἴνους;
ΛΥΚΙΝΟΣ Οὐδαμῶς.
ΕΡΜΟΤΙΜΟΣ Ἀπέχρη γὰρ οἶμαί σοι τῷ πρώτῳ χρηστῷ καὶ ἀξίῳ ἐντυχόντι ἀποφέρεσθαι.

ΛΥΚΙΝΟΣ Νὴ Δία.

ΕΡΜΟΤΙΜΟΣ Καὶ ἀπό γε τοῦ ὀλίγου ἐκείνου γεύματος εἶχες ἂν εἰπεῖν ὁποῖος ἅπας <ὁ> οἶνός ἐστιν;

ΛΥΚΙΝΟΣ Εἶχον γάρ.

ΕΡΜΟΤΙΜΟΣ Εἰ δὲ δὴ ἔλεγες προσελθὼν τοῖς καπήλοις, "Ἐπειδὴ κοτύλην πρίασθαι βούλομαι, δότε μοι, ὦ οὗτοι, ἐκπιεῖν ὅλον ἕκαστος ὑμῶν τὸν πίθον, ὡς διὰ παντὸς ἐπεξελθὼν μάθοιμι ὅστις ἀμείνω τὸν οἶνον ἔχει καὶ ὅθεν μοι ὠνητέον". εἰ ταῦτα ἔλεγες, οὐκ ἂν οἴει καταγελάσαι σου αὐτούς, εἰ δὲ καὶ ἐπὶ πλέον ἐνοχλοίης, τάχα ἂν καὶ προσχέαι τοῦ ὕδατος;

ΛΥΚΙΝΟΣ Οἶμαι ἔγωγε καὶ δίκαιά γ' ἂν πάθοιμι.

ΕΡΜΟΤΙΜΟΣ Κατὰ ταῦτα δὴ καὶ ἐν φιλοσοφίᾳ τί δεῖ ἐκπιεῖν τὸν πίθον δυναμένους γε ἀπ' ὀλίγου τοῦ γεύματος εἰδέναι ὁποῖον τὸ πᾶν ἐστιν;

59. ΛΥΚΙΝΟΣ Ὡς ὀλισθηρὸς εἶ, ὦ Ἑρμότιμε, καὶ διαδιδράσκεις ἐκ τῶν χειρῶν. πλὴν ἀλλὰ ὤνησάς γε· οἰόμενος γὰρ ἐκπεφευγέναι ἐς τὸν αὐτὸν κύρτον ἐμπέπτωκας.

ΕΡΜΟΤΙΜΟΣ Πῶς τοῦτο ἔφης;

ΛΥΚΙΝΟΣ Ὅτι αὐθομολογούμενον πρᾶγμα λαβὼν καὶ γνώριμον ἅπασι, τὸν οἶνον, εἰκάζεις αὐτῷ τὰ ἀνομοιότατα καὶ περὶ ὧν ἀμφισβητοῦσιν ἅπαντες ἀφανῶν ὄντων. ὥστε ἔγωγε οὐκ ἔχω εἰπεῖν καθ' ὅ τι σοι ὅμοιος φιλοσοφία καὶ οἶνος, εἰ μὴ ἄρα κατὰ τοῦτο μόνον, ὅτι καὶ οἱ φιλόσοφοι ἀποδίδονται τὰ μαθήματα ὥσπερ οἱ κάπηλοι —κερασάμενοί γε οἱ πολλοὶ καὶ δολώσαντες καὶ κακομετροῦντες. οὑτωσὶ δὲ ἐπισκοπήσωμεν ὅ τι καὶ λέγεις· τὸν οἶνον φῂς τὸν ἐν τῷ πίθῳ ὅλον αὐτὸν αὑτῷ ὅμοιον εἶναι —καὶ μὰ Δί' οὐδὲν ἄτοπον— ἀλλὰ καὶ εἴ τις γεύσαιτο ἀρυσάμενος ὀλίγον ὅσον αὐτοῦ, εἴσεσθαι αὐτίκα ὁποῖος ἅπας ὁ πίθος ἐστίν· ἀκόλουθον καὶ τοῦτο, καὶ οὐδὲν ἂν ἔγωγέ τι ἀντεῖπον. ὅρα δὴ καὶ τὸ μετὰ τοῦτο· φιλοσοφία καὶ οἱ φιλοσοφοῦντες οἷον ὁ διδάσκαλος ὁ σός, ἆρα ταὐτὰ πρὸς ὑμᾶς λέγει ὁσημέραι καὶ περὶ τῶν αὐτῶν ἢ ἄλλα ἄλλοτε;

ΕΡΜΟΤΙΜΟΣ Πολλὰ γάρ ἐστιν.

ΛΥΚΙΝΟΣ Πρόδηλον, ὦ ἑταῖρε, ἢ οὐκ ἂν εἴκοσιν ἔτη παρέμενες αὐτῷ κατὰ τὸν Ὀδυσσέα περινοστῶν καὶ περιπλανώμενος, εἰ τὰ αὐτὰ ἔλεγεν, ἀλλὰ ἀπέχρη ἄν σοι καὶ ἅπαξ ἀκούσαντι.

60. ΕΡΜΟΤΙΜΟΣ Πῶς γὰρ οὔ;

ΛΥΚΙΝΟΣ Πῶς οὖν οἷόν τέ σοι ἦν ἀπὸ τοῦ πρώτου γεύματος εἰδέναι τὰ πάντα; οὐ γὰρ τὰ αὐτά γε, ἀλλὰ ἀεὶ ἕτερα καινὰ ἐπὶ καινοῖς ἐλέγετο, οὐχ ὥσπερ ὁ οἶνος ἀεὶ ὁ αὐτὸς ἦν. ὥστε, ὦ ἑταῖρε, ἢν μὴ ὅλον ἐκπίῃς τὸν πίθον, ἄλλως μεθύων περίει· ἀτεχνῶς γὰρ ἐν τῷ πυθμένι δοκεῖ μοι ὁ θεὸς κατακρύψαι τὸ φιλοσοφίας ἀγαθὸν ὑπὸ τὴν τρύγα αὐτήν. δεήσει οὖν ὅλον ἐξαντλῆσαι ἐς τέλος, ἢ οὔποτ' ἂν εὕροις τὸ νεκτάρεον ἐκεῖνο πόμα, οὗ πάλαι διψῆν μοι δοκεῖς. σὺ δὲ οἴει τὸ τοιοῦτον αὐτὸ εἶναι, ὡς εἰ μόνον γεύσαιο αὐτοῦ καὶ σπάσαις μικρὸν ὅσον, αὐτίκα σε πάνσοφον γενησόμενον, ὥσπερ φασὶν ἐν Δελφοῖς τὴν πρόμαντιν, ἐπειδὰν πίῃ τοῦ ἱεροῦ νάματος, ἔνθεον εὐθὺς γίγνεσθαι καὶ χρᾶν τοῖς προσιοῦσιν. ἀλλ' οὐχ οὕτως ἔχειν ἔοικεν· σὺ γοῦν ὑπὲρ ἥμισυ τοῦ πίθου ἐκπεπωκὼς ἐνάρχεσθαι ἔτι ἔλεγες.

61. Ὅρα τοίνυν μὴ τῷδε μᾶλλον φιλοσοφία ἔοικεν· ὁ μὲν γὰρ πίθος ἔτι μενέτω σοι καὶ ὁ κάπηλος, ἐνέστω δὲ μὴ οἶνος, ἀλλὰ πανσπερμία τις, πυρός ὑπεράνω καὶ μετὰ τοῦτον κύαμοι, εἶτα κριθαὶ καὶ ὑπὸ ταύταις φακοί, εἶτα ἐρέβινθοι καὶ ἄλλα ποικίλα. πρόσει δὴ σὺ ὠνήσασθαι ἐθέλων τῶν σπερμάτων, καὶ ὃς ἀφελὼν τοῦ πυροῦ, οὗπερ ἦν, ἀνέδωκέ σοι δεῖγμα ἐς τὴν χεῖρα, ὡς ἴδοις· ἆρα οὖν ἔχοις ἂν εἰπεῖν εἰς ἐκεῖνο ἀποβλέπων εἰ καὶ οἱ ἐρέβινθοι καθαροὶ καὶ οἱ φακοὶ εὐτακεῖς καὶ οἱ κύαμοι οὐ διάκενοι;

ΕΡΜΟΤΙΜΟΣ Οὐδαμῶς.

ΛΥΚΙΝΟΣ Οὐ τοίνυν οὐδὲ φιλοσοφίαν ἀφ' ἑνὸς ὧν φήσει τις τοῦ πρώτου, μάθοις ἂν ἅπασαν ὁποία ἐστίν· οὐ γὰρ ἕν τι ἦν ὥσπερ ὁ οἶνος, ᾧπερ σὺ αὐτὴν ἀπεικάζεις ἀξιῶν ὁμοίαν εἶναι τῷ γεύματι, τὸ δὲ ἑτεροῖόν τι ὤφθη οὐ παρέργου τῆς ἐξετάσεως δεόμενον. οἶνον μὲν γὰρ φαῦλον πρίασθαι ἐν δυοῖν ὀβολοῖν ὁ κίνδυνος, αὐτὸν δέ τινα ἐν τῷ συρφετῷ παραπολεῖσθαι καὶ αὐτὸς ἐν ἀρχῇ ἔφησθα οὐ μικρὸν εἶναι κακόν. ἄλλως τε ὁ μὲν ὅλον ἀξιῶν ἐκπιεῖν τὸν πίθον, ὡς κοτύλην πρίαιτο, ζημιώσαι ἂν τὸν κάπηλον οὕτως ἀπίθανα γευόμενος, φιλοσοφία δὲ οὐδὲν ἂν τοιοῦτο πάθοι, ἀλλὰ κἂν [ὅτι] πάμπολλα πίῃς, οὐδέν τι ἐλάττων ὁ πίθος γίγνεται οὐδὲ ζημιώσεται ὁ κάπηλος. ἐπιρρεῖ γὰρ κατὰ τὴν παροιμίαν τὸ πρᾶγμα ἐξαντλούμενον ἐς τὸ ἔμπαλιν ἢ ὁ τῶν Δαναΐδων πίθος. ἐκεῖνος μὲν γὰρ τὸ ἐμβαλλόμενον οὐ συνεῖχεν, ἀλλὰ διέρρει εὐθύς. ἐντεῦθεν δὲ ἢν ἀφέλῃς τι, πλεῖον τὸ λοιπὸν γίγνεται.

62. Ἐθέλω δέ σοι καὶ ἄλλο ὅμοιον εἰπεῖν φιλοσοφίας περὶ γεύματος, καὶ μή με νομίσῃς βλασφημεῖν περὶ αὐτῆς ἢν εἴπω ὅτι φαρμάκῳ ὀλεθρίῳ ἔοικεν, οἷον κωνείῳ ἢ ἀκονίτῳ ἢ ἄλλῳ τῶν τοιούτων. οὐδὲ γὰρ ταῦτα, ἐπείπερ θανατηφόρα ἐστίν, ἀποκτείνοι ἄν, εἴ τις ὀλίγον ὅσον ἀκαριαῖον ἀποξύσας αὐτῶν ἄκρῳ τῷ ὄνυχι ἀπογεύσαιτο· ἀλλὰ ἢν μὴ τοσοῦτον ὅσον χρή, καὶ ὅπως καὶ ξὺν οἷς, οὐκ ἂν ἀποθάνοι ὁ προσενεγκάμενος· σὺ δὲ ἠξίους τοὐλάχιστον ἐξαρκεῖν, ὡς ἀποτελέσαι τὴν τοῦ ὅλου γνῶσιν.

63. ΕΡΜΟΤΙΜΟΣ Ἔστω ταῦτα ὡς βούλει, Λυκῖνε. τί οὖν; ἑκατὸν χρὴ ἔτη βιῶναι καὶ τοσαῦτα ὑπομεῖναι πράγματα; ἢ οὐκ ἂν ἄλλως φιλοσοφήσαιμεν;

ΛΥΚΙΝΟΣ Οὐ γάρ, ὦ Ἑρμότιμε, καὶ δεινὸν οὐδέν, εἴ γε ἀληθῆ ἔλεγες ἐν ἀρχῇ, ὡς ὁ μὲν βίος βραχύς, ἡ δὲ τέχνη μακρή. νῦν δὲ οὐκ οἶδ' ὅ τι παθὼν ἀγανακτεῖς, εἰ μὴ αὐθημερὸν ἡμῖν πρὶν δῦναι ἥλιον Χρύσιππος ἢ Πλάτων ἢ Πυθαγόρας γένοιο.

ΕΡΜΟΤΙΜΟΣ Περιέρχῃ με, ὦ Λυκῖνε, καὶ συνελαύνεις ἐς στενὸν οὐδὲν ὑπ' ἐμοῦ δεινὸν παθών, ὑπὸ φθόνου δηλαδή, ὅτι ἐγὼ μὲν προὔκοπτον ἐν τοῖς μαθήμασι, σὺ δὲ ὠλιγώρησας ἑαυτοῦ τηλικοῦτος ὤν.

ΛΥΚΙΝΟΣ Οἶσθ' οὖν ὃ δρᾶσον; ἐμοὶ μὲν ὥσπερ κορυβαντιῶντι μὴ πρόσεχε τὸν νοῦν, ἀλλ' ἔα ληρεῖν, σὺ δὲ ὡς ἔχεις προχώρει ἐς τὸ πρόσθε τῆς ὁδοῦ καὶ πέραινε κατὰ τὰ ἐξ ἀρχῆς σοι δεδογμένα περὶ τούτων.

ΕΡΜΟΤΙΜΟΣ Ἀλλ' οὐκ ἐᾷς σὺ βίαιος ὢν αἱρεῖσθαί τι, ἢν μὴ πειραθῶ ἁπάντων.

ΛΥΚΙΝΟΣ Καὶ μὴν εὖ εἰδέναι χρὴ ὡς οὐκ ἄν ποτε ἄλλο εἴποιμι. βίαιον δὲ λέγων ἐμὲ ἀναίτιον δοκεῖς μοι κατὰ τὸν ποιητὴν αἰτιᾶσθαι, αὐτόν, ἔστ' ἂν μὴ ἕτερός σοι λόγος συμμαχήσας ἀφέληται τῆς βίας, ἤδη ἀγόμενον. ἰδού γέ τοι καὶ τάδε πολλῷ βιαιότερα φαίη ἄν σοι ὁ λόγος· σὺ δὲ ἐκεῖνον παρεὶς ἐμὲ ἴσως αἰτιάσῃ.

ΕΡΜΟΤΙΜΟΣ Τὰ ποῖα; θαυμάζω γάρ, εἴ τι ἄρρητον καταλέλειπται αὐτῷ.

64. ΛΥΚΙΝΟΣ Οὐχ ἱκανὸν εἶναί φησι τὸ πάντα ἰδεῖν καὶ διεξελθεῖν δι' αὐτῶν, ὡς ἔχειν ἤδη ἑλέσθαι τὸ βέλτιστον, ἀλλ' ἔτι τοῦ μεγίστου ἐνδεῖν.

ΕΡΜΟΤΙΜΟΣ Τίνος τούτου;

ΛΥΚΙΝΟΣ Κριτικῆς τινος, ὦ θαυμάσιε, καὶ ἐξεταστικῆς παρασκευῆς καὶ νοῦ ὀξέος καὶ διανοίας ἀκριβοῦς καὶ ἀδεκάστου, οἵαν χρὴ εἶναι τὴν περὶ τῶν τηλικούτων δικάσουσαν, ἢ μάτην ἂν ἅπαντα ἑωραμένα εἴη. ἀποδοτέον οὖν φησιν καὶ τῷ τοιούτῳ χρόνον οὐκ ὀλίγον καὶ προθέμενον ἅπαντα εἰς μέσον αἱρεῖσθαι διαμέλλοντα καὶ βραδύνοντα καὶ πολλάκις ἐπισκοποῦντα, μήτε ἡλικίαν τοῦ λέγοντος ἑκάστου μήτε σχῆμα ἢ δόξαν ἐπὶ σοφίᾳ αἰδούμενον, ἀλλὰ κατὰ τοὺς Ἀρεοπαγίτας αὐτὸ ποιοῦντα, οἳ ἐν νυκτὶ καὶ σκότῳ δικάζουσιν, ὡς μὴ ἐς τοὺς λέγοντας, ἀλλ' ἐς τὰ λεγόμενα ἀποβλέποιεν. καὶ τότ' ἤδη ἐξέσται σοι βεβαίως ἑλομένῳ φιλοσοφεῖν.

ΕΡΜΟΤΙΜΟΣ Μετὰ τὸν βίον φῄς· ἐκ γὰρ τούτων οὐδενὸς ἀνθρώπων βίος ἐξαρκέσειεν ἂν ὡς ἐπὶ πάντα ἐλθεῖν καὶ ἕκαστον ἀκριβῶς ἐπιδεῖν καὶ ἐπιδόντα κρῖναι καὶ κρίναντα ἑλέσθαι καὶ ἑλόμενον φιλοσοφῆσαι. μόνως γὰρ δὴ οὕτως εὑρεθῆναι φῂς τἀληθές, ἄλλως δὲ οὔ.

65. ΛΥΚΙΝΟΣ Ὀκνῶ γάρ σοι εἰπεῖν, ὦ Ἑρμότιμε, ὅτι οὐδὲ τοῦτό πω ἱκανόν, ἀλλ' ἔτι μοι δοκοῦμεν λεληθέναι ἡμᾶς αὐτοὺς οἰόμενοι μέν τι εὑρηκέναι βέβαιον, εὑρόντες δὲ οὐδέν, ὥσπερ οἱ ἁλιεύοντες πολλάκις καθέντες τὰ δίκτυα καὶ βάρους τινὸς αἰσθόμενοι ἀνέλκουσιν, ἰχθῦς παμπόλλους γε περιβεβληκέναι ἐλπίζοντες, εἶτα ἐπειδὰν κάμωσιν ἀνασπῶντες, ἢ λίθος τις ἀναφαίνεται αὐτοῖς ἢ κεράμιον ψάμμῳ σεσαγμένον. σκόπει μὴ καὶ ἡμεῖς τι τοιοῦτον ἀνεσπάκαμεν.

ΕΡΜΟΤΙΜΟΣ Οὐ μανθάνω τί σοι τὰ δίκτυα ταῦτα βούλεται· ἀτεχνῶς γάρ με περιβάλλεις αὐτοῖς.

ΛΥΚΙΝΟΣ Οὐκοῦν πειρῶ διεκδῦναι· σὺν θεῷ γὰρ οἶσθα νεῖν, εἰ καί τις ἄλλος· ἐγὼ γὰρ κἂν ἐφ' ἅπαντας ἔλθωμεν πειρώμενοι καὶ τοῦτο ἐργασώμεθά ποτε, οὐδέπω οὐδὲ τοῦτο δῆλον ἔσεσθαι νομίζω, εἴ τις ἐξ αὐτῶν ἔχει τὸ ζητούμενον ἢ πάντες ὁμοίως ἀγνοοῦσιν.

ΕΡΜΟΤΙΜΟΣ Τί φῄς; οὐδὲ τούτων τις πάντως ἔχει;

ΛΥΚΙΝΟΣ Ἄδηλον. ἢ σοι ἀδύνατον δοκεῖ ἅπαντας ψεύδεσθαι, τὸ δ' ἀληθὲς ἄλλο τι εἶναι πρὸς μηδενὸς αὐτῶν πω εὑρημένον;

66. ΕΡΜΟΤΙΜΟΣ Πῶς οἷόν τε;

ΛΥΚΙΝΟΣ Οὕτως· ἔστω γὰρ ὁ μὲν ἀληθὴς ἀριθμὸς ἡμῖν εἴκοσιν, οἷον, κυάμους τις εἴκοσιν ἐς τὴν χεῖρα λαβών, ἐπικλεισάμενος ἐρωτάτω δέκα τινάς, ὁπόσοι εἰσὶν οἱ κύαμοι ἐν τῇ χειρὶ αὐτοῦ, οἱ δὲ εἰκάζοντες ὁ μὲν ἑπτά, ὁ δὲ πέντε, ὁ δὲ τριάκοντα λεγέτωσαν, ὁ δέ τις δέκα ἢ πεντεκαίδεκα, καὶ ὅλως ἄλλος ἄλλον τινὰ ἀριθμόν· ἐνδέχεται μέντοι καὶ τυχεῖν τινὰ ἀληθεῦσαι, ἦ γάρ;

ΕΡΜΟΤΙΜΟΣ Ναί.

ΛΥΚΙΝΟΣ Οὐ μὴν οὐδὲ τοῦτο ἀδύνατον, ἅπαντας ἄλλον ἄλλους ἀριθμοὺς εἰπεῖν, τοὺς ψευδεῖς καὶ οὐκ ὄντας, μηδένα δὲ αὐτῶν φάναι ὅτι εἴκοσιν ὁ ἀνὴρ κυάμους ἔχει. ἢ τί φῄς;

ΕΡΜΟΤΙΜΟΣ Οὐκ ἀδύνατον.

ΛΥΚΙΝΟΣ Κατὰ ταὐτὰ τοίνυν ἅπαντες μὲν οἱ φιλοσοφοῦντες τὴν εὐδαιμονίαν ζητοῦσιν ὁποῖόν τί ἐστιν, καὶ λέγουσιν ἄλλος ἄλλο τι αὐτὴν εἶναι, ὁ μὲν ἡδονήν, ὁ δὲ τὸ καλόν, ὁ δὲ ὅσα ἕτερά φασι περὶ αὐτῆς. εἰκὸς μὲν οὖν καὶ τούτων ἕν τι εἶναι τὸ εὔδαιμον, οὐκ ἀπεικὸς δὲ καὶ ἄλλο τι παρ' αὐτὰ πάντα. καὶ ἐοίκαμεν ἡμεῖς ἀνάπαλιν ἢ ἐχρῆν, πρὶν τὴν ἀρχὴν εὑρεῖν, ἐπείγεσθαι πρὸς τὸ τέλος. ἔδει δ' οἶμαι πρότερον φανερὸν γενέσθαι ὅτι ἔγνωσται τἀληθὲς καὶ πάντως ἔχει τις αὐτὸ εἰδὼς τῶν φιλοσοφούντων. εἶτα μετὰ τοῦτο τὸ ἐξῆς ἂν ἦν ζητῆσαι, ᾧ πειστέον ἐστίν.

ΕΡΜΟΤΙΜΟΣ Ὥστε, ὦ Λυκῖνε, τοῦτο φῄς, ὅτι οὐδ' ἂν διὰ πάσης φιλοσοφίας χωρήσωμεν, οὐδὲ τότε πάντως ἕξομεν τἀληθὲς εὑρεῖν.

ΛΥΚΙΝΟΣ Μὴ ἐμέ, ὦγαθέ, ἐρώτα, ἀλλὰ τὸν λόγον αὖθις αὐτόν· καὶ ἴσως ἂν ἀποκρίναιτό σοι ὅτι οὐδέπω, ἔστ' ἂν ἄδηλον ᾖ εἰ ἕν τι τούτων ἐστὶν ὧν οὗτοι λέγουσιν.

67. ΕΡΜΟΤΙΜΟΣ Οὐδέποτε ἄρα ἐξ ὧν σὺ φῂς εὑρήσομεν οὐδὲ φιλοσοφήσομεν, ἀλλὰ δεήσει ἡμᾶς ἰδιώτην τινὰ βίον ζῆν ἀποστάντας τοῦ φιλοσοφεῖν. τοῦτο ξυμβαίνει γε <ἐξ> ὧν φῄς, ἀδύνατον εἶναι φιλοσοφῆσαι καὶ ἀνέφικτον ἀνθρώπῳ γε ὄντι. ἀξιοῖς γὰρ τὸν φιλοσοφήσειν μέλλοντα ἑλέσθαι πρῶτον φιλοσοφίαν τὴν ἀρίστην, ἡ δὲ αἵρεσις οὕτω σοι ἐδόκει μόνως ἀκριβὴς ἂν γενέσθαι, εἰ διὰ πάσης φιλοσοφίας χωρήσαντες ἑλοίμεθα τὴν ἀληθεστάτην. εἶτα λογιζόμενος ἐτῶν ἀριθμόν, ὁπόσος ἑκάστῃ ἱκανός, ὑπερεξέπιπτες ἀπομηκύνων τὸ πρᾶγμα ἐς γενεὰς ἄλλας, ὡς ὑπερήμερον γίγνεσθαι τἀληθὲς τοῦ ἑκάστου βίου. τελευτῶν δὲ καὶ τοῦτο αὐτὸ οὐκ ἀνενδοίαστον ἀποφαίνεις, ἄδηλον εἶναι λέγων εἴτε εὕρηται πρὸς τῶν φιλοσοφούντων πάλαι τἀληθὲς εἴτε καὶ μή.

ΛΥΚΙΝΟΣ Σὺ δὲ πῶς, Ἑρμότιμε, δύναιο ἂν ἐπομοσάμενος εἰπεῖν ὅτι εὕρηται πρὸς αὐτῶν; ἐγὼ μὲν οὐκ ἂν ὀμόσαιμι. καίτοι πόσα ἄλλα παρεῖδον ἑκών σοι ἐξετάσεως μακρᾶς καὶ αὐτὰ δεόμενα;

68. ΕΡΜΟΤΙΜΟΣ Τὰ ποῖα;
ΛΥΚΙΝΟΣ Οὐκ ἀκούεις τῶν Στωϊκῶν ἢ Ἐπικουρείων ἢ Πλατωνικῶν εἶναι φασκόντων τοὺς μὲν εἰδέναι τοὺς λόγους ἑκάστους, τοὺς δὲ μή, καίτοι τά γε ἄλλα πάνυ ἀξιοπίστους ὄντας;
ΕΡΜΟΤΙΜΟΣ Ἀληθῆ ταῦτα.
ΛΥΚΙΝΟΣ Τὸ τοίνυν διακρῖναι τοὺς εἰδότας καὶ διαγνῶναι ἀπὸ τῶν οὐκ εἰδότων μέν, φασκόντων δέ, οὔ σοι δοκεῖ πάνυ ἐργῶδες εἶναι;
ΕΡΜΟΤΙΜΟΣ Καὶ μάλα.
ΛΥΚΙΝΟΣ Δεήσει τοίνυν σέ, εἰ μέλλεις Στωϊκῶν τὸν ἄριστον εἴσεσθαι, εἰ καὶ μὴ ἐπὶ πάντας, ἀλλ' οὖν ἐπὶ τοὺς πλείστους αὐτῶν ἐλθεῖν καὶ πειραθῆναι καὶ τὸν ἀμείνω προστήσασθαι διδάσκαλον, γυμνασάμενόν γε πρότερον καὶ κριτικὴν τῶν τοιούτων δύναμιν πορισάμενον, ὡς μή σε λάθῃ ὁ χείρων προκριθείς. καὶ σὺ καὶ πρὸς τοῦτο ὅρα ὅσου δεῖ τοῦ χρόνου, οὔ ἑκὼν παρῆκα δεδιὼς μὴ σὺ ἀγανακτήσῃς. καίτοι τό γε μέγιστόν τε ἅμα καὶ ἀναγκαιότατον ἐν τοῖς τοιούτοις, λέγω δὴ τοῖς ἀδήλοις τε καὶ ἀμφιβόλοις, ἓν τοῦτό ἐστιν οἶμαι καὶ μόνη σοι αὕτη πιστὴ καὶ βέβαιος ἐλπὶς ἐπὶ τὴν ἀλήθειάν τε καὶ εὕρεσιν αὐτῆς, ἄλλη δὲ οὐδ' ἡτισοῦν ἢ τὸ κρίνειν δύνασθαι καὶ χωρίζειν ἀπὸ τῶν ἀληθῶν τὰ ψευδῆ ὑπάρχειν σοι καὶ κατὰ τοὺς ἀργυρογνώμονας διαγιγνώσκειν ἅ τε δόκιμα καὶ ἀκίβδηλα καὶ ἃ παρακεκομμένα, καὶ εἴ ποτε τοιαύτην τινὰ δύναμιν καὶ τέχνην πορισάμενος ἴῃς ἐπὶ τὴν ἐξέτασιν τῶν λεγομένων· εἰ δὲ μή, εὖ ἴσθι ὡς οὐδὲν κωλύσει σε τῆς ῥινὸς ἕλκεσθαι ὑφ' ἑκάστων ἢ θαλλῷ προδειχθέντι ἀκολουθεῖν ὥσπερ τὰ πρόβατα· μᾶλλον δὲ τῷ ἐπιτραπεζίῳ ὕδατι ἐοικὼς ἔσῃ, ἐφ' ὅ τι ἂν μέρος ἑλκύσῃ σέ τις ἄκρῳ τῷ δακτύλῳ ἀγόμενος, ἢ καὶ νὴ Δία καλάμῳ τινὶ ἐπ' ὄχθῃ παραποταμίᾳ πεφυκότι καὶ πρὸς πᾶν τὸ πνέον καμπτομένῳ, κἂν μικρά τις αὔρα διαφυσήσασα διασαλεύσῃ αὐτόν.

69. Ὡς εἴ γέ τινα εὕρῃς διδάσκαλον, ὃς ἀποδείξεως πέρι καὶ τῆς τῶν ἀμφισβητουμένων διακρίσεως τέχνην τινὰ εἰδὼς διδάξειέ σε, παύσῃ δηλαδὴ πράγματα ἔχων. αὐτίκα γάρ σοι τὸ βέλτιστον φανεῖται καὶ τἀληθὲς ὑπαχθὲν τῇ ἀποδεικτικῇ ταύτῃ τέχνῃ καὶ τὸ ψεῦδος ἐλεγχθήσεται, καὶ σὺ βεβαίως ἑλόμενος καὶ κρίνας φιλοσοφήσεις καὶ τὴν τριπόθητον εὐδαιμονίαν κτησάμενος βιώσῃ μετ' αὐτῆς ἅπαντα συλλήβδην ἔχων τἀγαθά.
ΕΡΜΟΤΙΜΟΣ Εὖ γε, ὦ Λυκῖνε. παρὰ πολὺ γὰρ ταῦτα ἀμείνω καὶ ἐλπίδος οὐ μικρᾶς ἐχόμενα λέγεις, καὶ ζητητέος, ὡς ἔοικεν, ἡμῖν ἀνήρ τις τοιοῦτος, διαγνωστικούς τε καὶ διακριτικοὺς ποιήσων ἡμᾶς καὶ τὸ μέγιστον ἀποδεικτικούς· ὡς τά γε μετὰ ταῦτα ῥᾴδια ἤδη καὶ ἀπράγμονα καὶ οὐ πολλῆς διατριβῆς δεόμενα. καὶ ἔγωγε ἤδη χάριν οἶδά σοι ἐξευρόντι σύντομόν τινα ταύτην ἡμῖν καὶ ἀρίστην ὁδόν.
ΛΥΚΙΝΟΣ Καὶ μὴν οὐδέπω χάριν ἄν μοι εἰδείης εἰκότως· οὐδὲν γάρ σοι ἐξευρηκὼς ἔδειξα, ὡς ἐγγυτέρω σε ποιῆσειν τῆς ἐλπίδος· τὸ δὲ πολὺ πορρωτέρω

γεγόναμεν ἢ πρότερον ἦμεν καὶ κατὰ τοὺς παροιμιαζομένους πολλὰ μοχθήσαντες ὁμοίως ἐσμέν.

ΕΡΜΟΤΙΜΟΣ Πῶς τοῦτο φῄς; πάνυ γὰρ λυπηρόν τι καὶ δύσελπι ἐρεῖν ἔοικας.

70. ΛΥΚΙΝΟΣ Ὅτι, ὦ ἑταῖρε, κἂν εὕρωμεν ὑπισχνούμενόν τινα εἰδέναι τε ἀπόδειξιν καὶ ἄλλον διδάξειν, οὐκ αὐτίκα, οἶμαι, πιστεύσομεν αὐτῷ, ἀλλά τινα ζητήσομεν τὸν κρῖναι δυνάμενον, εἰ ἀληθῆ ὁ ἀνὴρ λέγει. κἂν τούτου εὐπορήσωμεν, ἄδηλον ἔτι ἡμῖν εἰ ὁ ἐπιγνώμων οὗτος οἶδε διαγιγνώσκειν τὸν ὀρθῶς κρινοῦντα ἢ μή, καὶ ἐπ' αὐτὸν αὖθις τοῦτον ἄλλου ἐπιγνώμονος, οἶμαι, δεῖ. ἡμεῖς γὰρ πόθεν ἂν εἰδείημεν διακρίνειν τὸν ἄριστα κρῖναι δυνάμενον; ὁρᾷς ὅποι τοῦτο ἀποτείνεται καὶ ὡς ἀπέραντον γίγνεται, στῆναί ποτε καὶ καταληφθῆναι μὴ δυνάμενον; ἐπεὶ καὶ τὰς ἀποδείξεις αὐτάς, ὁπόσας οἷόν τε εὑρίσκειν, ἀμφισβητουμένας ὄψει καὶ μηδὲν ἐχούσας βέβαιον. αἱ γοῦν πλεῖσται αὐτῶν δι' ἄλλων ἀμφισβητουμένων πείθειν ἡμᾶς βιάζονται εἰδέναι, αἱ δὲ τοῖς πάνυ προδήλοις τὰ ἀφανέστατα συνάπτουσαι οὐδὲν αὐτοῖς κοινωνοῦντα ἀποδείξεις ὅμως αὐτῶν εἶναι φάσκουσιν, ὥσπερ εἴ τις οἴοιτο ἀποδείξειν εἶναι θεούς, διότι βωμοὶ αὐτῶν ὄντες φαίνονται. ὥστε, ὦ Ἑρμότιμε, οὐκ οἶδ' ὅπως καθάπερ οἱ ἐν κύκλῳ θέοντες ἐπὶ τὴν αὐτὴν ἀρχὴν καὶ ἀπορίαν ἐπανεληλύθαμεν.

71. ΕΡΜΟΤΙΜΟΣ Οἷά με εἰργάσω, ὦ Λυκῖνε, ἄνθρακάς μοι τὸν θησαυρὸν ἀποφήνας, καὶ ὡς ἔοικεν ἀπολεῖταί μοι τὰ τοσαῦτα ἔτη καὶ ὁ κάματος ὁ πολύς.

ΛΥΚΙΝΟΣ Ἀλλ', ὦ Ἑρμότιμε, πολὺ ἔλαττον ἀνιάσῃ, ἢν ἐννοήσῃς ὅτι οὐ μόνος ἔξω μένεις τῶν ἐλπισθέντων ἀγαθῶν, ἀλλὰ πάντες ὡς ἔπος εἰπεῖν περὶ ὄνου σκιᾶς μάχονται οἱ φιλοσοφοῦντες. ἢ τίς ἄρα δύναιτο δι' ἐκείνων ἁπάντων χωρῆσαι ὧν ἔφην; ὅπερ ἀδύνατον καὶ αὐτὸς λέγεις εἶναι. νῦν δὲ ὅμοιόν μοι δοκεῖς ποιεῖν ὥσπερ εἴ τις δακρύοι καὶ αἰτιῷτο τὴν τύχην, ὅτι μὴ δύναιτο ἀνελθεῖν εἰς τὸν οὐρανόν, ἢ ὅτι μὴ βύθιος ὑποδὺς εἰς τὴν θάλατταν ἀπὸ Σικελίας ἐς Κύπρον ἀναδύσεται, ἢ ὅτι μὴ ἀρθεὶς πτηνὸς αὐθημερὸν ἀπὸ τῆς Ἑλλάδος εἰς Ἰνδοὺς τελεῖ. τὸ δ' αἴτιον τῆς λύπης, ὅτι ἤλπικεν, οἶμαι, ἢ ὄναρ ποτὲ ἰδὼν τοιοῦτον ἢ αὐτὸς αὑτῷ ἀναπλάσας, οὐ πρότερον ἐξετάσας εἰ ἐφικτὰ εὔχεται καὶ κατὰ τὴν ἀνθρώπου φύσιν. καὶ δὴ καὶ σέ, ὦ ἑταῖρε, πολλὰ καὶ θαυμαστὰ ὀνειροπολοῦντα νύξας ὁ λόγος ἀπὸ τοῦ ὕπνου ἐκθορεῖν ἐποίησεν· εἶτα ὀργίζῃ αὐτῷ ἔτι μόλις τοὺς ὀφθαλμοὺς ἀνοίγων καὶ τὸν ὕπνον οὐ ῥᾳδίως ἀποσειόμενος ὑφ' ἡδονῆς ὧν ἑώρας. πάσχουσι δὲ αὐτὸ καὶ οἱ τὴν κενὴν μακαρίαν ἑαυτοῖς ἀναπλάττοντες· ἢν μεταξὺ πλουτοῦσιν αὐτοῖς καὶ θησαυροὺς ἀνορύττουσιν καὶ βασιλεύουσιν καὶ τὰ ἄλλα εὐδαιμονοῦσιν —οἷα πολλὰ ἡ θεὸς ἐκείνη ῥᾳδιουργεῖ, ἡ Εὐχή, μεγαλόδωρος οὖσα καὶ πρὸς οὐδὲν ἀντιλέγουσα, κἂν πτηνὸς θέλῃ τις γενέσθαι, κἂν κολοσσιαῖος τὸ μέγεθος, κἂν ὄρη ὅλα χρυσᾶ εὑρίσκειν— ἢν τοίνυν ταῦτα ἐννοοῦσιν αὐτοῖς ὁ παῖς προσελθὼν ἔρηταί τι τῶν ἀναγκαίων, οἷον ὅθεν ἄρτους ὠνητέον <ἢ> ὅ τι φατέον πρὸς τὸν ἀπαιτοῦντα τοὐνοίκιον ἐκ πολλοῦ περιμένοντα, οὕτως ἀγανακτοῦσιν ὡς ὑπὸ τοῦ ἐρομένου καὶ παρενοχλήσαντος ἀφαιρεθέντες ἅπαντα ἐκεῖνα τἀγαθὰ καὶ ὀλίγου δέουσι τὴν ῥῖνα τοῦ παιδὸς ἀποτραγεῖν.

72. Ἀλλὰ σύ, ὦ φιλότης, μὴ πάθῃς αὐτὸ πρὸς ἐμέ, εἴ σε θησαυροὺς ἀνορύττοντα καὶ πετόμενον καί τινας ἐννοίας ὑπερφυεῖς ἐννοοῦντα καί τινας ἐλπίδας ἀνεφίκτους ἐλπίζοντα φίλος ὢν οὐ περιεῖδον διὰ παντὸς τοῦ βίου ὀνείρῳ ἡδεῖ μὲν ἴσως, ἀτὰρ ὀνείρῳ γε συνόντα, διαναστάντα δὲ ἀξιῶ πράττειν τι τῶν ἀναγκαίων καὶ ὅ σε παραπέμψει ἐς τὸ λοιπὸν τοῦ βίου τὰ κοινὰ ταῦτα φρονοῦντα. ἐπεὶ ὅ γε νῦν ἔπραττες καὶ ἐπενόεις, οὐδὲν τῶν Ἱπποκενταύρων καὶ Χιμαιρῶν καὶ Γοργόνων διαφέρει, καὶ ὅσα ἄλλα ὄνειροι καὶ ποιηταὶ καὶ γραφεῖς ἐλεύθεροι ὄντες ἀναπλάττουσιν οὔτε γενόμενα πώποτε οὔτε γενέσθαι δυνάμενα. καὶ ὅμως ὁ πολὺς λεῶς πιστεύουσιν αὐτοῖς καὶ κηλοῦνται ὁρῶντες ἢ ἀκούοντες τὰ τοιαῦτα διὰ τὸ ξένα καὶ ἀλλόκοτα εἶναι.

73. Καὶ σὺ δὴ μυθοποιοῦ τινος ἀκούσας ὡς ἔστιν τις γυνὴ ὑπερφυὴς τὸ κάλλος, ὑπὲρ τὰς Χάριτας αὐτὰς ἢ τὴν Οὐρανίαν, καὶ μὴ πρότερον ἐξετάσας εἰ ἀληθῆ λέγει καὶ εἰ ἔστι που τῆς γῆς <ἡ> ἄνθρωπος αὕτη, ἤρας εὐθύς, ὥσπερ φασὶ τὴν Μήδειαν ἐξ ὀνείρατος ἐρασθῆναι τοῦ Ἰάσονος. ὃ δὲ δὴ μάλιστά σε πρὸς τὸν ἔρωτα ἐπηγάγετο καὶ τοὺς ἄλλους δέ, ὁπόσοι τοῦ αὐτοῦ σοι εἰδώλου ἐρῶσι, τοῦτο ἦν, ὥς γέ μοι εἰκάζοντι φαίνεται, τὸ τὸν λέγοντα ἐκεῖνον περὶ τῆς γυναικός, ἐπείπερ ἐπιστεύθη τὸ πρῶτον ὅτι ἀληθῆ λέγει, ἀκόλουθα ἐπάγειν· εἰς τοῦτο γὰρ ἑωρᾶτε μόνον, καὶ διὰ τοῦτο εἷλκεν ὑμᾶς τῆς ῥινός, ἐπείπερ ἅπαξ τὴν πρώτην λαβὴν ἐνεδώκατε αὐτῷ, καὶ ἦγεν ἐπὶ τὴν ἀγαπωμένην δι' ἧς ἔλεγεν εὐθείας ὁδοῦ. ῥᾴδια γάρ, οἶμαι, τὰ μετὰ ταῦτα καὶ οὐδεὶς ὑμῶν ἔτι ἐπιστρεφόμενος εἰς τὴν εἴσοδον ἐξήταζεν εἰ ἀληθής ἐστιν καὶ εἰ μὴ ἔλαθεν καθ' ἣν οὐκ ἐχρῆν εἰσελθών, ἀλλ' ἠκολούθει τοῖς τῶν προωδευκότων ἴχνεσι, καθάπερ τὰ πρόβατα πρὸς τὸν ἡγούμενον, δέον ἐπὶ τῇ εἰσόδῳ καὶ κατὰ τὴν ἀρχὴν εὐθὺς σκέψασθαι, εἴπερ εἰσιτητέον.

74. Ὃ δέ φημι, σαφέστερον ἂν μάθοις, ἤν τι τοιοῦτον ὅμοιον παραθεωρήσῃς αὐτῷ· λέγοντος γάρ τινος τῶν μεγαλοτόλμων τούτων ποιητῶν, ὡς γένοιτό ποτε τρικέφαλος καὶ ἑξάχειρ ἄνθρωπος, ἂν τὸ πρῶτον ταῦτα ἀπραγμόνως ἀποδέξῃ μὴ ἐξετάσας εἰ δυνατόν, ἀλλὰ πιστεύσας, εὐθὺς ἀκολούθως ἂν ἐπάγοι τὰ λοιπά, ὡς καὶ ὀφθαλμοὺς ὁ αὐτὸς εἶχεν ἓξ καὶ ὦτα ἓξ καὶ φωνὰς τρεῖς ἅμα ἠφίει καὶ ἤσθιεν διὰ τριῶν στομάτων καὶ δακτύλους τριάκοντα εἶχεν, οὐχ ὥσπερ ἕκαστος ἡμῶν δέκα ἐν ἀμφοτέραις ταῖς χερσί· καὶ εἰ πολεμεῖν δέοι, αἱ τρεῖς μὲν χεῖρες ἑκάστη πέλτην ἢ γέρρον ἢ ἀσπίδα εἶχον, αἱ τρεῖς δὲ ἡ μὲν πέλεκυν κατέφερεν, ἡ δὲ λόγχην ἠφίει, ἡ δὲ τῷ ξίφει ἐχρῆτο. καὶ τίς ἔτι ἂν ἀπιστήσειεν ταῦτα λέγοντι αὐτῷ; ἀκόλουθα γὰρ τῇ ἀρχῇ, περὶ ἧς ἐχρῆν εὐθὺς σκοπεῖν εἴπερ δεκτέα καὶ εἰ συγχωρητέα οὕτως ἔχειν. ἢν δὲ ἅπαξ ἐκεῖνα δῷς, ἐπιρρεῖ τὰ λοιπὰ καὶ οὔποτε στήσεται καὶ τὸ ἀπιστεῖν αὐτοῖς οὐκέτι ῥᾴδιον, ἐπείπερ ἀκόλουθα καὶ ὅμοιά ἐστιν τῇ συγχωρηθείσῃ ἀρχῇ· ἅπερ καὶ ὑμεῖς πάσχετε. ὑπὸ γὰρ δὴ ἔρωτος καὶ προθυμίας οὐκ ἐξετάσαντες τὰ κατὰ τὴν εἴσοδον ἑκάστην ὅπως ὑμῖν ἔχει, προχωρεῖτε ὑπὸ τῆς ἀκολουθίας ἑλκόμενοι, οὐκ ἐννοοῦντες εἴ τοι γένοιτο ἂν ἀκόλουθόν τι αὐτῷ καὶ ψεῦδος ὄν· οἷον, εἴ τις λέγοι τὰ δὶς πέντε ἑπτὰ εἶναι καὶ σὺ πιστεύσειας αὐτῷ μὴ ἀριθμήσας ἐπὶ σαυτοῦ, ἐπάξει δηλαδὴ ὅτι καὶ τετράκις πέντε τεσσαρεσκαίδεκα πάντως ἐστὶν καὶ μέχρι ἂν ὅτε ἐθελήσῃ. οἷα καὶ ἡ θαυμαστὴ γεωμετρία ποιεῖ· κἀκείνη γὰρ τοὺς ἐν ἀρχῇ ἀλλόκοτά τινα αἰτήματα αἰτήσασα καὶ συγχωρηθῆναι αὐτῇ ἀξιώσασα οὐδὲ συστῆναι δυνάμενα —σημεῖά τινα ἀμερῆ καὶ γραμμὰς ἀπλατεῖς καὶ τὰ τοιαῦτα— ἐπὶ σαθροῖς τοῖς θεμελίοις τούτοις οἰκοδομεῖ τὰ λοιπὰ καὶ ἀξιοῖ εἰς ἀπόδειξιν ἀληθῆ λέγειν ἀπὸ ψευδοῦς τῆς ἀρχῆς ὁρμωμένη.

75. Κατὰ ταὐτὰ τοίνυν καὶ ὑμεῖς δόντες τὰς ἀρχὰς τῆς προαιρέσεως ἑκάστης πιστεύετε τοῖς ἑξῆς καὶ γνώρισμα τῆς ἀληθείας αὐτῶν τὴν ἀκολουθίαν ἡγεῖσθε εἶναι ψευδῆ οὖσαν. εἶτα οἱ μὲν ὑμῶν ἐναποθνήσκουσιν ταῖς ἐλπίσι, πρὶν ἰδεῖν τἀληθὲς καὶ καταγνῶναι τῶν ἐξαπατησάντων ἐκείνων, οἱ δὲ κἂν αἴσθωνται ἐξηπατημένοι ὀψέ ποτε γέροντες ἤδη γενόμενοι, ὀκνοῦσιν ἀναστρέφειν αἰδούμενοι εἰ δεήσει τηλικούτους αὐτοὺς ὄντας ἐξομολογήσασθαι ὅτι παίδων πράγματα ἔχοντες οὐ συνίεσαν· ὥστε ἐμμένουσιν τοῖς αὐτοῖς ὑπ' αἰσχύνης καὶ ἐπαινοῦσι τὰ παρόντα καὶ ὁπόσους ἂν δύνωνται προτρέπουσιν ἐπὶ τὰ αὐτά, ὡς ἂν μὴ μόνοι ἐξηπατημένοι ὦσιν, ἀλλὰ ἔχωσιν παραμυθίαν τὸ καὶ πολλοὺς ἄλλους τὰ ὅμοια παθεῖν αὐτοῖς. καὶ γὰρ αὖ κἀκεῖνο ὁρῶσιν, ὅτι ἢν τἀληθὲς εἴπωσιν οὐκέτι σεμνοὶ ὥσπερ νῦν καὶ ὑπὲρ τοὺς πολλοὺς δόξουσιν οὐδὲ τιμήσονται ὁμοίως. οὐκ ἂν οὖν ἑκόντες εἴποιεν εἰδότες, ἀφ' οἵων ἐκπεσόντες ὅμοιοι τοῖς ἄλλοις δόξουσιν. ὀλίγοις δ' ἂν πάνυ ἐντύχοις ὑπ' ἀνδρείας τολμῶσι λέγειν ὅτι ἐξηπάτηνται καὶ τοὺς ἄλλους ἀποτρέπειν τῶν ὁμοίων πειρωμένοις. εἰ δ' οὖν τινι τοιούτῳ ἐντύχοις, φιλαλήθη τε κάλει τὸν τοιοῦτον καὶ χρηστὸν καὶ δίκαιον καί, εἰ βούλει, φιλόσοφον· οὐ γὰρ ἂν φθονήσαιμι τούτῳ μόνῳ τοῦ ὀνόματος. οἱ δ' ἄλλοι ἢ οὐδὲν ἀληθὲς ἴσασιν οἰόμενοι εἰδέναι ἢ εἰδότες ἀποκρύπτονται ὑπὸ δειλίας καὶ αἰσχύνης καὶ τοῦ προτιμᾶσθαι βούλεσθαι.

76. Καίτοι πρὸς τῆς Ἀθηνᾶς ἅπαντα μὲν ἃ ἔφην, ἐάσωμεν αὐτοῦ καταβαλόντες καὶ λήθη τις ἔστω αὐτῶν ὥσπερ τῶν πρὸ Εὐκλείδου ἄρχοντος πραχθέντων· ὑποθέμενοι δὲ ταύτην φιλοσοφίαν ὀρθὴν εἶναι τὴν τῶν Στωϊκῶν, ἄλλην δὲ μηδ' ἡντιναοῦν, ἴδωμεν εἰ ἐφικτὴ αὕτη καὶ δυνατή ἐστιν, ἢ μάτην κάμνουσιν ὁπόσοι ἐφίενται αὐτῆς. τὰς μὲν γὰρ ὑποσχέσεις ἀκούω θαυμαστάς τινας, ἡλίκα εὐδαιμονήσουσιν οἱ ἐς τὸ ἀκρότατον ἐλθόντες· μόνους γὰρ τούτους πάντα συλλαβόντας ἕξειν τὰ τῷ ὄντι ἀγαθά. τὸ μετὰ ταῦτα δὲ σὺ ἄμεινον εἰδείης, εἴ τινι ἐντετύχηκας τοιούτῳ Στωϊκῶν τῶν ἄκρων, οἵῳ μήτε λυπεῖσθαι μήτε ὑφ' ἡδονῆς κατασπᾶσθαι μήτε ὀργίζεσθαι, φθόνου δὲ κρείττονι καὶ πλούτου καταφρονοῦντι καὶ συνόλως εὐδαίμονι, ὁποῖον χρὴ τὸν κανόνα εἶναι καὶ γνώμονα τοῦ κατὰ τὴν ἀρετὴν βίου —ὁ γὰρ καὶ κατὰ μικρότατον ἐνδέων ἀτελής, κἂν ⟨τἆλλα⟩ πάντα πλείω ἔχῃ— εἰ δὲ τοῦτο οὐχί, οὐδέπω εὐδαίμων.

77. ΕΡΜΟΤΙΜΟΣ Οὐδένα τοιοῦτον εἶδον.
ΛΥΚΙΝΟΣ Εὖ γε, Ἑρμότιμε, ὅτι οὐ ψεύδῃ ἑκών. εἰς τί δ' οὖν ἀποβλέπων φιλοσοφεῖς, ὅταν ὁρᾷς μήτε τὸν διδάσκαλον τὸν σὸν μήτε τὸν ἐκείνου μήτε τὸν πρὸ αὐτοῦ μηδ' ἂν εἰς δεκαγονίαν ἀναγάγῃς μηδένα αὐτῶν σοφὸν ἀκριβῶς καὶ διὰ τοῦτο εὐδαίμονα γεγενημένον; οὐδὲ γὰρ ἂν ἐκεῖνο ὀρθῶς εἴποις ὡς ἀπόχρη κἂν πλησίον γένῃ τῆς εὐδαιμονίας, ἐπεὶ οὐδὲν ὄφελος· ὁμοίως γὰρ ἔξω τοῦ ὁδοῦ ἐστιν καὶ ἐν τῷ ὑπαίθρῳ ὅ τε παρὰ τὴν θύραν ἔξω ἑστὼς καὶ ὁ πόρρω· διαλλάττοιεν δ' ἄν, ὅτι μᾶλλον οὗτος ἀνιάσεται ὁρῶν ἐγγύθεν οἵων ἐστέρηται. εἶτα ἵνα πλησίον γένῃ τῆς εὐδαιμονίας (δώσω γὰρ τοῦτό σοι) τοσαῦτα πονεῖς κατατρύχων σεαυτόν, καὶ παραδεδράμηκέν σε ὁ βίος ὁ τοσοῦτος ἐν ἀκηδίᾳ καὶ καμάτῳ καὶ ἀγρυπνίαις κάτω νενευκότα· καὶ εἰσαῦθις πονήσεις, ὡς φῄς, ἄλλα εἴκοσιν ἔτη τοὐλάχιστον, ἵνα ὀγδοηκοντούτης γενόμενος (εἴ τις ἐγγυητής ἐστί σοι ὅτι βιώσῃ τοσαῦτα) ὅμως ᾖς ἐν τοῖς μηδέπω εὐδαιμονοῦσιν —εἰ μὴ μόνος οἴει τεύξεσθαι τούτου καὶ αἱρήσειν διώκων ὃ πρὸ σοῦ μάλα πολλοὶ καὶ ἀγαθοὶ καὶ ὠκύτεροι παρὰ πολὺ διώκοντες οὐ κατέλαβον. **78.** ἀλλὰ καὶ κατάλαβε, εἰ δοκεῖ, καὶ ἔχε ὅλον συλλαβών· τὸ μὲν δὴ πρῶτον οὐχ ὁρῶ ὅ τι ποτ' ἂν εἴη τἀγαθόν, ὡς ἀντάξιον δοκεῖν τῶν πόνων τῶν τοσούτων. ἔπειτα ἐς πόσον ἔτι τὸν λοιπὸν χρόνον ἀπολαύσεις αὐτοῦ γέρων ἤδη καὶ παντὸς ἡδέος ἔξωρος ὢν καὶ τὸν ἕτερον πόδα φασὶν ἐν τῇ σορῷ ἔχων; εἰ μή τι ἐς ἄλλον, ὦ γενναῖε, βίον προγυμνάζεις ἑαυτόν, ὡς ἐς ἐκεῖνον ἐλθὼν ἄμεινον διαγάγοις, εἰδὼς ὅντινα τρόπον χρὴ βιοῦν, ὅμοιον ὡς εἴ τις ἐς τοσοῦτο σκευάζοι τε καὶ εὐτρεπίζοι ὡς δειπνήσων ἄμεινον ἄχρι ἂν λάθῃ ὑπὸ λιμοῦ διαφθαρείς.

79. Ἀλλὰ μὴν οὐδ' ἐκεῖνό πω κατανενόηκας οἶμαι ὡς ἡ μὲν ἀρετὴ ἐν ἔργοις δήπου ἐστίν, οἷον ἐν τῷ δίκαια πράττειν καὶ σοφὰ καὶ ἀνδρεῖα· ὑμεῖς δὲ (τὸ δὲ ὑμεῖς ὅταν εἴπω, τοὺς ἄκρους τῶν φιλοσοφούντων φημί) ἀφέντες ταῦτα ζητεῖν καὶ ποιεῖν ῥημάτια δύστηνα μελετᾶτε καὶ συλλογισμοὺς καὶ ἀπορίας καὶ τὸ πλεῖστον τοῦ βίου ἐπὶ τούτοις διατρίβετε, καὶ ὃς ἂν κρατῇ ἐν αὐτοῖς καλλίνικος ὑμῖν δοκεῖ. ἀφ' ὧν οἶμαι καὶ τὸν διδάσκαλον τουτονὶ θαυμάζετε, γέροντα ἄνδρα, ὅτι τοὺς προσομιλοῦντας ἐς ἀπορίαν καθίστησιν καὶ οἶδεν ὡς χρὴ ἐρέσθαι καὶ σοφίσασθαι καὶ πανουργῆσαι καὶ ἐς ἄφυκτα ἐμβαλεῖν, καὶ τὸν καρπὸν ἀτεχνῶς ἀφέντες —οὗτος δὲ ἦν περὶ τὰ ἔργα— περὶ τὸν φλοιὸν ἀσχολεῖσθε τὰ φύλλα καταχέοντες ἀλλήλων ἐν ταῖς ὁμιλίαις. ἢ γὰρ ἄλλα ἐστὶν ἃ πράττετε, ὦ Ἑρμότιμε, πάντες ἕωθεν εἰς ἑσπέραν;

ΕΡΜΟΤΙΜΟΣ Οὔκ, ἀλλὰ ταῦτα.
ΛΥΚΙΝΟΣ Ἦ οὖν οὐχὶ καὶ ὀρθῶς τις φαίη τὴν σκιὰν ὑμᾶς θηρεύειν ἐάσαντας τὸ σῶμα ἢ τοῦ ὄφεως τὸ σῦφαρ ἀμελήσαντας τοῦ ὅλκου; μᾶλλον δὲ τὸ ὅμοιον ποιεῖν ὥσπερ εἴ τις ἐς ὅλμον ὕδωρ ἐγχέας ὑπέρῳ σιδηρῷ πτίττοι πράττειν ἀναγκαῖόν τι καὶ προὔργου οἰόμενος, οὐκ εἰδὼς ὅτι κἂν ἀποβάλῃ φασὶ τοὺς ὤμους πτίττων, ὕδωρ ὁμοίως τὸ ὕδωρ μένει;

80. Καί μοι δὸς ἐνταῦθα ἤδη ἐρέσθαι σε εἰ ἐθέλοις ἂν ἔξω τῶν λόγων τὰ ἄλλα ἐοικέναι τῷ διδασκάλῳ, οὕτω μὲν ὀργίλος, οὕτω δὲ μικρολόγος, οὕτω δὲ φιλόνικος ὢν καὶ φιλήδονος νὴ Δί', εἰ καὶ μὴ τοῖς πολλοῖς δοκεῖ. τί σιγᾷς, ὦ Ἑρμότιμε; θέλεις διηγήσομαι ἃ πρώην ἤκουσα ὑπὲρ φιλοσοφίας τινὸς λέγοντος ἀνδρὸς πάνυ γεγηρακότος, ᾧ πάμπολλοι τῶν νέων ἐπὶ σοφίᾳ πλησιάζουσιν; ἀπαιτῶν γὰρ παρά τινος τῶν μαθητῶν τὸν μισθὸν ἠγανάκτει, λέγων ὑπερήμερον εἶναι καὶ ἐκπρόθεσμον τοῦ ὀφλήματος, ὃν ἔδει πρὸ ἑκκαίδεκα ἡμερῶν ἐκτετικέναι τῇ ἕνῃ καὶ νέᾳ· οὕτω γὰρ συνθέσθαι. **81.** καὶ ἐπεὶ ταῦτα ἠγανάκτει, παρεστὼς ὁ θεῖος τοῦ νεανίσκου, ἄγροικος ἄνθρωπος καὶ ἰδιώτης ὡς πρὸς τὰ ὑμέτερα, "Πέπαυσο", εἶπεν, "ὦ θαυμάσιε, τὰ μέγιστ' ἠδικῆσθαι λέγων, εἰ ῥημάτια παρὰ σοῦ πριάμενοι μηδέπω ἐκτετίκαμεν διάφορον. καίτοι ἃ μὲν ἡμῖν πέπρακας, ἔχεις ἔτι καὶ αὐτὸς καὶ οὐδὲν ἔλαττον γέγονέ σοι τῶν μαθημάτων· τὰ δὲ ἄλλ' ὧν ἐξ ἀρχῆς ἐπιθυμῶν συνέστησά σοι τὸν νεανίσκον, οὐδὲν ἀμείνων γεγένηται διὰ σέ, ὃς τοὐμοῦ γείτονος Ἐχεκράτους τὴν θυγατέρα συναρπάσας παρθένον οὖσαν διέφθειρεν καὶ ὀλίγου δίκην ἔφυγε βιαίων, εἰ μὴ ἐγὼ ταλάντου ὠνησάμην τὸ πλημμέλημα παρὰ πένητος ἀνδρὸς τοῦ Ἐχεκράτους. τὴν μητέρα δὲ πρώην ἐρράπισεν, ὅτι αὐτοῦ ἐλάβετο ὑπὸ κόλπου ἐκκομίζοντος τὸν κάδον, ὡς ἔχοι συμβολὰς οἶμαι καταθεῖναι. τὰ μὲν γὰρ ἐς ὀργὴν καὶ θυμὸν καὶ ἀναισχυντίαν καὶ ἐς τόλμαν καὶ ψεῦδος μακρῷ τινι ἄμεινον εἶχεν πέρυσιν ἢ νῦν. καίτοι ἐβουλόμην ἂν αὐτὸν ἐς ταῦτα ὠφελῆσθαι ὑπὸ σοῦ μᾶλλον ἤπερ ἐκεῖνα εἰδέναι, ἃ καθ' ἑκάστην ἡμέραν πρὸς ἡμᾶς οὐδὲν δεομένους ἐπὶ τὸ δεῖπνον διεξέρχεται, ὡς κροκόδειλος ἥρπασε παιδίον, καὶ ὑπέσχηται ἀποδώσειν αὐτό, ἂν ἀποκρίνηται ὁ πατὴρ οὐκ οἶδ' ὅ τι, ἢ ὡς ἀναγκαῖόν ἐστιν ἡμέρας οὔσης μὴ νύκτα εἶναι. ἐνίοτε δὲ καὶ κέρατα ἡμῖν ὁ γενναῖος ἀναφύει οὐκ οἶδ' ὅπως περιπλέκων τὸν λόγον. ἡμεῖς δὲ γελῶμεν ἐπὶ τούτοις, καὶ μάλιστα ὅταν ἐπιβυσάμενος τὰ ὦτα μελετᾷ πρὸς αὑτὸν ἕξεις τινὰς καὶ σχέσεις καὶ καταλήψεις καὶ φαντασίας καὶ τοιαῦτα πολλὰ ὀνόματα διεξιών. ἀκούομεν δὲ αὐτοῦ λέγοντος ὡς καὶ ὁ θεὸς οὐκ ἐν οὐρανῷ ἐστιν ἀλλὰ διὰ πάντων πεφοίτηκεν, οἷον ξύλων καὶ λίθων καὶ ζῴων ἄχρι καὶ τῶν ἀτιμοτάτων. καὶ τῆς γε μητρὸς ἐρομένης αὐτὸν τί ταῦτα ληρεῖ, καταγελάσας αὐτῆς, Ἀλλὰ ἢν τὸν λῆρον τοῦτον, ἔφη, ἐκμάθω ἀκριβῶς, οὐδὲν κωλύσει με μόνον πλούσιον μόνον βασιλέα εἶναι, τοὺς δὲ ἄλλους ἀνδράποδα καὶ καθάρματα νομίζεσθαι ὡς πρὸς ἐμέ".

82. Τοιαῦτα τοῦ ἀνδρὸς εἰπόντος, ὁ φιλόσοφος ὅρα οἵαν ἀπόκρισιν ἀπεκρίνατο, ὦ Ἑρμότιμε, ὡς πρεσβυτικήν· ἔφη γάρ, "Ἀλλ' εἴ γε μὴ ἐμοὶ ἐπλησίαζεν οὗτος, οὐκ οἴει μακρῷ χείρω ἂν αὐτὸν ἐξεργάσασθαι ἢ καὶ νὴ Δία ἴσως τῷ δημίῳ παραδεδόσθαι; ὡς νῦν γε χαλινόν τινα ἐμβέβληκεν αὐτῷ ἡ φιλοσοφία καὶ ἡ πρὸς ταύτην αἰδώς, καὶ διὰ τοῦτο μετριώτερός ἐστιν ὑμῖν καὶ φορητὸς ἔτι. φέρει γάρ τινα αἰσχύνην αὐτῷ, εἰ ἀνάξιος φαίνοιτο τοῦ σχήματος καὶ τοῦ ὀνόματος, ἃ δὴ παρακολουθοῦντα παιδαγωγεῖ αὐτόν. ὥστε δίκαιος ἂν εἴην, εἰ καὶ μὴ ὧν βελτίω ἀπέφηνα, μισθὸν παρ' ὑμῶν λαβεῖν, ἀλλ' οὖν ἐκείνων γε ἃ μὴ δέδρακεν αἰδούμενος φιλοσοφίαν. ἐπεὶ καὶ αἱ τίτθαι τοιάδε λέγουσι περὶ τῶν παιδίων, ὡς ἀπιτητέον αὐτοῖς ἐς διδασκάλου· καὶ γὰρ ἂν μηδέπω μαθεῖν ἀγαθόν τι δύνωνται, ἀλλ' οὖν φαῦλον οὐδὲν ποιήσουσιν ἐκεῖ μένοντες. ἐγὼ μὲν οὖν τὰ ἄλλα πάντα ἀποπλῆσαί μοι δοκῶ, καὶ ὅντινα ἂν ἐθέλῃς τῶν εἰδότων τὰ ἡμέτερα, ἧκέ μοι ἐς αὔριον παραλαβὼν ὄψει τε ὅπως ἐρωτᾷ καὶ πῶς ἀποκρίνεται καὶ ὅσα μεμάθηκεν καὶ ὅσα ἤδη ἀνέγνωκε βιβλία περὶ ἀξιωμάτων, περὶ συλλογισμῶν, περὶ καταλήψεως, περὶ καθηκόντων καὶ ἄλλα ποικίλα. εἰ δὲ ἢ τὴν μητέρα ἔτυπτεν ἢ παρθένους συνήρπαζε, τί ταῦτα πρὸς ἐμέ; οὐ γὰρ παιδαγωγόν με ἐπεστήσατε αὐτῷ".

83. Τοιαῦτα γέρων ἄνθρωπος ὑπὲρ φιλοσοφίας ἔλεγε. σὺ δὲ καὶ αὐτὸς ἂν φαίης, ὦ Ἑρμότιμε, ἱκανὸν εἶναι ὡς διὰ τοῦτο φιλοσοφοίημεν, ὡς μηδὲν τῶν φαυλοτέρων πράττοιμεν; ἢ ἐπ' ἄλλαις ἐλπίσιν ἐξ ἀρχῆς φιλοσοφεῖν ἠξιοῦμεν, οὐχ ὡς τῶν ἰδιωτῶν κοσμιώτεροι εἴημεν περινοστοῦντες; τί οὖν οὐκ ἀποκρίνῃ καὶ τοῦτο;

ΕΡΜΟΤΙΜΟΣ Τί δὲ ἄλλο ἢ ὅτι καὶ δακρῦσαι ὀλίγου δέω; ἐς τοσοῦτό μου καθίκετο ὁ λόγος ἀληθὴς ὤν, καὶ ὀδύρομαι, ὅσον ἄθλιος χρόνον ἀνάλωκα καὶ προσέτι μισθοὺς οὐκ ὀλίγους τελῶν ἀντὶ τῶν πόνων. νυνὶ γὰρ ὥσπερ ἐκ μέθης ἀνανήφων ὁρῶ οἷα μέν ἐστιν ὧν ἤρων, ὁπόσα δὲ πέπονθα διὰ ταῦτα.

84. ΛΥΚΙΝΟΣ Καὶ τί δεῖ δακρύων, ὦ χρηστέ; τὸ γὰρ τοῦ μύθου ἐκεῖνο πάνυ συνετόν, οἶμαι, ὃν Αἴσωπος διηγεῖτο· ἔφη γὰρ ἄνθρωπόν τινα ἐπὶ τῇ ἠϊόνι καθεζόμενον ἐπὶ τὴν κυματωγὴν ἀριθμεῖν τὰ κύματα, σφαλέντα δὲ ἄχθεσθαι καὶ ἀνιᾶσθαι, ἄχρι δὴ τὴν κερδὼ παραστᾶσαν εἰπεῖν αὐτῷ, "Τί, ὦ γενναῖε, ἀνιᾷ τῶν παρελθόντων ἕνεκα, δέον τὰ ἐντεῦθεν ἀρξάμενον ἀριθμεῖν ἀμελήσαντα ἐκείνων"; Καὶ σὺ τοίνυν, ἐπείπερ οὕτω σοι δοκεῖ, ἐς τὸ λοιπὸν ἂν ἄμεινον ποιήσαις βίον τε κοινὸν ἅπασι βιοῦν ἀξιῶν καὶ συμπολιτεῦσαι τοῖς πολλοῖς οὐδὲν ἀλλόκοτον καὶ τετυφωμένον ἐλπίζων, καὶ οὐκ αἰσχυνῇ, ἤνπερ εὖ φρονῇς, εἰ γέρων ἄνθρωπος μεταμαθήσῃ καὶ μεταχωρήσεις πρὸς τὸ βέλτιον.

85. Ταῦτα πάντα, ὦ φιλότης, ὁπόσα εἶπον, μή με νομίσῃς κατὰ τῆς Στοᾶς παρεσκευασμένον ἢ ἔχθραν τινὰ ἐξαίρετον πρὸς Στωϊκοὺς ἐπανῃρημένον εἰρηκέναι, ἀλλὰ κοινὸς ἐπὶ πάντας ὁ λόγος. τὰ γὰρ αὐτὰ πρὸς σὲ εἶπον ἄν, εἰ τὰ Πλάτωνος ἢ Ἀριστοτέλους ᾕρησο τῶν ἄλλων ἀκρίτων ἐρήμην καταγνούς. νῦν δὲ ἐπεὶ τὰ Στωϊκῶν προετίμησας, πρὸς τὴν Στοὰν ἀποτετάσθαι ὁ λόγος ἔδοξεν οὐδὲν ἐξαίρετον πρὸς αὐτὴν ἔχων.

86. ΕΡΜΟΤΙΜΟΣ Εὖ λέγεις· ἄπειμι γοῦν ἐπ' αὐτὸ τοῦτο, ὡς μεταβαλοίμην καὶ αὐτὸ δὴ τὸ σχῆμα. ὄψει γοῦν οὐκ εἰς μακρὰν οὔτε πώγωνα ὥσπερ νῦν λάσιον καὶ βαθὺν οὔτε δίαιταν κεκολασμένην, ἀλλὰ ἄνετα πάντα καὶ ἐλεύθερα. τάχα δὲ καὶ πορφυρίδα μεταμφιάσομαι, ὡς εἰδεῖεν ἅπαντες ὅτι μηκέτι μοι τῶν λήρων ἐκείνων μέτεστιν. ὡς εἴθε γε καὶ ἐξεμέσαι δυνατὸν ἦν ἅπαντα ἐκεῖνα, ὁπόσα ἤκουσα παρ' αὐτῶν, καὶ εὖ ἴσθι, οὐκ ἂν ὤκνησα καὶ ἑλλέβορον πιεῖν διὰ τοῦτο ἐς τὸ ἔμπαλιν ἢ ὁ Χρύσιππος, ὅπως μηδὲν ἔτι νοήσαιμι ὧν φασιν. σοὶ δ' οὖν οὐ μικρὰν χάριν οἶδα, ὦ Λυκῖνε, ὅτι με παραφερόμενον ὑπὸ θολεροῦ τινος χειμάρρου καὶ τραχέος, ἐπιδιδόντα ἐμαυτὸν καὶ κατὰ ῥοῦν συρρέοντα τῷ ὕδατι, ἀνέσπασας ἐπιστάς, τὸ τῶν τραγῳδῶν τοῦτο, θεὸς ἐκ μηχανῆς ἐπιφανείς. δοκῶ δέ μοι οὐκ ἀλόγως ἂν καὶ ξυρήσασθαι τὴν κεφαλὴν ὥσπερ οἱ ἐκ τῶν ναυαγίων ἀποσωθέντες ἐλεύθεροι, ἅτε καὶ σωτήρια τήμερον ἄξων τοσαύτην ἀχλὺν ἀποσεισάμενος τῶν ὀμμάτων. φιλοσόφῳ δὲ εἰς τὸ λοιπὸν κἂν ἄκων ποτὲ ἐν ὁδῷ βαδίζων ἐντύχω, οὕτως ἐκτραπήσομαι καὶ περιστήσομαι ὥσπερ τοὺς λυττῶντας τῶν κυνῶν.

Divergenze rispetto all'edizione di Macleod

La tradizione manoscritta di Luciano, com'è noto, è suddivisa in due famiglie, β e γ, cui afferiscono gran parte dei testimoni a nostra disposizione. Tuttavia, gli scritti lucianei non sono tramandati omogeneamente in entrambi i rami della tradizione, che risulta acquisire caratteristiche notevolmente variabili rispetto a ciascuna opera compresa nel *corpus* dell'autore. Per questa ragione in taluni casi è stata avvertita la necessità di ricostruire o verificare la storia della trasmissione del testo di singole opere, a prescindere dal quadro complessivo della produzione cui esse appartengono[1].

L'*Hermotimus* è attestato nei migliori esemplari della famiglia γ[2], che è reputata generalmente quella più affidabile in riferimento alla qualità del testo tramandato[3]. Il dialogo appare complessivamente in 23 manoscritti, tra i quali solo alcuni sono di importanza decisiva per lo studio del testo[4].

In modo particolare, per la ricostruzione dell'*Hermotimus* e per la sua precisa disposizione all'interno della vasta produzione di Luciano non sembra essere particolarmente significativa la collocazione ricoperta dal dialogo nei manoscritti in cui appare[5], bensì uno studio più approfondito della tradizione e delle

---

1 Esemplare a questo proposito sono gli studi di Coenen, 1977, pp. V-CXXXIX, a proposito dello *Iuppiter tragoedus*, di Nesselrath, 1985 sul *De Parasito* e di Itzkowitz, 1986, per *Vitarum Auctio* e *Piscator*. Degni di nota sono anche i lavori filologici di Husson, 1970 per *Navigium*, di Steindl, 1970 per *Toxaris*, *Scytha* e *Anacharsis* e infine il contributo filologico di Ebner, 2001, per *Philopseudeis*. Importanti annotazioni testuali sul nostro dialogo sono contenute in Nesselrath, 1990. Sulla vastità del lavoro editoriale richiesto dall'intera produzione lucianea è esemplare questa dichiarazione di Itzkowitz, 1986, p. 3: "*Ideally, a full knowledge of Lucian's tradition can be obtained only by a complete and thorough examination of all readings of all codices for all the works. This monumental undertaking looms before us in the future*".
2 Questo ramo della tradizione è rappresentato in Macleod dai codici ΓEL, per i quali vedi la rapida descrizione *infra*, p. 127. Sui testi a tradizione unica vedi la discussione dettagliata in Marquis, 2013, pp. 12-36, che individua quarantasei opere a tradizione doppia e trentaquattro trasmesse nel solo ramo γ, tra le quali è compreso anche l'*Hermotimus*.
3 Vedi Nesselrath, 1984, p. 576, che critica l'incostanza nell'uso dei due rami della tradizione mostrata da Macleod nei primi tre volumi della sua edizione lucianea. Si consideri anche la replica di Macleod, 1994, pp. 1404-1421.
4 La rassegna più completa dei manoscritti di Luciano è offerta da Nilén, 1907 e Wittek, 1952, pp. 309-323.
5 Si tratta del noto principio dell' "*akoluthia*" impiegato da Mras, 1911, pp. 5 ss. per lo studio della vasta tradizione testuale di Luciano. Sulla base di questo criterio, ma anche dello studio delle varianti più significative, egli è arrivato a concepire l'idea di due differenti gruppi distinguibili nella tradizione del Nostro. Su questo principio vedi anche Zweimüller, 2008, p. 149, che lo applica in maniera piuttosto forzata in riferimento al *Rhetorum Praeceptor*.

caratteristiche del testo tramandato. Il testo approntato in questo lavoro non si fonda sullo studio dettagliato della tradizione manoscritta; piuttosto, si tratta di un'*editio ex editionibus*, giacché è il risultato dell'esame complessivo di tutte le edizioni disponibili dell'*Hermotimus*, soprattutto di quelle più antiche, in larga parte ricche di congetture ingiustamente ignorate dai più recenti editori lucianei[6].

I manoscritti più importanti della tradizione lucianea, ove è presente il testo dell'*Hermotimus*, sono elencati qui di seguito.

Codici del ramo γ:
Γ (*Vaticanus Graecus* 90, X secolo)
E (*Harleianus* 5694, X secolo)
L (*Laurentianus* 57.51, XI secolo)
Ω (*Marcianus* 840, X-XI secolo)
M (*Parisinus* 2954, XIV secolo)
V (*Vaticanus* 89, XIV-XV secolo)

Codici misti e interpolati:
A (*Vaticanus* 87, XIV secolo)
C (*Parisinus* 3011, XIV secolo)
G (*Guelferbytanus alter*, XV secolo)
N (*Parisinus* 2957, XV secolo)[7]
R (*Laurentianus* 57.28, XV secolo)
T (*Palatinus* 213, XIV-XV secolo)

[a] *Alexandri correctiones*, X secolo
[b] *Arethae scholia et correctiones*, X secolo
[1] = prima lectio primae manus (ante correctionem quoquo modo et tempore factam).

Qui di seguito sono elencate tutte le divergenze testuali rispetto all'ultima edizione oxoniense dell'*Hermotimus*. Variazioni nella punteggiatura sono segnalate solo qualora siano sintatticamente o semanticamente significative.

---

6 A tal proposito vedi le annotazioni di Nesselrath, 1990 al IV volume dell'edizione di Macleod, 1987. Un prospetto delle edizioni lucianee impiegate in questo lavoro è *infra*, p. 581.
7 Marquis, 2013, p. 9 riconduce questo manoscritto nella classe β. Sull'ordinamento di questo ramo della tradizione vedi Macleod, 1972, vol. I, p. XV.

§ 1 (p. 195) ὧδε κἀκεῖσε edd. : ὧδε Macleod

§ 2 (p. 95) οὕτως ὅλος εἶ recc., Jacobitz : οὕτως ὅλος εἶναι vett., Macleod

§ 4 (pp. 208-209) τὰ μυστήρια τὰ ἄλλα ἢ codd., Fritzsche : τὰ μυστήρια τὰ μεγάλα ἢ Struve, Macleod : ἢ τὰ ἄλλα Jacobitz

§ 5 (pp. 209-210) προσβάλλωσιν L, Kilburn : προσβάλωσιν cett., Macleod
χαμαιπετεῖς παντάπασιν ἐν recc., Reitz, Jacobitz, Bekker : χαμαὶ πάντα παθεῖν ἐν ΓEL : χαμαὶ παντάπασιν πατεῖν ἐν Mras, Macleod : χαμαιπετεῖς ἐν ... ἄνωθεν [πάντα πατεῖς·] Fritzsche

§ 6 περιλαβεῖν recc., Kilburn : περιβαλεῖν ΓE, Macleod : παραβαλεῖν L

§ 7 (p. 227) ταῦτα εἶναί <τι> Hermann : ταῦτα εἶναι codd., Macleod : ταῦτα [θαυμαστὰ] εἶναι Fritzsche

§ 12 εἴ τι L, edd. vett., Kilburn : ἤ τι ΓE : ἤ τί Macleod

§ 13 γενοίμην recc., Bekker : γενέσθαι ΓEL : γενέσθαι <οἷός τε εἴην> Macleod et tempt. δυνήσομαι γενέσθαι : γενέσθαι οἷός τε εἴην Mras

§ 15 προσειπών recc., Bekker : προειπών vett., Macleod

§ 16 οἱ Περιπατητικοί L, recc., Bekker : οἱ om. ΓE : <οἱ> Macleod

§ 17 τῶν κρειττόνων. ἄξιον, οὐ γάρ; πιστεῦσαί σοι τοιαῦτα λέγοντι Bekker : καὶ τῶν κρειττόνων ἀξιῶν. οὐ γὰρ πιστεῦσαί (πιστεύσαιμι Fl., Macleod) ΓE : de codicis L lectione silet Macleod : pro ἀξιῶν coniecit ἀξίαν Guyet, ἀξίωσιν Struve : τῶν κρειττόνων ἀξιῶν· οὐ γὰρ ἂν πιστεύσαιμι Halmius : τὴν αἵρεσιν, ὡς τῶν κρειττόνων ἀξιῶν. οὐ γὰρ πιστεύσαιμι Hermann : τῶν κρειττόνων· οὐ γὰρ ἀξιῶ πιστεῦσαι Fritzsche : καταφρονῶν τῶν κρειττόνων ἀξιουμένων (vel ἀξιωμάτων) temptavit Macleod : καί et ἀξιῶν ... λέγοντι delevit Dindorf

§ 20 βούλεται L, Bekker: βουλεύεται cett., Macleod

§ 24 εἴ recc., Reitzius : ὡς εἴ ΓEL : [ὡς] εἴ Macleod
ὅτῳ λαμπρὸν Corcella : οὕτω λαμπρὸν Γ : καὶ οὗ τὸ λαμπρὸν L : οὐ τῶν λαμπρῶν E^b : οὐδὲ λαμπρῶν recc., Jacobitz : τοῦ τῶν λαμπρῶν Fritzsche : οὕτω ... προγόνων del. Macleod
πρὸς τὴν πόλιν recc., Bekker : πρὸς πόλιν vett., Macleod

§ 25 (p. 312) ἡδεῖα, Reitzius : ἡδεῖα καί vett., Macleod : ἡδεῖα οὐδέν recc., Kilburn : ἡδεῖα [οὖσα] Fritzsche

§ 26 (p. 313) ἀκολουθήσαντας recc., Bekker : ἀκολουθήσοντας vett., Macleod : ἄλλῳ ἡγήσασθαι δυναμένους ἀκολουθήσοντι Fritzsche

§ 27 (p. 319) ὁ δ' εἰς ΓEL, Bekker : ὅδ' εἰς recc., Macleod

§ 28 (pp. 325-326) ἀναβάντα recc. : ἀναβάντας vett., Macleod

§ 32 (p. 336) ἄλλοις Vorstius : πολλοῖς codd., Macleod

§ 33 (p. 342) Ἦ νομίζεις Solanus; cfr. § 79 : Ἦ νομίζεις codd., Macleod

§ 35 (p. 347) γένοιτο L : γένοιντο ΓE, Macleod

§ 36 (pp. 352-353) δίδως αὑτοῖς ἔχειν Marcilius : δίδως αὐτά ἔχειν ΓEL, Macleod : δίδως αὐτό ἔχειν recc.

§ 38 (p. 360) ἢ εἰ ὅλως Ω : ἢ ὅλως ΓELT, Macleod

§ 39 <τὸ> ἱερόν Halmius : ἱερόν codd., Macleod

§ 40 μὲν <τὸ> ἄλφα Dindorf : μὲν ἄλφα codd., Macleod

§ 42 (p. 369) Νὴ Δί'· ἀπορῶ Bekker : νὴ δία ἀπορῶ Γ : Νὴ Δία. διαπορῶ ELΩ, Macleod

§ 44 (pp. 369-370) ἀνθρώπους <δύο> Fritzsche : ἀνθρώπους codd., Macleod : δύο ἀνθρώπους Pelletus

§ 45 (pp. 373-374) οὐ τούτου μόνον <τοῦ> καλοῦ conieci : οὐκ †αὐτὸ† μόνον καλοῦ codd., Macleod : αὐτοῦ μόνον καλοῦ Gesner

§ 47 (p. 378) οὐ γὰρ Seager: οὐκ ἂν codd., Macleod : οὐκ Jacobitz
εὐποροῦμεν. ἆρα τόδε ... λεγόμενα; recc. : εὐποροῦμεν ἆρα. τὸ δὲ ... λεγόμενα. codd., Macleod

§ 48 (p. 384) λογισώμεθα L : λογισόμεθα ΓΕ, Macleod
πόσα δὴ οὖν Bekker : πόσα δ' οὖν codd., Macleod

§ 53 (pp. 407-408) τοὺς πολλούς; <τοὺς> εἰδότας Sommerbrodt : τοὺς πολλοὺς εἰδότας codd., Macleod : τοὺς πολλούς; εἰδότας Bekker
μόνος δὴ σύ conieci; cfr. § 48 : μόνος δὲ σύ codd., Macleod

§ 55 (pp. 418-419) ὅλον. οὕτως καί Ε : ὅλον. ΕΡΜ. Οὕτως. ΛΥΚ. Καί Γ, Macleod : ὅλον οὗτος· καί L

§ 56 (pp. 427-428) ὅρα μὴ οὐχὶ μορίου [ἐστὶν] ἡμέρας Fritzsche : ὅρα μὴ οὐχὶ μορίου ἐστὶν ἡμέρας codd., Macleod

§ 57 (p. 428) θυσιάζῃς τῳ Lehmann : θυσίας ζητῶν Γ : θυσιάζῃ τόν L : θυσιάζῃ τῳ Ε, Macleod

§ 58 (p. 433) ἀπέχρη Bekker : χρή codd. : ἀπόχρη Dindorf, Macleod

§ 60 (p. 450) ἄλλως μεθύων περίει Geist : ἄλλως μεθύων περιῄεις codd., Macleod

§ 61 (p. 451) [ὅτι] πάμπολλα Dindorf : ὅτι πάμπολλα codd., Macleod

§ 65 (p. 473) ἀτεχνῶς γάρ με recc., edd. : ἀτεχνῶς με γάρ codd., Macleod

§ 66 (p. 474) ἔδει δ'οἶμαι Fl., edd. : ἔδει δέ μοι ΓΕL, Macleod

§ 69 (p. 496) τὸ βέλτιστον L : τὸ βέλτιον ΓΕ, Macleod

§ 71 (pp. 506-507) ἢ τίς Ν : ἢ εἴ τίς ΓΕL : ἢ [εἰ] τίς Macleod

§ 73 <ἡ> ἄνθρωπος Ε[b] : om. ΓΕL, Macleod

§ 74 (p. 522) πιστεύσας recc., Reitz : πιστεύσεις ΓEL : πιστεύσῃς Macleod
εἴ τοι γένοιτο conieci : εἴ τι γένοιτο codd., Macleod : εἴπερ τι γένοιτο Solanus :
εἴ πῃ γένοιτο N, Reitz : εἴ [τι] γένοιτο Fritzsche
τὰ λοιπά Struvius : τὰ τοιαῦτα codd., Macleod

§ 75 πράγματα L : πρᾶγμα ΓΕ, Macleod
ἔχωσιν NL, Reitz : ἔχουσιν ΓΕ, Macleod
πειρωμένοις Bekker : πειρωμένους codd., Macleod

§ 76 (p. 536) τοιούτῳ Στωϊκῶν τῶν ἄκρων Fritzsche : Στωϊκῷ τοιούτῳ καί Γ : Στωϊκῷ τοιούτῳ ἐς EL : Στωϊκῷ τοιούτῳ καὶ Στωϊκῶν τῷ ἄκρῳ Reitz : Στωϊκῷ τοιούτῳ [καὶ Στωϊκῶν τῷ ἄκρῳ] Jacobitz : [Στωϊκῷ τοιούτῳ καί] Στωϊκῶν τῶν ἄκρων Sommerbrodt : Στωϊκῷ τοιούτῳ ἐς Στωϊκῶν τὸ ἄκρον Macleod : Στωϊκῷ τοιούτῳ τῶν ἐπ' ἄκρῳ von Möllendorff
κἂν ⟨τἆλλα⟩ πάντα πλείω Fritzsche : κἂν πάντα πλείω codd., Macleod : κἂν πλείω ἔχῃ Bekker

§ 77 (pp. 542-543) τοῦ ὁδοῦ edd. : τῆς ὁδοῦ codd. : τοῦ οὐδοῦ Solanus, Macleod

§ 78 (p. 543) προγυμνάζεις L, edd. : προγυμνάζῃς ΓΕ, Macleod

§ 79 (p. 549) Ἤ conieci; cfr. § 33: Ἤ codd., Macleod
σῦφαρ Γ : σύφαρ E, Macleod : σύρμα L
κἂν ἀποβάλῃ Dindorf : ἂν ἀποβάλῃ codd., Macleod

§ 80 ὀφλήματος L; cfr. *Dial. mort.* 14.2 : ὀφειλήματος ΓΕ, Macleod

§ 81 (p. 564) ἔφυγεν Salmuriensis : ἔφυγε Reitz : ἔφυγον codd., Macleod
ἔχοι Salmuriensis : ἔχει ΓΕ : ἔχῃ LN, Macleod

§ 83 (p. 570) μου καθίκετο Γ, edd. : με καθίκετο EL, Macleod

§ 84 (p. 571) συμπολιτεῦσαι Sommerbrodt : συμπολιτεύσῃ codd., Macleod

Traduzione

La traduzione del testo è stata eseguita consultando, là dove necessario, anche altre traduzioni in lingue moderne. In modo particolare, l'ultima traduzione italiana di Longo è senza dubbio esemplare per la resa moderna dell'eloquio e la fedeltà al testo originario[8]. Degne di considerazione sono anche le traduzioni di Kilburn[9], Dumont[10] e quella più recente di von Möllendorff[11].

1. Licino A giudicare dal libro e dal passo veloce, Ermotimo, sembra che tu stia correndo dal tuo maestro. Durante il tuo percorso pensavi a qualcosa, muovevi le labbra, mormorando a bassa voce, e agitavi la mano di qua e di là, come se stessi tenendo un discorso a te stesso, ordinando i termini di una delle questioni contorte o meditando su un problema sofistico. Così, nemmeno quando cammini ti concedi un momento di distensione, ma resti sempre attivo, impegnato in qualcosa di serio e di utile per i tuoi studi.

Ermotimo Per Zeus, Licino, è così! Stavo pensando alla lezione di ieri, ripercorrendo con la mente ciò che ci ha detto. Secondo me non dovrebbe perdere nemmeno un momento chi sappia che è vero il detto del medico di Coo: *'la vita è breve, ma lunga è l'arte'*. Chiaramente egli lo diceva in riferimento alla medicina, che è una disciplina più facile da imparare. La filosofia, invece, anche dopo molto tempo, resta inaccessibile, a meno che non si rimanga svegli a lungo, tenendo sempre fisso e saldo lo sguardo su di essa. E il rischio, poi, non è da poco: o essere infelice, sperduto nella massa degli stolti, oppure godere della felicità del filosofo.

2. Licino Di quali premi meravigliosi ci parli, Ermotimo! Credo che tu non ne sia lontano, a giudicare da quanto tempo studi filosofia e, ancora, dalla non poca fatica cui ti sottoponi, a quanto pare, già da molto tempo. Se ricordo bene sono quasi vent'anni che non ti vedo fare altro se non frequentare i maestri e, per lo

---

[8] Longo, 1976, vol. I, pp. 706-803. È imprescindibile ricordare anche la traduzione di Settembrini, 1861-1862, che è di per sé una testimonianza letteraria di grande pregio, cui è stato riconosciuto giustamente il carattere di "classico" (Gigante, 1977, pp. 111-113). In questa sede è necessario avvertire il lettore della scarsa affidabilità della recente ristampa di questa traduzione ad opera di Fusaro, 2007, il quale interviene surrettiziamente nel testo, modificando con un notevole grado di arbitrarietà la resa originale. A tal proposito si veda la dettagliata recensione di Condello, 2014, pp. 40-41.
[9] Kilburn, 1959, pp. 260-415.
[10] Dumont, 1993. In taluni passaggi è stata illuminante anche la resa di Talbot, 1912.
[11] von Möllendorff, 2000[1], pp. 22-138. Vedi anche le opportune osservazioni di Nesselrath in Bryn Mawr Classical Review 2001.05.10.

più piegato sui libri, trascrivere gli appunti delle lezioni, sempre pallido per i pensieri e con il corpo consunto. Mi sembra che tu non ti riposi nemmeno nel sonno, così preso come sei da questa impresa. Considerando tutto ciò, credo che tra non molto raggiungerai la felicità, a meno che tu non sia già da tempo in sua compagnia senza che io me ne accorgessi.

Ermotimo Da dove lo deduci, Licino, se comincio adesso a mettermi su questa via? La virtù, come dice Esiodo, abita lontano e il cammino che conduce ad essa è lungo, ripido, aspro, e richiede molto sudore a chi lo percorre.

Licino E tu, Ermotimo, non hai sudato e camminato abbastanza?

Ermotimo No, e niente mi impedirebbe di essere del tutto felice se fossi su in cima. Eppure comincio solo adesso, Licino.

3. Licino Ma lo stesso Esiodo diceva che l'inizio è la metà del tutto, per cui non sbaglieremmo se dicessimo che sei già a metà strada.

Ermotimo No, non è assolutamente così: altrimenti avrei già fatto un bel pezzo di strada.

Licino Ma allora in quale punto della via posso dire che ti trovi?

Ermotimo Ancora ai piedi del monte, Licino, e proprio ora sto facendo ogni sforzo per avanzare. Il percorso, però, è scivoloso e tortuoso e richiede una mano d'aiuto.

Licino Ma questo può farlo il tuo maestro, calando dall'alto i suoi discorsi, in maniera simile alla catena d'oro di Zeus in Omero, e con questi tirarti e sollevarti verso di sé e la virtù, giacché ha terminato la salita da molto tempo.

Ermotimo Quello che hai detto, Licino, è proprio ciò che sta accadendo. Certo è che, se dipendesse da lui, già da molto sarei stato tirato su e sarei insieme con loro. Sono io, però, a non essere ancora pronto.

4. Licino Devi avere fiducia e coraggio, guardando alla fine del cammino e alla felicità che sta lassù, soprattutto perché anche il maestro lo desidera come te. Del resto, quale speranza ti fa intravedere a proposito del tuo arrivo? Ha immaginato che sarai in cima il prossimo anno, per esempio dopo i piccoli misteri, o dopo le Panatenee?

Ermotimo Tu parli di un tempo assai breve, Licino!

Licino Allora per la prossima Olimpiade?

Ermotimo Anche in questo caso si tratta di un periodo di tempo breve rispetto all'esercizio della virtù e all'acquisizione della felicità.

Licino Allora, sicuramente, tra due Olimpiadi? Potrebbero accusarvi di eccessiva pigrizia se non riusciste in tutto questo tempo. Basterebbe per andare e venire tranquillamente tre volte dalle colonne d'Ercole all'India, anche senza percorrere la strada diritta e nemmeno marciando in maniera ininterrotta, ma girando qua e là fra i popoli che sono sulla strada. E poi, di quanto vuoi che sia più alta e scoscesa la vetta su cui risiede la vostra Virtù rispetto a quella dell'Aorno, che Alessandro prese con la forza in pochi giorni?

5. Ermotimo Non è lo stesso, Licino, né la cosa è come tu la immagini, cioè che si possa ottenere e conquistare in poco tempo, neppure se migliaia di Alessandro l'attaccassero; altrimenti sarebbero in molti a salire. Ora, non sono pochi quelli che cominciano con un notevole vigore e vanno avanti per un po', alcuni molto poco, altri di più. Quando giungono a metà strada, però, imbattendosi in tratti difficili e impervi, si scoraggiano e si voltano indietro ansimanti, grondanti sudore e incapaci di sopportare la fatica. Quanti, invece, perseverano fino alla fine, giungono in cima e, da quel momento in poi, sono felici, vivendo una vita meravigliosa e guardando gli altri dall'alto come delle formiche.

Licino Oh, quanto ci fai piccoli, Ermotimo, nemmeno quanto i famosi Pigmei, ma completamente prostrati sulla superficie terrestre! Giustamente, dalle tue altitudini, tu pensi già a cose sublimi; noi, invece, che siamo il volgo e camminiamo sulla terra, assieme agli dèi pregheremo anche voi, che vi trovate sulle nuvole e siete riusciti a salire fin dove desideravate arrivare già da molto tempo.

Ermotimo Se solo potessi salire, Licino! Ma mi resta non poco da fare.

6. Licino Tuttavia, non hai detto quanto, giusto per dargli un tempo.

Ermotimo Neanch'io lo so di preciso, Licino. Immagino, però, che ci vorranno non più di vent'anni. Dopo di che dovremmo essere sicuramente su in cima.

Licino Per Eracle, ci vuole ancora molto tempo!

Ermotimo Difatti le mie fatiche, Licino, sono per cose di grande valore.

Licino Forse questo è vero. Ma a proposito dei vent'anni, è il tuo maestro ad averti promesso che sarai ancora in vita? Allora non è solo un sapiente, ma anche un indovino, un interprete di oracoli o uno degli esperti dei metodi caldaici. Si dice che essi conoscano cose di questo genere. Nell'incertezza se tu vivrai fino al raggiungimento della virtù, non è giusto che tu sopporti così tante fatiche, che ti affanni giorno e notte senza sapere se, proprio quando sarai ormai vicino alla cima, il Fato, sopraggiungendo, ti prenderà per un piede tirandoti giù dalla tua speranza non ancora compiuta.

Ermotimo Via! Questa è blasfemia, Licino! Possa vivere per godere anche un solo giorno la felicità di essere diventato filosofo.

Licino E ti basterebbe un solo giorno in cambio di così tante fatiche?

Ermotimo Per me sarebbe sufficiente anche un solo momento.

7. Licino Come fai a sapere, però, che lassù ci sia la felicità e che sia tale per cui valga la pena sopportare ogni cosa? Tu, in realtà, non ci sei mai stato.

Ermotimo Io credo a ciò che dice il mio maestro: egli lo sa bene perché è già sulla cima.

Licino Per gli dèi, cosa ha detto a proposito di lassù o della felicità che c'è lì? Si tratta, forse, di ricchezze, gloria e piaceri incomparabili?

Ermotimo Stai zitto, amico. Tutte queste cose non sono nulla rispetto ad una vita vissuta nella virtù.

Licino Ma allora, se non questi, quali beni otterranno quanti hanno portato a termine l'esercizio?

Ermotimo La saggezza, il coraggio, la bellezza in sé, la giustizia e la conoscenza di tutte le cose, nella salda consapevolezza di come sia ciascuna di esse. Ricchezze, onori, piaceri e quanto sia legato al corpo, tutto ciò l'ha lasciato giù e, dopo essersene spogliato, ha cominciato a salire. Analogamente, si dice che Eracle, dopo essere stato bruciato sul monte Eta, diventò dio. Questi, infatti, una volta gettato via ciò che aveva di umano da parte di sua madre, volò presso gli dèi portando con sé la parte divina, pura, intatta e ben separata dal fuoco. Così anche questi, spogliati dalla filosofia, come da un fuoco, di tutto ciò che agli altri, privi di una retta opinione, appare meraviglioso, saliti in cima, sono felici e non si ricordano più di ricchezza, gloria e piaceri, ma si prendono gioco di quanti li considerano cose reali.

8. Licino Per Eracle sull'Eta, Ermotimo, racconti una storia coraggiosa e felice su di loro. Tra l'altro, dimmi: scendono mai dalla vetta (se lo desiderano) per valersi di quanto hanno lasciato laggiù? Oppure, una volta saliti, devono rimanere lì e stare in compagnia della Virtù, facendosi beffe di ricchezza, gloria e piaceri?

Ermotimo Non solo questo, Licino, ma chi ha raggiunto la perfezione nella virtù non potrebbe più essere schiavo né dell'ira né della paura né dei desideri e non potrebbe soffrire, né in generale provare un sentimento di questo genere.

Licino Peraltro, se devo dire la verità senza nessuna esitazione... ma penso che sia meglio tacere e che sia un sacrilegio esaminare ciò che fanno i sapienti.

Ermotimo Niente affatto! Anzi, di' quello che vuoi dire.

Licino Guarda, amico, quanto sono titubante...

Ermotimo Ma non temere, caro: stai parlando soltanto con me.

9. Licino Mentre raccontavi tutte le altre cose, Ermotimo, ti seguivo e credevo che fosse così, cioè che essi diventano sapienti, coraggiosi, giusti e così via, e sono rimasto in qualche modo ammaliato dal tuo discorso. Tuttavia, quando hai detto che essi disprezzano ricchezza, gloria e piaceri, che non montano in collera, né soffrono, allora (siamo da soli) mi sono bloccato, ricordandomi di quanto ho visto fare ieri da qualcuno... vuoi che ti dica di chi si tratta o basta anche senza rivelarne il nome?

Ermotimo Niente affatto, ma dimmi pure chi era!

Licino Proprio il tuo maestro, un uomo del resto degno di rispetto e ormai molto vecchio.

Ermotimo E che cosa ha fatto?

Licino Conosci lo straniero di Eraclea, quel suo discepolo che studiava da molto tempo filosofia con lui, il biondo, un tipo polemico?

Ermotimo Ho capito di chi parli: si chiama Dione.

Licino Sì, lui. Recentemente, poiché non ha pagato in tempo il compenso, credo, lo ha condotto davanti all'arconte, stringendogli il mantello intorno al collo e gridando furioso. Se alcuni amici, mettendosi in mezzo, non gli avessero strappato il ragazzino dalle mani, sappi che il vecchio gli si sarebbe avventato addosso staccandogli il naso, così arrabbiato com'era.

10. Ermotimo Quello è sempre tremendo e ostinato quando deve pagare, Licino. Il maestro non ha mai trattato in questo modo coloro ai quali dà denaro in prestito, e sono tanti. Questi, infatti, gli pagano in tempo gli interessi.

Licino Ma che cosa gliene importa, mio caro, se non gli restituiscono il denaro, una volta che è stato purificato dalla filosofia e non ha più bisogno di ciò che ha lasciato sull'Eta?

Ermotimo E tu credi che egli si sia occupato di tali faccende per sé stesso? Ha dei bambini piccoli e se ne prende cura perché non vivano in miseria.

Licino Dovrebbe condurre anche loro alla virtù, Ermotimo, perché possano essere felici insieme con lui, disprezzando la ricchezza.

11. Ermotimo Non ho tempo, Licino, di parlare con te di queste cose: corro ad ascoltare il maestro per non restare irrimediabilmente indietro, senza neanche accorgermene!

Licino Non preoccuparti, mio caro! È stata annunciata una tregua, per oggi. Così ti risparmio il tratto di strada che rimane.

Ermotimo Cosa vuoi dire?

Licino Che per ora non lo potresti vedere, se bisogna dar fede all'annuncio. Alla sua porta è stata appesa una tavoletta a grandi lettere, che recita: "Oggi non c'è lezione di filosofia". Correva voce che ieri sera ha cenato a casa di quel famoso Eucrate, il quale ha offerto un banchetto per il compleanno della figlia. Durante il simposio ha parlato tanto di filosofia e si è alterato con Eutidemo, il peripatetico, dibattendo con lui quegli argomenti che i discepoli della sua scuola solitamente contestano ai filosofi della Stoà. A forza di gridare gli è venuto un forte mal di testa e ha sudato moltissimo, considerando che il banchetto, a quanto dicono, si è protratto fino a mezzanotte. Penso, poi, che abbia bevuto più del necessario, visto che i presenti brindavano, com'è normale che sia, e che abbia mangiato più di quanto sia opportuno per uno della sua età. Così, quando è tornato a casa, dicevano, ha vomitato molto e, solo dopo aver contato i pezzi di carne che aveva passato al servo piazzato dietro di lui, e averli accuratamente sigillati, è andato a dormire, dando l'ordine di non ricevere nessuno. Tutto ciò io l'ho sentito raccontare dal suo servo Mida ad alcuni discepoli, in verità molti, che poi sono andati via.

12. Ermotimo E chi ha vinto, Licino, il maestro o Eutidemo? Se Mida ti ha detto qualcosa a questo riguardo...

Licino Si dice che in un primo momento erano alla pari, ma alla fine la vittoria è stata vostra e il vecchio ha prevalso di gran lunga. Difatti raccontano che Eutidemo sia andato via non senza aver versato del sangue, ma con una grande ferita sulla testa. Poiché era arrogante, cavilloso, e non voleva farsi convincere, né si prestava facilmente ad essere confutato, il tuo ottimo maestro lo ha colpito, visto che gli era seduto accanto, con la coppa che aveva fra le mani, simile a quella di Nestore, e così ha vinto.

Ermotimo Bene! Non si dovevano trattare diversamente quelli che non vogliono cedere ai migliori.

Licino Giustissimo, Ermotimo. Per quale motivo, infatti, Eutidemo ha provocato un vecchio tranquillo, magnanimo, che aveva una coppa così pesante in mano? **13.** Ma, ora che abbiamo un po' di tempo libero, perché non mi racconti, visto che sono un tuo amico, in che modo, all'inizio, sei stato spinto a fare filosofia, cosicché anch'io, se possibile, sin da questo momento, possa cominciare a mettermi in cammino con voi? Certamente, in quanto amici, non mi respingerete.

Ermotimo Magari lo desiderassi davvero, Licino! Tra poco vedrai quanto ti distinguerai dagli altri. Sappi che li considererai tutti bambini al tuo confronto, superandoli di gran lunga con il tuo intelletto.

Licino A me basterebbe che tra vent'anni possa diventare così come tu sei adesso.

Ermotimo Non preoccuparti: anch'io ho cominciato a studiare filosofia quando avevo la tua età, all'incirca quarant'anni, quanti, credo, ne hai tu adesso.

Licino Esatto, Ermotimo. Allora prendimi e conducimi sulla stessa via: è giusto così! Ma per prima cosa, dimmi: concedete agli allievi di replicare se pensano che qualcosa non sia stata detta correttamente, o ai giovani non lo permettete?

Ermotimo Assolutamente no. Ma tu, se vuoi, fammi pure delle domande e anche delle critiche. In questo modo potresti imparare più facilmente.

14. Licino Bene, Ermotimo, per Ermes da cui prendi il nome! Allora, dimmi: è una sola la via che porta alla filosofia, quella di voi Stoici, oppure è vero quanto ho sentito dire, cioè che ci sono molti altri filosofi?

Ermotimo Ce ne sono davvero molti: i Peripatetici, gli Epicurei, quelli che si sono dati il nome di Platone, e poi altri, i seguaci di Diogene e di Antistene, i discepoli di Pitagora e molti altri ancora.

Licino È vero: sono molti. Ma questi, Ermotimo, parlano delle stesse cose o di cose diverse?

Ermotimo Di cose di gran lunga diverse.

Licino Non c'è dubbio, però, secondo me, che, fra tutte le cose che dicono, una sola sia quella vera e non tutte, visto che sono diverse.

Ermotimo Certamente.

15. Licino Dunque, caro, su, rispondimi: quando hai cominciato a praticare la filosofia e tutte le porte erano spalancate di fronte a te, in cosa hai riposto inizialmente la tua fiducia per dirigerti verso quella degli Stoici? Trascurando tutte le altre, pensavi di raggiungere la virtù attraverso questa porta, come se fosse l'unica vera, l'unica a mostrarti la via diritta, mentre le altre portavano in vicoli ciechi e senza uscita. Da che cosa lo deducevi allora? E non considerare te stesso così come sei adesso, mezzo sapiente o già sapiente, in grado di distinguere il meglio molto più di noi altri, ma rispondimi da inesperto, quale tu eri allora, mentre io lo sono adesso.

Ermotimo Non capisco cosa vuoi dire, Licino.

Licino Eppure non ti ho fatto una domanda molto complicata. Poiché sono molti i filosofi: Platone, Aristotele, Antistene, i vostri predecessori, Crisippo e Zenone, e tutti quanti gli altri, in che cosa hai riposto la tua fiducia quando hai tralasciato gli altri, scegliendo tra tutte le dottrine quella che hai scelto, e hai ritenuto giusto filosofare secondo quest'ultima? Per caso Apollo ha inviato anche te come Cherefonte dagli Stoici, dichiarandoli i migliori fra tutti? Egli di solito invia ciascuno ad una scuola filosofica differente poiché sa, credo, quale sia quella adatta ad ognuno.

Ermotimo Non è così, Licino, né ho interrogato la divinità a questo proposito.

Licino Forse perché non ritenevi la questione degna di un consulto divino o perché pensavi di poter scegliere il meglio da solo, senza l'aiuto della divinità?

Ermotimo La pensavo così.

16. Licino Dunque, prima di tutto potresti insegnare anche a me come fare a riconoscere subito, sin dall'inizio, quale sia la filosofia migliore, quella vera, che si potrebbe scegliere tralasciando le altre.

Ermotimo Te lo dirò. Vedevo la maggior parte della gente dirigersi verso questa filosofia, al punto da immaginare che si trattasse di quella migliore.

Licino Quanti ve ne erano in più rispetto agli Epicurei, ai Platonici o ai Peripatetici? Evidentemente li hai contati come d'abitudine nelle votazioni per alzata di mano.

Ermotimo Non li ho contati, ma ne ho fatto una stima.

Licino Allora non vuoi insegnarmi nulla, ma ti prendi gioco di me, tenendomi all'oscuro della verità, quando dici di aver giudicato argomenti così importanti basandoti su una congettura e su un'accozzaglia di gente.

Ermotimo Non si tratta solo di questo, Licino, ma ho sentito tutti quanti dire che gli Epicurei sono leziosi e amanti di ogni piacere, i Peripatetici avidi e aggressivi, e i Platonici pieni di orgoglio e bramosi di gloria. Invece, degli Stoici, molti dicevano che sono virili, conoscono ogni cosa e che chi intraprende questa via, egli solo è re, egli solo ricco, egli solo sapiente, in breve: è tutto.

17. Licino A dirti queste cose su di loro sono state certamente altre persone. È chiaro che non avresti creduto loro se avessero elogiato essi stessi la propria scuola.

Ermotimo Assolutamente no, ma lo dicevano altri.

Licino Non te lo dicevano neppure i loro avversari, credo.

Ermotimo No.

Licino Allora lo dicevano gli ignoranti.

Ermotimo Certo.

Licino Vedi che mi prendi di nuovo in giro e non mi dici la verità? Pensi di parlare con un Margite, pronto a credere che Ermotimo, un uomo intelligente, allora quarantenne, a proposito di filosofia e di filosofi abbia creduto a degli ignoranti e che, stando alle loro parole, abbia scelto le dottrine migliori? È giusto - non è vero? - che io creda a quello che dici!

18. Ermotimo Ma tu sai, Licino, che io ho creduto non solo agli altri, ma anche a me stesso. Infatti li vedevo camminare in maniera dignitosa, ben vestiti, sempre pensierosi, virili, la maggior parte completamente rasati, senza alcunché di effeminato, né di estremamente trascurato al punto da risultare spaventoso e tipicamente cinico. Al contrario, si comportavano in maniera moderata e tutti dicono che questa sia la cosa migliore.

Licino Ma tu, Ermotimo, li hai visti fare quelle cose che io poco fa dicevo di aver visto fare al tuo maestro? Per esempio, dare denaro in prestito, richiederlo con modi duri, polemizzare molto aspramente nelle conversazioni e tutto ciò che essi esibiscono con il loro comportamento? O t'importa poco di questo, purché il vestito sia decoroso, la barba lunga e la testa ben rasata? Dunque, per il futuro, adottiamo proprio questo come regola e norma precisa per simili argomenti. Come dice Ermotimo, bisogna riconoscere i migliori dall'aspetto, dall'andatura e dalla rasatura; invece, chi non sia in tali condizioni e non sia accigliato né abbia il viso pensieroso, deve essere respinto e scacciato via? **19.** Fai attenzione, Ermotimo, a non burlarti ancora di me per vedere se capisco di essere preso in giro.

Ermotimo Per quale motivo dici questo?

Licino Perché, mio caro, quest'esame basato sulle apparenze è adatto alle statue. Esse avrebbero senza dubbio un aspetto molto più decoroso e porterebbero delle vesti più eleganti se a farle nella maniera più ammirevole fosse stato un Fidia, un Alcamene o un Mirone. Se poi occorre giudicare soprattutto da questi elementi, che cosa accadrebbe nel caso in cui uno fosse cieco e desiderasse praticare la filosofia? Da che cosa riconoscerebbe chi ha fatto la scelta migliore, senza poter vedere né il suo aspetto né la sua andatura?

Ermotimo Il mio discorso non è fatto per i ciechi, Licino, né mi interessa alcunché di loro.

Licino Tuttavia ci dovrebbe essere, buon uomo, un segno di riconoscimento comune per delle cose così importanti e utili per tutti. Comunque, se vuoi, i ciechi restino pure fuori dalla filosofia giacché non vedono, nonostante sia indispensabile soprattutto nel loro caso occuparsi di filosofia perché non si tormentino troppo di questa disgrazia. Quelli che vedono, invece, anche se hanno una vista acuta, che cosa potrebbero vedere di tutto ciò che c'è nell'anima da un siffatto rivestimento esteriore? **20.** Insomma, ciò che voglio dire è questo: non ti sei avvicinato a questi uomini per amore del loro intelletto, pensando di migliorare le tue capacità intellettive?

Ermotimo Certo.

Licino Allora, sulla base dei segni di cui hai parlato, come hai potuto distinguere il vero dal falso filosofo? Di solito queste cose non sono così chiare, ma restano segrete e oscure, palesandosi tardi e a stento, nel corso di conversazioni, dibattiti e mediante azioni affini. Hai sentito, credo, ciò che Momo rimproverò ad Efesto; altrimenti, ascolta! Il mito racconta che Atena, Poseidone ed Efesto si confrontarono in una gara di abilità artistica: Poseidone realizzò un toro, Atena progettò una casa ed Efesto plasmò un uomo. Quando giunsero da Momo, che era stato scelto come giudice, questi, dopo aver esaminato l'opera di ciascuno di essi - sarebbe inutile riferire quali critiche mosse agli altri - biasimò l'uomo, rimproverando Efesto, il suo costruttore, perché non gli aveva fatto delle finestrelle sul petto di modo che, una volta aperte, tutti avrebbero potuto sapere quello che voleva e pensava, e se diceva il falso o il vero. Quello, in realtà, poiché era debole di vista, aveva questa idea degli uomini. Tu, invece, hai una vista migliore di quella di Linceo e, a quanto pare, scruti attraverso il petto ciò che sta dentro e ti è stata dischiusa ogni cosa, cosicché non solo sai ciò che ciascuno vuole e pensa, ma anche chi sia tra due individui quello migliore o quello peggiore.

Ermotimo Stai scherzando, Licino! Io ho fatto la scelta con l'aiuto della divinità e non me ne pento. **21.** Questo per me è sufficiente.

Licino Allora non vuoi dirlo anche a me, amico mio, o lascerai piuttosto che mi disperda nella moltitudine del volgo?

Ermotimo Non ti piace nulla di ciò che dico.

Licino No, caro; tu, piuttosto, non vuoi dirmi niente che possa piacermi. Poiché ti nascondi di proposito e non vuoi, geloso come sei, che io diventi filosofo pari a te, proverò da solo, per quanto sia in grado di farlo, a trovare il criterio di giudizio adatto a questi argomenti e a fare la scelta più sicura. Ascolta anche tu, se vuoi.

Ermotimo Certo che voglio, Licino. Forse dirai qualcosa di importante.

Licino Prestami attenzione e non prenderti gioco di me, dunque, se esamino la questione da vero incompetente. È per forza così, perché tu non vuoi parlarmi in modo più chiaro, pur conoscendo l'argomento meglio di me. **22.** Penso che la virtù assomigli ad una città i cui abitanti siano felici (come direbbe il tuo maestro, che è venuto da qualche parte di là), estremamente saggi, tutti coraggiosi, giusti, sapienti, quasi degli dei. In quella città, dicono, non vedresti osare niente di tutto ciò che accade da noi: rapine, violenze e sopraffazioni, ma i cittadini vivono in pace e concordia, e in maniera del tutto naturale. Ciò che in altre città, credo, suscita sommosse e rivalità, ed è causa di cospirazioni reciproche, è tenuto lontano da loro. Infatti non considerano più né l'oro, né i piaceri, né la gloria come cose su cui entrare in disputa, ma già da tempo le hanno respinte dalla città, ritenendole non necessarie per il vivere comune. Per questo vivono una vita serena e pienamente felice, disponendo di buone leggi, uguaglianza, libertà e altri beni.

23. Ermotimo E allora, Licino? Non è giusto che tutti desiderino diventare cittadini di una città di questo genere, non considerando la fatica del cammino né arrendendosi alla gran quantità di tempo se, una volta arrivati, saranno iscritti anche loro e prenderanno parte alla vita pubblica?

Licino Per Zeus, Ermotimo! Tutti dovrebbero occuparsi anzitutto di questo e lasciar stare il resto, senza dare molta importanza né alla patria che ci tiene qui, né ai figli o ai genitori, per chi li abbia, i quali tentano di trattenerci e piangono per suscitare la nostra compassione, ma occorre soprattutto esortare anche loro verso questa via. Se poi non volessero o non potessero, dopo essertene sbarazzato, devi andare subito dritto verso quella città felicissima, anche a costo di gettare via il mantello se, attaccandosi ad esso, volessero impedirti di partire, mentre tu hai fretta di raggiungere quel luogo. Non c'è da temere, infatti, che tu venga escluso, anche se ci arrivi nudo. **24.** Già in altre occasioni ho sentito un vecchio raccontare come sia la situazione lassù e mi esortava a seguirlo verso la città: mi avrebbe guidato egli stesso e, una volta arrivato, mi avrebbe registrato e fatto diventare membro della sua tribù e della sua fratria in modo da poter essere felice con tutti gli altri. *'Ma io non lo ascoltai'* per la sconsideratezza e la giovane età: è una cosa di quasi quindici anni fa. Forse ora sarei già nei sobborghi e davanti alle porte. Se ricordo bene, mi diceva molte altre cose a proposito della città, e anche questa, cioè che tutti sono forestieri e stranieri, che non c'è nemmeno un indigeno, e che la cittadinanza è concessa anche a molti barbari, a schiavi, a individui deformi, piccoli e poveri: in generale, a chiunque desideri far parte della città. Diceva che la loro legge non regola l'iscrizione in base al censo, all'apparenza, all'altezza o alla bellezza, né alla famiglia - se si appartenga ad una famiglia illustre sin dai propri antenati - tutte cose che essi non tengono in nessun conto. Al contrario, a ciascuno, per diventare cittadino, basterebbero l'intelligenza, il desiderio delle cose belle, la fatica, la perseveranza e non cedere, né essere indebolito dalle numerose difficoltà che si potrebbero incontrare lungo il cammino. Chi abbia dimostrato queste qualità percorrendo la via fino alla città, chiunque egli sia, diventerebbe subito cittadino e acquisirebbe gli stessi diritti degli altri. L'inferiore, il superiore, il nobile e il plebeo, lo schiavo e il libero semplicemente non esistono o non sono menzionati nella città.

25. Ermotimo Vedi, Licino, che non faccio sacrifici invano, né per delle sciocchezze, se desidero diventare anch'io cittadino di una città così bella e felice?

Licino Anch'io, in realtà, Ermotimo, desidero ardentemente le stesse cose e non c'è altro che io possa augurarmi più di questo. Se la città fosse vicina e visibile a tutti, sappi che da molto tempo mi sarei avviato, senza alcun indugio, e ne sarei diventato cittadino già da un pezzo. Tuttavia, poiché è stata fondata molto lontano, come dite tu e il poeta Esiodo, è necessario cercare la via che porta fino ad essa e la guida migliore. Oppure credi che non occorra fare così?

Ermotimo E come si potrebbe giungere lì in altro modo?

Licino Dunque, a proposito di promesse e di dichiarazioni sulla conoscenza della via, c'è una grande quantità di potenziali guide. Ve ne sono molte pronte, e ciascuna sostiene di essere nativa del posto. La via, però, non sembra essere una e la stessa, ma ce ne sono molte, differenti e per niente simili tra di loro. Una sembra portare ad occidente, l'altra ad oriente, una a nord, l'altra direttamente verso sud. Questa, poi, si snoda attraverso prati, alberi, zone ombrose, è ben fornita d'acqua ed è agevole e non presenta luoghi avversi o inaccessibili; quella, invece, è pietrosa, aspra e preannuncia molto sole, sete e fatica. Ciononostante, si dice che tutte queste vie conducano alla città, che è una sola, mentre esse vanno a finire in punti completamente opposti. **26.** Tutta la mia difficoltà consiste proprio in questo. Dovunque io mi diriga, all'inizio di ciascuna via, all'ingresso, c'è un uomo molto affidabile, che tende la mano ed esorta ad andare lungo la sua via. Ognuno sostiene di essere l'unico a conoscere la strada dritta, mentre gli altri vanno errando, poiché non ci sono mai andati, né hanno seguito altri capaci di guidarli. E se mi dirigo da quello vicino, anche questi fa le stesse promesse a proposito della sua via, parlando male degli altri, e così fa anche quello che gli sta accanto e tutti di seguito. Perciò mi turba non poco e mi rende incerto il gran numero delle vie e la differenza tra di loro, ma soprattutto le guide che si danno un gran da fare, tessendo ciascuna il proprio elogio. Io, infatti, non so quale via prendere o chi seguire per poter raggiungere la città.

27. Ermotimo Eppure io ti libererò dal dubbio. Non commetteresti nessuno sbaglio, Licino, confidando in quelli che hanno compiuto il cammino prima di te.

Licino Chi intendi dire? E quale via hanno percorso? Quale guida hanno seguito? Ancora una volta la stessa difficoltà ci appare sotto un altro aspetto, spostata dalle cose agli uomini.

Ermotimo Cosa vuoi dire?

Licino Che chi ha intrapreso la via di Platone e ha fatto il cammino con lui loderà quella via e chi la strada di Epicuro, quest'ultima, e gli altri un'altra ancora, mentre tu la tua. Non è così, Ermotimo?

Ermotimo Come no?

Licino Dunque non mi hai liberato dal dubbio, e non so ancora in quale viaggiatore debba riporre la mia fiducia. Vedo, infatti, che ciascuno di essi (ma anche la guida stessa), ha provato una sola via e la elogia, sostenendo che essa soltanto conduca alla città. Tuttavia, io non posso sapere se dice la verità. Gli concederò pure che sia giunto ad una destinazione e abbia visto una città, ma che abbia visto quella che doveva, e di cui sia tu che io desideriamo diventare cittadini o, dovendo andare a Corinto, giunto a Babilonia, crede di aver visto Corinto, questo, in realtà, non mi è ancora chiaro. Non è certo che chi ha visto una città abbia visto Corinto, a meno che Corinto non sia l'unica città esistente. Ma ciò che mi mette maggiormente in difficoltà è questo: sapere che la via vera sia necessariamente una sola. Una sola, infatti, è Corinto, mentre le altre vie portano altrove piuttosto che a Corinto, a meno che uno non sia a tal punto pazzo da pensare che la strada che conduce agli Iperborei e quella che va fino agli Indiani portino anche a Corinto.

Ermotimo Com'è possibile, Licino? Una via porta da una parte, un'altra da un'altra.

28. Licino Dunque, caro Ermotimo, occorre una riflessione non frettolosa per la scelta tra le vie e tra le guide, e non faremo come dice il proverbio: '*andremo là dove ci portano i piedi*'. In questo modo, inavvertitamente, al posto della via che porta a Corinto, prenderemo quella per Babilonia o Battra. Non va bene neppure affidarsi al caso, come se noi potessimo scegliere subito la via migliore mettendoci su una via qualsiasi, senza un'attenta valutazione. È possibile che questa cosa accada, e forse è già accaduta nel lungo corso del tempo; io credo, però, che non dobbiamo rischiare in maniera così avventata per delle cose tanto importanti, né occorre relegare completamente la speranza in un vicolo cieco, se vogliamo '*attraversare l'Egeo e lo Ionio su una stuoia*', come recita il proverbio. Non avremmo nessun diritto di incolpare il caso qualora, tirando una freccia o scagliando una lancia, non abbia avuto successo nel cogliere il vero, che è una cosa sola tra moltissime altre false. Neppure l'arciere di Omero ci riuscì, credo fosse Teucro, il quale, dovendo colpire la colomba, tagliò, invece, la cordicella. Ma in realtà è di gran lunga più ragionevole aspettarsi che sia ferita e cada una cosa tra le tante, piuttosto che proprio quell'unica cosa tra tutte. Immagino che il rischio non sia da poco se, invece della strada dritta, senza saperlo, capitassimo su una via sbagliata, nutrendo la speranza che il caso possa fare la scelta migliore per noi. Una volta che si sono sciolti gli ormeggi e ci si affida al vento non è facile ritornare indietro e mettersi in salvo, ma si è costretti a lasciarsi sospingere qua e là sul mare, provando il più delle volte nausea, timore e mal di testa a causa del movimento delle acque. Invece, sin dall'inizio, ancor prima di imbarcarsi, occorre salire su un'altura e verificare se il vento sia favorevole e propizio per chi voglia salpare alla volta di Corinto, scegliendosi, per Zeus, il pilota migliore e una nave solida e capace di far fronte a delle onde così impetuose.

29. Ermotimo Così va molto meglio, Licino. Del resto, so che, anche dopo averli passati tutti in rassegna, non riusciresti a trovare altre guide migliori né piloti più esperti degli Stoici. Se un giorno vorrai andare a Corinto, ti metterai al loro seguito, procedendo sulle orme di Crisippo e di Zenone. Non sarebbe possibile fare altrimenti.

Licino Non vedi, Ermotimo, che quanto hai detto vale per tutti? Chi cammina con Platone, chi segue Epicuro e tutti gli altri direbbero ciascuno la stessa cosa, cioè che non potrei arrivare a Corinto se non con lui. Pertanto, o bisogna credere a tutti, il che è davvero ridicolo, oppure non credere a nessuno. Questa è la cosa di gran lunga più sicura finché non troviamo chi ha la verità che promette.

30. Ebbene, immaginiamo che io, come sono adesso, senza sapere ancora chi è tra tutti a dire la verità, scegliessi la vostra via, fidandomi di te che sei un mio amico, ma che conosci solo le dottrine degli Stoici e hai percorso solo questa via; se, in seguito, un dio facesse risuscitare Platone, Pitagora, Aristotele e gli altri, e questi, mettendosi tutti attorno a me, mi interrogassero o, per Zeus, mi portassero davanti al tribunale e ciascuno mi accusasse di oltraggio dicendo: "Caro Licino, che cosa ti è successo allora o a chi hai creduto, quando hai preferito a noi Crisippo e Zenone? Noi siamo molto più anziani, mentre quelli sono nati solo ieri o l'altro ieri, e non ci hai permesso di parlare, né hai verificato quello che diciamo". Se mi dicessero queste cose, che cose potrei rispondere loro? Mi basterebbe dire che mi sono fidato del mio amico Ermotimo? Ma quelli, allora, lo so bene, mi direbbero: "Licino, noi non conosciamo questo Ermotimo, chiunque egli sia, né lui conosce noi. Perciò, non avresti dovuto condannarci tutti, né giudicarci in contumacia, confidando in un uomo che conosce una sola via filosofica, e forse nemmeno tanto bene. I legislatori, Licino, non ordinano ai giudici di fare così, di ascoltare una parte e non permettere all'altra di dire quello che crede utile per sé. Piuttosto, ordinano di ascoltarle entrambe in ugual modo cosicché, confrontando gli argomenti, possano scoprire più facilmente ciò che è vero e ciò che è falso. Se poi non procedono così, la legge concede di appellarsi ad un altro tribunale". **31.** Probabilmente diranno cose di questo genere. O forse uno di loro potrebbe chiedermi, in aggiunta: "Dimmi, Licino, se un Etiope, pur non avendo mai visto altri uomini come noi, poiché non è mai stato fuori dalla sua terra, in un'assemblea degli Etiopi sostenesse con fermezza che in nessuna parte della terra esistano uomini bianchi, biondi o di qualsiasi altro colore, se non neri, sarebbe creduto davvero da loro? Oppure uno degli anziani etiopi gli potrebbe replicare: - Ma tu, grande presuntuoso, come fai a saperlo? Non sei mai andato in un altro paese al di fuori della nostra terra, né hai mai visto, per Zeus, com'è la situazione presso gli altri popoli -". Direi che l'anziano gli farebbe una giusta domanda. Cosa ne pensi, tu, Ermotimo?

Ermotimo È proprio così. Il suo rimprovero, a mio parere, sarebbe molto giusto.

Licino Anche secondo me, Ermotimo. Eppure non so se sarai dello stesso parere con quanto segue. Anche questo mi sembra essere giusto.

Ermotimo Che cosa?

32. Licino Quest'uomo chiaramente proseguirà parlandomi all'incirca in questo modo: "Dunque, Licino, immaginiamo che ci sia analogamente un uomo che conosca solo le dottrine stoiche, come questo tuo amico Ermotimo, e non si sia mai recato né nel paese di Platone, né in quello di Epicuro, né, in generale, di qualsiasi altro filosofo. Pertanto, se egli dicesse che non c'è niente di così buono, né di vero presso gli altri filosofi, come sono le dottrine della Stoà e ciò che essa asserisce, non ti sembrerebbe, a ragion veduta, che egli sia insolente ad esprimere la sua opinione su tutti, pur conoscendone uno solo, non avendo mai messo piede fuori dall'Etiopia?" Che risposta vuoi che gli dia?

Ermotimo Ovviamente la risposta più vera, cioè che noi impariamo scrupolosamente a memoria le dottrine stoiche, poiché riteniamo giusto esercitare questa filosofia, pur senza ignorare quanto dicono gli altri. Il nostro maestro, infatti, proprio mentre ci espone questi principi li demolisce con i suoi commenti.

33. Licino Credi davvero che a questo punto i discepoli di Platone, Pitagora, Epicuro e degli altri filosofi resteranno in silenzio e non mi diranno ridendo: "Che cosa fa, Licino, il tuo amico Ermotimo? Ritiene giusto credere a quello che raccontano su di noi i nostri avversari e pensa che le nostre dottrine siano come dicono loro, che o non le conoscono o nascondono la verità? Dunque, se vedesse un atleta esercitarsi prima della gara, mentre tira calci in aria o sferra pugni a vuoto, come se stesse colpendo davvero l'avversario, lo proclamerebbe subito, in veste di giudice di gara, imbattibile, oppure penserebbe che, in assenza di un avversario, quelle azioni audaci siano facili e sicure, mentre la vittoria si possa dichiarare solo nel caso in cui si batte e sconfigge l'avversario, e questi si arrende, ma non altrimenti? Perciò Ermotimo non creda che i suoi maestri abbiano vinto poiché hanno combattuto contro delle ombre, in nostra assenza, o che le nostre dottrine siano tali da poter essere ribaltate facilmente. Una cosa del genere sarebbe simile alle casette dei bambini che, avendole costruite poco solide, le abbattono immediatamente. Oppure, per Zeus, sarebbe simile a quanti si allenano nell'uso dell'arco, i quali, dopo aver legato della paglia secca, la fissano su un palo e, senza posizionarla molto lontano, la prendono di mira nei loro tiri. Se poi colpiscono la paglia e la bucano, subito urlano come se avessero realizzato una grande impresa, anche se in realtà è solo perché la freccia ha trapassato delle frasche secche. Ma né i Persiani, né gli arcieri sciti fanno così: prima di tutto essi tirano da cavallo quando sono in movimento, e poi credono che sia meglio che anche il bersaglio si muova e non stia fermo, né aspetti che la freccia lo colpisca, ma fugga via il più possibile. Essi colpiscono generalmente animali selvaggi, ma alcuni prendono di mira anche gli uccelli. Se poi occorre provare la forza del colpo su un bersaglio, si piantano davanti un pezzo solido di legno o uno scudo di pelle non conciata e li perforano, e così credono che le loro frecce possano trapassare anche le armature. Perciò, Licino, di' ad Ermotimo da parte nostra che i suoi maestri si sono messi davanti delle frasche secche, le colpiscono, e poi sostengono di aver sconfitto degli uomini armati; dopo aver disegnato le nostre figure, si avventano a pugni su di esse e dopo averle vinte, com'è ovvio, pensano di aver vinto noi. Ma ciascuno di noi potrebbe dire loro le celebri parole che Achille pronuncia riferendosi ad Ettore: '*non vedono la fronte del mio elmo*'". Ecco come parlerebbero tutti, ciascuno al proprio turno.

34. Penso che Platone racconterebbe uno di quegli aneddoti siciliani, visto che ne conosce moltissimi. Si racconta che Gelone di Siracusa avesse un alito sgradevole e che ne fosse rimasto all'oscuro per lungo tempo poiché, essendo egli il tiranno, nessuno osava farglielo notare, finché una donna straniera si unì con lui ed ebbe l'audacia di dirgli come stessero le cose. Allora egli si recò furioso dalla moglie perché non glielo aveva mai detto, pur sapendo più di tutti del cattivo odore. Lei, però, gli chiese di perdonarla: non avendo avuto esperienze con altri uomini e non avendone frequentati altri così da vicino, pensava che quello fosse l'odore della bocca tipico degli uomini. Pertanto, direbbe Platone, anche Ermotimo, stando solo con gli Stoici, è ovvio che non sappia come siano le bocche degli altri. Lo stesso, o anche di più potrebbe dire Crisippo se io, trascurandolo senza esprimere nessun giudizio, mi mettessi a sostenere le dottrine di Platone, credendo ad uno di quelli che frequentano solo Platone. In breve, io intendo dire che, fino a quando resta all'oscuro quale sia la scuola filosofica vera, bisogna astenersi dal fare qualsiasi scelta: sarebbe un atto di superbia nei confronti delle altre scuole.

35. Ermotimo Oh Licino, per la dea Estia, lasciamo in pace Platone, Aristotele, Epicuro e gli altri: non sono in grado di battermi con loro. Noi due, invece, tu ed io, esaminiamo da soli se il nucleo centrale della filosofia sia come dico io. Che necessità c'era degli Etiopi nel nostro discorso o della moglie di Gelone, chiamandola da Siracusa?

Licino Siano tolti di mezzo, se ti sembrano superflui al discorso. Tu, però, adesso, parla: sembra che vuoi dire qualcosa di straordinario.

Ermotimo Licino, penso che chi abbia imparato solo le dottrine degli Stoici, in base a queste possa conoscere la verità, anche senza dedicarsi alle singole dottrine degli altri imparandole nei dettagli. Considera la faccenda in questo modo: se uno ti dicesse che due più due fa quattro, dovrai necessariamente andare in giro a chiederlo a tutti gli altri matematici per vedere se ci sia uno che dica che faccia cinque o sette? Oppure potresti sapere sin da subito che quello dice la verità?

Licino Sin da subito, Ermotimo.

Ermotimo Perché, allora, ti sembra impossibile che qualcuno, incappando solo negli Stoici, i quali dicono la verità, creda a loro e non abbia bisogno degli altri, sapendo che quattro non potrebbe mai diventare cinque, anche se lo dicessero moltissimi Platone o Pitagora?

36. Licino Questo non ha niente a che fare con il nostro discorso, Ermotimo! Tu paragoni cose su cui c'è ampio consenso con altre ancora controverse, nonostante siano profondamente differenti tra di loro. Che cosa diresti allora? Hai mai incontrato qualcuno che affermi che due più due fa sette o undici?

Ermotimo No di certo. Sarebbe pazzo chi dicesse che non fa quattro.

Licino E allora? Hai mai incontrato (e, per le Cariti, cerca di dire la verità!) uno Stoico o un Epicureo che non dissentano sul principio e sul fine?

Ermotimo Assolutamente no.

Licino Perciò non ingannarmi, mio caro, anche perché ti sono amico. Mentre siamo alla ricerca di quelli che dicono la verità in filosofia, tu hai colto in anticipo il risultato e lo hai assegnato agli Stoici, sostenendo che siano questi a dire che due più due fa quattro, anche se non è chiaro se la cosa sia così. Gli Epicurei e i Platonici, infatti, potrebbero dire che loro ottengono questo risultato, mentre voi sostenete che faccia cinque o sette. O non ti sembra che essi facciano così quando voi pensate che solo il bello sia un bene, mentre gli Epicurei dicono che sia il piacere? E quando voi dite che tutte le cose siano corporee, mentre Platone pensa che ci sia qualcosa di incorporeo in ciò che esiste? Eppure, tu, come dicevo, afferrando con molta prepotenza l'oggetto in questione, come se appartenesse senza dubbio agli Stoici, lo consegni a loro, nonostante molti si oppongano, rivendicandolo come proprio possesso: credo che soprattutto allora ci sia bisogno di un giudizio. Se fosse evidente che solo gli Stoici pensano che due più due fa quattro, gli altri dovrebbero tacere. Tuttavia, finché dibattono su questo punto, dobbiamo ascoltarli tutti allo stesso modo o ammettere che daremo l'impressione di giudicare in maniera parziale.

37. Ermotimo Non mi sembra che tu capisca cosa intendo dire, Licino.

Licino Se ciò che vuoi dire non è questo ma qualcos'altro, allora devi parlare più chiaramente.

Ermotimo Saprai subito ciò che voglio dire. Poniamo che due persone siano entrate nel tempio di Asclepio o in quello di Dioniso e in seguito non si trovi più una coppa sacra. Certamente dovranno essere perquisiti entrambi per vedere chi tra loro due abbia la coppa sotto il mantello.

Licino Proprio così.

Ermotimo Senza dubbio ce l'ha uno dei due.

Licino Come no, se è sparita?

Ermotimo Dunque, se la trovi addosso al primo, non spoglierai più l'altro. È chiaro che non ce l'ha.

Licino Chiaro.

Ermotimo Ma se non la troviamo sotto il mantello del primo, ce l'ha sicuramente l'altro, e nemmeno in tal caso c'è bisogno di una perquisizione.

Licino Certo: ce l'ha lui.

Ermotimo Anche noi, dunque, se trovassimo subito la coppa in possesso degli Stoici, non dovremo più preoccuparci di perquisire gli altri, avendo quanto stavamo cercando da molto tempo. Oppure, per quale motivo dovremmo affaticarci ancora?

38. Licino Per nessun motivo, se voi la trovaste davvero e, dopo averla trovata, foste in grado di sapere che è quella la cosa sparita oppure, in alternativa, se conosceste molto bene quale sia l'oggetto votivo. Ora, però, amico mio, prima di tutto non sono due le persone entrate nel tempio, di modo che uno dei due abbia necessariamente il bene rubato, ma davvero tanti. Poi, non si sa che cosa sia l'oggetto smarrito, se sia una coppa, un calice o una corona. Tutti quanti i sacerdoti, infatti, dicono chi una cosa, chi un'altra e non sono d'accordo neppure sul materiale di cui è fatto, ma alcuni sostengono che sia di bronzo, altri di argento, altri di oro, altri ancora di stagno. Pertanto, se vuoi trovare l'oggetto smarrito, è necessario spogliare tutti quelli che sono entrati. Infatti, anche se trovi subito addosso al primo una coppa d'oro, devi spogliare pure gli altri.

Ermotimo Perché, Licino?

Licino Perché non è chiaro se la cosa smarrita sia una coppa. Ma anche se tutti si trovassero d'accordo su questo punto, non proprio tutti direbbero che questa coppa sia d'oro. E anche se fosse certo che sia stata smarrita una coppa d'oro, e tu trovassi una coppa d'oro addosso al primo, nemmeno in questo caso dovresti smettere di perquisire gli altri: difatti, non è chiaro se sia proprio questa la coppa della divinità. Non credi che ci siano molte coppe d'oro?

Ermotimo Certo.

Licino Allora sarà necessario andare a perquisire tutti e, dopo aver disposto in mezzo tutte le cose che sono state trovate addosso a ciascuno, considerare quale tra queste converrebbe pensare come oggetto sacro. **39.** Ciò che genera grande incertezza, infatti, è che ciascuno di quelli che saranno spogliati ha certamente qualcosa: chi un calice, chi una coppa, chi una corona, e chi di bronzo, chi d'oro, chi d'argento. Non è chiaro, però, se ciò che ciascuno possiede sia proprio l'oggetto sacro. Per forza, quindi, non sai chi dichiarare sacrilego, poiché anche nel caso in cui tutti avessero lo stesso oggetto, pure così non sarebbe evidente l'identità di colui che ha sottratto l'oggetto sacro: è possibile, infatti, che si tratti anche di oggetti personali. Il motivo di questa nostra ignoranza è uno solo, credo: la mancanza di un'iscrizione sulla coppa (posto che sia andata perduta una coppa), poiché se sopra fosse stato inciso il nome della divinità o quello del dedicatario avremmo faticato di meno e, una volta trovata la coppa con l'iscrizione, avremmo smesso di spogliare e di importunare gli altri. Credo che tu, Ermotimo, abbia assistito già molte volte alle gare ginniche.

Ermotimo Certo: molte volte e da molte parti.

Licino Hai mai preso posto accanto ai giudici di gara?

Ermotimo Sì, per Zeus. Recentemente ad Olimpia ero alla sinistra dei giudici panellenici. Evandride di Elide mi ha riservato un posto tra i suoi concittadini, giacché desideravo vedere da vicino tutto quello che succede fra i giudici Ellanodici.

Licino Dunque sai pure in che modo sorteggiano le coppie per la lotta o il pancrazio?

Ermotimo Certo che lo so.

Licino Allora tu potresti descriverlo meglio, dal momento che lo hai visto da vicino.

40. Ermotimo Anticamente, ai tempi in cui Eracle era giudice, foglie di alloro...

Licino Non parlarmi dei tempi antichi, Ermotimo, ma di quello che hai visto da vicino.

Ermotimo Davanti a loro si trova disposta un'urna d'argento consacrata alla divinità. Al suo interno vengono inserite delle piccole tessere, grandi quanto delle fave, che recano un'iscrizione. Su due di queste è inciso un alfa, su due un beta, su altre due un gamma e via di seguito allo stesso modo, se ci sono più atleti, poiché due tessere hanno sempre la stessa lettera. Ciascun atleta, dopo essersi avvicinato e aver rivolto un'invocazione a Zeus, mette la mano nell'urna ed estrae una tessera, e dopo di lui un altro, mentre una guardia che sta lì vicino tiene ferma la mano di ognuno di loro per non permettergli di vedere quale sia la lettera che ha estratto. Quando tutti hanno la loro, il capo delle guardie, credo, oppure uno dei giudici panellenici (non me lo ricordo più) va in giro a guardare le tessere degli atleti disposti in cerchio e così mette insieme a gareggiare nella lotta o nel pancrazio quello che ha l'alfa con l'altro che ha estratto l'alfa; ugualmente, chi possiede il beta con chi ha il beta e allo stesso modo gli altri che hanno la lettera uguale. Si procede così se gli atleti sono in numero pari, per esempio otto, quattro o dodici; se però sono dispari, per esempio cinque, sette o nove, insieme alle altre viene inserita una lettera dispari, che è scritta su una sola tessera ed è priva del suo corrispondente. Chi la estrae resta seduto ad aspettare finché gli atleti abbiano combattuto, dal momento che non esiste un suo doppione. E non è una fortuna da poco per l'atleta doversi scontrare in piena forma con avversari stanchi.

41. Licino Fermo! Avevo bisogno soprattutto di questo. Allora, ci sono nove atleti e tutti hanno estratto e tengono in mano le tessere. Passali in rassegna (voglio che tu sia un giudice e non uno spettatore) e osserva le tessere: non potresti sapere chi sia l'efedro, credo, prima di essere andato da tutti e averli uniti in coppia.

Ermotimo Che cosa vuoi dire, Licino?

Licino È impossibile trovare subito quella lettera che sveli l'efedro, o forse potresti trovare la lettera, ma non saprai se è proprio quella. Difatti non è stato detto in precedenza che sia il K o il M o lo I a decidere chi sia l'efedro. Invece, quando ti imbatti nell'A, cerchi chi ha l'altro A e, dopo averli trovati, li metti in coppia; poi, quanto capiti nel B, cerchi dove sia l'altro B, l'omologo di quello che è stato trovato, e fai allo stesso modo con tutti, finché non ti resta l'atleta che ha la lettera unica, senza il suo corrispettivo.

42. Ermotimo E cosa faresti se ti imbattessi in questo per primo o per secondo?

Licino Non sono io a dover rispondere; piuttosto, voglio sapere ciò che farai tu, in quanto giudice Ellanodico. Dirai subito che è costui l'efedro, o dovrai andare in giro da tutti per vedere se ci sia una lettera uguale alla sua? Certamente non potresti mai sapere chi sia l'efedro se non vedessi le tessere di tutti.

Ermotimo In realtà, Licino, potrei saperlo in modo più semplice. Nel caso in cui gli atleti fossero nove, sia che trovi prima o dopo la lettera E, so che chi la possiede è l'efedro.

Licino Come, Ermotimo?

Ermotimo Così: due di loro hanno l'A e altri due il B; poiché i rimanenti sono quattro, due hanno sorteggiato il Γ e due senza dubbio il Δ, e in tal modo già quattro lettere sono state adoperate per otto atleti. È chiaro, dunque, che così solo la lettera successiva, l'E, rimarrebbe dispari e che chi l'ha sorteggiata è l'efedro.

Licino Devo elogiare la tua intelligenza, Ermotimo, o vuoi che ti esprima la mia obiezione, qualunque essa sia?

Ermotimo Certo, per Zeus! Comunque non so quale obiezione ragionevole potresti contrapporre a un discorso come questo.

43. Licino Ti sei espresso come se le lettere fossero scritte tutte una di seguito all'altra: prima l'A, poi il B e così in ordine, finché il numero degli atleti si esaurisca con una di queste. Ti concedo pure che ad Olimpia avvenga così. Tuttavia, se dopo aver preso cinque lettere a caso, per esempio il Χ, il Σ, lo Ζ, il Κ e il Θ, ne scrivessimo quattro per due volte su otto tessere, mentre lo Z solo sulla nona, che poi dovrebbe rivelarci l'efedro, che cosa farai nel caso in cui trovi per primo lo Z? In base a cosa riconoscerai che chi possiede questa lettera è l'efedro, se non ti sarai recato da tutti senza trovare nessuna lettera corrispondente? Non potresti desumerlo, infatti, dal loro ordine come hai fatto poc'anzi.

Ermotimo È difficile dare una risposta a questa tua domanda.

44. Licino Ecco, considera diversamente la questione. Che ne dici se non scrivessimo più delle lettere sulle tessere, bensì alcuni segni e delle figure, come ne scrivono gli Egizii in gran quantità al posto delle lettere, per esempio uomini dalla testa di cane o di leone? Oppure lasciamo stare queste cose, che sono davvero bizzarre. Disegniamo simboli uniformi e semplici, rappresentando nella maniera più verosimile due uomini su due tessere, due cavalli su altre due, e così ancora due galli e due cani; invece, sulla nona tessera ci sia un leone come contrassegno. Perciò, se all'inizio ti imbatti sulla tessera che reca il leone, come potrai dire che questa designa l'efedro, se non vai ad esaminarli tutti per vedere se ce ne sia un altro che abbia il leone?

Ermotimo Non so cosa risponderti, Licino.

45. Licino È chiaro: non c'è una risposta adeguata. Così, se vogliamo scoprire chi possiede la coppa sacra, chi è l'efedro o chi sarà la nostra guida migliore verso la famosa città di Corinto, dovremo recarci per forza da tutti ed esaminarli attentamente mettendoli alla prova, spogliandoli e confrontandoli. E in tal modo potremmo conoscere a stento la verità. Se poi ci dovesse essere qualcuno in grado di darmi dei consigli affidabili sulla filosofia da praticare, questi potrebbe essere solo uno che abbia conosciuto le dottrine di tutte le scuole. Gli altri, invece, hanno delle conoscenze incomplete e non potrei fidarmi di loro finché restino inesperti anche di una sola scuola filosofica, che potrebbe essere quella migliore. Se qualcuno ci mostrasse un uomo di bell'aspetto, sostenendo che si tratti del più bello tra tutti gli uomini, non potremmo credergli a meno che non sapessimo che ha visto tutti gli uomini. Forse quest'uomo è bello, ma che sia il più bello di tutti non potrebbe saperlo se non li ha visti tutti. Noi, tuttavia, non abbiamo bisogno soltanto di quest'uomo bello che ci indica lui, bensì del più bello e, se non lo troviamo, non dobbiamo pensare di aver concluso alcunché. Noi, infatti, non ci accontenteremo di aver incontrato un bello qualsiasi; piuttosto, stiamo cercando quel bello supremo che è necessariamente unico.

46. Ermotimo È vero.

Licino Allora? Puoi nominarmi qualcuno che abbia provato ogni via filosofica e che, avendo conosciuto le dottrine di Pitagora, Platone, Aristotele, Crisippo, Epicuro e degli altri, alla fine abbia scelto una via tra tutte, dopo aver verificato che è quella vera e avendo imparato per esperienza diretta che è l'unica a condurre direttamente alla felicità? Se trovassimo un tale con queste caratteristiche, dovremmo smettere di assillarci con le nostre preoccupazioni.

Ermotimo Non è facile, Licino, trovare un uomo simile.

47. Licino Allora cosa dobbiamo fare, Ermotimo? Non credo che dobbiamo rinunciare poiché al momento non disponiamo di una guida del genere. In realtà, questa è la cosa migliore e più sicura: che ciascuno cominci ad andare per ogni scuola filosofica analizzando accuratamente le rispettive dottrine?

Ermotimo Così sembra. A meno che non ci sia d'impedimento quello che tu dicevi poco fa, e cioè che, una volta intrapreso il viaggio e spiegate le vele, non si può più ritornare facilmente indietro. Com'è possibile percorrere tutte le vie se, stando a quello che dici, rimarremo invischiati nella prima?

Licino Te lo dirò. Imiteremo l'impresa di Teseo e, dopo aver preso un filo di lino dall'Arianna della tragedia, entreremo in ogni labirinto di modo che, riavvolgendolo, possiamo uscirne senza alcun problema.

Ermotimo E chi sarebbe la nostra Arianna? E dove ci procureremo il filo di lino?

Licino Coraggio, amico! Mi sembra di aver trovato il mezzo con cui poter raggiungere l'uscita.

Ermotimo Quale?

Licino Ti dirò qualcosa che non è roba mia, bensì di uno dei sapienti: '*Sii sobrio e ricordati di non credere*'. Infatti, se noi ascoltiamo senza credere a cuor leggero, ma ci comportiamo come i giudici, lasciando la parola anche agli altri, forse potremmo fuggire facilmente dai labirinti.

Ermotimo Bene: facciamo così!

48. Licino Certo! Da chi dovremmo andare per primo, allora? Oppure non farà nessuna differenza? Posto che cominciamo da uno qualsiasi, per esempio da Pitagora, se così capita, in quanto tempo pensiamo di imparare tutte le sue dottrine? Non sottrarre i famosi cinque anni di silenzio: compresi questi, credo che trenta siano sufficienti, altrimenti venti senza dubbio.

Ermotimo Mettiamo che sia così.

Licino E poi, in seguito, dobbiamo contarne sicuramente altrettanti per Platone e per Aristotele certo non di meno.

Ermotimo Giusto.

Licino Per Crisippo, invece, non ti chiederò più quanti! So che quarant'anni, te l'ho sentito dire, sono appena sufficienti.

Ermotimo È così.

Licino E poi di seguito Epicuro e gli altri. Che non siano molti gli anni calcolati potresti capirlo considerando la quantità di ottantenni stoici, epicurei o platonici che dicono concordemente di non conoscere tutte le dottrine della propria scuola, al punto da non restargli più nulla da imparare. E se non questi, lo ammetterebbero sicuramente Crisippo, Aristotele e Platone, e prima di questi Socrate, che non è da meno al confronto, il quale gridava a chiunque non solo di non sapere tutto, ma di non sapere proprio niente, se non solo questo: di non sapere. Facciamo il calcolo a partire dall'inizio: abbiamo assegnato vent'anni a Pitagora, altrettanti a Platone, poi di seguito anche agli altri. Se considerassimo solo dieci scuole filosofiche, quanti anni sarebbero complessivamente, sommati insieme?

Ermotimo Oltre duecento, Licino.

Licino Vogliamo toglierne un quarto, di modo che centocinquant'anni siano sufficienti, o una metà intera?

49. Ermotimo Dovresti saperlo meglio tu. Io, invece, la vedo così, cioè che solo pochi riuscirebbero a percorrere tutte le vie, pur avendo cominciato da quando sono nati.

Licino Che cosa si potrebbe fare, Ermotimo, se la cosa è così? O dobbiamo ritrattare tutto ciò su cui ci siamo già trovati d'accordo, ossia che fra molte cose non si potrebbe scegliere la migliore se non dopo averle provate tutte quante? E che chi fa una scelta senza un riscontro concreto cercherebbe la verità affidandosi alla divinazione, piuttosto che ad un giudizio critico? Non dicevamo così?

Ermotimo Sì.

Licino Pertanto, è necessario che noi viviamo così a lungo se intendiamo fare una buona scelta dopo aver provato tutte le filosofie e poi, una volta sceltane una, vogliamo esercitarla e, dopo averla esercitata, essere felici. Prima di fare questo dovremmo danzare nel buio, come si suol dire, urtando su quello che capita e pensando che la prima cosa che ci viene tra le mani sia quella che stiamo cercando, proprio perché non conosciamo la verità. Comunque, anche se la trovassimo, imbattendoci in essa per un caso fortuito, non potremo sapere con certezza se sia ciò che cerchiamo. Sono molte, infatti, le cose che si assomigliano tra di loro e ciascuna sostiene di essere quella più vera.

50. Ermotimo Licino, non so come, ma mi sembra ragionevole quello che dici. Tuttavia, a dire il vero, mi irriti non poco quando esponi dettagliatamente queste cose e con una meticolosità non necessaria. Forse oggi sono uscito di casa con un cattivo auspicio se, una volta fuori, mi è toccato incontrarti. Quando ero ormai vicino alla speranza, tu mi hai preso e mi hai gettato nell'incertezza, dimostrandomi che la ricerca della verità, giacché richiede così tanti anni, è impossibile.

Licino Dunque, amico mio, sarebbe molto più ragionevole che tu ti lamentassi con tuo padre Menecrate o tua madre, quale che sia il suo nome (non lo so), o ancor prima con la nostra natura perché non ti ha concesso molti anni e una vita lunga come quella di Titono, ma ha stabilito che tu, in quanto uomo, non vivessi più di cent'anni. Io, invece, proprio discutendo con te, ho scoperto quale sia la conclusione del discorso.

51. Ermotimo No, ma tu sei sempre prepotente e, non so per quale motivo, detesti la filosofia e prendi in giro i filosofi.

Licino Ermotimo, voi sapienti, cioè tu e il tuo maestro, sapreste dire meglio cosa sia la verità. Io, invece, so questo soltanto, che la verità non è gradita a chi l'ascolta e per fama è superata di gran lunga dalla menzogna. La menzogna, infatti, ha un aspetto migliore ed è perciò più gradita, mentre la verità, non contemplando in sé nessuna falsità, parla con franchezza agli uomini, che perciò si indignano con lei. Ecco, anche tu adesso ti indigni con me, perché ho scoperto insieme con te la verità su queste cose, dimostrandoti che non è molto facile ciò che io e te desideriamo. È come se tu ti fossi innamorato di una statua e, credendola un essere vivente, avessi nutrito la speranza di ottenerla, mentre io, dopo aver visto che è di pietra o di bronzo, ti avvertissi con benevolenza che desideri qualcosa di impossibile. Anche in tal caso penseresti che io sia ostile nei tuoi confronti, poiché non ti ho permesso di ingannarti nella speranza di cose strane e impossibili.

52. Ermotimo Dunque, Licino, tu intendi dire che non dobbiamo studiare filosofia, ma abbandonarci all'ozio, vivendo come fanno gli ignoranti?

Licino Dove mai mi hai sentito dire questo? Io, infatti, non dico che non bisogna studiare filosofia: piuttosto, dal momento che occorre studiare filosofia e le vie sono numerose, ciascuna delle quali sostiene di condurre alla filosofia e alla virtù, mentre quella vera resta all'oscuro, bisogna fare una scelta scrupolosa. Eppure, ci era sembrato impossibile scegliere la via migliore tra le tante proposte, a meno che non si percorressero e provassero tutte. In seguito, la prova si è rivelata piuttosto lunga. Ma tu cosa ne pensi? Voglio chiedertelo di nuovo: seguirai il primo che ti capita e studierai filosofia insieme con lui, ed egli ti considererà un dono del cielo?

53. Ermotimo Che cosa potrei risponderti ancora, quando dici che non si è nelle condizioni per fare una scelta, a meno che non si viva tanto quanto una fenice, andando in giro e provando tutti i filosofi, e non ritieni giusto credere né a quelli che li hanno già provati, né ai molti che intonano lodi, offrendo la propria testimonianza?

Licino Chi intendi dire con questi molti? Quelli che conoscono e hanno provato tutte le vie? Se esistesse davvero qualcuno del genere, me ne basterebbe anche uno solo e non avrei più bisogno di molti. Invece, se tu intendi quelli che non sanno, in nessun modo il loro numero cospicuo mi costringerà a credere fino a quando, pur non conoscendone neppure una o soltanto una, si esprimeranno su tutte.

Ermotimo Evidentemente tu solo hai visto la verità, mentre tutti gli altri che studiano filosofia sono stolti.

Licino Mi calunni, Ermotimo, se dici che io mi metto davanti agli altri o mi dispongo tra quelli che sanno, e non ricordi ciò che dicevo, e cioè che non pretendo di conoscere la verità più degli altri, ma insieme con tutti ammetto di non conoscerla.

54. Ermotimo Tuttavia, Licino, il fatto di dover andare da tutti, provare quello che dicono e non poter scegliere il meglio altrimenti, se non in questo modo, forse è giusto, ma impiegare così tanti anni per ogni prova è davvero ridicolo, come se non fosse possibile conoscere il tutto da una piccola parte. Mi sembra che una cosa del genere sia di gran lunga più facile e richieda non molto tempo. Dicono che uno scultore, credo Fidia, vedendo solo l'unghia di un leone abbia dedotto a partire da quella la grandezza del leone intero, riproducendolo in proporzione all'unghia. Anche tu, se qualcuno ti mostrasse solo la mano di un uomo, tenendo nascosto il resto del corpo, riconosceresti subito, credo, che la figura nascosta è un uomo, anche se non ne hai visto il corpo intero. Dunque, è facile imparare in un piccolo ritaglio di una giornata le dottrine principali che tutti sostengono, mentre questa eccessiva precisione, che richiede una lunga ricerca, non è del tutto necessaria per la scelta della cosa migliore. Al contrario, è possibile esprimere un giudizio anche sulla base di questi elementi.

55. Licino Oh, Ermotimo, con quale risolutezza ti sei espresso, pensando di poter conoscere l'intero dalle parti! Eppure, mi ricordo di aver ascoltato il contrario, e cioè che conoscendo l'intero si potrebbe conoscere anche la parte, mentre chi conosce solo la parte non potrebbe conoscere anche l'intero. Dunque, dammi pure una risposta a questo proposito: Fidia, nel vedere l'unghia di un leone, avrebbe riconosciuto che è di un leone se non avesse mai visto un leone? Oppure tu, vedendo la mano di un uomo, saresti stato in grado di dire che è di un uomo se non avessi conosciuto, né mai visto prima un uomo? Perché te ne stai in silenzio? O vuoi che risponda io al posto tuo dicendo ciò che si deve dire, e cioè che non ne saresti stato capace? Fidia rischia così di andar via dopo aver scolpito invano il suo leone, senza essere riuscito ad ottenere alcun risultato. Evidentemente non ha detto '*nulla che abbia a che fare con Dioniso*'. Oppure, in che modo queste cose sarebbero simili tra di loro? Tu e Fidia non avete altro modo per riconoscere le parti, se non per il fatto che conoscete l'intero: intendo dire l'uomo e il leone. In filosofia, invece, per esempio in quella stoica, in che modo potresti conoscere dalla parte anche il resto? Oppure, come potresti dimostrare che il resto sia bello? Tu, infatti, non conosci l'intero cui esse appartengono.

56. Stando a quello che dici, e cioè che sia facile ascoltare le dottrine fondamentali di ogni scuola filosofica in un piccolo ritaglio di una giornata (per esempio i loro principi e fini, che cosa siano secondo loro gli dei, l'anima, e poi chi dice che tutto sia corpo, chi crede che esistano anche entità incorporee, il fatto che alcuni ritengono che il bene e la felicità risiedano nel piacere, altri nel bello e così via), è facile riprodurle e non richiede molto impegno, dopo averle ascoltate in questo modo. Tuttavia, considera che conoscere chi sia colui che dice la verità non richiede una parte di un giorno, bensì molti giorni. Altrimenti, per quale ragione ciascuno di essi ha scritto sugli stessi argomenti centinaia e migliaia di libri per persuaderci, credo, che siano vere quelle poche cose che a te sembrano semplici e facili da imparare? Ora, secondo me, qui ci sarà bisogno di un indovino per la scelta della dottrina migliore, a meno che tu non resista al lungo studio, esaminando tutto e ogni singola cosa, in modo da fare una scelta accurata. Questa, infatti, sarebbe una scorciatoia senza complicazioni né ritardi: se tu mandassi a chiamare un indovino, ascoltassi i principi fondamentali di tutti e facessi un sacrificio per ciascuno di essi. La divinità ti affrancherebbe così da numerose difficoltà, mostrandoti nel fegato della vittima ciò che devi scegliere.

57. Tuttavia, se vuoi, ti proporrò una cosa meno impegnativa, di modo che tu non immoli vittime, né faccia sacrifici a nessuno, né interpelli uno di quei costosi sacerdoti: dopo aver inserito in un'urna delle tavolette con il nome di ciascun filosofo, ordina ad un bambino (uno di quei fanciulli che hanno entrambi i genitori) di avvicinarsi all'urna e di estrarre la prima tavoletta che gli capiti sotto mano; in seguito, studia la dottrina del filosofo che ha sorteggiato, chiunque egli sia.

58. Ermotimo Questa è una vera e propria caricatura e non è degna di te, Licino. Ma, dimmi: hai mai comprato del vino personalmente?

Licino Certo, spesse volte.

Ermotimo Dunque, sei andato in giro per la città da tutti i commercianti assaggiando, paragonando ed esaminando i vini?

Licino Niente affatto!

Ermotimo Credo, infatti, che ti sia bastato prendere il primo vino buono e conveniente che ti sia capitato per le mani.

Licino Certo, per Zeus!

Ermotimo E saresti stato in grado di dire da quel piccolo assaggio com'era tutto il vino?

Licino Sì.

Ermotimo E se tu ti fossi recato dai commercianti dicendo: "Salve, poiché voglio comprare una coppa di vino, ciascuno di voi mi dia da bere la sua botte intera, cosicché, dopo averli provati tutti, sappia chi ha il vino migliore e da chi devo comprarlo". Se tu avessi parlato così, non credi che quelli si sarebbero presi gioco di te e che se tu li avessi importunati ancora, forse ti avrebbero rovesciato dell'acqua addosso?

Licino Credo di sì e sarebbe stato giusto!

Ermotimo Lo stesso vale anche per la filosofia. Che bisogno c'è di dare fondo alla botte, se da un piccolo assaggio possiamo conoscere la qualità di tutto il vino in essa contenuto?

59. Licino Come sei sfuggente, Ermotimo, e come mi scappi via dalle mani! Del resto, mi sei stato proprio d'aiuto: pensando di essere riuscito a farla franca, sei caduto nella stessa trappola.

Ermotimo Che cosa vuoi dire?

Licino Che tu hai preso una cosa di per sé evidente e nota a tutti, il vino, e lo paragoni a cose del tutto diverse e su cui tutti dissentono, oscure come sono. Per questo motivo non sono in grado di dire in base a cosa la filosofia e il vino per te siano uguali, se non per questo soltanto: i filosofi vendono i loro insegnamenti, come i commercianti il vino, e la maggior parte annacquandoli, adulterandoli e misurandoli in maniera fraudolenta. Esaminiamo così quello che dici: tu sostieni che il vino nella botte sia tutto uguale a sé stesso e, per Zeus, non vi è niente di strano! Se tu ne prendessi giusto un po' e lo assaggiassi, subito capiresti la qualità di tutta la botte: questo succede con una certa logica e non direi affatto il contrario. Ma ora considera anche quanto segue: la filosofia e i filosofi come il tuo maestro vi dicono davvero ogni giorno le stesse cose sugli stessi argomenti, oppure vi parlano ogni volta di cose diverse?

Ermotimo Evidentemente di molte cose diverse.

Licino Senz'altro, caro amico, non saresti stato insieme con lui vent'anni, andando in giro qua e là come Odisseo, se avesse detto sempre le stesse cose, ma ti sarebbe bastato ascoltarlo una sola volta.

60. Ermotimo Come no?

Licino Dunque, in che modo avresti potuto conoscere il tutto dal primo assaggio? Non si parlava delle stesse cose, ma sempre di nuove su nuove, a differenza del vino che è sempre lo stesso. Così, amico, se non bevi l'intera botte, te ne andrai in giro ubriaco, senza ricavarne alcun beneficio. Mi sembra che la divinità abbia nascosto il bene della filosofia sul fondo, proprio sotto la feccia. Pertanto dovrai tracannarla tutta, fino all'ultima goccia, altrimenti non potresti mai trovare quella bevanda simile al nettare, di cui mi sembri assetato da molto tempo, ormai. Eppure tu credi che la cosa sia così, che anche solo assaggiandone e bevendone un poco, diventeresti subito perfettamente saggio, come dicono della profetessa di Delfi, che, dopo aver bevuto dalla sacra fonte, subito diventa invasata e dà responsi ai presenti. La tua situazione, però, non sembra essere così: dopo aver bevuto oltre metà della botte, dicevi di essere ancora all'inizio.

61. Considera allora se la filosofia non assomigli più a questo. Mantieni ancora la botte e l'oste, ma non ci sia più vino dentro, bensì un assortimento di sementi: sopra frumento, poi fave, orzo e sotto lenticchie, ceci e molte altre varietà. Tu vai con l'intenzione di comprare dei semi e il commerciante, preso del frumento lì dove ce n'è, te ne versa un campione nella palma della mano, perché tu lo osservi. Ebbene, saresti veramente in grado di dire, guardando il campione, se i ceci sono puri, le lenticchie tenere e le fave non vuote?

Ermotimo Assolutamente no!

Licino Perciò, non potresti sapere neppure com'è tutta la filosofia dalle prime parole che uno pronuncia. Non è, infatti, un qualcosa di uniforme come il vino, cui tu la paragoni, ritenendo che sia uguale a un suo campione. Al contrario, è apparsa intimamente eterogenea e necessita di un esame non superficiale. Il rischio di comprare un brutto vino è di perdere due oboli; invece, disperdersi nella massa, tu stesso lo dicevi all'inizio che non è una sventura da poco. Del resto, chi pretendesse di bere la botte intera per comprare una coppa, danneggerebbe l'oste con un assaggio così assurdo. Alla filosofia, invece, non accadrebbe niente di questo genere: anche se ne bevi moltissima, il livello della botte non diminuisce, né l'oste subirà alcun danno. Come dice il proverbio: *'tanto ne attingi, tanto se ne riversa all'interno'*, al contrario di ciò che accade alla botte delle

Danaidi. Questa, infatti, non tratteneva quanto veniva versato al suo interno, che al contrario scorreva subito via. Se tu attingi qualcosa dalla filosofia, invece, quel che resta aumenta.

62. Ti voglio proporre un altro paragone a proposito dell'assaggio della filosofia e non pensare che io sia blasfemo nei suoi confronti, se dico che assomiglia ad un veleno letale, per esempio la cicuta o l'aconito o un altro di questo genere. Neppure questi, infatti, per quanto siano letali, potrebbero uccidere nel caso in cui se ne assaggiasse una minima quantità, raschiandola con la punta dell'unghia. Anzi, se non vengono assunti nella quantità, nella modalità e con le miscele opportune, non si muore. Tu invece pretendevi che anche la minima parte bastasse a fornire la conoscenza del tutto!

63. Ermotimo Sia come vuoi, Licino. E quindi? Occorre vivere cent'anni e sopportare tutte queste fatiche? Non si potrebbe esercitare la filosofia in un modo differente?

Licino No, Ermotimo, e non c'è niente di strano, se è proprio vero quello che dicevi all'inizio, cioè che la vita è breve, ma l'arte lunga. Ora, però, non so perché ti arrabbi se oggi stesso non riesci a diventare Crisippo o Platone o Pitagora prima che tramonti il sole.

Ermotimo Tu mi inganni, Licino, e mi metti alle strette anche se non ti ho fatto nulla di male. È chiaro che sei mosso dall'invidia, perché ho fatto progressi nello studio, mentre tu, alla tua età, hai trascurato te stesso.

Licino Allora sai quello che devi fare? Non far caso al mio delirio da coribante, ma lasciami blaterare. Tu, invece, avanza lungo il tuo cammino, così come stai facendo, e raggiungi il tuo obiettivo, in base a quello che hai deciso sin dall'inizio al proposito.

Ermotimo Ma tu non mi permetti di scegliere nulla, violento come sei, a meno che non abbia provato ogni cosa!

Licino Eppure puoi stare sicuro che non potresti dire nient'altro. Quando tu dici che io sono aggressivo, mi sembra che tu stia accusando un innocente, come dice il poeta. Io stesso, infatti, finché un altro discorso non venga in tuo aiuto e ti liberi da questa arroganza, vengo trascinato via come un prigioniero. Ecco, il discorso potrebbe dirti cose di gran lunga più aggressive; ebbene, tu, probabilmente, lo ignorerai e accuserai me.

Ermotimo Cosa? Mi stupisco se gli fosse rimasto qualcosa da dire.

64. Licino Dice che non basta vedere tutte le cose ed esaminarle attentamente per poter scegliere quella migliore, ma che c'è ancora bisogno della cosa più importante.

Ermotimo Cosa?

Licino Una disposizione critica ed esaminatrice, mio caro, una mente acuta e un intelletto rigoroso e imparziale, come dev'essere quello per giudicare argomenti di questo genere, altrimenti ogni cosa sarebbe considerata invano. Il discorso dice che occorre spendere non poco tempo per questa impresa e, dopo aver disposto ogni cosa dinanzi agli occhi, bisogna compiere la scelta prendendo tempo, con calma e con frequenti verifiche. Inoltre, non si deve considerare l'età di chi parla né l'aspetto o la stima per la sua sapienza, ma fare come gli Areopagiti, che giudicano di notte, all'oscuro, in modo da rivolgere lo sguardo non su chi parla, bensì su ciò che si dice. Allora tu sarai in grado di esercitare la filosofia, dopo aver preso una solida decisione.

Ermotimo Intendi dire dopo la morte: da quello che hai detto, non basterebbe la vita di nessun uomo per passare in rassegna tutte le dottrine, studiare accuratamente ogni cosa e, dopo aver studiato, giudicare, e una volta giudicato, scegliere, e dopo aver scelto, praticare la filosofia. Solo in questo modo, dici, si potrebbe trovare la verità, ma non diversamente.

65. Licino Ermotimo, esito a dirti che neanche questo è sufficiente, ma mi sembra che non ci siamo ancora accorti del fatto che, pensando di aver trovato qualcosa di sicuro, in realtà non abbiamo trovato proprio nulla. È ciò che capita spesso ai pescatori, i quali, dopo aver gettato le reti, quando sentono un certo peso, le tirano su, con la speranza di aver preso molti pesci. Poi, quando sono ormai stanchi di tirare, ecco apparire loro una pietra o un vaso pieno di sabbia. Guarda se non abbiamo tirato su anche noi una cosa del genere.

Ermotimo Non capisco cosa vuoi dire con queste reti. Certamente mi stai intrappolando...

Licino Allora cerca di liberarti: con l'aiuto di un dio, infatti, sai nuotare come nessun'altra persona. Credo che, pur andando a provare tutti i filosofi, completando l'impresa, nemmeno allora sarà chiaro se qualcuno di loro sia in possesso della cosa che stiamo cercando o se tutti la ignorino allo stesso modo.

Ermotimo Cosa dici? Nessuno di questi la possiede?

Licino Non è certo! Oppure ti sembra impossibile che tutti dicano menzogne e che la verità, invece, sia qualcosa di diverso, che non è stato ancora scoperto da nessuno di loro?

66. Ermotimo Come sarebbe possibile?

Licino Così: poniamo che il numero venti sia quello vero. Per esempio, se qualcuno, dopo aver raccolto venti fave in una mano, tenendola chiusa, chiede a dieci persone quante siano le fave nella sua mano, uno direbbe sette, un altro cinque, c'è chi direbbe trenta, chi dieci o quindici: in breve, ognuno direbbe un numero diverso. Tuttavia, è possibile che qualcuno azzecchi il numero vero, oppure no?

Ermotimo Sì.

Licino Ma non è neppure impossibile che tutti dicano numeri diversi, sbagliati e non veri, e che nessuno di loro dica che quell'uomo ha venti fave. Che ne dici?

Ermotimo Non è impossibile.

Licino Allo stesso modo, tutti i filosofi sono alla ricerca della felicità e c'è chi dice che sia una cosa, chi un'altra: uno il piacere, un altro il bello e altri ancora quant'altro si dice a tal proposito. È probabile che la felicità sia una di queste cose, ma non è improbabile che sia qualcos'altro rispetto a tutte queste cose. Pare che noi, al contrario di quanto avremmo dovuto fare, ci affrettiamo verso la fine senza aver trovato in primo luogo il principio. Penso che occorreva prima di tutto appurare che la verità fosse stata conosciuta e che uno dei filosofi ne fosse senza dubbio in possesso; poi, il passo successivo sarebbe stato cercare colui al quale bisogna credere.

Ermotimo Così, Licino, tu dici che neppure se attraverseremo tutta quanta la filosofia, neanche in quel caso, saremo veramente in grado di scoprire la verità.

Licino Non chiederlo a me, mio caro, ma di nuovo al discorso in persona. Forse ti risponderebbe che non è possibile, finché non è certo che sia una delle cose che essi dicono.

67. Ermotimo Da quello che dici non la troveremo mai, né diventeremo filosofi, ma dovremo vivere una vita da ignoranti, smettendo di fare filosofia. È quanto consegue dal tuo ragionamento, cioè che la filosofia sia impossibile da praticare, oltre che inaccessibile per un essere umano. Tu, infatti, sostieni che chi intende esercitare la filosofia prima di tutto debba scegliere quella migliore, ma secondo te la scelta è corretta solo se, dopo aver percorso ogni scuola filosofica, fosse scelta quella più vera. Poi, calcolando gli anni sufficienti per ciascuna, hai superato ogni limite, prolungando la questione verso altre generazioni, cosicché la ricerca della verità ha travalicato i limiti temporali di ogni vita umana. Infine, metti in dubbio persino questa stessa cosa, dicendo che non è chiaro se la verità sia già stata trovata dai filosofi del passato oppure no.

Licino Ma tu, Ermotimo, come potresti giurare che essi l'abbiano trovata? Io non ci giurerei. Eppure, quante altre questioni ti ho evitato di proposito, bisognose anch'esse, del resto, di un lungo esame!

68. Ermotimo Quali cose?

Licino Non senti che tra quelli che sostengono di essere Stoici, Epicurei o Platonici, alcuni conoscono ogni dottrina, altri no, nonostante siano affidabili per tutto il resto?

Ermotimo È vero!

Licino Allora non credi che sia molto faticoso distinguere e riconoscere quelli che sanno da quelli che non sanno, ma dicono di sapere?

Ermotimo Certo.

Licino Se intendi conoscere lo Stoico migliore dovrai recarti se non da tutti, dalla maggior parte di loro, metterli alla prova e sceglierti quello migliore come tuo maestro. Prima di tutto, però, dovresti esercitarti e acquisire la facoltà di giudizio su tali questioni, in modo da non preferire inavvertitamente il filosofo peggiore. Considera poi quanto tempo occorra per questo, un tema che ho tralasciato intenzionalmente temendo di mandarti in collera. Eppure, penso che questa sia la sola cosa più importante e necessaria in situazioni del genere, ovvero incerte e dubbiose. E questa, poi, è l'unica speranza sicura e salda in vista della verità e della sua scoperta. Non ne esiste un'altra, se non la capacità di giudicare e separare il falso dal vero e, come fanno i saggiatori d'argento, discernere il metallo genuino e puro da quello contraffatto e, dopo aver acquisito una tale abilità e competenza, sottoporre ad esame le loro parole. Altrimenti sappi che niente impedirà che tu venga tirato per il naso da ciascuno di loro o che tu segua un ramo che ti viene messo davanti come fanno le pecore. In aggiunta, sarai simile all'acqua versata sul tavolo: andrai dovunque uno ti trascini, spingendoti con la punta del dito. Oppure, per Zeus, assomiglierai ad una canna che cresce sull'argine di un fiume ed è piegata da tutti i venti, anche se la agita una brezza che soffia leggera.

69. Così, se trovassi un maestro che, conoscendo la tecnica della dimostrazione e della risoluzione delle questioni controverse, te la insegnasse, certamente non avresti più nessuna preoccupazione. Subito ti apparirà distintamente la cosa migliore, il vero e il falso saranno svelati, una volta esaminati da questa tecnica dimostrativa, e tu, dopo aver preso a ragion veduta la tua scelta ed espresso il tuo giudizio, praticherai la filosofia e, acquisita la felicità tre volte desiderata, vivrai insieme con lei possedendo tutti i suoi beni.

Ermotimo Bene, Licino. Quello che dici è di gran lunga migliore e contiene una speranza non irrilevante. Dobbiamo cercare, almeno così pare, un uomo del genere, che ci renda capaci di distinguere, giudicare e fare dimostrazioni nel miglior modo possibile. Quanto segue, poi, sarà facile, non comporterà problemi, né richiederà molto tempo. Io ti sono molto grato per aver trovato per noi quest'ottima scorciatoia.

Licino In realtà non dovresti ringraziarmi affatto. Non ho scoperto né ti ho mostrato nulla per avvicinarti alla speranza; al contrario, siamo molto più lontani di quanto lo fossimo prima e, come dice il proverbio, *'dopo aver patito molte fatiche siamo allo stesso punto'*.

Ermotimo Cosa vuoi dire? Mi sembra che le tue parole abbiano un che di angosciante e siano senza speranza.

70. Licino Caro amico, voglio dire che, anche se troviamo qualcuno che prometta di conoscere l'arte dimostrativa e di insegnarla ad un altro, non penso che gli crederemo subito, ma cercheremo un'altra persona in grado di giudicare se quest'uomo dice la verità. E anche se disponessimo di una persona così, resterà ancora incerto dal nostro punto di vista se questo esperto sappia riconoscere o no chi giudica bene e, anche per quest'ultimo, credo, ci sarebbe bisogno di un altro esperto. Noi, infatti, in che modo sapremmo discernere chi sa giudicare nel modo migliore? Vedi in quale direzione si estende il discorso e come diventa infinito, non potendo arrestarsi né essere trattenuto? Poiché vedrai che tutte quante le dimostrazioni che è possibile trovare sono ambigue e non si fondano su una solida base. La maggior parte di queste, infatti, vogliono costringerci a credere di possedere la conoscenza, fondandosi su altre incerte. Altre dimostrazioni, invece, congiungono delle affermazioni oscure ad affermazioni del tutto evidenti, anche se non hanno nulla in comune tra di loro, sostenendo, del resto, che queste ultime siano la dimostrazione delle prime: è come se si pensasse di dimostrare l'esistenza degli dei per il fatto che i loro altari siano visibili. Così, Ermotimo, non so come, al pari di quelli che corrono in cerchio, siamo ritornati al punto iniziale e alla stessa difficoltà.

71. Ermotimo Che cosa mi hai fatto Licino! Hai ridotto il mio tesoro in carboni e, a quanto pare, andranno in fumo tutti questi anni e la mia grande fatica.

Licino Ma ti dispiacerai molto meno, Ermotimo, se tieni presente che non sei l'unico a restare senza i beni sperati, ma tutti i filosofi combattono, per così dire, per l'ombra di un asino. Oppure, chi potrebbe percorrere davvero tutte le dottrine di cui ti parlavo? Che questo sia impossibile lo dici anche tu! Ora, mi sembra che tu faccia come chi piange o accusa la sorte perché non è riuscito a salire in cielo o, immergendosi in mare in Sicilia, non riemerge a Cipro oppure, sollevandosi in volo dalla Grecia, non raggiunge l'India nello stesso giorno. Il motivo del suo dolore, credo, risiede nel fatto che lui, dopo aver visto una cosa del genere in sogno o dopo essersela immaginata, ci abbia sperato, senza verificare prima se stesse desiderando qualcosa di realizzabile e conforme alla natura umana. Ma adesso, amico mio, il discorso, con il suo pungolo, ha fatto balzare anche te dal sonno, mentre anche tu sognavi tante meraviglie. E poi, quando gli occhi sono ancora a malapena aperti e non riesci a scrollarti facilmente di dosso il sonno per il piacere di quanto vedevi, te la prendi con il discorso. Lo stesso capita anche a quelli che si immaginano una felicità vana: sono ricchi, dissotterrano tesori, fanno i re e godono di altre forme di felicità, tutte cose che procura facilmente quell'insigne divinità, il Desiderio, che è prodigo di doni e non dice mai di no, nemmeno se qualcuno volesse delle ali, desiderasse diventare grande quanto un colosso o trovare intere montagne d'oro. Dunque, se uno schiavo sopraggiunge mentre essi sono immersi in tali immaginazioni con una domanda sulle faccende quotidiane più impellenti - per esempio da chi comprare il pane, o cosa dire al proprietario che chiede l'affitto della casa e aspetta ormai da molto - allora questi vanno in collera, come se fossero stati privati di tutti quei beni dallo schiavo che li ha importunati con le sue domande, e manca poco che non gli stacchino il naso con un morso.

72. Ma tu, mio caro, non provare questo risentimento nei miei confronti se io, che ti sono amico, mentre tu scavi tesori, voli, concepisci immagini straordinarie e nutri speranze impossibili, non ti ho permesso di trascorrere tutta la tua vita in un sogno, forse bello, ma pur sempre un sogno. Al contrario, penso che sia giusto che tu alzandoti dal letto ti impegni a sbrigare una di quelle faccende quotidiane, che ti porterà a riflettere per il resto della vita sulle questioni più comuni. Ciò che tu facevi e vagheggiavi finora non si distingue in nulla dagli Ippocentauri, dalle Chimere, dalle Gorgoni e da tutto ciò che i sogni, i poeti e i pittori inventano nella loro libertà, anche se non è mai esistito, né potrebbe mai esistere. Tuttavia, la maggior parte del popolo ci crede e resta irretita a vedere o ad ascoltare cose di questo genere perché sono strane e mostruose.

73. Anche tu, del resto, dopo aver sentito dire da un cantastorie che esiste una donna dalla bellezza straordinaria, superiore alle stesse Grazie o ad Afrodite Urania, te ne sei innamorato subito, senza aver verificato prima se sia vero quello che dice e se esista davvero questa donna in qualche parte del mondo, come raccontano di Medea, che si innamorò di Giasone in sogno. Eppure era questo, almeno io suppongo, che ha suscitato un tale amore in te e in tutti quelli che, come te, si sono innamorati di questa immagine: poiché sin dall'inizio si è creduto che quel cantastorie, nel parlare della donna, dicesse la verità, egli ha aggiunto il resto dei dettagli. Voi, infatti, guardavate solo a questo e così, una volta che gli avete offerto la prima presa, vi ha tirato per il naso, portandovi dall'amata per la via che diceva diritta. Credo che il resto sia stato facile: nessuno di voi, ritornando all'ingresso, ha verificato se fosse quello vero e se fosse entrato, senza accorgersi, là dove non doveva. Invece, ciascuno ha seguito le orme di chi ha fatto il cammino prima di lui, come le pecore vanno dietro alla loro guida, mentre occorreva considerare subito, sin dall'inizio, all'entrata, se ci si doveva addentrare o no.

74. Capiresti meglio ciò che intendo dire se prendessi in considerazione questa analogia: qualora uno di questi audaci poeti dicesse che un tempo sia esistito un uomo con tre teste e sei mani, e tu accettassi sconsideratamente queste parole sin dall'inizio, credendoci, senza verificare se siano possibili, il poeta aggiungerebbe subito il resto in maniera coerente, e cioè che lo stesso individuo aveva sei occhi, sei orecchie, emetteva tre voci, mangiava con tre bocche e aveva trenta dita, non dieci come ciascuno di noi in due mani. Se poi doveva combattere, tre mani avrebbero avuto rispettivamente uno scudo leggero, uno di vimini o uno pesante, mentre delle altre tre, una avrebbe scagliato un'ascia, una avrebbe lanciato un giavellotto e un'altra avrebbe brandito la spada. E chi non crederebbe più a queste sue parole? Esse procedono coerentemente dal principio iniziale, su cui occorreva rivolgere l'attenzione sin da subito per vedere se fosse accettabile e potesse essere ammesso così com'è. Una volta che hai approvato questo principio, il resto scorre da sé e non si arresterà mai, né è facile non credergli, poiché è coerente e conforme al principio concordato: è questo ciò che capita anche a voi. Mossi dalla passione e dal desiderio, senza aver esaminato la situazione a ciascun ingresso, andate avanti spinti dalla coerenza rigorosa, senza riflettere se ci possa essere davvero qualcosa di rigorosamente coerente ma falso. Per esempio, se qualcuno dicesse che cinque per due fa sette e tu gli credessi senza fare tu stesso il calcolo, certamente si evincerà che cinque per quattro fa quattordici e così via, fino a quando egli vorrà. Così opera anche la meravigliosa geometria: pone ai principianti alcuni postulati assurdi, che non possono sussistere (punti privi di parti, linee senza larghezza e così via), pretendendo che le siano concessi, e costruisce il resto su queste basi malferme, credendo di dimostrare la verità, pur procedendo da un principio falso.

75. Allo stesso modo anche voi, accettando i principi di ciascuna scuola filosofica, credete a quanto ne consegue e pensate che questa coerenza stringente, pur essendo falsa, sia un segno della loro verità. In seguito, alcuni di voi muoiono ancora pieni di speranze, prima di vedere la verità e di condannare quelli che li hanno ingannati. Altri, invece, anche se si accorgono tardi di essere stati ingannati, quando sono ormai vecchi, esitano a tornare indietro, perché si vergognano di dover ammettere, alla loro età, di non aver capito che si stavano trastullando con giochi da bambini. Così, per vergogna, persistono negli stessi principi, elogiano la loro condizione presente ed esortano quante più persone possibili nella medesima direzione, in modo che non siano i soli ad essere stati ingannati e ricavino, invece, un certo conforto dal fatto che anche molti altri siano nella loro stessa condizione. Inoltre, essi considerano pure che, se dicessero la verità, non sarebbero più rispettati come adesso, al di sopra di molti, né sarebbero onorati allo stesso modo. Pertanto, non direbbero volontariamente la verità, sapendo che, una volta caduti da quelle altezze, sarebbero considerati alla stessa stregua degli altri. Ne troveresti ben pochi che osino dire coraggiosamente di essere stati ingannati e che provino a distogliere gli altri dalle stesse dottrine. Dunque, se incappassi in uno di questi, chiamalo pure amico della verità, onesto, giusto e, se vuoi, anche filosofo: soltanto a lui non negherei questo nome. Gli altri, invece, o non conoscono per niente la verità, pur pensando di conoscerla o, pur essendo consapevoli di non conoscerla, lo nascondono per viltà, vergogna e per il desiderio di essere onorati.

76. Comunque, per Atena, lasciamo stare tutto quello che ho detto e dimentichiamocene come di tutti i fatti precedenti l'arcontato di Euclide. Posto che questa filosofia, vale a dire quella degli Stoici, e nessun'altra, sia quella giusta, vediamo se sia raggiungibile e possibile, o se si affatichino invano quanti la desiderano. Sento, infatti, delle promesse meravigliose riguardanti la felicità che otterranno quanti raggiungono la cima: essi solo, infatti, si procureranno ed avranno in loro possesso ogni vero bene. Alla domanda successiva potresti rispondere meglio tu: hai mai incontrato uno Stoico, uno di quelli che sono sulla vetta, che non soffre dolore, né viene trascinato dal piacere, né si adira, ma ha la meglio sull'invidia, disprezza la ricchezza ed è perfettamente felice, proprio come deve essere il criterio e il modello della vita virtuosa (chi è sprovvisto, anche in minima parte, di queste prerogative, infatti, è imperfetto, anche se avesse tutto il resto in abbondanza)? Se non è così, non sarebbe ancora felice...

77. Ermotimo Non ho mai visto nessuno così.

Licino Fai bene, Ermotimo, a non mentire di proposito! Dunque a che cosa rivolgi il tuo sguardo quando fai filosofia e vedi che né il tuo maestro, né il suo, né il predecessore di quest'ultimo, neppure se procedi all'indietro fino alla decima generazione, nemmeno uno di questi è diventato perfettamente sapiente e, di conseguenza, felice? Non sarebbe ugualmente corretto se tu dicessi che basta avvicinarsi alla felicità, poiché non ci sarebbe nessuna utilità: chi sta vicino alla porta, infatti, è ugualmente fuori dalla soglia e all'aperto rispetto a chi resta lontano. Anzi, la differenza sarebbe che quest'ultimo soffrirà di più nel vedere da vicino ciò di cui è privato. Poi, per stare più vicino alla felicità (ti farò questa concessione) ti affatichi tanto, rovinandoti, e una buona parte della tua vita è trascorsa nell'indolenza, nella fatica e nelle veglie notturne con il capo chino. E, come dici tu stesso, patirai ancora almeno altri vent'anni, in modo da trovarti, all'età di ottant'anni (se hai la garanzia di vivere così a lungo), tra quelli non ancora felici. A meno che tu non pensi che sarai l'unico a raggiungere e a ottenere nella tua ricerca quello che, prima di te, molti uomini valenti e di gran lunga più veloci non sono riusciti ad afferrare nel corso della loro ricerca. **78.** E quindi afferralo tu, se vuoi, prendilo e tienitelo tutto tu. Tuttavia, per prima cosa, non vedo quale possa mai essere questo bene che si pensa riesca a compensare così tante fatiche. E poi, quanto tempo ti resterà per goderne, quando sarai ormai vecchio, non più nell'età adatta ad ogni sorta di piacere e, come si suole dire, con un piede ormai nella fossa? Salvo che, caro mio, tu non ti stia esercitando per un'altra vita, in modo tale che, giunto lì, possa vivere meglio, sapendo in che modo bisogna vivere, come se qualcuno preparasse e allestisse tutto per una buona cena così a lungo da morire di fame senza accorgersene.

79. Per di più immagino che tu non abbia ancora considerato il fatto che la virtù risiede nelle azioni, per esempio nel comportamento giusto, saggio e coraggioso; voi (e quando dico "voi", intendo i filosofi che sono in cima), invece, tralasciate tutto questo, prodigandovi a cercare e a comporre frasette difficili, sillogismi, problemi insolubili e trascorrete su questi argomenti la maggior parte della vostra vita, stimando alla pari di un glorioso vincitore chi abbia la meglio in tali questioni. Questo è il motivo per cui, credo, ammirate questo vostro maestro, un uomo ormai anziano, cioè perché riduce i suoi interlocutori in aporia e sa come porre domande, usare scaltrezze sofistiche, come ingannare e, ancora, come mettere alle strette. Voi, dunque, dopo aver gettato via il frutto - che aveva a che fare con le azioni - vi occupate della corteccia, rovesciandovi le foglie l'uno sull'altro nel corso delle vostre discussioni. Oppure è qualcos'altro ciò che fate dalla mattina alla sera, Ermotimo?

Ermotimo No, è proprio questo.

Licino E allora non si direbbe davvero con giusta ragione che avete tralasciato il corpo e andate a caccia dell'ombra, o che andate a caccia della pelle del serpente, trascurando il serpente che striscia? O, piuttosto, che voi fate come chi versa dell'acqua in un mortaio e la batte con un pestello di ferro, pensando di fare qualcosa di necessario e di utile, senza sapere che, benché battendo, come si suole dire, frantumi le tue braccia, l'acqua resta sempre acqua?

80. E ora permettimi di chiederti se, a parte i discorsi, per il resto tu desidereresti apparire simile al tuo maestro, diventando così irascibile, puntiglioso, aggressivo e voluttuoso, per Zeus, anche se molti non sono dello stesso parere. Perché non parli, Ermotimo? Vuoi che ti racconti quello che ho sentito dire l'altro giorno in difesa della filosofia da un uomo molto anziano, al quale si accostavano molti giovani in virtù della sua sapienza? Nel richiedere il compenso ad uno dei suoi allievi, si è adirato, dicendogli che era moroso e aveva oltrepassato la scadenza prescritta per il debito che egli avrebbe dovuto pagare sedici giorni prima, nel novilunio del mese, come era stato concordato. **81.** E mentre era così irritato, sopraggiunse lo zio del giovinetto, un uomo rozzo e ignorante quanto alle vostre dottrine. "Smettila", disse, "mirabile uomo, di sostenere che hai subito una grandissima ingiustizia, perché abbiamo comprato da te alcune frasette e non ti abbiamo dato ancora il compenso. Nondimeno, tu possiedi ancora quello che ci hai venduto e le tue conoscenze non sono state neppure minimamente diminuite. Per quanto riguarda gli auspici con cui inizialmente ti ho affidato il giovane, ecco, non è migliorato in niente grazie a te. Ha rapito la figlia del mio vicino Echecrate, una vergine, ne ha abusato e ha evitato per poco l'accusa di violenza se non avessi pagato un talento come risarcimento al povero Echecrate. L'altro giorno, invece, ha percosso sua madre perché lo ha sorpreso mentre portava via sotto il suo mantello la giara di vino, credo come contributo da portare ad un banchetto. Per ciò che concerne l'ira, l'animosità, l'impudenza, l'audacia e la falsità, era di gran lunga migliore lo scorso anno che adesso. A dire il vero, a questo proposito avrei preferito che lui ricevesse da te un certo vantaggio, piuttosto che apprendere quelle cose che ci snocciola ogni giorno a cena, anche se non ne abbiamo affatto bisogno: che un coccodrillo ha rapito un bambino e ha promesso di restituirlo a patto che il padre gli risponda non so cosa, oppure che è necessario, qualora sia giorno, che non sia notte... Qualche altra volta il nostro gentile ragazzo, intrecciando le parole, ci fa spuntare, non so come, anche delle corna. Noi, invece, ridiamo di queste cose, soprattutto quando si tura le orecchie e si esercita ad esporre accuratamente tra sé e sé alcuni "stati", "condizioni", "comprensioni", "fantasie" e molti altri nomi di questo genere. Lo sentiamo dire che il dio non è in cielo, ma permea tutte le cose, per esempio il legno, la pietra e gli animali, fino a quelle più vili. E quando sua madre gli chiede il motivo di queste chiacchiere, le ride in faccia, dicendo: 'Se imparo bene queste chiacchiere, nulla mi impedirà di essere l'unico ricco, l'unico re, e che gli altri siano considerati schiavi e spazzatura al mio confronto'".

82. Dopo che quell'uomo ebbe parlato così, ora ascolta, Ermotimo, quale risposta ha dato il filosofo, densa della sua lunga esperienza di vita: "Se questi non fosse venuto da me", disse, "non credi che avrebbe compiuto cose di gran lunga peggiori o forse, per Zeus, sarebbe stato consegnato nelle mani del boia? Stando così le cose, la filosofia e il rispetto per la filosofia gli hanno imposto un freno e per questo è più moderato con voi e ancora sopportabile. La filosofia, infatti, infonde in lui un sentimento di vergogna nel caso in cui si mostri indegno dell'abito e del nome che lo accompagnano ovunque, educandolo come farebbe un pedagogo. Dunque sarebbe giusto che io riceva un compenso da voi, se non per i miglioramenti che vi ho apportato, di certo per ciò che non ha compiuto per riguardo verso la filosofia. Anche le balie dicono che i bambini devono andare a scuola: infatti, anche se non riescono ad imparare alcunché di buono, almeno non faranno nulla di male finché restano là. Io, quindi, credo di aver assolto in pieno tutti gli altri compiti: domani vieni qui portando uno qualsiasi tra quelli che hanno appreso le nostre dottrine e vedrai in che modo risponde e come pone le domande, quante cose ha imparato e quanti libri ha già letto sugli assiomi, i sillogismi, la comprensione, i doveri e varie altre cose. Se poi ha picchiato la madre o ha rapito delle ragazze, che cosa c'entro io? Non mi avete preposto a lui in qualità di pedagogo!".

83. Queste furono le parole che il vecchio uomo pronunciò in difesa della filosofia. Anche tu, Ermotimo, diresti che sia un motivo sufficiente praticare la filosofia per non commettere niente di male? Oppure, non è forse con altre speranze che all'inizio pensavamo fosse giusto dedicarsi alla filosofia e non perché, andando in giro, fossimo più decorosi degli ignoranti? Per quale motivo non rispondi anche a questa domanda?

Ermotimo Che cos'altro potrei dire, se non che manca poco perché mi metta a piangere? Il tuo discorso, che è vero, mi ha ridotto in questo stato e mi tormento per tutto il tempo che ho sprecato miseramente e anche per il non poco denaro che ho speso per queste fatiche. Ora, invece, come se fossi ritornato sobrio dopo una sbornia, vedo quali sono le cose di cui ero innamorato e quanto ho patito a causa loro.

84. Licino Che bisogno c'è di piangere, caro amico? A mio parere è davvero sensata quella favola che raccontava Esopo: diceva che un uomo, seduto sulla spiaggia, a ridosso della riva, contava le onde e, dopo aver sbagliato, si tormentava e si sdegnava, finché non arrivò la volpe, dicendogli: "Perché ti affliggi, buon uomo, per le onde che si sono ormai infrante? Lasciale perdere e comincia a contare a partire da ora". Dunque anche tu, giacché la pensi così, faresti meglio per il futuro a considerare che sia giusto vivere una vita normale come fanno tutti e a condividere la quotidianità con molti altri cittadini, senza nutrire speranze strane e presuntuose. E non ti vergognerai, se sei davvero saggio, di imparare qualcosa di nuovo e di cambiare direzione verso il meglio, nonostante tu sia ormai avanti con gli anni.

85. Tutto quello che ho detto, caro, non credere che l'abbia pronunciato dopo essermi premunito contro la Stoà o perché nutra un'inimicizia particolare contro gli Stoici: il mio discorso è rivolto in generale verso tutti. Ti avrei detto le stesse cose se avessi scelto la scuola di Platone o di Aristotele, condannando le altre senza giudizio. Ora, invece, dal momento che hai scelto la scuola stoica, il discorso ti è sembrato rivolto contro la Stoà, pur non avendo io niente di personale contro di essa.

86. Ermotimo Hai ragione: me ne vado proprio per questo, cioè per cambiare anche il mio aspetto. Tra non molto non vedrai più né la barba folta e lunga, com'è adesso, né questo stile di vita severo, ma tutto sarà libero e senza freni. Forse indosserò perfino la veste di porpora in modo tale che tutti vedano che non ho più nulla a che fare con quelle chiacchiere. Magari fosse possibile vomitare tutto ciò che ho sentito da loro! Sappi che non esiterei a bere anche l'elleboro per un motivo contrario a quello di Crisippo, cioè per non ricordare più le loro parole. Non ti devo, dunque, una piccola riconoscenza, Licino: mentre ero trascinato da un torrente torbido e turbolento e ormai mi lasciavo andare, scivolando nella direzione della corrente, tu, sopraggiungendo, mi hai tirato fuori, apparendo proprio come il *deus ex machina* della tragedia. Mi sembra che non sarebbe irragionevole se mi radessi il capo, come fanno gli uomini liberi tratti in salvo da un naufragio, in modo da rendere grazie proprio oggi per la salvezza ottenuta, giacché mi sono scrollato così tanta nebbia dai miei occhi. In futuro, poi, se dovessi incappare, anche involontariamente, mentre cammino, in un filosofo, cambierò strada, evitandolo come si fa con i cani rabbiosi.

Commento

ΕΡΜΟΤΙΜΟΣ Η ΠΕΡΙ ΑΙΡΕΣΕΩΝ: la doppia articolazione del titolo richiama le intestazioni dei dialoghi platonici, che associano al nome proprio di una delle figure principali il tema centrale della discussione (p. es. Ἐυθύφρων ἢ Περὶ ὁσίου; Χαρμίδης ἢ Περὶ σωφροσύνης; Λάχης ἢ Περὶ ἀνδρείας; Γοργίας ἢ Περὶ ῥητορικῆς). Vedi D. L. 3.57, che attribuisce esplicitamente questa peculiarità formale ai dialoghi di Platone (διπλαῖς τε χρῆται ταῖς ἐπιγραφαῖς καθ' ἑκάστου τῶν βιβλίων, τῇ μὲν ἀπὸ τοῦ ὀνόματος, τῇ δὲ ἀπὸ τοῦ πράγματος).

Il titolo dell'*Hermotimus* combina il nome di uno dei due interlocutori del dialogo (Ἑρμότιμος) all'argomento predominante del dibattito: la scelta tra le varie scuole filosofiche (Περὶ αἱρέσεων). Sono numerosi gli esempi affini nel *corpus* di Luciano: Ἀνάχαρσις ἢ Περὶ Γυμνασίων; Μένιππος ἢ Νεκυομαντεία; Τόξαρις ἢ Φιλία, etc. Tuttavia, Ermotimo non svolge il ruolo di guida del dibattito ma, al contrario, costituisce il bersaglio dell'attacco critico messo in atto da Licino. Similmente, nelle intestazioni di alcune opere platoniche appaiono personaggi destinati ad essere confutati e a perdere la *leadership* posseduta all'inizio del dialogo (Ἐυθύφρων, Πρωταγόρας, Γοργίας, Λάχης).

Se il titolo del dialogo risale a Luciano, non è inverosimile immaginare che l'autore abbia voluto segnalare la presenza dell'ipotesto platonico a partire da dettagli formali apparentemente meno significativi (von Möllendorff, 2000¹, pp. 199-200: "*indem Lukian einen solchen Titel wählte, signalisierte er dem zeitgenössischen Leser von vornherein, „wes Geistes Kind" der folgende Dialog sein würde*"). Tuttavia, vi sono ragioni per credere che i titoli lucianei siano stati apposti successivamente (vedi Ureña Bracero, 1995, pp. 23-27), il che impone cautela nella corretta interpretazione delle intestazioni delle singole opere.

Ἑρμότιμος: il nome "Ermotimo" non ricorre spesso nella produzione di Luciano. Fatta eccezione per l'opera omonima, l'autore lo cita solo in un'altra occasione, in riferimento ad Ermotimo di Clazomene (*Musc. enc.* 7), un filosofo pitagorico del VI sec. a.C. dai contorni ampiamente leggendari (cfr. D. L. 8.5; Porph. *Vit. Pyth.* 45). Tuttavia, l'Ermotimo che compare nella nostra opera, qualificato apertamente come stoico, non ha alcuna relazione con quello pitagorico, né è opportuno immaginarlo come un personaggio eclettico (come tenta di fare von Möllendorff, 2000¹, pp. 170-172, che a più riprese insiste sui presunti tratti pitagorici di Ermotimo. Su questo punto si veda *infra*, p. 222 e 405). Inoltre, gli autori antichi ignorano uno stoico di nome Ermotimo, che sembra essere una figura inventata dall'autore.

Il nome Ermotimo è un teoforo, come risulta dal riferimento alla figura di Ermes (cfr. § 14, in cui Licino apostrofa Ermotimo, aggiungendo una nota etimologica: εὖ γε –νὴ τὸν Ἑρμῆν, ὦ Ἑρμότιμε, αὐτὸν οὗ ἐπώνυμος ὦν τυγχάνεις). La scelta di correlare il nome dell'aspirante stoico a questa divinità si spiega attraverso l'antica interpretazione allegorica di Ermes, considerato come raffigurazione concreta del λόγος (cfr. Ramelli, 2006, p. 3558: "*Ermete è il dio del λόγος - parola, ragione- interprete e messaggero di Zeus. Nell'allegoresi soprattutto stoica, come in ambito gnostico, è identificato con il λόγος*"), vale a dire della ragione e, più concretamente, delle abilità retoriche (cfr. Plat. *Crat.* 407e-408b e lo stoico Luc. Ann. Corn. *Theol. Gr. Comp.* 16.1-3). Luciano mostra di conoscere questa valenza simbolica della divinità (cfr. *Herc.* 4), che può aver contribuito a farne l'eponimo del filosofo stoico presente nel dialogo. Sui teofori prodotti con il nome di Ermes vedi Parker, 2000, pp. 57 e 65.

La confutazione successiva di Ermotimo ad opera di Licino è tanto più significativa in quanto colpisce un personaggio qualificato già onomasticamente in senso apertamente stoico. A questo proposito, è opportuno citare l'ipotesi di Jones, 1986, p. 29, che intravede in Ermotimo la caricatura di Marco Aurelio. Sin dall'antichità era noto l'interesse dell'imperatore per la scuola stoica, nonché il suo impegno incessante, teso ad acquisire una solida formazione intellettuale (cfr. Philostr. *VS* 2.1.557: nonostante l'età avanzata, Marco Aurelio manifesta ancora un notevole entusiasmo nel frequentare il maestro e acquisire nuove conoscenze). Tuttavia, anche nella figura di Licino è possibile individuare tratti riconducibili all'imperatore antonino (la conversione alla filosofia: vedi *infra*, pp. 247-248), il che rende meno attendibile l'ipotesi di Jones. Tomassi, 2017, pp. 341-343, invece, accoglie questa ipotesi, pur con una certa cautela.

Infine, il suffisso del nome Ermotimo rimanda alla parola τίμιος, che accenna a quella brama di gloria e di onori, ricorrente nella raffigurazione parodica del filosofo stoico abbozzata nelle satire filosofiche di Luciano. Cfr. *Iupp. trag.* 4: Τιμοκλῆς e *Icar.* 16: Ἀγαθοκλῆς, su cui vedi Ureña Bracero, 1995, pp. 181-182 e, in generale, *infra*, pp. 230-231. Vedi anche Bellinger, 1928, pp. 3-40, ove Ermotimo è considerato "*an impressive name that suggests Hermocrates and Timaeus*" dal *Timaeus* di Platone, un'ipotesi del tutto incerta e non dimostrabile. In generale, sulla formazione dei nomi in Luciano resta utile Anderson, 1976[1], pp. 78-79.

Λυκῖνος: questa è la forma ellenizzata del nome proprio dell'autore Λουκιανός (cfr. Ureña Bracero, 1995, p. 178). Mentre il nome di Luciano compare in maniera cursoria in contesti narrativi (*Ver. Hist.* 2.28 e *Alex.* 55, ma anche nelle lettere dedicatorie in *Nigr.* 1 e *Peregr.* 1), Licino ricorre in un certo numero di opere, facendosi solitamente portavoce delle idee dell'autore. Cfr. Hirzel, 1895, vol. II, p. 306, n. 3 e Baldwin, 1973, p. 21, n. 3.

Il personaggio di Licino affiora in nove scritti (*Imagines, Pro Imaginibus, De Saltatione, Lexiphanes, Navigium, Symposium, Eunuchus, Hesiodus, Hermo-*

timus), profondamente differenti tra loro, al punto da rendere molto difficile desumerne una caratterizzazione coerente, cui corrisponda una funzione valida per tutte le opere. Sulla varietà dei contenuti dei cosiddetti "dialoghi di Licino" vedi Nesselrath, 1992, p. 3459. In verità, già Richard, 1886 e Schmid, 1891 constatavano una scarsa uniformità formale e contenutistica tra questi testi, individuando in Licino l'unico, flebile tratto in comune. Si tratta, del resto, di opere risalenti a periodi diversi: mentre il dittico *Imagines - Pro Imaginibus* e *De Saltatione* sono ascrivibili al soggiorno di Luciano ad Antiochia (163-164), *Eunuchus* è legato all'istituzione delle cattedre di filosofia ad Atene su iniziativa di Marco Aurelio (176), mentre *Hermotimus* sembra essere una delle ultime opere del Samosatense (cfr. *supra*, pp. 5-10).

Le innumerevoli sfaccettature di Licino si trovano raccordate nel piglio ironico, non privo di sferzate mordaci, che egli mostra nelle varie circostanze in cui compare, amplificato com'è dall'accenno velato al nome dell'autore (come rileva giustamente Dubel, 1994, pp. 25-26). L'omonimia quasi perfetta di Licino con il nome Luciano, però, "*invites and frustrates identification with the author*" (Ní Mheallaigh, 2010, p. 129), inducendo il lettore a rompere la natura fittizia del testo e ad individuare riferimenti alla figura reale dell'autore. Questa considerazione è tanto più cogente per il nostro dialogo, poiché Licino qui si fa portavoce di una posizione antidogmatica e, nello specifico, antistoica, del tutto congruente con il profilo di Luciano. Tuttavia, l'ampio uso di argomentazioni scettiche da parte di Licino non può indurre ad inquadrare automaticamente l'autore all'interno della rispettiva corrente di pensiero. Sui rapporti ambigui tra Luciano e lo Scetticismo antico vedi *supra*, pp. 29-38.

In generale, lo scarto sussistente tra Luciano e la sua maschera satirica, Licino, non legittima la sovrapposizione tra i dati biografici dell'autore e quelli della figura fittizia (su questo vedi anche Ní Mheallaigh, 2014, pp. 177-181 e Baumbach - von Möllendorff, 2017, pp. 13-57). Su questo punto vedi il § 13, in cui Licino, avviandosi a cominciare gli studi filosofici, dichiara di aver compiuto quarant'anni, il che solleva non pochi problemi se lo si intende come un riflesso fedele delle vicende personali di Luciano (sulle difficoltà interpretative di questo passo vedi *infra*, p. 248). Piuttosto, è opportuno considerare i riferimenti ad episodi della vita di Licino nell'economia del contesto dialogico di riferimento, ove solitamente sono investiti di un preciso valore retorico-letterario (cfr. il § 13, *infra*, pp. 247-248). Su questo tema vedi Saïd, 1993, pp. 265-266 e *supra*, pp. 5-10.

Il nome di Licino potrebbe richiamare un personaggio presente in Arist. *Ach.* 47-50, là dove un certo Amfiteo dichiara di essere nipote di Fenarete e figlio di Licino. Questo Licino sarebbe, dunque, figlio di Fenarete, che è il nome della madre di Socrate, cui Aristofane farebbe allusione nel passo comico (vedi van

Leeuwen, 1901, p. 16). La reminiscenza letteraria del personaggio aristofanesco nel Licino lucianeo e, per suo tramite, l'accenno alla figura di Socrate, non possono essere esclusi, né sono sufficientemente manifesti. Su questa proposta interpretativa vedi von Möllendorff, 2000[1], p. 200 e Zweimüller, 2008, pp. 58-59. Tuttavia, i tratti socratici di Licino sono palesemente distinguibili in numerosi momenti del dialogo, soprattutto nel modo in cui è condotta ed articolata l'intera conversazione. Su questo argomento vedi *infra*, pp. 212-213. Molto meno plausibili, invece, sono le ragioni che hanno indotto a definire Licino un socratico stoico (von Möllendorff, 2000[1], pp. 197-210). I vari punti di contatto con la dottrina stoica, disseminati nell'argomentazione di Licino, non sono indicatori di un'adesione fedele allo Stoicismo: al contrario, Licino se ne serve in senso dialettico per confutare l'aspirante stoico Ermotimo con le armi della sua stessa fede filosofica, così da rendere l'ἔλεγχος di gran lunga più incisivo. Cfr. *infra*, §§ 6-7, 61, 64, 68, 77.

αἵρεσις: con questa parola si fa riferimento ad una setta o ad una scuola filosofica (cfr. Nesselrath, 1992, p. 3477 e von Möllendorff, 2000[1], p. 149). Le fonti antiche attestano altre due parole dal significato affine: διατριβή, che appare nelle testimonianze più antiche, e σχολή, molto più frequente della prima al punto da essere stata traslitterata nel latino *schola* (per la complessa storia lessicale di queste parole vedi Glucker, 1978, pp. 159-192; Romano, 1994, pp. 588-592 e Dorandi, 1999, pp. 55-62). Questi sostantivi designano originariamente il lasso temporale dedicato al riposo dall'esercizio del lavoro, spesso impiegato per curare l'istruzione personale, fino ad acquisire il valore comune di "scuola" (per σχολή vedi D. L. 4.3, 14, 16, mentre per διατριβή D. L. 5.62 e Plut. *De ex.* 14.605A). Tuttavia, queste parole non designano tutte le varie scuole filosofiche ma soltanto quelle che, sin dalla loro fondazione, sono state inquadrate in un programma didattico preciso. È questo il caso delle scuole filosofiche "*die von einem Meister gegründet wurden, dessen Unterricht sich von Generation zu Generation unter der Leitung eines Schuloberhaupts (σχολάρχης) fortsetzte, welcher regelmäßig durch seinen Vorgänger eingesetzt wurde*" (Marrou, 1975, p. 306). Si tratta, dunque, di istituzioni o di comunità di ricerca strutturate secondo regole definite, che disciplinavano l'avvicendamento degli insegnanti (διάδοχοι), salvaguardandone i rispettivi principi (ἀρέσκοντα o δόγματα).

La parola αἵρεσις, invece, non descrive una scuola filosofica formalizzata (cfr. Glucker, 1978, pp. 166-169, che riporta numerose testimonianze), bensì un indirizzo di pensiero i cui aderenti si riconoscono nel comune approccio a temi ben precisi e nella prassi seguita nell'esercizio di tecniche specifiche. Cfr. Gal. *De sect.* 1, vol. 3, pp. 1-2 Helmreich, ove la scuola medica empirica si distingue da quella teorica per l'uso di metodi o pratiche peculiari. Tuttavia, in Gal. *De ord.*

libr. suor. 1.1 Boudon-Millot la parola αἵρεσις designa scuole filosofiche rette da maestri regolarmente nominati e con una sede istituzionale riconosciuta (οὕτω δὲ καὶ τις τῶν φιλοσοφίας αἱρέσεων ἄλλος κατ' ἄλλην αἰτίαν ἤτοι Πλα|τωνικὸς ἢ Περιπατητικὸς ἢ Στωικὸς ἢ Ἐπικούρειος ἐγένετο, νυνὶ δὲ ἀφ' οὗ καὶ διαδοχαὶ αἱρέσεων εἰσιν, οὐκ ὀλίγοι κατὰ τήνδε τὴν πρόφασιν ἀναγορεύουσιν ἑαυτοὺς ἀπὸ τῆς αἱρέσεως κτλ.). Galeno, infatti, è testimone del decreto imperiale di Marco Aurelio, che nel 178 istituì quattro cattedre di filosofia per le rispettive correnti filosofiche tradizionali (διαδοχαὶ ‹τῶν› αἱρέσεων: Platonismo, Aristotelismo, Stoicismo, Epicureismo), soppresse in seguito all'occupazione di Atene da parte dell'esercito di Silla (86 a. C.). Anche Luciano nell'*Eunuchus* allude a questo evento, ritraendo ironicamente la solerzia arrivista con cui i candidati cercavano di accaparrarsi la sede peripatetica rimasta vacante (*Eun.* 3). Vedi anche Cass. Dio 72.31.3 e Philostr. *VS* 2.2.566-567. Cfr. Hall, 1981, pp. 396-402; Jones, 1986, pp. 29-30 e André, 1987, pp. 5-77, soprattutto 51 ss.

Il termine αἵρεσις in Luciano riflette ancora l'assenza di una compagine ufficiale che organizzasse le varie scuole filosofiche, individuando essenzialmente un metodo d'insegnamento di carattere privato. Questa situazione è rappresentata *de facto* all'inizio del nostro dialogo, quando Licino ipotizza che Ermotimo si stia recando presso la casa del suo maestro (§ 1: παρὰ τὸν διδάσκαλον ἐπειγομένῳ ἔοικας), circostanza immediatamente confermata dallo stesso aspirante stoico (νὴ Δί', ὦ Λυκῖνε, τοιοῦτό τι· τὴν γὰρ χθιζὴν συνουσίαν καὶ ἃ εἶπε πρὸς ἡμᾶς, ἀνεπεμπαζόμην). Vedi il § 11 e *Nigr.* 2 (Luciano riferisce di aver visitato il filosofo Nigrino nella sua abitazione). Cfr. Aul. Gell. 2.2.2 e Plut. *Quom. adol.* 31.70E. Ne consegue che "*teaching in one's home seems to have been the general practice in Imperial times*" (Lynch, 1972, p. 175, n. 14). A tal proposito si consideri Marrou, 1975, pp. 280 ss. e Romano, 1994, pp. 588-592.

Il sostantivo αἵρεσις ricorre nei titoli di altre opere con il significato generico di "scuola". La prima testimonianza è nell'intestazione di un'opera di Crisippo (D. L. 7.191: Αἵρεσις πρὸς Γοργιππίδην), seguita da una serie di titoli simili attribuiti a Clitomaco, Panezio e Ippoboto. Su questo vedi Glucker, 1978, pp. 174-180. Ad Antipatro di Tarso è ascritto un Περὶ αἱρέσεων (*SVF* 3.Ant.67), che è anche il titolo di una satira menippea di Varrone (frr. 400-402 Cèbe). Vedi Bücheler, 1922, p. 226 e Cèbe, 1994, vol. 10, pp. 1675-1690. Anche Eratostene pare aver composto un Περὶ τῶν κατὰ φιλοσοφίαν αἱρέσεων (*Suda* ε 2898). A proposito di questi testi vedi Bonazzi, 2003, pp. 32-33, n. 67.

Probabilmente, la presenza della parola αἵρεσις nel titolo del nostro dialogo intende inquadrare l'opera all'interno di questa tradizione filosofico-letteraria, anticipando la natura stessa dei suoi contenuti. In αἵρεσις, infatti, sono compendiati al meglio gli argomenti del dialogo, poiché oscilla tra il significato originario di "scelta" (cfr. i §§ 17: τὴν αἵρεσιν ποιεῖν; 21: αἵρεσις ἀσφαλεστάτη; 28: αἵρεσις τῶν ὁδῶν τε καὶ ἡγεμόνων; 54: αἵρεσις τοῦ βελτίονος; 67: αἵρεσις ἀκριβής. Vedi anche *Phal.* 1.9; *Iupp. conf.* 19; *Gall.* 5 e *Rhet. praec.* 8) e quello più recente di "scuola" (§ 48: τὰ τῆς ἑαυτοῦ (προ)αἱρέσεως e εἰ δέκα μόνας θεῖμεν τὰς (προ)αἱρέσεις ἐν φιλοσοφίᾳ. Cfr. *Symp.* 10: τὸ κεφάλαιον ἐξ ἑκάστης αἱρέσεως ἀπανθισάμενος e *Demon.* 13).

§§ 1-3) Dibattito introduttivo: l'opera si apre con l'incontro casuale tra Ermotimo e Licino, che si rivolge al suo interlocutore con una certa irruenza, senza indirizzargli nessuna formula di saluto (§ 1: ὅσον, ὦ Ἑρμότιμε κτλ.). Questa circostanza ricorre ripetutamente nei dialoghi platonici, ove due o più figure parlanti accorrono accidentalmente sulla scena immaginaria, avviando la discussione (cfr. *Euthyphr.*; *Pol.*; *Lach.*; *Prot.*). Vedi von Möllendorff, 2000[1], pp. 199-200.

L'istantaneità dell'azione descritta, però, non trova corrispondenza nell'andamento dello scambio delle battute tra i due personaggi dialoganti. Licino, infatti, non rivolge al suo interlocutore domande rapide e concise, che sarebbero apparse più appropriate all'urgenza del momento rappresentato. Al contrario, egli si dilunga in un discorso articolato su un'ampia costruzione paratattica, che gli consente, però, di controllare con più facilità la regia descrittiva su Ermotimo. La densa successione di brevi proposizioni, infatti, focalizza l'attenzione su diversi aspetti dell'aspirante stoico: l'andatura concitata, il movimento convulso delle labbra, i gesti involontari delle mani (ἐνενόεις γοῦν τι μεταξὺ προϊὼν καὶ τὰ χείλη διεσάλευες ... καὶ τὸν χεῖρα ... μετέφερες), soccorrendo così il lettore / ascoltatore a prefigurarsi la scena iniziale del dialogo. A questa parte strettamente descrittiva Licino fa seguire una serie di ipotesi sulle ragioni del comportamento di Ermotimo, delineandone lo stato psicofisico (per i dettagli fisici vedi il § 2), non senza una sottile ironia, che si fa progressivamente più evidente nel corso della conversazione (cfr. *Iupp. trag.* 40, dove Damide specula sulle cause della condotta dello stoico Timocle).

La risposta di Ermotimo è ugualmente ampia ed esaustiva, costruita per mezzo di accorgimenti stilistici che manifestano l'intenso stato meditativo in cui è stato sorpreso. Si notino le espressioni sinonimiche, pressoché tautologiche: τὴν χθιζὴν συνουσίαν καὶ ἃ εἶπε πρὸς ἡμᾶς, nonché il sintagma ridondante: ἀνεπεμπαζόμην ἐπιὼν τῇ μνήμῃ ἕκαστα. Inoltre, l'impiego reiterato di avverbi semanticamente omogenei (πάνυ, ἀτενές, ἀεί, γοργόν) danno la misura della tensione speculativa di Ermotimo e dell'energia profusa per avanzare nel cammino filosofico intrapreso.

L'uso di discorsi ampi ed elaborati in apertura di un dialogo (cfr. *Tim.*; *Cont.*; *Bis acc.*; *Pisc.*; *Anach.*; *Imag.*; *Salt.*), piuttosto che una forma di dibattito più agile (cfr. *Symp.*; *Soloec.*; *Iupp. conf.*; *Iupp. trag.*; *Icar.*; *Vit. auct.*; *Par.*; *Philops.*; *Nec.*; *Lex.*; *Eun.*; *Fug.*; *Tox.*; *Nav.*), assolve la funzione propedeutica di delineare i tratti caratteristici degli interlocutori, introducendo il tema della discussione successiva. Cfr. Croiset, 1882, pp. 325-364.

Sul valore del dialogo nel *corpus* di Luciano, non solo come strumento comunicativo tra differenti interlocutori, ma anche come cornice per un raffinato discorso retorico imbastito dall'autore (i cosiddetti *Rahmendialoge*: *Imagines*, *Pro Imaginibus*, *De Saltatione*, *Toxaris*, contrassegnati dalla presenza di personaggi che fungono da meri portatori di discorsi epidittici), vedi Bompaire, 1958, pp. 303-320 e 549-585; Reardon, 1971, p. 173 e Nesselrath, 1992, pp. 3457-3459.

§ 1) ὅσον, ὦ Ἑρμότιμε, τῷ βιβλίῳ καὶ τῇ τοῦ βαδίσματος σπουδῇ τεκμήρασθαι: Licino ritrae il suo interlocutore citando due elementi icasticamente efficaci, che valgono come γνώριμα della figura del filosofo: il libro (τὸ βιβλίον) e l'andatura veloce (ἡ τοῦ βαδίσματος σπουδή).

La presenza del βιβλίον nella scena iniziale del dialogo ricorda il *Phaedrus* di Platone, poiché nella discussione preliminare tra Fedro e Socrate si discute di un libro contenente un discorso di Lisia. Così come Socrate tratteggia con sottile umorismo la bramosia di libri propria di Fedro (cfr. 228a-b), anche Licino prende a bersaglio l'ottusa e prolungata dipendenza di Ermotimo dal supporto scritto (§ 2: σχεδὸν εἴκοσιν ἔτη ταῦτά ἐστιν ἀφ' οὗ σε οὐδὲν ἄλλο ποιοῦντα ἑώρακα ἢ ... τὸ πολὺ ἐς βιβλίον ἐπικεκυφότα), per mezzo del quale spera di pervenire all'εὐδαιμονία già conseguita dal suo maestro. Tuttavia, se nel *Phaedrus*, e più in generale nell'opera platonica, il libro non gode di una valutazione positiva, all'epoca di Luciano esso è lo strumento principale per promuovere la cultura filosofica, assicurandole una certa sistematizzazione dottrinaria. Su questo argomento vedi Romano, 1994, pp. 587-611.

La censura platonica per il testo scritto, però, trova una certa eco anche in Luciano. Nella descrizione di Ermotimo, che da vent'anni continua a trascrivere le lezioni del suo maestro, traspare una certa notazione beffarda, volta a colpire la vanità morale di questa operazione. Cfr. *Symp.* 34, ove Licino, alla vista del comportamento violento dei filosofi, sostiene che una forma di educazione fondata esclusivamente sullo studio di testi scritti provochi una deviazione dal retto esercizio della ragione (εἰσῄει με ... τὸ πεπαιδεῦσθαι ἀπάγῃ τῶν ὀρθῶν λογισμῶν), producendo una condotta sconveniente. In *Adversus Indoctum*, invece, la quantità esorbitante di libri in possesso del presunto dotto non gli ha assicurato un contegno appropriato alla sua figura. La riflessione critica di Luciano nei confronti della *"reading culture"* del suo tempo, rappresentata eloquentemente dal libro, è ripercorsa da Johnson, 2010, pp. 157-178. In generale, sul libro come elemento costitutivo del corredo del filosofo vedi *Vit. auct.* 23, in cui Crisippo insiste sulla necessità dello studio gravoso su opere messe per iscritto (πρότερον δὲ ἀνάγκη πολλὰ προπονῆσαι λεπτογράφοις βιβλίοις παραθήγοντα τὴν ὄψιν καὶ σχόλια συναγείροντα καὶ σολοικισμῶν ἐμπιπλάμενον καὶ ἀτόπων ῥημάτων); *Symp.* 17 (ὁ Ζηνόθεμις δ' ἀνεγίνωσκε ... λεπτόγραμμόν τι βιβλίον), mentre in *Bis acc.* 6 Zeus ritrae tutti i presunti filosofi con un libro in mano.

Un attacco all'apprendimento libresco è testimoniato anche da altri autori di età imperiale, in modo particolare da Galeno, che, oltre allo studio individuale sui testi scritti, insiste sulla necessità dell'ascolto della viva voce del maestro, e quindi dell'esercizio pratico della professione medica (*De libr. propr.* 8.4 Boudon-Millot). A tal proposito vedi Roselli, 2002, pp. 35-50, che discute anche testimonianze tratte dall'opera di Polibio e Filodemo.

Al § 18 l'analisi del βάδισμα costituisce una componente essenziale nella valutazione complessiva del filosofo (τῷ διαγνῷ τὸν τὴν ἀμείνω προαίρεσιν προῃρημένον οὔτε σχῆμα οὔτε βάδισμα ὁρᾶν δυνάμενος;). A partire da Socrate l'andatura è intesa come segno delle proprietà intime del sapiente (vedi Xen. *Ap.* 27, ove la serenità interiore del filosofo si trova riflessa anche nel suo andamento calmo), che la commedia provvede, insieme ad altre sue peculiarità fisiche, a riprodurre in termini parodicamente espressivi (Arist. *Nub.* 362-363).

Nelle satire di Luciano il portamento vale sia come segno di riconoscimento del filosofo descritto (in *Nav.* 10, per esempio, Adimanto viene riconosciuto anche grazie alla sua tipica andatura: πάνυ ἤδη σαφῶς ὁρῶ, καὶ θοἰμάτιον αὐτοῦ καὶ τὸ βάδισμα ἐκείνου, καὶ ἐν χρῷ ἡ κουρά. Sulle caratteristiche in comune tra Adimanto ed Ermotimo vedi Caster, 1937, p. 17 ed Husson, 1970, vol. I, p. 7, che propongono l'affiliazione di Adimanto alla scuola stoica), sia come peculiarità dei falsi filosofi o dei sedicenti retori (in *Pisc.* 12 Parresiade sostiene che l'andatura tipica del sapiente possa essere facilmente imitata dai ciarlatani. Cfr. *Fug.* 4; *Tim.* 54; *Adv. ind.* 21 e 23). Vedi anche *Rhet. praec.* 9, in riferimento al retore tradizionale (ἀνδρώδης τὸ βάδισμα), e *ivi* 11, in cui è tracciato il profilo del retore moderno (διασεσαλευμένον τὸ βάδισμα).

Anche in altri autori cronologicamente vicini a Luciano il portamento è considerato un valido criterio di giudizio. In Max. *Or.* 14.1 (οὐκοῦν καὶ τούτῳ διαφέρετον σχήματι καὶ βλέμματι καὶ ἀμπεχόνῃ καὶ φωνῇ καὶ βαδίσματι), ma anche in Dio Chrys. *Orr.* 30.4 e 31.162 esso rappresenta l'elemento distintivo tra un individuo virtuoso e uno dissoluto. Cfr. Plut. *Quis suos in virt.* 10.81B, il quale distingue il passo baldanzoso di chi non studia filosofia dall'atteggiamento composto e misurato di chi si nutre di letture morali (τῶν φιλοσοφεῖν βουλομένων νέων οἱ μάλιστα κενοὶ καὶ βάρος οὐκ ἔχοντες θράσος ἔχουσι καὶ σχῆμα καὶ βάδισμα καὶ πρόσωπον ὑπεροψίας καὶ ὀλιγωρίας μεστὸν ἀφειδούσης ἁπάντων), mentre in *De cohib. ira* 6.455F il βάδισμα è una fedele εἰκών τοῦ πάθους di chi è in preda all'ira.

Per questa ragione l'andatura, insieme all'espressione del volto e ai gesti compiuti da Ermotimo (vedi *infra*, pp. 180-183) diventano gli indicatori immediati del suo carattere, secondo i dettami di un gusto fisiognomico ritornato nuovamente in voga. Cfr. Dio Chrys. *Or.* 4.88 (οἱ μὲν γὰρ [*scil.* οἱ φυσιογνώμονες] ἀπὸ τῆς μορφῆς καὶ τοῦ εἴδους τὸ ἦθος γιγνώσκουσι καὶ ἀπαγγέλλουσιν, ἡμεῖς δὲ ἀπὸ τῶν ἠθῶν καὶ τῶν ἔργων χαρακτῆρα καὶ μορφὴν ἀξίαν ἐκείνων σπάσωμεν). Nonostante una certa curiosità per la fisiognomica sia testimoniata sin dall'omonimo trattato pseudoaristotelico (vedi il quadro d'insieme in Raina, 1994), è nel corso della Seconda Sofistica che essa suscita maggiormente l'interesse non solo retorico-letterario (come risulta dal trattato di Polemone, sul quale vedi il lavoro di Swain, 2007), ma anche scientifico, visto che Galeno finisce per inglobarla in un contesto propriamente medico (*Quod animi mor.* 797, pp. 56-57 Müller). Per una panoramica sugli studi fisiognomici in età imperiale vedi Evans, 1941, pp. 96-108, soprattutto p. 102, e Amato - Schamp, 2005.

ἐνενόεις γοῦν τι μεταξὺ προϊὼν ... ἐρώτημα δή τι τῶν ἀγκύλων συντιθεὶς ἢ σκέμμα σοφιστικὸν ἀναφροντίζων: Licino iniste sul carattere intricato ed oscuro delle riflessioni di Ermotimo, evidenziando progressivamente gli errori che lo hanno indotto ad intraprendere la via stoica. Cfr. i §§ 21, 37 e 79. Inoltre, al § 15 sarà lo stesso Licino a difendere la chiarezza della domanda posta al suo interlocutore, che sostiene di non averne compreso il significato. La chiarezza dell'eloquio è una delle peculiarità del buon filosofo, impersonato esemplarmente da Demonatte, che lascia trasparire la sua rettitudine attraverso parole concise e piene di grazia (*Demon.* 6 e 10). Similmente, Nigrino parla in maniera avvincente (*Nigr.* 3), ovvero con un ordine ed una lucidità difficili da riprodurre (*Nigr.* 11: οὐχ ἑξῆς οὐδὲ ὡς ἐκεῖνος ἔλεγε, ῥῆσίν τινα περὶ πάντων ἐρῶ· πάνυ γὰρ τοῦθ' ἡμῖν ἀδύνατον). In *Iupp. trag.* 27, invece, lo stoico Timocle pronuncia un discorso criptico, favorendo la vittoria del suo avversario epicureo. Su questo argomento vedi Coenen, 1977, p. 90; Hall, 1981, p. 291 e Solitario, 2017, pp. 148-150. In termini più generali, in *Lex.* 23 Licino raccomanda al suo interlocutore iperatticista di offrire sacrifici soprattutto alle Grazie e alla Chiarezza (μάλιστα δὲ Χάρισι καὶ Σαφηνείᾳ θῦε), in modo da conciliare le parole con i suoi pensieri, risultando così comprensibile al suo pubblico.

Sull'indispensabile trasparenza di un discorso filosofico prende esplicita posizione anche Sen. *Ep.* 40.4 ("*quae veritati operam dat oratio, inconposita esse debet et simplex*"). Cfr. *Ep.* 45.5 ("*multum illis temporis verborum cavillatio eripuit, captiosae disputationes, quae acumen irritum exercent*") ed *Ep.* 48.10. A questo proposito vedi Michel, 1993.

ὑποτονθορύζων: questo verbo ricorre prevalentemente in Luciano (cfr. *Merc. cond.* 26; *Symp.* 12; *Bis acc.* 4; *Nec.* 7 con l'accusativo ἐπῳδήν). La forma base τονθορύζω, invece, compare spesso in commedia (Arist. *Ach.* 683; *Ran.* 747; *Vesp.* 614), esprimendo il brusio prodotto da uno o più personaggi (cfr. Hafner, 2017, p. 274). Cfr. *Deor. conc.* 1, in riferimento al mormorio degli dei richiamati da Zeus. Il prefisso ὑπο- riduce l'intensità dell'azione descritta, contribuendo a riprodurre l'immagine del filosofo stoico in dialogo con sé stesso, che è una pratica ampiamente testimoniata presso i filosofi antichi. Pirrone, per esempio, sorpreso a parlare da solo, pare si sia giustificato sostenendo di eseguire un esercizio utile per migliorare la sua condotta morale (T 11 Decleva Caizzi = D. L. 9.64). Vedi anche il comportamento del suo discepolo Filone, definito αὐτόσχολος e αὐτολαλητής (D. L. 9.69 = fr. 50 Di Marco = fr. 824 *SH* e le note *ad loc.*, 1989, pp. 224-225). Lo stoico Cleante, invece, era solito rimbrottare sé stesso (D. L. 7.171), mentre Epitteto rimarcava l'utilità di passeggiare e conversare da soli (*Diss.* 3.14.2-3: ἄνθρωπε, εἴ τις εἶ, καὶ μόνος περιπάτησον καὶ σαυτῷ λάλησον). Su questo tema vedi le osservazioni di Hadot, 2005, p. 46, n. 16, da cui dipendono molte delle considerazioni presenti.

Una deformazione comica di questa consuetudine è in *Iupp. trag.* 1, ove Zeus appare preoccupato e meditabondo (ὦ Ζεῦ, τί σύννους κατὰ μόνας σαυτῷ λαλεῖς, / ὠχρὸς περιπατῶν, φιλοσόφου τὸ χρῶμ' ἔχων;). Cfr. Hor. *Sat.* 1.4.137-138 ("*haec ego mecum / compressis agito labris*").

τὴν χεῖρα ὧδε κἀκεῖσε μετέφερες ὥσπερ τινὰ ῥῆσιν ἐπὶ ἑαυτοῦ διατιθέμενος; il gesticolio di Ermotimo è pienamente conforme alla sua febbrile attività intellettuale, conferendone un'intensa espressione mimetica. Il dialogo che l'aspirante stoico intrattiene con sé stesso è descritto nei termini di una ῥῆσις, ovvero di un discorso retoricamente elaborato e focalizzato su un tema specifico (Hdt. 8.83.2; Thuc. 5.85; Plat. *Phaedr.* 268c). Luciano con questa parola intende il resoconto articolato su un preciso argomento, che soddisfa determinate esigenze stilistiche. Vedi *Pro imag.* 15; *Tox.* 8; *Salt.* 66; *Anach.* 19; *Prom.* 6 e *Symp.* 17. Ermotimo dunque, non risulta impegnato in un'azione meditativa fine a sé stessa, bensì in un esercizio retorico propedeutico al confronto dialettico con altri filosofi o alla declamazione pubblica di un'orazione. Inoltre, il verbo διατίθεσθαι è "*a technical term for a dramatic, or a rhapsodic or orchestic delivery*" (Kokolakis, 1960, p. 41), come si evince da diversi passi di Platone (*Charm.* 162d; *Leg.* 2.658d; etc.). Vedi anche Plut. *Quaest. conv.* 9.15.747C; Dion. Hal. 3.17.6; Diod. Sic. 15.7.2 e Pol. 3.108.2.

In *Rhet. praec.* 22 si dà rilievo al ruolo della mimica e, in modo particolare, all'uso della mano nella configurazione di un'efficiente *performance* declamatoria. Vedi Korenjak, 2000, pp. 63-95 e Zweimüller, 2008, p. 388. Si tratta di una componente essenziale dell'*actio* dell'oratore, tema dibattuto già da Aristotele (*Rhet.* 3.1.1403b-1404a e *Poet.* 26.1462a), e approfondito in maniera più sistematica da Teofrasto (fr. 666.24 Fortenbaugh, da cui risulta autore di un Περὶ ὑποκρίσεως). Si veda Kennedy, 1963, pp. 282-284. Cicerone vi dedica particolare attenzione (*De or.* 3.213-227), esaminando tutti gli aspetti dell'esibizione scenica dell'oratore, a partire dalla voce, fino alle espressioni del viso e ai gesti della mano con cui dà concreta espressione alle sue emozioni. Vedi Simon, 2014, pp. 259-286. L'atteggiamento dell'oratore, infatti, riflette il suo *status* interiore, condizionando la ricezione del suo discorso da parte degli astanti (*De or.* 3.216: "*omnis enim motus animi suum quendam a natura habet vultum et sonum et gestum; corpusque totum hominis et eius omnis vultus omnesque voces, ut nervi in fidibus, ita sonant, ut a motu animi quoque sunt pulsae*"). Del resto, la gestualità delle mani dovrebbe presentarsi conforme alle parole, senza la pretesa di darne concreta espressione ma solo una discreta indicazione (*De or.* 3.220: "*omnes autem hos motus subsequi debet gestus, non hic verba exprimens scaenicus, sed universam rem et sententiam non demonstratione, sed significatione declarans*"). Cfr. anche Quint. 11.3.84-106, che offre la disamina più dettagliata sul tema. Una panoramica esaustiva delle fonti è in Wisse – Winterbottom - Fantham, 2008, pp. 349-375 e Mankin, 2011, pp. 304-322. Vedi anche i contributi di Fantham, 1982 e Corbeill, 2004.

La descrizione che Licino traccia di Ermotimo ne contempla la voce (ἠρέμα ὑποτονθορύζων), la mimica facciale (τὰ χείλη διεσάλευες), nonché i gesti (τὴν χεῖρα ὧδε κἀκεῖσε μετέφερες), dando un'opportuna risposta alle varie esigenze della manualistica retorica.

Inoltre, per gli Stoici la retorica consiste non solo nella ricerca delle parole, ma anche nella loro disposizione e viva rappresentazione, contemplando anche l'uso attento delle mani (*SVF* 2.295 e 297 = Plut. *De Stoic. rep.* 28.1047A: οὐ μόνον δὲ τοῦ ἐλευθερίου καὶ ἀφελοῦς κόσμου δεῖν οἴομαι ἐπιστρέφεσθαι κἀπὶ τῶν λόγων † ᾧ καὶ τῶν οἰκείων ὑποκρίσεων κατὰ τὰς ἐπιβαλλούσας τάσεις τῆς φωνῆς καὶ **σχηματισμοὺς** τοῦ τε προσώπου καὶ **τῶν χειρῶν**). La rappresentazione di Ermotimo risulta così ancora più aderente al complesso delle sue dottrine, donde deriva l'efficacia della messinscena comico-parodica del discepolo stoico. Vedi *infra*, pp. 550 ss.

ὡς μηδὲ ὁδῷ βαδίζων σχολὴν ἄγοις: in *Merc. cond.* 25 il patrono di turno ricorre ad una formulazione affine per ordinare al filosofo al suo servizio di accompagnarlo negli itinerari a piedi così da dare l'impressione di prestare la massima attenzione alle nobili attività di studio (ὁ δὲ ἐπιβάλλων ἐνίοτέ σοι τὴν χεῖρα, ὅ τι ἂν τύχῃ ληρεῖ, τοῖς ἐντυγχάνουσιν ἐπιδεικνύμενος ὡς **οὐδὲ ὁδῷ βαδίζων** ἀμελής ἐστι τῶν Μουσῶν, ἀλλ' εἰς καλὸν τὴν ἐν τῷ περιπάτῳ διατίθεται **σχολήν**). Cfr. Johnson, 2010, p. 172. Al contrario, Ermotimo, noncurante di chi l'osserva, appare a tal punto assorto nel suo fervore intellettuale da non riuscire a distrarsi neppure lungo il tragitto verso la casa del suo maestro.

Questa espressione ricorre in altri due momenti del dialogo. Al § 11 Ermotimo, a seguito delle prime provocazioni di Licino, minaccia di interrompere la conversazione (**οὐ σχολή μοι**, ὦ Λυκῖνε, περὶ τούτων διαλέγεσθαί σοι), mentre al § 13 è Licino che invita il suo interlocutore a cominciare il discorso superando ogni indugio (ἀλλά, **σχολὴν γὰρ ἄγομεν**, τί οὐ διηγῇ μοι ἑταίρῳ ὄντι ὃν τρόπον ὡρμήθης τὸ πρῶτον φιλοσοφεῖν). Si noti che questa stessa locuzione è riprodotta in diversi *loci* lucianei, denotando momenti opportuni (*Anach.* 16: σχολὴν γὰρ ἄγομεν καὶ σύ, ὡς φῄς, προθυμῇ ἀκούειν. Cfr. *ivi* 19) o sconvenienti (*Dial. mort.* 5.2: οὐ σχολή συμφιλοσοφεῖν σοι e *Cont.* 1: οὐ σχολή μοι, ὦ πορθμεῦ) all'avvio, ovvero al proseguimento, di una conversazione. A questo proposito si veda Hafner, 2017, p. 326, che rimanda anche ad alcuni modelli platonici. La σχολή, infatti, è una nozione molto importante nel complesso dei dialoghi platonici, giacché la disponibilità di tempo è la condizione indispensabile per avviare un dibattito ed esercitare la filosofia (*Prot.* 173b-c; *Theaet.* 172c; *Pol.* 272b-d). Cfr. Isebaert, 1992.

L'ironia che sottende al ritratto faticosamente laborioso di Ermotimo trova conferma nella circostanza molto simile tratteggiata in Hor. *Sat.* 2.4.1-9. Il poeta latino racconta dell'incontro con l'aspirante filosofo Cazio, che, impegnato ad assimilare *nova praecepta* anche durante il cammino a piedi, non aveva neppure il tempo sufficiente per salutare il suo amico. In modo particolare, Orazio prende di mira la mnemotecnica per cui era noto il suo interlocutore, il quale si era proposto di imparare a memoria tutte le dottrine del maestro. Sulle questioni sollevate da questa satira vedi il quadro d'insieme in Fedeli, 1994, pp. 648-670 e Lucarini, 2001[2]. Cfr. *Sat.* 1.9.1-4 (Orazio percorre meditabondo la via sacra quando viene interrotto da un tale, non riuscendo più a sbarazzarsene).

ἐρώτημα ... σκέμμα ... μαθήματα: presentando i contenuti della riflessione di Ermotimo, Licino accumula una serie di sostantivi neutri con la terminazione -μα, che sono particolarmente produttivi nella prosa storica e filosofica. Si tratta di forme derivate dal valore resultativo, a differenza dei termini con suffisso -σις, con cui si pone enfasi sullo svolgimento di una determinata operazione (per es. ποίησις-ποίημα, nonostante questa differenziazione si sia persa nel corso del tempo). Chantraine, 1933, pp. 189-190 e 287-289, considera -μα molto attivo nel vocabolario platonico ed aristotelico, al punto da affermarsi nel lessico dei filosofi di età ellenistica. Vedi anche Schwyzer, 1968[4], pp. 522-524.

ἐνεργός ... ἀτενές ... γοργόν: questi aggettivi (gli ultimi due hanno funzione avverbiale in unione al verbo ἀποβλέπειν) evidenziano la tenacia di Ermotimo nel proseguimento dei suoi studi filosofici.

In *Symp.* 14 l'aggettivo ἐνεργός manifesta l'impegno del cinico Alcidamante a parlare di virtù e di vizio (καὶ μέντοι καὶ σιτούμενος ἐνεργὸς ἦν ἀρετῆς πέρι καὶ κακίας μεταξὺ διεξιών), mentre in un momento successivo del medesimo dialogo l'avverbio ἀτενές denota l'intensità dell'attenzione prestata dai presunti sapienti ai testi scritti (*ivi* 34: εἰσῄει με ... τοὺς ἐς μόνα τὰ βιβλία καὶ τὰς ἐν ἐκείνοις φροντίδας ἀτενὲς ἀφορῶντας). In *Fug.* 10, invece, il gruppo dei sofisti non è in grado di soffermare lo sguardo sulla filosofia (τὸ σοφιστῶν φῦλον οὐκ οἶδ' ὅπως μοι παρενεφύετο ... οὔτε ἡμᾶς ἀτενέσι τοῖς ὀφθαλμοῖς καθορᾶν δυνάμενον). Cfr. *Alex.* 14; *Icar.* 12 e *Pisc.* 30. Su questo vedi Rein, 1894, p. 33, che considera l'espressione ἀτενὲς ἀποβλέπειν / ὁρᾶν "*als sprichwörtlich empfunden*", riportando altre attestazioni. L'energica attività di studio praticata da Ermotimo trova conferma poco oltre, quando Licino dichiara che il pretendente stoico non si dà tregua nemmeno durante la notte (§ 2: δοκεῖς δέ μοι ἀλλ' οὐδὲ ὄναρ ποτὲ ἀνιέναι σεαυτόν, οὕτως ὅλος εἶ ἐν τῷ πράγματι). L'espressione οὐδὲ ὄναρ ricorre spesso in Luciano per accentuare il carattere paradossale dell'azione descritta (cfr. *Merc. cond.* 17; *Tim.* 20; *Nav.* 39; *Gall.* 25; *Electr.* 5). Si tratta di una locuzione dal carattere proverbiale, per cui vedi Rein, 1894, p. 44; Tomassi, 2011[1], p. 331 e Hafner, 2017, p. 219. Il carattere irrazionale delle azioni compiute in sogno trova in seguito una maggiore descrizione. Cfr. i §§ 71-76 e *infra*, pp. 500-504.

Il contegno di Ermotimo rimanda all'esercizio della προσοχή, eseguito soprattutto all'interno della scuola stoica, e caratterizzato da una tensione continua verso la verità filosofica, utile per mantenere l'allievo vigile contro ogni genere di corruzione morale. Questa disposizione psicofisica prende anche il nome di τόνος, su cui ci sono pervenuti un certo numero di ragguagli (*SVF* 1.563 e 3.278 e 473. Cfr. Epict. *Diss.* 4.12.15 e 19; Plut. *De Stoic. rep.* 7.1034D e Marc. Aur. 3.13). A tal proposito vedi l'analisi di Rabbow, 1954, pp. 249-259 e Hadot, 2005, pp. 34-35.

In *Bis acc.* 21 il Piacere descrive i lunghi studi intrapresi da Dionisio presso la Stoà, dove è stato indotto ad imparare intricati discorsi a supporto del valore della fatica e del dolore. Tuttavia, al di là di questo rigore morale solo apparentemente intransigente il filosofo stoico, in privato, è pronto a comportarsi in maniera del tutto differente. Vedi Tackaberry, 1930, p. 18, n. 54.

L'avverbio γοργόν, invece, aggiunge un tratto minaccioso e quasi inumano agli occhi di Ermotimo (cfr. *Alex.* 3: ὀφθαλμοὶ πολὺ τὸ γοργὸν καὶ ἔνθεον διεμφαίνοντες e *Philops.* 22: τὰ μὲν ἔνερθεν ὀφιόπους ἦν, τὰ δὲ ἄνω Γοργόνι ἐμφερής, τὸ βλέμμα φημὶ καὶ τὸ φρικῶδες τῆς προσόψεως), che è una caratteristica ricorrente soprattutto nella poesia tragica. Cfr. Aesch. *Sept.* 537; Eur. *Phoen.* 146 e l'interpretazione di Ureña Bracero, 1995, p. 118. Sull'uso di questo termine vedi anche Ael. *VH* 2.44; Ael. Arist. *Or.* 4.34; Philostr. *VS* 2.27.618 ed Alc. *Ep.* 3.23.3.

βραχὺς μὲν ὁ βίος, μακρὴ δὲ ἡ τέχνη: è una famosa massima di Ippocrate (*Aphor*. 1.1), che Ermotimo cita per giustificare la lunga durata dei suoi studi. Nella fase finale del dialogo (§ 63) Licino riprende questa sentenza a sostegno della sua confutazione, che è riuscita a mettere in luce i limiti di qualsiasi scelta filosofica, destinata inevitabilmente a prevaricare la durata consueta di una vita umana. Il verso gnomico ippocratico è citato anche da Zenone (*SVF* 1.323) e Dem. *De eloc*. 238, mentre Sen. *De brev*. 1.1 dichiara, com'è noto, che la vita sarebbe sufficientemente lunga se fosse liberata da occupazioni superflue (*inde illa maximi medicorum exclamatio est, 'vitam brevem esse, longam artem'*). Cfr. Phil. *De vit. cont*. 16. Su questo tema vedi Williams, 2003, pp. 119-120. In generale, sul valore proverbiale di questa formula vedi Otto, 1890, p. 375.

Come suggerisce giustamente von Möllendorff, 2000[1], pp. 149-150, n. 1, Ermotimo "*nimmt mit diesem prahlerischen Zitat die spätere Katastrophe seiner Lebensführung schon vorweg, denn die zitierte Sentenz hat noch eine Fortsetzung, deren Kenntnis beim gebildeten Leser vorauszusetzen ist*: ὁ δὲ καιρὸς ὀξύς, ἡ δὲ πεῖρα σφαλερή, ἡ δὲ κρίσις χαλεπή". Proprio l'ultimo riferimento al giudizio sembra particolarmente calzante alla situazione del nostro dialogo, i cui protagonisti valuteranno la possibilità di individuare in termini metodologicamente corretti la scuola filosofica migliore.

Questa espressione proverbiale allude al grande impegno e all'enorme dispendio di tempo necessari per avanzare nel percorso filosofico prescelto da Ermotimo. In *Somn*. 1-2 Luciano sostiene che l'acquisizione della παιδεία, compresa la filosofia, richiede molta fatica (πόνος πολύς), un lasso temporale lungo (χρόνος μακρός), nonché una spesa considerevole (δαπάνη οὐ μικρά). Al contrario, in *Rhet. praec*. 3 viene proposto un metodo d'insegnamento alternativo e più rapido rispetto a quello degli studi tradizionali (su questi due differenti percorsi educativi vedi Zweimüller, 2008, pp. 47-59). Cfr. *Par*. 13, ove l'arte parassitica risulta paradossalmente migliore rispetto a tutte le altre tecniche, compresa la filosofia, perché, a differenza di queste, è l'unica a potersi imparare velocemente e senza fatica. Cfr. Nesselrath, 1985, pp. 328-329.

ἐκεῖνος ἰατρικῆς πέρι ταῦτ' ἔλεγεν, εὐμαθεστέρου πράγματος· φιλοσοφία δὲ καὶ μακρῷ τῷ χρόνῳ ἀνέφικτος: Ermotimo presenta la medicina come una disciplina di facile acquisizione, assegnandole un grado epistemico inferiore alla filosofia. Questo giudizio sembra riflettere lo svilimento scientifico e professionale in cui era sprofondata la medicina del tempo, soprattutto in seguito all'insorgere di indirizzi medici aspramente contrastanti e competitivi. Galeno reagisce a questo decadimento dell'arte medica (in *Meth. med*. 2.39, vol. 10, pp. 114-115 Kühn sostiene, per esempio, che la medicina è diventata "adatta solo agli schiavi e agli uomini di poco valore"), suggerendo un ritorno allo studio e all'imitazione di Ippocrate, presentato come l'*exemplum* per eccellenza di medico-filosofo (cfr. *De opt. med. cogn.* 2.1, CMG Suppl. Or. IV, p. 47). La figura del medico patrocinata da Galeno, infatti, deve aver percorso un lungo e complesso *curriculum* di studi, che gli ha permesso di acquisire un metodo tale da poterlo equiparare a figure intellettualmente più nobili, come il matematico e il filosofo (*Protr.* 5, CMG V 1,1, 5.1, p. 119). Riproponendo per il medico un elevato *status* intellettuale, nonché un ἦθος personale virtuoso, Galeno mira a conferirgli la *leadership* culturale del tempo, che questa figura sembrava aver perso irrimediabilmente (vedi *De opt. med. cogn. passim*). Su questo argomento sono utili le considerazioni di Vegetti, 1995, pp. 67-101 e Boudon-Millot, 2007, pp. 245-251 con le note al testo. Sui rapporti che intercorrono tra Luciano e la medicina antica vedi Bompaire, 2001.

ἐν τῷ πολλῷ τῶν ἰδιωτῶν συρφετῷ: la parola συρφετός indica originariamente un cumulo di rifiuti eterogenei raccolti dal vento (Hes. *Op.* 606; Call. *In Ap.* 109; *Suda* σ 1672). In senso traslato, questo termine identifica gli strati sociali più modesti, tormentati da una disponibilità limitata dei mezzi di sussistenza, e quindi dall'assenza di qualsiasi formazione culturale. Cfr. Plat. *Theaet.* 152c (ἆρ' οὖν πρὸς Χαρίτων πάσσοφός τις ἦν ὁ Πρωταγόρας, καὶ τοῦτο ἡμῖν μὲν ἠνίξατο τῷ πολλῷ συρφετῷ, τοῖς δὲ μαθηταῖς ἐν ἀπορρήτῳ τὴν ἀλήθειαν ἔλεγεν;) e *Gorg.* 489c, ma anche l'uso in commedia (Euphr. fr. 9.6 K.-A.).

Similmente, Luciano adopera questa parola, sia nel nostro dialogo (cfr. i §§ 5, 21, 61), che in altri suoi testi (cfr. *Iupp. trag.* 7; *Salt.* 83 e *Herod.* 8, in cui si fa riferimento ad un συρφετώδης ὄχλος), per designare una plebaglia umile e sprovvista di particolari competenze. La massa incolta del volgo diventa più perspicua nel termine ἰδιώτης, con cui Luciano designa una persona ignorante, impegnata nell'esercizio dei mestieri più umili. A tal proposito, in *Vit. auct.* 11 l'ἰδιώτης è assimilato ad una serie di artigiani, che Diogene presenta polemicamente come modelli di vita desiderabili. Cfr. Beaupère, 1967, vol. II, p. 58. Vedi anche *Cat.* 13, là dove Megapente prega la Moira perché gli consenta di ritornare in vita, anche se dovesse essere destinato ad assumere le fattezze di un povero qualsiasi (ἰδιώτης τῶν πενήτων). Poiché non dispongono di criteri di giudizio raffinati, gli ἰδιῶται sono incapaci di distinguere il bello dal brutto (*Salt.* 83), e ancor meno ciò che è degno di ammirazione da quanto è privo di senso estetico o semplicemente ridicolo (*Lex.* 24; *Nigr.* 24; *Peregr.* 18; *Alex.* 20). Mentre in *Luct.* 2 la massa incolta è pronta a dare credito ai racconti più inverosimili, in *Peregr.* 13 gli ἰδιῶται sono identificati polemicamente con i Cristiani, definiti sciocchi e creduloni. Cfr. *Par.* 44; *Philops.* 9; *Cont.* 4; *Adv. ind.* 29 e *Zeux.* 5.

La figura dell'ἰδιώτης, dunque, nel *corpus* lucianeo, e in particolare nel nostro dialogo, appare spesso contrapposta a quella del filosofo. Al § 15 Licino dichiara di essere inesperto in filosofia e chiede non senza ironia ad Ermotimo di parlargli in termini semplici e appropriati al suo livello (οὕτως ἀπόκριναι ὁποῖος τότε ἦσθα, ἰδιώτης). Inoltre, al § 17 il giudizio dei profani a proposito delle varie dottrine filosofiche risulta inaffidabile, così come appare stolto chi confida nella loro opinione. Un accenno negativo è anche nell'avverbio al § 21 (μὴ καταγελάσῃς, εἰ παντάπασιν ἰδιωτικῶς ἀναζητῶ) e nell'attributo al § 67 (δεήσει ἡμᾶς ἰδιώτην τινὰ βίον ζῆν ἀποστάντας τοῦ φιλοσοφεῖν), che insiste sulla mancanza di qualsiasi educazione filosofica. Cfr. *Icar*. 21, in cui i profani non sono in grado di discernere i veri dai falsi filosofi.

Tuttavia, agli ἰδιῶται, proprio in virtù della loro ignoranza, può essere accordata qualche intemperanza, che appare invece del tutto disdicevole nel caso in cui sia compiuta dai filosofi (vedi *Nigr*. 24, mentre in *Fug*. 4 Filosofia sostiene di non essere stata offesa né dai profani né dai filosofi, bensì dai sedicenti sapienti). Il modello di vita degli ἰδιῶται, del resto, non è qualificato in senso esclusivamente negativo. In *Nec*. 21 Caronte attacca i ragionamenti capziosi dei filosofi, preferendo la sana semplicità degli ignoranti (ὁ τῶν ἰδιωτῶν ἄριστος βίος, καὶ σωφρονέστερος), mentre in *Symp*. 35 i profani sembrano condurre uno stile di vita moralmente più edificante rispetto a quello indecoroso manifestato dai filosofi. Cfr. *Pisc*. 34 e *Fug*. 21.

La distinzione tra il sapiente e il profano (φαῦλος) viene sottolineata ripetutamente anche nelle fonti stoiche. L'ἀπαίδευτος, nella sua stoltezza (*SVF* 1.232; 3.657), non può accedere a nessuna forma di conoscenza, distinguendosi solo nell'aspetto dalla natura di un animale (*SVF* 1.517). Inoltre, l'ignorante, giacché non ha goduto di nessun genere di educazione, è vulnerabile ad ogni sorta di vizio (*SVF* 3.658-670) e destinato a compiere ingiustizie tali da renderlo incompatibile con la vita sociale (*SVF* 3.581; 630-631; 634). Per questa ragione Ermotimo teme di precipitare nel volgo ignorante, acquisendone le caratteristiche più deleterie, mentre la sua aspirazione maggiore è diventare sapiente, ottenendo la *summa* di ogni perfezione morale (vedi i §§ 2-7).

La discrepanza tra la vita del filosofo e quella dei profani è rimarcata anche da Dio Chrys. *Or*. 70.8, che mette in evidenza la στολή e la δίαιτα proprie del sapiente. Cfr. *Or*. 72. Su questo argomento vedi Fornaro, 2009, p. 140, n. 138 e pp. 163-166, in cui si evidenzia il *background* concettuale neostoico dei passi analizzati.

La formula ἐν τῷ πολλῷ τῶν ἰδιωτῶν συρφετῷ ricorre a più riprese nel corso del dialogo (cfr. il § 21, utilizzata in senso ironico da Licino), anche se in un enunciato leggermente differente (§§ 52, 61, 67). Ermotimo è indotto a vagliare la bontà dei suoi studi filosofici, ovvero a verificare se essi siano in grado di condurre davvero alla felicità promessa. Mentre nella fase iniziale del dibattito l'aspirante stoico adopera questa espressione per manifestare la sua fiducia nel modello filosofico selezionato, in seguito Licino la ripropone per dimostrare la superiorità dei profani, che conducono uno stile di vita equilibrato, al riparo dai contrasti tra le varie scuole di pensiero e i rispettivi principi. La presenza di questa locuzione nella sezione iniziale e in quella finale della conversazione, e secondo finalità del tutto differenti, contribuisce a far emergere la *Ringkomposition* accuratamente meditata dello scritto (a questo proposito vedi Nesselrath, 1992, pp. 3462-3465 e Camerotto, 1998, p. 255).

§ 2) τὰ μὲν ἆθλα, ὦ Ἑρμότιμε, θαυμάσια ἡλίκα εἴρηκας: con la parola ἆθλα Licino accenna alla felicità che Ermotimo spera di ottenere alla fine del suo percorso di studi. Essa produce, in realtà, un vivace gioco di omofonia con l'aggettivo ἄθλιος, pronunciato poco prima dallo stesso Ermotimo, che teme di fallire nel corso della sua formazione filosofica, precipitando rovinosamente tra gli ignoranti (τὸ κινδύνευμα οὐ περὶ μικρῶν —ἢ **ἄθλιον** εἶναι ἐν τῷ πολλῷ τῶν ἰδιωτῶν συρφετῷ παραπολόμενον ἢ εὐδαιμονῆσαι φιλοσοφήσαντα). Si tratta di una paronomasia non riproducibile in italiano, che lascia trasparire abilmente l'ironia delle parole di Licino. Quest'ultimo, invece, in un momento successivo della discussione (§ 7), tornerà sul tema della felicità stoica, nonché sui beni ad essa connessi, con l'obiettivo di destabilizzare definitivamente le vane speranze di Ermotimo.

σχεδὸν εἴκοσιν ἔτη ταῦτά ἐστιν ἀφ' οὗ σε οὐδὲν ἄλλο ποιοῦντα ἑώρακα ... ὠχρὸν ἀεὶ ὑπὸ φροντίδων καὶ τὸ σῶμα κατεσκληκότα: Licino arricchisce il ritratto di Ermotimo con l'aggiunta di un certo numero di dettagli, palesando così in maniera più perspicua il suo approccio satirico. L'aggettivo ὠχρός ricorre ripetutamente nella descrizioni di filosofi o, in generale, di personaggi sui quali è esercitata un'acuta *verve* comica (cfr. Nesselrath, 1985, pp. 403-404). La presenza di questo aggettivo è particolarmente significativa in *Iupp. trag.* 1, in cui Ermes descrive uno Zeus pallido e meditabondo, associando il colorito del suo viso a quello proprio dei filosofi (Ermes: ὦ Ζεῦ, τί σύννους κατὰ μόνας σαυτῷ λαλεῖς, ὠχρὸς περιπατῶν, φιλοσόφου τὸ χρῶμ' ἔχων;). Sul pallore dei sapienti si veda *Icar.* 5; *Par.* 50; *Merc. cond.* 42 e *Nec.* 21, in riferimento all'aspetto di Tiresia (τυφλόν τι γερόντιον καὶ ὠχρὸν καὶ λεπτόφωνον).

Invece, in *Nec.* 11 Menippo illustra le anime dei ricchi e degli usurai osservati durante il suo *tour* nell'Ade (οἵ τε πλούσιοι καὶ τοκογλύφοι προσῇεσαν ὠχροί). Vedi anche i personaggi delineati in *Cat.* 17 (ὠχρὸς ἀεὶ καὶ αὐχμηρὸς ἦν, φροντίδος τὸ μέτωπον ἀνάπλεως); *Tim.* 13 (διὰ τοῦτο ὠχρὸς ἡμῖν ἐφαίνου καὶ φροντίδος ἀνάπλεως); *Gall.* 29 e *Dial. mort.* 14.2.

Per l'uso del verbo κατασκέλλομαι vedi *Bis acc.* 34, dove il Dialogo appare emaciato a causa delle continue interrogazioni prodotte dai filosofi messi in scena. Più genericamente, come strumento di descrizione parodica, questo verbo appare anche in *Gall.* 29; *Calumn.* 5 e *Hist. conscr.* 35. Cfr. D. L. 8.41, in riferimento a Pitagora. A tal proposito si veda Kindstrand, 1976, pp. 188-189.

Uno degli ipotesti più significativi per la rappresentazione del pallore dei filosofi è rappresentato certamente dalle *Nubes* di Aristofane. Com'è noto, all'inizio della commedia, Strepsiade indica al figlio Fidippide il φροντιστήριον dove avrebbe potuto ricevere una buona educazione retorica, godendo della guida di ottimi maestri (*Nub.* 102-104: αἰβοῖ, πονηροί γ', οἶδα. τοὺς ἀλαζόνας, / τοὺς **ὠχριῶντας**, τοὺς ἀνυποδήτους λέγεις, / ὧν ὁ κακοδαίμων Σωκράτης καὶ Χαιρεφῶν). Tuttavia, nel momento in cui si avvia a seguire Socrate, Fidippide teme di assumere lo stesso aspetto cereo e infelice dei discepoli del Pensatoio, mostrando una notevole esitazione (1112: ὠχρὸν μὲν οὖν οἶμαί γε καὶ κακοδαίμονα). Cfr. anche *ivi* 1170-1173. In *Av.* 1296, invece, Cherefonte, il noto discepolo di Socrate, è definito "pipistrello" (νυκτερίς), mentre in *Nub.* 504 è detto ἡμιθνής. Su questa figura vedi Dunbar, 1995, pp. 642-643. Cfr. Theocr. 14.5-6, che descrive in termini affini un filosofo pitagorista (τοιοῦτος πρώαν τις ἀφίκετο Πυθαγορικτάς, / ὠχρὸς κἀνυπόδητος· Ἀθαναῖος δ' ἔφατ' ἦμεν). Sulle affinità tra Teocrito e i modelli comici vedi Solitario, 2015, pp. 85-90. Come spiega Guidorizzi: "*il pallore un po' verdognolo ... era nella mentalità tradizionale collegato ad un'idea di mollezza e scarsa virilità, e veniva riferito in particolare alle donne, agli intellettuali, agli stranieri, insomma a tutti coloro che non erano partecipi del sistema etico-sportivo della società tradizionale*" (in Guidorizzi, 1996, p. 202, n. 103). Probabilmente Luciano si è lasciato ispirare da queste reminiscenze letterarie, reimpiegandole di volta in volta nel contesto dei suoi dialoghi filosofici. Sull'approccio di Luciano nei confronti della commedia antica vedi i due studi ancora validi di Schulze, 1883 e Ledergerber, 1905.

Inoltre, in questo passo comincia ad emergere la reinterpretazione in senso parodico dell'idea platonica dell'esercizio della filosofia come preparazione alla morte (Plat. *Phaed.* 81a: μελέτη θανάτου), che si fa più evidente nel corso del dialogo. Vedi *infra*, § 78, p. 542.

νῦν ἄρχομαι παρακύπτειν ἐς τὴν ὁδόν: Ermotimo introduce la similitudine della via, che ricorre con particolare frequenza nel corso del dialogo: se da un lato l'aspirante stoico sostiene di aver appena intrapreso il percorso che porta alla virtù, dall'altro Licino lo crede ormai prossimo al raggiungimento della meta.

L'immagine della via come concreta rappresentazione di un programma educativo di ordine filosofico e morale ha una lunga tradizione, risalente almeno a Parmenide, che se ne serve per esprimere la sua tensione intellettuale verso la verità (in fr. 19 Parm. D 6 L.-M. appare una κέλευθος che Ἀληθείη ὀπηδεῖ. Vedi ulteriori riferimenti nei frr. 19 Parm. D 4, 7, 8 L.-M.). Il testo parmenideo, noto in età ellenistica (vedi fr. 59 Di Marco = fr. 833 *SH*), sembra aver goduto di una certa diffusione anche in epoca imperiale, considerato che l'*incipit* del poema della natura è stato tramandato, tra gli altri, anche da Sext. Emp. *Adv. math.* 7.111.

Tuttavia, Ermotimo individua in Esiodo l'ipotesto fondamentale della sua immagine, svincolando il passo di riferimento dalla cornice religiosa originaria (*Op.* 289-292: τῆς δ' ἀρετῆς ἱδρῶτα θεοὶ προπάροιθεν ἔθηκαν/ ἀθάνατοι· μακρὸς δὲ καὶ ὄρθιος οἶμος ἐς αὐτὴν/ καὶ τρηχὺς τὸ πρῶτον· ἐπὴν δ' εἰς ἄκρον ἵκηται, / ῥηιδίη δὴ ἔπειτα πέλει, χαλεπή περ ἐοῦσα). Ermotimo adatta il testo di Esiodo ad una prospettiva morale laica, illustrando le asperità del percorso non più come un'imposizione divina, bensì come una condizione imprescindibile per conquistare la virtù (§ 2: ἱδρῶτα οὐκ ὀλίγον ἔχων τοῖς ὁδοιπόροις). La medesima citazione esiodea torna ai §§ 5 e 25, ma ulteriori riferimenti sono presenti in *Bis acc.* 21 (il conseguimento della πολυθρύλητος ἀρετή degli Stoici, che si trova ἐπὶ τὸ ὄρθιον, richiede molto sudore) e *Nec.* 4 (pronunciata probabilmente da uno stoico o da un cinico: τὰ πάνδημα ἐκεῖνα τοῦ Ἡσιόδου περὶ τῆς ἀρετῆς ἔπη καὶ τὸν ἱδρῶτα καὶ τὴν ἐπὶ τὸ ἄκρον ἀνάβασιν). Cfr. *Par.* 14, in cui "*man auch Simons parodistische Verwendung des Hesiod-Zitats unter antistoischen Vorzeichen sehen kann*" (Nesselrath, 1985, p. 331) e *Rhet. praec.* 4 e 7 (cfr. Zweimüller, 2008, pp. 186-187). Questi celebri versi sono citati anche da Plat. *Prot.* 340d; *Rep.* 2.364d; *Leg.* 4.718e e da Plut. *Quom. adol.* 6.24D; *Quis suos in virt.* 5.77D, motivo per cui nei *progymnasmata* costituiscono una κρίσις topica (Spengel, vol. II, 7 e 24). Sul rapporto tra Luciano ed Esiodo vedi Pinto, 1974, pp. 972-990 e Hunter, 2004, pp. 227-256.

In questa parte del dialogo vi è un numero elevato di citazioni letterarie: dalla famosa massima ippocratea (§ 1) ad Esiodo (§§ 2-3) e infine ad Omero (§ 3), esse sono introdotte non tanto per parodiare gli ipotesti di riferimento, quanto per incrementare la portata ironica del dialogo lucianeo. Sulla rielaborazione dei testi letterari messa in atto da Luciano vedi Hall, 1981, pp. 310-354; Camerotto, 1998, pp. 141 ss. e Solitario, 2017.

L'uso delle citazioni letterarie non è solo uno strumento retorico ampiamente esplorato presso i più disparati generi letterari (come mostrano Fusillo, 1992, pp. 21-42 e Gargiulo, 2003, pp. 179-181), ma anche una consuetudine attestata soprattutto nella scuola cinica (esemplare è il caso di Cratete: vedi *SSR* VH 67-68 = *SH* fr. 347) e stoica (*SVF* 2.1 = D. L. 7.181: εἰ γάρ τις ἀφέλοι τῶν Χρυσίππου βιβλίων ὅσ' ἀλλότρια παρατέθειται, κενὸς αὐτῷ ὁ χάρτης καταλελείψεται), e motteggiata puntualmente da Sext. Emp. *Adv. math.* 1.280, che ne mette in luce l'efficacia solo agli occhi della massa ignorante (ποιητικοῖς τε μαρτυρίοις χρῶνται οὐχ οἱ γνησίως φιλοσοφοῦντες ... ἀλλ' οἱ τὸν πολὺν καὶ ἀγοραῖον φενακίζοντες ὄχλον). Vedi Hirzel, 1895, vol. I, p. 381; Bompaire, 1958, pp. 392-398 e, in termini più generici, Piot, 1914.

Nel nostro passo il testo di Esiodo viene adattato alle esigenze della filosofia stoica, che concepisce la virtù come il risultato finale di un lungo e faticoso percorso di formazione. In aggiunta, nelle fonti stoiche la parola ὁδός ricorre in senso figurato, rappresentando il procedimento seguito dall'aspirante filosofo per raggiungere la virtù e la felicità che ne consegue. In modo particolare, l'ὁδός ἐκλεκτική (*SVF* 3.111) designa un metodo selettivo utile per discernere e acquisire le competenze più conformi al progresso morale. Il compimento di questa operazione richiede un esercizio intellettivo lungo ed ininterrotto, che prevede l'apprendimento di numerose e sempre più raffinate conoscenze. Lungi dal rimanere fine a sé stesso, questo studio è integrato in uno stile di vita concreto, che implica una distinzione accurata tra i beni "indifferenti", ammettendo solo quelli preferibili, ossia favorevoli all'ottenimento della virtù. In tal modo, *"the art of living* (τέχνη τοῦ βίου) *is in part such a method"*, poiché anche essa tende al raggiungimento della perfezione morale, vale a dire della felicità più matura (Inwood - Donini, 1999, p. 695, n. 60). In aggiunta, a Zenone viene attribuita la definizione di τέχνη come ἕξις ὁδοποιητική (*SVF* 1.72, ma vedi anche la definizione analoga attribuita a Cleante: *SVF* 1.490), che sottintende un sistema strutturato e regolato da un metodo precisamente codificato. Cfr. Hadot, 2005, pp. 17-25; Goulet-Cazé, 1986, pp. 167-171 e Inwood - Donini, 1999, pp. 705-736, mentre per gli sviluppi nello Stoicismo di mezzo e in quello imperiale, vedi *ivi* pp. 172-191. Ne consegue che il sistema educativo stoico non assicura un metodo rapido per raggiungere la felicità, configurandosi piuttosto come un lungo e faticoso esercizio fondato sulla μάθησις e sull'ἄσκησις (vedi *infra*, pp. 489-490).

Per questa ragione Luciano parodia a più riprese la durata estremamente lunga degli studi stoici. Cfr. *Ver. Hist.* 2.18, ove gli Stoici sono assenti dall'isola dei Beati perché ancora impegnati a scalare il monte della virtù. In *Bis acc.* 21, invece, sono prese di mira le vane sofisticherie con cui gli Stoici tormentano lungamente i propri discepoli. Si vedano a proposito le utili informazioni in Braun, 1994, pp. 190-194. Questo motivo ricorre anche in Varr. fr. 418 Cèbe, che raffigura il percorso stoico pieno di *ectropae*, cioè di piccoli sentieri, tra i quali gli aspiranti filosofi rischiano di smarrirsi, mancando la meta finale (cfr. Epict. *Diss.* 3.23.36 ss.). Si veda Cèbe, 1994, vol. 10, pp. 1742-1743.

Per inquadrare meglio l'immagine della via delineata da Luciano occorre considerare almeno altri due testi certamente noti all'autore. Nel celebre apologo dell'*Eracle al bivio* di Prodico di Ceo, tramandatoci da Senofonte (*Mem.* 2.1.21-34), il personaggio mitico è ritratto nell'atto di prendere una scelta decisiva tra le vie proposte da Virtù e Vizio, il che si tradurrebbe immediatamente in uno stile di vita corrispondente. La via proposta dalla Virtù appare lunga e impervia, mentre quella del Vizio sembra promettere un cammino agevole e breve prima di raggiungere la felicità (Xen. *Mem.* 2.1.29: ἐννοεῖς, ὦ Ἡράκλεις, ὡς χαλεπὴν καὶ μακρὰν ὁδὸν ἐπὶ τὰς εὐφροσύνας ἡ γυνή σοι αὕτη διηγεῖται; ἐγὼ δὲ ῥαδίαν καὶ βραχεῖαν ὁδὸν ἐπὶ τὴν εὐδαιμονίαν ἄξω σε). Similmente, Ermotimo ritiene che la strada intrapresa in direzione della virtù sia interminabile e piena di asperità (§§ 2-3: ὀλισθηρὰ δὲ καὶ τραχεῖα [*scil.* ὁδός]), che potrebbero essere facilmente superate con il sostegno del suo maestro stoico. Tuttavia, nel corso del dialogo Ermotimo non compie nessuna scelta, poiché si è già schierato a favore della scuola stoica, né il suo interlocutore gli suggerisce una proposta alternativa. La funzione di Licino, infatti, è circoscritta a verificare il fondamento della decisione presa dal suo interlocutore, ossia il modo in cui egli intende proseguire lungo il suo cammino di studi. Sulle influenze del testo di Prodico su Luciano vedi Zweimüller, 2008, pp. 47-59.

Di particolare importanza appare l'esame dell'immagine della via nella *Tabula Cebetis*, un testo che, per certi aspetti, richiama più da vicino l'impianto concettuale del nostro dialogo e che Luciano dichiara esplicitamente di conoscere (cfr. *Rhet. praec.* 6 e *Merc. cond.* 42). Per la datazione di questo scritto vedi Joly, 1963, pp. 7-12 e Hirsch-Luipold, 2005, pp. 29-30. L'operetta si presenta come un complesso di immagini e personificazioni rappresentanti le varie fasi di un cammino di formazione (*Bildungsweg*), fino all'eventuale conseguimento della vera *Paideia*. In questo senso la *Tabula* assolve una funzione eminentemente pedagogica, in quanto evidenzia la necessità di un percorso educativo valido per il superamento di ostacoli di natura fisica (6.2-11.2) e intellettuale (12.1-14.4), in vista del discernimento della vera conoscenza e dell'acquisizione della felicità (15.1-20.4). A differenza dell'apologo di Prodico, nella *Tabula* non sono rappresentati due o più percorsi alternativi: al contrario, una sola è la via che conduce alla vera *Paideia*, così come nell'*Hermotimus* (§ 14) solo un percorso filosofico può assicurare il guadagno della felicità, a fronte di tanti altri falsi. Cfr. Joly, 1963, pp. 40-41; Hirsch-Luipold, 2005, pp. 18-22. Inoltre, in entrambi i testi l'obiettivo finale è collocato su una sommità non facilmente accessibile, raggiungibile solo attraverso un cammino scosceso (vedi i §§ 2-3 e 5, dove viene descritta un'ἄνοδος; *Tab. Ceb.* 15.1-4, in cui si parla di un'ἀνοδία) e lungo, che rende indispensabile l'intervento di un aiuto (§ 3: δεῖ χεῖρα ὀρέγοντος). In *Tab. Ceb.* 16.4, invece, la Continenza (Ἐγκράτεια) e la Pazienza (Καρτερία) soccorrono quanti sono giunti sul colle affinché riescano a raggiungere la vetta del massiccio dove risiedono.

La *Tabula*, dunque, nel rappresentare un'unica via, si configura come una *"phänomenologische Beschreibung der Voraussetzungen verfehlter menschlicher Handlungen"* (Hirsch-Luipold, 2005, p. 20), poiché riproduce le varie fasi in cui si articola la maturazione intellettuale e morale di un aspirante filosofo, in modo particolare i suoi punti di snodo, che variano a seconda delle decisioni del singolo (cfr. Feldmeier, 2005, pp. 158-159). Analogamente, nell'*Hermotimus* la discussione è incentrata sul percorso di studi preferito arbitrariamente da Ermotimo, trascurando le numerose possibilità di scelta a sua disposizione (§ 26). Per i rapporti tra Luciano e la *Tabula Cebetis* vedi Joly, 1963, pp. 80-81; Hall, 1981, pp. 18-20; von Möllendorff, 2000[1], pp. 205-210 e Nesselrath, 2005, pp. 43-45. Un'analisi dettagliata della metafora della via nel *corpus* lucianeo, invece, è in Cribiore, 2007, pp. 71-78; Zweimüller, 2008, pp. 47-59 e Gómez Espelosín, 2010, pp. 169-182.

L'uso metaforico dell'immagine della via è ampiamente esplorato anche in autori cronologicamente vicini a Luciano, tra i quali vedi Max. *Orr.* 8.7; 14.1; 19.1; 27.9; 30.2 e 40.2, che applica generalmente l'immagine della via ad argomenti di carattere moralistico, ed Epict. *Diss.* 2.12.3-4 (sul ruolo della guida morale); 3.22.26; 3.26.3 e 4.1.91 ss. (in cui serve per descrivere la condotta del sapiente). Cfr. anche Plut. *Quis suos in virt.* 5.77D e 12.83B (l'immagine della via illustra i progressi compiuti verso la virtù); *De virt. mor.* 12.452D; *Quaest. conv.* 3.2.649B e *Praec. ger. reip.* 10.804C, nonché i riferimenti in Dio Chrys. *Orr.* 1.66-67; 3.77; 18.4; 42.3. In generale, sull'uso metaforico della via, vedi Becker, 1937 e il più recente contributo di Worman, 2015, pp. 236-246.

ἵδρωταί σοι ... ὡδοιπόρηται: si tratta di due forme di perfetto passivo attestate solo in Luciano (cfr. Schmidt, 1887, vol. I, p. 239, anche se tra gli esempi elencati mancano i due verbi del nostro passo). Questi due verbi intransitivi sottintendono un oggetto interno, rispettivamente ἱδρῶτα e ὁδόν, secondo una costruzione sintattica particolarmente diffusa nella prosa attica a partire dal V sec. a.C. Cfr. Stahl, 1907, p. 68. Su questa particolarità sintattica del verbo nella lingua greca vedi anche Gildersleeve, 1900, p. 76 § 173, che riporta anche i due esempi lucianei; Schwyzer - Debrunner, 1950, vol. II, p. 240 § 7 e Kühner-Gerth, 1963, vol. II.1, p. 126 § 10. Per altri *hapax* lucianei presenti nel nostro dialogo vedi i §§ 57, 59, 61 e 77.

οὐδὲν γὰρ ἐκώλυέ με πανευδαίμονα εἶναι ἐπὶ τῷ ἄκρῳ γενόμενον: prima di introdurre l'immagine del monte della virtù (§ 3), Ermotimo sostiene di aver imboccato da poco una strada irta e accidentata, diretta alla cima del monte, là dove immagina di poter conseguire la felicità tanto ambita. Solo in seguito, incalzato da Licino, che gli chiede di precisare la sua posizione, Ermotimo dichiara di trovarsi alle falde del monte della virtù, fornendo ulteriori dettagli all'immagine qui solo rapidamente abbozzata (vedi *infra*, pp. 199-200). La collocazione della virtù e della felicità su un luogo elevato ed impervio è un motivo ricorrente in Luciano, che lo ripropone non senza una certa ironia. Cfr. i §§ 5 (ὅσοι δ' ἂν εἰς τέλος διακαρτερήσωσιν οὗτοι πρὸς τὸ ἄκρον ἀφικνοῦνται καὶ τὸ ἀπ' ἐκείνου εὐδαιμονοῦσιν θαυμάσιόν τινα βίον τὸν λοιπὸν βιοῦντες) e 6 (εἰκάζω μέντοι οὐ πλείω τῶν εἴκοσιν ἐτῶν ἔσεσθαι, μεθ' ἃ πάντως που ἐπὶ τῷ ἄκρῳ ἐσόμεθα); *Nec.* 4 (ἐπιρραψῳδῶν τὰ πάνδημα ἐκεῖνα τοῦ Ἡσιόδου περὶ τῆς ἀρετῆς ἔπη ... καὶ τὴν ἐπὶ τὸ ἄκρον ἀνάβασιν); *Merc. cond.* 42 (ἡ ἄνοδος ἐπὶ πολὺ καὶ ἀνάντης καὶ ὄλισθον ἔχουσα, ὡς πολλάκις ἤδη πρὸς τῷ ἄκρῳ ἔσεσθαι ἐλπίσαντας ἐκτραχηλισθῆναι διαμαρτόντος τοῦ ποδός), su cui vedi Hafner, 2017, p. 360 e *Rhet. praec.* 24 (il medesimo motivo è adattato al raggiungimento del pieno dominio della materia retorica). Su questo passo vedi Zweimüller, 2008, p. 436.

§ 3) ἀλλὰ τήν γε ἀρχὴν ὁ αὐτὸς οὗτος Ἡσίοδος ἥμισυ τοῦ παντὸς ἔφη εἶναι, ὥστε κατὰ μέσην τὴν ἄνοδον ἤδη λέγοντες εἶναί σε οὐκ ἂν ἁμάρτοιμεν: Licino risponde a tono alla citazione di Esiodo appena pronunciata dal suo interlocutore (§ 2: vedi *supra*, pp. 189-190), replicando con un passo del medesimo poeta (*Op.* 40: νήπιοι, οὐδὲ ἴσασιν ὅσῳ πλέον ἥμισυ παντός). Anche in questo caso la risposta di Licino non è priva di una certa sfumatura irrisoria, giacché ignorando la dichiarazione di Ermotimo (§ 2: νῦν ἄρχομαι παρακύπτειν ἐς τὴν ὁδόν), egli sostiene che l'aspirante stoico sia ormai in una fase avanzata del cammino. Questa supposizione è tanto più pungente se si considera che sarà lo stesso Licino a dimostrare, nel corso del dialogo, che tutti gli sforzi di Ermotimo in vista della felicità sono stati vani e destinati ad un inevitabile insuccesso (§ 71 ss.: vedi *infra*, pp. 497 ss.).

In *Somn.* 3 questa massima è ripetuta in forma anonima dallo zio di Luciano, che esorta il nipote a dedicarsi alla scultura. Si tratta di un verso dal tono sapienziale, che viene attribuito anche a Pitagora (Iambl. *Vit. Pyth.* 162). Cfr. von Möllendorff, 2000[1], p. 150. Un'espressione proverbiale simile appare anche in Plat. *Leg.* 6.753e (ἀρχὴ γὰρ λέγεται μὲν ἥμισυ παντὸς ἐν ταῖς παροιμίαις ἔργου). Su questo passo vedi Rein, 1894, p. 63.

οὐκοῦν ὁ διδάσκαλός σοι τοῦτο ἱκανὸς ποιῆσαι ἄνωθεν ... χρυσῆν τινα σειρὰν καθιεὶς τοὺς αὐτοῦ λόγους, ὑφ' ὧν σε ἀνασπᾷ δηλαδὴ καὶ ἀνακουφίζει: Licino ricorre all'immagine omerica della catena d'oro di Zeus (*Il.* 8.18-27): il padre degli dei, rivendicando la sua superiorità, minacciava di punire gli dei che avessero osato intervenire a favore dei Greci o dei Troiani. Anche nel caso in cui tutte le divinità, con una corda d'oro, avessero cercato di tirarlo giù dal cielo, esse non sarebbero riuscite nel loro intento, poiché Zeus avrebbe sollevato agevolmente sia la terra che il mare. Licino paragona questa catena alle parole dell'insegnante di Ermotimo (vedi Camerotto, 1996, pp. 137-157 e *id.*, 1998, p. 255), che avrebbe potuto aiutare il suo discepolo a scalare rapidamente il monte della virtù, risparmiandogli numerose fatiche e permettendogli di godere sin da subito della felicità promessa dalla filosofia stoica. Sull'uso di questa immagine da parte degli Stoici vedi Levêque, 1959, pp. 1-30. Cfr. *Cont.* 4 e 7, ove la sola pronuncia di due versi omerici consentirebbe a Caronte di ottenere un punto di osservazione congeniale, nonché una vista adeguata all'esercizio di uno sguardo critico sul mondo degli uomini. Vedi Bouquiaux-Simon, 1968, pp. 136-142.

Si noti che von Möllendorff, 2000[1], p. 151 individua in questa citazione un accenno ironico alla formazione filosofica di Ermotimo: così come la punizione della catena di Zeus rappresenta il tracollo finale dell'universo (cfr. Heracl. *Hom. Alleg.* 26.3 ed Eust. *ad Il.* p. 515, 11-18, che interpretano allegoricamente questo passo, intravedendovi la rottura dell'equilibrio tra gli elementi cosmici e la conseguente conflagrazione generale), anche l'arrivo di Ermotimo sul monte della virtù sarebbe spostato alla fine dei tempi, in riferimento alla lunghezza smisurata del percorso filosofico intrapreso (vedi il calcolo degli anni al § 49). Considerando gli accenni ironici ai contenuti filosofici stoici di cui Licino dà prova, questa interpretazione, nonostante una certa impostazione laboriosa, non sembra del tutto immotivata.

Un'immagine affine verrà introdotta alla fine del dialogo. Dopo aver subito la dura confutazione di Licino, infatti, Ermotimo riesce ad affrancarsi dai vincoli teorici della scuola filosofica stoica, acquisendo un superiore senso di consapevolezza nei confronti della realtà e delle sue potenzialità personali (§ 86: σοὶ δ' οὖν οὐ μικρὰν χάριν οἶδα, ὦ Λυκῖνε, ὅτι με παραφερόμενον ὑπὸ θολεροῦ τινος χειμάρρου ... ἀνέσπασας ἐπιστάς, τὸ τῶν τραγῳδῶν τοῦτο, θεὸς ἐκ μηχανῆς ἐπιφανείς). L'esito parodico è evidente, perché a salvare Ermotimo, sollevandolo dalle miserie della sua ignoranza, non è il maestro stoico, bensì lo stesso Licino, che funge da *deus ex machina*, sottraendolo al fiume travolgente e deleterio delle dottrine stoiche. Vedi *infra*, pp. 572-575.

Infine, è opportuno notare che il rovescio parodico dell'immagine della σειρά omerica, benché in questo passo serva a rafforzare la stoccata canzonatoria nei confronti del maestro stoico di Ermotimo, risulta coerente con l'approccio generalmente mordace di Luciano sia verso la mitologia tradizionale (*Iupp. trag.* 14 e 45; *Dial. mort.* 4, 5, 11; *Dial. deor. passim*; *Deor. conc. passim*; etc.) che verso la libertà inventiva dei poeti (*Iupp. conf.* 4; *Cont.* 7-8; *Hist. conscr.* 8, etc.). Su questo complesso argomento vedi almeno Jones, 1986, pp. 33-45; Branham, 1989, pp. 127-177 e Berdozzo, 2011, pp. 21-50. Per un approfondimento su questo tema vedi *infra*, pp. 516-518.

αὐτὸ ἔφησθα, ὦ Λυκῖνε, τὸ γιγνόμενον: questa formulazione ricorre in *Tim.* 24 (αὐτά που σχεδὸν φῄς τὰ γινόμενα) e, con una lieve differenza, anche in *Iupp. trag.* 38 (ἀλλ' ὅτι μὲν τοιαῦτά ἐστι τὰ γινόμενα φαίην ἂν καὶ αὐτός). Tomassi, 2011[1], p. 346 sostiene che questa sia *"una formula di passaggio ... con cui il personaggio che ascolta conferma ciò che ha appena affermato il suo interlocutore e rilancia la conversazione"*. Più precisamente, l'accordo evidenziato da questa espressione segna il passaggio ad un argomento differente, introdotto volutamente da chi parla per evitare che la conversazione proceda a suo sfavore. In questo caso, Ermotimo, cercando di prevenire ulteriori commenti sul conto del suo maestro (su cui Licino ritornerà ai §§ 9-12), richiama l'attenzione su di sé, assumendosi tutta la responsabilità del fallito adempimento della sua formazione filosofica.

Critica testuale

§ 1) τὴν χεῖρα ὧδε κἀκεῖσε μετέφερες: dall'apparato di Macleod si evincerebbe erroneamente che solo nella tradizione recenziore sia attestato κἀκεῖσε, ritenuto del tutto assente dai manoscritti più antichi. In realtà, Sommerbrodt rileva in Ω la presenza di κἀκεῖ, deducendo *e silentio* κἀκεῖσε almeno da Γ, M ed A. Fritzsche, invece, annota per M κἀκεῖ, mentre individua in Ω la lezione κακεῖ. Quale che sia la reale situazione nei codici manoscritti, evidentemente anche la tradizione più alta offre un appiglio sufficiente per poter inserire nel testo l'espressione κἀκεῖσε che, oltretutto, contribuisce a rendere in maniera plasticamente più evidente il movimento convulso delle mani di Ermotimo. Inoltre, ὧδε κἀκεῖσε, a partire da Diodoro e Filone di Alessandria, conosce una diffusione progressivamente sempre più larga nei testi greci di età imperiale e poi bizantina. Per tutte queste ragioni gli editori lucianei, salvo Macleod, stampano concordemente ὧδε κἀκεῖσε, giudicando tale sintagma attendibile, oltre che appropriato al contesto in cui appare.

§ 2) οὕτως ὅλος εἶ: la tradizione manoscritta più antica riporta l'infinito εἶναι (la lezione accolta da Macleod), corrispondente al precedente ἀνιέναι, entrambi costruiti sintatticamente con il verbo δοκέω. I codici più recenti, invece, presentano la lezione εἶ, accolta già da Jacobitz, Bekker, Dindorf, Fritzsche e da ultimo Kilburn. La seconda persona del presente indicativo di εἶναι spezza l'uniformità sintattica del periodo, rendendo più dinamico il dettato di Licino. A sottolineare un certo inarcamento nell'eloquenza di Licino contribuisce anche l'avverbio οὕτως, che pone enfasi sulla figura di Ermotimo appena descritta, ritraendola opportunamente in maniera più incisiva: οὕτως ὅλος εἶ ἐν τῷ πράγματι. Una simile locuzione è anche al § 59 (ὡς ὀλισθηρὸς εἶ, ὦ Ἑρμότιμε), impiegata dallo stesso Licino.

Questo passo pone un'ulteriore problema testuale nella scelta tra ὅλος (EΩ) ed ὅλως (L). Secondo Gensius questa alternanza dipende dal valore avverbiale assegnato all'epiteto, ragione per cui Solanus si schiera apertamente per ὅλον. Al contrario, Reitzius, osservando che ὅλον necessiterebbe del participio ὄντα, preferisce stampare ὅλος. Poiché sia ὅλος che ὅλως sono paleograficamente molto affini e pienamente integrabili nel passo in questione, sembra opportuno attenersi alla tradizione manoscritta, che risulta maggiormente concorde sull'epiteto.

§§ 4-6) Licino esorta il suo interlocutore a dare un limite temporale preciso al percorso formativo intrapreso. Nonostante Ermotimo manifesti la solida certezza di poter giungere alla fine del suo cammino, non risulta agevole calcolare in termini temporali l'entità della fatica necessaria al compimento degli studi stoici. Dopo aver ribadito il carattere *sui generis* della sua impresa, Ermotimo rigetta il confronto avanzato da Licino con l'azione eroica di Alessandro, che nell'arco di pochi giorni riuscì a guadagnarsi la cima della rocca Aorno. Al contrario, l'ascesi stoica è di carattere fondamentalmente intellettuale, il che richiede uno sforzo del tutto differente da quello di cui ha dato prova il re macedone. Ermotimo arriva ad ipotizzare che siano ancora dispensabili almeno vent'anni di studio prima di poter raggiungere la felicità ambita, provocando lo stupore malizioso del suo interlocutore. Licino, infatti, manifesta tutta la sua meraviglia dinanzi alle presunte capacità divinatorie del maestro stoico, il quale, senza nessuna prova a suo sostegno, ha previsto che il suo discepolo potrebbe essere ancora in vita in un momento notevolmente lontano del futuro. La sezione si conclude con la reazione stizzita di Ermotimo che, dopo aver accusato di blasfemia il suo interlocutore, dichiara, non senza una certa forzatura, di ritenere anche un solo momento di felicità sufficiente a giustificare l'attività di studio straordinariamente faticosa in cui appare impegnato.

§ 4) θαρρεῖν χρὴ καὶ θυμὸν ἔχειν ἀγαθὸν ἐς τὸ τέλος τῆς ὁδοῦ ὁρῶντα καὶ τὴν ἄνω εὐδαιμονίαν, καὶ μάλιστα ἐκείνου ξυμπροθυμουμένου: nella fase preliminare della conversazione Licino cerca di stabilire una certa empatia con Ermotimo, mostrandogli un interesse apparentemente sincero per la sua scelta filosofica e per la difficile impresa in cui è impegnato. Vedi *infra*, § 13.

Il τέλος τῆς ὁδοῦ rappresenta concretamente il concetto stoico di τέλος, che individua il fine della filosofia nell'acquisizione della perfezione morale (*SVF* 3.2 = Stob. 2.7.3, p. 46 Wachsmuth: λέγεται δ' ὑπὸ μὲν τῶν Στωϊκῶν ὁρικῶς 'τέλος ἐστὶν οὗ ἕνεκα πάντα πράττεται καθηκόντως, αὐτὸ δὲ πράττεται οὐδενὸς ἕνεκα'). Si tratta di uno stile di vita improntato fedelmente sulla virtù, che porta in maniera naturale al conseguimento della felicità (*SVF* 3.16 = Stob. 2.7.6, p. 77 Wachsmuth: τέλος δέ φασιν εἶναι τὸ εὐδαιμονεῖν, οὗ ἕνεκα πάντα πράττεται, αὐτὸ δὲ πράττεται μὲν οὐδενὸς δὲ ἕνεκα· τοῦτο δὲ ὑπάρχειν ἐν τῷ κατ' ἀρετὴν ζῆν). Sui rapporti strettamente consequenziali tra virtù e felicità vedi *SVF* 1.552; 3.4, 23, 25 (attinenti ai contenuti del Περὶ Ἀγαθῶν di Crisippo e, in modo particolare, alla sezione sul τέλος) e 3.280. Sulla rilevanza del concetto di τέλος non solo nello Stoicismo, ma anche presso altre scuole filosofiche, vedi *infra*, pp. 421-422.

Sin da questo momento del dialogo Ermotimo non parla della virtù in termini astratti, alludendovi piuttosto come ad una figura concretamente esistente in cima al monte. Al § 3 il precettore stoico, avendo portato a termine il percorso formativo, è ritratto in compagnia della virtù (ὅσον γοῦν ἐπ' ἐκείνῳ πάλαι ἀνεσπάσμην ἄν καὶ συνῆν αὐτοῖς). Similmente, al § 8 tutti quelli che hanno terminato la scalata del monte sembrano destinati a vivere insieme con la virtù (ἀνάγκη ἅπαξ ἀνελθόντας αὐτοὺς μένειν καὶ συνεῖναι τῇ ἀρετῇ). In *Bis acc.* 23 e *Pisc.* 16, 38, 44, invece, la personificazione della virtù è delineata in termini più espliciti. Su questo argomento vedi Dolcetti, 1997, pp. 254-256.

Licino per il momento risulta accondiscendente verso Ermotimo, approvandone la convinzione che il maestro stoico si sia adoperato attivamente per la riuscita del suo percorso formativo. Sull'uso del verbo συμπροθυμέομαι vedi Plat. *Lach.* 200e, ove Socrate ritiene insensato declinare l'aiuto a chi desideri progredire nel cammino verso la virtù (καὶ γὰρ ἄν δεινὸν εἴη, ὦ Λυσίμαχε, τοῦτό γε, μὴ ἐθέλειν τῳ συμπροθυμεῖσθαι ὡς βελτίστῳ γενέσθαι) ed *Euthyphr.* 11e.

Tuttavia, poco più avanti, Licino indugia nel racconto della condotta immorale del medesimo maestro stoico (§§ 9-12), che finisce per apparire del tutto inadeguato a svolgere il suo ruolo educativo. Cfr. Sen. *Ep.* 109.7, che sottolinea la necessità sia per chi insegna sia per chi impara di essere in una condizione ottimale (*"oportet utrumque valere ut et ille prodesse possit et hic profuturo idonea materia sit"*). Su questo argomento vedi *infra*, pp. 235-246.

τοῦτο ὀλίγον ὡς πρὸς ἀρετῆς ἄσκησιν καὶ εὐδαιμονίας κτῆσιν: in questa rapida, ma efficace risposta è descritto l'obiettivo finale del percorso di studi prescelto da Ermotimo. Le filosofie socratiche, e in modo particolare la corrente cinico-stoica, hanno individuato nell'ἄσκησις il metodo più appropriato per garantirsi un possesso stabile della virtù e quindi della felicità. La formulazione di Ermotimo risulta più chiara alla luce dell'immagine descritta precedentemente: il discepolo stoico si avvia a scalare un monte, assoggettandosi ad un duro esercizio, affinché si procuri una disposizione d'animo propizia alla virtù e al guadagno finale della felicità. Virtù e felicità, dunque, sono interdipendenti tra di loro (su questo vedi *supra*, pp. 190-191), ma non coincidenti, motivo per cui solo uno sforzo assiduo e prolungato rende l'aspirante filosofo suscettibile di un continuo perfezionamento morale. Sull'idea del progresso morale nella dottrina stoica e nel nostro dialogo vedi *infra*, pp. 538-539.

In questa battuta di Ermotimo è riflessa una delle caratteristiche principali della concezione della filosofia elaborata nella scuola stoica contemporanea, ai cui adepti non era prescritto il mero apprendimento di taluni concetti o lo svolgimento di determinate azioni ma, più generalmente, la conformità ad uno stile di vita preciso. Vedi Epict. *Diss*. 1.4; 1.15.3 (la filosofia consiste nell'arte di vivere, che ha come materia la vita di ciascun individuo); 2.9.13; 4.12.13. Cfr. Plut. *Quaest. conv*. 1.2.613B; Mus. *Diatr*. 5 Hense e Sen. *Ep*. 90.46. Sul concetto di ascesi nella filosofia stoica vedi Goulet-Cazé, 1986, *passim* e Hadot, 2005, pp. 31-33.

A questo proposito vedi anche *Vit. auct*. 7 (ποδαπὸς δέ ἐστιν ἢ τίνα τὴν ἄσκησιν ἐπαγγέλλεται;) e *Tox*. 27 (ὁ Δημήτριος Ἀντιφίλῳ τῷ Ἀλωπεκῆθεν ... συνῆν καὶ συνεπαιδεύετο, αὐτὸς μὲν τὴν ἄσκησιν τὴν Κυνικὴν ἀσκούμενος), in cui con la parola "ascesi" si intende il τρόπος βίου di una determinata figura piuttosto che un vago esercizio. Vedi *infra*, pp. 215-216 e 309-310.

πολλήν γ' ἂν ὑμῶν ῥᾳθυμίαν καταγνοίη τις: Licino ricorda una delle obiezioni sollevate solitamente contro l'indirizzo scettico: avendo rinunciato a qualsiasi criterio di giudizio, gli Scettici rischiano non solo di precludersi ogni possibilità di scelta, ma anche di paralizzare ogni tipo di azione. Sull'immobilismo psicofisico conseguente alla sospensione del giudizio vedi Ar. *Met*. 4.4.1006a14-15, in cui sono riconoscibili tracce di critica antiscettica, e Plat. *Theaet*. 171d. Cfr. Spinelli, 2005, pp. 133-134.

Si tratta della cosiddetta ἀπραξία, un concetto rintracciabile sin da alcune testimonianze su Pirrone (frr. T 58 e T 74 Decleva Caizzi), cui Luciano allude in altri passi del suo *corpus*. Sulla resa parodica di questo principio vedi *infra*, pp. 545-546.

In Plut. *Adv. Col*. 26.1122A-B l'epicureo Colote sembra prendere in prestito, probabilmente da una fonte stoica, l'accusa di ἀπραξία, paragonando gli effetti della filosofia di Arcesilao a quelli della mitica Gorgone, che immobilizza, rendendo così impossibile, la vita stessa (τὴν δὲ περὶ πάντων ἐποχὴν οὐδ' οἱ πολλὰ πραγματευσάμενοι καὶ κατατείναντες εἰς τοῦτο συγγράμματα καὶ λόγους ἐκίνησαν· ἀλλὰ ἐκ τῆς Στοᾶς αὐτῇ τελευτῶντες ὥσπερ Γοργόνα τὴν ἀπραξίαν ἐπάγοντες ἀπηγόρευσαν). Su quest'opera si veda Corti, 2014, pp. 225 e 261. In generale, la batteria di accuse stoiche contro gli Scettici sono raccolte nei frr. 351-362 Hülser.

La polemica tra queste due correnti filosofiche è ancora molto accesa all'epoca di Luciano, se si pensa che Favorino, in difesa dello Scetticismo accademico, assegnava alla σκῆψις una facoltà di giudizio che la rendesse compatibile con la vita umana (fr. 31 Amato), mentre Galeno vi individuava un'aperta contraddizione con il resto della dottrina gnoseologica (*De opt. doc. gen*. CMG V 1,1, 1.1-3, pp. 92-95). Su questo argomento vedi Hankinson, 1995, pp. 88 e 113; Bonazzi, 2002 e Spinelli, 2005, pp. 140-150.

Nel nostro caso, però, è Licino, il presunto scettico del dialogo, ad avvertire Ermotimo, l'aspirante stoico, di portare a termine i suoi studi entro i termini temporali concordati per non cadere vittima di quella stessa accusa di inanità operativa che gli Stoici erano soliti muovere agli Scettici. Luciano, dunque, rivela una conoscenza non superficiale del panorama filosofico, adottando finemente i motivi delle polemiche filosofiche contemporanee alle istanze del suo dialogo (vedi il quadro riassuntivo in Dolcetti, 1996). Invece, in *Vit. auct.* 27 il compratore delle vite dei filosofi descrive ironicamente Pirria-Pirrone come una persona lenta e torpida (βραδὺς γὰρ καὶ νωθής τις εἶναι δοκεῖς), mentre in *Bis acc.* 25 Pirrone non è in grado di recarsi in tribunale perché οὐδὲν ἡγεῖται κριτήριον ἀληθὲς εἶναι. Su questi passi vedi *supra*, pp. 31-35.

πόσῳ τινὶ βούλει ὑψηλοτέραν καὶ λισσοτέραν θῶμεν εἶναι τὴν ἄκραν, ἐφ' ἧς ὑμῖν ἡ Ἀρετὴ οἰκεῖ, τῆς Ἀόρνου ἐκείνης ... § 5) οὐδ' ἂν μυρίοι Ἀλέξανδροι προσβάλλωσιν: la presa della roccaforte situata sul monte Aorno è una delle imprese compiute da Alessandro nel corso della sua campagna militare in India (327-325 a.C.). Questa azione ha un valore tanto più significativo poiché ancor prima dell'eroe macedone Dioniso ed Eracle avevano fallito nella sua realizzazione (Diod. Sic. 17.85.1-6; Arr. *An.* 4.28.1-2 e *Ind.* 5.10). Il riferimento velato all'insuccesso dell'eroe cinico-stoico per antonomasia ha indotto a pensare ad un'"*antistoische Polemik*" implicita nelle parole di Licino (von Möllendorff, 2000[1], p. 152, n. 11). Tuttavia, oltre all'eventuale connotazione filosofica di queste parole, occorre sottolinearne il valore argomentativo in senso più generico. La configurazione impervia della rupe Aorno e la difficoltà di riuscire a guadagnarne il controllo (cfr. *Hist. Alex.* 3.4.8-9: ἰδὼν δὲ καὶ Ἀόρνην ... λεγομένην διὰ τὸ μηδὲ ὀρνέοις ἐπιβατὴν εἶναι ... εἷλεν δὲ ὁ Ἀλέξανδρος αὐτὴν τρόπῳ τοιῷδε) rientrano pienamente nella metafora del monte, su cui è incentrata larga parte della conversazione tra i due interlocutori del dialogo (vedi *supra*, p. 192). In modo particolare, Ermotimo insiste sul carattere impervio del monte della virtù stoica, che è possibile scalare solo a costo di lunghe e dure fatiche. Occorre nondimeno notare che Licino, in questo momento, sembra insinuare l'idea che il monte della virtù possa essere affrontato con la stessa agilità con cui Alessandro è riuscito a conquistare la cima della rocca di Arno. Al contrario, Ermotimo rifiuta questa tacita supposizione, insistendo sulla difficoltà dell'impresa e sottolineando il carattere precipuo della fatica richiesta all'aspirante stoico. Nonostante si parli di una montagna concreta, infatti, l'azione di Ermotimo rientra in un orizzonte prettamente morale, le cui asperità sono solo parzialmente assimilabili a quelle imposte dall'ascesa di un monte reale, quale è l'Aorno. Sulla rettifica delle similitudini come tecnica dialogico-argomentativa ricorrente nel dialogo vedi Joly, 1981, pp. 417-426. Cfr. *infra*, pp. 354, 366 e 429.

L'impresa del monte Aorno è citata anche in *Rhet. praec.* 7 (τὸ πρᾶγμα ὅμοιον εἶναί σοι δοκεῖ οἵα ἡ Ἄορνος ἐφάνη τοῖς Μακεδόσιν ἀπόξυρον αὐτὴν ἀπανταχόθεν ἰδοῦσιν ... Διονύσου τινὸς ἢ Ἡρακλέους, εἰ μέλλοι καθαιρεθήσεσθαι, δεομένην), accentuando la problematicità del cammino degli studi retorici tradizionali. Cfr. Zweimüller, 2008, p. 219. Vedi anche *Dial. mort.* 12.6.

La moltiplicazione iperbolica della figura di Alessandro è un tipico esempio dei plurali enfatici impiegati da Luciano come espediente stilistico per aumentare la carica comica di alcune scene. Vedi *infra*, §§ 35 (μυρίοι Πλάτωνες ἢ Πυθαγόραι) e 72 (Ἱπποκένταυροι; Χίμαιραι; Γοργόνες). Altri esempi sono in *Tim*. 4 (πόσοι Φαέθοντες ἢ Δευκαλίωνες ἱκανοί) e 23, su cui vedi Tomassi, 2011[1], pp. 227 e 345; *Apol.* 1 (πόσοι Μίδαι καὶ Κροῖσοι καὶ Πακτωλοὶ ὅλοι); *Philops.* 2 (ἐμοὶ γοῦν πολλάκις αἰδεῖσθαι ὑπὲρ αὐτῶν ἔπεισιν, ὁπόταν ... διηγῶνται ... Πηγάσους καὶ Χιμαίρας καὶ Γοργόνας καὶ Κύκλωπας καὶ ὅσα τοιαῦτα); *Iupp. conf.* 17 (Ἅιδην μοι λέγεις καὶ Τιτυοὺς καὶ Ταντάλους); *Luct.* 3; *Icar.* 1 e *Nav.* 24. Su questo artificio retorico vedi Cunningham Robertson, 1913, p. XLVI.

§ 5) νῦν δὲ ἐνάρχονται μὲν οὐκ ὀλίγοι μάλα ἐρρωμένως ... πολλοῖς τοῖς ἀπόροις καὶ δυσχερέσιν ἐντυγχάνοντες ἀποδυσπετοῦσί τε καὶ ἀναστρέφουσιν ἀσθμαίνοντες καὶ ἱδρῶτι ῥεόμενοι, οὐ φέροντες τὸν κάματον: questa sezione presenta molti punti in comune con *Rhet. praec.* 3, là dove il maestro di retorica garantisce al suo discepolo di non volerlo condurre per il cammino più faticoso, correndo così il rischio che questi lasci l'impresa incompiuta (μὴ δέδιθι, μηδὲ πρὸς τὸ μέγεθος τῶν ἐλπιζομένων ἀποδυσπετήσῃς, μυρίους τινὰς τοὺς πόνους προπονήσειν οἰηθείς. οὐ γάρ σε τραχεῖάν τινα οὐδὲ ὄρθιον καὶ ἱδρῶτος μεστὴν ἡμεῖς γε ἄξομεν, ὡς ἐκ μέσης αὐτῆς ἀναστρέψαι καμόντα ... μακρὰν καὶ ἀνάντη καὶ καματηρὰν καὶ ὡς τὸ πολὺ ἀπεγνωσμένην). Luciano impiega gli stessi verbi (ἀποδυσπετέω e ἀναστρέφω), vale a dire le stesse immagini (il sudore, la fatica, la vista dall'alto del monte), il che consente di entrare nel laboratorio di scrittura dell'autore e di cogliere le modalità con cui adatta le medesime immagini o gli stessi motivi a contesti diversi, benché spesso con intenti, nella maggior parte dei casi satirici, affini. Si veda anche Zweimüller, 2008, pp. 186-187.

οἷον μύρμηκας ἀπὸ τοῦ ὕψους ἐπισκοποῦντές ... ἡμᾶς ἀποφαίνεις οὐδὲ κατὰ τοὺς Πυγμαίους ἐκείνους: in *Icar.* 19 Menippo, nel raccontare al suo amico l'esperienza del volo sulla luna, sostiene che gli uomini e le città, visti dall'alto, assomiglino ad un formicaio (αἵ γε πόλεις αὐτοῖς ἀνδράσι ταῖς μυρμηκιαῖς μάλιστα ἐῴκεσαν). Similmente, in *Cont.* 5-6 Caronte, per guadagnarsi un punto di osservazione privilegiato sulla terra, decide di accatastare alcune montagne, così che dall'altezza ottenuta gli uomini sembrano muoversi come fanno le api in un alveare (*Cont.* 15). Cfr. *Pisc.* 42.

Fuor di metafora, la vista dall'alto consente al filosofo di considerare nella giusta misura la realtà umana, valutando con distacco le aspirazioni e i conflitti che animano gli uomini. Su questa similitudine vedi D'Agostino, 1956, pp. 208-209 e Deriu, 2017, p. 168. Esempi affini si trovano in Aesch. *Prom.* 452-458; Plat. *Phaed.* 109b; Plut. *Sept. sap. conv.* 12.155C e Petr. *Sat.* 42.4 (in cui ricorre il paragone tra gli uomini e le mosche). Si veda anche Arist. *Pax* 821-823 (a Trigeo in volo gli uomini appaiono μικροί e κακοήθεις). In merito a questi parallelismi filosofico-letterari vedi Camerotto, 2009, p. 127.

Il verbo ἐπισκοπεῖν non illustra solamente la direzione dello sguardo dall'alto verso il basso, ma anche l'efficacia di una vista comprensiva, che è la condizione imprescindibile di un punto d'osservazione obiettivo (ai §§ 40, 41, 44, 47, 59, 64 il verbo implica non tanto la posizione elevata di chi parla, bensì un'analisi attenta e metodica. Vedi anche *Eun.* 12; *Merc. cond.* 10 e *Abd.* 22). La prospettiva dall'alto, infatti, garantisce non solo maggiore distacco emotivo rispetto all'oggetto osservato, ma anche una vista più ampia e priva di impedimenti. Vedi *Dial. mort.* 20.2: Ermes invita Menippo a salire sull'imbarcazione e a mettersi vicino al timoniere, in modo da godere di una visuale estesa (ἔμβαινε, ὦ Μένιππε ἀνδρῶν ἄριστε, καὶ τὴν προεδρίαν ἔχε παρὰ τὸν κυβερνήτην ἐφ' ὑψηλοῦ, ὡς ἐπισκοπῇς ἅπαντας). Cfr. *Icar.* 11 e *Nigr.* 18 (a proposito della vista del filosofo); *Somn.* 15 e *Tim.* 2. Cfr. *infra*, pp. 223-224. Su questo argomento si considerino Schwartz, 1965, p. 97 e Brandão, 2001, pp. 207-211. Cfr. Camerotto, 2009, p. 36, e *id.*, 2014, p. 195, n. 8 e p. 201, n. 32, che discute numerosi passi lucianei, enfatizzando l'importanza di un punto di vista elevato come condizione imprescindibile per avviare l'operazione satirica.

L'immagine delle formiche ricorre con una certa frequenza anche nelle fonti stoiche, che se ne servono per dare enfasi alla descrizione della grandezza d'animo del filosofo. Il vero sapiente, infatti, nel momento in cui coglie la vastità del cosmo e percepisce la totalità del tempo, ridimensiona l'importanza generalmente riconosciuta alle cose terrene. Vedi Sen. *Nat. quaest.* 5 che, guadagnandosi un punto d'osservazione molto alto, commisera tutta la vanità della vita umana ("*oh quam contempta res est homo, nisi supra humana surrexit!*"), riassunta efficacemente nella similitudine delle formiche (11: "*cum te in illa uere magna sustuleris; quoties uidebis exercitus subrectis ire uexillis et quasi magnum aliquid agatur ... libebit dicere: 'It nigrum campis agmen': formicarum iste discursus est, in angusto laborantium. Quid illis et nobis interest, nisi exigui mensura corpusculi?*"). Cfr. Marc. Aur. 7.35. Su questa immagine vedi le acute considerazioni di Hadot, 2005, pp. 130-131.

In risposta alla similitudine di Ermotimo, Licino amplifica ironicamente l'immagine, supponendo che agli occhi dello stoico i profani apparirebbero addirittura più bassi dei Pigmei. Si tratta di un leggendario popolo di nani localizzati alternativamente in Africa o in India, e impegnato in una lotta ininterrotta con le gru, che devastavano il loro territorio (vedi *Il.* 3.1-9). Sui Pigmei vedi Janni, 1978. Sul loro valore proverbiale nel mondo antico vedi Otto, 1890, p. 292.

Il popolo dei Pigmei costituisce un motivo topico all'interno dei paragoni canzonatori, come è ampiamente testimoniato dalle fonti retoriche antiche. Questo genere di raffronti, contraddistinti spesso dal gusto per l'inverosimile, rappresentano un modulo stilistico ben noto a partire da Aristotele (cfr. *Rhet.* 3.11.1413a15-16) fino a Demetrio (*De eloc.* 148), Cicerone (*De or.* 2.266), Quintiliano (6.3.57-59) e i sofisti contemporanei a Luciano (vedi Ureña Bracero, 1995, pp. 130-132, che rimanda anche a vari studi sull'argomento). Nel nostro caso, l'autore costruisce l'iperbole impiegando un soggetto mitologico (cfr. il § 20, su cui si veda Law, 1926, pp. 361-372), benché le sue fonti spazino da esempi storici (§ 4: la conquista della rocca di Aorno da parte di Alessandro, narrata anche da Arr. *An.* 4.28) ad elementi propri della vita quotidiana (§§ 60-61: la vendita del vino).

Probabilmente Luciano ha acquisito la tecnica dell'analogia, talvolta volutamente sproporzionata, non solo da pratiche sofistiche largamente diffuse in età imperiale, ma anche da Platone, che costituisce una tra le sue fonti più significative. Cfr. *supra*, pp. 61-72. Nei dialoghi platonici, infatti, l'analogia costituisce "*un tipico modo socratico di procedere nella discussione*" (Giannantoni, 2005, p. 328), che facilita lo svolgimento dei dibattiti, costituendo talora il bersaglio della critica di alcuni interlocutori di Socrate (come in *Charm.* 165e). Su questo argomento vedi Grenet, 1948; Nádor, 1962, pp. 465-484, mentre la sua ricezione in epoca imperiale è esaminata da Anderson, 1993, p. 270, n. 44.

L'aggettivo restituito χαμαιπετής corrisponde all'espressione omerica di *Il.* 5.441-442 (οὔ ποτε φῦλον ὁμοῖον / ἀθανάτων τε θεῶν χαμαὶ ἐρχομένων τ' ἀνθρώπων), cui si accenna anche in *Icar.* 6 (οἵ γε πρῶτα μὲν ἐπὶ γῆς βεβηκότες καὶ μηδὲν τῶν χαμαὶ ἐρχομένων ἡμῶν ὑπερέχοντες). Mentre Licino enfatizza con un evidente tono irrisorio l'espressione omerica (ἐν χρῷ τῆς γῆς), marcando la presunta distanza tra il filosofo stoico e i profani, Menippo, con forte disappunto, sostiene che sia i semplici profani che i filosofi camminino sulla terra, ragione per cui questi ultimi non sono superiori o migliori rispetto al resto degli uomini. Cfr. Bouquiaux-Simon, 1968, p. 313.

παπαῖ, ὦ Ἑρμότιμε, ἡλίκους ἡμᾶς ἀποφαίνεις: cfr. il § 55: παπαῖ, ὦ Ἑρμότιμε, ὡς ἰσχυρὰ ταῦτα εἴρηκας, ma anche *Salt.* 4 (παπαῖ, ὦ Κράτων, ὡς κάρχαρόν τινα ἔλυσας ἐφ' ἡμᾶς τὸν σαυτοῦ κύνα) e *Par.* 25 (παπαί, οἷον χρῆμα ἀποφαίνῃ τὴν παρασιτικήν). Mentre in questi ultimi due passaggi παπαῖ manifesta un'espressione di meraviglia (vedi Nesselrath, 1985, pp. 351-352), nel nostro dialogo, allo stupore di Licino si aggiunge il motteggio verso l'interlocutore stoico, che si dispiega con maggiore chiarezza nel corso della conversazione. Su questa particella esclamativa vedi Schulze, 1883, pp. 16-17 (che esplora gli eventuali modelli comici) e Schmid, 1887, vol. I, p. 282.

L'aggettivo ἡλίκος designa solitamente la grandezza considerevole di un oggetto (cfr. *Merc. cond.* 13). In questo passo, invece, assume un significato molto più raro, enfatizzando le dimensioni anguste degli uomini. Cfr. *Nav.* 15 (cfr. Husson, 1970, vol. II, p. 36); Antiphan. fr. 164 K.-A.; Dem. 24.122 (ove ricorrono entrambi i significati) ed Epict. *Diss.* 1.12.26.

ἡμεῖς δὴ ὁ συρφετὸς καὶ ὅσοι χαμαὶ ἐρχόμενοι ἐσμέν, μετὰ τῶν θεῶν καὶ ὑμᾶς προσευξόμεθα ὑπερνεφέλους γενομένους: Licino designa il volgo non convertito allo Stoicismo con la parola συρφετός, connotata in senso indubitabilmente negativo. A sottolineare la distanza tra la plebaglia ignorante e i filosofi divinizzati contribuiscono sia il verbo προσεύχομαι (come sottolineato da Corlu, 1966, p. 237), sia l'aggettivo ὑπερνέφελος, che dispone i presunti sapienti su una posizione elevata, richiamando la collocazione analoga immaginata poco prima per il maestro di Ermotimo (§ 3).

In *Icar.* 2 il protagonista Menippo, appena ritornato dalle dimore celesti degli dei, è definito ὑπερνέφελος ἀνήρ con un tono mordace malcelato, che suscita una certa diffidenza nei confronti dei suoi racconti stupefacenti. Cfr. Camerotto, 2009, pp. 99-100. Tuttavia, c'è una differenza sostanziale tra i due personaggi: mentre Ermotimo ha appena cominciato la salita verso la cima del monte, e questo suo piano verrà ben presto confutato da Licino, Menippo riferisce l'esperienza vissuta in prima persona, sottolineando l'utilità del viaggio appena concluso. Su questo passo vedi anche von Möllendorff, 2000[1], p. 152.

Una configurazione scenica molto simile a quella del nostro dialogo appare nelle *Nubes* di Aristofane, che, per diversi aspetti, costituisce l'ipotesto comico più significativo del nostro dialogo. Socrate appare sulla scena sospeso in alto, all'interno di una cesta, intento a muoversi per il cielo, osservando con attenzione sia la sfera celeste abitata dagli dei, sia il movimento convulso degli uomini sulla terra (*Nub.* 225-227: Σω. ἀεροβατῶ καὶ περιφρονῶ τὸν ἥλιον. / Στ. ἔπειτ' ἀπὸ ταρροῦ τοὺς θεοὺς ὑπερφρονεῖς, / ἀλλ' οὐκ ἀπὸ τῆς γῆς, εἴπερ;). Nonostante l'aggettivo in questione non sia presente nel testo aristofaneo, probabilmente Luciano ha forgiato il nuovo conio (ὑπερνέφελος) lasciandosi ispirare da questa scena. La trovata della cesta costituisce una strategia scenografica di forte impatto visivo nella *pièce* comica, che riesce a rappresentare efficacemente non solo la presunta superiorità intellettiva e morale di Socrate rispetto a quanti lo circondano, ma anche e soprattutto il suo carattere astruso e oscuro. Luciano rielabora questa scena, proponendo l'immagine del filosofo stoico tra le nuvole, raccolto in una dimensione che accentua ironicamente il suo preteso statuto divino, nonché l'intimo estraniamento dalla realtà.

εἰ γὰρ γένοιτο καὶ ἀνελθεῖν: la particella εἰ introduce in questo caso una proposizione desiderativa (cfr. Schol. *ad loc.*, Rabe, p. 241: εὐκτικὸν τό εἰ), che è la funzione svolta solitamente da εἴθε. Si tratta di un uso largamente testimoniato in Platone (*Prot.* 310d; *Crit.* 44d; *Rep.* 4.432c), che Luciano ha imitato non solo nell'impostazione generica, ma anche nel tessuto microtestuale del dialogo (cfr. il § 13: εἰ γὰρ ἐθελήσειας, ὦ Λυκῖνε). Su questa peculiarità vedi Russo, 2012, p. 96.

§ 6) ὑπὲρ δὲ τῶν εἴκοσιν ἐτῶν ὅτι βιώσῃ τοσαῦτα πότερον ὁ διδάσκαλός σου καθυπέσχετο, οὐ μόνον σοφός, ἀλλὰ καὶ μαντικὸς ὤν ... φασὶ γοῦν εἰδέναι τὰ τοιαῦτα: Licino qualifica il maestro di Ermotimo come indovino, dato che ha assicurato al suo discepolo che sopravvivrà ai successivi vent'anni di studio. In modo particolare, il precettore stoico non sarebbe un semplice interprete di oracoli, bensì un esperto conoscitore delle cabale caldee (ὅσοι τὰς Χαλδαίων μεθόδους ἐπίστανται) e delle rispettive pratiche divinatorie.

In altri passi di Luciano sono rintracciabili riferimenti ai poteri straordinari della popolazione dei Caldei (*Dial. mort.* 21.1; *Philops.* 11; *Nec.* 6), la cui fama di astronomi e abili vaticinatori è attestata da una tradizione molto antica (cfr. Hdt. 1.181.5; Arr. *An.* 7.17.1 e 4). Tuttavia, il presunto sapere di queste figure viene contestato duramente dai filosofi scettici. Cfr. Sext. Emp. *Adv. math.* 1.182, che nega lo statuto di tecnicità alle presunte competenze dei Caldei. Introducendo la polemica contro l'astrologia, Sesto dichiara di voler rivolgere la sua attenzione ai Caldei, i quali si fregiano impropriamente del nome di matematici ed indovini (*Adv. math.* 5.2 κοσμοῦντες ὀνόμασιν οἱ Χαλδαῖοι μαθηματικοὺς καὶ ἀστρολόγους σφᾶς αὐτοὺς ἀναγορεύουσιν, ποικίλως μὲν ἐπηρεάζοντες τῷ βίῳ). Vedi anche 5.67 e 70-71. Similmente, questa critica è attestata anche in Cic. *De div.* 2.42-47, che attacca la stima nutrita dagli Stoici, ad eccezione di Panezio, per la tecnica rivendicata dai Caldei. Al contrario, a fronte dei successi celebrati dai Caldei, Cicerone ricorda taluni casi non andati a buon fine, sufficienti a far perdere loro qualsiasi credibilità (2.47: "*quam multa ego Pompeio, quam multa Crasso, quam multa huic ipsi Caesari a Chaldaeis dicta memini, neminem eorum nisi senectute, nisi domi, nisi cum claritate esse moriturum! Ut mihi permirum videatur quemquam exstare qui etiam nunc credat iis quorum praedicta cotidie videat re et eventis refelli*"). Una polemica contro i Caldei è registrata anche nel frammento dell'opera di Favorino Πρὸς Χαλδαίους (fr. 27 Amato), che fa propri i motivi dell'attacco scettico contro l'astrologia e i suoi sostenitori stoici (cfr. il quadro d'insieme in Aujac, 1975, pp. LXXIX-LXXXIV e Spinelli, 2000, pp. 13-51). Su questo argomento vedi Barigazzi, 1966, pp. 142-149 e Amato, 2010, pp. 97-111.

A parte le condanne espresse dagli Scettici contro i Caldei, furono emanati diversi decreti imperiali allo scopo di bandirne le pratiche, ritenute dannose, soprattutto per i ceti sociali meno colti (Tac. *Hist.* 1.22). Nonostante queste misure, i Caldei continuarono a lungo ad esercitare un fascino indiscusso, come viene confermato da Dioniso il Sofista, il quale avrebbe consigliato ai suoi discepoli di apprendere la tecnica degli astronomi caldaici, al fine di potenziare le proprie capacità mnemoniche (Philostr. *VS* 1.22.523). Vedi Jones, 1986, p. 52, che fa riferimento al successo riscosso dagli oracoli caldaici all'epoca di Luciano.

Nelle parole di Licino, dunque, l'assimilazione del maestro stoico alla figura dei Caldei non è esente da un certo tono mordace, consueto nella satira lucianea sul falso filosofo. Cfr. Gerlach, 2005, pp. 151-197. Del resto, gli indovini erano presi di mira sin dalla commedia antica (Arist. *Nub.* 332-333), dove sono dipinti come pseudo-intellettuali oziosi. A tal proposito si veda Imperio, 1998[1], pp. 54-57.

Licino introduce così nella conversazione i primi cenni ammonitori nei confronti del suo interlocutore, affinché non intraprenda inconsapevolmente una via che lo allontani dal raggiungimento del suo obiettivo.

τὸ χρεών: Licino rileva la mancanza di garanzie nella promessa del maestro stoico, secondo il quale Ermotimo sarebbe riuscito a portare a termine il resto dei suoi studi e, alla fine dei venti anni ancora necessari, avrebbe potuto guadagnarsi la felicità ambita. Il fato, però, potrebbe incalzare l'aspirante stoico e vanificare tutte le sue fatiche, interrompendo il cammino anche immediatamente prima che egli raggiunga la meta.

Il sostantivo χρεών è solitamente impiegato per indicare il fato, ovvero una necessità superiore che determina gli eventi (Plat. *Phaedr.* 255a; Eur. *Hipp.* 1256) imprimendovi un'inesorabilità assoluta (Trag. adesp. 368 Kannicht - Snell: τό τοι χρεὼν οὐκ ἔστι μὴ χρεὼν ποεῖν). Per cogliere a pieno il senso della battuta di Licino, però, è opportuno considerare il valore di questo concetto nel contesto della dottrina stoica professata da Ermotimo.

Le fonti stoiche mettono in stretta connessione il χρεών con l'εἱμαρμένη (*SVF* 2.914 = Diog. ap. Eus. *Praep. ev.* 6, p. 263c: οὕτω δὲ καὶ τὸ χρεὼν εἰρῆσθαι τὸ ἐπιβάλλον καὶ καθῆκον κατὰ τὴν εἱμαρμένην). Quanto è predisposto dal fato, dunque, risulta appropriato anche nella prospettiva del destino che, a sua volta, è inteso come *"ragione del cosmo"*, o anche *"ragione per cui il passato è stato, il presente è e il futuro sarà"* (*SVF* 2.913). Con il concetto di εἱμαρμένη gli Stoici intendevano un principio razionale immanente, che determina il nesso causale e presiede all'ordine di tutti gli eventi (*SVF* 2.1000). Il fato si presenta così come una "catena ordinata di cause" (*SVF* 2.976 = Aët. *Plac.* 1.27.3: συμπλοκὴ αἰτιῶν τεταγμένη), al cui interno tutto risulta essere connesso e reciprocamente determinato (*SVF* 2.915-920).

Questo modo d'intendere il fato è coerente con l'idea stoica di Natura, considerata come principio causale universale, che conferisce coesione e armonia all'intero cosmo (*SVF* 2.1132 = D. L. 7.148: φύσιν δὲ ποτὲ μὲν ἀποφαίνονται τὴν συνέχουσαν τὸν κόσμον, ποτὲ δὲ τὴν φύουσαν τὰ ἐπὶ γῆς. Cfr. *SVF* 2.912 e 937). All'interno di questo sistema unificato e compatto "*il caso non esiste*" (Pohlenz, 1967, vol. I, p. 203), poiché nell'organismo della natura rigidamente strutturato esso è solo un nome che l'uomo assegna alla causa che gli resta imperscrutabile (*SVF* 2.965 = Aët. *Plac.* 1.29.7: αἰτία ἄδηλος ἀνθρωπίνῳ λογισμῷ). Ne consegue che χρεών accenna ad una necessità cogente, coerente con il fato (κατὰ τὴν εἱμαρμένην), e inquadrata in una rappresentazione deterministica degli eventi del cosmo e del singolo individuo.

Nelle parole di Licino questo concetto sembra subire un'evidente alterazione parodica: spogliato della sua astrattezza, il caso viene rappresentato nei termini di un'entità fisica, che potrebbe agire con una certa arbitrarietà, vanificando tutti gli sforzi compiuti da Ermotimo (οὐκ εἰδότα εἴ σε **πλησίον ἤδη τοῦ ἄκρου** γενόμενον τὸ χρεὼν ἐπιστὰν κατασπάσει λαβόμενον τοῦ ποδὸς ἐξ ἀτελοῦς τῆς ἐλπίδος). Sulle personificazioni in Luciano vedi Bompaire, 1980 e il quadro d'insieme tracciato da Dolcetti, 1997. Licino, così, sembra insinuare nel concetto di χρεών un'idea di casualità irrazionale imponderabile, che è un valore più affine alla τύχη piuttosto che al fato (in *Cont.* 18 la sorte (τύχη) dei potenti è detta ἀβέβαιος e ἀμφίβολος, in quanto suscettibile di improvvisi rivolgimenti). Si capisce, dunque, perché Ermotimo, in coerenza con la dottrina stoica studiata, rifiuti nettamente questa ipotesi, definendo blasfeme le parole del suo interlocutore (ἄπαγε. δύσφημα γὰρ ταῦτα, ὦ Λυκῖνε).

Nella fase avanzata del dialogo, però, Ermotimo assegna esplicitamente a Licino un'azione molto affine a quella del χρεών: quando ormai l'aspirante stoico è vicino alla realizzazione della sua speranza, Licino sopraggiunge riducendolo in una situazione aporetica senza alcuna possibilità di fuga (§ 50: οὐκ ἐπ' ἀγαθῷ ἐξεληλυθέναι τήμερον ἐκ τῆς οἰκίας καὶ ἐξελθὼν ἐντετυχηκέναι σοι, ὅς με **πλησίον ἤδη τῆς ἐλπίδος** ὄντα εἰς ἀπορίας φέρων ἐμβέβληκας ἀδύνατον ἀποφαίνων τῆς ἀληθείας τὴν εὕρεσιν ἐτῶν γε τοσούτων δεομένην). Similmente, in *Nav.* 13 Adimanto accusa Licino di essergli venuto addosso, affondando la nave vagheggiata nei suoi desideri (ἔτι δέ μοι τὰ κατὰ τὴν ναῦν εὐθετίζοντι καὶ ἐς λιμένα πόρρωθεν ἀποβλέποντι **ἐπιστάς**, ὦ Λυκῖνε, ... **ἀνέτρεψας** εὖ φερόμενον τὸ σκάφος οὐρίῳ τῆς εὐχῆς πνεύματι). Si tratta della funzione antidogmatica svolta coerentemente da Licino negli omonimi "dialoghi di Licino". Su questo gruppo di opere vedi *supra*, p. 173.

ἄπαγε. δύσφημα γὰρ ταῦτα, ὦ Λυκῖνε: l'interiezione ἄπαγε ricorre con una certa frequenza in Luciano (*Gall.* 26: ἄπαγε, δεινὰ ταῦτα φῄς; *Iupp. trag.* 14: ἄπαγε, ἱκανὰ καὶ πρὸς ἡμᾶς πεπαρῴδηταί σοι; *Symp.* 3, 13; *Prom. es* 7; *Merc. cond.* 14; *Cat.* 20, 21). Su questo vedi Coenen, 1977, p. 65 e Hafner, 2017, pp. 204-205. Si tratta di una parola molto diffusa in commedia (Arist. *Eq.* 1151 e *Pax* 1053; Men.

Dysc. 920), traslitterata perfino nei drammi comici romani (cfr. Plaut. *Amph.* 310 e *Capt.* 209).

La blasfemia rimproverata a Licino è tanto più significativa alla luce della censura che colpì l'opera di Luciano, testimoniata nella nota biografica della *Suda* (λ 683: Λουκιανός, Σαμοσατεύς, ὁ ἐπικληθεὶς βλάσφημος ἢ δύσφημος, ἢ ἄθεος κτλ.), fino alla messa all'indice del *De Morte Peregrini*, avvenuta nel 1664 a causa del ritratto irriverente dei Cristiani presente in quest'opera (*Peregr.* 11-13). Vedi Mattioli, 1980, p. 20 e Clay, 1992, p. 3408.

καὶ ἱκανή σοι ἀντὶ τῶν τοσούτων καμάτων ἡ μία ἡμέρα; ... ἀκαριαῖον ὁπόσον ἱκανόν: in Plut. *De Stoic. rep.* 26.1046D-E si discute delle opinioni contraddittorie espresse da Crisippo a proposito della felicità. Da un lato egli sembra propendere per una valutazione della felicità a prescindere dalla sua durata temporale, mentre dall'altro si schiera a favore di una felicità istantanea. Un dibattito affine è riportato anche in Cic. *De fin.* 3.45-46. Cfr. Tackaberry, 1930, p. 21, n. 86. L'instabilità della fortuna e la precarietà dei beni materiali è un tema molto caro a Luciano, che insiste ripetutamente sul possesso solo apparente e precario delle ricchezze. Cfr. il § 78, ove Licino sottolinea la notevole sproporzione tra le grandi fatiche compiute per raggiungere il bene agognato e la limitata disponibilità temporale per poterne godere (ἐς πόσον ἔτι τὸν λοιπὸν χρόνον ἀπολαύσεις αὐτοῦ γέρων ἤδη καὶ παντὸς ἡδέος ἔξωρος ὤν;). Si noti che in *Nav.* 26 Licino fa notare ad Adimanto che non è certo il tempo in cui potrà beneficiare delle sue ricchezze, poiché un demone avverso potrebbe privarlo di tutto ancor prima che abbia cominciato a trarne vantaggio (ἐθέλεις καταριθμήσομαί σοι τοὺς μὲν αὐτίκα πρὶν ἀπολαῦσαι τοῦ πλούτου ἀποθανόντας, ἐνίους δὲ καὶ ζῶντας ἀποστερηθέντας ὧν εἶχον ὑπό τινος βασκάνου πρὸς τὰ τοιαῦτα δαίμονος;). Vedi Husson, 1970, vol. II, p. 65. Cfr. anche *Gall.* 23; *Nec.* 16 e *Tim.* 23. Sulla diffusione di questo tema in ambito diatribico vedi almeno Hor. *Carm.* 1.34.12-16 e *Sat.* 2.2.129-132. Un'analisi dettagliata è in Oltramare, 1926, pp. 47-48 (soprattutto i seguenti temi: 12: "*la possession de ce qu' on peut perdre ne donne pas le bonheur et n'est par conséquent pas un bien*"; 12a: "*les dons de la fortune sont des prêts sans valeur*"; 12b: "*tous les dons de la fortune sont indifférentes*" e 20a: "*la richesse n'est qu'un prêt de la Fortune*").

Licino, dunque, immaginando che i suoi studi possano interrompersi improvvisamente con il sopraggiungere repentino della morte, mette in dubbio i convincimenti del suo interlocutore, che dà per certa la corrispondenza proporzionata tra le fatiche dello studio e i profitti futuri garantiti da una solida educazione. La risposta di Ermotimo, che si dichiara soddisfatto di godere anche solo per poco della felicità desiderata, è alquanto paradossale soprattutto perché è dettata dall'assenza di argomenti adeguati per replicare opportunamente a

Licino. Su questo passo vedi Gibson, 2012, pp. 92-97, il quale concentra la sua attenzione sulla via degli studi retorici descritta in *Rhetorum Praeceptor*.

In questo passo, come anche al § 77, ricorre la forma βιώσῃ, che è quella impiegata solitamente da Luciano per la seconda persona media del futuro indicativo. Si tratta dell'antica forma attica, in seguito sostituita dalla terminazione -ει, che Luciano mantiene solo per βούλει (§§ 4, 9, 21, *passim*), οἴει (§§ 10, 17, 25, *passim*) e ὄψει (§§ 13, 70, 82, 86). Il ritorno all'uso dell'antica terminazione è ravvisabile anche in altri autori atticisti come Eliano e Filostrato. A tal proposito si veda l'analisi dettagliata in Deferrari, 1916, pp. 17-19.

Critica testuale

§ 4) μετὰ τὰ μυστήρια τὰ ἄλλα ἢ Παναθήναια ... ἐς τὴν ἑξῆς ὀλυμπιάδα; il richiamo a queste festività consente di ambientare il dialogo ad Atene, nonostante il nome della città non sia citato esplicitamente (su questo vedi Hall, 1981, p. 33 e Nesselrath, 2009², p. 131, che considera Atene come il luogo più appropriato ad incorniciare un dialogo filosofico in cui sia presupposto il confronto fra tutte le correnti filosofiche del tempo). L'espressione "μετὰ τὰ μυστήρια τὰ ἄλλα" tramandata dai codici fa riferimento probabilmente ai piccoli misteri eleusini, che avevano luogo ogni due anni nel mese di Antesterione (ottavo mese nel calendario attico, all'incirca febbraio-marzo), mentre i grandi venivano celebrati con cadenza quadriennale nel mese di Boedromione (terzo mese nel calendario attico, all'incirca settembre-ottobre). Macleod, sulla scorta di Bekker, accoglie la congettura di Struve "μετὰ τὰ μυστήρια τὰ μεγάλα", ritenendo plausibile il riferimento ai grandi misteri eleusini. La lezione manoscritta, invece, opportunamente difesa da Fritzsche, nell'alludere ai piccoli misteri, individua un arco temporale di breve durata, che risulta maggiormente appropriato all'argomentazione di Licino, il quale immagina il suo interlocutore ormai prossimo al termine del lungo cammino (§ 2).

Le Panatenee, invece, costituivano la festività religiosa più importante per la città di Atene: celebrate in onore di Atena Poliade, culminavano il ventottesimo giorno del mese di Ecatombeone (all'incirca luglio, primo mese nel calendario attico), considerato il giorno di nascita della dea, al cui tempio veniva recato in processione un prezioso peplo. Anche le Panatenee si distinguevano in piccole e grandi: le prime si tenevano ogni anno, mentre le altre avevano frequenza quadriennale, benché entrambe si svolgessero nel medesimo periodo. Poiché Licino accenna all'anno successivo senza alcuna enfasi (εἰς νέωτα), è probabile che egli intenda le piccole Panatenee, cioè quelle celebrate a cadenza annuale. Licino, dunque, farebbe riferimento a due festività ricorrenti ad intervalli temporali ristretti, provocando la reazione del suo interlocutore (ὀλίγον φῄς, ὦ Λυκῖνε), che reclama l'opportunità di un termine cronologico più dilazionato (segnato dalla prossima Olimpiade) e maggiormente appropriato al conseguimento della virtù. Tuttavia, l'aspirante stoico ritiene anche questo periodo troppo breve per portare a compimento il suo cammino, inducendo Licino a proporre, non senza ironia, come scadenza l'Olimpiade ancora successiva.

Il calcolo degli anni in base alle Olimpiadi è presente anche in *Rhet. praec.* 9, nel contesto della descrizione della via lunga degli studi retorici (ὃ δὲ πάντων ἀνιαρότατον, ὅτι σοι καὶ τὸν χρόνον πάμπολυν ὑπογράψει τῆς ὁδοιπορίας, ἔτη πολλά, οὐ κατὰ ἡμέρας καὶ τριακάδας, ἀλλὰ κατὰ ὀλυμπιάδας ὅλας ἀριθμῶν). Anche in questo caso si tratta di un calcolo temporale iperbolico, che intende mettere alla berlina la consistenza degli studi retorici tradizionali. Vedi Zweimüller, 2008, pp. 245-246. Il computo cronologico per Olimpiadi è fondato sul regolare succedersi quadriennale della massima festività panellenica, il cui impiego è testimoniato in numerosi autori della prima età imperiale. Cfr. Bowie, 1970, pp. 3-41. Questo sistema di periodizzazione è fatto risalire ad Eratostene, benché fosse usato anche precedentemente da Ippi di Regio, Tucidide e Filisto, fino a trovare definita sistematizzazione nell'opera storiografica di Timeo (per maggiori dettagli vedi Moretti, 1987). A questo proposito vedi lo Schol. *ad loc.*, Rabe, pp. 175-178, che fornisce un ampio ragguaglio sull'origine e sul funzionamento di questa precisa scansione temporale.

§ 5) προσβάλλωσιν: l'uso del congiuntivo presente (L), a differenza di quello aoristo, attestato nel resto della tradizione, e accolto da Macleod, rimarca il carattere iterativo dell'azione descritta, risultando più idoneo alla rappresentazione della situazione immaginata da Ermotimo. L'aspirante stoico, infatti, sostiene che la conquista del monte della virtù comporti uno sforzo protratto nel tempo (οὐδ' ἔστι τὸ πρᾶγμα τοιοῦτον οἷον σὺ εἰκάζεις, ὡς ὀλίγῳ χρόνῳ κατεργασθῆναι καὶ ἁλῶναι), scandito da innumerevoli tentativi, destinati a fallire anche nel caso in cui ci fossero molti Alessandro a intraprendere l'assalto. La presenza del periodo ipotetico dell'eventualità (οὐδ' ἂν μυρίοι Ἀλέξανδροι προσβάλλωσιν) marca sintatticamente la situazione immaginata come *exemplum fictum*. Nonostante l'arrivo di numerosi Alessandro sia una circostanza assolutamente irreale, essa è presentata nei termini di un'ipotesi del tutto plausibile. Di conseguenza, se nemmeno molteplici Alessandro immaginati insieme riuscissero a scalare in poco tempo il monte verso il quale Ermotimo è diretto, tanto più ridotti apparirebbero i margini di successo per il pretendente stoico. Al § 35 Ermotimo impiega il medesimo procedimento sintattico, adottando il secondo periodo ipotetico per raffigurare una circostanza del tutto irreale, ma utile a corroborare il suo discorso. Dopo aver sostenuto ripetutamente che la somma di due più due non può che essere quattro, Ermotimo conclude dicendo che "quattro non potrebbe mai diventare cinque, anche se lo dicessero molti Platone o Pitagora" (οὐκ ἄν ποτε τὰ τέτταρα πέντε γένοιτο, κἂν μυρίοι Πλάτωνες ἢ Πυθαγόραι λέγωσιν). L'esempio fittizio addotto in questo caso adempie la stessa funzione di quello di Alessandro, poiché la sua totale inverosimiglianza conferma il ragionamento di Ermotimo, cui Licino non può replicare se non cambiando argomento.

χαμαιπετεῖς παντάπασιν: questo passo risulta essere particolarmente controverso. Mentre la tradizione manoscritta più antica (ΓEL) riporta il testo: χαμαὶ πάντα παθεῖν, che appare sintatticamente slegato dal contesto, i *recentiores*, invece, attestano la lezione: χαμαιπετεῖς παντάπασιν, stampata da Reitz, seguito a sua volta da Jacobitz e Bekker. Le congetture proposte sono notevolmente differenti tra loro. Se da un lato Gesner ha suggerito χαμαὶ πατεῖς, traducendo "*humi conculcas*", "*humi deprimis*", Macleod dall'altro approva la lezione dei *recentiores* nella versione corretta da Mras: χαμαὶ παντάπασιν πατεῖν. Più complessa, invece, è la soluzione di Fritzsche, che accetta la lezione dei *recentiores* limitatamente a χαμαιπετεῖς, espungendo, invece, παντάπασιν. Egli crede che in una fase alta della tradizione ci sia stato uno slittamento da χαμαιπετεῖς a χαμαιπατεῖς e che l'espressione πάντα παθεῖν, attestata dai manoscritti più antichi, e intesa come πάντα πατεῖς, sia stata spostata in una sede differente rispetto a quella originaria, probabilmente a completamento della frase successiva: ὑψηλὰ γὰρ ἤδη φρονεῖς καὶ ἄνωθεν πάντα πατεῖς. Nonostante sia molto interessante intendere πάντα πατεῖς in unione con ἄνωθεν ("calpesti tutte le cose dall'alto"), la spiegazione appare alquanto artificiosa e non pienamente convincente.

La lezione dei *recentiores* risulta, dunque, quella maggiormente persuasiva per almeno due ragioni: da un lato preserva l'ordine sintattico del periodo, nel quale gli aggettivi χαμαιπετεῖς ed ἡλίκους, retti dal verbo ἀποφαίνεις, qualificano il pronome ἡμᾶς. Dall'altro, invece, l'aggettivo χαμαιπετής è attestato in altri *loci* lucianei (*Somn.* 13; *Lex.* 13; *Hist. conscr.* 16 e, in forma avverbiale, in *Icar.* 10), il che rende plausibile la sua presenza anche in questo passo, dove denota efficacemente la vista dall'alto del futuro filosofo.

§§ 7-8) Licino focalizza la discussione sull'entità della felicità che l'aspirante stoico si aspetta di trovare sulla cima del monte della virtù e che giustificherebbe tutto il suo impegno in vista del raggiungimento di questo obiettivo. Dalla discussione emerge che Ermotimo non aspira a ricchezze o ad onori, così come insinua maliziosamente Licino, bensì ad una vita virtuosa, contrassegnata da elevate qualità intellettuali (saggezza, coraggio, conoscenza, etc.) e dalla soppressione di quasi tutti i bisogni materiali. A questo proposito, Ermotimo adduce come esempio la figura di Eracle che, dandosi la morte sul monte Eta, è riuscito a scindere la sua parte mortale da quella divina, così da poter salvaguardare le peculiarità e le prerogative della sua natura immortale. Licino non perde l'occasione per vanificare la portata delle parole del suo interlocutore, contrapponendo all'eroe mitico il caso concreto del suo maestro stoico. Questi, infatti, nonostante abbia presumibilmente portato a termine il lungo percorso di studi, mostra ancora un comportamento vizioso, il che inficia il suo preteso valore esemplare, nonché l'efficacia dell'insegnamento sullo stesso Ermotimo.

§ 7) τῷ διδασκάλῳ πιστεύω λέγοντι: Ermotimo dà per certa l'acquisizione dell'εὐδαιμονία alla fine del percorso di studi intrapreso, poiché confida *in toto* nelle promesse del suo maestro, immaginato ormai al tanto ambito traguardo. Nelle parole dell'aspirante stoico trova eco il principio pitagorico dell'*ipse dixit* (Cic. *De nat. deor.* 1.10; Quint. 11.1.27; Clem. Alex. *Strom.* 2.24.3), in virtù del quale egli adegua la sua opinione a quella del maestro, senza opporgli nessun rilievo critico. Licino, però, critica aspramente l'*auctoritas* cui si appella Ermotimo, mettendo in luce i difetti morali del maestro stoico (§§ 8-12), e facendolo apparire così incoerente e poco credibile. In ambito accademico contro questo principio è messa in campo una batteria di argomenti, modulati secondo le esigenze delle singole circostanze. Cfr. Cic. *De nat. deor.* 1.10 ("*qui autem requirunt quid quaque de re ipsi sentiamus, curiosius id faciunt quam necesse est; non enim tam auctoritas in disputando quam rationis momenta quaerenda sint*"); *Ac. pr.* 2.9 ("*quod dicunt omnia se credere ei quem iudicent fuisse sapientem, probarem, si id ipsum rudes et indocti iudicare potuissent*"); *Tusc. disp.* 5.83 e Sen. *Ep.* 33.4 (contro l'autorevolezza dei *dicta* di Epicuro). Altri passi sono raccolti in Pease, 1955, pp. 148-150.

Anche in Gal. *De ord. libr. suor.* 1 Boudon-Millot il prestigio dei maestri è considerato un criterio insufficiente per selezionare una scuola medica o filosofica, i cui contenuti possono essere vagliati solo grazie ad un'analisi metodica e dettagliata (θαυμάζουσι γοῦν ἄλλος ἄλλον ἰατρῶν τε καὶ φιλοσόφων οὔτε τὰ αὐτῶν μεμαθηκότες οὔτ' ἐπιστήμην ἀσκήσαντες ἀποδεικτικήν, ᾗ διακρῖναι δυνήσονται τοὺς ψευδεῖς λόγους τῶν ἀληθῶν, ἀλλ' ἔνιοι μὲν ὅτι πατέρας ἔσχον … ἔνιοι δ' ὅτι διδασκάλους … ἢ διότι κατὰ τὴν πόλιν αὐτῶν ἐθαυμάσθη τις ἀπὸ τῆσδε τῆς αἱρέσεως).

La stima incondizionata nutrita per il maestro stoico è espressa in termini di πίστις, che qualifica l'azione di Ermotimo come un atto di piena e arbitraria fiducia nel suo precettore (su questo verbo vedi fr. 19 Parm. D 4 L.-M.; Hdt. 1.24.2; Plat. *Rep.* 5.450d; Aesch. *Pers.* 800, etc.). Un siffatto procedimento è nettamente contrapposto a quello dell'ἀπόδειξις, che impone all'insegnante o al suo discepolo di arrecare delle prove valide a sostegno della dottrina prescelta (Ar. *Rhet.* 1.1.1355a3-8; 1.2.1357b; etc.). Una buona parte della confutazione di Licino sarà incentrata proprio su questo argomento, di fronte al quale Ermotimo apparirà incapace di dare sufficiente giustificazione alla sua scelta (vedi *infra*, § 71). Licino, d'altro canto, non insisterà tanto sulla debolezza retorico-argomentativa delle parole di Ermotimo, quanto sul modello educativo adottato dal maestro stoico, che sembra aver impostato una forma di διδαχή "trasmettitiva", secondo la quale l'allievo riceve, con un'attitudine generalmente passiva, il sapere instillato dal maestro. Si tratta della nozione di insegnamento propria dei sofisti, i quali rivendicavano il possesso di una serie di competenze e l'abilità di trasferirle ai propri allievi, non senza ottenerne una certa remunerazione (cfr. *Men*. 93b; *Euthyd*. 273b; *Soph*. 224a-d; *Prot*. 313c e *Rep*. 7.518b-c). Su questo argomento vedi Erler, 1991, pp. 123-149; Hallich, 2013, pp. 106-108 e Montano, 2014, p. 198. Si noti che al § 32 Ermotimo accenna nuovamente alla maniera dogmatica di insegnamento impiegata dal maestro stoico, che provvede ad esporre e a confutare le dottrine altrui, evitando qualsiasi confronto dialettico (ὁ γὰρ διδάσκαλος κἀκεῖνα μεταξὺ διέξεισι πρὸς ἡμᾶς καὶ ἀνατρέπει γε αὐτὰ προσθεὶς αὐτός). Al § 81 è descritto questo stesso metodo didattico che, pur essendo fondato sul passaggio del sapere dal maestro al discepolo, non comporta nessuna perdita o danno in chi insegna, facendo apparire così del tutto ingiustificata la richiesta di qualsiasi compenso (καίτοι ἃ μὲν ἡμῖν πέπρακας, ἔχεις ἔτι καὶ αὐτὸς καὶ οὐδὲν ἔλαττον γέγονέ σοι τῶν μαθημάτων). Cfr. *infra*, pp. 552 ss. Al contrario, Licino si fa portavoce di una modalità di insegnamento di stampo platonico-socratico, in cui è previsto un ruolo attivo e cooperativo del discente nel processo di apprendimento (Plat. *Men*. 82b-85e e 97d-98a). Vedi le considerazioni di Hankinson, 1991, pp. 108-109 (che mette in luce la rilevanza di questo genere di insegnamento in Galeno) e Ferrari, 2016[1], pp. 53-67. Cfr. il § 13, quando Licino, all'inizio del dibattito, chiede ad Ermotimo se gli sia concesso porre delle domande in qualità di discente (δίδοτε ἀντιλέγειν τοῖς μανθάνουσιν;). Tuttavia, nel corso della conversazione, Licino, oltre ad assumere la parte del maestro, rinuncerà ad uno scambio dialettico costruttivo con il suo interlocutore, perseguendo esclusivamente l'obiettivo di una confutazione definitiva dei convincimenti dogmatici dell'aspirante stoico. Sulla figura di Licino vedi *supra*, pp. 172-174.

ποῖα τὰ περὶ αὐτῶν ἢ τίνα τὴν εὐδαιμονίαν εἶναι τὴν ἐκεῖ; dopo la dichiarazione di Ermotimo, per il quale sarebbe appagante giovarsi anche di un solo momento di felicità a fronte di numerosi anni di fatiche (§ 6), Licino sposta la sua indagine sulla natura di questa felicità e sui beni che essa comporta (§§ 7-8). Sul tema dell'εὐδαιμονία come *Leitmotiv* del dialogo vedi *infra*, pp. 351-352 e 470-471. A proposito del τέλος eudaimonistico, che è un tratto comune a tutte le filosofie ellenistiche, vedi Goulet-Cazé, 1986, pp. 141-191 e Long, 1999, pp. 617-738.

In questa fase del dialogo è riprodotto fedelmente l'interrogativo socratico del τί ἐστιν, che solitamente rappresenta il segnale d'avvio della procedura dell'ἔλεγχος (cfr. *Gorg.* 462b; *Prot.* 360e; *Rep.* 1.336a; etc.). Queste domande possono essere introdotte sia dai pronomi interrogativi τίς, τί, che dagli aggettivi ποῖος, πόσος o dagli avverbi πῶς, πῇ. Si tratta della cosiddetta "*primary question*", con cui Socrate sottolinea l'esigenza prioritaria di conoscere la natura dell'oggetto in discussione, preliminare al dibattito corretto sulle sue proprietà. Socrate, così, oltre a delimitare l'argomento principale del dialogo, ne verifica la piena padronanza da parte di chi viene interrogato, avviando gradualmente la sua strategia confutativa (cfr Ar. *Met.* 12.4.1078b17-23). Su questa peculiarità della dialettica socratica vedi Robinson, 1953, pp. 49 ss.; Santas, 1979, pp. 77 ss.; Vlastos, 1983, pp. 27-54 e 71-74; Stemmer, 1992 e Giannantoni, 2005, pp. 313 ss.

Nel nostro dialogo, invece, Licino, subito dopo aver posto la domanda essenziale sulla felicità (vedi anche la domanda successiva: τίνα φησὶ τἀγαθά), si affretta a citare alcune alternative riguardanti il contenuto della risposta (ἤ που τινὰ πλοῦτον καὶ δόξαν καὶ ἡδονάς), in una maniera affine alle "domande disgiuntive" poste solitamente da Socrate nel corso della discussione con i suoi interlocutori (vedi almeno *Prot.* 359c e *Charm.* 159e: Socrate invita i suoi *partner* nella discussione a prendere una scelta tra una serie ben definita di oggetti). Tuttavia, mentre Socrate dispone l'alternativa tra un numero di possibilità nettamente distinte (ἤ ... ἤ: su questo argomento vedi il quadro riassuntivo in Longo, 2000, pp. 5-25), Licino elenca una serie di elementi che insistono su un'idea materialistica della felicità, suscitando la reazione contrariata di Ermotimo, il quale si astiene dal pronunciare qualsiasi preferenza (οὐδὲν γάρ ἐστι ταῦτα πρὸς τὸν ἐν τῇ ἀρετῇ βίον). Con la suddetta lista di presunti beni, però, Licino preannuncia i contenuti della critica mossa subito dopo al maestro di Ermotimo, che sembra aver perseguito un'idea di felicità eminentemente utilitaristica, di gran lunga differente da quella ascetica promossa dalla scuola stoica. Vedi *infra*, p. 237.

Si tratta di un momento cruciale per la determinazione dei ruoli tra i due interlocutori, giacché Licino assume abilmente la parte di chi pone le domande, mentre Ermotimo è indotto a fornire risposte specifiche. Questa situazione acquisirà dei tratti ancor più paradossali nel corso della discussione, soprattutto nel momento in cui Licino riconoscerà Ermotimo come suo maestro (vedi il § 13), costringendolo, però, a seguire gli snodi del suo disegno argomentativo.

ἤ που τινὰ πλοῦτον καὶ δόξαν καὶ ἡδονὰς ἀνυπερβλήτους ... τίνα φησὶ τἀγαθά; l'uso della parola ἀγαθά rimanda palesemente alla dottrina stoica, che contemplava tra i suoi beni solo quanto fosse congenere o in qualche modo appropriato alla virtù (*SVF* 1.190; 3.70, 75, 110 e 658; 3.Diog.39; etc.). Intorno a questo concetto si era accesa un'ampia discussione che, a partire da Zenone, aveva visto attenuarsi la rigida impostazione cinica ereditata dalla scuola stoica. La morale cinica contemplava due stili di vita polarizzati, l'uno virtuoso e l'altro vizioso, escludendo qualsiasi possibilità di progressione intermedia e configurando un τρόπος βίου estremamente intransigente e difficilmente praticabile (vedi Goulet-Cazé, 1986, pp. 53 ss.). Al contrario, Zenone aveva identificato una classe a metà strada tra beni e mali, che raccogliesse i cosiddetti ἀδιάφορα, ovvero tutto quanto fosse indifferente rispetto al conseguimento della felicità (SVF 1.191-196; 3.117-123). All'interno di questa categoria venivano ulteriormente distinti elementi preferibili (προηγμένα) e non preferibili (ἀποπροηγμένα), secondo criteri successivamente recepiti e approfonditi da Crisippo (SVF 1.192; 3.129). Questa teoria aveva portato gli Stoici ad elaborare una serie di sottigliezze e ragionamenti capziosi, soprattutto in risposta ad Aristone di Chio, il quale si era espresso a favore di una dottrina rigoristica, fedele alle origini ciniche (SVF 3.127. Cfr. Ioppolo, 1980, pp. 152-154 e Inwood - Donini, 1999, pp. 695-697). Per Aristone, infatti, i beni intermedi tra virtù e vizio erano assolutamente irrilevanti nel processo di formazione morale ma necessari per soddisfare le esigenze ordinarie. Vedi SVF 1.361-362 (= Cic. Ac. pr. 2.130: "probavit [scil. Ariston] ... nihil esse bonum nisi virtutem"). Crisippo, al contrario, definiva "*pazzi quelli che non danno alcuna importanza*" a queste cose (es. ricchezza, mancanza di dolore e soprattutto la salute), perché in tal modo finirebbero per mettere in pericolo la vita stessa (SVF 3.138). Cfr. Ioppolo, 1980, p. 160.

La ricchezza, la gloria e i piaceri apparivano frequentemente nelle discussioni stoiche sugli indifferenti e, in maniera più specifica, sui cosiddetti preferibili (cfr. SVF 1.190 e 3.117). Altre testimonianze, invece, classificano solo la ricchezza e la gloria tra i preferibili (SVF 3.119, 122, 127 e 129), mentre i piaceri in taluni casi rientrano tra gli indifferenti (SVF 1.190 e 195; 3.70 e 181), restando esclusi sia dai preferibili (SVF 3.155) sia dai non preferibili (SVF 3.136), così da esercitare delle influenze negative sulla virtù (SVF 3.21 e 156).

La presenza di questo *background* filosofico stoico nelle parole di Licino trova conferma in altri passi dell'opera di Luciano. In Nec. 4 si fa cenno alle diatribe sulla natura della ricchezza (ἄλλος καταφρονεῖν χρημάτων παρεκελεύετο καὶ ἀδιάφορον οἴεσθαι τὴν κτῆσιν αὐτῶν· ὁ δέ τις ἔμπαλιν ἀγαθὸν εἶναι καὶ τὸν πλοῦτον ἀπεφαίνετο), in termini affini alle controversie riportate in Symp. 36 (ἀπόκριναί μοι οὖν, ὦ Ζηνόθεμι, ἢ σὺ ἢ ὁ κοσμιώτατος Δίφιλος, καθ' ὅ τι ἀδιάφορον εἶναι λέγοντες τῶν χρημάτων τὴν κτῆσιν οὐδὲν ἀλλ' ἢ τοῦτο ἐξ ἁπάντων σκοπεῖτε ὡς πλείω κτήσεσθε καὶ διὰ τοῦτο ἀμφὶ τοὺς πλουσίους ἀεὶ ἔχετε καὶ δανείζετε καὶ τοκογλυφεῖτε καὶ ἐπὶ μισθῷ παιδεύετε) e Pisc. 35 (τὸ δὲ πάντων αἴσχιστον, ὅτι μηδενὸς δεῖσθαι λέγων ἕκαστος αὐτῶν, ἀλλὰ μόνον πλούσιον εἶναι τὸν σοφὸν κεκραγώς μικρὸν ὕστερον προσελθὼν αἰτεῖ καὶ ἀγανακτεῖ μὴ λαβών ... ὅταν μὲν οὖν λαβεῖν αὐτοὺς δέῃ, πολὺς ὁ περὶ τοῦ κοινωνικὸν εἶναι δεῖν λόγος καὶ ὡς ἀδιάφορον ὁ πλοῦτος καί, Τί γὰρ τὸ χρυσίον ἢ τἀργύριον, οὐδὲν τῶν ἐν τοῖς αἰγιαλοῖς ψήφων διαφέρον;).

In generale, sulla teoria degli indifferenti, vedi anche *Vit. auct.* 21 (ὅσα δὲ οὐκ ἐφ' ἡμῖν, ἀδιάφορα εἶναι συμβέβηκεν); *Symp.* 31 (ἀδιάφορα γάρ ὁ Χρύσιππος τὰ τοιαῦτα ἡγεῖτο εἶναι), 47 e *Bis acc.* 22. Su questo argomento vedi Solitario, 2017.

τέλος τῆς ἀσκήσεως: la parola ἄσκησις è centrale nella predicazione cinica (*SSR* VB 291 = D. L. 6.70-71), da cui lo Stoicismo la eredita, preservandone il medesimo contenuto morale. L'ascesi cinica era caratterizzata da esercizi fisici estremamente faticosi, che gli Stoici integrano solo parzialmente nel proprio stile di vita. Zenone, per esempio, sembra aver vissuto nella massima sobrietà, mostrando molta resistenza e accontentandosi del minimo (*SVF* 1.5). Similmente, Cleante e Crisippo vengono detti φιλόπονοι (*SVF* 1.463 e 611), poiché inclini ad una condotta austera ed essenziale, secondo il modello cinico originario. Tuttavia, accanto a questa forma di ἄσκησις fisica, nello Stoicismo prende progressivamente piede una forma di esercizio intellettivo, contrassegnata da un percorso di studi lungo e faticoso. In virtù di questo doppio ordine di esercizi, è evidente che "*les Stoïciens ont réussi à combiner l'intellectualisme socratique et l'idée d'askèsis*" (Goulet-Cazé, 1986, p. 169). A tal proposito è utile anche Hadot, 2005, pp. 87 ss.

Durante l'età imperiale le due forme di ascesi sembrano preservare la medesima rilevanza, benché si assista ad un incremento graduale della dimensione intellettualistica. Cfr. Sen. *Ep.* 15.5 ("*quidquid facies, cito redi a corpore ad animum; illum noctibus ac diebus exerce ... id bonum cura quod vetustate fit melius*"); *Ep.* 90.46 ("*virtus non contingit animo nisi instituto et edocto et ad summum adsidua exercitatione perducto*"); *Ep.* 95.8 (la filosofia è detta *ars vitae*) e 108.15. Cfr. *SVF* 2.35 (= Aet. *Plac.* I, *Prooem.* 2), in cui la filosofia è detta ἄσκησις ἐπιτηδείου τέχνης.

Musonio, invece, dedica un'intera diatriba a questo tema (*Diatr.* 6. Hense), rilevando l'opportunità di una doppia ascesi, sia fisica che spirituale. In quest'ultimo caso, egli reputa necessario che, all'acquisizione di conoscenze teoriche, ne segua un'applicazione concreta, in modo che esse incidano concretamente sul singolo discepolo. Su questo vedi anche Epict. *Diss.* 2.9.13 (παραγγέλλουσιν οἱ φιλόσοφοι μὴ ἀρκεῖσθαι μόνῳ τῷ μαθεῖν, ἀλλὰ καὶ μελέτην προσλαμβάνειν, εἶτα ἄσκησιν) e *Diss.* 4.12 (che tratta della προσοχή e della sua attuazione). Cfr. Goulet-Cazé, 1986, pp. 188-189 e Long, 2002, pp. 97-100.

Ermotimo è impegnato in una forma di ascesi segnatamente intellettuale, che si esplica in uno studio intensivo e nella partecipazione costante alle lezioni tenute dal suo maestro (§§ 1-2), senza contemplare nessun genere di allenamento fisico. L'attività teorica degli Stoici e, in modo particolare, il complesso della loro dottrina logica, costituisce spesso il bersaglio della satira filosofica di Luciano (cfr. *Vit. auct.* 21-25 e *infra*, pp. 326-327 e 555-556). L'impronta esclusivamente speculativa dell'ascesi di Ermotimo si presta, infatti, più facilmente all'attacco di Licino, che ne mette in evidenza non solo la vacuità dottrinale, ma anche l'inconsistenza sul piano della prassi morale. Sull'attitudine di Luciano verso lo Stoicismo vedi Dolcetti, 1996, pp. 70 ss.

σοφίαν καὶ ἀνδρείαν καὶ τὸ καλὸν αὐτὸ καὶ τὸ δίκαιον καὶ τὸ πάντα ἐπίστασθαι βεβαίως πεπεισμένον ᾗ ἕκαστα ἔχει: la replica di Ermotimo è articolata con una tale elaborazione concettuale e chiarezza elocutiva, che sembra voler dissipare qualsiasi dubbio e dare più solido fondamento alla sua scelta in favore della scuola stoica.

La lista dei beni previsti in cima al monte segue l'ordine delle parti della virtù stabilito da Platone (*Prot.* 349b: σοφία καὶ σωφροσύνη καὶ ἀνδρεία καὶ δικαιοσύνη καὶ ὁσιότης), con l'integrazione di elementi di matrice stoica. Il *background* di questa enunciazione consiste nell'accesa discussione che vide contrapporsi Zenone, Aristone e Crisippo intorno alla definizione dell'ἀρετή. Zenone era stato promotore dell'unicità della virtù, individuata nel principio della φρόνησις (*SVF* 1.199 = Cic. *Ac. post.* 1.38: "hic [scil. Zeno] omnes in ratione ponebat". Cfr. *SVF* 1.200), cui già Platone aveva riconosciuto una posizione di rilievo (*Phaed.* 69a-b). Vedi anche *SVF* 3.28 e 58. Questo concetto denota una forma di sapere non esclusivamente teorica, bensì pratica, implicando non tanto la conoscenza astratta del bene, quanto il suo concreto esercizio. Aristone, invece, pur proseguendo sulle orme del maestro, cambiò la denominazione di φρόνησις in σοφία, al fine di delineare la virtù suprema come scienza dei beni e dei mali (*SVF* 2.35-36) e facendone un imprescindibile strumento dell'*ars vivendi*. La presenza di σοφία nelle parole di Ermotimo non può essere considerata come la prova di un'influenza diretta del pensiero di Aristone sulle conoscenze stoiche di Luciano. Piuttosto, la σοφία designa la necessità di una conoscenza di ordine morale (pur necessaria nel contesto della scuola stoica: vedi Vimercati, 2011, pp. 577 ss.), che rimarca il carattere teorico della formazione in cui appare coinvolto l'aspirante stoico del dialogo. In termini più generici, sul catalogo delle virtù stoiche vedi Jedan, 2009, pp. 81-90.

Tra i beni elencati da Ermotimo è opportuno rilevare la sostituzione della σωφροσύνη platonica con τὸ καλὸν αὐτό, che costituisce un concetto ricorrente nell'etica stoica, spesso identificato con l'unico vero ἀγαθόν (vedi *SVF* 3.30 = D. L. 7.101: λέγουσι δὲ μόνον τὸ καλὸν ἀγαθὸν εἶναι. Cfr. *SVF* 1.188 e 557 e l'intera sezione *SVF* 3.29-37). Non è verosimile immaginare che in questa sede τὸ καλόν sostituisca fortuitamente la σωφροσύνη platonica, del resto ignorata anche per una seconda volta nel corso del dialogo (vedi il § 9, ove sono elencate le caratteristiche del saggio ideale: σοφούς ... καὶ ἀνδρείους καὶ δικαίους καὶ τὰ ἄλλα).

Sul καλόν vedi la formulazione analoga al § 36 (ὁπόταν ὑμεῖς μὲν μόνον τὸ καλὸν ἀγαθὸν ἡγῆσθε εἶναι). Cfr. *Nigr.* 27 (ἡ πρὸς τὸ καλὸν ὁρμή); *Symp.* 23 (ἐγὼ δὲ ὡς ἂν μόνον τὸ καλὸν ἀγαθὸν ἡγούμενος εἶναι οἴσω ῥᾳδίως τὴν ἀτιμίαν); *Pisc.* 34 (μόνον τὸ καλὸν ἀγαθὸν οἴεσθαι), a dimostrazione della contezza, non del tutto superficiale, del pensiero stoico da parte di Luciano.

La presenza di ipotesti stoici nelle parole di Ermotimo affiora in maniera ancora più perspicua nell'introduzione dell'ultima virtù: una conoscenza stabile ed intimamente persuasa sulla realtà di ciascuna cosa (τὸ πάντα ἐπίστασθαι βεβαίως πεπεισμένον ᾗ ἕκαστα ἔχει). Questa espressione richiama alcune tra le definizioni predisposte nella scuola stoica per descrivere una forma di conoscenza infallibile, detta perciò scienza (*SVF* 1.68 = D. L. 7.47: αὐτήν τε τὴν ἐπιστήμην φασὶν ἢ κατάληψιν ἀσφαλῆ ἢ ἕξιν ἐν φαντασιῶν προσδέξει ἀμετάπτωτον ὑπὸ λόγου; *SVF* 2.117 = Cic. *Ac. pr.* 2.23: "*scientiam dicimus, quam nos non comprehensionem modo rerum, sed eam stabilem quoque et immutabilem esse censemus*"; 3.112 = Stob. 2.7.5, p. 73 Wachsmuth: εἶναι δὲ τὴν ἐπιστήμην κατάληψιν ἀσφαλῆ καὶ ἀμετάπτωτον ὑπὸ λόγου). Cfr. *SVF* 1.374 (si parla di una ἐπιστήμη ἀγαθῶν καὶ κακῶν); 2.90 e 93; 3.256. Questa forma di conoscenza, però, è considerata dominio esclusivo del sapiente, il quale oltre all'αἴσθησις dispone di rappresentazioni confermate dalla ragione (il λόγος), che gli consentono di comprendere compiutamente l'oggetto percepito (vedi *SVF* 1.66, in cui è riportato il celebre esempio della mano esposto da Zenone, e *SVF* 2.53; 90 e 294). Sulla gnoseologia stoica vedi Pohlenz, 1967, pp. 97-117 (ma in modo particolare pp. 110-113) e Frede, 1999, pp. 300-316.

Similmente, Ermotimo assegna questo genere di ἐπιστήμη a chi porti a compimento l'intero percorso di studi filosofici e sia perciò divenuto sapiente, oltre che perfettamente virtuoso. Ulteriori riferimenti alla dottrina stoica della conoscenza, e, più precisamente, alla cosiddetta φαντασία καταληπτική, sono rintracciabili in *Symp.* 23 (οὔπω γὰρ δύνασαι διακρίνειν τὸ βέλτιον οὐδὲ τὴν καταληπτικὴν φαντασίαν ἔχεις) e *Vit. auct.* 21 (οὐ γὰρ εἶ συνήθης τοῖς ἡμετέροις ὀνόμασιν οὐδὲ τὴν καταληπτικὴν φαντασίαν ἔχεις), dove è sottoposta ad un'efficace operazione parodica. A tal proposito si veda Dolcetti, 1996, p. 75 e Schlapbach, 2010, pp. 6-7.

In *Vit. auct.* 20 Ermes, nell'atto di introdurre Crisippo sulla scena dell'asta, presenta i beni stoici seguendo un ordine affine a quello osservato nel nostro dialogo: μόνος οὗτος σοφός, μόνος καλός, μόνος δίκαιος ἀνδρεῖος βασιλεὺς ῥήτωρ πλούσιος νομοθέτης καὶ τὰ ἄλλα ὁπόσα ἐστίν. Il filosofo stoico appare σοφός, καλός, δίκαιος e ἀνδρεῖος, in maniera del tutto coincidente alle virtù elencate da Ermotimo. Non si tratta di una corrispondenza casuale poiché in entrambi i casi la filosofia stoica costituisce l'oggetto della rispettiva rappresentazione parodica. Questa formula appare anche ai §§ 16 (vedi *infra*, pp. 262-263) e 81, in riferimento al discepolo stoico (ὁ ταύτην ἰὼν τὴν ὁδὸν [*scil*. τῶν Στωϊκῶν] μόνος βασιλεύς, μόνος πλούσιος, μόνος σοφὸς καὶ συνόλως ἅπαντα). Cfr. *Dial. mort.* 20.8. Sulla formula stoica originaria, invece, vedi le testimonianze raccolte in *SVF* 3.589-603. Cfr. anche Hor. *Sat.* 2.3.45. Altri cataloghi di virtù nell'opera di Luciano sono raccolti in Betz, 1961, pp. 206-211.

πλούτους δὲ καὶ δόξας καὶ ἡδονὰς καὶ ὅσα τοῦ σώματος ταῦτα πάντα κάτω ἀφῆκεν καὶ ἀποδυσάμενος ἀνέρχεται ... ἀνελθόντες ἐπὶ τὸ ἄκρον εὐδαιμονοῦσι πλούτου καὶ δόξης καὶ ἡδονῶν ἀλλ' οὐδὲ μεμνημένοι ἔτι, καταγελῶντες δὲ τῶν οἰομένων ταῦτα εἶναί <τι>: il catalogo dei beni stilato qui da Ermotimo riproduce i contenuti dell'*opinio communis*, contrapponendosi a quello delle virtù morali enunciato poco prima. In *Iupp. conf.* 1 Cinisco esordisce il suo dialogo con Zeus segnalando i beni solitamente richiesti dai mortali (ἐγὼ δέ, ὦ Ζεῦ, τὰ μὲν τοιαῦτα οὐκ ἐνοχλήσω σε πλοῦτον ἢ χρυσὸν ἢ βασιλείαν αἰτῶν, ἅπερ εὐκταιότατα τοῖς πολλοῖς), mentre in *Icar.* 4 Menippo, dall'alto della sua prospettiva, mette a fuoco l'instabilità di tutte le presunte ricchezze (ἐπειδὴ τάχιστα ἐξετάζων τὰ κατὰ τὸν βίον γελοῖα καὶ ταπεινὰ καὶ ἀβέβαια τὰ ἀνθρώπινα πάντα εὕρισκον, πλούτους λέγω καὶ ἀρχὰς καὶ δυναστείας, καταφρονήσας αὐτῶν ... ἀνακύπτειν τε καὶ πρὸς τὸ πᾶν ἀποβλέπειν ἐπειρώμην). Cfr. *Cat.* 13 (Micillo deride l'angoscia di Megapente per le fortune lasciate sulla terra); *Alex.* 14 (il popolo chiede soprattutto tesori e ricchezze) e *Saturn.* 1 (il sacerdote domanda a Crono quali siano i beni generalmente richiesti dagli uomini: ἐρῶ γὰρ τὰ κοινὰ ... πλοῦτον καὶ χρυσὸν πολύν).

Il desiderio dei beni materiali fa presa anche sugli aspiranti filosofi e sui sedicenti tali. In *Symp.* 36 e *Pisc.* 34, per esempio, i filosofi insegnano a disdegnare le ricchezze pur rivelandosi profondamente assoggettati ad esse. In *Pisc.* 46, invece, l'oro, la fama e il piacere costituiscono l'esca per attirare i falsi filosofi, distinguendoli dai veri amici della filosofia. Vedi anche *Vit. auct.* 9, *Par.* 52 e *Tim.* 56. Al contrario, il filosofo autentico condanna tutti i beni umani, esercitando con il suo esempio degli effetti benefici su quanti lo seguono (in *Nigr.* 4 Luciano riproduce le parole di biasimo di Nigrino verso i νομιζόμενα ἀγαθά, ovvero πλοῦτος, δόξα, χρυσός, ma anche βασιλεία, τιμή e πορφύρα, descrivendo le reazioni conseguenti all'ascolto delle parole del filosofo). Vedi Clay, 1994, p. 3412. In maniera esemplare, il filosofo Demonatte, pur essendo nato in una delle famiglie più ricche di Cipro, tenne in spregio tutti i suoi possedimenti per dedicarsi integralmente alla filosofia con uno stile di vita puro e irreprensibile (*Demon.* 3: ὑπερεῖδεν μὲν τῶν ἀνθρωπείων ἀγαθῶν ἁπάντων; 4 e 8).

Il rifiuto di qualsiasi bene materiale è la cifra caratterizzante del *modus vivendi* cinico (*SSR* VA 135 e VH 83), che, propugnando una rigorosa indipendenza da ogni sorta di proprietà personale (VB 228 e 361, in cui l'avidità di guadagni è detta la "metropoli di tutti i mali"), richiamava piuttosto l'attenzione sulle qualità dell'anima (VA 80-83). Sull'ideale di vita ispirato al principio dell'εὐτέλεια vedi Dudley, 1937, pp. 42-53; Goulet-Cazé, 1986, pp. 19 ss.; Giannantoni, 1990, vol. IV, pp. 393-395, con l'annessa raccolta di numerose testimonianze, e Long, 1996[2], pp. 28-46.

La morale diatribica, ereditando la riflessione cinica (vedi almeno Crates *SSR* VH 70 = *SH* 351 = D. L. 6.85), assegna un valore positivo alla povertà, definita *laeta paupertas* (Sen. *Ep.* 2.6), e messa al centro di un manifesto programmatico variamente recepito (cfr. *Tim.* 36 e *Gall.* 22: ἡ βελτίστη Πενία). Si veda Dio Chrys. *Orr.* 47.5; 53.9; 54.2; 55.8; Plut. *De virt. et vit.* 4.101D; Max. *Orr.* 33 e 36; Epict. *Diss.* 3.26.1-3 e 36-38; *Ench.* 12 e 33. Una panoramica dettagliata dei passi è in Oltramare, 1926, pp. 44-45. La povertà, infatti, favorisce uno stile di vita svincolato dall'apprensione per i beni materiali, indirizzando le fatiche del singolo individuo verso l'acquisizione della vera felicità (su questo tema vedi Meyer, 1915, pp. 77-82; Vischer, 1965; Desmond, 2006, pp. 105 ss. e Solitario, 2015, pp. 18-21).

In *Gall.* 12-15 le ricchezze materiali sono distinte da quelle morali, le uniche ad avere maggiore stabilità e a conferire pieno appagamento a chi se le guadagni (cfr. *ivi* 29-33). Invece, in *Icar.* 4 tutti i beni materiali rappresentano un ostacolo al raggiungimento dei veri beni (ἀσχολία τῶν ἀληθῶς σπουδαίων), mentre in *Tim.* 36 Timone rinuncia alle ricchezze, prevedendo i danni che potrebbero arrecargli. Su questo passo vedi Tomassi, 2011[1], pp. 404-405.

Di conseguenza, quando Ermotimo rifiuta questi beni, dichiarando con estrema concisione la loro estraneità alle prerogative di una vita virtuosa (οὐδὲν γάρ ἐστι ταῦτα πρὸς τὸν ἐν τῇ ἀρετῇ βίον), provvede a rimarcare la distanza dal volgo profano (sulla distinzione tra il filosofo stoico e gli ἰδιῶται vedi *supra*, pp. 185-187), rivelando così un'impostazione alquanto rigida del percorso morale intrapreso. Tuttavia, prima ancora di ascrivere ad Ermotimo una posizione filosofica affine ad Aristone (vedi *supra*, p. 216), è opportuno considerare il suo atteggiamento notevolmente inflessibile nell'economia complessiva dell'opera. Il momento dello scacco definitivo della posizione di Ermotimo (cfr. i §§ 71 ss.), infatti, risulterà tanto più significativo quanto più severo sarà apparso il suo aspetto all'inizio del dialogo, aumentando di conseguenza la carica comico-parodica della parabola dell'aspirante stoico.

La condanna della ricerca dell'ἡδονή ritorna al § 9, nella nota di biasimo indirizzata da Licino verso il carattere ipocrita dei filosofi, i quali esortano a disprezzare i piaceri (compresa la gloria e le ricchezze), salvo poi adottare una condotta esattamente contraria. In *Merc. cond.* 7-8 sono descritti tutti i sacrifici che gli uomini sono pronti a compiere nella speranza di ottenere qualche futile piacere, mentre in *Nigr.* 16 il filosofo Nigrino riconduce tutti i comportamenti viziosi degli abitanti di Roma alla ricerca smodata di ogni piacere immediato. Vedi anche *Symp.* 13, 36; *Icar.* 30; *Nec.* 5 e *Tim.* 36, 54, a conferma della predilezione di Luciano per questo soggetto. Il rifiuto dei piaceri è un tema ricorrente nella diatriba cinico-stoica (Tel. fr. 2.11.7-8 Fuentes-González). Su questo argomento vedi Fuentes-González, 1998, pp. 221 ss. Cfr. Dio Chrys. *Or.* 8.24-26; Epict. *Diss.* 1.24; 2.11.19-25; 3.7.5-9., etc. (il piacere epicureo è respinto con toni polemici), ed *Ench.* 10, 34 e 41 (a proposito della preferenza di un compiacimento spirituale); Max. Orr. 30-32, che prende una ferma posizione contro l'appagamento smanioso di ogni genere di piacere, dimostrando, però, che la ricerca stessa della virtù sia improntata sulla volontà di ricavarne una forma di godimento spirituale. Tuttavia, a differenza dei Cinici, che disdegnavano il piacere, preferendovi uno stile di vita segnato dal πόνος (*SSR* VA 122 = D. L. 6.3 = ἔλεγέ τε [*scil.* Antisthenes] συνεχές, "μανείην μᾶλλον ἢ ἡσθείην" e *SSR* VB 291 = D. L. 6.71: καὶ γὰρ αὐτῆς τῆς ἡδονῆς ἡ καταφρόνησις ἡδυτάτη προμελετηθεῖσα, καὶ ὥσπερ οἱ συνεθισθέντες ἡδέως ζῆν, ἀηδῶς ἐπὶ τοὐναντίον μετίασιν, οὕτως οἱ τοὐναντίον ἀσκηθέντες ἥδιον αὐτῶν τῶν ἡδονῶν καταφρονοῦσι), gli Stoici sembrano aver assunto una posizione più moderata, approvando quel sentimento di soddisfazione prodotto da una condotta virtuosa (*SVF* 1.553; 3.178, 230, etc.). Cfr. Dobbin, 1998, pp. 201-202. Sul piacere vedi *infra*, p. 263.

La δόξα, infine, è uno dei vizi che Luciano rimprovera ripetutamente ai falsi filosofi: in *Peregr.* 1 l'ἔρως τῆς δόξης sembra aver spinto Peregrino a compiere il suicidio plateale in occasione delle Olimpiadi (cfr. *ivi* 42). Allo stesso modo, in *Pisc.* 31 e 46 l'amore per la gloria costituisce il segno identificativo dei falsi filosofi, mentre in *Nec.* 5 e *Par.* 52 filosofi e retori appaiono interessati esclusivamente alla gloria personale. Cfr. Nesselrath, 1985, pp. 462-464. Vedi anche *Nigr.* 4; *Icar.* 4 e *Demon.* 3. Sull'uso del termine δόξα e sulle varie sfumature che esso assume nel *corpus* lucianeo vedi Raina, 2008.

La lotta contro la φιλοδοξία porta il marchio filosofico cinico: nel ripudiare la ricchezza, la vanagloria e i piaceri, infatti, Diogene ha preso posizione contro tutte le convenzioni e i pregiudizi comuni, esercitando con il suo τρόπος βίου una notevole influenza su altre correnti filosofiche. Vedi le fonti raccolte in *SSR* VB 266-269 e 353. Questa caratteristica dell'identità cinica è confluita nella predicazione diatribica, come è testimoniato da Tel. fr. 2.11.8-9 Fuentes-González (vedi Fuentes-González, 1998, pp. 221 ss.), Epict. *Diss.* 4.6.20 e Dio Chrys. *Or.* 4.116-132, per il quale vedi Contri, 2017, pp. 175-198, e da numerosi passi delle epistole pseudodiogeniane. In generale, su questo tema, vedi Oltramare, 1926, p. 46, n. 15: «*la gloire n'est pas un bien*»; Höistad, 1948, pp. 52, 61, 128, 173, 199-201 e Goulet-Cazé, 1986, pp. 31-52. Sul suo sviluppo nella filosofia successiva vedi il quadro d'insieme in Decleva Caizzi, 1980, pp. 53-66 e Giannantoni, 1990, vol. IV, pp. 516-517.

L'abbandono dei beni apparenti è convertito in termini visibilmente evidenti nell'immagine della deposizione delle vesti, che è un motivo topico della satira lucianea (cfr. il § 23: οὐ γὰρ δέος μή σέ τις ἀποκλείσῃ καὶ γυμνὸν ἐκεῖσε ἥκοντα). Vedi Nesselrath, 1985, pp. 402 ss. e Tomassi, 2011[1], pp. 357-358. Questo gesto riesce ad esprimere in maniera efficace il senso del messaggio morale implicito in questo passo, cui concorrono anche le numerose similitudini introdotte nel corso del dialogo. Su questo argomento vedi *supra*, pp. 61-72.

ὥσπερ φασὶ τὸν Ἡρακλέα ἐν τῇ Οἴτῃ κατακαυθέντα θεὸν γενέσθαι ... οὗτοι δὴ ὑπὸ φιλοσοφίας ὥσπερ ὑπό τινος πυρὸς ἅπαντα ταῦτα περιαιρεθέντες ἃ τοῖς ἄλλοις θαυμαστὰ εἶναι δοκεῖ οὐκ ὀρθῶς δοξάζουσιν: l'esempio di Eracle addotto da Ermotimo rientra coerentemente nel suo orizzonte culturale. Eracle, infatti, è il campione cinico-stoico per eccellenza, giacché l'impegno mostrato per superare le sue prove rappresenta concretamente l'attività di studio indefessa richiesta all'aspirante stoico per giungere alla fine del suo percorso morale. L'eroe mitico, del resto, impersona non solo la capacità di affrontare coraggiosamente i più disparati momenti di difficoltà, ma anche l'utilità degli sforzi necessari per riuscire a superarli. Vedi D. L. 6.2 (ὅτι ὁ πόνος ἀγαθὸν συνέστησε διὰ τοῦ μεγάλου Ἡρακλέους) e 291; Dio Chrys. *Or.* 1.59-84; Epict. *Diss.* 1.32-36; 2.16.44-45, etc. Sulla figura di Eracle nel contesto cinico-stoico si considerino almeno Dudley, 1937, pp. 33-34; Höistad, 1948, pp. 50-73; Goulet-Cazé, 1986, pp. 208-210 e Giannantoni, 1990, vol. IV, pp. 309-322, che tratta dei contenuti degli scritti antistenici dedicati ad Eracle e delle rispettive ripercussioni in autori di età imperiale.

Licino, infatti, avverte che il percorso ascetico dovrebbe favorire il discernimento delle fatiche utili, tali da rendere l'aspirante filosofo indipendente dalle proprie passioni (vedi il § 8) e dal timore degli improvvisi rivolgimenti della sorte (§ 6). In tal senso, egli allude in termini velati al concetto stoico di προκοπή, su cui vedi *infra*, pp. 538-539.

In questo passo, però, Ermotimo non considera nessuna delle memorabili gesta di Eracle, bensì l'atto estremo con cui egli si diede la morte. Secondo la tradizione, Eracle sposò Deianira, sorella di Meleagro, dopo aver sconfitto il suo maggiore pretendente, il dio-fiume Acheloo. Di ritorno dalla sua ultima fatica, Deianira scorse fra gli ostaggi al seguito di Eracle la fanciulla Iole, di cui l'eroe si era invaghito. Presa dalla gelosia, Deianira gli inviò un mantello intriso del sangue del centauro Nesso, che era stato precedentemente ucciso dal marito. Confidando la donna nell'incantesimo del centauro, che le aveva garantito il potere della veste di ridestare, in caso di necessità, il sentimento d'amore di Eracle, quest'ultimo, invece, indossandola, ne fu avvelenato e subì un'atroce tortura. Impotente e incapace di reagire, l'eroe allestì una pira sul monte Eta e si diede la morte (cfr. Soph. *Phil.* 728-729; Strab. 9.4.14 e Apoll. 2.7.14).

Ermotimo adatta opportunamente questo mito al piano argomentativo del dialogo: come Eracle, nelle fiamme del rogo (κατακαυθείς), ha sciolto qualsiasi legame con la sua parte mortale, chi intende pervenire alla virtù, attraverso lo studio della filosofia riuscirebbe a purificare il suo animo, acquisendo una corretta capacità di giudizio. Vedi Tackaberry, 1930, p. 21, n. 85, che sottolinea l'"*allegorizing spirit*" di questo passo. Al contrario, Schmidt, 1897, pp. 47-48 insiste in maniera alquanto vaga sul valore esemplare di Eracle nelle similitudini lucianee. Si noti che, in questo momento del dialogo, Ermotimo sembra attribuire alla filosofia una funzione catartica, riecheggiando una certa idea pitagorica, in realtà recepita ed elaborata anche da Platone (vedi *Phaed.* 67a-69c), e successivamente riproposta nell'accademia medioplatonica. La conoscenza, così, funge da strumento di purificazione, poiché consente all'anima di liberarsi dalle catene del corpo, ritornando allo stadio di purezza originaria, e dedicarsi così alla contemplazione disinteressata della verità. Sui tratti in comune tra medioplatonismo e neopitagorismo vedi Dörrie, 1963 e Whittaker, 1987, mentre un quadro generale più dettagliato è in Centrone, 2000; Bonazzi - Lévy - Steel, 2007 e Staab, 2009.

Tuttavia, in questo caso Ermotimo non fa cenno esplicito all'anima, alludendo ancora una volta all'esercizio ascetico, che ha come obiettivo l'estirpazione delle passioni, ovvero lo stato stoico dell'ἀπάθεια. Non è sufficiente, dunque, questo vago richiamo per comprovare un'interpretazione in senso pitagorico del profilo di Ermotimo (vedi von Möllendorff, 2000[1], pp. 170-172), considerando che l'aspirante stoico sembra attenersi al piano della similitudine con Eracle senza alludere ad ulteriori contenuti filosofici. In ogni caso, la presenza di elementi platonico-pitagorici nelle parole dello stoico Ermotimo rientra nella prassi filosofica dell'epoca, caratterizzata da un confronto serrato tra le varie scuole filosofiche, sfociando non tanto in risultati vanamente eclettici o sincretistici (vedi Donini, 1988, p. 33), quanto piuttosto in un'interazione dialettica, il che comporta la ripresa reciproca di concetti altrui, usati "*liberamente per scopi propri e completamente diversi*" (Chiaradonna, 2007, p. 241).

Un accenno analogo al suicidio di Eracle sul monte Eta è ravvisabile anche in *Vit. auct.* 8, in cui Diogene, sulla scorta del famoso eroe mitico, dichiara di voler combattere i piaceri e di purificare la vita umana dalle passioni (στρατεύομαι δὲ ὥσπερ **ἐκεῖνος** ἐπὶ τὰς ἡδονάς, οὐ κελευστός, ἀλλὰ ἑκούσιος, ἐκκαθᾶραι τὸν βίον προαιρούμενος). Vedi Beaupère, 1967, vol. II, p. 42. Sul rogo di Eracle sul monte Eta è importante King, 1971, pp. 215-222.

Cfr. Dio Chrys. *Orr.* 8.34-35 e 60.5-8, che considera il suicidio di Eracle come una pratica propriamente cinica, valida non tanto per procurarsi il successo personale, quanto per rimanere fedeli allo stile di vita prescelto (cfr. D. L. 6.18, 76, 95 e 100). In Epict. *Diss.* 3.22.57 e 26.31, invece, la sofferenza cui Eracle si è sottoposto volontariamente è intesa come segno della sua alta statura morale. Questo episodio è alla base di altre scene affini ritratte nel *corpus* lucianeo. Basti ricordare la descrizione del suicidio di Peregrino, che organizza e pubblicizza il suo rogo in occasione delle Olimpiadi con l'obiettivo di dare maggiore risonanza alla sua azione (*Fug.* 1-3 e 7 e *Adv. ind.* 14). Cfr. Höistad, 1948, p. 66, che intende il gesto di Peregrino come "*a false conception of Heracles*", e Spickermann, 2012. Vedi anche il tono ironico con cui Luciano presenta la vicenda di Empedocle, ritraendolo solitamente cosparso di fuliggine (cfr. *Peregr.* 1; *Fug.* 2; *Ver. Hist.* 2.21), poiché secondo la tradizione il filosofo presocratico, in maniera simile ad Eracle, si diede la morte lanciandosi nell'Etna. Cfr. Camerotto, 2014, p. 24, n. 19.

οὗτοι δὴ ὑπὸ φιλοσοφίας ὥσπερ ὑπό τινος πυρὸς ἅπαντα ταῦτα περιαιρεθέντες ... εὐδαιμονοῦσι πλούτου καὶ δόξης καὶ ἡδονῶν ἀλλ' οὐδὲ μεμνημένοι ἔτι, καταγελῶντες δὲ τῶν οἰομένων ταῦτα εἶναί <τι>: il guadagno di una prospettiva dall'alto, straniante rispetto all'oggetto osservato, è un procedimento consueto della satira lucianea. L'eroe satirico, infatti, dopo aver raggiunto un punto più elevato rispetto alla sua posizione iniziale, scruta le incongruenze dei comportamenti dei presunti filosofi, smascherando al contempo l'infondatezza delle convenzioni comuni (a tal proposito vedi almeno *Icar.* 15-16 e *Cont.* 13-15). Si tratta di un tema ereditato dalla tradizione menippea, su cui vedi l'analisi dettagliata in von Koppenfels, 2001, pp. 1-20 (pag. 3: "*die Menippea ist eine Schockperspektive auf irdische Dinge, die die Verrücktheit der vermeintlich normalen Welt enthüllt*"). Cfr. anche Camerotto, 2014, pp. 171-190. In realtà, questo motivo è già ben presente nel Cinismo antico, giacché Diogene si presenta come κατάσκοπος dei comportamenti dell'uomo (*SSR* VB 27). In età imperiale è accentuata la connessione tra κατάσκοπος ed ἐπίσκοπος in riferimento al filosofo cinico (in *SSR* VB 264-265 sono raccolte numerose testimonianze da Epitteto, Massimo di Tiro e Giuliano), che in realtà potrebbe avere un'origine socratica. Su questo tema vedi Norden, 1891, p. 378 n. 1 e Giannantoni, 1990, vol. IV, pp. 507-508.

Nel nostro dialogo, l'aspirante stoico confida di poter raggiungere alla fine del suo percorso formativo una posizione a tal punto elevata che gli uomini gli appariranno simili a delle formiche (§ 5) e le loro opinioni improprie ed errate (ἃ τοῖς ἄλλοις θαυμαστὰ εἶναι δοκεῖ οὐκ ὀρθῶς δοξάζουσιν), in modo da farne oggetto del suo implacabile scherno (§ 8). Vedi *supra*, pp. 200-202. Tuttavia, Luciano non presta il riso satirico ad Ermotimo che, nel corso della discussione, cadrà vittima della confutazione di Licino, così da rinunciare definitivamente al cammino intrapreso (§§ 83-84). Al contrario, sono le stramberie, soprattutto linguistiche, del discepolo stoico a diventare bersaglio del biasimo irrisorio di Licino (vedi i §§ 33: ἀναγελάω e 81: γελάω). Sul riso come motivo topico della satira lucianea vedi Rütten, 1997; Halliwell, 2008, pp. 429-471; Camerotto, 2014, p. 17 *passim*; Favreau-Linder, 2017, pp. 47-64 e Briand, 2017, pp. 65-77.

In definitiva, queste affermazioni di Ermotimo servono a delineare l'elevato orizzonte di aspettative da cui egli precipiterà nel corso del dialogo: l'efficacia della satira, infatti, è tanto più vigorosa quanto più evidente e marcato risulta il tracollo prodotto. A tal proposito, in Iuv. 10.105-107 è presa di mira la miopia dei mortali: quanto più pretenziosi saranno i loro desideri, tanto più alto sarà il precipizio da cui cadranno ("*numerosa parabat / excelsae turris tabulata, unde altior esset / casus et impulsae praeceps inmane ruinae*").

§ 8) νὴ τὸν Ἡρακλέα, ὦ Ἑρμότιμε, τὸν ἐν Οἴτῃ: Licino formula la sua esclamazione con esplicito riferimento all'episodio del rogo di Eracle sul monte Eta, cui Ermotimo ha fatto cenno poco prima. L'appello ad Eracle nel contesto di un'interiezione è molto frequente in Luciano (cfr. *Vit. auct.* 16; *Iupp. trag.* 13; *Imag.* 1, etc.), che ha ereditato tale espressione dalla commedia, in cui esterna il sentimento di sorpresa o di spavento da parte di chi parla (Arist. *Ach.* 94; *Ran.* 298; *Av.* 277; *Pax* 180. Vedi anche Antiphan. fr. 27.1 K.-A.). Cfr. Olson, 2002, pp. 102-103.

Altre formule affini con nomi di divinità sono al § 13 (νὴ τὸν Ἑρμῆν, ὦ Ἑρμότιμε) e al § 36 (πρὸς Χαρίτων). A questo proposito vedi Coenen, 1977, p. 62 e Ureña Bracero, 1995, p. 166.

ὃς ἂν ἀποτελεσθῇ πρὸς ἀρετήν, οὔτε ὀργῇ οὔτε φόβῳ οὔτ' ἐπιθυμίαις ὁ τοιοῦτος ἂν δουλεύοι οὐδὲ λυποῖτο οὐδὲ ὅλως πάθος ἔτι τοιοῦτον πάθοι ἄν: Ermotimo continua a tracciare il profilo del saggio stoico indugiando sui πάθη che potrebbero ostacolare la sua formazione. Si tratta dell'ira (ὀργή), della paura (φόβος), del dolore (λύπη) e dei desideri (ἐπιθυμίαι), tutti sentimenti annoverati nella discussione stoica sulle passioni (*SVF* 1.211; 3.378, 391, 397, 409, 414, 419) e respinti in quanto moralmente dannosi. Cfr. Sandbach, 1975, pp. 62-64. La lotta contro le passioni, centrale nella pratica di vita dei Cinici (in *Vit. auct.* 8 Diogene si definisce ἐλευθερωτὴς τῶν ἀνθρώπων καὶ ἰατρὸς τῶν παθῶν), fonda le radici nell'*exemplum vitae* di Socrate, che si era fatto patrocinatore di una libertà interiore da ogni forma di passione (D. L. 6.2, 30 e 36). Cfr. Döring, 1979, p. 37 *passim* e Goulet-Cazé, 1986, pp. 35 e 146-147. La riflessione stoica si inserisce in questa tradizione, delineando un σοφός moralmente perfetto, che si qualifica soprattutto per la capacità di rimanere indenne da qualsiasi sentimento intenso e violento. Su questo fondamentale argomento dell'etica stoica vedi l'intera sezione *SVF* 3.443-455 ("*affectus extirpandos esse, non temperandos*"), che delinea il profilo del saggio maturo, in grado di sottrarsi al giogo delle passioni (*SVF* 1.205; 3.389 e 465), rendendosi immune dalle loro influenze deleterie (*SVF* 3.448 = D. L. 7.117: φασὶ δὲ καὶ ἀπαθῆ εἶναι τὸν σοφόν, διὰ τὸ ἀνέμπτωτον εἶναι). Vedi le utili indicazioni in Rist, 1969, pp. 22-36 e Frede, 1986, pp. 93-110. Tuttavia, l'ἀπάθεια cui perviene il saggio stoico non implica uno stato di assoluta insensibilità, lasciando aperta la possibilità di sperimentare quei sentimenti che non confliggano con la ragione (si tratta delle cosiddette εὐπάθειαι: cfr. *SVF* 3.431-442). Su questo argomento si consideri anche Dobbin, 1998, pp. 91-92.

In generale, in *SVF* 3.355-356 la condizione di δουλεία cui le passioni riducono l'animo umano è rappresentata in termini di ἄγνοια ostacolante l'azione costruttiva del singolo individuo. Le passioni, infatti, generano un errore di calcolo, che induce all'aspettativa illusoria di un vantaggio o svantaggio personale: per esempio, il desiderio (ἐπιθυμία) è *opinio boni futuri* (*SVF* 3.385-387 e 391), mentre la paura è *opinio mali futuri* (*SVF* 3.385-387, 391, 393, 407 e 463), provocando spesso aspettative incoerenti con la situazione effettiva. Il dolore (λύπη), invece, è detto *opinio mali praesentis*, poiché ispira un atteggiamento di difesa nei confronti di un male considerato realmente temibile (*SVF* 1.212; 3.385, 391, 463 e 481). Nell'elenco tracciato nel nostro dialogo si nota l'assenza del piacere, presentato, invece, nelle fonti stoiche, come *opinio boni praesentis* (*SVF* 3.391 e 463), vale a dire attesa di un beneficio imminente. Le passioni stoiche, dunque, non sono semplici sentimenti, ma giudizi che determinano l'"*agent's disposition*" (Sorabji, 2000, pp. 29-36), producendo una reazione in vista di un obiettivo ben preciso. Cfr. la definizione efficace in *SVF* 3.380 (= Cic. *Tusc. disp.* 4.14: "*omnes perturbationes iudicio censent fieri et opinione*") e *SVF* 3.377-379 e 426. Vedi anche Epict. *Ench.* 2, che esorta ad effettuare un rigido discernimento tra i desideri, accondiscendendo solo a quelli che rientrano nelle possibilità dell'uomo. Su questo argomento vedi Brennan, 2005, pp. 90-113.

I πάθη, infatti, sono considerati generalmente come *morbi animi*, cui solo il saggio riesce a resistere senza farsi dominare (in *SVF* 1.216 e 3.567 è riportata la descrizione del saggio come ἀήττητος e ἀκαταγώνιστος, attribuita a Zenone e assegnata in termini analoghi a Crisippo). Su questo argomento vedi Goulet-Cazé, 1986, pp. 41-42.

Il saggio, dunque, è capace di dominare queste emozioni in virtù di un solido principio razionale, che gli permette di giudicare in maniera opportuna le differenti situazioni, prendendo le decisioni più appropriate. Vedi Schofield, 2003, pp. 233-256.

L'ὀργή, invece, nonostante non appartenga alle quattro forme basilari di passione, consiste nel desiderio smodato di vendetta per un'ingiustizia subita (*SVF* 3.395-398), influendo negativamente sulla condotta del sapiente (*SVF* 1.434 = Cic.

Tusc. disp. 3.18: "*numquam igitur sapiens irascitur. Nam si irascitur, etiam concupiscit; proprium est enim irati cupere, a quo laesus videatur, ei quam maxumum dolorem inurere*"). In *SVF* 3.459 (= Plut. *De virt. mor.* 7.446F), invece, è definita come δόξα καὶ κρίσις πονηρά. Si impone, perciò, la necessità di respingere questa passione, in presenza della quale ci sarebbe il rischio di incorrere in altri vizi (*SVF* 3.444).

Il *background* filosofico stoico di Ermotimo trova poco dopo un brusco rovescio parodico nelle parole di Licino, che descrive il comportamento riprovevole esibito dal maestro stoico (§§ 9-12), presentandolo in preda ad una cura morbosa per le sue ricchezze. Anche al § 76 Licino delinea brevemente il profilo del saggio stoico ideale (οἵῳ μήτε λυπεῖσθαι μήτε ὑφ' ἡδονῆς κατασπᾶσθαι μήτε ὀργίζεσθαι, φθόνου δὲ κρείττονι καὶ πλούτου καταφρονοῦντι καὶ συνόλως εὐδαίμονι, ὁποῖον χρὴ τὸν κανόνα εἶναι καὶ γνώμονα τοῦ κατὰ τὴν ἀρετὴν βίου). Vedi *infra*, pp. 533-536. Utili indicazioni sull'impiego parodico della dottrina etica stoica nella produzione di Luciano sono in Nesselrath, 1985, pp. 467-468; Dolcetti, 1996 e Solitario, 2017. Si noti, infine, che in *Demon*. 7 il carattere positivo della figura di Demonatte si evince anche dal mancato assoggettamento a qualsiasi genere di passione. Al contrario, in *Nigr.* 15 sono riportati numerosi esempi di individui corrotti, travolti dall'impeto delle proprie passioni.

La rilevanza del tema delle emozioni nella discussione filosofica contemporanea è ravvisabile non solo dai titoli di diversi opuscoli dei *Moralia* plutarchei (*De cohibenda ira*: 1.452F-16.464D; *Animine an corporis affectiones sint peiores*: 1.500B-4.502A; *De cupiditate divitiarum*: 1.523C-10.528B; *De invidia et odio*: 1.536E-8.538E), ma anche da Max. *Orr.* 6, 28; Epict. *Diss.* 1.4; *Ench.* 12, etc. In generale, sulla dottrina delle passioni vedi Goulet-Cazé, 1986, pp. 31-42; Brennan, 1998, pp. 39-57; Sorabji, 2000, pp. 1-28 e Long, 2006, pp. 383-389.

Il verbo ἀποτελεῖσθαι ricorre in Luciano per indicare il pieno compimento di un percorso formativo, non solo filosofico (*Bis acc.* 8: ἐπεὶ γὰρ αὐτοὺς μετέβαπτεν ἡ σοφία παραλαβοῦσα, ὁπόσοι μὲν εἰς κόρον ἔπιον τῆς βαφῆς, χρηστοὶ ἀκριβῶς ἀπετελέσθησαν ἀμιγεῖς ἑτέρων χρωμάτων), ma anche retorico (*Rhet. praec.* 4, 15 e 24). In *Alex.* 1, invece, è usato in senso esplicitamente ironico.

εἴ γέ με δεῖ μηδὲν ὀκνήσαντα εἰπεῖν τἀληθές: Luciano scrive variamente sia τἀληθές εἰπεῖν come in questo passo (§ 75; *Vit. auct.* 22; *Dial. deor.* 21.2; *Pro imag.* 12), che λέγειν ... τἀληθές (§§ 16 e 17) e τἀληθῆ λέγειν (§§ 35 e 56; *Iupp. conf.* 5; *Iupp. trag.* 22; *Alex.* 17; *Dial. mort.* 6.5); ἀληθῆ φησιν (§ 27) ἀληθῆ λέγει (§§ 35; 63; 73). Cfr. Coenen, 1977, p. 81.

La parola ἀλήθεια, invece, ricorre solo ai §§ 50, 51 (ἥτις μὲν ἡ ἀλήθειά ἐστιν) 68 (ἐλπὶς ἐπὶ τὴν ἀλήθειαν) e 75, a fronte di attestazioni molto più numerose dell'aggettivo sostantivato τἀληθές (vedi i §§ 14; 29; 30; 33; 35; 45; 49; 51; 53; 64;

65; 66; 67; 69; 75). Nonostante non sia possibile tracciare una linea di demarcazione precisa tra i due sostantivi, Luciano sembra utilizzare ἀλήθεια con maggiore enfasi, mentre l'aggettivo sostantivato assume un significato più generico e meno incisivo, soprattutto laddove entrambi ricorrano nella medesima battuta (§ 50: εἰρήσεται γὰρ τἀληθές e τῆς ἀληθείας τὴν εὕρεσιν; § 51: ἥτις μὲν ἡ ἀλήθειά ἐστιν e σὺ νῦν ἄχθῃ μοι τἀληθὲς ἐξευρόντι).

La medesima esitazione con cui Licino in questo passo suscita oculatamente la curiosità di Ermotimo ricorre anche in altri dialoghi lucianei (vedi *Par.* 1; *Nigr.* 10-12; *Symp.* 3; *Nec.* 2). Si tratta probabilmente di una strategia argomentativa ripresa da Platone (*Phaedr.* 228c; 233b; *Menex.* 236c), come osservano Bompaire, 1958, p. 312, n. 1 e Nesselrath, 1985, p. 257.

ὦ γενναῖε: la formula allocutiva γενναῖε è molto comune in Platone (*Gorg.* 494e; *Alc.* 1.135e; *Euthyd.* 285d, etc.) ed è anche ben documentata in Luciano. Vedi Nesselrath, 1985, p. 371 e, in termini più generici, Dickey, 1996, p. 279, che traccia una panoramica dettagliata sull'uso e sulla frequenza di questa forma nel *corpus* lucianeo. Mentre Ermotimo la utilizza con un senso di deferenza nei confronti di Licino, quest'ultimo vi aggiunge una certa connotazione ironica, rivelando il suo approccio non proprio benevolo verso l'aspirante stoico (cfr. i §§ 36, 78 e 84). In maniera affine, in *Pisc.* 7 e 23; *Par.* 31; *Salt.* 3, etc. questa parola contrassegna il tono sottilmente canzonatorio del discorso in cui occorre. Di gran lunga più frequente è l'allocuzione γενναιότατε, che Luciano utilizza con un intento prettamente derisorio, rovesciando il valore solenne del significato originario della parola.

Critica testuale

§ 7) ταῦτα εἶναί <τι>: questa è l'integrazione suggerita da Hermann al testo dei manoscritti (ταῦτα εἶναι), che sembra alquanto incompleto (cfr. Nesselrath, 1990[1], p. 504). Fritzsche, invece, emenda il passo alla luce del discorso generale di Ermotimo, il quale poco prima ha fatto riferimento a quanti non siano stati purificati dalla filosofia, subendo ancora la forza attrattiva dei beni materiali (ἃ τοῖς ἄλλοις θαυμαστὰ εἶναι δοκεῖ οὐκ ὀρθῶς δοξάζουσιν). La ripetizione dell'aggettivo θαυμαστά a conclusione dell'intervento di Ermotimo confermerebbe la linea di demarcazione tra sapiente e profani, mentre sul piano strettamente testuale determinerebbe una ripetizione alquanto posticcia. Inoltre, la perdita dell'aggettivo θαυμαστά è di gran lunga meno plausibile rispetto al pronome indefinito τι, che può essere stato semplicemente omesso dal copista.

§§ 9-13) In questa sezione del *Vorgespräch* trova spazio la descrizione del comportamento del precettore stoico, che si rivela incompatibile con la professione della sua dottrina filosofica, oltre che distante rispetto al modello di perfezione morale cui deve conformarsi il vero sapiente stoico.

La rappresentazione del maestro di Ermotimo è veicolata dal racconto di due aneddoti che, nel giro di poche parole, compendiano i tratti essenziali del presunto stoico, solo genericamente evocato ma non concretamente presente sulla scena. La scelta della narrazione breve corrisponde ad un gusto stilistico ampiamente diffuso in età imperiale. Si tratta del particolare apprezzamento per le χρεῖαι, racconti moralmente edificanti, nei quali un singolo personaggio esibisce il suo carattere per mezzo di un'azione o di una sentenza precise.

Gli aneddoti svolgono un ruolo essenziale all'interno della tradizione biografica antica (cfr. Plut. *Alex.* 1.2.665A πρᾶγμα βραχὺ πολλάκις καὶ ῥῆμα καὶ παιδιά τις ἔμφασιν ἤθους ἐποίησε μᾶλλον ἢ μάχαι μυριόνεκροι κτλ.) e, in modo specifico, in quella relativa ai filosofi. A tal proposito, è emblematico l'uso di questo modulo narrativo per la rappresentazione della figura di Socrate che, nei *Memorabilia* di Senofonte, è ritratto nel contesto di innumerevoli scene di vita o nell'atto di esprimere idee o giudizi ben definiti. Le fonti antiche al racconto di breve estensione, proprio delle χρεῖαι, associano la rappresentazione di più ampio respiro contenuta nei cosiddetti ἀπομνημονεύματα, benché entrambi intendano fornire il medesimo beneficio morale. Si vedano Th. *Progymn.* 3.96.18-106.2, pp. 18-30 e Ps.-Herm. *Progymn.* 3.1 (χρεία ἐστὶν ἀπομνημόνευμα λόγου τινὸς ἢ πράξεως ἢ συναμφοτέρου σύντομον ἔχον δήλωσιν, ὡς ἐπὶ τὸ πλεῖστον χρησίμου τινὸς ἕνεκα). Sulla diffusione di questo genere letterario in epoca imperiale sono indicative le raccolte di Favorino (frr. 39-58 Amato), ma anche le ampie sezioni confluite nell'opera di Plutarco (vedi Morgan, 2011, pp. 49-73) e di Filostrato (soprattutto le *Vitae*, sulle quali vedi Anderson, 1986, pp. 44-53), fino all'ampia collezione di Diogene Laerzio. In generale, sulla letteratura aneddotica vedi Köpke, 1857 e Kindstrand, 1986, pp. 214-243, che indaga nel dettaglio la terminologia presente nelle fonti, senza escludere le γνῶμαι, vale a dire le massime di saggezze evocate nei contesti più disparati (vedi Xen. *Mem.* 4.2.9, ove l'apprendimento di massime sapienziali rivela la virtù di chi le impara, mentre Ar. *Rhet.* 2.21.1395a11 ne condanna l'uso improprio e indiscriminato). Sull'utilizzo di questi moduli narrativi in ambito retorico, come esercizio preparatorio per i discenti, vedi Hock - O' Neil, 2002.

Luciano mostra di conoscere questa tradizione, riproducendola fedelmente nel *Demonax*, che si presenta come un elenco di brevi racconti, memorie e sentenze attribuite al filosofo di Cipro. Questa scelta stilistica corrisponde alla volontà dell'autore di presentare una figura positiva di filosofo, facendone un esempio immediatamente riconoscibile, oltre che realmente imitabile, da parte della generazione più giovane (*Demon*. 2). Su Demonatte vedi Fuentes-González, 2009, pp. 139-158; Beck, 2016, pp. 80-96 e Schlapbach, 2016, pp. 127-145. In generale, sugli aneddoti nell'opera di Luciano vedi Funk, 1907, pp. 559-674; Bompaire, 1958, pp. 463-464; Cancik, 1984, pp. 115-130; Clay, 1992, pp. 3425-3429 e Anderson, 2009.

I due racconti riportati in questa parte del dialogo, invece, mettono in rilievo comportamenti poco edificanti del maestro stoico, fungendo così da contro-χρεῖαι, ovvero proiettando un'ombra negativa su questa figura e, di conseguenza, sull'opportunità della scelta compiuta dallo stesso Ermotimo.

Licino, infatti, insiste sulla discrepanza tra le parole e le azioni del maestro stoico, che lo privano dell'attendibilità e dell'autorevolezza di cui gode un vero filosofo. La piena coerenza tra la dottrina professata e lo stile di vita osservato come marchio del vero filosofo risale alla figura di Socrate, ritratto come una sorta di παράδειγμα del sapiente autentico. L'atteggiamento tenuto nell'*Apologia*, nel *Crito* e nel *Phaedo*, infatti, dimostra che per Socrate la filosofia è una questione seria, poiché coinvolge in maniera integrale sia la vita del singolo individuo che quella della città cui egli appartiene. Vedi Quarch, 2001. In tal senso, Socrate si oppone all'idea allora comune di filosofia, considerata generalmente come un gioco bello e divertente per il tempo libero, ma incompatibile con la vita reale, soprattutto qualora avesse sollecitato delle scelte difficili e dai risvolti drammatici (a tal proposito vedi *Phaed*. 115b-117a e *Gorg*. 521a-522e). Su questo argomento si veda Trabattoni, 2011, pp. 258-265. Cfr. Xen. *Mem*. 4.3.18 (τοιαῦτα μὲν δὴ λέγων τε καὶ αὐτὸς ποιῶν κτλ.) e 4.4.25 (τοιαῦτα λέγων τε καὶ πράττων κτλ.). Vedi anche Cic. *Tusc. disp*. 5.47 in riferimento a Socrate, che era solito pensare: "*qualis cuiusque animi adfectus esset, talem esse hominem, qualis autem homo ipse esset, talem esse eius orationem. Orationi autem facta similia, factis vitam*". L'impronta prevalentemente etica della filosofia ellenistica ha imposto al singolo filosofo di fornire concreta testimonianza della bontà della propria dottrina, configurandola in uno stile di vita tale da garantire il raggiungimento dell'εὐδαιμονία (cfr. Mansfeld, 1994, pp. 177-191). Questo principio sembra avere una rilevanza considerevole in seno alla scuola stoica. A tal riguardo è particolarmente illuminante l'iscrizione presente su un monumento eretto in onore di Zenone ad Atene (*SVF* 1.8 = D. L. 7.10: παράδειγμα τὸν ἴδιον βίον ἐκθεὶς ἅπασιν ἀκόλουθον ὄντα τοῖς λόγοις οἷς διελέγετο), che insiste sull'essenziale correlazione tra insegnamento e vita (cfr. Sen. *Ep*. 6.6, in riferimento a Cleante).

In epoca imperiale questo parametro morale preserva la sua validità, spesso in risposta ai numerosi, presunti filosofi. Vedi almeno Dio Chrys. *Orr*. 70, 71 e 72 (cfr. Fornaro, 2009, pp. 163-182) ed Epict. *Diss*. 1.15.2; 2.9.22; 3.21-23; 4.8, che individua il compito del filosofo nell'esecuzione pratica delle sue parole. A questo stesso tema doveva rimandare Favorino nel *De philosophorum genere vivendi*, uno scritto di cui ci è noto solo il titolo (vedi fr. 26 Amato). Cfr. Max. *Orr.* 1.2-3; 7; 22 e 25.

Ne consegue che, qualora *doctrinae et facta* di un filosofo siano corrispondenti tra loro, l'intera filosofia appare pienamente credibile (cfr. Polyaen. fr. 44 Tepedino Guerra = Stob. 2.15.44, p. 192 Wachsmuth: τοῦτό τοι χρὴ καλεῖν δόγμα φιλοσόφου). In caso contrario, pur in presenza di una minima discrepanza, la rispettiva dottrina filosofica si rivelerebbe vana.

Per questa ragione Luciano, nel delineare figure di filosofi autentici, insiste sulla coerenza tra le parole pronunciate e le azioni compiute, il che ne fa delle figure esemplari. Cfr. *Demon.* 3 (διετέλεσεν [*scil.* Demonax] ... ὀρθῷ καὶ ὑγιεῖ καὶ ἀνεπιλήπτῳ βίῳ χρώμενος καὶ τοῖς ὁρῶσι καὶ ἀκούουσι παράδειγμα παρέχων τὴν ἑαυτοῦ γνώμην καὶ τὴν ἐν τῷ φιλοσοφεῖν ἀλήθειαν). Al contrario, quando l'autore prende di mira personaggi inattendibili, il vigore critico della sua caricatura colpisce la contraddizione ravvisabile nei rispettivi comportamenti (cfr. *Pisc.* 34; *Fug.* 12-21; *Peregr.* 43-45: dopo il racconto dell'eccezionale suicidio organizzato da Peregrino, vengono riportati due aneddoti, nei quali è smascherata l'ipocrisia del gesto in apparenza eroico appena compiuto. Vedi Gerlach, 2005, pp. 151-197). In termini analoghi, in *Nec.* 5 Menippo deplora la contraddizione irresolubile tra le idee professate dai filosofi e la loro condotta (πολλῷ δὲ τούτων ἐκεῖνο ἀλογώτερον· τοὺς γὰρ αὐτοὺς τούτους εὕρισκον ἐπιτηρῶν ἐναντιώτατα τοῖς αὑτῶν λόγοις ἐπιτηδεύοντας). Inoltre, in *Pisc.* 31 Parresiade sostiene che i falsi filosofi manifestano massima incoerenza tra le azioni compiute e l'abito che indossano (ὁρῶν δὲ πολλούς ... ἐπὶ δὲ τοῦ βίου καὶ τῶν πραγμάτων ἀντιφθεγγομένους τῷ σχήματι). Cfr. *Icar.* 30 (τήν τε πολυθρύλητον ἀρετὴν τραγῳδοῦσι [*scil.* philosophi] καὶ τὰς τῶν λόγων ἀπορίας ἐκδιδάσκουσι ... μόνοι δὲ καὶ καθ' ἑαυτοὺς γενόμενοι τί ἂν λέγοι τις ὅσα μὲν ἐσθίουσιν, ὅσα δὲ ἀφροδισιάζουσιν κτλ.;), mentre in *Fug.* 15 la Filosofia stessa tenta di chiarire il modo in cui si possano distinguere i veri dai sedicenti filosofi (ἢν μὲν τὰ ἔργα ζητῇς, οἱ λόγοι πολλοί, ἢν δὲ ἀπὸ τῶν λόγων κρίνειν ἐθέλῃς, τὸν βίον ἀξιοῦσι σκοπεῖν). L'opportunità della correlazione tra filosofia e vita è rappresentata in maniera evidente in *Symp.* 34, là dove, in seguito all'aspra contesa scoppiata tra i filosofi, lo studio delle dottrine filosofiche si rivela inutile e dannoso (οὐδὲν ὄφελος ἦν ἄρα ἐπίστασθαι τὰ μαθήματα, εἰ μή τις καὶ τὸν βίον ῥυθμίζοι πρὸς τὸ βέλτιον). Ne consegue che la conoscenza dei principi filosofici (τὰ μαθήματα), per risultare credibile ed affidabile, deve avere un'efficacia in senso etico (εἰ μή τις καὶ τὸν βίον ῥυθμίζοι πρὸς τὸ βέλτιον). Sulla rappresentazione ironica del comportamento contraddittorio del filosofo stoico vedi Hall, 1981, p. 180, la quale dà il giusto rilievo ad una tradizione letteraria consolidata, che fonda le sue radici nell'opera satirica di Timone di Fliunte (frr. 41, 65 e 66 Di Marco = *SH* 815, 839 e 840). Cfr. Decharneux, 2010, pp. 63-71 e Tomassi, 2011[1], p. 507. Non è inverosimile, dunque, pensare che Luciano abbia ripreso un motivo proprio della critica scettica o, più genericamente, antidogmatica, adattandola alle istanze del suo dialogo. Sui rapporti tra Luciano e Timone vedi Pratesi, 1985, pp. 46-57, che mette in evidenza i contenuti e gli elementi stilistici in comune tra i due autori.

Primo racconto (§§ 9-10): il primo racconto è introdotto da un'efficace *dissimulatio* di Licino, il quale atteggia un certo imbarazzo nel parlare del maestro di Ermotimo, temendo di incappare in un'azione sacrilega (§ 8: ἀλλ' εὐφημεῖν χρὴ οἶμαι μηδὲ ὅσιον εἶναι ἐξετάζειν τὰ ὑπὸ τῶν σοφῶν γιγνόμενα e ἔγωγε καὶ πάνυ ὀκνῶ; § 9: βούλει φῶ τίνα; ἢ ἱκανὸν καὶ ἄνευ τοῦ ὀνόματος;). Il successivo invito di Ermotimo a fare il nome della persona che Licino intende criticare (§ 9: τοῦτο εἰπὲ ὅστις ἦν) ricorda la situazione affine creatasi in *Deor. conc.* 3, quando Zeus sollecita Momo a parlare in maniera chiara, rendendo noti i destinatari del suo biasimo (μηδὲν αἰνιγματῶδες, ὦ Μῶμε, ἀλλὰ σαφῶς καὶ διαρρήδην λέγε, προστιθεὶς καὶ τοὔνομα). In questo passo sono distinguibili le tracce dell'influenza dell'ὀνομαστὶ κωμῳδεῖν proprio della commedia antica. Cfr. Camerotto, 2014, p. 237. Tuttavia, in entrambi i casi la richiesta dei nomi è avanzata da parte del bersaglio stesso della satira (Ermotimo e Zeus). In tal senso, il modulo comico non sarebbe stato ripreso in modo automatico, bensì conformemente alle esigenze satiriche dei testi lucianei, acuendone significativamente la portata parodica.

Il primo racconto di Licino raffigura il maestro stoico di Ermotimo come un intransigente precettore dietro compenso, che non risparmia violenza nei confronti di un discepolo moroso nel pagamento. Il prestito di denaro è un'attività tradizionalmente ascritta ai filosofi stoici, a partire dal fondatore Zenone, il quale giunto in Grecia con una cospicua quantità di ricchezze cominciò a concedere crediti, proprio come sembra fare anche il maestro di Ermotimo (vedi D. L. 7.13: φασὶ δ' αὐτὸν ὑπὲρ χίλια τάλαντα ἔχοντα ἐλθεῖν εἰς τὴν Ἑλλάδα καὶ ταῦτα δανείζειν ναυτικῶς). A questo proposito vedi Hall, 1981, pp. 188-189. Luciano descrive questa consuetudine in termini di usura poiché il filosofo stoico, oltre a richiedere interessi sul denaro dato in prestito (τοὺς τόκους), ne esige la restituzione entro i termini concordati (κατὰ καιρόν). Qualora queste condizioni non fossero rispettate, il saggio non esiterebbe a ricorrere a metodi aggressivi, fino a portare il suo debitore davanti ad un magistrato (ἀπήγαγε παρὰ τὸν ἄρχοντα). Si noti che nell'aneddoto pronunciato da Licino alla fine del dialogo, un altro maestro stoico appare irritato per il ritardo del suo discepolo nel rendergli il compenso dovuto (§ 80: ἀπαιτῶν γὰρ παρά τινος τῶν μαθητῶν τὸν μισθὸν ἠγανάκτει κτλ.), a conferma del carattere avido e aggressivo del presunto precettore stoico. Similmente, in *Icar*. 16 Agatocle stoico cita in giudizio il suo discepolo proprio a causa del mancato pagamento (ἑώρων ... τὸν Στωϊκὸν δὲ Ἀγαθοκλέα περὶ μισθοῦ τῷ μαθητῇ δικαζόμενον). Cfr. Iuv. 7.228-229. In *Vit. auct.* 23-24, invece, l'acquirente chiede a Crisippo in che modo possa conciliarsi l'attività di usura che egli esercita con la sua presunta perfezione morale (§ 23: τὸ δὲ Γνίφωνα εἶναι καὶ τοκογλύφον —καὶ γὰρ τάδε ὁρῶ σοι προσόντα— τί φῶμεν, ἀνδρὸς ἤδη πεπωκότος τὸν ἐλλέβορον καὶ τελείου πρὸς ἀρετήν;), ricevendone una risposta costruita come un solido sillogismo (μόνῳ γοῦν τὸ δανείζειν πρέποι ἂν τῷ σοφῷ· ἐπεὶ γὰρ ἴδιον αὐτοῦ συλλογίζεσθαι, τὸ δανείζειν γὰρ καὶ λογίζεσθαι τοὺς τόκους πλησίον εἶναι δοκεῖ τῷ συλλογίζεσθαι). Cfr. *Symp*. 32 (che presenta una formulazione molto simile al nostro passo: οὐδὲ ἄγχω τοὺς μαθητάς, ἢν μὴ κατὰ καιρὸν ἀποδῶσι τοὺς μισθούς) e 36 (gli Stoici sono biasimati per la reazione violenta esibita in caso di mancata riscossione). A tal proposito vedi Schwartz, 1965, p. 85, n. 4. Altri passi affini su questo tema sono *Iupp. trag*. 27 (lo stoico Timocle riceve grandi compensi dai suoi allievi) e *Tim*. 54-57 (Timone prende di mira la brama smaniosa di ricchezze mostrata dal filosofo Trasicle). Infine, in termini generici contro i filosofi vedi anche *Par*. 52; *Icar*. 5; *Nigr*. 25; *Pisc*. 34 e 45; *Nec*. 5 e *Dial. mort*. 20.11. Invece, in *Fug*. 14 (δασμολογοῦσι γὰρ ἐπιφοιτῶντες ἤ, ὡς αὐτοί φασιν, ἀποκείρουσιν τὰ πρόβατα, δώσειν τε πολλοὺς οἴονται ἢ αἰδοῖ τοῦ σχήματος ἢ δέει τοῦ μὴ ἀκοῦσαι κακῶς) e 20 i filosofastri sfruttano indebitamente i vantaggi economici garantiti dall'abito del filosofo. Su questo motivo vedi Helm, 1906, pp. 273-274; Nesselrath, 1985, pp. 464-465 e Tomassi, 2011[1], pp. 526-527, che ne esplorano dettagliatamente i modelli comici (si ricordino almeno Arist. *Nub*. 497-510, che insiste sull'immagine di Socrate come maestro avido di guadagno; Bato fr. 2 K.-A.; Ephipp. fr. 14 K.-A. e Phoenic. fr. 4 K.-A.). Cfr. anche Betz, 1961, p. 114.

La condanna dell'insegnamento filosofico a pagamento è un tema ampiamente trattato già da Platone che, per bocca di Socrate, rimprovera i sofisti per l'esoso compenso richiesto in cambio delle proprie lezioni (vedi *Ap*. 31c; 33a-b e *Hipp. mai*. 282e). La disapprovazione di questi guadagni persiste anche in età imperiale (vedi il quadro riassuntivo in Hahn, 1989, p. 179), affiorando anche in Luciano, il quale cerca di giustificare i suoi profitti riconducendoli alla sua attività retorica di successo, allontanando da sé l'immagine di un sapiente intemperante e incoerente con i principi propugnati (*Apol*. 15: μεμνῆσθαι χρὴ τοὺς ἐπιτιμῶντας ὅτι οὐ σοφῷ ὄντι μοι —εἰ δή τις καὶ ἄλλος ἐστί που σοφός— ἐπιτιμήσουσιν ἀλλὰ τῷ ἐκ τοῦ πολλοῦ δήμου). Cfr. Goulet-Cazé, 1990, pp. 2747-2749, che traccia il quadro delle voci polemiche sorte contro i falsi predicatori cinici in età imperiale.

In Plut. *De Stoic. rep*. 20.1043E-1044A il motivo della μισθαρνία del saggio stoico è oggetto di una critica corrosiva, visto che Crisippo da un lato sembra disprezzare il denaro e le ricchezze, mentre dall'altro richiede ai suoi discepoli un anticipo del compenso dovuto, tradendo una certa apprensione.

Considerando che il vero sapiente dovrebbe manifestare la massima indipendenza da qualsiasi passione (§ 8), il maestro stoico di Ermotimo, mettendo in luce la sua brama di denaro, rivela distintamente un'indubbia imperfezione morale. Ermotimo cerca di prendere le sue difese, spiegando che il precettore non si preoccupi di denaro per soddisfare vani capricci personali, bensì per provvedere ai bisogni dei suoi figli (§ 10: ἔστιν αὐτῷ παιδία νεογνὰ ὧν κήδεται μὴ ἐν ἀπορίᾳ καταβιώσωσι). Cfr. D. L. 4.53-54, ove gli allievi difendono il maestro Bione dai malevoli detrattori, adducendo ragioni analoghe a quelle di Ermotimo. Il parallelismo tra questi passi è suggerito da Kindstrand, 1976, p. 140.

§ 9) (μόνω γάρ ἐσμεν): si tratta dell'unica indicazione metateatrale esplicita presente nel dialogo. Prima di introdurre i due aneddoti, da cui emergerà un profilo poco edificante del precettore stoico, Licino rassicura l'aspirante stoico, accentuando il tono confidenziale della conversazione. In realtà, Licino fa il verso allo stesso Ermotimo, che poco prima aveva invitato il suo interlocutore a parlare liberamente, accennando all'assenza di qualsiasi altro testimone della loro conversazione (§ 8: μὴ ὄκνει, ὦ γενναῖε, πρός γε μόνον ἐμὲ λέγων).

Il riferimento alla presenza esclusiva dei due interlocutori ammicca all'uditorio reale, che assiste alla declamazione dell'intero dibattito. Cfr. *Iupp. trag.* 21 (Momo a Zeus: καί μοι ἐνταῦθα, ὦ Ζεῦ —μόνοι γάρ ἐσμεν καὶ οὐδεὶς ἄνθρωπος πάρεστι τῷ συλλόγῳ ... ἀπόκριναι μετ' ἀληθείας). Simili espressioni occorrono anche in commedia (Arist. *Ach.* 504-505: αὐτοὶ γάρ ἐσμεν οὑπὶ Ληναίῳ τ' ἀγών, / κοὔπω ξένοι πάρεισιν e *Thesm.* 472: αὐταὶ γάρ ἐσμεν), cui Luciano può essersi ispirato liberamente (vedi Coenen, 1977, p. 79, che menziona anche Cic. *De div.* 2.28: "*sed soli simus*"). Cfr. von Möllendorff, 2000¹, p. 153.

τὸν ξένον οἶσθα τὸν Ἡρακλεώτην ... Δίων αὐτῷ τοὔνομα: Schwartz, 1982, p. 261, ritiene che nell'accenno alla provenienza dal Ponto di questo allievo stoico sia ravvisabile un riferimento velato a Dione di Prusa. Luciano mostra di conoscere Dione, verso il quale nutre una certa riverenza descrivendolo come vittima della tirannia del potere imperiale (in *Peregr.* 18 è accomunato a Musonio ed Epitteto). Cfr. Nestle, 1925, p. 21, n. 29. In questo caso, invece, il tono ostile espresso presumibilmente nei confronti della medesima figura non risulta facilmente giustificabile. Tuttavia, sia l'identità stoica sia il carattere di filosofo-sofista potrebbero aver rappresentato due motivi sufficienti per indurre l'autore a introdurre nel dialogo un accenno sarcastico nei confronti di Dione. Cfr. Philostr. *VS* 1.7.487-488, che lo descrive non solo come filosofo, ma anche come brillante declamatore, motivo per cui rientra nel suo spettro di interessi (vedi Jones, 1978, pp. 11-12). Al contrario, in Dio Chrys. *Orr.* 4.131; 8.33; 12.5; 35.8-10 il medesimo

Dione attacca i sofisti, rifiutando di essere annoverato nella loro schiera e rivendicando la denominazione esclusiva di filosofo. Su questo tema vedi almeno Moreschini, 1994, pp. 5101-5133 e Kasulke, 2005, pp. 64-78. La deformazione comica di Dione prodotta da Luciano procederebbe, dunque, lungo due direzioni ben definite: da un lato Dione è presentato come ἐριστικός, ovvero come esperto nell'uso della parola, capziosamente elaborata, ma moralmente inefficace e, dall'altro, la sua qualificazione come νεανίσκος contrasta argutamente con l'immagine matura del filosofo stoico che gli è più consona. Sull'ostilità di Luciano verso i sofisti o i presunti filosofi del suo tempo vedi *infra*, pp. 243-247.

Tuttavia, da Plut. *Quaest. Rom.* 30.271E (τοῖς δ' ὀνόμασι τούτοις ἄλλως κέχρηνται κοινοῖς οὖσιν, ὥσπερ οἱ νομικοὶ Γάιον Σήιον καὶ Λούκιον Τίτιον, καὶ οἱ φιλόσοφοι Δίωνα καὶ Θέωνα παραλαμβάνουσιν) si evince che il nome Dione sia stato utilizzato per designare genericamente la figura di un filosofo, il che potrebbe aver influenzato anche lo stesso Luciano (in *Par.* 2, per esempio, si accenna vagamente ad un Δίων filosofo: vedi Nesselrath, 1985, pp. 263-264 e Gargiulo, 1989, pp. 119-121).

In mancanza di riferimenti più espliciti sul Dione inteso in questo passo, probabilmente descritto con tratti volutamente ambigui, non è possibile propendere per una soluzione specifica. Sui giochi onomastici e le allusioni fittizie nel nostro dialogo vedi *supra*, pp. 171-172 (a proposito di Ermotimo). Sui nomi dei filosofi stoici in Luciano vedi Ureña Bracero, 1995, pp. 181-183.

ἐριστικός: questo aggettivo mette in rilievo la particolare propensione del discepolo per qualsiasi genere di controversia verbale, nonché il suo carattere suscettibile e polemico. Luciano attribuisce generalmente l'epiteto ἐριστικός agli appartenenti a differenti scuole di pensiero: in *Pisc.* 43 sono gli Accademici a definirsi, con tono minaccioso, più eristici degli altri filosofi (δείξομεν γὰρ οἱ Ἀκαδημαϊκοὶ ὅσον τῶν ἄλλων ἐσμὲν ἐριστικώτεροι), mentre in *Iupp. trag.* 16 Zeus definisce eristici i due filosofi, uno stoico ed un epicureo, che dibattono animosamente presso la Stoà (εἰκάσας οὖν ὅπερ ἦν, φιλοσόφους εἶναι τῶν ἐριστικῶν τούτων, ἐβουλήθην ἐπιστὰς ἀκοῦσαι αὐτῶν ὅ τι καὶ λέγουσι). Infine, in *Eun.* 4 è detto eristico uno dei peripatetici che si contendono la cattedra vacante della rispettiva scuola (Διοκλῆς τε ὁ πρεσβύτης —οἶσθα ὃν λέγω, τὸν ἐριστικόν). Cfr. il § 16, ove i Peripatetici sono qualificati complessivamente come ἐριστικοί.

Il carattere competitivo delle conversazioni eristiche è messo ripetutamente in rilievo da Platone, che le distingue da quelle propriamente dialogiche: mentre le prime hanno luogo tra contendenti o avversari, le altre sono basate su un rapporto di φιλία tra gli interlocutori (*Men.* 75c-d: εἰ μέν γε τῶν σοφῶν τις εἴη καὶ ἐριστικῶν τε καὶ ἀγωνιστικῶν ὁ ἐρόμενος, εἴποιμ' ἂν αὐτῷ ὅτι "Ἐμοὶ μὲν εἴρηται· εἰ δὲ μὴ ὀρθῶς λέγω, σὸν ἔργον λαμβάνειν λόγον καὶ ἐλέγχειν". εἰ δὲ ὥσπερ ἐγώ τε καὶ σὺ νυνὶ φίλοι ὄντες βούλοιντο ἀλλήλοις διαλέγεσθαι, δεῖ δὴ πρᾳότερόν πως καὶ διαλεκτικώτερον ἀποκρίνεσθαι). Inoltre, se le discussioni dialogiche tendono alla verità, quelle eristiche mirano esclusivamente alla paralisi del ragionamento (*Men.* 80e e *Rep.* 6.499a). Per questo motivo l'ἐριστικός assume un comportamento ostile nei confronti del proprio interlocutore, adottando tutte le sofisticherie necessarie per guadagnarsi una posizione predominante. Cfr. Plat. *Euthyd.* 272a-b, in cui è descritto il comportamento dei due eristi Eutidemo e Dionisodoro (δεινὼ γεγόνατον ἐν τοῖς λόγοις μάχεσθαί τε καὶ ἐξελέγχειν τὸ ἀεὶ λεγόμενον, ὁμοίως ἐάντε ψεῦδος ἐάντε ἀληθὲς ᾖ), mentre in *Phil.* 15d-16a Socrate affronta il giovane e polemico Protarco. Infine, in *Soph.* 226a e 231e Platone descrive con maggiore precisione la tecnica eristica (cfr. *Lys.* 211b). Su questo tema vedi Erler, 1991, pp. 341 ss.; De Luise - Farinetti, 2000, pp. 209-231; Giannantoni, 2005, pp. 41 ss. e Rossetti, 2011.

Aristotele, invece, intende l'eristica come ἐν ἀντιλογίᾳ ἀδικομαχία (Ar. *Soph. el.* 11.171b23-24), poiché gli interlocutori perseguono l'unico obiettivo di sconfiggersi a vicenda, a prescindere dalla correttezza dei propri mezzi (Ar. *Soph. el.* 11.171b24-26: οἱ πάντως νικᾶν προαιρούμενοι πάντων ἅπτονται, καὶ ἐνταῦθα οἱ ἐριστικοί. οἱ μὲν οὖν τῆς νίκης αὐτῆς χάριν τοιοῦτοι ἐριστικοὶ ἄνθρωποι καὶ φιλέριδες δοκοῦσιν εἶναι). Inoltre l'eristica, a differenza della dialettica, è spesso percepita come un disputare vano, privo di un oggetto preciso di discussione (vedi *Soph. el.* 11.171b35-172a2; 11.172b1-4).

Luciano condivide il *background* negativo relativo alla figura dell'erista e del suo metodo di conversazione (in *Tox.* 38 Tossari qualifica come eristico l'approccio comunicativo seguito dal suo interlocutore: ὁρᾷς τοῦτο ὡς ἐριστικὸν ποιεῖς καὶ δικανικόν, ὑποκρούων μεταξὺ καὶ διαφθείρων μου τὸν λόγον;), delineando nondimeno un personaggio utile al piano complessivo del dialogo: il discepolo erista, infatti, costituisce il pretesto per mettere in luce il carattere violento del maestro stoico, vale a dire le manchevolezze del suo profilo morale, così da screditarlo dinanzi agli occhi di Ermotimo e del pubblico astante. Su questo punto vedi Peterson, 2016, pp. 193-194.

ἀπήγαγε παρὰ τὸν ἄρχοντα: in *Pisc.* 14 e 33; *Abd.* 14; *Dea Syr.* 25-26 il verbo ἄγω e i suoi composti (soprattutto ἀπάγω, come in questo passo, e προσάγω) segnano solitamente l'avvio di procedimenti giudiziari (cfr. il § 30: οἱ δὲ περιστάντες ἐρωτῷέν με ᾖ καὶ νὴ Δί' ἐς δικαστήριον ἀγαγόντες ὕβρεως ἕκαστος δικάζοιντο λέγοντες). A tal proposito vedi Betz, 1961, p. 85, n. 2, che raccoglie numerosi passi in cui i suddetti verbi assumono questa particolare valenza semantica.

περιθείς γε αὐτῷ θοἰμάτιον περὶ τὸν τράχηλον καὶ ἐβόα: il filosofo porta un tipo di mantello che poteva essere indossato anche senza il chitone sottostante (cfr. lat. *pallium*). Questa veste diventa il segno distintivo del sapiente greco in una fase di gran lunga precedente alla prima età imperiale (Borg, 2009, p. 221), come si evince da un celebre passo di Plauto (*Trim*. 288-295: "*tum isti Graeci palliati, capite operto qui ambulant, / qui incedunt suffarcinati cum libris, cum sportulis, / constant, conferunt sermones inter se<se> drapetae, / obstant, obsistunt, incedunt cum suis sententiis, / quos semper videas bibentes esse in thermipolio, / ubi quid subripuere: operto capitulo calidum bibunt, / tristes atque ebrioli incedunt: eos ego si offendero, / ex unoquoque eorum exciam crepitum polentarium*"). Il tipo di saggio ritratto dal poeta comico romano rievoca sia il profilo di Ermotimo, che nel percorso a piedi non interrompe lo studio dei suoi appunti, sia quello intemperante del maestro stoico. In *Pisc*. 12 la falsa filosofia veste in maniera elegante il medesimo mantello (κατεφάνη μοι αὐτίκα οὐδὲ τὸ ἄφετον δοκοῦν τῆς κόμης ἀκαλλώπιστον ἐῶσα οὐδὲ τοῦ ἱματίου τὴν ἀναβολὴν ἀνεπιτηδεύτως περιστέλλουσα), mentre in *Merc. cond*. 25 esso identifica il precettore greco alle dipendenze delle ricche famiglie romane, aspramente criticato per il suo atteggiamento servile (πώγωνα ἔχεις βαθὺν καὶ σεμνός τις εἶ τὴν πρόσοψιν καὶ ἱμάτιον Ἑλληνικὸν εὐσταλῶς περιβέβλησαι καὶ πάντες ἴσασί σε γραμματικὸν ἢ ῥήτορα ἢ φιλόσοφον). Su questo passo vedi Hafner, 2017, p. 265. In generale, sulla percezione del *pallium* in età imperiale vedi anche Aul. Gell. 9.2.4; 13.8.5 e le considerazioni di Zancker, 1995, pp. 196 e 212. Vedi, infine, Tomassi, 2011[1], pp. 533-534, che esamina la ricorrenza della parola τρίβων, il mantello identificativo del filosofo, solitamente cinico, miserabile ed itinerante.

ὠργίζετο: il maestro di Ermotimo manifesta una certa inclinazione all'ira (ὀργή). Si tratta di un'emozione impetuosa precedentemente preclusa da Ermotimo nel ritratto del filosofo ideale (§ 8). Il carattere temperato del saggio stoico è ribadito più volte nel corso di questa sezione del dialogo (§ 8: οὔτε ὀργῇ ὁ τοιοῦτος ἂν δουλεύοι οὐδὲ λυποῖτο; § 9: ὁπότε δὲ καὶ ... ἔφησθα ... σφᾶς ... καὶ μήτε ὀργίζεσθαι), al fine di dare maggiore rilievo al comportamento contraddittorio esibito dal precettore di Ermotimo (§ 9: ὠργίζετο; § 12: ἀόργητον, usato in senso ironico). Anche al § 80 sono evocate nuovamente le tracce di questa passione nell'animo del presunto sapiente. Licino, dunque, ancor prima di avviare la sua confutazione, mina la credibilità della scelta compiuta da Ermotimo, che sembra aver riposto notevole fiducia in un maestro evidentemente poco attendibile. Su questo punto vedi *supra*, pp. 211-212.

εὖ ἴσθι προσφὺς ἂν ἀπέτραγεν αὐτοῦ τὴν ῥῖνα ὁ γέρων, οὕτως ἠγανάκτει: in *Symp*. 44 il peripatetico Cleodemo manifesta la stessa violenza ai danni dello stoico Zenotemi nel corso della scaramuccia scoppiata tra i vari filosofi invitati a convito (ὀρθῷ τῷ δακτύλῳ τὸν ὀφθαλμὸν τοῦ Ζηνοθέμιδος ἐξώρυττε καὶ τὴν ῥῖνα προσφὺς ἀπέτραγεν). In termini più generici, la facilità con cui i presunti sapienti ricorrono a misure aggressive per difendere o incrementare i propri beni privati è un motivo topico della satira lucianea. Vedi ancora *Symp.* 32, ove il peripatetico Cleodemo accusa lo stoico Zenotemi di essere pronto a strangolare il suo discepolo qualora questi indugiasse a restituirgli il denaro secondo gli accordi. In *Eun.* 1-3, invece, Licino racconta a Panfilo di aver visto due peripatetici azzuffarsi a causa della μισθοφορά garantita a chi si fosse aggiudicata la relativa cattedra filosofica rimasta vacante. La brama di ricchezze non è una peculiarità dei soli peripatetici (al § 16 i Peripatetici sono detti φιλόπλουτοι: cfr. *infra*, pp. 263-264), bensì un vizio che affligge indiscriminatamente gli adepti di tutte le scuole di pensiero. Cfr. *Nec.* 5 (τοὺς γοῦν καταφρονεῖν παραινοῦντας χρημάτων ἑώρων ἀπρὶξ ἐχομένους αὐτῶν καὶ περὶ τόκων διαφερομένους ... καὶ πάντα ἕνεκα τούτων ὑπομένοντας) e *Pisc.* 34 (in riferimento ai falsi filosofi, come anche in *Fug.* 19).

§ 10) τί δέ ... μέλει τι αὐτῷ καθαρθέντι ἤδη ὑπὸ φιλοσοφίας καὶ μηκέτι τῶν ἐν τῇ Οἴτῃ καταλελειμμένων δεομένῳ; l'uso dell'aoristo passivo del verbo καθαίρω ricorda quello di κατακαίω impiegato precedentemente per descrivere il rogo di Eracle sul monte Eta (§ 7: ἀνέρχεται, ὥσπερ φασὶ τὸν Ἡρακλέα ἐν τῇ Οἴτῃ κατακαυθέντα θεὸν γενέσθαι). Licino, infatti, in questo passo allude al mito di Eracle, introdotto poco prima da Ermotimo, in modo da stabilire un certo raffronto tra le due figure. Così come l'eroe del mito per mezzo del fuoco si è liberato della sua parte umana pervenendo ad una condizione divina, anche il maestro di Ermotimo, in seguito all'esercizio della filosofia (ὑπὸ φιλοσοφίας), avrebbe dovuto imparare a rinunciare ai beni materiali, mostrando massima indifferenza nei loro confronti. Con la piena identificazione tra il monte stoico della virtù e il massiccio dell'Eta, dove Eracle trova la morte, il filosofo viene esplicitamente assimilato all'eroe mitico, rispetto al quale appare ancora corrotto dalla presenza di numerose passioni (al § 8 il verbo καταλείπω fa riferimento ai beni lasciati dal saggio stoico alle pendici del monte che si accinge a scalare). In tal modo si fa sempre più evidente la vanità del percorso filosofico compiuto dal precettore stoico, ossia l'inconsistenza della scelta di Ermotimo (§ 7), che non sembra più garantire la virtù e la verità ambite.

Infine, sull'immagine del monte addotta per raffigurare il cammino filosofico stoico vedi il § 3 e la nota *supra*, pp. 193-194.

L'apostrofe ὦ μακάριε è molto diffusa nei dialoghi platonici, come avviene anche per altre formule allocutorie ricorrenti in Luciano (vedi *supra*, p. 227). A questo proposito vedi Dickey, 1996, pp. 140 e 278 ss. L'intonazione sottilmente canzonatoria di questa espressione trova conferma in altri passi lucianei: *Nav.* 35; *Vit. auct.* 26; *Merc. cond.* 13; *Anach.* 34; *Cont.* 21; *Dial. mort.* 15.4; *Icar.* 19; *Eun.* 2 e *Imag.* 10. Vedi Hafner, 2017, p. 197.

Secondo racconto (§§ 11-12): Ermotimo cerca di interrompere la conversazione con Licino avviandosi verso la casa del suo maestro, che a breve dovrebbe tenere una nuova lezione. Tuttavia, Licino avvisa il suo interlocutore che il precettore stoico ha annullato ogni impegno previsto per quel giorno, spiegandogli le ragioni di questa decisione improvvisa.

Licino riferisce che il maestro stoico la sera precedente aveva partecipato ad un banchetto, rimpinzandosi oltre ogni misura (come è sottolineato dalla ripetizione πλέον τοῦ ... πλέον ἤ) e scontrandosi duramente con un filosofo peripatetico presente al convito. In questo racconto fa capolino il tema della λογομαχία tra gli esponenti delle varie scuole di pensiero, che è uno dei motivi privilegiati della satira filosofica di Luciano. In *Icar.* 3, 8 e *Nec.* 21, per esempio, esso costituisce la ragione scatenante dell'impresa di Menippo. Cfr. anche *Eun.* 2; *Iupp. trag.* 35 ss.; *Dial. mort.* 1.1; *Tim.* 9 (cfr. Tomassi, 2011[1], pp. 262-263); *Bis acc.* 7 (cfr. Braun, 1994, pp. 88-95); *Par.* 27 (cfr. Nesselrath, 1985, pp. 361-362), mentre in *Pisc.* 23 i contrasti tra i filosofi sono momentaneamente sospesi nella comune difesa contro Parresiade. Su questo tema vedi anche le considerazioni di Tackaberry, 1930, p. 55, n. 355; Anderson, 1976[1], p. 11, n. 81 e Camerotto, 1998, p. 223.

Tra i modelli contemplati da Luciano un ruolo centrale va riconosciuto alla satira menippea. Due frammenti delle *Saturae* di Varrone (frr. 242-243 Cèbe) recano il titolo di Λογομαχία, il cui contenuto ci è noto tramite il commento di Porfirione ad Orazio (*ad* Hor. *Sat.* 2.4.1), che riferisce un dibattito sul *summum bonum* insorto tra un filosofo stoico ed uno epicureo. Vedi Cèbe, 1985, vol. 7, pp. 1122-1129. Più coerente con il litigio dei filosofi a banchetto sono le *Eumenides*, che mettono in scena dei filosofi litigiosi perfino per l'assegnazione dei posti a tavola (in maniera affine a quanto avviene in *Symp.* 9). Su questo vedi Cèbe, 1977, vol. 4, pp. 548-555. Il motivo dei filosofi a banchetto ricorre anche in *Agatho I* (Cèbe, 1972, vol. 1, p. 36) e *Quinquatrus V* (Cèbe, 1996, vol. 11, p. 1808), nonostante sia difficile ricostruire nel dettaglio il contesto dei frammenti. Si veda Tullio Messina, 2011, pp. 272-273.

In termini più generici, la contesa tra filosofi è il motivo centrale di altre satire varroniane (*Andabatae, Armorum iudicium, Caprinum proelium*, Περὶ αἱρέσεων), il che lascia intendere la sua ampia diffusione nella tradizione diatribica menippea. Su queste satire vedi le dettagliate informazioni in Cèbe, 1972, vol. 1, pp. 115-116; 1974, vol. 2, pp. 180-186 e 299-302; 1977, vol. 4, pp. 570-571.

Una λογομαχία è descritta anche nei *Silloi* di Timone di Fliunte (frr. 21-22 Di Marco = *SH* frr. 795-796), a dimostrazione dell'attenzione riservata anche in ambito scettico alla rappresentazione dei contrasti sussistenti tra le molteplici filosofie dogmatiche. A tal proposito si veda Di Marco, 1989, p. 27 e Clayman, 2009,

p. 130. Sulla diafonia sussistente tra i numerosi esponenti filosofici vedi *infra*, pp. 470-471.

§ 11) τὸ τήμερον γὰρ ἐκεχειρία ἐπήγγελται: la parola ἐκεχειρία indica originariamente un momento di sospensione delle ostilità tra due fronti belligeranti (Thuc. 4.117.3; Xen. *Hell.* 4.2.16), mentre in seguito assume il significato generico di giorno di riposo (cfr. Iul. *Or.* 4.153c). In riferimento al comportamento intemperante esibito dal maestro stoico, il termine ἐκεχειρία designa non solo un'interruzione temporanea delle attività didattiche, ma anche una tregua dalle violenze perpetrate a danno degli allievi. In Arist. *Pax* 906-908 questa parola ricorre inattesa per ironizzare sulla venalità dei pritani (θέασ' ὡς προθύμως ὁ πρύτανις παρεδέξατο. / ἀλλ' οὐκ ἄν, εἴ τι προῖκα προσαγαγεῖν σ' ἔδει, / ἀλλ' ηὗρον ἄν σ' ὑπέχοντα τὴν ἐκεχειρίαν). Evidentemente era prassi che i pritani non svolgessero il proprio ruolo senza ricevere un certo compenso, al punto che il poeta comico sembra immaginarli nell'atto di tendere la mano per estorcere del denaro (Olson, 1998, p. 243) e, probabilmente, per dichiarare una sospensione degli uffici se non fosse stato assicurato loro il dovuto tornaconto (Merry, 1900, p. 60). Il noto *pun* di questo passo comico è evidenziato opportunamente da Licino, che attribuisce al maestro stoico un atteggiamento altrettanto avido quanto quello dei politici ateniesi. Vedi van Herwerden, 1897, p. 160 e Camerotto, 2009, p. 140.

Altri esempi di uso brillante del linguaggio militare da parte di Licino sono nella nota successiva e *infra*, *s. l.* ἀγχώμαλα, pp. 244-245.

ἐν τῷ παρόντι οὐκ ἄν ἴδοις αὐτόν, εἴ γε χρὴ πιστεύειν τῷ προγράμματι. πινάκιον γάρ τι ἐκρέματο ὑπὲρ τοῦ πυλῶνος: la parola πρόγραμμα può indicare sia l'ordine del giorno di un'assemblea pubblica, βουλή o ἐκκλησία (Dem. 25.9; Ar. *Ath.* 44.2), sia un annuncio ufficiale (Cass. Dio 65.1), mentre nel nostro passo allude ad un semplice avviso, come emerge anche da alcune testimonianze papiracee di epoca imperiale o tardo-antica (*POxy.* 210 8.6, III sec. d.C.; *PMasp.* 353.4, VI sec. d.C e le altre fonti in *LSJ*, s.l.). Si tratta di una parola appartenente al lessico politico e militare che, nella cornice del dialogo filosofico, e più precisamente dell'aneddoto scoptico, subisce uno slittamento semantico efficace. Vedi anche *Iupp. trag.* 17, 31 e 33, ove il confronto tra lo stoico Timocle e l'epicureo Damide è descritto con l'impiego di espressioni e di immagini inerenti ad un contesto bellico (ἔρις, ἀκροβολισμός, ἀποσφενδονάω). Cfr. Coenen, 1977, p. 71. Siamo in presenza di una peculiarità ereditata probabilmente dalla commedia. A tal proposito basti ricordare che in Arist. *Ran.* 814-829 lo scontro tra i due poeti tragici è descritto nei termini di uno scontro militare. Sulle immagini belliche in Aristofane vedi Newiger, 1957, pp. 111-122 e Taillardat, 1962, pp. 363-370.

συμφιλοσοφεῖν: cfr. i §§ 9: συνεφιλοσόφει; 10: συνευδαιμονοῖεν; 11: συμφιλοσοφεῖν e συμφιλοσοφῆσαι; 52: συμφιλοσοφήσεις. Le forme verbali composte con il prefisso συν- evidenziano il carattere dialogico nel metodo di insegnamento adottato dal precettore. Cfr. *Dial. mort.* 5.2 (οὐ σχολή συμφιλοσοφεῖν σοι); *Iupp. trag.* 26. Si tratta di una forma verbale affine a προσφιλοσοφέω, che insiste sulla condivisione dell'attività filosofica, non solo con il maestro, ma anche con altri allievi (vedi *Gall.* 11 e 22, mentre in *Tim.* 6 è impiegato in senso metaforico). Entrambe queste forme verbali hanno poche attestazioni prima dell'età imperiale (cfr. Ar. *Eth. Nic.* 9.12.1172a5; Philostr. *VS* 1.5.486 e Plut. *Cic.* 24.6). Su questo passo vedi Schlapbach, 2010, p. 4, n. 5.

παρ' Εὐκράτει: il nome Eucrate, rammentando l'aggettivo εὔκρατος, "temperato, moderato", contrasta efficacemente con la condotta depravata del filosofo stoico, fungendo così da espediente comico della scena. In *Gall.* 10-11 un ricco personaggio di nome Eucrate organizza una sontuosa cena presso la sua abitazione, nel corso della quale l'anziano filosofo stoico esibisce un comportamento del tutto sregolato. Inoltre, in *Philops.* 5 *passim* a casa di un altro Eucrate si raccoglie un certo numero di filosofi, che si intrattengono recitando ciascuno una storia fantastica. In questo caso è Tichiade ad assumere le vesti del critico scettico, prendendosi gioco dei discorsi pronunciati dai presunti sapienti. Il nome Eucrate, dunque, stabilisce dei richiami intertestuali interni al *corpus* di Luciano, che possono essere stati colti solo da un pubblico di lettori o ascoltatori istruiti, per di più fini conoscitori della produzione dell'autore. Molto meno cogente appare il legame stabilito tra Eucrate e l'usuraio Eucrito (*Symp.* 5 *passim*), che prende in moglie la figlia di Aristeneto, creando l'occasione del banchetto cui sono invitati molti filosofi. A questo proposito vedi von Möllendorff, 2000[1], pp. 154-155 e le perplessità espresse anche da Peterson, 2016, p. 191.

ἐν τῷ συμποσίῳ: l'azione del racconto si inserisce nel contesto di una festa di compleanno, organizzata da un certo Eucrate in onore di sua figlia (παρ' Εὐκράτει τῷ γενέθλια θυγατρὸς ἑστιῶντι), dove sono stati invitati numerosi filosofi. In questa occasione il maestro di Ermotimo dà prova di un comportamento estraneo a qualsiasi forma di temperanza (ἐγκράτεια), tanto più inatteso da parte di un sedicente stoico (sulla capacità del saggio stoico di dominare pienamente le proprie passioni vedi *SVF* 3.563 e 567 e le altre fonti citate *supra*, pp. 224-226).

Una scena molto affine è abbozzata in *Symp.* 11, in cui lo stoico Zenotemi mangia e beve eccessivamente, porgendo di nascosto del cibo al suo servo con il compito di portarlo a casa (ὁρᾷς, ἔφη, τὸν γέροντα Ζηνόθεμιν ... ὅπως ἐμφορεῖται τῶν ὄψων καὶ ἀναπέπλησται ζωμοῦ τὸ ἱμάτιον καὶ ὅσα τῷ παιδὶ κατόπιν ἑστῶτι ὀρέγει λανθάνειν οἰόμενος τοὺς ἄλλους). In *Gall.* 10-11, invece, Micillo riferisce al gallo-Pitagora di aver partecipato ad un banchetto, dove è stato costretto a sedersi accanto a Tesmopoli, un vecchio stoico che, in scorno alle sue precarie condizioni di salute non si è perso l'occasione di un lauto ricevimento (*Gall.* 10:

'διδάσκαλε,' φησίν [scil. Εὐκράτης], 'εὖ μὲν ἐποίησας αὐτὸς ἥκων παρ' ἡμᾶς, οὐ μεῖον δ' ἂν τί σοι ἐγένετο, καὶ ἀπόντι γὰρ ἅπαντα ἑξῆς ἀπέσταλτο ἄν'). Similmente, il maestro di Ermotimo, nonostante la sua età, nel corso del banchetto mostrerà un'estrema ingordigia, assumendo i tratti propri del κόλαξ della tradizione comica (vedi Alex. fr. 223 K.-A.; Epich. fr. 32 K.-A.; Pherecr. fr. 37 K.-A.; Timocl. fr. 31 K.-A. e Men. fr. 270 K.-A.). Sulla figura del parassita vedi Nesselrath, 1985, pp. 88-121 e Guastella, 1988, pp. 81-109. In *Pisc.* 34 è delineata un'altra scena simposiale tra filosofi, che danno prova del medesimo comportamento smodato (τοιγαροῦν γέλωτα ὀφλισκάνουσιν ... καὶ δεῖπνα πολυάνθρωπα δειπνοῦντες καὶ ἐν αὐτοῖς τούτοις ἐπαινοῦντες φορτικῶς καὶ πέρα τοῦ καλῶς ἔχοντος ἐμφορούμενοι καὶ μεμψίμοιροι φαινόμενοι καὶ ἐπὶ τῆς κύλικος ἀτερπῆ καὶ ἀπῳδὰ φιλοσοφοῦντες καὶ τὸν ἄκρατον οὐ φέροντες). Vedi anche le scene abbozzate in *Nigr.* 25; *Tim.* 54-55 e *Merc. cond.* 18 e 26-29.

Licino racconta che sia stato il peripatetico ad aver provocato per primo il maestro stoico, introducendo argomenti sensibili alle accese discussioni tra le rispettive correnti filosofiche (§ 11: ἐλέγετο ... πολλά τε συμφιλοσοφῆσαι ἐν τῷ συμποσίῳ καὶ πρὸς Εὐθύδημον τὸν ἐκ τοῦ Περιπάτου παροξυνθῆναί τι καὶ ἀμφισβητῆσαι αὐτῷ περὶ ὧν ἐκεῖνοι εἰώθασιν ἀντιλέγειν τοῖς ἀπὸ τῆς Στοᾶ). In *Symposium*, prima ancora della conflagrazione dello scontro finale, il peripatetico Cleodemo si era adoperato per trovare un pretesto sufficiente per provocare un litigio con lo stoico Zenotemi (*Symp.* 30: ὁ Κλεόδημος δὲ καὶ πάλαι τινὸς ἀφορμῆς δεόμενος —ἐβούλετο γὰρ συμπλακῆναι τοῖς Στωϊκοῖς καὶ διερρήγνυτο οὐκ ἔχων ἀρχὴν εὔλογον). Tuttavia, l'aneddoto descritto in questo passo ricorda più da vicino la zuffa conclusiva di *Symp.* 44-45, quando l'ostilità tra le due fazioni filosofiche assume toni particolarmente violenti. A questo proposito vedi Männlein, 2000, pp. 247-262.

Il nome Εὐθύδημος del peripatetico rievoca uno dei due sofisti presenti nell'omonimo dialogo di Platone, nel corso del quale essi cercano di mettere in difficoltà Socrate, esponendo una batteria di argomentazioni capziose. Probabilmente, anche in questo caso, come in quello precedente (§ 9: ἐριστικός), Licino allude ad un interlocutore insidioso, che il precettore stoico non intende affrontare sul piano dialettico, preferendo sconfiggerlo in uno scontro fisico violento. Jones, 1986, p. 30 intravede in questo nome un riferimento al celebre filosofo peripatetico Eudemo, noto anche per essere stato uno dei maestri di Galeno. Per ulteriori riferimenti a personaggi contemporanei individuabili, non senza un certo grado di speculazione, nel nostro dialogo, vedi *supra*, pp. 233-234.

Pertanto, il simposio non rappresenta più la circostanza favorevole ad un dialogo pacifico e costruttivo, come avviene nella tradizione platonico-socratica (cfr. Martin, 1931; Scarcella, 1998, pp. 14-77 e Musti, 2001), rappresentando, al contrario, l'occasione privilegiata in cui i commensali rivelano il proprio carattere vorace e facinoroso. Il rovesciamento parodico del modello letterario del simposio prende piede a partire dalla commedia antica. Si veda il fr. 255 K.-A. dei *Banchettanti* di Aristofane, in cui viene rappresentato un filosofo crapulone. Su questo testo vedi Cassio, 1977, pp. 26-31 e 66-67 e Segoloni, 1994, che vi individua una caricatura di Socrate. Sulla commedia nuova, invece, vedi Legrand, 1910. A proposito delle testimonianze riguardanti il motivo del simposio in commedia vedi Helm, 1906, pp. 264 e 382-383. Oltre al modello comico, che ha certamente costituito un'importante fonte di ispirazione per Luciano, è opportuno ricordare la rivisitazione del simposio nel contesto della satira menippea (cfr. frr. 1 e 4 Riese, in riferimento ai *Simposi* di Menippo e Meleagro), che appare in termini più perspicui in Varrone (si consideri la satira *Agatho*: Cèbe, frr. 6-14) e in altri autori latini successivi (Hor. *Sat.* 1.8 e Petr. *Sat.* 24-78, in cui è descritta la celebre *Cena Trimalchionis*). Cfr. Cèbe, 1972, vol. 1, p. 39, n. 6 e Alexiou, 1990, p. 56.

In questo caso, dunque, è verosimile immaginare che Luciano, prendendo di mira la tradizione simposiale greca, che trovava in Platone e Senofonte "*an idealized paradigm of harmony, equality, and friendship*" (Whitmarsh, 2001, p. 286), ne offra una versione parodica personale. Su questo argomento vedi ancora Branham, 1989, pp. 104-123 e Romeri, 2002, che non trascura di evidenziare le differenze con il convito edulcorato e verboso di Plutarco e quello prodotto da Ateneo. Sono utili anche le considerazioni di Gómez-Montserrat, 2010.

ἐλέγετο ... ἀμφισβητῆσαι αὐτῷ [*scil.* Εὐθυδήμῳ] περὶ ὧν ἐκεῖνοι εἰώθασιν ἀντιλέγειν τοῖς ἀπὸ τῆς Στοᾶς: Luciano impiega il verbo ἀμφισβητεῖν quasi esclusivamente in *Hermotimus*, designando un dibattito non esente da toni polemici (§§ 11; 36; 59; 69; 70). Si tratta di un'accezione simile al successivo ἀντιλέγειν, che rievoca una discussione non amichevole tra gli interlocutori. Cfr. il § 13, ove Licino chiede ad Ermotimo se gli sia concesso di ribattere alle sue parole (vedi *infra*, pp. 248-249); *Philops.* 39, là dove Tichiade rinuncia a replicare alle innumerevoli falsità di Eucrate (οὐ δοκιμάσας μόνος ἀντιλέγειν ἅπασιν ... ἔφην κτλ.), mentre in *Symp.* 39 Licino teme di essere contraddetto da altri filosofi (ἵνα δὲ μὴ ἀντιλέγωσί μοι ὁπόσοι μὴ κατὰ ταὐτὰ φιλοσοφοῦσιν, κτλ.). Altri esempi sono in *Anach.* 17 e *Ver. Hist.* 2.19.

In Platone, invece, questo verbo segnala una discussione contraddistinta da sentimenti di benevolenza tra gli interlocutori (nonostante vi siano anche casi in cui denota una dura contrapposizione: *Leg.* 6.767c e 11.914d), mentre l'ἐρίζειν evidenzia l'aspra conflittualità insita nella prassi sofistica. In *Prot.* 337a-b Prodico esorta Protagora e Socrate a "discutere amichevolmente e a non rivaleggiare tra di loro" (ὦ Πρωταγόρα τε καὶ Σώκρατες, ἀξιῶ ὑμᾶς συγχωρεῖν καὶ ἀλλήλοις περὶ τῶν λόγων **ἀμφισβητεῖν** μέν, **ἐρίζειν** δὲ μή –**ἀμφισβητοῦσι** μὲν γὰρ καὶ δι' εὔνοιαν οἱ φίλοι τοῖς φίλοις, **ἐρίζουσιν** δὲ οἱ διάφοροί τε καὶ ἐχθροὶ ἀλλήλοις). Cfr. *Phaedr.* 263a (questo verbo marca la semplice divergenza di opinioni tra gli interlocutori); *Gorg.* 452c ed *Euthyphr.* 8a, mentre in *Lys.* 207c e *Symp.* 173e illustra una contrapposizione amichevole tra i partecipanti alla conversazione. Su questo tema vedi Manuwald, 1999, pp. 292-293 e Giannantoni, 2005, p. 315.

ἐλέγετο ... ὑπό τε οὖν τῆς κραυγῆς πονηρῶς τὴν κεφαλὴν διατεθῆναι καὶ ἱδρῶσαι μάλα πολλὰ ἐς μέσας νύκτας ἀποταθείσης, ὥς φασι, τῆς συνουσίας: le urla sono uno dei tratti maggiormente ricorrenti nella rappresentazione comico-satirica dei filosofi lucianei. Cfr. Helm, 1906, p. 149. In *Tim.* 7 e 9, per esempio, le grida sono un segno di riconoscimento dei filosofi, mentre in *Symp.* 32 e 35 l'intonazione aspra della voce contribuisce a delineare il ritratto poco edificante dei sapienti a cena. Inoltre, in *Iupp. trag.* 16 le grida dei filosofi accentuano la conflittualità reciproca, che da un mero contrasto verbale spesso sfocia nello scontro fisico. Su quest'ultimo passo vedi Coenen, 1977, pp. 69-70. Cfr. *Bis acc.* 11; *Pisc.* 35 e *Iupp. trag.* 16. Si veda anche *Eun.* 2, in cui due peripatetici si contendono la cattedra della propria scuola di pensiero, mentre in *Peregr.* 5 il verbo qualifica il tono eccessivamente elevato delle parole pronunciate da Teagene a difesa di Peregrino. In *Icar.* 31, invece, lo strepito delle voci è una delle caratteristiche dei falsi filosofi. Al contrario, Demonatte, impersonando il filosofo esemplare, sembra aver preservato generalmente un'attitudine composta e severa (*Demon.* 7: οὐδεπώποτε γοῦν ὤφθη κεκραγώς), opponendosi a quanti modulassero la voce a toni troppo irruenti (*Demon.* 48). Sulla voce come espressione delle qualità morali di chi parla vedi *Imag.* 13-15; *Alex.* 3 e *Scyth.* 11. A questo proposito sono utili le osservazioni di Pernot, 1993, pp. 450-451. Vedi anche Cic. *De nat. deor.* 1.86 ("*his ille clamat omnium mortalium mentes esse perterritas*") e 1.95 ("*clamare non desinitis*"). Cfr. Pease, 1955, p. 433, che raccoglie numerosi riferimenti testuali relativi all'intonazione strategica della voce ad opera degli affiliati alle varie scuole di pensiero.

Il simposio aveva tradizionalmente una lunga durata, dal momento che dopo il banchetto il consumo di vino poteva protrarsi per una buona parte della notte, favorito dalla concomitante discussione su temi di ordine prevalentemente filosofico. Vedi Scarcella, 1998, pp. 27-30 e Musti, 2001, pp. 6-25. Luciano riproduce questa peculiarità del momento conviviale, alterandone le modalità di svolgimento generalmente equilibrate. Vedi *Tim.* 55 (λόγοι πολλοὶ ἐπὶ τῇ κύλικι, τότε δὴ καὶ μάλιστα, περὶ σωφροσύνης καὶ κοσμιότητος· καὶ ταῦτά φησιν ἤδη ὑπὸ τοῦ ἀκράτου πονηρῶς ἔχων καὶ ὑποτραυλίζων γελοίως· εἶτα ἔμετος ἐπὶ τούτοις); *Nigr.* 25 (ἃ μὲν γὰρ ἐν τοῖς συμποσίοις ἐργάζονται, τίνι τῶν καλῶν εἰκάσομεν; οὐκ ἐμφοροῦνται μὲν ἀπειροκαλώτερον, μεθύσκονται δὲ φανερώτερον, ἐξανίστανται δὲ πάντων ὕστατοι, πλείω δὲ ἀποφέρειν τῶν ἄλλων ἀξιοῦσιν;) e *Merc. cond.* 18

(ἀποτεινομένου τοίνυν τοῦ πότου καὶ λόγων ἐπὶ λόγοις γιγνομένων καὶ θεαμάτων ἐπὶ θεάμασι παριόντων ... κόλασιν οὐ μικρὰν ὑπομένεις). A questo proposito vedi Hafner, 2017, p. 223, che evidenzia l'uso degli iperbati come strategia stilistica per esprimere in termini più evidenti la lunghezza della cena (cfr. *Bis acc.* 33: μακροὺς μὲν ἀποτείνειν τοὺς λόγους οὐκ ἂν ἐβουλόμην πρὸς ὑμᾶς). Il consumo di vino, infatti, non doveva sfociare nell'ebrezza ma limitarsi a favorire un clima di piacevole e lucida conversazione. Al contrario, nella parodia di Luciano, in luogo del sereno confronto dialettico, vi è l'aspra contesa e la strepitante disputa tra i convitati, soprattutto nel caso in cui si tratti di filosofi, che si abbandonano ad un comportamento sfrenato, del tutto inadeguato al proprio profilo. Su questo vedi Eshleman, 2012, p. 81. Sulle peculiarità dell'antisimposio lucianeo sono utili le considerazioni di Tomassi, 2011[1], pp. 522-526 e Hafner, 2017, pp. 217-222. In *Par.* 51, invece, il filosofo esibisce un comportamento non proprio conforme alla circostanza simposiale, anche se non si abbandona alle medesime intemperanze descritte in altri banchetti lucianei. A questo proposito si veda Nesselrath, 1985, p. 458, che distingue il comportamento ingordo del filosofo a banchetto (*Tim.* 54; *Nigr.* 24-25; *Symp.* 38-43) da quello sconveniente indotto dalla sua inettitudine a conformarsi alle regole sociali (*Merc. cond.* 14-18).

πεπώκει οἶμαι πλέον τοῦ ἱκανοῦ, τῶν παρόντων ὡς εἰκὸς φιλοτησίας προπινόντων: l'espressione integrale, φιλοτησίας (sottinteso κύλικας) προπίνειν, denota un brindisi eseguito in onore della supposta amicizia tra i partecipanti ad un simposio (cfr. *Saturn.* 18; *Gall.* 12; *Pseud.* 31). La φιλοτησία, infatti, è descritta come una coppa consacrata all'amicizia (Theogn. 489), da cui bevevano a turno tutti gli invitati al convito. Cfr. Schol. ad *Gall.* 12, Rabe, p. 90: φιλοτησίαν προπίνειν ἐστίν, ἡνίκα τις ἐν ἀρίστῳ ἀπὸ τῆς δοθείσης αὐτῷ φιάλης πιὼν μέρος τὸ λοιπὸν παράσχῃ φίλῳ καὶ τὴν φιάλην χαρισάμενος) e *Suda* φ 427, che riporta una spiegazione pressoché identica.

La formulazione φιλοτησίας προπίνειν è attestata frequentemente in commedia (Arist. *Ach.* 985; Alex. fr. 291 K.-A.; Theop. fr. 32 K.-A.), da cui Luciano può averla ereditata, integrandola in un contesto conviviale sregolato e violento. Cfr. anche Dem. 19.128.

§ 12) ἀγχώμαλα: è un aggettivo tipico del lessico militare, che descrive una situazione di stallo nel corso di una battaglia (Thuc. 4.134.2: ἀγχώμαλος μάχη; come avverbio nella forma di neutro plurale, vedi anche 7.71.4). Vedi *supra*, p. 239, s.l. ἐκεχειρία. Il linguaggio impiegato in questa scena consta di un insieme eterogeneo di termini, che insistono sul rapporto conflittuale tra i due presunti sapienti: il verbo ὑπερέχω, l'avverbio ἀναιμωτί e il sostantivo τραῦμα. L'immagine delineata, infatti, è molto simile ad un combattimento: se nella fase iniziale della controversia la situazione tra i due filosofi appare paritaria, alla fine la vittoria sarà conseguita dal maestro di Ermotimo. In modo particolare, l'avverbio ἀναιμωτί ricorre in *Il.* 17.363 (οὐδ' οἳ γὰρ ἀναιμωτί γε μάχοντο), definendo le peculiarità dello scontro violento tra i Greci e i Troiani. Cfr. anche *Il.* 17.497 e *Od.* 18.149, in cui il medesimo avverbio, in maniera affine al nostro passo, è preceduto da una negazione. Il successo dello stoico, infatti, non deriva da un regolare confronto dialettico, bensì da un atto di forza repentino, che gli consente di avere la meglio sul suo avversario.

In *Iupp. trag.* 24-25 la tenzone filosofica tra l'epicureo Damide e lo stoico Timocle ha un esito analogo a quello rappresentato in questo aneddoto. Nel corso dell'assemblea degli dei convocata da Zeus per trovare una strategia atta a contrastare efficacemente le argomentazioni atee di Damide, Poseidone suggerisce di eliminare fisicamente l'epicureo, onde evitare che egli riesca a sopraffare con le sue parole il più debole Timocle (μή ... ὑπέρσχῃ λέγων). Zeus respinge questa proposta perché una tale vittoria precluderebbe l'autodifesa dell'epicureo, che resterebbe così ἀήττητος, lasciando il suo discorso ἀμφήριστος e ἀδιάκριτος. Similmente, nel racconto di Licino il maestro stoico non sconfigge il suo interlocutore sul piano dialettico; al contrario, dopo aver descritto il comportamento prepotente del filosofo, il commento finale di Licino: "καὶ οὕτως ἐκράτησεν" rimarca con ironia la natura violenta, e quindi falsata, della vittoria conseguita.

ὁ διδάσκαλός σου ὁ βέλτιστος ὃν εἶχε σκύφον Νεστόρειόν τινα καταφέρει αὐτοῦ πλησίον κατακειμένου: si tratta di un accenno ironico ad *Il.* 11.632-637, che è il passo in cui è raffigurata la grande coppa di Nestore. Tuttavia, l'aggettivo Νεστόρειος in relazione ad una coppa appare solo in questo passo di Luciano, mentre le altre due attestazioni disponibili designano rispettivamente un carro (ἅρμα: Pind. *Pyth.* 6.32) o un canto (μέλος: Eur. fr. 899 Kannicht). In *Symp.* 14 il narratore descrive con enfasi affine la coppa appena consegnata al cinico Alcidamante, alludendo al comportamento facinoroso che i filosofi esibiranno di lì a poco, nonché alle ferite che essi si procureranno per mezzo della medesima coppa (ὅσων κακῶν ἀρχὴν ὁ σκύφος ἐκεῖνος ἐνεδεδώκει. Cfr. *Symp.* 45: σκύφοι ῥιπτομένοι).

βέλτιστος: Licino si serve di questo aggettivo in senso mordace, poiché non intende mettere in rilievo le ottime qualità morali del precettore stoico (vedi i §§ 49, 64, 69), bensì le enormi carenze della sua condotta morale. In questo caso, infatti, il maestro di Ermotimo, malgrado le pretese di perfezione morale accampate nei confronti del suo discepolo, appare ancora molto lontano dal conseguimento del bene supremo che τὸ βέλτιστον designa in altri passi del nostro dialogo (§§ 49, 64 e 69: vedi *infra*, pp. 486-487). Vedi l'uso ironico di questa parola in *Philops.* 19; *Icar.* 13 e 27; *Iupp. trag.* 40; *Gall.* 6; *Peregr.* 1; *Bis acc.* 32; *Saturn.* 24.

Solitamente βέλτιστος appare in una delle formule allocutive più comuni (Antiphan. fr. 282 K.-A.; Eub. fr. 106 K.-A.; Arist. *Pl.* 1172; Plat. *Gorg.* 515a; *Rep.* 1.337e; etc.), che Luciano stesso adopera con notevole frequenza. Si veda il quadro riassuntivo in Dickey, 1996, p. 278.

§ 13) τί οὐ διηγῇ μοι ἑταίρῳ ὄντι ... οὐ γὰρ ἀποκλείσετέ με δηλαδὴ φίλοι ὄντες: con questa richiesta Licino segna la conclusione della parte iniziale del dialogo e l'avvio della lunga confutazione di Ermotimo (§§ 14-70). In realtà Licino cerca di mitigare l'attrito con il suo interlocutore che, dopo aver prestato attenzione al profilo irriverente tracciato per il suo precettore stoico (§§ 9-10), ha minacciato di interrompere la conversazione (§ 11). A questo punto, Licino, appellandosi ad un presunto legame di amicizia definitivamente stabilito con Ermotimo, lo invita a spiegargli il modo in cui ha intrapreso il suo percorso di studi filosofici. Cfr. il § 32, dove Ermotimo è detto amico di Licino dai filosofi redivivi (ὁ σὸς φίλος οὗτος ὁ Ἑρμότιμος); il § 36, che è il momento in cui Licino invita Ermotimo a non prendersi gioco di lui (μὴ πώς με παραλογίζῃ, ὦ γενναῖε, καὶ ταῦτα φίλον ὄντα) e il § 72, quando, nella fase finale della confutazione, Licino rivendica l'intenzione benevola dell'ἔλεγχος sferrato contro Ermotimo (φίλος ὤν). In *Nec.* 2 Menippo è invitato dal suo amico a riferirgli il contenuto del decreto promulgato contro i ricchi (μὴ φθονήσῃς φίλῳ ἀνδρὶ τῶν λόγων), mentre in *Gall.* 5 il gallo-filosofo, dopo un battibecco iniziale con Micillo, lo esorta ad ascoltare le sue parole (εἴ σοι φίλον ἄκουε), convincendolo progressivamente a rinunciare alle ricchezze vanamente ambite (in *Gall.* 18, infatti, è Micillo a riconoscere nel gallo un suo amico: οὐδὲν ἐχρῆν ὀκνεῖν λέγειν πρὸς ἄνδρα σύνοικον καὶ φίλον).

Per quanto riguarda il sentimento di φιλία che dovrebbe instaurarsi tra filosofi, in *Fug.* 3 la Filosofia si lamenta dei falsi filosofi, i quali nonostante si proclamino suoi amici, le procurano molte sofferenze (οἱ δέ —πῶς ἂν εἴποιμι;— οἱ ξυνήθεις καὶ φίλοι φάσκοντες εἶναι καὶ τοὔνομα τοὐμὸν ὑποδυόμενοι, ἐκεῖνοί με τὰ δεινότατα εἰργάσαντο). Vedi anche *Pisc.* 36 sui falsi sentimenti di amicizia degli pseudo-filosofi, che emergono in tutta evidenza dinanzi all'eventualità di potersi accaparrare delle ricchezze (μέχρι γὰρ τούτου φίλος ἕκαστος αὐτῶν, εἰς ὅσον ἂν μὴ ἀργύριον ἢ χρυσίον ᾖ προκείμενον ἐν τῷ μέσῳ). Al contrario, in *Demon.* 10 è descritto lo slancio sincero di amicizia ispirato da Demonatte in chiunque discorresse con lui.

Si noti che in questo appello reiterato all'amicizia tra i due interlocutori è rintracciabile un'eco propria dei dialoghi platonici: per esempio, in *Lach.* 196b Lachete distingue un dialogo disinteressato tra amici, e volto alla ricerca comune della verità, da una discussione animata dal desiderio di persuadere o di prevalere sull'altro. Cfr. *Prot.* 337a-b; *Men.* 75c-d e *Gorg.* 487e, tutti passi in cui emerge "*la contrapposizione tra un atteggiamento eristikos e uno improntato alla philia e rivolto al* dialegesthai" (De Luise - Farinetti, 2000, p. 210, n. 2). Vedi anche *Charm.* 165b; *Crat.* 384c e *Gorg.* 506a, dove Socrate avvia la discussione in termini di assoluta sintonia con il proprio interlocutore.

Tuttavia, la natura dialogico-socratica dell'*Hermotimus* sarà presto trascurata a favore di una modalità comunicativa meno aperta al confronto, in cui Licino risulterà prevalere e dominare, finendo per alterare dall'interno la struttura del dialogo filosofico tradizionale (vedi *supra*, pp. 16-19).

In questo momento Licino riproduce efficacemente l'atteggiamento affabile di Socrate, mostrandosi latore di nessuna dottrina concreta e dichiarandosi pronto ad imparare da Ermotimo. Tuttavia, questa asserzione non corrisponde ad una volontà genuina di conoscenza poiché serve a Licino a propiziarsi il suo interlocutore e ad avviare più facilmente il suo attacco satirico. Vedi Camerotto, 2014, pp. 192-199, che dà il giusto rilievo al motivo dell'ἐπιθυμία della conoscenza come momento imprescindibile per attivare l'azione satirica.

αὐτὸς κατὰ σὲ γεγονὼς ἠρξάμην φιλοσοφεῖν τετταρακοντούτης σχεδόν: Ermotimo sostiene di aver cominciato ad occuparsi di filosofia all'età di quarant'anni, che corrisponde a quella attuale del suo interlocutore Licino.

In *Bis acc.* 32 compare un riferimento cronologico analogo, giacché il retore siro, nel pronunciare la sua arringa difensiva, dichiara che, una volta compiuti i quarant'anni, avrebbe lasciato la retorica per volgersi all'esercizio della filosofia (καλῶς εἶχέ μοι ἀνδρὶ ἤδη τετταράκοντα ἔτη σχεδὸν γεγονότι θορύβων μὲν ἐκείνων καὶ δικῶν ἀπηλλάχθαι ... εἰς δὲ τὴν Ἀκαδήμειαν ἢ εἰς τὸ Λύκειον ἐλθόντα τῷ βελτίστῳ τούτῳ Διαλόγῳ συμπεριπατεῖν). Una lettura strettamente autobiografica di questi riferimenti ha indotto ad individuare nella vita dello stesso autore un analogo momento di svolta, ripetutamente presentato nei termini di una conversione dall'esercizio della professione retorica alla pratica filosofica. Sulla *vexata quaestio* della presunta conversione di Luciano alla filosofia vedi Hall, 1981, pp. 35-38, che riassume le tappe del lungo dibattito, sottolineando opportunamente l'interesse prima di tutto stilistico-letterario di Luciano per il dialogo filosofico di Platone. Su questo vedi la trattazione più dettagliata *supra*, pp. 11-22. Si prenda in considerazione anche Baumbach - von Möllendorff, 2017, p. 35, che intendono questi reiterati accenni come il resoconto del "*Rollenwechsel eines Profis*". Sembra, infatti, che l'autore tracci il profilo di un intellettuale tipico del suo tempo, retore di formazione ma non privo di interessi di ordine filosofico, spesso declinati secondo i temi predisposti nella diatriba cinico-stoica (su questo tema vedi Moreschini, 1994, pp. 5101-5109 e Whitmarsh, 2005, pp. 23 ss.). Si noti che in *Salt.* 2 Luciano ammiccherebbe al suo interesse moderato per la filosofia, contrassegnato non tanto da un impegno dogmaticamente definito, bensì da una forma di saggezza pragmatica, lontana da qualsiasi capziosità argomentativa. Sui limiti dell'identificazione di Licino con l'autore vedi *supra*, pp. 172-174. A conferma del carattere insincero della messinscena di questa conversione vi è il fatto che Licino, poco dopo aver dichiarato un serio interesse per la filosofia (§ 13), mostra la dissoluzione di questo stesso entusiasmo (§§ 84-85, in cui distoglie anche Ermotimo dall'esercizio della filosofia). Il motivo della *conversio* filosofica, infatti, che rimanda ad una moda intellettuale particolarmente diffusa nella prima età imperiale, trovando in Marco Aurelio un caso esemplare, è riprodotta nel nostro dialogo in termini finemente parodici (cfr. Braun, 1994, pp. 297-305 e Kasulke, 2005, pp. 79-142). In aggiunta, i quarant'anni sono spesso designati dai biografi antichi come il momento di piena maturità intellettuale di un individuo (la cosiddetta ἀκμή: vedi Apoll. *FGrH* 244 F30b etc., sul cui metodo di datazione si veda almeno Mosshammer, 1979, pp. 113-127), ravvisabile nella capacità di prendere decisioni fondate e ragionevoli (cfr. Marc. Aur. 11.1 e le considerazioni in Farquharson, 1968², vol. II, p. 857). Al contrario, Ermotimo non riesce a dare una solida giustificazione alla scelta filosofica compiuta a quell'età, mentre Licino, che si dichiara inizialmente immaturo, in realtà si rivela idoneo a mettere a frutto le potenzialità delle sue energie intellettuali.

Nesselrath, 1992, pp. 3451 ss., invece, intravede nel dato anagrafico di Ermotimo, e quindi di Licino, un riferimento alla figura dell'ὀψιμαθής, verso cui Platone prende una posizione particolarmente critica (vedi *Soph.* 251b, mentre in *Gorg.* 485a-d Callicle dichiara che la filosofia sia uno strumento educativo imprescindibile per i giovani, diventando un gioco ridicolo per chi abbia raggiunto l'età matura). Sulla caratterizzazione negativa della figura dell'ὀψιμαθής vedi anche Theophr. *Char.* 27. In tal modo Licino presenterebbe in toni evidentemente canzonatori il serio impegno filosofico, che diventa ancora più evidente nel corso della conversazione con Ermotimo. Cfr. il § 81 (vedi *infra*, pp. 552-560).

δίδοτε ἀντιλέγειν ... τοῖς νεωτέροις; questa richiesta di Licino sottintende quanto egli stesso ha riferito poco prima a proposito del maestro di Ermotimo. Nel corso del dibattito con un peripatetico, il precettore stoico, mal tollerando il peso del confronto dialettico, nonché il rischio di sottostare alle conseguenze della confutazione, reagisce con un impeto violento (vedi i §§ 11-12: ἐλέγετο ... [*scil.* τὸν διδάσκαλον] ... πρὸς Εὐθύδημον τὸν ἐκ τοῦ Περιπάτου παροξυνθῆναί τι καὶ ἀμφισβητῆσαι αὐτῷ περὶ ὧν ἐκεῖνοι εἰώθασιν ἀντιλέγειν τοῖς ἀπὸ τῆς Στοᾶς). Licino, dunque, sembra riprendere il verbo ἀντιλέγειν auspicando velatamente che Ermotimo non si ispiri al comportamento del suo maestro, rendendosi disponibile ad un confronto dialogico pacifico. Così facendo, Licino interpreta uno dei tratti propri di Socrate, per il quale uno dei presupposti fondamentali del vero dialogo consiste nella possibilità di pronunciare liberamente le proprie idee e confrontarle senza remore con quelle altrui (si tratta del concetto di *parrhesia*, sul quale vedi: *Gorg* 487a-b; *Lach.* 178a; *Charm.* 156b). Solo attraverso una comunicazione libera e sincera, infatti, sarebbe possibile esaminare reciprocamente i propri pensieri e avanzare nella ricerca comune. Al contrario, il dialogo promosso da Licino non porta ad un confronto autentico con il suo interlocutore, risolvendosi piuttosto in una mera confutazione dell'aspirante stoico, con l'obiettivo di rivelare l'infondatezza della sua scelta filosofica.

L'ἀντιλέγειν, infatti, individua il nucleo fondamentale della tecnica argomentativa del contraddittorio, animata da intenzioni competitive e volta esclusivamente alla ricerca di ragionamenti contrari a quelli dell'avversario. In *Soph.* 225a-b Platone definisce il modo antilogico come un procedimento fondato sulla contrapposizione di discorsi a discorsi, che è divenuto uno degli strumenti più caratteristici della tecnica eristica dei sofisti. Questi, infatti, non sono interessati ad un'indagine costruttiva dell'oggetto ricercato, bensì alla mera sconfitta della propria controparte, al punto che il confronto può pervenire *"alla rissa verbale, in cui si pone attenzione solo all'uso dei nomi"* (Centrone, 1997, p. 433, n. 52). Vedi *Symp.* 216b e *Rep.* 5.454a. Sulla distinzione tra metodo socratico e metodo sofistico vedi la dettagliata analisi in Giannantoni, 2005, pp. 41-88. Sulla tecnica antilogica praticata dai sofisti, invece, vedi Bonazzi, 2010[2], pp. 140-148.

L'esito di questo metodo, in cui ogni forma di conoscenza è contestata da una in senso opposto, può collimare con una forma di relativismo scettico (*Euthyd.* 272b; *Phaed.* 90c), che preclude qualsiasi possibilità di fondare un sapere razionalmente comprovato. Vedi *supra*, pp. 21-22.

Nel corso della sua argomentazione Licino mette efficacemente in campo una serie di ragionamenti, in parte provenienti direttamente dall'armamentario scettico, che privano Ermotimo del baldanzoso convincimento mostrato nella fase iniziale del dialogo, riducendolo intenzionalmente in uno stato aporetico definitivo. È proprio con la richiesta di potersi esprimere liberamente che Licino si assicura la disponibilità da parte dell'interlocutore ad accettare le conseguenze della sua confutazione, prevenendo l'eventualità di qualsiasi accusa. Analogamente, vedi la richiesta di Momo in *Deor. conc.* 2 (ἀξιῶ δέ, ὦ Ζεῦ, μετὰ παρρησίας μοι δοῦναι εἰπεῖν· οὐδὲ γὰρ ἂν ἄλλως δυναίμην, ἀλλὰ πάντες με ἴσασιν ὡς ἐλεύθερός εἰμι τὴν γλῶτταν) e l'invito di Cinisco a Zeus in *Iupp. conf.* 5, affinché ascolti senza ira le sue parole (μὴ τραχέως μηδὲ πρὸς ὀργὴν ἀκούσῃς ἐμοῦ τἀληθῆ μετὰ παρρησίας λέγοντος). Sulla reazione di Ermotimo al contraddittorio di Licino vedi *infra*, pp. 392, 471 e 501-502.

εὖ γε —νὴ τὸν Ἑρμῆν, ὦ Ἑρμότιμε, αὐτὸν οὗ ἐπώνυμος ὢν τυγχάνεις: Licino fa un gioco di parole con il nome proprio di Ermotimo, che riappare, benché in maniera meno perspicua, al § 52 (ὅτῳ πρώτῳ ἂν ἐντύχῃς, τούτῳ ἕψῃ καὶ συμφιλοσοφήσεις κἀκεῖνος ἕρμαιον ποιήσεταί σε;). Si tratta di una strategia ironica ampiamente utilizzata nel *corpus* lucianeo, come dimostra dettagliatamente Ureña Bracero, 1995, pp. 171-199 (per altri giochi di parole con i nomi propri vedi soprattutto pp. 175-176, n. 22). Altri utili studi sulla funzione dei nomi in Luciano sono in Bellinger, 1928, pp. 1-40 e Bompaire, 1958, pp. 699-704, mentre, a proposito dei filosofi, vedi Schwartz, 1982, pp. 259-264.

§§ 14-15) Le prime battute del dialogo impostano il tema generale dell'opera. Dopo aver espresso il desiderio di dedicarsi allo studio della filosofia, Licino chiede al suo interlocutore precisazioni relative al quadro dottrinario filosofico del tempo. Dal dibattito si evince che lo Stoicismo abbracciato da Ermotimo non è l'unico percorso filosofico possibile; al contrario, i filosofi sono numerosi (μάλα πολλοί), e l'uno appare diverso dall'altro, poiché ciascuno sostiene una dottrina differente. Dinanzi a questa gamma variegata di scuole di pensiero occorre stabilire quale sia quella vera e se essa collimi con la scelta presa da Ermotimo.

Com'è già stato ampiamente rilevato (cfr. Schwarz, 1877, p. 26; Praechter, 1892, p. 284; Nesselrath, 1992, p. 3476 ed Esposito, 1995, p. 171), Licino forgia questo argomento sul tropo scettico ἀπὸ τῆς διαφωνίας che, in opposizione a qualsiasi pretesa dogmatica, evidenzia la varietà di opinioni espresse dalle differenti scuole filosofiche rispetto ad un medesimo problema (*Pyrrh. hyp.* 1.165; 3.3; *Adv. math.* 9.191 e D. L. 9.88). Si tratta del primo dei cinque "modi" di ragionamento confutativi attribuiti ad Agrippa, per cui vedi *supra*, p. 48. Licino se ne serve per destabilizzare le certezze dogmatiche del suo interlocutore stoico (§§ 14-15; 25-27, applicato alla similitudine della città ideale, ma anche 62 e 66), il quale, di fronte alla molteplicità degli indirizzi filosofici esistenti, è invitato a rendere conto delle ragioni della sua scelta, dandone adeguata giustificazione.

Questo argomento ricorre ripetutamente nel *corpus* lucianeo con lo stesso valore antidogmatico. In *Nec.* 4, 21 e *Icar.* 3, 5 la molteplicità delle scuole filosofiche riduce Menippo ad una condizione di massimo smarrimento (ἀπορία), diventando il movente della sua azione: egli, infatti, decide di dirigersi rispettivamente nell'Ade e presso Zeus per scoprire quale sia la dottrina filosofica degna di scelta. Vedi anche *Bis acc.* 11, là dove Pan riproduce la varietà di opinioni dei filosofi e il carattere astruso delle dottrine corrispondenti (su questo vedi Braun, 1994, pp. 111-122). Cfr. *Tim.* 9 e *Par.* 27, in cui Simone sostiene che i πράγματα della filosofia varino rispetto alle diverse correnti filosofiche, al punto da privarla del suo fondamento sostanziale (ὑπόστασις). Vedi Nesselrath, 1985, p. 361. La diafonia tra i vari λόγοι filosofici è al centro della trama complessiva di tre opere: *Symposium*, *Iuppiter Tragoedus* ed *Eunuchus*, che ne offrono un quadro molto più complesso ed esteso. Cfr. Tomassi, 2011[1], pp. 262-263. In generale, su questo tropo si considerino le osservazioni di Chiesara, 2003, p. 155 e Spinelli, 2005, pp. 35-37.

In Cic. *De nat. deor.* 1.6 ("*profecto eos ipsos qui se aliquid certi habere arbitrantur addubitare coget doctissimorum hominum de maxima re tanta dissensio*") e 13 il medesimo ragionamento scettico serve a sottolineare la varietà delle idee filosofiche sugli dei e su tutto quanto ne concerne (si veda Leonhardt, 1999, pp. 73-81). Tracce di questo argomento sono anche in Num. fr. 24.67-73 des Places che, alla discordia tra le varie scuole di pensiero, contrappone la fede nella dottrina di Platone. A tal proposito vedi Boys-Stones, 2001, pp. 123-150.

§ 14) Διογένους ἄλλοι τινὲς καὶ Ἀντισθένους ζηλωταί: tra le numerose scuole filosofiche elencate al suo interlocutore (Peripatetici, Epicurei, Platonisti e Pitagorici), Ermotimo cita anche Diogene ed Antistene, provvedendo a distinguere i relativi discepoli e a non confonderli sotto la medesima denominazione di Cinici. Non si tratta di una vana puntualizzazione, dato che all'epoca di Luciano l'identità filosofica di Antistene è ancora oggetto di aspra discussione, soprattutto in relazione al suo ruolo come fondatore dell'indirizzo cinico (*SSR* VA 22-26). Su questo argomento vedi Dudley, 1937, pp. 1-16; Goulet-Cazé, 1986, pp. 141-150 e 209-210 e Giannantoni, 1993, pp. 15-34. Ermotimo prende una posizione precisa rispetto a questo controverso problema, distinguendo nettamente non solo Antistene da Diogene, ma anche i rispettivi adepti. Al § 15, invece, Licino riporta una nuova lista di filosofi, tra i quali compaiono di nuovo i Platonisti, gli Aristotelici, i discepoli di Antistene e infine i seguaci di Crisippo e Zenone, definiti i capostipiti dello Stoicismo. In questo caso scompare il riferimento a Diogene, mentre persiste il silenzio sugli Scettici, il cui pensiero informa nondimeno buona parte del dibattito e delle tecniche argomentative dello stesso Licino. Sulla posizione di Luciano rispetto ai Cinici vedi Nesselrath, 1998, pp. 121-135, mentre rispetto agli Scettici vedi l'ultimo profilo tracciato da Bonazzi, 2010[1], pp. 37-48. Cfr. *supra*, pp. 22-38.

τὸ δέ γε ἀληθὲς οἶμαι πάντως που ἓν ἦν αὐτῶν, ἀλλ' οὐ πάντα, διάφορά γε ὄντα: nonostante la discrepanza dottrinaria tra le varie scuole di pensiero, Licino conferma l'esistenza di una verità e, di conseguenza, di un indirizzo filosofico vero. Con questa affermazione Licino riflette fedelmente la particolarità della posizione scettica, che non nega radicalmente l'esistenza di una verità, sostenendone piuttosto l'inconoscibilità. Vedi a questo proposito Sext. Emp. *Pyrrh. hyp.* 1.1-4: Sesto asserisce che, contrariamente alle pretese dei filosofi dogmatici, gli Scettici non possiedono nessuna verità ma continuano a cercarla senza irrigidirsi in una dottrina ben definita. Su questo vedi Dal Pra, 1975[2], vol. II, p. 471. Le dichiarazioni relative all'unicità della virtù sono più frequenti in ambito accademico. Cfr. Cic. *De nat. deor.* 1.5 ("*quorum* [*scil.* doctorum] *opiniones cum tam variae sint tamque inter se dissidentes ... alterum certa non potest ut plus una vera sit*"); *Ac. pr.* 2.115 ("'*nostra*' *inquies* '*sola vera sunt*'. *Certe sola, si vera; plura enim vera discrepantia esse non possunt"*), 132 e 147 (*"cum plus uno verum esse non possit, iacere necesse sit tot tam nobiles disciplinas"*). Vedi Praechter, 1892, p. 285, n. 3 e Schwarz, 1914, p. 13. Luciano riproduce puntualmente questa idea scettica, evitando di cadere in una forma di dogmatismo negativo. Sull'unicità della verità e del percorso che conduce ad essa vedi i §§ 25 (la città della virtù è una sola); 27 (c'è solo una via che conduce ad essa), 28 e 45. Si noti che in *Pisc.* 13 Parresiade sostiene che una sola è la vera filosofia, a fronte di numerose altre, che pretendono ingiustamente di essere quella autentica (καίτοι μία πάντως ἥ γε ἀληθὴς Φιλοσοφία καὶ ἐν αὐταῖς).

La parola διαφορά appare con una certa frequenza nelle fonti scettiche, costituendo l'oggetto del secondo tropo riportato da Sesto, con cui si dà rilievo alla vasta gamma di difformità fisiche, ovvero psicologiche ed intellettuali riscontrabili nei singoli individui (*Pyrrh. hyp.* 1.79-90, detto appunto ἀπὸ τῆς διαφορᾶς τῶν ἀνθρώπων). In modo particolare, in *Pyrrh. hyp.* 1.85 il carattere eterogeneo del pensiero degli uomini si trova riflesso esplicitamente nella varietà delle dottrine concepite dai filosofi dogmatici (τὸ δὲ μέγιστον δεῖγμα τῆς κατὰ τὴν διάνοιαν τῶν ἀνθρώπων πολλῆς καὶ ἀπείρου διαφορᾶς ἡ διαφωνία τῶν παρὰ τοῖς δογματικοῖς λεγομένων). Cfr. anche *Pyrrh. hyp.* 1.221, dove il medesimo termine denota la diversità dell'indirizzo scettico rispetto alle altre dottrine. Così anche in *Pyrrh. hyp.* 2.59 (ἡ τῶν διανοιῶν διαφορά) e in *Adv. math.* 9.110. Su questo argomento vedi Janáček, 1972, pp. 74-75.

Nel nostro caso, Licino allude alla pluralità delle dottrine filosofiche, infrangendo così la presunta esclusività della filosofia stoica, che è l'unica ad essere stata presa in considerazione da Ermotimo (sul primo tropo di Agrippa ἐκ διαφωνίας vedi *supra*, p. 250).

πάνυ μὲν οὖν: questa espressione ricorre così frequentemente nei dialoghi platonici, da poter essere percepita come marca stilistica immediatamente riconoscibile. Vedi von Möllendorff, 2000¹, p. 157, n. 37. Sugli stilemi propriamente platonici impiegati da Luciano nel nostro dialogo vedi Nesselrath, 1992, pp. 3472-3473. Anche per mezzo di elementi puramente formali Luciano intende conferire un *"truly Platonic flavour"* alla sua opera, come si esprime giustamente Hall, 1980, p. 285 a proposito di alcune espressioni platoniche affioranti in *Lex.* 2-4 e 9-16. Allo stesso modo, nel nostro dialogo, Luciano non si limita a creare un impianto discorsivo vagamente platonico ma, per mezzo di peculiarità linguistiche e stilistiche precise, riproduce l'impressione di un vero dialogo filosofico tradizionale.

§ 15) τῷ πότε πιστεύσας ... τίνι ταῦτα ἐτεκμαίρου τότε: Licino chiede ad Ermotimo in che modo abbia compiuto la sua scelta, cioè in virtù di quale criterio o metro di giudizio abbia individuato nella filosofia stoica quella vera, rigettando le altre come false. Il verbo πιστεύω richiama la πίστις, ossia un atto di fiducia compiuto a favore di qualcuno o qualcosa (cfr. i §§ 7 e 27 e le osservazioni *infra*, pp. 314-315), mentre τεκμαίρομαι denota un ragionamento inferenziale basato su segni o indizi sicuri (τέκμαρ), che permettono di formulare giudizi in maniera fondata (su questo verbo vedi anche i §§ 19 e 43).

In questo passo Luciano lascia trasparire la conoscenza delle due differenti tipologie di sapere che attraversano la storia della filosofia e della scienza greche. La πίστις, infatti, è propria di un procedimento conoscitivo che si fonda sulla fiducia riposta in indovini o sacerdoti, reputati latori di un sapere attinto direttamente dalla divinità attraverso l'adempimento di determinati riti o l'interpretazione di segni specifici (cfr. Pind. *Ol.* 8.3). Si tratta del cosiddetto sapere aristocratico-sacerdotale, comprovato esclusivamente dal metodo induttivo della mantica e variamente laicizzato nel corso del tempo (su questo argomento vedi Vegetti, 1975, pp. 48 ss.). Il metodo analogico-semeiotico, invece, sulla base dell'analisi e dell'osservazione di una traccia visibile, tratta dalla natura o dalle opere dell'uomo, promuove un sapere pratico, concepito e tramandato da τεχνίτης esperti e indipendenti da qualsiasi credenza teologico-religiosa. Una visione d'insieme su queste due forme di sapere è in Corcella, 1984, pp. 42-48; Hussey, 1990, pp. 11-38 e Gerson, 2009, pp. 1-26.

Nel corso del dialogo Ermotimo mostrerà una certa ambiguità nei confronti di una conoscenza garantita dalla mantica (vedi la discrepanza nelle dichiarazioni tra i §§ 15 e 20), mentre Licino, fedele alla sua impostazione scettico-empiristica, richiamerà l'attenzione su segni concreti grazie ai quali sarebbe possibile discernere la dottrina filosofica migliore (vedi *infra*, pp. 402-403 e 492-493).

Il tema della πίστις è di centrale importanza nel dibattito intrattenuto tra i primi apologeti cristiani e i rispettivi detrattori, che ne individuavano la cifra caratterizzante della debole *forma mentis* cristiana, distinguendola dal solido λογισμός cui è improntata larga parte della tradizione filosofica greca. In Orig. *Contr. Cels.* 1.9 Origene riporta la polemica mossa da Celso contro i Cristiani, che erano soliti rivendicare la legittimità della propria fede e dei rispettivi principi senza munirli di spiegazioni appropriate (φησὶ δέ τινας μηδὲ βουλομένους διδόναι ἢ λαμβάνειν λόγον περὶ ὧν πιστεύουσι χρῆσθαι τῷ «Μὴ ἐξέταζε ἀλλὰ πίστευσον» καὶ «Ἡ πίστις σου σώσει σε»). In *Peregr.* 13 appaiono tracce di questa polemica, tanto che i Cristiani sono descritti come quelli che κοινὰ ἡγοῦνται, ἄνευ τινὸς ἀκριβοῦς πίστεως τὰ τοιαῦτα παραδεξάμενοι. Vedi Pilhofer, 1990, pp. 4-6 e Pomelli, 2011, pp. 104-112 relativamente al nostro dialogo. Tuttavia, non è possibile stabilire con certezza se nel nostro dialogo Licino intenda contestare una consuetudine propriamente cristiana oppure faccia riferimento, in tono chiaramente provocatorio, ad una tendenza dominante nella stessa tradizione filosofica greca. Su questo argomento vedi Dodds, 1965, pp. 120-123, che accenna al progressivo sopravvento ottenuto da un credo vagamente neoplatonico, nettamente distinto dalla tradizione filosofica precedente. Cfr. Plut. *De Is. et Os.* 68.378B-C, che richiama la necessità di un uso sorvegliato del λόγος filosofico, presentato come baluardo nei confronti di qualsiasi ingenua adesione a superstizioni o a credenze ormai dilaganti (διὸ δεῖ μάλιστα πρὸς ταῦτα λόγον ἐκ φιλοσοφίας μυσταγωγὸν ἀναλαβόντας ὁσίως διανοεῖσθαι τῶν λεγομένων καὶ δρωμένων ἕκαστον ... οὐδὲν γὰρ ὢν ἄνθρωπος ἔχειν πέφυκε θειότερον λόγου καὶ μάλιστα τοῦ περὶ θεῶν οὐδὲ μείζονα ῥοπὴν ἔχει πρὸς εὐδαιμονίαν). A proposito di questo argomento vedi Ferrari, 2016[2], pp. 39-43, che mette in evidenza il programma "concordista" perseguito dallo stesso Plutarco in vista di una conciliazione tra filosofia platonica e tradizione religiosa.

Con la parola τέκμαρ Licino introduce il nodo argomentativo centrale nel dibattito successivo: il bisogno di un segno, ossia di un criterio di giudizio (τέκμαρ/τεκμήριον: sui rapporti etimologici tra queste due parole vedi Chantraine, 1999, pp. 1099-1100), che giustifichi una determinata scelta filosofica e consenta ad Ermotimo di non restare intrappolato nell'ἔλεγχος di Licino. Poiché la verità rientra tra ciò che non è immediatamente manifesto, il segno visibile fornirebbe gli indizi essenziali per rivelare quanto sia rimasto ἀφανής (al § 55 è discussa la parola σημεῖον. Vedi *infra*, pp. 413-418).

Questo argomento ritorna con una certa frequenza nel pensiero scettico, indagando l'entità della verità pretesa da ciascuna filosofia dogmatica. In Sext. *Adv. math.* 7.27-37, per esempio, Sesto prende in considerazione l'esistenza di un criterio valido per poter asserire con certezza il conseguimento della verità (27: τὸ μέγα καὶ σεμνὸν τῶν δογματικῶν αὔχημα ἀναιρεῖσθαι ἄρδην δεήσει, μηδενὸς εὑρισκομένου κανόνος τῆς κατ' ἀλήθειαν τῶν πραγμάτων ὑπάρξεως). La discussione del criterio coincide in larga parte con quella del segno, che, a sua volta, consentirebbe di individuare la verità, distinguendola da altre solo apparentemente tali. In *Adv. math.* 8.141-299, invece, è offerta una dettagliata panoramica dossografica sull'argomento del segno. Anche in ambito accademico la questione del segno distintivo della verità sembra essere stato un tema particolarmente dibattuto. Cfr. Cic. *Ac. pr.* 2.34, che riporta la tesi per cui, in presenza di una *communitas* tra vero e falso, non potrebbe esserci alcun *iudicium*, dato che non esiste un chiaro segno distintivo in base al quale operare una netta ripartizione (cfr. *ivi* 2.35: il vero per essere tale deve essere in possesso di "*certa et propria nota*"). Inoltre, sempre nel medesimo contesto, Cicerone discute sui limiti di una ricerca priva di un solido criterio di riferimento, in base al quale discernere il vero dal falso, destinati così a rimanere indeterminati (*ivi* 2.36: "*ut enim confidant, notum iis esse debebit insigne veri; quo obscurato et oppresso quod tandem verum sibi videbuntur attingere?"*). Su questo passo vedi Lévy, 1992, p. 213. Si tratta evidentemente di un *background* concettuale affine a quello sottinteso nel nostro dialogo, il che lascia presupporre l'ampia diffusione di argomenti di questo genere, cui Luciano riesce a dare un'originale vivacità drammatica. Sulla persistenza del tema del segno nel nostro dialogo vedi *infra*, pp. 275-276.

In riferimento a questo argomento vedi anche Sedley, 1982, pp. 239-272; Striker, 1974 e *id*., 1996, pp. 150-165, che ripercorre la complessa discussione attorno al tema del segno tra le varie scuole filosofiche.

καὶ μή μοι τὸν νῦν δὴ τοῦτον σεαυτὸν ἐννόει ... ἀλλὰ οὕτως ἀπόκριναι ὁποῖος τότε ἦσθα, ἰδιώτης καὶ κατὰ τὸν νῦν ἐμέ: Licino dichiara la sua imperizia in filosofia, presentandosi come ἰδιώτης rispetto ad Ermotimo, che è detto ἡμίσοφος ο σοφός, capace, dunque, di discernere la dottrina migliore.

L'approccio ironico di Licino all'aspirante stoico appare evidente nell'aggettivo ἡμίσοφος, che è un *hapax* lucianeo (Schmid, 1887, p. 383), ricorrente anche in *Bis acc*. 8 in riferimento a quanti, pur dedicandosi alla filosofia, mantengono ancora una parte del modo di agire profano. Licino, però, dissimula abilmente, almeno nella fase iniziale del dialogo, la sua disistima verso la presunta sapienza di Ermotimo, guadagnandosene accortamente la fiducia.

Si noti che in Cic. *De nat. deor*. 3.7 l'accademico Cotta chiede al suo interlocutore stoico di istruirlo nella dottrina teologica, dichiarandosi inesperto in materia (*"rudem me et integrum discipulum accipe, et ea quae requiro, doce"*). Su questo passo vedi Praechter, 1892, p. 285, n. 4 e Schwarz, 1914, p. 14, che riconducono ad un nucleo scettico-accademico la richiesta di Licino.

In questo passo Licino riproduce una caratteristica tipica della figura di Socrate. Questi, infatti, al primo contatto con gli interlocutori di turno, era solito dichiarare la sua incompetenza circa l'argomento in questione, appellandosi, non senza una certa ironia, al presunto sapere dei partecipanti alla conversazione (per una trattazione esauriente di questo argomento vedi almeno Vlastos, 1983, pp. 27-58 e Giannantoni, 2005, pp. 189-195). Licino, invece, dichiarando la sua ignoranza, invoca il sostegno di Ermotimo, senza lasciar trasparire ancora il suo intento irrisorio. Procuratosi così la benevolenza dell'aspirante stoico, Licino procede a confutarlo con maggiore efficacia, dimostrando progressivamente l'inconsistenza delle sue decantate conoscenze. Sui tratti socratici della figura di Licino vedi von Möllendorff, 2000[1], pp. 197 ss. e *supra*, pp. 173-174.

οὐ πάνυ ἀγκύλον ἠρόμην: Ermotimo non comprende la domanda del suo interlocutore, che rivendica la chiara formulazione del quesito, al contrario delle complesse elucubrazioni stoiche (cfr. il § 1). Sull'opportunità di un linguaggio lineare e comprensibile vedi *supra*, p. 179. In questo caso, Licino sembra richiamare la posizione scettica testimoniata soprattutto nel secondo libro degli

Adversus Mathematicos di Sesto, in cui si individua nell'espressione (λέξις) breve e precisa lo strumento principale di un'arte oratoria efficace (*Adv. math.* 2.56). Si tratta di una forma di eloquenza piana e accessibile, propriamente atticista, che non disdegna la lingua d'uso corrente. Inoltre, in *Adv. math.* 1.176-240 è tracciato il profilo di una lingua che congiunga le qualità di nitidezza, precisione e adeguatezza: parlare bene, infatti, non è una questione meramente stilistica ma una proprietà essenziale a garanzia di una comunicazione limpida con il proprio uditorio. Cfr. anche Herm. *De id.* 226, 381-384 e 395, che considera la σαφήνεια uno dei requisiti fondamentali per qualsiasi genere di discorso. Sulla rilevanza di questo argomento nella discussione retorica della prima età imperiale vedi Alain, 1993, pp. 6-10 e Karadimas, 1996, pp. 106-114 e 190 ss.

Lo stesso Luciano, nelle sue opere, si mostra incline ad una forma moderata di Atticismo, che sembra accostarsi maggiormente "*au goût de la simplicité, de l'utilité, de la tradition que manifeste Sextus Empiricus*" (Alain, 1993, p. 58). Al contrario, egli attacca apertamente qualsiasi formulazione inutilmente complessa o volutamente artificiosa, tipica del linguaggio dei filosofi dogmatici e dei retori iperatticisti in voga al suo tempo. Sulla concezione della lingua emergente dalla produzione di Luciano (cfr. *Lexiphanes, Soloecista, Rhetorum Praeceptor*) vedi Zweimüller, 2008, pp. 59-78.

ὥσπερ τὸν Χαιρεφῶντα ὁ Πύθιος: Cherefonte fu uno dei primi compagni e discepoli di Socrate (*Ap.* 20c-21a), noto per aver consultato l'oracolo di Delfi, mosso dal desiderio di sapere se esistesse un individuo più sapiente di Socrate, e ottenendo la conferma della preminenza intellettuale del maestro (Xen. *Mem.* 1.2.48). Vedi la narrazione del medesimo episodio in Xen. *Ap.* 14.

La figura di Cherefonte è stata oggetto di un'ampia rivisitazione comico-parodica. Nell'opera di Aristofane egli appare nelle vesti di un allievo impegnato in una febbrile attività intellettuale, da cui deriva il suo aspetto smunto (cfr. *Nub.* 104 e 503-504 e *Vesp.* 1412-1414), che gli procura il nomignolo di "pipistrello" (*Av.* 1296 e 1564). Vedi Dunbar, 1995, pp. 642-643. Anche altri comici sembrano averne tracciato un profilo sprezzante, presentandolo come il modello dell'intellettuale misero e sordido (Crat. fr. 215 K.-A.), emaciato dall'intenso fervore degli studi filosofici (Eup. fr. 253 K.-A.; Arist. frr. 552 e 584 K.-A.). Una panoramica dei passi della commedia antica relativi a Cherefonte è in van Leeuwen, 1898, p. 26 e Biles - Olson, 2015, pp. 487-488.

Il profilo di Ermotimo, che Licino delinea in apertura del dialogo, rievoca da vicino l'immagine di Cherefonte, rafforzando così il carattere derisorio della descrizione (vedi *supra*, pp. 179-183). Cfr. Helm, 1906, p. 375. Sulla deformazione comica di Cherefonte è informato anche Philostr. *VS* 1.483, il quale fornisce un'ulteriore testimonianza sulla notorietà di questa figura in età imperiale.

In questo passo Licino accenna con sottile arguzia all'aneddoto narrato da Platone, presentando Ermotimo come un novello Cherefonte, inviato presso gli Stoici per proclamare la loro superiorità rispetto alle altre scuole filosofiche. Un riferimento al medesimo episodio è anche in *Rhet. praec.* 13, ove il maestro della retorica moderna, con una chiara nota ironica, chiede all'aspirante allievo se sia giunto da lui su indicazione di Apollo, il quale, a suo tempo, aveva rivelato a Cherefonte l'identità dell'individuo più sapiente esistente sulla terra (μῶν σε, ὦ ἀγαθέ, ὁ Πύθιος ἔπεμψε πρός με ῥητόρων τὸν ἄριστον προσειπών, ὥσπερ ὅτε Χαιρεφῶν ἤρετο αὐτόν, ἔδειξεν ὅστις ἦν ὁ σοφώτατος ἐν τοῖς τότε;). Vedi Zweimüller, 2008, p. 277. Cfr. anche *Salt.* 25 (ὁ Σωκράτης δέ, σοφώτατος ἀνήρ, εἴ γε πιστευτέον τοῦτο περὶ αὐτοῦ λέγοντι τῷ Πυθίῳ).

§ 16) Dopo aver accertato l'esistenza di numerose scuole filosofiche (§ 15), Licino incalza Ermotimo perché gli riveli il metodo utilizzato per discernere prontamente la filosofia migliore. Ermotimo avanza due differenti parametri di giudizio: il criterio di maggioranza (§§ 16-17) e l'aspetto esteriore (§§ 18-19). Nel primo caso la scelta sarebbe avvenuta in favore della dottrina di pensiero cui si sia rivolta la maggior parte degli aspiranti filosofi, mentre nel secondo la preferenza sarebbe andata a quella scuola filosofica che contempli tra i suoi adepti i discepoli connotati dall'aspetto più austero. Licino provvede a rovesciare la validità di questi principi, affettando una certa stizza nei confronti di Ermotimo, fino ad accusarlo di nascondergli intenzionalmente la verità.

La diatriba sul criterio di verità accende lo scenario filosofico contemporaneo di Luciano, cui l'autore allude in maniera non del tutto velata (vedi *supra*, pp. 38-42). Tracce di questa discussione si riscontrano nella polemica scoppiata tra Galeno e Favorino sulla probabilità di distinguere il ragionamento vero da quello falso. Mentre Favorino si era impegnato a dimostrare l'insufficienza di qualsiasi criterio di verità, *in primis* quello stoico della κατάληψις, Galeno si limitava a rivendicare il valore dei criteri naturali, rievocando la celebre obiezione mossa dai dogmatici contro l'immobilismo intellettuale propugnato dagli Scettici (*SVF* 2.118). Il medico, infatti, schierandosi a difesa di Epitteto (fr. 35 Amato), sosteneva che esistessero dei criteri innati, in base ai quali sarebbe stato possibile formulare dei giudizi personali: il senso per discernere le realtà sensibili e l'intelletto per quelle intelligibili. Vedi ffr. 33-37 Amato e le note di commento in Barigazzi, 1966, pp. 175-194. Luciano è probabilmente a conoscenza di questa controversia, che risulta riflessa nel corso del dialogo, costituendo un nodo essenziale del dibattito tra i due interlocutori. Vedi *supra*, pp. 43-47.

ἑώρων τοὺς πλείστους ἐπ'αὐτὴν ὁρμῶντας ὥστε εἴκαζον ἀμείνω εἶναι αὐτήν: Ermotimo dichiara di aver preferito l'indirizzo di pensiero seguito dalla maggior parte degli aspiranti filosofi. Allo stesso modo, in *Pisc.* 12 Parresiade sostiene di aver parteggiato per la scuola filosofica maggiormente frequentata (αὐτὸς εἰκάσας ἢ ξεναγήσαντός τινος ἧκον ἂν ἐπί τινας θύρας βεβαίως ἐλπίσας τότε γοῦν εὑρηκέναι, τεκμαιρόμενος τῷ πλήθει τῶν εἰσιόντων τε καὶ ἐξιόντων).

Il valore del criterio di maggioranza è al centro di un'accesa *querelle*, almeno a partire dai dialoghi di Platone. In *Gorg.* 471e-472c Socrate si fa beffe dell'idea secondo la quale la parte processuale che presenti più testimoni a suo favore sia più credibile rispetto all'altra. Al contrario, egli si mostra pronto a sfidare da solo Polo e tutti i suoi avversari, confidando esclusivamente nella fondatezza del suo giudizio. Tuttavia, in *Theaet.* 171a lo stesso Socrate sembra approvare l'uso del criterio di maggioranza. Sul valore dialettico di questo argomento nel contesto del dialogo vedi Sedley, 2004, pp. 59-61.

La vanità del criterio di maggioranza risiede nel carattere approssimativo con cui viene calcolata la maggioranza a sostegno di una data scuola filosofica: non si tratta del conteggio preciso dei singoli membri, bensì di una valutazione vaga e congetturale. Nelle fonti scettiche Enesidemo sostiene la legittimità di questo parametro di giudizio, attirandosi la critica severa di Sesto in una maniera simile a quella attestata nel nostro dialogo (Sext. Emp. *Adv. math.* 8.54, su cui vedi Goedeckemeyer, 1905, pp. 231-232 e Dal Pra, 1975², vol. II, pp. 356-370). In *Pyrrh. hyp.* 1.88, che sembra essere una sezione introdotta successivamente nel testo originario (cfr. Spinelli, 2005, pp. 35-37), l'avallo all'opinione dei πλεῖστοι è presentato nei termini di un παιδαριῶδες, poiché nessuno sarebbe in grado di recarsi presso tutti i numerosi filosofi, informandosi sull'opinione di ciascuno (ὁ δὲ λέγων ὅτι τοῖς πλείστοις δεῖ συγκατατίθεσθαι παιδαριῶδές τι προοίσεται, οὐδενὸς δυναμένου πάντας τοὺς ἀνθρώπους ἐπελθεῖν καὶ διαλογίσασθαι τί τοῖς πλείστοις ἀρέσκει). L'uso di questo argomento risulta ancora più calzante nel § 45 del nostro dialogo, quando Licino dimostra che la conoscenza di tutte le dottrine filosofiche travalica il limite della vita umana apparendo inattuabile (vedi *infra*, pp. 370-373). Cfr. Praechter, 1892, pp. 295-296.

Il criterio di maggioranza è criticato anche in *Pyrrh. hyp.* 2.43-44 e *Adv. math.* 7.320 e 327-334 (vedi Praechter, 1892, pp. 285-286): secondo Sesto, ad un insieme di persone concordi nel supportare un dato filosofo se ne potrebbe contrapporre uno altrettanto grande, se non ancora più cospicuo, al punto da rendere impraticabile una scelta fondata (330: εἶτα κἂν τῇ συμφωνίᾳ καὶ τῇ τῶν πλειόνων μαρτυρίᾳ προσέχωμεν, πάλιν εἰς τοὐναντίον τῇ προθέσει περιαγόμεθα· κατ' ἀνάγκην γὰρ τῶν περί τινος συμφωνούντων πλείους εἰσὶν οἱ περὶ αὐτοῦ διαφωνοῦντες).

Nel nostro passo Licino rimarca in maniera analoga l'imprecisione insita in questo metodo di giudizio, impiegando oculatamente il verbo εἰκάζω. Già in

Platone esso denota un genere di conoscenza di livello inferiore, dato che non è fondato su un'analisi razionale obiettiva, bensì su un giudizio del tutto soggettivo (*Men.* 98b: ἐγώ ὡς οὐκ εἰδὼς λέγω, ἀλλὰ εἰκάζων. Su questo passo vedi Sharples, 1985, p. 185 e Casertano, 2007, p. 45, che traducono εἰκάζω con "congetturare", mentre Bonazzi, 2010³, p. 127 e Ferrari, 2016¹, pp. 288-289 lo intendono come "parlare per immagini"; *Crat.* 425c: οὐδὲν εἰδότες τῆς ἀληθείας τὰ τῶν ἀνθρώπων δόγματα περὶ αὐτῶν εἰκάζομεν; *Alc.* 1.105c: εὖ οἶδα καὶ οὐκ εἰκάζω). Vedi anche Sext. Emp. *Adv. math.* 8.324, che considera la congettura uno dei comportamenti assunti dai filosofi dogmatici nell'elaborazione delle proprie dottrine, al punto da condurli ad una diafonia non più riconducibile ad un'armonia di intenti.

In *Hermotimus* questo stesso verbo sottolinea a più riprese l'infondatezza del sapere pretenzioso dei dogmatici (cfr. il § 66), nonché un procedimento argomentativo errato (§ 36: τὰ γὰρ ὁμολογούμενα τοῖς ἀμφισβητουμένοις εἰκάζεις. Cfr. anche i §§ 38 e 59. Al § 5, invece, è Ermotimo a rimproverare Licino per non aver valutato bene la questione). Similmente, in *Icar.* 7 è descritto il metodo argomentativo incerto e borioso dei presunti filosofi (κἀκεῖνο πῶς οὐκ ἄγνωμον αὐτῶν καὶ παντελῶς τετυφωμένον τὸ περὶ τῶν οὕτως ἀδήλων λέγοντας μηδὲν ὡς εἰκάζοντας ἀποφαίνεσθαι, ἀλλ' ὑπερδιατείνεσθαί τε καὶ μηδεμίαν τοῖς ἄλλοις ὑπερβολὴν ἀπολιμπάνειν), mentre in *Pisc.* 37 si fa cenno alla valutazione superficiale dei filosofastri (διότι πώγωνας ἔχουσι καὶ φιλοσοφεῖν φάσκουσι καὶ σκυθρωποί εἰσι, διὰ τοῦτο χρὴ ὑμῖν εἰκάζειν αὐτούς;) e in *Philops.* 24 è tracciata una precisa distinzione tra un semplice procedimento speculativo e un metodo di conoscenza sicuro e fondato.

Si noti, infine, che il verbo ὁρμάω rimanda velatamente al concetto filosofico di ὁρμή. Si tratta di una nozione particolarmente ricorrente nella dottrina stoica: insieme alla φαντασία, l'ὁρμή anima gli esseri viventi, inducendoli all'azione e ad una determinata condotta di vita (vedi *SVF* 2.714; 3.11, 169 e 307). In questo caso, Ermotimo fa riferimento a tutti gli aspiranti stoici descritti poco prima, rimarcandone la determinazione con cui aspirano alla vetta del monte della virtù (cfr. il § 5). Un uso affine di questo concetto è riscontrabile anche in altre opere di Luciano. In *Demon.* 3 Demonatte appare animato sin da fanciullo da un istinto naturale verso il bello e da un amore innato per la filosofia (<ὑπ'> οἰκείας πρὸς τὰ καλὰ ὁρμῆς καὶ ἐμφύτου πρὸς φιλοσοφίαν ἔρωτος ἐκ παίδων εὐθὺς κεκινημένος ὑπερεῖδεν μὲν τῶν ἀνθρωπείων ἀγαθῶν ἁπάντων). Sul sincretismo filosofico di Demonatte vedi Fuentes-González, 2009, pp. 139-158. Cfr. *Nigr.* 27 (ἠξίου γὰρ ἀμέλλητον εἶναι τὴν πρὸς τὸ καλὸν ὁρμήν).

ἠρίθμησας γὰρ δηλαδὴ αὐτοὺς καθάπερ ἐν ταῖς χειροτονίαις: la χειροτονία è un sistema di votazione per alzata di mano, impiegato soprattutto nell'assemblea popolare (Plat. *Leg.* 2.659b; Ar. *Ath.* 61.1; Thuc. 3.49.1; Aeschin.

3.3). Questo procedimento deliberativo non prevedeva la conta dei singoli voti, cui si poteva ricorrere solo in presenza di un risultato controverso. In tal caso il presidente dell'assemblea era chiamato a valutare la situazione e a decretare la parte cui assegnare la maggioranza (su questa pratica vedi Koch, 1899, coll. 2225-2226 e il più recente Musti, 1995, pp. 29-34).

Licino, dunque, assimila l'imprecisione del metodo di votazione considerato alla valutazione sommaria operata da Ermotimo sul numero di adepti delle singole scuole filosofiche.

ὡς οὐκ ἐθέλεις διδάξαι με ἀλλ' ἐξαπατᾷς: Licino esibisce inizialmente un interesse autentico per la dottrina stoica, cui corrisponde l'ostentata impazienza di ottenere risposte soddisfacenti da parte di Ermotimo (su questa strategia dialogica vedi *supra*, pp. 196-197). Al § 17 Licino ammonisce nuovamente il suo interlocutore per gli intenti subdoli con cui gli tiene celata la verità (αὖθις ἐξαπατᾷς με καὶ οὐ λέγεις τἀληθές). Cfr. il § 19, là dove Licino biasima ancora una volta la vacuità degli argomenti apportati da Ermotimo, che sembrano architettati per ingannarlo e non rivelargli così le vere ragioni della sua scelta filosofica (ἀλλ' ὅρα μὴ καὶ ταῦτα, ὦ Ἑρμότιμε, παίζεις πρός με πειρώμενος εἰ ἐξαπατώμενος συνίημι). Tuttavia, nel corso del dialogo Licino induce il suo interlocutore a riconoscersi vittima della sua stessa ignoranza, giustificando così la sua strategia confutativa, anche a costo di attirarsene l'ostilità (§ 51: ὥσπερ εἰ ἀνδριάντος ἐρῶν ἐτύγχανες καὶ ᾤου τεύξεσθαι ὑπολαμβάνων ἄνθρωπον εἶναι, ἐγὼ δὲ ... ἐμήνυσα πρός σε ὑπ' εὐνοίας ὅτι ἀδυνάτων ἐρᾷς ... οὐκ εἴων ἐξαπατᾶσθαι ἀλλόκοτα καὶ ἀνέλπιστα ἐλπίζοντα;).

Il motivo dell'ἐξαπατᾶν appare spesso nei dialoghi socratici di Platone. Si tratta di un'accusa che Socrate e i sofisti, suoi interlocutori, si rivolgono reciprocamente a più riprese. Da un lato i sofisti temono che Socrate, con la sua consueta batteria di domande, smascheri la contraddittorietà delle loro idee (cfr. *Ap.* 17a-b), mentre dall'altro è Socrate stesso a denunciare le argomentazioni fraudolente messe in atto dai sofisti di turno. Oltre a *Gorg.* 499b-c, segnalato da Nesselrath, 1992, p. 3473, vedi anche *Gorg.* 452a *passim*; *Hipp. mai.* 300d (καὶ ἐνθυμοῦμαι, ὦ ἑταῖρε, μὴ παίζῃς πρός με καὶ ἑκὼν ἐξαπατᾷς), ove compare anche il predicato παίζειν come al § 19; *Hipp. min.* 370e (ἐξαπατᾷς με, ὦ φίλτατε Ἱππία); *Rep.* 1.345c (πρῶτον μέν, ἃ ἂν εἴπῃς, ἔμμενε τούτοις, ἢ ἐὰν μετατιθῇ, φανερῶς μετατίθεσο καὶ ἡμᾶς μὴ ἐξαπάτα). Cfr. anche *Euthyd.* 277b e *Ion* 541e, in cui altri sofisti cercano di ingannare i propri interlocutori, mettendo a rischio la prosecuzione del dialogo. Su questo argomento vedi Giannantoni, 2005, pp. 83 ss. e Petrucci, 2012, pp. 155-156, n. 146.

περὶ τῶν τοιούτων εἰκασμῷ φῂς καὶ πλήθει κρῖναι ἀποκρυπτόμενος λέγειν πρός με τἀληθές: Licino respinge l'εἰκασμός, ritenendolo un metodo di indagine inattendibile, basato su un esame approssimativo, privo del rigore e della sistematicità necessari per la valutazione di argomenti particolarmente importanti. Ermotimo, infatti, dichiara di non aver contato precisamente gli adepti Stoici, ma di aver solo ipotizzato che essi fossero in numero maggiore rispetto ai discepoli delle altre scuole filosofiche (οὐκ ἠρίθμησα ἔγωγε, εἴκαζον δέ). Sull'infondatezza di questo procedimento vedi Strab. 17.3.1 (ἐξ εἰκασμοῦ λέγειν); Plut. *Mar.* 11.12 (ταῦτα μὲν εἰκασμῷ μᾶλλον ἢ κατὰ βέβαιον ἱστορίαν λέγεται) e Ps.-Gal. *De part. phil.* 11 Wellmann, il quale considera le questioni teologiche come il prodotto di mera congettura e non di una conoscenza accurata (τὰ θεῖα ἅτε δὴ ἀκατάληπτα καὶ ἀόρατα ὄντα εἰκασμῷ μᾶλλον γινώσκεται ἤπερ ἀκριβεῖ γνώσει).

In aggiunta, Licino redarguisce il suo interlocutore per aver conferito un valore eccessivo al πλῆθος degli affiliati di ciascuna scuola filosofica, poiché questi non possiedono una formazione adeguata, tale da garantire la bontà della loro scelta (sulla connotazione negativa di questa parola nel corso del dialogo vedi *infra*, pp. 405-407). Similmente, al § 53 Licino dichiara di non poter condividere l'opinione della massa finché risulterà che i suoi membri abbiano conosciuto una sola o nessuna scuola filosofica (οὐδέν τι τὸ πλῆθος αὐτῶν προσάξεταί με πιστεύειν ἄχρι ἂν ἢ μηδὲν ἢ ἓν εἰδότες περὶ ἁπάντων ἀποφαίνωνται). Cfr. *Gorg.* 452e; *Rep.* 6.494a e *Pol.* 291d, tutti passi in cui Platone contrappone alla parte colta del corpo civico la massa degli stolti. Su questa parola vedi Gastaldi, 2003, pp. 211-216. Vedi anche Ps.-Xen. *Ath.* 2.18, in cui il πλῆθος designa la plebaglia ineducata (cfr. Diod. Sic. 12.25 e Dion. Hal. 4.71).

Licino approfondisce così la critica al criterio di maggioranza (vedi *supra*, p. 258), ricorrendo ad un argomento attestato nelle fonti scettiche. In Sext. Emp. *Adv. math.* 7.329 si dichiara che in filosofia non è inverosimile immaginare l'esistenza di un solo uomo degno di fiducia a fronte di numerosi altri, che potrebbero aver professato la dottrina sbagliata (ἐν φιλοσοφίᾳ οὐκ ἀπέοικεν ἕνα φρόνιμον εἶναι καὶ διὰ τοῦτο πιστόν, πολλοὺς δὲ χηνώδεις καὶ διὰ τοῦτο πίστους, κἂν συμφώνως τινὶ προσμαρτυρῶσιν· σπάνιος μὲν γάρ ἐστιν ὁ συνετός, πολὺς δὲ ὁ εἰκαῖος).

L'enfasi posta in questo passo sull'oggetto di ricerca è ribadita in momenti successivi del dialogo: § 19 (ἐχρῆν μέν, ὦ χρηστέ, κοινόν τι τὸ γνώρισμα εἶναι τῶν οὕτω μεγάλων) e § 28 (ἡμᾶς δέ γε περὶ τῶν οὕτω μεγάλων οὐκ οἶμαι δεῖν παραβόλως ἀναρρίπτειν), in cui Licino insiste sull'esigenza di una scelta provata in riferimento ad una questione di centrale importanza qual è la ricerca della verità. Si noti che in Cic. *De nat. deor.* 3.1 si fa riferimento alla consuetudine di fondare il proprio giudizio su quello della massa di ignoranti anche in caso di argomenti molto importanti (*"placet igitur tantas res opinione stultorum iudicare"*). Cfr. Schwarz, 1914, p. 15, che definisce questo parallelismo testuale *"wohl kein*

Zufall". Sui tratti scettici di matrice accademica presenti nel nostro dialogo vedi *supra*, pp. 254-255 e *infra*, pp. 320-321.

ἤκουον ἁπάντων λεγόντων ... περὶ δὲ τῶν Στωϊκῶν πολλοὶ ἔφασκον ὅτι ἀνδρώδεις καὶ πάντα γιγνώσκουσιν καὶ ὅτι ὁ ταύτην ἰὼν τὴν ὁδὸν μόνος βασιλεύς, μόνος πλούσιος, μόνος σοφὸς καὶ συνόλως ἅπαντα: Ermotimo ricorre al procedimento della σύγκρισις, che nel *corpus* lucianeo compare frequentemente come strategia argomentativa antidogmatica. Cfr. Nesselrath, 1985, pp. 72 e 463. In modo particolare, essa rivela la sua efficacia nella capacità di mettere in rilievo le differenze tra la vita del filosofo e quella degli ἰδιῶται (*Nec.* 4; *Symp.* 34; *Par.* 52), oltre che le numerose discrepanze riscontrabili tra i vari βίοι filosofici. A proposito del confronto tra le molteplici vite filosofiche vedi Focke, 1923, pp. 327-368. In *Hermotimus* il raffronto non è presentato in termini teatrali, come avviene in *Vitarum Auctio* o *Piscator*, bensì nella forma più semplice di una lista, cui Licino fa ricorso a più riprese nel corso del dialogo. Mentre al § 14 appaiono, senza ordine cronologico, Peripatetici, Epicurei, seguaci di Platone, Diogene, Antistene e Pitagora, al § 15, invece, Licino cita Platone, Aristotele, Antistene e infine Crisippo e Zenone. In seguito, quando il discorso verterà esclusivamente sulla discordanza irresolubile tra le numerose dottrine filosofiche, Licino nominerà Pitagora, Platone, Aristotele, Crisippo ed Epicuro (§§ 46 e 48). Questi elenchi non osservano nessun ordine cronologico; piuttosto, essi servono a evidenziare la profonda διαφωνία tra le varie scuole di pensiero, contrastando così tutte le pretese dogmatiche avanzate da Ermotimo. Come sostiene Nesselrath, 1985, p. 362: *"Die Häufigkeit dieser Aufzählungen im Hermotimos könnte darauf schließen lassen, dass es gerade in skeptischer Literatur beliebt war, die dogmatischen Philosophenschulen zum Erweis ihrer Zerstrittenheit immer wieder Revue passieren zu lassen"*. Oltre all'indubitabile componente scettica, che è alla base della relativizzazione delle numerose correnti di pensiero (Sext. *Pyrrh. hyp.* 1.88; *Adv. math.* 11.173), occorre ricordare che questo motivo era già ampiamente diffuso nella tradizione menippea. I titoli di varie satire varroniane (Περὶ φιλοσοφίας; Περὶ ἐξαγωγῆς; Περὶ αἱρέσεων) e taluni frammenti (soprattutto da *Andabatae* e *Armorum Iudicium*) lasciano presagire la presenza di un certo numero di rassegne sulla posizione presa dalle diverse scuole filosofiche intorno a determinati argomenti. Per un'analisi più approfondita di questo tema vedi Bolisani, 1936, p. XXVI e Cèbe, 1972, vol. 1, pp. 115-117. Già Aristotele, in realtà, aveva riconosciuto il valore retorico e filosofico di questo metodo, considerandone l'utilità per porre e dirimere questioni di estrema importanza, come la scelta dello stile di vita migliore tra uno improntato alla virtù ed un altro orientato al piacere (*Top.* 1.5.102b14-20). Vedi anche Phryn. *Ecl.* 243, che individua nelle opere di Plutarco un modello esemplare dell'uso dei paragoni (nello specifico quello tra

Aristofane e Menandro), considerati come una valida strategia per il rapido raggiungimento dell'ἄκρον φιλοσοφίας. Tuttavia, il lessicografo non impiega il nome inconsueto di σύγκρισις, preferendo parlare di paragone e analisi (χρὴ οὖν ἀντεξετάζειν καὶ παραβάλλειν λέγειν), due termini adoperati analogamente anche da Licino. Questi due verbi ricorrono insieme anche in Gal. *In Hipp. De fract. comm.* vol. 18b, p. 321 Kühn e Porph. *Quaest. Hom.* 1.91.4.

οἱ μὲν Ἐπικούρειοι γλυκύθυμοι καὶ φιλήδονοι: gli aggettivi utilizzati per qualificare i filosofi epicurei sintetizzano la critica tendenziosa mossa al concetto di piacere caratterizzante la loro dottrina. Mentre gli Epicurei si erano resi promotori di una forma di piacere stabile e duratura (il cosiddetto piacere "catastematico": vedi Konstan, 2007, pp. 21-48), risiedente soprattutto nell'assenza di qualsiasi forma di dolore o di passione (*Ep. Men.* 127-131), la propaganda avversaria ne aveva tratto una forma tendenziosa di edonismo, connotata in termini del tutto volgari e smodati (su questo vedi Dolcetti, 1996, pp. 99-102).

L'attributo γλυκύθυμος ricorre solitamente con il significato positivo di "affabile", "dolce" (cfr. Arist. *Lys.* 551; *Nub.* 706), mentre nel nostro dialogo subisce uno slittamento semantico in senso negativo ("incline alle mollezze"). L'aggettivo φιλήδονος insiste sullo stesso dominio concettuale: il filosofo epicureo è voluttuoso e il fine della sua filosofia è il mero ἡδύ (§ 36). In *Vit. auct.* 19, nel corso della rapida descrizione del βίος epicureo, Ermes lo definisce amabile e ingordo (τὰ δὲ ἄλλα ἡδὺς καὶ λιχνείᾳ φίλος), ma anche avido di dolci e di ogni sorta di leccornie (τὰ γλυκέα σιτεῖται καὶ τὰ μελιτώδη καὶ μάλιστά γε τὰς ἰσχάδας). Cfr. *Ver. Hist.* 2.18 (al banchetto nei campi Elisi Epicuro e Aristippo riscuotono un grande successo perché hanno un carattere molto affabile e conviviale); *Bis acc.* 21 (Epicuro si prende in carico la difesa di Ἡδονή contro Στοά) e *Par.* 11-12 (Simone polemizza contro il piacere propugnato da Epicuro, dimostrando la superiorità di quello assicurato dallo stile di vita del parassita). Vedi anche *Fug.* 19 e *Pisc.* 43. Su questo argomento cfr. Nesselrath, 1985, pp. 311-315; Gargiulo, 1982, pp. 153-158 e *id.*, 1988, pp. 232-235; Braun, 1994, p. 165.

οἱ Περιπατητικοὶ δὲ φιλόπλουτοι καὶ ἐριστικοί: la brama di ricchezza è un tratto caratteristico dei Peripatetici raffigurati nel *corpus* lucianeo. In *Vit. auct.* 26 Ermes avverte che l'acquirente del βίος peripatetico otterrebbe anche il denaro in possesso del filosofo (αὐτὸς ἔχειν τι ἀργύριον δοκεῖ, ὥστε οὐκ ἂν φθάνοις ὠνούμενος). Cfr. *Pisc.* 43 (τοῖς χρήμασι πρῶτοι ἂν ἡμεῖς εἴημεν οἱ ἐκ τοῦ Περιπάτου), 50 e *Dial. mort.* 13.5, ove si insiste sull'avidità di denaro esibita dallo stesso Aristotele, che lo avrebbe considerato alla pari di un bene morale (κατεχρῆτό [*scil.* Ἀριστοτέλης] μου [*scil.* Ἀλέξανδρος] τῇ περὶ παιδείαν φιλοτιμίᾳ θωπεύων καὶ ἐπαινῶν ἄρτι μὲν πρὸς τὸ κάλλος ... ἄρτι δὲ ἐς τὰς πράξεις καὶ τὸν πλοῦτον).

La dottrina peripatetica, infatti, distingueva tre categorie di beni: beni dell'anima, beni del corpo e beni esterni, contemplando tra questi ultimi anche la ricchezza (vedi Ar. *Rhet.* 1.5.1361a12-25; *Protr.* fr. 1-4; *Eth. Eud.* 2.1.1218b33-34; *Eth. Nic.* 1.8.1098b12-20; *Pol.* 7.1.1323a21-27 e D. L. 3.80: τῶν ἀγαθῶν ... τὰ μὲν ἐν ψυχῇ, τὰ δὲ ἐν σώματι, τὰ δὲ ἐκτός· οἷον ... ὁ πλοῦτος ἐν τοῖς ἐκτός). Vedi anche il resoconto in Sext. Emp. *Adv. math.* 11.45 e *Pyrrh. hyp.* 3.180, etc.

Luciano mostra di conoscere questa classificazione, presentandola in termini chiaramente ironici. Oltre a *Vit. auct.* 26 (τρία εἶναι τὰ ἀγαθά, ἐν ψυχῇ, ἐν σώματι, ἐν τοῖς ἐκτός. Su questo passo vedi Beaupère, 1967, pp. 133-134), in *Eun.* 3 Panfilo sostiene che i Peripatetici, a differenza degli altri filosofi, siano gli unici a non contraddirsi con le proprie dottrine: essi, infatti, riconoscendo alle ricchezze lo statuto di un vero e proprio bene, per quanto di livello inferiore (τὸ δόγμα τοῦτό γέ ἐστιν τοῖς Περιπατητικοῖς, τὸ μὴ σφόδρα καταφρονεῖν χρημάτων, ἀλλὰ τρίτον τι ἀγαθὸν καὶ τοῦτο οἴεσθαι), occupandosene evitano di incorrere nel biasimo altrui (cfr. *Dial. mort.* 13.5: καὶ γὰρ αὖ καὶ τοῦτο [*scil.* τὸν πλοῦτον] ἀγαθὸν ἡγεῖτο [*scil.* Ἀριστοτέλης] εἶναι, ὡς μὴ αἰσχύνοιτο καὶ αὐτὸς λαμβάνων).

In generale, il desiderio di preservare e incrementare le ricchezze personali è uno dei motivi topici della satira filosofica di Luciano, che nell'*Hermotimus* è diretta a colpire soprattutto il maestro di Ermotimo e, di conseguenza, la dottrina stoica corrispondente (vedi il § 9 e *supra*, p. 237).

Sulla denominazione dei Peripatetici come ἐριστικοί, in *Eun.* 4 uno dei due contendenti della cattedra peripatetica rimasta vacante è detto eristico (δύο δὲ μάλιστα ἦσαν οἱ ἀμφήριστοι αὐτῶν, Διοκλῆς τε ὁ πρεσβύτης —οἶσθα ὃν λέγω, τὸν ἐριστικόν— καὶ Βαγώας ὁ εὐνοῦχος εἶναι δοκῶν). Questo epiteto, in realtà, mette in luce una caratteristica non esclusiva dei Peripatetici, visto che contraddistingue il carattere di molti altri filosofi, spesso poco disponibili ad un confronto dialogico costruttivo con i propri avversari. Su questo aggettivo vedi *supra*, pp. 234-235.

οἱ Πλατωνικοὶ δὲ τετύφωνται καὶ φιλόδοξοί εἰσιν: in D. L. 6.7 Antistene si fa beffe del filosofo ateniese, che gli appare "pieno d'orgoglio" (τετυφωμένος), alla stessa stregua di un cavallo altezzoso. Diogene il cinico, invece, partecipando ad un banchetto in casa di Platone, e osservandone i sontuosi tappeti, pare abbia esclamato: πατῶ τὸν Πλάτωνος τῦφον (*SSR* VB 55 = D. L. 6.26). Cfr. anche *Anth. Pal.* 10.45 (Platone è accusato di aver infuso spocchia negli uomini definendoli "eterni" e chiamandoli "rampolli del cielo").

Si noti che gli Scettici imputavano generalmente a tutti i filosofi dogmatici un comportamento improntato al τῦφος, biasimando così la vacuità dei rispettivi insegnamenti (cfr. Sext. Emp. *Pyrrh. hyp.* 1.62). Sulla presenza di questa nozione in ambito cinico vedi Dudley, 1937, p. 56 e Goulet-Cazé, 1986, pp. 31-38. Un'analisi complessiva è in Decleva Caizzi, 1980, pp. 53-66. In merito alla riflessione lucianea intorno all'idea di τῦφος vedi Caccia, 1989, pp. 26-39, che delinea un quadro dettagliato dei riflessi molteplici di questo concetto nel *corpus* dell'autore.

L'aggettivo φιλόδοξος, invece, accenna ad un'altra passione, che spesso inficia l'azione dei filosofi o dei presunti tali. Il caso di Peregrino è esemplare, poiché il movente del suo suicidio spettacolare è individuato nell' ἔρως τῆς δόξης (*Peregr.* 1), descritto come una passione potente, che spinge a compiere imprese inverosimili (§ 38: μόνος οὗτος ὁ ἔρως ἄφυκτος). Non si tratta, dunque, di azioni compiute in vista della virtù, bensì della gloria personale, il che rende il filosofo oggetto di una critica sferzante (molto spesso l'accusa di τῦφος e di φιλοδοξία si trovano connesse tra di loro: vedi Nesselrath, 1985, p. 464).

A differenza dei Socratici e degli Epicurei, inizialmente i discepoli di Platone non erano designati secondo il nome del maestro ma in base a quello del luogo destinato all'insegnamento, come nel caso degli Stoici (D. L. 1.17: τῶν δὲ φιλοσόφων ... οἱ δὲ ἀπὸ τόπων, ὡς οἱ Ἀκαδημαϊκοὶ καὶ Στωϊκοί [*scil.* προσηγορεύθησαν] ... ἔνιοι δὲ ἀπὸ τῶν διδασκάλων, ὡς οἱ Σωκρατικοὶ καὶ Ἐπικούρειοι). Tuttavia, "*le prime attestazioni di una* πλατωνικὴ αἵρεσις *risalgono ... all'età imperiale*" (Bonazzi, 2003, p. 33, n. 68) comprendendo, oltre al nostro passo lucianeo, il titolo di uno scritto non pervenutoci di Galeno, il Περὶ τῆς Πλάτωνος αἱρέσεως (su cui vedi Glucker, 1978, pp. 190-191) e un riferimento in Tert. *Apol.* 3.6-7 ("*nonne philosophi de auctoribus suis nuncupantur Platonici, Epicurei, Pythagorici? Etiam a locis conventiculorum et stationum suarum, ut Peripatetici, Stoici, Academici?*"). Vedi anche Schol. Bemb. ad Ter. *Eun.* 264; Isid. *Et.* 8.6.6 e Johann. Damasc. *De haeres.* 5-8. Probabilmente la distinzione tra Platonici ed Accademici nei primi due secoli dell'età imperiale è legata all'esigenza, avvertita dai filosofi medioplatonici (per esempio Massimo di Tiro e Numenio), di marcare una netta distinzione dalla tradizione scettica dell'Accademia, recuperando anche onomasticamente un rapporto più diretto con il caposcuola (su questo vedi ancora Bonazzi, 2003, p. 210). In termini più generali, è evidente che mentre "*Platonicus does not imply membership of the Academy or any other relation to Athens*", al contrario "*from the II century AD onwards, Academicus came to denote the representatives of the sceptic Academy from Arcesilaus to Philo*" (Glucker, 1978, pp. 217-220).

περὶ δὲ τῶν Στωϊκῶν πολλοὶ ἔφασκον ... ὅτι ὁ ταύτην ἰὼν τὴν ὁδὸν μόνος βασιλεύς, μόνος πλούσιος, μόνος σοφὸς καὶ συνόλως ἅπαντα: la descrizione dei filosofi stoici riprende parzialmente il lessico impiegato precedentemente da Ermotimo per illustrare la virtù ambita (§ 7). Tra i vari aspetti dell'ἀρετή Ermotimo aveva citato il coraggio (ἀνδρεία) e la sapienza (τὸ πάντα ἐπίστασθαι βεβαίως πεπεισμένον ᾗ ἕκαστα ἔχει), che corrispondono a due qualità degli Stoici, descritti in questo passo come virili (ἀνδρώδεις) e onniscienti (πάντα γιγνώσκουσιν). Ermotimo pronuncia una formula molto nota, adeguata per riassumere al meglio le qualità del vero sapiente stoico: μόνος βασιλεύς, μόνος πλούσιος, μόνος σοφός (vedi *SVF* 3.589-603, in cui sono raccolte le fonti che tramandano liste analoghe delle peculiarità del saggio stoico).

Per il legame sapiente-re vedi Cic. *De fin.* 3.75, che assimila il filosofo, in virtù del suo sapere ineccepibile, alla figura di un re saggio ("*quam gravis vero, quam magnifica, quam constans conficitur persona sapientis! Rectius enim appellabitur rex quam Tarquinius*"). Cfr. *SVF* 3.655. Per la connessione sapiente-ricchezza vedi Cic. *Par. Stoic.* 6 (*Quod solus sapiens dives*) e *De fin.* 3.75.

In *Vit. auct.* 20, nel momento in cui Ermes introduce Crisippo sulla scena dell'asta, dice: μόνος οὗτος σοφός, μόνος καλός, μόνος δίκαιος ἀνδρεῖος βασιλεὺς ῥήτωρ πλούσιος νομοθέτης καὶ τὰ ἄλλα ὁπόσα ἐστίν. Il compratore, invece, amplia la formula, qualificando Crisippo anche come μάγειρος μόνος, καί ... σκυτοδέψης καὶ τέκτων. Evidentemente, nell'enunciato originale vengono introdotti elementi incongruenti, che ne rovesciano parodicamente il significato complessivo. Cfr. il § 81, mentre in *Dial. mort.* 20.8 la sapienza del filosofo stoico è evocata in termini sottilmente ironici. Un procedimento simile è ravvisabile anche in Hor. *Sat.* 1.3.124-128: "*si dives, qui sapiens est, / et sutor bonus et solus formosus et est rex, / cur optas quod habes? 'Non nosti, quid pater' inquit / 'Chrysippus dicat: sapiens crepidas sibi numquam / nec soleas fecit; sutor tamen est sapiens'*". Vedi anche *Sat.* 2.3.45. Su questo passo vedi Beaupère, 1967, p. 107 e Moretti, 1995, p. 184.

L'espressione συνόλως ἅπαντα ha un parallelo in *Icar.* 24, in riferimento alle plurime considerazioni nutrite dagli uomini a proposito di Zeus (ἦν γάρ ποτε χρόνος, ὅτε καὶ μάντις ἐδόκουν αὐτοῖς καὶ ἰατρὸς καὶ πάντα ὅλως ἦν ἐγώ). In merito a questo passo si veda Camerotto, 2009, p. 132.

§ 17) Ermotimo ha appena dichiarato di aver dato credito alle opinioni comuni diffuse a proposito delle varie scuole filosofiche (§ 16). In questo paragrafo, però, Licino costringe il suo interlocutore a dare un nome agli autori del giudizio positivo espresso sugli Stoici, che Ermotimo adduce come valida prova a sostegno della fondatezza della sua scelta filosofica. In primo luogo, Licino esclude che possano essere stati gli stessi Stoici a tessere il proprio elogio, poiché, in tal caso, la valutazione apparirebbe poco attendibile, né tantomeno i loro avversari, il che sarebbe altrettanto inverosimile. Licino, dunque, desume (δ' ἄρα) che questa opinione sia stata enunciata da chi non abbia nessuna esperienza delle varie dottrine filosofiche (i cosiddetti ἰδιῶται). Ermotimo si mostra incapace di formulare qualsiasi obiezione al ragionamento del suo interlocutore, al punto da accettare (καὶ μάλα) l'esito paradossale di questa prima fase della conversazione. Cfr. Praechter, 1892, p. 285.

οὐ γὰρ δὴ ἐκείνοις ἂν αὐτοῖς ἐπίστευσας ἐπαινοῦσιν τὰ αὐτῶν: al § 29 Licino ripropone questa obiezione in risposta ad Ermotimo, che appare ancora persuaso dall'idea che non vi possano essere guide migliori degli Stoici sulla via verso la virtù. Al contrario, una simile pretesa potrebbe essere avanzata da qualsiasi altro filosofo, pronto a proporre la propria scuola come l'unico indirizzo filosofico valido. Vedi *infra*, pp. 326-327.

In Sext. Emp. *Adv. math.* 7.55-59 appare un'argomentazione affine a quella messa in campo da Licino. In questo passo Anacarsi si domanda se sia l'esperto o l'inesperto di una determinata tecnica a poter esprimere un giudizio affidabile su di essa (τίς γὰρ ἐστι, φησίν, ὁ κρίνων τι τεχνικῶς; ἆρά γε ὁ ἰδιώτης ἢ ὁ τεχνίτης;). Egli esclude che possa essere l'inesperto, in quanto sprovvisto delle conoscenze tecniche necessarie per formulare un giudizio fondato (55: ἀλλ' ἰδιώτην μὲν οὐκ ἂν εἴποιμεν· πεπήρωται γὰρ πρὸς τὴν γνῶσιν τῶν τεχνικῶν ἰδιωμάτων ... οὐ διοίσει τῆς τέχνης ἡ ἀτεχνία, ὅπερ ἐστὶν ἄτοπον). Tantomeno potrebbe essere l'esperto: in tal caso, infatti, si avrebbe piena corrispondenza tra giudicante e giudicato, il che farebbe precipitare il discorso in un diallele indefinito. Di conseguenza, secondo Anacarsi, non c'è nessuno che possa giudicare opportunamente secondo i criteri dell'arte (57-58: καὶ μὴν οὐδὲ <ὁ> ὁμόζηλος τὸν ὁμόζηλον δύναται δοκιμάζειν ... εἴπερ οὗτος ἐκεῖνον κρίνει, γενήσεται τὸ αὐτὸ κρῖνόν τε καὶ κρινόμενον πιστόν τε καὶ ἄπιστον ... οὐ δυνατὸν δὲ τὸ αὐτὸ καὶ κρῖνον καὶ κρινόμενον καὶ πιστὸν καὶ ἄπιστον ὑπάρχειν· οὐκ ἄρα ἔστι τις ὁ κρίνων τεχνικῶς). Cfr. anche *Pyrrh. hyp.* 3.259.

Sulla scarsa credibilità dei profani vedi Sext. Emp. *Pyrrh. hyp.* 1.98: dopo aver rilevato le opinioni discordanti dei filosofi dogmatici sulla natura, Sesto asserisce che non si possa credere ad un filosofo coinvolto nella medesima controversia, né tantomeno ad un profano, poiché non è degno di fede (ὁ γὰρ ἐπικρίνων αὐτὸ τοῦτο εἰ ἔστι φύσις, εἰ μὲν ἰδιώτης εἴη, ἄπιστος ἔσται κατ' αὐτούς, φιλόσοφος δὲ ὢν μέρος ἔσται τῆς διαφωνίας καὶ κρινόμενος αὐτὸς ἀλλ' οὐ κριτής). Vedi anche Sext. *Adv. math.* 7.55. Similmente, Plutarco sostiene che chi intende giudicare in maniera imparziale alcuni discorsi filosofici non debba essere in competizione con essi (*Quaest. Plat.* 1.2.1000A-B: ὁ μέλλων ἐν λόγοις ὀρθῶς ἐπιστατήσειν καὶ βραβεύσειν οὐ δίκαιός ἐστιν αὐτὸς φιλοστεφανεῖν οὐδ' ἀνταγωνίζεσθαι τοῖς κρινομένοις). Ciascun filosofo, infatti, sarebbe pronto a votare per sé stesso, compromettendo il valore equanime dei giudizi espressi. Probabilmente siamo in presenza di un procedimento argomentativo propriamente scettico (sui rapporti tra Plutarco e lo scetticismo vedi il quadro tracciato da Bonazzi, 2014, pp. 121-134), ampiamente diffuso in età imperiale, che Luciano rielabora adeguandolo al piano confutatorio architettato da Licino.

οἱ δ' ἄρα ἰδιῶται ταῦτα ἔλεγον ... Ἑρμότιμος, ἀνὴρ συνετός, ἔτη τότε γεγονὼς τετταράκοντα, περὶ φιλοσοφίας καὶ φιλοσόφων ἀνδρῶν τοῖς ἰδιώταις ἐπίστευσεν καὶ κατὰ τὰ ὑπ' ἐκείνων λεγόμενα ἐποιεῖτο τὴν αἵρεσιν τῶν κρειττόνων: il riferimento ai profani è marcato in senso negativo, così come appariva sin dall'inizio dell'opera (§ 1: vedi *supra*, pp. 185-187). In questo passo Licino contrappone gli ἰδιῶται ignoranti ad Ermotimo, che, al contrario, è descritto come un ἀνὴρ συνετός. Si tratta evidentemente di un giudizio non privo di una nota mordace, visto che Licino è consapevole dei limiti del suo interlocutore, cui rimprovera ripetutamente di aver accampato giustificazioni poco attendibili a sostegno della sua scelta filosofica (su questo motivo vedi il § 16). La portata derisoria del passo è tanto più sottile perché al § 15 Licino si è dato l'appellativo di ἰδιώτης, simulando la sincera volontà di apprendere la dottrina di Ermotimo (vedi *supra*, pp. 196-197). Licino, dunque, preferisce, almeno nella fase iniziale del dialogo, un confronto dialettico pacato con il suo interlocutore, facendo emergere progressivamente l'imperizia di Ermotimo e l'infondatezza dei suoi giudizi. In generale, sui rapporti di forza tra i due conversanti e sul modo in cui si evolvono nel corso del dialogo vedi *infra*, pp. 318 e 455-458.

οἴει Μαργίτῃ διαλέγεσθαί τινι: Margite è il personaggio protagonista dell'omonimo poema burlesco tradizionalmente attribuito ad Omero. L'opera godette di ampio successo in epoca antica, al punto che il suo protagonista divenne l'emblema dell'anti-eroe, inesperto in tutto, "*che molte cose sapeva, ma tutte male*" (Ps.-Plat. *Alc.* 2.147c-d). Su questa figura vedi Gostoli, 2007. Non è necessario presupporre la conoscenza del testo comico da parte di Luciano, che potrebbe aver appreso il nome di Margite anche da materiale secondario, come quello proverbiale (cfr. Apost. 11.4), che affiora spesso nelle sue opere. Su questo vedi Ziegeler, 1872, p. 8.

Il tono irrisorio delle parole di Licino risiede nell'insinuazione che il vero Margite (μάργος: "sciocco") sia il suo interlocutore Ermotimo dato che, sin dalle prime battute del dialogo, egli è apparso completamente sprovvisto di solide conoscenze e incapace di replicare alle sue domande. La figura di Margite ricorre anche in *Philops*. 3. Sull'uso di questo personaggio mitico nell'opera di Luciano vedi Camerotto, 2014, p. 56.

§§ 18-19) Ermotimo traccia un profilo dello stereotipo stoico, insistendo sugli aspetti che lo hanno indotto a preferirlo ad altri filosofi. L'immagine che ne consegue contempla alcuni elementi adoperati precedentemente da Licino per delineare il ritratto del suo interlocutore (§§ 1-2): l'andatura composta, l'espressione severa del viso, l'intensa attività intellettuale, cui qui si aggiungono la barba lunga, l'acconciatura essenziale dei capelli e un abbigliamento semplice, tutti segni tangibili dell'integrità morale e dell'autorevolezza del filosofo. Tuttavia, è possibile rilevare alcune differenze: mentre Ermotimo è contrassegnato da un passo rapido (ἡ τοῦ βαδίσματος σπουδή), il filosofo stoico ideale dovrebbe incedere in maniera pacata e solenne (κοσμίως βαδίζειν); inoltre, lo sguardo di Ermotimo è reso pallido dalla sua intensa attività intellettuale (ὠχρὸς ἀεὶ ὑπὸ φροντίδων), senza riportare i tratti virili propri del saggio stoico (φροντίζων ἀεί, ἀρρενωπός). Ancora, l'impegno zelante per lo studio, protratto anche di notte, ha segnato il fisico di Ermotimo, ormai consunto e indebolito, il che contrasta con l'aspetto decoroso del sapiente stoico (οὐδ' αὖ πάνυ ἐς τὸ ἀδιάφορον ὑπερεκπῖπτον ὡς ἔκπληκτον εἶναι καὶ κυνικὸν ἀτεχνῶς). Questa descrizione del modello stoico ha un effetto doppiamente comico: non solo, com'è stato detto, emerge il contrasto tra la figura del sapiente e quella dell'aspirante stoico delineata all'inizio del dialogo (§§ 1-2) ma, in aggiunta, il ritratto dello stoico ideale è abbozzato dallo stesso Ermotimo, il che contribuisce a mettere in risalto la distanza dal raggiungimento del suo obiettivo.

La replica di Licino è imperniata sull'infondatezza di qualsiasi valutazione espressa a partire dall'apparenza esteriore di un filosofo. Si tratta del criterio di giudizio dello σχῆμα che, nel *corpus* lucianeo, invalida a più riprese vari tentativi di discernimento del vero dal falso sapiente. In *Fug.* 13-14 è la stessa Filosofia a svelare la facilità con cui molti schiavi si sono trasformati in filosofi apparenti (σχηματίζουσιν καὶ μετακοσμοῦσιν αὐτοὺς εὖ μάλα εἰκότως καὶ πρὸς ἐμέ), godendo non solo dell'αἰδώς riconosciuto ai veri sapienti, ma anche della posizione sociale più elevata procurata da questo stesso aspetto. Sullo σχῆμα specifico ascrivibile ai filosofi vedi *Iupp. trag.* 16 (Zeus indossa le vesti tipiche dei filosofi per camuffarsi nella folla); *Bis acc.* 8, 28; *Dial. mort.* 20.8; *Demon.* 5; *Eun.* 8 e *Icar.* 29. Per l'*habitus* del filosofo in età imperiale e tardo-antica vedi Zanker, 1995, pp. 307-327, che indaga l'iconografia del sapiente e l'influenza esercitata sul contesto socioculturale del tempo. Vedi anche Jones, 1986, p. 32. In termini più generici, l'aspetto esteriore vale come segno di riconoscimento anche in ambiti differenti da quello prettamente filosofico. Si noti che in *Rhet. praec.* 16 una buona apparenza rientra tra i principi guida osservati dalla Retorica per identificare un suo autentico discepolo; *Adv. ind.* 23 (lo σχῆμα tradisce il sedicente uomo di cultura); *Somn.* 6 (si discute sull'immagine caratteristica della *Paideia*) e *Nec.* 16 (la sorte distribuisce agli uomini σχήματα differenti, a seconda del ruolo specifico assegnato a ciascuno di essi). Cfr. Zweimüller, 2008, pp. 310-312 e Tomassi, 2011[1], pp. 503 ss.

§ 18) ἑώρων γὰρ αὐτοὺς κοσμίως βαδίζοντας, ἀναβεβλημένους εὐσταλῶς, φροντίζοντας ἀεί, ἀρρενωπούς, ἐν χρῷ κουρίας τοὺς πλείστους, οὐδὲν ἁβρὸν οὐδ' αὖ πάνυ ἐς τὸ ἀδιάφορον ὑπερεκπῖπτον ὡς ἔκπληκτον εἶναι καὶ κυνικὸν ἀτεχνῶς, ἀλλ' ἐπὶ τοῦ μέσου καταστήματος, ὃ δὴ ἄριστον ἅπαντες εἶναί φασιν: il criterio di giudizio dello σχῆμα si articola in varie componenti, che contribuiscono alla valutazione complessiva del singolo filosofo. Sul portamento (βάδισμα) vedi il § 1 e *supra*, pp. 178-179. L'abbigliamento decoroso, soprattutto quando viene designato con la parola ἀναβολή, è indice del carattere solo apparentemente autentico del presunto sapiente. Cfr. *Tim.* 54, ove la modestia dell'abito dello stoico Trasicle è smentita dal suo comportamento sregolato. Su questo passo vedi Tomassi, 2011[1], pp. 513-514. In *Pisc.* 12 un abbigliamento dignitoso caratterizza anche la falsa Filosofia (ἀκαλλώπιστον ἐῶσα οὐδὲ τοῦ ἱματίου τὴν ἀναβολὴν ἀνεπιτηδεύτως περιστέλλουσα) e gli adepti che le sono attorno (*Pisc.* 13). Cfr. *Somn.* 6, là dove la *Paideia* fraudolenta, oltre ad un aspetto dignitoso, manifesta anche un abito ordinato (κόσμιος τὴν ἀναβολήν). In *Rhet. praec.* 16, invece, il precettore suggerisce all'aspirante retore di adottare un abito consono alla sua figura, che ne favorisca la percezione positiva da parte del pubblico (σχήματος μὲν τὸ πρῶτον ἐπιμεληθῆναι χρὴ μάλιστα καὶ εὐμόρφου τῆς ἀναβολῆς). Sull'abbigliamento dei filosofi vedi Zweimüller, 2008, pp. 310-311, mentre Nesselrath, 1985, p. 459 si sofferma soprattutto sulla caratterizzazione della *mise* cinica.

Lo sguardo meditativo e virile del filosofo costituisce un ulteriore motivo topico della descrizione del filosofo in Luciano. Si tratta di una caratteristica testimoniata a partire dal ritratto del primo filosofo greco, Talete, che, com'è noto, osservando attentamente il cielo, finì per cadere inavvertitamente in un pozzo (Plat. *Theaet.* 174a). Vedi Wöhrle, 2009, pp. 40-41. Una rappresentazione altrettanto celebre è quella di Socrate, raffigurato ripetutamente in uno stato di profonda e prolungata meditazione, non priva di una certa ἀτοπία (cfr. Plat. *Symp.* 175a-b e 220c; *Phaed.* 115c-117b). Questa attitudine sarà presa di mira da Aristofane (*Nub.* 358-363; *Av.* 1281-1282), divenendo un motivo ricorrente dell'immagine del filosofo nella commedia antica e in quella di mezzo. Vedi Eup. fr. 157b e 386 K.-A., che insiste sulla tendenza alla profonda meditazione del filosofo; Callias fr. 15 K.-A., sull'influenza negativa dell'atteggiamento di Socrate; Amphis fr. 13.1-2 K.-A., in cui si prende di mira l'aspetto di Platone, mentre in Ephipp. fr. 14 K.-A. i discepoli platonici sono accusati di curare eccessivamente il proprio aspetto.

Similmente, i filosofi dipinti da Luciano, e in modo particolare gli Stoici, esibiscono di solito la stessa espressione del viso profonda e tenebrosa. Su questo vedi Imperio, 1998[2], pp. 226-228. Cfr. il § 1, *supra*, pp. 187-188. Vedi anche *Tim.* 54 (lo stoico Trasicle); *Vit. auct.* 20 (Crisippo); *Merc. cond.* 33 (il filosofo salariato presso un ricco padrone) e *Bis acc.* 20 (in riferimento al dialogo filosofico), mentre Demonatte è esente da questo attributo (*Demon.* 6). Come caratteristica generica del filosofo vedi *Nigr.* 1; *Dial. mort.* 20.8 e *Par.* 51. A proposito dei collegamenti tra Luciano e la commedia antica vedi Nesselrath, 1985, p. 459 e Tomassi, 2011[1], p. 511. Lo sguardo cupo e severo è ostentato anche dai falsi filosofi (*Fug.* 27: τρεῖς γόητας ἅμα εἴδετε καί τινα γυναῖκα ἐν χρῷ κεκαρμένην εἰς τὸ Λακωνικόν, ἀρρενωπὴν καὶ κομιδῇ ἀνδρικήν;), rivelandosi un tratto facilmente riproducibile e, pertanto, poco attendibile in relazione alla valutazione del vero filosofo. Cfr. *Pisc.* 12 e 37 e *Dial. mer.* 10.1.

Ermotimo, in chiusura della sua descrizione, insiste sul τρόπος βίου misurato mostrato dagli Stoici, contrapponendovi quello esagerato tipico dei Cinici. Vedi Goulet-Cazé, 1986, pp. 141-172. In numerosi passi lucianei emerge la percezione del Cinismo come una corrente filosofica caratterizzata da tratti parossistici, che possono essere valutati alternativamente in senso positivo o negativo. In questo caso, il giudizio sfavorevole espresso, benché in termini indiretti, sul Κυνισμός potrebbe essere imputato almeno in parte al valore dialettico antistoico nel complesso dell'argomentazione di Licino. Sui rapporti tra Luciano e il Cinismo antico vedi Nesselrath, 1998 e Bosman, 2012, pp. 785-795.

ὁ πώγων βαθὺς καὶ ἐν χρῷ ἡ κουρά: l'ἐν χρῷ κουρίας è il taglio corto dei capelli, considerato generalmente come un tratto peculiare del filosofo stoico (*Vit. auct.* 20: ἄλλον κάλει, τὸν ἐν χρῷ κουρίαν ἐκεῖνον ... τὸν ἀπὸ τῆς στοᾶς; *Nav.* 10: πάνυ ἤδη σαφῶς ὁρῶ ... καὶ ἐν χρῷ ἡ κουρά; *Bis acc.* 20: ἐν χρῷ κέκαρμαι). Si noti che negli scoli al passo questa caratteristica è assegnata esclusivamente ai membri della Stoà (vedi Rabe, pp. 139 e 241). In *Fug.* 27 i filosofastri cinici, sia uomini che donne, presentano questa stessa peculiarità, il che potrebbe essere inteso sia come un tratto propriamente cinico (coerentemente a quanto risulta da D. L. 6.31), che come "*Stoic leanings*" (Harmon, 1962, p. 85). Sull'assimilazione tra Stoicismo e Cinismo, non solo nei tratti esteriori, ma anche sul piano dottrinario, vedi Brancacci, 1992 e Goulet-Cazé, 2003, soprattutto pp. 112-132.

Tuttavia, l'immagine del filosofo trasmessa da Luciano è contraddistinta prevalentemente dai capelli lunghi e dalla barba incolta, secondo un canone testimoniato sia in commedia (cfr. Ephipp. fr. 14.7 K.-A. e Phoenic. fr. 4.16-17 K.-A.), sia nella diatriba cinico-stoica di età imperiale (vedi Ps.-Luc. *Cyn.* 19; Epict. *Diss.* 4.8.15; Plut. *De adul. et am.* 7.52C; *Quis suos in virt.* 10.81C; *De Is. et Os.* 3.352C; Sen. *Ep.* 5.2: "*intonsum caput et neglegentiorem barbam ... evita*"; Aul. Gell. 9.2.2; *Vit. Sec.* p. 68, 7-8 Perry, etc.).

La barba costituisce un ulteriore elemento ricorrente nell'immagine lucianea del filosofo. Cfr. i §§ 19 e 86. Vedi anche *Iupp. trag.* 16; *Tim.* 54; *Fug.* 27 e *Bis acc.* 11. Una rassegna dettagliata dei passi è in Coenen, 1977, pp. 70-71 e Nesselrath,

1985, pp. 451-453. Si consideri anche il contributo più recente di Tomassi, 2011[1], pp. 508-510. La barba è tradizionalmente segno di mascolinità, poiché sembra garantire la bontà dei costumi e l'adeguatezza filosofica e morale di chi la esibisce (cfr. Mus. fr. 21 Hense; Epict. *Diss.* 3.1.27-29), mentre la rasatura completa è percepita come sintomo inequivocabile di effeminatezza e perversione morale (vedi Archil. fr. 114 West e Arist. *Thesm.* 191). Cfr. *Tim.* 22; *Dial. mort.* 19.4; *Dial. mer.* 12.4, etc. Su questo vedi Whitmarsh, 2001, p. 290 e Hafner, 2017, pp. 305-306, da cui dipendono alcune considerazioni di questa nota.

τουτονὶ κανόνα καὶ στάθμην ἀκριβῆ τῶν τοιούτων ... ἀποδοκιμαστέος καὶ ἀποβλητέος; in *Hist. conscr.* 63 le parole κανών e στάθμη ricorrono insieme per definire il modello suggerito a chiunque si accinga a scrivere una buona storia (οὗτός σοι κανὼν καὶ στάθμη ἱστορίας δικαίας). In *Imag.* 17, invece, lo strumento della στάθμη assicura il trasferimento accurato delle qualità dell'etera Aspasia all'immagine plastica che se ne sta realizzando. A tal proposito si veda Cistaro, 2009, pp. 138-139.

Questi due strumenti tutelano generalmente la precisione dei risultati nelle operazioni tecniche in cui vengono impiegati. A tal proposito si vedano Hom. *Od.* 5.245 etc. (dove appare solo la στάθμη) e Plat. *Phil.* 56b, ove i due arnesi favoriscono una lavorazione ineccepibile del legno (κανόνι γὰρ οἶμαι καὶ τόρνῳ χρῆται καὶ διαβήτῃ καὶ στάθμῃ καί τινι προσαγωγίῳ κεκομψευμένῳ). L'uso in senso traslato di questi attrezzi è largamente attestato. In Ar. *Protr.* fr. 47 è istituito un paragone più complesso tra l'arte della carpenteria e le funzioni specifiche della politica (καθάπερ γὰρ ἐν ταῖς ἄλλαις τέχναις ταῖς δημιουργικαῖς ἀπὸ τῆς φύσεως εὕρηται τὰ βέλτιστα τῶν ὀργάνων, οἷον ἐν τεκτονικῇ στάθμη καὶ κανὼν καὶ τόρνος ... ὁμοίως δὲ καὶ τὸν πολιτικὸν ἔχειν τινὰς ὅρους δεῖ ἀπὸ τῆς φύσεως αὐτῆς καὶ τῆς ἀληθείας, πρὸς οὓς κρινεῖ τί δίκαιον καὶ τί καλὸν καὶ τί συμφέρον.). Cfr. anche *Eth. Nic.* 3.4.1113a33 (διαφέρει πλεῖστον ἴσως ὁ σπουδαῖος τῷ τἀληθὲς ἐν ἑκάστοις ὁρᾶν, ὥσπερ κανὼν καὶ μέτρον αὐτῶν ὤν). In Xen. *Ages.* 10.2, invece, la virtù di Agesilao costituisce un modello attendibile per una condotta retta e integerrima (εἰ δὲ καλὸν εὕρημα ἀνθρώποις στάθμη καὶ κανὼν πρὸς τὸ ὀρθὰ ἐργάζεσθαι, καλὸν ἄν μοι δοκεῖ [εἶναι] ἡ Ἀγησιλάου ἀρετὴ παράδειγμα γενέσθαι τοῖς ἀνδραγαθίαν ἀσκεῖν βουλομένοις). Cfr. anche Dion. Hal. *Rhet.* 11 Usener - Radermacher (in riferimento ai criteri di giudizio necessari per valutare le qualità letterarie di uno scritto) e Gal. *De opt. doc. gen.* CMG V 1,1, 3.2-3, p. 100 (vedi le note di commento di Barigazzi, 1966, p. 178).

Infine, è opportuno ricordare che lo strumento del κανών appare anche nella polemica scettica mossa da Sesto contro le filosofie dogmatiche del tempo. Introducendo la sezione riservata al criterio di verità, Sesto rileva subito che si tratta di una questione molto dibattuta, sia perché l'uomo è per natura amante della verità, sia perché il criterio consente di pronunciare giudizi fondati sui differenti sistemi filosofici (*Adv. math.* 7.32-33: ἰδίως δὲ πᾶν μέτρον καταλήψεως τεχνικόν, καθ' ὃ πῆχυν μὲν καὶ ζυγὸν καὶ κανόνα καὶ διαβήτην εἴποι τις ἂν κριτήρια, παρόσον ἐστὶ τεχνικά, τὴν δὲ ὅρασιν καὶ τὴν ἀκοὴν καὶ καθόλου τὰ λοιπὰ κοινὰ τῶν αἰσθητηρίων, φυσικὴν ἔχοντα τὴν κατασκευήν, οὐδαμῶς· ἰδιαίτατα δὲ πᾶν μέτρον καταλήψεως ἀδήλου πράγματος, καθ' ὃ τὰ μὲν βιωτικὰ οὐκέτι λέγεται κριτήρια, μόνα δὲ τὰ λογικὰ καὶ ἅπερ οἱ δογματικοὶ τῶν φιλοσόφων παρεισάγουσι πρὸς τὴν τῆς ἀληθείας εὕρεσιν). Cfr. *Pyrrh. hyp.* 2.15.

Licino, dunque, con κανών e στάθμη individua un criterio di conoscenza infallibile e concretamente utilizzabile per identificare il vero e compiere scelte razionalmente fondate. Tuttavia, ciascun criterio dibattuto si rivelerà inconsistente, facendo apparire la verità del tutto inaccessibile (§ 66).

§ 19) ἀνδριάντων ταύτην ἐξέτασιν λέγεις τὴν ἀπὸ τῶν σχημάτων: Licino rigetta esplicitamente il criterio dello σχῆμα, ritenendolo inadeguato a discernere il filosofo migliore tra i presunti tali. Si tratta di un motivo ricorrente nella critica filosofica di Luciano, che biasima la discrepanza tra l'aspetto intransigente dei presunti sapienti e il rispettivo comportamento immorale (cfr. *infra*, p. 396). A questo proposito vedi Gerlach, 2005, pp. 151-197.

L'insufficienza del criterio di giudizio ἀπὸ τοῦ σχήματος è discussa in numerosi passi lucianei. In *Pisc.* 12 Parresiade racconta che, nel corso della lunga ricerca della dimora della vera Filosofia, si era persuaso di poterla trovare là dove avesse osservato il gruppo più folto di discepoli, contraddistinti da un aspetto grave e composto (ἧκον ἂν ἐπί τινας θύρας βεβαίως ἐλπίσας τότε γοῦν εὑρηκέναι, τεκμαιρόμενος τῷ πλήθει τῶν εἰσιόντων τε καὶ ἐξιόντων, ἁπάντων σκυθρωπῶν καὶ τὰ σχήματα εὐσταλῶν καὶ φροντιστικῶν τὴν πρόσοψιν). Ciononostante, Parresiade constata ben presto che molti uomini, apparentemente saggi e competenti, sono stati ingannati dalla falsa Filosofia, per cui alla sembianza severa della loro figura non corrisponde il possesso della dottrina autentica. In *Eun.* 8-9, invece, le opinioni espresse a proposito di un determinato filosofo sono polarizzate su due fronti opposti: alcuni sostengono che sia necessario considerare l'aspetto, l'integrità della persona e la lunghezza della sua barba (τοῦ μὲν καὶ σχῆμα καὶ σώματος εὐμοιρίαν προσεῖναι φιλοσόφῳ δεῖν λέγοντος, καὶ τὸ μέγιστον, πώγωνα βαθὺν ἔχειν αὐτόν), mentre per altri non occorre esaminare il corpo, bensì l'animo, l'intelligenza e la conoscenza delle dottrine (τοῦ δὲ οὐ σωματικὴν λέγοντος εἶναι τὴν κρίσιν, ἀλλὰ τῆς ψυχῆς καὶ τῆς γνώμης ἐξέτασιν δεῖν γίγνεσθαι καὶ τῆς τῶν δογμάτων ἐπιστήμης). Infatti, se fosse sufficiente giudicare un filosofo esclusivamente dalla barba, il caprone risulterebbe preferibile a tutti (εἰ γὰρ ἀπὸ πώγωνος, ἔφη, βαθέος κρίνεσθαι δέοι τοὺς φιλοσοφοῦντας, τὸν τράγον ἂν δικαιότερον προκριθῆναι πάντων). In *Icar.* 5 Menippo sostiene di aver selezionato i filosofi migliori considerando l'austerità del viso, il pallore e la lunghezza della barba di ciascuno. Essi, però, non lo hanno liberato da tutte le sue difficoltà, portandolo, al contrario, in una condizione ancora più gravosa (οὕτω δὲ τοὺς ἀρίστους ἐπιλεξάμενος αὐτῶν, ὡς ἐνῆν τεκμήρασθαι προσώπου τε σκυθρωπότητι καὶ χρόας ὠχρότητι καὶ γενείου βαθύτητι). Su questo argomento vedi Bompaire, 1958, pp. 485-491; Clay, 1992, pp. 3414-3420 e Camerotto, 2009, pp. 106 e 128. Sulla discordanza tra l'aspetto esteriore e la natura effettiva di un filosofo vedi anche *Tim.* 54; *Symp.* 28 e 35, in cui tutti i sapienti a convito, comportandosi in maniera sconsiderata, diventano oggetto di sprezzo da parte degli ἰδιῶται (ἐγέλων μόνον [*scil.* οἱ ἰδιῶται] καὶ κατεγίνωσκον αὐτῶν [*scil.* τῶν σοφῶν], οἶμαι, οὕς γε ἐθαύμαζον οἰόμενοί τινας εἶναι ἀπὸ τῶν σχημάτων). Sul disaccordo tra *verba* e *facta* dei filosofi vedi *supra*, pp. 229-231.

Al § 51 Licino, non senza intenti irrisori, paragona nuovamente la filosofia ad una statua, che, in quanto materia inerte, fa apparire insensate tutte le attenzioni che le vengono rivolte. In *Bis acc.* 21, invece, Epicuro attacca la filosofia stoica, le cui rigide dottrine morali sembrano trattare l'uomo alla stessa stregua di una statua e non come un essere vivente dotato di un corpo senziente. Per questa ragione, l'aspirante stoico Dionisio, sottoposto alle dure fatiche della formazione filosofica, ha finito per abbracciare una dottrina diversa da quella promossa dalla Stoà e con principi ad essa opposti. Su questo passo vedi Braun, 1994, p. 207, mentre Schmidt, 1897, p. 69 ha raccolto le varie occorrenze di questo motivo lucianeo. In definitiva, Licino ritiene l'analisi dell'aspetto esteriore più appropriata allo studio delle statue, poiché esse esibiscono delle fattezze ben definite e non hanno né la complessità, né la profondità di un essere vivente (in *Gall.* 24, però, la monumentalità di una statua celebrativa risulta nascondere al suo interno un groviglio di materiali di poco valore, il che riesce a mettere in luce l'inconsistenza della brama di potere, ridotta a mera apparenza esteriore. Cfr. Berdozzo, 2011, p. 134). Anche Dione Crisostomo riflette sul motivo dell'apparenza esteriore e sulla sua validità in quanto criterio di giudizio, dedicandovi una breve orazione (*Or.* 72: περὶ τοῦ σχήματος). Il retore di Prusa arriva alla conclusione che le sembianze esterne sono utili per distinguere le statue delle varie divinità esposte nei templi, mentre perdono la loro efficacia nel discernimento del vero filosofo. Si veda Fornaro, 2009, pp. 163-166. Cfr. *Iupp. trag.* 7 (le divinità si distinguono in virtù del loro aspetto e del materiale di cui sono fatte le rispettive statue).

La rinuncia alla considerazione dell'aspetto esteriore come fattore discriminante tra il buono e il cattivo filosofo si fonda su una ragione di ordine sia estetico che etico. Nella cultura appresa da Luciano, infatti, le statue dei grandi artisti greci del passato erano ritenute ricolme di grazia non fine a sé stessa, ma tale da trasmettere un certo beneficio morale (in Quint. 12.10.7, per esempio, il Doriforo di Policleto è detto *"vir gravis et sanctus"*). Cfr. Maffei, 1994, p. 50. Tuttavia, sono soprattutto le opere di Fidia ad essere connotate in senso morale, visto che la σεμνότης dei tratti delle sue statue sembrerebbe ispirare sentimenti di irreprensibilità e di giustizia (cfr. Dio Chrys. *Orr.* 12, 49, 77, 78, 82 e Dion. Hal. *Isocr.* 3.6). Al contrario, l'aspetto austero dei sapienti spesso fa da contraltare ad un ἦθος marchiato da un certo *deficit* morale, come si è visto nel caso del maestro di Ermotimo (vedi *supra*, pp. 228-229). Su questo argomento vedi Pollitt, 1974, pp. 184-189 e Maffei, 1994, pp. 25-30. Il tono ironico del passo, dunque, scaturisce dal contrasto sottinteso tra l'armonia delle forme esibite dai capolavori dell'arte plastica antica, cui Licino accenna citando i nomi di alcuni celebri scultori, e l'apparenza dei filosofi o sedicenti tali, che si rivela incoerente al loro contegno, esercitando delle influenze negative sui rispettivi discepoli. Il criterio dello σχῆμα, dunque, applicato alla valutazione dei filosofi, oltre a contravvenire alle categorie estetiche e morali che costituiscono l'orizzonte della critica artistica e letteraria del tempo, elude, in generale, il principio della καλοκἀγαθία tradizionale greca. A tal proposito vedi Zanker, 1995, pp. 32-39 e 129-133.

In generale, l'arte plastica è oggetto di considerazioni contrastanti nell'opera di Luciano. Da un lato essa sembra in grado di riprodurre fedelmente le qualità del personaggio rappresentato (*Iupp. trag.* 7), mentre dall'altro è tacciata come fenomeno esclusivamente esteriore, gravido di inganno nei confronti dei suoi fruitori (*Gall.* 24). Questa varietà di soluzioni non implica una contraddizione nelle opinioni dell'autore ma ne illumina l'uso molteplice, adattato di volta in volta al contesto di riferimento. Si veda Berdozzo, 2011, p. 132, che a questo riguardo parla giustamente di una *"Demonstration rhetorischer Bravour"*. Sul rapporto tra Luciano e l'arte antica vedi Blümner, 1886; Maffei, 1994 e la più recente Cistaro, 2009, pp. 69-106. Diversamente, Romm, 1990 indaga le metafore artistiche di cui Luciano si avvale per illustrare il carattere originale della sua tecnica compositiva.

ἐχρῆν μέν, ὦ χρηστέ, κοινόν τι τὸ γνώρισμα εἶναι ... καὶ ἅπασι χρησίμων: la mancanza di un γνώρισμα oggettivamente valido per individuare il filosofo migliore costituisce il motivo fondamentale della confutazione scettica orchestrata contro Ermotimo. Cfr. *Pisc.* 42, ove Parresiade rimprovera Filosofia per non aver posto un segno di riconoscimento sui falsi filosofi, che potrebbero apparire più convincenti rispetto a quelli autentici (τοῦτο γοῦν τὸ δεινότατόν ἐστιν, ὦ Φιλοσοφία, καὶ ὅ τις ἂν μέμψαιτο μάλιστά σου, τὸ μηδὲν ἐπιβαλεῖν γνώρισμα καὶ σημεῖον αὐτοῖς· πιθανώτεροι γὰρ οἱ γόητες οὗτοι πολλάκις τῶν ἀληθῶς φιλοσοφούντων). Vedi anche *Fug.* 26, in cui Ermes chiede a Filosofia di riferirle i segni in base ai quali poter discernere i falsi dai buoni filosofi (σὺ οὖν, Φιλοσοφία, λέγε ... τὰ σημεῖα προσέτι). I tratti fisici, infatti, non sono dirimenti, perché il vero filosofo può essere identificato solo sulla base di ciò che pensa e conosce realmente. Così come in vita, anche nell'Ade i veri filosofi non recano alcuna traccia distintiva adeguata per differenziarsi da quelli falsi. In *Dial. mort.* 6.4, per esempio, Menippo non riesce ad individuare neppure Socrate, in quanto tutte le ombre dei morti appaiono calve e con il naso schiacciato, sfuggendo a qualsiasi genere di distinzione. Cfr. *Nec.* 15, in cui le anime dei morti appaiono uguali tra di loro, avendo perso ogni caratteristica identificativa (οὐδὲν γὰρ ἔτι τῶν παλαιῶν γνωρισμάτων αὐτοῖς παρέμενεν, ἀλλ' ὅμοια τὰ ὀστᾶ ἦν, ἄδηλα καὶ ἀνεπίγραφα καὶ ὑπ' οὐδενὸς ἔτι διακρίνεσθαι δυνάμενα). In *Adv. ind.* 23, invece, si parla dei segni di identificazione propri dell'ignorante, che svela la sua natura nonostante indossi una pelle di leone. Cfr. *Tim.* 44 (i segni del misantropo) e *Abd.* 9.

οἱ δὲ δὴ βλέποντες κἂν πάνυ ὀξυδερκεῖς ὦσιν τί ἂν δύναιντο συνιδεῖν τῶν τῆς ψυχῆς ἀπό γε τῆς ἔξωθεν ταύτης περιβολῆς; il contrasto tra un giudizio fondato sull'aspetto esteriore ed uno che consideri le qualità dell'anima costituisce il motivo centrale delle *Imagines*. Qui Polistrato e Licino cercano di trovare un metodo valido per rendere giustizia alla bellezza di Pantea, che non consiste solamente nelle qualità fisiche facilmente osservabili, ma anche negli attributi morali non ugualmente perspicui. I due interlocutori, dunque, si cimentano nell'ardua ricerca di un metodo che dia la dovuta evidenza alle qualità interiori della *laudanda* (*Imag.* 11-12), in maniera affine al travaglio intellettuale di Ermotimo che, a prescindere dal semplice apprezzamento dell'aspetto esteriore, non dispone di un criterio di giudizio appropriato per dimostrare la bontà di un determinato filosofo, nel suo caso di quello stoico (cfr. il § 20, là dove Filosofia sostiene che nessuno sia in grado di scandagliare i pensieri dei filosofi). Questa difficoltà è tanto più significativa alla luce del comportamento del maestro di Ermotimo descritto poco prima da Licino (§§ 9-12), che è riuscito a mettere in dubbio l'intima validità del precettore stoico. Vedi *supra*, pp. 228-245.

Tuttavia, vi è una differenza sostanziale tra le due opere: se la raffigurazione di Pantea acquisisce forza persuasiva grazie all'impiego di modelli artistici e letterari noti e dal valore indiscusso, nel caso di Ermotimo, invece, la rappresentazione del vero filosofo non è un mero esercizio epidittico, bensì un procedimento dimostrativo, che necessita di un metro di giudizio razionalmente validato. Su questo punto vedi Cistaro, 2009, pp. 113-147.

In *Nigr.* 4 l'aggettivo ὀξυδερκής denota la vista acutissima dell'anima che il narratore sostiene di aver acquisito attraverso le parole di Nigrino (τὴν δὲ ψυχὴν ὀξυδερκέστερος κατὰ μικρὸν ἐγιγνόμην). In *Vit. auct.* 18, invece, è Socrate a mostrare una vista penetrante, a differenza del suo compratore, che è incapace anche solo di intuire il mondo ideale.

Nel nostro passo Licino allude similmente alla vista dell'anima, necessaria per poter riconoscere la vera natura di un individuo, altrimenti destinata a rimanere insondabile. L'ὀξυδερκία è essenziale ai fini della ponderata osservazione satirica, cui segue l'attacco della parola. In *Icar.* 13-14 Menippo riceve da Empedocle indicazioni utili per potenziare la sua vista e discernere chiaramente ogni cosa. Allo stesso modo, in *Cont.* 6 a Caronte, che esprime l'esigenza di osservare dettagliatamente il mondo dall'alto della sua posizione, Ermes offre la possibilità di scorgere perfino all'interno delle abitazioni (*ivi* 9). Un ulteriore riferimento alla cecità dell'anima è nella "danza del buio" descritta al § 49 (vedi *infra*, pp. 388-389). Infine, in chiusura del dialogo (§ 86), Ermotimo, dopo essersi liberato dalla fede incondizionata nello Stoicismo, sembra aver acquisito una vista più chiara e luminosa. Su questo motivo topico della satira lucianea vedi le osservazioni di Gassino, 2002, pp. 167-177 e Camerotto, 2014, pp. 209-216.

È opportuno notare che l'aggettivo ὀξυδερκής, a parte le diverse occorrenze lucianee, è scarsamente attestato in autori di età classica o imperiale (vedi Ps.-Plut. *De Hom.* 2.86; Ath. 2.46D e i due trattati scientifici di Galeno: *De comp. med. sec. loc.* 4, vol. 12, p. 778 Kühn e *De simpl. med. temp. et fac.* 10.284, vol. 12, p. 279 Kühn), mentre ricorre con maggiore frequenza in testi bizantini.

§ 20) Dopo aver rigettato tre diversi criteri di giudizio (§ 16: sulla maggioranza dei consensi; § 17: sull'opinione comune; §§ 18-19: sull'aspetto esteriore), Licino sottolinea le difficoltà ineludibili nel discernimento tra il vero e il falso filosofo, tutte legate all'assenza di un segno oggettivamente valido (κοινὸν γνώρισμα), che identifichi immediatamente il filosofo migliore. Su questo segno insisteranno le similitudini introdotte nelle fasi successive della discussione (vedi i §§ 37-39: l'immagine della coppa e i §§ 39-44: la scena dell'atleta). Vedi *infra*, pp. 413-414. In questo momento, però, è Licino a conferire maggiore concretezza ai contenuti dibattuti, esponendo brevemente il mito di Momo. Si tratta di una figura minore del *pantheon* greco, nota per la critica mossa all'artefice dell'uomo (in questo caso Efesto): non avendo previsto nessun espediente efficace al fine di poter scorgere nell'intimo della sua creatura, resta pressoché impossibile distinguere con una certa sicurezza l'individuo verace da quello mendace.

ὁ γοῦν Μῶμος ἀκήκοας: Momo è figlio della Notte (Hes. *Th.* 214; Cic. *De nat. deor.* 3.44, che lo presenta come figlio della Notte e del Sonno), nonché personificazione del biasimo e dello scherno (ὁ μῶμος). Una descrizione più dettagliata di questa figura minore del *pantheon* greco è in Plat. *Rep.* 6.487a; Ar. *De part. an.* 3.2.663a35 e Call. fr. 393 Pfeiffer e *In Ap.* 113.

I riferimenti a questa divinità sono disseminati in tutto il *corpus* lucianeo: si passa da semplici citazioni (*Icar.* 31; *Hist. conscr.* 33; *Bacch.* 8; *Dear. iud.* 2) ad interventi più sostanziali nella trama delle opere (*Iupp. trag.* 18-49 e *Deor. conc.* 1-14), ove Momo è artefice di attacchi satirici implacabili. Su questo vedi Camerotto, 2014, pp. 234-235.

Il racconto riportato in questo passo è tramandato in maniera solo parzialmente analoga in testi favolistici (Aesop. 102 Hausrath - Hunger e Babr. 59 Luzzatto - La Penna), cui Luciano potrebbe essersi liberamente ispirato. Sui rapporti tra Luciano e la favola antica vedi *infra*, pp. 565-566. Accenni a questo mito sono anche in *Nigr.* 32 e in *Ver. Hist.* 2.3, dove la critica di Momo è limitata al toro di Poseidone, che, avendo impiantato maldestramente le corna sotto gli occhi dell'animale, gli ha ostruito la vista. Cfr. von Möllendorff, 2000[1], p. 160, n. 50.

Allusioni al medesimo racconto si possono rintracciare anche in Favor. *De exil.* 17.4 Tepedino Guerra: Momo rimprovera Prometeo per aver reso insondabili i pensieri dell'uomo (ὅπερ ‖ γὰρ τὸν Μῶμον τῷ Προμηθεῖ μέμ[ψα]σθαι | λέγουσιν, ὡς τὰ μὲν ἄλλα μέρη τοῦ ἀνθρώ | πο[υ] ὀρθῶς ἔχοντα, τὰς δὲ φρένας οὐ δε | όν[τ]ως ὑπὸ τῷ στέρνῳ κατακρύψαντι), dimenticando di realizzare un'apertura attraverso cui poter spiarne l'interno e apprendere le sue reali intenzioni (χρῆναι γὰρ ἐπιθεῖναί τινα ὀπὴν δι' ἧς τὴν | γν[ώ]μην τοῦ προσιόντος κατοπτεύσομεν). Su questo testo vedi Barigazzi, 1966, pp. 347-375 e, in generale, Amato - Marganne, 2015.

Tuttavia, mentre in Babrio è Zeus, in Esopo e Favorino è Prometeo l'artefice dell'uomo. Vedi anche Favor. *Cor.* 44 Barigazzi, da cui si evince che Prometeo ha creato l'uomo con un impasto di terra ed acqua, animandolo per mezzo del fuoco sottratto al re degli dei (a proposito di Favorino vedi Barigazzi, 1966, p. 342). Cfr. Ov. *Met.* 1.76-88; Paus. 10.4.4 e Apollod. 1.45. Allo stesso modo, in *Prom. es* 3 è Prometeo ad aver plasmato e dato vita agli uomini. La variazione del mito attestata nell'*Hermotimus*, che presenta Efesto come il vero architetto dell'uomo, non trova ulteriori riscontri nella tradizione mitica. Non è del tutto inverosimile supporre che Luciano disponesse di versioni differenti del mito, benché sembri più plausibile immaginare che egli abbia impiegato il materiale mitico con la libertà creativa che lo contraddistingue. Su questa favola vedi Bompaire, 1958, p. 199, n. 2 e p. 201, n. 1 e Martínez-Astorino, 2001-2002, pp. 53-67. In generale, sulla figura di Momo in Luciano vedi Helm, 1906, p. 148; Georgiadou - Larmour, 1998, p. 179 e Berdozzo, 2011, pp. 96-97. Sulla fortuna di questa figura nel contesto della Seconda Sofistica vedi Miletti, 2011, p. 204.

Si noti che in *Par.* 4 Simone, con il supporto di alcuni versi della *Medea* di Euripide (518-519), esprime la medesima idea che soggiace al mito di Momo narrato in questo passo. Non c'è alcun modo per poter riconoscere immediatamente se qualcuno dica o no la verità (εἰ ψεύδεται ἢ ἀληθεύει), poiché non esiste nessun segno che lo denunci con evidenza. Nondimeno, Simone, coerentemente al suo gusto per il paradosso, sostiene che il parassita sia in grado di intendere cose tanto più oscure, al punto da definire la sua tecnica superiore a qualsiasi altra (μείζων ἡ τοῦ παρασίτου τέχνη, ἥ γε καὶ τὰ οὕτως ἄδηλα καὶ ἀφανῆ μᾶλλον τῆς μαντικῆς γνωρίζει τε καὶ οἶδεν). Cfr. Nesselrath, 1985, pp. 273-274. Vedi anche *Pisc.* 45, ove Parresiade chiede a Filosofia di trovare un metodo efficace per discernere i buoni dai cattivi filosofi (χρὴ δὲ ὑμᾶς σκοπεῖν ὅντινα τρόπον ἀγνοούμενα ταῦτα πεπαύσεται καὶ διαγνώσονται οἱ ἐντυγχάνοντες, οἵτινες οἱ ἀγαθοὶ αὐτῶν εἰσι καὶ οἵτινες αὖ πάλιν οἱ τοῦ ἑτέρου βίου), e *Fug.* 4, in cui Filosofia espone i tratti distintivi degli pseudo-filosofi che l'hanno oltraggiata fino a metterla in fuga.

A questo proposito, è opportuno ricordare il noto ritratto che Alcibiade traccia del suo maestro Socrate (*Symp.* 215a-216d), presentato come uno dei tanti sileni accatastati nelle botteghe degli scultori e realizzati in modo da poter essere aperti, rivelando il proprio contenuto. Nel caso di Socrate, all'aspetto grottesco si contrappone uno spazio interno di tutt'altra natura, in cui sono racchiuse delle statuette sacre, segno della verità veicolata per mezzo delle sue parole. Vedi Dover, 1967, pp. 26-28. Nonostante il mito di Momo sia il modello esplicitamente dichiarato di questo passo, non è da escludere un accenno velato al ritratto di Socrate, che si pone come tacito paradigma del vero filosofo ricercato nell'*Hermotimus*. Per altri accenni socratici vedi *infra*, pp. 283, 382-385, 472-473 etc.

ἐπὶ τοῦ ἀνθρώπου δὲ τοῦτο ἐμέμψατο καὶ τὸν ἀρχιτέκτονα ἐπέπληξε τὸν Ἥφαιστον ... ἃ βούλεται καὶ ἐπινοεῖ καὶ εἰ ψεύδεται ἢ ἀληθεύει: si tratta del rimprovero che Momo muove all'uomo prodotto da Efesto: in mancanza di un varco nell'animo, non è possibile verificare la natura dell'uomo e le intenzioni reali nascoste dietro le sue parole. Si noti la coppia di verbi disposti parallelamente tra di loro (βούλεται καὶ ἐπινοεῖ / ψεύδεται ἢ ἀληθεύει). I primi due sembrano costituire una tautologia, benché abbiano connotazioni semantiche differenti. Mentre βούλεσθαι designa il desiderio di raggiungere un determinato obiettivo o di ottenere qualcosa, implicando una certa possibilità di scelta o preferenza (Thuc. 1.26.1; Plat. *Gorg.* 522e e *Euthyphr.* 3a; Arist. *Ran.* 1279), ἐπινοεῖν, invece, denota l'attitudine a trovare gli espedienti appropriati alla realizzazione di un determinato proposito (Hdt. 1.48; Antiph. 3.2.7; Arist. *Eq.* 884). Cfr. Wifstrand, 1942 e Madden, 1975, che esaminano il campo semantico dei due verbi.

Luciano indaga l'ampio spettro di applicazioni del verbo ἐπινοεῖν: in *Icar.* 29 fa cenno all'elaborazione di ragionamenti cavillosi da parte dei vari filosofi (οὗτοι τοίνυν εἰς συστήματα διαιρεθέντες καὶ διαφόρους λόγων λαβυρίνθους ἐπινοήσαντες), mentre in *Deor. conc.* 13 qualifica i nomi inventati dai filosofi (ἀνυπόστατα καὶ κενὰ πραγμάτων ὀνόματα ὑπὸ βλακῶν ἀνθρώπων τῶν φιλοσόφων ἐπινοηθέντα). Cfr. *Iupp. trag.* 18, in cui precisa la strategia suggerita da Zeus per neutralizzare la portata distruttiva delle parole dell'epicureo Damide (ὡς οὖν ὑπὲρ τηλικούτων φημὶ δεῖν ἅπαντας ἐπινοεῖν τι σωτήριον τοῖς παροῦσι). Inoltre, questo verbo designa generalmente stratagemmi e arguzie contraddistinte in senso negativo. Vedi *Peregr.* 22, a proposito del suicidio spettacolare concepito da Peregrino; *Alex.* 4, rispetto agli espedienti inventati da Alessandro, e *Calumn.* 13, sulle trovate dei falsi accusatori.

Con i verbi ψεύδομαι e ἀληθεύω, invece, Licino allude alla distinzione tra vero e falso filosofo, che risulta difficile praticare in mancanza di un criterio oggettivamente valido. In *Pisc.* 45 Parresiade insiste sulla necessità di riconoscere i buoni filosofi, incaricando la Verità di trovare uno stratagemma efficace per raggiungere questo obiettivo. In *Demon.* 48, invece, Demonatte si batte contro i falsi filosofi, che praticano la filosofia solo per motivi di vanto e non per amore di verità (ἐπολέμει τοῖς οὐ πρὸς ἀλήθειαν ἀλλὰ πρὸς ἐπίδειξιν φιλοσοφοῦσιν).

La distinzione tra chi dice il vero e chi il falso costituisce un motivo topico del pensiero stoico, per cui solo il saggio è nella verità, possedendone la scienza, mentre gli stolti sono destinati a restare nell'ignoranza (cfr. *SVF* 1.216; 2.110 e 3.554, 657). Al contrario, gli Scettici sottolineano le difficoltà che impediscono l'individuazione del vero filosofo, motivo per cui anche la verità è destinata a rimanere all'oscuro (Sext. *Adv. math.* 7.432: εἰ πᾶσα φαύλου κατ' αὐτοὺς ὑπόληψις ἄγνοιά ἐστι καὶ μόνος ὁ σοφὸς ἀληθεύει καὶ ἐπιστήμην ἔχει τἀληθοῦς βεβαίαν, ἀκολουθεῖ μέχρι δεῦρο ἀνευρέτου καθεστῶτος τοῦ σοφοῦ κατ' ἀνάγκην καὶ τἀληθὲς ἀνεύρετον εἶναι). Su questo tratto scettico nell'argomentazione di Licino vedi *infra*, pp. 402-403.

Il discernimento del vero dal falso è un tema tipico della satira lucianea, non solo filosofica, giacché segna il discrimine tra il vero e il falso poeta (*Hesiodus, Electrum, Iuppiter Confutatus*: su quest'ultima opera vedi Größlein, 1998), tra lo storico degno di fede e quello inattendibile (*Verae Historiae*: vedi Saïd, 1994, pp. 149-170, che indaga il rivolgimento tra ψεῦδος e ἀλήθεια prodotto nel corso dello scritto, e Porod, 2016), e consente di distinguere le peculiarità positive da quelle negative nel più ampio contesto della παιδεία del tempo (vedi i *pamphlet* di denuncia: *Alexander, Philopseudeis, De Luctu, De Sacrificiis*, che prendono di mira i tratti superstiziosi e riprovevoli del *milieu* socioculturale contemporaneo). Su questo tema vedi Caster, 1938, pp. 79-93; Hall, 1981, pp. 310-324 e Camerotto, 2014, pp. 60 ss. Il risultato della satira lucianea, infatti, risiede nella denuncia del falso, con il conseguente ribaltamento di dimensioni e prospettive ritenute comunemente, per quanto infondatamente, vere. Nel corso del nostro dialogo si assiste ad un progressivo rovesciamento dei ruoli tra i protagonisti della discussione:

mentre Ermotimo, all'inizio del dialogo, appare latore e custode della verità nei confronti di Licino, alla fine della discussione egli apparirà vittima della sua presunta sapienza, cui riuscirà a sottrarsi grazie all'efficace confutazione promossa dal profano Licino (§ 86). Su questo tema vedi Nesselrath, 2001[2], pp. 136-143.

ἐκεῖνος μὲν οὖν ἅτε ἀμβλυώττων οὕτω περὶ τῶν ἀνθρώπων διενοεῖτο ... ἀνέῳκταί σοι τὰ πάντα, ὡς εἰδέναι μὴ μόνον ἃ βούλεται καὶ ἃ γιγνώσκει ἕκαστος ἀλλὰ καὶ πότερος ἀμείνων ἢ χείρων: Licino fa un accenno ai limiti delle facoltà sensoriali di Momo, cui oppone con arguta ironia le supposte qualità sovrannaturali di Ermotimo, che sarebbe in grado di sondare anche quanto non sia immediatamente percepibile.

Nei lessici antichi il verbo ἀμβλυώττω è contrapposto ad una vista notevolmente acuta (*E. Gen.* ed. Lasserre-Livadaras, *s. l.*: τὸ μὴ ὀξυδερκεῖν Ἀττικῶς; *E. Gud.* ed. De Stefani, *s. l.*: τὸ μὴ ὀξυδερκεῖν· παρὰ τὸ ἀμβλεῖς ἔχειν τοὺς ὄσσους). Questo verbo si trova in un passo significativo della *Respublica* di Platone (*Rep.* 6.508c-d), dove Socrate mette a confronto il processo percettivo e conoscitivo, avviato dalla vista in presenza della luce, e quello proprio dell'anima, che può procacciarsi una piena conoscenza solo quando si volge verso ciò che è illuminato dalla verità. Nonostante il discorso di Licino sia del tutto differente da quello platonico, è indiscutibile che, anche nel nostro caso, la debolezza della vista ha delle ripercussioni sulle qualità intellettuali e soprattutto morali di un aspirante filosofo, impedendogli di accedere alla verità e di conformarsi all'autentica virtù.

Ulteriori attestazioni del verbo ἀμβλυώττω sono in *Philops.* 16 (al filosofo platonico appaiono le idee, che restano invisibili a chi abbia una vista debole); *Cont.* 1 e 7 (Caronte chiede a Mercurio di potenziare la sua vista in modo da poter osservare con precisione tutto ciò che accade sulla terra); *Fug.* 10 (a proposito della vista debole e miope dei sofisti); *Icar.* 6 (Menippo contrappone alla vista limitata dei presunti filosofi le loro altisonanti pretese) e *Tim.* 2 e 27.

Licino attribuisce ironicamente al suo interlocutore la capacità straordinaria di scorgere all'interno del proprio simile in maniera più penetrante del noto Linceo. Linceo è un eroe legato alla saga degli Argonauti, celebre per la sua vista particolarmente acuta (cfr. Pind. *Nem.* 10; Arist. *Pl.* 210; Plat. *Epist.* 7.344a; Cic. *Fam.* 9.2.2; Hor. *Epist.* 1.1.28-29 e *Sat.* 1.2.90-92, passi già segnalati da Schmidt, 1897, p. 49). A questa figura si fa cenno anche in *Icar.* 12; *Pro imag.* 20; *Tim.* 25; *Cont.* 7 e *Dial. mort.* 9.1, sempre a motivo della sua proverbiale ὀξυδερκία (vedi Rein, 1894, p. 14 e Camerotto, 1998, p. 243). Sull'uso di figure mitiche nella satira lucianea vedi Bompaire, 1958, pp. 191-203 e Tomassi, 2011[2].

Un'espressione affine ricorre anche in *Icar.* 2, in riferimento all'impresa di Menippo (ὑπὲρ αὐτὸν Δαίδαλον); *Peregr.* 3, sui tratti drammatici della vicenda di Peregrino (ὑπὲρ τὸν Σοφοκλέα καὶ τὸν Αἰσχύλον); *Nav.* 6, etc.

ἐγὼ δὲ κατὰ θεὸν εἱλόμην καὶ οὐ μεταμέλει μοι τῆς αἱρέσεως: Ermotimo non riesce a trovare un criterio adeguato a giustificazione della sua scelta in favore dello Stoicismo, finendo per contraddire inavvertitamente l'affermazione pronunciata poco prima (§ 15: οὐδὲ ἠρόμην περί γε τούτων τὸν θεόν). Licino non muove nessuna obiezione a questo repentino cambio di opinione: egli è consapevole che, in questo momento, avrebbe potuto assestare un colpo decisivo per far valere la sua confutazione ma preferisce continuare la discussione con il suo interlocutore, imbarcandosi in un più ampio *divertissement* intellettuale.

§ 21) In questo paragrafo di raccordo tra il racconto mitico di Momo e la lunga similitudine della città ideale, Licino discute con Ermotimo sulle caratteristiche del dialogo in corso, benché in termini differenti rispetto a quanto era stato stabilito poco prima (§ 13). Dopo aver subito i primi smacchi da parte di Licino, l'aspirante stoico sospetta che il suo interlocutore non sia interessato alle sue parole. Al contrario, Licino crede che Ermotimo stia cercando di nascondergli la verità, mosso dall'invidia che questi possa diventare un filosofo pari a lui (φθονεῖς ἡμῖν ὡς μὴ ἐξ ἴσου γενοίμεθά σοι φιλοσοφήσαντες). Dichiarando esplicitamente la volontà di intraprendere da solo la ricerca di un valido criterio di verità, Licino abbandona l'indagine comune propria del διαλέγεσθαι socratico (cfr. i §§ 9, 10 e 13, ove ricorrono verbi con il prefisso συν-, a conferma del tentativo di impostare una ricerca in comune. Vedi *supra*, pp. 239-240) e avvia la parte propriamente elenctica della discussione. Su questa caratteristica del dialogo filosofico tradizionale vedi Brickhouse - Smith, 1991, pp. 131-159; Vlastos, 1991, pp. 107-131 e Giannantoni, 2005, pp. 141 ss. In modo particolare, avviene anche nel dialogo socratico che, nonostante l'impostazione inizialmente simmetrica ed equilibrata della conversazione tra i due interlocutori, non appena l'ἔλεγχος comincia a farsi evidente, Socrate assume un approccio più apertamente provocatorio, diretto a mettere in imbarazzo il suo partner nella discussione, il quale, da parte sua, si arrocca in una strategia argomentativa strettamente difensiva. A tal proposito vedi Rossetti, 2011, pp. 27-35. Questa progressiva alterazione in senso asimmetrico del dialogo tra Licino ed Ermotimo consente non solo di mettere in evidenza la profonda differenza strutturale tra i due parlanti del dialogo, ma anche, e soprattutto, di raggiungere i risultati positivi sottolineati nella fase finale della discussione. Vedi *infra*, pp. 575-576.

περιόψει με παραπολόμενον ἐν τῷ πολλῷ συρφετῷ: Licino riprende parodicamente la formula impiegata precedentemente da Ermotimo (§ 1: τὸ κινδύνευμα οὐ περὶ μικρῶν —ἢ ἄθλιον εἶναι ἐν τῷ πολλῷ τῶν ἰδιωτῶν συρφετῷ παραπολόμενον ἢ εὐδαιμονῆσαι φιλοσοφήσαντα), adattandola alla sua situazione personale. Mentre all'inizio del dialogo Ermotimo prospettava l'alternativa tra la felicità filosofica e una vita dispersa nel volgo ignorante, in questo passo Licino accusa il suo interlocutore di non volerlo rendere partecipe della sua sapienza, venendo così meno al ruolo di maestro assunto precedentemente (§ 13).

σκόπει δὴ καὶ μὴ καταγελάσῃς, εἰ παντάπασιν ἰδιωτικῶς ἀναζητῶ αὐτό: Licino sembra riprodurre la medesima reticenza espressa da Socrate in *Euthyd.* 278d (come indica giustamente Macleod in apparato, vol. IV, p. 34). Questi, dopo aver ascoltato il primo discorso di Eutidemo e Dionisodoro, si dichiara insoddisfatto dall'incapacità dei due sofisti di persuadere il giovane Clinia ad occuparsi di filosofia. Egli stesso decide così di fornire la dimostrazione di un discorso ben costruito, invitando i presenti a non deriderlo nel caso in cui si fosse espresso in maniera bizzarra (ἐὰν οὖν δόξω ὑμῖν ἰδιωτικῶς τε καὶ γελοίως αὐτὸ ποιεῖν, μή μου καταγελᾶτε). Similmente, in *Rep.* 5.450e-451a Socrate manifesta una certa trepidazione nel momento in cui si accinge a chiarire alcuni aspetti cruciali della καλλίπολις, sperando di trovare gli argomenti adeguati e di non cadere nel ridicolo davanti ai suoi interlocutori (ἀπιστοῦντα δὲ καὶ ζητοῦντα ἅμα τοὺς λόγους ποιεῖσθαι, ὃ δὴ ἐγὼ δρῶ, φοβερόν τε καὶ σφαλερόν, οὔ τι γέλωτα ὀφλεῖν —παιδικὸν γὰρ τοῦτό γε). Sull'effetto del riso nel contesto di una discussione filosofica vedi Beltrametti, 2000, pp. 235-247.

Allo stesso modo Licino, nell'atto di introdurre la lunga similitudine della città, manifesta una certa circospezione al fine di prevenire un'eventuale reazione irrisoria da parte di Ermotimo, che avrebbe potuto vanificare così il significato delle sue parole. Sull'efficacia retorica del ridicolo vedi Perelman – Olbrechts Tyteca, 1977. Si tratta del riso proprio dell'eroe satirico, che intende mettere in difficoltà il proprio interlocutore, esaltandone la vacuità delle idee e dei costumi patrocinati con un fare sottilmente sardonico. Su questo argomento vedi Camerotto, 2014, pp. 285-323 e Deriu, 2017, pp. 113-126. Sul riso in Luciano, oltre al classico contributo di Halliwell, 2008, si veda anche Favreau-Linder, 2017, pp. 47-64.

La formula σκόπει δή è tipicamente attica (cfr. *Lex.* 1; *Par.* 43; *Imag.* 15) e risulta largamente adoperata nei dialoghi di Platone per richiamare l'attenzione reciproca di quanti partecipano alla conversazione (*Lys.* 206b; *Phil.* 46a; *Phaed.* 80a). Questo sintagma appare anche in Plutarco (*Quaest. conv.* 8.4.724A), Galeno (*De usu part.* 6.2, vol. I, p. 301 Helmreich) e Aristide (1.344), benché con una frequenza molto più bassa rispetto a Luciano.

§§ 22-24) Licino raffigura la virtù sotto forma di una città, che costituisce la meta del cammino intrapreso sotto la guida di Ermotimo (§ 13). La πόλις sembra essere dislocata in una posizione elevata, come pare evincersi dal riferimento all'impresa compiuta dal maestro stoico (ὡς φαίη ἂν ὁ διδάσκαλος ὁ σὸς ἐκεῖθεν ποθεν ἀφιγμένος). All'inizio della conversazione, infatti, Ermotimo sosteneva che il suo precettore fosse riuscito a pervenire sulla cima del monte della virtù (§ 3) e a diventare abitante della città ideale, raggiungibile solo da parte di pochi eletti. Nel corso della descrizione della πόλις non si fanno ulteriori accenni alla sua precisa ubicazione. Piuttosto, si impone il problema dell'identificazione e della scelta dell'unico percorso valido per raggiungere questa destinazione (§§ 25-26), nascosto com'è tra i tanti cammini suggeriti dai vari filosofi (§§ 26-27). In tal modo, ritorna al centro del dibattito la questione della ricerca di un valido criterio di giudizio, che risulta imprescindibile per raggiungere la virtù, così come era emerso già nella sezione del dialogo appena conclusa (vedi *supra*, pp. 252-254).

La città appare stilizzata secondo un complesso *pot-pourri* di motivi utopici, che le conferiscono un profilo ideale profondamente diverso da una qualsiasi realtà sociopolitica. I cittadini che abitano questo luogo sono detti felici, sapienti, coraggiosi, giusti, prudenti, persino simili agli dei (§ 22: πόλις τις εὐδαίμονας ἔχουσα τοὺς ἐμπολιτευομένους ... σοφοὺς ἐς τὸ ἀκρότατον, ἀνδρείους ἅπαντας, δικαίους, σώφρονας, ὀλίγον θεῶν ἀποδέοντας). Queste stesse peculiarità corrispondono agli ἀγαθά elencati precedentemente da Ermotimo, che sono i premi destinati a quanti dovessero riuscire a raggiungere la vetta del monte (§ 7: σοφίαν καὶ ἀνδρείαν καὶ τὸ καλὸν αὐτὸ καὶ τὸ δίκαιον καὶ τὸ πάντα ἐπίστασθαι βεβαίως πεπεισμένον ᾗ ἕκαστα ἔχει). Licino, dunque, riprende i principi propugnati dallo stesso Ermotimo, facendone i capisaldi di una dimensione fittizia, illustrata da un insieme di azioni e di comportamenti tanto concreti quanto incompatibili con le dinamiche di una città reale (al § 79 Licino insiste esplicitamente sul carattere pragmatico della virtù, che consiste nell'esecuzione di azioni giuste, sagge e coraggiose: ἡ μὲν ἀρετὴ ἐν ἔργοις δήπου ἐστίν, οἷον ἐν τῷ δίκαια πράττειν καὶ σοφὰ καὶ ἀνδρεῖα). Questa immagine, che dà forma alla similitudine più lunga e meglio definita dell'intero dialogo, condensa così il nucleo tematico fondamentale dell'opera: il carattere ideale della città, infatti, allude alla vana pretenziosità della dottrina e del *modus vivendi* stoici, mentre gli impedimenti che rendono irraggiungibile la πόλις sottintendono le difficoltà che un aspirante filosofo incontra nel suo cammino di formazione diretto al riconoscimento della verità. Nonostante Licino in taluni momenti fornisca dettagli non immediatamente cogenti rispetto alle istanze della discussione, è evidente che egli intende perseguire il suo obiettivo antidogmatico: dimostrare cioè che la dottrina stoica non sia l'unico percorso presumibilmente orientato verso la verità, e che questa non sia possesso indiscusso e indimostrato degli Stoici. Sulla *Bildersprache* come strategia stilistico-argomentativa del nostro dialogo si veda Joly, 1981, pp. 417-426.

Nella composizione della città ideale Luciano si è confrontato con una lunga e complessa tradizione, che ha dato alla luce numerosi luoghi immaginari, dove gli uomini sembrano non aver conosciuto la necessità del lavoro, vivendo in una condizione paragonabile a quella degli dei. I più antichi poeti arcaici si dilungano nelle narrazioni mitiche della cosiddetta stirpe d'oro (Hes. *Op.* 109-126: vedi West, 1978, pp. 178-183 ed Ercolani, 2010, pp. 167-175), contraddistinta da peculiarità ben definite, che confluiscono nel ramo della commedia antica specializzato nella descrizione del supposto "Paese di cuccagna": l'αὐτόματος πλοῦτος, ovvero l'abbondanza di cibo e di ricchezza prodotti spontaneamente dalla natura, la gratuità di ogni forma di piacere e la serenità nel contesto privato e sociale di ciascun individuo. Cfr. Crat. fr. 16 K.-A.; Cratin. fr. 175 K.-A.; Pherecr. fr. 137 K.-A.; Telecl. fr. 1 K.-A. Una ricostruzione di questa tematica è in Bertelli, 1992, pp. 506-510, che offre una panoramica esauriente della commedia antica. Sui riflessi di questo motivo in Luciano vedi Hall, 1981, pp. 352 ss. In *Ver. Hist.* 2.5-26 la descrizione dell'isola dei Beati è abbozzata su un insieme di motivi riconducibili a questo stesso modello utopico: la produzione automatica di ogni sorta di vivande da parte della terra (13-14), la mancanza di lavoro (14) e l'amenità del paesaggio (5, 11, 13). Cfr. la descrizione del regno di Crono in *Saturn.* 7. Su questo argomento vedi Nesselrath, 1993, p. 52; Fusillo, 1988, pp. 117-124 e von Möllendorff, 2000², pp. 323-324.

La commedia antica, però, ha prodotto un dominio utopico specifico, particolarmente ravvisabile nel *corpus* drammatico di Aristofane, che consiste nella formulazione, anche alquanto dettagliata, di città immaginarie (a tal proposito sono esemplificativi gli *Aves* e le *Ecclesiazusae*. Su questo argomento vedi Zimmermann, 1983, pp. 57-77 e Dunbar, 1995, pp. 4-6). Si tratta di una produzione fortemente improntata in senso politico, poiché il rifiuto della città reale implica il progetto di fondazione di una nuova πόλις, strutturata sui precetti di una costituzione ideale, la cosiddetta ἀρίστη πολιτεία. A proposito dei prosecutori di questa tradizione utopica vedi Bertelli, 1992, pp. 510-517, mentre i suoi riflessi in Luciano sono illustrati da Nesselrath, 1993, pp. 41-56.

La città dell'*Hermotimus* non è inquadrata in una dimensione irreale, né è costruita sui motivi fantastici di cui Luciano si avvale ampiamente nelle *Verae Historiae*. Al contrario, pur essendo incentrata su un ordinamento legislativo fittizio, essa tenta di fornire una rappresentazione concreta della virtù filosofica. Si spiega così l'uso reiterato di un lessico propriamente politico, che conferisce alla città immaginaria dei contorni meno vaghi e più aderenti ad una dimensione reale. In tal senso, la città della virtù tracciata da Licino non può prescindere dal confronto con la καλλίπολις delineata da Platone: essa, infatti, oltre ad essere la *"première expression vraiment profonde et achevée"* (Fusillo, 1988, p. 117) della scrittura utopica politica, è pensata non solo come un modello meramente astratto, bensì come soluzione paradigmatica al problema reale della giustizia.

Su questo argomento vedi Vegetti, 2006, pp. 122-123 e Canfora, 2014, pp. 165-174 e 194-212.

Appare poco plausibile annoverare la *Tabula Cebetis* tra i modelli contemplati da Luciano nella composizione della similitudine (come sostiene von Möllendorff, 2000[1], pp. 206-208), poiché questo breve libello non descrive propriamente una città, bensì le differenti tappe del percorso formativo dell'uomo. Cebete, infatti, non raffigura una società di individui raccolti in un'istituzione politica unitaria ma, al contrario, ritrae le differenti fasi di maturazione di un singolo individuo, dalla nascita fino alla maturità, quando dovrebbe pervenire al livello più alto della vera *Paideia*. La *Tabula*, invece, può essere annoverata tra gli ipotesti impiegati da Luciano per la composizione della metafora della via, come è stato rilevato precedentemente. Cfr. *supra*, pp. 191-192.

Un'ulteriore fonte di ispirazione per la città dell'*Hermotimus* potrebbero essere state le πόλεις di matrice cinico-stoica, a noi note solo in maniera frammentaria. In linee generali, però, è possibile risalire ai principi fondamentali di queste città. La πόλις cinica sarebbe stata caratterizzata dal rifiuto radicale di ogni norma e da un'impostazione rigidamente individualistica, ragione per cui le esigenze del singolo sarebbero prevalse su quelle dell'intero corpo cittadino. Ne è un chiaro esempio il noto frammento di Cratete sulla città di Pera (la "bisaccia"), i cui abitanti si accontentano di prodotti semplici come timo, aglio, fichi e pane, senza ambire a beni come l'argento o la gloria, con la conseguenza di poter rinunciare facilmente all'uso delle armi (*SSR* VH 70 = *SH* fr. 351). La libertà dei rapporti instaurati tra i membri della città e il cosmopolitismo che anima il progetto politico rivelano il carattere anticonvenzionale della proposta cinica, vale a dire i tratti radicalmente innovativi rispetto a quelli in vigore nelle città reali, coerentemente al proposito di ritornare allo stato di natura e di contrastare ogni forma di vana civilizzazione.

La città stoica, invece, come emerge dai frammenti attribuiti a Zenone, non consiste nella semplice giustapposizione di singoli individui, bensì nella ricerca del bene comune, il che dovrebbe essere favorito dall'impostazione di solidi legami di amicizia. I membri della πόλις, del resto, sono dotati di una sapienza perfetta, ossia di un profilo morale improntato al pieno possesso della virtù, in modo tale che quanti non siano perfettamente saggi non possono essere accolti nella città ideale. Si veda *SVF* 1.222, 226 e 262 (= Plut. *De Alex. mag. for.* 6.329A-B: tutti gli individui virtuosi non sono racchiusi in una città ben definita, potendo condividere uno spazio d'azione indefinito, esteso fino a tutto l'universo). Cfr. Schofield, 1991, pp. 25 ss. e Alesse, 2000, pp. 46-47. Diversamente, Crisippo, lasciandosi ispirare da elementi cinico-eraclitei, sembra aver trasformato la città dei sapienti, tutta terrestre, di Zenone, nell'idea di una città cosmica, in cui uomini e dei sono uniti per mezzo della giusta ragione. Vedi *SVF* 1.259-271 e *SVF* 3.625-636. Su questo argomento sono utili le considerazioni di Goulet-Cazé, 2003, pp. 51-58. Vi è, tuttavia, un elemento comune a queste due città ideali: entrambe sopprimono le caratteristiche propriamente politiche di una città o di un consorzio sociale, senza avanzare la pretesa di porsi come modello concretamente imitabile per la fondazione o il perfezionamento di una comunità politica esistente (si veda Mansfeld, 1986, pp. 297-382 e Scholz, 1998). L'impronta eminentemente moralistica del modello politico elaborato all'interno della scuola stoica non sembra essere del tutto estraneo a quello concepito da Licino sulla base del *background* ideologico del proprio interlocutore. Non può escludersi perciò la possibilità che, in questa sezione del dialogo, Luciano faccia riferimento non tanto alla speculazione sociopolitica platonica, bensì a quella cinico-stoica, che aveva suscitato un notevole dibattito, plausibilmente non del tutto ignoto allo stesso autore. Dalle fonti a nostra disposizione, infatti, emerge un'aspra discussione sui suddetti modelli politici, che si prolunga fino all'età imperiale, quando Cassio lo scettico (D. L. 7.32-33) e Sesto Empirico (*Pyrrh. hyp.* 3.245-249 ed *Adv. math.* 11.189-194) manifestano una profonda sfiducia sulla concreta applicazione di questi programmi, insistendo sulla natura avida e prevaricatrice degli uomini.

Si noti che una commistione di elementi platonici e stoici è ravvisabile, in termini ancora più sostanziali rispetto alla città dell'*Hermotimus*, nella πόλις delineata nel *Borysthenicus* di Dione (*Or.* 36), là dove l'ordine cosmico tipico della Stoà, dominato dall'azione razionale e normativa di Zeus, trova riflesso nella disposizione armonica prodotta in una città reale dalle leggi e dai rapporti di amicizia, nonché sotto l'accurata direzione dei notabili (a tal proposito si veda Forschner, 2003, pp. 139-156).

§ 22) ἐν εἰρήνῃ καὶ ὁμονοίᾳ ξυμπολιτεύονται: pace e concordia costituiscono due concetti centrali della riflessione politica greca.

In Esiodo *Eirene*, insieme a *Dike* e *Eunomia*, costituisce la triade delle *Horai* e ha il compito di vigilare sulla vita degli uomini (*Th.* 902). In Pind. *Ol.* 13.7, invece, la Pace, associata con le medesime divinità, respinge l'arroganza, che potrebbe generare ogni sorta di conflitti all'interno del corpo civico. Su questo vedi Gentili - Catenacci - Giannini - Lomiento, 2013, pp. 591-593. A partire dal V secolo, infatti, la relazione Eunomia-Eirene viene progressivamente sostituita da quella Eirene-Ploutos (si tratta, in realtà, di un'idea attestata anche molto prima: Hom. *Od.* 24.486; Theogn. 885-886 e Bacch. fr. 4.61, in cui la pace asseconda il benessere della città e dei suoi membri, favorendo la produzione di nuova ricchezza. Cfr. Eur. *Suppl.* 488-491; *Bacch.* 419-420 e fr. 453 Kannicht), che evidenzia il riflesso positivo della pace non solo sugli interessi del singolo, ma anche su quelli dell'intera collettività. A tal proposito vedi Ehrenberg, 1946, pp. 70-93. Ad Atene questa associazione assume un aspetto cultuale, testimoniato dalla coppia statuaria di *Eirene* e *Ploutos*, opera di Cefisodoto il vecchio, databile al 375 a.C. (Paus. 1.8.2 e 9.16.2). La ricerca della pace è anche oggetto di esilaranti commedie antiche, che riflettono il significato politico-sociale riconosciuto a questo principio, soprattutto in relazione alla difficile situazione bellica in cui versava la città di Atene. Si tratta degli *Acharnenses*, della *Pax* e della *Lysistrata*, tutte opere in cui Aristofane costruisce un *plot* drammatico incentrato sulla volontà ostinata di cercare o instaurare la pace, prendendo netta posizione contro il partito belligerante dominante nella vita politica ateniese. È celebre l'ἄνοδος della Pace nell'omonima commedia aristofanesca, che prevedeva il suo arrivo sulla scena sotto forma di una statua. Probabilmente gli spettatori l'avranno vista sollevarsi sulla scena per mezzo dell'ἐκκύκλημα, con effetti certamente spettacolari (su questo vedi Cassio, 1985, pp. 41-50 e Olson, 1998, p. 183). Sull'impatto di questa scena vedi Plat. fr. 86 K.-A. (cfr. Pirrotta, 2009, p. 194) ed Eup. fr. 62 K.-A., che ne offrono un ritratto parodico. Cfr. Kyriakidi, 2007, pp. 150-154. Vedi anche la personificazione di Pace in Men. fr. 779 K.-A. (εἰρήνη γεωργὸν κἂν πέτραις / τρέφει καλῶς, πόλεμος δὲ κἂν πεδίωι κακῶς {ἔφυ}).

Licino non è interessato alla connotazione politica del concetto di pace, considerato che l'obiettivo della sua città ideale è dare un'efficace rappresentazione dei vantaggi di una vita condotta secondo la virtù filosofica. La pace è accostata alla filosofia anche in altri passi del *corpus* di Luciano. In *Fug.* 5 Filosofia sostiene di essere stata inviata da Zeus presso gli uomini, affinché desistessero da ogni sorta di violenza e di sopruso. Le città, infatti, si sono riempite di una genia di falsi filosofi, che hanno commesso numerosi crimini, destabilizzando l'ordine sociale e facendo perdere di vista la ricerca della verità (*Fug.* 15-20). In *Pisc.* 36 Parresiade nota che i filosofastri restano concordi nelle discussioni sul bene e sulla virtù finché non si trovano di fronte all'oro o all'argento. La sola vista di questi beni basta a suscitare la loro cupidigia e a rivelarne la natura di falsi filosofi, visto che rinunciano prontamente alla pace pur di accaparrarsi quante più ricchezze possibili (ἢν δέ τις ὀβολὸν ἐπιδείξῃ μόνον, λέλυται μὲν ἡ εἰρήνη, ἄσπονδα δὲ κἀκήρυκτα πάντα, καὶ τὰ βιβλία ἐξαλήλιπται καὶ ἡ ἀρετὴ πέφευγεν).

La pace risulta essere una delle caratteristiche essenziali del mondo dei morti: in *Dial. mort.* 20.7 Ermes ordina ad uno stratega di lasciare le sue armi vittoriose, dal momento che nell'Ade regna la pace (ἐν ᾅδου γὰρ εἰρήνη καὶ οὐδὲν ὅπλων δεήσει). Allo stesso modo, in *Cat.* 15 si evince che nel mondo dei morti prevale la pace perché tutte le necessità terrene sono state completamente soppresse. Anche nella πόλις delineata da Licino la pace è praticabile data l'assenza di quelle dinamiche conflittuali presenti solitamente in una città reale. Sui tratti utopici del mondo dei morti in Luciano vedi Carsana, 2008 e Camerotto, 2014, pp. 179-184. Infine, è significativo che in *Hist. conscr.* 31 la città straordinariamente bella e grande descritta da un presunto storico abbia probabilmente il nome, tra gli altri, di Concordia e Pace. Ancora una volta, questi due principi si prestano a delineare una realtà ideale contrassegnata in termini totalmente positivi.

Cfr. Max. *Or.* 6.5 (sul rapporto tra i buoni νόμοι e la disposizione ottimale dei singoli cittadini e dell'intera comunità); Dio Chrys. *Orr.* 1.75, che offre un'altra personificazione di *Eirene*, insieme a *Dike*, *Eunomia* e *Nomos* (γυνὴ σφόδρα ὡραία καὶ ἁβρῶς ἐσταλμένη καὶ μειδιῶσα ἀλύπως· Εἰρήνην καλοῦσιν αὐτήν); 22, che è interamente dedicata al tema della pace e della guerra; 38.14 (εἰρήνη καὶ ὁμόνοια καὶ ὑγεία, καὶ ταῦτα οὐδεὶς <ἂν> ἀντείποι μὴ οὐχὶ ἀγαθὰ καὶ εἶναι καὶ λέγεσθαι); 40.26 ed Epict. *Diss.* 3.13.11, che considera la pace come un risultato dell'insegnamento filosofico (ὁ δὲ λόγος ὁ τῶν φιλοσόφων ὑπισχνεῖται καὶ ἀπὸ τούτων εἰρήνην παρέχειν).

L'importanza dell'ὁμόνοια nella costituzione di una cittadinanza armonica è ravvisabile sin dai filosofi presocratici (fr. 27 Democr. D 357 L.-M.: ἀπὸ ὁμονοίης τὰ μεγάλα ἔργα e fr. 37 Antiph. D 38a L.-M.), in modo particolare negli ambienti pitagorici (si consideri almeno Iambl. *Ep.* Περὶ ὁμονοίας *ap.* Stob. 2.33.15, p. 257 Wachsmuth). Cfr. Xen. *Mem.* 4.4.16 (ἀλλὰ μὴν καὶ ὁμόνοιά γε μέγιστόν τε ἀγαθὸν δοκεῖ ταῖς πόλεσιν εἶναι καὶ πλειστάκις ἐν αὐταῖς αἵ τε γερουσίαι καὶ οἱ ἄριστοι ἄνδρες παρακελεύονται τοῖς πολίταις ὁμονοεῖν). Sulla concordia sociale come motivo ricorrente nella riflessione politica di età classica vedi Aalders, 1950, p. 308. Platone approfondisce questa riflessione, intendendo con ὁμόνοια un accordo sinfonico interno alla città, ove ciascuno, in base alle proprie qualità, occupi saggiamente la posizione che gli spetta (*Rep.* 4.432a: ὀρθότατ' ἂν φαῖμεν ταύτην τὴν ὁμόνοιαν σωφροσύνην εἶναι, χείρονός τε καὶ ἀμείνονος κατὰ φύσιν συμφωνίαν ὁπότερον δεῖ ἄρχειν καὶ ἐν πόλει καὶ ἐν ἑνὶ ἑκάστῳ. Vedi anche *Rep.* 1.351d, dove l'ingiustizia è ritenuta fonte di ostilità e conflitto, mentre la giustizia genera concordia e amicizia). Aristotele, invece, intende la concordia come identità di vedute rispetto agli interessi della città, definendola complessivamente come "amicizia politica", capace di allontanare l'insorgenza di qualsiasi forma di στάσις endemica (*Eth. Nic.* 9.6.1167a22-1167b34 ed *Eth. Eud.* 7.7.1241a15-33). Su questo argomento vedi Smith Pangle, 2003, pp. 156-159.

Nella riflessione stoica, l'ὁμόνοια designa la "scienza dei beni comuni" (*SVF* 3.625: ἐπιστήμη κοινῶν ἀγαθῶν), che è dominio esclusivo dei sapienti, pronti a collaborare attivamente tra di loro. Cfr. anche *SVF* 3.292, 630 e 661. In tal modo, Licino riproduce all'interno di un quadro sociopolitico immaginario un'ulteriore qualità del sapiente stoico: così come quest'ultimo è pronto a stabilire una solida e sincera amicizia con i suoi simili, anche nella città della virtù i cittadini manifestano una piena concordia reciproca. La centralità di questo principio è ribadita da altri autori cronologicamente vicini a Luciano. In Dio Chrys. *Or.* 38.10-14 la concordia e la pace sono celebrati come i beni più importanti per gli uomini. Cfr. *Orr.* 39.2 e 40.26 (a tal proposito si veda Andrei, 1981). Vedi anche Plut. *Praec. ger. reip.* 10.805E (sull'opera di riconciliazione attribuita a Solone) e 32.824D (il compito del politico consiste soprattutto nel promuovere la concordia tra i membri della πόλις). Cfr. Ael. Arist. *Orr.* 23.27-40; 24.4-21 e 41-44. Infine, oltre al valore intersoggettivo della concordia, è opportuno ricordare anche quello individuale (la cosiddetta ὁμόνοια πρὸς ἑαυτόν), che è un tema probabilmente socratico, come emerge dai *corpora* gnomici bizantini (su questo argomento vedi Brancacci, 1990, pp. 94-95).

ἃ γὰρ ἐν ταῖς ἄλλαις πόλεσιν οἶμαι τὰς στάσεις καὶ φιλονικίας ἐγείρει ... ταῦτα πάντα ἐκποδών ἐστιν ἐκείνοις: a differenza di una qualsiasi città reale, ove si verificano violenze e soprusi di ogni genere, nella πόλις immaginata da Licino i rapporti tra i concittadini sono ispirati alla pace e alla concordia reciproca. In *Nec.* 2 a Menippo, che chiedeva di essere aggiornato sulla situazione in città, dopo il periodo trascorso nell'Ade, il suo amico risponde: καινὸν οὐδέν, ἀλλ' οἷα καὶ πρὸ τοῦ ἁρπάζουσιν, ἐπιορκοῦσιν, τοκογλυφοῦσιν, ὀβολοστατοῦσιν. Invece, in *Icar.* 6-10, 15-18 e *Tim.* 9, Luciano descrive con particolare vivacità il dilagare della corruzione e di ogni forma di malvagità nel mondo: nel primo caso Menippo, recandosi sulla luna, guadagna dall'alto una visione più chiara dei misfatti compiuti dagli uomini (come anche in *Cont.* 1-7), mentre, nel secondo, Zeus si lamenta per la grande confusione provocata dagli spergiuri, dai violenti e dai rapinatori.

Il lessico adottato da Licino è accuratamente selezionato: στάσις indica tradizionalmente l'intima faziosità del corpo sociale (cfr. Hdt. 5.28; Xen. *Mem.* 4.4.11; Lys. 25.26), spesso causa di sedizioni e discordie cui alludono parimenti le φιλονικίαι citate subito dopo (cfr. Thuc. 1.41.3; Isocr. 12.158; Dem. 9.14). Inoltre, il verbo ἐγείρω (e suoi composti), in unione con il sostantivo στάσις, assume il significato di "suscitare sedizione o sommossa" (cfr. Sol. fr. 3.19 G.-P. (con ἐπεγείρω); Arist. *Ran.* 360 (con ἀνεγείρω)), mentre il verbo ἐπιβουλεύω è impiegato spesso per descrivere le insidie tramate sia a livello pubblico (Aesch. *Sept.* 29; Thuc. 6.60.4; Dem. 8.40), che privato (Hdt. 3.119.5).

οὔτε χρυσίον ἔτι οὔτε ἡδονὰς οὔτε δόξας ὁρῶσιν: Licino elenca le tre cause principali della disgregazione del consorzio sociale. Al § 7 lo stesso Licino aveva ipotizzato che gli ἀγαθά presenti in cima al monte della virtù fossero la ricchezza, la gloria e un complesso di piaceri straordinari non meglio specificati (τινὰ πλοῦτον καὶ δόξαν καὶ ἡδονὰς ἀνυπερβλήτους). Se in quella fase del dialogo Ermotimo aveva negato qualsiasi relazione tra la virtù e questi beni (§ 7), adesso essi sono presentati come motivo di dissidio tra i membri di una città, ragione per cui vengono banditi dalla πόλις ideale. In *Pisc.* 46, invece, il dispregio di χρυσίον, δόξα ed ἡδονή costituisce il criterio in base a cui operare la distinzione tra veri e falsi filosofi, descritti come sedotti dalla ricchezza, per la quale sono pronti a compiere qualsiasi nefandezza (vedi la sezione 34-36, in cui Parresiade insiste su questa tematica). Si noti che al § 16 Ermotimo allude a questi stessi concetti in composti aggettivali afferenti alle varie scuole di pensiero: gli Epicurei sono detti φιλήδονοι, i Peripatetici φιλόπλουτοι, mentre i Platonici φιλόδοξοι. Vedi *supra*, pp. 263-265.

Tuttavia, il desiderio di questi beni non è attribuito esclusivamente ai filosofi: la ricchezza e l'oro sono considerati beni da parte di tutti gli uomini (in *Saturn.* 1 il sacerdote chiede a Crono i beni generalmente richiesti dagli uomini: ἐρῶ γὰρ τὰ κοινά ... πλοῦτον καὶ χρυσὸν πολύν; *Iupp. conf.* 1, là dove πλοῦτος, χρυσός e βασιλεία ricorrono più frequentemente nelle preghiere degli uomini), e perciò costituiscono motivo di continue tensioni (in *Cont.* 11 l'oro è ritenuto causa di πόλεμοι, ἐπιβουλαί, λῃστήρια, ἐπιορκίαι, φόνοι e di ogni altro genere di misfatti). Vedi anche *Icar.* 4, in cui Menippo sostiene che la bramosia di ricchezze e di potere intralci l'ottenimento delle cose veramente importanti (ἀσχολία τῶν ἀληθῶς σπουδαίων).

Per quanto concerne l'ἡδονή, al § 9 Licino ha biasimato il carattere falso dei filosofi, che esortano a disprezzare i piaceri (ma anche la gloria e le ricchezze), salvo poi adottare una condotta esattamente opposta. A questo proposito vedi *Symp.* 36; *Icar.* 30; *Nec.* 5, a conferma della predilezione di Luciano per questo motivo. In *Merc. cond.* 8 si parla, invece, di tutti gli svantaggi che un precettore deve essere pronto a sopportare al servizio del ricco patrono nell'attesa di guadagnarsi qualche piacere. Infine, in *Nigr.* 16 il filosofo Nigrino descrive le innumerevoli occasioni offerte dalla città di Roma per godere dei piaceri più abietti ed estranei ad una vita virtuosa.

Inoltre, la δόξα è uno dei vizi che Luciano rimprovera a più riprese ai sedicenti filosofi. Su questo tema vedi *supra*, pp. 220-221.

In *Nigr.* 4, infine, Nigrino biasima i νομιζόμενα ἀγαθά (vale a dire πλοῦτος, δόξα, χρυσός, βασιλεία, τιμή e πορφύρα), quelli stessi che Demonatte ripudia a favore della filosofia (*Demon.* 3). Un rifiuto simile contraddistingue anche Timone (*Tim.* 36), il quale respinge *Ploutos* preferendo abbracciare la povertà, considerata come garante di una vera e stabile εὐδαιμονία (vedi Tomassi, 2011[1], pp. 408-409).

πάλαι τῆς πόλεως ἐξεληλάκασιν αὐτὰ οὐκ ἀναγκαῖα ἡγησάμενοι ξυμπολιτεύεσθαι: Licino individua nell'oro, nei piaceri e nella gloria i motivi di conflitto maggiormente ricorrenti tra gli uomini e tali da ostacolare una convivenza sociale coesa. Su questi elementi vedi il § 7, dove sono considerati in rapporto all'atteggiamento contraddittorio mostrato dal saggio stoico.

Una delle caratteristiche più significative di questa città, infatti, risiede nell'unità del corpo cittadino, su cui Licino insiste ripetendo il verbo ξυμπολιτεύεσθαι (due volte al § 22) o suoi sinonimi (§ 22: ἐμπολιτευομένους; § 24: ἐμπολιτεύεσθαι), ma anche espressioni perifrastiche dal significato affine (§ 23: πολίτας γίγνεσθαι τῆς τοιαύτης πόλεως; § 24: μετέχειν τῆς πόλεως e τὸ πολίτην γενέσθαι). Questo stesso verbo ritorna nella parte finale del dialogo, quando Licino, dopo aver portato a termine la sua confutazione, impartisce ad Ermotimo consigli utili per il futuro (§ 84: ἐς τὸ λοιπὸν ἂν ἄμεινον ποιήσαις βίον τε κοινὸν ἅπασι βιοῦν ἀξιῶν καὶ συμπολιτεῦσαι τοῖς πολλοῖς οὐδὲν ἀλλόκοτον καὶ τετυφωμένον ἐλπίζων).

L'integrazione di ciascun individuo in un contesto politico unitario ricorda la riflessione platonica del V libro della *Respublica*. Uno dei punti maggiormente apprezzabili della città ideale consiste nella sua massima uniformità, che garantisce pace e felicità sia a livello comunitario, che individuale. A questo proposito, Platone introduce l'immagine del πόλις-σῶμα (*Rep.* 5.464b), proiettando l'organicismo di un corpo vivente nella più ampia dimensione politico-sociale, al punto che l'armonia fisiologica diventa il segno concreto di una "*compiuta unificazione ... dei sentimenti e degli affetti*" necessaria a livello collettivo (Vegetti, 2000, p. 131). Si veda anche Arends, 1988, pp. 182-185. Solo questa forma di omogeneità è garanzia di ordine ed equilibrio, ponendosi come efficace rimedio contro l'insorgenza di qualsiasi sedizione intestina. Tuttavia, la città di Platone è impostata sul principio dell'οἰκειοπραγία in base al quale a ciascuna delle tre classi sociali sono riconosciute delle funzioni e delle prerogative precipue (4.434 a-c, in opposizione alla πολυπραγμοσύνη, che sottintende la prevaricazione dei ruoli sociali e morali).

Al contrario, Licino descrive un quadro svincolato da un rigido assetto di regole e disposizioni: la città è un luogo in cui chiunque, se vuole, può entrarvi, diventandone parte integrante (§ 24: καὶ ὅλως μετέχειν τῆς πόλεως τὸν βουλόμενον), a condizione che abbia percorso fino alla fine il cammino filosofico.

Il verbo πολιτεύεσθαι con la preposizione ξυν- ricorre solo in Luciano (cfr. anche *Fug.* 5) e in Tucidide (6.4.1; 8.47.2). Molto più comune, invece, è la forma verbale in unione alla preposizione συν-, che appare con maggiore frequenza anche nel *corpus* lucianeo (*Anach.* 20, 22 e 34; *Cont.* 15; *Phal.* 1.2; *Saturn.* 33; *Ver. Hist.* 2.21). Considerata la maggiore antichità della preposizione ξυν-, da cui συν- deriva (vedi Schwyzer, 1968[4], p. 487, n. 7; Chantraine, s. l., vol. II, pp. 767-768), Luciano probabilmente ha preferito la prima forma per conferire maggiore solennità al dettato di Licino. Si tratta di una strategia stilistica volta a veicolare a livello microlinguistico l'ironia di cui sono intrise le parole reboanti dello scettico, che fa continuamente il verso alla complessa dottrina stoica professata da Ermotimo.

γαληνόν τινα καὶ πανευδαίμονα βίον βιοῦσιν: l'aggettivo γαληνός qualifica solitamente la superficie calma del mare (Eur. *Or.* 279 e 728), designando in senso traslato la serena disposizione di un individuo (Aesch. *Ag.* 739; Eur. *Iph. T.* 345 e frr. 752d, 3 e 1079, 4 Kannicht). A tal proposito vedi Bond, 1963, pp. 70-71. L'uso metaforico di questa immagine conosce una certa diffusione nella letteratura filosofica antica, a partire da Democrito (ffr. 27 Democr. D 228-229 e R 99 L.-M.: τέλος δ' εἶναι τὴν εὐθυμίαν, οὐ τὴν αὐτὴν οὖσαν τῇ ἡδονῇ ... ἀλλὰ καθ' ἣν γαληνῶς καὶ εὐσταθῶς ἡ ψυχὴ διάγει, ὑπὸ μηδενὸς ταραττομένη φόβου ἢ δεισιδαιμονίας ἢ ἄλλου τινὸς πάθους), fino a Platone (*Phaed.* 84a; *Tim.* 44b e *Leg.* 7.791a; Ps.-Plat. *Ax.* 370d), Aristotele (*Phys.* 812a) e alle scuole ellenistiche. Le fonti epicuree (vedi il *Glossarium Epicureum*, pp. 150-152, che raccoglie anche fonti estranee al *milieu* epicureo) denotano con γαλήνη uno stile di vita al riparo da ogni turbamento, nonché conciliabile con una felicità perfetta e immutabile. In *Bis acc.* 21 Epicuro contrappone alle turbolente dottrine stoiche la pacatezza dell'insegnamento epicureo (ἀποκλείειν ἐχρῆν αὐτόν, ὥσπερ ἐκ ναυαγίου λιμένι προσνέοντα καὶ γαλήνης ἐπιθυμοῦντα συνωθοῦντας ἐπὶ κεφαλὴν εἰς τὸν πόνον), mentre in *Alex.* 61 Luciano elogia lo stile di vita tranquillo di un amico epicureo. Cfr. *Par.* 11, dove il parassita Simone impiega il termine accennando alla sua serena quotidianità. Su questo vedi Nesselrath, 1985, pp. 312-315. Cfr. *Merc. cond.* 1-2. Si noti che alla fine del dialogo Ermotimo descrive la sua lunga e difficile ricerca della verità nei termini di un naufragio, da cui l'ἔλεγχος di Licino sembra averlo tratto in salvo (vedi *infra*, pp. 572-574). Su altre immagini metaforiche tratte dal dominio della navigazione in riferimento agli studi filosofici, e, più generalmente, alla vita umana nel *corpus* lucianeo vedi *infra*, pp. 323-324.

Anche gli Scettici sembrano aver impiegato il concetto di γαλήνη per descrivere lo stato ideale del vero sapiente. In D. L. 9.68 (= T 17A Decleva Caizzi) esso denota l'imperturbabilità mostrata da Pirrone nel corso di una tempesta, a differenza della reazione concitata dei suoi compagni di viaggio. Tale nozione ricorre in due frammenti dei *Silloi* di Timone (frr. 63-64 Di Marco = *SH* frr. 837-838), ove probabilmente l'autore alludeva alla calma proverbiale del suo maestro Pirrone (sul contenuto di questi frammenti vedi Di Marco, 1989, pp. 261-262 e Clayman, 2009, pp. 111-112). Infine, questa stessa immagine è adottata da Sesto Empirico (*Pyrrh. hyp.* 1.10 e *Adv. math.* 11.141) per indicare la serenità della διάθεσις del saggio scettico, ovvero quell'atarassia che è condizione imprescindibile per raggiungere l'εὐδαιμονία.

Lo scenario implicato dalla γαλήνη è interpretato anche dagli Stoici come efficace rappresentazione dello stato d'animo imperturbabile del saggio, il che conferma l'uso trasversale del termine nel pensiero filosofico antico (cfr. Marc. Aur. 12.22 ed Epict. *Diss.* 2.18.30 e fr. 14). Vedi Hafner, 2017, pp. 139-140.

Introducendo questa parola chiave dell'etica antica, Licino ritrae in maniera efficace le condizioni di vita dei membri della πόλις ideale, immaginati al riparo da gravi tormenti e capaci di godere in pieno dei frutti della propria virtù.

ξὺν εὐνομίᾳ καὶ ἰσότητι καὶ ἐλευθερίᾳ καὶ τοῖς ἄλλοις ἀγαθοῖς: Licino introduce alcuni termini centrali nel lessico politico greco, combinandoli in un complesso *pot-pourri*, che sfugge a qualsiasi etichetta ideologica.

Il concetto di εὐνομία compare una sola volta nell'epica (*Od.* 17.487: ἀνθρώπων ὕβριν τε καὶ εὐνομίην ἐφορῶντες (*scil.* θεοί)), contrapposto al comportamento arrogante e ingiusto degli uomini. In Esiodo il concetto di *Eunomia* non indica solamente la condotta dei singoli uomini, ma anche la condizione favorevole di tutta la società retta da Giustizia e Pace (Hes. *Th.* 901-902. Su questo passo vedi *supra*, p. 287). Cfr. Lyr. Adesp. 1018b Page e la differente genealogia di Alcm. fr. 64 Davies, in cui *Eunomia* è detta figlia di *Prometheia* e sorella di *Tyche* e *Peitho*. Il valore sociopolitico del termine diventa progressivamente esplicito (vedi fr. 8 Xenophan. D 61.19 L.-M.; Pind. *Pyth.* 5.66-67; Bacch. 13.186-189 e 15.53-56), fino ad acquisire nel V secolo il senso di ordine istituzionale retto da buone leggi. Cfr. Shapiro, 1993, pp. 79-88 e Borg, 2005, pp. 195-198. L'εὐνομία denota soprattutto un pensiero di orientamento conservatore, contrario ad una larga distribuzione dei poteri politici ed economici. Una città eunomica è proverbialmente Sparta (Hdt. 1.65-66; Thuc. 1.18.1; Plut. *Lyc.* 29.10; Plat. *Hipp. mai.* 284a-b), ma anche Creta (Plat. *Crit.* 52e) e Corinto (Pind. *Ol.* 13.6-11 e Xen. *Hell.* 4.4.6), tutte notoriamente rette da regimi aristocratici. Del resto, anche il celebrato modello eunomico dell'Atene soloniana consiste non tanto in un regime democratico, bensì in un ordinamento sociale fondato su leggi tali da impedire l'insorgere di στάσεις intestine (Sol. fr. 3 G.-P.: su questo testo vedi Mülke, 2002, pp. 150-152 e Noussia-Fantuzzi, 2010, pp. 258-261). Sull'identificazione tra εὐνομία e un'ἀρίστη πολιτεία di tipo aristocratico vedi anche Ps.-Xen. *Ath.* 1.8-9; 40 Anon. Iambl. fr. 7 L.-M. e Ar. *Pol.* 4.8.1294a1 ss. Sul concetto di εὐνομία come slogan politico vedi Adkins, 1972, pp. 84-85 e Musti, 2003, pp. 254-271. Numerose personificazioni mitiche hanno contribuito ad assegnare a questo concetto una posizione centrale in tutta la riflessione sociopolitica greca antica (Plat. *Rep.* 2.380b; Ar. *Eth. Nic.* 7.2.1155b33-34, etc.).

L'εὐνομία su cui è fondata la città ideale di Licino non implica un ottimo sistema legislativo che disciplini la vita della πόλις. Al contrario, la città di Licino prevede l'abolizione di ogni legge, poiché è strutturata secondo un'armonia sociale spontanea, che la mette al riparo da qualsiasi trasformazione anarchica conflittuale. In tal modo, la città ideale è un luogo in cui il singolo può raggiungere, di concerto con la collettività, la piena perfezione morale, inverando su larga scala il carattere ineccepibile del saggio stoico. Su questo vedi Vimercati, 2011, pp. 577-614.

Il concetto di ἰσότης è intimamente legato a quello più tardo di ἰσονομία, che designa l'uguaglianza dinanzi alla legge, individuando un requisito caratteristico dei regimi democratici. Su questo vedi Hdt. 3.80.6; Thuc. 2.37.1; 3.82.8 e gli scoli attici 893 e 896 *PMG* in onore dei tirannicidi. Cfr. Plat. *Rep.* 8.557b-563e, che intravede nell'uguaglianza politico-sociale promossa dalla propaganda democratica la pericolosa sospensione di qualsiasi ordinamento legislativo (si veda Campese, 2005, pp. 244-248). Tuttavia, in Theogn. 678 e Thuc. 4.78.3 l'isonomia consiste nella parità di diritti tra i membri della ristretta cerchia oligarchica al potere. Cfr. Gomme, 1956, vol. 2, pp. 347, 379-380 e Asheri - Medaglia, 1990, pp. 298-299. A prescindere dalla connotazione politica del termine, esso appare generalmente connesso con i concetti di giustizia e armonia, in quanto crea le condizioni favorevoli per arrestare la tendenza alla πλεονεξία e alla violenta sopraffazione reciproca. In Sol. fr. 30.18-20 G.-P. ci sono i primi riferimenti a questa idea. Cfr. Eur. *Phoen.* 535-545 (l'ἰσότης è oggetto di venerazione perché φίλους ἀεὶ φίλοις / πόλεις τε πόλεσι συμμάχους τε συμμάχοις / συνδεῖ); *Suppl.* 429-441 (Teseo insiste sull'uguaglianza dei cittadini di fronte alla legge e sul diritto riconosciuto a ciascuno di esprimere la propria opinione) ed Eup. fr. 316.3 K.-A. Su questo vedi Collard, 1975, pp. 226-228. L'ἰσότης, dunque, favorisce un clima di equità sociale, che si riflette nell'impostazione di proficui rapporti di amicizia, utili per rendere più stabile la coesione tra i vari membri della πόλις (cfr. Plat. *Leg.* 6.757a e Ar. *Eth. Nic.* 8.6-8.1158a-1159b).

L'uguaglianza è anche una caratteristica essenziale dei mondi utopici prodotti dalla satira lucianea, i quali oltre a collocarsi in una dimensione spazio-temporale differente, funzionano secondo convenzioni opposte ai paradigmi sociali impiegati nella prassi reale. Su questo argomento vedi Camerotto, 2016, pp. 9-26. In modo particolare, di uguaglianza si parla con una certa frequenza nei *Dialogi Mortuorum*: 1.4; 8.2; 26.2; 29.3 e 30.2. Nel mondo dei morti, infatti, perdono valore le differenze sociali, economiche ed estetiche che regolano la vita dei vivi, sopprimendo qualsiasi caratteristica distintiva. Vedi *Cat.* 22 (πάντα γὰρ ἴσα καὶ ὁμόχροα καὶ οὐδὲν οὔτε καλὸν οὔτε κάλλιον) e *Nec.* 15 (οὐδὲν γὰρ ἔτι τῶν παλαιῶν γνωρισμάτων αὐτοῖς παρέμενεν, ἀλλ' ὅμοια τὰ ὀστᾶ ἦν, ἄδηλα καὶ ἀνεπίγραφα καὶ ὑπ' οὐδενὸς ἔτι διακρίνεσθαι δυνάμενα). Si tratta di un *"un mondo ideale caratterizzato da democrazia, egualitarismo, pace perpetua, assenza di passioni o desideri"* (Carsana, 2008, p. 177), corrispondente in larga parte alle caratteristiche della città ideale delineata da Licino. L'assimilazione della costituzione della città ideale a quella vigente nel regno dei morti svela il proposito satirico di Licino, il quale confina la città della virtù in una dimensione oltremondana, lontana da qualsiasi effettiva realizzazione. In *Nav.* 40 e *Nec.* 17-20, per esempio, i ricchi e i re sono costretti ad esercitare mansioni tipiche dei ceti sociali più bassi, non senza effetti di rovesciamento comico-parodico. Il concetto di uguaglianza ricorre frequentemente anche in *Saturn.* 7 e 17 (in cui si parla di ἰσότης ἐπὶ πᾶσιν, a proposito della modalità di consumo delle vivande in occasione dei banchetti) e 31-32 (Crono ribadisce ai ricchi la necessità della parità di diritti durante le sue feste, poiché τὸ ... ἥδιστον καὶ συμποτικώτερον ἡ ἰσοτιμία ἐστί).

Lungi dal voler sposare pretese ugualitarie concepite come concretamente realizzabili, Licino allude all'ordine e alla serenità interiore acquisite dal vero filosofo, che corrispondono all'armonia sociale resa possibile dall'ἰσονομία. Sulla portata sociopolitica della satira di Luciano vedi Baldwin, 1961, pp. 199-208, mentre un profilo più equilibrato dell'autore è tracciato da Hall, 1981, pp. 175-194.

Il concetto di ἐλευθερία ricorre nel lessico politico greco per indicare soprattutto la liberazione dallo straniero (Pind. *Isth.* 8.15, *Pyth.* 1.61; Sim. *Ep.* 8.3, 10.2, 16.1, 34.4 Page; Hdt. 1.6.3) o da un regime tirannico (Hdt. 1.62.1), celebrata nel culto tributato a Zeus Eleuterio in varie regioni della Grecia (cfr. Pind. *Ol.* 12.1 e Hdt. 3.142.2). Su questo vedi Jessen, *RE*, vol. 5, s.l., col. 2348. Cfr. Eur. *Suppl.* 405 (Teseo dipinge orgogliosamente Atene come una città libera da qualsiasi potere tirannico); *Hipp.* 421-422 (la libertà di parola contraddistingue il cittadino ateniese); *Heracl.* 287 e *Ion* 671-672. Sul valore di questo termine in epoca classica e in quelle successive vedi Càssola, 1964 e Nestle, 1967. Platone pare aver preso una ferma posizione contro l'eccessiva libertà di un regime democratico (*Rep.* 8.557b-564a), ponendo l'accento sulle pericolose conseguenze per la compagine complessiva dello stato. Su questo vedi Campese, 2005, pp. 231-242. Cfr. Ar. *Pol.* 5.9.1310a25-38 e 6.2.1317a40-1317b17, in cui Aristotele prende una posizione esplicitamente critica nei confronti della libertà democratica, descrivendo il carattere anarchico della democrazia propugnata dai δημοτικοί. Su questo vedi Schütrumpf - Gehrke, 1996, pp. 542 ss. e De Luna - Zizza - Curnis, 2016, vol. V, pp. 426-428 e 562-566. Anche Luciano sembra celebrare in toni non del tutto sinceri l'idea di libertà concepita dalla democrazia ateniese. Vedi *Bis acc.* 21, in cui Epicuro sostiene che un uomo libero, in una città libera (τις ἐλεύθερος, ἐν ἐλευθέρᾳ τῇ πόλει), può scegliere liberamente chi seguire. Cfr. *Tim.* 57. A questo proposito vedi Braun, 1994, pp. 188-190 e Tomassi, 2011[1], p. 538.

La libertà, però, acquisisce ben presto un significato morale, denotando uno stato dell'anima privo di turbamenti (cfr. Plat. *Rep.* 1.329c; *Phaed.* 115a, ove

Socrate individua nella libertà una delle condizioni positive dell'anima; *Gorg.* 485c; *Phaedr.* 256b e Ar. *Protr.* fr. 43). Il concetto di ἐλευθερία costituisce un punto centrale della riflessione cinica, individuando l'esigenza di liberarsi da ogni forma di condizionamento sociale o di impedimento, sia materiale che morale. La libertà del cinico, infatti, consiste nel pieno dominio di sé stessi (αὐτάρκεια) e nella capacità di far fronte alle proprie passioni (ἀπάθεια). Vedi *SSR* VB 70, 73 e 291, là dove emerge un Diogene in grado di preservare la sua libertà interiore persino nel momento in cui è venduto come schiavo. Su questo argomento vedi Goulet-Cazé, 1986, pp. 38-42; Giannantoni, 1990, vol. IV, nota 44 e Billerbeck, 1996, 205-221. Anche gli Stoici dipingono la libertà come uno stato dell'anima immune dalle passioni (*SVF* 3.448 e 591) e svincolato da qualsiasi opinione (*SVF* 3.603). Il vero sapiente, curandosi opportunamente dei soli bisogni dell'anima, è l'unico in grado di acquisire una felicità autentica e di godere di una piena libertà interiore (*SVF* 3.592-602). Cfr. Epict. *Diss.* 3.22.40; 3.24.67-68 e 4.1, che è interamente dedicata al tema della libertà (vedi Willms, 2011-2012). Si veda anche Dio Chrys. *Or.* 4.7-11 (Diogene il cinico è considerato come il vero campione di libertà); Mus. *Diatr.* 9.109 e 11.15 Hense e Marc. Aur. 5.29.1, 6.16.4 e 8.48.1. Sui rapporti tra Cinismo e Stoicismo vedi Decleva Caizzi, 1977; Giannantoni, 1990, vol. IV, (note 24 e 45) e Brancacci, 1992.

In Luciano l'ἐλευθερία ricorre tra le caratteristiche del profilo dei veri filosofi: Nigrino esalta la filosofia e la libertà che da essa deriva (*Nigr.* 4: προήχθη γὰρ αὐτήν τε φιλοσοφίαν ἐπαινέσαι καὶ τὴν ἀπὸ ταύτης ἐλευθερίαν καὶ τῶν δημοσίᾳ νομιζομένων ἀγαθῶν καταγελάσαι), mentre Demonatte sembra essersi dedicato interamente all'esercizio della libertà, soprattutto nell'uso della parola (*Demon.* 3, motivo per cui inizialmente si era guadagnato l'ostilità degli Ateniesi, e 11). In *Dial. mort.* 21.3, invece, Cratete definisce beni migliori la saggezza, l'autarchia, la verità, senza trascurare la παρρησία e l'ἐλευθερία. Al contrario, Peregrino, appartenendo alla schiera degli pseudo-filosofi, fu espulso da Roma proprio a causa della sua eccessiva, quanto vana, franchezza nel parlare (*Peregr.* 18). Sulla παρρησία come cifra caratterizzante l'eroe satirico di Luciano vedi Visa-Ondarçuhu, 2006; Camerotto, 2014, pp. 225-283 e Deriu, 2017, pp. 185-188.

Nella città di Licino la libertà e gli altri concetti citati insieme con essa non vengono ulteriormente specificati, né si prospetta una loro concreta applicazione nella dimensione della πόλις. Piuttosto, essi costituiscono uno slogan facilmente riconoscibile all'uditorio colto lucianeo, presumibilmente capace di cogliere il nesso tra i differenti livelli semantici contenuti nelle parole: oltre a quello propriamente politico, necessario per costruire l'immagine della città ideale, ve ne è anche uno morale, che contribuisce a tracciare il ritratto morale del saggio stoico. I requisiti dei potenziali cittadini, infatti, così come i criteri di selezione del corpo civico (vedi *infra*, pp. 303-305), non corrispondono a quelli vigenti in una realtà politica esistente, poiché rimandano alla *summa* delle virtù possedute dal saggio che, agli occhi degli aspiranti filosofi, appare come un modello irraggiungibile.

§ 23) μέλλουσιν ἀφικόμενοι ἐγγραφήσεσθαι καὶ αὐτοὶ καὶ μεθέξειν τῆς πολιτείας: Ermotimo assimila l'ordinamento sociale ideale vigente nella città di Licino alla disposizione che otterrà alla fine del cammino stoico. In tal senso, egli considera positivamente l'impegno di quanti aspirano a diventare cittadini di quella πόλις, al punto da non calcolare né la fatica necessaria, né la quantità di tempo richiesta per tale impresa. Si tratta della proiezione del comportamento dello stesso Ermotimo, il quale, all'inizio del dialogo, era apparso impegnato in una lunga ed ardimentosa fatica (§ 2), cui egli stesso non era riuscito ad assegnare un limite temporale preciso (§ 4).

Il sostantivo πολιτεία in questo passo non ha il significato teorico di forma di governo (Antiph. 3.2.1; Thuc. 2.36-37; Pol. 6.3.5), bensì quello politico di "diritto di cittadinanza" (cfr. Thuc. 6.104.2; Ar. *Ath.* 54.3) e di "partecipazione attiva alla vita dello Stato" (cfr. Thuc. 1.127.3; Xen. *Mem.* 3.9.15). Ermotimo sostiene che l'arrivo alla città ideale implichi l'immediata integrazione nell'ordinamento della πόλις con l'esercizio attivo dei diritti acquisiti. Una tale circostanza è del tutto paradossale alla luce della prassi reale, ove il diritto di cittadinanza era concesso solo ad una minima porzione della popolazione, con esclusione delle donne e degli schiavi.

Un'occorrenza simile è descritta negli *Aves* di Aristofane. Nella sizigia epirrematica della parabasi (vv. 753-768) l'autore delinea la πόλις ideale, ponendo l'accento sul rifiuto dei νόμοι che disciplinano gli affari pubblici e privati di una città reale, *in primis* il principio di cittadinanza, cioè il diritto di appartenenza alla comunità cittadina. Nella città degli uccelli, infatti, non vige più alcuna discriminazione tra barbari, stranieri e schiavi, che sono integrati, tutti a pieno diritto, nel corpo sociopolitico. Su questo vedi Dunbar, 1995, pp. 468-475. Chiaramente, l'impianto politico dell'opera di Aristofane è molto diverso dalla similitudine moraleggiante di Luciano, ma è indubbio che l'autore impieghi scene o motivi letterari tratti dalla commedia antica, riadattandoli alle istanze della sua satira filosofica. Su questo vedi Ledergerber, 1905, pp. 96-132 e i più recenti Branham, 1989, pp. 11-63; Camerotto, 1998, pp. 75-140 e Baumbach - von Möllendorff, 2017, pp. 171-209.

πάντων μάλιστα ἐπὶ τούτῳ σπουδαστέον, τῶν δὲ ἄλλων ἀμελητέον, καὶ μήτε πατρίδος τῆς ἐνταῦθα ἐπιλαμβανομένης πολὺν ποιεῖσθαι λόγον μήτε παίδων ἢ γονέων ... κἀκείνους παρακαλεῖν ἐπὶ τὴν αὐτὴν ὁδόν: Licino sottolinea ancora una volta la netta differenza che intercorre tra la realtà storica, cui occorre rinunciare (un ulteriore riferimento a città reali è al § 22: ἃ γὰρ ἐν ταῖς ἄλλαις πόλεσιν οἶμαι τὰς στάσεις καὶ φιλονικίας ἐγείρει καὶ ὧν ἕνεκα ἐπιβουλεύουσιν ἀλλήλοις, ταῦτα πάντα ἐκποδών ἐστιν ἐκείνοις), e la dimensione ideale della πόλις, che rappresenta l'obiettivo del percorso intrapreso da Ermotimo.

Si noti che nella scena iniziale degli *Aves* di Aristofane Pisitero ed Evelpide, dopo aver abbandonato la città di Atene, si mettono alla ricerca di un τόπος ἀπράγμων (v. 44). Tuttavia, mentre nella commedia il rifiuto della realtà politica ateniese è giustificato dalla rinuncia alla πολυπραγμοσύνη dei suoi cittadini (tema centrale delle *Vespae*, che negli *Aves* "*trova soluzione non nella 'conversione', ma nella fuga dalla realtà*" come spiega Bertelli, 1983, pp. 235-236), in questo caso Licino interpreta la fuga dalla realtà politica come la necessaria conseguenza di una ricerca improntata esclusivamente in senso filosofico-morale. Inoltre, benché l'esito della commedia porti al fallimento della fondazione della città ideale, la tensione che ispira i due personaggi all'inizio della loro azione appare simile all'entusiasmo che anima Ermotimo nella ricerca della città-virtù. Del resto, anche l'indagine di Ermotimo è destinata all'insuccesso, giacché Licino riuscirà a dimostrare che ogni tentativo volto ad individuare la città felice è segnato da un esito inevitabilmente incerto (§ 28).

Inoltre, in questo passo Licino accenna all'eventualità di sacrificare i vincoli familiari per poter entrare a far parte della nuova città, nella quale verranno instaurate nuove relazioni sociali (§ 24). Nonostante Licino impieghi una formula temperata (μήτε ... πολὺν ποιεῖσθαι λόγον), la scarsa considerazione dei legami familiari rimanda alla molto più drastica abolizione dell'οἶκος prevista nella καλλίπολις platonica (*Rep.* 5.461d-e). Platone introduce questa misura per estirpare le radici della divisione e degli interessi privati, affinché tutti i coetanei, non conoscendo il proprio padre, né la propria madre, diventino ἀδελφοί. Il legame parentale si troverebbe, così, esteso all'intero orizzonte della πόλις in modo da rafforzare i rapporti sociali ed evitare che il corpo cittadino si disgreghi a causa di conflitti intestini (vedi a questo proposito Vegetti, 2000, pp. 64-65). Aristofane, invece, sia in *Eccl.* 635 ss., che in *Av.* 757 ss. descrive il ribaltamento di un νόμος ἄγραφος fondamentale, vale a dire il rispetto per i genitori, con conseguenze del tutto differenti. I figli, infatti, non sapendo più chi sia il proprio padre, risulterebbero svincolati dal riguardo dovuto agli adulti o agli anziani, al punto da diventare ancora più irriverenti. Cfr. Ar. *Pol.* 2.4, che manifesta delle riserve affini a quelle espresse dal poeta comico. Su Aristofane vedi Konstan, 1997, pp. 3-22, mentre sugli elementi in comune tra il V libro della *Respublica* di Platone e Aristofane vedi Beltrametti, 2000, pp. 247-256 e Canfora, 2014, pp. 106 ss.

Luciano è verosimilmente a conoscenza dei molteplici aspetti del *topos* della città utopica, che adatta abilmente al suo testo. Tra le prerogative fondamentali del cittadino della πόλις ideale vi è la resistenza a far fronte alle difficoltà presenti lungo il cammino, icasticamente raffigurate dagli impedimenti posti dai familiari (τὸ λιπαρὲς καὶ τὸ μὴ ἐνδοῦναι μηδὲ μαλακισθῆναι πολλοῖς τοῖς δυσχερέσιν κατὰ τὴν ὁδὸν ἐντυγχάνοντα). Ancora una volta, l'autore conferma l'impostazione moralistica della similitudine, svuotandola dal significato politico preponderante negli ipotesti di riferimento.

Si noti, infine, l'uso reiterato degli aggettivi verbali (σπουδαστέον e ἀμελητέον), che, oltre a condensare con notevole economia comunicativa due ordini differenti di azioni, producono un omoteleuto non privo di un certo riverbero stilistico. Vedi anche i §§ 52 (in cui è ripetuto φιλοσοφητέον) e 71 (ὠνητέον e φατέον sono pronunciati a brevissima distanza dallo stesso Licino). Altri esempi di questa peculiarità linguistico-stilistica sono in *Tim.* 9 (οὐ παροπτέος ... οὐδὲ ἀμελητέος); *Hist. conscr.* 39; *Merc. cond.* 38; *Cat.* 28, etc.

κατερύκοιεν, ἐσσύμενον: si tratta di due forme verbali proprie del lessico omerico, che conferiscono una certa solennità al dettato di Licino. Il verbo κατερύκω è poco comune, mentre σεύω denota solitamente l'impetuosità degli eroi del mito (cfr. *Il.* 13.79; Aesch. *Sept.* 31). In *Il.* 6.518 questi due verbi sono contigui: σε καὶ ἐσσύμενον κατερύκω. Il verso, certamente noto a Luciano, si trova subito dopo il celebre incontro tra Ettore ed Andromaca, quando l'eroe troiano si imbatte nel fratello Paride, che si scusa per essere arrivato in ritardo e aver probabilmente trattenuto Ettore, impaziente di recarsi in battaglia. Sulla dinamica problematica delle azioni descritte in questo passo vedi Graziosi - Haubold, 2010, pp. 230-231. Vedi anche lo scolio al passo, in cui il commentatore antico rimanda esplicitamente a questo passo omerico (Rabe, p. 241: ἐσσύμενον] Ὅμηρος [Z 518] "ἦ μάλα δή σε καὶ ἐσσύμενον κατερύκω οὐδ' ἦλθον ἐναίσιμον, ὡς ἐκέλευες"). La parodia lucianea non è mai banale (cfr. Tackaberry, 1930, p. 12: *"for purposes of allusion he [scil. Lucian] was able in the spirit of an artist rather than of a pedant to bring under contribution all Greek literature"*): in questo passo, infatti, l'autore rievoca l'impeto ardimentoso di Ettore, sovrapponendolo all'entusiasmo che dovrebbe animare chi desideri recarsi presso la città ideale. In entrambi i casi, l'intima motivazione dei personaggi consente loro di superare qualsiasi ostacolo, soprattutto di ordine familiare, per raggiungere gli obiettivi prefissati: così come Ettore ha resistito alla pietà suscitata dalla moglie Andromaca e dal figlio Astianatte, recandosi in battaglia, l'aspirante filosofo, per raggiungere la virtù, deve districarsi da tutti i legami sociali e familiari che lo legano alla realtà terrena.

γυμνὸν ἐκεῖσε ἥκοντα: il filosofo autentico, non temendo di mostrare la sua natura virtuosa, rinuncia agevolmente alle sue vesti. In *Vit. auct.* 9 Diogene avverte il suo compratore che come azione preliminare lo spoglierà della sua lussuria, concedendogli solo un semplice mantello (πρῶτον μὲν παραλαβών σε καὶ ἀποδύσας τὴν τρυφήν ... τριβώνιον περιβαλῶ). In riferimento al filosofo cinico vedi anche *Cat.* 24 (Cinisco è costretto ad apparire nudo davanti a Radamanto per poter essere esaminato accuratamente); *Eun.* 12 (l'eunuco Bagoa deve spogliarsi per mostrare i suoi veri tratti distintivi); *Par.* 40 e *Dial. mort.* 20.8. Su questo motivo lucianeo vedi Nesselrath, 1985, pp. 402-403, che richiama anche i motivi filosofici alla base di questa immagine, da Platone (*Alc.* 1.132a; *Charm.* 154e; etc.) fino alla predicazione filosofica popolare (Sen. *Ep.* 76.32: "*cum voles veram hominis aestimationem inire ... nudum inspice*"). Il tema della nudità ricorre anche nella scena successiva ruotante attorno al furto di una coppa dal tesoro sacro di un tempio, in cui si impone la necessità di svestire i pellegrini in visita al luogo sacro (vedi i §§ 38, 39 e 45). Si noti che in *Pisc.* 16 la vera Filosofia appare scortata da diverse fanciulle, tra le quali si distingue Ἀλήθεια, descritta come una giovinetta nuda e priva di qualsiasi apparato decorativo che ne oscuri la genuinità della figura (τὴν ἀκαλλώπιστον ἐκείνην οὐχ ὁρᾷς, τὴν γυμνήν;). Al contrario, in *Pisc.* 12 la falsa Filosofia esibisce un aspetto artificioso nettamente differente da quello molto più semplice della Filosofia vera.

L'assenza di qualsiasi ornamento e di ogni tratto distintivo è una caratteristica del mondo dei morti, là dove decadono tutti i contrassegni strutturali in essere nel mondo dei vivi. In *Dial. mort.* 1.3 Diogene sostiene che nel regno dei morti i lineamenti somatici scompaiono e tutto è ridotto a cenere o ad una massa indistinta di crani denudati (πάντα μία ἡμῖν κόνις, φασί, κρανία γυμνὰ τοῦ κάλλους). Analogamente, in *Dial. mort.* 29.2 Diogene spiega a Mausolo che non è più possibile rendere onore al suo capo, confuso com'è insieme a quelli completamente spogli degli altri morti (φαλακρὰ γὰρ ἄμφω καὶ γυμνά, καὶ τοὺς ὀδόντας ὁμοίως προφαίνομεν καὶ τοὺς ὀφθαλμοὺς ἀφῃρήμεθα καὶ τὰς ῥῖνας ἀποσεσιμώμεθα). Cfr. *Dial. mort.* 5.1 (Menippo dice di vedere nell'Ade κρανία τῶν σαρκῶν γυμνά); *Cont.* 20 (Caronte spiega ad Ermes che tutti, nel momento di morire, dovranno lasciare i propri beni e avviarsi nudi verso l'Ade); *Dial. mort.* 20.5 e *Nec.* 15. Licino, dunque, adotta con una sottile ironia un requisito proprio dell'aldilà per dare rilievo ad un tratto essenziale della virtù filosofica, riluttante a qualsiasi tentativo di restare nascosta dietro false apparenze. In aggiunta, considerando l'esorbitante durata temporale del cammino filosofico, Licino potrebbe alludere non senza malizia alla conclusione della formazione filosofica nel mondo ultraterreno, come aveva lasciato intendere poco prima (§ 6 e vedi *supra*, pp. 204-206).

§ 24) ἐγγράψειν καὶ φυλέτην ποιήσεσθαι καὶ φρατρίας μεταδώσειν τῆς αὑτοῦ: la φυλή e la φρατρία sono due ripartizioni fondamentali dell'ordinamento sociale, prima ancora che politico, del mondo greco. Su questo argomento vedi Roussel, 1976, che offre un quadro diacronico dettagliato sulla questione, e Musti, 2006, pp. 89-94. La fratria è l'istituto proprio di una società aristocratica, il che collide con l'aspetto esplicitamente ugualitario della città delineata da

Licino (vedi *supra*, pp. 294-296). I due termini tecnici non vengono impiegati con una precisa connotazione sociopolitica, bensì per rispondere ad istanze di maggiore concretezza, che è una strategia adottata costantemente da Licino nel corso del dialogo. Vedi *supra*, p. 277 e *infra*, pp. 336-337, 353 e 469.

Il verbo ἐγγράφω indica l'iscrizione nei registri pubblici (Isocr. 7.1) o, più specificamente, in una fratria (Dem. 39.4) o in un gruppo sociale definito (Ps.-Plat. *Ax*. 366e: εἰς τοὺς ἐφήβους; Dem. 19.230: εἰς ἄνδρας). Nel nostro caso, invece, il predicato accenna all'ammissione nella città ideale, ove chiunque arrivi risulta farne immediatamente parte integrante.

"ἀλλ'ἐγὼ οὐ πιθόμην" ὑπ' ἀνοίας καὶ νεότητος τότε, πρὸ πεντεκαίδεκα σχεδὸν ἐτῶν: Licino racconta di aver incontrato quindici anni prima un anziano, che lo avrebbe esortato a seguirlo con la promessa di renderlo concittadino della città ideale. Non è possibile identificare con certezza questo personaggio con il vecchio filosofo Nigrino, le cui parole, così come emerge dall'omonimo dialogo, sembrano aver esercitato una notevole influenza su Luciano (*Nigr*. 2 *passim*). Da un lato si ritiene possibile stabilire un legame diretto tra le due opere (Litt, 1909, pp. 98-107; Caster, 1937, p. 374), mentre dall'altro trova espressione tutta una serie di dubbi o di proposte alternative (Bruns, 1888, p. 67, n. 1 riporta il suggerimento poco attendibile di Croiset e Fritzsche, che riconoscevano nella figura del vecchio filosofo il platonico Tauro; Schmid, 1891, p. 305), secondo una linea interpretativa ribadita da contributi più recenti (Hall, 1981, pp. 19-20 e Nesselrath, 1992, pp. 3460-3461).

Occorre, infatti, mettere in rilievo le differenze tra le due opere. Mentre il discorso del vecchio nel nostro dialogo assume la forma di un protrettico (§ 24: καί με προὔτρεπεν ἕπεσθαί οἱ πρὸς τὴν πόλιν), il *Nigrinus*, invece, adotta una forma composita completamente differente (sulla controversa questione dell'impianto formale del *Nigrinus* vedi Anderson, 1978, pp. 367-374), i cui contenuti non sono comparabili a quelli trasmessi dal vegliardo delineato da Licino. Inoltre, se nel nostro passo Licino sostiene di non aver prestato alcuna attenzione alle parole dell'anziano filosofo, chi ha ascoltato le parole di Nigrino dichiara di esserne rimasto profondamente colpito (su questo aspetto vedi Clay, 1992, pp. 3422-3425). Analogamente, in *Tab. Ceb*. 1-2 è abbozzata la figura di un vecchio saggio nell'atto di illustrare dettagliatamente a due stranieri il significato recondito di un dipinto. Sui rapporti tra questo testo e Luciano vedi *supra*, pp. 191-192.

I contenuti di questo passo del dialogo risultano notevolmente controversi, soprattutto perché nelle vicende di Licino sono stati alternativamente ravvisati e contestati riferimenti autobiografici dell'autore. A questo proposito vedi *supra*, pp. 1-8. Lungi dal considerare i testi di Luciano come riflesso fedele di episodi occorsi nella sua vita reale (cfr. Macleod, 1991, p. 3 e Baumbach - von Möllendorff,

2017, pp. 13-57), è opportuno dare il giusto rilievo all'elaborazione letteraria cui essi sono stati sottoposti. Per esempio, la citazione del discorso di una terza persona non presente sulla scena è una strategia drammaturgico-comunicativa ampiamente documentata in Platone (*Euthydemus*, *Symposium*, *Respublica*, ecc.), e variamente esplorata da Luciano in termini più estesi in altre sue opere (*Philopseudeis*, *Nigrinus*). Su questo tema vedi Nesselrath, 2001[1], pp. 26-28.

Ancora più significativo per il nostro passo è l'enfasi posta da Marco Aurelio sulla medesima fase della sua vita, quando, all'età di venticinque anni, in maniera affine a Licino (cfr. § 13), annuncia al suo maestro Frontone di voler abbandonare la retorica per dedicarsi alla filosofia cinico-stoica di Aristone (*ad M. Caes.* 4.13 Naber, p. 75). Nonostante sia arduo dimostrare un riferimento diretto all'imperatore, è altrettanto impossibile escluderlo del tutto, considerati i rapporti dell'autore con i vertici del potere romano. In aggiunta, questo cenno sarebbe tanto più pregnante in quanto Marco Aurelio nella temperie culturale contemporanea assurse a modello esemplare di filosofo. Si veda Zanker, 1995, pp. 190-206 e Borg, 2004[1], pp. 157-178. Sui rimandi al *milieu* imperiale nell'opera di Luciano vedi Tomassi, 2017.

ἔλεγε δ' οὖν περὶ τῆς πόλεως ... ὡς ξύμπαντες μὲν ἐπήλυδες καὶ ξένοι εἶεν ... καὶ ὅλως μετέχειν τῆς πόλεως τὸν βουλόμενον: Licino sostiene che gli abitanti della sua città non siano autoctoni, bensì stranieri e originari di altre regioni, motivo sufficiente per restare esclusi dalla partecipazione alla vita politica di una città reale (più complesso è il caso dei meteci, su cui si rimanda a Beloch, 1909 e al più recente Mansouri, 2011). I sostantivi ἐπήλυδες e ξένοι si trovano congiunti solo in questo passo lucianeo, in cui l'autore adopera un'espressione tautologica per dare maggiore rilievo a questa peculiarità degli abitanti. Licino, del resto, mescola attributi più specificamente politici (nessuno è αὐθιγενής e la cittadinanza è disponibile anche per i βάρβαροι) con altri propriamente estetici (nella città ci sono sia ἄμορφοι sia μικροί) e sociali (anche i δοῦλοι e i πένητες sono inclusi), terminando con una clausola incisiva, che assicura l'integrazione nella πόλις ideale anche in assenza di qualsiasi requisito specifico (ἔλεγε δ' οὖν περὶ τῆς πόλεως ... ὅλως μετέχειν τῆς πόλεως τὸν βουλόμενον).

τὸν γὰρ δὴ νόμον αὐτοῖς οὐκ ἀπὸ τιμημάτων ποιεῖσθαι τὴν ἐγγραφὴν ... ἀλλὰ ταῦτα μὲν οὐδὲ νομίζεσθαι παρ' αὐτοῖς: la legge che regola l'iscrizione al corpo cittadino della πόλις utopica si fonda su parametri differenti rispetto a quelli invalsi nelle città reali (si veda Plat. *Gorg.* 466b, un parallelo testuale individuato da Tackaberry, 1930, p. 84).

In primo luogo, Licino esclude il criterio del censo (ἀπὸ τιμημάτων), considerato che le ricchezze generano solitamente tensioni e conflitti, attentando allo stabile ordinamento della città ideale (vedi *supra*, pp. 290-291). In *Rep.* 8.550c

Platone definisce l'oligarchia come la forma di governo fondata sul patrimonio personale, cosicché i ricchi detengono il potere, mentre i poveri ne sono esclusi (cfr. Hdt. 3.81.1, che la definisce come il "governo dei pochi"). Su questa forma di plutocrazia vedi anche Xen. *Mem.* 4.6.12 e Ar. *Pol.* 3.8.1280a1.

Si noti una certa corrispondenza tra i cittadini-tipo elencati poco prima (ἔλεγε δ' οὖν περὶ τῆς πόλεως ... καὶ βαρβάρους ἐμπολιτεύεσθαι πολλοὺς καὶ δούλους καὶ ἀμόρφους καὶ μικροὺς καὶ πένητας) e i criteri citati in questo momento: i μικροί richiamano il principio ἀπὸ μεγέθους, gli ἄμορφοι quello ἀπὸ κάλλους e i πένητες, invece, quello sociale ἀπὸ γένους, che allude alla divisione frammentaria della società greca in innumerevoli clan. Tutti questi parametri vengono ricapitolati nuovamente alla fine della lunga battuta di Licino, quando è ribadita l'assenza di ogni differenza tra χείρων e κρείττων, εὐπατρίδης e ἀγεννής, δοῦλος e ἐλεύθερος: nella città ideale tutti sono uguali e nessuno è escluso a causa di qualità che non siano i suoi requisiti morali. Su questo punto vedi la nota successiva.

ἀποχρῆν δ' ἑκάστῳ πρὸς τὸ πολίτην γενέσθαι σύνεσιν ... καὶ τὸ μὴ ἐνδοῦναι μηδὲ μαλακισθῆναι πολλοῖς τοῖς δυσχερέσιν κατὰ τὴν ὁδὸν ἐντυγχάνοντα: dopo aver rigettato i criteri di selezione per l'accesso alla cittadinanza usualmente impiegati nelle città reali, Licino elenca le qualità imprescindibili per chi desideri entrare nella πόλις ideale. In primo luogo vi è l'intelligenza, il desiderio per il bello, ma anche la fatica e la capacità di non lasciarsi infiacchire dalle difficoltà incontrate lungo il cammino. Con questo elenco Licino sembra rieccheggiare l'insieme dei beni promessi sulla cima del monte, abbozzato all'inizio del dialogo (§§ 7-8), quando aveva menzionato la sapienza (σοφία), il bello (τὸ καλόν), il coraggio (ἀνδρεία) e la forza impersonata da Eracle. La figura mitica era stata proposta come esempio per quanti decidessero di intraprendere il cammino della virtù al fine di rendersi del tutto indipendenti da ogni forma di bene o di piacere generalmente ambiti dagli uomini (ἀνελθόντες ἐπὶ τὸ ἄκρον εὐδαιμονοῦσι πλούτου καὶ δόξης καὶ ἡδονῶν ἀλλ' οὐδὲ μεμνημένοι ἔτι). Si tratta di una serie di requisiti impropri rispetto all'ammissione in un contesto politico reale, eppure adeguati ad una discussione di carattere morale, in cui è possibile distinguere elementi cinici e stoici, abilmente mescolati nelle parole di Licino. Su questo vedi *supra*, pp. 286-287. Si noti che in Gal. *De ord. libr. suor.* 2.1-3 Boudon-Millot il celebre medico antico descrive le qualità dei suoi studenti ideali: oltre ad avere un'attitudine naturale a comprendere gli argomenti, essi dovrebbero essere pronti ad intraprendere un duro lavoro di studio e di pratica. Su questo testo vedi Mansfeld, 1994, pp. 170-171.

τὸ δὲ χείρων ἢ κρείττων ἢ εὐπατρίδης ἢ ἀγενής ἢ δοῦλος ἢ ἐλεύθερος οὐδὲ ὅλως εἶναι ἢ λέγεσθαι ἐν τῇ πόλει: una delle peculiarità che meglio riassumono la situazione sociopolitica della πόλις immaginata da Licino è l'uguaglianza assoluta di diritti tra i suoi membri costitutivi (si tratta dell'ἰσοτιμία: vedi *supra*, pp. 295-296). Se poco prima sono stati respinti i parametri solitamente impiegati per la definizione del corpo cittadino, adesso tutti i criteri utili per una forma di gerarchizzazione interna risultano ugualmente vani. Licino cita tre coppie di individui, appartenenti a categorie sociali caratterizzate in termini opposti: chi è superiore o inferiore nella scala sociale, chi nobile o plebeo, chi libero o schiavo. Lungi dal voler attribuire a Licino idee vagamente libertarie o radicalmente democratiche (cfr. *supra*, pp. 296-297), è opportuno cogliere il significato precipuo di queste parole. Nella città della virtù disegnata da Licino contano solo le qualità di ordine morale conseguite dal singolo individuo, che costituiscono la condizione imprescindibile per accedere alla città e garantirsi il pieno possesso della virtù.

Critica testuale

§ 24) 'ἀλλ' ἐγὼ οὐ πιθόμην' ὑπ' ἀνοίας καὶ νεότητος: questo esametro è composto da elementi estrapolati dall'epica omerica. Il primo emistichio è una citazione omerica (vedi *Il.* 5.201; 22.103 e *Od.* 9.228), mentre il secondo presenta il sostantivo ἄνοια, del tutto assente in Omero, e la parola νεότης, che vi ricorre solo due volte (in *Il.* 23.445 appare nella medesima sede metrica assegnatagli da Licino). In V e G il verbo è tramandato nella forma πειθόμην, mentre in Ω c'è ἐπιθόμην. A differenza di queste lezioni, con πιθόμην l'ordine metrico dell'esametro è regolarmente preservato. Bouquiaux-Simon considera questa forma *"sans doute la forme écrite par Lucien lui-même, attentif à créer ici un nouvel hexamètre"* (1968, p. 351). L'alternanza di -ει- / -ι- nella tradizione, infatti, è dovuta al fenomeno dell'itacismo, che si diffonde progressivamente a partire dall'età ellenistica, segnando anche la storia della trasmissione del testo omerico. Cfr. Nesselrath, 1997, pp. 157, 159 e 163. Per altri casi di itacismo nel nostro dialogo vedi *infra*, p. 319.

§§ 25-26) In questa sezione Licino, dopo aver delineato le caratteristiche della πόλις ideale, procede a descrivere le difficoltà che ostacolano il raggiungimento di questa città. In primo luogo sono descritte le numerose vie che sembrano condurre potenzialmente al medesimo obiettivo, ciascuna contraddistinta da caratteristiche differenti. Subito dopo, però, la descrizione si sposta dalle peculiarità delle vie filosofiche al comportamento delle rispettive guide. A tal proposito, Licino insiste a più riprese sulla condizione di *impasse* intellettuale provocata da queste innumerevoli figure, ciascuna delle quali si presenta come quella migliore e maggiormente affidabile. Tuttavia, in assenza di un criterio di scelta oggettivo, resta preclusa la possibilità di selezionare la guida giusta, che sia garante del raggiungimento della vera filosofia.

§ 25) ἐπεὶ δέ, ὡς ὑμεῖς φατε, σύ τε καὶ Ἡσίοδος ... ἀνάγκη ζητεῖν ὁδόν τε τὴν ἄγουσαν ἐπ' αὐτὴν καὶ ἡγεμόνα τὸν ἄριστον: Licino allude al celebre passo di Esiodo (*Op.* 289-292) cui Ermotimo aveva fatto esplicito riferimento all'inizio del dialogo, dichiarando di essere all'inizio del lungo e faticoso cammino di formazione filosofico-morale (§ 2 e vedi *supra*, p. 188). In questo passo Licino accenna al medesimo testo esiodeo, presentando la virtù non più come il risultato alquanto astratto di un percorso di studi, bensì come una dimensione sociopolitica dai tratti ben definiti, nonostante siano profondamente differenti da quelli che connotano una qualsiasi città reale. Su questa caratteristica dell'argomentazione di Licino vedi *supra*, pp. 284-287.

Il verbo ἀποικίζω, inizialmente impiegato per designare una spedizione o un insediamento (Hom. *Od.* 12.135; Soph. *Tr.* 955; Plat. *Euthyd.* 302c), e poi, più precisamente, una colonia distante dalla madrepatria (Hdt. 1.94.2; Thuc. 1.24.2), non funge da mero orpello decorativo, poiché contribuisce significativamente al piano argomentativo complessivo di Licino. La città della virtù, infatti, rappresenta una dimensione morale ed intellettuale non facilmente raggiungibile, in vista della quale è richiesto uno sforzo continuo ed instancabile. Vedi *supra*, pp. 196-198.

Una volta che i due interlocutori si sono trovati concordi nella volontà di identificare la città ideale, Licino imposta il problema della scelta della via, in altre parole l'individuazione della scuola filosofica migliore, che possa garantire il conseguimento di una vita virtuosa e felice.

πολλοὶ γὰρ ἕτοιμοι παρεστᾶσιν αὐτόχθονες ἐκεῖθεν ἕκαστος εἶναι λέγοντες: l'autoctonia dichiarata dalle sedicenti guide filosofiche dovrebbe incrementare la loro credibilità agli occhi dei potenziali discepoli. Si tratta di un'asserzione falsa, giacché lo stesso Licino, nel descrivere la città ideale, ha posto l'accento sul fatto che nessun abitante possa dirsi nativo del posto (cfr. il § 24: αὐθιγενὴς δὲ οὐδὲ εἷς). Evidentemente Licino cerca di tracciare un'immagine contraddittoria dei maestri di filosofia in modo da renderli complessivamente poco attendibili, proiettando così un'ombra oscura sulla formazione degli stessi aspiranti filosofi. Su questa strategia argomentativa vedi i §§ 9-12 (ritratto parodico del maestro di Ermotimo) e *supra*, pp. 228-231.

ὁδός γε μὴν οὐ μία καὶ ἡ αὐτὴ φαίνεται ἀλλὰ πολλαί ... αὗται πᾶσαι πρὸς τὴν πόλιν ἄγειν λέγονται μίαν οὖσαν ἐς τὰ ἐναντιώτατα τελευτῶσαι: al § 14 Licino aveva messo in dubbio l'unicità della via stoica per il raggiungimento della vera filosofia, il che trova conferma nella presenza di numerosi e differenti indirizzi di pensiero (εἰπέ μοι, μία τις ὁδός ἐστιν ἡ ἐπὶ φιλοσοφίαν ἄγουσα ἡ τῶν Στωϊκῶν ὑμῶν; ἢ ἀληθῆ ἐγὼ ἤκουον ὡς καὶ ἄλλοι πολλοί τινές εἰσιν;). Oltre a constatare l'esistenza di molteplici filosofi (μάλα πολλοί), Licino aveva indotto Ermotimo a considerarne la profonda difformità dottrinale (πάνυ διάφορα), senza trascurarla arbitrariamente a vantaggio della scuola stoica. In questo passo Licino ripropone il tropo scettico ἀπὸ τῆς διαφωνίας, insistendo sulle svariate vie che potrebbero condurre potenzialmente alla città della virtù (dette πολλαὶ καὶ διάφοροι καὶ οὐδὲν ἀλλήλαις ὅμοιαι), nonché sulle difficoltà incombenti sulla ricerca della via giusta. Vedi *supra*, pp. 250-251.

Licino accenna brevemente a quattro vie dirette verso i rispettivi punti cardinali, mentre indugia nella descrizione di due percorsi connotati da caratteristiche contrapposte: l'uno è piacevole, facilmente praticabile e all'ombra, mentre l'altro è accidentato, roccioso ed esposto al sole. Similmente, in *Rhet. praec.* 3 il maestro di retorica ritrae il corso tradizionale degli studi retorici sotto forma di un cammino arduo ed impervio, che richiede un enorme dispendio di tempo e di fatiche (οὐ γάρ σε τραχεῖάν τινα οὐδὲ ὄρθιον καὶ ἱδρῶτος μεστὴν ἡμεῖς ἄξομεν ... ἐπεὶ οὐδὲν ἂν διεφέρομεν τῶν ἄλλων ὅσοι τὴν συνήθη ἐκείνην ἡγοῦνται, μακρὰν καὶ ἀνάντη καὶ καματηράν). In alternativa a questo, però, è suggerito un cammino di gran lunga più agevole e al riparo dal sole, che consentirebbe il rapido compimento degli studi retorici (ἀλλὰ τό γε παρ' ἡμῶν ἐξαίρετόν σοι τῆς συμβουλῆς τοῦτό ἐστιν, ὅτι ἡδίστην τε ἅμα καὶ ἐπιτομωτάτην καὶ ἱππήλατον καὶ κατάντη σὺν πολλῇ τῇ θυμηδίᾳ καὶ τρυφῇ διὰ λειμώνων εὐανθῶν καὶ σκιᾶς ἀκριβοῦς σχολῇ καὶ βάδην ἀνιὼν ἀνιδρωτὶ ἐπιστήσῃ τῇ ἄκρᾳ). Lo schema della doppia via in questo passo è attribuito esplicitamente ad Esiodo (*Rhet. praec.* 7: καὶ ἔφθη γὰρ ἤδη Ἡσίοδος εὖ μάλα ὑποδείξας αὐτήν, ὥστε οὐδὲν ἐμοῦ δεήσει), che è anche il testo di riferimento di Licino (§§ 2-3 e 26). Su questo vedi *supra*, p. 190. Tuttavia, se in *Rhetorum Praeceptor* l'impostazione moraleggiante di Esiodo è marginale nell'immagine dei differenti percorsi retorici proposti, essa risulta preponderante nel nostro dialogo, ove la scelta di Ermotimo è orientata verso il raggiungimento della καλλίπολις-virtù. Vedi Zweimüller, 2008, pp. 43-44.

L'immagine della doppia via rimanda al famoso apologo dell'"*Eracle al bivio*" di Prodico (Xen. *Mem.* 2.1.21-34). L'eroe mitico è presentato con le fattezze di un giovane pensoso, in procinto di scegliere la via da percorrere nel corso della sua vita futura. Una via è presieduta dal Vizio, che la descrive come ἡ ἡδίστη τε καὶ ῥᾴστη ὁδός (§ 23; cfr. § 29: ῥᾳδία καὶ βραχεῖα ὁδὸς ἐπὶ τὴν εὐδαιμονίαν), mentre l'altra dalla Virtù, che presenta il proprio percorso come una χαλεπὴ καὶ μακρὰ ὁδός. Nonostante Licino impieghi un lessico diverso dal noto racconto prodiceo, è palese l'affinità tra i due testi. In entrambi, infatti, la posta in gioco è pressoché la medesima: la virtù e la felicità, per le quali Eracle è chiamato a compiere una decisione definitiva. Tuttavia, Ermotimo non è messo di fronte a due alternative nettamente distinte, visto che deve tenere conto di numerosi percorsi filosofici, ciascuno presentato come quello vero dai rispettivi sostenitori (vedi il § 15). Al contrario, lo schema della doppia via, desunto con evidenza dal suddetto modello sofistico, è riprodotto fedelmente in *Somnium*, dove Luciano dipinge le due proposte di vita avanzate da Scultura e da Paideia. Su questo passo vedi Zweimüller, 2008, pp. 49-55 (vedi anche pp. 28-39); Iannucci, 2009, p. 107 e Pirrotta, 2012. L'uso della metafora della doppia via applicata a contenuti filosofici è attestato anche presso altri filosofi. Si vedano a questo proposito due frammenti di Parmenide (frr. 19 Parm. D 4 e 7 L.-M.): nel primo il filosofo parla della via diretta alla Verità, mentre nell'altro vengono distinti nettamente due percorsi: l'uno è quello dell'essere assoluto, mentre l'altro è presieduto dal non essere, da cui il filosofo cerca di distogliere il suo interlocutore. Sull'uso dell'immagine della via nella filosofia antica vedi Becker, 1937, pp. 139-150.

La descrizione di più vie, contraddistinte da peculiarità contrastanti e reciprocamente incompatibili, rientra nel gusto retorico della σύγκρισις (cfr. il § 16 e *supra*, pp. 262-263). Affine a questo procedimento è quello della παραβολή, che, per mezzo di un raffronto tra termini antitetici, consente di dare maggiore rilievo alle specificità di ciascuno di essi. Cfr. Ar. *Top*. 1.10.104a28-30 (ἔνδοξον δὲ ἐν παραβολῇ φανεῖται καὶ τὸ ἐναντίον περὶ τοῦ ἐναντίου· οἷον εἰ τοὺς φίλους δεῖ εὖ ποιεῖν, καὶ τοὺς ἐχθροὺς δεῖ κακῶς); *Rhet*. 3.19.1420a4-6 e Ps.-Ar. *Rhet. ad Alex*. 1426a25. Largamente diffuso nei discorsi retorici e filosofici, l'esercizio della παραβολή si presenta come un dispositivo argomentativo particolarmente duttile (vedi Ael. Arist. *Or*. 26.14-33, che mette a confronto l'impero di Roma a quelli precedenti, e Pol. 1.2.1-2). Un caso segnatamente rilevante in età imperiale è rappresentato da Plutarco che, nelle sue *Vitae*, riesce a dare notevole risalto ai tratti positivi e negativi dei personaggi riuniti in coppia. Vedi Duff, 1999, pp. 243-286. Sull'uso di questo metodo analitico-discorsivo in Luciano vedi *Par*. 26 (la bontà della tecnica parassitica emerge dal confronto con le discipline tradizionali) e *Salt*. 26. Nel nostro dialogo Licino non intende far emergere il carattere positivo di una via rispetto alle altre concorrenti, bensì rimarcare i tratti in comune tra di esse, soprattutto in assenza di un criterio di valutazione oggettivamente valido. Su questo argomento vedi Russell - Wilson, 1981, pp. 345-346 e Nesselrath, 1985, pp. 72-75.

ἡ μὲν διὰ λειμώνων καὶ φυτῶν καὶ σκιᾶς ἔνυδρος καὶ ἡδεῖα, οὐδὲν ἀντίτυπον ἢ δύσβατον ἔχουσα: il percorso piacevole descritto da Licino è simile alla via breve dei nuovi studi retorici delineata in *Rhet. praec*. 3, che è decisamente preferibile a quella tradizionale, lunga e piena di insidie (ἐκείνους ὁπόσοι τὴν ἑτέραν ἐτράποντο ἀπὸ τοῦ ὑψηλοῦ ἐπισκοπῶν ἐν τῇ ὑπωρείᾳ τῆς ἀνόδου ἔτι κατὰ δυσβάτων καὶ ὀλισθηρῶν τῶν κρημνῶν μόλις ἀνέρποντας). Sugli elementi in comune tra le due descrizioni vedi Zweimüller, 2008, pp. 189-190, che esamina gli eventuali modelli lucianei. La presenza di prati fioriti è un tratto ricorrente sin dall'età classica per abbozzare l'immagine di un luogo ideale (cfr. Eur. *Phoen.* 1571; Pherecr. fr. 114 K.-A.). Cfr. *Ver. Hist.* 2.5 (ἔνθα δὴ καὶ καθεωρῶμεν ... ποταμούς τε διαυγεῖς ἐξιέντας ἠρέμα εἰς τὴν θάλατταν, ἔτι δὲ λειμῶνας) e 14, in riferimento all'isola dei Beati. Le ampie distese di prati sono anche una caratteristica del mondo dei morti. A tal proposito vedi *Nec.* 11 e 21; *Luct.* 5; *Cont.* 22; *Iupp. conf.* 17. I modelli di queste descrizioni sono molto probabilmente Hom. *Od.* 5.72; Plat. *Crit.* 118b; Arist. *Ran.* 326, 344, 351, etc., che delineano un motivo topico tramandato nei secoli. L'abbondanza di acqua denota tradizionalmente un luogo fertile e ricco di risorse (cfr. Hes. fr. 128 M.-W.; Hdt. 2.7.1; Xen. *Cyr.* 3.2.11), mentre l'ombra raffigura un luogo al riparo dalla fatica e dal sudore (Hes. *Op.* 589; Aesch. *Ag.* 967; Eur. *Bacch.* 458; Plat. *Phaedr.* 239c).

Alla descrizione di questa via non segue nessuna valutazione esplicita, poiché Licino si limita ad elencare le differenti possibilità di scelta, senza giudicare l'attendibilità di ciascun percorso. Come rileva giustamente von Möllendorff, 2000[1], p. 162, a differenza dell'ipotesto esiodeo, nel nostro dialogo la via ripida e accidentata non è a priori quella vera e moralmente valida: "*damit deutet sich schon hier das spätere Ergebnis an, daß ein sicheres Kriterium für die rechte Wahl nicht existiert*". Licino, infatti, intende attirare l'attenzione del suo interlocutore sulla presenza di percorsi alternativi a quello stoico, in modo tale che quest'ultimo non appaia più come l'unico indiscutibilmente giusto e affidabile.

ἡ δὲ πετρώδης καὶ τραχεῖα πολὺν ἥλιον καὶ δίψος καὶ κάματον προφαίνουσα: la via diretta verso la virtù è scoscesa (πετρώδης: vedi Soph. *Ant.* 774 e Plat. *Rep.* 10.612a, in cui questo aggettivo è connotato in senso negativo) e richiede un notevole sforzo per poter essere percorsa fino alla fine (vedi il § 3, *supra*, pp. 193-195). Avviene, così, che molti discepoli, durante l'ascesa, non riuscendo a sostenere lo sforzo, abbandonano l'impresa (§ 5: ἐπειδὰν δὲ κατὰ μέσην τὴν ὁδὸν γένωνται ... ἀναστρέφουσιν ἀσθμαίνοντες καὶ ἱδρῶτι ῥεόμενοι, οὐ φέροντες τὸν κάματον). Nel corso del dialogo sono numerosi i riferimenti alla fatica: § 6 (Licino chiede ironicamente ad Ermotimo se un giorno solo di felicità sia sufficiente a ricompensare tutte le sue fatiche); § 23 (si accenna allo sforzo necessario per percorrere la via diretta alla città ideale) e i §§ 71 e 77 (sulla vanità degli sforzi compiuti).

In questi reiterati riferimenti alla fatica si può cogliere un accenno all'ἄσκησις cinico-stoica, ossia a quel complesso di esercizi fisici e intellettuali reputati indispensabili per l'acquisizione della virtù. Attenuando il rigore delle prove fisiche praticate dai Cinici, gli Stoici hanno dato maggiore rilievo al carattere eminentemente intellettuale della loro formazione, prevedendo l'acquisizione di μαθήματα utili per accedere alla virtù (su questo argomento vedi Goulet-Cazé, 1986, pp. 159-191). A tal proposito, Cleante è detto φιλόπονος e πονικός (*SVF* 1.463), poiché di giorno si esercitava a ragionare e di notte a tirare acqua dai pozzi. Inoltre, Crisippo definiva un certo numero di virtù nei termini di ἐπιστῆμαι, fondate su conoscenze specifiche e sull'esercizio di principi fondamentali (*SVF* 3.280). Da un lato, dunque, i Cinici profilavano una felicità raggiungibile solo per mezzo di una severa ascesi fisica, mentre dall'altro gli Stoici, oltre all'allenamento del corpo, propugnavano un lungo processo di formazione intellettuale. Questa doppia forma di ascesi appare più evidente in Musonio (*Diatr.* 6 Hense), mentre Epitteto accentua il carattere teorico dell'educazione (*Diss.* 2.9.13; 3.3.14-16). Per una disamina più dettagliata della questione vedi Emeljanow, 1965, pp. 182-184 e Hadot, 2005, pp. 17-25.

Sebbene nelle fonti stoiche ricorra il termine πόνος (vedi *SVF* 1.190; 3.229a; 683), il sostantivo κάματος presente in questo passo insiste sul medesimo campo semantico (entrambi si trovano in *Vit. auct.* 9, in riferimento al βίος cinico. Cfr. *Nec.* 4). Inoltre, la parola πόνος appare anche nel nostro dialogo, in riferimento agli sforzi indispensabili per giungere alla fine del percorso stoico (§§ 6 e 77). Su πόνος e Stoicismo in Luciano vedi anche *Bis acc.* 20-21, là dove Stoà difende il valore morale delle fatiche, mentre Epicuro dimostra che il πόνος è un κακόν e che gli stessi Stoici, pur esaltandolo in pubblico, in privato si abbandonano ad ogni forma di piacere (in *Symp.* 47, invece, Ermone allude ironicamente alla teoria stoica del πόνος come "indifferente"). Su questo argomento vedi Braun, 1994, pp. 178-180. Generalmente, su πόνος e filosofia vedi *Nigr.* 33 e *Par.* 13. Sulla via difficile degli studi filosofici vedi il § 5 e *supra*, p. 200.

§ 26) ἐν τῇ εἰσόδῳ μάλα τις ἀξιόπιστος ὀρέγει τε τὴν χεῖρα: l'aggettivo ἀξιόπιστος ricorre tre volte nel corso del dialogo in riferimento al maestro più attendibile (§§ 26; 45; 68), che rappresenta l'oggetto inaccessibile della ricerca. Solitamente Luciano si sofferma ad indagare quei sedicenti filosofi che, dietro un aspetto volutamente gravoso, celano la loro autentica natura. Cfr. *Pisc.* 30, in cui Parresiade descrive il primo incontro con i presunti sapienti, che, presentandosi come i garanti di una vita nobile e morigerata, tendono generosamente le mani verso quanti desiderino conformarsi allo stesso stile di vita (κἀπειδὴ μόνον παρέκυψα εἰς τὰ ὑμέτερα, σὲ μέν, ὥσπερ ἀναγκαῖον ἦν, καὶ τούσδε ἅπαντας ἐθαύμαζον ἀρίστου βίου νομοθέτας ὄντας καὶ τοῖς ἐπ' αὐτὸν ἐπειγομένοις χεῖρα ὀρέγοντας, τὰ κάλλιστα καὶ συμφορώτατα παραινοῦντας). Ancora una volta Licino, con l'accenno ad un gesto tanto seducente quanto ingannevole, fornisce agli ascoltatori un'immagine viva, dotata di un certo grado di realismo (vedi *supra*, pp. 180-181). Sull'ἐνάργεια perseguita dalla satira lucianea vedi Lecointe,

2017, pp. 85-89. Cfr. *Iupp. trag.* 10 (in riferimento alla presunta credibilità delle parole di Omero) e *Alex.* 4 (il falso profeta Alessandro è definito ποικιλωτάτη τις ψυχῆς κρᾶσις ἐκ ψεύδους καὶ δόλων ... πιθανὴ καὶ ἀξιόπιστος καὶ ὑποκριτικῆς τοῦ βελτίονος). Invece, in *Calumn.* 13 (τό τε ἀξιόπιστον τῆς διαβολῆς) e 24 (τὸ ἀξιόπιστον τῆς κατηγορίας) l'aggettivo ἀξιόπιστος denota il carattere persuasivo e solo apparentemente attendibile delle accuse calunniose e di chi le diffonde (*ivi* 27). La credibilità è uno dei requisiti fondamentali non solo del filosofo, che appare degno di fiducia solo quando esibisce una piena coerenza tra le parole pronunciate e le azioni messe in pratica (vedi *supra*, pp. 229-230), ma anche dell'oratore. A tal proposito non è sufficiente l'integrità morale di chi parla, rendendosi necessarie anche una certa competenza nell'argomento discusso e tutta una serie di accorgimenti stilistici e linguistici atti ad aumentare l'efficacia comunicativa delle parole adoperate (vedi Ar. *Rhet.* 1.2.1356a4-13 e 2.1.1378a9-18; *Rhet. ad Her.* 1.16; Cic. *De inv.* 1.29-30; Quint. 4.2.52-60; Th. *Progymn.* 5.84-85, pp. 46-48). Su questo argomento vedi il lungo capitolo dedicato all'ἀξιοπιστία nella retorica tramandata sotto il nome di Elio Aristide (1.89-108) e la sezione che Ermogene dedica all'ἦθος del discorso (*De id.* 320-368). In merito a questo tema vedi Grimaldi, 1988, vol. II, pp. 1-9 e Patillon, 2002, pp. 71-75.

τό τε τοίνυν πλῆθος τῶν ὁδῶν καὶ τὸ ἀνόμοιον αὐτῶν οὐ μετρίως ταράττει με ... καὶ μάλιστα οἱ ἡγεμόνες ὑπερδιατεινόμενοι καὶ τὰ αὑτῶν ἕκαστοι ἐπαινοῦντες: il verbo ὑπερδιατείνω è piuttosto raro nella prosa greca e appare soprattutto nella diatesi media con il significato di "fare tutti gli sforzi possibili, adoperarsi oltre ogni misura" (vedi *LSJ*, s.l. 2). Luciano sembra prediligere questo predicato, che nel suo *corpus* connota l'estrema pervicacia palesata dai filosofi nel perseguire le proprie idee, compreso l'atteggiamento di contesa irresolubile che anima i rapporti reciproci sia tra gli esponenti delle varie scuole di pensiero sia tra i membri dello stesso indirizzo.

In *Icar.* 7 il medesimo verbo esprime il contegno sprezzante assunto dai filosofi nei confronti dei profani (πῶς οὐκ ἄγνωμον αὐτῶν καὶ παντελῶς τετυφωμένον τὸ περὶ τῶν οὕτως ἀδήλων λέγοντας μηδὲν ὡς εἰκάζοντας ἀποφαίνεσθαι, ἀλλ' ὑπερδιατείνεσθαί κτλ.). Cfr. anche *Eun.* 2, in riferimento agli sforzi compiuti dai due peripatetici avversari per cercare di accaparrarsi la sede filosofica rimasta vacante (ὅλας ἁμάξας βλασφημιῶν κατεσκέδασαν ἀλλήλων, κεκραγότες καὶ ὑπερδιατεινόμενοι). Allo stesso modo, in *Bis acc.* 11 Pan descrive il comportamento dei filosofi che, in una sorta di *climax* ascendente, discutono e confrontano le proprie opinioni fino a raggiungere toni aspramente polemici (ὑπερδιατεινομένων καὶ ἅμα λέγειν ἐθελόντων τό τε πρόσωπον ἐρυθριᾷ καὶ ὁ τράχηλος οἰδεῖ καὶ αἱ φλέβες ἐξανίστανται). Al contrario, Demonatte, in quanto modello positivo di filosofo, manifesta uno stato emotivo stabilmente equilibrato, senza mai lasciarsi andare ad esternazioni smodate (*Demon*. 7: οὐδεπώποτε γοῦν ὤφθη κεκραγὼς ἢ ὑπερδιατεινόμενος ἢ ἀγανακτῶν), che sono indice di un animo corrotto.

Critica testuale

§ 25) ὅσον μὲν ἐπὶ τῷ ὑπισχνεῖσθαι: il testo tramandato σὸν μέν (ΓEL) e σοὶ μέν (codd. recc.) è stato opportunamente emendato da Seagerus in ὅσον μέν. Questi, però, mantiene invariato il sintagma ἐπὶ τό, attestato nella maggior parte dei manoscritti (nei codd. recc. è presente anche ἔτι τό), mentre Fritzsche fa notare che in altri passi lucianei introdotti da ὅσον ἐπί l'articolo che segue è sempre in dativo e mai in accusativo (cfr. il § 3: ὅσον γοῦν ἐπ' ἐκείνῳ). L'emendazione ἐπὶ τῷ ὑπισχνεῖσθαι appare, così, opportunamente giustificata dall'*usus* dell'autore, al punto da essere stata accolta in tutte le edizioni successive.

ἔνυδρος καὶ ἡδεῖα, οὐδέν: la sezione testuale ἡ μὲν γὰρ ... προφαίνουσα, così come viene trasmessa dai codici più antichi, è particolarmente ridondante di καί (ἡ μὲν γὰρ ἐπὶ τὰ ἑσπέρια, ἡ δὲ ἐπὶ τὴν ἕω φέρειν ἔοικεν, ἡ δέ τις ἐπὶ τὰς ἄρκτους, καὶ ἄλλη εὐθὺ τῆς μεσημβρίας, καὶ ἡ μὲν διὰ λειμώνων καὶ φυτῶν καὶ σκιᾶς ἔνυδρος καὶ ἡδεῖα καὶ οὐδὲν ἀντίτυπον ἢ δύσβατον ἔχουσα, ἡ δὲ πετρώδης καὶ τραχεῖα πολὺν ἥλιον καὶ δίψος καὶ κάματον προφαίνουσα). I codici *recentiores*, invece, trasmettono il testo privo di una di queste congiunzioni paratattiche (ἡδεῖα οὐδέν), che Reitzius, seguito da Dindorf, modifica leggermente, introducendovi una semplice virgola (ἡδεῖα, οὐδέν). Fritzsche, invece, considerati i participi congiunti che seguono (ἔχουσα ... προφαίνουσα), suggerisce di introdurre accanto all'aggettivo ἡδεῖα il participio οὖσα, con il rischio di appesantire ulteriormente il passo in questione.

Probabilmente, la congiunzione καί che segue l'aggettivo ἡδεῖα è stata introdotta inavvertitamente nel testo, per effetto della ripetizione della medesima parola nella sezione immediatamente precedente. La soluzione di Reitzius appare, dunque, maggiormente convincente, poiché consegna un testo non solo meno ridondante rispetto a quello stampato da Macleod, ma anche più efficace nella resa stilistica. Approvando questa emendazione, però, se ne impone un'altra di lieve entità nel passo successivo, in cui è descritta la via difficile e scabrosa. In questo caso, aggiungendo una virgola dopo l'aggettivo τραχεῖα, si riuscirebbe ad isolare meglio la proposizione appositiva con il participio προφαίνουσα così da poter eliminare il primo dei due καί (ἡ δὲ πετρώδης καὶ τραχεῖα, πολὺν ἥλιον, δίψος καὶ κάματον προφαίνουσα). Il testo risultante, oltre a dare maggiore enfasi ai contenuti dell'apposizione, sarebbe meno ripetitivo di quello trasmesso, senza che la sua portata semantica ne sia in nessun modo compromessa.

L'aggettivo ἔνυδρος si trova attestato nella tradizione manoscritta più antica (ΓΕL). Tuttavia, il Solanus, seguito dal Reitzius, preferisce la forma εὔυδρος, che Luciano impiega anche in *Rhet. praec.* 7 e *Ver. Hist.* 1.28. Nondimeno, in *Nav.* 20 appare l'aggettivo ἔνυδρος, che ricorre con maggiore frequenza sia in poesia sia in prosa (Hdt. 2.7; Xen. *Cyr.* 3.2.11). Non vi sono, dunque, ragioni sufficienti per emendare l'aggettivo attestato dai codici, con il rischio di normalizzare eccessivamente la varietà morfologica tipica del *corpus* lucianeo.

§ 26) **ἀνὴρ κατὰ τὴν ἀρχὴν τῆς ἀτραποῦ ἑκάστης, ἐφεστὼς ἐν τῇ εἰσόδῳ μάλα τις ἀξιόπιστος ὀρέγει τε τὴν χεῖρα ... λέγων ἕκαστος αὐτῶν μόνος τὴν εὐθεῖαν εἰδέναι, τοὺς δὲ ἄλλους πλανᾶσθαι μήτε αὐτοὺς ἐληλυθότας μήτε ἄλλοις ἡγήσασθαι δυναμένοις ἀκολουθήσαντας**: Licino insiste con una certa enfasi sulla presenza di una guida filosofica all'inizio della rispettiva via (κατὰ τὴν ἀρχὴν τῆς ἀτραποῦ; ἐν τῇ εἰσόδῳ). Fritzsche ritiene le parole κατὰ τὴν ἀρχὴν τῆς ἀτραποῦ "*non plane necessaria*", oltre che caricate di un "*pondus inutile*". Al contrario, Schwidop propone l'espunzione di ἐν τῇ εἰσόδῳ, mentre Nesselrath (1990, p. 506) nota che il testo manterrebbe il suo significato anche senza l'intero inciso ἀνήρ ... ἑκάστης. Al § 73, però, ritorna una formulazione ridondante affine, pronunciata ancora una volta dallo stesso Licino: δέον ἐπὶ τῇ εἰσόδῳ καὶ κατὰ τὴν ἀρχὴν εὐθὺς σκέψασθαι. In questa sezione avanzata del dialogo Licino fa esplicito riferimento all'immagine delineata precedentemente (§ 25), confermando la genuinità del passo, nonostante l'enunciato risulti alquanto sovrabbondante.

Licino riporta l'opinione di una guida qualsiasi, che ritiene di conoscere la via filosofica vera (λέγων ἕκαστος αὐτῶν μόνος τὴν εὐθεῖαν εἰδέναι), a detrimento delle altre che, a suo parere, non avrebbero raggiunto la cima del monte della virtù (μήτε αὐτοὺς ἐληλυθότας), né si sarebbero messe al seguito di maestri in grado di condurle alla fine del percorso (μήτε ἄλλοις ἡγήσασθαι δυναμένοις ἀκολουθήσαντας). Il participio aoristo ἀκολουθήσαντας anticipa quanto Licino dirà poco più avanti in termini più espliciti: τίσι λέγεις; τοῖς κατὰ ποίαν ὁδὸν ἐλθοῦσιν; ἢ τίνι τῶν ἡγεμόνων ἀκολουθήσασιν; (§ 27). Ancora una volta compaiono gli stessi verbi, utilizzati in vista di un medesimo scopo: individuare il filosofo migliore, definendo la via che ha percorso e la guida che ha seguito. Il participio futuro tramandato dai codici manoscritti e accolto da Macleod (ἀκολουθήσοντας), invece, potrebbe essere inteso come *lectio difficilior*, benché non si lasci integrare facilmente nell'ordine sintattico e semantico del periodo. La potenziale guida, infatti, nel discorso indiretto riportato da Licino, riferisce le accuse che i vari capiscuola si rivolgono reciprocamente: di non aver mai raggiunto la virtù, né di essersi affidati a maestri capaci di guidarli verso questa meta. Il participio futuro aprirebbe così una prospettiva temporale incoerente con il passo, nel quale sono delineate guide filosofiche apparentemente pronte a svolgere in pieno la propria funzione.

§ 27) La difficile scelta della dottrina filosofica vera è declinata nell'immagine delle numerose guide, che rivendicano con argomenti affini il possesso della verità ricercata. Licino procede all'unificazione di questa immagine con quella precedente delle vie: ciascuna guida filosofica difende il proprio percorso, sforzandosi di farlo apparire come l'unico migliore, cioè garante della vera dottrina. La verità, invece, continua ad essere assimilata alla città ideale delineata poco prima (§§ 22-25), e qui identificata con Corinto, raggiungibile solo percorrendo l'unica via vera tra le molte presumibilmente valide: non è facile, perciò, trovare il cammino giusto, né tantomeno la guida autentica cui potersi affidare.

τοῖς γὰρ προωδοιπορηκόσιν, ὦ Λυκῖνε, πιστεύσας οὐκ ἂν σφαλείης: mentre Licino è apparso riluttante a considerare affidabile una qualsiasi guida filosofica, poiché ciascuna avanza la medesima pretesa di essere l'unica autenticamente veritiera, pur possedendo una conoscenza solo molto parziale della filosofia, limitata ai contenuti del proprio itinerario formativo (§§ 25-26), Ermotimo cerca di superare questa difficoltà con un ragionamento alquanto arbitrario. L'aspirante stoico, infatti, pensa di riuscire ad individuare la via filosofica migliore affidandosi a chi abbia già raggiunto la meta del proprio percorso, nonostante abbia esperito una sola scuola filosofica. Cfr. il § 7, ove Ermotimo tenta di giustificare la sua scelta, postulando che il maestro stoico sia già arrivato alla fine del proprio cammino di studi e possa godere di maggiore stima rispetto ad altre guide filosofiche (τῷ διδασκάλῳ πιστεύω λέγοντι. ὁ δὲ πάνυ οἶδεν ἅτε ἀκρότατος ἤδη ὤν).

Si tratta, in realtà, di un esempio di *petitio principii*, che Licino respinge, impostando il discorso su basi argomentative più solide. Molto più esplicito è al § 36 (σὺ τοῦτο προαρπάσας ... τὸ ἀμφισβητούμενον συλλαβὼν ὡς ἀναμφιλόγως ἴδιον τῶν Στωϊκῶν δίδως αὐτοῖς ἔχειν). Si veda *infra*, p. 351. Al § 53, invece, è Ermotimo ad ammonire Licino perché non crede alle sue parole, né a quanti hanno sperimentato altre dottrine filosofiche (οὔτε τοῖς προπεπειραμένοις πιστεύειν ἀξιοῖς). In entrambi i casi, Licino insiste sulla necessità dell'esperienza diretta di tutte le scuole filosofiche, che occorrerebbe esaminare con estremo rigore, evitando qualsiasi consenso repentino. A proposito di questo passo, Tackaberry, 1930, p. 61, richiama le influenze degli empiristi Scettici ed Epicurei. In *Pyrrh. hyp.* 2.65 Sesto attacca il medesimo procedimento argomentativo fallace (τὸ ζητούμενον συναρπάζειν), in riferimento a quanti abbiano preso una decisione ricorrendo a criteri di giudizio *sub iudice* (cfr. *Pyrrh. hyp.* 2.64: μὴ ἔχοντες κριτήριον ὡμολογημένον, δι' οὗ τὰς διαφόρους αἰσθήσεις τε καὶ διανοίας ἐπικρινοῦσιν). Cfr. anche *Pyrrh. hyp.* 1.90; 2.35; 3.23, etc.

Oltre a Luciano, il verbo προοδοιπορέω è scarsamente attestato. Si veda *Dial. mar.* 15.3 (ὁ μὲν γὰρ Ποσειδῶν ἐπιβεβηκὼς ἅρματος, παροχουμένην τὴν Ἀμφιτρίτην ἔχων, προῆγε γεγηθὼς ὁδοποιῶν (προοδοιπορῶν nella famiglia dei codici β) νηχομένῳ τῷ ἀδελφῷ). Cfr. D. L. 7.176 (in riferimento all'avanzamento compiuto da Cleante sulla via stoica) e Ios. *AJ* 3.2. In Orig. *Ep. ad Afr.* vol. 11, p. 84.15, invece, designa i profeti del passato.

ἔτι ὁμοίως ἀγνοῶ τῷ μᾶλλον χρὴ πιστεῦσαι τῶν ὁδοιπόρων: al § 15, dopo aver constatato la profonda discrepanza tra le opinioni dei vari filosofi, Licino chiede ad Ermotimo di illustrargli il criterio adottato nella scelta della dottrina stoica (τῷ πότε πιστεύσας τὸ πρῶτον σύ e poco più avanti τῷ σὺ πιστεύσας τοὺς μὲν ἄλλους εἴας). Sul verbo πιστεύω vedi anche il § 7 (Ermotimo esprime una fiducia incondizionata nei confronti del suo maestro: τῷ διδασκάλῳ πιστεύω λέγοντι), e i §§ 17-18 (i due interlocutori cercano di dare un solido fondamento alla πίστις nella dottrina stoica). In questo caso il medesimo predicato denota la scelta necessaria tra le varie guide filosofiche (τοῖς γὰρ προωδοιπορηκόσιν, ὦ Λυκῖνε, πιστεύσας οὐκ ἂν σφαλείης), nonostante ciascuna di esse appaia ugualmente credibile (§§ 26 e 45). Il verbo πιστεύω compare ripetutamente nel corso del dialogo, rimarcando l'urgenza di una scelta razionalmente fondata, e quindi alternativa a quella compiuta da Ermotimo (vedi in modo particolare i §§ 29, 30-31, 33, 45, 53, 70). Sul paradigma di conoscenza denotato da questo verbo vedi *supra*, pp. 253-254.

ὁρῶ γὰρ ἕκαστον αὐτῶν, καὶ αὐτὸν τὸν ἡγεμόνα, μιᾶς πεπειραμένον ... οὐ μέντοι ἔχω εἰδέναι εἰ ἀληθῆ φησιν: le guide preposte a ciascun percorso filosofico hanno conoscenze circoscritte al proprio indirizzo di pensiero, per le quali pronunciano un ἔπαινος privo di qualsiasi garanzia di veridicità. Ai §§ 17 (οὐ γὰρ δὴ ἐκείνοις ἂν αὐτοῖς ἐπίστευσας ἐπαινοῦσιν τὰ αὑτῶν) e 26 (τό τε τοίνυν πλῆθος τῶν ὁδῶν καὶ τὸ ἀνόμοιον αὐτῶν οὐ μετρίως ταράττει με καὶ ἀπορεῖν ποιεῖ, καὶ μάλιστα οἱ ἡγεμόνες ὑπερδιατεινόμενοι καὶ τὰ αὑτῶν ἕκαστοι ἐπαινοῦντες) Licino insiste sull'atteggiamento autoreferenziale di ciascun precettore filosofico, presentandolo come una delle cause principali del suo profondo sconcerto.

Luciano lascia trasparire anche altrove l'incompatibilità tra discorso elogiativo e discorso filosofico. In *Bis acc.* 32 il retore Siro afferma di aver rinunciato, tra le varie attività retoriche, ai discorsi celebrativi per dedicarsi esclusivamente al pacato dialogo filosofico (καλῶς εἶχε ... τυράννων κατηγορίας καὶ ἀριστέων ἐπαίνους ἐκφυγόντα, εἰς δὲ τὴν Ἀκαδήμειαν ἢ εἰς τὸ Λύκειον ἐλθόντα τῷ βελτίστῳ τούτῳ Διαλόγῳ συμπεριπατεῖν ἠρέμα διαλεγομένους, τῶν ἐπαίνων καὶ κρότων οὐ δεομένους). Su questo passo vedi Braun, 1994, pp. 297-298. Inoltre, in *Demon.* 14 Demonatte schernisce un sofista che, dichiarando di aver portato a termine gli studi filosofici, provvede a tessere il proprio elogio personale. La verità filosofica, infatti, non ha bisogno di orpelli linguistici e stilistici, essenziali per incrementare l'efficacia di un encomio, ma non per corroborare la validità di un discorso intimamente fondato. Infine, in *Hist. conscr.* 11-13 è sottolineata l'inopportunità degli elogi all'interno di un discorso storico. Si veda Zweimüller, 2008, pp. 392-393 e Porod, 2013, pp. 337-352.

Luciano riconosce alla *Lobrede* la funzione di strumento utile non solo per irretire l'attenzione degli ascoltatori (*Rhet. praec.* 22), ma anche per ingraziarsi i favori di chi viene celebrato, qualora sia adoperato opportunamente (*Pro imag.* 1-3). L'autore rivela così una piena conoscenza, se non una diretta esperienza, di questo genere di discorso, particolarmente diffuso nella temperie culturale della Seconda Sofistica (cfr. Th. *Progymn.* 6.106.4, pp. 62-63; Ps.-Herm. *Progymn.* 7.1-3; Ps.-Ael. Arist. *Rhet.* 1.160-166), fornendovi anche degli esempi, in cui riproduce in termini comico-parodici le specificità di questo λόγος (*Muscae Encomium* e *De Parasito*). Si tratta, infatti, di uno degli esercizi più comuni e maggiormente praticati nelle scuole di retorica, incentrati sull'analisi dei vizi e delle virtù di un determinato oggetto (su questo genere di parallelismo parla già Ar. *Rhet.* 1.9.1368a19-26: a tal proposito vedi Patillon, 1997, pp. LXXX-LXXXIII). Su questo tema vedi Pernot, 1993, pp. 569-577 e Cistaro, 2009, pp. 10-14.

ἀλλ' ὅτι μὲν ἀφῖκται πρός τι τέλος καὶ εἰδέ τινα πόλιν δώσω αὐτῷ ἴσως· εἰ δὲ ἐκείνην εἶδεν ... ἄδηλον ἐμοὶ γοῦν ἔτι: Licino ammette che ogni guida sia giunta ad una meta ed abbia visto una città: resta arduo, però, stabilire chi tra queste abbia raggiunto la πόλις ideale. Non si tratta dei falsi filosofi o dei ciarlatani (su queste figure vedi ad esempio *Pisc.* 31-37 e *Fug.* 12), bensì dei singoli filosofi, che possiedono un'idea solo parziale della filosofia, corrispondente ai contenuti del proprio indirizzo di pensiero. Si veda Bonazzi, 2010[1], pp. 45-47.

L'identificazione della città della virtù con Corinto non è casuale. Corinto, infatti, sin dall'epica omerica, appare contraddistinta da una fortuna e una ricchezza considerevoli, di cui deve aver goduto in virtù della sua favorevole posizione geografica (cfr. *Il.* 2.570; Pind. *Ol.* 13.4: ὄλβιος e fr. 122.2 Maehler; Hdt. 3.52.4; Thuc. 1.13.5: ἀφνειός e Strab. 8.6.22: εὐδαίμων). Vedi Salmon, 1984. Quale città notoriamente prospera e fiorente, Licino ha adottato Corinto, in maniera evidentemente provocatoria, come simbolo dell'εὐδαιμονία ambita dal filosofo virtuoso. La città di Corinto, infatti, costituiva una destinazione esclusiva, poiché era accessibile solo ad una ristretta *élite* in possesso dei mezzi sufficienti per godere della sontuosità e dei piaceri offerti dalla città. In tal modo vanno intese le espressioni proverbiali: οὐ παντὸς ἀνδρὸς ἐς Κόρινθον ἔσθ' ὁ πλοῦς (Arist. 928 K.-

A.), tramandato anche da Hesych. o 1799 e *Suda* o 924. Vedi anche l'uso di questo proverbio in Hor. *Epist.* 1.17.34 (*"non cuivis homini contigit adire Corinthum"*), che con la città di Corinto accenna ai *principes viri*, avvicinabili solo da una ristretta cerchia sociale (cfr. Aul. Gell. 1.8.4).

Evidentemente Licino sfrutta un motivo noto al suo pubblico per ribadire che non tutti possono pervenire alla virtù, bensì solo chi abbia intrapreso la via giusta, scegliendo la dottrina filosofica vera. Così facendo, viene dato il giusto rilievo non solo alla qualità intrinseca della destinazione finale del cammino filosofico, ma anche alle numerose difficoltà che ostacolano l'accesso alla virtù (cfr. il § 5).

Con la parola ἄδηλον Licino riprende un termine tecnico del pensiero scettico, adoperato in funzione dialettica contro le numerose presunzioni dogmatiche (vedi Sext. Emp. *Pyrrh. hyp.* 2.140-143; *Adv. math.* 7.393 e 8.310-314). In tal modo, egli evita di esprimersi in termini assiomatici su quanto non può essere verificato in maniera adeguata, rilevando oltretutto l'assenza di un criterio o di un metodo efficaci per compiere la scelta filosofica giusta (vedi anche i §§ 34; 36; 38; 39; 52; 65; 66; 67; 70).

ὃ δὲ δὴ μάλιστα εἰς ἀπορίαν με καθίστησιν, ἐκεῖνό ἐστιν, τὸ εἰδέναι ὅτι πᾶσα ἀνάγκη μίαν εἶναι τὴν ἀληθῆ ὁδόν ... αἱ δὲ ἄλλαι πανταχόσε μᾶλλον ἢ εἰς Κόρινθον ἄγουσιν: Licino ritiene che ciascun percorso filosofico conduca ad una città differente, mentre la città di Corinto è una sola, così come una sola è la guida che porta a questa destinazione. Con questo ragionamento trova conferma l'unicità della dottrina vera, malgrado la filosofia si manifesti frammentata in numerose scuole di pensiero. Si tratta di un'affermazione non propriamente confacente all'attitudine scettica di Licino: oltre a constatare l'esistenza di numerose scuole discordanti, egli mostra un convincimento che esula da ogni effettiva verificabilità (cfr. Sext. Emp. *Pyrrh. hyp.* 1.1-4), rivelando piuttosto una posizione dogmaticamente prestabilita. Sull'unicità della verità cfr. il § 14 (τὸ δέ γε ἀληθὲς οἶμαι πάντως που ἓν ἦν αὐτῶν) e il § 25. A proposito di questo passo vedi Longo, 1964, pp. 15 e 23.

L'unicità della filosofia vera è un motivo ricorrente nel *corpus* lucianeo. In *Pisc.* 12-13 Parresiade attribuisce le difficoltà riscontrate nella ricerca della filosofia vera (ἡ ἀληθὴς Φιλοσοφία) alle numerose scuole di pensiero incontrate durante il suo cammino. In *Par.* 26-30 (in modo particolare *ivi* 28) l'esistenza di molti filosofi e l'eterogeneità delle rispettive dottrine comporta la negazione dell'ὑπόστασις della filosofia, priva com'è di un'intima congruenza e di una piena coerenza tra le proprie dottrine (cfr. Nesselrath, 1985, p. 86 e pp. 352-366). Se nel *Piscator* questa constatazione produce nell'impianto drammatico del dialogo un efficace contrasto tra la figura dell'unica, vera filosofia e quella dei vari filosofi, nel *De Parasito* la rinuncia all'unicità della filosofia gioca a favore dell'arte parassitica, che finisce per apparire paradossalmente come l'arte *par excellence*. Nell'*Hermotimus*, invece, Licino, postulando l'autenticità di una sola dottrina, cerca di assicurarsi il consenso di Ermotimo, a sua volta convinto della validità esclusiva della filosofia stoica prescelta (§ 15). Anche nel nostro dialogo l'argomento dell'unica filosofia influisce sul piano drammaturgico dell'opera, poiché scandisce il progressivo incedere dell'ἔλεγχος scettico a detrimento delle convinzioni di Ermotimo, le reazioni dell'aspirante stoico, che tenta di difendere la bontà della dottrina scelta, e l'inversione graduale dei rapporti di forza tra i due interlocutori.

παραπαίει: questo verbo insiste sullo spettro semantico della follia ed è attestato sia in contesti tragici (Aesch. *Prom*. 1056) che comici (Arist. *Pax* 90 e *Pl*. 508: vedi Taillardat, 1962, p. 270, § 480), arrivando a connotare personaggi in preda ad un delirio particolarmente prolisso (cfr. Plat. *Symp*. 173e; Pol. 18.14.12; Gal. *De opt. doc. gen*. CMG V 1,1, 2.2, p. 94 e *Suda* π 404: παραπαίων· παραφρονῶν, ληρῶν. ἀγνοῶν καὶ παραπαίων ὁλοσχερῶς). Nel nostro passo il significato del verbo risente di questo *background* filosofico-letterario, non esprimendo soltanto un errore di valutazione o un'imprecisione nel ragionamento, ma anche uno *status* di notevole insensatezza (οὕτω σφόδρα παραπαίει). Similmente vedi le altre attestazioni nel *corpus* lucianeo: *Nec*. 1; *Hist. conscr*. 2; *Anach*. 5; *Tim*. 17; *Dial. mort*. 22.9 e *Salt*. 83.

εἰς Κόρινθον στέλλειν: il verbo στέλλω, come si evince da *LSJ*, s.l. 3 ("*summon, fetch, bring* a *person to a place*"), designa l'ordine impartito a qualcuno di recarsi o presentarsi in un luogo specifico. In questo caso, invece, il soggetto sottinteso è l'ὁδός, cioè la via, che porta a Corinto quanti decidono di percorrerla. In tal modo Licino assegna al percorso la funzione propria di una guida, al punto da rendere le due similitudini interscambiabili ai fini della discussione.

Critica testuale

§ 27) ἢ δέον: la tradizione manoscritta presenta la lezione ἡδέως, che è evidentemente corrotta, mentre in margine al testo della prima edizione Aldina del 1503 appare la congettura ἢ δέον, accolta da buona parte degli editori, compreso Macleod. Una costruzione simile a questa è riscontrabile in molti altri passi del nostro dialogo: § 10: δέον, ὦ Ἑρμότιμε, ἀναγαγεῖν κἀκεῖνα ἐπὶ τὴν ἀρετήν; § 28: δέον τὴν πελειάδα κατατοξεῦσαι e poco più avanti (§ 28) δέον ἐξ ἀρχῆς πρὶν ἐκπλεῦσαι ἀναβάντα ἐπὶ σκοπήν τινα σκέψασθαι; § 73: δέον ἐπὶ τῇ εἰσόδῳ καὶ κατὰ τὴν ἀρχὴν εὐθὺς σκέψασθαι; § 84: δέον τὰ ἐντεῦθεν ἀρξάμενον ἀριθμεῖν. Si tratta di sezioni del dialogo in cui a parlare è sempre Licino, il quale, ad eccezione del § 10, risulta impegnato nell'elaborazione di sempre nuove similitudini. In tutti questi casi, ad una situazione reale o ad un'azione ormai pienamente compiuta ne viene contrapposta una immaginaria, che vale come *desideratum* difficilmente realizzabile. La congettura ἢ δέον, dunque, sembra essere tanto più conforme al passo in questione, poiché Licino ribadisce il bisogno di raggiungere Corinto, dove molti credono di essere arrivati, nonostante siano giunti altrove.

ὁ δ' εἰς: i *recentiores* attestano il pronome dimostrativo ὅδε, che è la lezione accolta da Macleod, mentre in ΓEL è attestato il pronome ὁ δέ. In Luciano ὅδε ricorre con lo stesso valore di οὗτος, ad indicare qualcosa di visibile e vicino (cfr. *Cont.* 8: τίς τ' ἄρ' ὅδ' ἐστὶ πάχιστος ἀνήρ; 9 e *Dea Syr.* 18: ὁ παῖς ὅδε), mentre ὁ assume le funzioni propriamente pronominali. In questo passo la particella asseverativa δέ contrappone adeguatamente al risultato ambito di una determinata operazione il suo esito reale, che non trova nessuna approvazione. La lezione dei codici risulta pertanto del tutto giustificata, come conferma il consenso ricevuto dalla maggior parte delle edizioni lucianee. Cfr. Nesselrath, 1990[1], p. 507.

εἰ μή τις οὕτω σφόδρα παραπαίει ὡς οἴεσθαι: Macleod, insieme a Sommerbrodt, Jacobitz e Kilburn, stampa l'indicativo presente παραπαίει, che sembra essere la lezione originaria del codice E prima di essere stata corretta in παραπαίῃ, a sua volta confluita nell'*editio princeps* fiorentina. Reitzius, invece, in virtù del fenomeno dell'itacismo, stampa l'ottativo παραπαίοι, che a sua volta è ripreso da Bekker, Dindorf e Fritzsche. Nonostante l'ottativo sia la forma verbale sintatticamente più appropriata al terzo tipo del periodo ipotetico, non è del tutto inverosimile immaginare che Luciano abbia impiegato una forma mista, cui ricorre anche in altri passi, a conferma della varietà sintattica della sua lingua (cfr. i §§ 37 e 60). A tal proposito vedi Macleod, 1977. Sul fenomeno dell'itacismo nel nostro dialogo vedi anche i §§ 10; 12; 13; 27; 36; 41; 42; 53; 66; 68; 78.

§ 28) Nel corso di una lunga battuta Licino ribadisce la necessità di una scelta fondata, che possa assicurare il riconoscimento della scuola filosofica migliore e l'adozione di uno stile di vita virtuoso. A tal proposito, Licino auspica il rinvenimento di un metodo razionalmente validato, escludendo un procedimento meramente casuale. Il caso, infatti, non garantisce la precisione della scelta compiuta (come è mostrato dall'esempio dell'arciere omerico Teucro) e, allo stesso tempo, espone al rischio di precipitare in situazioni pericolose (come si evince dall'immagine della navigazione).

ἔνθα ἂν ἡμᾶς οἱ πόδες φέρωσιν, ἐκεῖσε ἄπιμεν: con questo proverbio Licino avverte Ermotimo del pericolo che comporterebbe la scelta della strada sbagliata e l'arrivo in un luogo diverso dalla città ideale. Licino risulta particolarmente propenso all'uso di modi di dire popolari, propri della prassi comunicativa quotidiana (cfr. i §§ 47; 49; 55; 59; 61), il che gli procura un linguaggio piano, nettamente distinto da quello pedante del suo interlocutore stoico.

Questa espressione si trova attestata in Apoll. Rhod. 1.1264 e 3.651; Theocr. 13.70 e 14.42; Phoen. Col. fr. 2.15 Diehl³ e *Anth. Pal.* 11.346. Cfr. anche Hor. *Carm.* 3.11.49 ed *Epod.* 16.21 (questi riferimenti testuali sono indicati da Macleod, 1987, vol. IV, *ad loc.* p. 39 e, ancora prima, da Heinrich, 1885, p. 20).

οὐδὲ γὰρ οὐδὲ ἐκεῖνο καλῶς ἔχει, τῇ τύχῃ ἐπιτρέπειν ὡς τάχα ἂν τὴν ἀρίστην ἑλομένους: si tratta della personificazione di τύχη, che segue quella del fato al § 6. Licino eredita questo strumento retorico dalla prosa filosofica cinico-stoica (cfr. Deubner, 1902-1909 e Stößl, 1937, coll. 1042-1058), servendosene per incrementare la vivezza dell'argomentazione del testo (sul concetto di ἐνάργεια nella retorica greca vedi Kemmann, 1996, pp. 33-47 e Berardi, 2012, pp. 51-74), sollecitando l'attenzione del pubblico in ascolto. Cfr. Dolcetti, 1997, pp. 245-261. Su questa peculiarità dell'*Hermotimus* vedi *supra*, p. 206.

Al § 71 il caso appare nei termini di un'entità concreta, diventando il destinatario delle rimostranze di chi non riesce ad attuare desideri irrealizzabili. La personificazione del caso è attestata anche in altri passi lucianei. In *Nec.* 16 la Τύχη assegna ai mortali le varie sorti, ossia il ruolo che ciascuno è chiamato a svolgere nel corso della sua vita; in *Nigr.* 20, invece, la Τύχη distribuisce e toglie ricchezze a suo piacimento, prendendosi gioco degli uomini e rivelando loro l'instabilità dei presunti beni. Questi due passi afferiscono alla medesima tradizione in cui il caso si mostra nelle vesti del regista dei ruoli interpretati da ciascun individuo nel corso della vita (cfr. Tel. fr. 2 Fuentes-González; Max. *Or.* 1.1; *Tab. Ceb.* 7.1-2; Sen. *Ep.* 72.7 ("*nihil dat Fortuna mancipio*"); *Cons. ad Marc.* 10.3 ("*quidquid a Fortuna datum est, tamquam exempto auctore possideas*"). Una dettagliata panoramica su questo tema è in Kokolakis, 1960 e in Fuentes-González, 1998, pp. 159 ss. L'idea dell'instabilità della sorte come nemica da combattere è un motivo topico della morale cinica, che nella pratica dell'ascesi filosofica riscontra l'unico riparo possibile dagli eventuali rivolgimenti della Τύχη (cfr. *SSR* VB 360 = D. L. 6.63 su Diogene, e VH 31 = D. L. 6.93 sul comportamento simile di Cratete). Su questo argomento vedi anche Kindstrand, 1976, p. 207.

Licino recupera l'idea di una Τύχη incerta e instabile, invitando Ermotimo a proseguire la sua indagine secondo metodi rigorosamente fondati. Cfr. anche *SVF* 2.965-967 e 970: la sorte rappresenta il dominio dell'imponderabile, cui solo il saggio riesce a sottrarsi, restando indenne da eventuali tracolli improvvisi della sua situazione personale (*SVF* 1.449).

Si noti che Plut. *De Stoic. rep.* 23.1045E-F critica aspramente la posizione di Crisippo, il quale si era schierato a favore di una scelta affidata alla sorte. In Cic. *De nat. deor.* 1.98, invece, l'accademico Cotta rimprovera al suo interlocutore di non ragionare, bensì di addurre solo argomentazioni casuali ("*hoc est non considerare sed quasi sortiri quid loquare*"). Licino sembra rievocare il medesimo argomento scettico-accademico, che qui si trova abilmente adoperato in funzione dialettica nei confronti dell'aspirante stoico. Sulle tracce di scetticismo accademico nel nostro dialogo vedi *supra*, pp. 254-255.

ἡμᾶς δέ γε περὶ τῶν οὕτω μεγάλων οὐκ οἶμαι δεῖν παραβόλως ἀναρρίπτειν οὐδὲ ἐς στενὸν κομιδῇ κατακλείειν τὴν ἐλπίδα ἐπὶ ῥιπός, ὡς ἡ παροιμία φησί, τὸν Αἰγαῖον ἢ τὸν Ἰόνιον διαπλεῦσαι θέλοντας: Licino insiste sull'opportunità di un approccio ponderato alla filosofia, impiegando una serie di espressioni e di immagini particolarmente efficaci. Il verbo ἀναρρίπτω, oltre a sottintendere la parola κίνδυνον (vedi Hdt. 7.50.3 e Thuc. 4.85.4 e 4.95.2), allude metaforicamente al lancio dei dadi. Gensius spiega che, per ellissi di τὸν κύβον, il verbo acquista in questo caso il significato di "*aleam iacere*" (l'espressione completa si trova in *Harm*. 3 e *Pro imag*. 16), per cui traduce: "*nos quidem oportere arbitror in rebus tanti momenti non ita temere aleam jacere*" (così anche Reitzius: "*at nos de tantis rebus non puto oportere periculosam temere aleam jacere*"). Questa espressione è attestata anche nei comici (Men. 64 K.-A. e Arist. fr. 929 K.-A.: vedi Tallairdat, 1965, §§ 870-871) e successivamente in Plut. *Pomp*. 60.4 e *Caes*. 32.8. Per ulteriori indicazioni vedi Schmidt, 1897, p. 24.

Il proverbio cui si fa cenno poco dopo non viene riprodotto esattamente da Licino, che tuttavia ne preserva il significato. Questo detto si trova attestato in Eur. fr. 397 Kannicht (θεοῦ θέλοντος κἂν ἐπὶ ῥιπὸς πλέοις), Arist. *Pax* 699 (κέρδους ἕκατι κἂν ἐπὶ ῥιπὸς πλέοι), ma anche in Favorino (*De exil*. 8.2 Tepedino Guerra: ἐ]ὰν | ἐν θαλάσσ[ῃ ε]ὔξηται, τοῦτ[ο δὴ] το[ῦ λόγ]ου, | ἐπὶ ῥιπὸς π[λέ]ων, ὥσπερ Ὀδ[υσσεὺς] ἐπ[ὶ τ]ῆς σχ[ε] | δί[α]ς ἢ Ἀρίων ὁ Μη[θ]υμναῖ[ος] ἐπὶ [δελφῖ]νος | ὀχούμενος). L'accenno alla traversata per mare, qui solo rapidamente abbozzata, ritorna poco dopo con riferimenti più precisi alla necessità di una nave adeguata e di un timoniere esperto, condizioni imprescindibili per poter intraprendere una navigazione sicura.

Fuor di metafora, Licino rivolge una considerevole attenzione allo studio della filosofia, tralasciando qualsiasi scelta casuale tra le varie scuole di pensiero esistenti. Al contrario, a suo parere, solo un esame scrupoloso dei rispettivi contenuti consentirebbe di individuare con maggiore sicurezza l'unica vera dottrina filosofica, nascosta tra tante solo potenzialmente tali.

L'espressione "ἐς στενὸν κομιδῇ κατακλείειν τὴν ἐλπίδα" ricorre leggermente modificata al § 63, nelle parole di biasimo che Ermotimo rivolge a Licino, accusandolo di averlo ingannato, fino a far precipitare la sua argomentazione in un vicolo cieco (περιέρχῃ με, ὦ Λυκῖνε, καὶ συνελαύνεις ἐς στενὸν οὐδὲν ὑπ' ἐμοῦ δεινὸν παθών).

οὐδὲ αἰτιασαίμεθ᾽ ἂν εὐλόγως τὴν τύχην, εἰ τοξεύουσα καὶ ἀκοντίζουσα μὴ πάντως ἔτυχε τοῦ ἀληθοῦς, ἑνὸς ὄντος ἐν μυρίοις τοῖς ψεύδεσιν: in *Nec.* 16 è ritenuto ugualmente segno di ignoranza protestare contro Τύχη quando arriva il momento di riconsegnarle i beni materiali di cui si è potuto disporre in vita (ἐπειδὰν δὲ ὁ τῆς πομπῆς καιρὸς παρέλθῃ, τηνικαῦτα ἕκαστος ἀποδοὺς τὴν σκευὴν καὶ ἀποδυσάμενος τὸ σχῆμα μετὰ τοῦ σώματος ἐγένετο ... ἔνιοι δὲ ὑπ᾽ ἀγνωμοσύνης, ἐπειδὰν ἀπαιτῇ τὸν κόσμον ἐπιστᾶσα ἡ Τύχη, ἄχθονταί τε καὶ ἀγανακτοῦσιν ὥσπερ οἰκείων τινῶν στερισκόμενοι). Cfr. *Nigr.* 20 (sull'ordinamento predisposto da Τύχη, e completamente ignorato dagli uomini). Invece, in *Merc. cond.* 27 Timocle accusa Τύχη per il trattamento che gli viene riservato nel corso della cena presso il suo padrone (αἰτιᾷ τὴν Τύχην οὐδὲ ὀλίγα σοι τῶν χαρίτων ἐπιψεκάσασαν), mentre in chiusura dell'opera l'autore ricorda a Timocle di essere lui stesso colpevole delle occasioni spiacevoli vissute in casa del ricco possidente, che si è scelto come suo *patronus* (*Merc. cond.* 42: ὅ τι δ᾽ ἂν πράττῃς, μέμνησο τοῦ σοφοῦ λέγοντος ὡς θεὸς ἀναίτιος, αἰτία δὲ ἑλομένου). Su questi passi vedi Hafner, 2017, pp. 282 e 371.

Licino si fa interprete di una posizione nettamente contraria verso quanti cercano di attribuire a Τύχη la responsabilità della propria difficile situazione. Si tratta di una tendenza largamente testimoniata nella tradizione filosofica e poetica greca, che riconduce alle divinità l'origine dei mali incombenti sulla vita degli uomini (vedi Hom. *Od.* 1.32; Theogn. 133-142; Sol. frr. 3.1-6 e 15.1-2 G.-P., etc.). Platone, invece, riconosce al singolo individuo una netta responsabilità rispetto al proprio destino, che egli stesso concorrerebbe a determinare in piena autonomia. Cfr. *Tim.* 42d-e (il Demiurgo è ἀναίτιος, mentre i mortali sono colpevoli dei propri mali); *Rep.* 10.617e (alle anime non verrà assegnata una vita precisa, visto che esse stesse dovranno scegliersela: αἰτία ἑλομένου· θεὸς ἀναίτιος) e *Leg.* 10.904b-c.

Questa idea è recepita soprattutto in ambito stoico (vedi l'*Inno a Zeus* di Cleante: *SVF* 1.537, 17-25), in cui è dato particolare rilievo alla responsabilità del singolo individuo, dispensando così la divinità dall'imputazione di generare i mali dei mortali. Su questo argomento vedi Thom, 1998, pp. 45-57 e Ramelli, 2009, pp. 98-99.

Ancora una volta Licino impiega concetti della filosofia stoica, condivisi necessariamente da Ermotimo, mettendoli al servizio della sua strategia confutativa. Vedi *infra*, pp. 372, 462 etc.

οὐδὲ τῷ Ὁμηρικῷ τοξότῃ ὑπῆρξεν, ὃς δέον τὴν πελειάδα κατατοξεῦσαι, ὁ δὲ τὴν μήρινθον ἐνέτεμεν, ὁ Τεῦκρος, οἶμαι: si fa riferimento ad *Il.* 23.853-855 e 865-867, in cui è descritta la gara del tiro con l'arco tra Teucro e Merione durante i giochi funebri in onore di Patroclo. Sommerbrodt

(1889, vol. I, 2, pp. LXXXVIII-LXXXIX) considera poco pertinente il nesso con l'ipotesto omerico, sospettando in questo passo la presenza di un'interpolazione testuale: mentre Teucro mira ad un chiaro obiettivo, la colomba, Licino immagina un arciere intento a cogliere un oggetto preciso, confuso in mezzo a numerosi altri. Si tratta di un'opinione dettata da mera acribia filologica, che non tiene conto della libertà con cui Luciano adotta i suoi testi di riferimento. Giustamente Bouquiaux-Simon, 1968, pp. 226-227 sostiene che "*il n'est pas indispensable que, dans une comparaison, tous les éléments se répondent avec une parfaite concordance*". Inoltre, attraverso questa scena icasticamente efficace, Licino ribadisce due idee fondamentali del suo ἔλεγχος: che la verità, così come il bersaglio, è una sola, nonostante sia destinata a rimanere nascosta tra molte altre solo apparentemente tali, e che il vaglio di questa stessa dottrina filosofica è esposto ad un continuo fallimento a causa delle numerose difficoltà gravanti su questa operazione.

οὐδὲ γὰρ ἀναστρέψαι ἔτι καὶ ἀνασωθῆναι ὀπίσω ῥᾴδιον, ἢν ἅπαξ ἐπιδῷ τις αὐτὸν τῇ πνεούσῃ τὰ ἀπόγεια λυσάμενος ... δέον ἐξ ἀρχῆς πρὶν ἐκπλεῦσαι ... κυβερνήτην ἕνα τὸν ἄριστον ἐκλέξασθαι καὶ ναῦν εὐπαγῆ οἵαν διαρκέσαι πρὸς τηλικοῦτον κλύδωνα: Licino si avvale di una nuova immagine per conferire un profilo realistico ai pericoli insiti nella scelta di una via filosofica errata: una navigazione sicura e capace di affrontare ogni genere di intemperie è possibile solo attraverso la guida del miglior timoniere e il supporto di una solida nave. Si noti che in *Ver. Hist.* 1.5, prima dell'avvio del viaggio avventuroso, vengono selezionati il nocchiere migliore e la nave più resistente (κυβερνήτην τὸν ἄριστον μισθῷ μεγάλῳ πείσας παρέλαβον καὶ τὴν ναῦν – ἄκατος δὲ ἦν – ὡς πρὸς μέγαν καὶ βίαιον πλοῦν ἐκρατυνάμην). Al contrario, in *Par.* 8 l'ἀτεχνία di un timoniere, che non conosce la professione e le sue regole, è causa del naufragio dei naviganti. Su questo vedi Joly, 1981, pp. 422-423 e Nesselrath, 1985, pp. 290-291. Allo stesso modo, in filosofia è necessario individuare la guida migliore, che sia in grado di condurre il discepolo alla virtù, evitandogli il rischio di precipitare in uno stile di vita vizioso e lontano dalla verità.

Tackaberry, 1930, p. 83 suggerisce che Luciano abbia in mente il passo pseudo-platonico di *Alc.* 2.147a, in cui Socrate spiega che, in assenza di ἐπιστήμη, si è destinati ad essere travolti da una grande tempesta, proprio come chi si avventa in alto mare senza la guida sicura di un pilota esperto. Tuttavia, la figura del timoniere ricorre anche in *Rep.* 6.488a-489b (in modo particolare 6.488d: τοῦ δὲ ἀληθινοῦ κυβερνήτου πέρι μηδ' ἐπαΐοντες, ὅτι ἀνάγκη αὐτῷ τὴν ἐπιμέλειαν ποιεῖσθαι ἐνιαυτοῦ καὶ ὡρῶν καὶ οὐρανοῦ καὶ ἄστρων καὶ πνευμάτων καὶ πάντων τῶν τῇ τέχνῃ προσηκόντων) e *Pol.* 272e. Inoltre, in *Phaedr.* 247c la ragione è detta ψυχῆς κυβερνήτης, e ad essa allude lo stesso Licino, che la considera come l'unico strumento affidabile per poter compiere una scelta filosofica comprovata.

L'immagine della navigazione in realtà appare anche nell'opera di autori di età imperiale: Plut. *Per.* 33.5; *Praec. ger. reip.* 15.812C; *De cohib. ira* 2.453F-454A e *Quaest. conv.* 9.1.1008A, in cui il pilota rappresenta la ragione dominante sulla parte appetitiva dell'anima. Cfr. anche Alb. *Epit.* 30.3 e Epict. *Ench.* 7. Invece, in un frammento di Numenio (fr. 18 des Places) è il Demiurgo ad essere paragonato ad un timoniere (su questo vedi Petty, 1993, pp. 130-131). Si veda anche Gal. *De dign. puls.* 1.108, vol. 8, pp. 782-783 Kühn, che mette in discussione l'inattività cui potrebbe pervenire uno scettico se, mettendo in dubbio i suoi stessi sensi, non riuscisse ad eseguire neppure le operazioni basilari per avviare una navigazione. Su questo passo vedi Bonazzi, 2010[1], p. 41, n. 14. Fuentes-González, 1998, pp. 205-208 esamina la presenza dell'immagine della navigazione nella diatriba cinico-stoica (cfr. Tel. fr. 2.10 e 6.53 Fuentes-González: οὐ δεῖ δὲ τρυφᾶν οὐδὲν τῶν πραγμάτων μὴ φερόντων, ἀλλ' ὥσπερ οἱ ναυτικοὶ πρὸς τοὺς ἀνέμους καὶ πρὸς τὴν περίστασιν ὁρῶντες· ἐκποιεῖ, χρῆσαι· οὐκ ἐκποιεῖ, παῦσαι), che è una tra le fonti maggiormente rilevanti dell'opera di Luciano. Vedi anche Oltramare, 1926, p. 54, il tema 45b: "*Il faut modifier sa conduite suivant les circonstances, comme les marins qui naviguent suivant le vent*". Verosimilmente, Luciano è a conoscenza della larga diffusione di questa immagine nella filosofia "popolare" (su cui vedi Brancacci, 1994), al punto da introdurla nel piano confutatorio di Licino, che si mostra più attento ad una comunicazione semplice e chiara. A proposito dell'eloquio di Licino vedi *supra*, pp. 277 e 302.

Nel *corpus* di Luciano si possono segnalare numerosi esempi di uso traslato di questa stessa immagine. In *Iupp. trag.* 46-49 lo stoico Timocle si serve dell'immagine del timoniere e della nave con l'intento di dimostrare l'esistenza della πρόνοια divina, mentre l'epicureo Damide insiste sull'assenza di un pilota preposto a garantire una traversata sicura per il cosmo (cfr. Coenen, 1977, p. 132). Cfr. *Nigr.* 7 (ἐν πελάγει καὶ νυκτὶ πολλῇ φερόμενος). Sulle metafore della navigazione impiegate da Luciano vedi Schmidt, 1897, pp. 33-39 (soprattutto pp. 36-37) e Betz, 1961, p. 174, n. 4.

Critica testuale

§ 28) ἑλομένους: si tratta della lezione trasmessa dai codici più antichi e stampata anche da Macleod. Sommerbrodt, invece, espunge la sezione ὡς τάχα ... ἑλομένους, presumendo che sia stata introdotta in un secondo tempo per analogia al passo successivo (ἐλπίζοντες ἄμεινον αἱρήσεσθαι τὴν τύχην ὑπὲρ ἡμῶν). In alternativa, egli propone di correggere ἑλομένους in αἱρησομένῃ, che è molto meno persuasiva della lezione tramandata. Fritzsche, invece, suggerisce la congettura ἑλομένης, anticipando così quanto viene ribadito poco dopo dallo stesso Licino (ἐλπίζοντες ἄμεινον αἱρήσεσθαι τὴν τύχην ὑπὲρ ἡμῶν). In tal modo, non sarebbero più gli uomini a costituire il soggetto della proposizione comparativo-ipotetica, bensì il caso stesso, presentato come agente concreto della scelta migliore (cfr. i §§ 28 e 71). Nonostante la congettura di Fritzsche sia particolarmente raffinata (Nesselrath, 1990[1], p. 504), non ci sono ragioni sufficienti per rinunciare alla lezione tramandata, che immagina gli uomini in balia del caso, eppure in grado di individuare la dottrina migliore.

παρὰ πολὺ ἐκεῖνο εὐλογώτερον τῶν πολλῶν τρωθήσεσθαι ... ἢ πάντως ἐκεῖνο τὸ ἓν ἐξ ἁπάντων: questo passo è stato oggetto di un certo numero di revisioni testuali. Pellet e Guyet hanno proposto l'integrazione del pronome indefinito τι (εὐλογώτερον τῶν πολλῶν τι), che Fritzsche non a torto rigetta, proponendo l'inclusione del numerale ἕν (εὐλογώτερον ⟨ἓν⟩ τῶν πολλῶν). In tal modo, a suo parere, acquisirebbe maggiore significato il riferimento a τὸ ἕν di cui si parla poco oltre, dando al contempo la giusta enfasi alla difficoltà dell'azione descritta. Sommerbrodt, invece, propone di introdurre ἄλλο τι (ἄλλο τι τρωθήσεσθαι κτλ.), benché ritenga la sezione καὶ περιπεσεῖσθαι τῷ τοξεύματι ἐλπίζειν inutilmente ridondante, suggerendo l'espunzione di ἐξ ἁπάντων in presenza dell'affine τῶν πολλῶν che lo precede. Si tratta, in realtà, di una serie di interventi non pienamente motivati, che finirebbero per normalizzare eccessivamente il testo tradito. Sull'esuberanza del linguaggio degli interlocutori del dialogo vedi *infra*, pp. 368 e 429. In realtà, questo passo non sembra richiedere nessun intervento particolare, soprattutto considerando che tutte le proposte avanzate non sono supportate da ragioni decisive a loro favore.

εἰκάζειν οἶμαι: Sommerbrodt propone di espungere ὅτι ed εἰκάζειν σ' οἶμαι, secondo la congettura di Schwartz che egli stampa, pur non condividendola pienamente. Diversamente, Bekker, aggiungendo εὐμαρές (con ἐστι sottinteso), fa dipendere da questo l'infinito εἰκάζειν, mentre οἶμαι diventerebbe un'espressione parentetica. Fritzsche, invece, avanza la congettura εἰκάζεις, marcando lo scambio dialogico tra i due interlocutori. In tal modo, Licino attribuirebbe correttamente al suo interlocutore le conseguenze rischiose che deriverebbero da una scelta affidata al caso, per la quale Ermotimo aveva mostrato *in primis* il suo avallo (§ 27). Tuttavia, la lezione dei manoscritti (εἰκάζειν οἶμαι), stampata da Macleod, appare ben integrata nel testo, in cui lo stesso Licino, nel corso di una lunga battuta, riflette sulle conseguenze e sui pericoli derivanti da una scelta fortuita (§ 28).

ἀναβάντα: la tradizione manoscritta più antica reca la lezione ἀναβάντας, accolta solo nell'edizione di Macleod, mentre sin da Reitzius fino ai più recenti

Kilburn e von Möllendorff è preferita la variante dei *recentiores*, ἀναβάντα, che preserva l'omogeneità sintattica con i participi singolari precedenti: ναυτιῶντα, δεδιότα, καρηβαροῦντα e ἀναβάντα. Chi è preposto a guardare e valutare il soffio dei venti, infatti, è lo stesso soggetto immaginato in balia della tempesta del mare, il quale avrebbe dovuto valutare precedentemente l'opportunità di mettersi in viaggio verso Corinto. Egli, dunque, è responsabile non solo per sé stesso, ma anche per tutti quelli che hanno deciso di mettersi sulla stessa rotta, diretti verso la medesima destinazione (τοῖς Κόρινθόνδε διαπλεῦσαι ἐθέλουσι).

§ 29) Ermotimo ribadisce che gli Stoici sono i filosofi migliori e che solo lo studio della loro dottrina crea le condizioni ottimali per raggiungere la città di Corinto. In modo particolare, l'aspirante stoico è convinto che, anche dopo aver appreso i concetti delle altre scuole filosofiche, quella degli Stoici risulterebbe essere ancora la migliore. Licino, al contrario, dichiara che ciascun filosofo potrebbe pronunciare le stesse parole di Ermotimo e accampare per sé le medesime istanze di veridicità: pertanto, bisogna credere a tutti o non credere a nessuno.

ἅπαντας ἐν κύκλῳ περιελθὼν οὐκ ἄλλους ἂν εὕροις οὔτε ἡγεμόνας ἀμείνους οὔτε κυβερνήτας ἐμπειροτέρους τῶν Στωϊκῶν: proseguendo sullo stesso campo metaforico introdotto precedentemente da Licino (§ 28), Ermotimo sostiene che gli Stoici siano le guide migliori, ossia i navigatori più esperti. L'aspirante stoico, però, non adduce argomenti a sostegno di questa affermazione, dando nuovamente prova di un ragionamento fallace (cfr. i §§ 27: τοῖς γὰρ προωδοιπορηκόσιν, ὦ Λυκῖνε, πιστεύσας οὐκ ἂν σφαλείης e 37): benché il discorso ruoti attorno alla ricerca del filosofo migliore, la superiorità degli Stoici rispetto agli altri filosofi è considerata come una verità accertata che Ermotimo, però, non riesce a comprovare.

ἢν ἐθελήσῃς γε ἀφικέσθαι ποτὲ εἰς τὴν Κόρινθον, ἐκείνοις ἕψῃ κατὰ τὰ Χρυσίππου καὶ Ζήνωνος ἴχνη προϊών: Ermotimo crede che la città di Corinto possa essere raggiunta soltanto seguendo le orme dei maestri stoici Zenone e Crisippo (le due figure vengono citate insieme anche al § 15 del nostro dialogo e in *Symp.* 30). Tuttavia, nel *corpus* lucianeo è soprattutto Crisippo ad essere descritto come portavoce degli Stoici. In *Vit. auct.* 21-25, in occasione dell'asta delle vite dei filosofi, Crisippo esibisce i sillogismi propri della retorica stoica, mentre in *Ver. Hist.* 2.18, tra i filosofi stoici assenti sull'isola dei Beati, si fa accenno al solo Crisippo. Il ruolo rappresentativo dell'indirizzo stoico acquisito da Crisippo trova giustificazione nel contributo dato da quest'ultimo alla dottrina stoica, soprattutto alla logica (Goulet - Hadot - Queyrel, 1994, pp. 329-365; Brunschwig - Sedley, 2003, pp. 163-175 e Sedley, 2003, p. 17, che lo definisce "*the most important thinker in the history of the school*"), su cui Luciano esercita maggiormente la sua arte parodica (Moretti, 1995, pp. 130-132 e Nesselrath, 2001², pp. 143-144). Tuttavia, in *Demon.* 14 Zenone vale come rappresentante della scuola stoica. Cfr. Ps.-Luc. *Macr.* 19, in cui Zenone è definito ὁ τῆς Στωϊκῆς φιλοσοφίας ἀρχηγός.

Per quanto concerne l'immagine delle orme, Ermotimo non impiega la formula consueta: εἰς ἴχνη τινὸς ἰέναι, μετιέναι, μετελθεῖν (cfr. Plat. *Phaedr.* 276d; *Theaet.* 187e; *Epist.* 7.330e, etc.), ma una leggermente differente, priva di qualsiasi altro riscontro (κατὰ τὰ ἴχνη τινὸς προϊέναι).

ἢ πᾶσι πιστεύειν χρή, ὅπερ γελοιότατον, ἢ ἀπιστεῖν ὁμοίως. μακρῷ γὰρ ἀσφαλέστατον τὸ τοιοῦτο ἄχρι ἂν εὕρωμεν <τὸν> τἀληθῆ ὑπισχνούμενον: un passo simile è in Sext. Emp. *Pyrrh. hyp.* 1.88 (cfr. von Möllendorff, 2000¹, p. 165, n. 71). Sesto sostiene che ciascun filosofo dogmatico tende a guadagnarsi sempre nuovi adepti. Gli aspiranti filosofi, però, in presenza di numerosi maestri, ciascuno a sostegno di una dottrina differente, non riescono a compiere una scelta pienamente fondata. Piuttosto, in tali circostanze la sospensione del giudizio sembra essere l'unica soluzione praticabile: credere a tutti, difatti, è impossibile, ma credere ad uno solo richiederebbe la giustificazione di tale scelta, altrettanto difficilmente argomentabile. Tuttavia, mentre Licino prelude all'ἀπιστία, Sesto suggerisce l'ἐποχή, che è un concetto propriamente scettico cui non si fa nessun cenno nel corso del dialogo (su questo tema vedi *supra*, pp. 32-33).

Il sintagma ὅπερ γελοιότατον e suoi simili appaiono in diversi *loci* lucianei. Particolarmente significativi sono: *Iupp. trag.* 41 (ὅπερ γελοιότατον), rispetto al comportamento di Timocle; *Merc. cond.* 33, dove la scena che sta per essere descritta è definita prima πάνυ γελοῖον e poi γελοιότατον e *Deor. conc.* 7 (τὸ πρᾶγμα γελοιότατον). Vedi anche *Dial. mort.* 12.4; *Adv. ind.* 29 e *Alex.* 47. Generalmente, questa espressione precede immediatamente un'immagine o un particolare cui l'autore intende dare un certo rilievo, suscitando l'attenzione del lettore/ascoltatore. Cfr. Hafner, 2017, p. 304 (*"Die Ankündigung lenkt die Aufmerksamkeit der Rezipienten auf das Folgende ... und weist die Episode als lustige bzw. lächerliche Begebenheit aus"*).

Critica testuale

§ 29) <τὸν> τἀληθῆ ὑπισχνούμενον: la tradizione manoscritta (ΓΕL) tramanda il testo τἀληθῆ ὑπισχνούμενον. Fritzsche lo emenda in τὸν ἀληθῆ ὑπισχνούμενον, finendo per attribuire ingiustamente l'aggettivo ἀληθής a chi compie le promesse, piuttosto che al contenuto di verità delle stesse. Sommerbrodt, invece, stampa <τὸν> τἀληθῆ <ἀληθῶς> ὑπισχνούμενον, un testo, in realtà, notevolmente ridondante, mentre Macleod preferisce <τὸν> τἀληθῆ ὑπισχνούμενον, dando il giusto rilievo al filosofo latore della dottrina vera. Nei paragrafi successivi, infatti, il dibattito tornerà a vertere di nuovo sulla necessità di individuare il filosofo migliore (§ 30: ἀγνοῶν ἔτι ὅστις ἐξ ἀπάντων ἐστὶν ὁ ἀληθεύων), e quindi la scuola filosofica vera (§ 34: φημί, ἄχρι ἂν ἄδηλον ᾖ τίς ἀληθής ἐστι προαίρεσις ἐν φιλοσοφίᾳ), che costituiscono i poli centrali dell'intera discussione.

Belinus, invece, espunge l'intero passo (ἄχρι ... ὑπισχνούμενον), considerandolo una glossa interpolata nel testo, mentre Bekker stampa ἄχρις ἂν εὕρωμεν τἀληθῆ, che è una semplificazione impropria del testo tramandato.

§§ 30-31) Si tratta di una delle battute più incisive di Licino, che abbozza una similitudine notevolmente elaborata con il proposito di mostrare l'infondatezza della decisione di Ermotimo a favore della scuola stoica. Licino immagina che, se i filosofi del passato riuscissero a tornare in vita, non tarderebbero ad accusare Ermotimo, reo di aver preferito in modo alquanto arbitrario gli Stoici, trascurando ingiustamente le dottrine delle altre scuole di pensiero. Nel contesto di questa cornice scenica fittizia, il lettore/ascoltatore non percepisce soltanto le parole di Licino, ma anche quelle dei filosofi antichi, direttamente proiettati nel vivo del dialogo, che acquista così una maggiore efficacia drammatica. All'interno di questa similitudine se ne apre un'altra, addotta dagli stessi filosofi redivivi per supportare l'idea che la conoscenza complessiva di tutte le scuole filosofiche costituisca il requisito fondamentale del vero filosofo. Un etiope che, pur non avendo mai lasciato il suo paese, in seno ad un'assemblea pubblica si mostrasse certo dell'esistenza di soli uomini neri non sarebbe degno di credibilità. Il suo parere, infatti, apparirebbe fondato su una conoscenza molto esigua, che lo avrebbe indotto a pronunciare un pregiudizio evidentemente falso. Allo stesso modo, in filosofia occorre prendere in attenta considerazione le dottrine di tutte le scuole filosofiche, senza tralasciarne nemmeno una, poiché resta ignoto il luogo in cui sia nascosta la verità ricercata.

§ 30) εἰ καθάπερ νῦν ἔχω, ἀγνοῶν ἔτι ὅστις ἐξ ἀπάντων ἐστὶν ὁ ἀληθεύων, ἑλοίμην τὰ ὑμέτερα σοὶ πιστεύσας ... καὶ μίαν ὁδὸν ὁδοιπορήσαντι ταύτην: siamo in presenza di un ulteriore riferimento alla similitudine della via che, nella prima parte del dialogo, fornisce una concreta rappresentazione al corso degli studi filosofici (cfr. il § 2: Ermotimo assimila i filosofi a degli ὁδοίποροι, vale a dire a viaggiatori destinati a superare la prova di grandi fatiche prima di poter raggiungere la felicità). Vedi *supra*, pp. 188-189. A questo proposito, vi è un uso reiterato del verbo ὁδοιπορέω, che illustra l'impegno profuso da Ermotimo (§§ 2, 30) e, generalmente, da qualsiasi altro aspirante filosofo (§§ 13, 27, 29: συνοδοιπορεῖν) nel portare a termine il rispettivo cammino di studi. Cfr. il § 27 (i filosofi sono detti οἱ προωδοιπορηκότες). Su questo verbo vedi *supra*, pp. 314-315.

In *Rhet. praec.* 8, invece, sono gli allievi dei retori di professione ad essere qualificati come ὁδοίποροι, mentre l'ὁδοιπορία specifica il percorso di studi prescelto (§ 9). Sull'immagine della via in quest'ultimo scritto e sui punti in comune con il nostro dialogo, vedi *supra*, p. 189.

εἰ ... θεῶν τις ἀναβιῶναι ποιήσειε Πλάτωνα καὶ Πυθαγόραν καὶ Ἀριστοτέλη καὶ τοὺς ἄλλους: si tratta di un'immagine particolarmente affine all'impostazione scenica del *Piscator*. Qui Parresiade, un altro prestanome di Luciano, è condotto in tribunale dai capostipiti delle maggiori scuole filosofiche, ritornati in vita per punirlo dell'oltraggio subito dalla sua satira mordace. Non è facile stabilire in quale delle due opere sia stato delineato prima il motivo della "resurrezione" dei filosofi. Si veda Nesselrath, 1992, p. 3461. Tuttavia, il cursorio abbozzo di questa scena nel nostro dialogo risulterebbe tanto più pregnante postulando l'allusione ad un'opera precedente, ormai nota, appunto il *Piscator*, in cui questa stessa scena è ritratta in termini più dettagliati.

Helm 1906, pp. 297-298 pensa che nell'*Hermotimus* Luciano adoperi il tema retorico dell'εἰδωλοποιία (Ps.-Herm. *Progymn.* 9.2 e Aphth. *Progymn.* 11.1), speculando che mentre questo argomento sia qui "*in Keim schon enthalten*", esso sia stato poi trasmesso e sviluppato nel *Piscator*, a partire dal titolo dell'opera. Dando per vera la composizione dell'*Hermotimus* nella fase tarda della produzione dell'autore (vedi *supra*, p. 10), questa ipotesi sembra poco convincente, anche se non del tutto ingiustificata.

In *Bis acc.* 12, invece, Ermes chiede ad Eaco di far tornare in vita per un breve periodo di tempo le parti dei processi istruiti, che altrimenti non potrebbero essere celebrati. Nonostante il *Bis Accusatus* possa essere datato precisamente intorno al 165 (vedi Braun, 1994, pp. 25-31), i rapporti problematici con l'*Hermotimus* (vedi *supra*, pp. 5-9) impediscono di ricostruire con certezza i contatti tra i due scritti. Nondimeno, è evidente che, in entrambi i testi, risalenti ad una fase avanzata dell'attività del Samosatense, egli abbia utilizzato, benché in modalità differenti, motivi sostanzialmente affini. Vedi Braun, 1994, p. 124, n. 1, il quale nota opportunamente che "*das Motiv der Wiederauferstehung ist bei Lukian in Herm. 30 lediglich als Gedankenspiel angedeutet, in Szene gesetzt ist es außer in unserem Dialog* [*scil.* Bis accusatus] *noch im* Piscator".

Il motivo della resurrezione di personaggi del passato può essere stato ripreso da Luciano da fonti differenti. In primo luogo, il repertorio comico presenta numerose attestazioni, che, nonostante lo stato frammentario in cui ci sono giunte, lasciano intuire la notevole diffusione di questo tema: Arist. *Ran.* 177 e fr. 770 K.-A.; Crat. fr. 52 K.-A.; Timocl. fr. 20 K.-A.; Plat. 139 K.-A. (su cui vedi Pirrotta, 2009, p. 279). A tal proposito vedi Ledergerber, 1905, pp. 93 ss.

Esso ci è giunto con maggiore nitidezza nei *Demoi* di Eupoli (Eup. frr. 99-146 K.-A.), ove quattro *leaders* del passato (Solone, Aristide, Milziade e Pericle) ritornano in vita con il proposito di offrire il proprio contributo per trovare una soluzione alla difficile situazione in cui versa la città di Atene (sulla controversa modalità della resurrezione, se per mezzo di una negromanzia, o in una *Unterweltszene*, vedi Storey, 2003, pp. 121-124). La notorietà di questa commedia al tempo di Luciano è confermata dai riferimenti presenti in Ael. Arist. *Or*. 3.365 (τῶν κωμικῶν τις ἐποίησε τέτταρας τῶν προστατῶν ἀνεστῶτας. Vedi anche lo Schol. *ad loc*.: Εὔπολις ἐποίησεν ἀναστάντα τὸν Μιλτιάδην καὶ Ἀριστείδην καὶ Σόλωνα καὶ Περικλέα) e 3.487 (οὐδεὶς ἦν ὅστις οὐκ ἂν εὔξαιτο ἀναστῆναι [*scil*. Περικλῆς], ὥστε κἂν τοῖς δράμασιν ὡς ἀνεστῶτα ὁρῶντες εὐφραίνοντο). Inoltre, in Plut. *Per*. 3.7 appare un ulteriore accenno alla resurrezione dei demagoghi, attribuita esplicitamente ad Eupoli (ὁ δ' Εὔπολις ἐν τοῖς Δήμοις πυνθανόμενος περὶ ἑκάστου τῶν ἀναβεβηκότων ἐξ Ἅιδου δημαγωγῶν). Considerata la popolarità di quest'opera, è plausibile immaginare che anche Luciano ne sia stato influenzato, arrivando a produrre un'immagine adeguata alla sua satira filosofica. Sui rapporti tra Luciano ed Eupoli vedi Hirzel, 1895, pp. 305-306 e il più recente Sidwell, 2009, pp. 109-118.

Tackaberry, 1930, p. 82, invece, sostiene che Luciano possa aver desunto quest'immagine da Plat. *Crit*. 50a. Si tratta del passo in cui Socrate introduce la celebre prosopopea delle leggi, che, in realtà, non ha nulla in comune con la scena rappresentata da Licino. Al contrario, il ritorno in vita dei personaggi del passato mostra maggiori affinità con l'energica, benché rapida scena che Socrate ritrae in *Theaet*. 171d, immaginando la testa di Protagora emergere dalla terra, rimproverare gli interlocutori del dialogo per il modo in cui conducono il dibattito, e scomparire subito dopo. Tuttavia, è arduo stabilire una connessione diretta tra questi passi platonici e il nostro dialogo, là dove l'ipotesto comico appare essere di gran lunga più plausibile.

Risulta altrettanto inopportuno richiamare tra i modelli del nostro passo i *Silloi* di Timone, il quale delinea una serie di immagini inquadrate generalmente nel mondo dei morti, e caratterizzate dalla presenza di personaggi afferenti ad epoche diverse (vedi Di Marco, 1989, pp. 21-29 e Clayman, 2009, pp. 81-83 e 93-95). Al contrario, nel nostro dialogo la scena non si svolge nell'Ade, bensì sulla terra, dinanzi ad un tribunale accuratamente definito (come anche in *Bis acc*. 9 e *Pisc*. 16), dove accorrono personaggi provenienti da una cornice temporale circoscritta. Sui rapporti tra Luciano e Timone vedi Pratesi, 1985, che individua alcuni punti di contatto tra i due autori, non del tutto condivisi da Di Marco, 1989, p. 53 ("*Luciano quasi sicuramente ignora il sillografo*").

τί παθών ἢ τίνι ποτὲ πιστεύσας Χρύσιππον καὶ Ζήνωνα προετίμησας ἡμῶν, πρεσβυτέρων ὄντων ... μήτε λόγου μεταδοὺς ἡμῖν μήτε πειραθεὶς ὅλως ὧν φαμέν: Licino biasima il suo interlocutore per non aver concesso a ciascun caposcuola filosofico (Πλάτων, Πυθαγόρας, Ἀριστοτέλης, citati senza un preciso ordine cronologico: vedi *supra*, pp. 262-263) pari diritto di parola, ignorando così le rispettive dottrine. Sulla critica del principio dell'*auctoritas* vedi il § 7 e nota *ad loc.*, pp. 41-43.

Delz, 1950, p. 128, n. 49 suggerisce che Luciano in questo passo prenda a modello la nota condanna degli strateghi vincitori alla battaglia delle Arginuse, cui non fu data nessuna possibilità di difesa (Xen. *Hell.* 1.7.5). Onde evitare un raffronto storico così ardito basti ricordare che la necessità di concedere il diritto di parola a quanti siano implicati in una controversia è un tratto ricorrente nei dialoghi filosofici di Luciano, su cui si fonda la validità del dialogo stesso (cfr. *Iupp. trag.* 26-27 e *Bis acc.* 15-16). Si tratta di una peculiarità del modello platonico alla base del dialogo filosofico lucianeo, in cui lo scambio intenso tra due o più interlocutori mira ad evitare la monopolizzazione del discorso da parte di uno solo, ma anche i toni aspramente competitivi propri di un agone retorico. Su questo argomento vedi *supra*, pp. 241-242.

Nell'espressione proverbiale χθὲς καὶ πρώην γενομένοι il riferimento ad Arist. *Ran.* 726, individuato da Macleod e approvato da von Möllendorff, 2000[1], p. 165, risulta particolarmente convincente. Qui il coro distingue le antiche e buone monete da quelle recenti che, al contrario, sono di cattivo conio. I filosofi del passato farebbero così allusione allo scarso valore dei sapienti apparsi successivamente, e in cui Ermotimo avrebbe ingiustamente riposto la sua incondizionata fiducia. Un ulteriore riferimento al medesimo passo comico è al § 68. Vedi *infra*, p. 481. Al contrario, in Eup. fr. 99.24 K.-A. e Plat. *Leg.* 3.677d (χθὲς καὶ πρώην γεγονότα) questa formula assume una connotazione positiva in riferimento alle numerose ed utili scoperte più recenti. Invece, in *Gorg.* 470d si allude semplicemente a fatti non molto distanti nel passato. Sull'antichità di questa espressione vedi anche Hom. *Il.* 2.303 (χθιζά τε καὶ πρωΐζά) e Soph. *Ant.* 456 (νῦν γε κἀχθές).

εἰ ταῦτα λέγοιεν τί ἂν ἀποκριναίμην αὐτοῖς; il periodo ipotetico adottato in questa sezione è del tipo della possibilità, per cui sia la condizione che la conseguenza sono presentate da Licino come verosimili. Tuttavia, Licino immagina una situazione irreale, nella quale prevede un dialogo con alcuni filosofi del passato ritornati in vita. Come al § 5 per l'esempio di Alessandro (οὐδ' ἂν μύριοι Ἀλέξανδροι προσβάλλωσιν), anche qui siamo in presenza di un'ipotesi irreale, posta da chi parla come un fatto possibile allo scopo di suffragare la propria tesi. Su quest'uso particolare del periodo ipotetico vedi *supra*, pp. 209-210.

ἢν γε μὴ οὕτω ποιῶσιν ἐφιέναι δίδωσιν ὁ νόμος εἰς ἕτερον δικαστήριον: in *Pro imag.* 15 vi è un accenno analogo alla possibilità di appellarsi ad un altro tribunale (δώσετέ μοι ἐφέσιμον ἀγωνίσασθαι τὴν δίκην), nel caso in cui il primo non abbia osservato regolarmente le procedure processuali consuete. Cfr. *Bis acc.* 12, in cui si accenna alla possibilità di impugnare una sentenza presso Zeus (ἢν δέ τις ἄδικα δεδικάσθαι οἴηται, ἐφέσιμον ἀγωνιεῖται τὴν δίκην· ἡ δὲ ἔφεσις ἐπὶ τὸν Δία). Sulla presenza di questo strumento giuridico in Luciano vedi Delz, 1950, pp. 168-170. Un suo uso metaforico è attestato anche in Gal. *Meth. med.* 1.3, vol. 10, p. 19, Kühn.

Un quadro dettagliato sulle possibilità e sui limiti dell'appello nella cornice istituzionale ateniese (cfr. Ar. *Ath.* 9.1 e Dem. 57.6) è tracciato da Busolt, 1920³, vol. I, p. 556 e *id.*, 1926, vol. II, p. 851.

§ 31) εἴ τις Αἰθίοψ μηδεπώποτε ἄλλους ἀνθρώπους ἰδών ... λέγοι μηδαμόθι τῆς γῆς ἀνθρώπους εἶναι λευκοὺς ἢ ξανθοὺς μηδὲ ἄλλο τι ἢ μέλανας, ἆρα πιστεύοιτ' ἂν ὑπ' αὐτῶν: Licino immagina che un etiope, pur non avendo mai viaggiato né conosciuto popoli diversi dal proprio, in occasione di un'assemblea manifesti il convincimento che non esistano altri uomini diversi dai neri. Il contesto della scena ritratta è un σύλλογος non specificamente definito. Questa parola denota generalmente un'adunanza, che in attico si trova spesso contrapposta all'assemblea ordinaria, denominata con il termine ἐκκλησία (Thuc. 2.22.1; Plat. *Gorg.* 452e; Xen. *An.* 5.7.2). In ogni caso, in questo passo si fa cenno ad una circostanza in cui a chi si appresta a parlare è richiesta una notevole capacità oratoria, come si evince dal verbo διισχυρίζω, tipico della prosa retorica greca (Aeschin. 1.1; Antiph. 5.33; And. 2.4). Nel breve giro di pochi periodi Luciano dimostra una varietà linguistica sorprendente, strettamente aderente alle molteplici situazioni raffigurate o semplicemente abbozzate.

Questo aneddoto è concettualmente affine a quello successivo relativo alla moglie di Gelone di Siracusa (§ 34), la quale, avendo conosciuto solo suo marito, ha finito per pensare che il suo alito cattivo fosse un tratto comune a tutti gli uomini. Per mezzo di questi esempi Licino si sforza di dimostrare l'inattendibilità dei giudizi fondati sulla conoscenza parziale di un dato fenomeno, invitando ancora una volta il suo interlocutore a studiare la dottrina di ciascuna scuola filosofica esistente.

Similmente, in *Icar.* 6 i filosofi parlano degli uomini presenti sulla luna nonostante non abbiano mai lasciato la superficie terrestre: anche in questo caso essi risultano poco credibili, in quanto esprimono giudizi rispetto a realtà che non hanno né visto né sperimentato direttamente. In *Hist. conscr.* 29, invece, uno storico ritiene molto più credibile la testimonianza autoptica rispetto a quella orale, benché si diffonda subito dopo a parlare di luoghi che non ha mai visitato personalmente. Su questo passo vedi Anderson, 1976[1], p. 121, n. 62 e le osservazioni di Porod, 2013, pp. 452-454 e Free, 2015, pp. 130-133.

Un'argomentazione affine è messa in campo da Philod. *De sign*. XXX, 47, che riferisce gli argomenti predisposti all'interno della scuola epicurea per dimostrare l'infondatezza di ogni "*hasty induction*" (Tackaberry, 1930, p. 60): [ἐάν γ]έ τις λέγηι [πάντας] ἀνθρώ|[π]ους εἶναι λευ[κοὺς ἀ]πὸ τῶν | παρ' ἡμῖν ὁρμώμε[νος ἢ] τοὐ|ναντί[ο]ν ἀπὸ τῶν Αἰθιόπων, | ἢ πανταχοῦ τοὺς ὀρθοὺς γν[ώ]|μ[ο]νας περὶ μεσημβρίαν ἐν | ταῖς θεριναῖς τροπαῖς [ἀνε]λεῖν | σκιάν, ἆρ' οὐ μάταιος ἔ[σ]ται; τὸν | γὰρ οὕτω σημειούμενον | τῶι μὴ πάντα περιωδευκέ|ναι καλῶς τὰ φαινόμενα δια|πίπτει[ν ἐρ]οῦμεν, ἦ μὴν καὶ | δι' αὐτῶ[ν ε]ὐθύνεσθαι τῶν φαι|νομένω[ν]. Probabilmente siamo in presenza di un esempio impiegato nella polemica non solo scettica, ma anche epicurea, nei confronti di qualsiasi procedimento argomentativo dogmatico, in questo caso verso il metodo inferenziale patrocinato dall'indirizzo stoico. Su questo passo vedi De Lacy, 1978, pp. 121-122 e 214-222.

Critica testuale

§ 31) οὐδὲ εἶδες νὴ Δία τὰ παρὰ τοῖς ἄλλοις ὁποῖά ἐστι: questo passo risulta variamente emendato nelle edizioni lucianee. Il Reitzius integra il verbo οἶδας, assente da tutti i manoscritti, stampando: οὐδὲ, νὴ Δία, τὰ παρὰ τοῖς ἄλλοις οἶδας ὁποῖά ἐστι. Jacobitz, invece, recupera il verbo εἶδες dai codici *recentiores*, guadagnandosi il consenso di tutti gli editori successivi. Inoltre, mentre Bekker stampa οὐδ' εἶδες τὰ παρὰ τοῖς ἄλλοις ὁποῖα, considerando l'interiezione νὴ Δία come una forma corrotta della forma verbale εἶδες, Fritzsche propone un ordine testuale differente: οὐδὲ τὰ παρὰ τοῖς ἄλλοις ὁποῖά ἐστι εἶδες. νὴ Δία φαίην κτλ., intervenendo in maniera più incisiva, oltre che ingiustificata, sul testo. La soluzione suggerita da Jacobitz sembra essere quella maggiormente aderente alla tradizione testuale, nonché più attenta al quadro semantico del passo.

§ 32) Licino relativizza la validità dell'indirizzo stoico, che appare inficiato dagli stessi limiti di credibilità contestati all'opinione dell'etiope (cfr. il § 31). Ermotimo si trova così costretto ad addurre una valida giustificazione alla sua scelta filosofica. L'aspirante stoico, però, si limita ancora una volta a dichiarare la sua piena fiducia nella scuola stoica prescelta, dove ha avuto modo di apprendere anche le dottrine degli altri filosofi, esposte e prontamente confutate dal suo stesso precettore.

ὧδέ πως: Luciano impiega questo sintagma avverbiale di valore modale per esprimere un certo ritegno nel riportare il discorso o le parole altrui (cfr. *Somn*. 9: ἐπεὶ δ' οὖν ἐπαύσατο, ἄρχεται ἡ ἑτέρα ὧδέ πως; *Salt*. 8: φησὶν δὲ τὰ ἔπη ὧδέ πως;

Symp. 25: φησὶ δὲ περὶ αὐτῶν Ὅμηρος ὧδέ πως e *Peregr.* 7). Si tratta di un'unità sintattica ereditata da autori classici (vedi Plat. *Rep.* 8.546a e Xen. *Cyr.* 3.3.7), che l'autore adatta opportunamente al contesto delle sue opere.

κείσθω τις ἡμῖν τὰ Στωϊκῶν μόνα εἰδώς ... ἀποδημήσας δὲ μηδεπώποτε μήτε ἐς Πλάτωνος μήτε παρὰ τὸν Ἐπίκουρον μήτε ὅλως πρὸς ἄλλον τινά: Licino utilizza le stesse parole con cui poco prima ha rappresentato il caso dell'etiope. Così come le dichiarazioni di questo personaggio sono apparse poco credibili giacché non ha mai visto altri uomini (§ 31: μηδεπώποτε ἄλλους ἀνθρώπους ἰδών), né ha mai abbandonato la sua terra nativa (*ibid.*: τὸ μὴ ἀποδεδημηκέναι τὸ παράπαν), anche Ermotimo si rivela inattendibile, dal momento che non ha frequentato scuole filosofiche differenti da quella stoica. Il discorso di Licino si sposta così dal piano metaforico a quello concreto della filosofia: occorre cercare il maestro che abbia sperimentato tutte le scuole filosofiche e che perciò sia stato in grado di compiere una scelta consapevole e degna di considerazione.

ἡμεῖς τὰ μὲν Στωϊκῶν καὶ πάνυ ἐκμανθάνομεν ... οὐκ ἀγνοοῦμεν δὲ καὶ τὰ ὑπὸ τῶν ἄλλων λεγόμενα. ὁ γὰρ διδάσκαλος ... ἀνατρέπει γε αὐτὰ προσθεὶς αὐτός: Ermotimo rivendica una competenza complessiva in tutte le dottrine filosofiche, che sostiene di aver appreso dal suo stesso maestro. Il verbo ἐκμανθάνω ritorna ripetutamente nel corso del dialogo, ponendo l'accento sull'esigenza di un'analisi approfondita delle varie scuole di pensiero, che è la condizione imprescindibile per individuare la verità. Cfr. i §§ 32 e 35 (la conoscenza accurata della dottrina stoica); 45 (l'importanza della conoscenza per la conquista della verità); 48 (a proposito dello studio di ogni dottrina filosofica). Su questo verbo vedi anche *Icar.* 5 (in cui denota il desiderio di conoscenza manifestato da Menippo); *Vit. auct.* 21; *Peregr.* 11; *Rhet. praec.* 24 e le annotazioni di Zweimüller, 2008, p. 424.

Il precettore stoico, oltre ad esporre i contenuti dei differenti indirizzi filosofici, sembrerebbe averli confutati in modo da far apparire la propria scuola superiore a qualsiasi altra. Si noti che in Plut. *De Stoic. rep.* 10.1036A Crisippo riconosce ai maestri la funzione di trasmettere i principi fondamentali della propria dottrina, senza trascurare l'enunciazione e la contestazione degli argomenti contrari, qualora lo ritengano opportuno (τοῖς δ' ἐπιστήμην ἐνεργαζομένοις καθ' ἣν ὁμολογουμένως βιωσόμεθα ... [ἐπιβάλλει] στοιχειοῦν καὶ καταστοιχίζειν τοὺς εἰσαγομένους ἀπ' ἀρχῆς μέχρι τέλους· ἐφ' ὧν καιρός ἐστι μνησθῆναι καὶ τῶν ἐναντίων λόγων, διαλύοντας αὐτῶν τὸ πιθανόν). Plutarco, però, ritiene irragionevole la presentazione delle tesi contrarie alle proprie con il solo obiettivo di screditarle, poiché così si otterrebbe una vittoria solo formale, senza pervenire alla verità filosofica ricercata (*ivi* 10.1036A-B: ὅτι μὲν οὖν ἄτοπός ἐστι τοὺς φιλοσόφους τὸν ἐναντίον λόγον οἰόμενος δεῖν τιθέναι μὴ μετὰ συνηγορίας ἀλλὰ ὁμοίως τοῖς δικολόγοις κακοῦντας ὥσπερ οὐ πρὸς τὴν ἀλήθειαν ἀλλὰ περὶ νίκης ἀγωνιζομένους, εἴρηται πρὸς αὐτὸν δι' ἑτέρων). Questo metodo deve essere stato contestato in altri scritti, noti solo dai titoli riportati nel *Catalogo di Lampria* (n. 45: Περὶ τῆς εἰς ἑκάτερον ἐπιχειρήσεως βιβλία ε' e n. 156: Εἰ πᾶσι συνηγορητέον). Vedi Pohlenz, 1939, p. 9.

Probabilmente Luciano, in questo passo, allude ad un metodo retorico-filosofico invalso nella prassi didattica del tempo e qui attribuita al maestro di Ermotimo: si tratta della *disputatio in utramque partem*, ovvero della capacità di esprimere ragioni favorevoli e contrarie intorno al tema in questione. Questa pratica, già testimoniata nella sofistica antica (vedi i *Dissoi logoi*), sembra aver goduto di una notevole considerazione nella scuola peripatetica, ma soprattutto in quella accademica, a partire da Arcesilao (vedi Cic. *De or.* 3.80: "*sin aliquis extiterit aliquando, qui Aristotelico more de omnibus rebus in utramque sententiam possit dicere et in omni causa duas contrarias orationes ... explicare aut hoc Arcesilae modo et Carneadi contra omne, quod propositum sit, disserat ... is sit verus, is perfectus, is solus orator*"; cfr. *ivi* 3.107). Cicerone impiega frequentemente questo metodo nell'impostazione di numerosi trattati filosofici (come è rimarcato in maniera riassuntiva in *De fato* 1: "*Quod autem in aliis libris feci qui sunt de natura deorum itemque in iis quos de divinatione edidi, ut in utramque partem perpetua explicaretur oratio, quo facilius id a quoque probaretur quod cuique maxime probabile videretur, id in hac disputatione de fato casus quidam ne facerem inpedivit*"), benché egli tenda piuttosto a far emergere la dottrina maggiormente probabile (vedi Leonhardt, 1999, pp. 13-25).

Inoltre, questo stesso metodo di discussione costituisce la struttura formale delle controversie elaborate all'interno delle scuole di retorica, con cui Luciano, in virtù della sua formazione, deve aver intrattenuto una certa consuetudine (su questo argomento vedi Bompaire, 1958, pp. 291-294). Cfr. Th. *Progymn.* 2.69, pp. 13-14. A questo proposito, è indicativa la sezione di *Bis acc.* 15-16, là dove Accademia, in una mirabile *performance* retorica, esibisce dinanzi ai giudici sia le ragioni dell'Ebbrezza, sua avversaria, che quelle a suo favore, secondo un metodo attribuito esplicitamente alla scuola accademica (ἡ Ἀκαδήμεια πρὸς ἀμφοτέρους ἀεὶ παρεσκεύασται τοὺς λόγους καὶ τοῦτ' ἀσκεῖ τἀναντία καλῶς δύνασθαι λέγειν). Su questo passo vedi anche Braun, 1994, pp. 133-134. Ulteriori esempi tratti dal *corpus* lucianeo sono esaminati in Solitario, 2017. In *Hermotimus*, però, l'autore adatta questa procedura argomentativa ai fini del suo piano antidogmatico, per cui ad ogni singolo ragionamento di Ermotimo ne è opposto ripetutamente uno contrario, fino alla sua definitiva confutazione. Una visione d'insieme sulla storia di questo metodo è in Clarke, 1951 e Granatelli, 1990, pp. 165-181, che ne ripercorre soprattutto i precedenti retorici.

Critica testuale

§ 32) παρὰ τοῖς ἄλλοις: si tratta di una congettura di Vorstius, che emenda il tradito πολλοῖς stampato da Kilburn e Macleod. Questa congettura, che trova il favore di Gesner, Bekker, Dindorf e Fritzsche, esprime in maniera più efficace il contrasto tra gli Stoici e il resto dei filosofi, cui si è fatto riferimento nel corso della discussione precedente (§§ 25 ss.). Molto più debole, invece, appare l'opposizione istituita dai manoscritti tra i filosofi stoici e una indiscriminata moltitudine di sapienti. L'aggettivo ἄλλος, infatti, in questo passo, richiama in maniera immediata i filosofi "altri" rispetto agli Stoici, e latori di un sapere né buono né tantomeno vero. Cfr. Nesselrath, 1990[1], p. 507.

ΕΡΜΟΤΙΜΟΣ Τὸ ἀληθέστατον ... § 33) ΛΥΚΙΝΟΣ Ἦ νομίζεις ἐνταῦθα: i *nomina personae* di queste due battute non sono tramandati dalla tradizione manoscritta. Solanus per primo introduce questa scansione testuale, accolta da Reitzius e poi da Marcilius e molti altri editori compreso Macleod. Al contrario, Gesner pensa che si tratti di un lungo discorso di Licino, che arriva a immaginarsi la risposta del suo interlocutore lì presente. Questi, invece, interverrebbe in seguito (§ 35: ὦ Λυκῖνε, πρὸς τῆς Ἑστίας), replicando a Licino con poche parole ("*Hermotimus ipse ... post longum demum Lycini sermonem satis breviter, nec minus male respondet*"). In realtà, la battuta di Ermotimo in questo passo è del tutto congeniale con lo svolgimento del dialogo: ad una domanda esplicita di Licino segue la replica diretta di Ermotimo, che rievoca il suo maestro e le lezioni impartite ai suoi discepoli (ὁ γὰρ διδάσκαλος κἀκεῖνα μεταξὺ διέξεισι πρὸς ἡμᾶς καὶ ἀνατρέπει γε αὐτά). Al contrario, attribuendo queste parole al solo Licino, la vivacità della conversazione, piuttosto intensa in questa fase del dialogo, risulterebbe inevitabilmente compromessa.

§ 33) La discussione procede per mezzo di altre immagini introdotte *ex abrupto* da Licino. Quest'ultimo cerca di dimostrare ad Ermotimo che la sua dottrina non è stata in nessun modo scalfita dalle critiche del precettore stoico. Così come non è possibile annunciare la vittoria di un atleta che abbia abbattuto il solo fantoccio del proprio nemico, allo stesso modo l'ἔλεγχος del maestro di Ermotimo, in assenza di un interlocutore reale, si rivelerebbe inutile. Al contrario, Licino richiama la necessità di un confronto diretto, evocando a più riprese la figura di un antagonista concreto (ἀνταγωνιστής, ἀνταιρομένος, ἀντίπαλος). In *Iupp. trag.* 25 Zeus ritiene che l'epicureo Damide debba scontrarsi direttamente con lo stoico Timocle, in modo che la sconfitta delle sue idee blasfeme non appaia come il risultato di un'operazione ingannevole, bensì come l'esito di una strategia attentamente pianificata. È proprio del delatore, infatti, agire di nascosto, tendendo agguati ed evitando un confronto aperto con il proprio avversario (*Calumn.* 9: ἀπαρρησίαστος καὶ δειλὸς ἅπας ὁ τοιοῦτος ἄνθρωπος οὐδὲν ἐς τοὐμφανὲς ἄγων, ἀλλ' ὥσπερ οἱ λοχῶντες ἐξ ἀφανοῦς ποθεν τοξεύων, ὡς μηδὲ ἀντιτάξασθαι δυνατὸν εἶναι μηδὲ ἀνταγωνίσασθαι). Il maestro di Ermotimo, dunque, per risultare vincente, dovrebbe affrontare personalmente i suoi avversari, senza ricorrere a tattiche subdole e solo apparentemente efficaci. Su questo paragrafo vedi Schmidt, 1897, p. 25.

ἀξιοῖ τοῖς ἀντιδίκοις περὶ ἡμῶν πιστεύειν: l'aggettivo sostantivato ἀντίδικος ricorre in altre opere lucianee in riferimento alle azioni legali intraprese reciprocamente tra i filosofi. In *Bis acc.* 20 la Stoà qualifica la propria avversaria (ἡ Ἡδονή) come εὐπρόσωπος ἀντίδικος. Poco oltre, nel corso della causa tra Retorica e Dialogo da una parte e il Siro dall'altra, quest'ultimo definisce la Retorica come ἡ ἀντίδικος (§ 30). Vedi anche *Pisc.* 19 (οἱ ἀντίδικοι sono detti i filosofi che accusano Parresiade) ed *Eun.* 13. In *Bis Accusatus*, *Piscator* ed *Eunuchus*, infatti, le contese in cui si affrontano i vari filosofi assumono la forma di un processo con un tribunale e dei giudici preposti alla risoluzione delle controversie. È questo il significato usuale della parola ἀντίδικος (vedi Aeschin. 2.165 e Plat. *Phaedr.* 273c), mentre nel nostro caso i filosofi implicati nella discussione non costituiscono le parti avversarie di un procedimento giudiziario, qualificandosi piuttosto come semplici avversari, impegnati a difendere con l'ausilio dei soli λόγοι la propria linea di pensiero (su questa valenza del sostantivo vedi Antiph. 1.2; Aesch. *Ag.* 41, etc.).

ἤν τινα καὶ τῶν ἀθλητῶν ἴδῃ ἀσκούμενον ... τὸν ἀνταγωνιστὴν δῆθεν παίοντα: Luciano ricorre in numerose opere all'immagine degli atleti. Nel nostro dialogo a questo primo, cursorio accenno segue una scena particolarmente dettagliata (§§ 37-39), che Licino delinea a sostegno del suo impianto argomentativo.

La circostanza descritta, che vede un atleta esercitarsi dando pugni e calci per aria pensando di combattere contro un avversario concreto, appare anche in *Anach.* 4-5, in cui Anacarsi non riesce a capire né il senso, né l'utilità di queste prove (ἄλλοι δὲ ἀλλαχόθι πάντες ἐγκονοῦσι καὶ ἀναπηδῶσιν ... καὶ εἰς τὸ ἄνω συναλλόμενοι λακτίζουσιν τὸν ἀέρα. Ταῦτα οὖν ἐθέλω εἰδέναι τίνος ἀγαθοῦ ἂν εἴη ποιεῖν· ὡς ἔμοιγε μανίᾳ μᾶλλον ἐοικέναι δοκεῖ τὸ πρᾶγμα). Nel nostro caso, invece, benché Licino rilevi la futilità di questo genere di allenamento, l'immagine degli atleti assume un valore euristico, così da prospettare nel confronto diretto tra due antagonisti l'unico metodo possibile per designare un vincitore. Allo stesso modo, per individuare il vero filosofo è opportuno non trascurare nessun presunto sapiente, confrontandosi direttamente con le rispettive dottrine. Vedi Solitario, 2017, pp. 145-150.

Licino ritrae l'allenamento di un atleta per il pancrazio, uno sport di combattimento che riuniva le tecniche proprie della lotta e del pugilato. A proposito di questo sport vedi le descrizioni presenti in *Anach*. 1-4 (cfr. Angeli Bernandini, 1995, pp. 59-62); Plut. *Quaest. conv.* 2.4.638D e Philostr. *Gymn.* 11, che lo considera uno degli esercizi più difficili. Informazioni più dettagliate sono in Jüthner, 1949, coll. 619-625 e Decker, 2000, col. 250. Il verbo καταφέρω si trova in altri passi di Luciano (*Dial. deor.* 13.1; *Somn.* 3; *Tim.* 40) con il significato di "assestare colpi", anche in assenza del sostantivo πληγή.

La figura dell'atleta nel contesto di un discorso filosofico è documentata a partire dai dialoghi di Platone (in *Soph.* 231e il sofista è definito ἀθλητὴς τῆς ἀγωνιστικῆς περὶ λόγους, mentre in *Alc.* 1.119b è ribadita l'opportunità di affrontare il proprio avversario dopo essere stati istruiti e allenati come dei veri atleti: ἔδει ἂν τὸν ἐπιχειροῦντα αὐτοῖς ἀνταγωνίζεσθαι μαθόντα καὶ ἀσκήσαντα ἰέναι ὡς ἐπ' ἀθλητάς. Vedi anche il riferimento cursorio in *Phil.* 41b). Tra gli autori cronologicamente più vicini a Luciano, vedi Epict. *Diss.* 3.15 (cfr. *Ench.* 29, in cui sono messi a confronto gli sforzi necessari per vincere ai giochi olimpici e quelli per diventare filosofo), 4.4. e Plut. *De sera num.* 18.561A. Invece, Max. *Or.* 1.6 rifiuta il paragone tra l'attività agonistica e quella retorico-filosofica: mentre nel primo caso è legittimo immaginare che qualcuno speri di ottenere la vittoria senza doversi confrontare in combattimento con un antagonista, nel secondo, invece, Massimo invita i suoi ascoltatori ad assistere attentamente all'agone tra i due contendenti, che è l'unica condizione per poter ottenere un'autentica vittoria. Cfr. anche Sen. *Ep.* 78.16 e 80.3, ove l'atleta è paragonato all'uomo impegnato in un cammino di formazione morale. Quest'immagine ha goduto di un'ampia diffusione nella tradizione diatribica, da cui è probabile che Luciano stesso l'abbia ereditata, adeguandola al contesto delle sue opere. A questo proposito si veda Tel. fr. 2 Fuentes-González e *id.*, 1998, pp. 158 e 214-217. In generale, sulla metafora dell'agone vedi Korenjak, 2000, pp. 195-199.

La figura dell'atleta, e in modo particolare la vanagloria ottenuta grazie alle sue imprese, diventa bersaglio della critica sferzante di Luciano, che ne fornisce ripetutamente una rappresentazione demitizzata. In *Hist. conscr.* 8, per esempio, un discorso storico, snaturato dall'introduzione dei vezzi propri della poesia, è paragonato ad un atleta che, vestito di porpora e munito di accessori femminili, offrirebbe uno spettacolo ridicolo (ὥσπερ ἂν εἴ τις ἀθλητὴν τῶν καρτερῶν τούτων καὶ κομιδῇ πρινίνων ἁλουργέσι περιβάλοι καὶ τῷ ἄλλῳ κόσμῳ τῷ ἑταιρικῷ καὶ φῦκιον ἐντρίβοι καὶ ψιμύθιον τῷ προσώπῳ. Ἡράκλεις ὡς καταγέλαστον αὐτὸν ἀπεργάσαιτο αἰσχύνας τῷ κόσμῳ ἐκείνῳ). Cfr. *Demon.* 16 e

49 e *Cont.* 8. Su questo tema vedi Anderson, 1976[1], pp. 115 e 123. Sulla rilevanza dell'educazione fisica nel contesto culturale della Seconda Sofistica è utile il contributo di van Nijf, 2004, pp. 203-228.

νεανιεύματα: questa parola è attestata con maggiore frequenza nei testi bizantini. Plutarco si avvale ripetutamente di questa parola, indicando generalmente delle cose prive di valore (*Numa* 22.7; *Demosth.* 26.5; *Brut.* 7.4; *De glor. Athen.* 1.345D), che è anche il senso con cui appare nel nostro passo. Nel lessico *Suda* ν 109 questo termine è spiegato come κομπάσματα e κενὰ τολμήματα: si tratta, dunque, di azioni vane e pretenziose, cui non fa seguito nessun effetto concreto. A questo proposito vedi Tackaberry, 1930, p. 85.

μηδὲ Ἑρμότιμος ἀφ' ὧν ἂν οἱ διδάσκαλοι αὐτοῦ σκιαμαχῶσι πρὸς ἡμᾶς ἀπόντας οἰέσθω κρατεῖν αὐτούς: con il verbo σκιαμαχεῖν Licino esprime la vanità dell'operazione condotta dal maestro stoico di Ermotimo, il quale ha combattuto solamente contro l'ombra dei filosofi avversari, senza assicurarsi una posizione realmente dominante su di loro. In *Pisc.* 35 con σκιαμαχεῖν è descritta la prassi usuale dei maestri di filosofia che, nel corso delle loro lezioni, riportano gli argomenti altrui, ribaltandoli subito dopo, in assenza di qualsiasi contraddittorio (πάντα ... ὁσημέραι πρὸς αὑτῶν ἐν ταῖς διατριβαῖς σκιαμαχούμενα). Al contrario, in *Dial. mer.* 2.2 il verbo denota la futilità dei motivi che hanno suscitato la gelosia di Mirtion. Si veda anche *Suda* σ 598: σκιαμαχῶ· ἐπὶ τῶν ἀδυνάτων. τῇ σκιᾷ μάχομαι.

In questa sezione del dialogo è rintracciabile l'accenno a Cratin. 19 K.-A. (πρὸς τὸν οὐρανὸν σκιαμαχῶν ἀποκτίννυσι ταῖς ἀπειλαῖς), in cui si intuisce la descrizione di un'aspra lotta contro il cielo: nonostante l'esiguità delle fonti pervenute, è probabile che il tema della σκιαμαχία fosse largamente diffuso in ambito comico, da cui Luciano può averlo ripreso. Si veda Bianchi, 2016, pp. 131-132.

Tuttavia, un uso metaforico del verbo σκιαμαχέω è attestato soprattutto in Platone. Particolarmente calzante al nostro passo sono le parole pronunciate da Socrate in *Ap.* 18d: non essendo riuscito a trascinare in tribunale i suoi accusatori, Socrate è costretto a difendersi in loro assenza e a combattere invano contro la loro ombra (οὐδὲ γὰρ ἀναβιβάσασθαι οἷόν τ' ἐστὶν αὐτῶν ἐνταυθοῖ οὐδ' ἐλέγξαι οὐδένα, ἀλλ' ἀνάγκη ἀτεχνῶς ὥσπερ σκιαμαχεῖν ἀπολογούμενόν τε καὶ ἐλέγξαι μηδενὸς ἀποκρινομένου). Similmente, Licino sostiene che i maestri di cui parla Ermotimo credono ingiustamente di aver demolito con successo le dottrine della sua scuola di pensiero, giacché la presunta confutazione è avvenuta in assenza di una controparte pronta a replicare. L'ἔλεγχος, infatti, secondo Licino è valido solo attraverso l'esercizio dell'ἐρωτᾶν καὶ ἀποκρίνεσθαι, ossia nel contesto di un dialogo partecipato attivamente da entrambe le parti. Si tratta di una caratteristica propria del dialogo platonico, per la quale si veda almeno *Rep.* 7.520c e *Leg.* 8.830c. Cfr. *supra*, pp. 11-14.

L'uso metaforico del motivo della lotta contro le ombre appare anche in testi filosofici e morali di Plutarco (*Adv. Col.* 13.1114A e *Quaest. conv.* 8.3.735C). In *Garrul.* 23.514D è definita nei termini di σκιαμαχία l'attitudine dello stoico Antipatro a combattere Carneade, scrivendo interi libri di confutazioni ed evitando il confronto diretto con il proprio avversario. Cfr. anche Ael. Arist. *Or.* 28.1 e 33.3. A tal proposito, si veda anche Tosi, 1991, p. 200, n. 433.

L'immagine della contesa con le ombre è attestata anche in ambito latino. In una satira menippea di Varrone (frr. 506-510 Cèbe) recante il titolo di Σκιαμαχία, è intrapresa una lotta contro il τῦφος, vale a dire contro quella vanità aspramente avversata dai Cinici (*SSR* VH 70 = D. L. 6.85). In modo particolare, è probabile che in questa satira il bersaglio critico fosse rappresentato proprio dai filosofi dogmatici e non genericamente da quanti fossero soggetti a tale vizio. Cfr. anche Cic. *Fam.* 11.14.1 ("*meaeque illae vehementes contentiones tamquam σκιαμαχίαι esse videantur*"). In merito a questi frammenti Cèbe, 1998, vol. 12, p. 1945 ritiene plausibile l'ipotesi di un'origine cinica del tema stesso della σκιαμαχία, corroborata successivamente anche da altri studiosi (vedi *ivi*, pp. 1942-1955). Altre utili informazioni sono in Norden, 1891, p. 265 e Bolisani, 1936, pp. 268-271.

Non è del tutto improbabile che Luciano si sia lasciato ispirare da esempi tratti dalla diatriba cinico-stoica, che resta espressamente una delle fonti principali del suo dialogo filosofico (cfr. *Bis acc.* 33 e *Pisc.* 26). Su questa peculiarità dell'opera lucianea vedi Braun, 1994, pp. 331-342. A proposito di altri punti di contatto tra Luciano e questa tradizione filosofico-letteraria, vedi *supra*, pp. 286-287 (in riferimento all'immagine della città ideale).

τὸ τοιοῦτο ὅμοιον ἄν εἴη τοῖς τῶν παιδίων οἰκοδομήμασιν ἃ κατασκευάσαντες ἐκεῖνοι ἀσθενῆ εὐθὺς ἀνατρέπουσιν: Licino paragona la confutazione delle dottrine filosofiche in assenza dei rispettivi sostenitori ad un'operazione ingenua, priva di particolari difficoltà: subito dopo aver costruito delle casette di paglia i bambini, in preda ad un estro incontrollabile, provvedono ad abbatterle con la massima spontaneità. Il verbo ἀνατρέπω è stato adoperato già precedentemente per illustrare il metodo confutatorio del maestro stoico (§§ 32: ὁ γὰρ διδάσκαλος κἀκεῖνα μεταξὺ διέξεισι πρὸς ἡμᾶς καὶ ἀνατρέπει γε αὐτὰ προσθεὶς αὐτός e 33: μὴ τοίνυν ... οἰέσθω ... τὰ ἡμέτερα τοιαῦτα εἶναι ὡς ἀνατρέπεσθαι ῥᾳδίως). Sul valore metaforico di questo verbo vedi Arist. *Nub.* 901, in cui il discorso debole minaccia di sovvertire gli argomenti apportati dal discorso forte (ἀλλ' ἀνατρέψω ταῦτ' ἀντιλέγων).

Altre similitudini fondate sulla costruzione di edifici sono in Ar. *Protr.* 49 (sulle qualità e competenze del buon legislatore e del buon costruttore); Epict.

Diss. 2.15.8-9 (un ragionamento è solido solo se poggia su stabili fondamenta. Su questo si veda Dobbin, 1998, pp. 99-101); Plut. *Quis suos in virt.* 17.86A (chi intende progredire nel cammino della virtù deve costruire la propria esistenza su ottime basi e non su supporti rudimentali) ed Ael. Arist. *Or.* 27.40-41 (parallelismo tra il complesso armonico delle opere architettoniche che compongono una città e le parti dell'anima).

τὸ τοιοῦτο ὅμοιον ἂν εἴη ... τοῖς τοξεύειν μελετῶσιν, οἳ κάρφη τινὰ συνδήσαντες ... ἀνέκραγον εὐθὺς ὥς τι μέγα ποιήσαντες, εἰ διεξῆλθεν αὐτοῖς τὸ βέλος διὰ τῶν φρυγάνων: in questa similitudine è descritto l'allenamento degli arcieri contro un fantoccio di paglia. Una circostanza simile è raffigurata in Plat. *Leg.* 8.830b (come è segnalato da Tackaberry, 1930, p. 82), dove Platone insiste sulla necessità di una preparazione adeguata dei pugili in vista della gara, delineando differenti forme di allenamento. Una tra queste è la lotta contro un εἴδωλον ἄψυχον, ovvero un manichino inanimato, che sembra svolgere la funzione del κώρυκος, il sacco riempito di sabbia o farina, destinato a ricevere i colpi degli atleti. Cfr. Schoepsdau, 2011, pp. 177-178. Su questo genere di allenamento vedi anche Luc. *Lex.* 5 e Philostr. *Gymn.* 57. Invece, in Diogen. 7.54 la lotta contro il sacco diventa proverbialmente il simbolo di uno sforzo vano (πρὸς κώρυκον γυμνάζεσθαι· ἐπὶ τῶν διακενῆς μοχθούντων), che è anche il senso dei colpi assestati al bersaglio di paglia cui fa cenno Licino.

οὐ Πέρσαι γε οὕτω ποιοῦσιν οὐδὲ Σκυθῶν ὅσοι τοξόται: la fama dei Persiani e degli Sciti come abili arcieri era ben nota nel mondo antico. In occasione della battaglia di Maratona, i Greci ebbero modo di sperimentare la perizia degli arcieri persiani (Hdt. 6.112.2), motivo per cui ne arruolarono un contingente in vista della battaglia di Salamina. È probabile che nell'Atene del V sec. a.C. fosse attivo un corpo di arcieri sciti preposti alla tutela dell'ordine pubblico e della sicurezza urbana, cui si allude in numerosi passi della commedia antica (su questo argomento vedi Tuci, 2004, pp. 3-18. In modo particolare, a p. 3, n. 2 è fornita una rassegna dettagliata delle citazioni di questo reparto militare soprattutto in Aristofane).

In questo passaggio, però, Licino non descrive dei semplici arcieri, bensì degli ἱπποτοξόται. Erodoto (4.46.3), confermato successivamente da Tucidide (2.96.1), sostiene che gli Sciti siano tutti ἱπποτοξόται, poiché non operano stando fermi o mirando su un obiettivo fisso, esibendo piuttosto la propria abilità in movimento e indirizzando colpi verso bersagli altrettanto mobili. Su questo argomento vedi anche Bäbler, 1998.

φαίημεν ἂν ἕκαστος πρὸς αὑτοὺς τὰ τοῦ Ἀχιλλέως ἐκεῖνα ... ταῦτα μὲν οἱ ξύμπαντες ἐν τῷ μέρει ἕκαστος: si tratta di una citazione omerica (*Il.* 16.70), estratta dal discorso che Achille rivolge a Patroclo, esortandolo ad intervenire in battaglia con le sue armi, la cui vista sarebbe bastata ad atterrire i nemici. Il passo omerico mette efficacemente in luce il tono salace delle parole di Licino. Il paragone tra Achille e i capiscuola dei vari indirizzi filosofici, infatti, è alquanto forzato, considerato che Achille può davvero contare sulla sua valentia in battaglia, mentre i filosofi accampano solo la vana pretesa di possedere la verità, destinata a fallire nel confronto reciproco. Del resto, l'accento minaccioso del dettato epico si riflette in modo chiaramente ironico sul comportamento esibito dai vari filosofi, le cui parole non sono in grado di indurre lo stesso timore reverenziale suscitato dalla sola vista delle armi di Achille. Su questo passo omerico vedi Kakridis, 1961 e Camerotto, 2009, pp. 117-119.

Inoltre, mentre nel testo omerico Achille si rivolge a tutti i Troiani, Licino, invece, indirizza le sue parole esclusivamente ad Ettore, lasciando il verbo nella forma plurale (λεύσσουσι). Probabilmente l'autore riporta il testo omerico a memoria, senza accorgersi dell'uso erroneo del verbo, benché sia altrettanto plausibile che egli abbia voluto preservare il testo omerico, focalizzando l'attenzione su uno scontro di gran lunga più efficace, quello tra Achille ed Ettore, rispetto ad uno alquanto vago con una moltitudine indiscriminata di nemici. Su questa citazione omerica vedi Bouquiaux-Simon, 1968, pp. 163-164 e von Möllendorff, 2000[1], p. 165, n. 76.

Critica testuale

§ 33) ἦ νομίζεις: è una congettura del Solanus al tradito ἢ νομίζεις, che Bekker e Fritzsche introducono nel testo. Al posto della congiunzione disgiuntiva ἢ, poco opportuna in questa sede, l'avverbio ἦ, solitamente presente all'inizio di una frase, ha un valore interrogativo, che conferisce la giusta enfasi ironica alla domanda di Licino. Questi, infatti, prospetta al suo interlocutore le conseguenze che potrebbero derivare dalla sua scelta filosofica, invitandolo a riflettere criticamente sull'assenso dato alla dottrina stoica. Cfr. il § 79. Su questo passo vedi Nesselrath, 1990[1], p. 504.

τὸν ἀνταγωνιστὴν δῆθεν παίοντα: l'edizione Giuntina del 1535 introduce nel testo la congiunzione ὡς (ὡς τὸν ἀνταγωνιστήν), ripresa successivamente da Reitzius, Jacobitz, Fritzsche e Kilburn. Macleod, invece, preferisce non stamparla, restando fedele alla tradizione manoscritta, ove risulta omessa. Questa congiunzione rende più perspicuo il carattere comparativo-ipotetico della proposizione: l'atleta combatte a vuoto, come se si stesse scontrando con un antagonista lì presente. Altri esempi simili in Luciano sono in *Hist. conscr.* 10 (ὡς Ἡρακλέα δῆθεν οὖσαν) e *Alex.* 15 (ὡς δῆθεν ἐκείνου τοῦ φαινομένου πάντως οὖσαν), 47. Tuttavia, in assenza della congiunzione ὡς risulterebbe ulteriormente amplificato il senso paradossale della scena descritta, oltre che il tono beffardo di Licino, il quale ritrae come concretamente presente un antagonista in realtà inesistente. Appare, infine, troppo perentoria la proposta di von Möllendorff, 2000[1], p. 144, che suggerisce di espungere l'intera sezione.

§ 34) Licino prosegue la sua argomentazione narrando un aneddoto sul tiranno Gelone, che scoprì di avere un alito cattivo solo dopo esserne stato ravvisato da una donna straniera. Al contrario, sua moglie, avendo avuto esperienza con un solo uomo, pensava ingiustamente che si trattasse di una caratteristica propria di tutti gli uomini. Allo stesso modo, conclude Licino, è necessario conoscere il pensiero di ciascuna scuola filosofica in modo da valutare singolarmente le rispettive dottrine ed evitare scelte affrettate e infondate.

ὁ Πλάτων δ' ἄν μοι δοκεῖ καὶ διηγήσασθαί τι τῶν ἐκ Σικελίας ὡς ἄν εἰδὼς τὰ πλεῖστα: sulla scorta della nota permanenza di Platone a Siracusa, Licino immagina che il filosofo sia verosimilmente a conoscenza di vicende della vita privata di Gelone, il vecchio tiranno della città magno-greca. Platone ebbe tuttavia rapporti con Dionisio, di cui egli stesso provvede a fornire una vivace rappresentazione, indugiando soprattutto sui momenti particolarmente conflittuali vissuti durante la sua permanenza a corte (Plat. *Epist.* 7.337e *passim*). A questo proposito si veda Isnardi Parente, 1969, pp. 416-431 e Brisson, 1993, pp. 36-46.

In *Par.* 34 si fa cenno ai due viaggi di Platone in Sicilia, ma anche ai dissidi insorti con il tiranno Dionisio, tali da costringerlo a ritornare ad Atene. Cfr. Nesselrath, 1985, pp. 374-382. In *Vit. auct.* 19, invece, il compratore di Socrate, che funge da portavoce della filosofia platonica, è Dione di Siracusa, il che lascia intravedere un altro riferimento ironico ai legami tra Platone e la città siciliana. Cfr. *Dial. mort.* 6.5.

La scelta di riportare le parole di Platone, oltre a corroborare la portata antidogmatica dell'argomentazione di Licino (cfr. von Möllendorff, 2000[1], p. 166), serve anche ad innalzare l'efficacia drammatica del dialogo, che altrimenti rischierebbe di apparire improntato su toni eccessivamente dottrinari. Su questa strategia retorico-stilistica vedi §§ 58, 81-82, 84. Nonostante Platone sia percepito come il caposcuola di una delle dottrine più rigidamente articolate (cfr. almeno *Bis acc.* 11 e *Vit. auct.* 15-18, ove la critica è rivolta alle capziosità linguistiche del filosofo ateniese), in questo caso egli si fa portavoce di un messaggio antidogmatico. Sulle tracce del *Plato scepticus* in *Hermotimus* vedi *supra*, pp. 51-61. Al di là di questa connotazione, è evidente che nel nostro passo Platone parli soprattutto in funzione antistoica al fine di relativizzare il valore assoluto assegnato a questa dottrina da parte del suo interlocutore.

τῷ γὰρ Συρακουσίῳ Γέλωνί φασι δυσῶδες εἶναι τὸ στόμα καὶ τοῦτο ἐπὶ πολὺ διαλαθεῖν αὐτόν ... τὴν γυναῖκα ... τὴν ἑαυτοῦ ... ὑπὲρ γὰρ τοῦ μὴ πεπειρᾶσθαι ἄλλου ἀνδρὸς ... οἰηθῆναι ἅπασι τοῖς ἀνδράσι τοιοῦτό τι ἀποπνεῖν τοῦ στόματος: il caso della moglie di Gelone è affine a quello dell'etiope citato precedentemente. Entrambe queste figure esprimono giudizi e arrivano a conclusioni generiche inconsistenti, non disponendo di una conoscenza approfondita dell'oggetto in questione, vale a dire di tutti gli uomini. In tal modo, l'uno crede che esistano solo individui neri, mentre l'altra ritiene l'alito cattivo una peculiarità tipica degli individui maschi. Un *plot* narrativo simile è ravvisabile in *Dial. mer.* 6, dove Corinna, avendo avuto un solo amante, chiede alla madre se tutti gli altri siano come lui.

Fuor di metafora, Licino ribadisce l'opportunità di una conoscenza accurata di ciascun filosofo, che renda il suo interlocutore consapevole sia della varietà delle dottrine filosofiche disponibili, sia dell'opportunità di una scelta ragionata. Giustamente Anderson, 1976[1], p. 41 pensa che Luciano impieghi questa storia *"merely to 'prove' a point, in the same way as he would use a proverb or quotation"*. Vedi anche Tackaberry, 1930, p. 60. Aristotele racconta la medesima storia, attribuendola alle vicende personali di Gelone (Stob. 4.5.42, p. 269 Wachsmuth), mentre in Plutarco lo stesso episodio vede come protagonista il tiranno Ierone (*De cap. ut.* 7.90B e *Apophth. reg.* 3.175C).

In *Apol.* 8 e *Demon.* 50 ricorre l'espressione παραιτεῖσθαι συγγνώμην ἔχειν, in cui il verbo παραιτεῖσθαι assume il significato di "supplicare, implorare". Cfr. *Nigr.* 14. Si veda Nesselrath, 1985, p. 261. In maniera leggermente differente, questa formula è attestata già in in Hdt. 6.86.5γ.2; Xen. *Mem.* 2.2.14; Men. fr. 463 K.-A.

ἄχρι ἂν ἄδηλον ᾖ τίς ἀληθής ἐστι προαίρεσις ἐν φιλοσοφίᾳ, μηδεμίαν αἱρεῖσθαι. ὕβρις γὰρ ἐς τὰς ἄλλας τὸ τοιοῦτον: questa affermazione dal tono gnomico riassume il senso di tutto il discorso confutatorio imbastito da Licino: finché la vera dottrina resta sconosciuta, è meglio non esprimere la propria preferenza per una qualsiasi scuola filosofica. I rischi che comporta una scelta sbagliata, infatti, non sono solo di ordine epistemologico, ma anche e soprattutto morale, visto che, seguendo la falsa filosofia, resterebbe preclusa ogni possibilità di arrivare alla virtù e di conformarsi ad una condotta irreprensibile (ai §§ 9-10 è descritto il comportamento esecrabile del maestro stoico di Ermotimo. Sulla portata morale dell'insegnamento filosofico vedi i §§ 80-82. Cfr. *infra*, pp. 562-563). A tal proposito, si noti che al § 30 i filosofi del passato hanno mosso ad Ermotimo l'accusa di ὕβρις (ἐς δικαστήριον ἀγαγόντες ὕβρεως ἕκαστος δικάζοιντο), che ora Licino imputa direttamente al suo interlocutore. Sul concetto di ὕβρις in Luciano vedi *infra*, pp. 394-395.

Critica testuale

§ 34) ὑπὲρ γὰρ τοῦ μὴ πεπειρᾶσθαι ἄλλου ἀνδρός: la tradizione manoscritta (ΓEL) tramanda la preposizione ὑπέρ, che solitamente regge proposizioni sostantivate dal valore finale (Isocr. 6.94; Pol. 3.94.9) o esplicativo, evidenziando il soggetto di riferimento o l'argomento discusso (Dem. 19.94; Pol. 1.43.1). Nel nostro caso, invece, la preposizione conferisce un valore causale non registrato altrove, se non in unione con genitivi semplici (cfr. *LSJ*, s.l. 2.4). Cfr. la costruzione affine in *Merc. cond.* 40 (πολλοὶ γὰρ εἰς τὰς οἰκίας παρελθόντες ὑπὲρ τοῦ μηδὲν ἄλλο χρήσιμον εἰδέναι μαντείας καὶ φαρμακείας ὑπέσχοντο). Vedi Macleod, 1987, vol. IV, p. 44. Si tratta probabilmente di una peculiarità sintattica riconducibile allo stesso Luciano, che non è sempre pienamente fedele all'ortodossia della lingua classica, esibendo particolarità altrimenti non attestate (vedi Macleod, 1977). Per questo motivo buona parte degli editori (Reitz, Jacobitz, Kilburn, Macleod) stampa la lezione dei manoscritti, rigettando la congettura ὑπό avanzata da Wyttenbach e accolta, invece, da Bekker, Dindorf, Fritzsche e Sommerbrodt.

καὶ Ἑρμότιμος: la tradizione manoscritta più antica omette l'articolo determinativo prima del nome proprio di persona di Ermotimo. Tuttavia, nel corso del dialogo è di gran lunga preponderante l'uso dell'articolo (cfr. i §§ 30; 32; 33; 34), a fronte dei pochi casi ove viene tralasciato (§§ 30 e 33 per due volte). Queste ultime ricorrenze, però, sono sufficienti a mostrare l'assenza di un'univocità assoluta nell'*usus* dell'autore, ragione per cui appare più appropriato rispettare la tradizione manoscritta e propendere, come fanno Macleod e von Möllendorff, e ancor prima di loro anche Reitz, a preservare una certa varietà sintattica (al contrario della regolarizzazione operata da Jacobitz, Bekker, Dindorf, Fritzsche, Sommerbrodt e Kilburn).

§ 35) Ermotimo cerca di portare il discorso fuori dalla controversia in cui si trova implicato. Evitando di ribattere all'accusa di ὕβρις che gli è stata appena mossa da Licino, l'aspirante stoico si limita a respingere gli esempi addotti dal suo interlocutore, invitandolo ad impostare l'argomentazione nei termini e nelle modalità che preferisce (νὼ δέ, ἐγώ τε καὶ σύ, ἐφ' ἡμῶν αὐτῶν ἐξετάσωμεν, εἰ τοιοῦτόν ἐστι τὸ φιλοσοφίας πρᾶγμα οἷον ἐγώ φημι αὐτὸ εἶναι). In realtà, Ermotimo, ancora una volta, dichiara la superiorità degli Stoici sui restanti filosofi, senza apportare prove convincenti a sostegno della sua semplice affermazione.

πρὸς τῆς Ἑστίας: questa formula ricorre anche in *Symp.* 31 (πρὸς τῆς Ἑστίας, ὦ Ἀρισταίνετε) e *Philops.* 5 (τίνα ταῦτα πρὸς τῆς Ἑστίας, ὦ Τυχιάδη;). Essa è ampiamente attestata in ambito comico, da cui è stata probabilmente ereditata (Arist. *Pl.* 395; Anax. fr. 46.1 K.-A.; Diph. fr. 81.3 K.-A.; Strat. fr. 1.28 K.-A.). Cfr. anche Plat. *Leg.* 9.856a. Si tratta di un'invocazione in nome di

Estia, la divinità del focolare domestico di cui ci parlano per primi Hes. *Th.* 454 e Hom. *H. Aphr.* 22-30, che la presentano come figlia di Crono e di Rea. Estia godeva di un culto, sia privato che pubblico, tributato all'interno del pritaneo, l'edificio pubblico dove era conservato il fuoco sacro della città (un quadro dettagliato delle fonti antiche e delle caratteristiche del culto è in Süß, 1912, coll. 1266-1293).

νῶ δέ, ἐγώ τε καὶ σύ, ἐφ' ἡμῶν αὐτῶν ἐξετάσωμεν, εἰ τοιοῦτόν ἐστι τὸ φιλοσοφίας πρᾶγμα οἷον ἐγώ φημι αὐτὸ εἶναι: Ermotimo invita il suo interlocutore ad esaminare il πρᾶγμα della filosofia. Con questa parola l'aspirante stoico da un lato intende focalizzare le questioni poste dalla discussione filosofica (su questo significato vedi Plat. *Men.* 87a; Ar. *Anal. Pr.* 2.27.70a32; Dem. 18.26), mentre dall'altro allude alla difficile condizione in cui versa la stessa filosofia (vedi Thuc. 3.82.2; Plat. *Ap.* 42a e *Hipp. mai.* 286e; Xen. *Mem.* 2.7.2). In tal modo si fa cenno non solo alle innumerevoli controversie che incombono sullo studio della filosofia, ma anche alla sua frammentazione in scuole differenti, il che ostacola il riconoscimento della vera dottrina. In *Par.* 27 la parola πρᾶγμα indica generalmente i contenuti di ciascuna scuola filosofica (ὁμοίως δὲ καὶ τὴν φιλοσοφίαν οὐ κατὰ τὰ αὐτὰ καὶ ὡσαύτως ἔχουσαν, ἑτέρως μὲν γὰρ Ἐπικούρῳ δοκεῖ τὰ πράγματα ἔχειν κτλ.). Un riferimento complessivo all'insegnamento filosofico è in Plat. *Theaet.* 168b; *Euthyd.* 304e-305a; *Epist.* 7.340b-341c. Cfr. Epict. *Ench.* 29.5 (ἄνθρωπε πρῶτον ἐπίσκεψαι ὁποῖόν ἐστι τὸ πρᾶγμα [*scil.* τῆς φιλοσοφίας]).

θαυμαστὸν γάρ τι ἐρεῖν ἔοικας: la manifestazione di meraviglia espressa da Licino per le parole che Ermotimo intende proferire tradisce una chiara nota ironica nei confronti dell'aspirante stoico. Licino, infatti, come era già avvenuto all'inizio del dialogo (§ 12 ss.), subito dopo aver mostrato una considerevole attenzione nei confronti del suo interlocutore e del rispettivo indirizzo di pensiero, provvede a rivelare le sue reali intenzioni derisorie. Vedi *supra*, pp. 246 ss. Cfr. *Par.* 47 (θαυμαστὰ λέγεις) e *Soloec.* 2-3.

τί ποτ' οὖν ἀδύνατον εἶναί σοι δοκεῖ, ἐντυγχάνοντά τινα μόνον τοῖς Στωϊκοῖς λέγουσιν τἀληθῆ πείθεσθαί τε αὐτοῖς καὶ μηκέτι δεῖσθαι τῶν ἄλλων εἰδότα ὡς οὐκ ἄν ποτε τὰ τέτταρα πέντε γένοιτο: l'argomentazione è evidentemente fallace poiché attribuisce arbitrariamente ai soli Stoici l'esecuzione corretta del semplice calcolo matematico, là dove anche altri potrebbero essere in grado di compiere esattamente la medesima operazione. Allo stesso modo, al § 29 Ermotimo ha presentato gli Stoici come le guide migliori per condurre alla città ideale, pur senza fornire dimostrazioni valide a sostegno di questo suo convincimento (ἅπαντας ἐν κύκλῳ περιελθών οὐκ ἄλλους ἂν εὕροις οὔτε ἡγεμόνας ἀμείνους οὔτε κυβερνήτας ἐμπειροτέρους τῶν Στωϊκῶν). Vedi *supra*, p. 326.

La validità oggettiva del calcolo matematico è incommensurabile alla variabilità delle dottrine filosofiche, tra le quali non emerge, né con la medesima chiarezza né con la stessa immediatezza, il discrimine tra vero e falso. In *Par.* 27 Simone contrappone ai risultati univoci e invariabili della matematica la difformità delle dottrine filosofiche a proposito dei concetti di ἀρχή e τέλος (ἀριθμητικὴ μὲν μία ἐστὶ καὶ ἡ αὐτὴ καὶ δὶς δύο παρά τε ἡμῖν καὶ παρὰ Πέρσαις τέσσαρά ἐστιν καὶ συμφωνεῖ ταῦτα καὶ παρὰ Ἕλλησι καὶ βαρβάροις). Cfr. Nesselrath, 1985, p. 362. Si veda anche il § 36 (vedi *infra*, p. 351). Cfr. Gal. *De libr. propr.* 14.4-7 Boudon-Millot: ai risultati discordi cui pervengono le discussioni filosofiche sono contrapposte le conclusioni comprovate dei teoremi geometrici, che si fondano sull'applicazione accurata del rigoroso metodo matematico, presentato come una sorta di baluardo contro qualsiasi forma di scetticismo radicale (εἰς τὴν τῶν Πυρρωνείων ἀπορίαν ἐνεπεπτώκειν ἂν καὶ αὐτός, εἰ μὴ καὶ τὰ κατὰ γεωμετρίαν ἀριθμητικήν τε καὶ λογιστικὴν κατεῖχον). Su questo argomento vedi Boudon-Millot, 2007, p. 165, n. 2 e Vegetti, 2013, pp. 157-158. Cfr. *infra*, pp. 521-522.

Critica testuale

§ 35) οὐκ ἄν ποτε τὰ τέτταρα πέντε γένοιτο: mentre nel codice L è attestata la forma γένοιτο, in ΓΕ è presente γένοιντο. Nel *corpus* lucianeo il singolare ricorre con maggiore frequenza, soprattutto in dipendenza da neutri plurali (*Icar.* 32; *Ver. Hist.* 2.5; *Cont.* 12; *Anach.* 6, etc.), coerentemente all'uso comune della lingua greca, mentre il plurale è usato principalmente in riferimento ad individui concreti (*Scyth.* 11; *Anach.* 33; *Herod.* 5, etc.). Pertanto tutti gli editori, ad eccezione di Reitz e Macleod, preferiscono la forma singolare, che risulta sostenuta da ragioni più solide rispetto a quella plurale (Jacobitz, invece, dopo aver stampato il plurale nell'*editio maior*, nell'*editio minor* lo sostituisce con il singolare).

μόνον τὰ τῶν Στωϊκῶν: la discussione ai §§ 35-36 insiste sull'opportunità di considerare gli Stoici come gli unici detentori della dottrina filosofica vera.

Mentre i codici più antichi presentano l'avverbio μόνον, i *recentiores*, invece, attestano aggettivi che, nella sintassi del periodo, assolvono la medesima funzione dell'avverbio μόνον (rispettivamente **μόνα** τὰ τῶν Στωϊκῶν ἐκμαθόντα; **μόνοις** τοῖς Στωϊκοῖς λέγουσιν τἀληθῆ e ὡς Στωϊκῶν ἐστι **μόνων**).

Degna di considerazione appare la congettura di Bekker, il quale propone di correggere il secondo μόνον al § 35 in μόνος (ἤν τις λέγῃ πρός σε μόνος τοῦτο ὡς αἱ δύο δυάδες τὸν τέτταρα ἀριθμὸν ἀποτελοῦσιν), una soluzione che Fritzsche disapprova in maniera alquanto perentoria. In realtà, con μόνος Ermotimo sembrerebbe dare maggiore enfasi alla possibilità di credere ad un solo filosofo che pronunci il calcolo esatto, corrispondente, nelle sue intenzioni, al filosofo stoico, a detrimento dei rappresentanti delle altre scuole filosofiche (οἱ ἄλλοι). Tuttavia, il testo sembra acquisire maggiore efficacia con l'espunzione dell'avverbio μόνον in questione, che dà adito unicamente ad una ripetizione superflua.

κἂν μυρίοι Πλάτωνες ἢ Πυθαγόραι λέγωσιν: la tradizione manoscritta (Γ ed E) presenta la congiunzione κἂν (leggibile nonostante la rasura in E e accolta da Macleod), mentre i *recentiores* attestano le lezioni οὐκ ἂν e οὐδ' ἂν, probabilmente per analogia al § 5 (quest'ultima è preferita da Reitz, Jacobitz e Fritzsche). Mentre Ermotimo sosteneva che il monte della virtù non possa essere conquistato in poco tempo, nemmeno se lo attaccassero numerosi Alessandro (§ 5: οὐδ' ἂν μυρίοι Ἀλέξανδροι προσβάλλωσιν), in questo passo, invece, Licino afferma che il numero quattro non potrebbe mai diventare cinque, anche nel caso in cui dovessero enunciarlo numerosi Platone o Pitagora. Si tratta della struttura sintattica degli *exempla ficta*, che fa ricorso al periodo ipotetico dell'eventualità, benché si prospetti una circostanza del tutto irreale. Vedi *supra*, pp. 209-210. La congiunzione κἂν, dunque, è pienamente appropriata al passo, nonché preferibile ad altre superflue congetture. Cfr. il § 79, *infra*, p. 549.

§ 36) Licino respinge immediatamente il discorso capzioso di Ermotimo, costringendolo ad ammettere che la somma di due più due sia oggettivamente valida e che nessuno possa avanzare un risultato diverso da quattro. Al contrario, i filosofi non si trovano mai concordi nelle loro discussioni, il che fa apparire gli Stoici sprovvisti di qualsiasi garanzia di verità tale da giustificarne la maggiore credibilità rispetto ai membri di altre scuole di pensiero.

τὰ γὰρ ὁμολογούμενα τοῖς ἀμφισβητουμένοις εἰκάζεις, πάμπολυ αὐτῶν διαφέροντα: Licino precisa la differenza tra il sapere matematico e quello filosofico, impiegando un lessico notevolmente accurato. Mentre il metodo matematico è oggettivamente valido e latore di risultati generalmente condivisi (τὰ ὁμολογούμενα), le dottrine filosofiche esaminano temi controversi e ambigui (τὰ ἀμφισβητούμενα). Ne consegue che, mentre la matematica perviene ad una verità fondata e comunemente approvata, la filosofia è scissa tra sistemi dottrinari contrapposti. La considerazione della matematica come modello gnoseologico esatto ed inconfutabile ritorna ai §§ 40-42, che è il passo in cui Ermotimo descrive il metodo seguito per individuare l'efedro (vedi *infra*, pp. 361-366).

A questo proposito, è opportuno ricordare che in Plat. *Theaet.* 165a il matematico Teodoro dichiara di essersi allontanato dalle speculazioni filosofiche per dedicarsi alle rigorose dimostrazioni geometriche (ἐκ τῶν ψιλῶν λόγων πρὸς τὴν γεωμετρίαν ἀπενεύσαμεν). Cfr. *ivi* 147c-148b: Teeteto descrive brevemente il metodo geometrico-aritmetico, che produce una forma di sapere intimamente fondato. A questo si contrappone la ricerca speculativa di un concetto unitario di conoscenza che, nel corso della discussione con Socrate, precipita in un esito aporetico. A questo proposito vedi Benitez - Guimaraes, 1993, pp. 297-328, i quali mettono in luce la contesa tra matematica, sofistica e filosofia intorno alla possibilità di affermare il proprio modello educativo.

In *Rep.* 7.524d-531c, invece, la matematica consta di un insieme di conoscenze imprescindibili all'interno del progetto formativo approntato da Platone (7.525a: λογιστική τε καὶ ἀριθμητικὴ περὶ ἀριθμὸν πᾶσα ... Ταῦτα δέ γε φαίνεται ἀγωγὰ πρὸς ἀλήθειαν). Cfr. *Rep.* 7.536d e *Leg.* 5.747b, in cui è messa in rilievo la μεγάλη δύναμις che proviene dallo studio dell'aritmetica, mentre in *Hipp. min.* 364d-e il calcolo numerico, a differenza di qualsiasi altra conoscenza, è contrassegnato da un'esattezza infallibile. Cfr. anche Filolao (fr. 18 Pythag. R 48 L.-M.), il quale sostiene che "*il numero non accoglie in sé* ψεῦδος, *perché ad esso è connaturata la verità*". Su questo argomento vedi Calogero, 1938, p. 17 e Giannantoni, 2005, p. 95, n. 8.

Licino non si schiera su posizioni apertamente favorevoli alla matematica, né tantomeno appare avallare la critica scettica rivolta ad essa (cfr. *Adversus Mathematicos* IV e VII-X). Si veda Ioppolo, 1993, p. 207. Piuttosto, egli adotta il metodo aritmetico in funzione dialettica, conformandolo efficacemente al piano confutatorio disposto contro Ermotimo. In tal modo Licino riesce a dimostrare la fallacia dell'analogia disegnata dall'aspirante stoico, che con fare tendenzioso ha messo a confronto la chiarezza del procedimento matematico con l'indeterminatezza della disputa filosofica. Sulla funzionalità delle similitudini vedi Quint. 1.6.4: "*eius haec vis est ut id, quod dubium est, ad aliquid simile, de quo non quaeritur, referat, et **incerta certis probet**".* Al contrario, in questo caso Ermotimo ha paragonato realtà ampiamente note (τὰ ὁμολογούμενα) con altre del tutto ignote (τοῖς ἀμφισβητουμένοις), privando la similitudine di una sua solida efficacia logico-argomentativa. Sulle similitudini nell'*Hermotimus* vedi *supra*, pp. 61-72.

ἐντετύχηκας πώποτε (καὶ πρὸς Χαρίτων πειρῶ ἀληθεύειν) Στωϊκῷ τινι καὶ Ἐπικουρείῳ μὴ διαφερομένοις περὶ ἀρχῆς ἢ τέλους; Licino è abile a spostare la conversazione dal piano dell'analogia a quello del tema della conversazione in corso. Così come è evidente che nessuno possa sostenere che due più due fa otto o dieci, allo stesso modo Stoici ed Epicurei non sono concordi sui concetti di ἀρχή e di τέλος. Si tratta dei principi fondamentali di ciascun sistema filosofico, che Licino provvede a chiarire nella battuta immediatamente successiva. Su questo vedi anche i §§ 4 (il τέλος coincide con la felicità); 7, in cui si discute dei beni presenti alla fine del percorso di studi (τὸ τέλος τῆς ἀσκήσεως); 56, dove questi stessi principi vengono definiti τὰ κεφάλαια ... ἁπάσης φιλοσοφίας e costituiscono motivo di scontro tra le rispettive filosofie. Inoltre, in *Par.* 27 Simone riferisce che le numerose scuole filosofiche si attestano su posizioni contrastanti nel discutere sui principi e sui fini, precludendosi una base teorica generalmente condivisa (φιλοσοφίας δὲ πολλὰς καὶ διαφόρους ὁρῶμεν καὶ οὔτε τὰς ἀρχὰς οὔτε τὰ τέλη σύμφωνα πασῶν). Cfr. Nesselrath, 1985, pp. 358-363. Inoltre, in *Vit. auct.* 23 il compratore chiede a Crisippo quale sia il τέλος τῆς σοφίας, mentre al § 27, dinanzi all'immobilità della vita scettica, chiede spiegazioni sul τέλος τῆς ἐπιστάσεως con un evidente cenno ironico all'ἐπιστήμη scettica (sul valore parodico di questa formula vedi Beaupère, 1967, vol. II, p. 140 e Dolcetti, 1996, p. 118). In *Icar.* 5, invece, Menippo racconta di essere stato ridotto in una condizione aporetica grave dopo aver inteso le parole contrastanti pronunciate dai filosofi a proposito dei principi e dei fini (εἰς μείζους ἀπορίας φέροντες ἐνέβαλον, ἀρχάς τινας καὶ τέλη ... ὁσημέραι μου καταχέοντες). Cfr. *Nec.* 4.

In Sext. Emp. *Pyrrh. hyp.* 1.5 i principi e i fini rientrano tra i concetti fondanti l'intero apparato dottrinario di ogni scuola filosofica, ma anche l'identità della riflessione scettica, che a tal proposito si esprime in termini del tutto particolari (τῆς σκεπτικῆς οὖν φιλοσοφίας ὁ μὲν λέγεται καθόλου λόγος ... ἐν ᾧ τὸν χαρακτῆρα τῆς σκέψεως ἐκτιθέμεθα, λέγοντες...τίνες ἀρχαὶ καὶ τίνες λόγοι, τί τε κριτήριον κτλ.). Cfr. *Adv. math.* 1.40 (ἐν τούτοις γὰρ ἢ ἐκ τούτων συνίσταται πᾶν μάθημα). Licino seleziona queste due parole in maniera oculata, ammiccando non solo alle profonde differenze che sussistono tra i vari indirizzi filosofici, ma anche all'attacco scettico mosso contro di essi.

ὅρα τοίνυν μὴ πώς με παραλογίζῃ, ὦ γενναῖε, καὶ ταῦτα φίλον ὄντα: Licino ammonisce il suo interlocutore per aver tentato di ingannarlo, nonostante il dichiarato sentimento di amicizia con cui hanno avviato la conversazione (cfr. i §§ 13 e 30). Mentre nella sezione iniziale del dialogo Licino denuncia le motivazioni inappropriate arrecate da Ermotimo a sostegno della sua scelta filosofica (§§ 16; 17; 19 e il tema dell'ἐξαπατᾶν), in questo passo l'inganno è prodotto da un ragionamento fallace, detto παραλογισμός, che l'aspirante stoico avrebbe architettato in maniera volutamente ostile nei confronti del suo interlocutore (vedi Ar. *Soph. el.* 1.4.166b; *Poet.* 24.1460a e *Pol.* 5.7.1307b, in cui il παραλογισμός è associato ad un σοφιστικὸς λόγος. Cfr. Philod. *Rhet.* 1.134 e *Suda* π 383: παραλογισμός· ἀπάτη λογισμοῦ). In *Dom.* 6, 17 e *Symp.* 34, invece, all'educazione filosofica, in particolare a quella stoica, sono imputate influenze negative sul raziocinio dei discenti (τὸ πεπαιδεῦσθαι ἀπάγη τῶν ὀρθῶν λογισμῶν τοὺς ἐς μόνα τὰ βιβλία καὶ τὰς ἐν ἐκείνοις φροντίδας ἀτενὲς ἀφορῶντας).

Sul verbo παραλογίζομαι vedi anche Epict. *Diss.* 2.20.7 (οἱ δὲ τὰ ἕτερα λέγοντες ἐξαπατῶσιν ὑμᾶς καὶ παραλογίζονται); Sext. Emp. *Adv. math.* 2.78 e Gal. *De temp.* 2.614, p. 66 Helmreich, tutti passi in cui il verbo denota l'uso di un discorso insidioso e solo apparentemente attendibile.

In questo passo, Licino con γενναῖε non intende richiamare solamente l'attenzione di Ermotimo ma, soprattutto, far trasparire l'approccio sottilmente beffardo nei confronti del suo interlocutore. Cfr. i §§ 8, 78 e 84, così come *Pisc.* 7 e 23; *Par.* 31; *Salt.* 3, etc. Sulla formula allocutiva γενναῖε vedi *supra*, p. 227.

ζητούντων γὰρ ἡμῶν οἵτινες ἀληθεύουσιν ἐν φιλοσοφίᾳ, σὺ τοῦτο προαρπάσας ἔδωκας φέρων τοῖς Στωϊκοῖς, λέγων ὡς οὗτοί εἰσιν οἱ τὰ δὶς δύο τέτταρα τιθέντες, ὅπερ ἄδηλον εἰ οὕτως ἔχει: l'obiettivo del dialogo, concordato sin dall'inizio dai due interlocutori, consiste nella ricerca del filosofo vero. Ermotimo, però, non sembra disponibile a rinunciare allo Stoicismo, che ha scelto arbitrariamente come la scuola filosofica migliore, facendo così del risultato ricercato la premessa ingiustificata della discussione.

Il verbo προαρπάζω nelle fonti scettiche designa generalmente un metodo di indagine logicamente errato, perché trasforma le conclusioni nei presupposti indiscussi della ricerca, risultando completamente inattendibile. Cfr. *Adv. math.* 1.157 (προαρπάζων τὸ ζητούμενον ὡς ὁμολογούμενον ἄπιστος ἔσται), 7.266 e 8.364. Analogamente, in *Pyrrh. hyp.* 2.65 Sesto attacca coloro i quali τὸ ζητούμενον συναρπάζουσιν. In tal caso, egli fa riferimento a quanti prendono una decisione confidando nei propri sensi o nel pensiero, che sono però criteri di giudizio *sub iudice*, privi della necessaria validità oggettivamente riconosciuta (vedi il § 64: μὴ ἔχοντες κριτήριον ὡμολογημένον, δι' οὗ τὰς διαφόρους αἰσθήσεις τε καὶ διανοίας ἐπικρινοῦσιν). Cfr. anche *Pyrrh. hyp.* 1.90; 2.35, 57, 60, 67, 121; 3.52, 74.

Similmente, Ermotimo anticipa la conclusione ricercata (quali siano i filosofi veri), presentandola nei termini di una premessa apparentemente condivisa (gli Stoici dicono il vero poiché sono gli unici a sostenere che due più due fa quattro), al punto da invertire l'ordine della discussione. In *Iupp. trag.* 38 Damide attacca un procedimento argomentativo affine adottato dallo stoico Timocle, che cerca di portare argomenti capziosi a sostegno della sua scuola di pensiero (αὐτό που τὸ ζητούμενον, ὦ Τιμόκλεις, συναρπάζεις). Su questo passo vedi Coenen, 1977, p. 116. Un ragionamento capzioso simile è descritto anche in Front. *Add. epist.* 5.2 (ταῦτα προστάσσων εἰς παράδειγμα ἐκάλεις τὸ τὰς πόλεις μεγάλα δῶρα παρ' ἀλλήλων προσίεσθαι, **αὐτὸ δὴ τὸ ἀμφισβητούμενον σφετεριζόμενος**, ὦ φιλότης).

οὐ δοκοῦσί σοι τοῦτο ποιεῖν ὁπόταν ὑμεῖς μὲν μόνον τὸ καλὸν ἀγαθὸν ἡγῆσθε εἶναι, οἱ Ἐπικούρειοι δὲ τὸ ἡδύ; καὶ ὅταν ὑμεῖς λέγητε σώματα εἶναι ἅπαντα, ὁ Πλάτων δὲ νομίζῃ καὶ ἀσώματόν τι ἐν τοῖς οὖσιν εἶναι: al § 66 Licino constata la discordanza delle opinioni filosofiche intorno al tema della felicità: mentre alcuni la identificano nell'ἡδονή, altri la individuano nel καλόν, il che impedisce il riconoscimento della dottrina filosofica vera (οἱ φιλοσοφοῦντες τὴν εὐδαιμονίαν ζητοῦσιν ὁποῖόν τί ἐστιν, καὶ λέγουσιν ἄλλος ἄλλο τι αὐτὴν εἶναι, ὁ μὲν ἡδονήν, ὁ δὲ τὸ καλόν, ὁ δὲ ὅσα ἕτερά φασι περὶ αὐτῆς). Si tratta dell'argomento scettico della diafonia, che Licino ha messo in campo sin dalle prime fasi del dialogo (vedi i §§ 14-15), e che costituisce un motivo ricorrente nelle satire filosofiche lucianee. Su questo argomento vedi *supra*, pp. 250-251.

Per quanto riguarda l'associazione tra τὸ ἡδύ ed Epicuro vedi il § 16, ove gli Epicurei sono detti γλυκύθυμοι e φιλήδονοι. Vedi *supra*, p. 263. In *Bis acc.* 11, invece, Pan allude alle parole astruse tipiche del lessico dei filosofi, citando le idee e gli incorporei, che afferiscono evidentemente alla dottrina di Platone, mentre con virtù e natura si potrebbe alludere anche alla dottrina stoica (πλὴν ἀλλ' ἀκούω γε αὐτῶν ἀεὶ κεκραγότων καὶ ἀρετήν τινα καὶ ἰδέας καὶ φύσιν καὶ ἀσώματα διεξιόντων, ἄγνωστα ἐμοὶ καὶ ξένα ὀνόματα). Cfr. *Vit. auct.* 18, dove Socrate, in rappresentanza della dottrina platonica, parla di ἰδέαι, τὰ τῶν ὄντων παραδείγματα e delle εἰκόνες ἀφανεῖς di tutto ciò che esiste. Su questo passo vedi Beaupère, 1967, vol. II, pp. 98-100. Sulle altre critiche mosse ai discepoli di Platone vedi il § 16 e *supra*, pp. 264-265.

Critica testuale

§ 36) φαῖεν γὰρ ἂν οἱ Ἐπικούρειοι ἢ Πλατωνικοὶ σφᾶς μὲν οὕτω ξυντιθέναι, ὑμᾶς δὲ πέντε ἢ ἑπτὰ λέγειν αὐτά: Gronovius e Solanus osservano che un ramo della tradizione manoscritta non ulteriormente specificato, così come le edizioni di Basilea (1555 e 1563) e quella di Bourdelot (1615), presentano ἡμᾶς al posto di ὑμᾶς. A questo proposito Gronovius riporta la resa di Opsopoeus ("*fortasse enim dicerent Epicurei aut Platonici vestram hanc esse compositionem; nos autem quinque aut septem illa esse dicimus*"), che traduce erroneamente il pronome σφᾶς, e quella di Benedictus ("*etenim Epicurei vel Platonici dicere possent, se quidem ita componere, nos vero quinque aut septem illa esse dicere*"). L'uso del pronome ἡμᾶς non rende adeguatamente l'alternanza delle battute che si susseguono nel corso del dialogo. Licino, infatti, sta riportando ad Ermotimo un discorso fittizio pronunciato da Epicuro e Platone, che potrebbero rivendicare la somma esatta del calcolo, al contrario degli Stoici - ὑμᾶς, dato che Licino sta parlando personalmente con l'aspirante stoico Ermotimo, - i quali, invece, ipotizzerebbero un risultato errato, ovvero cinque o sette. Il pronome ὑμᾶς è apparso così di gran lunga più appropriato all'interno del passo in questione al punto da essere accolto unanimemente in tutte le edizioni moderne di Luciano.

ὡς ἀναμφιλόγως ἴδιον τῶν Στωϊκῶν δίδως αὐτοῖς ἔχειν: la lezione riportata dai codici, e accolta da Macleod e von Möllendorff, è δίδως αὐτά (ΓΕL). Si noti che nei *recentiores* il pronome αὐτά appare corretto nella forma singolare αὐτό (stampata da Reitz), in conformità al precedente τὸ ἀμφισβητούμενον, cui fa riferimento anche l'espressione ἴδιον τῶν Στωϊκῶν che segue. In entrambi i casi, però, si avrebbe una proposizione incompleta e piuttosto criptica: "come se fosse senza dubbio proprietà degli Stoici, **lo/le** dai in possesso". Cfr. von Möllendorff, 2000[1], p. 71, che ha omesso di tradurre l'espressione (*"das, was strittig ist, raffst du gierig an dich und schenkst es den Stoikern, als ob es ohne jeden Zweifel ihnen gehöre"*). Al contrario, la congettura di Marcilius, αὐτοῖς, appare particolarmente calzante al testo, ragione per cui è stampata in numerose edizioni precedenti a quella di Macleod (Bekker, Dindorf, Fritzsche e Kilburn). Introducendo il dativo, infatti, la sintassi del periodo si farebbe più chiara: "come se fosse senza dubbio proprietà degli Stoici, lo dai **loro** in possesso", dal momento che l'oggetto può restare implicito senza generare nessuna forma di ambiguità. Cfr. Nesselrath, 1990[1], p. 507.

§§ 37-39) Ermotimo reagisce alle richieste pressanti di Licino, che desidera conoscere le ragioni a sostegno della superiorità della dottrina stoica, ricorrendo ad un esempio concreto e facilmente comprensibile. L'aspirante stoico immagina che due pellegrini si rechino presso un tempio, dove, in seguito alla loro visita, scompare un oggetto sacro. L'ispezione su entrambi dovrebbe consentire di scoprire in breve tempo chi l'ha rubato: se l'oggetto non verrà trovato sotto il mantello del primo, sicuramente si troverà nascosto sotto quello del secondo. Allo stesso modo, conclude Ermotimo, una volta trovata la coppa, vale a dire la verità, presso gli Stoici, non sarebbe necessario proseguire la ricerca presso altre scuole filosofiche. Si tratta di un nuovo ragionamento fallace, cui Licino reagisce prontamente, mostrando l'infondatezza delle premesse da cui è stata tratta la conclusione: non sono soltanto due i pellegrini entrati nel tempio e non è chiaro quale sia l'oggetto sacro sparito. Pertanto, occorrerebbe perquisire tutti i pellegrini, benché non sia possibile stabilire, anche alla fine di questa verifica, chi sia il ladro visto che sull'oggetto appartenuto al tesoro del tempio non c'è nessuna iscrizione che possa identificarlo con assoluta certezza.

§ 37) ἂν παρὰ τῷ προτέρῳ εὕρῃς αὐτήν, οὐκέτι τὸν ἕτερον ἀποδύσεις ... εἴ γε μὴ εὕροιμεν ἐν τῷ τοῦ προτέρου κόλπῳ ὁ ἕτερος πάντως ἔχει, καὶ οὐδὲν ἐρεύνης οὐδὲ οὕτως δεῖ: la sottrazione di una φιάλη dal tesoro di un tempio configura un reato di ἱεροσυλία, che era considerata una delle forme più gravi di ἀσέβεια. Vedi Dem. 22.69 e 24.177; Antiph. 5.10 e anche i vari riferimenti presenti in commedia (Arist. *Vesp.* 845-846 e 1446-1448: φιάλην ἐπητιῶντο κλέψαι τοῦ θεοῦ; *Pl.* 30). Le pene comminate per questo crimine erano molto severe: dalla confisca dei beni personali alle esecuzioni capitali o alla negazione della sepoltura (Xen. *Hell.* 1.7.22 e Isocr. 20.6). A questo proposito vedi Busolt, 1920³, vol. I, p. 524 e MacDowell, 1978, pp. 176-177.

Non è possibile stabilire con certezza l'eventuale modello testuale alla base di questa similitudine, ma è verosimile immaginare che Luciano abbia voluto adattare, non senza una certa ironia, un'azione illecita molto nota e probabilmente comune alle istanze del suo testo. Ulteriori riferimenti a questo delitto sono in *Tox.* 28 e *Icar.* 16.

Immaginando due soli pellegrini in visita al tempio, Ermotimo conforma la scena del furto all'efficacia logico-argomentativa del principio aristotelico del "*tertium non datur*": date due ipotesi contrapposte, ossia un'affermazione e una negazione, oltre questi due termini è esclusa ogni altra possibilità di scelta (Ar. *Met.* 10.7.1057a33). Di conseguenza, una delle due figure che ha presumibilmente violato il tempio dovrebbe necessariamente essere in possesso del calice: o il pellegrino A o il pellegrino B, visto che non potrebbe darsi il caso che sia A sia B siano in possesso del bene scomparso, né che nessuno dei due ne sia sprovvisto. Ermotimo cerca così di dimostrare la validità logica della sua scelta, nonostante il suo ragionamento si fondi su presupposti tendenziosi, immediatamente contestati da Licino.

καὶ ἡμεῖς τοίνυν εἰ εὕροιμεν ἤδη παρὰ τοῖς Στωϊκοῖς τὴν φιάλην: Ermotimo tenta di irretire nuovamente il suo interlocutore con un altro paralogismo. Combinando capziosamente il piano semantico della similitudine con quello della vera filosofia, oggetto della discussione, egli dà per scontato che gli Stoici siano in possesso di una fiala, che questa sia l'oggetto ricercato e che, pertanto, essi siano gli unici filosofi degni di massima considerazione. Allo stesso modo, poc'anzi Ermotimo ha attribuito esclusivamente agli Stoici l'esecuzione corretta del calcolo matematico, ignorando ingiustificatamente tutti gli altri presunti filosofi (vedi i §§ 35-36 e note *ad loc.*, pp. 346-347). Tuttavia, anche in questo caso Licino denuncia prontamente il tentativo di *petitio principii*, respingendo le conclusioni infondate dedotte dal suo interlocutore, cui illustra la reale complessità della questione.

§ 38) πρῶτον μὲν οὐ δύο εἰσὶν οἱ παρελθόντες ἐς τὸν νεών, ὡς ἀναγκαῖον εἶναι τὸν ἕτερον αὐτοῖν τὰ φώρια ἔχειν, ἀλλὰ μάλα πολλοί τινες: Licino formula la prima obiezione alla scena descritta da Ermotimo: non è plausibile immaginare solo due pellegrini, giacché il tempio sarà stato frequentato da un numero certamente più alto di visitatori. In base a questa rettifica (su questo procedimento vedi Joly, 1981, pp. 417-426), Ermotimo non è giustificato ad arrestare l'esame al primo pellegrino trovato in possesso di una fiala d'oro. Al contrario, egli dovrebbe controllare tutti coloro i quali sono entrati nel tempio, vagliando gli oggetti trovati in loro possesso. In tal modo, la similitudine collima in pieno con il tema centrale del dialogo: le scuole filosofiche sono molteplici, per cui la ricerca della dottrina vera, per essere fondata e credibile, non può trascurare nessuna corrente di pensiero. Anche questo passo appare impostato secondo le istanze del tropo scettico della diafonia, che infrange l'univocità dogmatica della filosofia stoica, costringendo Ermotimo a tener conto di tutte le dottrine filosofiche esistenti. Vedi i §§ 14-15, in cui Licino ha indotto Ermotimo ad ammettere l'esistenza di numerosi filosofi, che rappresentano valide alternative agli Stoici in vista del raggiungimento della verità (§ 14: μάλα πολλοί – Περιπατητικοὶ καὶ Ἐπικούρειοι καὶ οἱ τὸν Πλάτωνα ἐπιγραφόμενοι, κτλ.).

In *Philops.* 20 e *Tox.* 28 la parola φώριον ricorre ugualmente nel contesto di scene di furto. Su questa parola vedi anche Dio Chrys. *Or.* 33.60 e *Suda* φ 667 (φώρια· λαθραῖα, ληστήρια· ἢ κλοπιμαῖα πράγματα).

εἶτα καὶ τὸ ἀπολόμενον αὐτὸ ἄδηλον ὅ τι ποτέ ἐστιν, εἴτε φιάλη τις ἢ σκύφος ἢ στέφανος: la seconda obiezione sollevata da Licino concerne la forma dell'oggetto smarrito, che potrebbe essere una coppa, una tazza o una corona; in assenza di un segno di riconoscimento, però, è impossibile arrivare ad individuare l'oggetto prelevato dal tempio, che è destinato così a rimanere imprecisato. Questo argomento sembra evocare la critica al criterio ἀπὸ τῶν σχημάτων (cfr. i §§ 18-19, su cui vedi note *ad loc.*, *supra*, pp. 273-275), a proposito del quale Licino sosteneva che non sia possibile identificare il filosofo migliore sulla base delle sole apparenze esteriori, soprattutto in assenza di un segno distintivo oggettivamente valido (§ 19: κοινόν τι γνώρισμα). Tuttavia, il procedimento confutativo messo in atto da Licino nei due momenti del dialogo rivela un certo salto qualitativo nello svolgimento dell'argomentazione. Se al § 18 Licino ha impugnato la validità di qualsiasi giudizio espresso sulla sola osservazione dell'aspetto esteriore di un filosofo, che non tenga conto della correlazione con la sua condotta morale, in questo caso, invece, la molteplice varietà di forme possibili costituisce un ostacolo invalicabile per l'identificazione dell'oggetto sacro. Fuor di metafora, tra le diverse dottrine filosofiche non ce n'è nessuna che presenti un tratto discriminante a garanzia del proprio contenuto di verità, e che sia tale da far apparire superflua un'indagine approfondita.

ὅσοι γοῦν ἱερεῖς, ἄλλος ἄλλο εἶναι λέγουσιν καὶ οὐδὲ περὶ τῆς ὕλης αὐτῆς ὁμολογοῦσιν, ἀλλ' οἱ μὲν χαλκοῦ, οἱ δὲ ἀργύρου, οἱ δὲ χρυσοῦ, οἱ δὲ κασσιτέρου εἶναι αὐτὸ φάσκουσιν: la discussione sulla ὕλη costitutiva dell'oggetto sacro non è una precisazione secondaria, utile solo ai fini esornativi della similitudine. Licino, infatti, sottolineando l'eterogeneità dei materiali che potrebbero costituire l'articolo rubato, accenna alla diversità dei contenuti delle varie dottrine filosofiche, distinte non solo superficialmente tra di loro. Così come i sacerdoti esprimono opinioni contrastanti sulla materia di cui è fatto l'oggetto smarrito, allo stesso modo i filosofi si trovano divisi intorno alle dottrine specifiche della vera filosofia, assumendo posizioni contrapposte non facilmente dirimibili (§ 36). Cfr. il § 14, dove Licino induce Ermotimo a riconoscere non solo l'esistenza di numerosi filosofi, ma anche la considerevole diversità dei rispettivi principi (πάνυ διάφορα).

In questo passo Licino individua il tratto caratterizzante di ciascuna scuola di pensiero avvalendosi della parola ὕλη che, sin dall'età ellenistica, ha contrassegnato il conflitto relativo alla definizione dei domini di competenza propri della retorica e della filosofia. Da un lato i sostenitori della filosofia accusavano i retori di aver sottratto loro la propria materia di studio (come si evince già da Plat. *Gorg.* 455b-c e poi in Cic. *De or.* 1.41-44), fino a privare la filosofia di ogni efficacia culturale ed educativa. Dall'altro, invece, i retori criticavano aspramente la filosofia, il cui insegnamento risultava compromesso da una sostanziale vacuità (cfr. Cic. *De or.* 1.30-34, in cui Crasso parla a favore di un sapere retorico onnicomprensivo).

A proposito della ὕλη propria della filosofia vedi Epict. *Diss.* 1.15.1-4: configurandosi soprattutto come arte di vivere, il campo d'azione degli insegnamenti filosofici consiste soprattutto nella vita di ciascun individuo (τῆς περὶ βίον τέχνης ὕλη ὁ βίος αὐτοῦ ἑκάστου). In *Diss.* 4.8.12, invece, la ὕλη del filosofo è identificata nella ragione retta e intimamente ordinata. Cfr. *Diss.* 3.2.1 e 3.22.19-21. Sui rapporti tra retorica e filosofia ai tempi di Luciano vedi l'ampio contributo di Michel, 1993, pp. 3-78. Per Luciano, invece, vedi Nesselrath, 1985, pp. 168-170. In generale, sul concetto di ὕλη si considerino Isnardi Parente, 1966 e Cambiano, 1971.

Nei dialoghi socratici di Platone ricorre frequentemente la domanda relativa al contenuto, ovvero all'oggetto essenziale della virtù o della tecnica di volta in volta discussa (cfr. *Lach.* 192e: εἰς τί; *Charm.* 165e: τί καλὸν ἔργον; *Euthyd.* 291d-e e *Gorg.* 449a), intorno alla quale gli interlocutori spesso sostengono idee differenti, senza raggiungere sempre una piena concordia, determinando così l'esito aporetico della discussione. Su questa peculiarità della tecnica dialogica propriamente socratica vedi *supra*, pp. 73-75. Si noti che al § 7 Licino imita questa strategia argomentativa, avviando il vero dibattito con Ermotimo (ἔλεγε δὲ πρὸς θεῶν ποῖα τὰ περὶ αὐτῶν ἢ τίνα τὴν εὐδαιμονίαν εἶναι τὴν ἐκεῖ;).

ἀνάγκη τοίνυν ἅπαντας ἀποδῦσαι τοὺς εἰσελθόντας, εἰ βούλει εὑρεῖν τὸ ἀπολωλός. καὶ γὰρ ἂν παρὰ τῷ πρώτῳ εὐθὺς εὕρῃς φιάλην χρυσῆν, ἔτι καὶ τοὺς ἄλλους σοι ἀποδυτέον: Licino insiste sulla necessità di controllare accuratamente tutti i visitatori del tempio (cfr. i §§ 38 e 45). Il verbo ἀποδύειν è "*ein lukianisches Schlüsselwort*" (Nesselrath, 1985, p. 402), poiché ricorre in numerosi passi, raffigurando situazioni nelle quali uno o più personaggi sono costretti a spogliarsi per rivelare la propria reale identità. Nel caso in cui si tratti di filosofi, l'effetto ottenuto è smaccatamente ironico, dato che, sottratti all'aura solenne in cui sono solitamente immaginati, essi rivelano la loro vera natura, spesso solo apparentemente genuina. In *Vit. auct.* 6 il potenziale acquirente invita Pitagora a svestirsi (ἀπόδυθι, καὶ γυμνὸν γάρ σε ἰδεῖν βούλομαι), mentre in *Dial. mort.* 20.8 Menippo consiglia ad Ermes di spogliare il filosofo lì presente, convinto che sotto il suo mantello siano nascosti numerosi oggetti stravaganti (ἀπόδυσον καὶ τοῦτον· ὄψει γὰρ πολλὰ καὶ γελοῖα ὑπὸ τῷ ἱματίῳ σκεπόμενα). In *Eun.* 12 l'osservazione diretta del corpo dei filosofi è definita φιλοσοφίας ἀρίστη κρίσις e ἀπόδειξις ἀναντίλεκτος, mentre in *Cat.* 24 l'esame delle cicatrici presenti sul corpo del filosofo cinico denuncia le malvagità commesse in vita. Cfr. anche *Par.* 40.

Licino, invece, insiste sull'urgenza di un esame approfondito dei singoli filosofi e delle rispettive dottrine, rappresentate dagli oggetti trovati in possesso a quanti hanno fatto visita al tempio. Vedi *supra*, pp. 331-332.

εἰ δὲ καὶ μάλιστα γνώριμον γένοιτο ὡς φιάλη ἀπόλοιτο χρυσῆ, καὶ σὺ παρὰ τῷ πρώτῳ εὕροις φιάλην χρυσῆν ... οὐκ οἴει πολλὰς φιάλας εἶναι χρυσᾶς; Licino porta a compimento la *reductio ad absurdum* del suo discorso confutatorio: rigettando sia la forma sia la materia come criteri di riconoscimento per individuare l'oggetto sparito (considerato che esistono numerose coppe d'oro), egli impone la ricerca di un ulteriore e più efficace metodo di indagine.

Si noti la presenza reiterata dell'avverbio ἄδηλον. Esso appare soprattutto nelle parole di Licino, che esprime così tutta la sua incertezza rispetto alle affermazioni pronunciate dall'aspirante stoico. Cfr. i §§ 27, 34, 36, 39, 52, 66, 70. Sull'uso di questo avverbio come marcatore scettico nelle parole di Licino vedi *supra*, p. 317.

In Sext. *Adv. math.* 7.52 è attestata un'immagine simile a quella presente in questo passo. Sesto immagina che alcuni individui si mettano alla ricerca del manufatto d'oro in una casa buia e piena di cimeli. Ciascuno, imbattendosi in qualche oggetto, penserà di aver preso quello d'oro, nonostante nessuno possa esserne pienamente sicuro, anche nel caso in cui lo abbia realmente tra le mani. Allo stesso modo, conclude Sesto, nella turba dei filosofi alla ricerca della verità, chi ne sia venuto in possesso non può saperlo con certezza, poiché non esiste un criterio oggettivamente valido per poter discernere la verità. Su questo testo vedi Barnes, 1990, pp. 138-140. È plausibile, dunque, immaginare che Luciano abbia rielaborato un noto motivo scettico (cfr. il § 49), creando un'immagine nuova, adeguata a sottolineare le difficoltà imprescindibili nel riconoscimento della vera dottrina filosofica. Su questo passo vedi anche Praechter, 1892, p. 287.

L'aggettivo γνώριμος, invece, ha il significato di "ben noto, conosciuto" (cfr. Plat. *Rep.* 8.558c; Dem. 3.23). Si vedano i §§ 20, 59 e, generalmente, il resto delle occorrenze nel *corpus* di Luciano (*Calumn.* 7; *Ver. Hist.* 1.3; *Pisc.* 13, etc.). Al § 21, invece, questo stesso attributo indica qualcosa di "notevole importanza", che è un'accezione molto rara in riferimento a semplici oggetti (al contrario, οἱ γνώριμοι sono i notabili della classe dirigente. Cfr. Xen. *Hell.* 2.2.6 e Dem. 19.259).

§ 39) πᾶσα τοίνυν ἀνάγκη ἀπορεῖν ὅντινα ἱερόσυλον εἴπῃς: poiché non è chiaro quale sia l'oggetto sottratto al tempio, non è possibile identificare il profanatore artefice del furto. La parola ἱερόσυλος ricorre spesso in Luciano con un valore prevalentemente negativo: *Saturn.* 7; *Alex.* 55; *Dial. mort.* 24.1; *Peregr.* 24; *Tim.* 9; *Deor. conc.* 12; *Iupp. conf.* 8 *pass.*; *Iupp. trag.* 19, 35, 48 e *Pisc.* 14, là dove Platone definisce Parresiade come πάντων γε ἱεροσύλων ἀσεβέστατος per aver denigrato la filosofia con le sue parole beffarde (si veda Betz, 1961, p. 186, n. 3).

Nel nostro dialogo l'oggetto rubato corrisponde alla verità e i pellegrini ai filosofi affiliati alle varie scuole di pensiero, da cui consegue che il ladro sacrilego coincide con il filosofo in possesso della vera dottrina. In tal modo Licino lascia trasparire con maggiore chiarezza la sottile ironia che pervade l'intera similitudine ed è destinata a farsi più sprezzante nel corso della discussione.

τὸ δ' αἴτιον τῆς ἀγνοίας ἕν ἐστιν οἶμαι τὸ ἀνεπίγραφον εἶναι τὴν ἀπολομένην φιάλην: sin dal § 19 Licino ha individuato nell'assenza di un criterio di giudizio oggettivamente valido la causa di tutte le difficoltà comportate dal discernimento del filosofo migliore. Per questa ragione, non è facile individuare la strada migliore che conduca sulla cima del monte della virtù, ovvero la guida più affidabile per effettuare questo cammino (§§ 25-28). L'assenza di un segno distintivo che marchi in maniera ineccepibile il vero filosofo e la vera dottrina di pensiero ha come conseguenza la necessità di un esame completo di tutti gli indirizzi di pensiero esistenti, che è anche il *Leitmotiv* dell'intera discussione. I due interlocutori si mettono perciò alla ricerca di un metodo analitico efficiente, al fine di poter passare in rassegna in maniera rapida e produttiva tutte le dottrine di pensiero, rendendo concretamente praticabile una vita vissuta all'insegna della verità filosofica e della virtù. Inoltre, occorre evidenziare sin da ora che l'argomento decisivo dell'ἔλεγχος di Licino insiste proprio sulla mancanza di un segno distintivo della verità, che non può essere presupposta tra gli insegnamenti impartiti dalle varie scuole filosofiche esistenti, visto che potrebbe darsi anche il caso che essa sia rimasta all'oscuro di tutti i filosofi (§§ 66-67). L'argomento del segno, dunque, attraversa l'intera discussione, segnandone le tappe fondamentali fino alla sua conclusione aporetica. Sulla rilevanza di questo argomento nel dibattito filosofico contemporaneo di Luciano, vedi *supra*, pp. 254-255.

οἶμαι δέ σε, ὦ Ἑρμότιμε, καὶ ἀγῶνας ἤδη γυμνικοὺς ἑωρακέναι πολλάκις ... ἐπεθύμουν γὰρ ἐγγύθεν ἅπαντα ὁρᾶν τὰ παρὰ τοῖς Ἑλλανοδίκαις γιγνόμενα: Licino ritiene conclusa la discussione sulla similitudine della coppa rubata e ne introduce *ex abrupto* una nuova. Si tratta di un'immagine ispirata agli agoni ginnici che, in realtà, riprende una scena introdotta poco prima nel dibattito. Al § 33 lo stesso Licino delinea l'immagine di un atleta, invitando Ermotimo a giudicarlo nelle vesti di un agonoteta (εὐθὺς ἀνακηρύξει αὐτὸν ἀγωνοθέτης ὤν). In questo caso, invece, è data particolare attenzione al metodo impiegato dai giudici Ellanodici per la formazione delle coppie di atleti in occasione dei giochi olimpici. Cfr. *infra*, pp. 361-363. Tutti questi procedimenti erano probabilmente noti al pubblico lucianeo, che avrebbe potuto verificare facilmente la veridicità di quanto viene riportato. Citazioni generiche di agonoteti sono anche in *Ver. Hist.* 2.22 (in occasione delle Θανατούσια celebrate sull'isola dei Beati, Achille e Teseo sono i giudici di gara), *Nigr.* 14; *Salt.* 32 e *Alex.* 60. Cfr. *Peregr.* 31 e *Pro imag.* 11, in cui il riferimento a tali giudici resta meramente esornativo (Anderson, 1976[1], p. 56 parla di un "*antique touch*" introdotto nel discorso dove sono citati). In generale, sui giudici olimpici vedi anche Pind. *Ol.* 3.12 e Paus. 5.9.5. Sull'uso di scene sportive nell'argomentazione dei dialoghi lucianei vedi Schmidt, 1897, pp. 28-32 e la dettagliata analisi di Angeli Bernardini, 1995, soprattutto in riferimento all'*Anacharsis*.

Si noti che in questo caso Licino invita Ermotimo ad attenersi alla sua esperienza personale, riferendo quanto ha visto e constatato in prima persona. Analogamente, in *Salt.* 5 lo stesso Licino invita Cratone a tralasciare il suo pregiudizio sulla danza e a confidare esclusivamente sulla sua esperienza personale. Solo nel caso in cui egli stesso abbia assistito a spettacoli di danza sconvenienti potrebbe formulare a ragione un giudizio negativo, altrimenti potrebbe correre il rischio di esprimere ingiustamente un giudizio infondato. Sulla maggiore attendibilità dell'autopsia rispetto ad altri metodi di indagine vedi *Ver. Hist.* 1.4 (la vista garantisce la verità dei fatti narrati o delle situazioni descritte) e *Hist. conscr.* 47 (lo storico acquisisce maggiore autorevolezza soprattutto quando riporta avvenimenti di cui è stato diretto testimone). Su questo argomento si veda von Möllendorff, 1998, pp. 53-56 e Porod, 2013, pp. 549-553. A proposito della vista intesa come la condizione imprescindibile per avviare l'osservazione e, di conseguenza, l'azione satirica vedi *supra*, p. 281.

Solanus propone di identificare Evandride di Elea citato da Ermotimo con il personaggio pressoché omonimo di cui parla Pausania (6.8.1: Εὐανορίδα δὲ Ἠλείῳ πάλης ἐν παισὶν ὑπῆρξεν ἔν τε Ὀλυμπίᾳ καὶ Νεμείων νίκη· γενόμενος δὲ Ἑλλανοδίκης ἔγραψε καὶ οὗτος τὰ ὀνόματα ἐν Ὀλυμπίᾳ τῶν νενικηκότων), presentandolo in qualità di giudice Ellanodico. Polibio (5.94), invece, fa cenno ad un personaggio omonimo, che è uno dei notabili presi in ostaggio dagli Achei a conclusione della guerra sociale nel 217 a.C. Nonostante le figure ricorrenti nell'opera dei due storici siano identificate nel medesimo soggetto (cfr. Müller, fr. *Hist. Gr.*

IV, 407 e Dittenberger, *IvO* 299), è inverosimile pensare che Luciano faccia riferimento ad una personalità del passato che, rievocata nel contesto del nostro dialogo, risulterebbe, almeno sulla base dell'evidenza delle fonti disponibili, poco significativa.

Critica testuale

§ 37) πρόδηλον γὰρ ὡς οὐκ ἔχει ... πρόδηλον γάρ: il secondo γάρ non appare coerentemente in tutta la tradizione manoscritta (EΩG). Reitz preferisce non stamparlo, mentre Solanus propone di emendarlo in γε. La ripetizione, in realtà, non risulta gravosa per il testo, poiché contribuisce a mettere in rilievo l'alternarsi delle battute dei due interlocutori nel corso del dialogo. Inoltre, nella coppia di battute successive, Licino ripete il verbo ἔχειν (ἔχει γάρ), impiegato immediatamente prima da Ermotimo (εἴ γε μὴ εὕροιμεν ἐν τῷ τοῦ προτέρου κόλπῳ ὁ ἕτερος πάντως ἔχει), palesando così il suo consenso alle parole pronunciate dal proprio interlocutore.

§ 38) ἢ εἰ ὅλως γνώριμον ὑμῖν εἴη: la congiunzione εἰ è attestata solo in una parte della tradizione manoscritta (Ω), accolta da Reitz, Bekker e Fritzsche. Quest'ultimo, in modo particolare, ritiene la lezione di ΓEL e T (ἢ ὅλως), accolta da Macleod, "*male quidem*". Difatti in questo passo il testo trae beneficio dalla ripetizione della congiunzione ipotetica εἰ. La proposizione disgiuntiva introdotta da ἢ risulta così esplicitamente connessa a quelle precedenti (εἴ γε εὕροιτε καὶ εὑρόντες ἔχοιτε εἰδέναι), insieme alle quali ripartisce le varie condizioni imprescindibili per poter considerare conclusa la ricerca presso gli Stoici. Probabilmente, a causa del fenomeno dell'itacismo, che ha comportato la medesima pronuncia delle due parole (ἢ e εἰ), la seconda è stata omessa inavvertitamente o perché avvertita come un'inutile ripetizione. A proposito di questo fenomeno nella tradizione testuale del nostro dialogo vedi *supra*, p. 319.

§§ 40-44) Ermotimo fornisce una descrizione molto dettagliata del metodo utilizzato dagli Ellanodici per la composizione delle coppie di atleti nella lotta o nel pancrazio.

In un primo momento vengono inseriti in un'urna due tasselli per ciascuna lettera dell'alfabeto, quindi gli atleti si avvicinano all'urna ed eseguono la propria estrazione. Non appena conclusa questa operazione, il giudice di gara verifica le lettere in possesso di ciascun atleta, appaiando quelli con la medesima lettera. Nel caso in cui questi siano in numero dispari, nell'urna resterà la lettera impressa su un solo tassello: chi l'estrarrà, sarà l'efedro e resterà fermo un turno. Licino sostiene che per individuare la lettera e, quindi, l'atleta spaiati sia necessaria una rassegna preliminare di tutti i concorrenti e la composizione di tutte le coppie possibili. Ermotimo, al contrario, è certo di aver trovato una soluzione più rapida alla questione: partendo dal presupposto che le lettere impresse sui tasselli introdotti nell'urna seguano l'ordine alfabetico, egli arriva agevolmente alla conclusione che, se gli atleti fossero nove, resterebbe senza antagonista chi estrae la lettera E. Licino, da par suo, rifiuta qualsiasi ordine prestabilito, precludendo così ogni eventuale deduzione automatica dell'efedro. Inoltre, se sulle tessere, al posto dei numeri, fossero incisi dei segni complessi come i geroglifici egiziani o, più semplicemente, delle immagini, prima di individuare la figura disegnata su una sola tessera occorrerebbe ispezionarle tutte, mettendole in coppia.

In riferimento all'argomento centrale della conversazione, Ermotimo cerca espedienti che giustifichino la validità di un esame parziale, che è il modo in cui ha compiuto la sua scelta in favore dello Stoicismo. Al contrario, Licino insiste nel dimostrare l'opportunità di una conoscenza approfondita di tutte le correnti filosofiche, presentandola come l'unico presupposto valido per compiere una scelta fondata ed attendibile.

§ 40) Κάλπις ἀργυρᾶ πρόκειται ἱερὰ τοῦ θεοῦ. ἐς ταύτην ἐμβάλλονται κλῆροι μικροί, ὅσον δὴ κυαμιαῖοι τὸ μέγεθος, ἐπιγεγραμμένοι: il susseguirsi delle varie similitudini persegue una logica interna ben precisa. La scena dell'offerta sottratta al tesoro del tempio si è conclusa con l'esplicita enunciazione della necessità di un esame scrupoloso dei pellegrini e dei differenti oggetti trovati in loro possesso. Tra questi manufatti è apparso impossibile individuare quello sacro dato che, in assenza di qualsiasi segno di riconoscimento inciso sull'oggetto ricercato, non sarebbe possibile dimostrare la provenienza di nessuno degli oggetti risultanti dalla perquisizione (§ 39: τὸ δ' αἴτιον τῆς ἀγνοίας ἕν ἐστιν οἶμαι τὸ ἀνεπίγραφον εἶναι).

Ermotimo introduce ora una nuova immagine, rappresentando un certo numero di tessere raccolte in un'urna, recanti ciascuna l'iscrizione di una lettera dell'alfabeto (κλῆροι ἐπιγεγραμμένοι). Grazie a questi tasselli incisi, in occasione delle gare ginniche, era possibile formare le coppie degli atleti, individuando quello spaiato, che sarebbe rimasto fermo per un turno. Nonostante una certa affinità tra le due similitudini, vi è tuttavia una notevole differenza tra le rispettive immagini. Mentre nel caso della coppa sacra Licino auspicava la presenza di un'iscrizione, presentandola come l'unica soluzione possibile alla ricerca dell'oggetto smarrito, in questo caso egli dimostra che l'iscrizione sulle tessere non è sufficiente a garantire una conoscenza immediata e certa dell'atleta spaiato. Al contrario, si impone di nuovo l'esigenza di un esame complessivo e dettagliato di tutte le tessere, cui Ermotimo aveva cercato di sottrarsi. Sui tentativi di Ermotimo volti a giustificare la validità di una conoscenza parziale vedi *supra*, pp. 326-327.

La parola κλῆρος designa la sorte, vale a dire una tessera o un pezzo di legno, di pietra o di conchiglia usato per prendere delle decisioni o assegnare degli incarichi tramite sorteggio. Questa pratica è ampiamente descritta in Omero, che ritrae tessere incise con dei semplici segni (*Il.* 3.325; 7.182). Altri autori accennano alla medesima consuetudine, associandola spesso a differenti metodi di selezione (vedi Hdt. 3.83.2: δῆλα γὰρ δὴ ὅτι δεῖ ἕνα γέ τινα ἡμέων βασιλέα γενέσθαι, ἤτοι κλήρῳ γε λαχόντα ... ἢ ἄλλῃ τινὶ μηχανῇ; Ps.-Xen. *Ath.* 1.2: δοκεῖ δίκαιον εἶναι πᾶσι τῶν ἀρχῶν μετεῖναι ἔν τε τῷ κλήρῳ καὶ ἐν τῇ χειροτονίᾳ. Cfr. anche Plat. *Rep.* 10.619d e Ar. *Pol.* 4.15.1300a19).

Inoltre, il sostantivo κλῆρος non è del tutto estraneo al contesto dei giochi ginnici, visto che appare in un'iscrizione del II sec. d.C. in riferimento ad una gara di pancrazio (*SIG* 1073.29: πάντας ἀνέφεδρος ἐπαγκρατίασε τοὺς κλήρους). In questo caso si parla dell'atleta che non è mai rimasto fermo, gareggiando in tutti i turni del pancrazio: Ermotimo, dunque, descrive presumibilmente una pratica invalsa nell'uso del suo tempo, seguendo l'invito di Licino a raccontare ciò che ha potuto sperimentare in prima persona.

παρεστὼς μαστιγοφόρος ἑκάστῳ ἀνέχει αὐτοῦ τὴν χεῖρα οὐ παρέχων ἀναγνῶναι ὅ τι τὸ γράμμα ἐστὶν ὃ ἀνέσπακεν: si tratta di un supplemento, non strettamente necessario ai fini della similitudine, che rivela l'attenzione di Ermotimo ai dettagli dell'immagine rappresentata, in modo da renderla di gran lunga più concreta e credibile. I μαστιγοφόροι erano ufficiali preposti al controllo dell'esecuzione ordinata e corretta dei sorteggi, pronti a punire con la loro sferza chiunque commettesse delle irregolarità durante lo svolgimento delle procedure. In Luciano si trovano altri riferimenti a queste figure nella cornice degli agoni teatrali. In *Pisc.* 33 gli attori che recitano male la parte degli dei sono destinati ad essere fustigati (ἤν τις ὑποκριτὴς Ἀθηνᾶν ἢ Ποσειδῶνα ἢ τὸν Δία ὑποδεδυκὼς μὴ καλῶς ὑποκρίνηται μηδὲ κατ' ἀξίαν τῶν θεῶν ... ἐπέτρεψαν παίειν τοῖς μαστιγοφόροις), mentre in *Adv. ind.* 9 il cantore Evangelo viene punito a causa della *performance* grottesca tenuta in occasione dei giochi pitici (ὅπερ καὶ γελοιότατος ὤφθη δακρύων ὁ χρυσοῦς Εὐάγγελος καὶ ὑπὸ τῶν μαστιγοφόρων συρόμενος διὰ μέσης τῆς σκηνῆς). Su queste figure vedi anche Thuc. 4.47.3; Xen. *Cyr.* 8.3.9 e Ar. *Ath.* 35.1, ove appaiono in contesti del tutto differenti.

γράμμα τι περιττὸν ἑνὶ κλήρῳ ἐγγραφέν ... ὃς δ' ἂν τοῦτο ἀνασπάσῃ ἐφεδρεύει περιμένων ἔστ' ἂν ἐκεῖνοι ἀγωνίσωνται· οὐ γὰρ ἔχει τὸ ἀντίγραμμα: Ermotimo indugia con una certa ridondanza sulla descrizione dell'atleta spaiato: si tratta di colui che ha estratto la tessera recante la lettera priva di un suo doppione, destinata, dunque, a non poter essere abbinata con nessun'altra tra le tessere presenti nell'urna (ἀντίγραφον ἄλλο οὐκ ἔχον). Sull'eloquio a tratti enfatico di Ermotimo vedi *infra*, p. 364.

Il verbo ἐφεδρεύω indica l'attesa vigilante del momento opportuno in cui tendere l'agguato ad un nemico (Thuc. 4.71.1 e 8.92.8), nonché il semplice atto di stare seduti (Eur. *Hel.* 55). Esclusivamente in questo passo lucianeo il verbo serve a ritrarre l'atleta in attesa del proprio turno, il che corrisponde al valore semantico assunto dal sostantivo ἐφεδρεία nell'opera di Platone (*Leg.* 7.819b), in cui specifica il momento di attesa degli atleti in alternanza all'appaiamento per sorteggio (σύλληξις).

Si noti, infine, l'uso della particella ἄν. Nel primo caso (ἂν τοῦτο ἀνασπάσῃ), in unione con il congiuntivo aoristo, essa riproduce un'azione iterativa, poiché Ermotimo sta descrivendo una pratica divenuta ormai consuetudinaria (vedi *supra*, p. 359). Nel secondo, invece, insieme alla congiunzione ἔστε, e seguita dal congiuntivo (ἔστ' ἂν ἐκεῖνοι ἀγωνίσωνται), la particella designa un'azione durativa priva di un valore temporale specifico. In tal senso, ἔστ' ἄν corrisponde maggiormente al latino *quamdiu* piuttosto che a *donec*. Vedi Schwyzer - Debrunner, 1950, vol. I, p. 629 e vol. II, p. 657.

§ 41) Licino ed Ermotimo si soffermano sul metodo più opportuno per individuare l'atleta spaiato, il cosiddetto efedro, nel caso in cui gli avversari fossero in numero dispari. Nonostante i due interlocutori continuino a parlare di tessere, esse diventano (come nel caso della coppa: vedi i §§ 38-39) solo il pretesto per verificare la validità logica delle argomentazioni avanzate alternativamente da entrambi. Queste argomentazioni sono tanto più significative considerando che l'atleta spaiato rappresenta la filosofia vera ricercata sin dall'inizio del dialogo. Tuttavia, in questo caso, affiora con maggiore evidenza il vero tema della discussione: non si tratta semplicemente della vera filosofia, bensì del metodo di ricerca che consenta di fornire una solida giustificazione ad una scelta filosofica specifica. In tal senso è condivisibile il rinvenimento di un innalzamento dell'"*Abstraktionsgrad der Überlegung*" (von Möllendorff, 2000[1], p. 166, n. 84) in questa sezione del discorso, benché non si raggiungano toni di mera speculazione teorica. Inoltre, in questo frangente si fa chiaro il contrasto tra le posizioni dei due interlocutori: mentre Licino predilige una concezione della conoscenza sistematica e complessiva, Ermotimo propende per un procedimento conoscitivo parziale, nel tentativo di giustificare la scelta arbitraria compiuta a favore della scuola stoica (cfr. i §§ 48-49).

ἔχ' ἀτρέμα: questo sintagma ricorre spesso, seppure con lievi variazioni, nelle commedie di Aristofane, soprattutto all'inizio di un verso, al fine di trattenere uno dei personaggi presenti sulla scena (*Av.* 1200: ἔχ' ἀτρέμας), oppure di ridurre la tensione accumulata nel corso del dramma (*Nub.* 743: ἔχ' ἀτρέμα; *Ran.*

339; *Av.* 1244 e *Thesm.* 230). Cfr. anche Arist. fr. 592.15 K.-A. e Pherecr. fr. 6 K.-A. A questo proposito vedi Guidorizzi, 1996, p. 282. Nel nostro passo, dunque, Licino arresta la lunga e impetuosa battuta del suo interlocutore, suggerendogli di concentrarsi su un aspetto specifico della scena appena descritta. Questa espressione appare con una funzione affine anche in *Imag.* 10 e *Cont.* 7. Cfr. Max. *Orr.* 11.2 e 27.2, dove accentua il tono diatribico delle orazioni.

βούλομαι γάρ σε Ἑλλανοδίκην ἀντὶ θεατοῦ ποιῆσαι: poco prima, introducendo la similitudine dei giochi olimpici, Licino ha invitato Ermotimo ad attenersi alla sua esperienza personale relativa all'organizzazione delle coppie degli atleti (§ 40: ἃ δὲ εἶδες ἐγγύθεν, ἐκεῖνα λέγε). In questo momento, però, Licino chiede al suo interlocutore di tralasciare il punto di vista di un semplice spettatore (cfr. *Anach.* 11-12: Solone ed Anacarsi discutono sulla percezione delle *performance* degli atleti da parte degli astanti alle gare ginniche) e di adottare quello di uno dei giudici di gara affinché la portata semantica dell'immagine descritta risulti più attendibile. Cfr. *Dom.* 6, in cui la sensibilità della percezione di uno spettatore, lungi dall'essere obiettiva, appare fortemente condizionata dalla sua formazione culturale (τούτου δὲ τοῦ οἴκου τὸ κάλλος … εὐφυοῦς θεατοῦ δεόμενον καὶ ὅτῳ μὴ ἐν τῇ ὄψει ἡ κρίσις, ἀλλά τις καὶ λογισμὸς ἐπακολουθεῖ τοῖς βλεπομένοις).

La semplice osservazione, dunque, si qualifica come un'operazione superficiale o soggettiva, che non tiene conto della complessità dell'oggetto esaminato. Pertanto, Licino incita Ermotimo a non restare testimone acritico delle procedure espletate dagli Ellanodici, bensì a descriverle con la massima consapevolezza, assumendo lo stesso punto di vista dei giudici di gara. In definitiva, per l'aspirante filosofo non basta solo l'osservazione o la rapida considerazione dei singoli filosofi: al contrario, per operare una scelta fondata è necessaria una facoltà di giudizio che sia in grado di discernere il vero oltre le forme apparenti. Si veda Gassino, 2002, pp. 167-177 e Camerotto, 2014, pp. 48-50.

οὐ πρότερον οἶμαι μάθοις ἂν ὅστις ὁ ἔφεδρός ἐστιν, ἢν μὴ ἐπὶ πάντας ἔλθῃς καὶ συζεύξῃς αὐτούς: il vantaggio di una conoscenza complessiva di tutte le dottrine filosofiche è uno dei *Leitmotiv* del dialogo, su cui Licino ritorna a più riprese: §§ 38 (δεήσει δὴ ἐπὶ πάντας ἰέναι); 42 (δεήσει ἐπὶ πάντας ἐν κύκλῳ ἐλθόντα ἰδεῖν); 43 (ἢν μὴ ἐπὶ πάντας ἐλθὼν εὕρῃς οὐδὲν αὐτῷ συμφωνοῦν); 44 (ἢν μὴ παραθεωρήσῃς ἅπαντας); 52 (εἰ μὴ ἐπὶ πάντα ἴοι τις πειρώμενος); 54 (τὸ μὲν ἐπὶ πάντας ἐλθεῖν χρῆναι).

Nonostante una certa ridondanza espressiva (vedi *supra*, pp. 176 e 363; e *infra*, p. 368), Ermotimo si avvale di un lessico piano per descrivere le operazioni compiute dal giudice di gara (§ 40: τὸν μὲν τὸ ἄλφα ἔχοντα τῷ τὸ ἕτερον ἄλφα ἀνεσπακότι παλαίειν ἢ παγκρατιάζειν **συνάπτει**). Licino, invece, in questo passo sostituisce il verbo συνάπτω con συζεύγνυμι, che è senz'altro più pregnante del primo, poiché significa originariamente "aggiogare un animale ad un carro" (Hom. *Il.* 24.783; *Od.* 15.47), da cui deriva l'uso traslato largamente attestato (Hdt. 7.33; Eur. *Hel.* 255; Plat. *Rep.* 8.546c; Ar. *Eth. Nic.* 10.8.1178a16). Ancora una volta, Licino si mostra incline ad un registro stilistico che segni uno scarto rispetto a quello del suo interlocutore, rendendo il dialogo più vivace ed incisivo (vedi anche i §§ 1-2 e *supra*, p. 179).

ἀδύνατόν ἐστιν εὐθὺς εὑρεῖν τὸ γράμμα ἐκεῖνο τὸ δηλοῦν τὸν ἔφεδρον ... οὐ γὰρ προείρηται ὅτι τὸ Κ ἢ τὸ Μ ἢ τὸ Ι ἐστὶν τὸ χειροτονοῦν τὸν ἔφεδρον: come nel caso dell'oggetto rubato, Licino ammette che si potrebbe incappare subito nella lettera spaiata ma, in mancanza di un criterio di giudizio oggettivamente valido, questa non potrebbe essere riconosciuta. In riferimento alla filosofia, Licino rimarca nuovamente le difficoltà insite nella ricerca della vera dottrina: non si tratta tanto degli impedimenti frapposti al suo raggiungimento, quanto di quelli che ne ostacolano il riconoscimento (al § 28 Licino ammette, in via ipotetica, che la filosofia vera è stata già svelata ma, in mancanza di strumenti critici adeguati, non può essere riconosciuta da chi ne sia venuto in possesso). Sul concetto di ἄδηλον ricorrente in questo passo vedi *supra*, p. 357.

§ 42) καὶ μήν, ὦ Λυκῖνε, ῥᾳδίως ἂν μάθοιμι ... ὅτι μόνον ἂν οὕτω περιττὸν εἴη τὸ ἑξῆς γράμμα τὸ Ε, καὶ ὁ τοῦτο ἀνεσπακὼς ἔφεδρός ἐστιν: Ermotimo descrive il metodo di composizione delle coppie in base all'ordine alfabetico: se gli atleti fossero nove, i primi otto sarebbero appaiati secondo le prime quattro lettere dell'alfabeto, mentre il nono rappresenterebbe l'ἔφεδρος. Così facendo, Ermotimo non compie una scelta arbitraria, perché riflette la consuetudine, propriamente greca, di contare con le lettere dell'alfabeto, diffusa a partire dal V sec. a.C., in sostituzione a quella impiegata precedentemente, e di gran lunga più complessa. Si tratta del sistema di numerazione ionica, fondato sulla corrispondenza univoca tra un segno alfabetico ed uno numerico, che prevedeva l'integrazione di lettere molto antiche (su questo argomento vedi Gow, 1884, pp. 42-43 e Menninger, 1958, pp. 67-79). Nonostante Ermotimo faccia ricorso ad una prassi largamente testimoniata nell'uso comune, Licino rivendica la mancanza di qualsiasi ordine prestabilito nella scelta delle lettere impresse sulle tessere, vanificando i tentativi dell'aspirante stoico volti ad individuare un metodo di ricerca rapido ed efficace.

§ 43) τί δέ, εἰ ἐξελόντες ἀτάκτως πέντε γράμματα ἐξ ἁπάντων ... τί ποιήσεις πρῶτον εὑρὼν τὸ Ζ; ... οὐ γὰρ εἶχες ὥσπερ νῦν τῇ τάξει αὐτῶν τεκμαίρεσθαι: al contrario di quanto è accaduto ai §§ 35 e 38 (rispettivamente a proposito del calcolo matematico e dell'oggetto sottratto dal tesoro del tempio), in questo caso Licino interviene attivamente nella discussione dell'immagine, rendendo la similitudine più coerente al tema discusso. Egli, infatti, rifiuta l'ordine alfabetico (κατὰ τὴν τάξιν) supposto arbitrariamente da Ermotimo, considerando l'eventualità in cui non vi sia nessun assetto prestabilito (ἀτάκτως), il che impedirebbe all'ἔφεδρος di apparire immediatamente con assoluta certezza. Fuor di metafora, Licino respinge un metodo di ricerca che avrebbe concesso a Ermotimo di dare adeguata giustificazione alla sua scelta filosofica, sottraendosi all'indagine lunga e faticosa di tutte le scuole di pensiero esistenti. Similmente, al § 61 Licino corregge l'analogia delineata poco prima da Ermotimo, proponendogli di considerare non più una botte piena di un liquido omogeneo come il vino, bensì una ricolma di semi di diversa natura, in modo da rendere l'immagine più adeguata a rappresentare il contenuto composito della filosofia, che è al centro dell'indagine del dialogo (vedi *infra*, pp. 441-442).

Una parte rilevante della strategia argomentativa messa in atto da Licino si fonda sulla correzione o variazione delle similitudini introdotte da Ermotimo. In tal modo, lo scettico riesce a rettificare o confutare in maniera indiretta, ma non meno efficace, la posizione assunta dal suo avversario, evitando di conferire alla discussione un tenore eccessivamente teorico. Vedi anche *Iupp. trag.* 49-51: l'epicureo Damide mette in evidenza la carenza logica della similitudine della nave delineata dallo stoico Timocle (τὸ τῆς νεὼς τοῦτο παράδειγμα κινδυνεύει περιτετράφθαι κακοῦ τοῦ κυβερνήτου τετυχηκός), che cerca di deviare l'attenzione su un'altra immagine. Poco prima, invece, Zeus si era espresso in termini positivi sulla similitudine apportata da Timocle, il che contribuisce a incrementare la portata ironica del passo (*ivi* 46: συνετῶς ὁ Τιμοκλῆς ταῦτα καὶ ἰσχυρῷ τῷ παραδείγματι). In *Icar.* 19, d'altronde, Menippo sembra prevenire le critiche del suo interlocutore, mostrandosi pronto a difendere la similitudine abbozzata poco prima (εἰ δέ σοι μικρὸν δοκεῖ τὸ παράδειγμα, τὸ ἀνθρώπους εἰκάσαι τῇ μυρμήκων πολιτείᾳ, τοὺς παλαιοὺς μύθους ἐπίσκεψαι τῶν Θετταλῶν κτλ.). Cfr. *Salt.* 4, in cui lo stesso Licino rimprovera a Cratone di aver introdotto l'esempio dei Lotofagi e l'immagine delle Sirene senza un nesso logico stringente con il tema principale della discussione (τό γε παράδειγμα, τὴν τῶν Λωτοφάγων καὶ Σειρήνων εἰκόνα, πάνυ ἀνομοιοτάτην μοι δοκεῖς εἰρηκέναι ὧν πέπονθα). A tal proposito vedi Joly, 1981, pp. 417-426, che, limitando la sua analisi all'*Hermotimus*, arriva a considerare questa tecnica discorsivo-argomentativa come una peculiarità esclusiva del nostro dialogo. Vedi anche la discussione *supra*, p. 199.

Cfr. Sen. *Ep.* 92.21: il filosofo rifiuta l'immagine addotta dai suoi avversari ("*imago ista dissimilis est*"), suggerendo delle rettifiche che la rendano più adeguata al contesto della discussione.

Sull'uso del verbo τεκμαίρεσθαι vedi i §§ 1, 15 (τίνι ταῦτα ἐτεκμαίρου τότε;) e 19 (εἰ δὲ καὶ ὅτι μάλιστα χρὴ τεκμαίρεσθαι τοῖς τοιούτοις, τί ἂν πάθοι τις, εἰ τυφλὸς ὧν ἐπιθυμοίη φιλοσοφεῖν;), dove compare nelle battute pronunciate da Licino nel tentativo di sondare la solidità della scelta stoica di Ermotimo.

§ 44) τί γάρ εἰ μηδὲ γράμματα γράφοιμεν ἐπὶ τῶν κλήρων ἀλλά τινα σημεῖα καὶ χαρακτῆρας, οἷα πολλὰ Αἰγύπτιοι γράφουσιν ἀντὶ τῶν γραμμάτων —κυνοκεφάλους τινὰς καὶ λεοντοκεφάλους ἀνθρώπους; Licino propone al suo interlocutore di immaginare dei tasselli recanti non più lettere, bensì segni o figure, come potrebbe essere il caso dei geroglifici egizi. Egli apporta a tal proposito due esempi: i κυνοκέφαλοι e i λεοντοκέφαλοι.

I primi sono citati anche in *Tox.* 28 e *Iupp. trag.* 42 come figure sacre agli antichi Egizi, mentre in *Deor. conc.* 11 appaiono nelle parole di Momo con un accenno evidentemente ironico (πάνυ γοῦν μυστηρίων, ὦ Ζεῦ, δεῖ ἡμῖν, ὡς εἰδέναι θεοὺς μὲν τοὺς θεούς, κυνοκεφάλους δὲ τοὺς κυνοκεφάλους). In Hdt. 4.191.4 queste immagini, ricondotte ad un contesto prevalentemente libico, possono designare sia delle scimmie sia dei popoli primitivi, senza escludere l'eventualità che si tratti di mostri concepiti dalla ricca mitologia antica. A tal proposito si veda Corcella, 1993, p. 381.

I λεοντοκέφαλοι, invece, sono attestati soprattutto su materiale epigrafico, in riferimento alle figure decorative delle gargolle dei templi (*SIG* 241.107, 117; *IG* 2².1627.303; *IG* 4²(1) 102.294, 303). Cfr. Plut. *Them.* 30, in cui funge da nome proprio di un villaggio.

οὐκ ἔχω ὅ τι σοι ἀποκρίνωμαι, ὦ Λυκῖνε: cfr. il § 43: δυσαπόκριτον τοῦτο ἐρωτᾷς. La confutazione sempre più stringente induce Ermotimo ad ammettere la difficoltà nel trovare una risposta adeguata alle obiezioni ricevute dal suo interlocutore. Evidentemente, il dialogo sarebbe potuto terminare anche in questo momento, assicurando a Licino una piena superiorità argomentativa su Ermotimo. Tuttavia, Licino intende proseguire la discussione in modo da approfondire la portata del suo ἔλεγχος, rendendolo non solo più persuasivo, ma anche più incisivo nei suoi riflessi drammatici. Vedi *infra*, § 86, pp. 573-574.

In *Vit. auct.* 22 il compratore, dinanzi ad un sillogismo pronunciato da Crisippo, risponde con le medesime parole di Ermotimo: δυσαπόκριτον ἐρωτᾷς. ἀπορῶ γὰρ ὁπότερον εἰπὼν ἀπολάβοιμι. L'aggettivo δυσαπόκριτος, oltre a queste due attestazioni lucianee, appare solo in Philostr. *VA* 8.5: si tratta di un ulteriore segnale del linguaggio selettivo tipico di Ermotimo, coerentemente al carattere elitario della sua formazione filosofica. Sul lessico ricercato dell'aspirante stoico vedi *infra*, p. 477.

Critica testuale

§ 40) κάλπις ἀργυρᾶ πρόκειται ἱερὰ τοῦ θεοῦ ... ἔστι τοῦτο οὐ μικρά τις εὐτυχία τοῦ ἀθλητοῦ, τὸ μέλλειν ἀκμῆτα τοῖς κεκμηκόσι συμπεσεῖσθαι: il lungo intervento di Ermotimo al § 40 può apparire inutilmente ripetitivo. Ad una spiegazione alquanto sovrabbondante (ἐγγράφεται δὲ ἐς δύο μὲν <τὸ> ἄλφα ἐν ἑκατέρῳ: su questo passo vedi Nesselrath, 1990[1], p. 508) segue un'affermazione tautologica di quanto è stato asserito nel periodo precedente (καὶ ἑξῆς κατὰ τὰ αὐτά ... δύο ἀεὶ κλῆροι τὸ αὐτὸ γράμμα ἔχοντες). In prossimità della fine della battuta, Ermotimo insiste sulla descrizione meticolosa dell'atleta spaiato: ἀντίγραφον ἄλλο οὐκ ἔχον e οὐ γὰρ ἔχει τὸ ἀντίγραμμα. La raffigurazione estremamente precisa e alquanto reboante degli arbitri è indicativa della smania intellettuale propria dell'aspirante stoico (cfr. il § 1, là dove, sin dalla sua comparsa sulla scena, Ermotimo manifesta un'espressività particolarmente pedante e prolissa, che lascia trasparire la laboriosità concettuale della sua formazione filosofica: τὴν χθιζὴν συνουσίαν καὶ ἃ εἶπε πρὸς ἡμᾶς, ἀνεπεμπαζόμην ἐπιὼν τῇ μνήμῃ ἕκαστα). Vedi *supra*, p. 176.

τὸν δὲ τὸ βῆτα τῷ τὸ βῆτα ὁμοίως ... κατὰ ταὐτά: l'articolo τῷ, assente dai codici più antichi (ΓΕL) e riportato nei *recentiores*, è stato accolto da tutti gli editori. Sulla base di questo dativo Fritzsche congettura τοῖς ὁμογράμμοις, correggendo la lezione dei manoscritti τοὺς ὁμογράμμους, stampata da Macleod. Benché il dativo stabilisca un parallelismo significativo con la struttura sintattica precedente (τὸν μὲν τὸ ἄλφα ἔχοντα τῷ τὸ ἕτερον ἄλφα ... τὸν δὲ τὸ βῆτα τῷ τὸ βῆτα), l'accusativo risulta pienamente giustificato. La descrizione dell'appaiamento delle tessere, infatti, dopo l'esempio di α e β, sembra arrestarsi in un riferimento generico al resto delle tessere recanti la stessa lettera, per le quali si ritiene valido il procedimento descritto dettagliatamente poco prima (καὶ τοὺς ἄλλους τοὺς ὁμογράμμους κατὰ ταὐτά). Cfr. Nesselrath, 1990[1], p. 504.

§ 41) ἐπισκόπησον τὰ γράμματα: la tradizione manoscritta attesta da un lato il presente congiuntivo (E: ἐπισκοπῇς) e dall'altro il presente indicativo (ἐπισκοπεῖς, nel resto dei testimoni più antichi), che è una divergenza provocata evidentemente dal fenomeno dell'itacismo. Mentre il congiuntivo è rimasto del tutto inosservato, l'indicativo appare nelle edizioni di Jacobitz, Bekker, Fritzsche, Sommerbrodt e Kilburn. Reitz, Macleod e von Möllendorff, invece, preferiscono l'imperativo aoristo, presente nelle edizioni più antiche, e considerato da Fritzsche come inutile ripetizione prodotta per analogia al § 44 (ἰδοὺ δὴ καὶ ἑτέρως τὸ αὐτὸ ἐπισκόπησον). In realtà, proprio la ripetizione per bocca dello stesso Licino potrebbe fornire una prova della genuinità dell'imperativo introdotto in questa sede, ove serve a porre l'accento sulle sollecitazioni che lo scettico indirizza al suo interlocutore, raffigurato ormai come un attore alacremente attivo nella scena immaginaria.

οὐ μὴν εἴσῃ γε εἰ ἐκεῖνός ἐστιν: Reitz approva il pronome ἐκεῖνος, largamente attestato nella tradizione manoscritta e stampato nella maggior parte delle edizioni. Esso fa riferimento all'efedro di cui si parla nelle battute immediatamente precedenti e non alla lettera, che è oggetto di discussione in questo passo. Alla lettera, invece, allude ἐκεῖνο, stampato da Gesner, seguito a sua volta da Fritzsche e Sommerbrodt. La proposizione acquisirebbe così un ordine sintattico più lineare, ragione per cui ἐκεῖνος potrebbe essere inteso come *lectio difficilior*, in maniera simile a quanto avviene al § 14 (ἄλλοι πολλοί / ἄλλαι πολλαί).

§ 42) τί δ' εἰ ἐκείνῳ πρώτῳ ἢ δευτέρῳ ἐντύχῃς, τί ποιήσεις; mentre i codici più antichi presentano il congiuntivo, stampato da Reitz, Bekker e Macleod, i *recentiores* attestano l'ottativo ἐντύχοις, preferito, invece, da Jacobitz, Fritzsche, Sommerbrodt e Kilburn. In modo particolare, Fritzsche fa notare che, poco dopo, al § 43 ricorre una struttura sintattica molto simile (τί δέ, εἰ ... γράφοιμεν ... τί ποιήσεις;), che giustificherebbe la presenza dell'ottativo anche in questa sede. Casi simili in cui εἰ con l'ottativo dipende da un'apodosi con l'indicativo futuro sono raccolti in Schmid, 1887-1897, vol. I, p. 243 e Macleod, 1977, p. 217. Al § 75, invece, la particella εἰ seguita dall'ottativo (εἰ δ' οὖν τινι τοιούτῳ ἐντύχοις) è costruita con un'apodosi che contiene un tempo presente. Tuttavia, è noto che Luciano impiega i due modi con una libertà tale da costruire εἰ con il congiuntivo (a tal proposito vedi Schmid, 1887-1897, vol. I, p. 244). Considerando questa peculiarità sintattica della lingua lucianea, risulta preferibile mantenere la lezione dei codici antichi piuttosto che invocare un errore di itacismo a giustificazione dell'ottativo. Sull'influenza di questo fenomeno nel nostro dialogo vedi *supra*, p. 319.

νὴ Δί'· ἀπορῶ: il codice Γ presenta νὴ δία ἀπορῶ, mentre ELΩ attestano νὴ Δία· διαπορῶ. Bekker e Dindorf, seguiti da Fritzsche, emendano il testo in νὴ Δί'· ἀπορῶ, evitando così la ripetizione della sillaba δια-. È plausibile che, nel corso della trascrizione di questo passo, si sia verificato un errore di duplicazione, causando l'alterazione dell'originario ἀπορῶ con l'aggiunta della sillaba δια-. Del resto, se il verbo διαπορεῖν ricorre solo in un altro *locus* lucianeo (*Nec.* 4: ἐπεὶ δὲ διηπόρουν, ἔδοξέ μοι κτλ.), assumendo un significato differente rispetto a quello attestato nel nostro passo, il verbo ἀπορεῖν appare invece non solo nel nostro dialogo (§§ 26 e 39) ma, più generalmente, in numerose altre opere dell'autore (cfr. almeno *Icar.* 4; *Rhet. praec.* 8 e *Adv. ind.* 18).

§ 44) ἀνθρώπους <δύο> ἐπὶ δυοῖν κλήροιν: Reitz stampa δύο ἀνθρώπους, che, a suo dire, sarebbe attestato in un codice non altrimenti identificato e ignorato nelle edizioni precedenti del testo di Luciano. Si tratta probabilmente di una congettura volta a normalizzare il testo dei manoscritti, dato che, in maniera analoga alle figure descritte successivamente (δύο ἵππους ... καὶ ἀλεκτρυόνας δύο καὶ κύνας δύο), lo stesso aggettivo numerale è applicato anche agli uomini. Fritzsche, invece, attribuisce la congettura δύο ἀνθρώπους a Pelletus, pur preferendo stampare un testo leggermente differente (ἀνθρώπους δύο). Questa integrazione, benché non migliori la comprensione del testo, di per sé sufficientemente chiaro, stabilisce un parallelo preciso con le figure citate poco dopo, preservando una certa armonia nell'intera argomentazione.

§ 45) In questo paragrafo Licino ricapitola le tre similitudini descritte precedentemente, individuando il significato che le accomuna: per trovare la coppa sacra, per individuare l'atleta spaiato e per scoprire la guida migliore sulla strada diretta alla città di Corinto, è necessario condurre un'analisi accurata e approfondita. Allo stesso modo, l'unico vero esperto in filosofia potrebbe definirsi tale solo dopo aver studiato tutte le dottrine, riservando a ciascuna di esse la medesima attenzione. Una volta conclusa questa indagine, Ermotimo potrebbe disporre di una conoscenza complessiva della filosofia, trovandosi, così, nelle condizioni migliori per compiere una scelta fondata. In aggiunta, Licino introduce nel discorso un'ulteriore immagine: per individuare l'uomo più bello sarebbe necessario aver visto tutti gli uomini, al fine di evitare una scelta parziale arbitraria, arrestando la propria ricerca su uno dei tanti uomini dotati di una certa, ma non della massima grazia fisica. Questa enunciazione rievoca la dichiarazione sull'unicità del bene, ribadita ripetutamente nel corso del dialogo (cfr. i §§ 14; 25; 27 e 28), al punto da costituire uno dei motivi centrali dell'ἔλεγχος scettico. Vedi *supra*, pp. 251-252.

ἐπὶ πάντας ἀναγκαίως ἀφιξόμεθα καὶ ἐξετάσομεν ἄκρως πειρώμενοι καὶ ἀποδύοντες καὶ παραθεωροῦντες: i tre participi non riguardano il medesimo oggetto, poiché ciascuno fa capo alla propria similitudine. Il primo (πειρώμενοι) allude alla necessità di provare tutte le vie che portano potenzialmente a Corinto (vedi il § 27); il secondo (ἀποδύοντες), invece, richiama l'opportunità di spogliare e ispezionare tutti i fedeli che hanno visitato il tempio (§ 37 *passim*), mentre l'ultimo (παραθεωροῦντες) accenna al bisogno di osservare tutte le tessere possedute dagli atleti (§§ 44-45). In tal modo, Licino riassume il significato che sottende alle tre similitudini adoperate nella discussione precedente: la coppa sacra, l'efedro e la guida migliore per raggiungere Corinto, tutte immagini che rappresentano concretamente la non facile ricerca dell'unica filosofia vera.

εἴ γέ τις μέλλοι σύμβουλός μοι ἀξιόπιστος ... οὗτος ἂν εἴη μόνος ὁ τὰ ὑπὸ πασῶν αὐτῶν λεγόμενα εἰδώς, οἱ δ' ἄλλοι ἀτελεῖς, καὶ οὐκ ἂν πιστεύσαιμι αὐτοῖς, ἔστ' ἂν καὶ μιᾶς ἀπείρατοι ὦσιν —τάχα γὰρ ἂν ἡ ἀρίστη

ἐκείνη εἴη: Licino traccia nuovamente il profilo del filosofo maggiormente affidabile: si tratta di colui che abbia appreso tutte le dottrine filosofiche e sia in grado di sceglierne una in maniera provata. Diversamente, egli non potrebbe esprimere un giudizio adeguato, né tantomeno sarebbe nelle condizioni ottimali per compiere una scelta pienamente giustificata.

Gli aggettivi ἀτελής e ἀπείρατος insistono non tanto sull'assenza di una conoscenza complessiva, quanto sulla mancata esperienza diretta di tutte le scuole di pensiero. Licino ribadisce a più riprese la necessità di una sperimentazione concreta (πεῖρα) delle varie dottrine, facendo trasparire una *forma mentis* generalmente empirista (su questo aspetto vedi *supra*, p. 253). In modo particolare, al § 27 Licino descrive il saggio stoico come un sapiente imperfetto, giacché ha approfondito una sola dottrina, tralasciando le altre, tra le quali potrebbe nascondersi la vera filosofia (vedi anche i §§ 30 e 45). La conoscenza diretta, inoltre, è l'unica a prevenire errori di valutazione (§ 34), fornendo piena consapevolezza della scelta compiuta (§§ 46; 49; 52-53). Cfr. il § 29 (l'aggettivo ἔμπειρος assimila la perizia dello stoico a quella di un abile timoniere) e i §§ 63, 68 (sull'esame delle potenziali guide all'interno di ciascuna scuola filosofica). Si veda anche *Par*. 4 e le utili osservazioni di Nesselrath, 1985, pp. 201-212.

Licino insiste sull'idea dell'esperienza concreta, poiché presume che il suo interlocutore condivida una concezione positiva dell'ἐμπειρία. Gli Stoici, infatti, individuavano la forma più sicura del sapere nelle cosiddette rappresentazioni catalettiche, ossia quell'insieme di dati provenienti dai sensi e dotati di una chiarezza ed evidenza tali da ricevere l'approvazione ferma e duratura del λόγος del soggetto percipiente (*SVF* 2.105). A tal proposito vedi Annas, 1990, p. 200 ss. (che insiste, però, soprattutto sulla componente internalista del processo epistemologico); Frede, 1999, pp. 151-176; Shields, 1993, pp. 325-347 e Reed, 2002, pp. 147-180. Pertanto il saggio, a differenza dello stolto, agisce in maniera appropriata, giacché è in grado di fare tesoro delle varie esperienze di vita (*SVF* 1.216 e 3.563 e 567: πάντα τε εὖ ποιεῖ ὁ νοῦν ἔχων, καὶ γὰρ φρονίμως καὶ ἐγκρατῶς καὶ κοσμίως καὶ εὐτάκτως ταῖς περὶ τὸν βίον **ἐμπειρίαις** χρώμενος συνεχῶς. ὁ δὲ φαῦλος, **ἄπειρος** ὢν τῆς ὀρθῆς χρήσεως, πάντα κακῶς ποιεῖ). Del resto, la τέχνη è intesa come un sistema di rappresentazioni catalettiche, esercitate concretamente in vista di un fine utile alla vita (*SVF* 2.94: σύστημα ἐκ καταλήψεων **ἐμπειρίᾳ** συγγεγυμνασμένων πρός τι τέλος εὔχρηστον τῷ βίῳ). Al contrario, l'ἀπειρία porta solo all'ἀτεχνία, detta anche κακοπραγία (*SVF* 3.511), essendo priva di qualsiasi efficacia pratica. Cfr. anche *SVF* 3.4, 12 e 15.

La necessità della sperimentazione reale dell'oggetto di ciascuna scienza è asserita a partire da Platone (cfr. *Charm*. 171a e *Prot*. 348a), benché assuma maggior rilievo nella riflessione di Aristotele. Per lo Stagirita, infatti, l'esperienza, insieme alla conoscenza approfondita di un determinato oggetto di indagine, costituisce il presupposto imprescindibile su cui dare stabile fondamento ad una τέχνη (*Met.* 1.1.981a5: ἡ μὲν γὰρ ἐμπειρία τέχνην ἐποίησεν, ἡ δ' ἀπειρία τύχην). Anche gli Scettici sembrano aver ribadito la necessità di costruire la conoscenza su un riscontro concreto e verificabile, che è quanto distingue l'esperto dall'incompetente (in *Pyrrh. hyp.* 2.246 Sesto approva uno stile di vita privo di dogmi e fondato sull'esperienza e sulle convenzioni comuni: τὸ ἐμπείρως τε καὶ ἀδοξάστως κατὰ τὰς κοινὰς τηρήσεις τε καὶ προλήψεις βιοῦν). Vedi la discussione in *Adv. math.* 1.60-65 e 9.27. Tackaberry, 1930, pp. 58-60, invece, evidenzia i punti in comune con il metodo di ricerca adottato nella scuola epicurea ad opera soprattutto di Filodemo (*De sign.* col. XXX *passim*).

Probabilmente Luciano è a conoscenza dell'importanza assunta da questo concetto nel contesto della discussione stoica e scettica oltre che, più generalmente, filosofica del suo tempo, al punto da farne uno dei punti condivisi da entrambi gli interlocutori del dialogo: la vera filosofia non può essere individuata per via speculativa, bensì in seguito ad una verifica concreta di tutti i contenuti dottrinari. Si noti, infine, che anche nello Stoicismo di età imperiale ricorrono numerosi richiami alla prudenza nella formulazione di qualsiasi giudizio, allo scopo di evitare di cadere nella trappola di facili illusioni o inganni rovinosi, orientando la propria condotta in una direzione moralmente edificante. Vedi almeno Epict. *Diss.* 3.8.4; 4.3.7; 4.4.13 ed *Ench.* 45 e Marc. Aur. 1.14.1; 2.5.1; 3.6.2; 4.22.1, etc. In conclusione, Licino mostra un pieno dominio del *background* filosofico di Ermotimo, costringendolo a fare i conti non solo con le sue critiche, ma anche con la piena aderenza al nucleo dottrinale stoico prescelto. Su questo aspetto della strategia confutativa di Licino vedi *supra*, p. 322.

ἡμεῖς δὲ οὐ τούτου μόνον <τοῦ> καλοῦ, ἀλλὰ τοῦ καλλίστου δεόμεθα· καὶ ἢν μὴ τοῦτο εὕρωμεν, οὐδὲν ἡμῖν πλέον πεπρᾶχθαι ἡγησόμεθα ... ἐκεῖνο τὸ ἀκρότατον ζητοῦμεν κάλλος, ὅπερ ἀνάγκη ἓν εἶναι: si tratta della formulazione teorica più complessa dell'intero dialogo, in cui Licino dichiara nuovamente l'obiettivo perseguito nella sua discussione, vale a dire la scoperta della verità filosofica. In questo caso, essa viene assimilata a τὸ κάλλιστον, che non è identificabile con una forma concreta di bellezza, bensì con la sua forma suprema e ideale. Licino riprende strategicamente una delle formulazioni propriamente stoiche, che identificano il τέλος della filosofia con il bello (cfr. il § 7: τὸ καλὸν αὐτό e le annotazioni *supra*, pp. 216-218), conferendogli "*einen platonisierenden Zug, besonders wenn er* [*scil.* Licino] *das höchste καλόν als 'eines'* (ἕν) *bezeichnet*" (von Möllendorff, 2000[1], p. 169). Sull'assimilazione tra Platonismo e Stoicismo in età imperiale vedi Bonazzi - Helmig, 2007. Questa particolare circostanza non sarà sfuggita a Luciano, che rivela una conoscenza del panorama filosofico non del tutto superficiale, ma capace di cogliere la complessità dei rapporti sussistenti tra le varie dottrine di pensiero. Su questo argomento vedi *supra*, pp. 12-22.

Il riferimento alla dottrina del bello di Platone (cfr. *Phaedr.* 250c-d) non ne implica l'approvazione da parte di Licino, bensì un suo uso funzionale agli argomenti confutativi concepiti contro le certezze esibite da Ermotimo. Licino, infatti, finisce per corroborare nuovamente l'argomento principale del suo discorso: la ricerca della filosofia vera non può ritenersi compiuta con l'esame del primo filosofo che si incontri (cfr. il § 52), ma necessita di una valutazione complessiva, che porti all'individuazione dell'unica, vera dottrina filosofica. Nel passaggio piuttosto repentino che Licino compie dalla ricerca concreta del filosofo migliore all'idea astratta del bello assoluto è rintracciabile un accenno ironico al carattere teorico e speculativo della formazione filosofica del suo interlocutore. Al contrario, Licino stesso resta fedele ad un'impostazione pragmatica del pensiero, traducibile in un preciso stile di vita, che al termine della confutazione acquisirà dei contorni più netti (§ 84).

Critica testuale

§ 45) οὐ γὰρ δὴ εἴ: si tratta della lezione dei testi manoscritti. Dindorf e Fritzsche introducono la congettura οὐ γὰρ ἂν εἴ, che, oltre a non essere strettamente necessaria, introduce nel testo la particella ἄν, utilizzata in maniera non sempre coerente nel *corpus* lucianeo. La correzione del passo eseguita da Bekker, invece, non ha nessuna ragione cogente a suo favore (οὐδὲ γὰρ ἂν εἴ). Al contrario, i codici presentano la particella asseverativa δή, che accentua il valore della congiunzione negativa all'inizio del periodo. Questo sintagma compare più volte nel corso del nostro dialogo (§§ 6, 7, 17), ma anche in altre opere di Luciano: *Tim.* 28; *Pisc.* 23; *Tox.* 1; *Tyr.* 15; *Abd.* 10; *Merc. cond.* 10; *Dial. mort.* 1.1; 24.3; *Dial. mar.* 14.1. Vedi anche *Luct.* 15 (οὐδεὶς γὰρ δή). L'espressione in questione, dunque, oltre ad essere ampiamente registrata nella produzione dell'autore, è pienamente funzionale al passo in cui appare, al punto che qualsiasi altra emendazione si rivela inopportuna.

ἡμεῖς δὲ οὐ τούτου μόνον <τοῦ> καλοῦ, ἀλλὰ τοῦ καλλίστου δεόμεθα: la tradizione manoscritta di questo passo appare piuttosto criptica (οὐκ †αὐτὸτ† μόνον καλοῦ). Gesner ritiene αὐτό come rafforzativo di μόνον. Tuttavia, in mancanza di altre attestazioni di αὐτὸ μόνον, egli preferisce intendere αὐτό come αὐτοῦ, in unione al καλοῦ successivo, il che risulta sintatticamente insostenibile. Il testo tramandato sembra irrimediabilmente corrotto, anche se il significato del passo può essere preservato apportandovi una lieve emendazione: οὐ τούτου μόνον <τοῦ> καλοῦ. Licino, infatti, imposta una chiara contrapposizione tra l'uomo bello, di cui ha appena finito di parlare (vedi l'aggettivo dimostrativo οὗτος), e quello bellissimo, che rappresenta l'obiettivo finale, non facilmente raggiungibile, della sua ricerca. La ripetizione dell'articolo riesce a evidenziare meglio questo contrasto, mettendo la giusta enfasi sulla necessità di pervenire alla conquista del bello, ovvero del bene, supremo.

§ 46) Il discorso di Licino si sposta sulla figura del filosofo, inteso come un τεχνίτης che domina le varie dottrine filosofiche in quanto, avendole conosciute tutte per esperienza diretta (πείρᾳ μαθών), è in grado di riconoscere quella vera e di condurre prontamente alla virtù.

ἔχεις μοί τινα εἰπεῖν ἁπάσης ὁδοῦ πεπειραμένον ἐν φιλοσοφίᾳ ... μίαν εἵλετο ἐξ ἁπασῶν ὁδῶν ἀληθῆ τε δοκιμάσας καὶ πείρᾳ μαθὼν ὡς μόνη ἄγει εὐθὺ τῆς εὐδαιμονίας; Licino impiega la costruzione propriamente attica di εὐθύ seguito dal genitivo, che significa "direttamente, immediatamente verso". Essa appare in numerosi passi lucianei, in unione con altri verbi oltre ad ἄγω, presente in questo passo. In particolare, vedi i §§ 23 (χωρεῖν εὐθὺ τῆς πανευδαίμονος ἐκείνης πόλεως) e 25 (ἡ δὲ ἐπὶ τὴν ἕω φέρειν ἔοικεν, ἡ δέ τις ἐπὶ τὰς ἄρκτους, καὶ ἄλλη εὐθὺ τῆς μεσημβρίας). Cfr. *Bis acc.* 8 (προΐωμεν, ὦ Δίκη, ταύτῃ εὐθὺ τοῦ Σουνίου) e 12 (συνθέουσιν ἕλκοντες ἀλλήλους πρὸς τὸ ἄναντες εὐθὺ τοῦ Ἀρείου πάγου); *Nec.* 6 (καὶ δὴ ἀναπηδήσας ὡς εἶχον τάχους ἔτεινον εὐθὺ Βαβυλῶνος). Cfr. *Peregr.* 35; *Fug.* 24; *Dial. mort.* 22.1 e *Dear. iud.* 3.

Il verbo δοκιμάζω denota l'osservazione attenta di un determinato oggetto. In *Bis acc.* 21 Epicuro sostiene che Dionisio, dopo aver appreso il principio stoico secondo il quale il πόνος non è un bene, bensì un male, ha esaminato le due dottrine, scegliendo quella, a suo parere, migliore (τὸ βέλτιον ἐξ ἀμφοῖν δοκιμάσας εἵλετο). Cfr. anche *Pisc.* 46, dove Filosofia escogita uno stratagemma per discernere i veri dai falsi filosofi: mettendo in mostra una certa quantità di oro e di denaro, i sedicenti sapienti ne sarebbero rimasti ammaliati e avrebbero cercato di impossessarsene. In termini più generici, in *Nigr.* 19 si parla di una δοκιμασία della bontà dell'anima, mentre in *Par.* 4 il sapere del parassita consiste nell'esame e nella scelta del padrone migliore (cfr. Nesselrath, 1985, ad loc., p. 272).

Sull'uso di questo verbo vedi anche Epict. *Ench.* 1.5. (ἐξέταζε αὐτὴν [*scil.* τὴν φαντασίαν] καὶ δοκίμαζε τοῖς κανόσι τούτοις οἷς ἔχεις) e *Diss.* 1.20.7, in cui al filosofo è riconosciuta la capacità di saggiare la validità delle impressioni ricevute dall'esterno (ἔργον τοῦ φιλοσόφου τὸ μέγιστον καὶ πρῶτον δοκιμάζειν τὰς φαντασίας καὶ διακρίνειν).

§ 47) Questo paragrafo insiste sulle difficoltà che comporta la scelta dell'esperto di tutte le scuole filosofiche, benché Licino sembri prospettare una soluzione all'aporia in cui la discussione è rimasta bloccata. Attraverso un riferimento al mito di Teseo e Arianna, egli individua nel dettato di una nota massima di Epicarmo (fr. 218 K.-A.) la via d'uscita dai meandri contorti di una lunga e difficile ricerca: si tratta di una facoltà di giudizio vigile e accorta, tale da rendere praticabile un'indagine complessa fino al raggiungimento di un risultato fondato.

ἆρα τόδε πάντων κράτιστόν ἐστιν καὶ ἀσφαλέστατον, αὐτὸν ἕκαστον ἀρξάμενον διὰ πάσης προαιρέσεως χωρῆσαι καὶ ἐπισκέψασθαι ἀκριβῶς τὰ ὑπὸ πάντων λεγόμενα; la durata esorbitante dello studio approfondito di tutte le dottrine di ciascun indirizzo di pensiero è un argomento testimoniato soprattutto in ambito accademico (Cic. *De nat. deor.* 1.11: "*si singulas disciplinas percipere magnum est, quanto maius omnis; quod facere iis necesse est quibus propositum est veri reperiendi causa et contra omnes philosophos et pro omnibus dicere*"). A proposito di questo scritto si veda Dyck, 2003, p. 68. In modo particolare, in Cic. *Ac. pr.* 2.9-10, a causa dei tempi estremamente lunghi richiesti dall'esame dei contenuti delle singole scuole filosofiche, le presunte guide risultano spesso prive di una conoscenza complessiva, dimostrandosi inevitabilmente poco attendibili. Vedi *infra*, p. 379. Sulla presenza di motivi scettico-accademici nell'*Hermotimus* vedi *supra*, p. 251.

οὐ ῥᾴδιον ἐπιδόντα ἑαυτὸν καὶ πετάσαντα τὴν ὀθόνην ἀναδραμεῖν αὖθις: all'atteggiamento fiducioso con cui Licino immagina di poter percorrere agilmente tutte le vie filosofiche, Ermotimo contrappone le difficoltà insite in questa impresa, enunciando i dubbi prospettati dallo stesso Licino in un momento precedente della conversazione (§ 28). In tal caso, lo scettico, ricorrendo alla similitudine della navigazione, aveva raccomandato ad Ermotimo di salpare solo a bordo dell'imbarcazione più sicura e con la guida del timoniere più esperto, nonché dopo aver esaminato attentamente le condizioni atmosferiche: una volta sciolti gli ormeggi, infatti, e raggiunto il largo, sarebbe arduo tornare indietro e mettersi in salvo (οὐδὲ γὰρ ἀναστρέψαι ἔτι καὶ ἀνασωθῆναι ὀπίσω ῥᾴδιον, ἢν ἅπαξ ἐπιδῷ τις αὑτὸν τῇ πνεούσῃ τὰ ἀπόγεια λυσάμενος, ἀλλὰ ἀνάγκη ἐν τῷ πελάγει διαφέρεσθαι). Rievocando questo passo, Ermotimo spera di aver colto una falla argomentativa nel ragionamento del suo interlocutore: se in un primo momento, infatti, Licino aveva manifestato una notevole riluttanza a riconoscere la possibilità di portare a compimento lo studio dei vari sistemi dottrinari, adesso egli stesso esorta il suo interlocutore ad intraprendere l'azione.

Nei dialoghi di Platone l'avverbio ἐναντίον designa la contraddizione individuata da uno degli interlocutori nell'argomentazione dell'altro. Cfr. *Gorg.* 461b

(Socrate è accusato di aver ottenuto la vittoria sui propri avversari ricorrendo a capziosità argomentative tipiche del metodo sofistico) e *Phaed.* 103a. In *Soph.* 236e appare il sostantivo ἐναντιολογία, seguito in *ivi* 268b dal verbo ἐναντιολογέω, due passi in cui è sottolineata una certa incongruenza argomentativa, che potrebbe compromettere definitivamente la validità del discorso.

τὸ τοῦ Θησέως ἐκεῖνο μιμησόμεθα καί τι λίνον παρὰ τῆς τραγικῆς Ἀριάδνης λαβόντες εἴσιμεν ἐς τὸν λαβύρινθον ἕκαστον, ὡς ἔχειν ἀπραγμόνως μηρυόμενοι αὐτὸ ἐξιέναι: si tratta del riferimento al mito di Teseo e Arianna, che Licino adatta all'oggetto del dibattito. Questo nuovo paragone mitologico non viene chiarito sin da subito, al punto che Ermotimo non riesce a comprendere a cosa possa corrispondere Arianna, né dove possa procurarsi il filo. Licino si affretta, così, a fornire la spiegazione: il labirinto corrisponde ai complessi sistemi dottrinali di ciascuna scuola filosofica, mentre il filo è lo stratagemma con cui potersi districare al loro interno, evitando di rimanervi invischiati. A questo proposito, in *Symp.* 6 lo stoico Difilo è detto "labirinto", in riferimento alla complessità delle dottrine stoiche, cui si allude in questo passo. In *Bis acc.* 2, invece, Epicuro sostiene di aver accolto un certo Dionisio tra i suoi adepti, dopo che questi è riuscito a liberarsi dalle sottigliezze linguistiche degli Stoici (τοὺς μὲν ἀγκύλους ἐκείνους [*scil.* Stoicorum] λόγους καὶ λαβυρίνθοις ὁμοίους ἀπέφυγε). Si vedano Moretti, 1995, p. 125 e Dolcetti, 1996, pp. 73-81. L'immagine del labirinto compare altrove in Luciano ad indicare il groviglio di concetti elaborati da ciascun indirizzo di pensiero. In *Icar.* 29 le molteplici scuole filosofiche sono distinte nei rispettivi sistemi dottrinari, la cui complessità linguistico-argomentativa è rappresentata concretamente nell'immagine di contorti e inestricabili labirinti (οὗτοι τοίνυν εἰς συστήματα διαιρεθέντες καὶ διαφόρους λόγων λαβυρίνθους ἐπινοήσαντες οἱ μὲν Στωϊκοὺς ὠνομάκασιν ἑαυτούς, οἱ δὲ Ἀκαδημαϊκούς, οἱ δὲ Ἐπικουρείους, οἱ δὲ Περιπατητικούς). Inoltre, in *Fug.* 10 il labirinto rappresenta le domande complicate dei sofisti (δυσέξοδοι καὶ λαβυρινθώδεις ἐρωτήσεις), mentre in *Lex.* 16 riproduce le parole strane e i racconti strambi in cui Lessifane si trova impigliato. L'uso metaforico di questa immagine è attestato anche in Macr. *Sat.* 7.5.2 e Boeth. *Cons. phil.* 3.12. A questo proposito vedi Schmidt, 1894, p. 48.

οὐκ ἐμὸν ἐρῶ ἀλλά τινος τῶν σοφῶν, τὸ "νῆφε καὶ μέμνησο ἀπιστεῖν": la formula introduttiva del proverbio (οὐκ ἐμὸν ἐρῶ ἀλλά τινος τῶν σοφῶν) rievoca il testo di Eur. fr. 484 Kannicht (κοὐκ ἐμὸς ὁ μῦθος, ἀλλ' ἐμῆς μητρὸς πάρα), cui si fa cenno anche in Plat. *Symp.* 177a (οὐ γὰρ ἐμὸς ὁ μῦθος, ἀλλὰ Φαίδρου τοῦδε, ὃν μέλλω λέγειν). Anderson, 1976[1], pp. 59-68 ritiene più plausibile immaginare che Luciano in questo passo si sia ispirato a Platone, analogamente a quanto si riscontra in altre sezioni del dialogo. Tuttavia, non può escludersi una conoscenza diretta del testo tragico, che l'autore lascia trasparire in numerosi passi del suo *corpus*. Sulle relazioni tra Luciano e la tragedia vedi *infra*, § 71 e lo studio dettagliato di Karavas, 2005.

La massima citata, generalmente attribuita ad Epicarmo (fr. 218 K.-A.), è tramandata da Eur. *Hel.* 1617 e Cic. *Att.* 1.19.6 ("*crebro insusurrabat cantilenam illam suam:* νῆφε καὶ μέμνασ' ἀπιστεῖν· ἄρθρα ταῦτα τῶν φρενῶν"). In *Rhet. praec.* 8 viene riportata un'espressione sapienziale assegnata ad un poeta non ulteriormente precisato (τὸν ποιητὴν ἐκεῖνον ἀληθεύειν ᾤμην λέγοντα ἐκ τῶν πόνων φύεσθαι τὰ ἀγαθά), il quale potrebbe essere identificato con Epicarmo (cfr. Harmon, 1961, p. 143). Si veda Zweimüller, 2008, pp. 224-225, che avanza l'ipotesi di un riferimento ad Esiodo. Licino sembra voler mantenere intenzionalmente un certo riserbo sul nome del poeta in questione, in modo da appellarsi indirettamente all'attenzione dei lettori, stimolandone la memoria.

Questa citazione insiste sull'utilità dell'ἀπιστία, che è un principio proprio della satira lucianea. Esemplare è il caso dei *Philopseudeis* (§§ 3, 5, 8, *passim*), in cui Tichiade respinge i racconti magici dei suoi interlocutori, tanto più perché si tratta di filosofi. Su questo vedi Camerotto, 2012, p. 136 e *id.*, 2014, pp. 15 e 58. Licino non propone una soluzione paralizzante, che si limiti a nutrire una certa diffidenza nei confronti di qualsiasi maestro di filosofia. Al contrario, egli suggerisce un metodo di analisi efficace per completare l'esame delle innumerevoli dottrine, mantenendo una piena lucidità razionale. In *Alex.* 17, invece, il narratore dichiara che, per contrastare il sedicente profeta Alessandro, ci sia bisogno di una mente adamantina, che resista al fascino delle sue ciarlatanerie, mettendone in luce la vera natura. Diversamente, in *Icar.* 10 Menippo racconta che, inizialmente, non aveva il coraggio di mettere in dubbio i contenuti delle varie dottrine dei filosofi, il che avrebbe potuto risparmiargli notevoli disagi (ἀπιστεῖν μὲν οὐκ ἐτόλμων ὑψιβρεμέταις τε καὶ ἠϋγενείοις ἀνδράσιν). L'ἀπιστία, dunque, non comporta solamente la rinuncia a convenzioni e idee generalmente riconosciute come vere, ma anche il contrasto all'atteggiamento riluttante di chi non intende metterle in discussione. Vedi Camerotto, 2014, pp. 178-179.

Nel corso del dialogo Ermotimo oppone notevoli resistenze prima di cedere alle ragioni dell'ἔλεγχος scettico di Licino, riconoscendone i benefici ottenuti (§ 83: νυνὶ γὰρ ὥσπερ ἐκ μέθης **ἀνανήφων** ὁρῶ οἷα μέν ἐστιν ὧν ἤρων). Sin da ora, però, Licino invita il suo interlocutore a ripristinare uno stato intellettivo equilibrato, privo delle influenze negative esercitate da uno studio tanto intenso quanto improduttivo e deleterio. Al § 74, invece, Licino descrive dettagliatamente i meccanismi che sottendono a qualsiasi genere di πίστις e la difficile operazione in senso opposto, ispirata al principio dell'ἀπιστία. Su questo argomento vedi *supra*, pp. 519-520.

ἢν γὰρ μὴ ῥᾳδίως πιστεύωμεν ἀκούοντες ἀλλὰ δικαστικῶς αὐτὸ ποιῶμεν ἀπολιπόντες καὶ τοῖς ἑξῆς λόγον, ἴσως ἂν εὐμαρῶς τοὺς λαβυρίνθους ἐκφύγοιμεν: l'immagine del tribunale dà forma ad una delle similitudini maggiormente ricorrenti nel *corpus* di Luciano (a questo proposito vedi *supra*, pp. 15-16). In questo passo, Licino non fa riferimento ad un luogo concreto dove venga amministrata la giustizia, bensì al valore metodologico di un'indagine giudiziaria. A suo parere, infatti, dando ascolto alle ragioni di ciascuna scuola filosofica, sarebbe più facile individuare la dottrina migliore, gravida della verità ricercata.

In questa battuta di Licino si può notare una formulazione pressoché identica al titolo di un'operetta di Luciano (sui titoli delle opere di Luciano vedi *supra*, p. 171): περὶ τοῦ μὴ ῥᾳδίως πιστεύειν διαβολῇ, in cui l'autore descrive i rischi compresi in un assenso superficiale alle parole altrui, esortando all'esercizio autonomo della propria capacità di giudizio. In modo particolare, Luciano richiama il ruolo della ragione (ὁ λογισμός), descritta come una portinaia scrupolosa, attenta a tutto ciò che viene recepito dall'esterno. La verità, infatti, può essere individuata solo dopo aver valutato accuratamente le ragioni di chi parla, evitando qualsiasi scelta affrettata (*Calumn.* 31: οὐ δεῖ τοίνυν πιστεύειν ἀλλοτρίᾳ κρίσει, μᾶλλον δὲ μίσει τοῦ κατηγοροῦντος, ἀλλ' ἑαυτῷ τὴν ἐξέτασιν φυλακτέον τῆς ἀληθείας κτλ.).

Licino rivela un'impostazione di pensiero affine, giacché invoca ripetutamente l'urgenza di un'analisi meticolosa di tutte le scuole filosofiche, cui Ermotimo cerca di sottrarsi, rivendicando la validità della sua approvazione alquanto avventata delle parole del maestro stoico.

Critica testuale

§ 47) οὐ γάρ: la lezione οὐκ ἄν, tramandata dai codici (ΓEL), attesta un uso alquanto singolare della particella ἄν in unione al gerundio ἀπαγορευτέον. Mentre Bekker, Dindorf e Fritzsche approvano l'emendazione di Seager (οὐ γάρ), Jacobitz e Sommerbrodt stampano solo la congiunzione οὐκ. Macleod, invece, pur restando fedele al testo tradito, in apparato avverte che in questo passo è plausibile postulare la presenza di una lacuna, proponendo anche un paio di congetture non del tutto ingiustificate ("*si quid mutandum, lacunam suspicatus*, οὐκ ἄνευ πόνου *vel* ἀνιδρωτί"). Nonostante l'uso della particella ἄν nel *corpus* lucianeo sia alquanto controverso, e la prassi adottata nella presente costituzione del testo sia, a tal proposito, tendenzialmente conservativa, in questo caso sembra più opportuno preferire un'emendazione minima (di ἄν nella congiunzione γάρ), ma sufficiente per preservare il significato del passo plausibilmente corrotto.

εὐποροῦμεν. ἆρα τόδε ... λεγόμενα; si tratta del testo tramandato dai *recentiores*. Al contrario, Macleod stampa εὐποροῦμεν ἆρα. τὸ δέ ... λεγόμενα, basandosi sui codici più antichi e su un passo tratto dal *corpus* dell'autore (*Tox.* 12: ὁ δὲ Δεινίας ἐπλούτει ἆρα εἰς ὑπερβολήν), che attesta la presenza della particella ἆρα all'interno della proposizione, conformemente al suo uso più comune.

Nel nostro caso, invece, sembra più opportuno seguire la scansione del testo riportato nei codici più tardi. Qui la particella ἆρα è all'inizio della proposizione, cioè nella posizione sintattica generalmente certificata in prosa, dando una certa enfasi ad un nuovo ordine di idee (vedi Denniston, 1954², pp. 44-51 e Schwyzer - Debrunner 1950, vol. II, p. 564, n. 5). Analogamente, Licino invita il suo interlocutore a considerare un aspetto differente della questione, orientando la discussione in un'altra direzione. La maggior parte degli editori stampa il testo dei *recentiores*, che preserva non solo un ordine sintattico corretto, ma anche una migliore conformità semantica alle parole di Licino.

Infine, è opportuno almeno menzionare la scansione del periodo proposta da Bekker (τί δὴ οὖν πράξομεν ὦ Ἑρμότιμε (οὐ γὰρ ἀπαγορευτέον, οἶμαι) ἐπεὶ μηδενὸς ἡγεμόνος τοιούτου ἔς γε τὸ παρὸν εὐποροῦμεν;), che riproduce adeguatamente l'andamento di un'elocuzione orale. Cfr. Nesselrath, 1990¹, p. 504.

§ 48) Licino induce Ermotimo a calcolare gli anni necessari per portare a termine lo studio di tutte le dottrine filosofiche. L'intervallo di tempo assegnato all'apprendimento di ciascuna scuola di pensiero porta al risultato complessivo di oltre duecento anni. Ermotimo non può sottrarsi a questo esito paradossale poiché egli stesso, all'inizio del dialogo (§§ 1-6), era apparso impegnato in un lungo percorso formativo che, come ricorda adesso anche Licino, sarebbe durato complessivamente circa quarant'anni. Di conseguenza, l'aspirante stoico è costretto ad ammettere la necessità di un impegno altrettanto lungo e approfondito per lo studio delle altre scuole filosofiche, indispensabile per individuare correttamente la dottrina migliore. Una formazione filosofica completa, dunque, è preclusa dalla vastità del periodo temporale necessario, che supera di gran lunga la durata normale di una vita umana. Questo argomento risulta ancora più pregnante se si considera che lo Stoicismo è rappresentato solitamente come un lungo e faticoso percorso di formazione, fondato sulla μάθησις e sull'ἄσκησις. Su questo vedi Goulet-Cazé, 1986, pp. 167-171 e Inwood - Donini, 1999, pp. 705-736. Cfr. *infra*, p. 388. Inoltre, la critica antistoica ironizzava sull'assenza di esempi concreti di sapiente, a dimostrazione dell'impraticabilità della medesima dottrina filosofica (vedi Sext. Emp. *Pyrrh. hyp.* 3.240; *Adv. math.* 9.133, ma anche Cic. *De am.* 5.18: "*eam sapientiam interpretantur* [*scil.* Stoici], *quam adhuc mortalis nemo est consecutus. Nos autem ea, quae sunt in usu vitaque communi, non ea,* *quae finguntur aut optantur, spectare debemus*"). In tal modo, acquista maggiore enfasi sia la critica contro i presunti maestri stoici, presente nel corso di tutto il dialogo (cfr. i §§ 9-12 e 81-82), sia la dimostrazione dell'inattuabilità di una qualsiasi scelta filosofica.

<μή> μοι ἐξαίρει καὶ τὰ πέντε ἔτη ἐκεῖνα τὰ τῆς σιωπῆς· σὺν δ' οὖν τοῖς πέντε ἱκανὰ τριάκοντα οἶμαι, εἰ δὲ μή, ἀλλὰ πάντως γε εἴκοσι: Licino raccomanda, non senza una sottile vena ironica, di includere nel calcolo degli anni di studio della dottrina pitagorica anche i cinque destinati al silenzio. Si tratta della cosiddetta ἐχεμυθία, uno dei precetti più noti del pitagorismo (Iambl. *Vit. Pyth.* 72 e D. L. 8.10), cui Luciano riserva anche in altri passi la sua acuta *pointe* derisora (*Vit. auct.* 3 e *Gall.* 4). In questo periodo di formazione gli aspiranti pitagorici (i cosiddetti σιωπηλοί, sui quali vedi Iambl. *Vit. Pyth.* 103) dovevano rispettare un silenzio rigoroso, adottando uno stile di vita particolarmente severo (D. L. 8.39). Solo dopo aver superato questa fase propedeutica i novizi erano ammessi alla scuola, ottenendo l'accesso anche alle dottrine esoteriche di Pitagora. Su questo argomento vedi Centrone, 1996, pp. 52-83.

Χρυσίππῳ δέ γε οὐκέτι ἐρήσομαί σε πόσα. οἶδα γὰρ παρὰ σοῦ ἀκούσας ὅτι τετταράκοντα μόγις ἱκανά: Licino desume i quarant'anni necessari allo studio della dottrina stoica dai venti già effettuati da Ermotimo (e di cui è stato testimone, come si evince dai §§ 2 e 59), e dagli ulteriori venti che lo stesso Ermotimo ritiene indispensabili per completare la sua formazione (vedi i §§ 6 e 77). Si noti che mentre Ermotimo, in apertura del dialogo, era apparso sicuro di poter raggiungere il suo obiettivo (§ 6: εἰκάζω μέντοι οὐ πλείω τῶν εἴκοσιν ἐτῶν ἔσεσθαι, μεθ' ἃ **πάντως** που ἐπὶ τῷ ἄκρῳ ἐσόμεθα), Licino, invece, in questo passo, sostiene che il suo interlocutore abbia considerato i quarant'anni di studio solo appena sufficienti all'apprendimento della dottrina stoica (**μόγις ἱκανά**). Si tratta di un'alterazione finemente calcolata del senso delle parole di Ermotimo, con cui lo scettico ritrae il percorso filosofico stoico non solo parossisticamente lungo, ma anche profondamente incerto. Sugli esiti dell'attacco di Licino vedi il § 77 (cfr. *infra*, pp. 538-540).

ὁ Σωκράτης ... ἐκεκράγει πρὸς ἅπαντας οὐχ ὅπως μὴ πάντα, ἀλλὰ μηδ' ὅλως εἰδέναι τι ἢ τοῦτο μόνον ὅτι οὐκ οἶδεν: siamo in presenza del noto argomento del "non-sapere", asserito da Socrate nel corso del processo a suo carico (vedi Plat. *Ap.* 20e-23c, ma anche *Theaet.* 150c; *Charm.* 165b; *Men.* 71b e 80c-d). Egli racconta che le calunnie contro di lui si sono inasprite da quando l'oracolo di Delfi ha rivelato a Cherefonte che sia proprio Socrate il più sapiente tra tutti gli uomini. Una volta appresa questa risposta, per comprenderne il significato, Socrate avrebbe deciso di confrontarsi con le diverse categorie di individui ritenuti generalmente in possesso di una spiccata capacità di giudizio (politici, saggi, poeti, artisti). Il risultato dell'indagine è stato duplice: da un lato è emersa la sedicente sapienza di queste figure (*Ap.* 22c: ᾐσθόμην αὐτῶν [*scil.* i poeti] διὰ τὴν ποίησιν οἰομένων καὶ τἆλλα σοφωτάτων εἶναι ἀνθρώπων ἃ οὐκ ἦσαν), e dall'altro si è profilata meglio la peculiarità della sapienza di Socrate, consapevole dei propri limiti e privo di qualsiasi pretesa dogmatica. Su questo tema vedi Hadot, 2005, pp. 87-101. Si tratta di quella che Socrate definisce ἀνθρωπίνη σοφία, un sapere riluttante a qualsiasi forma di cristallizzazione assiomatica, e desunto da un procedimento dinamico graduale, modulato da uno scambio di domande e risposte tra due o più interlocutori (su questo argomento vedi Giannantoni, 2005, pp. 58 ss., che fornisce numerose indicazioni bibliografiche). In tal senso, la professione di ignoranza da parte di Socrate costituisce una strategia dialogica molto efficace perché attiva il confronto tra il filosofo e i suoi interlocutori, finendo per svelare la vanità del proprio presunto sapere (si pensi al confronto tra Socrate e i sofisti: *Hipp. min.* 369d e 371a-372a; *Prot.* 348c; etc.). Sulla sincerità del "non-sapere" ripetutamente dichiarato da Socrate, nonché sull'ironia che accompagna queste stesse asserzioni, vedi Vlastos, 1991, pp. 26 ss. e Longo, 2000, pp. 52-69.

Tuttavia, Socrate non intraprende la via di una degenerazione in senso scettico, restando aperto al libero scambio con il proprio interlocutore e alla ricerca comune della verità, al riparo da qualsiasi rigidità pregiudiziale. Sul "non-sapere" di Socrate vedi anche Benson, 1995.

Nel nostro caso, Licino insiste con particolare enfasi sulla *pars destruens* del "non-sapere" di Socrate, al punto da precludergli qualsiasi forma di espressione articolata in termini positivi. Sembra farsi spazio, così, un'interpretazione in senso marcatamente scettico della figura del filosofo ateniese, propria di un filone ermeneutico che, a partire da Arcesilao, è testimoniato fino ai tempi di Luciano. Vedi Bonazzi, 2003, pp. 181-182 e *supra*, pp. 30-38, in cui sono esaminate le varie fonti di età imperiale riguardanti questa accesa discussione. Licino sembra adattare l'immagine scettica di Socrate al piano confutatorio antistoico predisposto nei confronti di Ermotimo, dando supporto non solo al suo approccio critico verso il dogmatismo professato dall'aspirante stoico, ma anche alla rinuncia a qualsiasi forma di sapere (cfr. il § 53: οὐ μνημονεύεις ὧν ἔφην, οὐκ αὐτὸς εἰδέναι τἀληθές ... μετὰ πάντων αὐτὸ ἀγνοεῖν ὁμολογῶν). Sugli ulteriori motivi scettici amalgamati al dialogo platonico-socratico nell'*Hermotimus* vedi Nesselrath, 1992, pp. 3474-3478 e *supra*, pp. 22-28.

Cfr. *Soloec.* 9 e 12, dove è proprio confessando il suo "non-sapere" che Licino rende praticabile il dialogo con il sofista di turno, favorendo uno scambio dialettico proficuo, al riparo da qualsiasi forma di arroganza (*Soloec.* 12: ἄλλα δέ σοι πολλὰ ὑπάρχει μανθάνειν, εἴπερ μὴ αὐτὸς εἰδέναι οὐκ εἰδὼς δόξεις).

Infine, è opportuno notare che in Dio Chrys. *Or.* 12.13-14, questo motivo socratico appare investito di una valenza prettamente retorica, visto che l'autore, mettendo in atto una sistematica *"Selbstverkleinerung"* (Klauck, 2000, p. 117, n. 79), sarebbe riuscito a guadagnarsi l'attenzione dei propri interlocutori, presumibilmente attirati da questa briosa affettazione di ignoranza (come viene messo in evidenza da Cuvigny, 1994, p. 80). Vedi anche l'*Or.* 13 e le osservazioni di Döring, 1979, pp. 91-94.

Licino, del resto, traccia un profilo di Socrate non del tutto positivo, dal momento che il filosofo, lungi dall'osservare un contegno moderato, proclama ad alta voce la validità dei suoi precetti, assumendo un atteggiamento alquanto aggressivo nei confronti dei suoi interlocutori. Il verbo κράζω è impiegato solitamente per descrivere le urla dei filosofastri (cfr. il § 11, in cui si fa cenno alla κραυγή prodotta dalla discussione dei filosofi). Cfr. *supra*, p. 243.

Il *modus loquendi* di Socrate sembra richiamare piuttosto le peculiarità delle discussioni sofistiche, che assumono inevitabilmente i modi propri di una disputa polemica (sulla differenza tra metodo socratico e metodo sofistico vedi De Luise - Farinetti, 2000, pp. 209-231). La connotazione del dialogo socratico in un'aura poco favorevole è un motivo ricorrente nel *corpus* lucianeo. Si veda *Demon.* 5, là dove Demonatte rifiuta l'ironia di Socrate, preferendo valersi nella sua conversazione delle grazie attiche, mentre in *Nec.* 18 il dialogare continuo in cui Socrate appare impegnato è ritratto con toni apertamente mordaci. Cfr. *Vit. auct.* 15. Tuttavia, il διαλέγεσθαι platonico-socratico resta di gran lunga preferibile alle dispute violente dei sofisti o dei filosofi contemporanei (*Symp.* 37), presentandosi come uno dei modelli maggiormente imitati da Luciano, che ne fornisce una sua interpretazione personale. Su questo argomento vedi Braun, 1994, pp. 370 ss. e Berdozzo, 2011, pp. 205-215, il quale arriva alla conclusione poco condivisibile secondo cui Luciano avrebbe rifiutato complessivamente non solo i contenuti, ma anche l'apparato formale dell'intera produzione platonica. Da ultima, vedi la posizione più equilibrata di Deriu, 2017, pp. 77-112.

Appare, in ogni caso, non del tutto consono assegnare a Licino un sentimento ostile nei confronti di Socrate, con cui, invece, risulta condividere numerosi tratti del carattere e una certa quantità di vezzi elocutivi (su questo tema vedi *supra*, pp. 212-213). Piuttosto, Licino cerca di dissimulare la sua disposizione favorevole nei confronti di Socrate, e in modo particolare verso il suo dichiarato "non-sapere", che diventerà uno dei motivi della strategia confutativa allestita contro Ermotimo (vedi *infra*, pp. 406-407).

εἰ δέκα μόνας θεῖμεν τὰς προαιρέσεις ἐν φιλοσοφίᾳ: Licino accenna a dieci correnti filosofiche, benché nelle opere di Luciano si faccia solitamente riferimento a solo sei scuole di pensiero. In questo paragrafo vengono citati

Pitagora, Platone, Aristotele, Epicuro e Crisippo, quali rappresentanti di indirizzi fondati su un *corpus* definito di dottrine. Elenchi simili di filosofi ricorrono soprattutto nella parte iniziale del dialogo (§§ 14-15), risultando essenziali per mettere in rilievo la molteplicità delle dottrine filosofiche esistenti. A questo proposito vedi *supra*, p. 262.

Fritzsche, 1869, p. 187 pensa di rinvenire in questo passo una traccia menippea. Agostino (*De civit. Dei* 19.1.1), infatti, ricorda che Varrone in *De Philosophia* (vedi frr. 400-402 Cèbe, 1994, vol. 10, pp. 1675-1690 e le osservazioni di Della Corte, 1953, pp. 223-224), avrebbe sottolineato l'estrema varietà delle dottrine di pensiero, da cui potrebbero essere state generate potenzialmente duecentottantotto sette differenti ("*Marcus Varro in libro de philosophia tam multam dogmatum varietatem diligenter et subtiliter scrutatus advertit, ut* **ad ducentas octoginta et octo sectas**, *non quae iam essent, sed quae esse possent,* **adhibens quasdam differentias facillime perveniret**"). In tal modo troverebbe giustificazione la dichiarazione di Licino, che avrebbe circoscritto il campo a sole dieci correnti filosofiche, ammiccando ad un numero molto più elevato di scuole, omesse volutamente dall'elenco. Al di là di qualsiasi eventuale riferimento ad un motivo menippeo, questa affermazione costituisce un'efficace integrazione al *tropos* scettico della diafonia (Sext. Emp. *Pyrrh. hyp.* 1.88 e *Adv. math.* 11.173). Si tratta, com'è noto, di una strategia discorsiva ricorrente nelle parole di Licino, che qui insiste non solo sulla varietà delle dottrine afferenti alle molteplici scuole di pensiero, ma anche sul tempo necessario per analizzarle in maniera accurata. Vedi *supra*, pp. 250-251.

Critica testuale

§ 48) <μή> μοι ἐξαίρει καὶ τὰ πέντε ἔτη ἐκεῖνα τὰ τῆς σιωπῆς: larga parte della tradizione manoscritta presenta il testo καί μοι ἐξαίρει, mentre solo i *recentiores* attestano l'avverbio di negazione μή. Il testo stampato da Macleod è una congettura di Halm, preservata anche da Fritzsche (Reitz, invece, stampa καὶ μὴ ἐξαίρει), in coerenza con la sintassi di altri passi del dialogo, ove a μή μοι segue un imperativo (vedi i §§ 15: καὶ μή μοι τὸν νῦν δὴ τοῦτον σεαυτὸν ἐννόει e 40: μή μοι τὰ πάλαι ... λέγε). L'emendazione è necessaria per la giusta comprensione del testo, in cui è plausibile immaginare che sia stato commesso un errore di aplografia, considerato che μή e μοι, in virtù del fenomeno dell'itacismo, venivano pronunciati nella stessa maniera. Per errori simili commessi presumibilmente nella tradizione del nostro dialogo vedi *supra*, pp. 305 e 319.

ὁμολογοῦντες μὴ πάντα εἰδέναι τὰ τῆς ἑαυτοῦ προαιρέσεως ἕκαστος: questo è il testo dei manoscritti più antichi, stampato da Reitz e Macleod. Il codice *recentior* G, invece, attesta μὴ ταῦτα εἰδέναι πάντα τά, che Jacobitz accoglie nell'*editio minor* del 1851, mentre nell'*editio maior* del 1836 preferisce il testo dei codici più antichi. Fritzsche, invece, ritiene che sotto il testo tramandato dal codice G si celi ὁμολογοῦντες καὶ ταῦτα, μὴ πάντα εἰδέναι τά, mentre Sommerbrodt cerca di trovare un compromesso, in verità poco soddisfacente, tra le due soluzioni: ὁμολογοῦντες μὴ [ταῦτα] πάντα εἰδέναι τὰ τῆς ἑαυτοῦ αἱρέσεως ἕκαστος. Tutte queste proposte emendative esulano dalle effettive necessità del testo, considerato che la tradizione manoscritta risulta intimamente coerente e sufficientemente convincente.

προαιρέσεως ... προαιρέσεις: Fritzsche stampa αἱρέσεως e αἱρέσεις, che sono correzioni risalenti ad Areta. Macleod le considera non necessarie, accennando ad altri passi paralleli in cui compare la parola προαίρεσις. Cfr. il § 47 e *Demon.* 4. La presenza di questa stessa parola nel nostro dialogo depone a favore della sua genuinità, nonostante l'autore impieghi più frequentemente αἵρεσις, al punto che questo termine figura anche nel titolo del dialogo. A tal proposito si veda *supra*, pp. 174-176. Tuttavia, non si può escludere che per ragioni di *variatio* l'autore abbia utilizzato anche il sostantivo προαίρεσις, semanticamente molto affine al più frequente αἵρεσις, e particolarmente somigliante sia a livello grafico sia fonetico.

πόσα δὴ οὖν: mentre i codici manoscritti attestano πόσα δ' οὖν, che è la lezione accolta da Macleod, Bekker e Dindorf stampano la particella δή. Fritzsche accoglie questa emendazione sulla scorta di un passo parallelo al § 47 (τί δὴ οὖν πράξομεν) e di differenti *loci* platonici (*Euthyphr.* 10d: τί δὴ οὖν λέγομεν; *Ap.* 34d: τί δὴ οὖν οὐδὲν τούτων ποιήσω; *Crat.* 398a: τί οὖν δή;), che Luciano potrebbe aver avuto in mente. La particella avversativa δέ, invece, è semanticamente incongruente con il contesto, dal momento che manca un termine di riferimento corrispettivo. Al contrario, δή enfatizza l'operazione del calcolo, dando maggiore prominenza al numero complessivo degli anni necessari per portare a termine gli studi filosofici. Una simile emendazione ricorre anche al § 53.

§§ 49-51) Ermotimo avverte la pressione argomentativa crescente delle parole di Licino, manifestando una resistenza sempre maggiore agli argomenti addotti dal suo interlocutore. Da un lato l'aspirante stoico riconosce la coerenza del discorso (εὔλογα μὲν δοκεῖς μοι λέγειν) e la validità della dimostrazione di Licino (ἀδύνατον ἀποφαίνων τῆς ἀληθείας τὴν εὕρεσιν), mentre dall'altro accusa il suo interlocutore di superbia e ostilità verso la filosofia e i filosofi (ὑβριστὴς ἀεὶ σύ ... μισεῖς φιλοσοφίαν καὶ ἐς τοὺς φιλοσοφοῦντας ἀποσκώπτεις). In modo particolare, Ermotimo rimprovera a Licino il ricorso ad una capziosità argomentativa gratuitamente ostile (ἀκριβολογούμενος οὐδὲν δέον), mentre Licino, da parte sua, sottolinea le conseguenze cui è pervenuta la discussione con il suo interlocutore. Lo scettico rivendica così l'impostazione socratica del dialogo che, lungi dall'essere dominato dagli argomenti di uno solo, è animato dallo scambio fecondo di ragioni differenti. Inoltre, lo stesso discorso dialogico sembra assumere progressivamente le fattezze di un'entità concreta, con cui Ermotimo in seguito sarà invitato ad interloquire in prima persona, fino a farne il destinatario di tutto il suo risentimento (cfr. i §§ 63; 66; 83).

§ 49) ἀνατρεπτέον ἐκεῖνα τὰ ἤδη ὡμολογημένα, ὡς οὐκ ἄν τις ἕλοιτο ἐκ πολλῶν τὸ βέλτιστον μὴ οὐχὶ πειραθεὶς ἁπάντων; ὡς τόν γε ἄνευ πείρας αἱρούμενον μαντείᾳ μᾶλλον ἢ κρίσει τἀληθὲς ἀναζητοῦντα; Licino propone ad Ermotimo di ritrattare gli argomenti concordati nel corso della discussione precedente. Questa presunta ὁμολογία è precisata per mezzo di due frasi epesegetico-comparative introdotte da ὡς e connesse tra loro dal poliptoto di αἱρεῖσθαι (ἕλοιτο e αἱρούμενον) e dalla presenza di πειράομαι e πεῖρα, che insistono sulla medesima radice. Una costruzione sintattica simile ricorre nella battuta successiva di Licino (εἰ μέλλοιμεν εὖ τε <u>αἱρήσεσθαι</u> ἁπάντων *πειραθέντες* καὶ <u>ἑλόμενοι</u> **φιλοσοφήσειν** καὶ **φιλοσοφήσαντες** εὐδαιμονήσειν), ma anche al § 64, quando Ermotimo sembra imitare Licino, riprendendo una formulazione analoga a quella presente in questo passo (οὐδενὸς ἀνθρώπων βίος ἐξαρκέσειεν ἄν ὡς ... ἕκαστον ἀκριβῶς <u>ἐπιδεῖν</u> καὶ <u>ἐπιδόντα</u> *κρῖναι* καὶ *κρίναντα* **ἑλέσθαι** καὶ **ἑλόμενον** φιλοσοφῆσαι).

La possibilità di ridiscutere o rigettare i punti concordati nel corso della conversazione precedente rappresenta una trasgressione allo svolgimento usuale di un dialogo filosofico ispirato alla maniera platonico-socratica. Socrate, infatti, sembra contemplare solo in un caso la possibilità di rifiutare i punti stabiliti, e oltretutto in un contesto contrassegnato da un tono palesemente ironico (*Gorg.* 461d: ἐγὼ ἐθέλω τῶν ὡμολογημένων εἴ τί σοι δοκεῖ μὴ καλῶς ὡμολογῆσθαι, ἀναθέσθαι ὅτι ἂν σὺ βούλῃ, ἐάν μοι ἓν μόνον φυλάττῃς). Si veda Dodds, 1959, p. 222. Al contrario, gli ὡμολογημένα costituiscono la base su cui far proseguire la discussione (*Theaet.* 145c: μὴ ἀναδύου τὰ ὡμολογημένα ... ἀλλὰ θαρρῶν ἔμμενε τῇ ὁμολογίᾳ. Vedi anche *Phaed.* 72a; *Phaedr.* 277a; *Charm.* 164c, etc.), benché vi siano momenti in cui è necessario ricapitolarli (*Prot.* 332d) affinché l'argomentazione avanzi in maniera coerente (*Symp.* 201d), fino a raggiungere un risultato condiviso (*Phil.* 14c). Cfr. *Symp.* 187b e *Crit.* 52d. Una discussione dettagliata sull'argomento è in Giannantoni, 2005, pp. 171-176, secondo il quale l'ὁμολογία segna "*tutte le fasi di un διαλέγεσθαι sincero, volto a eliminare tutti i possibili equivoci e di conseguenza implica l'intera responsabilità degli interlocutori*" (p. 173). Cfr. Classen, 1959, p. 154 ed Erler, 1991, pp. 422-423.

Alla luce della prassi del dialogo platonico, cui si conforma ampiamente l'*Hermotimus* (cfr. *supra*, pp. 11-22), la proposta di Licino sembra contenere una certa nota provocatoria, destinata a restare senza risposta. Ermotimo, infatti, tralasciando le ultime parole pronunciate dal suo interlocutore, prende atto, suo malgrado, della validità degli argomenti predisposti contro la sua scelta (§ 50), esprimendo nondimeno la volontà di proseguire il dibattito.

[ἢ ἀνατρεπτέον ἐκεῖνα τὰ ἤδη ὡμολογημένα] ... ὡς τόν γε ἄνευ πείρας αἱρούμενον μαντείᾳ μᾶλλον ἢ κρίσει τἀληθὲς ἀναζητοῦντα; una scelta compiuta senza l'avallo di un'analisi scrupolosa e precisa (κρίσις) assume i connotati di un'operazione irrazionale, compiuta seguendo le prescrizioni delle pratiche divinatorie (μαντεία). La κρίσις denota, a partire da Parmenide (19 Parm. fr. D 8.20 L.-M.), la facoltà razionale che presiede alla valutazione di un determinato oggetto di interesse, implicando il vaglio attento (Plat. *Euthyphr.* 7c-d) e l'esame sistematico delle sue peculiarità (*Phil.* 27c; *Rep.* 2.360e). Vedi anche Ar. *Eth. Nic.* 6.11.1143a20 e *Magn. mor.* 2.7.1205a28.

Secondo gli Stoici la κρίσις costituisce un'operazione peculiare degli uomini, che giudicano attentamente le impressioni provenienti dai sensi (*SVF* 2.988), garantendosi una certa libertà nelle azioni compiute (a tal proposito si veda Sakezles, 2008, pp. 171-173). Tuttavia, occorre distinguere almeno due tipologie eterogenee di giudizio: da un lato la κρίσις διημαρτημένη, che connota l'errata facoltà di discernimento della massa dei profani (*SVF* 1.202), e dall'altro la κρίσις συνετή, che si trova nella disponibilità di pochi eletti (*SVF* 1.559 = Clem. Alex. *Strom.* 5.3.17: οὐ γὰρ πλῆθος ἔχει συνετὴν κρίσιν, οὔτε δικαίαν / οὔτε καλήν, ὀλίγοις δὲ παρ' ἀνδράσι τοῦτό κεν εὕροις). Licino fa riferimento proprio a quest'ultima capacità di giudizio, grazie alla quale sarebbe possibile riconoscere la verità e provarne l'effettiva conoscenza.

Si noti che Licino, sin dall'inizio del dialogo, ha suggerito al suo interlocutore la possibilità di scegliere la filosofia vera praticando la divinazione o consultando un oracolo (§ 15). Tuttavia, se in quella circostanza Ermotimo ostentava ancora una certa sicurezza, mostrandosi indubitabilmente capace di individuare da solo la dottrina filosofica migliore, poco dopo, incalzato dagli argomenti di Licino, l'aspirante stoico dichiara di aver preferito la scuola stoica su indicazione della divinità (§ 20). A proposito di questa contraddizione nelle dichiarazioni di Ermotimo vedi *supra*, p. 282. L'ironia nella proposta avanzata da Licino appare in termini più netti alla luce del paragone istituito precedentemente tra il maestro di Ermotimo e gli esperti degli oracoli caldaici (§ 6), notoriamente imputati di rivendicare un sapere ipocrita, dettato solo da avidità ed egoismo (vedi *supra*, pp. 204-205).

Lo Stoicismo intendeva la mantica come una τέχνη μέση (*SVF* 3.741-742), in quanto investita di un'efficacia convalidata esclusivamente dal fermo convincimento che l'universo sia retto dalla provvidenza divina (Cic. *De div.* 1.82-83). Vedi le fonti raccolte in Nickel, 2014, pp. 292 ss. Al contrario, gli Scettici contestavano ogni fondatezza teorica a questa disciplina, respingendo il valore dei suoi pronostici (Sext. Emp. *Adv. math.* 5.1-48; Cic. *De div.* 2.52-53; 115-118 e Fav. fr. 20 Amato).

Sono numerosi i passi in cui l'autore lascia trasparire la sua posizione rispetto a questa disciplina. In *Par.* 4 l'arte del parassita è definita superiore alla mantica, poiché riesce a comprendere meglio realtà oscure e sconosciute (vedi Nesselrath, 1985, pp. 274-275). In *Nec.* 21, invece, l'indovino Tiresia rivela a Menippo lo stile di vita migliore, proponendogli una soluzione, per quanto banale, ai dubbi che avevano mosso il filosofo cinico a recarsi nell'Ade (ὦ πατέριον, ἀλλ' εἰπὲ καὶ μὴ περιίδης με σοῦ τυφλότερον περιιόντα ἐν τῷ βίῳ). In *Merc. cond.* 40 è più incisivo il tono critico nei confronti di questa tecnica e dei rispettivi maestri (vedi Hafner, 2017, p. 344).

In generale, sulle considerazioni negative espresse da Luciano nei confronti della mantica vedi Caster, 1937, pp. 236 ss. e Berdozzo, 2011, pp. 164 e 166, che ne definisce il valore all'interno del *corpus* lucianeo, soffermandosi in modo particolare sul *De Astrologia*, lo scritto in cui l'autore sembra difendere l'efficacia profetica della tecnica astrologica contro i falsi profeti del suo tempo.

ἀνάγκη ἐπὶ τοσοῦτον βιῶναι ἡμᾶς, εἰ μέλλοιμεν εὖ τε αἱρήσεσθαι ἁπάντων πειραθέντες καὶ ἑλόμενοι φιλοσοφήσειν καὶ φιλοσοφήσαντες εὐδαιμονήσειν: si noti il poliptoto articolato con cui Licino scandisce le diverse fasi della formazione filosofica (cfr. *infra*, pp. 385 e 387). La scelta della filosofia migliore prevede l'esame accurato di tutte le scuole di pensiero (εὖ τε αἱρήσεσθαι ἁπάντων πειραθέντες); solo dopo aver compiuto la scelta sarà possibile esercitare la filosofia corrispondente (ἑλόμενοι φιλοσοφήσειν), che, a sua volta, garantirebbe l'acquisizione della felicità (φιλοσοφήσαντες εὐδαιμονήσειν).

Nella connessione tra la virtù, racchiusa nella dottrina filosofica migliore, e la felicità che ne consegue si coglie un tratto proprio dell'insegnamento socratico, trasmesso e variamente interpretato dalle differenti filosofie ellenistiche (su questo argomento vedi Vlastos, 1981, pp. 181-213, ristampato in una versione differente in *id.*, 1991, pp. 200-232 ed Erler, 2007, pp. 432 ss., che indaga il ruolo di garanzia svolto dalla virtù per l'ottenimento della felicità). La necessità di una conoscenza complessiva delle numerose dottrine filosofiche, invece, che è un motivo più volte ribadito da Licino, oltre a funzionare in senso antidogmatico contro il proprio interlocutore (vedi i §§ 40-45), riflette una concezione intellettualistica della virtù, che è propria dello Stoicismo antico. Zenone, per esempio, riponeva tutte le virtù nella ragione (*SVF* 1.199), facendo coincidere la formazione morale esclusivamente con l'esercizio della μάθησις (*SVF* 3.225). Al saggio stoico, infatti, è richiesta una conoscenza teorica tale da ispirargli una condotta ineccepibile (*SVF* 3.295), ovvero uno stile di vita equilibrato e felice. Cfr. Kerferd, 1978, pp. 125-136. Le virtù intellettuali, del resto, sono intese alla stessa stregua di tecniche pratiche, poiché oltre a fondarsi su una certa quantità di principi astratti esse necessitano di un esercizio continuo per poter esprimere al meglio la loro efficacia (vedi *SVF* 3.214 = *Anecd. graec. Paris.* Cramer, vol. I, p. 171: τέχνη γὰρ ἡ ἀρετή. πᾶσα δὲ τέχνη σύστημα ἐκ θεωρημάτων συγγεγυμνασμένων). Vedi anche *supra*, pp. 371-372. In tal modo, "*la via lunga dello Stoicismo fondata sulla mathesis si pone come una via di mezzo tra l'intellettualismo di Socrate e l'ascesi corporale cinica*" (Goulet-Cazé, 1986, pp. 171-172). Questa impostazione speculativa della formazione morale, che resta tuttavia strettamente connessa con il suo riflesso pratico, si ritrova anche presso gli Stoici di età imperiale, da Seneca (*Ep.* 15.5) a Musonio (*Diatr.* 6 Hense) ed Epitteto (*Diss.* 1.17; 2.9; 2.25). Considerato che Luciano conferma di conoscere gli ultimi due (cita Epitteto in *Peregr.* 18 e *Alex.* 2, mentre Musonio solo in *Peregr.* 18), non può escludersi che egli abbia avuto una certa familiarità con le rispettive dottrine, facendone anche solo indirettamente il bersaglio critico del nostro dialogo.

La carica ironica dell'argomentazione di Licino assume così maggiore pregnanza, giacché sembra presupporre i tratti caratteristici dell'etica stoica contemporanea, messi opportunamente al centro del suo ἔλεγχος. Sui rapporti tra Luciano e i filosofi stoici del suo tempo vedi Piot, 1914, pp. 151-163; Tackaberry, 1930, pp. 15-22 e Dolcetti, 1996, pp. 70-89.

πρὶν δὲ οὕτω ποιῆσαι, ἐν σκότῳ φασὶν ὀρχοίμεθ' ἄν ... καὶ ὅ τι ἂν πρῶτον ἐς τὰς χεῖρας ἔλθῃ, τοῦτο εἶναι τὸ ζητούμενον ὑπολαμβάνοντες διὰ τὸ μὴ εἰδέναι τἀληθές: Licino cita un proverbio riportato anche da Zenobio (3.71: ἐν σκότῳ ὀρχεῖσθαι· ἐπὶ τῶν ἀμάρτυρα μοχθούντων, ὧν τὸ ἔργον ἀφανές) e Diogeniano (4.50), benché questi lo interpretino in maniera differente.

Fritzsche coglie opportunamente il significato composto del proverbio, distinguendone due diverse accezioni: "*nimis obscura scrutari*" o "*periculum subire*". Licino, infatti, non delinea la ricerca faticosa della verità, bensì i pericoli compresi in questa indagine che, in mancanza di un obiettivo chiaro, potrebbe procedere nella direzione sbagliata. Si noti che al § 28 Licino ha descritto con dovizia di particolari tutti rischi comportati da una scelta casuale della via (οὐδὲ γὰρ οὐδὲ ἐκεῖνο καλῶς ἔχει, τῇ τύχῃ ἐπιτρέπειν ὡς τάχα ἂν τὴν ἀρίστην ἑλομένους, εἰ καὶ ἄνευ ἐξετάσεως ὁρμήσαιμεν ἐπὶ μίαν τῶν ὁδῶν ἡντιναοῦν), contestualmente alla rappresentazione dell'immagine della navigazione e del pilota (vedi *supra*, pp. 323-324). Questi stessi rischi, in realtà, potrebbero essere evitati solo nel caso in cui si avesse a disposizione una conoscenza anticipata della verità, il che costituisce, però, una condizione logicamente impraticabile (cfr. i §§ 66 e 77).

Nel tentativo di chiarire il senso di una massima di Senofane, secondo il quale nessuno conosce il vero, né potrebbe riconoscerlo, pur imbattendosi in esso (fr. 8 Xenophan. D 49 L.-M.), Sesto ricorre ad una scena simile a quella messa in campo da Licino (*Adv. math.* 7.51-52: τὸ μὲν οὖν ἀληθὲς καὶ γνώριμον οὐθεὶς ἄνθρωπος οἶδε τό γε ἐν τοῖς ἀδήλοις πράγμασιν· κἂν γὰρ ἐκ τύχης ἐπιβάλλῃ τούτῳ, ὅμως οὐκ οἶδεν ὅτι ἐπιβέβληκεν αὐτῷ). Il filosofo scettico immagina alcuni individui impegnati nella ricerca di un oggetto d'oro in una casa buia piena di cimeli. Non appena uno di questi si imbatte in un manufatto, potrebbe credere che si tratti di quello ricercato, senza riuscire ad averne la piena certezza, anche nel caso in cui lo possedesse davvero (ὥσπερ γὰρ εἰ ἐν ζοφερῷ οἰκήματι καὶ πολλὰ ἔχοντι κειμήλια ὑποθοίμεθά τινας χρυσὸν ζητοῦντας, ὑποπεσεῖται διότι <u>ἕκαστος μὲν τούτων λαβόμενός τινος τῶν ἐν τῷ οἰκήματι κειμένων οἰήσεται τοῦ χρυσοῦ δεδράχθαι</u>, οὐδεὶς δὲ αὐτῶν ἔσται πεπεισμένος ὅτι τῷ χρυσῷ περιέπεσε, κἂν μάλιστα τύχῃ τούτῳ περιπεπτωκώς). C'è tuttavia una differenza: mentre Sesto trasferisce esplicitamente la portata semantica di questa immagine sulla ricerca della filosofia vera (ὧδε καὶ εἰς τουτονὶ τὸν κόσμον ὥσπερ τινὰ μέγαν οἶκον παρῆλθε πλῆθος φιλοσόφων ἐπὶ τὴν τῆς ἀληθείας ζήτησιν, ἧς τὸν λαβόμενον εἰκός ἐστιν ἀπιστεῖν ὅτι εὐστόχησεν), Licino, invece, illustra apertamente il senso della sua immagine solo nella fase finale della confutazione (§§ 66-70). In ogni caso, le affinità palesi nella formulazione dei due passi inducono ad ipotizzare l'esistenza di una fonte comune ai due autori, verosimilmente di matrice scettica, da cui entrambi avrebbero attinto, rielaborandola in maniera differente. Su questo passo vedi anche Schwarz, 1914, pp. 27-28.

εἰ δὲ καὶ εὕροιμεν ἄλλως κατά τινα ἀγαθὴν τύχην περιπεσόντες αὐτῷ, οὐχ ἕξομεν βεβαίως εἰδέναι εἰ ἐκεῖνό ἐστιν ὃ ζητοῦμεν: Licino insiste sul carattere incerto di una scelta casuale, che impedisce di selezionare a ragion veduta la filosofia migliore. Su questo vedi Sext. Emp. *Adv. math.* 7.52 (cfr. la nota precedente): chi si mettesse alla ricerca di un oggetto d'oro in una casa buia piena di cimeli non riuscirebbe a riconoscere l'oggetto ricercato **κἂν μάλιστα τύχῃ** τούτῳ **περιπεπτωκώς**. La coincidenza lessicale conferma l'ipotesi di una fonte scettica comune tra Sesto e Luciano, là dove al caso sarebbe stata negata qualsiasi funzione dirimente nella ricerca della verità. In merito a questo argomento vedi *supra*, p. 357.

In altri passi lucianei l'espressione κατά τινα ἀγαθὴν τύχην serve ad accentuare il carattere ufficiale di determinate occasioni: la convocazione di assemblee (*Bis acc.* 12; *Vit. auct.* 1), la declamazione di un decreto (*Deor. conc.* 14) o la lettura di una sentenza (*Bis acc.* 22). In questo caso, invece, Licino intende conferire maggiore enfasi alla sua affermazione introducendo una formula alquanto solenne, cui poco dopo Ermotimo replica mostrando una certa insofferenza (§ 50: ἔοικα οὐκ ἐπ' ἀγαθῷ ἐξεληλυθέναι τήμερον ἐκ τῆς οἰκίας). A questo proposito vedi Ureña Bracero, 1995, p. 141, n. 101.

πολλὰ γάρ ἐστιν ὅμοια αὐτοῖς, λέγοντα ἕκαστον αὐτὸ εἶναι τἀληθέστατον: Licino ribadisce l'esistenza di molteplici scuole filosofiche e la diversità delle rispettive dottrine (come è stato constatato sin dal § 14). Le guide preposte a ciascun indirizzo di pensiero, però, si arrogano il possesso della verità (§ 26), riducendo gli aspiranti filosofi in una condizione aporetica (vedi il § 50). Sul motivo dell'aporia nei dialoghi filosofici di Luciano vedi *supra*, pp. 45-47.

§ 50) ὦ Λυκῖνε, οὐκ οἶδα ὅπως εὔλογα μὲν δοκεῖς μοι λέγειν: Nesselrath, 1992, p. 3473 e von Möllendorff, 2000¹, p. 171 stabiliscono ragionevolmente un collegamento con *Gorg*. 513c (οὐκ οἶδ' ὅντινά μοι τρόπον δοκεῖς εὖ λέγειν, ὦ Σώκρατες), ove Callicle reagisce al discorso di Socrate con parole affini a quelle che Ermotimo pronuncia in risposta alle critiche di Licino. Si veda anche *Rep*. 10.605e; *Crat*. 396b, etc. (in cui compare l'aggettivo εὔλογος). Parallelamente alle difficoltà di replica che Ermotimo esprime nel corso della discussione (vedi *supra*, § 44, p. 367), il riconoscimento di una certa ragionevolezza logico-argomentativa che sostiene il discorso del suo interlocutore mette in rilievo l'azione erosiva sortita dall'ἔλεγχος di Licino. Al § 54, invece, Ermotimo discerne, seppure con maggiore cautela, la fondatezza degli argomenti di Licino (εὔλογον ἴσως).

Un'espressione analoga appare anche in *Saturn*. 25 (εἰ μή τι εὔλογον ἐκεῖνοι πρὸς ταῦτα λέγειν ἔχωσιν) e *Merc. cond*. 3 (ὅπως μὴ ταῦτα λέγῃς ποτέ, πάνυ εὔλογα, ἢν λέγηται ... ἄκουσον).

οὐ μετρίως ἀνιᾷς με διεξιὼν αὐτὰ καὶ ἀκριβολογούμενος οὐδὲν δέον: il metodo dialogico adottato da Licino consiste nella discussione dettagliata e minuziosa di tutti gli aspetti inerenti ad un determinato argomento (sul verbo διέξειμι vedi Plat. *Lach*. 189d e *Rep*. 5.450c). Ermotimo, però, percepisce questo procedimento in termini prevalentemente negativi, qualificandolo come vana ἀκριβολογία, inappropriata alla discussione in atto fra due amici (come stabilito al § 13). In *Vit. auct*. 26 la capziosità argomentativa è attribuita al filosofo peripatetico, mentre in *Iupp. trag*. 7 qualifica lo stoico Timocle (ὁ Τιμοκλῆς οὗτος ἔστι ... καὶ τοὺς λόγους πάνυ ἠκρίβωκε τοὺς Στωϊκούς). Più generalmente, in *Hes*. 5 e *Tyr*. 11 il predicato ἀκριβολογέομαι denota una quantità di sottigliezze interpretative irrilevanti. Cfr. Hesych. α 2571: ἀκριβολογεῖται· ἀκριβῶς ἐξετάζει.

La parola ἀκριβολογία definisce spesso lo stile argomentativo proprio di Socrate, al quale talora è rimproverata un'accuratezza inopportuna, sfavorevole ad un esito costruttivo della conversazione con il proprio interlocutore. In Plat. *Rep*. 1.340e (κατὰ τὸν ἀκριβῆ λόγον, ἐπειδὴ καὶ σὺ ἀκριβολογῇ) e 1.342b, ad esempio,

Trasimaco rinviene nel discorso di Socrate una cavillosità che ricorda il modo di fare proprio dei sicofanti (al § 51 Ermotimo definisce Licino ὑβριστής per la violenza del suo ἔλεγχος), mentre in *Crat.* 415a è Socrate a richiamare il suo interlocutore per la pedanteria eccessiva del suo eloquio (μὴ λίαν, ὦ δαιμόνιε, ἀκριβολογοῦ). Al contrario, in *Hipp. mai.* 284e l'acribia del ragionamento è considerata in termini positivi.

Questa peculiarità del metodo dialogico socratico non sfugge ad una rappresentazione in termini comico-parodici. A questo proposito vedi Arist. *Nub.* 130 (Socrate è ritratto nelle vesti di un insegnante di λόγων ἀκριβῶν σκινδαλάμους) e fr. 866 K.-A., benché il riferimento a Socrate in questo frammento non sia certo. Vedi la spiegazione fornita da Fozio (*Lex.* ο 339. 15: ὀνυχίζεται· ἀκριβολογεῖται· οὕτως Ἀριστοφάνης). Sulla descrizione di Socrate in commedia, da cui dipende anche l'immagine presente in Luciano, vedi Helm, 1906, pp. 371-374 e Belardinelli, 2016, pp. 17 ss. In *Dial. mort.* 20.6; *Nec.* 18; *Ver. Hist.* 2.17 e 23 Socrate pare aver fondato anche sull'isola dei Beati una Νεκρακαδημία come luogo di incontro per dialogare con i propri amici. Riferimenti ironici al conversare pedante di Socrate sono anche in *Dom.* 4 e *Par.* 43 (su questo argomento vedi Nesselrath, 1985, pp. 421-422).

Inoltre, anche nei *Silloi* di Timone (probabilmente un altro modello lucianeo: vedi Pratesi, 1985) Socrate è accusato di rendere i suoi discepoli eccessivamente pretestuosi (fr. 25.2 Di Marco = *SH* fr. 799: ἀκριβολόγους ἀποφήνας). A tal proposito si veda Di Marco, 1989, pp. 167-168 e Clayman, 2009, pp. 127-130.

Il verbo ἀνιάω, con cui è ritratta la sensazione di inquietudine suscitata in Ermotimo dalle parole del suo interlocutore, ritorna con maggiore frequenza nella parte finale della confutazione, quando l'aspirante stoico sarà costretto a prendere atto della vanità della sua formazione filosofica (cfr. i §§ 71, 77, 84).

ἔοικα οὐκ ἐπ' ἀγαθῷ ἐξεληλυθέναι τήμερον ἐκ τῆς οἰκίας καὶ ἐξελθὼν ἐντετυχηκέναι σοι: l'espressione οὐκ ἐπ' ἀγαθῷ fa riferimento ai cattivi auspici con cui Ermotimo è uscito di casa, imbattendosi in Licino. Similmente, in *Eun.* 6 Diocle afferma che la vista dell'eunuco al mattino, subito dopo aver lasciato la sua abitazione, costituisce un presagio negativo per la giornata che sta per cominciare (δυσοιώνιστόν τι ἀποφαίνων καὶ δυσάντητον θέαμα, εἴ τις ἕωθεν ἐξιὼν ἐκ τῆς οἰκίας ἴδοι τοιοῦτόν τινα). Reitz rintraccia la medesima locuzione in Arist. *Pl.* 888 (οὐκ ἐπ' ἀγαθῷ γὰρ ἐνθάδ' ἐστὸν οὐδενί). Cfr. *Eq.* 1226 e *Ran.* 1487 (come è rilevato da van Leeuwen, 1904, p. 131), anche se in questa circostanza, pronunciata da Ermotimo, la formula sembra assumere una valenza tragicomica.

ὅς [*scil.* Λυκῖνος] με πλησίον ἤδη τῆς ἐλπίδος ὄντα εἰς ἀπορίας φέρων ἐμβέβληκας ἀδύνατον ἀποφαίνων τῆς ἀληθείας τὴν εὕρεσιν ἐτῶν γε τοσούτων δεομένην: nella fase precedente del dialogo, in risposta a Licino, che esprimeva profonda incertezza rispetto alla ricerca della verità (§ 26: τό τε τοίνυν πλῆθος τῶν ὁδῶν καὶ τὸ ἀνόμοιον αὐτῶν οὐ μετρίως ταράττει με καὶ ἀπορεῖν ποιεῖ), Ermotimo appariva sicuro di poter risolvere le difficoltà sollevate dal suo interlocutore (§ 27: ἀλλ' ἐγώ σε ἀπολύσω τῆς ἀπορίας). Al contrario, in questo punto della discussione, l'aspirante stoico ha perso fiducia nella sua scelta filosofica, mentre Licino, da parte sua, non propone nessuna soluzione concreta all'*impasse* conoscitiva che egli stesso ha provocato. A questo proposito, si noti che l'avverbio ἀδύνατον ricorre ripetutamente nel corso del dialogo per rimarcare la difficile soluzione dei problemi incontrati nel corso della ricerca della verità. Al § 52 Licino giustifica l'inattuabilità della scelta filosofica migliore a causa dei troppi anni di studio necessari per ottenere una conoscenza complessiva di tutte le correnti di pensiero (**ἀδύνατον** δέ γε ἡμῖν ἐφαίνετο πολλῶν προτεθέντων ἑλέσθαι τὸ ἄριστον). Vedi anche il § 71. Invece, ai §§ 66-67 Licino prospetta al suo interlocutore l'eventualità che la filosofia non sia stata ancora scoperta e continui a rimanere all'oscuro di tutti i presunti sapienti (οὐδὲ τοῦτο **ἀδύνατον** κτλ.).

πολὺ δικαιότερον μέμφοιο ἂν τῷ πατρί σου Μενεκράτει ... ἢ καὶ πολὺ πρότερον τῇ φύσει ἡμῶν: menzionando il nome del padre di Ermotimo, Μενεκράτης ("colui che è resistente e valoroso"), Licino accenna all'audacia e alla valentia del progenitore del suo interlocutore. Non si tratta di un ammiccamento genuino, visto che la qualità del padre di Ermotimo troverebbe conferma nella tenacia con cui l'aspirante stoico procede lungo il cammino dei suoi studi filosofici, benché con esiti fallimentari.

Secondo von Möllendorff, 2000[1], pp. 171-172, con il nome proprio Μενεκράτης Luciano farebbe allusione all'omonimo medico siracusano vissuto nel IV secolo a.C., noto per aver rivendicato delle origini soprannaturali. Dando per vero questo riferimento, Ermotimo sembrerebbe reclamare maggiore autorevolezza, destinata a vanificarsi dinanzi all'attacco satirico di Licino. Così come è stato già suggerito per il § 39 (vedi *supra*, pp. 359 ss.), anche in questo caso è inverosimile che Luciano accenni ad un personaggio vissuto diversi secoli prima e diventato ormai pressoché sconosciuto. Probabilmente Licino intende produrre un *pun* etimologico con il nome del padre di Ermotimo, senza stabilire nessun collegamento con una figura storica precisa. Sul nome proprio Μενεκράτης in Luciano vedi anche *Dial. mer.* 7.3 e *Tox.* 24-26, mentre la sua ampia diffusione è confermata dalle attestazioni raccolte in Osborne - Byrne, 1994, vol. II, pp. 305-306.

Licino suggerisce ad Ermotimo di rivolgere la sua stizza non solo verso suo padre, ma anche verso la natura che lo ha generato con dei limiti tali da impedirgli la conoscenza della verità. Analogamente, in Cic. *Ac. pr.* 2.32 il dibattito relativo alla ricerca della verità appare così difficile e faticoso da essere destinato a rimanere insoluto. A questo punto il filosofo scettico reagisce indignato, dicendo:

"*quid ergo istud ad nos? num nostra culpa est?* **Naturam accusa**, *quae in profundo veritatem ut ait Democritus penitus abstruserit*". Su questo parallelismo testuale vedi Schwarz, 1914, p. 28.

μέμφοιο ἄν ... πολὺ πρότερον τῇ φύσει ἡμῶν ὅτι σε μὴ κατὰ τὸν Τιθωνὸν πολυετῇ καὶ μακρόβιον ἔθεσαν: Titono, figlio di Laomedonte, re di Troia, e di Strimo, figlia del dio fluviale Scamandro, è descritto da Omero (*Il.* 11.1-2 e *Od.* 5.1-2) ed Esiodo (*Th.* 984) come sposo di Eos. La nota storia mitica è narrata in Hom. *H. Aphr.* 218-238, Mimn. fr. 14 W² e Sapph. fr. 58 Voigt (vedi West, 2005, pp. 1-9). Quando Eos chiese a Zeus il dono dell'immortalità per l'amato, trascurò di precisare che avrebbe desiderato averlo al suo fianco in uno stato di eterna giovinezza. In tal modo, Titono continuò ad invecchiare finché, non riuscendo più a muoversi, fu trasformato in cicala (sul mito vedi Faulkner, 2008, pp. 270-271). A proposito della vecchiaia di Titono, divenuta proverbiale, vedi anche *Suda* τ 578: Τιθωνοῦ γῆρας· παροιμία. ἐπὶ τῶν πολυχρονίων καὶ ὑπεργήρων τάσσεται. Cfr. *Deor. conc.* 8 e *Dial. mort.* 17.1, in cui affiorano altri riferimenti a questa stessa figura.

ἐγὼ δὲ μετὰ σοῦ σκεπτόμενος εὗρον τὸ ἐκ τοῦ λόγου ἀποβάν: Licino presenta i risultati raggiunti nel corso della discussione come il prodotto del dialogo intessuto con il suo interlocutore. Al § 51 Licino insiste su questa constatazione (σὺ νῦν ἄχθῃ μοι τἀληθὲς ἐξευρόντι περὶ τούτων **μετὰ σοῦ**), nel tentativo malcelato di mascherare il risultato del procedimento elenctico architettato nei confronti di Ermotimo. Si tratta di una strategia dialogica frequentemente utilizzata da Socrate, il quale, in risposta alle proteste dei suoi interlocutori ridotti in aporia, rimarca la complicità di tutti i parlanti nello svolgimento comune del filo del discorso (vedi *supra*, pp. 385-386). In termini più specifici, in questo passo Licino riproduce il modello dialogico maieutico tipicamente socratico, nettamente distinto da quello trasmissivo, proprio del metodo di insegnamento sofistico (su questo argomento vedi Stern, 2008, p. 249). Le obiezioni sollevate da Licino, infatti, si sono avvalse del continuo consenso di Ermotimo, che è perciò corresponsabile dell'esito finale della conversazione (§§ 16-17; 31: οὕτω. δικαιότατα γὰρ ἐπιπλῆξαι δοκεῖ μοι e 32: τὸ ἀληθέστατον ἐκεῖνο δηλαδή. Cfr. i §§ 47: ἔοικεν ἀπό γε τούτων; 48: θῶμεν οὕτως; 69: εὖ γε, ὦ Λυκῖνε. παρὰ πολὺ γὰρ ταῦτα ἀμείνω καὶ ἐλπίδος οὐ μικρᾶς ἐχόμενα λέγεις). Licino rivendica così maggiore obiettività al risultato ottenuto nel corso del dialogo, dissimulando gli intenti antistoici della batteria di argomenti messa in campo contro il suo interlocutore.

Si ricordi che l'uso reiterato di verbi con suffisso συν- allude sia alla pratica dell'esercizio comune della filosofia (§ 11: συμφιλοσοφεῖν) sia alla condivisione di uno stile di vita improntato alla ricerca della verità (§ 13: συνοδοιπορεῖν). Vedi *supra*, pp. 239-240.

Infine, in questo passo Licino allude al λόγος come ad un'entità concreta e precisamente individuata che, in virtù della sua forza logico-razionale, dirige gli interlocutori ad un determinato risultato. Cfr. Plat. *Gorg.* 479c: εἰ δὲ ἡμεῖς ἀληθῆ ὡμολογήκαμεν, ὦ Πῶλε, ἆρ' αἰσθάνῃ **τὰ συμβαίνοντα** ἐκ τοῦ λόγου; (come rileva Nesselrath, 1992, p. 3474). Tuttavia, un'esplicita personificazione del λόγος appare successivamente ai §§ 63, 66 e 83. Vedi *infra*, pp. 455-456.

§ 51) **ὑβριστὴς ἀεὶ σύ, καὶ οὐκ οἶδ' ὅ τι παθὼν μισεῖς φιλοσοφίαν καὶ ἐς τοὺς φιλοσοφοῦντας ἀποσκώπτεις:** qualificando Licino come ὑβριστής, Ermotimo manifesta una notevole recrudescenza della sua intolleranza nei confronti dell'ἔλεγχος satirico del suo interlocutore. Al § 30 si fa cenno all'ipotetica causa per ὕβρις che i filosofi redivivi potrebbero intentare contro Licino se scegliesse arbitrariamente la scuola stoica, mentre al § 34 Licino stesso rivolge a Ermotimo la medesima accusa, poiché ha preferito lo Stoicismo senza esaminare opportunamente le restanti dottrine (ὕβρις γὰρ ἐς τὰς ἄλλας τὸ τοιοῦτον). Il tema della ὕβρις ricorre con particolare insistenza nel *Piscator*, là dove, a più riprese, i filosofi del passato imputano a Parresiade (un altro portavoce di Luciano, sul quale vedi Dubel, 1994, pp. 22-23 e Deriu, 2017, pp. 185-188) la responsabilità dell'oltraggio subito (1: οὐκ ἔστιν ἡμῶν ὅντινα οὐχ ὕβρικε, 4: εἰς ἡμᾶς ὕβριζες, 25: ἡμᾶς ὁ τρισκατάρατος οὑτοσὶ Παρρησιάδης ὕβρικεν).

Una reazione difensiva affine a quella esibita da Ermotimo è riscontrabile soprattutto in risposta alle parole irrisorie caratterizzanti l'eloquio dei filosofi cinici. Vedi *Vit. auct.* 10-11 (Diogene); *Iupp. conf.* 9 (Cinisco); *Peregr.* 3 e *Fug.* 4 *passim* (i filosofastri che assumono l'aspetto cinico per trarre un proprio vantaggio personale) e *Dial. mort.* 3.2. L'ἀναίδεια cinica, infatti, intendeva contestare, non senza una certa provocazione, qualsiasi consuetudine, al fine di additare agli uomini il percorso più diretto verso la virtù. A questo proposito si rimanda a Goulet-Cazé, 1986, pp. 155-158. Cfr. anche *Iupp. trag.* 32 (in risposta all'epicureo Damide) e *Icar.* 32 (contro gli Epicurei). Anche Licino, con il pungolo della sua critica a tratti irriverente, incita il suo interlocutore ad abbandonare ogni pretesa filosofica dogmatica, perché abbracci uno stile di vita orientato esclusivamente verso la concreta applicazione della virtù (§ 84). Sulla connotazione cinica della figura di Licino vedi *supra*, pp. 212-213, etc.

Si noti che Demonatte, quale figura ideale di filosofo, dopo essersi guadagnato, in un primo momento, l'avversione degli Ateniesi, diventa progressivamente oggetto di venerazione comune. Cfr. Clay, 1992, pp. 3425-3429. Vedi anche *Bis acc.* 14 (Dialogo accusa Luciano di ὕβρις per il modo sconveniente con cui è stato trattato); *Prom. es* 5 e *Soloec.* 9. Infine, in *Dial. deor.* 9.1-2 e 19.1 l'accusa di superbia ricorre anche tra gli dei. Su questo tema vedi Betz, 1961, p. 193, n. 3, che propone di raffrontare due passi del nuovo testamento (*Rm.* 1.30 e I *Tim.* 1.13) e Camerotto, 2014, p. 257, n. 94.

Helm, 1906, p. 340, n. 3 rinviene nella descrizione di Licino come "sempre superbo" (ὑβριστὴς ἀεί) le tracce di una valutazione complessiva di questa figura, che ricorre in un certo numero di dialoghi lucianei in qualità di *alter ego* dell'autore (sui cosiddetti "dialoghi di Licino" vedi Hermann, 1886; Saïd, 1993, pp. 253-270; Dubel, 1994, pp. 19-26 e *supra*, p. 173). Una tale considerazione avrebbe senso solo ipotizzando una consuetudine pregressa dei destinatari del nostro dialogo con i testi di Luciano, che dovrebbero essere stati composti presumibilmente in una fase precedente all'*Hermotimus*. Nonostante la cronologia di alcune tra queste satire filosofiche possa essere stabilita con una certa sicurezza (*Navigium*, *Eunuchus*, *Symposium*), e l'ipotesi di Helm appaia particolarmente interessante, essa è destinata a rimanere tale in assenza di dati certi per fissare una datazione plausibile del nostro dialogo (vedi *supra*, pp. 5-10). È tuttavia indiscutibile che, in virtù di un'immediata identificazione tra Licino e Luciano, il personaggio fittizio abbia assunto i tratti irrisori propri dell'autore, verosimilmente noti al suo pubblico. Vedi Camerotto, 2014, pp. 321-323.

ὑμεῖς ἂν ἄμεινον εἴποιτε οἱ σοφοί, σύ τε καὶ ὁ διδάσκαλος: Licino allude con aperta ironia alla presunta σοφία di Ermotimo e del suo maestro stoico. Il significato di questa battuta appare più pregnante alla luce della dichiarazione iniziale dello stesso Licino, il quale, ammettendo la sua ignoranza in filosofia, aveva riconosciuto ad Ermotimo, non senza un certo sarcasmo, il dominio, benché ancora imperfetto, di una forma di sapienza (§ 15: μή μοι τὸν νῦν δὴ τοῦτον σεαυτὸν ἐννόει, **τὸν εἴτε ἡμίσοφον εἴτε σοφὸν** ἤδη τὰ βελτίω κρίνειν ὑπὲρ τοὺς πολλοὺς ἡμᾶς δυνάμενον, ἀλλὰ οὕτως ἀπόκριναι ὁποῖος τότε ἦσθα, ἰδιώτης καὶ κατὰ τὸν νῦν ἐμέ). Vedi anche il § 81, in cui si insiste sulla vacuità del sapere stoico, ovvero sulla sua inefficacia morale.

La parola σοφός in Luciano denota spesso la figura del presunto saggio, che contraddice la dottrina filosofica professata, esibendo un comportamento del tutto incoerente. Cfr. *Symp.* 35; *Icar.* 5; *Pisc.* 1 (nel contesto della parodia omerica dei filosofi redivivi: ἀνέρες ἔστε, **σοφοί**, μνήσασθε δὲ θούριδος ὀργῆς). Peregrino (*Peregr.* 15) e Alessandro (*Alex.* 43), per esempio, presentano una netta incompatibilità tra i principi pronunciati e le azioni messe in atto con l'obiettivo esclusivo di curare i propri interessi personali, a detrimento della formazione dei rispettivi discepoli. Inoltre, in *Hipp.* 1-2 il sofista, a differenza del filosofo, è contraddistinto dall'esercizio alquanto sterile della parola (οἵ γε τοῖς λόγοις μόνοις ἐγγεγυμνασμένοι σοφισταὶ ἂν εἰκότως μᾶλλον ἢ σοφοὶ καλοῖντο). Al contrario, Licino concepisce il filosofo come esempio concreto di corrispondenza armonica tra *dicta* e *facta*. Su questo tema vedi *supra*, pp. 229-231.

οὐ πάνυ ἡδεῖά ἐστιν αὐτή [*scil.* ἡ ἀλήθεια] τοῖς ἀκούουσιν, ἀλλὰ παρευδοκιμεῖται ὑπὸ τοῦ ψεύδους παρὰ πολύ. εὐπροσωπότερον γὰρ ἐκεῖνο καὶ διὰ τοῦτο ἥδιον: Luciano riflette a più riprese sulla natura dello ψεῦδος, illustrando la reazione emotiva suscitata nei vari destinatari e tale da spingerli a preferirlo alla verità. In *Philops.* 1 Tichiade esordisce chiedendo al suo interlocutore quale sia il motivo che induce molti a propendere non tanto verso la verità, bensì verso la menzogna (τί ποτε ἄρα ἐστὶν ὃ πολλοὺς εἰς ἐπιθυμίαν τοῦ ψεύδους προάγεται). Egli distingue da un lato le bugie pronunciate in vista di un utile (τὸ χρήσιμον), e dotate di una propria giustificazione, e dall'altro quelle proferite solo in virtù del piacere che procurano (οἳ αὐτὸ ἄνευ τῆς χρείας τὸ ψεῦδος πρὸ πολλοῦ τῆς ἀληθείας τίθενται, **ἡδόμενοι** τῷ πράγματι καὶ ἐνδιατρίβοντες ἐπ' οὐδεμιᾷ προφάσει ἀναγκαίᾳ). Su questo argomento vedi Gzella - Ebner, 2001, p. 111.

In *Pisc.* 12-13 Parresiade racconta di aver cercato a lungo la casa della vera Filosofia fino a varcare la soglia dell'abitazione ove aveva notato l'adunanza maggiore di gente. Una volta entrato, però, egli ha dovuto constatarvi la presenza della falsa Filosofia, che, atteggiando un aspetto subdolamente artefatto, era riuscita ad attirare a sé i discepoli più ricchi (ἑώρων γυναιόν τι οὐχ ἁπλοϊκόν, εἰ καὶ ὅτι μάλιστα εἰς τὸ ἀφελὲς καὶ ἀκόσμητον ἑαυτὴν ἐπερρύθμιζεν ... πρόδηλος δὲ ἦν κοσμουμένη αὐτοῖς καὶ πρὸς εὐπρέπειαν τῷ ἀθεραπεύτῳ δοκοῦντι προσχρωμένη). Al contrario, la Filosofia vera ha le sembianze di una donna riservata, caratterizzata da un portamento modesto e da uno sguardo gentile (ὁρᾷς τὴν κόσμιον, τὴν ἀπὸ τοῦ σχήματος, τὴν προσηνῆ τὸ βλέμμα, τὴν ἐπὶ συννοίας ἠρέμα βαδίζουσαν;), come pure da un eloquio particolare, che resta il suo principale tratto distintivo (δηλώσει ἥτις ἐστὶ φθεγξαμένη μόνον). In *Tab. Ceb.* 11.1-13 la contrapposizione tra la vera e la falsa παιδεία è raffigurata in termini affini. Mentre la prima presenta un'immagine semplice e ordinata (γυνή ... πάνυ καθάριος καὶ εὔτακτος), la seconda esibisce un aspetto sofisticato, ma capace di esercitare un notevole fascino. Su questo argomento vedi Hirsch-Luipold, 2005, pp. 16-23. Evidentemente Licino, in questo passo, non allude soltanto alla qualità estetica dell'aspetto dello ψεῦδος, ma anche alle potenzialità attrattive dei suoi argomenti. Sull'efficacia persuasiva dello ψεῦδος e sull'azione oppositiva concertata dalla parola satirica vedi il § 72 (cfr. *infra*, pp. 511-513).

Luciano declina la contrapposizione tra vero e falso anche in ambito retorico, là dove un'apparenza ben curata (*Rhet. praec.* 15) e l'impiego oculato di talune menzogne (*ivi* 23) costituiscono gli strumenti fondamentali per guadagnarsi l'attenzione degli ascoltatori e ottenere un rapido successo. Sulle caratteristiche proprie della falsa retorica vedi Zweimüller, 2008, pp. 292 ss. Infine, in *Hist. conscr.* 8 e 13 l'autore critica la prassi seguita dagli storici contemporanei, che tendono ad introdurre nel discorso storico elementi estranei alla verità: nonostante questi possano favorire la ricezione istantanea del testo, nel futuro ne inficeranno la credibilità (cfr. Porod, 2013, pp. 317-318). Tuttavia, la responsabilità dei filosofi è maggiore rispetto a quella dei retori e degli storici, in quanto essi sono preposti all'educazione delle nuove generazioni, al punto da esercitare una notevole influenza sui giovani che vengono loro affidati (vedi il § 81, in cui l'attacco di Licino si fa più aspro contro il falso sapere elargito dagli Stoici e i §§ 84-86, a proposito del potenziale paideutico dell'insegnamento filosofico).

ἡ δὲ ἅτε μηδὲν κίβδηλον ἑαυτῇ συνειδυῖα μετὰ παρρησίας διαλέγεται τοῖς ἀνθρώποις καὶ διὰ τοῦτο ἄχθονται αὐτῇ: nel *corpus* lucianeo la libertà di parola costituisce la cifra essenziale del filosofo autentico e della verità che gli si accompagna. La παρρησία affonda le sue radici nella figura di Socrate, diventando centrale nello stile di vita promosso dalla corrente cinica. Vedi Goulet-Cazé, 1986, pp. 41-52 e Foucault, 2012, pp. 159-180. Cfr. *Dial. mort.* 21.3, dove Cratete elenca le virtù ciniche (σοφία, αὐτάρκεια, ἀλήθεια, παρρησία ed ἐλευθερία), mentre in *Vit. auct.* 8 Diogene, oltre a definirsi libero e medico degli uomini, si dice anche ἀληθείας καὶ παρρησίας προφήτης. Vedi anche Camerotto, 2014, pp. 225-232, che mette in luce le origini, non solo ciniche, della libertà del dire su cui si fonda la satira lucianea (come sostiene Macleod, 1979, p. 327). Cfr. Branham, 1989, pp. 33-34 e Tomassi, 2011[1], pp. 407-408. In generale, sul concetto di παρρησία nel mondo antico vedi Momigliano, 1971, pp. 499-524 e Sluiter - Rosen, 2004, pp. 2-19.

Nel *corpus* lucianeo la verità filosofica è generalmente veicolata da un discorso articolato in una forma diretta e facilmente comprensibile. Demonatte offre un esempio concreto di eloquio franco orientato verso la ricerca genuina della verità (*Demon.* 3: ὅλον δὲ παραδοὺς ἑαυτὸν ἐλευθερίᾳ καὶ παρρησίᾳ διετέλεσεν αὐτός ... καὶ τοῖς ὁρῶσι καὶ ἀκούουσι παράδειγμα παρέχων τὴν ἑαυτοῦ γνώμην καὶ τὴν ἐν τῷ φιλοσοφεῖν ἀλήθειαν), in maniera affine alla critica disinvolta che Nigrino muove alla viziosa città di Roma (*Nigr.* 15). Inoltre, in *Pisc.* 17 Verità chiede a Filosofia di essere supportata da Ἐλευθερία e Παρρησία, definite sue ancelle, mentre in *Pseud.* 4 il dio Ἔλεγχος è presentato come amico di Ἀλήθεια e Παρρησία. Al contrario, Peregrino pratica un genere negativo di παρρησία, ragione per cui verrà espulso dalla città di Roma (*Peregr.* 18).

In generale, la libertà di parola contrassegna la figura di Momo, che è una delle voci critiche di maggiore rilievo nell'intera produzione di Luciano. Vedi *Deor. conc.* 2 (πάντες με ἴσασιν ὡς ἐλεύθερός εἰμι τὴν γλῶτταν καὶ οὐδὲν ἂν κατασιωπήσαιμι τῶν οὐ καλῶς γιγνομένων· διελέγχω γὰρ ἅπαντα καὶ λέγω τὰ δοκοῦντά μοι ἐς τὸ φανερὸν οὔτε δεδιώς τινα οὔτε ὑπ' αἰδοῦς ἐπικαλύπτων τὴν γνώμην) e *Iupp. trag.* 19 (λέγε, ὦ Μῶμε, πάνυ θαρρῶν· δῆλος γὰρ εἶ ἐπὶ τῷ συμφέροντι παρρησιασόμενος). Su quest'ultimo passo vedi Coenen, 1977, pp. 74-76. Su Momo, invece, vedi *supra*, pp. 277-279.

Il parresiaste, in aggiunta, parla senza avvalersi di capziosità linguistiche (*Deor. conc.* 3: χρὴ δὲ παρρησιαστὴν ὄντα μηδὲν ὀκνεῖν λέγειν) o di quegli espedienti propri di chi teme il confronto diretto con un contraddittorio (*Symp.* 12: i filosofi temono di sfidare apertamente il cinico Alcidamante: ἐς μέντοι τὸ φανερὸν οὐδεὶς ἐτόλμα λέγειν· ἐδεδοίκεσαν γὰρ τὸν Ἀλκιδάμαντα), preferendo tendere inganni di nascosto (in *Calum.* 9 è segnata una netta distinzione tra le operazioni segrete dell'ἀπαρρησίαστος e il fare scoperto del παρρησιαστής: ἀπαρρησίαστος καὶ δειλὸς ἅπας ὁ τοιοῦτος ἄνθρωπος οὐδὲν ἐς τοὔμφανὲς ἄγων ... εἴ τίς γε τἀληθῆ κατηγοροῦντι ἑαυτῷ συνεπίσταται, οὗτος, οἶμαι, καὶ εἰς τὸ φανερὸν ἐλέγχει καὶ διευθύνει καὶ ἀντεξετάζει τῷ λόγῳ).

Una valutazione positiva della παρρησία e della verità ad essa congiunta emerge anche da *Hist. conscr.* 41, dove Luciano invoca uno storico amante della parola libera e vera (τοιοῦτος οὖν μοι ὁ συγγραφεὺς ἔστω – ἄφοβος, ἀδέκαστος, ἐλεύθερος, παρρησίας καὶ ἀληθείας φίλος). Cfr. anche *ivi* 61. A proposito di questo scritto si veda Porod, 2013, pp. 516-517.

ὥσπερ εἰ ἀνδριάντος ἐρῶν ἐτύγχανες καὶ ᾤου τεύξεσθαι ὑπολαμβάνων ἄνθρωπον εἶναι ... καὶ τότε δύσνουν ἐμὲ εἶναι ᾤου ἂν σαυτῷ διότι σε οὐκ εἴων ἐξαπατᾶσθαι ἀλλόκοτα καὶ ἀνέλπιστα ἐλπίζοντα: Licino allude evidentemente al mito di Pigmalione: innamoratosi perdutamente della statua di Galatea che aveva scolpito, Pigmalione ottenne dalla dea Afrodite l'animazione della stessa, che sposò e da cui ebbe la figlia Pafo (sul mito vedi Ov. *Met.* 10.243-297 e Clem. Alex. *Protr.* 4.57.3). Tuttavia, mentre il mito ha un esito felice, l'amore di Ermotimo è destinato a rivelarsi fallimentare, non conducendo a nessun risultato positivo, come spera vanamente lo stesso aspirante stoico (vedi von Möllendorff, 2000[1], p. 172: "*auch hier ist die Pointe subtil gesetzt: Nicht nur ist der Gegenstand von Hermotimos' Liebe unerreichbar, sondern es handelt sich dabei auch noch um einen aus mangelnder Bescheidenheit (σωφροσύνη) selbstgeschaffenen Wahn*"). L'amore illusorio nutrito nei confronti di una statua costituiva con tutta probabilità un tema retorico diffuso negli esercizi retorici del tempo per esprimere con maggiore impatto visivo le difficoltà inerenti all'esecuzione di una determinata azione. Si veda *Tox.* 15; Ps.-Luc. *Am.* 1 *passim* e Philostr. *VA* 6.40 e *VS* 2.599.

L'espressione proverbiale impiegata da Licino (ἀδυνάτων ἐρᾶσθαι), e attestata anche in *Dial. deor.* 13 (οἶδα ὅτι ἀδυνάτων ἐρᾷς), è presente già in Eur. *Herc.* 318 (ἀδυνάτων ἔοικ' ἐρᾶν) e Zenob. 1.29. Vedi Bompaire, 1958, p. 456.

Licino ritrae la sua parola critica come un atto di benevolenza nei confronti dell'interlocutore stoico, al fine di preservarlo dalla frustrazione che potrebbe conseguire da un esito deludente delle sue pretenziose ambizioni filosofiche (ἐμήνυσα πρός σε **ὑπ' εὐνοίας** ὅτι ἀδυνάτων ἐρᾷς). Tuttavia, Ermotimo interpreta in termini ostili l'approccio confutatorio di Licino (δύσνουν ἐμὲ εἶναι ᾤου), confermando una certa riluttanza a rinunciare alle sue convinzioni. Non si tratta di una reazione isolata dell'aspirante stoico, bensì di un motivo topico lucianeo, che descrive la ricezione problematica e sofferta della parola satirica da parte dei rispettivi destinatari. In *Pisc.* 1-4 i filosofi redivivi attaccano Parresiade con l'intenzione di infliggergli una pena esemplare in risposta all'oltraggio subito nella *Vitarum Auctio* mentre più avanti Parresiade stesso distingue l'attacco contro i presunti filosofi dalla sua ricerca sincera della vera filosofia (30-31). Cfr. *Iupp. trag.* 24, 32 e 52, ove Poseidone propone di eliminare l'epicureo Damide in quanto portavoce della παρρησία filosofica; in *Philops.* 39, invece, Tichiade si trova a combattere da solo contro le menzogne pronunciate dai filosofi, procurandosene la reazione aspramente stizzita (ὅτι μοι ἄχθονται παρόντι καθάπερ ἀντισοφιστῇ τῶν ψευσμάτων). Anche il buon Demonatte, appena giunto ad Atene, parlando liberamente, si è guadagnato lo sdegno collerico degli Ateniesi (*Demon.* 11). La voce critica libera da qualsiasi inibizione non è solo uno strumento di dileggio al servizio della filosofia, ma anche, in taluni casi, un'arma a suo sfavore. In *Pisc.* 14, per esempio, la vera Filosofia riconosce l'utilità delle critiche provenienti dalla commedia, che finiscono per dare maggiore lustro alle sue dottrine, mentre in *Fug.* 13 la stessa Filosofia appare turbata dalla condotta sregolata e oltraggiosa dei suoi falsi adepti.

In termini più generici, la parola liberamente pronunciata può essere rivolta anche contro le convenzioni e i valori in cui si riconoscono i membri di una determinata comunità. Cfr. *Iupp. conf.* 6 e *Iupp. trag.* 4 (gli argomenti formulati da Cinisco e Damide mettono in pericolo la sussistenza dell'idea stessa di divinità); *Luct.* 1-2 (sui riti di sepoltura); *Nav.* 46 (sui desideri degli uomini); *Cont.* 13 (contro l'amore propriamente umano per la ricchezza, un motivo ricorrente anche in *Dial. mort.* 1.1 *passim*) e *Philops.* 30. In termini generici vedi *Abd.* 7: ὀργίζονται γοῦν ἅπαντες τοῖς μετὰ παρρησίας τἀληθῆ λέγουσιν.

La tenacia mostrata da Licino nella prosecuzione del suo piano confutativo prende presumibilmente ispirazione dall'esempio di Socrate, che restò fedele all'esercizio libero della parola, tanto veridica quanto provocatoria, fino alla sua condanna a morte (*Plat. Ap.* 32b-c). Tuttavia, a differenza di Socrate, Licino non persegue gli stessi fini moralmente edificanti, poiché sembra interessato esclusivamente al ribaltamento parodico delle presunzioni dogmatiche del suo interlocutore. Sulla παρρησία socratica vedi Giannantoni, 2005, pp. 141 ss. e le ulteriori indicazioni bibliografiche ivi fornite, mentre sui rapporti tra Socrate e Licino vedi von Möllendorff, 2000[1], pp. 197-209. In termini generali, sulle conseguenze della parola satirica e le reazioni dei rispettivi bersagli nella satira di Luciano, vedi la dettagliata analisi in Camerotto, 2014, pp. 246-255, pp. 268-269 e Deriu, 2017, pp. 185-206.

§§ 52-53) In risposta agli argomenti inoppugnabili avanzati da Licino, Ermotimo accusa il suo interlocutore di favorire uno stile di vita ozioso e segnato dalla rinuncia completa allo studio della filosofia. Si tratta di una reazione attestata altrove nei dialoghi lucianei, là dove la voce critica antidogmatica è percepita in termini apertamente ostili. Vedi *supra*, pp. 394 ss. Licino traccia un rapido riepilogo dell'argomentazione precedente, dimostrando ad Ermotimo la consequenzialità logica della discussione e la legittimità del risultato raggiunto, rigettando così l'accusa di un'opposizione programmatica alla filosofia. A questo proposito, secondo Licino, sarebbe sufficiente anche una sola guida per compiere la scelta giusta, purché essa abbia conosciuto e sperimentato tutte le scuole filosofiche esistenti. Al contrario, una guida in possesso di una conoscenza parziale risulterebbe inaffidabile, in quanto il suo insegnamento potrebbe essere contraddetto da quello di un'altra scuola di pensiero. Dinanzi a questa reiterata dichiarazione di Licino (vedi i §§ 36, 45, etc.), Ermotimo insinua che egli aspiri ad essere l'unico sapiente, a fronte della stoltezza dei sedicenti filosofi. Al contrario, Licino reagisce a questa supposizione, dichiarando esplicitamente di non possedere nessuna verità e di non volervi accampare nessuna pretesa.

§ 52) τοῦτο, ὦ Λυκῖνε, φής, ὡς οὐ φιλοσοφητέον ἡμῖν, ἀλλὰ χρὴ ἀργίᾳ παραδιδόντας αὑτοὺς ἰδιώτας καταβιῶναι; l'accusa di Ermotimo non è trascurabile, poiché la pigrizia è uno dei vizi maggiormente avversati dalla morale greca tradizionale (vedi Hes. *Op*. 311: ἔργον δ' οὐδὲν ὄνειδος, ἀεργίη δέ τ' ὄνειδος, commentato da Plut. *Comp. Arist. Cat.* 3.3), come pure da Platone (*Theaet.* 153b: ἡ τῶν σωμάτων ἕξις οὐχ ὑπὸ ἡσυχίας μὲν καὶ ἀργίας διόλλυται, ὑπὸ γυμνασίων δὲ καὶ κινήσεως ἐπὶ πολὺ σῴζεται;), Aristotele (*Eth. Nic.* 1.13.1102b7-8: ἀργία γάρ ἐστιν ὁ ὕπνος τῆς ψυχῆς), Senofonte (*Cyr.* 1.6.17 e *Oec.* 7.33) e da tutta una serie di autori cronologicamente più vicini a Luciano. Vedi Dio Chrys. *Orr*. 10.7 (ἡ γὰρ ἀργία καὶ τὸ σχολὴν ἄγειν ἀπόλλυσι πάντων μάλιστα τοὺς ἀνοήτους ἀνθρώπους) e 77.35. Cfr. anche Max. *Or.* 10.4 e Plut. *Sol.* 17.2, 22.3 e 31.5, a proposito della legge voluta da Solone contro la pigrizia (cui si allude anche in *Anach.* 30), ma attribuita ugualmente a Dracone e a Pisistrato (cfr. Hdt. 2.177.2 e D. L. 1.55). Vedi anche Plut. *De tuen. san.* 24.135C (ἥκιστα δὴ τὴν ἀργίαν ὑγιεινὸν ὑποληπτέον) e la valutazione affine in Gal. *In Hipp. Aphor. comm.* 28, vol. 18a, pp. 42-43 Kühn. Alla luce di queste considerazioni, le parole di Ermotimo suonano come una pungente accusa verso Licino, che sembrerebbe condurre uno stile di vita connotato in senso moralmente deprecabile. Per ciò che concerne il *corpus* lucianeo, in *Par.* 10 l'ἀργία è assegnata allo stile di vita epicureo (cfr. Nesselrath, 1985, p. 306), mentre in *Icar.* 6 i filosofi appaiono complessivamente accecati dalla vecchiaia e dall'indolenza (ὑπὸ γήρως ἢ ἀργίας ἀμβλυώττοντες).

Il disdegno verso l'ἰδιώτης è un motivo testimoniato sin dall'inizio del dialogo (vedi *supra*, pp. 185-187), benché questi non sia del tutto sprovvisto di talune prerogative positive. Ad esempio, in *Nec.* 21 e *Symp.* 35 è proprio la vita del profano a risultare preferibile rispetto al comportamento intemperante esibito dai filosofi, nonostante il semplice popolano resti escluso da qualsiasi genere di educazione. Si noti che in *Apol.* 15 ss. l'autore sottolinea l'importanza della formazione letteraria ricevuta, insistendo sulla sua portata pedagogica insostituibile (cfr. *Somn.* 9-14). Diversamente, nell'*Adversus Indoctum* (soprattutto 1 e 4-5) è preso di mira il bibliofilo di turno perché, nonostante sia sprovvisto di un'istruzione adeguata, ostenta i libri acquistati, senza riuscire ad accedere ai rispettivi contenuti. Coerentemente, nel *De Domo* (2 *passim*), Luciano insiste sulle influenze positive di chi dispone di un certo *background* culturale. Su questo tema vedi *supra*, pp. 1-5.

ἐγὼ γὰρ οὐχ ὡς οὐ φιλοσοφητέον φημί: Licino lascia intuire una certa propensione favorevole verso la filosofia, che lo stesso autore continua a considerare come una componente essenziale nel piano educativo contemporaneo. A questo proposito, in *Somn.* 14-18 Luciano non fa trasparire nessun disprezzo incondizionato nei confronti della filosofia, mentre in *Salt.* 2 Licino esprime una valutazione positiva per l'educazione ricevuta e per l'impegno moderato speso nella disciplina filosofica (παιδείᾳ σύντροφος καὶ φιλοσοφίᾳ τὰ μέτρια ὡμιληκώς). Su questo tema vedi Jones, 1986, pp. 108-110; 149-159 e Branham, 1989, pp. 67-123, che mettono nel giusto rilievo l'avversione dell'autore verso una forma di ἀπαιδευσία filosofica.

In maniera coerente, Licino, nel nostro dialogo, non intende distogliere definitivamente Ermotimo dalla filosofia, bensì richiamarlo ad un esame critico dei limiti di ciascun maestro, affinché eviti di abbracciare precipitosamente una qualsiasi dottrina dogmatica. Su questo aspetto vedi Alexiou, 1990, pp. 145-149 e Nesselrath, 2001[2], pp. 150-152. Come si evince dal corso della discussione, Luciano prende nettamente le distanze dalle formulazioni dottrinarie delle scuole filosofiche del tempo, improntando l'insegnamento filosofico ad una prassi concreta e moralmente edificante (§§ 83-86). In *Nec.* 21 Tiresia consiglia a Menippo, ormai disilluso sull'efficienza di qualsiasi dottrina di pensiero, una vita non priva di filosofia, ma al riparo dai filosofi. Vedi *infra*, pp. 567-568. In generale, sulla posizione di Luciano rispetto al panorama filosofico del II sec. d.C. vedi Whitmarsh, 2001, pp. 90-130. Cfr. *supra*, pp. 40-61.

ἐπείπερ φιλοσοφητέον ὁδοί τε πολλαί εἰσιν, ἐπὶ φιλοσοφίαν ἑκάστη καὶ ἀρετὴν ἄγειν φάσκουσαι: Betz, 1961, p. 191, n. 2, nota che il significato di φάσκω corrisponde a quello di οἴομαι (§ 75: οἱ δ' ἄλλοι ἢ οὐδὲν ἀληθὲς ἴσασιν οἰόμενοι εἰδέναι), visto che i sedicenti sapienti cercano di dare subdolamente l'impressione di aver conosciuto la verità. In questo passo Licino riproduce il quadro già delineato al § 25, nel momento in cui illustrava le numerose vie che pretendono di condurre alla città della virtù, nonostante una sola sia in grado di arrivare realmente alla meta (ἀνάγκη ζητεῖν ὁδόν τε τὴν **ἄγουσαν** ἐπ' αὐτὴν [*scil.* τὴν πόλιν] ... ἐπὶ τῷ ὑπισχνεῖσθαι καὶ **φάσκειν** εἰδέναι πολλὴ ἀφθονία τῶν ἡγησομένων ... αὗται πᾶσαι [*scil.* ὁδοί] πρὸς τὴν πόλιν **ἄγειν λέγονται** μίαν οὖσαν). Cfr. il § 70 (οὐδὲν αὐτοῖς κοινωνοῦντα ἀποδείξεις ὅμως αὐτῶν εἶναι **φάσκουσιν**). Luciano impiega in numerosi altri passi il verbo φάσκω per introdurre l'opinione dei falsi filosofi: *Pisc.* 37 (φιλοσοφεῖν φάσκουσι) e 46; *Fug.* 3 (οἱ ξυνήθεις καὶ φίλοι φάσκοντες εἶναι); *Merc. cond.* 24 (ὦ κάθαρμα, φαίην ἄν, καὶ μάλιστα πρὸς τὸν φιλοσοφεῖν φάσκοντα); *Eun.* 3 (τὸ φιλοσόφους εἶναι φάσκοντας) e *Par.* 52 (οἱ φιλοσοφεῖν φάσκοντες). Il valore ironico di φάσκω in contrapposizione al neutro λέγω è ravvisabile già in Isocr. *Orr.* 12.18 e 15.295. A tal proposito vedi Nesselrath, 1985, p. 466 e Hafner, 2017, p. 250.

ἡ δ' ἀληθὴς ἐν αὐταῖς ἄδηλος: si tratta di un'idea centrale nel piano argomentativo di Licino: la vera filosofia rimane nascosta tra le numerose scuole di pensiero che, pur arrogandosi il possesso della dottrina autentica, non sono in grado di fornire prove certe a proprio favore. La presenza reiterata dell'aggettivo ἄδηλος nel corso della discussione rimanda alla nozione scettica degli ἄδηλα, ovvero di tutto ciò che non appare in maniera chiara ed univoca, diventando oggetto di un disaccordo irresolubile tra i filosofi dogmatici (Sext. Emp. *Pyrrh. hyp.* 1.138; 2.7-8; 3.254). La polemica scettica è indirizzata contro la dottrina stoica, secondo la quale ciò che non è evidente si rivelerebbe da sé, mentre gli Scettici insistono sulla necessità di segni che ne dimostrino la vera natura (*Pyrrh. hyp.* 2.124: τὸ ἄδηλον οὐκ ἐξ ἑαυτοῦ φαίνεται, ὡς οἱ δογματικοί φασιν, ἀλλὰ δι' ἑτέρου ὑποπίπτει). Vedi il dibattito al § 19 e *supra*, pp. 275-276.

In Sext. Emp. *Pyrrh. hyp.* 2.88-93 (che corrisponde alla discussione in *Adv. math.* 8.17-31) si discute sulla possibilità di pervenire alla conoscenza della verità in termini parzialmente affini a quelli testimoniati nel nostro dialogo. Se tutte le cose apparenti fossero vere, allora tutto sarebbe vero, compresa l'affermazione che nulla è vero, il che farebbe cadere il discorso in contraddizione. Similmente, argomenta Sesto, non è possibile ammettere che solo alcune tra le cose apparenti siano vere perché, in tal caso, ci sarebbe bisogno di un giudizio, e quindi di un criterio che lo renda attendibile, la cui validità potrebbe essere certificata da un ulteriore criterio e così via all'infinito. Infine, se tutte le cose non apparenti fossero vere, sarebbe possibile esprimere opinioni contrastanti a tal proposito, mentre se lo fossero solo alcune, ci sarebbe nuovamente bisogno di un criterio, a sua volta difficilmente individuabile. Ne consegue che, in mancanza di un criterio di giudizio comunemente condiviso e oggettivamente fondato, è impossibile esprimersi sulle realtà apparenti e tanto più implausibile avanzare affermazioni su quelle non apparenti. Sesto, però, non nega l'esistenza del vero in senso ontologico, insistendo, piuttosto, sui limiti congeneri alle facoltà conoscitive dell'uomo, destinate a rimanere incommensurabili al riconoscimento del vero. Si veda anche *Adv. math.* 7.368 (εἴπερ, ἵνα γνῶμεν τἀληθές, δεῖ τι εἶναι ἐναργές, δέδεικται δὲ πάντα ἄδηλα, ὁμολογητέον ἄγνωστον εἶναι τἀληθές).

Nel nostro dialogo, invece, Ermotimo appare inizialmente convinto che la verità possa rivelarsi solo con lo studio della dottrina stoica, mentre Licino richiama l'attenzione sulle pretese avanzate da tutte le scuole filosofiche esistenti, che reclamano in ugual misura il possesso della vera dottrina. In assenza di un criterio di giudizio affidabile e pienamente giustificato (vedi i §§ 40-45 e *supra*, pp. 360-361), l'unica soluzione sembra risiedere nella conoscenza dettagliata di tutte le dottrine di pensiero, nonché nell'esame scrupoloso di ogni loro singolo aspetto. Oltre a mostrare le difficoltà che comporta il compimento di uno studio del genere (§§ 36 ss.), Licino lascia aperta la possibilità che la verità non risieda necessariamente tra le dottrine professate e liberamente accessibili; al contrario, è verosimile che essa non sia stata svelata da nessuna scuola filosofica, rimanendo così ancora del tutto sconosciuta e insondabile (§ 66). In tal modo, la verità, presentata come qualcosa di non evidente, benché esistente e potenzialmente conoscibile, elude qualsiasi metodo analitico, restando all'oscuro di chiunque si sforzi di conoscerla.

La discussione sull'ἄδηλον accennata in questo passo, dunque, anticipa parzialmente l'esito finale del dialogo, che si attesterà su una posizione molto affine alla dottrina gnoseologica scettica. Su questo argomento vedi anche *Adv. math.* 7.51 (τὸ μὲν οὖν ἀληθὲς καὶ γνώριμον οὐθεὶς ἄνθρωπος οἶδε, τό γε ἐν τοῖς ἀδήλοις πράγμασιν) e la trattazione dettagliata sui vari tipi di ἄδηλα in *Adv. math.* 8.316-319. In riferimento a questo concetto e alla rispettiva discussione scettica vedi Ioppolo, 1986, pp. 65-70, che ne indaga l'origine nella filosofia di Arcesilao.

Luciano coglie la centralità di questo motivo scettico al punto che in *Vit. auct.* 27 ne fa un punto essenziale della rappresentazione del βίος scettico. Pirria, infatti, mette in discussione la reale sussistenza sia della sua vita sia della cornice dell'asta, suscitando la reazione ilare del compratore e degli astanti (ΑΓΟΡ. τί φής, ὦ οὗτος; ἐώνημαι σε; ΠΥΡΡ. Ἄδηλον). Cfr. Beaupère, 1967, vol. II, p. 143. Sulla ricorrenza della parola ἄδηλος nel nostro dialogo vedi *supra*, p. 357.

ὅτῳ πρώτῳ ἂν ἐντύχῃς, τούτῳ ἔψῃ καὶ συμφιλοσοφήσεις κἀκεῖνος ἕρμαιον ποιήσεταί σε; Licino insiste sulla scelta casuale di una guida, servendosi ripetutamente di una formula pressoché identica (vedi il § 48: ἀρξάμενοι δὲ ἀφ' ὁτουοῦν οἷον ἀπὸ Πυθαγόρου, ἢν οὕτω τύχῃ. Cfr. i §§ 41-42 e 44, in riferimento alla similitudine delle coppie degli atleti). Si noti che in Cic. *Ac. pr.* 2.36 chi ripone la propria fiducia in una guida qualsiasi dà prova di un comportamento inattendibile, in quanto privo di una seria applicazione alla ricerca della verità ("*si quod cuique occurrit et primo quasi aspectu probabile videtur id confirmatur, quid eo levius?*").

Tuttavia, in questo passo non è messo in rilievo l'improbabile beneficio che un aspirante filosofo potrebbe ricavare da una scelta casuale della propria scuola filosofica, bensì il profitto certo che il maestro otterrà dal suo allievo. Questi, infatti, è detto ἕρμαιον, termine con cui erano indicate le primizie deposte lungo le strade in onore di Ermes, protettore dei viaggiatori, i quali spesso se ne nutrivano, stremati dal lungo cammino (cfr. Paus. *Ἀττ. ὀνομ.* ε 69 Erbse e Corn. *De nat. deor.* 24). In senso traslato, Ermotimo costituisce un tesoro nelle mani del suo maestro, giacché ne trarrà un lauto compenso (sulla critica lucianea al compenso preteso dai maestri di filosofia vedi anche i §§ 9 e 80 e le note *supra*, pp. 231-233). In Soph. *Ant.* 397 la parola ἕρμαιον è attestata per la prima volta in riferimento ad una persona (una delle guardie spera di ottenere una giusta ricompensa per la cattura di Antigone). Cfr. *Tr.* 190-191. Questo significato è testimoniato anche in Plat. *Gorg.* 486e; Philostr. *VA* 1.28; Plut. *Sept. sap. conv.* 2.146E e Alc. *Ep.* 2.26.2.

L'assonanza della parola con il nome stesso di Ermotimo (Ἑρμότιμος-ἕρμαιον) rende più pregnante il suo significato nel contesto del dialogo, incrementando l'effetto comico-parodico esercitato sull'aspirante stoico. Al § 71 si fa cenno all'immagine delineata in questo passo, dato che l'aspirante stoico, prendendo atto della confutazione subita, rimprovera Licino per aver ridotto in cenere il tesoro delle sue conoscenze (οἷά με εἰργάσω, ὦ Λυκῖνε, ἄνθρακάς μοι τὸν **θησαυρὸν** ἀποφήνας). Ermotimo, dunque, da un lato rappresenta un facile bottino per le avidità venali del suo precettore e, dall'altro, si presenta come un presunto scrigno di sapere destinato ad essere infranto sotto i colpi dell'ἔλεγχος di Licino. La parola ἕρμαιον ricorre anche in *Adv. ind.* 1 (l'acquirente di libri è diventato un tesoretto nelle mani dei contraffattori e dei librai); *Somn.* 9 e *Dial. mer.* 7.1.

§ 53) τί σοι ἀποκριναίμην ἄν ἔτι, ὃς οὔτε αὐτόν τινα κρίνειν οἷόν τε εἶναι φῄς, ἢν μὴ φοίνικος ἔτη βιώῃ: dinanzi all'occorrenza di conoscere tutte le dottrine filosofiche, per cui si rendono necessari numerosi anni di studio, solo la vita della fenice sembra avere una durata appropriata all'impresa. Secondo Erodoto, questo uccello mitico ogni cinquecento anni moriva in Arabia e il nuovo nato, volando ad Eliopoli, vi seppelliva il cadavere del padre, per poi dirigersi nuovamente al proprio luogo di origine (Hdt. 2.73.1-4. Cfr. Ael. *NA* 6.58; Sen. *Ep.* 42.1 e Ov. *Met.* 15.392-410). In altre fonti l'arco temporale è ancora più ampio (cfr. Tac. *Ann.* 6.28.2-6, che parla di millequattrocentosessantuno anni). Il mito della fenice è molto antico e attraversa tutta la storia letteraria greca da Hes. fr. 304 M.-W. fino a Philostr. *VA* 3.49; Fav. *De exil.* 10.3 (vedi Tepedino Guerra, 2007, p. 156) e Nonn. *Dion.* 15.394-398. Cfr. Arnott, 2007, pp. 191-193.

Questa figura è particolarmente diffusa nella diatriba, che arriva ad inquadrarla in un racconto leggendario differente da quello tramandato nelle fonti più antiche (vedi Barigazzi, 1966, p. 442), ma anche nella letteratura pagana e cristiana di età imperiale, dove funge da simbolo allegorico della morte e della rinascita. A questo proposito vedi Hubaux - Leroy, 1939 e van der Broek, 1972.

Nel nostro caso, invece, la fenice illustra l'enorme quantità di anni necessari al completamento degli studi filosofici, un tema su cui Ermotimo lascia trapelare una crescente inquietudine. Non appare condivisibile, dunque, l'interpretazione di von Möllendorff, 2000¹, pp. 172-173, il quale intravedendo nell'animale mitico un riferimento alla dottrina pitagorica della migrazione delle anime, tenta di corroborare la sua lettura pitagorica della figura di Ermotimo.

Altri cenni alla fenice sono in *Peregr.* 27 (Peregrino vuole farsi chiamare fenice perché sta per realizzare un suicidio affine a quello compiuto regolarmente dall'uccello favoloso: ἤκουον δὲ ὡς οὐδὲ Πρωτεὺς ἔτι καλεῖσθαι ἀξιοῖ [*scil.* Peregrinus], ἀλλὰ Φοίνικα μετωνόμασεν ἑαυτόν, ὅτι καὶ φοῖνιξ, τὸ Ἰνδικὸν ὄρνεον, ἐπιβαίνειν πυρᾶς λέγεται πορρωτάτω γήρως προβεβηκώς), e *Nav.* 44. Vedi Schwartz, 1951, p. 104 e Husson, 1970, vol. II, p. 93.

ἢν δὲ τοὺς οὐκ εἰδότας λέγῃς, οὐδέν τι τὸ πλῆθος αὐτῶν προσάξεταί με πιστεύειν ἄχρι ἂν ἢ μηδὲν ἢ ἓν εἰδότες περὶ ἁπάντων ἀποφαίνωνται: al § 16 Ermotimo sostiene di aver abbracciato la filosofia stoica sulla base del numero cospicuo dei suoi discepoli (il cosiddetto τῷ πλήθει κρῖναι), considerati come garanti della bontà della stessa scuola filosofica. Tuttavia, essendo altrettanto numerosi i seguaci delle altre scuole di pensiero, e non avendoli contati in maniera precisa, questo criterio si è rivelato infondato. Vedi *supra*, pp. 260-261. Ora, invece, Licino considera più da vicino la consistenza della massa indiscriminata degli adepti, tra i quali è impossibile individuare il vero sapiente, poiché ciascuno di essi dispone di un sapere solo molto parziale, insufficiente a giustificare la scelta di una determinata scuola di pensiero. Licino rimarca, dunque, la necessità del proseguimento della ricerca del filosofo onnisciente, che resta l'unico degno di ricevere piena fiducia (cfr. il § 45: σύμβουλός μοι ἀξιόπιστος ... οὗτος ἂν εἴη μόνος ὁ τὰ ὑπὸ πασῶν αὐτῶν λεγόμενα εἰδώς, οἱ δ' ἄλλοι ἀτελεῖς).

μόνος δὴ σὺ τἀληθὲς κατεῖδες, οἱ δὲ ἄλλοι ἀνόητοι ἅπαντες ὅσοι φιλοσοφοῦσιν: Luciano usa l'aggettivo ἀνόητος in riferimento sia a quanti non conoscono la verità, nonostante siano disposti positivamente verso di essa (in *Nec.* 6 Menippo dichiara di non conoscere la verità, pur desiderando apprenderla, mentre in *Nigr.* 1 il narratore descrive la sua inettitudine prima dell'incontro con il λόγος verace di Nigrino), sia ai presunti o falsi filosofi (vedi *Peregr.* 28 e 33, rispetto ai seguaci di Peregrino). In *Bis acc.* 20 e *Alex.* 42, invece, gli ἀνόητοι sono le vittime degli inganni tesi dai membri capziosi della Stoà. Cfr. *Iupp. trag.* 20, ove Momo definisce οὐ πάνυ ἀνόητοι quanti confutano gli argomenti stoici a sostegno della provvidenza divina. Più generalmente, questo aggettivo ricorre anche in *Rhet. praec.* 14; *Lex.* 17 e *Adv. ind.* 21.

Ermotimo insinua, non senza una certa nota polemica, che Licino, oltre a manifestare un discredito generale verso tutti i filosofi, si ritenga l'unico in possesso della vera sapienza. Questa dichiarazione contrasta non solo con l'ammissione di ignoranza espressa a più riprese da Licino (§§ 13, 48, 53: vedi la nota successiva), ma anche con lo statuto assegnato al sapiente stoico, ritenuto l'unico vero sapiente (vedi il § 17: μόνος βασιλεύς, μόνος πλούσιος, μόνος σοφὸς καὶ συνόλως ἅπαντα). Inoltre, ai §§ 35-36 Ermotimo ha cercato di estorcere a Licino l'approvazione della dottrina stoica come l'unica veramente autentica, provocandone la reazione avversa nei confronti di ogni pretesa vanamente dogmatica. Pertanto, il sospetto che Licino desideri apparire come l'unico depositario della verità assimila il suo atteggiamento al carattere altezzoso e borioso dei filosofi dogmatici che egli stesso osteggia. In tal senso, è opportuno il suggerimento di Nesselrath, 1990[1], p. 504, che preferisce alla particella avversativa δέ quella enfatica δή proposta da Pelletus, in modo da rendere "*Hermotimus' Replik in passender Weise ironischer*".

οὐ μνημονεύεις ὧν ἔφην, οὐκ αὐτὸς εἰδέναι τἀληθὲς ὑπὲρ τοὺς ἄλλους διατεινόμενος ἀλλὰ μετὰ πάντων αὐτὸ ἀγνοεῖν ὁμολογῶν: Licino riprende la formula socratica del "non-sapere", già citata precedentemente (cfr. il § 47), per difendersi da Ermotimo, che lo ha accusato di ritenersi l'unico vero sapiente.

In maniera simile a Socrate, Licino sostiene di non possedere nessuna conoscenza pregressa relativa all'oggetto in discussione, in questo caso la verità, ricavata ancor prima di intraprendere il dibattito. Vi è tuttavia una notevole differenza: mentre il dialogo di Socrate, nonostante presupponga la distinzione dei ruoli tra chi interroga e chi risponde, resta aperto alle possibilità che derivano dal confronto franco tra gli interlocutori, quello di Licino, pur ostentando sentimenti benevoli (vedi *supra*, pp. 246-247), non è disposto ad un confronto sincero con Ermotimo. In tal senso, il "non-sapere" socratico è impiegato da Licino esclusivamente come strumento dell'ἔλεγχος, ossia come mezzo privilegiato per attaccare l'assunto dogmatico di Ermotimo, al fine di dimostrare l'assenza di un valido metodo di ricerca della filosofia vera. Licino, dunque, non può essere considerato come una fedele controfigura di Socrate (come sostiene von Möllendorff, 2000[1], pp. 197-203), poiché ne reinterpreta le peculiarità argomentative, adeguandole al piano complessivo del dialogo. Sull'interpretazione scettica del "non-sapere" di Socrate vedi *supra*, p. 59.

In *Icar*. 31 il verbo διατείνω denota l'atteggiamento pretenzioso dei falsi filosofi, mentre in *Philops*. 6 è riferito alla disputa tra Eucrate e i vari filosofi raccolti in casa sua. In *Iupp. trag.* 16, invece, Zeus racconta di aver visto una gran folla radunata presso la Stoà e impegnata in un'accesa discussione (ὁρῶ πλῆθος ἀνθρώπων ... καί τινας βοῶντας καὶ διατεινομένους). Vedi Coenen, 1977, pp. 69-70. Si tratta di una peculiarità del fare sofistico, volto a sfruttare le potenzialità agonistiche del linguaggio con l'obiettivo esclusivo di prevalere sul proprio interlocutore, rifiutando l'impegno in una ricerca autentica e condivisa della verità.

Critica testuale

§ 52) ἐπὶ φιλοσοφίαν ἑκάστη καὶ ἀρετὴν ἄγειν φάσκουσαι: mentre i codici *recentiores* presentano la lezione ἑκάστη, i testimoni della tradizione più antica (ΓEL) attestano ἑκάστην. Tutti gli editori, a partire da Reitz fino a Macleod, preferiscono il nominativo poiché sembra rappresentare una *lectio difficilior* rispetto all'accusativo, pienamente giustificato all'interno di una proposizione infinitiva. Il nominativo, infatti, pone l'accento su ciascuna scuola filosofica, dando una certa enfasi alle pretese avanzate dalle singole dottrine di pensiero. Cfr. Hom. *Il.* 1.606 (ἔβαν οἰκόνδε ἕκαστος,); Hdt. 3.158.2; Plat. *Prot.* 327e; Xen. *Symp.* 3.3; etc., tutti passi in cui il pronome ἕκαστος è costruito con un verbo al plurale, fino a diventare una peculiarità della prosa attica.

§ 53) ἢν μὴ φοίνικος ἔτη βιῴη: la tradizione manoscritta è divisa tra l'ottativo aoristo (βιῴη) e il congiuntivo aoristo (βιώσῃ), presente nei *recentiores*. La maggior parte degli editori, a partire da Reitz, approvano l'ottativo (Fritzsche, Macleod), mentre altri optano per il congiuntivo (Jacobitz, Dindorf, Sommerbrodt). Tuttavia, come avverte Macleod in apparato (facendo riferimento a *Ver. Hist.* 2.29 e *Hist. conscr.* 5), Luciano impiega i due modi verbali con una libertà tale da precludere una scelta sicura. Sull'ottativo in Luciano, che si trova spesso sostituito dal congiuntivo, vedi i contributi di Chabert, 1897; Peretti, 1948 e Sims, 1952. In questo caso è preferibile attenersi alla tradizione più antica, soprattutto perché si è in presenza di una forma verbale particolare (βιῴη), che si impone come *lectio difficilior* rispetto al più prosaico congiuntivo. Inoltre, l'ottativo aoristo in questione, pur essendo attestato in Arist. *Ran.* 177 e Plat. *Tim.* 89c, trova maggiore diffusione in autori di età imperiale e tardoantica, il che corrobora le ragioni a favore della sua presenza nel nostro passo.

τίνας φῂς τοὺς πολλούς; <τοὺς> εἰδότας καὶ πεπειραμένους ἁπάντων: si tratta di un passo particolarmente controverso. Sin dall'edizione di Reitz è apparso necessario isolare τοὺς πολλούς in modo da farne l'oggetto della domanda di Licino, che chiederebbe ad Ermotimo informazioni più precise sui πολλοί di cui ha appena parlato. Cfr. Nesselrath, 1990¹, p. 509. Tuttavia, il testo stampato da Reitz appare poco adeguato a questo scopo (τίνας φῂς τοὺς πολλοὺς εἰδότας καὶ πεπειραμένους ἁπάντων), che viene raggiunto in pieno nella traduzione ("*quam mihi narras moltitudinem? eorumne, qui sciunt, et experti sunt omnia?*"). Bekker, inoltre, insieme a Fritzsche, stampa il testo: τίνας φῂς τοὺς πολλοὺς; εἰδότας καὶ πεπειραμένους ἁπάντων. In aggiunta, Fritzsche in apparato avanza altre proposte, con cui intende dare maggiore risalto all'identità dei "molti" discussi dai due interlocutori (τίνας φῂς τοὺς πολλούς; [πότερον] εἰδότας καὶ πεπειραμένους ἁπάντων o τίνας φῂς τοὺς πολλούς; [ἢ] εἰδότας καὶ πεπειραμένους ἁπάντων). Da ultimo Sommerbrodt, pur accettando la medesima scansione del testo, introduce un'efficace anafora del pronome dimostrativo τούς (vedi *LSJ*, s.l. A 6 e 7): τίνας φῂς τοὺς πολλούς; τοὺς εἰδότας [καὶ] πεπειραμένους ἁπάντων, traducendo: "*quos tu dicis illos multos? eos qui sciunt postquam omnia perquisiverunt?*". L'introduzione del pronome trova conferma nelle parole pronunciate poco dopo da Licino: ἢν δὲ **τοὺς οὐκ εἰδότας** λέγῃς, che si pone in chiara contrapposizione con i **τοὺς εἰδότας** ipotizzati precedentemente. Considerando che Licino, nel corso del dialogo, spinge l'aspirante stoico a cercare un sapiente in possesso di una conoscenza onnicomprensiva, e che questa ricerca è destinata a fallire, tale domanda, postulando l'esistenza di numerosi sapienti, suona in senso dichiaratamente ironico, conformandosi in pieno al carattere del personaggio.

§ 54) Ermotimo accoglie le obiezioni mosse da Licino, benché consideri eccessivo il calcolo degli anni necessari per portare a termine il percorso di studi. Al contrario, l'aspirante stoico rilancia la discussione, avanzando argomenti atti a dimostrare la possibilità di ottenere rapidamente la conoscenza complessiva di tutte le dottrine filosofiche. Come primo esempio, Ermotimo riporta l'esempio di Fidia, il quale sarebbe stato in grado di scolpire un leone proporzionato alla sola vista della sua unghia, senza aver visto l'intero animale. In aggiunta, l'aspirante stoico adduce subito dopo un esempio tratto dall'esperienza quotidiana: chiunque, alla vista della mano di un uomo, sarebbe in grado di inferire la figura umana cui la mano appartiene. Fuor di metafora, Ermotimo intende mostrare a Licino che, nello studio di ciascuna scuola di pensiero, sarebbe sufficiente apprenderne le dottrine fondamentali, senza dilungarsi in un'analisi eccessivamente minuziosa.

τὸ μὲν ἐπὶ πάντας ἐλθεῖν χρῆναι ... παγγέλοιον: il periodo di Ermotimo è scandito dal succedersi di una serie di proposizioni infinitive sostantivate. Le prime tre (τὸ μὲν ἐπὶ πάντας ἐλθεῖν χρῆναι e πειραθῆναι ὧν φασι καὶ τὸ μὴ ἂν ἄλλως ἑλέσθαι τὸ βέλτιον ἢ οὕτως) sono rette dal predicato nominale εὔλογον, con cui Ermotimo approva l'idea di poter conoscere tutte le scuole filosofiche esistenti. Tuttavia, egli ritiene παγγέλοιον il dispendio di numerosi anni per ogni singola dottrina (**τὸ δὲ** τῇ πείρᾳ ἑκάστῃ τοσαῦτα ἔτη ἀποδιδόναι), il che prolungherebbe in termini parossistici lo studio complessivo di tutte le scuole di pensiero. L'aggettivo παγγέλοιος è ampiamente attestato nel *corpus* lucianeo, in modo particolare per rimarcare la reazione avversa di uno dei personaggi a quanto proferito dal suo interlocutore (*Cont.* 16; *Icar.* 17 e *Dial. mort.* 22.1). Sugli epiteti in παν-, largamente presenti in Luciano, vedi Ureña Bracero, 1995, p. 127, che evidenzia la funzione satirica sapientemente assegnatagli dall'autore. Vedi anche Plat. *Phaedr.* 260c.

οὐ πολλῆς διατριβῆς δεόμενον: la parola διατριβή designa originariamente sia un'attività ricreativa (Arist. *Ran.* 1498 e *Nub.* 1055), sia un'occupazione seria di carattere prevalentemente intellettivo (Plat. *Lys.* 204a e *Thaet.* 172c), arrivando progressivamente a designare un trattato filosofico. Sulla storia complessa, e non sempre lineare, di questa parola vedi Fuentes-González, 1998, pp. 44-70, che ripercorre la lunga discussione sul genere letterario della diatriba, soprattutto in connessione con gli sviluppi impressi dalla filosofia cinico-stoica. Su questo argomento si rimanda anche a Glucker, 1978, pp. 163-166.

Nel *corpus* di Luciano la parola διατριβή non allude ad un prodotto retorico-filosofico definito, bensì ad una discussione fondata sullo scambio di punti di vista differenti, sia in privato (*Prom. es.* 6), sia all'interno di una scuola filosofica (*Icar.* 21; *Demon.* 14 e *Alex.* 5), senza mai trascurare la cornice in cui questo insegnamento viene impartito (*Nigr.* 25: ἐργαστήρια γοῦν ἐκάλει καὶ καπηλεῖα τὰς τούτων διατριβάς e *Pisc.* 35). In *Symp.* 37, invece, i dialoghi di Platone sono presentati come una διατριβὴ ἐν λόγοις, in riferimento al confronto moderato e proficuo di opinioni messo in scena tra Socrate e i suoi interlocutori (cfr. *Par.* 32). Nell'*Hermotimus*, invece, διατριβή denota l'applicazione intellettuale alle differenti dottrine filosofiche (cfr. anche i §§ 56 e 69), mentre il verbo corrispondente pone l'accento sulla sollecitudine mostrata dagli aspiranti filosofi nel condurre discussioni teoriche inutilmente complesse (§ 79: τὸ πλεῖστον τοῦ βίου ἐπὶ τούτοις διατρίβετε). Cfr. *Adv. ind.* 3.

Tutti i vari significati assunti dalla parola διατριβή sono riassunti opportunamente nella definizione che ne dà la *Suda* δ 797: **τόπος** ἐν ᾧ τινες μανθάνουσιν. ἢ **καιρὸς** καθ' ὃν ἀναστρεφόμεθα περί τι. ἢ **διάλεξις** φιλόσοφος. Per uno studio specifico delle innumerevoli sfaccettature di questa parola vedi almeno Pelletier, 1967, pp. 175-186 e Jocelyn, 1982, pp. 3-7.

φασί γέ τοι τῶν πλαστῶν τινα, Φειδίαν οἶμαι, ὄνυχα μόνον λέοντος ἰδόντα ἀπ' ἐκείνου ἀναλελογίσθαι, ἡλίκος ἂν ὁ πᾶς λέων γένοιτο κατ' ἀξίαν τοῦ ὄνυχος ἀναπλασθείς: Plutarco (*De def. orac.* 3.410C) attribuisce l'espressione ἐξ ὄνυχος τὸν λέοντα ad Alceo (fr. 438 Voigt), benché essa sia attestata in numerosi altri autori con un evidente valore proverbiale (Sophr. fr. 105 K.-A.; Dem. *De eloc.* 156; Aristaen. *Ep.* 1.4; Philostr. *VA* 1.32; Lib. *Ep.* 64.5; Diogen. 1.252).

L'aneddoto sulla vita di Fidia qui riportato da Luciano non è attestato altrove. Considerata la notorietà della massima, è verosimile immaginare che l'autore l'abbia ripresa costruendovi un racconto appropriato all'argomentazione del dialogo. La figura di Fidia è introdotta come termine di paragone nel corso di un certo numero di discussioni filosofiche, dove funge da espressione di massimo rilievo nel campo delle discipline tecniche e artistiche (sul rilievo dato da Luciano alle opere di Fidia rispetto a quelle di altri scultori antichi vedi Maffei, 1994, p. XXII e Bompaire, 1958, p. 344). A questo proposito si veda Plat. *Prot.* 311c-e (nel dibattito relativo alla denominazione della τέχνη esercitata da Protagora), ma anche Ar. *Eth. Nic.* 6.7.1141a10 e, in seguito, Max. *Orr.* 8.6; 15.6 e 27.7. L'immagine del noto scultore ateniese è contraddistinta da una notevole duttilità formale, riuscendo a conformarsi alle molteplici peculiarità stilistico-argomentative di un discorso retorico. Vedi Isocr. *Or.* 15.2, ma anche Dio Chrys. *Or.* 12.49-83 e Cic. *De or.* 2.8 ("*ipsius in mente insidebat species pulchritudinis eximia quaedam, quam intuens in eaque defixus ad illius similitudinem artem et manum dirigebat*").

La figura di Fidia ricorre anche in una delle testimonianze attribuite a Crisippo (*SVF* 3.301 = Phil. *De ebr.* 88): così come la virtù può esprimersi in una ricca varietà di espressioni e di manifestazioni, pur mantenendo una configurazione immutata, allo stesso modo Fidia, pur lavorando materiali differenti e producendo artefatti dalle forme più disparate, ha impresso su ciascuno di essi il sigillo della medesima arte.

Anche Luciano si avvale dell'immagine di Fidia in numerose occasioni, adattandola alle istanze dei rispettivi scritti. Oltre ai casi in cui segna con maggiore incisività la compagine argomentativa complessiva (vedi *Par.* 2; *Gall.* 24; *Salt.* 35; *Imag.* 4 e 6), ve ne sono altri in cui questa figura viene semplicemente citata (vedi il § 19, ma anche *Peregr.* 6; *Icar.* 24 e *Sacr.* 11). Sull'uso di questo personaggio vedi Bompaire, 1958, pp. 344-345. Nel nostro passo Ermotimo ricorre all'esempio di Fidia per dimostrare che, a partire dalla conoscenza di una minima parte della dottrina di ciascuna scuola filosofica, sarebbe possibile dominare in breve tempo l'intero sistema e valutarne i rispettivi contenuti. L'aspirante stoico spera così di poter offrire una soluzione alternativa alla conclusione paradossale di Licino, che ha insistito a più riprese sulla necessità di una quantità esorbitante di anni di studio, tale da prevaricare i limiti cronologici di una vita umana (vedi il § 48).

Si noti che a Pitagora è attribuita la pratica di un metodo analogico-proporzionale simile a quello descritto in questo passo, nonostante contraddistingua l'esecuzione di un'operazione in senso inverso: partendo dalla misura dello stadio costruito da Eracle ad Olimpia, il filosofo sarebbe riuscito a risalire alla grandezza del suo piede (vedi Aul. Gell. 1.1, che rimanda ad un'opera non pervenuta di Plutarco: "*Quali* **proportione** *quibusque* **collectionibus** *Plutarchus ratiocinatum esse Pythagoram philosophum dixerit de comprehendenda corporis proceritate qua fuit Hercules, cum vitam inter homines viveret*"). Si tratta di un metodo argomentativo che ha conosciuto un'ampia diffusione, trovando attestazioni in svariate tipologie testuali (cfr. Verg. *Aen.* 2.65: "*crimine ab uno disce omnis*").

La dottrina delle proporzioni (ἀναλογίαι) occupa un posto di rilevo anche nel pensiero di Platone, che immagina il corpo del mondo costituito dal Demiurgo sulla base di rapporti proporzionali, a loro volta artefici di un legame forte e stabile tra le parti (*Tim.* 31b-32c). Cfr. *Rep.* 6.509d e *Pol.* 284a-e. Su questo argomento vedi Platzeck, 1954, pp. 55-62. Cicerone, nel tradurre il *Timeo* platonico, ha coniato la parola proporzione (*Tim.* 31c2-4: "*vinculorum id est aptissimum atque pulcherrumum, quod ex se atque de is quae stringit quam maxime unum efficit. Id optime adsequitur quae Graece* ἀναλογία, *Latine – audendum est enim, quoniam haec primum a nobis novatur – comparatio* **proportiove** *dici potest*"), su cui si basa l'esempio addotto da Ermotimo (ἀπ' ἐκείνου [*scil.* l'unghia del leone] **ἀναλελογίσθαι**, ἡλίκος ἂν ὁ πᾶς λέων γένοιτο). Sul verbo ἀναλογίζομαι vedi anche Plat. *Rep.* 7.524d e Ar. *De cael.* 2.13.293a33. A questo proposito vedi Del Forno, 2005, pp. 5-32.

Ermotimo investe surrettiziamente il rapporto di proporzione semplice tra la parte e il tutto di un'efficacia conoscitiva solidamente preordinata, dando per scontata la possibilità di guadagnare la conoscenza compiuta di un oggetto a partire anche solo da una minima parte dello stesso. Questo convincimento provoca la reazione sdegnata di Licino, che ribadisce l'opportunità di una conoscenza preliminare del tutto, giacché solo così la vista o la comprensione di una semplice parte potrebbe far riconoscere il complesso cui appartiene senza ulteriori mediazioni. A proposito di questo metodo di conoscenza e del suo uso nella filosofia greca vedi l'analisi accurata di Notargiacomo, 2009 (in modo particolare pp. 36-47).

καὶ τοίνυν τὰ μὲν κεφαλαιώδη ὧν ἅπαντες λέγουσι, ῥᾴδιον καταμαθεῖν ἐν ὀλίγῳ μορίῳ ἡμέρας: Ermotimo fa riferimento alle dottrine principali di ciascuna scuola di pensiero, ovvero a quella forma compendiaria di studio molto diffusa in età imperiale e praticata soprattutto in ambito scolastico. Cfr. Hadot, 2005, pp. 18-19. In *Alex.* 47 l'aggettivo sostantivato κεφαλαιώδη fa riferimento alle *Kyriai doxai* di Epicuro, che contengono un breve riassunto di tutti gli insegnamenti del filosofo. Cfr. *Salt.* 61 e, più genericamente, *Dial. mort.* 6.1.

È opportuno ricordare che Ierocle stoico dà voce all'esigenza di avere sempre a portata di mano alcuni principi essenziali, affinché se ne ricavi un concreto beneficio morale (Hiercl. ap. Stob. 4.25.53, pp. 640-644 Wachsmuth: πρὸς οὖν τὴν εὐμαρῆ τῶν ἐπ' αὐτοὺς καθηκόντων αἵρεσιν **κεφαλαιώδη** τινὰ χρὴ προβαλλομένους λόγον, τοῦτον ἐν προχείρῳ διηνεκὲς ἔχειν), mentre in Ps.-Herm. *Progymn.* 4 il λόγος κεφαλαιώδης ha la funzione di dissuadere o sollecitare il comportamento del singolo verso un determinato risultato (γνώμη ἐστὶ λόγος κεφαλαιώδης ἐν ἀποφάνσει καθολικῇ ἀποτρέπων τι ἢ προτρέπων ἐπί τι ἢ ὁποῖον ἕκαστόν ἐστι δηλῶν). Cfr. anche Epict. *Diss.* 2.12.9; Gal. *De nat. fac.* 1.51, p. 138 Helmreich e D. L. 7.48.

Con τὰ κεφαλαιώδη, dunque, Ermotimo non intende soltanto un metodo rapido di apprendimento, ma anche un procedimento di educazione morale tipico del suo tempo. Cfr. il § 56: τὰ κεφάλαια ῥᾴδιον ἀκοῦσαι ἁπάσης φιλοσοφίας ἐν ὀλίγῳ μορίῳ ἡμέρας. Vedi anche *Pseud.* 10 e *Salt.* 61. Su questo argomento vedi Luzzatto, 2004, pp. 157-187.

Critica testuale

§ 54) τὸ κεκαλυμμένον: è la lezione dei codici più antichi, accolta da Reitz e Macleod. Tuttavia, il codice *recentior* G attesta κατακεκαλυμμένον, una variante approvata da Halmius e, in seguito, da Dindorf, Fritzsche, Sommerbrodt e Jacobitz (1851). Considerando che precedentemente era stato usato il verbo κατακαλύπτω (§ 54: τὸ ἄλλο σῶμα κατακαλύψας), è verosimile che in questo passo, nel corso del tempo, sia stata attuata una normalizzazione della tradizione più antica del testo a svantaggio del semplice καλύπτω (τὸ κεκαλυμμένον). Per questa ragione, sembra più appropriato attenersi alla tradizione manoscritta più alta, che preserva una certa *variatio* lessicale, evitando un'inutile ripetizione. Cfr. *supra*, p. 384 (a proposito di αἵρεσις / προαίρεσις).

§ 55) La discussione sempre più incalzante con Licino ha indotto Ermotimo ad ammettere che la conoscenza complessiva di tutte le dottrine filosofiche costituisce la premessa imprescindibile per individuare la verità (§§ 38; 46-47). Tuttavia, questa ricerca richiede una grande quantità di anni, al punto da superare la durata normale di una vita umana (§ 48). Ermotimo cerca, dunque, un *escamotage* argomentativo, che dimostri la possibilità di eseguire questa indagine in un arco temporale più breve, facendo apparire così la conoscenza della verità come un'operazione concretamente realizzabile. A tal fine, egli cerca di convincere il suo interlocutore del fatto che un'intera dottrina filosofica possa essere facilmente acquisita grazie allo studio di una sua sola parte, allo stesso modo in cui la vista dell'unghia di un leone richiamerebbe immediatamente alla memoria l'immagine dell'animale intero. Nondimeno, Licino avverte che questo genere di conoscenza è possibile solo nel caso in cui si disponga di una piena padronanza del tutto cui attiene la parte considerata. L'unghia di un leone o la mano di un uomo, infatti, non potrebbero condurre rispettivamente all'animale e all'essere umano se questi ultimi non fossero stati già precedentemente conosciuti da parte di chi osserva. Similmente, in filosofia, lo studio di una sola sezione di una determinata dottrina non è sufficiente a garantirne la conoscenza completa. Al contrario, ciò potrebbe avvenire solo avendo appreso in precedenza tutti i contenuti della dottrina, che potrebbe essere rievocata anche a partire da una sua piccola parte. Il discorso cade, così, nel diallele, in cui il rapporto tra premessa e conseguenza risulta ribaltato: la competenza in una dottrina, infatti, diventa essa stessa la condizione imprescindibile affinché una sua parte possa guidare alla conoscenza dell'intero sistema (a proposito di questo ragionamento vedi Sext. Emp. *Pyrrh. hyp.* 1.117 e 3.22). Sull'impiego di questa argomentazione fallace nel corso del nostro dialogo vedi *infra*, pp. 485 e 491.

ὡς ἰσχυρὰ ταῦτα εἴρηκας ἀπὸ τῶν μερῶν ἀξιῶν τὰ ὅλα εἰδέναι: Licino respinge la possibilità di conoscere il tutto dalla parte, essendo quest'ultima insufficiente a garantire la conoscenza del tutto. Al contrario, l'apprendimento del tutto da una sua parte è attuabile solo nel caso in cui si disponga già della conoscenza del tutto: in tal modo la parte funzionerebbe da segno di riconoscimento, richiamando alla memoria il tutto cui essa appartiene. Come osserva giustamente Schwarz (1914, p. 32, che a sua volta rimanda a Praechter, 1892, p. 286, n. 5), Licino non allude all'argomentazione scettica contro il procedimento induttivo tipico dei filosofi dogmatici (cfr. Sext. Em. *Pyrrh. hyp.* 2.204), come era stato suggerito precedentemente da Fritzsche (1868, p. 4). Mentre Sesto dimostra che la raccolta di tutti i particolari non sia sufficiente a condurre alla conoscenza dell'universale, Licino crede che sia impossibile risalire rapidamente alla conoscenza di una dottrina intera a partire da una sua semplice parte. Piuttosto, un'argomentazione simile al nostro passo è presente in Sext. Emp. *Pyrrh. hyp.* 3.174: discutendo sul bene, Sesto dimostra che è necessario conoscere in primo luogo la natura del bene per comprenderne le proprietà. Al contrario, in mancanza di questa conoscenza sarebbe impossibile sia individuare le proprietà del bene sia accedere al concetto stesso di bene. Allo stesso modo, chi non possiede la nozione del cavallo non avrebbe neppure quella del nitrire, né per mezzo di quest'ultima potrebbe pervenire all'immagine del cavallo. Nonostante le similitudini impiegate siano differenti, l'affinità argomentativa tra i due testi è palese. In entrambi i casi, infatti, una parte può condurre al tutto, posto che quest'ultimo sia stato già acquisito. Inoltre, la parte non si pone rispetto al tutto nel contesto di un procedimento deduttivo, bensì come segno commemorativo del complesso in cui è stato considerato precedentemente.

Il σημεῖον ὑπομνηστικόν è l'unico genere di segno ammesso dagli Scettici per giungere alla conoscenza di cose momentaneamente non evidenti. Per esempio, alla vista del fumo sarà possibile pensare alla presenza di un fuoco, malgrado questo non sia visibile. Nell'esperienza concreta, infatti, fuoco e fumo sono stati osservati insieme con indiscutibile evidenza, al punto che il secondo vale da prova sicura della presenza del primo (Sext. Emp. *Pyrrh. hyp.* 2.100: ὑπομνηστικὸν μὲν σημεῖον καλοῦσιν ὃ συμπαρατηρηθὲν τῷ σημειωτῷ ... ἐκείνου ἀδηλουμένου, ἄγει ἡμᾶς εἰς ὑπόμνησιν τοῦ συμπαρατηρηθέντος αὐτῷ ... ὡς ἔχει ἐπὶ τοῦ καπνοῦ καὶ τοῦ πυρός. Vedi anche Sext. Emp. *Pyrrh. hyp.* 2.102).

Anche Licino imbastisce la sua critica in termini sperimentali facilmente verificabili, evitando di presentare il tutto come un'entità trascendentale, ma dandone una forma materialmente visibile nella figura del leone. Su questo passo vedi Tackaberry, 1930, p. 60, il quale richiama opportunamente anche Philod. *De sign.* XVIII, 20-25. Nella fase finale della confutazione (§ 66) Licino afferma che l'unico procedimento valido ad assicurare il riconoscimento della verità tra numerose dottrine false non consiste nell'impiego di un criterio di valutazione o di un metodo di dimostrazione presumibilmente infallibili, bensì nella conoscenza preventiva della medesima verità. Licino, dunque, fa sua una prospettiva epistemologica affine a quella descritta nelle fonti scettiche, in cui è dichiarata ripetutamente la superiorità del tutto sulle parti, ossia la validità di ogni ragionamento fondato su questa premessa. Cfr. Sext. Emp. *Adv. math.* 7.276-280, in cui è discussa la relazione tra le parti e l'intero, nella fattispecie gli attributi dell'uomo e l'uomo come unità: le singole parti non sembrano identificarsi con l'unità, né il loro semplice assembramento porta automaticamente alla nozione di uomo. Cfr. Sext. *Adv. math.* 8.338; 9.117; 10.13 e 269, ma anche *Pyrrh. hyp.* 3.98-101.

A proposito di questo passo, von Möllendorff, 2000[1], p. 173 individua una certa analogia con Pol. 1.4.6-11, là dove lo storico respinge gli studi monografici, reputandoli inadeguati a garantire una conoscenza complessiva della storia. Al contrario, lo storico sostiene che chi visiti le maggiori città o guardi le rispettive immagini, non può pretendere di aver conosciuto la forma della terra, il suo ordine e la sua disposizione, giacché le singole parti forniscono solo un'idea imprecisa del tutto e non una sua conoscenza particolareggiata. Si tratta certamente di un'argomentazione analoga a quella di Licino, che ribadisce i limiti di una conoscenza *per partes* in un contesto del tutto differente.

L'uso dell'aneddoto serve a conferire alla discussione dei tratti immediatamente comprensibili, soprattutto tenendo conto della vasta notorietà goduta dalla figura di Fidia (si noti che questa figura compare anche in Dio *Or*. 12.49-83, nella nota σύγκρισις tra filosofia da un lato e poesia e arte dall'altro; Max. *Orr*. 3.1; 17.1 e 25.7; Plut. *Per*. 31.2-5; Ael. Arist. *Or*. 2.118-120). Siamo in presenza di un ulteriore esempio della tendenza di Luciano ad operare in vista di un massimo grado di ἐνάργεια del suo testo, solitamente ottenuto tramite l'uso di numerose immagini, siano esse comprese in semplici similitudini o svolte in più complesse ἐκφράσεις (a tal proposito vedi *supra*, pp. 61-72). In merito, sono particolarmente interessanti le osservazioni di Dobrov su Luciano (2002, p. 181): "*symptomatic of the superior potential of visual art to delight, impress, and seduce is the frequent invocation of 'classical' painters such as Parrhasius and Zeuxis in the project of self-construction*".

καίτοι ἐγὼ τὰ ἐναντία ἀκούσας μέμνημαι: Licino non precisa l'identità del personaggio da cui ha udito questa dottrina. In *Merc. cond*. 42 (μέμνησο τοῦ σοφοῦ λέγοντος) con un nesso affine si allude a Platone, mentre in *Par*. 4 (ἐγὼ διαμνημονεύω σοφοῦ τινος ἀκούσας) il riferimento è ad un maestro stoico. Su questo passo vedi Nesselrath, 1985, p. 271. Vedi anche il cenno ad un anonimo filosofo celta in *Herc*. 4 e la proposta di identificazione in Amato, 2004. In Plat. *Charm*. 161b Carmide riferisce la definizione di saggezza appresa da un tale anonimo, che subito dopo Socrate identifica con Crizia (ἄρτι γὰρ ἀνεμνήσθην —ὃ ἤδη του ἤκουσα λέγοντος— ὅτι σωφροσύνη ἂν εἴη τὸ τὰ ἑαυτοῦ πράττειν). Cfr. anche *Theaet*. 201c.

Evidentemente in questo passo Licino cela intenzionalmente l'*auctoritas* della dottrina riportata, e di certo nota al suo pubblico, con cui stabilisce un gioco di dissimulazione efficace ai fini argomentativi del testo. È plausibile che qui Licino faccia riferimento alla teoria platonica delle idee: lungi dal costituire una dottrina dogmatica, fondata su un'organizzazione rigida del sapere, essa possiede, infatti, in primo luogo un valore dialettico, ravvisabile nell'uso della τέχνη διαλεκτική. Platone propone così un modello di ragionamento per paradigmi, ove la totalità dell'idea (ὅλον) governa il campo delle sue articolazioni, la derivazione dei tipi e sottotipi, delle parti e delle varianti. In tal senso, ogni singola idea è preposta ad un ambito specifico dell'ἐπιστήμη, in cui il particolare si comprende solo nella logica dell'intero (vedi *Phil*. 16c-17a e *Soph*. 253c-254b). Il dialettico, dunque, procede partendo dalle singole forme immanenti, mettendole in relazione ad un'idea o ad una forma generica, al cui interno esse risultano pienamente conoscibili (vedi *Phaedr*. 265d: εἰς μίαν τε ἰδέαν συνορῶντα ἄγειν τὰ πολλαχῇ διεσπαρμένα, ἵνα ἕκαστον ὁριζόμενος δῆλον ποιῇ περὶ οὗ ἂν ἀεὶ διδάσκειν ἐθέλῃ e *Rep*. 5.476a-d). Sulla priorità del tutto sulla parte vedi anche

Plat. *Leg.* 10.903b-d. A proposito di questo argomento vedi Cornford, 1957, pp. 262-273 e De Rijk, 1986, pp. 126-139.

Alla luce di questa dottrina platonica si comprende la relazione tra l'unghia del leone e la figura intera dell'animale, la cui conoscenza preventiva è imprescindibile per il riconoscimento di ogni sua parte. L'eventuale cenno a questa dottrina nelle parole di Licino si spiega soprattutto all'interno della più ampia strategia argomentativa dello scettico. Licino, infatti, ha buon gioco nel richiamare una dottrina che, qualificandosi come un metodo di conoscenza, prevede l'individuazione di un dominio specifico del sapere, a sua volta articolato in un numero preciso di sezioni, comprensibili solo se inquadrate in quel tutto cui esse appartengono.

In ambito scettico il procedimento dialettico è stato sottoposto ad una critica serrata ed in termini che sembrano riecheggiare nelle parole di Licino. Così come gli Scettici si pronunciano a sfavore sia della divisione del tutto in porzioni più piccole (*Pyrrh. hyp.* 2.218: οὐκ ἐνδέχεται οὖν ἴσως διαιρεῖν οὐδὲ ὅλον εἰς μέρη) sia della conoscenza dell'intero per mezzo delle sue parti costitutive, anche Licino richiama la necessità di conoscere la filosofia nella sua interezza, senza limitarsi all'indagine di una sola o di alcune sue parti. Probabilmente Luciano conosce questa batteria di critiche, adattandole liberamente al tema discusso nel corso del dialogo (su questa caratteristica del procedimento argomentativo di Licino vedi *supra*, pp. 321, 357, 403). Su questo passo si veda anche von Möllendorff, 2000[1], p. 173.

Galeno affronta una discussione metodologicamente affine dato che, definendo il bene come la "scienza delle cose divine e umane" (*De indol.* 63 Boudon-Millot - Jouanna), ritiene che una conoscenza di questo genere esuli dalle limitate capacità umane e sia conseguibile solo in maniera parziale. In mancanza di un dominio completo (καθόλου) su questa conoscenza, dunque, non è possibile dedurre regole morali appropriate ai singoli casi (κατὰ μέρος), il che determina spesso delle scelte alquanto ingiustificate. Al contrario, Galeno pone come condizione imprescindibile la conoscenza del tutto, da cui potrebbero ottenersi i criteri utili per prendere decisioni o compiere azioni pienamente motivate (a tal proposito vedi Vegetti, 2013, p. 253). Cfr. Max. *Or.* 5.4, il quale riprende il modello platonico, riservando la priorità al tutto sulle singole parti.

οὐδὲν γὰρ πρὸς τὸν Διόνυσον ὦπται λέγων: si tratta di un'espressione proverbiale, chiarita dal lessico *Suda* (ο 806). Quando Epigene di Sicione decise di riformare i canti corali in onore di Dioniso con l'introduzione di temi tragici, il pubblico pare abbia opposto resistenza, evidenziando il carattere contraddittorio dell'operazione (οὐδὲν γὰρ πρὸς τὸν Διόνυσον): integrando nei drammi satireschi racconti mitici e storici, infatti, egli cancellò il legame originario con la figura di

Dioniso, preservato per mezzo dei canti rituali, imprimendo così al genere nuovi sviluppi (Ἐπιγένους τοῦ Σικυωνίου τραγῳδίαν εἰς τὸν Διόνυσον ποιήσαντος, ἐπεφώνησάν τινες τοῦτο· ὅθεν ἡ παροιμία. βέλτιον δὲ οὕτως· τὸ πρόσθεν εἰς τὸν Διόνυσον γράφοντες τούτοις ἠγωνίζοντο, ἅπερ καὶ Σατυρικὰ ἐλέγετο· ὕστερον δὲ μεταβάντες εἰς τὸ τραγῳδίας γράφειν κατὰ μικρὸν εἰς μύθους καὶ ἱστορίας ἐτράπησαν, **μηκέτι τοῦ Διονύσου μνημονεύοντες**· ὅθεν τοῦτο καὶ ἐπεφώνησαν). Di qui il senso proverbiale assunto dall'espressione per indicare qualcosa di incoerente e poco attinente rispetto ad un argomento o un soggetto specifici. Su questo proverbio vedi anche *Bacch.* 6 (ἐθέλω καὶ ἄλλο ὑμῖν διηγήσασθαί τι τῶν ἐκεῖθεν, οὐκ ἀπροσδιόνυσον οὐδ' αὐτό), in cui l'aggettivo ἀπροσδιόνυσος risulta dall'univerbazione della formula esclamativa. Cfr. anche Menod. fr. 1.20, FHG, vol. 3, p. 103 Müller (οἱ ἄλλοι γε ἐξηγηταὶ ἀπροσδιόνυσά τινα εἰρήκασι περὶ τοῦ προκειμένου), Plut. *Quaest. conv.* 1.612E e 6.2.671E; Ath. 15.672A e Hel. *Aet.* 3.10.2.

πῶς ταῦτα ἐκείνοις ὅμοια; τῷ μὲν γὰρ Φειδίᾳ καὶ σοὶ οὐδὲν ἄλλο τοῦ γνωρίζειν τὰ μέρη αἴτιον ἦν ἢ τὸ εἰδέναι τὸ ὅλον ... ἐν φιλοσοφίᾳ δέ, οἷον τῇ Στωϊκῶν, πῶς ἂν ἀπὸ τοῦ μέρους καὶ τὰ λοιπὰ ἴδοις ... οὐ γὰρ οἶσθα τὸ ὅλον οὗ μέρη ἐκεῖνά ἐστιν: Licino invita il suo interlocutore a considerare attentamente la conformità dell'analogia proposta con l'argomento del dialogo, la filosofia, senza trascurare le implicazioni che ne derivano. Ermotimo, infatti, né conosce approfonditamente i contenuti della dottrina stoica (sin dai §§ 1-3 Ermotimo ha dichiarato di aver appena intrapreso gli studi stoici), né tantomeno ha il pieno dominio su tutte le scuole di pensiero (a questo proposito vedi il § 48, in cui si effettua il calcolo paradossale degli anni necessari per riuscire a portare a termine tutti gli studi filosofici). Di conseguenza, la memoria di Ermotimo, alla presenza di una sola parte della dottrina stoica, non si trova nelle condizioni ottimali per ridestare un sapere già acquisito e in lui latente (sul σημεῖον ὑπομνηστικόν vedi *supra*, p. 414). In aggiunta, l'aspirante stoico appare incapace di formulare un giudizio attendibile sulla bontà della dottrina prescelta, non conoscendone adeguatamente tutti i termini di paragone, vale a dire le restanti dottrine filosofiche, tra le quali potrebbe annidarsi quella vera (a questo proposito vedi l'argomentazione ai §§ 49-50, in cui Licino insiste sull'opportunità di una conoscenza complessiva di tutte le scuole di pensiero).

Lo scoliaste polemizza con Licino supportando la validità di una conoscenza *per partes*. Adducendo come esempio il calcolo matematico, il commentatore antico sostiene che anche il più sciocco intuirebbe che la somma di due unità è due e che il risultato di due più due è quattro (Rabe, p. 243, 17-24: οὐδὲν μέντοι κωλύσει τὸν τὰ δέκα μὴ ἐπιστάμενον ἰδιώτην μηδέ γε τὴν τῶν ἀριθμῶν, ἥτις φύσις αὐτοῖς, τοῦτο γοῦν ἐπίστασθαι ἀπαρεγκλίτως, ὡς μία καὶ μία δύο καὶ δὶς δύο τέσσαρα. ὥστε οὐ πάνυ γενναῖος ὁ διατρέπων τὸν τοιοῦτον λόγον, ὡς, εἰ μὴ τὸ καθόλου τις εἰδείη, οὐδὲ τὸ κατὰ μέρος· τοὐναντίον γὰρ ἀπὸ τῶν μερῶν τὸ ὅλον συλλογίζεται καὶ ἡ τῶν κατὰ μέρος ἄθροισις πρὸς γνῶσιν τὸ καθόλου ὑφίστησιν). Pertanto, la conoscenza di un determinato argomento potrebbe essere desunta dalle sue parti, anche senza disporre in anticipo della medesima conoscenza. Cfr. il § 36, dove Licino rigetta il paradigma del calcolo matematico addotto da Ermotimo, mostrando l'incongruenza con il metodo inerente alla filosofia. Inoltre, mentre lo scoliaste riflette sul rapporto tra parte e tutto in termini induttivi, quelli propri del metodo argomentativo dell'ἐπαγωγή, Licino considera il rapporto tra questi due termini differenti, poiché la parte dovrebbe servire da segno di riconoscimento per richiamare alla mente la conoscenza dell'intero (vedi *supra*, p. 414).

Il verbo ἀποφαίνω sottolinea l'inclinazione propria di un filosofo dogmatico ad esprimersi in termini risolutivi. Vedi anche il § 32 (εὐλόγως θρασὺς εἶναι δόξειεν σοι περὶ πάντων ἀποφαινόμενος, καὶ ταῦτα ἓν εἰδώς). In *Icar.* 7 i filosofi dogmatici pronunciano le proprie idee sotto forma di asserzione definitiva, senza prestare attenzione alle opinioni altrui (ἔπειτα δὲ κἀκεῖνο πῶς οὐκ ἄγνωμον αὐτῶν καὶ παντελῶς τετυφωμένον τὸ περὶ τῶν οὕτως ἀδήλων λέγοντας μηδὲν ὡς εἰκάζοντας ἀποφαίνεσθαι, ἀλλ' ὑπερδιατείνεσθαί τε καὶ μηδεμίαν τοῖς ἄλλοις ὑπερβολὴν ἀπολιμπάνειν). In *Vit. auct.* 27, invece, all'invito di Pirria a sospendere il giudizio (ἔπεχε περὶ τούτου), il compratore replica sostenendo di aver già reso nota la sua decisione (ἤδη γε ἀπεφηνάμην), che è una valenza del verbo largamente attestata (vedi Hdt. 5.84.1; Thuc. 3.63.1; Plat. *Phaed.* 95c, etc.). Nelle opere di Sesto Empirico il verbo ἀποφαίνω ricorre ripetutamente per mettere l'accento sulle differenze tra l'approccio dogmatico e quello scettico. Vedi, per esempio, *Pyrrh. hyp.* 1.170 (περὶ γὰρ τῶν ἀνεπικρίτως διαφωνουμένων οὐχ οἷόν τέ ἐστιν ἀποφαίνεσθαι); 1.210 (ὁ μὲν γὰρ Ἡράκλειτος περὶ πολλῶν ἀδήλων ἀποφαίνεται δογματικῶς, ἡμεῖς δ' οὐχί) e 2.7; *Adv. math.* 7.315 (ἕκαστος τοίνυν τῶν ἀξιούντων τἀληθὲς εὑρηκέναι ἤτοι φάσει μόνον τοῦτο ἀποφαίνεται ἢ ἀπόδειξιν παραλαμβάνει) e 8.15. Si tratta, perciò, di un termine tecnico adottato correttamente nel contesto della polemica antidogmatica messa in atto da Licino. A questo proposito si veda Dolcetti, 1996, pp. 121 e 133.

Critica testuale

§ 55) οὐκέτι καὶ τὸ ὅλον. οὕτως: è la scansione testuale tramandata da E e dalla maggior parte della tradizione e poi stampata da tutti gli editori, tranne Macleod, che preferisce attenersi a Γ, in cui οὕτως rappresenta il contenuto di un breve intervento di Ermotimo. Nonostante questa battuta cursoria incrementi lo scambio dialogico tra i due interlocutori, pronunciata da Ermotimo essa apparirebbe alquanto paradossale, poiché l'aspirante stoico finirebbe per avvalorare un'opinione ("solo conoscendo il tutto è possibile conoscerne le parti"), che egli stesso aveva cercato di contrastare in una fase immediatamente precedente del dialogo (§ 54). L'avverbio οὕτως, invece, conferisce maggiore coerenza all'argomentazione di Licino perché, ricapitolando la discussione, fa da ponte alla similitudine di Fidia che segue. Di conseguenza, risulta preferibile il testo di E, che pone οὕτως in posizione enfatica, all'inizio di proposizione (così stampano anche Reitz, Jacobitz, Sommerbrodt e Kilburn), mentre Fritzsche stampa οὐκέτι καὶ τὸ ὅλον οὕτως. Καί μοι κτλ. (sulla base del codice L: οὐκέτι καὶ τὸ ὅλον οὗτος· καί), collocando l'avverbio οὕτως alla fine del periodo, in una posizione senza dubbio meno efficace.

ὁ Φειδίας ἄν ποτε ἰδὼν ὄνυχα λέοντος ἔγνω ἄν ὅτι λέοντός ἐστιν: la tradizione manoscritta tramanda due ἄν, che, ad una cosiderazione puntuale del testo, non sono inutilmente ridondanti come è stato ipotizzato. Bekker, però, emenda il primo ἄν in ἆρα, introducendo un valore asseverativo ben integrato nel contesto della battuta, al punto da trovare l'approvazione di numerosi editori (Dindorf, Fritzsche, Sommerbrodt). Al contrario, Reitz, Jacobitz, Kilburn e Macleod restano legittimamente fedeli al testo tramandato, giacché nella duplicazione di ἄν è possibile riconoscere semplicemente un caso della *lex Wackernagel*. Cfr. il § 47 (τίς ἄν οὖν ἡμῖν Ἀριάδνη γένοιτ' ἄν). Nel *corpus* dell'autore si riscontra solitamente una certa libertà nel rispetto delle condizioni di questa regola, soprattutto a proposito della posizione del secondo ἄν: *Saturn.* 20 (καὶ ἧττον ἄν, εὖ ἴσθι, ἡνιώμεθα ἄν ἐπ' αὐτοῖς); *Imag.* 14 (αὐτοὶ ἄν [*scil.* Ὀρφεὺς et Ἀμφίων], οἶμαι, εἴ γε ἤκουσαν, καταλιπόντες ἄν τὰς κιθάρας παρεστήκεσαν σιωπῇ ἀκροώμενοι); *Anach.* 17 (ἐν τούτῳ πᾶσα ἄν σοι ἡ πόλις ἡ Ἀθηναίων οὐκ ἄν φθάνοι χάριν ὁμολογοῦσα); *Harm.* 3 (ἢ τίνα γὰρ ἄν πρὸ σοῦ ἑλόμενος οὐχὶ παραπαίειν ἄν δικαίως νομισθείην;).

οὐδὲν γὰρ πρὸς τὸν Διόνυσον ὦπται λέγων: la tradizione manoscritta attesta la lezione ὦ παῖ, che è emendata in ὦπται sin dall'*editio princeps* fiorentina. Questa emendazione è ripresa da tutti gli editori successivi salvo Reitz, che stampa il testo tramandato, nonostante l'imbarazzo esplicitamente dichiarato nella nota al testo ("*ego certe locum corruptum pronuntio*"). Solanus, invece, con ὁ πᾶς λέων sottolinea lo scambio dialettico tra i due interlocutori, considerato che Licino farebbe cenno alla similitudine di Fidia e del leone, introdotta poco prima da Ermotimo, e qui presentata come del tutto incoerente rispetto all'argomento discusso ("*nihil enim ad rem facit totus leo*"). Sul piano paleografico questa emendazione non pone particolari problemi; tuttavia, la correzione avanzata nell'edizione fiorentina, oltre ad apparire più fedele al *ductus litterarum*, appare maggiormente integrata nel contesto. In effetti, nelle battute precedenti Licino ha portato a termine la sua contro-argomentazione rispetto alla similitudine delineata da Ermotimo. Piuttosto, adesso, con una chiosa finale dal carattere proverbiale, Licino intende dare maggiore risalto all'inadeguatezza dell'operazione compiuta da Fidia e, presumibilmente, ai tentativi intrapresi per giustificare il suo metodo di lavoro. Immaginandosi Fidia come una figura concreta (ὦπται) e capace di poter interagire con i personaggi reali del dialogo, Licino porta avanti la sua strategia retorica ispirata all'ἐνάργεια. Su questo aspetto della tecnica argomentativa seguita da entrambi i protagonisti vedi *supra*, pp. 61-72.

Al contrario, il senso del paradigma, ovvero del leone visto nella sua interezza o nelle sue parti costitutive, è esaminato nella parte successiva della battuta di Licino (ἢ πῶς ταῦτα ἐκείνοις ὅμοια;).

§§ 56-57) Dopo aver rifiutato la possibilità di conseguire la conoscenza del tutto (una dottrina filosofica) sulla base di una sua sola parte (i punti principali della dottrina), Licino ribadisce la necessità di uno studio lungo e dettagliato di ciascuna scuola di pensiero (vedi il § 47 *passim*). Licino prosegue così la discussione senza perdere di vista l'analogia del leone, che ora diventa oggetto di un'ulteriore, e più radicale, obiezione. Mentre l'acquisizione della figura intera dell'animale richiederebbe poco tempo, la competenza in una determinata dottrina filosofica necessiterebbe di una lunga e meticolosa valutazione dei suoi contenuti. In tal modo, assume pieno significato anche la mole di libri scritti a sostegno di una determinata dottrina con l'obiettivo di renderla maggiormente persuasiva rispetto alle altre. Licino mette in rilievo, non senza un accenno critico, la grande quantità di libri prodotta notoriamente dai filosofi Stoici (cfr. *SVF* 2.13-18, in cui è riportata la lunga lista dei titoli delle opere di Crisippo), poiché così la filosofia rischia di perdere di vista il suo obiettivo primario, ossia la ricerca della verità, riducendosi a mero esercizio o ad esibizione di capziosità linguistiche e concettuali. A tal proposito si veda Michel, 1993, pp. 3-78 e Moreschini, 1994, pp. 5101-5133.

Di fronte alla difficoltà di poter dominare pienamente l'immensa letteratura filosofica a disposizione dei discenti, Licino propone ad Ermotimo, con malcelato tono canzonatorio, di interrogare un indovino, grazie al quale potrebbe individuare rapidamente la scuola filosofica vera. La divinità, infatti, nel corso di un sacrificio gli svelerebbe immediatamente quale sia la scuola filosofica da seguire, liberando Ermotimo dalle angustie di uno studio molto lungo. Si ricordi che all'inizio del dialogo Ermotimo aveva negato di essersi avvalso della divinità in occasione della sua scelta a favore dello Stoicismo (§ 15), salvo poi contraddirsi e sostenere di aver preso la sua decisione sulla base del responso di un dio (§ 20). In questo frangente della discussione Licino indugia sulla pratica divinatoria, proponendo al suo interlocutore differenti soluzioni per arrivare il più velocemente possibile alla verità. Alla consultazione di un indovino, ovvero all'offerta di sacrifici o di vittime, si aggiunge la possibilità di ricorrere all'estrazione di una dottrina per mano di un fanciullo: in tal caso, la corrente filosofica sorteggiata sarebbe considerata senza dubbio quella migliore. Il tono scherzoso di Licino non passa inosservato ad Ermotimo, che reagisce ammonendo il suo interlocutore e proponendogli un nuovo argomento di discussione (§ 58: ταυτὶ μέν, ὦ Λυκῖνε, βωμολοχικὰ καὶ οὐ κατὰ σέ).

§ 56) ὃ δὲ φῄς, ὅτι τὰ κεφάλαια ῥᾴδιον ἀκοῦσαι ἁπάσης φιλοσοφίας ... οὑτωσὶ μὲν ἀκούσαντας ἀποφήνασθαι ῥᾴδιον καὶ ἔργον οὐδέν: Licino distingue nettamente una conoscenza superficiale, basata sul solo ascolto delle dottrine, da una dettagliata ed accurata valutazione dei rispettivi contenuti. Nel giro di poche parole Licino riesce a riassumere le differenti branche della filosofia, osservando la suddivisione invalsa a partire dall'età ellenistica. Senocrate pare sia stato il primo ad introdurre la tripartizione del λόγος filosofico in fisica, etica e logica (Sext. Emp. *Adv. math.* 1.16), nonostante talune fonti la attribuiscano a Platone (Cic. *Ac. post.* 1.19). Tale ripartizione è stata recepita in maniera feconda dagli Stoici, che si sono avvalsi di un certo numero di metafore per dare espressione all'intrinseca unità tra le parti del λόγος filosofico (*SVF* 2.38). Su questo tema vedi Hadot, 2005, pp. 201-223.

In realtà, le questioni enucleate da Licino non sono immediatamente riconducibili alle tre sezioni della dottrina contemplate nello schema filosofico stoico. La riflessione sul principio e sul fine (ἀρχή e τέλος) rientra nell'ambito della metafisica, che è spesso un campo di grandi dissidi tra le varie scuole di pensiero (§ 36: ἐντετύχηκας πώποτε ... Στωϊκῷ τινι καὶ Ἐπικουρείῳ μὴ διαφερομένοις περὶ ἀρχῆς ἢ τέλους;). I concetti di corporei e incorporei, invece, appartengono alla fisica (sulle indagini fisiche e cosmiche dei filosofi vedi anche *Icar.* 6; *Par.* 11 e *Nec.* 21), mentre la riflessione sul bene e sulla felicità è centrale nel contesto della dottrina etica. La discordanza sull'identificazione del bene assume dei tratti molto netti tra Epicuro, che lo individua nel piacere, e gli Stoici, i quali lo relazionano all'idea del bello (§ 36: ὑμεῖς [*scil.* Stoici] μὲν μόνον τὸ καλὸν ἀγαθὸν ἡγῆσθε εἶναι, οἱ Ἐπικούρειοι δὲ τὸ ἡδύ). Si veda anche *Bis acc.* 19-22 e *Nec.* 4. Inoltre, le differenti rappresentazioni della divinità concepite dai filosofi costituiscono il nucleo della discussione teologica, spesso bersaglio della satira lucianea. La tenzone filosofica a proposito degli dei è descritta esplicitamente in *Iupp. trag.* 17 e 35-52 (cfr. Coenen, 1977, pp. 106-111). Similmente, in *Iupp. conf.* 6 Zeus allude ai sofisti, i quali argomentando contro la provvidenza divina cercano di guadagnarsi il favore degli uomini. Cfr. *Par.* 11, in riferimento all'indagine di Epicuro sull'esistenza degli dei (come si evince anche da περὶ θεῶν, p. 103 Usener, che è il titolo di uno scritto non pervenutoci di Epicuro). A questo proposito vedi Berdozzo, 2011, p. 213. Anche la pluralità delle divinità diventa talora oggetto di una critica irriverente (vedi in modo particolare *Deorum Concilium*, in cui è descritto uno scontro bizzarro tra le nuove e le antiche divinità, e *Dialogi Deorum*, che è una caleidoscopica descrizione dei vizi e dei comportamenti deplorevoli degli dei. Cfr. *Iupp. trag.* 6-12 e *Nec.* 3). Su questo argomento vedi almeno Coenen, 1977, pp. 53-54 e Berdozzo, 2011, pp. 21-50.

Infine, il tema dell'anima è percepito come un argomento particolarmente significativo, ricorrendo spesso nei dibattiti filosofici messi in scena da Luciano (cfr. *Demon.* 32; *Vit. auct.* 26; *Bis acc.* 34; *Dial. mort.* 11.4 e 20.11; *Salt.* 70, a proposito di Platone). Non vi sono, invece, riferimenti espliciti alla logica stoica, su cui tuttavia Licino fa trasparire la sua punta ironica in vari *loci* del dialogo (vedi i §§ 1 e 81).

Luciano indugia in numerosi passi a descrivere, anche se con una cura variabile per i particolari, la molteplicità dei principi sostenuti dalle differenti correnti filosofiche. In *Icar.* 5 la diversità delle dottrine reciprocamente contraddittorie riducono Menippo alla massima aporia (εἰς μείζους ἀπορίας φέροντες ἐνέβαλον, ἀρχάς τινας καὶ τέλη καὶ ἀτόμους καὶ κενὰ καὶ ὕλας καὶ ἰδέας καὶ τὰ τοιαῦτα ὁσημέραι μου καταχέοντες). In *Bis acc.* 11, invece, Pan presenta la baruffa insorta tra i filosofi sulla pretesa validità delle rispettive dottrine come una vacua contrapposizione di nomi senza significato (ἀκούω γε αὐτῶν ἀεὶ κεκραγότων καὶ ἀρετήν τινα καὶ ἰδέας καὶ φύσιν καὶ ἀσώματα διεξιόντων, ἄγνωστα ἐμοὶ καὶ ξένα ὀνόματα), mentre in *Par.* 11 i temi ricorrenti nelle discussioni filosofiche diventano motivo di afflizione per chi se ne occupa (ὁ γὰρ ζητῶν περὶ σχήματος γῆς καὶ κόσμων ἀπειρίας καὶ μεγέθους ἡλίου καὶ ἀποστημάτων καὶ πρώτων στοιχείων καὶ περὶ θεῶν, εἴτε εἰσὶν εἴτε οὐκ εἰσίν, καὶ περὶ αὐτοῦ τοῦ τέλους ἀεὶ πολεμῶν καὶ διαφερόμενος πρός τινας οὐ μόνον ἐν ἀνθρωπίναις, ἀλλὰ καὶ ἐν κοσμικαῖς ἐστιν ὀχλήσεσιν). Su questo passo vedi Nesselrath, 1985, p. 312. L'insistenza con cui Licino rimarca la varietà delle opinioni filosofiche, come pure la contrapposizione irriducibile tra i rispettivi sostenitori, è una strategia propriamente scettica, perché priva ciascuna dottrina dogmatica del valore assoluto vanamente preteso su tutte le altre (cfr. Sext. Emp. *Pyrrh. hyp.* 1.88 e *Adv. math.* 9.36). In merito a questo argomento vedi Schwarz, 1914, p. 13. Sul tropo scettico della διαφωνία si consideri la nota *supra*, p. 250.

Infine, Licino aggiunge, non senza una nota polemica, che, mentre lo studio delle principali dottrine di ciascun indirizzo filosofico (τὸ κεφάλαιον: vedi anche *Vit. auct.* 18 e *Iupp. conf.* 10) richiede poco tempo, la ricerca della verità necessita di un impegno maggiore, vale a dire di uno studio lungo e approfondito (come era stato già dimostrato con esiti parossistici al § 48). In tal modo, Licino lascia trasparire il carattere costruttivo della sua critica antidogmatica, giacché non intende respingere ciascuna scuola filosofica *tout court*, bensì liberarsi di ogni vacuo dogmatismo in vista di una ricerca libera della vera dottrina. Nonostante Licino in questa sezione del dialogo manifesti la propensione verso disquisizioni di carattere teorico, la sua impostazione di pensiero resta fondamentalmente pragmatica: la sua ricerca, infatti, non è diretta tanto al rinvenimento della scuola filosofica migliore, quanto all'identificazione della figura concreta del filosofo autentico, per la quale appare ugualmente indispensabile una notevole quantità di tempo (εἰδέναι δὲ ὅστις ὁ τἀληθῆ λέγων ἐστίν, ὅρα μὴ οὐχὶ μορίου [ἐστὶν] ἡμέρας ἀλλὰ πολλῶν ἡμερῶν δέηται).

νῦν δὲ μάντεως οἶμαι δεήσει σοι κἀνταῦθα πρὸς τὴν αἵρεσιν τῶν κρειττόνων: von Möllendorff, 2000[1], p. 173 nota opportunamente che l'avverbio κἀνταῦθα in questo passo si riferisce a quanto detto da Licino nella fase iniziale del dialogo (non al § 6, in cui vi è un riferimento ironico al maestro di Ermotimo, bensì al § 15), quando questi insinuava la possibilità che il suo interlocutore avesse scelto la dottrina stoica sulla base di un oracolo pitico. In entrambi i casi la soluzione dell'oracolo è presentata come presunta alternativa allo studio dettagliato delle varie dottrine filosofiche, nonché all'identificazione accurata di quella migliore (§ 49). La valutazione complessiva del μάντις in Luciano è prevalentemente negativa. In modo particolare, nel nostro dialogo Licino prende di mira la vanità della conoscenza rivendicata dai divinatori, che è ancor meno certa di quella reclamata dai filosofi. Licino, infatti, sferra il suo attacco contro la presunta tecnicità della divinazione, opponendosi così alla concezione stoica di questa disciplina, intesa come ἐπιστήμη (*SVF* 2.1018 e 3.654) o τέχνη μέση (*SVF* 3.741-742). Vedi le fonti raccolte in *SVF* 2.1187-1195, da cui si evince che l'esistenza degli dei e la rispettiva provvidenza si manifestano grazie all'ausilio della tecnica divinatoria.

Sulla caratterizzazione non proprio benevola del μάντις e della sua arte in Luciano si veda *Dial. mort.* 9.3 (κατὰ τοὺς μάντεις τοῦτο ποιεῖς· ἔθος γὰρ ὑμῖν μηδὲν ὑγιὲς λέγειν); *Iupp. conf.* 12 (τὸ μὲν ὅλον, ἄχρηστον, ὦ Ζεῦ, προειδέναι τὰ μέλλοντα οἷς γε τὸ φυλάξασθαι αὐτὰ παντελῶς ἀδύνατον); *Demon.* 37 e *Astrol.* 27, in cui si accenna a quanti mettono in discussione la certezza dei risultati della divinazione. Sui contenuti di questo scritto vedi Berdozzo, 2011, pp. 163-183. Invece, in *Dial. deor.* 18.1 e *Iupp. trag.* 28-30 è criticato aspramente il carattere oscuro dei vaticini di Apollo (cfr. *Iupp. conf.* 14 e *Vit. auct.* 14, mentre in *Vit. auct.* 2 Pitagora è detto ironicamente μάντις ἄκρος). Tuttavia, in *Nec.* 6 Tiresia è presentato come un indovino sapiente, tanto da apparire in grado di risolvere i dubbi filosofici di Menippo, pur proponendogli una soluzione alquanto banale.

In Cic. *Ac. pr.* 2.117, in termini molto simili al nostro dialogo, dinanzi alla molteplicità delle dottrine filosofiche, è prospettata la possibilità di eseguire una scelta con il ricorso alle tecniche divinatorie ("*sit ingenio divino: quem unum e physicis potissimum probabit?*"). Si tratta probabilmente di un argomento accademico, che Licino orchestra abilmente in risposta alle pretese dogmatiche avanzate dal suo interlocutore stoico. Su questo passo vedi Schwarz, 1914, p. 33.

ἐπίτομος γὰρ αὕτη γένοιτ' ἄν, οὐκ ἔχουσα περιπλοκὰς οὐδ' ἀναβολάς ... ἀπαλλάξει γάρ σε ὁ θεὸς μυρίων πραγμάτων δείξας ἐν τῷ τοῦ ἱερείου ἥπατι ἅτινά σοι αἱρετέον: con la parola ἐπίτομος Licino allude alla similitudine della via, cui è stata improntata una buona parte della sezione iniziale del dialogo (vedi *supra*, pp. 188-192). In questo passo la mantica è assimilata ad un percorso rapido in quanto, riuscendo a dare una celere risposta ai quesiti dei vari postulanti, potrebbe rivelare con la medesima immediatezza la dottrina filosofica migliore, risparmiando ad Ermotimo le fatiche di lunghi studi filosofici.

Il richiamo meticoloso all'ispezione del fegato della vittima sacrificale è un segnale del tono sardonico implicito nelle parole di Licino, che si avvale spesso di dettagli accessori per rivelare la sua impostazione critica nei confronti dell'interlocutore stoico (a questo riguardo vedi *infra*, p. 493). A proposito di questa pratica divinatoria vedi Aesch. *Prom.* 495 ed Eur. *Hel.* 827-829. Riferimenti in ambito comico sono attestati in Euphr. frr. 1.23 e 7 K.-A. Cfr. anche Schol. ad Arist. *Vesp.* 831a. Subito dopo aver compiuto il sacrificio, il rituale prevedeva l'esame del fegato, che un indovino provvedeva ad interpretare, ricavandone un vaticinio (detto καλλιέρημα, su cui vedi *Suda* κ 219: Ἕλληνες δὲ τότε καλλιερεῖν νομίζουσιν, ὅταν δαίμονί τινι θύσαντες ἐπιτύχωσι τινὸς σημείου ἐν τῷ ἥπατι τοῦ ἱερείου· καὶ τοῦτο καλοῦσι καλλιέρημα. Si veda anche il verbo καλλιερέω: Hdt. 6.76.2 e 82.2; 7.134.2, etc.; Arist. *Pl.* 1181 e Theocr. 5.148). Su questo argomento vedi Blecher, 1905 e, più recentemente, Furley - Gysembergh, 2015.

L'immagine della via breve è riconducibile ad un nucleo cinico originario (vedi *SSR* VB 353 = D. L. 6.73, in cui il Cinismo è connotato dal rifiuto di qualsiasi conoscenza teorica), fungendo spesso da contraltare alla via lunga, rappresentativa, invece, degli studi stoici. Il filosofo stoico Apollodoro di Seleucia (II sec. a.C.) tramanda la definizione del κυνισμός come "scorciatoia verso la virtù" (*SVF* 3.Apollod.17 = D. L. 7.121: φασι ... κυνιεῖν τε αὐτόν [*scil*. τὸν σοφόν]· εἶναι γὰρ τὸν Κυνισμὸν σύντομον ἐπ' ἀρετὴν ὁδόν, ὡς Ἀπολλόδωρος ἐν τῇ Ἠθικῇ), che con il tempo è divenuto lo *slogan* specifico del metodo educativo cinico. A questo proposito vedi Goulet-Cazé, 1986, p. 27 e *id*., 1999, col. 974. Luciano altera parodicamente questo enunciato definendo il Cinismo, per bocca dello stesso Diogene, come ἐπίτομος ... πρὸς δόξαν ἡ ὁδός (*Vit. auct.* 11). Verosimilmente Licino sottintende la medesima espressione, caricandola di un valore estraneo ai contenuti filosofici originari. Lo studio dettagliato delle varie scuole di pensiero, infatti, viene paradossalmente sostituito con una prassi divinatoria, che evidentemente stride con il carattere logico-razionale di qualsiasi speculazione filosofica. Cfr. *Rhet. praec.* 4: per acquisire in breve tempo la fama di retore è raccomandato l'uso di tutta una serie di espedienti utili a dare forma ad una tecnica retorica innovativa, oltre che maggiormente efficace e alternativa agli studi tradizionali (vedi Zweimüller, 2008, p. 192). In *Harm.* 2, invece, Timoteo insegna ad Armonide la via più breve per ottenere la fama di flautista, evitando di sobbarcarsi alle fatiche necessarie per raggiungere tale obiettivo (ἡ δὲ ἐπίτομος καὶ ῥᾷστα ἐπὶ τὴν δόξαν ἄγουσα ἥδε ἐστίν).

Il rovesciamento parodico del paradigma filosofico cinico è attestato anche in Gal. *De animi cuiusl. pecc. dign. et cur.* CMG V 4,1,1, 3.12, p. 49 (che approva la definizione della filosofia cinica come σύντομος ἐπ' ἀλαζονείαν) e Plut. *Amat.* 16.759D. Sulla presenza implicita di questa immagine nella *Tabula Cebetis* vedi von Arnim, 1921, col. 104 e Joly, 1963, p. 34. In generale, a proposito di questo argomento, vedi Emeljanow, 1965, pp. 182-184 e Goulet-Cazé, 1986, pp. 22-28. Cfr. *infra*, pp. 488-489.

La parola περιπλοκή in questo passo assume il significato traslato di tortuosità argomentative (cfr. Eur. *Phoen.* 494; Antiphan. 75.1 K.-A. e Strat. 1.35 K.-A.), mentre altrove indica uno scontro fisico (*Anach.* 24) o un abbraccio pacifico (*Alex.* 39). Inoltre, il sostantivo ἀναβολή nel *corpus* lucianeo ha solo in questa sede l'accezione di "ritardo" (vedi *LSJ*, s.l. 2), mentre in tutte le altre occorrenze designa il mantello indossato prevalentemente dai filosofi o il modo in cui esso viene portato (cfr. i §§ 18-19; *Pisc.* 12 e *Somn.* 6).

§ 57) ἄλλο τι ἀπραγμονέστερον ὑποθήσομαί σοι, ὡς μὴ ἱερεῖα καταθύῃς ταυτὶ καὶ θυσιάζῃς τῳ μηδὲ ἱερέα τινὰ τῶν μεγαλομίσθων παρακαλῇς: la critica lucianea ai sacerdoti e alla religione tradizionale si batte ripetutamente sui compensi esosi richiesti dagli amministratori del culto. In *Iupp. trag.* 30 Momo accusa Apollo di richiedere μισθοὺς οὐκ ὀλίγους ... καὶ πλίνθους χρυσᾶς in cambio dei suoi oracoli (vedi Coenen, 1977, p. 93). Cfr. *Iupp. conf.* 14; *Cont.* 11; *Demon.* 37 e *Deor. conc.* 12. In *Alex.* 8 la fondazione di templi e oracoli è occasione di grande arricchimento per i sacerdoti, che ricorrono a vari stratagemmi pur di assicurarsi i maggiori benefici (cfr. *ivi* 23-24). A tal proposito si veda Victor, 1997, pp. 147-148. Licino prende perciò di mira l'avidità dei profeti, alle cui pratiche divinatorie contrappone un metodo di discernimento gratuito e fondato esclusivamente sul caso. Per comprendere il rapporto problematico di Luciano con la mantica del suo tempo vedi von Möllendorff, 2000[1], pp. 173-174, che inquadra la questione alla luce dell'attitudine sprezzante verso la tecnica divinatoria testimoniata sin dall'età classica.

L'aggettivo μεγαλόμισθος ricorre anche in *Apol.* 15, in riferimento al cospicuo emolumento riscosso dai sofisti in cambio degli insegnamenti impartiti. Si noti che Luciano adopera spesso aggettivi composti con μέγας allo scopo di amplificare l'effetto della forma base dell'epiteto, suscitando effetti ironici sul soggetto di riferimento. In *Iupp. trag.* 14 Zeus ricorda di essere stato μεγαληγόρος, mentre nella situazione attuale la lingua gli risulta legata. In *Alex.* 27 i μεγαλόδωροι sono i munifici frequentatori del santuario, i pochi ai quali, in virtù dei doni offerti, viene enunciato l'oracolo richiesto. Cfr. *Imag.* 18 (μεγαλόνοος); *Iupp. trag.* 1 (μεγαλοσμάραγος, che è un *hapax* lucianeo); *Alex.* 1; *Pseud.* 29 e *Hist. conscr.* 4 (μεγαλότολμος): vedi anche *infra*, § 74; *Tox.* 35 e *Alex.* 4 (μεγαλουργός); *Bis acc.* 20 e *Hist. conscr.* 57 (μεγαλόφρων); *Musc. enc.* 4; *Icar.* 30 e *Bis acc.* 11 (μεγαλόφωνος).

ἐς κάλπιν ἐμβαλὼν γραμματεῖα ἔχοντα τῶν φιλοσόφων ἑκάστου τοὔνομα κέλευε παῖδα ... ἀνελέσθαι ὅ τι ἂν πρῶτον ὑπὸ τὴν χεῖρα ἔλθῃ τῶν γραμματείων, καὶ τὸ λοιπὸν κατὰ τὸν λαχόντα ἐκεῖνον ὅστις ἂν ᾖ φιλοσόφει: Licino provoca Ermotimo con la proposta di una scelta semplice, affidata completamente al caso, eppure particolarmente elaborata nei suoi elementi costitutivi.

Nel corso delle operazioni divinatorie era prevista la presenza di alcuni bambini, i quali, in virtù della loro naturale semplicità, avrebbero presumibilmente garantito il corretto adempimento delle procedure. Si veda Porph. *Ep. ad Aneb.* 21, che considera i νέοι più consoni ad espletare le pratiche della mantica proprio perché dotati di un carattere ingenuo e privo di malizia. Licino descrive con molta precisione le peculiarità del giovanetto incaricato di sorteggiare il nome del filosofo migliore: è un fanciullo ἄνηβος, che non abbia ancora raggiunto la maturità (cfr. Lys. 14.25), e sia ἀμφιθαλής, cioè in possesso di entrambi i genitori, una caratteristica apparentemente superflua per compiere l'ufficio divinatorio. A questo proposito, Dionisio il grammatico riporta che, in occasione delle feste delle Pianopsie e delle Targelie, gli ἀμφιθαλεῖς, dopo aver intonato un canto, portavano in processione rami di olivo o di alloro avvolti nella lana (α 107 ἀμφιθαλεῖς παῖδες· ... οὗτοι καὶ τὰς εἰρεσιώνας διεκόσμουν. Cfr. Paus. Ἀττ. ὀνομ. ε 17 Erbse e Schol. in Arist. *Pl.* 1054, che riporta la formula pronunciata ripetutamente dai fanciulli durante la processione). In Arist. *Av.* 1737, invece, Eros è detto ἀμφιθαλής, prendendo così le fattezze di un "*fanciullo figlio di entrambi i genitori viventi, e quindi non contaminato dalla morte*" (Zanetto, 1987, p. 320). Si tratta del cosiddetto *puer patrimus matrimus*, che prendeva parte a celebrazioni nuziali (*Paroem. gr.* 1.16 Leutsch - Scheidewin), assistendo il sacerdote nei sacrifici e in altre funzioni sacre (Plut. *Num.* 7.5 e *De def. orac.* 15.418A). Cfr. Oepke, 1934, pp. 42-56 e, in termini più generali, Baudy, 1996, coll. 618-619.

Tuttavia, non sono numerose le circostanze rituali ove i bambini sono illustrati nell'atto di estrarre le sorti. A questo proposito vedi Cic. *De div.* 2.41 e 86 ("*in eo loco ubi Fortunae nunc est aedes ... haruspicesque dixisse summa nobilitate illas sortis futuras, eorumque iussu ex illa olea arcam esse factam eoque conditas sortis, quae hodie Fortunae monitu tolluntur. Quid igitur in his potest esse certi, quae Fortunae monitu pueri manu miscentur atque ducuntur?*"), e le utili note di Pease, 1923, pp. 492-496. Cfr. Tibull. *El.* 1.3.11-13 ("*illa* [*scil.* Delia] *sacras pueri sortes ter sustulit: illi / rettulit e trinis omina certa puer; / cuncta dabant reditus*").

Con κάλπις è inteso il recipiente da cui il fanciullo prelevava le sorti, il cui uso in ambito divinatorio è attestato solo in Luciano (un uso simile di questo oggetto, anche se in un contesto sportivo, è attestato al § 40). Questa parola, invece, può indicare sia una brocca (*Od.* 7.20; Arist. *Ran.* 1339), sia un vaso per unguenti (Antiphan. 105.2 K.-A.; Pol. 30.25.17), o anche un'urna cineraria (Plut. *Dem.* 53).

Il termine γραμματεῖον, invece, designa generalmente un supporto scritto (Arist. *Nub.* 19; Plat. *Prot.* 326d; Antiph. 1.10). Anche Luciano sembra conoscere questo significato (*Tox.* 13; *Rhet. praec.* 23; *Demon.* 17), mentre in *Philops.* 38 questo stesso sostantivo denota l'oggetto su cui veniva incisa la domanda presentata al divinatore. Della forma di un gettone (in *Suda* γ 419 è detto τὸ συμβόλαιον), il suo uso in ambito rituale e oracolare non è particolarmente documentato (vedi Philostr. *VA* 1.15).

Infine, il sintagma ὅ τι ἂν πρῶτον ὑπὸ τὴν χεῖρα ἔλθῃ serve a rimarcare la casualità cui è improntato il metodo di selezione della sorte, e quindi il carattere fortuito della scelta della filosofia. Al § 49 Licino si esprime in maniera affine sostenendo che, prima di aver studiato tutte le dottrine filosofiche, l'aspirante filosofo sarà costretto a danzare nel buio, con il rischio di prendere per buona la prima cosa che gli capiti fra le mani (ἐν σκότῳ φασὶν ὀρχοίμεθ' ἂν οἷς ἂν τύχωμεν προσπταίοντες καὶ **ὅ τι ἂν πρῶτον ἐς τὰς χεῖρας ἔλθῃ**, τοῦτο εἶναι τὸ ζητούμενον ὑπολαμβάνοντες διὰ τὸ μὴ εἰδέναι τἀληθές). Su questo passo vedi *supra*, pp. 388-389.

Critica testuale

§ 56) ὅρα μὴ οὐχὶ μορίου [ἐστὶν] ἡμέρας ἀλλὰ πολλῶν ἡμερῶν δέηται: mentre Bekker emenda ἐστίν in ἔτι, Fritzsche lo espunge, partendo dal presupposto che sia stato prodotto per analogia a quello immediatamente precedente (§ 56: εἰδέναι δὲ ὅστις ὁ τἀληθῆ λέγων ἐστίν). Posto che in questo passo sia necessaria una forma verbale, da ὅρα μή potrebbe dipendere sia un congiuntivo (ᾖ), in conformità con quello presente nella proposizione avversativa successiva (δέηται), che un indicativo, come propone Schäfer, emendando il congiuntivo δέηται in δεῖται (cfr. il § 19: ὅρα μὴ καὶ ταῦτα, ὦ Ἑρμότιμε, παίζεις). Tuttavia, omettendo ἐστίν, il testo, oltre a preservare il suo significato, risulta affrancato da una gravosa ed inutile ripetizione, rendendo più pregnante la contrapposizione tra i due termini (μόριον ἡμέρας / πολλαὶ ἡμέραι).

σφαγιάζοιο ἐφ' ἑκάστοις: la tradizione manoscritta tramanda ἐφ' ἑκάστης, che Fritzsche modifica lievemente in ἑκάστῃ, sottintendendo αἱρέσει o προαιρέσει. Le edizioni più antiche, però, presentano l'emendazione ἐφ' ἑκάστοις (in riferimento a τὰ κεφάλαια appena citati: εἰ μεταστειλάμενος τὸν μάντιν ἀκούσας τῶν κεφαλαίων ἁπάντων), accolta da tutti gli editori di Luciano, visto che tiene opportunamente conto dell'influenza del fenomeno dell'itacismo (vedi *supra*, p. 319). Inoltre, subito dopo, Licino sostiene che la divinità mostrerà nel fegato sacrificato quali siano le dottrine da scegliere (ἅτινά σοι αἱρετέον), intendendo evidentemente le dottrine principali di una determinata scuola di pensiero, cui egli allude per due volte nel corso del § 56.

§ 57) ὡς μὴ ἱερεῖα καταθύῃς ταυτὶ καὶ θυσιάζῃς τῳ μηδὲ ἱερέα τινὰ τῶν μεγαλομίσθων παρακαλῇς, ἀλλὰ ἐς κάλπιν ἐμβαλὼν γραμματεῖα ... κέλευε παῖδα: la tradizione manoscritta è concorde su καταθύῃς, che nelle edizioni più antiche è corretto erroneamente in καταθύεις. Invece, θυσιάζῃς τῳ è un'emendazione di Lehmann alle lezioni tradite: θυσίας ζητῶν (Γ); θυσιάζῃ τόν (L) e θυσιάζῃ τῳ (E), l'ultima delle quali è stampata da Macleod. In realtà, essa appare sin dall'edizione di Reitz che, pur approvando il verbo nella diatesi media, lo traduce in forma attiva ("*ut non ... hostias consulas*"). La soluzione di Lehmann è preferibile, dunque, almeno per un doppio ordine di ragioni: da un lato è paleograficamente adeguata al *ductus* della scrittura e, dall'altro, risulta conforme agli altri verbi presenti nella proposizione (καταθύῃς ... παρακαλῇς).

Le edizioni più antiche, inoltre, presentano l'infinito παρακαλεῖν, che ha indotto Seager a emendare anche il precedente θυσιάζῃς in θυσιάζειν. In tal caso, però, come nota Fritzsche, occorrerebbe modificare l'intera struttura della frase in modo da rendere i due infiniti sintatticamente sostenibili (ταυτὶ, μὴ θυσιάζειν τῳ μηδ' ἱερέα τινὰ τῶν μεγαλομίσθων παρακαλεῖν), lasciando invariato il congiuntivo precedente (καταθύῃς). Lo stesso Fritzsche, del resto, finisce per proporre un testo differente, emendando i medesimi congiuntivi in imperativi, senza prestare la giusta attenzione al fenomeno dell'itacismo, che è all'origine dei problemi del passo (ὡς μὴ ἱερεῖα καταθύῃς ταυτί· μὴ θυσιαζέ τῳ μηδ' ἱερέα τινὰ τῶν μεγαλομίσθων παρακάλει).

Sommerbrodt, invece, reinterpreta l'intera sezione proponendo l'espunzione di uno dei verbi afferenti il sacrificio e avanzando una scansione diversa nella parte finale della proposizione (ὡς μὴ [ἱερεῖα καταθύῃς ταυτὶ καὶ] θυσιάζῃς τῳ μηδὲ ἱερέα τινὰ τῶν μεγαλομίσθων παρακαλῇς, [ἀλλὰ] τουτί·). In realtà, la volontà di normalizzare il significato del testo risponde all'acribia del lettore moderno, là dove lo scrittore antico potrebbe aver concepito intenzionalmente questa espressione tautologica. Su altri passi ridondanti nel dialogo vedi i §§ 26 e 84 (cfr. *supra*, pp. 313-314).

§ 58) Dopo aver rifiutato perentoriamente il ricorso a pratiche divinatorie, com'era stato suggerito da Licino, Ermotimo introduce una nuova immagine, ispirata ad una circostanza tipica della vita quotidiana: l'acquisto di vino. In realtà, anche Licino ha cercato di avvalersi di immagini ispirate direttamente all'esperienza personale del suo interlocutore in modo da incrementare l'efficacia della sua confutazione (§§ 36: ἐντετύχηκας πώποτε (καὶ πρὸς Χαρίτων πειρῶ ἀληθεύειν) e 39: ἦ οὖν ποτε καὶ παρὰ τοὺς ἀθλοθέτας αὐτοὺς ἐκαθέζου;).

Ermotimo ricorre a questa nuova similitudine nel tentativo di mostrare la legittimità di uno studio parziale della filosofia, che basterebbe ad individuare la dottrina vera in un breve ritaglio temporale (al contrario di quanto era stato affermato al § 48). Così come per l'acquisto di una coppa di vino basterebbe provare una minima quantità del vino contenuto in una botte, allo stesso modo, a partire dalla conoscenza di una piccola parte della dottrina filosofica, sarebbe possibile valutare la bontà dell'intera dottrina. Licino replica immediatamente all'immagine delineata dal suo interlocutore, evidenziando non solo l'incongruenza del rapporto tra vino e filosofia, ma anche la relazione capziosa impostata tra oste-vino e discepolo-dottrina filosofica. Su questo procedimento argomentativo vedi Joly, 1981, p. 421. Un paragone con il vino ricorre anche al § 61. Vedi *infra*, p. 444.

Nella tradizione diatribica viene escluso perentoriamente il consumo di vino dalla dieta del filosofo, investito della responsabilità di mostrarsi stabilmente in possesso di una lucida facoltà razionale (vedi Oltramare, 1926, pp. 50, 89, 109, etc.). All'interno della scuola stoica, invece, al filosofo è concesso di bere del vino, ma senza indulgere all'ebbrezza (*SVF* 3.643). Cfr. il § 11, che è il passo in cui Licino descrive il comportamento sconveniente tenuto dal maestro stoico in occasione di un simposio. Tuttavia, in questo passo Ermotimo non intende imbastire nessun discorso morale, dato che il vino è introdotto nel discorso come mero termine di paragone della natura della filosofia (cfr. il § 59). A tal proposito vedi Schmidt, 1897, p. 95.

ταυτὶ μέν, ὦ Λυκῖνε, βωμολοχικὰ καὶ οὐ κατὰ σέ: Ermotimo rimprovera a Licino la volgarità dell'espediente addotto per raggiungere la verità (vedi il § 57). L'aggettivo βωμολοχικός riconduce direttamente alla figura del βωμολόχος, un personaggio tradizionalmente rappresentato in agguato presso l'altare sacrificale, pronto a sottrarre qualcosa dai resti delle offerte presentate agli dei (cfr. Schol. ad *Hist. conscr.* 17, Rabe, pp. 227-228: βωμολόχος ὁ περὶ τοὺς βωμοὺς λοχῶν ὑπὲρ τοῦ λαβεῖν τι παρὰ τῶν θυόντων. μεταφορικῶς δὲ καὶ ὁ παραπλησίως τούτῳ ὠφελείας ἕνεκέν τινας κολακεύων). Cfr. Hesych. β 1389 e *Suda* β 489. A questo proposito vedi anche Pherecr. fr. 150 K.-A. e Arist. fr. 171 K.-A. Su questa figura si consulti Wilkins, 2000, pp. 88-90. Il bomoloco, però, non è un semplice parassita, visto che assume i tratti di una figura comica incline ad un comportamento rozzo e bizzarro (vedi Arist. *Ran.* 1085 e 1521, *Eq.* 1358), ma anche poco attento alle circostanze in cui si muove (in Arist. *Nub.* 910, per esempio, il discorso migliore definisce quello peggiore come βωμολόχος, mentre in *Ran.* 358 le parole di alcuni personaggi appaiono grottesche e del tutto fuori luogo). A tal proposito vedi Belardinelli, 2016. Sui tratti in comune tra il bomoloco ed il κόλαξ vedi *Anth. Pal.* 11.323 (ῥῶ καὶ λάμβδα μόνον κόρακας κολάκων διορίζει· / λοιπὸν ταὐτὸ κόραξ βωμολόχος τε κόλαξ). In generale, sul tipo identificato dal bomoloco si consideri Plat. *Rep.* 10.606c; Ar. *Eth. Nic.* 2.7.1108a24-25 e Plut. *Quom. adol.* 27.68A. Su questo argomento vedi soprattutto Beta, 2004, pp. 249-254; Kidd, 2012, pp. 239-255; Borowski, 2013, pp. 61-72 e Caciagli - Corradi - Giovannelli - Regali, 2014, pp. 73-101.

L'aggettivo βωμολοχικός in Luciano qualifica generalmente delle parole poco appropriate a talune circostanze al punto da innescare effetti comici esilaranti. La battuta precedente di Licino, infatti, suona alquanto stravagante all'orecchio di Ermotimo giacché gli sembra incongrua non solo al contesto, ma anche al personaggio che le ha pronunciate (οὐ κατὰ σέ). Cfr. *Hist. conscr.* 17, in cui gli encomi inopportunamente inglobati nell'opera di un anonimo storico di Corinto sono detti φορτικὰ καὶ κομιδῇ βωμολοχικά. In Gal. *Meth. med.* 2.5, vol. 10, p. 113 Kühn, invece, l'epiteto βωμολοχικός è riferito rispettivamente ad una tecnica argomentativa inefficace e ad un dialogo sconveniente.

περιῄεις ἅπαντας ἐν κύκλῳ τοὺς ἐν τῇ πόλει καπήλους ἀπογευόμενος καὶ παραβάλλων καὶ ἀντεξετάζων τοὺς οἴνους; l'analogia proposta da Ermotimo ha un doppio livello di lettura: da un lato c'è il raffronto tra la natura del vino e la composizione di una qualsiasi dottrina filosofica e dall'altro la ricerca del vino buono, che avviene confrontando le diverse qualità a disposizione, ovvero seguendo un metodo affine all'individuazione della dottrina migliore (cfr. il § 16, là dove Licino insiste sulla necessità del confronto tra le varie scuole di pensiero esistenti in modo da individuare quella vera.

Si ricordi che la pratica della comparazione rientra nel più generico gusto per la σύγκρισις (vedi Nesselrath, 1985, p. 463), che Licino mette al servizio del suo piano confutatorio antistoico. Vedi *supra*, pp. 262-263 e 308. Il valore retorico-filosofico di questo metodo si trova ben espresso da Phryn. *Ecl.* 243, secondo il quale Plutarco, nel suo paragone tra Aristofane e Menandro, è pervenuto al vertice della filosofia (ἄκρον φιλοσοφίας). La peculiarità di questo procedimento consiste nel raffronto accurato tra i termini in questione (ὁμοίως δὲ καὶ τὸ συγκρίνειν καὶ συνέκρινεν ἡμάρτηται. χρὴ οὖν **ἀντεξετάζειν** καὶ **παραβάλλειν** λέγειν), il che contraddistingue anche l'indagine prospettata da Licino. Cfr. anche Gal. *In Hipp. De fract. comm.* vol. 18b, p. 321 Kühn (ἐπίσκεψαι μὲν πρῶτον εἰ μὲν τὸ βιβλίον ἡμάρτηταί σου παραβάλλων τε καὶ ἀντεξετάζων τοῖς ἀξιοπίστοις ἀντιγράφοις) e Porph. *Quaest. Hom.* 1.91.4.

A proposito del verbo ἀντεξετάζω, al § 30 il confronto appare l'unico metodo perseguibile per individuare la verità, distinguendola dalla menzogna (ἀμφοῖν ἀκροᾶσθαι, ὡς ῥᾷον ἀντεξετάζοντες τοὺς λόγους εὑρίσκοιεν τἀληθῆ τε καὶ ψευδῆ). Cfr. *Salt.* 26 (la danza è paragonata ad altre arti sceniche al fine di farne emergere la sua preminenza). Vedi anche *Dial. mort.* 25.2 e *Merc. cond.* 24. In riferimento al verbo παραβάλλω, in *Par.* 26 Simone si propone di paragonare la tecnica parassitica alle arti banausiche (cfr. il § 52), mettendo in evidenza la superiorità della prima, mentre in *Pro imag.* 19 è rilevata l'importanza del confronto nel contesto di un discorso elogiativo.

In questa sezione del dialogo Licino adopera l'espressione ἐν κύκλῳ περιιέναι per descrivere l'accuratezza della ricerca filosofica avviata in vista della verità. Al § 29 Ermotimo considera inutile l'esame dettagliato di tutte le dottrine, convinto com'è che quella stoica sia la migliore (ἅπαντας ἐν κύκλῳ περιελθὼν οὐκ ἄλλους ἂν εὕροις ... ἐμπειροτέρους τῶν Στωϊκῶν). Si vedano pure i §§ 40; 42; 53; 70, in cui, al contrario, è ribadita l'opportunità dell'analisi approfondita di ogni dottrina filosofica. Al § 41, invece, appare una formula differente per esprimere il medesimo pensiero (οὐ πρότερον οἶμαι μάθοις ἂν ὅστις ὁ ἔφεδρός ἐστιν, ἢν μὴ ἐπὶ πάντας ἔλθῃς καὶ συζεύξῃς αὐτούς). Essa ricorre, anche se con un significato differente, in altri passi lucianei: in *Pisc.* 52 Parresiade ed *Elenchos* sono invitati da Filosofia ad andare in giro a marchiare i falsi filosofi, coronando quelli veri (ἐν κύκλῳ ἐπὶ πάντας αὐτοὺς ἰόντες ἢ στεφανοῦτε ἢ ἐγκαίετε); in *Nigr.* 37 la filosofia, paragonata ad una freccia, colpisce l'anima diffondendovi il suo effetto benefico (ὅλην ἐν κύκλῳ τὴν ψυχὴν περιέρχεται); infine, in *Gall.* 29 il calzolaio Simone veglia sul suo tesoro aggirandosi continuamente per la casa. Si tratta di un'espressione largamente attestata nella letteratura greca precedente, ma probabilmente diffusa anche nella lingua parlata (cfr. Arist. *Av.* 118; *Pl.* 679), che l'autore adatta alla discussione filosofica in atto.

ἀπέχρη γὰρ οἶμαί σοι τῷ πρώτῳ χρηστῷ καὶ ἀξίῳ ἐντυχόντι ἀποφέρεσθαι: fuor di metafora Ermotimo non considera essenziale il confronto tra le varie dottrine filosofiche. Al contrario, egli ritiene pienamente giustificata la scelta di limitare lo studio alla filosofia stoica reputata, in maniera alquanto arbitraria, come quella migliore. Al § 35 Ermotimo motiva la sua scelta in favore dello Stoicismo per mezzo di un ragionamento capzioso affine. Preso atto che la somma di due più due sia indubitabilmente quattro, se un aspirante filosofo dovesse imbattersi negli Stoici, i quali proferiscono il risultato corretto dell'operazione, allora potrebbe sospendere la ricerca, senza interrogare gli altri filosofi su tale questione (§ 35: τί ποτ' οὖν ἀδύνατον εἶναί σοι δοκεῖ, **ἐντυγχάνοντά τινα μόνον τοῖς Στωϊκοῖς λέγουσιν τἀληθῆ** πείθεσθαί τε αὐτοῖς καὶ **μηκέτι δεῖσθαι** τῶν ἄλλων εἰδότα ὡς οὐκ ἄν ποτε τὰ τέτταρα πέντε γένοιτο, κἂν μυρίοι Πλάτωνες ἢ Πυθαγόραι λέγωσιν;). Tuttavia, Licino fa notare ad Ermotimo che gli Stoici non sono gli unici filosofi in grado di riferire il risultato esatto dell'operazione, ragione per cui il suo giudizio si rivela inattendibile. Sulla falsariga di un ragionamento affine, Ermotimo crede che il reperimento del primo vino buono sia sufficiente ad arrestare la ricerca, escludendo così l'eventualità che altri commercianti abbiano del vino migliore rispetto a quello trovato fino a quel momento. La contro-argomentazione di Licino, però, non si limita a questo aspetto, privilegiando un'altra peculiarità della similitudine, ovvero la presunta affinità tra la natura del vino e quella di ciascuna dottrina filosofica (vedi *infra*, pp. 434-435).

κατὰ ταὐτὰ δὴ καὶ ἐν φιλοσοφίᾳ τί δεῖ ἐκπιεῖν τὸν πίθον δυναμένους γε ἀπ' ὀλίγου τοῦ γεύματος εἰδέναι ὁποῖον τὸ πᾶν ἐστιν; un'immagine simile ricorre in Pol. 12.25a: così come per mezzo di una sola goccia è possibile valutare la qualità di tutto il liquido da cui essa proviene, allo stesso modo il rinvenimento di uno o due errori all'interno di uno scritto è indice del carattere inattendibile dei suoi contenuti (καθάπερ γὰρ ἐκ τῶν παροιμιῶν ἱκανὸν εἶναί φασι σταλαγμὸν ἕνα τοῦ μεγίστου τεύχους εἰς τὸ γνῶναι τὸ πᾶν ἔγχυμα, τὸν αὐτὸν τρόπον καὶ περὶ τῶν ὑποκειμένων χρὴ διαλαμβάνειν· ἐπειδὰν γὰρ ἓν ἢ δεύτερον εὑρεθῇ ψεῦδος ἐν τοῖς συγγράμμασι, καὶ τοῦτο γεγονὸς ᾖ κατὰ προαίρεσιν, δῆλον ὡς οὐδὲν ἂν ἔτι βέβαιον οὐδ' ἀσφαλὲς γένοιτο τῶν ὑπὸ τοῦ τοιούτου συγγραφέως λεγομένων). Nonostante Polibio inquadri la similitudine all'interno di un proverbio (a meno che non si tratti di una nota marginale finita nel testo: vedi Walbank, 1967, vol. II, p. 385), non sono attestate altre massime dello stesso tenore. Von Möllendorff, 2000[1], p. 174 nota opportunamente che Apost. 15.62 (στελαγμὸς οἴνου μυρίοις χοεῦσιν ὕδατος οὐ μίγνυται· ἐπὶ τῶν διαλυομένων καὶ μεταβαλλομένων) non può essere paragonato all'espressione riportata nel nostro passo, avendo una portata semantica del tutto differente.

Ermotimo, invece, cerca di imporre l'idea per cui il sistema dottrinario di ogni scuola filosofica sia a tal punto uniforme che dalla conoscenza di una sua piccola parte si potrebbe formulare un giudizio attendibile sulla qualità di tutto il resto. Si tratta evidentemente di una capziosità retorica immediatamente colta da Licino, che provvede a correggere l'immagine della botte, rendendola più conforme alla natura della filosofia (vedi il § 59).

Critica testuale

§ 58) ἀπέχρη γὰρ οἶμαί σοι: i codici manoscritti tramandano χρή (stampato da Reitz e Kilburn) che Jacobitz, seguito da Dindorf e Macleod, emenda in ἀπόχρη, una forma verbale preferibile nella costruzione sintattica con il dativo σοι. Cfr. Kühner-Gerth, 1963, vol. I, p. 298. Tuttavia Bekker, seguito successivamente da Fritzsche e Sommerbrodt, preferisce ἀπέχρη, che preserva opportunamente l'uniformità dei tempi storici presenti in questa sezione del testo (ἐπρίω, περιῄεις, ἔλεγες), trovando conferma in un altro ἀπέχρη alla fine del § 59 (ἀπέχρη ἄν σοι καὶ ἅπαξ ἀκούσαντι). Su questo verbo vedi anche i §§ 24 (ἀποχρῆν δ' ἑκάστῳ πρὸς τὸ πολίτην γενέσθαι σύνεσιν κτλ.) e 77.

κατὰ ταὐτὰ δὴ καὶ ἐν φιλοσοφίᾳ τί δεῖ ἐκπιεῖν τὸν πίθον: Macleod, sulla scorta di Jacobitz, Dindorf e Kilburn, inserisce un punto fermo dopo φιλοσοφίᾳ, mentre Reitz vi pone un punto in alto. Questa cesura meno forte favorisce una connessione immediata tra il tema principale della discussione, la filosofia, e l'immagine descritta nella similitudine, ripresa chiaramente dalla figura della botte. Tuttavia, la scelta di Bekker, che rimuove qualsiasi segno di interpunzione, risulta maggiormente apprezzabile perché rende ancor più diretta la trasposizione tra i due campi semantici, rafforzando la relazione sussistente tra le immagini e le azioni descritte da Ermotimo.

§§ 59-62) Licino dimostra l'incongruenza dell'analogia tra il vino e la filosofia nei termini proposti da Ermotimo. Mentre il vino ha una consistenza a tal punto omogenea da ripartire uniformemente le sue caratteristiche in tutte le sue parti, di modo che un piccolo saggio sarebbe sufficiente per verificarne la qualità, la filosofia consta di differenti dottrine, motivo per cui il suo studio non può limitarsi ad una sola dottrina senza incorrere il rischio di pervenire ad una conoscenza parziale. I termini della similitudine, dunque, non sono sufficientemente conformi (οὐκ ἔχω εἰπεῖν καθ' ὅ τι σοι ὅμοιος φιλοσοφία καὶ οἶνος), né le azioni descritte nel contesto delle rispettive immagini possono essere idoneamente raffrontate. Piuttosto, l'unico punto in comune consiste nella malizia con cui i filosofi e gli osti eseguono le proprie azioni, poiché entrambi commerciano rispettivamente dottrine e vino con intenti prevalentemente fraudolenti. Licino recupera così il valore negativo tradizionalmente assegnato ai κάπηλοι, orientandolo con efficace ironia sulla figura del maestro stoico (vedi le critiche mosse ai §§ 3, 6, 9-12). In aggiunta, l'assimilazione dell'insegnamento filosofico alla vendita di vino o di sementi rievoca la polemica contro il compenso, spesso esoso, richiesto dai filosofi in cambio delle proprie lezioni, un argomento messo precedentemente in campo da Licino per mostrare la scarsa affidabilità del maestro stoico di Ermotimo (vedi i §§ 9-10).

Tuttavia, Licino suggerisce una rettifica sostanziale all'immagine della botte, al fine di renderla più appropriata alla filosofia, che ne è il termine di riferimento (vedi Joly, 1981). Pur lasciando invariata la botte, Licino ne modifica il contenuto, presentandola colma non più di vino, bensì di semi di diverso genere, disposti su strati sovrapposti. Ne consegue che dalla prova del grano presente in superficie non sarebbe possibile stimare la qualità delle sementi disposte nei livelli sottostanti. Similmente, la conoscenza di una parte della dottrina filosofica non consentirebbe di trarre conclusioni su quelle rimanenti, conoscibili solo in fasi successive.

Licino tratteggia, infine, un'ulteriore similitudine, che insiste coerentemente sul motivo dell'assaggio. Una qualsiasi sostanza velenosa, per essere letale, deve essere assunta in quantità e modalità opportune; in caso contrario, non potrebbe arrecare nessun danno. Allo stesso modo, la filosofia, se non diventasse oggetto di uno studio adeguatamente approfondito e prolungato nel tempo, non potrebbe esercitare nessuna influenza proficua. Pertanto, una minima conoscenza delle dottrine filosofiche (τὰ κεφάλαια al § 56) non basterebbe a garantire il raggiungimento della verità, che può essere individuata solo dopo aver concluso l'analisi dettagliata di ciascuna scuola filosofica.

§ 59) ὡς ὀλισθηρὸς εἶ, ὦ Ἑρμότιμε, καὶ διαδιδράσκεις ἐκ τῶν χειρῶν … οἰόμενος γὰρ ἐκπεφευγέναι ἐς τὸν αὐτὸν κύρτον ἐμπέπτωκας: al § 3 l'aggettivo ὀλισθηρός qualifica il difficile percorso di studi seguito da Ermotimo (come pure in *Rhet. praec.* 3, *Cont.* 5 e *Dial. mar.* 14.3). In questo passo, invece, esso denota il *modus loquendi* dell'aspirante stoico, che cerca di trovare surrettiziamente una via di fuga dalle argomentazioni sempre più stringenti di Licino. Cfr. *Tim.* 29 (ὡς δὲ λεῖος εἶ καὶ ὀλισθηρός, ὦ Πλοῦτε). Si considerino anche Plut. *Garrul.* 22.513E, che descrive il risultato prodotto da una lingua abilmente modulata, e Poll. *Onom.* 6.119 (τὴν γλῶτταν ὀλισθηρός).

L'immagine della rete torna al § 65, anche se con una valenza differente. Vedi *infra*, pp. 466-467. Nei dialoghi di Platone κύρτος illustra il complesso di espedienti impiegati dai sofisti per ingannare i propri interlocutori, avviluppandoli in una fitta rete di capziosità linguistiche (*Euthyd.* 302b: καὶ ἐγὼ ὑποπτεύσας ἥξειν τὸν λόγον οἷπερ ἐτελεύτησεν, ἄπορόν τινα στροφὴν ἔφευγόν τε καὶ ἐστρεφόμην ἤδη ὥσπερ ἐν δικτύῳ εἰλημμένος. Cfr. anche *Soph.* 235b e, in termini più generici, *Theaet.* 165d-e). Sul retaggio platonico di questa immagine vedi Tackaberry, 1930, p. 82.

Inoltre, nel *corpus* platonico il predicato ἐμπίπτω, costruito generalmente, come nel nostro passo, con la preposizione εἰς (vedi Tarrant, 1928, p. 72), denota gli eventuali insuccessi argomentativi di Socrate, che finisce talvolta per sperimentare la medesima condizione aporetica in cui riduce solitamente i suoi interlocutori. Cfr. *Euthyd.* 292e (ἐπειδὴ ἐν ταύτῃ τῇ ἀπορίᾳ ἐνεπεπτώκη, πᾶσαν ἤδη φωνὴν ἠφίειν) e *Hipp. mai.* 298c (κινδυνεύομεν γάρ τοι, ἐν τῇ αὐτῇ ἐμπεπτωκότες ἀπορίᾳ περὶ τοῦ καλοῦ ἐν ᾗπερ νυνδή, οἴεσθαι ἐν ἄλλῃ τινὶ εὐπορίᾳ εἶναι). Sull'uso del verbo ἐμπίπτω in Luciano vedi anche *Lex.* 16 (ἡλέουν σε ... ὁρῶν εἰς λαβύρινθον ἄφυκτον ἐμπεπτωκότα).

αὐθομολογούμενον πρᾶγμα: il verbo αὐθομολογέομαι è *hapax* lucianeo (Schmid, 1887, p. 381). Si tratta del composto di αὐτός e ὁμολογέομαι, benché in *LSJ* sia suggerito, pur con una certa cautela, il prefisso verbale αὖθις. Considerando che il vino ha una composizione così omogenea da palesarsi senza indagini particolarmente accurate (vedi *supra*, p. 433), αὐτός risulta preferibile poiché accentua l'immediatezza dell'esame intrapreso e la spontaneità con cui l'oggetto analizzato manifesta la propria natura. Per questo motivo il vino, subito dopo (§ 59), è detto γνώριμον ἅπασι e ὅλον αὐτὸν αὑτῷ ὅμοιον.

οἱ φιλόσοφοι ἀποδίδονται τὰ μαθήματα ὥσπερ οἱ κάπηλοι – κερασάμενοί γε οἱ πολλοὶ καὶ δολώσαντες καὶ κακομετροῦντες: la mercificazione della sapienza è un'accusa mossa già da Platone ai sofisti antichi (vedi *Prot.* 313c-d e *Soph.* 224c-d), che avevano inaugurato la pratica di impartire lezioni sotto lauto compenso, dirigendosi in luoghi differenti ed acquisendo un notevole successo. Vedi von Möllendorff, 2000[1], p. 174. Sul motivo del μισθός richiesto dai maestri di sapienza vedi il § 9 e *supra*, pp. 231-233, in cui sono riportati numerosi passi lucianei relativi a questo motivo.

Licino instaura qui una similitudine tra filosofi e κάπηλοι, tavernieri o commercianti, tradizionalmente ritratti in un'aura avversa. Questa caratterizzazione negativa, testimoniata a partire da Eschilo (*Sept.* 7: καπηλεύσειν μάχην), attraversa tutta la letteratura greca fino a diventare proverbiale (vedi Com. adesp. 620 K.-A.: κάπηλον φρόνημα) e ad essere recepita in questi termini nell'immaginario cristiano (ad esempio, in *Ep. ad Cor.* 2.2.17 i veri discepoli di Gesù sono distinti da quanti fanno del suo messaggio oggetto di compravendita: οὐ γάρ ἐσμεν ὡς οἱ πολλοὶ καπηλεύοντες τὸν λόγον τοῦ θεοῦ). In modo particolare, l'attitudine fraudolenta degli osti trova spazio in un certo numero di scene della commedia antica, da cui probabilmente Luciano si è lasciato ispirare. Vedi Arist. *Thesm.* 347-348 (τις κάπηλος ἢ καπηλὶς τοῦ χοῶς / ἢ τῶν κοτυλῶν τὸ νόμισμα διαλυμαίνεται) e 737; *Pl.* 435-436 (ἆρ' ἐστὶν ἡ καπηλὶς ἡ 'κ τῶν γειτόνων, / ἢ ταῖς κοτύλαις ἀεί με διαλυμαίνεται;) e Nicostr. fr. 22 K.-A., dove i tavernieri sono accusati di ingannare i propri clienti con false misure. In generale, Aristofane denuncia ripetutamente il carattere truffaldino di ogni forma di commercio al minuto. Per esempio, in *Nub.* 640 e *Vesp.* 1389-1390 prende una ferma posizione contro i fornai, mentre in *Eq.* 1009 attacca i venditori di cereali. Cfr. Taillardat, 1965, pp. 224-225. La rilevanza di questo problema a livello sociale si trova riflessa anche in Plat. *Leg.*

11.918a-920c, che fa cenno al divieto per i cittadini di esercitare qualsiasi attività commerciale, sia di grandi sia di piccole dimensioni (ἐμπορία e καπηλεία), perché considerate fonte di avidità e di comportamenti riprovevoli. Al § 61 ricorre un'ulteriore allusione a questa immagine: quando un acquirente di semi esamina il campione ricevuto dal venditore non può verificare la qualità di quelli presenti in basso, se essi siano marci o buoni, ragione per cui l'esemplare non riflette fedelmente il contenuto dell'intero recipiente da cui è stato estratto. Ancora una volta Licino allude agli stratagemmi messi in atto dai commercianti per frodare i propri clienti e trarre un guadagno illecito. Si noti che in *Nigr.* 25 le scuole dei falsi filosofi sono definite come taverne e botteghe, dal momento che qui la virtù è venduta alla stessa stregua di una merce qualsiasi con l'intento di trarne un certo profitto (ἐμέμνητο τῶν ἐπὶ μισθῷ φιλοσοφούντων καὶ τὴν ἀρετὴν ὤνιον ὥσπερ ἐξ ἀγορᾶς προτιθέντων· ἐργαστήρια γοῦν ἐκάλει καὶ καπηλεῖα τὰς τούτων διατριβάς).

La figura del mercante o del commerciante diventa bersaglio di aspra polemica anche nel mondo romano (vedi Hor. *Carm.* 1.1.16-18; *Sat.* 1.1.6; *Epist.* 1.1.45 e Tibull. *El.* 1.3.39). Su questo tema vedi Romano, 1991, vol. II, pp. 465-466.

I verbi impiegati per descrivere le azioni dei commercianti sono accuratamente selezionati. Con κακομετρέω, attestato solo in Luciano, è rappresentata la prassi della falsificazione delle misure impiegate negli scambi. Invece, κεράννυμι e δολόω designano l'adulterazione dei prodotti prima della vendita: l'aggiunta di acqua al vino, per esempio, costituiva una delle operazioni tipiche dei rituali simposiali (vedi *Od.* 24.364, Arist. *Eccl.* 1123, etc.), ma appare del tutto ingiustificata se praticata in altre occasioni.

πρόδηλον, ὦ ἑταῖρε, ἢ οὐκ ἂν εἴκοσιν ἔτη παρέμενες αὐτῷ κατὰ τὸν Ὀδυσσέα περινοστῶν καὶ περιπλανώμενος, εἰ τὰ αὐτὰ ἔλεγεν: l'uso dei participi περινοστῶν e περιπλανώμενος "*ne peuvent que faire allusion au retour mouvementé d'Ulysse*" (Bouquiaux-Simon, 1968, p. 232), anche se il viaggio di Odisseo verso Itaca dura dieci anni. Soltanto aggiungendo gli ultimi dieci anni di guerra trascorsi a Troia l'assenza di Odisseo dalla patria Itaca risulta complessivamente di venti anni, che a detta di Licino corrisponderebbe alla durata degli studi stoici compiuti fino a quel momento da Ermotimo.

Il lungo viaggio di Odisseo diventa perciò, non senza una nota ironica, l'emblema dei lunghi studi filosofici intrapresi da Ermotimo. Questa sfumatura si coglie solo considerando che mentre Odisseo, dopo vent'anni di peregrinazioni, è ritornato in patria, Ermotimo, nel medesimo arco temporale, non è riuscito a raggiungere il termine del suo percorso, descritto in termini parossisticamente lunghi, bensì solo la sua metà. Inoltre, così come il viaggio di Odisseo ha comportato numerosi pericoli e vari momenti di stallo, anche la lunga formazione stoica comporta il rischio per il discente di disperdersi nell'apprendimento delle innumerevoli dottrine (al § 86 Ermotimo ringrazia il suo interlocutore per averlo salvato dalla sua imminente rovina). Il personaggio di Odisseo e le sue peripezie sono citate spesso nell'opera di Luciano (in *Salt.* 46 si fa esplicito riferimento alla πλάνη di Odisseo. Si consideri anche *Par.* 10 e il rapido accenno in *Saturn.* 32). Cfr. Bouquiaux-Simon, 1968, pp. 229-309, che analizza tutti i riferimenti intertestuali tra il *corpus* lucianeo e l'*Odyssea*. Sull'interpretazione allegorica della figura di Odisseo vedi *Nigr.* 19 (a proposito della necessità della lotta contro le passioni, simile alla resistenza di Odisseo al canto delle sirene) e *Merc. cond.* 8. A questo proposito si veda Nesselrath, 1985, pp. 304-305.

La figura mitica di Odisseo è un *Leitbild* della filosofia cinico-stoica, in maniera analoga al trattamento riservato ad Eracle: entrambi, infatti, sono simbolo della perseveranza e della tenacia necessarie per percorrere l'arduo cammino morale, lungo il quale si dibatte lo stesso Ermotimo (Sen. *Const. sap.* 2.1: "*Ulixem et Herculem ... Stoici nostri sapientes pronuntiaverunt, invictos laboribus et contemptores voluptatis et victores omnium terrorum*"). Su questo argomento vedi Long, 1996[1], pp. 58-84. Sul viaggio di Odisseo come simbolo di una saggezza pratica, acquisita attraverso esperienze concrete, vedi anche Max. *Orr.* 15.6; 16.6; 22.5 e 38.7. Cfr. Höistad, 1948, pp. 94-102; Buffière, 1956, pp. 365-391 e Stanford, 1963. In generale, sulla ricezione di Omero negli autori della Seconda Sofistica vedi Dio Chrys. *Orr.* 4.37; 7.86; 13.10; 71.3, ma anche Epict. *Diss.* 3.24.13 e 3.26.33. Una trattazione sistematica di questo argomento è in Kindstrand, 1973, pp. 99-110; Hunter, 2004, pp. 235-253 e Kim, 2010.

§ 60) πῶς οὖν οἷόν τέ σοι ἦν ἀπὸ τοῦ πρώτου γεύματος εἰδέναι τὰ πάντα; la parola γεῦμα, in maniera affine a δεῖγμα (cfr. il § 61), designa quel piccolo campione che, secondo Ermotimo, sarebbe sufficiente a fornire un'idea immediata dell'unità o dell'insieme da cui esso è stato estratto (vedi Plut. *Nic.* 29.2; Philostr. *VA* 6.12 e Ath. 15.693D = *FGrH* 328 F 5a). Fuor di metafora, Ermotimo è del parere che la conoscenza di una minima parte del sapere di una scuola filosofica potrebbe garantire una piena competenza sull'intero complesso dottrinale, un'idea cui si oppone fermamente il suo interlocutore. Molto più diffuso è l'uso traslato del verbo γεύω (cfr. *LSJ* s.l. 2.3), che conosce anche alcune attestazioni nel *corpus* lucianeo (*Nigr.* 28 e *Cat.* 13).

ἢν μὴ ὅλον ἐκπίῃς τὸν πίθον, ἄλλως μεθύων περίει: la paradossalità dell'immagine risiede nella distinzione implicita tra chi beve del vino senza precipitare in uno stato d'ebbrezza e chi, non bevendo a fondo tutta la botte della filosofia, finisce per sperimentare uno stato euforico ingiustificato. Fuor di metafora, Licino afferma che l'acquisizione parziale dei discorsi filosofici, lungi dal produrre benefici, potrebbe avere delle conseguenze dannose: al contrario, solo un'educazione filosofica pienamente compiuta concorrerebbe a impostare una facoltà razionale lucida e stabile. Sui danni provocati dalla filosofia vedi il § 81, ma anche *Bis acc.* 21 e *Symp.* 34. Dal momento che la formazione filosofica è apparsa incommensurabile rispetto alla durata della vita umana (§§ 48-49), Ermotimo è costretto a rimanere in uno stato di turbamento continuo. Von Möllendorff, 2000[1], p. 174 individua il tono caustico dell'affermazione di Licino nello scacco cui è destinato inevitabilmente ogni sforzo di Ermotimo: da un lato egli non possiede i mezzi appropriati per ottenere la verità, mentre dall'altro rischia di restare invischiato nella confusione delle numerose dottrine filosofiche.

Al § 47 Licino ha suggerito ad Ermotimo di non credere alle parole dei singoli filosofi, ma di dare ascolto a ciascuno di essi con uno spirito critico, attento a provare la natura delle rispettive dottrine (§ 47: νᾶφε καὶ μέμνασ' ἀπιστεῖν). Alla fine del dialogo Ermotimo comprende la portata positiva della confutazione messa in atto da Licino, che lo ha riportato ad una condizione di sobrietà intellettuale, al riparo dal deleterio sproloquio dei vari concetti filosofici (§ 86: νυνὶ γὰρ ὥσπερ ἐκ μέθης ἀνανήφων ὁρῶ οἷα μέν ἐστιν ὧν ἤρων).

In maniera affine a questo passo, in *Nigr.* 5 il narratore dichiara che, dopo aver ascoltato le parole di Nigrino, ne è rimasto invasato (ἔνθεος καὶ μεθύων ὑπὸ τῶν λόγων περιέρχομαι). Subito dopo, però, egli precisa di non essere precipitato in uno stato di ebbrezza, bensì di aver ottenuto grazie alla filosofia un maggiore controllo su sé stesso (*Nigr.* 6: καὶ μὴν τοῦτό γε οὐ μεθύειν, ἀλλὰ νήφειν τε καὶ σωφρονεῖν ἐστιν). Su questo punto vedi Quacquarelli, 1956, pp. 35-37 e Clay, 1992, pp. 3406 ss. Ermotimo, invece, secondo l'interpretazione ironica di Licino, solo dopo aver concluso interamente gli studi delle varie scuole di pensiero e avendo individuato la dottrina migliore, potrà sperare di vedere tramutato in vera saggezza il turbamento provocato dalla filosofia. Il raffronto tra filosofia e vino appare anche in Hor. *Carm.* 3.21.9, in cui Messalla Corvino è detto imbevuto di discorsi socratici ("*non ille, quamquam Socraticis madet / sermonibus, te negleget horridus*"). Sull'uso di questa immagine in Luciano vedi Schmidt, 1897, p. 22. Diversamente, in *Alex.* 25 all'ebbrezza di quanti hanno creduto alle menzogne di Alessandro si contrappone la sobrietà degli Epicurei, consapevoli della falsità del sedicente profeta.

ἀτεχνῶς γὰρ ἐν τῷ πυθμένι δοκεῖ μοι ὁ θεὸς κατακρύψαι τὸ φιλοσοφίας ἀγαθὸν ὑπὸ τὴν τρύγα αὐτήν: l'espressione ἐν τῷ πυθμένι ricorre già in Hes. *Op.* 369 (δειλὴ δ' ἐν πυθμένι φειδώ), che pone l'accento sull'opportunità di usare con parsimonia ciò di cui si dispone. Cfr. West, 1978, p. 248, che registra la trasformazione di questo verso in massima sapienziale nel corso dell'età imperiale e tardo antica.

In questo caso Licino introduce l'immagine della feccia per corroborare la sua posizione a favore di una conoscenza complessiva della filosofia: trovandosi in fondo alla botte, sarà necessario svuotarne tutto il contenuto per arrivare a scoprire il bene desiderato. A tal proposito, occorre ricordare che era ampiamente diffusa l'idea secondo cui del vino conservato in una botte quello presente in superficie fosse compromesso dal contatto con l'aria, quello nel fondo dalla feccia, mentre solo nel mezzo vi fosse il vino di qualità migliore (Plut. *Quaest. conv.* 7.3.701D-702C e Macr. *Sat.* 7.12.13-16). Questa argomentazione avrebbe potuto rovesciare il senso dell'analogia introdotta precedentemente da Ermotimo, il quale riteneva la qualità del vino omogeneamente diffusa all'interno di una botte. Al contrario, Licino concentra l'attenzione sulla presenza della filosofia sotto i sedimenti del vino, equiparandola a qualcosa destinata allo scarto (sull'uso metaforico della feccia vedi Pherecr. fr. 287 K.-A. e Arist. *Pl.* 1085), così da far trasparire il suo approccio ben poco propenso nei confronti di questa disciplina. Riguardo a questa immagine vedi anche *Tim.* 19 (εὑρήσει τὴν διφθέραν αὖθις καὶ τὴν δίκελλαν ἐν τῇ τρυγὶ τοῦ πίθου). Inoltre, i sedimenti del vino erano noti per l'asprezza del sapore, il che allude significativamente alle difficoltà frapposte al raggiungimento del culmine della via della virtù (su questa immagine vedi almeno il § 26). Cfr. von Möllendorff, 2000[1], p. 175.

σὺ δὲ οἴει τὸ τοιοῦτον αὐτὸ εἶναι, ὡς εἰ μόνον γεύσαιο αὐτοῦ καὶ σπάσαις μικρὸν ὅσον, αὐτίκα σε πάνσοφον γενησόμενον, ὥσπερ φασὶν ἐν Δελφοῖς τὴν πρόμαντιν, ἐπειδὰν πίῃ τοῦ ἱεροῦ νάματος, ἔνθεον εὐθὺς γίγνεσθαι καὶ χρᾶν τοῖς προσιοῦσιν: Licino insiste sull'esame di una bevanda a partire dal *test* di un suo piccolo campione, paragonando l'apprensione immediata delle dottrine di una scuola di pensiero all'invasamento della Pizia. Essa, infatti, subito dopo aver attinto e sorseggiato l'acqua della fonte Castalia, appariva posseduta dall'ispirazione della divinità, cominciando così a dispensare i suoi oracoli. Considerati i toni ostili con cui Licino poco prima si è espresso sulla mantica (§ 49: ἀνατρεπτέον ἐκεῖνα τὰ ἤδη ὡμολογημένα ... ὥς τόν γε ἄνευ πείρας αἱρούμενον μαντείᾳ μᾶλλον ἢ κρίσει τἀληθὲς ἀναζητοῦντα), è evidente la portata ironica che anima questa immagine. In modo particolare, l'aggettivo πάνσοφος, come avviene anche in altri passi lucianei, introduce nel discorso una certa punta canzonatoria. In *Philops.* 6 sono detti πάνσοφοι i filosofi appartenenti alle varie scuole di pensiero, divenuti oggetto della critica pungente di Licino (ὁρᾷς οἵους ἄνδρας σοί φημι, πανσόφους καὶ παναρέτους, ὅ τι περ τὸ κεφάλαιον αὐτὸ ἐξ ἑκάστης προαιρέσεως), mentre in *Rhet. praec.* 11 il medesimo epiteto è applicato al maestro della via breve negli studi retorici (detto πάνσοφος e πάγκαλος). Vedi Zweimüller, 2008, pp. 256-257. In generale, Ureña Bracero, 1995, p. 127, n. 68 raccoglie i vari composti in παν- presenti nel *corpus* lucianeo, mettendo in luce il valore iperbolico, non privo di un certo umorismo, veicolato da questo prefisso nominale (cfr. il § 12, ove è detta παμμεγέθης la ferita procurata dal maestro di Ermotimo al suo interlocutore peripatetico).

Il titolo di πρόμαντις per designare la Pizia, la sacerdotessa di Apollo a Delfi, risale ad un'epoca molto antica (a partire da Hdt. 6.66.2; 7.111.2 e 141.2, ma anche Thuc. 5.16.2), motivo per cui Luciano lo preferisce al termine προφήτης, che ricorre in senso più generico, in riferimento a differenti figure (cfr. *Vit. auct.* 9 e *Gall.* 18). Luciano riconosce il ruolo centrale svolto dalle acque della fonte Castalia nel culto e nelle procedure del tempio delfico, dove alla Pizia, ai sacerdoti e, in generale, a quanti intendevano consultare l'oracolo era prescritto un bagno purificatorio (*Iupp. trag.* 30: δυνατὸν ποιεῖν ταῦτα μήτε τρίποδος ἡμῖν παρόντος μήτε ... πηγῆς μαντικῆς οἵα ἡ Κασταλία ἐστίν; *Hes.* 8: προθεσπιῶ καὶ ἄνευ Κασταλίας e *Bis acc.* 1, in cui non è citato il nome proprio della fonte). Su questi rituali vedi Parke, 1939, p. 39. La circostanza per cui la sacerdotessa beveva l'acqua prima di pronunciare i suoi responsi, invece, non trova sostanziali conferme. In Paus. 10.24.7 è la fonte Cassotide a favorire l'attività divinatoria, una notizia poco affidabile, giacché questa sorgente non era ubicata nel tempio (cfr. von Möllendorff, 2000[1], p. 175). Sulle metodologie della mantica vedi Amandry, 1950, pp. 135-139, mentre per i suoi riflessi in Luciano vedi Betz, 1961, pp. 57-59.

Nelle *recensiones* β e γ del *Romanzo di Alessandro*, invece, è riportata la notizia che la Pizia, prima di pronunciare i suoi responsi, fosse solita bere alla fonte Castalia (1.15.1: ἡ δ' ἐν Δελφοῖς Πυθία γευσαμένη τοῦ Κασταλίου νάματος διὰ χθονίου χρησμοῦ οὕτως εἶπε). Tuttavia, è molto più diffusa l'idea secondo cui i poeti ricevano ispirazione attingendo acqua dalla fonte (vedi Prop. 3.3.13 e Ov. *Am.* 1.15.36), il che testimonia "*una concezione letteraria, che non ha a che vedere con la mantica*" (Stoneman - Gargiulo, 2007, p. 503). Quale che sia l'origine dell'immagine descritta nel nostro passo, Luciano mostra massima abilità ad integrarla nel contesto filosofico del suo dialogo, mettendola al servizio delle istanze argomentative di Licino.

σὺ γοῦν ὑπὲρ ἥμισυ τοῦ πίθου ἐκπεπωκὼς ἐνάρχεσθαι ἔτι ἔλεγες: Licino innesta nell'immagine della botte di vino dei chiari riferimenti alla similitudine della via, introdotta da Ermotimo sin dall'inizio del dialogo, quando l'aspirante stoico dichiarava di essere ancora all'inizio del percorso formativo, (§ 2: νῦν ἄρχομαι παρακύπτειν ἐς τὴν ὁδόν), ovvero alle falde del monte della virtù (§ 3: ἐν τῇ ὑπωρείᾳ κάτω ἔτι), pur avendo già compiuto vent'anni di studio. Similmente, in questo passo, anche dopo aver bevuto metà botte, Ermotimo sostiene di essere ancora all'inizio dell'impresa (ἐνάρχομαι), che potrà dirsi conclusa solo quando avrà tranguiato l'intero contenuto della botte. Il linguaggio *per imagines* che caratterizza la conversazione (si veda *supra*, pp. 61 ss.), pur variando nelle rappresentazioni specifiche, resta ancorato ad un nucleo ben determinato di concetti fondamentali: la ricerca della filosofia vera e il metodo più efficace, oltre che più rapido, per poter conseguire questo risultato.

§ 61) ὅρα τοίνυν μὴ τῷδε μᾶλλον φιλοσοφία ἔοικεν· ὁ μὲν γὰρ πίθος ἔτι μενέτω σοι καὶ ὁ κάπηλος, ἐνέστω δὲ μὴ οἶνος, ἀλλὰ πανσπερμία τις ... καὶ ἄλλα ποικίλα: la modifica introdotta da Licino all'immagine della botte piena di vino rende la similitudine più coerente con la natura della filosofia, la cui varietà di dottrine è ritratta efficacemente dalla parola πανσπερμία. Si noti che al § 59 Licino pone l'accento sulla diversità dei contenuti quotidianamente impartiti dal solo maestro stoico, il che giustifica l'esigenza di uno studio lungo e approfondito.

Nella tradizione stoica è attestata una predilezione per i legumi, che emerge sin dalla formula con cui Zenone era solito dichiarare l'onniscienza del saggio, il quale, tra le numerose competenze, avrebbe dovuto dimostrare una certa padronanza della tecnica necessaria per preparare una zuppa di lenticchie (*PHerc.* 208: ὃς τἄλ]λα τὸν φρόνιμον | [ποιεῖ]ν ἔφη καὶ σφαιρί|[ζει]ν καὶ φακῆν ἕψειν). Cfr. *SVF* 1.217 (= Ath. 4.158A-B), in cui questa abilità è presentata nella forma di un vero dogma dottrinario. La preferenza per i legumi in quanto cibi frugali (si veda Dalby, 2003, p. 194) denota la scelta di uno stile di vita essenziale, che fa di Zenone un bersaglio privilegiato dei poeti comici (cfr. almeno Philem. fr. 88 K.-A.). In generale, sul rapporto tra filosofia e culinaria vedi Damox. fr. 2 K.-A. e Sosipp. fr. 1 K.-A. Su questo tema sono utili le osservazioni in Gallo, 1981, pp. 102 ss.

Ulteriori allusioni all'uso di legumi da parte degli esponenti stoici sono in Timone (frr. 13-14 Di Marco = *SH* frr. 787-788), che ne fa un motivo della caricatura del medesimo filosofo, descrivendo l'estrema cura prestata all'uso e alla selezione dei semi (vedi Di Marco, 1989, p. 144). In Varr. fr. 244 Cèbe, invece, il filosofo stoico invita il suo interlocutore a seminare dei legumi, poiché forniscono nutrimento senza richiedere un grande impegno ("*sed uti serat haec legumina arte parva pauca: cicer, ervillam*"). Cfr. Cèbe, 1985, vol. 7, pp. 1136-1138.

I semi citati da Licino rappresentano gli alimenti tipici di una dieta semplice, propria degli strati sociali di estrazione più bassa. Il πυρός è una tipologia di grano molto diffusa nel mondo antico che, insieme all'orzo (κριθή), costituiva la base di un sostentamento facilmente accessibile (vedi Garnsey, 1988, pp. 87-164 e Dalby, 2003, pp. 45-47 e 349). Questi due semi ricorrono appaiati sin da Omero (*Il.* 11.69; *Od.* 9.110), ma anche presso gli storici (Hdt. 2.36.8; Thuc. 6.22.1; Xen. *Mem.* 6.4.6), in commedia (Arist. *Av.* 506; *Pax* 1145: solo i πυροί, che in *Vesp.* 718 sono ritenuti superiori alle κριθαί) e nella favola (Aes. 175.1). Cfr. Plat. *Menex.* 238a (i due semi sono definiti il frutto della terra ᾧ κάλλιστα καὶ ἄριστα τρέφεται τὸ ἀνθρώπειον γένος) e Theophr. *Hist. plant.* 8.4.2.

I κύαμοι sono spesso accomunati con gli ἐρέβινθοι (*Il.* 13.588-592; Plat. *Rep.* 2.372c e Theophr. *Hist. plan.* 8.2.3), che, in maniera analoga a quelli citati prima, sono classificati generalmente tra gli alimenti più semplici (Alex. frr. 139 e 167 K.-A.; Ephipp. fr. 13 K.-A.; Eub. fr. 74 K.-A. e Pherecr. fr. 201 K.-A.). Archestrato, invece, li definisce come πτωχείης παράδειγμα κακῆς (Ath. 3.101D = *SH* 192), mentre in Arist. *Pax* 1136 brasare i ceci rappresenta un piacere sobrio. Cfr. anche *Ach.* 801, *Eccl.* 606 e Arist. fr. 372 K.-A. Su questo alimento vedi Dalby, 2003, p. 84.

La parola φακός al plurale corrisponde alla φακῆ (Eup. fr. 378 K.-A.), una zuppa di lenticchie associata, come è stato già detto, alla figura di Zenone. Le testimonianze relative a questa vivanda la inquadrano in un contesto sociale umile, dal momento che risulta disdegnata dai ceti più elevati (Arist. *Vesp.* 811; *Pl.* 192, 1004 e fr. 23 K.-A.). Vedi anche Theocr. 10.54-55 e Ath. 4.156F. Si tratta, infatti, di una pietanza molto frugale, che Cratete il cinico esalta (*SSR* VH 72 = *SH* fr. 353), facendone l'elemento caratteristico del suo stile di vita. Infine, Egemone di Taso immagina che Atena si rivolga a lui con il nome di Φακῆ, in riferimento alla sua condizione di estrema penuria (fr. 1.20 Brandt). Su tutte queste testimonianze vedi Di Marco, 1989, pp. 143-144.

A proposito della parola πανσπερμία vedi Ath. 14.648B, in cui designa una zuppa dolce di fagioli (ἐστὶ δὲ τὸ πυάνιον, ὥς φησι Σωσίβιος, πανσπερμία ἐν γλυκεῖ ἡψημένη), e Alc. *Ep.* 2.11, il quale descrive una dispensa ricca di sementi (μεστὴ μὲν ἡ σιπύη πανσπερμίας).

L'uso metaforico della parola πανσπερμία, però, è attestato prima di Luciano, in riferimento sia alle numerose passioni che agitano l'animo umano (cfr. Plut. *De cohib. ira* 14-15.462F-463A: ἔοικε τῶν παθῶν πανσπερμία τις ὁ θυμὸς εἶναι), sia alla molteplicità degli elementi costitutivi del cosmo (Plat. *Tim.* 73c; Ar. *De gen.* 1.314a26-30, là dove designa la mescolanza di elementi professata dalla dottrina di Anassagora e degli atomisti). Nel nostro dialogo, invece, la varietà di sementi diventa il simbolo concreto della diversità dei principi che compongono ciascun sistema filosofico, precludendo qualsiasi possibilità di valutazione dell'intero contenuto a partire da una sua piccola porzione. Su questo alimento vedi Dalby, 2003, p. 248, che ne indaga il consumo e il significato in occasione della tradizionale festa delle Antesterie.

La rettifica della similitudine da parte di Licino non si limita ad incrementare la conformità con l'argomento della discussione. Piuttosto, impostando un paragone diretto tra uno dei principi costitutivi della *paideia* greca, la filosofia, e una serie di elementi quotidiani di scarso valore, l'interlocutore scettico riesce ad ottenere un effetto paradossale sottilmente ironico. Vedi il caso successivo della similitudine con il veleno (§ 62). In generale, sui paragoni paradossali vedi Monaco, 1966.

ἀνέδωκέ σοι δεῖγμα ἐς τὴν χεῖρα, ὡς ἴδοις: in *Alex.* 61 (ταῦτα, ὦ φιλότης, ὀλίγα ἐκ πολλῶν δείγματος ἕνεκα γράψαι ἠξίωσα) e *Salt.* 41 (ταῦτα μὲν τὰ Ἀθηναίων ὀλίγα πάνυ δείγματος ἕνεκα ἐκ πολλῶν τῶν παραλελειμμένων διῆλθον) la parola δεῖγμα designa in senso traslato il saggio esemplificativo dell'argomento trattato nell'opera. Sulle attestazioni parallele con il sostantivo γεῦμα vedi il § 60 (cfr. *supra*, p. 437). Cfr. Isocr. 15.54, in cui δεῖγμα rappresenta un'antologia di brani tratti dalle opere del retore (ἅπαντας [*scil.* τοὺς εἰρημένους ὑπ' ἐμοῦ καὶ γεγραμμένους] μὲν οὖν διὰ τέλους εἰπεῖν οὐκ ἂν δυναίμην ... ὥσπερ δὲ τῶν καρπῶν, ἐξενεγκεῖν ἑκάστου δεῖγμα πειράσομαι).

Molto più diffuso è il significato della parola come segno dimostrativo (cfr. Arist. *Ach.* 988; Eur. *Suppl.* 354, etc.), che in Luciano rileva la presenza di un determinato sentimento o stato d'animo. Vedi *Pro imag.* 17 (μετρίας καὶ δημοτικῆς τινος διανοίας δεῖγμα) e 21; *Scyth.* 7 (οὗτός σοι ὁ Ἑλληνικὸς κανών, τοῦτο δεῖγμα τῆς φιλοσοφίας τῆς Ἀττικῆς); *Prom. es* 2; *Dial. mer.* 8.1 e *Saturn.* 4.

ἆρα οὖν ἔχοις ἂν εἰπεῖν εἰς ἐκεῖνο ἀποβλέπων εἰ καὶ οἱ ἐρέβινθοι καθαροὶ καὶ οἱ φακοὶ εὐτακεῖς καὶ οἱ κύαμοι οὐ διάκενοι; nei dialoghi platonici Socrate pronuncia ripetutamente la formula ἔχοις ἂν εἰπεῖν per porre agli interlocutori di turno una serie di domande costitutive del suo ἔλεγχος (*Euthyphr.* 13d; *Crit.* 50e; *Men.* 75a; *Crat.* 409d; *Rep.* 10.595c). Vedi anche Xen. *Mem.* 4.4.19 e *Symp.* 6.1 (sempre in bocca a Socrate). Non è un caso che questo stilema dialogico si trovi qui tra le parole di Licino, il quale nel corso della discussione assume spesso le maniere socratiche. Su questo argomento vedi *supra*, pp. 173-174 e 212-213. Una formulazione lievemente differente è impiegata da Ermotimo per esprimere la sua difficoltà dinanzi alle argomentazioni di Licino (§ 42: ἀπορῶ μέντοι ὅ τι ἂν εὔλογον ἀντειπεῖν ἔχοις πρὸς τὸ τοιοῦτον), ricorrente anche in altre opere lucianee (*Adv. ind.* 18; *Par.* 31 e *Dial. mort.* 9.1).

Licino accompagna ciascuna semente con un epiteto specifico. I ceci sono qualificati come καθαροί, un aggettivo che indica solitamente la limpidezza dell'acqua (Hdt. 4.53.2; Eur. *Hipp.* 209; *Ion* 96; Plat. *Phaedr.* 229b), ma anche la purezza di alimenti come il pane (ἄρτος: Hdt. 2.40.3) o il frumento (σῖτος in Xen. *Oec.* 18.8), prima di ogni sorta di adulterazione. L'epiteto εὐτακής, invece, un *hapax* lucianeo da τήκω, denota la consistenza più morbida delle lenticchie, che perciò possono essere cucinate più facilmente. Infine, διάκενος descrive qualcosa di vuoto (in *Nec.* 15 è usato in senso traslato, in riferimento allo sguardo dei morti) o poroso (vedi Gal. *De puls. diff.* 3, vol. 8, p. 672 Kühn), ma anche poco nutriente (vedi *Sept. Num.* 21.5 in rapporto ad alcuni ἄρτοι).

οἶνον μὲν γὰρ φαῦλον πρίασθαι ἐν δυοῖν ὀβολοῖν ὁ κίνδυνος, αὐτὸν δέ τινα ἐν τῷ συρφετῷ παραπολεῖσθαι καὶ αὐτὸς ἐν ἀρχῇ ἔφησθα οὐ μικρὸν εἶναι κακόν: Licino riprende l'alternativa posta da Ermotimo all'inizio del dialogo, quando ad uno stile di vita dedito alla filosofia ne veniva contrapposto uno disperso nel volgo (§§ 1 e 21). In questo caso, però, egli pone l'accento sulle conseguenze derivanti dall'esercizio di una filosofia sbagliata, che sono di gran lunga peggiori rispetto a quelle determinate dall'acquisto di un vino di cattiva qualità. A tal proposito, in Plat. *Prot.* 314a-b Socrate ammonisce Protagora affinché eviti di mettere in pericolo la sua anima, approvando sconsideratamente qualsiasi dottrina: l'acquisizione di principi ingannevoli, infatti, potrebbe avere esiti di gran lunga più nefandi rispetto a quelli prodotti dall'assunzione di cibi sgradevoli (καὶ γὰρ δὴ καὶ πολὺ μείζων κίνδυνος ἐν τῇ τῶν μαθημάτων ὠνῇ ἢ ἐν τῇ τῶν σιτίων. σιτία μὲν γὰρ καὶ ποτὰ πριάμενον παρὰ τοῦ καπήλου καὶ ἐμπόρου ἔξεστιν ... συμβουλεύσασθαι, παρακαλέσαντα τὸν ἐπαΐοντα, ὅτι τε ἐδεστέον ἢ ποτέον καὶ ὅτι μή, καὶ ὁπόσον καὶ ὁπότε· ὥστε ἐν τῇ ὠνῇ οὐ μέγας ὁ κίνδυνος. μαθήματα δὲ ... ἀνάγκη καταθέντα τὴν τιμὴν τὸ μάθημα ἐν αὐτῇ τῇ ψυχῇ λαβόντα καὶ μαθόντα ἀπιέναι ἢ βεβλαμμένον ἢ ὠφελημένον). Vedi Nesselrath, 1992, p. 3474.

La menzione di due oboli, che in questo caso pone l'accento sull'irrilevanza del danno subito, appare in differenti passi del *corpus* lucianeo. In *Vit. auct.* 11 costituisce il prezzo di vendita molto basso della vita cinica, riflettendo in maniera caricaturale la qualità modesta della vita filosofica corrispondente (Beaupére, 1967, vol. II, p. 59). Un uso affine è attestato in commedia, in cui la somma di due oboli denota oggetti di scarso valore o situazioni di particolare indigenza (Nicostr. fr. 5 K.-A.; Philipp. fr. 9 K.-A. e Men. *Epitr.* 140). Cfr. anche Arist. fr. 3 K.-A.; Theop. fr. 56 K.-A.; Alex. frr. 15 e 191 K.-A., in cui appare l'aggettivo διώβολος.

In *Gall.* 33 Micillo si dichiara felice di avere due soli oboli, sufficienti a garantirgli una stabile serenità, al riparo dal possesso tormentato di grandi ricchezze. Invece, in *Electr.* 3 e *Deor. conc.* 12, i due oboli denotano il guadagno esiguo che potrebbe provenire da talune imprese, senza giustificarne la concreta realizzazione.

ὁ μὲν ὅλον ἀξιῶν ἐκπιεῖν τὸν πίθον, ὡς κοτύλην πρίαιτο, ζημιῶσαι ἂν τὸν κάπηλον οὕτως ἀπίθανα γευόμενος, φιλοσοφία δὲ οὐδὲν ἂν τοιοῦτο πάθοι, ἀλλὰ κἂν [ὅτι] πάμπολλα πίῃς, οὐδέν τι ἐλάττων ὁ πίθος γίγνεται οὐδὲ ζημιώσεται ὁ κάπηλος: Licino rettifica il senso della similitudine della botte del vino mettendone in rilievo la parziale congruenza con la filosofia e il rispettivo maestro, che non subiscono alcun danno dall'insegnamento delle dottrine. Al contrario, Licino insinua ancora una volta l'idea che l'insegnamento offra ai maestri di filosofia l'occasione di un lauto compenso (ai §§ 9-10 questo tema è trattato esplicitamente. Vedi *supra*, pp. 231-233). Un'argomentazione analoga ricorre al § 81, là dove lo zio di un aspirante stoico replica alle proteste dell'insegnante che reclama l'emolumento pattuito (καίτοι ἃ μὲν ἡμῖν πέπρακας, **ἔχεις ἔτι**

καὶ αὐτὸς καὶ οὐδὲν ἔλαττον γέγονέ σοι τῶν μαθημάτων). Anche in questa circostanza si insiste sul carattere inoffensivo dell'insegnamento, giacché la trasmissione delle dottrine al proprio discente non comporta per il maestro la perdita irreversibile delle stesse conoscenze, che restano invariate nelle sue disponibilità. Vedi *infra*, pp. 553-554.

Nelle parole pronunciate da Licino in questo momento del dialogo è possibile rinvenire alcune tracce del modello stoico di sapiente, il quale, in virtù della perfezione morale acquisita, è considerato estraneo alle impellenze di qualsiasi bisogno. Su questo argomento vedi *SVF* 3.567 (= Stob. 2.7.11, p. 99 Wachsmuth: οὔτ' αὐτὸς κακοποιεῖται, οὔτε κακοῖς περιπίπτει <οὔτ' ἄλλον ποιεῖ κακοῖς περιπίπτειν>, οὔτ' ἐξαπατᾶται οὔτε ἐξαπατᾷ ἄλλον), 578 (= Stob. 2.7.11, p. 110 Wachsmuth: λέγουσι ... μήτε δὲ ἀδικεῖσθαι μήτε βλάπτεσθαι τὸν σπουδαῖον) 579 e 580 (= Sen. *De ben.* 2.35: "*negamus iniuriam accipere sapientem*"). In termini generali, si consideri l'intera sezione *SVF* 3.567-581 ("*sapiens malis non afficitur*"). Riferimenti alla dottrina stoica delle passioni compaiono sin dal § 8 (cfr. il commento *supra*, pp. 224-226).

ἐπιρρεῖ γὰρ κατὰ τὴν παροιμίαν τὸ πρᾶγμα ἐξαντλούμενον ... ἐντεῦθεν δὲ ἢν ἀφέλῃς τι, πλεῖον τὸ λοιπὸν γίγνεται: le Danaidi erano le cinquanta figlie di Danao che, secondo il mito, rifiutandosi di sposare i propri cugini, figli di Egitto, trovarono rifugio ad Argo. Inseguite dai giovani, esse furono costrette a sposarli, salvo poi ucciderli per ordine del padre Danao. Solo Ipermnestra risparmiò il proprio consorte Linceo, il quale a sua volta vendicò i fratelli uccidendo tutte le figlie di Danao fuorché sua moglie. Nell'aldilà le Danaidi furono condannate da Zeus a riempire d'acqua una botte dal fondo bucato, destinata a disperdere immediatamente tutto ciò che veniva versato al suo interno. Di qui deriva il senso del proverbio pronunciato da Licino: vedi Schol. *ad loc.*, Rabe p. 244.

Si tratta probabilmente di un testo tragico (Trag. adesp. 89 Kannicht - Snell), che Ateneo introduce parodicamente in un contesto gastronomico, riportandolo in una forma metricamente imprecisa (4.156E: τῆς τραπέζης παρατεθείσης ἐδειπνοῦμεν καὶ τὴν μὲν ἐξηντλοῦμεν φακῆν, ἣ δ' ἐπεισέρρει). Cfr. Arr. *Peripl. Pont. Eux.* 3.3 Liddle; Zenob. 1.75 e Diogen. 2.22, che accennano a questo verso come ad un proverbio presumibilmente molto noto (κατὰ τὴν παροιμίαν). Si veda anche Alc. *Ep.* 1.2.2, in cui la medesima massima denota azioni inutili e superflue (τὸ λεγόμενον δὴ τοῦτο εἰς τοὺς τῶν Δαναΐδων τοὺς ἀμφορέας ἐκχέομεν πίθους· οὕτως ἄπρακτα καὶ ἀνήνυτα διαμοχθοῦμεν). A questo proposito vedi le considerazioni di Tsirimbas, 1936, pp. 9-10.

Il riferimento al mito delle Danaidi è particolarmente aderente al contesto del dialogo, in cui l'immagine della botte, introdotta da Ermotimo (§ 58) e corretta da Licino (§ 61), plasma il senso delle battute dei due interlocutori, caratterizzando lo svolgimento della conversazione. In modo particolare, al § 60 Licino ha asserito la necessità di bere tutto il vino contenuto nella botte della filosofia, dal momento che la verità si trova nascosta sotto i sedimenti depositati sul fondo. Tuttavia, Licino chiosa con arguta malizia che la botte della filosofia, al contrario di quella delle Danaidi, non rischia mai di svuotarsi completamente, tornando a riempirsi non appena le sia stato sottratto una parte del suo contenuto. Fuor di metafora, lo scettico allude allo scacco inevitabile cui è destinata qualsiasi ricerca della verità, il che apparirà con maggiore evidenza nel momento culminante della confutazione (§ 70). Su questo proverbio sono valide le osservazioni di Rein, 1894, p. 18 e von Möllendorff, 2000[1], p. 175 (in cui è suggerito un raffronto con Plat. *Gorg.* 493d-494b, benché la similitudine della botte presente in questo passo abbia un valore differente rispetto a quello assegnatogli da Licino).

Nel *corpus* lucianeo vi sono altri accenni alla botte delle Danaidi in senso metaforico. Cfr. *Tim.* 18 (ἐς τὸν τῶν Δαναΐδων πίθον ὑδροφορήσειν μοι δοκῶ καὶ μάτην ἐπαντλήσειν, τοῦ κύτους μὴ στέγοντος, ἀλλὰ πρὶν εἰσρυῆναι σχεδὸν ἐκχυθησομένου τοῦ ἐπιρρέοντος); *Dial. mort.* 21.4; *Dial. mar.* 8 e *Dips.* 6. In *Anach.* 35, invece, Solone introduce un paragone simile a quello stabilito nel nostro dialogo (ἔοικας, ὦ Ἀνάχαρσι, τοιόνδε τι δυνάμεως πέρι ἐννοεῖν, ὡς οἴνῳ ἢ ὕδατι ἢ ἄλλῳ τῶν ὑγρῶν ὁμοίαν αὐτὴν οὖσαν. δέδιας οὖν μὴ ὥσπερ ἐξ ἀγγείου κεραμεοῦ λάθῃ διαρρυεῖσα ἐν τοῖς πόνοις ... τὸ δὲ οὐχ οὕτως ἔχει σοι, ἀλλ' ὅσῳ τις ἂν αὐτὴν ἐξαντλῇ τοῖς πόνοις, τοσῷδε μᾶλλον ἐπιρρεῖ), pur non citando il mito delle Danaidi, bensì quello dell'Idra. Su questi raffronti vedi Anderson, 1976[1], p. 121, n. 69.

§ 62) μή με νομίσῃς βλασφημεῖν περὶ αὐτῆς ἢν εἴπω ὅτι φαρμάκῳ ὀλεθρίῳ ἔοικεν: all'immagine del veleno, come pure alla descrizione delle sue modalità d'uso, si fa esplicito riferimento nei numerosi passi in cui sono raccontati misfatti e omicidi compiuti per accaparrarsi ricchezze o mettere in atto piani di vendetta (*Icar.* 15; *Dial. mort.* 14.2 e 22.7; *Rhet. praec.* 15; *Tox.* 32; *Symp.* 32; *Gall.* 25; *Dial. mer.* 1.2 e l'allusione in *Par.* 59). Su questo tema vedi Betz, 1961, p. 201, n. 7. Si tratta di un motivo variamente attestato in commedia (Arist. *Thesm.* 560-561 e fr. 28 K.-A., con il cenno all'uso curativo dei veleni nel culto di Asclepio) e in tragedia (la donna che trama inganni con l'ausilio di veleni è un motivo topico nelle tragedie euripidee: *Med.* 384-385; *Ion* 616-617 e 843-845; *Hec.* 876-878), e ripetutamente condannato dai moralisti antichi. Vedi gli utili riferimenti in Gerhard, 1909, p. 18, n. 2.

Nel nostro passo il veleno è impiegato in maniera del tutto singolare come immagine metaforica della filosofia, che può essere dannosa qualora non fosse assunta nelle giuste modalità e con la necessaria circospezione (vedi la nota successiva). Si noti che anche in altri passi lucianei la filosofia è paragonata ad un φάρμακον, pur essendole attribuiti effetti differenti. Cfr. *Nigr.* 37, là dove le parole del filosofo sono equiparate ad una freccia imbevuta di un φάρμακον dolce e penetrante che, dopo aver colpito l'anima, si diffonde al suo interno agendo beneficamente su di essa (τὸ βέλος ... ἠρέμα δηκτικῷ τε καὶ γλυκεῖ φαρμάκῳ ... χρίσας εὐτέχνως ἐτόξευσε· τὸ δὲ ἐνεχθὲν εὖ μάλα ἐντόνως καὶ διακόψαν ἄχρι τοῦ διελθεῖν μένει τε καὶ πολὺ τοῦ φαρμάκου ἀφίησιν, ὃ δὴ σκιδνάμενον ὅλην ἐν κύκλῳ τὴν ψυχὴν περιέρχεται). In merito a questo passo vedi Praechter, 1898, p. 509. In *Cat.* 24, invece, Cinisco spiega di aver ripulito tutte le macchie prodotte dai suoi misfatti attraverso l'esercizio della filosofia, che Radamante definisce come ἀνυσιμώτατον φάρμακον. Cfr. *Philops.* 1 e *Lex.* 20.

Licino è consapevole dell'audacia delle sue parole, al punto da anticipare l'accusa di blasfemia che potrebbe essergli rivolta da parte del suo interlocutore. Per altre simili accuse mosse reciprocamente tra filosofi vedi *Pisc.* 26 (Parresiade/Luciano è attaccato per aver oltraggiato gratuitamente tutti i filosofi); *Iupp. trag.* 35 ed *Eun.* 2. In *Rhet. praec.* 22 l'insulto sembra avere dei risvolti retorici potenzialmente positivi se fosse adoperato nella giusta misura. Su questa immagine vedi Zweimüller, 2008, p. 400.

οὐδὲ γὰρ ταῦτα, ἐπείπερ θανατηφόρα ἐστίν, ἀποκτείνοι ἄν, εἴ τις ὀλίγον ὅσον ἀκαριαῖον ἀποξύσας αὐτῶν ἄκρῳ τῷ ὄνυχι ἀπογεύσαιτο: nella costruzione di questa similitudine Praechter, 1898, p. 506 ha individuato l'utilizzo del settimo tropo di Enesidemo ὁ παρὰ τὰς ποσότητας (Sext. Emp. *Pyrrh. hyp.* 1.129-134, che corrisponde all'ottavo in D. L. 9.86. Cfr. anche Phil. *De ebr.* 184), secondo il quale la percezione delle cose varia rispetto alla quantità e alla composizione con cui esse si manifestano. A conferma dell'origine scettica di questa immagine valga l'accenno reiterato al κώνειον nella discussione del primo e del secondo tropo di Enesidemo (Sext. Emp. *Pyrrh. hyp.* 1.57 e 81). A tal proposito si considerino le annotazioni di Schwarz, 1914, p. 35 ed Esposito, 1995, p. 172. Non è possibile escludere che Licino, come fa spesso nel corso del dialogo, riprenda un argomento scettico, adattandolo sapientemente ai vari momenti della conversazione. Egli, infatti, in questo passo equipara l'apprendimento parziale di una dottrina filosofica all'assunzione di una sostanza velenosa, paragonando gli effetti prodotti dalle due azioni: se una minima dose di veleno non produce nessuna conseguenza deleteria, insufficiente com'è a provocare la morte di chi la ingerisce, lo studio parziale delle varie scuole filosofiche preclude la conoscenza della vera dottrina. Al di là della valenza negativa della similitudine, Licino insiste sulla necessità di uno studio comprensivo non solo delle dottrine afferenti a ciascuna scuola filosofica (vedi i §§ 48 e 56-57), ma anche di tutti gli indirizzi di pensiero esistenti (vedi i §§ 32-33 e 46-48).

Un'immagine simile a questa è descritta in *Bis acc.* 8, dove Ermes paragona gli effetti della filosofia all'immersione in una sostanza colorata (vedi Braun, 1994, p. 102). Quanti siano pienamente imbevuti di essa manifestano un solo colore (ὁπόσοι μὲν εἰς κόρον ἔπιον τῆς βαφῆς, χρηστοὶ ἀκριβῶς), mentre chi non ne sia stato intinto completamente rivela imperfezioni e macchie sparse. Inoltre, vi sono anche quelli che, pur avendo toccato solo con la punta del dito la caldaia, credono di essere stati completamente imbrattati dal nero fumo (εἰσὶ δ' οἳ καὶ μόνον ψαύσαντες ἔκτοσθεν τοῦ λέβητος **ἄκρῳ τῷ δακτύλῳ** καὶ ἐπιχρισάμενοι τῆς ἀσβόλου ἱκανῶς οἴονται καὶ οὗτοι μεταβεβάφθαι). Vedi Praechter, 1898, pp. 508-509, che rimanda a questo passo. In *Demon.* 4 al vero filosofo è riconosciuta una conoscenza dettagliata della filosofia, evidenziata dall'uso del medesimo proverbio (τὰς ἐν φιλοσοφίᾳ προαιρέσεις οὐκ ἐπ' ὀλίγον οὐδὲ κατὰ τὴν παροιμίαν **ἄκρῳ τῷ δακτύλῳ** ἁψάμενος ἠπίστατο). Ne consegue che la conoscenza della filosofia non può essere quantitativamente limitata perché, in assenza di un dominio approfondito su tutte le dottrine di pensiero, resterebbe ostruito qualsiasi accesso alla verità.

ἢν μὴ τοσοῦτον ὅσον χρή, καὶ ὅπως καὶ ξὺν οἷς, οὐκ ἂν ἀποθάνοι ὁ προσενεγκάμενος· σὺ δὲ ἠξίους τοὐλάχιστον ἐξαρκεῖν, ὡς ἀποτελέσαι τὴν τοῦ ὅλου γνῶσιν: oltre alla quantità (τοσοῦτον ὅσον), Licino allude anche al modo in cui il veleno viene assunto, nonché alla mescolanza con altre sostanze, che potrebbero alterarne l'effetto complessivo. Praechter, 1898, p. 506 ha intravisto in ὅπως un riferimento al quarto tropo scettico della relatività (Sext. Emp. *Pyrrh. hyp.* 1.100-117 e *Adv. math.* 1.192 ss.; Phil. *De ebr.* 178 e la breve esposizione in D. L. 9.12). Si veda a proposito Spinelli, 2005, pp. 38-40. In tal senso, nel nostro passo si farebbe cenno alle condizioni (διαθέσεις) variabili in cui si trova il soggetto giudicante, che potrebbero modificare il contatto con l'oggetto giudicato, vale a dire l'effetto di quest'ultimo sul percipiente.

In *Nigr.* 37 è possibile rintracciare un discorso affine, giacché il λόγος filosofico, per poter sortire il suo effetto benefico, necessita di una buona predisposizione da parte del destinatario di turno (φιλοσόφων ἀκούοντες οὐ πάντες ἔνθεοι καὶ τραυματίαι ἀπίασιν, ἀλλ' οἷς ὑπῆν τι ἐν τῇ φύσει φιλοσοφίας συγγενές).

Invece, in ξὺν οἷς ci sarebbe un'allusione al sesto tropo scettico παρὰ τὰς ἐπιμιγάς (cfr. Sext. Emp. *Pyrrh. hyp.* 1.124-128; Phil. *De ebr.* 189-191; D. L. 9.84-85). Si veda Praechter, 1898, p. 506 e Tackaberry, 1930, p. 55, n. 354. Sui contenuti del tropo scettico, invece, vedi Spinelli, 2005, pp. 42-43. Mentre nei casi precedenti Licino adatta coerentemente l'argomentazione scettica al contesto del suo dialogo, in questo caso "*die Erwähnung ... der Mischungsverhältnisse ist überflüssig und trägt nichts zur Gewinnung des gewollten Resultats bei*" (così si esprime giustamente Schwarz, 1914, p. 35, il quale considera inappropriato anche il riferimento alla modalità con cui è assunto il veleno). Questo motivo, infatti, non sembra pienamente conforme al tema della filosofia discusso nel dialogo, ove l'argomento scettico è introdotto in maniera alquanto impulsiva.

Nonostante la similitudine tra lo studio della filosofia e l'assunzione di sostanze velenose venga abbozzata cursoriamente da Licino (cfr. von Möllendorff, 20001, p. 176, n. 126), è indubbio che questa immagine acquisti una notevole portata ironica alla luce del dialogo trascorso. Mentre i veleni, se assunti in minima quantità, non avrebbero nessun effetto letale, le dottrine filosofiche, qualora fossero apprese solo per sommi capi, potrebbero risultare dannose per i rispettivi discenti. Al contrario, come dichiara Ermotimo sin dall'inizio della conversazione, la pratica della filosofia rivela i suoi benefici solo in seguito ad uno studio intensivo (§ 2: φιλοσοφία ... ἀνέφικτος, ἢν μὴ πάνυ τις ἐγρηγορὼς ἀτενὲς ἀεὶ καὶ γοργὸν ἀποβλέπῃ ἐς αὐτήν), tale, però, da provocare un inevitabile logoramento sia fisico sia intellettuale. In aggiunta, la realizzazione di questa impresa potrebbe protrarsi oltre la normale durata di una vita umana (§ 49), assumendo tutti i tratti di un'operazione nefasta.

Critica testuale

§ 59) ΕΡΜΟΤΙΜΟΣ Πολλὰ γάρ ἐστιν: sulla scorta del manoscritto E, Macleod assegna questa battuta a Ermotimo, a differenza del resto della tradizione e delle edizioni moderne, che la lasciano a Licino. L'attribuzione di queste parole all'aspirante stoico si conforma bene allo scambio dialogico tra i due interlocutori: la preposizione γάρ, infatti, conferma quanto è stato accennato immediatamente prima da Licino, il quale, per tutta risposta, riprende il discorso indirizzato al suo interlocutore (πρόδηλον, ὦ ἑταῖρε, κτλ.). Fritzsche, in aggiunta, emenda πολλά in πολλοῖς, traducendo "*multis enim argumentis id est evidens*", richiamando un passo simile in Arist. *Av.* 704. Al contrario, Sommerbrodt preferisce emendare πολλά in ἀλλά traducendo: "*at enim manifestum est alia alias*". Si tratta, come si vede, di due emendazioni alquanto superflue per la comprensione del testo tradito, che Macleod scandisce opportunamente, dando maggiore vigore all'alternanza dialogica tra i due protagonisti.

εἴκοσιν ἔτη: siamo in presenza di una correzione di Solanus, preferita dalla maggior parte degli editori, al testo tradito εἰκὸς ἔτι, che appare privo di un significato adeguato al contesto (cfr. Reitz, che stampa il testo tradito, traducendo: "*alioquin probabile non fuerit te apud illum mansisse*"). Al contrario, il riferimento ai vent'anni di studio già compiuti da Ermotimo è di gran lunga più adeguato, tanto più perché alla durata ventennale della formazione dell'aspirante stoico si fa cenno già ai §§ 2 e 77. La minima correzione al testo tramandato dai manoscritti, dunque, consentirebbe di recuperare un numero che, in virtù del raffronto istituito con l'eroe epico Odisseo, risulta pienamente giustificato nel passo in questione.

§ 60) ἢν μὴ ὅλον ἐκπίῃς τὸν πίθον, ἄλλως μεθύων περίει: mentre Reitz, Jacobitz e Dindorf, seguiti da Macleod, stampano περιήεις, che è la lezione tramandata dalla tradizione manoscritta, Fritzsche propone il congiuntivo περιίῃς. Successivamente, però, egli rigetta questa emendazione a favore della proposta di Geist περίει (accolta anche da Sommerbrodt e Kilburn), un presente indicativo con valore di futuro (cfr. trad. Hermann: "*frustra ebrius oberrabis*"), usuale nella prosa attica, in cui l'indicativo presente di εἶμι funge anche da futuro per ἔρχομαι (o anche per i suoi composti: si veda Kühner-Gerth, 1963, vol. I, pp. 139-140). Dando per buona questa lezione, si otterrebbe un periodo ipotetico misto, attestato ripetutamente nel nostro dialogo (vedi *supra*, pp. 319 e 332) e del tutto congruo al passo in questione. Licino, infatti, prefigura le conseguenze derivanti da un impegno parziale di Ermotimo in filosofia: in mancanza di una solida conoscenza, egli sarebbe costretto a vagare invano, senza riuscire ad individuare la dottrina vera. È meglio, dunque, che egli studi approfonditamente ogni dottrina filosofica, evitando di intraprendere sterili scorciatoie.

§ 61) μάθοις ἂν ἅπασαν ὁποία ἐστίν: μάθοις è la lezione attestata in L e stampata da Macleod (cfr. anche Dindorf, Sommerbrodt e Jacobitz 1851). Al contrario, ΓΕ tramandano μάθοι che, pur essendo sintatticamente corretto (come sostiene Fritzsche), osteggia l'allocuzione diretta, necessaria a riprodurre la conversazione in atto tra Licino ed Ermotimo. Nel corso del dialogo, infatti, è molto più frequente la seconda persona singolare, usata alternativamente da entrambi gli interlocuori in modo da rendere più verosimile lo scambio dialogico (§ 13: ῥᾷον γὰρ ἂν οὕτω μάθοις; vedi anche i §§ 41; 42; 48; 74).

καὶ αὐτὸς ἐν ἀρχῇ ἔφησθα: l'avverbio ὡς appare solo nella tradizione del testo più recente (ὡς καὶ αὐτὸς ἐν ἀρχῇ ἔφησθα), ma è accolto da quasi tutti gli editori (Reitz, Dindorf, Jacobitz, Bekker, Fritzsche e Kilburn, mentre Sommerbrodt stampa [ὡς]). Macleod, invece, preferisce non stamparlo, preservando così l'ordine sintattico della frase, visto che, con l'aggiunta della congiunzione ὡς, l'infinitiva "οὐ μικρὸν εἶναι κακόν" non potrebbe essere più retta dalla proposizione immediatamente precedente (καὶ αὐτὸς ἐν ἀρχῇ ἔφησθα). Tralasciando la congiunzione, invece, la prima infinitiva chiarirebbe il senso del κακόν cui si fa cenno poco dopo, al punto da potersi ottenere un'efficace contrapposizione chiastica tra le due situazioni messe a confronto (οἶνον μὲν γὰρ φαῦλον πρίασθαι **ἐν δυοῖν ὀβολοῖν ὁ κίνδυνος** e αὐτὸν δέ τινα ἐν τῷ συρφετῷ παραπολεῖσθαι ... **οὐ μικρὸν κακόν**).

ἀλλὰ κἂν [ὅτι] πάμπολλα πίῃς: Dindorf e Fritzsche espungono ὅτι, mentre Sommerbrodt si limita a suggerirne la soppressione. L'aggettivo πάμπολυς, infatti, è al grado positivo, il che non giustifica la presenza della congiunzione ὅτι, combinata solitamente con un superlativo per intensificarne il significato (cfr. lat. *quam*). L'espunzione di ὅτι dal testo non causerebbe del resto nessuna alterazione, né sintattica né lessicale, e risulta corroborata dall'assenza di altre attestazioni insieme all'aggettivo πάμπολυς (si veda tuttavia Theodor. Epist. (collectio Sirmondiana) 70, 35: πάντως γὰρ ὅτι πάμπολλα κερδανοῦσι [...] τῷ πατρὶ τὴν παῖδα προσάγοντες), anche al grado superlativo. Si veda Gal. *De dign. puls.* 1.105, vol. 8, p. 772 Kühn (κερδανεῖ μεγάλα μὴ προαπογινώσκων τῆς τῶν ζητουμένων εὑρέσεως, μηδὲ προαφιστάμενος, κἂν ὅτι μάλιστα παμπόλλῳ χρόνῳ ζητῶν ἔτ' ἀγνοῇ) e D. L. 5.42 (καταλέλοιπε δὲ βιβλία καὶ αὐτὸς ὅτι μάλιστα πάμπλειστα), in cui però ὅτι è costruito con μάλιστα.

§ 62) ἀποκτείνοι ἄν: i codici ΓEL hanno ἀποκτείνει ἄν, che è un testo evidentemente corrotto. Nel codice *recentior* C, invece, vi è ἀποκτείνειεν ἄν, che è la lezione accolta da Dindorf, Jacobitz, Sommerbrodt e Kilburn. Vista la presenza ravvicinata tra la sillaba finale -εν e il monosillabo ἄν, è plausibile che si sia verificato un errore di semplificazione, con la conseguente caduta dell'ultima sillaba dell'ottativo. Tuttavia, resta inspiegabile l'assenza di questa lezione in tutti i codici più antichi, a meno che non si tratti di un errore avvenuto in uno stadio molto antico della tradizione. Al contrario, il codice N attesta la lezione ἀποκτείνοι ἄν, giustificabile in base al fenomeno dell'itacismo, che avrebbe indotto il copista in uno sbaglio del tutto comune (ἀποκτείνει). La prevedibilità dell'errore testuale, nonché la piena conformità alla sintassi del periodo, rendono preferibile quest'ultima lezione (ἀποκτείνοι), ragione per cui già Reitz, e poi anche Macleod, l'accolgono nelle rispettive edizioni.

§ 63) Sotto la pressione sempre più stringente dell'argomentazione confutatoria di Licino, Ermotimo accusa il suo interlocutore di prepotenza (βίαιος) e di invidia (φθόνος) per il progresso da lui compiuto nel cammino verso la virtù. Licino, invece, rigetta le accuse, invitando Ermotimo a restare fedele alla sua scelta e a proseguire lo studio della dottrina filosofica preferita. Licino non perde occasione per dare massimo valore oggettivo alla sua critica, ritraendosi vittima del λόγος di cui egli stesso si fa portavoce. Si tratta di una strategia dissimulatoria, utile a convogliare la stizza di Ermotimo contro il discorso filosofico, immaginato concretamente presente sulla scena e capace, se interrogato, di dare una risposta opportuna. In tal modo Licino cerca di arginare le proprie responsabilità, sollecitando Ermotimo a riconoscere la validità incontestabile dell'ἔλεγχος e la portata delle sue conseguenze sulle idee stoiche ciecamente patrocinate fino a quel momento.

ὁ μὲν βίος βραχύς, ἡ δὲ τέχνη μακρή: Licino riprende il detto ippocratico pronunciato inizialmente da Ermotimo a giustificazione della sua lunga e incessante attività di studio (§ 1: χρὴ δὲ μηδένα καιρὸν οἶμαι παριέναι εἰδότας ἀληθὲς ὂν τὸ ὑπὸ τοῦ Κῴου ἰατροῦ εἰρημένον, ὡς ἄρα "βραχὺς μὲν ὁ βίος, μακρὴ δὲ ἡ τέχνη"). Al contrario, in questo passo Licino introduce la nota formula per confermare il risultato del suo ἔλεγχος, dal quale si è evinta la durata parossistica della formazione filosofica (§ 49). La ripresa di questa massima in un punto avanzato del dialogo e da parte dell'altro interlocutore mostra l'efficacia sortita dalla confutazione scettica nel corso della discussione. Proprio Licino, infatti, durante il dialogo riesce a dimostrare la necessità imprescindibile di uno studio complessivo di tutte le dottrine filosofiche: evidenziando progressivamente il tempo indispensabile per portare a termine questo esame accurato, si arriva alla conclusione che il raggiungimento della verità, diversamente da quanto sperato da Ermotimo, non sia affatto praticabile entro i limiti cronologici di una vita umana (a questo proposito vedi *supra*, p. 184).

περιέρχῃ με, ὦ Λυκῖνε, καὶ συνελαύνεις ἐς στενὸν οὐδὲν ὑπ' ἐμοῦ δεινὸν παθών, ὑπὸ φθόνου δηλαδή, ὅτι ἐγὼ μὲν προὔκοπτον ἐν τοῖς μαθήμασι, σὺ δὲ ὠλιγώρησας ἑαυτοῦ τηλικοῦτος ὤν: Ermotimo rimprovera il suo interlocutore per aver architettato ingegnosamente le sue parole al fine di trarlo in inganno. Tale è il significato del verbo περιέρχομαι, il cui uso traslato è generalmente poco attestato (Hdt. 3.4.2; Arist. *Eq.* 1142 e Plut. *Nic.* 10.4) e non appare altrove nel *corpus* lucianeo. Ermotimo, infatti, percepisce la stretta crescente degli argomenti confutativi di Licino, ovvero la difficoltà a trovare una via d'uscita. A tal proposito, l'espressione ἐς στενόν συνελαύνειν (ma è possibile trovare anche i verbi κλείειν, συνάγειν, etc.) descrive il senso di costrizione con cui viene eseguita una qualsiasi azione (§ 28: ἐς στενὸν κομιδῇ κατακλείειν τὴν ἐλπίδα. Cfr. *Musc. enc.* 4: πάνυ γὰρ ἐς στενὸν ὁ βίος αὐτῆς συμμεμέτρηται) o, più genericamente, denota una situazione di angustia fisica o intellettuale (Hdt. 9.34.2; Dem. 1.22 e Gal. *De sect.* 6, vol. 3, p. 15 Helmreich). È questo il caso dell'aspirante stoico che, sotto la pressione argomentativa sempre più incalzante del suo interlocutore, si scopre incapace di elaborare un ragionamento solido ed efficace a sostegno della sua posizione.

Il predicato προκόπτω rimanda, invece, al concetto stoico di προκοπή (la maggior parte delle fonti è raccolta in *SVF* 3.31). Su questo argomento vedi il § 77 e *infra*, p. 539. Al progresso dell'aspirante stoico si contrappone la negligenza di Licino, il quale, fino a quel momento, non si è mai occupato di filosofia (come si evince dal § 13, dove annuncia di voler cimentarsi con lo studio della filosofia facendosi discepolo di Ermotimo). Tuttavia, nel corso della discussione, lo scarto formativo che Ermotimo rivendica rispetto a Licino non trova alcun riscontro, al punto che l'aspirante stoico appare sprovvisto di argomenti a supporto della sua scelta filosofica.

Con l'accusa di φθόνος mossa al proprio interlocutore, Ermotimo allude ad uno dei πάθη condannati dall'etica stoica. Si veda *SVF* 3.394 e 412-415 (lo φθόνος è inteso qui come una forma di λύπη ἐπ' ἀλλοτρίοις ἀγαθοῖς), ma anche Sen. *Ep.* 14.10 ("*tria deinde ex praecepto veteri praestanda sunt ut vitentur: odium, invidia, contemptus*"). In ambito stoico il saggio si distingue per la capacità di instaurare dei rapporti armonici con gli altri individui, senza mostrare alcun genere di assoggettamento al sentimento dell'invidia. Su questa passione vedi *SVF* 3.628 e 630. La felicità del saggio stoico, inoltre, non è fine a sé stessa, bensì condivisa all'interno di un orizzonte sociopolitico ben definito (*SVF* 3.625-636). Su questo argomento vedi Vimercati, 2011, pp. 611-613.

Oltre alla morale stoica, l'invidia appare un motivo perturbante anche nel contesto del dialogo socratico. In Plat. *Gorg.* 457d Socrate teme la reazione di Gorgia alle sue interrogazioni, che non sono riconducibili né ad un sentimento di invidia né tantomeno alla volontà di ottenere il sopravvento sul suo interlocutore. Al contrario, questa batteria di domande è ispirata dal genuino interesse a ricercare comunemente la verità (ἐὰν περί του ἀμφισβητήσωσιν καὶ μὴ φῇ ὁ ἕτερος τὸν ἕτερον ὀρθῶς λέγειν ἢ μὴ σαφῶς, χαλεπαίνουσί τε καὶ **κατὰ φθόνον** οἴονται τὸν ἑαυτῶν λέγειν, φιλονικοῦντας ἀλλ' οὐ ζητοῦντας τὸ προκείμενον ἐν τῷ λόγῳ). Socrate intende distinguere così il suo metodo dialettico dalla condotta propria degli eristi, i quali per mezzo della parola ambiscono ad assicurarsi il successo personale a detrimento del proprio avversario (vedi *Euthyd.* 272a-b; *Men.* 75c; *Phaed.* 91a). Cfr. *Epist.* 7.344b, in cui Platone dichiara che, quando l'oggetto di una discussione è dibattuto senza ostilità, l'intelligenza e la conoscenza brillano intorno a qualsiasi problema (ἐν εὐμενέσιν ἐλέγχοις ἐλεγχόμενα καὶ **ἄνευ φθόνων** ἐρωτήσεσιν καὶ ἀποκρίσεσιν χρωμένων, ἐξέλαμψε φρόνησις περὶ ἕκαστον καὶ νοῦς).

Licino, dunque, stando alle parole del suo interlocutore, risulta poco favorevole ad una discussione sincera e costruttiva con Ermotimo, tradendo le dichiarazioni di amicizia espresse sin dall'inizio del dialogo (§ 13).

οἶσθ' οὖν ὃ δρᾶσον; questa espressione è attestata sia in commedia (Arist. *Eq.* 1158, *Pl.* 1061; *Av.* 54) sia in tragedia (Eur. *Hec.* 225; *Hel.* 315; *Cycl.* 131 etc.) Si tratta probabilmente di una forma allocutoria diffusa in attico e registrata nelle parti dialogate della produzione teatrale antica (Schol. ad Eur. *Hec.* 225, che menziona la predilezione dell'imperativo al modo congiuntivo e indicativo tra le caratteristiche proprie del dialetto attico). Cfr. Stevens, 1976, p. 36 e Dunbar, 1995,

p. 120. Su questo sintagma vedi *Suda* δ 1511, che l'attribuisce espressamente ad una moda attica (Schol. ad Arist. *Av.* 54: Ἀττικὴ φράσις). In generale, sulla posizione di Luciano all'interno della corrente atticista del suo tempo vedi Chabert, 1897 e Bompaire, 1994.

ἐμοὶ μὲν ὥσπερ κορυβαντιῶντι μὴ πρόσεχε τὸν νοῦν: il verbo κορυβαντιᾶν vale come sinonimo di μαίνεσθαι (cfr. Schol. ad *Bacch.* 5, p. 9 Rabe: τὸ κορυβαντιᾶν σημαίνει τὸ μαίνεσθαι κτλ.) per rappresentare provocatoriamente Licino nei termini di un invasato. Vedi anche *Suda* κ 2116 (κορυβαντιᾷ· μαίνεται, ἢ ὀρχεῖται, ἢ δαιμονᾷ). Cfr. Coenen, 1977, p. 95. I coribanti erano divinità secondarie del *pantheon* greco, probabilmente di origine frigia, e noti per costituire il seguito della dea Cibele. Generalmente considerati in numero di nove, viene attribuita a loro l'ideazione di danze eseguite al suono del timpano e di strumenti a fiato (Eur. *Bacch.* 120 e Arist. *Vesp.* 119) al fine di suscitare uno stato di ottundimento e di estasi (Plat. *Ion* 534a; Eur. *Bacch.* 123; Hor. *Carm.* 1.16.8). L'uso in senso metaforico del verbo κορυβαντιᾶν è attestato anche in *Lex.* 16; *Bacch.* 5; *Tim.* 26; *Herod.* 7 e *Saturn.* 27. In *Iupp. trag.* 30, invece, l'aggettivo κορυβαντώδης rapporta l'effetto prodotto dall'estasi di Apollo alla danza sfrenata dei coribanti. Cfr. *Dial. deor.* 20.1, là dove i coribanti in preda alla furia sono ritratti al seguito della dea Rea, mentre in *Icar.* 27 si trovano associati ad Attis e a Sabazio. Su queste divinità vedi Preller - Robert, 1894, pp. 653 ss. e Schwenn, 1922, coll. 1441-1446.

ἀλλ' οὐκ ἐᾷς σὺ βίαιος ὢν αἱρεῖσθαί τι: in *Gorg.* 505d Callicle rivolge a Socrate un'accusa analoga (ὡς βίαιος εἶ, ὦ Σώκρατες), dichiarandosi non più disponibile a proseguire la conversazione (cfr. von Möllendorff, 2000[1], p. 176). Ermotimo evidenzia una delle caratteristiche del *modus loquendi* di Licino, il quale a scorno dei presunti sentimenti di amicizia che lo legherebbero all'aspirante stoico (§ 13) rivela una certa avversione nei suoi confronti. Licino stesso, dunque, sembra sconfessare i modi propriamente socratici di una conversazione pacifica e proficua, preferendo le maniere della contesa sofistico-eristica (su questa peculiarità di Licino vedi *supra*, pp. 16-17). Al § 85, a chiusura del dialogo, Licino rivendica la legittimità degli argomenti messi in campo e dei modi della sua discussione, respingendo le accuse di ostilità nei confronti di Ermotimo e confermando la validità del suo ἔλεγχος verso tutte le correnti dogmatiche di pensiero. Infine, in *Vit. auct.* 22 l'epiteto βίαιος appare in riferimento alla forza stringente del sillogismo stoico.

βίαιον δὲ λέγων ἐμὲ ἀναίτιον δοκεῖς μοι κατὰ τὸν ποιητὴν αἰτιάασθαι: Licino rifiuta l'accusa di Ermotimo con il sussidio di un passo omerico particolarmente calzante. Si tratta del luogo iliadico in cui Ettore ammonisce il fratello Paride per non avere le virtù necessarie in battaglia, manifestando un atteggiamento palesemente vile (*Il.* 13.775: Ἕκτορ ἐπεί τοι θυμὸς ἀναίτιον αἰτιάασθαι). In tal modo si trovano messe a confronto due situazioni profondamente discordanti: da un lato ci sono Ettore e Paride, due fratelli contrassegnati da un differente grado di eroismo, ma implicati nella medesima guerra contro Troia; dall'altro, invece, Ermotimo e Licino, sotto un'apparente comunione d'intenti, vale a dire la ricerca della verità filosofica, si scoprono gradualmente avversari, interessati a difendere, pur ad un livello differente di abilità dialettica, il proprio punto di vista. La carica ironica contenuta in questa allusione epica risiede nell'associazione invertita dei ruoli dei personaggi sottintesi. Mentre Licino, pur rappresentando l'interlocutore forte della discussione, pronuncia le parole dell'effeminato Paride, Ermotimo, nonostante sia destinato ad una sconfitta definitiva, con le parole di Ettore cerca di procurarsi un'aura eroica impropria (cfr. von Möllendorff, 2000[1], pp. 176-177).

In *Prom.* 4 Prometeo pronuncia questo stesso verso per difendersi dalle accuse di Ermes (ἔοικας, ὦ Ἑρμῆ, καὶ σὺ κατὰ τὸν ποιητὴν ἀναίτιον αἰτιάασθαι). Sull'impiego di questo ipotesto omerico nel *corpus* lucianeo vedi Bouquiaux-Simon, 1968, pp. 335-337.

ἐμὲ ἀναίτιον δοκεῖς μοι κατὰ τὸν ποιητὴν αἰτιάασθαι, αὐτόν, ἔστ' ἂν μὴ ἕτερός σοι λόγος συμμαχήσας ἀφέληται τῆς βίας, ἤδη ἀγόμενον: Licino rappresenta il λόγος come un "*selbständiges Wesen*" (Nesselrath, 1992, p. 3474), che entra concretamente nel campo d'azione del dialogo, influendo sul rapporto di forze tra i due interlocutori.

A questo riguardo sono numerosi i riferimenti testuali di matrice platonica, dove il λόγος viene rappresentato sotto forma di un'entità concreta cui gli interlocutori possono appellarsi direttamente (Nesselrath, 1992, p. 3474, n. 76 cita *Prot.* 333c; 361a-c; *Gorg.* 453c, 454c, 475d, 479c, 505d, 508e-509a). Tuttavia, a questi passi occorre aggiungere anche *Theaet.* 200c (ἡμῖν, ὦ παῖ, καλῶς ὁ λόγος ἐπιπλήττει καὶ ἐνδείκνυται κτλ.); *Phil.* 43a (ὑπεκστῆναι τὸν λόγον ἐπιφερόμενον τοῦτον βούλομαι), 53e; *Crit.* 48c (ἡμῖν δ', ἐπειδὴ ὁ λόγος οὕτως αἱρεῖ, μὴ οὐδὲν ἄλλο σκεπτέον ἢ ἢ ὅπερ νυνδὴ ἐλέγομεν); *Rep.* 10.607b (ὁ γὰρ λόγος ἡμᾶς ᾕρει); *Phaed.* 87a e *Phaedr.* 264c, tutti *loci* in cui il λόγος acquisisce una sua autonomia, operando attivamente sugli interlocutori, così da indurli ad una determinata reazione. Di conseguenza, la parola argomentativa assume i connotati di un personaggio "*qui prend la parole, se retourne contre les dialecticiens, les interroge, les accuse, se moque d'eux, prend plaisir à les embarasser*" (Schaerer, 1969, p. 39, ma vedi anche Louis, 1945, p. 43). Si noti che in seguito, presso i commentatori neoplatonici, il dialogo è ritratto a più riprese nelle fattezze di una creatura vivente, capace di perseguire un determinato obiettivo (*Proleg.* 21.20-25; Procl. *In Remp.* 6.24-7.2 e *In Parm.* 659.12-18). A questo proposito si veda Baltzly, 2017, pp. 182-183.

In questo passo è probabile che abbia esercitato una certa influenza anche il noto agone tra il discorso debole e il discorso forte messo in scena nelle *Nubes* di Aristofane (Arist. *Nub*. 889-1114), nel corso del quale i due λόγοι assumono i lineamenti di individui distinti, indossando l'uno un mantello, e l'altro la *mise* di un sofista alla moda. Cfr. Epich. tit. Λόγος καὶ Λογίνα, fr. 52 K.-A., in cui probabilmente era rappresentata un'ulteriore personificazione dei due concetti. Su questo argomento vedi Newiger, 1957, pp. 134-143 e Taillardat, 1965, pp. 481-482 (per Aristofane e la commedia) e, in termini più generici, Froleyks, 1973. Nonostante Licino non descriva nei dettagli la figura del λόγος, sembra riferirsi ad un essere animato, in grado di replicare (§ 66: μὴ ἐμέ, ὦγαθέ, ἐρώτα, ἀλλὰ τὸν λόγον αὖθις αὐτόν) e di interagire concretamente con Ermotimo (§ 71: σέ, ὦ ἑταῖρε, πολλὰ καὶ θαυμαστὰ ὀνειροπολοῦντα νύξας ὁ λόγος ἀπὸ τοῦ ὕπνου ἐκθορεῖν ἐποίησεν), che finisce per riconoscere gli effetti esercitati dall'azione del λόγος stesso (§ 83: ἐς τοσοῦτό μου καθίκετο ὁ λόγος ἀληθὴς ὤν). Su questa personificazione vedi von Möllendorff, 2000[1], p. 17 e Camerotto, 2014, p. 59, n. 157.

Nel *corpus* lucianeo ricorrono altri accenni a questa personificazione. In *Philops*. 24 Ione invita gli Epicurei a contraddire Platone e la sua dottrina sulle anime, ravvisata come un'entità dotata di una certa autonomia (ἀντιλεγέτωσαν νῦν ἔτι … οἱ ἀμφὶ τὸν Ἐπίκουρον τῷ ἱερῷ Πλάτωνι καὶ τῷ περὶ τῶν ψυχῶν λόγῳ); in *Fug*. 3 ss., è la vera Filosofia ad apparire sulla scena sotto le sembianze di una donna, instaurando una fitta discussione con i protagonisti del dialogo; in *Pisc*. 14 *passim*, invece, Filosofia compare con il suo corteo per vendicarsi dei falsi filosofi. In generale, sulla rappresentazione del λόγος nella satira lucianea vedi von Möllendorff, 2010[2].

Infine, tra gli autori contemporanei a Luciano, una raffigurazione del λόγος si coglie anche in Max. *Orr*. 7.6 (φέρων με ὁ λόγος εἰς παράδειγμα ἐμβέβληκεν σαφέστερον) e 10.6 (ἥκει τοίνυν ἡμᾶς ὁ λόγος φέρων ἐπὶ τὸ ζητούμενον).

Critica testuale

§ 63) ἐμὲ ἀναίτιον δοκεῖς μοι κατὰ τὸν ποιητὴν αἰτιάασθαι: i codici manoscritti EL presentano la forma contratta αἰτιᾶσθαι (stampata anche da Reitz e Fritzsche). Al contrario, Γ ha αἰτιάσθαι, emendato da Jacobitz in αἰτιάασθαι, conformemente al testo omerico originario (*Il*. 13.775) e alla citazione in *Prom*. 4, la cui tradizione antica attesta coerentemente la forma epica. Considerata la profonda familiarità di Luciano con la produzione omerica, è plausibile che questi, nel preservare l'infinito recante la tipica distrazione epica, abbia voluto mantenere la *facies* originaria del testo poetico come marca stilistica, utile ad attivare il riconoscimento dell'ipotesto (cfr. Bouquiaux-Simon, 1968, p. 336: "*l'expression semble* *très fréquente et Lucien l'aurait-il citée sous sa forme la plus courante?"*). Questa osservazione è tanto più opportuna nel caso di una citazione parziale, in cui l'elemento morfologico rende immediatamente distinguibile il riferimento omerico. Cfr. i §§ 3, 23 e 86 (a tal proposito si veda Bouquiaux-Simon, 1968, pp. 126, 141 e 163).

βίαιον δὲ λέγων ἐμὲ ἀναίτιον δοκεῖς μοι κατὰ τὸν ποιητὴν αἰτιάασθαι, αὐτόν, ἔστ' ἂν μὴ ἕτερός σοι λόγος συμμαχήσας ἀφέληται τῆς βίας, ἤδη ἀγόμενον: si tratta di un passo controverso, oggetto di un certo numero di interventi sin dai primi editori di Luciano. Fritzsche immagina una lacuna dopo αἰτιάασθαι, stampando: κατὰ τὸν ποιητὴν <αἰτιάασθαι, δέον μηδένα ἄλλον> αἰτιᾶσθαι <ἢ σε> αὐτόν, ἔστ' ἂν μὴ κτλ., e traducendo: "*quod me violentum dicis, innocentem mihi videris accusare, cum alium nullum accusare debeas, nisi te ipsum, donec nulla alia ratio tibi auxilio veniens ex vi te, qui iam raperis, eripiat*". Sommerbrodt, invece, pur emendando il passo, integrandovi anche l'avverbio αὐθαδέστατα, non perviene ad una soluzione soddisfacente, tanto da segnalare un problema insoluto: αἰτιάασθαι αὐθαδέστατ', ἂν μὴ ἕτερός σοι λόγος συμμαχήσας ἀφέληται τῆς βίας, ἤδη ἀγόμενον (†). Gronovius, infine, propone un testo diversamente revisionato: αὐτός, ἔστ' ἂν μὴ ἕτερός σοι λόγος συμμαχήσας ἀφέληται τῆς βίας, ἤδη ἀγόμενος, e la traduzione: "*nam violentiae certe crimini ipse, donec altera auxiliatrix oratio te liberet, obnoxius eris*".

Evidentemente il problema interpretativo è legato all'αὐτόν incidentale trasmesso dai codici antichi, da cui dipende il significato della frase. Kilburn, per esempio, considera l'azione del λόγος indirizzata prima di tutto su Ermotimo e, in maniera indiretta, su Licino. Licino, infatti, prevede che, finché l'aspirante stoico non riuscirà, con l'aiuto del λόγος, ad affrancarsi dalla boria della sua presunzione, egli stesso resterà vittima di questa arroganza ("*when you call me compulsive you seem to me to be blaming the innocent, as the poet says; for I myself, as long as no other argument comes to your aid **to release you from the compulsion**, am at present a helpless captive*"). Al contrario, von Möllendorff distingue due diverse operazioni. Da un lato il λόγος fornirebbe ad Ermotimo un sostegno argomentativo indispensabile per far fronte al disegno confutativo di Licino e, dall'altro lato, quest'ultimo, dinanzi ad un apparato dialettico potenziato a favore del suo interlocutore, potrebbe essere liberato dalla superbia della sua posizione antidogmatica ("*wenn du mich aber brutal nennst, dann, so kommt es mir vor, beschuldigst du mich, der ich doch unschuldig bin, wie der Dichter sagt. Solange nicht ein anderer LOGOS dich unterstützt **und meiner Brutalität entgegentritt**, bin ich ihr ja selbst ausgeliefert*"). Si tratta, in realtà, di un'interpretazione già avanzata da Reiz ("*innocentem videris mihi, ut est apud poetam, accusare, qui ipse, donec alia ratio tibi succenturiata **a vi me liberet**, iam auferatur*"), che preferiva considerare Licino ostaggio della sua stessa aggressività. La lettura problematica di questo passo può essere riassunta efficacemente con le parole di Solanus: "*aut dormitabat, cum haec scriberet Lucianus, aut oscitabant qui descripserunt librarii. Ut enim verba nunc leguntur, ex illo αὐτόν, nemo, credo, sensum eliciet commodum*".

Tuttavia, considerando il ruolo che il λόγος svolgerà nella parte successiva del dialogo, appare più plausibile l'interpretazione di Kilburn. Al § 66, infatti, Ermotimo, lamentandosi con Licino per l'esito ormai inevitabile della discussione, è invitato a rivolgere i suoi biasimi contro il discorso stesso, mentre al § 83 sarà lo stesso Ermotimo a riconoscere i benefici ottenuti grazie all'azione del λόγος veridico che ha agito per mezzo delle parole di Licino (vedi anche i §§ 85-86).

In questo momento del dialogo appare verosimile ammettere che Licino, valendosi, non senza una certa nota di sarcasmo, di una citazione omerica, si dipinga prigioniero delle accuse ingiustificate di Ermotimo, indotte evidentemente dalle sue ottuse idee dogmatiche. La notevole portata ironica del passo, infatti, consiste nella descrizione distorta dei rapporti di forza in gioco tra i due interlocutori, là dove è Licino ad avere la meglio sugli argomenti infondati di Ermotimo, benché in questo passo egli preferisca mostrarsi in una posizione subalterna rispetto all'aspirante stoico. In aggiunta, l'intervento del λόγος auspicato da Licino sortirà proprio l'effetto desiderato: Ermotimo, infatti, alla fine del dialogo esprimerà tutta la sua gratitudine verso il λόγος veritiero che, attraverso l'ἔλεγχος di Licino, lo ha aiutato ad affrancarsi da una situazione particolarmente gravosa. L'aspirante stoico, dunque, riconoscerà l'azione benefica del λόγος, che lo ha sostenuto non tanto per assicurargli una vittoria argomentativa su Licino, quanto per renderlo consapevole dei suoi falsi convincimenti (vedi *infra*, p. 566).

§ 64) In questo paragrafo Licino riporta le parole che potrebbe verosimilmente pronunciare il λόγος immaginato sulla scena. La scelta della filosofia migliore è possibile solo attraverso un'analisi ponderata e uno spirito critico vigile, nonché grazie ad un impegno duraturo ed imparziale. Al contrario, l'aspetto di un filosofo non è degno di nota, poiché non riflette la sua vera natura, che resta inevitabilmente difficile da sondare. Vedi il § 16 (contro il criterio della fama) e i §§ 18-19 (Licino ha rigettato il criterio dello σχῆμα in vista della scelta del filosofo migliore). Tuttavia, le parole potrebbero rivelare l'indole di chi le pronuncia, favorendo quindi il discernimento del buono dal cattivo filosofo. Analogamente, in *Pisc.* 13 la vera Filosofia diventa riconoscibile non tanto dai suoi tratti esteriori, bensì dal modo in cui parla (δηλώσει ἥτις ἐστὶ φθεγξαμένη μόνον). Inoltre, in *Demon.* 10 Demonatte rivela una capacità oratoria seducente e moralmente efficace, mentre in *Nigr.* 6-7 sono descritti gli effetti benefici prodotti dalle parole di

Nigrino su uno dei suoi interlocutori. Luciano, però, è attento a mettere in evidenza anche i limiti di questo criterio di giudizio, visto che le peculiarità del linguaggio filosofico potrebbero essere imitate facilmente dai filosofastri, sfuggendo ad un riconoscimento oggettivamente valido. Cfr. *Fug.* 10 (le complesse domande e le paradossali risposte sono caratteristiche del linguaggio filosofico); *Icar.* 5 e *Bis acc.* 11.

φησι ... [*scil.* ὁ λόγος] ... ἐνδεῖν ... κριτικῆς τινος, ὦ θαυμάσιε, καὶ ἐξεταστικῆς παρασκευῆς καὶ νοῦ ὀξέος καὶ διανοίας ἀκριβοῦς καὶ ἀδεκάστου: il λόγος filosofico, improntando le sue parole ad un maggiore grado di astrattezza concettuale, traccia l'elenco di tutte le prerogative indispensabili ad una facoltà di giudizio che sia oggettivamente valida e in grado di individuare la verità. Poco prima, invece, lo stesso Licino aveva ravvisato nei sensi un criterio di giudizio infondato (§ 64: οὐχ ἱκανὸν εἶναί φησι τὸ πάντα **ἰδεῖν** καὶ διεξελθεῖν), giacché l'attenta osservazione delle cose, per esempio, è insufficiente a coglierne la vera natura e ad esprimere una congrua valutazione. Su questo punto del dialogo vedi Prächter, 1892, p. 286 e Schwarz, 1914, pp. 37-38. Si noti che Sesto, discutendo del criterio di verità, aveva individuato nei sensi e nell'intelletto le due facoltà essenziali per formulare un giudizio attendibile. Tuttavia, queste due facoltà, essendo oggetto di una discussione discordante tra le varie scuole di pensiero, non offrono strumenti adeguati per individuare la vera dottrina filosofica (*Pyrrh. hyp.* 2.58-59). Vedi anche l'argomentazione in *Adv. math.* 7.55-56.

Il discorso del λόγος riferito qui da Licino insiste in primo luogo sull'esigenza di un equipaggiamento critico adeguato (κριτικὴ παρασκευή), cioè di una facoltà analitica fondata su un metodo razionalmente giustificato. Analogamente, al § 68 Licino insiste sul bisogno di una κριτικὴ δύναμις, senza la quale il maestro migliore, garante della conoscenza della verità filosofica, sarebbe destinato a rimanere imperscrutabile. Vedi *infra*, pp. 479-482. In *Par.* 4, invece, con διακρίνειν è intesa la qualità fondamentale di un τεχνίτης, come pure di un filosofo, per discernere i buoni dai cattivi individui. Su questo passo vedi Nesselrath, 1985, pp. 272-274. A tal proposito Sesto ricorda che la saggezza è definita dai dogmatici, *in primis* presumibilmente gli Stoici, come la capacità di distinguere i beni dai mali, garantendo così la conquista della felicità (Sext. *Adv. math.* 11.110: τὴν φρόνησιν, διακριτικὴν μὲν οὖσαν τῶν τε ἀγαθῶν καὶ κακῶν, περιποιητικὴν δὲ τῆς εὐδαιμονίας [*scil.* οἱ δογματικοὶ τῶν φιλοσόφων φασίν]). In aggiunta, nelle fonti stoiche questa facoltà di giudizio è appannaggio esclusivo del sapiente, restando del tutto inaccessibile alla massa insipiente (*SVF* 1.559 e 3.654, che descrivono il sapiente come κριτικός).

La discussione sull'equipaggiamento filosofico (παρασκευή) ricorre anche in altri autori di età imperiale, che configurano variamente la filosofia come il risultato di acquisizioni concettuali o, piuttosto, dell'esercizio concreto di azioni moralmente edificanti. In Dio Chrys. *Or.* 70.6 la discussione verte sul compito, sul campo d'interesse e sull'apparato propedeutico all'esercizio della filosofia (φιλοσοφίας οἰκεῖον ἔργον, πρᾶγμα e παρασκευή), che distinguono il filosofo dal profano. Epict. *Diss.* 1.20.13, invece, pone l'accento sull'opportunità di una lunga preparazione, che comporta non solo l'apprendimento di numerose conoscenze teoriche, ma anche un certo sforzo fisico (πολλῆς ἔχει χρείαν παρασκευῆς καὶ πόνου πολλοῦ καὶ μαθημάτων), ed è indispensabile per riuscire a distinguere il bene dal male. In maniera affine a Licino, Epitteto contrappone la rapida assunzione dei concetti principali delle varie dottrine filosofiche (14: ὁ προηγούμενος **λόγος** τῶν φιλοσόφων **λίαν ἐστὶν ὀλίγος**) ad uno studio più approfondito ed orientato verso la conoscenza della verità (19: τί δὲ καὶ λύχνον ἅπτεις καὶ πονεῖς ὑπὲρ ἡμῶν καὶ τηλικαῦτα βιβλία γράφεις; ἵνα μὴ ἀγνοήσωμεν ἡμεῖς τὴν ἀλήθειαν; τίνες ἡμεῖς; τί πρὸς σὲ ὄντες; οὕτω **μακρὸς ὁ λόγος γίνεται**). Più generalmente, vedi Epict. *Diss.* 2.6.3 ed *Ench.* 22.1. Invece, in *Diss.* 1.2.32 è descritta la preparazione necessaria per diventare un individuo moralmente esemplare (γενναῖος ἄνθρωπος ... δεῖ ... παρασκευάσασθαι καὶ μὴ εἰκῇ προσπηδᾶν ἐπὶ τὰ μηδὲν προσήκοντα). Cfr. anche *Diss.* 4.1.81; 4.4.11 e 4.8.43.

L'aggettivo ἐξεταστικός, invece, implicando il verbo ἐξετάζειν, rimanda ad una delle funzioni centrali espletate dal dialogo socratico: valutare la validità delle opinioni altrui, procedendo comunemente nella ricerca della verità (*Prot.* 333c; *Charm.* 167a; *Gorg.* 514b). La capacità esaminatrice della parola coglie il senso stesso della "missione" di Socrate, celebre per ritenere una vita senza esame indegna di essere vissuta (*Ap.* 38a: ὁ δὲ ἀνεξέταστος βίος οὐ βιωτὸς ἀνθρώπῳ). A questo proposito si veda Vlastos, 1983 e Giannantoni, 2005, p. 41 *passim*. In Rossetti, 1991, pp. 21-40, invece, sono esaminati i riflessi di questo metodo comunicativo nella produzione dialogica successiva (anche Epict. *Diss.* 1.17.11-12 sembra alludere all'ἐξετάζειν socratico: vedi Brancacci, 1990, pp. 120-121). Licino, dunque, riprendendo un altro tratto della figura di Socrate, fa della capacità critica ed esaminatrice uno dei requisiti fondamentali per l'esercizio della filosofia e la scoperta della dottrina vera, nonostante ciò sia destinato a restare un *desideratum* precluso a qualsiasi realizzazione concreta. Inoltre, Licino ad istanze filosofiche sembra voler congiungerne altre propriamente retoriche. L'aggettivo ἐξεταστικός, infatti, scarsamente attestato negli autori classici (Xen. *Mem.* 1.1.7), appare con maggiore frequenza in ambito retorico. In *Rhet. ad Alex.* 1427b13-30 e 1445a30-35, per esempio, l'ἐξεταστικὸν εἶδος identifica un genere di eloquenza fondata sull'esame accurato delle scelte, delle azioni o dei discorsi pronunciati da un determinato individuo, con l'obiettivo di coglervi una certa contraddizione (ἐν κεφαλαίῳ μὲν οὖν εἰπεῖν, ἡ ἐξέτασίς ἐστι προαιρέσεων ἢ πράξεων ἢ λόγων πρὸς ἄλληλα ἢ πρὸς τὸν ἄλλον βίον ἐναντιουμένων ἐμφάνισις), mentre in Ar. *Top.* 1.2.101b1-4 designa la caratteristica distintiva della dialettica (τοῦτο δ' ἴδιον ἢ μάλιστα οἰκεῖον τῆς διαλεκτικῆς ἐστιν· ἐξεταστικὴ γὰρ οὖσα πρὸς τὰς ἁπασῶν τῶν μεθόδων ἀρχὰς ὁδὸν ἔχει). In generale, l'ἐξέτασις è applicata in un ampio spettro di contesti: da quello politico, ove identifica la valutazione delle azioni intraprese da differenti magistrature, a quello giuridico, a proposito delle indagini condotte sui singoli cittadini in riferimento alla loro condotta privata o alle modalità di espletamento di eventuali funzioni pubbliche. Su questo tema vedi Chiron, 2002, pp. 136-137.

La necessità del νοῦς per un sapiente è sostenuta a più riprese nelle fonti stoiche, il cui σοφός è detto ὁ νοῦν ἔχων (*SVF* 3.147; 149; 168; 176; 180) ed è in grado di agire in qualsiasi circostanza in maniera opportuna e corretta. In *Iupp. trag.* 27 l'acutezza di intelletto è attribuita all'epicureo (συνεῖναι μὲν γὰρ εἰς ὑπερβολὴν ὀξύς ἐστι), mentre in *Zeux.* 2 Luciano lamenta nelle parole di apprezzamento espresse verso la sua opera l'assenza di qualsiasi cenno alla finezza dei contenuti (νοῦ ὀξέος ἢ περινοίας τινὸς ἢ χάριτος Ἀττικῆς ἢ ἁρμονίας ἢ τέχνης τῆς ἐφ' ἅπασι, τούτων δὲ πόρρω ἴσως τοὐμόν). Vedi infine *Herc.* 6 e i λόγοι ὀξεῖς di Eracle.

Infine, il λόγος denuncia l'assenza di una διάνοια ἀκριβής καὶ ἀδέκαστος. La parola διάνοια nelle fonti stoiche designa l'origine di qualsiasi discorso razionalmente fondato (*SVF* 1.40 e 2.228), che permetta al singolo individuo di esprimere quanto riceve dalla fantasia e dai sensi (cfr. Epict. *Diss.* 3.22.20: ἐμοὶ ὕλη ἐστὶν ἡ ἐμὴ διάνοια, ὡς τῷ τέκτονι τὰ ξύλα, ὡς τῷ σκυτεῖ τὰ δέρματα· ἔργον δ' ὀρθὴ χρῆσις τῶν φαντασιῶν). Si tratta di un concetto già ampiamente attestato in Platone (*Soph.* 264a: ἐφάνη διάνοια μὲν αὐτῆς πρὸς ἑαυτὴν ψυχῆς διάλογος; *Phaedr.* 249c: μόνη πτεροῦται ἡ τοῦ φιλοσόφου διάνοια) e Aristotele (Ar. *Magn. mor.* 1.17.1189a17-19; *De An.* 3.9.432a16), il quale se ne serve per indicare la facoltà intellettiva che presiede non solo alla manifestazione compiuta delle proprie idee (*Met.* 5.1.1025b6), ma anche alla loro concreta applicazione (*Eth. Nic.* 6.2.1139a26 ss.; *Eth. Eud.* 1.1.1214a29). Inoltre, in questo passo il λόγος invoca la precisione e l'imparzialità del pensiero che, solo in presenza di queste qualità, è in grado di valutare opportunamente l'oggetto al centro della discussione. A tal proposito, in *Hist. conscr.* 47 Luciano insiste sul bisogno di riporre fiducia solo in chi narra gli avvenimenti in maniera obiettiva, senza alterarli in maniera tendenziosa (τοῖς ἀδεκαστότερον ἐξηγουμένοις προσέχοντα καὶ οὓς εἰκάσειεν ἄν τις ἥκιστα πρὸς χάριν ἢ ἀπέχθειαν ἀφαιρήσειν ἢ προσθήσειν τοῖς γεγονόσιν). Cfr. anche Dion. Hal. *Th.* 34, a proposito di una ricerca storica corretta e veritiera (ὅσοι δ' ἀδέκαστον τὴν διάνοιαν φυλάσσουσι καὶ τὴν ἐξέτασιν τῶν λόγων ἐπὶ τοὺς ὀρθοὺς κανόνας ἀναφέρουσιν ... οὔτε ἅπαντα ἐπαινοῦσιν ἐπ' ἴσης οὔτε πρὸς ἅπαντα δυσχεραίνουσιν). Cfr. anche Gal. *De simpl. med. temp. et fac.* 1.10, vol. 11, p. 417 Kühn e Plut. *Quaest. Plat.* 1.2.1000B.

In ambito scettico, però, la διάνοια è oggetto di attacchi reiterati, fino ad apparire insufficiente a comprendere e a giudicare l'oggetto di qualsiasi indagine (cfr. Sext. Emp. *Pyrrh. hyp.* 1.99), evitando, così, la sospensione del giudizio (cfr. *Pyrrh. hyp.* 1.128, 2.32-33, in cui la διάνοια è definita come la parte più oscura dell'anima). In modo particolare, vi è dissenso sulla sua esistenza, sul luogo in cui risiede e sul modo in cui si genera, motivo per cui la διάνοια non è nelle condizioni per formulare un giudizio obiettivo (vedi *Pyrrh. hyp.* 2.57-60 e *Adv. math.* 7.348-352). Ancora una volta, Licino riprende concetti centrali nella dottrina stoica o nelle filosofie dogmatiche richeggiando, anche se in maniera circospetta e mai esplicita, la discussione scettica che si era dipanata attorno a questi motivi filosofici nel *milieu* filosofico-culturale dei primi due secoli dell'età imperiale. Sulle tracce scettiche nell'argomentazione di Licino vedi *supra*, pp. 22-28, etc.

ἀποδοτέον οὖν φησιν καὶ τῷ τοιούτῳ χρόνον οὐκ ὀλίγον καὶ προθέμενον ἅπαντα εἰς μέσον αἱρεῖσθαι διαμέλλοντα καὶ βραδύνοντα καὶ πολλάκις ἐπισκοποῦντα: in questo passo vi è l'uso reiterato di verbi o formule che insistono sulla descrizione di un'analisi ponderata e dilazionata nel tempo. I predicati διαμέλλω e βραδύνω denotano solitamente l'esitazione e l'inefficienza nell'esecuzione di una determinata azione. Vedi per il primo *Nec.* 22 (τί διαμέλλομεν καὶ οὐκ ἄπιμεν αὖθις εἰς τὸν βίον) e *Iupp. trag.* 14, mentre per il secondo *Cont.* 1 (δέδια μὴ βραδύναντά με ὅλον ὑμέτερον ἐάσῃ εἶναι) e *Cat.* 14. Nel nostro passo, invece, i due predicati assumono un valore positivo, descrivendo l'esame attento e minuzioso di tutte le dottrine filosofiche, il che è imprescindibile per individuare la dottrina filosofica vera. Allo stesso modo, il verbo ἐπισκοπεῖν designa un'osservazione accurata delle varie scuole filosofiche, che vale da premessa per accedere alla verità (cfr. Plat. *Phaed.* 91d e *Prot.* 348d). Sin dal § 1 è lo stesso Ermotimo a sottolineare la necessità di un'analisi meticolosa delle singole dottrine, apparendo sulla scena mentre sta ripetendo in maniera ossessiva i contenuti dell'ultima lezione del suo maestro. Cfr. i §§ 2 ss., in cui comincia ad affiorare l'esigenza di un lungo intervallo temporale per lo studio di ciascuna scuola filosofica.

[φησιν ... αἱρεῖσθαι] ... μήτε ἡλικίαν τοῦ λέγοντος ἑκάστου μήτε σχῆμα ἢ δόξαν ἐπὶ σοφίᾳ αἰδούμενον: questi criteri di valutazione sono stati già precedentemente invalidati da Licino (sullo σχῆμα filosofico cfr. i §§ 18-19, mentre sulla buona reputazione cfr. i §§ 16-17). Al § 15 Licino, dissimulando deferenza verso il suo interlocutore più anziano, si augura di poter acquisire un giorno la sua stessa sapienza. Si tratta, in realtà, di un auspicio insincero, poiché Licino, nel corso del dialogo, mette progressivamente in luce l'inconsistenza del presunto sapere di Ermotimo e del suo maestro stoico, il quale, nonostante l'età avanzata, è incapace di trasmettere un sapere filosofico moralmente valido (sulla figura di Licino vedi *supra*, pp. 172-174). Similmente, al § 48 Licino allude a tutti gli aspiranti filosofi ottantenni ancora lontani dal portare a termine lo studio della dottrina del proprio indirizzo di pensiero e, dunque, dal raggiungimento della perfezione morale (ὀγδοηκοντούτεις εἰσὶν Στωϊκοὶ ἢ Ἐπικούρειοι ἢ Πλατωνικοὶ ὁμολογοῦντες μὴ πάντα εἰδέναι τὰ τῆς ἑαυτοῦ προαιρέσεως ἕκαστος). Su questo argomento vedi Sext. *Adv. math.* 7.320-323.

[φησιν ... αἱρεῖσθαι] ... κατὰ τοὺς Ἀρεοπαγίτας αὐτὸ ποιοῦντα, οἳ ἐν νυκτὶ καὶ σκότῳ δικάζουσιν, ὡς μὴ ἐς τοὺς λέγοντας, ἀλλ' ἐς τὰ λεγόμενα ἀποβλέποιεν: in *Dom.* 18 c'è un riferimento analogo ad un'assemblea notturna. Si tratta di una prassi non attestata altrove per l'Areopago, ma attribuita arbitrariamente da Luciano alla massima istituzione giudiziaria ateniese. Su questo passo vedi von Möllendorff, 2000¹, p. 178, n. 133. Delz, 1950, p. 182 sostiene che la pratica della consultazione notturna attribuita all'Areopago "*ist unhistorisch und vielleicht aus dem νυκτερινὸς σύλλογος der platonischen Gesetze abgeleitet*" (vedi Plat. *Leg.* 12.962c-d). Cfr. anche il giudizio di Macleod *ad loc.* (vol. IV, p. 68), secondo il quale "*noster errare vel mentiri videtur*". Infine, Bornmann, 1994, pp. 65 ss. ha suggerito di intravedere nel processo notturno delle lampade descritto in *Ver. Hist.* 1.29 un'allusione al procedimento davanti all'Areopago (su questo si veda anche von Möllendorff, 2000², p. 196, n. 8). Quale che sia l'origine della pratica descritta da Luciano in questa sede, l'analisi al buio evidenzia opportunamente la necessità di posare l'attenzione non tanto sull'aspetto dei singoli filosofi, bensì sui rispettivi λεγόμενα, che costituiscono il vero oggetto dell'analisi critica e l'unico mezzo attraverso il quale è possibile raggiungere la verità. A questo proposito cfr. Plat. *Charm.* 161c (Socrate sostiene che οὐ τοῦτο σκεπτέον, ὅστις αὐτὸ εἶπεν, ἀλλὰ πότερον ἀληθὲς λέγεται ἢ οὔ).

ἐκ γὰρ τούτων οὐδενὸς ἀνθρώπων βίος ἐξαρκέσειεν ἂν ὡς ἐπὶ πάντα ἐλθεῖν καὶ ἕκαστον ἀκριβῶς ἐπιδεῖν καὶ ἐπιδόντα κρῖναι καὶ κρίναντα ἑλέσθαι καὶ ἑλόμενον φιλοσοφῆσαι: in questa battuta trova spazio una breve ricapitolazione della discussione precedente. Al § 49 Licino ha riassunto analogamente i contenuti dell'argomentazione pregressa (πᾶσα τοίνυν ἀνάγκη ἐπὶ τοσοῦτον βιῶναι ἡμᾶς, εἰ μέλλοιμεν εὖ τε αἱρήσεσθαι ἁπάντων πειραθέντες καὶ ἑλόμενοι φιλοσοφήσειν καὶ φιλοσοφήσαντες εὐδαιμονήσειν). In entrambi i casi il periodare è scandito dal poliptoto dei verbi che segnano le tappe del percorso di studio. L'analisi puntuale di tutte le dottrine (**ἐπὶ πάντα ἐλθεῖν καὶ ἕκαστον ἀκριβῶς ἐπιδεῖν** / ἁπάντων πειραθέντες), infatti, permette di scegliere in maniera attendibile una precisa scuola filosofica (**ἑλέσθαι** / αἱρήσεσθαι). In seconda battuta, l'esercizio di questa filosofia (**ἑλόμενον φιλοσοφῆσαι** / ἑλόμενοι φιλοσοφήσειν) rende possibile il raggiungimento della verità, ossia della felicità (**μόνως γὰρ δὴ οὕτως εὑρεθῆναι φῂς τἀληθές** / φιλοσοφήσαντες εὐδαιμονήσειν) che, altrimenti, resterebbe all'oscuro. Tuttavia, se nel primo caso Licino presenta questo ragionamento come il risultato indotto dalla conversazione con Ermotimo, in questo passo l'aspirante stoico riprende le parole del suo interlocutore con intento polemico, nonostante sia incapace di replicarvi adeguatamente.

Critica testuale

§ 64) ἐπὶ πάντα ἐλθεῖν: si tratta del testo tramandato dai codici manoscritti e stampato dalla maggior parte degli editori moderni. Gensius, invece, ne avanza l'emendamento in ἐπὶ πάντας, ponendo l'accento sui filosofi considerati nella loro pluralità complessiva. Questa formulazione ricorre in altri passi del dialogo. Al § 65, per esempio, l'analisi complessiva di tutti i filosofi non è più sufficiente a garantire la scoperta della vera dottrina (ἐγὼ γὰρ κἂν ἐφ' ἅπαντας ἔλθωμεν πειρώμενοι ... οὐδέπω οὐδὲ τοῦτο δῆλον ἔσεσθαι νομίζω κτλ.), mentre al § 68 si pone l'esigenza di individuare il rappresentante migliore all'interno di ciascuna scuola di pensiero (ἐπὶ τοὺς πλείστους αὐτῶν [*scil.* Stoicorum] ἐλθεῖν καὶ πειραθῆναι).

In realtà, poco prima Licino, nel delineare la similitudine del tribunale dell'Areopago, ha fatto un cenno velato allo studio di tutti gli insegnamenti filosofici, corrispondenti alle parole pronunciate dalle singole parti nel corso dei processi notturni, cui i giudici prestano una particolare attenzione (κατὰ τοὺς Ἀρεοπαγίτας ... οἳ ἐν νυκτὶ καὶ σκότῳ δικάζουσιν, ὡς μὴ ἐς τοὺς λέγοντας, ἀλλ' ἐς **τὰ λεγόμενα** ἀποβλέποιεν). Per questa ragione, è preferibile attenersi alla tradizione manoscritta, serbando in questo passo un riferimento generale alle varie dottrine filosofiche disponibili, ossia ad una loro analisi integrale in vista dell'individuazione dell'autentica dottrina.

μόνως γὰρ δὴ οὕτως εὑρεθῆναι φῂς τἀληθές, ἄλλως δὲ οὔ: Cobet, seguito da Dindorf, Fritzsche, Post e Kilburn, emenda il testo tramandato in μόνως γὰρ ἂν, accentuando la sfumatura ipotetica dell'affermazione di Ermotimo. Tuttavia, in questo passo il valore asseverativo della particella tradita δὴ risulta di gran lunga più appropriato, poiché Ermotimo espone con un certo rigore logico le conclusioni dedotte coerentemente dall'argomentazione appena conclusa da Licino. Questi, infatti, ha dimostrato puntualmente la necessità dello studio complessivo di tutte le scuole filosofiche (cfr. il § 49), che vale da premessa indispensabile per poter avere accesso alla verità.

§§ 65-66) In questa sezione del dialogo Licino raggiunge il punto culminante della sua strategia confutatoria. Dopo aver ribadito a più riprese l'esigenza di una conoscenza integrale dei contenuti dottrinali promossi da tutte le scuole di pensiero (§§ 38; 42-44; 47; 52), ora Licino rinuncia anche a questo argomento, mostrando l'inadeguatezza di una siffatta conoscenza in vista del conseguimento della verità. In mancanza di un criterio di giudizio oggettivamente valido, infatti, non è possibile verificare se almeno una tra le scuole esistenti abbia conosciuto la verità, che è destinata così a rimanere ignota, mentre su tutti gli indirizzi filosofici incombe il sospetto che siano complessivamente privi di qualsiasi fondamento. Licino chiarisce la sua nuova posizione avvalendosi di un esempio concreto. Egli immagina che qualcuno prenda venti fave e le tenga chiuse in una mano. Dopo aver domandato a dieci persone di indovinare il numero esatto delle fave nascoste, ognuno pronuncerebbe un numero differente: è verosimile che qualcuno menzioni il numero esatto, ma è ugualmente presumibile che tutti possano sbagliare. Allo stesso modo, è giustificato il presupposto che la verità filosofica sia contenuta in una delle dottrine filosofiche esistenti, ma è ugualmente necessario fornirne una valida dimostrazione. La discussione, però, non scade in una forma di dogmatismo negativo, dal momento che Licino non nega l'esistenza della verità, insistendo sull'insufficienza di qualsiasi metodo conoscitivo per garantirsene un possesso sicuro. Sulla labilità del presunto sapere dei filosofi vedi anche *Nec.* 21; *Pisc.* 11; *Icar.* 5; *Symp.* 34 e *Vit. auct.* 3-27, tutti passi in cui i contenuti delle diverse dottrine filosofiche manifestano comicamente la propria inconsistenza. A questo proposito vedi Dolcetti, 1995 e Nesselrath, 2001[2], pp. 135-152.

§ 65) ὀκνῶ γάρ σοι εἰπεῖν, ὦ Ἑρμότιμε: Licino affetta un certo imbarazzo a proseguire la narrazione, sollecitando così non solo l'attenzione di Ermotimo, ma anche la curiosità dei lettori/spettatori del dialogo. Subito dopo, infatti, Licino introduce un argomento che dissolve le ultime speranze dell'aspirante stoico, rivelando quanto sia pressoché impossibile riuscire a raggiungere la verità. Cfr. il § 8, ove lo stesso Licino, prima di procedere alla descrizione del comportamento dissoluto del maestro stoico, ostenta un ritegno artefatto nei confronti del suo interlocutore (εἴ γέ με δεῖ μηδὲν ὀκνήσαντα εἰπεῖν τἀληθές). Così intesa, questa formula diventa un "*Indiz für die παρρησία des Sprechers*" (Hafner, 2017, p. 303), il che trova conferma in altri passi lucianei, segnalando l'arrivo di momenti particolarmente significativi. Cfr. *Cat.* 27 (ἃ δὲ τῶν νυκτῶν ἐποίει καὶ ἔπασχεν, ὀκνῶ λέγειν); *Saturn.* 5 (ὦ Κρόνε, οὐ παρ' ἐμαυτοῦ φημι, ἀλλ' Ἡσίοδος καὶ Ὅμηρος, ὀκνῶ γὰρ λέγειν ὅτι καὶ οἱ ἄλλοι ἅπαντες ἄνθρωποι σχεδὸν ταῦτα πεπιστεύκασι περὶ σοῦ); *Ver. Hist.* 1.25 (περὶ μέντοι τῶν ὀφθαλμῶν, οἵους ἔχουσιν, ὀκνῶ μὲν εἰπεῖν, μή τίς με νομίσῃ ψεύδεσθαι διὰ τὸ ἄπιστον τοῦ λόγου), anche nel caso in cui la stessa espressione si trovi accompagnata da un avverbio di negazione: cfr.

Merc. cond. 33 (οὐκ ὀκνῶ δέ σοι καὶ διηγήσασθαι); *Gall.* 2 (οὐκ ἂν ὀκνήσαιμί σοι τὴν ἀληθεστέραν αἰτίαν εἰπεῖν); *Salt.* 4 (εἰ χρὴ μηδὲν ὀκνήσαντα εἰπεῖν); *Nec.* 11; etc.

Questa espressione è particolarmente duttile ad esercitare la sua portata retorico-argomentativa in contesti differenti. Cfr. Plat. *Theaet.* 158a; Isocr. *Or.* 12.28; Ael. Arist. *Orr.* 13.156 e 45.9; Max. *Or.* 39.5 e Clem. Alex. *Protr.* 2.39.6.

ἔτι μοι δοκοῦμεν λεληθέναι ἡμᾶς αὐτοὺς οἰόμενοι μέν τι εὑρηκέναι βέβαιον, εὑρόντες δὲ οὐδέν, ὥσπερ οἱ ἁλιεύοντες ... ἐπειδὰν κάμωσιν ἀνασπῶντες, ἢ λίθος τις ἀναφαίνεται αὐτοῖς ἢ κεράμιον ψάμμῳ σεσαγμένον: Licino introduce l'ultimo argomento della sua confutazione, destabilizzando il risultato del dibattito precedente appena riassunto (§ 64). La mancanza di qualsiasi criterio di giudizio non consente di individuare la filosofia vera, motivo per cui ciascun filosofo è nella condizione di ritenere di aver scoperto la dottrina giusta, che, tuttavia, potrebbe rivelarsi vana ed inconsistente. A questo proposito Licino adotta un'immagine affine a quella presente in una favola esopica (13 Hausrath-Hunger). Alcuni pescatori, avvertendo il gran peso della rete calata in acqua, si prefigurano una ricca pesca, precipitando in una profonda delusione quando si accorgono di aver tirato su solo sabbia e pietre (ἁλιεῖς σαγήνην εἷλκον· βαρείας δὲ αὐτῆς οὔσης ἔχαιρον καὶ ὠρχοῦντο, **πολλὴν εἶναι νομίζοντες τὴν ἄγραν**. ὡς δὲ ἀφελκύσαντες ἐπὶ τὴν ἠϊόνα τῶν μὲν ἰχθύων ὀλίγους εὗρον, λίθων δὲ καὶ ἄμμων μεστὴν τὴν σαγήνην, οὐ μετρίως ἐβαρυθύμουν, οὐχ οὕτω μᾶλλον ἐπὶ τῷ συμβεβηκότι δυσφοροῦντες, ὅσον ὅτι καὶ τὰ ἐναντία προσειλήφασιν). Licino riprende efficacemente questa scena, mettendo in rilievo lo scarto tra le grandi aspettative suscitate da una scuola filosofica (**ἰχθῦς παμπόλλους γε περιβεβληκέναι ἐλπίζοντες**) e l'irrilevanza dei suoi risultati, ben distanti dalla verità ricercata. Sui rapporti tra Luciano e la favola vedi *infra*, pp. 565-566. L'immagine della pesca ricorre anche nella parte finale del *Piscator* (§§ 48-51), in un contesto del tutto differente rispetto all'*Hermotimus* (un significato omogeneo è rintracciato, invece, da von Möllendorff, 2000[1], p. 178, n. 134). Nel primo caso Parresiade mette in atto una pesca paradossale: ostentando una certa quantità di ricchezze, egli intende adescare così i falsi filosofi, separandoli da quelli veri, che resterebbero indifferenti alle lusinghe dei beni materiali. Si tratta, dunque, di una scena dal forte impatto comico-drammatico, oltre che foriera di un risultato costruttivo (cfr. Helm, 1906, pp. 303-305 e Anderson, 1976[1], p. 30). Al contrario, nel nostro dialogo la pesca è un'operazione esposta al rischio di non riuscire a sortire alcun esito positivo, il che raffigura opportunamente il risultato potenzialmente fallimentare incombente su qualsiasi percorso filosofico. Così come il pescatore non vede e non sa ciò che ha preso finché le reti restano in acqua, anche il filosofo, in mancanza di qualsiasi criterio di giudizio, non può stabilire né il valore né la portata della sua dottrina. Sull'immagine della pesca in Luciano vedi Schmidt, 1897, pp. 86-87.

οὐ μανθάνω τί σοι τὰ δίκτυα ταῦτα βούλεται· ἀτεχνῶς γάρ με περιβάλλεις αὐτοῖς: al § 59 Licino ritrae Ermotimo come preda rimasta intrappolata nella rete del suo ἔλεγχος (οἰόμενος γὰρ ἐκπεφευγέναι ἐς τὸν αὐτὸν κύρτον ἐμπέπτωκας). Questa immagine, tratta dal mondo della caccia o della pesca, è sfruttata da Luciano nell'ambito di altre costruzioni metaforiche. Si veda *Merc. cond.* 21 (in riferimento agli obblighi che legano il precettore al suo patrono); *Alex.* 32 (rispetto agli stratagemmi del falso profeta) e *Dips.* 2, tutti passi in cui appare la parola ἄρκυς, una rete più piccola rispetto a quella intesa in questo passo. L'uso metaforico di δίκτυον, come nel caso di ἄρκυς (vedi Hafner, 2017, p. 238) è attestato soprattutto in tragedia. Si veda Aesch. *Ag.* 1115 e *Prom.* 1078; Soph. fr. 932 Radt. In generale, sulle metafore lucianee incentrate sull'immagine della rete vedi Schmidt, 1897, p. 85.

Si noti che in Plat. *Euthyd.* 302b (cfr. Macleod, 1987, *ad loc.* p. 68) le reti alludono alla complessità dei discorsi sofistici in cui Socrate teme di rimanere impigliato (καὶ ἐγὼ ὑποπτεύσας ἥξειν τὸν λόγον οἷπερ ἐτελεύτησεν, ἄπορόν τινα στροφὴν ἔφευγόν τε καὶ ἐστρεφόμην ἤδη ὥσπερ ἐν δικτύῳ εἰλημμένος). Su questo passo si consultino anche Hawtrey, 1981, p. 182 e Sermamoglou-Soulmaidi, 2014, p. 100.

οὐκοῦν πειρῶ διεκδῦναι· σὺν θεῷ γὰρ οἶσθα νεῖν, εἰ καί τις ἄλλος: una formulazione simile (πειρῶ + infinitivo) è presente anche in *Par.* 1 (πειρῶ δὴ σαφέστερον ἐρωτᾶν), 45 e 47. Nesselrath, 1985, p. 254 rileva che un'esortazione di questo genere è a tal punto frequente in Platone (cfr. *Euthyphr.* 6c-d e *Phaed.* 58d), da poter essere stata facilmente riconosciuta da un accorto lettore antico.

L'espressione σὺν θεῷ, invece, ammicca alle dichiarazioni contraddittorie di Ermotimo, che aveva inizialmente rifiutato il favore divino (§ 15), ritenendolo successivamente indispensabile per individuare la verità (§ 20). Questo stilema è attestato anche in commedia (Arist. *Plut.* 114) e tragedia (Eur. *Med.* 625 e Soph. fr. 479 Radt), soprattutto nei momenti in cui è necessario dar voce ad un sentimento di devozione o di riguardo. Cfr. anche Plat. *Prot.* 317b; *Theaet.* 151b e *Leg.* 9.858b.

Sull'uso in senso traslato del predicato νέω vedi Pind. *Ol.* 13.114 (ἄνα, κούφοισιν ἐκνεῦσαι ποσίν) ed Eur. *Hipp.* 469-470 (ἐς δὲ τὴν τύχην / πεσοῦσ' ὅσην σύ, πῶς ἂν ἐκνεῦσαι δοκεῖς;). Cfr. anche Cic. *Tusc. disp.* 5.87, in cui il verbo "enato" indica la via di fuga trovata tra le numerose dottrine filosofiche ("*reliqui habere se videntur angustius, enatant tamen, Epicurus Hieronymus*, etc."). Nel nostro caso, però, Licino si appella alla capacità personale di Ermotimo (οἶσθα νεῖν) accennando, non senza ironia, all'aiuto proveniente da una divinità non meglio definita.

ἤ σοι ἀδύνατον δοκεῖ ἄπαντας ψεύδεσθαι, τὸ δ' ἀληθὲς ἄλλο τι εἶναι πρὸς μηδενὸς αὐτῶν πω εὑρημένον: in riferimento a questo passo Fritzsche, 1868, p. 19 rimanda ad una sezione imprecisata di Sesto Empirico, là dove Pirroniani ed Accademici prenderebbero in considerazione la possibilità che la verità non sia stata scoperta da nessun filosofo. Al contrario, Schwarz, 1914, p. 39 osserva che non vi sono passi in cui Sesto si esprima in questi termini, rimandando piuttosto a brani in cui è ammessa l'esistenza di un filosofo dogmatico che conosce la verità, nonostante egli stesso non ne sia pienamente consapevole (*Adv. math.* 7.52 e 8.324-325). Nel corso della discussione sul vero, Sesto riporta le varie dottrine dogmatiche affastellatesi intorno a tale questione, dimostrando così che non è possibile arrivare alla conoscenza della verità, né tantomeno affermarne o negarne l'esistenza (*Adv. math.* 8.1-31). Evitando di precipitare in una forma di dogmatismo negativo, Sesto non disconosce l'esistenza della verità, ma insiste sulle difficoltà che si frappongono alla sua conoscenza, dal momento che qualsiasi criterio appare incommensurabile ed inefficace. Le varie opinioni, dunque, sono destinate a non trovare nessuna soluzione condivisa, cui si aggiunge l'eventualità che tra queste non vi sia neppure la verità (cfr. *Pyrrh. hyp.* 2.85: ἐπεί τινες μέν φασιν εἶναί τι ἀληθές, τινὲς δὲ μηδὲν εἶναι ἀληθές, οὐκ ἐνδέχεται τὴν διαφωνίαν ἐπικρῖναι ... **ἀδύνατον ἄρα γνῶναι καὶ ὅτι ἔστι τι ἀληθές**. Vedi anche *Adv. math.* 7.332 e 8.15-16).

La possibilità che ciascuna corrente filosofica sia nel falso è contemplata anche in ambito accademico (Cic. *De nat. deor.* 1.5: "*opiniones cum tam variae sint tamque inter se dissidentes, alterum **fieri profecto potest ut earum nulla**, alterum certe non potest ut plus una vera sit*" e *Ac. pr.* 2.36), il che è opportunamente testimoniato anche da fonti tendenzialmente dogmatiche (Gal. *De animi cuiusl. pecc. dign. et cur.* CMG V 4,1,1, 1.6, p. 42: καὶ <τὰς> τῶν ἀποφηναμένων φιλοσόφων ὑπὲρ ἀγαθῶν τε καὶ κακῶν ἀλλήλαις μαχομένας δόξας οὐκ ἐγχωρεῖ, φασίν, ἁπάσας ἀληθεῖς εἶναι, δύνασθαί γε μὴν ἴσως εἶναι ψευδεῖς ἁπάσας. Cfr. anche Arnob. 3.40.4: "*ita enim labant sententiae alteraque opinio ab altera convellitur ut aut nihil ex omnibus verum sit aut si ab aliquo dicitur, tot rerum diversitatibus nesciatur*"). Questi testi sono citati da Pease, 1955, p. 134.

Licino, dunque, mette nel giusto rilievo le difficoltà legate al discernimento tra il vero e il falso, nonché la massima incertezza che ne consegue, giacché è impossibile stabilire se qualcuno abbia potuto conoscere la verità e, anche nel caso in cui ve ne fosse uno, sarebbe estremamente arduo identificarlo (sul concetto di ἄδηλον sotteso a questo passo vedi *supra*, p. 357). Solo dopo aver verificato che la verità sia effettivamente compresa in una delle varie dottrine di pensiero, infatti, ogni impegno filosofico apparirebbe pienamente giustificato. Questa conclusione ha delle notevoli ripercussioni drammatiche sul corso del dialogo. Ermotimo, infatti, dopo aver preso coscienza della vanità degli sforzi compiuti fino a quel momento, è indotto ad interrompere definitivamente i suoi studi, quelli in cui era ritratto all'inizio del dialogo, e ad assumere un aspetto del tutto differente (§ 86). Tuttavia, Licino non intende distogliere l'aspirante stoico dalla filosofia *tout court* (vedi il § 67), bensì dal suo esercizio in senso dogmatico, affinché egli acquisisca una piena contezza dei limiti e dei pericoli insiti nella posizione stoica prescelta.

§ 66) ἔστω γὰρ ὁ μὲν ἀληθὴς ἀριθμὸς ἡμῖν εἴκοσιν, οἷον, κυάμους τις εἴκοσιν ἐς τὴν χεῖρα λαβών: questa nuova immagine cerca di supportare l'argomentazione di Licino, assemblando elementi già impiegati precedentemente. Da un lato al § 61 i κύαμοι erano stati utilizzati per dare forma alla scena della botte piena di sementi, mentre dall'altro i numeri, o meglio l'esattezza e la precisione del paradigma aritmetico, compaiono già ai §§ 35-36 (esempio del calcolo, vedi *supra*, pp. 348-349) e al § 40 (a proposito dei procedimenti di selezione degli efedri, vedi *supra*, pp. 361-363). Tuttavia, se in questi ultimi passi Licino ha segnato una netta distinzione tra il metodo filosofico e quello matematico, adesso egli non descrive nessuna operazione aritmetica incontestabile, ma solo l'eventualità di poter individuare la verità in maniera del tutto casuale.

ἐνδέχεται μέντοι καὶ τυχεῖν τινὰ ἀληθεῦσαι: sin dalla fase iniziale del dialogo Licino, in mancanza di un valido metodo di indagine, aveva individuato provocatoriamente nel caso uno strumento di ricerca della verità. Nel corso della discussione circa le vie che conducono presumibilmente alla virtù, Licino sostiene che non esistano strumenti logico-argomentativi sufficienti per individuare quella giusta, benché sia verosimile che qualcuno l'abbia intrapresa, arrivando fortuitamente fino alla verità (§ 28). Licino ritorna successivamente su questo argomento, sostenendo che una conoscenza casuale della verità, in assenza di una piena consapevolezza del suo conseguimento, non recherebbe alcun vantaggio. Al contrario, solo dopo aver conosciuto tutte le dottrine filosofiche sarebbe possibile individuare quella migliore con fondata cognizione (§ 49 εἰ δὲ καὶ εὕροιμεν ἄλλως κατά τινα ἀγαθὴν τύχην περιπεσόντες αὐτῷ, οὐχ ἕξομεν βεβαίως εἰδέναι εἰ ἐκεῖνό ἐστιν ὃ ζητοῦμεν). In questa fase avanzata della conversazione, invece, Licino ricorre al medesimo ordine di idee, mettendo in dubbio la fondatezza di tutte le dottrine filosofiche, che potrebbero essere ugualmente vere o false senza alcuna possibilità di discernimento.

Si tratta della riproduzione di un motivo scettico che insiste sui limiti invalicabili per procacciarsi una conoscenza sicura delle cose non evidenti, tra le quali vi sarebbe anche la verità. Sesto paragona lo studio approfondito delle dottrine filosofiche in vista della scoperta della verità alla ricerca avventata di un oggetto d'oro in una stanza buia ricca di cimeli (Sext. Emp. *Adv. math* 7.52, per cui vedi *supra*, p. 389), nonché ad un tiro a segno fatto all'oscuro, senza la possibilità di verificarne l'esito, cioè se il bersaglio sia stato colpito o no (Sext. Emp. *Adv. math.* 8.325). Questo implica che, pur imbattendosi accidentalmente nella verità, non si potrebbe ottenere la contezza di averla conosciuta; piuttosto, continuerebbero a persistere solo credenza ed opinione. Su questo passo vedi Schwarz, 1914, p. 39.

ἅπαντες μὲν οἱ φιλοσοφοῦντες τὴν εὐδαιμονίαν ζητοῦσιν ὁποῖόν τί ἐστιν, καὶ λέγουσιν ἄλλος ἄλλο τι αὐτὴν εἶναι, ὁ μὲν ἡδονήν, ὁ δὲ τὸ καλόν, ὁ δὲ ὅσα ἕτερά φασι περὶ αὐτῆς: Licino ritorna sulla varietà di opinioni espresse dai singoli filosofi prendendo in esame il concetto di εὐδαιμονία. In realtà, sin dal § 36 viene rimarcata la discordanza tra i filosofi a riguardo dell'ἀγαθόν, identificato dagli Stoici con τὸ καλόν e dagli Epicurei con τὸ ἡδύ (vedi *supra*, pp. 349-350). Le fonti stoiche insistono sul legame tra bene e felicità (*SVF* 3.73, in cui l'ἀγαθόν è inteso sia come τὸ συλλαμβανόμενον πρὸς εὐδαιμονίαν sia come τὸ συμπληρωτικὸν εὐδαιμονίας), descrivendo quest'ultima come εὔροια βίου (*SVF* 1.46, 1.126 e 3.4). Duri oppositori della concezione edonistica della virtù propugnata dagli Epicurei (cfr. Epic. *Ep. Men.* 132: οὐκ ἔστιν ἡδέως ζῆν ἄνευ τοῦ φρονίμως καὶ καλῶς καὶ δικαίως, <οὐδὲ φρονίμως καὶ καλῶς καὶ δικαίως> ἄνευ τοῦ ἡδέως, e le voci contrarie raccolte in Plut. *De Stoic. rep.* 15.1040E. Vedi anche Sen. *Ep.* 94.5, che rintraccia la vita beata non tanto in quella "*secundum voluptatem*", bensì in quella "*secundum naturam*"), gli Stoici si fanno fautori di una dottrina in cui la virtù sia sufficiente a generare la felicità (*SVF* 1.185 e 187; 3.49-56, ma anche Cic. *De fin.* 1.61: "[*scil. Stoici adfirmant*] *virtutem autem nixam hoc honesto nullam requirere voluptatem atque ad beate vivendum se ipsa esse contentam*"), combinando sia il carattere dell'ἀγαθόν (*SVF* 1.362; 3.16 e 110) che quello del καλόν (*SVF* 3.14, 30, 36 e 208). Una contrapposizione netta tra Stoici ed Epicurei è in *Bis acc.* 21, là dove Epicuro rigetta la felicità proposta dagli Stoici, intesa come il risultato di numerose fatiche (κεφάλαιον τῶν πόνων ἡ εὐδαιμονία), proponendone una molto più semplice e facilmente raggiungibile. Cfr. Braun, 1994, pp. 190-198.

L'argomento di Licino riflette un metodo d'indagine propriamente scettico. Nel contesto della strategia antidogmatica promossa da Sesto, egli mette l'accento a più riprese sulla diafonia che sussiste tra i filosofi dogmatici anche a proposito di temi morali. Cfr. Spinelli, 2005, pp. 35 ss. In modo particolare, ciascuna corrente propone un proprio stile di vita (*Adv. math.* 11.173: ἡ γὰρ ἀξιουμένη περὶ τὸν βίον εἶναι τέχνη, καὶ καθ' ἣν εὐδαιμονεῖν ὑπειλήφασιν, οὐ μία τις ἐστίν, ἀλλὰ πολλαὶ καὶ διάφωνοι, οἷον ἡ μὲν κατὰ τὸν Ἐπίκουρον, ἡ δὲ κατὰ τοὺς Στωικούς, τὶς δὲ τῶν ἀπὸ τοῦ Περιπάτου), che fa capo ad una concezione eterogenea dell'εὐδαιμονία, su cui soprattutto Stoici ed Epicurei si trovano in disaccordo (11.179: ὁ δὲ φιλήδονος προσεκκαίεται ὑπὸ τῆς κατὰ Ἐπίκουρον ἀγωγῆς (**τέλος** γὰρ εὐδαιμονίας ἡ ἡδονὴ ἀποδείκνυται κατ' αὐτόν), ὁ δὲ φιλόδοξος [πρῶτος] προσεκτραχηλίζεται εἰς αὐτὸ τὸ πάθος πρὸς τῶν Στωικῶν λόγων, **καθ' οὓς ἡ ἀρετὴ μόνον ἐστὶν ἀγαθόν, καὶ τὸ ἀπ' ἀρετῆς γινόμενον**). Poiché ciascuna dottrina consta di argomenti legittimi, è impossibile individuare quella migliore, prospettando come unica soluzione praticabile la sospensione del giudizio. In maniera affine, Licino riporta le differenti opinioni filosofiche, mostrando gli impedimenti insormontabili che intralciano la ricerca della vera felicità (ὁποῖόν τί ἐστιν), destinata così a rimanere sconosciuta.

εἰκὸς μὲν οὖν καὶ τούτων ἕν τι εἶναι τὸ εὔδαιμον, οὐκ ἀπεικὸς δὲ καὶ ἄλλο τι παρ' αὐτὰ πάντα: Licino ribadisce il senso della sua confutazione attraverso un uso efficace del concetto di εἰκός e della litote οὐκ ἀπεικός: si tratta della possibilità di identificare la felicità con una delle dottrine filosofiche esistenti o di ritenerla ancora ignota a tutte le scuole di pensiero, il che richiede una scelta ardua tra due ipotesi alternative del tutto contrastanti. Cfr. il § 6, in cui Licino si avvale del termine εἰκός per rammentare ad Ermotimo l'assenza di garanzie relative al suo futuro (οὐ γὰρ δὴ σέ γε εἰκὸς ἐπὶ τῷ ἀδήλῳ, εἰ βιώσῃ μέχρι πρὸς τὴν ἀρετήν, τοσούτους πόνους ἀνέχεσθαι).

Nelle fonti neoplatoniche la parola εἰκός è menzionata tra le espressioni, ricorrenti nei dialoghi di Platone, che ne avrebbero determinato l'interpretazione in senso scettico (Anon. *Prol. Plat. phil.* 10.6-9: λέγει [*scil.* Πλάτων] τοίνυν, φασίν, ἐπιρρήματά τινα ἀμφίβολά τε καὶ διστακτικὰ περὶ πραγμάτων διαλεγόμενος, οἷόν ἐστιν τὸ 'εἰκός' ... τοῦτο δ' οὐκ ἐπιστήμονός ἐστιν, ἀλλά τινος μὴ καταλαβόντος τὴν ἀκριβῆ γνῶσιν). Su questo argomento vedi Bonazzi, 2003, pp. 92-93. Nonostante εἰκός non sia citato da Sesto tra i numerosi termini propriamente scettici (Sext. Emp. *Pyrrh. hyp.* 1.187-219), Licino sembra al corrente del valore antidogmatico di questa espressione. Resta tuttavia difficile provare che in questo passo si rimandi davvero alla questione del *Plato scepticus*, verosimilmente nota a Luciano. Su questo tema vedi *supra*, pp. 49-61. È indubbio, però, che, in questa fase del dialogo Licino assuma una posizione più radicale rispetto all'atteggiamento filosofico propriamente scettico, che resta aperto alla ricerca continua del vero (vedi Sext. Emp. *Pyrrh. hyp.* 1.1-4). Egli, infatti, ritiene che, in assenza di qualsiasi garanzia relativa alla presenza della verità in almeno una delle numerose scuole di pensiero esistenti, lo studio della filosofia perderebbe ogni legittimità, apparendo sterilmente fine a sé stesso.

καὶ ἐοίκαμεν ἡμεῖς ἀνάπαλιν ἢ ἐχρῆν, πρὶν τὴν ἀρχὴν εὑρεῖν, ἐπείγεσθαι πρὸς τὸ τέλος. ἔδει δ' οἶμαι πρότερον φανερὸν γενέσθαι ὅτι ἔγνωσται τἀληθὲς καὶ πάντως ἔχει τις αὐτὸ εἰδὼς τῶν φιλοσοφούντων: Licino pone come nuova condizione per continuare lo studio della filosofia la certezza che la verità sia in possesso di almeno una scuola di pensiero. Tuttavia, il raggiungimento di questo solido convincimento implica il riconoscimento stesso della filosofia vera, che, in assenza di un criterio oggettivamente valido, risulta inattuabile. In tal modo, il discorso cade nel τρόπος διάλληλος, senza fornire alcuna soluzione al problema della conoscenza. Su questa forma fallace di discorso vedi *supra*, p. 413.

Il commentatore bizantino reagisce con durezza contro Licino, richiamando i limiti invalicabili della natura umana, incommensurabile, a suo parere, rispetto all'acquisizione della verità (Schol. ad *loc.*, Rabe, p. 244: ἵνα καὶ εὕρῃ, τίς ὢν εὑρήσει, βδελυρώτατε, ἄνθρωπος ὤν; καὶ τίς τούτῳ πιστεύσει, τῆς ἀνθρώπου φύσεως κατὰ σὲ οὐδ' ὅλως ἐχούσης τὸ κεκριμένον καὶ ἀδιάπταιστον;). Su questo scolio vedi Russo, 2012, p. 35. Tuttavia, allo scoliaste sfugge che Licino avanza questo motivo in funzione dialettica, suscitando invano nel suo interlocutore un'ultima speranza, prima di avviarlo alla confutazione definitiva. Su questo passo si considerino Schwarz, 1914, pp. 37-39 ed Esposito, 1995, p. 171.

Il tema della discussione sembra variare, anche in maniera piuttosto repentina, dalla felicità alla verità. In realtà, nelle parole di Licino τὸ ἀγαθόν e τὸ εὔδαιμον costituiscono un concetto unico insieme a quello di τἀληθές, la dottrina filosofica vera, oggetto della discussione tra i due interlocutori (cfr. i §§ 2; 4; 7; 22; 46; 49; 76-77). Licino dà l'impressione di far sue delle idee propriamente stoiche, così da dissimulare in maniera più efficace la sua strategia confutativa ed agire in maniera più incisiva sul suo interlocutore (al contrario, von Möllendorff, 2000[1], pp. 197-210, considera Licino autenticamente stoico, perdendo di vista la funzione dialettica delle argomentazioni stoiche impiegate nella sua complessiva strategia confutatoria). Si ricordi, infatti, che il saggio stoico è colui che possiede una conoscenza stabilmente ineccepibile, in modo da apparire nelle condizioni migliori per distinguere il vero dal falso (*SVF* 2.130 e 3.657). Da queste premesse teoriche ne conseguono altre di ordine morale, ovvero la rettitudine e l'imperturbabilità (*SVF* 3.381 e 448), un punto su cui la critica di Licino ha già operato con particolare vigore (vedi il § 7).

μὴ ἐμέ, ὠγαθέ, ἐρώτα, ἀλλὰ τὸν λόγον αὖθις αὐτόν: Licino ritorna sulla personificazione del λόγος filosofico (vedi anche i §§ 51 e 63), coinvolgendolo a sostegno della sua argomentazione. Dinanzi alla reazione stizzita di Ermotimo, infatti, Licino attribuisce le conseguenze della discussione al discorso filosofico stesso, cercando così di scaricare la tensione accumulata nel corso della conversazione. Si tratta di una strategia discorsiva impiegata spesso da Socrate, il quale, imputando il risultato della confutazione al λόγος filosofico, dipinge sé stesso soggetto alla forza coercitiva del discorso elenctico. Vedi almeno *Charm.* 166d-e; *Lach.* 187e-188a, e le altre indicazioni testuali raccolte in Giannantoni, 2005, p. 164. Cfr. Robinson, 1953, p. 8, che vi intravede un elemento costitutivo dell'ironia socratica. Tuttavia, Licino distorce questo tratto socratico, impegnato com'è a mostrare l'inconsistenza della scelta filosofica del suo interlocutore, piuttosto che a ricercare comunemente una possibile verità. In tal modo, la messa in scena dell'ἔλεγχος si trasforma in un'espediente retorico appropriato con cui Licino riesce a mitigare la portata personale del suo attacco ed a proseguire la conversazione con l'aspirante stoico. Sull'uso della personificazione del λόγος filosofico vedi *supra*, pp. 455-456. In riferimento a questo passo è utile anche Schulze, 1883, p. 7.

Critica testuale

§ 65) ἀτεχνῶς γάρ με: si tratta della lezione dei *recentiores*, accolta da tutti gli editori di Luciano, fatta eccezione per Macleod, che recupera ingiustamente l'ordine attestato nei codici più antichi (ἀτεχνῶς με γάρ). In realtà l'*usus auctoris* testimonia la massima coerenza nella collocazione della congiunzione γάρ prima del pronome personale atono, non solo nell'*Hermotimus* (§§ 3: γάρ σε; 21: γάρ σοι; 41: γάρ σε; 47: γάρ μοι; 56: γάρ σε; 65: ὀκνῶ γάρ σοι; 69: due volte γάρ σοι) ma, più in generale, in tutto il *corpus* lucianeo. È probabile che in questo passo l'errore sia stato commesso in una fase molto alta della tradizione, determinando la sua presenza sin nei testimoni più antichi. Inoltre, non è da escludere che questo stesso errore sia stato individuato successivamente da un copista colto ed esperto, che avrebbe ristabilito l'ordine usuale osservato dall'autore.

οὐδέπω οὐδὲ τοῦτο δῆλον ἔσεσθαι νομίζω: Fritzsche, seguito da Sommerbrodt, emenda il testo in οὐδέπω οὐδὲ οὕτω δῆλον ἔσεσθαι νομίζω, considerato che il pronome dimostrativo τοῦτο ricorre poco prima (καὶ τοῦτο ἐργασώμεθα) e τοῦτο / οὕτω risultano spesso confusi dai copisti. Tuttavia, la ripetizione non è particolarmente gravosa, anche perché i pronomi fanno riferimento a due ordini di pensiero differenti: mentre il primo afferisce allo studio di tutte le scuole filosofiche, l'altro anticipa una nuova questione, esposta subito dopo da Licino: non è chiaro se la verità sia stata scoperta da almeno una delle scuole filosofiche esistenti o se sia ancora ignorata da tutti i sedicenti filosofi (εἴ τις ἐξ αὐτῶν ἔχει τὸ ζητούμενον ἢ πάντες ὁμοίως ἀγνοοῦσιν). In tal modo, il pronome sembra enfatizzare lo svolgimento dei pensieri di Licino, che nel corso di questa battuta raggiunge uno degli apici della sua confutazione.

§ 66) ἐνδέχεται μέντοι καὶ τυχεῖν τινὰ ἀληθεῦσαι: la tradizione più alta presenta καὶ τύχην (ΓΕL), mentre L registra la correzione antica καὶ τυχεῖν seguita da Macleod, il quale nell'apparato testuale esprime un certo favore per κατὰ τύχην, poiché metterebbe in maggiore rilievo il ruolo svolto dal caso nella ricerca della verità. Bekker, invece, cerca di preservare la tradizione più antica accogliendo il testo stampato nell'*editio princeps* fiorentina (καὶ κατὰ τύχην), con l'aggiunta dell'emendazione di μέντοι in μὲν δή. Il medesimo testo è stampato anche da Dindorf e Fritzsche (ἐνδέχεται μὲν δὴ κατὰ τύχην, ove è soppressa la congiunzione καί), mentre Jacobitz e Kilburn da una parte (ἐνδέχεται μέντοι καὶ κατὰ τύχην) e Sommerbrodt dall'altra (ἐνδέχεται μέντοι κατὰ τύχην) preservano la particella μέντοι. Da ultimo, von Möllendorff stampa μέντοι καὶ τύχῃ, che sembra essere la soluzione meno invasiva e più fedele al significato del passo. Tuttavia, il dativo τύχῃ in funzione avverbiale non è mai attestato senza epiteti (cfr. Plat. *Symp.* 177e: ἀγαθῇ τύχῃ e *Leg.* 5.732d: τύχῃ ἀμείνονι), assumendo spesso un valore formulare specifico (cfr. *LSJ*, s.l. 4).

A partire dall'età imperiale è attestata la costruzione di τυγχάνειν con l'infinito di un altro verbo (non solo con il participio: vedi *Tox.* 20 e *Hist. conscr.* 25 e 28) per esprimere l'idea di casualità con cui si verifica un determinato fenomeno o si perviene ad una certa situazione. Si veda *Eun.* 8 (τὸ κεφάλαιον ἤδη τοῦ σκέμματος τοῦτο ἐτύγχανεν εἶναι), Ps.-Luc. *Am.* 37 (εἰ πάθος ἀρετῇ κοινὴν προσηγορίαν ἔχειν ἔτυχεν) e gli altri passi citati in *LSJ* s.l. A 2.3. La soluzione καὶ τυχεῖν appare oltre tutto più opportuna rispetto alle altre non solo perché è più fedele al *ductus litterarum*, ma anche in quanto sembra rendere meglio il significato del testo.

ἔδει δ'οἶμαι: la tradizione manoscritta attesta unanimemente la lezione ἔδει δέ μοι, stampata dal solo Macleod. Al contrario, il resto degli editori, a partire da Reitz, preferisce ἔδει δ'οἶμαι, presente nell'*editio princeps* fiorentina e più consona alla consuetudine di Licino, il quale in più momenti del dialogo introduce l'espressione incidentale οἶμαι con il verbo δέω (cfr. i §§ 28; 36; 56; 70), sottolineando la condivisione dell'impresa avviata con il suo interlocutore stoico: la ricerca della verità.

§ 67) Ermotimo riassume le tappe principali dell'argomentazione di Licino, accusandolo di voler patrocinare lo stile di vita degli ignoranti. Si tratta dell'ultimo tentativo di resistenza messo in atto dall'aspirante stoico verso la forza sempre più stringente dell'ἔλεγχος scettico, che sembra orientato a invalidare del tutto la potenzialità educativa della filosofia. In un primo momento Licino aveva insistito sull'esigenza della conoscenza complessiva di tutte le dottrine filosofiche (§ 41). Ad un esame più approfondito, ovvero al calcolo complessivo degli anni necessari per portare a termine questo studio, era emerso che esso travalica i limiti temporali della vita umana (§ 48), apparendo del tutto impraticabile. Larga parte degli sforzi di Ermotimo, dunque, si erano concentrati nella ricerca di una scorciatoia, vale a dire di un metodo che renda possibile il dominio di tutte le dottrine in un arco temporale più ristretto, tale da permettere una scelta legittima. Riassumendo le varie tappe del dialogo, Ermotimo aiuta il lettore/ascoltatore a ricapitolare i nodi centrali della lunga discussione, conducendolo verso l'esito finale. Licino, invece, ribadisce l'argomento confutativo introdotto poco prima (§§ 65-66), mettendo radicalmente in dubbio la presenza stessa della verità tra gli indirizzi filosofici esistenti (cfr. i §§ 68-70).

οὐδέποτε ἄρα ἐξ ὧν σὺ φῂς εὑρήσομεν οὐδὲ φιλοσοφήσομεν ... τοῦτο ξυμβαίνει γε <ἐξ> ὧν φῄς, ἀδύνατον εἶναι φιλοσοφῆσαι καὶ ἀνέφικτον ἀνθρώπῳ γε ὄντι: Ermotimo riepiloga la discussione pregressa, presentando in termini progressivamente sempre più obiettivi le conclusioni cui è stato indotto dalla confutazione di Licino. Vedi Schwarz, 1914, pp. 39-40.

Il verbo συμβαίνω è frequente nella prosa filosofica per indicare la coerenza logica di un'argomentazione o, più generalmente, le conseguenze che da essa derivano (cfr. Plat. *Gorg.* 459b; *Theaet.* 170c; Ar. *Top.* 8.1.156b38 e *LSJ*, s.l. 3.3). Ermotimo deduce dal ragionamento di Licino la conclusione, a suo modo di vedere paradossale, che sia opportuno astenersi dalla filosofia, conducendo lo stile di vita proprio degli ignoranti (ἰδιώτην βίον ζῆν). La contrapposizione tra gli ἰδιῶται e i filosofi è un motivo ricorrente nel dialogo, considerando che i primi rappresentano l'alternativa, almeno inizialmente negativa, ai secondi (§ 1: ἢ ἄθλιον εἶναι ἐν τῷ πολλῷ τῶν ἰδιωτῶν συρφετῷ παραπολόμενον ἢ εὐδαιμονῆσαι φιλοσοφήσαντα). Tuttavia, al § 52 Ermotimo ha insinuato timidamente che Licino intendesse favorire una vita oziosa e priva di qualsiasi interesse filosofico (οὐκοῦν τοῦτο, ὦ Λυκῖνε, φῄς, ὡς οὐ φιλοσοφητέον ἡμῖν, ἀλλὰ χρὴ ἀργίᾳ παραδιδόντας αὑτοὺς ἰδιώτας καταβιῶναι;), suscitando la dura reazione del suo interlocutore (ποῦ τοῦτο ἤκουσας ἐμοῦ λέγοντος;). Alla fine del dialogo, però, quando apparirà con assoluta evidenza la vacuità del sapere filosofico (§ 81 *passim*), il modello di vita dei profani risulterà preferibile a quello, al contrario sconveniente, dei presunti sapienti.

Si noti l'uso del prefisso attico ξυμ-, che in Luciano è meno frequente dello ionico συν- (vedi Smyth, 1974, pp. 311-312, il quale sostiene che in Luciano la forma ionica ricorre con una proporzione di 17: 5 rispetto a quella attica). Cfr. i §§ 4 (ξυμπροθυμουμένου); 18 (ξυνουσίαις); 22 (ξυμπολιτεύονται e ξυμπολιτεύεσθαι); 29 (ξυνοδοιπορῶν); 30 (ξυμφέρειν); 34 (ξυνῶν e ξυνελῶν); 36 (ξυμβαίνειν e ξυντιθέναι); 37 (ξυνιέναι). Dione Crisostomo ed Elio Aristide, invece, sembrano preferire generalmente la forma attica, evitando di incorrere in iperatticismi inopportuni (vedi Schmid, 1893, vol. III, p. 16 e vol. IV, p. 580).

Al § 1 Ermotimo si avvale dell'epiteto ἀνέφικτος a proposito della filosofia (φιλοσοφία δὲ καὶ μακρῷ τῷ χρόνῳ ἀνέφικτος). Tuttavia, mentre all'inizio del dialogo l'aspirante stoico è certo di riuscire a concludere i suoi studi, nella fase finale della discussione egli appare persuaso dell'irraggiungibilità dell'obiettivo della filosofia, che ha smarrito la sua funzione e il suo significato (al § 72, per esempio, l'aggettivo denota le vane speranze nutrite da Ermotimo (ἐλπίδες ἀνέφικτοι). Cfr. *Bis acc.* 2 e *Pro imag.* 23, dove appare in contesti del tutto differenti. Tra le non numerose attestazioni di questo aggettivo presso gli autori classici vedi Diod. Sic. 3.20.3 (περὶ μὲν τῶν τοιούτων ἀνεφίκτου τῆς ἐπινοίας ἡμῖν οὔσης οὐδὲν κωλύει τοὺς τὰ πλεῖστα ἀποφηναμένους ἐλάχιστα γινώσκειν), Philod. *Rhet.* 1.27; Plut. *Quom. adol.* 28.68E e Iul. *Or.* 2.82d.

ἡ δὲ αἵρεσις οὕτω σοι ἐδόκει μόνως ἀκριβὴς ἂν γενέσθαι, εἰ διὰ πάσης φιλοσοφίας χωρήσαντες ἑλοίμεθα τὴν ἀληθεστάτην: si tratta dell'argomento su cui indugia larga parte della confutazione di Licino: senza un'analisi accurata di tutte le scuole di pensiero non sarebbe possibile giungere alla conoscenza della verità. Cfr. i §§ 21 (ἀκριβὴς κρίσις e ἀσφαλεστάτη αἵρεσις); 30 (ἀκριβῶς κατανοεῖν); 47 (ἐπισκέψασθαι ἀκριβῶς); 52 (ἀκριβὴς διαίρεσις); 56 (ἀκριβῶς ἐλέσθαι). Cfr. anche il § 64 (ἀκριβῶς ἐπιδεῖν) e il presente § 67 (αἵρεσις ἀκριβής), in cui Ermotimo riassume le parole del suo interlocutore.

Con il verbo χωρέω, invece, Ermotimo allude alla metafora della via, un vero *Leitmotiv* di tutta la discussione ed ampiamente utilizzato per illustrare concretamente il lungo svolgimento degli studi filosofici (vedi *supra*, pp. 188-192). Inoltre, al § 47 il medesimo predicato denota la necessità di una conoscenza complessiva dei vari indirizzi filosofici, che è l'unico metodo valido per garantirsi una scelta sicura e fondata (τόδε πάντων κράτιστόν ἐστιν καὶ ἀσφαλέστατον ... διὰ πάσης προαιρέσεως χωρῆσαι). Cfr. i §§ 66, 67 e 71.

ὑπερεξέπιπτες ἀπομηκύνων τὸ πρᾶγμα ἐς γενεὰς ἄλλας, ὡς ὑπερήμερον γίγνεσθαι τἀληθὲς τοῦ ἑκάστου βίου: il verbo ἀπομηκύνω è attestato soprattutto con il sostantivo λόγος, designando un ragionamento o un discorso prolungati oltre il necessario (cfr. Plat. *Soph.* 217e e *Prot.* 336d, ma anche Max. *Or.* 37.17). Sul medesimo ordine di idee procede l'uso metaforico dell'epiteto ὑπερήμερος, che ritrae la ricerca della verità nei termini di un'operazione protratta nel tempo a tal punto da superare i limiti cronologici usuali di una vita umana. In *Philops.* 25 è significativa la denominazione dei morti come ὑπερήμεροι τῆς ζωῆς, mentre in *Pisc.* 52 Filosofia consiglia ai filosofi redivivi di fare ritorno all'Ade per non indugiare oltre la durata del giorno concesso loro sulla terra, incorrendo così in un'inevitabile punizione. Vedi anche *Bis acc.* 3 (Zeus parla delle κρίσεις ὑπερήμεροι, motivo per cui gli uomini lo accusano di negligenza) e *Tox.* 44. Questo stesso aggettivo riappare al § 80 per rimarcare il mancato rispetto da parte di un aspirante filosofo della scadenza relativa al pagamento del compenso dovuto al maestro stoico.

τελευτῶν δὲ καὶ τοῦτο αὐτὸ οὐκ ἀνενδοίαστον ἀποφαίνεις, ἄδηλον εἶναι λέγων εἴτε εὕρηται πρὸς τῶν φιλοσοφούντων πάλαι τἀληθὲς εἴτε καὶ

μή: l'aggettivo ἀνενδοίαστος non ricorre in altri autori classici precedenti a Luciano, a parte alcune evidenze in Filone di Alessandria (*Quaest. in Gen.* 3.58; *Abr.* 245, etc.). Ancora una volta, Ermotimo sembra utilizzare un lessico alquanto ricercato, segno della sua tendenza a volersi distinguere con un eloquio non a tutti facilmente accessibile. Su questa peculiarità stilistica del linguaggio di Ermotimo vedi *supra*, p. 367.

Inoltre, l'aggettivo ἀνενδοίαστος, insieme all'avverbio ἄδηλον che segue, rimanda direttamente al nucleo concettuale scettico cui sono improntate le parole di Licino (sui tratti scettici di questa figura vedi *supra*, pp. 22-28). Dato che Ermotimo non è riuscito a giustificare la sua scelta filosofica con criteri di giudizio oggettivamente validi, Licino ha avuto buon gioco nella dimostrazione dei limiti invalicabili che precludono una conoscenza comprovata della verità. Su questo aggettivo si veda Schwarz, 1914, p. 39 e *supra*, p. 357.

σὺ δὲ πῶς, Ἑρμότιμε, δύναιο ἄν: Ἑρμότιμε è una forma di vocativo senza la particella ὦ. Si tratta di un elemento caratterizzante la sintassi del caso vocativo nel *corpus* di Luciano. Ureña Bracero, 1995, pp. 159-161 suddivide i passi interessati da questo fenomeno, raffiguranti momenti di tensione o di sorpresa (*Gall.* 29; *Dial. mer.* 4.1, etc.), ovvero scenari in cui un personaggio rivendica la superiorità del suo eloquio nei confronti dell'interlocutore di turno (*Vit. auct.* 4; *Philops.* 24, etc.). In questo caso Licino enfatizza il risultato ottenuto dalle sue parole, invocando l'opinione di Ermotimo da una posizione argomentativa nettamente superiore.

Critica testuale

§ 67) ἐγὼ μὲν οὐκ ἄν ὀμόσαιμι: mentre i codici più tardi assegnano questa battuta ad Ermotimo, in EL è l'intera sezione ἐγώ ... δεόμενα ad essere attribuita all'aspirante stoico, frapposta com'è tra i doppi punti, che marcano solitamente l'avvicendamento tra gli interlocutori. Tuttavia, in questo passo è alquanto superfluo incrementare lo scambio dialogico tra i due interlocutori, visto che Licino sembra rispondere retoricamente alla domanda che egli stesso ha posto immediatamente prima al suo interlocutore (σὺ δὲ πῶς, Ἑρμότιμε, δύναιο ἄν ἐπομοσάμενος εἰπεῖν ὅτι εὕρηται πρὸς αὐτῶν;). Ermotimo, invece, nella battuta precedente era apparso amareggiato dalla possibilità, contemplata da Licino, che nessun filosofo sia nelle condizioni favorevoli ad individuare la verità. È plausibile immaginare, dunque, che Licino in questo momento chiarisca la sua posizione, ribadendo l'idea che la verità possa essere rimasta sconosciuta e non sia corretto giurare sulla sua certa acquisizione da parte di un filosofo qualsiasi. Il codice Γ assegna queste parole a Licino, a conferma della genuinità di questa interpretazione (si veda anche Macleod). Tuttavia, il resto degli editori stampa il testo dei *recentiores*, mostrandosi favorevole ad un botta e risposta più intenso tra gli interlocutori, benché questo avvenga a detrimento dell'efficacia della comunicazione. Sui problemi di attribuzione delle battute vedi *supra*, p. 336.

§§ 68-70) Licino presenta l'ultimo argomento a sostegno della sua confutazione: la ricerca del vero sapiente passa dall'analisi dei rappresentanti delle varie scuole filosofiche all'esame dei membri interni a ciascuna di esse, giacché occorre individuarne il massimo esperto. Il membro migliore di ogni scuola di pensiero diventa, dunque, oggetto di una scelta meditata, volta ad individuare chi sia più abile nell'uso della tecnica dimostrativa, dando piena giustificazione alla propria scelta filosofica e facendola apparire come quella migliore.

Ermotimo non tarda a mostrare uno slancio di naturale entusiasmo, pensando ingenuamente di aver rinvenuto la rapida soluzione alle sue difficoltà. Al contrario, subito dopo aver suscitato le speranze del suo interlocutore, Licino procede a descrivere gli impedimenti invalicabili che ostacolano la ricerca del filosofo autentico. In mancanza di un criterio di giudizio oggettivamente valido, infatti, sarebbe necessario ricorrere al giudizio di un arbitro, il quale a sua volta dovrebbe essere sottoposto all'esame di un ulteriore arbitro, e così via all'infinito. Sull'argomento del *regressus ad infinitum* vedi i §§ 69-70. Di conseguenza, non essendo possibile stabilire il migliore rappresentante di ciascuna scuola filosofica, risulterà ancora più complesso individuare il filosofo migliore, e quindi la dottrina filosofica vera tra tutte quelle a disposizione.

Licino insiste sulla stretta correlazione tra il vero maestro e la vera dottrina, ammiccando alla considerazione della verità concepita in seno alla scuola stoica, che ne fa il dominio esclusivo del sapiente, rendendolo del tutto inaccessibile agli stolti (vedi *SVF* 2.132 e 3.657). Il sapiente, invece, è concepito coerentemente come la quintessenza della perfezione ideale, il che rende particolarmente difficile non solo porre in essere le sue qualità, ma anche individuarne un esempio concretamente esistente. Il saggio stoico, infatti, arriva ad essere assimilato ad un messaggero degli dei (Epict. *Diss.* 1.9.23-26 e Dio Chrys. *Orr.* 1.55; 32.12-13; 45.1), al punto da porsi come *"canone di eccellenza"*, sicché *"non sorprende che gli stessi filosofi stoici non superassero l'esame né conoscessero alcuno che avesse potuto arrivarvi"* (Long, 1989, pp. 271-272). Per questa ragione, Epitteto lascia trasparire le difficoltà che accompagnano la concreta sostenibilità di questo modello, individuando solo in Socrate ed in nessun'altra figura del suo tempo l'unico esempio più prossimo al vero sapiente. Cfr. *Diss.* 2.19.27 (δειξάτω τις ὑμῶν ... θεὸν ἐξ ἀνθρώπου ἐπιθυμοῦντα γενέσθαι καὶ ἐν τῷ σωματίῳ τούτῳ τῷ νεκρῷ περὶ τῆς πρὸς τὸν Δία κοινωνίας βουλευόμενον. δείξατε. ἀλλὰ οὐκ ἔχετε) e 1.2.34. Vedi Ierodiakonou, 2007, pp. 69 ss.

Le fonti scettiche indugiano sui tratti inaccessibili del saggio stoico. Vedi Sext. Emp. *Adv. math.* 7.432 (εἰ πᾶσα φαύλου κατ' αὐτοὺς ὑπόληψις ἄγνοιά ἐστι καὶ μόνος ὁ σοφὸς ἀληθεύει καὶ ἐπιστήμην ἔχει τἀληθοῦς βεβαίαν, ἀκολουθεῖ μέχρι δεῦρο **ἀνευρέτου** καθεστῶτος τοῦ σοφοῦ κατ' ἀνάγκην καὶ τἀληθὲς **ἀνεύρετον** εἶναι) e *Adv. math.* 9.133. Cfr. Plut. *De Stoic. rep.* 17.1042A e 31.1048E, dove Plutarco critica l'assenza di modelli reali del sapiente stoico, il quale a causa delle qualità eccessivamente pretenziose che lo caratterizzano finisce per assumere dei contorni paradossali. L'argomentazione di Licino, dunque, riflette ancora una volta un dibattito filosofico e culturale complesso, adeguatamente adattato alle esigenze del dialogo.

§ 68) **δεήσει τοίνυν σέ ... γυμνασάμενόν γε πρότερον καὶ κριτικὴν τῶν τοιούτων δύναμιν πορισάμενον, ὡς μή σε λάθῃ ὁ χείρων προκριθείς ... μόνη σοι αὕτη πιστὴ καὶ βέβαιος ἐλπὶς ἐπὶ τὴν ἀλήθειάν τε καὶ εὕρεσιν αὐτῆς**: Licino afferma nuovamente l'urgente bisogno di una κριτικὴ δύναμις, ponendola come condizione imprescindibile per rinvenire non solo il rappresentante migliore di ciascuna scuola di pensiero ma anche, più in generale, la vera dottrina filosofica. Analogamente, al § 64 Licino individuava nell'assenza di un'adeguata κριτικὴ καὶ ἐξεταστικὴ παρασκευή una delle ragioni che impediscono la conoscenza della verità.

Il concetto di δύναμις ricorre spesso nelle fonti stoiche, designando in particolare la parte razionale dell'anima (benché ne siano elencate numerose altre e di genere differente: *SVF* 2.823-833), dotata di una facoltà analitica naturale indipendente sia dall'acquisizione di conoscenze teoriche sia dall'osservanza di norme precise come nel caso di un sapere tecnico (*SVF* 2.879). Al contrario, la δύναμις consiste nell'esercizio concreto della stessa facoltà critica in vista del raggiungimento di un risultato ben definito (*SVF* 1.202; *SVF* 3.112 e 459, in cui è dato particolare rilievo alla sua connotazione razionale, al punto da essere considerata come ἀρετὴ τοῦ ἡγεμονικοῦ τῆς ψυχῆς (= Plut. *De virt. mor.* 3.441C)).

Licino allude in maniera corretta alla dottrina del suo interlocutore, insistendo nel medesimo paragrafo sulla necessità di una δύναμις analitica in vista del discernimento della dottrina filosofica vera (§ 68: μόνη σοι αὕτη πιστὴ καὶ βέβαιος ἐλπὶς ἐπὶ τὴν ἀλήθειάν τε καὶ εὕρεσιν αὐτῆς, ἄλλη δὲ οὐδ' ἡτισοῦν ἢ τὸ κρίνειν δύνασθαι καὶ χωρίζειν ἀπὸ τῶν ἀληθῶν τὰ ψευδῆ ὑπάρχειν σοι ... καὶ εἴ ποτε τοιαύτην τινὰ δύναμιν καὶ τέχνην πορισάμενος ἴῃς ἐπὶ τὴν ἐξέτασιν τῶν λεγομένων· εἰ δὲ μή, εὖ ἴσθι ὡς οὐδὲν κωλύσει σε τῆς ῥινὸς ἕλκεσθαι). Nel contesto dogmatico della scuola stoica, però, questa facoltà non è adoperata al fine di mettere in discussione la validità della dottrina stoica stessa, bensì per portare il suo contributo alla prassi morale del sapiente (vedi Epict. *Diss.* 1.7.28 e 3.3.14-20, in cui l'uso della ragione in riferimento a temi morali garantisce una formazione solidamente fondata). Al contrario, Licino intende una facoltà di giudizio libera da qualsiasi forma di dogmatismo, al punto da invitare il suo interlocutore a dirigerne l'efficacia nei confronti della medesima dottrina stoica, perché verifichi l'opportunità della scelta compiuta.

Si noti che in ambito accademico Cicerone aveva sottolineato il valore della *iudicandi potestas*, per mezzo della quale il filosofo accademico si sarebbe assicurato una certa autonomia, rivolgendo liberamente il suo acume critico verso qualsiasi dottrina (*Ac. pr.* 2.8: "*nec inter nos et eos qui se scire arbitrantur quicquam interest nisi quod illi non dubitant quin ea vera sint quae defendunt, nos ... adfirmare vix possumus. Hoc autem liberiores et solutiores sumus, quod integra nobis est iudicandi potestas*"). Su questo argomento vedi Lévy, 1992, p. 121 e Haltenhoff, 1998, pp. 71-73.

Il *background* scettico nelle parole di Licino emerge in maniera più netta alla luce della δύναμις σκεπτική, la cui funzione consiste essenzialmente nella contrapposizione tra apparenze e giudizi, portando spesso a constatare l'equivalenza delle ragioni opposte e a optare inevitabilmente per la sospensione del giudizio (cfr. Sext. Emp. *Pyrrh. hyp.* 1.8: ἔστι δὲ ἡ σκεπτικὴ δύναμις ἀντιθετικὴ φαινομένων τε καὶ νοουμένων καθ' οἱονδήποτε τρόπον, ἀφ' ἧς ἐρχόμεθα διὰ τὴν ἐν τοῖς ἀντικειμένοις πράγμασι καὶ λόγοις ἰσοσθένειαν τὸ μὲν πρῶτον εἰς ἐποχήν, τὸ δὲ μετὰ τοῦτο εἰς ἀταραξίαν). Licino, infatti, spinge il suo interlocutore a conoscere tutti i potenziali maestri filosofici, in modo da andare oltre le sole apparenze del proprio maestro stoico, maturando un giudizio fondato su tutte le dottrine filosofiche esistenti. Tuttavia, i numerosi tentativi intrapresi per giustificare la scelta in favore della dottrina stoica avranno un esito fallimentare, imponendo *de facto* ad Ermotimo la sospensione della sua facoltà di giudizio (§ 77: vedi *infra*, pp. 539-540). Su questo passo cfr. Schwarz, 1914, pp. 40-41.

μόνη σοι αὕτη πιστὴ καὶ βέβαιος ἐλπίς ... κατὰ τοὺς ἀργυρογνώμονας διαγιγνώσκειν ἅ τε δόκιμα καὶ ἀκίβδηλα καὶ ἃ παρακεκομμένα, καὶ εἴ ποτε τοιαύτην τινὰ δύναμιν καὶ τέχνην πορισάμενος ἵῃς ἐπὶ τὴν ἐξέτασιν τῶν λεγομένων: la facoltà critica necessaria al filosofo autentico trova concreta rappresentazione grazie all'immagine del saggiatore di monete (il cosiddetto *nummularius*). Nel mettere in atto le procedure di verifica, egli non esibisce solo la capacità di distinguere le monete di buono da quelle di cattivo conio, ma anche il pieno dominio su una vera e propria tecnica, disciplinata da regole e metodi ben definiti (Epict. *Diss.* 1.20.8 e Petr. *Sat.* 56). Su questa figura vedi Stumpf, 2000, coll. 1062-1063. In *Par.* 4 Simone descrive le competenze del buon parassita che, alla stessa stregua di un revisore di monete, è in grado di riconoscere con estrema precisione i padroni migliori (τὸν μὲν ἀργυρογνώμονα τέχνην τινὰ φήσομεν ἔχειν, εἴπερ ἐπίσταιτο διαγιγνώσκειν τά τε κίβδηλα τῶν νομισμάτων καὶ τὰ μή, τοῦτον δὲ ἄνευ τέχνης διακρίνειν τούς τε κιβδήλους τῶν ἀνθρώπων καὶ τοὺς ἀγαθούς;). Su questo passo vedi Nesselrath, 1985, p. 272. Questa stessa immagine compare anche in *Hist. conscr.* 10, ove Luciano ritiene utili solo gli storici che trattano le notizie con spirito critico, discernendo quelle buone dalle cattive (**ἀργυραμοιβικῶς** δὲ τῶν λεγομένων ἕκαστα ἐξετάζοντας, ὡς τὰ μὲν παρακεκομμένα εὐθὺς ἀπορρίπτειν, παραδέχεσθαι δὲ τὰ δόκιμα καὶ ἔννομα καὶ ἀκριβῆ τὸν τύπον, πρὸς οὓς ἀποβλέποντα χρὴ συγγράφειν).

La figura del perito che verifica l'autenticità delle monete è presente già in Theogn. 119-128; 963-966 ed Eur. *Med.* 516 ss., prestandosi bene ad esprimere l'opportunità di distinguere i buoni dai cattivi individui. Si veda anche Xen. *Mem.* 3.1.9. Inoltre, in Arist. *Ran.* 718-737 il coro stabilisce un doppio paragone tra le monete false ed i cittadini cattivi da un lato e le monete coniate a regola d'arte ed i cittadini più valenti dall'altro, ritenendo questi ultimi gli unici degni di essere consultati per il bene complessivo della città. Tuttavia, la πόλις non si avvale dei buoni, bensì dei cattivi cittadini, motivo per cui il coro le indirizza un aspro rimprovero. Probabilmente anche in questo passo Licino intende ammonire indirettamente il suo interlocutore, invitandolo a non abbracciare una dottrina filosofica falsa perché, così facendo, non riuscirebbe a procurarsi il bene supremo della felicità (von Möllendorff, 2000[1], p. 178). Sulla necessità di distinguere il vero dal falso vedi il § 30.

L'uso di questa immagine in senso metaforico è ampiamente attestata in altri autori di epoca imperiale. Oltre a Luciano, essa appare in Plut. *De adul. et am.* 2.49E, in riferimento alla possibilità di distinguere il vero dal falso amico. Cfr. Max. *Orr.* 18.3 (paragone tra chi esamina le monete e chi distingue l'amore virtuoso da quello vizioso) e 31.2 (distinzione tra vero e falso bene). Inoltre, in Epict. *Diss.* 1.7.7-9 con l'accenno all'ἀργυρογνώμων si sottolinea il bisogno di una facoltà di giudizio che consenta di distinguere il vero dal falso (τί γὰρ ἄλλο ἢ δύναμιν δοκιμαστικήν τε καὶ <δι>ακριτικὴν τῶν δοκίμων τε καὶ ἀδοκίμων δραχμῶν; οὐκοῦν καὶ ἐπὶ λόγου οὐκ ἀρκεῖ τὸ λεχθέν, ἀλλ' ἀνάγκη δοκιμαστικὸν γενέσθαι καὶ διακριτικὸν τοῦ ἀληθοῦς καὶ τοῦ ψεύδους καὶ τοῦ ἀδήλου;). Cfr. *Diss.* 2.3.3. In maniera più generica, in *Diss.* 1.20.7-8 questa attitudine è attribuita alla filosofia (ἔργον τοῦ φιλοσόφου τὸ μέγιστον καὶ πρῶτον δοκιμάζειν τὰς φαντασίας καὶ διακρίνειν καὶ μηδεμίαν ἀδοκίμαστον προσφέρεσθαι).

La capacità di distinguere il vero dal falso viene definita sia in termini di δύναμις (vedi *supra*, p. 479) sia di τέχνη. Si tratta di due concetti solitamente distinti da Luciano, che con δύναμις designa un talento innato (*Rhet. praec.* 1; *Philops.* 9; *Nigr. Intr.*, soprattutto in riferimento alla valenza dei discorsi. In merito a questo concetto si veda la nota precedente), mentre con τέχνη denota un'abilità fondata sull'acquisizione di un complesso teorico di conoscenze e postulati ben definiti (vedi *Par.* 8 e Nesselrath, 1985, pp. 202-205). Si ricordi, inoltre, che lo scarto tra δύναμις e τέχνη è attestato sin da una fase molto antica della riflessione filosofica greca, dal momento che la prima rappresenta soprattutto una facoltà naturale (Hipp. *VM* 14; Plat. *Theaet.* 185e; Ar. *Top.* 4.5.126a36-38), mentre la seconda implica una forma specifica di sapere, oltre che una sua precisa sistematizzazione. Tutto ciò si riflette nella funzione propria del τεχνίτης, garante non solo della salvaguardia, ma anche della trasmissione delle sue conoscenze (Plat. *Men.* 97e-98a; *Gorg.* 464e-465a; Ar. *Met.* 1.1.981a1-5). La distinzione tra questi due concetti è evidente soprattutto in ambito stoico, là dove le virtù degli uomini sono ripartite accuratamente in queste due categorie. Si veda a proposito Isnardi Parente, 1966, p. 306 e Nesselrath, 1985, p. 204. Plausibilmente anche in questo passo l'autore mette di nuovo in bocca a Licino termini specifici della dottrina stoica, benché questi se ne serva solo in vista del suo piano confutativo. Su questa strategia discorsiva di Licino vedi *supra*, p. 174.

Il verbo διαγιγνώσκειν in Luciano implica il riconoscimento di qualcosa di buono tra altri elementi destinati ad essere scartati: in *Pisc.* 45, per esempio, Parresiade invoca un metodo valido con il quale poter riconoscere i buoni dai cattivi filosofi (χρὴ δὲ ὑμᾶς σκοπεῖν ὄντινα τρόπον ἀγνοούμενα ταῦτα πεπαύσεται καὶ διαγνώσονται οἱ ἐντυγχάνοντες, οἵτινες οἱ ἀγαθοὶ αὐτῶν εἰσι καὶ οἵτινες αὖ πάλιν οἱ τοῦ ἑτέρου βίου). Su questo verbo vedi anche *Adv. ind.* 2 e *Tim.* 24. Un uso affine di questo verbo è riscontrabile anche in Plat. *Symp.* 186c; Xen. *Mem.* 3.1.9 ed Aeschin. 3.199.

Sul verbo κρίνειν si vedano le numerose ricorrenze nel corso del dialogo: §§ 15 (τὰ βελτίω κρίνειν); 16; 53; 54; 64 (οὐδενὸς ἀνθρώπων βίος ἐξαρκέσειεν ἂν ὡς ... ἐπιδόντα κρῖναι καὶ κρίναντα ἑλέσθαι καὶ ἑλόμενον φιλοσοφῆσαι); 69; 70 (ὁ ἐπιγνώμων οὗτος οἶδε διαγιγνώσκειν τὸν ὀρθῶς κρινοῦντα), a testimonianza dell'importanza dell'operazione implicata da questo predicato. Altri passi lucianei particolarmente illuminanti sono: *Fug.* 15, a proposito della valutazione dei filosofi a partire dalle loro parole (ἢν μὲν τὰ ἔργα ζητῇς, οἱ λόγοι πολλοί, ἢν δὲ ἀπὸ τῶν λόγων κρίνειν ἐθέλῃς, τὸν βίον ἀξιοῦσι σκοπεῖν), o dalla loro barba (*Demon.* 13: εἰ σὺ ἀπὸ τοῦ πώγωνος ἀξιοῖς κρίνεσθαι τοὺς φιλοσοφοῦντας αὐτὸς πώγωνα οὐκ ἔχων. Cfr. anche *Eun.* 9); *Adv. ind.* 2; *Pisc.* 44 e *Bis acc.* 23. Si noti anche l'uso affine del verbo διακρίνειν, come si evince dai §§ 68 (τὸ τοίνυν διακρῖναι τοὺς εἰδότας καὶ διαγνῶναι) e 69 (διακρίσεως τέχνη e l'aggettivo διακριτικός). Cfr. *Par.* 4 (su questo passo si veda Nesselrath, 1985, p. 272). Il valore filosofico del verbo è attestato sin da Plat. *Charm.* 170e; *Soph.* 253d-e, ma anche in Epict. *Diss.* 1.20.7 e Sext. Emp. *Adv. math.* 11.110.

οὐδὲν κωλύσει σε τῆς ῥινὸς ἕλκεσθαι ὑφ' ἑκάστων ἢ θαλλῷ προδειχθέντι ἀκολουθεῖν ὥσπερ τὰ πρόβατα: al § 73 Licino ripropone l'immagine delle pecore presente in questo passo (διὰ τοῦτο εἷλκεν ὑμᾶς τῆς ῥινός ... ἠκολούθει τοῖς τῶν προωδευκότων ἴχνεσι, καθάπερ τὰ πρόβατα πρὸς τὸν ἡγούμενον). Si tratta di una similitudine notevolmente efficace per esprimere la facilità con cui gli aspiranti filosofi diventano facile preda dei potenziali maestri, che circuiscono i loro adepti con vane capziosità linguistiche. Si noti che in Plat. *Phaedr.* 230d Socrate si avvale della medesima immagine per illustrare il suo stato di completo assoggettamento ai discorsi dei retori (ὥσπερ γὰρ οἱ τὰ πεινῶντα θρέμματα θαλλὸν ἤ τινα καρπὸν προσείοντες ἄγουσιν, σὺ ἐμοὶ λόγους οὕτω προτείνων ἐν βιβλίοις τήν τε Ἀττικὴν φαίνῃ περιάξειν ἅπασαν). Del resto, anche nelle parole di Socrate, come in quelle di Licino, traspare un certo intento ironico, poiché il filosofo ostenta un interesse volutamente esagerato per il discorso scritto, facendo apparire Fedro come il vero *leader* della conversazione (vedi Yunis, 2011, p. 97). Cfr. Philostr. *VS* 2.587 (καθάπερ οἱ τὰ πεινῶντα τῶν θρεμμάτων τῷ θαλλῷ ἄγοντες).

L'espressione τῆς ῥινὸς ἕλκεσθαι ricorre in altri passi lucianei. In *Pisc.* 12 Parresiade adopera questa formula per schernire quanti sono stati ingannati dalla falsa filosofia (ἐπὶ πόδα ἂν εὐθὺς ἀνέστρεφον, οἰκτείρας δηλαδὴ τοὺς κακοδαίμονας ἐκείνους ἑλκομένους πρὸς αὐτῆς οὐ τῆς ῥινὸς ἀλλὰ τοῦ πώγονος), mentre in *Adv. ind.* 20 designa chi si lascia irretire facilmente dalle parole altrui (οὐκ οἶδ' ὅπως ῥᾷστος εἶ τῆς ῥινὸς ἕλκεσθαι, καὶ πιστεύεις αὐτοῖς ἅπαντα). Cfr. *Philops.* 23 (γέροντες ἄνδρες ἑλκόμενοι τῆς ῥινός) e *Dial. deor.* 9.3. Nel nostro passo Licino mette in luce l'ingenuità di Ermotimo, il quale ha riposto totale fiducia nelle parole del suo maestro (vedi la dichiarazione al § 7), precipitando in una condizione di massimo sconforto dopo la constatazione della vanità degli studi condotti fino a quel momento (il verbo ricorre nuovamente al § 68 nella descrizione della similitudine dell'acqua versata sul tavolo). Cfr. i §§ 73 (διὰ τοῦτο εἷλκεν ὑμᾶς τῆς ῥινός) e 74 (προχωρεῖτε ὑπὸ τῆς ἀκολουθίας ἑλκόμενοι), tutti passi in cui il verbo ἕλκεσθαι insiste nella rappresentazione di situazioni connotate dal massimo asservimento intellettuale, ritraendo al meglio la circostanza in cui si trova l'aspirante stoico, il quale ha continuato a credere ottusamente nella bontà della dottrina stoica fino a dover prendere coscienza del suo errore sotto i colpi della confutazione scettica di Licino.

Questa formulazione appare solo in Luciano, al punto da essere percepita come propriamente lucianea (una conferma è fornita dalla raccolta umanistica di proverbi di Arsenio (16.44d von Leutsch): τῆς ῥινὸς ἕλκῃ· Λουκιανός· οὐδὲν κωλύσει τῆς ῥινὸς ἕλκεσθαι ὑπὸ πάντων).

μᾶλλον δὲ τῷ ἐπιτραπεζίῳ ὕδατι ἐοικὼς ἔσῃ, ἐφ' ὅ τι ἂν μέρος ἑλκύσῃ σέ τις ἄκρῳ τῷ δακτύλῳ ἀγόμενος, ἢ καὶ νὴ Δία καλάμῳ τινὶ ἐπ' ὄχθῃ παραποταμίᾳ πεφυκότι καὶ πρὸς πᾶν τὸ πνέον καμπτομένῳ, κἂν μικρά τις αὔρα διαφυσήσασα διασαλεύσῃ αὐτόν: le due similitudini tratteggiate in questo passo delineano una situazione di totale arrendevolezza a forze superiori, che corrisponde alla remissività incondizionata con cui Ermotimo ha creduto al suo maestro stoico.

L'immagine dell'acqua versata su un tavolo e guidata dalla punta del dito non trova altri riscontri nella letteratura antica. Sulle metafore dell'acqua e dei liquidi impiegate da Luciano vedi Schmidt, 1897, pp. 125-127. Un'altra ricorre al § 79, anche se con una valenza differente: vedi *infra*, p. 549. L'aggettivo ἐπιτραπέζιος non ha attestazioni in altri autori classici, apparendo con maggiore frequenza solo in epoca bizantina. Cfr. Stat. *Silv.* 4.6, in cui è descritta la statuetta di bronzo di un *Hercules epitrapezios*. Su questo aggettivo vedi Frère - Hizaac, 1961, p. 157.

La similitudine della canna mossa dal vento, invece, ricorre spesso nei testi biblici, sia dell'Antico (*Reg.* 1.14.15 e *Ezech.* 29.6) sia del Nuovo Testamento (*Matth.* 11.7; *Luc.* 7.24, in cui Giovanni il Battista è ritratto come κάλαμος ὑπὸ ἀνέμου σαλευόμενος), là dove è messa in rilievo la resistenza di chi, pur colpito dalla sventura, resta saldo nei propri convincimenti. Anche la favola registra questa similitudine. In Aesop. 71.1 Hausrath-Hunger è descritta la contesa tra una canna e una quercia. Sotto il soffio sferzante del vento la canna si lascia scuotere violentemente, restando fissa nelle sue radici (δρῦς καὶ κάλαμος ἤριζον περὶ ἰσχύος. ἀνέμου δὲ σφοδροῦ γενομένου ὁ μὲν κάλαμος σαλευόμενος καὶ συγκλινόμενος ταῖς τούτου πνοαῖς τὴν ἐκρίζωσιν ἐξέφυγεν), al contrario della quercia che, pur di restare rigidamente immobile, viene divelta dalla potenza del vento. Cfr. Babr. 36 Luzzatto - La Penna ed Avian. 16. Probabilmente Luciano ha tratto questa immagine dalla favola, sebbene non sia da escludere una qualche influenza da parte dell'immaginario religioso ebraico-cristiano, verosimilmente diffuso al suo tempo. Su questo argomento vedi Betz, 1961, che tuttavia non prende in considerazione il passo in questione. Il senso dell'immagine nel nostro passo, però, è del tutto differente: Licino, infatti, interpreta la cedevolezza della canna come segno dell'assenza di un solido criterio di giudizio, che consenta ad Ermotimo di prendere una decisione fondata tra le numerose dottrine di pensiero. In *Anach.* 32, invece, la similitudine con la canna è adoperata in riferimento agli atleti greci (οὐ γὰρ καλάμη καὶ ἀθέρες ὑμεῖς ἐστε). Cfr. anche Ps.-Luc. *Epigr.* 15.5-6.

Occorre sottolineare l'acribia descrittiva e la ricercatezza del lessico impiegato da Licino nell'elaborazione di questa pur breve similitudine. Il sostantivo deverbativo πνέον è molto raro e ricorre soprattutto in testi poetici (cfr. Soph. fr. 565 Radt e Call. *Ep.* 41.1 Pfeiffer = *Anth. Pal.* 12.73). Nel *corpus* di Luciano esso appare anche in *Ver. Hist.* 1.6 e nella famiglia dei codici β di *Cont.* 3, mentre al § 28 vi è un altro deverbativo dallo stesso πνέω (ἡ πνέουσα). Il sostantivo αὔρα, invece, è poco frequente nella prosa classica (vedi Plat. *Rep.* 3.401c e Xen. *Hell.* 6.2.29), mentre appare maggiormente diffuso in poesia (soprattutto in tragedia: Eur. *Hec.* 444; Soph. *Tr.* 953, etc.). Su questa parola vedi *Ver. Hist.* 2.5. Inoltre, i verbi διαφυσάω e διασαλεύω (quest'ultimo prevalentemente attestato in Luciano) sono piuttosto rari e, grazie all'allitterazione del preverbio δια- e della consonante π, contribuiscono a produrre l'effetto onomatopeico del soffio del vento sulla canna. Un uso simile del secondo verbo è attestato ugualmente in *Ver. Hist.* 2.5 (αὖραι δέ τινες ἡδεῖαι πνέουσαι ἠρέμα τὴν ὕλην διεσάλευον), mentre altrove è impiegato in senso figurato. Cfr. il § 1 (τὰ χείλη διεσάλευες ἠρέμα); *Merc. cond.* 33; *Rhet. praec.* 11; *Alex.* 31 e *Anach.* 20. Questo innalzamento stilistico nelle parole di Licino è tanto inaspettato quanto gravido di effetti ironici sul suo interlocutore Ermotimo, il quale costituisce l'oggetto di riferimento delle due similitudini.

§ 69) εἴ γέ τινα εὕρῃς διδάσκαλον, ὃς ἀποδείξεως πέρι καὶ τῆς τῶν ἀμφισβητουμένων διακρίσεως τέχνην τινὰ εἰδὼς διδάξειέ σε, παύσῃ δηλαδὴ πράγματα ἔχων: in questo passo Schwarz, 1914, p. 40, individua una certa discontinuità argomentativa, visto che Licino, apparentemente senza una coerente consequenzialità logica, passa dalla discussione sulla facoltà di giudizio (κριτικὴ δύναμις), necessaria per discernere il vero dal falso, a quella sulla tecnica dimostrativa (ἀπόδειξις). Nesselrath accoglie quest'ipotesi, presumendo la presenza di una lacuna testuale, nella quale sarebbero state introdotte alcune annotazioni sull'ἀπόδειξις, probabilmente con l'ausilio del τρόπος διάλληλος (1992, p. 3475, n. 81). Cfr. Esposito, 1995, pp. 173-174. Tuttavia, ad una considerazione puntuale della discussione, il carattere desultorio dei contenuti svanisce, facendo emergere un'argomentazione più coesa e uniforme.

Al § 68 Licino sostiene che la condizione imprescindibile per individuare la guida migliore tra i numerosi membri di ciascuna scuola filosofica, compresa quella stoica, risieda nell'acquisizione di una solida facoltà di giudizio. Per conseguire una tale competenza, però, non è previsto l'intervento attivo del maestro, con il rischio di far cadere l'argomentazione nel diallele (cfr. Schwarz, 1914, p. 40, il quale sostiene che "*man sich durch einen Lehrer die kritische Fähigkeit erwerben muss*"), bensì l'esercizio continuativo del singolo individuo (δεήσει τοίνυν **σέ** ... **γυμνασάμενόν** γε πρότερον καὶ κριτικὴν τῶν τοιούτων δύναμιν **πορισάμενον**, ὡς μή σε λάθῃ ὁ χείρων προκριθείς), sforzo in cui appare impegnato lo stesso Ermotimo sin dall'inizio del dialogo (§§ 1-2). Al § 64 Licino ribadisce la necessità di una κριτικὴ παρασκευή per individuare la verità, distinguendola dal falso, benché essa risulti incommensurabile rispetto ai vari metodi di indagine. La facoltà di discernere il vero dal falso, infatti, è di centrale importanza non solo per la scelta del filosofo stoico migliore, ma anche per l'identificazione del vero σοφός, cioè del garante della verità, un punto su cui Licino ha insistito a più riprese in differenti momenti della discussione precedente (cfr. i §§ 20; 30; 32; 46; 51; 66). Solo in questa maniera, infatti, sarebbe possibile sfuggire a qualsiasi genere di errore, evitando di cadere vittima dei numerosi, presunti filosofi. Con la similitudine del saggiatore (§ 68) Licino descrive in termini concreti il senso della sua argomentazione, intendendo la facoltà critica come un metodo di indagine che potrebbe aiutare il discepolo a trovare la via verso la filosofia vera, apportandovi le dovute dimostrazioni (vedi *supra*, pp. 480-482). Per questo motivo, poco dopo, lo stesso Licino, delineando la figura del maestro filosofico vero e capace di portare alla verità, lo descrive in possesso di capacità critiche e dimostrative efficaci (§ 69: τέχνη περὶ ἀποδείξεως καὶ τῆς τῶν ἀμφισβητουμένων διακρίσεως), che sono le sole in grado di fornire una soluzione adeguata alle difficoltà di Ermotimo (εἴ γέ τινα εὕρῃς διδάσκαλον ... παύσῃ δηλαδὴ πράγματα ἔχων). Del resto, Ermotimo all'inizio del dialogo era apparso sprovvisto di ragioni forti e decisive a sostegno della sua preferenza per la scuola stoica, esponendosi alla critica mordace di Licino (§ 12 ss.). In definitiva, tutto il piano elenctico di Licino ha preso le mosse dai falliti tentativi di Ermotivo di dimostrare la bontà della sua decisione, soprattutto a fronte della presenza di numerose alternative alla dottrina stoica favorita. Cfr. Schwarz, 1914, p. 41, il quale riconosce che, nonostante Licino introduca improvvisamente il concetto di ἀπόδειξις, nelle fonti scettiche alla base dell'apparato confutativo di Licino il criterio di giudizio e la tecnica dimostrativa sono strettamente connessi e interdipendenti (cfr. Sext. Emp. *Pyrrh. hyp.* 2.15-20 e *Adv. math.* 7.341 e 8.314: su questo punto vedi *infra*, p. 487). Pertanto, Licino non si fa portavoce di argomenti contraddittori e incongruenti ma, mostrando pieno dominio della materia scettica, la condensa al punto da creare dei passaggi, come questo, di certo bruschi, ma insufficienti per giustificare l'ipotesi di corruttele testuali. Inoltre, Licino, in questa sezione, sembra voler riassumere il significato dei suoi interventi precedenti, affastellando numerosi motivi (ricerca del vero stoico/ricerca del vero sapiente) che, pur non essendo discrepanti tra loro, finiscono per rendere meno stringente l'intera argomentazione, benché non al punto da compromettere il significato complessivo del suo intervento.

τὸ βέλτιστον φανεῖται: il concetto di τὸ βέλτιστον nel lessico filosofico tradizionale definisce il bene supremo, opportunamente congiunto da Licino alla verità filosofica ricercata. Su τὸ βέλτιστον vedi anche i §§ 49 (οὐκ ἄν τις ἕλοιτο ἐκ πολλῶν τὸ βέλτιστον μὴ οὐχὶ πειραθεὶς ἁπάντων) e 64 (οὐχ ἱκανὸν εἶναί φησι τὸ πάντα ἰδεῖν καὶ διεξελθεῖν δι' αὐτῶν, ὡς ἔχειν ἤδη ἑλέσθαι τὸ βέλτιστον), ma anche *Cont.* 2 (αὐτός, ὦ Ἑρμῆ, ἐπίνοει τὸ βέλτιστον). A partire da Platone, questa nozione assume una valenza eminentemente morale, in relazione sia al singolo sia ad un consesso sociale più ampio (*Phaed.* 85c; *Gorg.* 464c; *Rep.* 6.489c; etc.). Cfr. anche Ar. *Eth. Nic.* 9.8.1169a17 e *Magn. mor.* 1.2.1184a20-24. In epoca imperiale, invece, riferimenti al βέλτιστον ricorrono nella produzione di Plutarco (*Quis suos in virt.* 7.79B; *Quaest. Plat.* 2-4.1000A-D), in Galeno (*De plac. Hipp. et Plat.* CMG V 4,1,2, 7.1.25, p. 434), Epitteto (*Ench.* 51.2, dove appare come una legge che regola l'azione), ma anche in Dione (*Or.* 68.7: ἐν τῷ βίῳ ξυνέντας τὸ βέλτιστον ... πρὸς τοῦτο τἄλλα ποιεῖν) e Massimo (*Diss.* 15.10: ἐῶ λέγειν ὅτι ὁ μὲν ἀγαθὸς ἀνήρ ... ἑαυτὸν ἂν σώζοι καὶ τοὺς ἄλλους ἐπὶ τὸ βέλτιστον τρέποι), che lo rappresenta come la forma di massimo bene verso cui occorrerebbe dirigere le proprie azioni.

ζητητέος, ὡς ἔοικεν, ἡμῖν ἀνήρ τις τοιοῦτος, διαγνωστικούς τε καὶ διακριτικοὺς ποιήσων ἡμᾶς καὶ τὸ μέγιστον ἀποδεικτικούς: poco prima Licino si è espresso in termini affini per descrivere il maestro di verità (§ 69: εἴ γέ τινα εὕρῃς διδάσκαλον, ὃς ἀποδείξεως πέρι καὶ τῆς τῶν ἀμφισβητουμένων διακρίσεως τέχνην τινὰ εἰδὼς διδάξειέ σε, παύσῃ δηλαδὴ πράγματα ἔχων), le cui capacità tecniche sono ora riflesse nei rispettivi discepoli, resi idonei a compiere una scelta filosofica fondata.

L'attitudine a riconoscere il buono dal cattivo filosofo (διαγνωστικός) è stata illustrata precedentemente, introducendo nella discussione la figura dell'esaminatore delle monete (§ 68: κατὰ τοὺς ἀργυρογνώμονας διαγιγνώσκειν ἅ τε δόκιμα καὶ ἀκίβδηλα καὶ ἃ παρακεκομμένα). Cfr. il § 70. La validità della facoltà di discernimento (διακριτικός) è stata ribadita più volte nel corso del dialogo (vedi il § 64: κριτικὴ παρασκευή; 68: κριτικὴ δύναμις, ma anche il § 70), benché solo in questo punto risulti connessa esplicitamente con il possesso di una tecnica dimostrativa (ἀποδεικτικός), utile a dare una base logico-argomentativa alla scelta compiuta. Sull'idea di filosofia come τέχνη τοῦ βίου vedi *supra*, p. 190. La connessione tra queste competenze conferma la cogenza del discorso precedente di Licino, nonché la mancanza di lacune nel suo discorso (vedi *supra*, p. 485).

Una delle competenze fondamentali in vista del raggiungimento della felicità consiste proprio nella capacità di distinguere il bene dal male, ovvero il vero dal falso, in modo da non cadere vittima di inganni e fallire nel proprio intento. Vedi Epict. *Diss.* 1.7.8 (ἐπὶ λόγου οὐκ ἀρκεῖ τὸ λεχθέν, ἀλλ' ἀνάγκη δοκιμαστικὸν γενέσθαι καὶ διακριτικὸν τοῦ ἀληθοῦς καὶ τοῦ ψεύδους καὶ τοῦ ἀδήλου) e 1.20.7 (ἔργον τοῦ φιλοσόφου τὸ μέγιστον καὶ πρῶτον δοκιμάζειν τὰς φαντασίας καὶ διακρίνειν καὶ μηδεμίαν ἀδοκίμαστον προσφέρεσθαι). Cfr. anche *SVF* 2.130. Su questo argomento si veda Vimercati, 2011, pp. 606-607. Inoltre, in Sext. Emp. *Adv. math.* 11.110 la scienza della vita si fonda sulla prudenza, che permette di distinguere i beni dai mali, procurando così la felicità (ἐπιστήμην τινὰ περὶ τὸν βίον εἶναι λέγουσι τὴν φρόνησιν, διακριτικὴν μὲν οὖσαν τῶν τε ἀγαθῶν καὶ κακῶν, περιποιητικὴν δὲ τῆς εὐδαιμονίας). Invece, in *Pyrrh. hyp.* 2.229 gli stessi aggettivi qualificano la tecnica dialettica, atta a discernere i ragionamenti veri da quelli falsi, i cosiddetti sofismi, che ledono la verità con la loro parvenza di verosimiglianza (εἰ γὰρ τῶν τε ἀληθῶν καὶ ψευδῶν λόγων, φασίν, ἐστὶν αὕτη [scil. ἡ διαλεκτική] διαγνωστική, ψευδεῖς δὲ λόγοι καὶ τὰ σοφίσματα, καὶ τούτων ἂν εἴη διακριτικὴ λυμαινομένων τὴν ἀλήθειαν φαινομέναις πιθανότησιν). Al contrario, in *Adv. math.* 7.348 Sesto nega all'intelletto la capacità di distinguere il vero dal falso, essendo questo incapace di comprendere la propria natura.

Si noti che in *Peregr.* 23 e *Par.* 4 vi è un ribaltamento parodico del valore filosofico degli aggettivi διαγνωστικός e διακριτικός, impiegati per descrivere rispettivamente lo pseudo-filosofo Peregrino e l'attività del parassita (vedi Nesselrath, 1985, p. 272). Cfr. anche *Salt.* 74.

ἔγωγε ἤδη χάριν οἶδά σοι ἐξευρόντι σύντομόν τινα ταύτην ἡμῖν καὶ ἀρίστην ὁδόν: l'immagine della scorciatoia presso gli autori classici è resa solitamente con l'espressione σύντομος ὁδός (cfr. *LSJ*, s.l. 1), mentre altrove Luciano predilige la parola ἐπίτομος (*Rhet. praec.* 3; *Vit. auct.* 11; *Herod.* 3; *Dial. mort.* 17.2 e *Iupp. trag.* 25), seguendo una moda propriamente atticista. Cfr. Coenen, 1977, pp. CXXVII, mentre Schmidt, 1887, p. 362 non include questo termine tra le espressioni attiche usate da Luciano, bensì tra quelle ricorrenti con maggiore frequenza in autori più tardi. L'uso ugualmente plausibile dei due termini può aver provocato l'incoerenza presente nella tradizione manoscritta di questo passo, in cui appare attestato anche ἐπίτομος, che è con molta probabilità da intendersi come una variazione introdotta successivamente nel testo (cfr. Coenen, 1977, pp. CXXVII-CXXVIII).

L'immagine della scorciatoia è testimoniata in vari dialoghi filosofici lucianei. In *Vit. auct.* 11 Diogene il cinico, dopo aver descritto al potenziale acquirente il suo stile di vita, conclude definendolo ἐπίτομος ... πρὸς δόξαν ἡ ὁδός. Tale definizione appare di per sé singolare, se non paradossale, sulle labbra di Diogene, che ha notoriamente esecrato la fama prediligendo uno stile di vita austero (*SSR* VA 135 = D. L. 6.105). In questo passo Luciano altera parodicamente una celebre definizione della filosofia cinica data dal filosofo stoico Alessandro di Seleucia, secondo il quale il Κυνισμός rappresenterebbe una σύντομος ὁδός ἐπ' ἀρετήν (*SVF* 3.4.17). L'immagine della via filosofica breve, infatti, farebbe capo ad un nucleo cinico originario, poiché raffigura icasticamente il rifiuto di un sistema dottrinario di centrale importanza all'interno delle restanti scuole filosofiche. Tuttavia, non è possibile stabilire con certezza se l'espressione sia stata concepita da alcuni rappresentanti Cinici o dai loro avversari, *in primis* gli Stoici. Vedi *SSR* VA 135 = D. L. 6.104 (τὸν Κυνισμὸν εἰρήκασι σύντομον ἐπ' ἀρετὴν ὁδόν) e quanto viene attribuito a Cratete in una delle sue lettere pseudoepigrafe (*SSR* VH 103 =

Epist. 16: τὸ δὲ κυνίζειν τὸ συντόμως φιλοσοφεῖν). Per una disamina più dettagliata della questione vedi Emeljanow, 1965, pp. 182-184 e Goulet-Cazé, 1986, pp. 22-28. Quale che sia l'origine specifica di questa formula, con il tempo è divenuta lo *slogan* del metodo educativo cinico, che Luciano sottopone al suo arguto estro parodico. Anche Galeno assegna quest'espressione alla corrente cinica, definita polemicamente come una σύντομος ὁδός ἐπ' ἀλαζονείαν (Gal. *De animi cuiusl. pecc. dign. et cur.* CMG V 4,1,1, 3.12, p. 49). Cfr. Plut. *Amat.* 16.759D e Iul. *Or.* 6.184c e 7.255b. Infine, di una scorciatoia probabilmente cinica si parla anche in Varr. fr. 510 Cèbe (cfr. Cèbe, 1998, vol. 12, p. 1954). Sulle tracce di questa immagine nella *Tabula Cebetis* vedi von Arnim, 1921, col. 104 e Joly, 1963, p. 34.

Al contrario, il percorso formativo stoico consiste in un lungo ed ininterrotto esercizio intellettivo, cioè nell'acquisizione di numerose e raffinate conoscenze, indispensabili alla formazione morale del singolo (cfr. Goulet-Cazé, 1986, pp. 167-171, mentre per gli sviluppi nello Stoicismo di mezzo e in quello imperiale, pp. 172-191; Hadot, 2005, pp. 17-25 e Inwood - Donini, 1999, pp. 705-736).

L'impiego di questa immagine nell'*Hermotimus* non è giustificata soltanto dalla sua portata filosofica originaria, ma anche e soprattutto dall'efficacia figurativa, giacché insiste sull'immagine della via, ripetutamente utilizzata nel corso dell'opera. All'inizio del dialogo Ermotimo evidenziava fino ai limiti del parossismo la lunghezza, oltre che la scabrosità, del cammino stoico prescelto (cfr. tutta la discussione nei §§ 2-5), ostentando una notevole sicurezza nella scelta compiuta. Ne consegue che il sistema educativo stoico non è assimilabile ad un rapido metodo di ricerca della felicità, il modo in cui veniva percepito il τρόπος βίου cinico, bensì ad un lungo e faticoso esercizio fondato sulla μάθησις e sull' ἄσκησις (vedi *supra*, p. 424).

In questo momento della discussione, invece, quando la confutazione di Licino è ormai in una fase avanzata, Ermotimo esalta la via breve che gli viene suggerita come soluzione della sua aporia (§ 69: ἔγωγε ἤδη χάριν οἶδά σοι ἐξευρόντι σύντομόν τινα ταύτην ἡμῖν καὶ ἀρίστην ὁδόν). Tuttavia, la scorciatoia in questione è solo un argomento dialettico, che Licino introduce per mettere in evidenza l'infondatezza della posizione dell'aspirante stoico e ribadire così l'assenza di una soluzione praticabile per giungere alla verità (§ 70). Cfr. il § 56, là dove Licino ha proposto la consultazione di un indovino come espediente per individuare più rapidamente la verità, provocando la reazione stizzita di Ermotimo. Vedi *supra*, pp. 196, 392 e 471.

οὐδὲν γάρ σοι ἐξευρηκὼς ἔδειξα, ὡς ἐγγυτέρω σε ποιήσειν τῆς ἐλπίδος, τὸ δὲ πολὺ πορρωτέρω γεγόναμεν ἢ πρότερον ἦμεν καὶ κατὰ τοὺς παροιμιαζομένους "πολλὰ μοχθήσαντες ὁμοίως ἐσμέν": Licino rovescia le aspettative di Ermotimo, citando un proverbio che esprime esplicitamente la vanità delle fatiche compiute. Su questa massima, attestata anche in Eur. *Heracl.* 448 (τλήμων δὲ κἀγὼ πολλὰ μοχθήσας μάτην) si veda Rein, 1894, p. 64.

In questo passo si assiste ad un uso degli avverbi di luogo affine a quello attestato nella fase iniziale del dialogo, quando Licino chiedeva ad Ermotimo di specificargli la sua posizione rispetto alla verità (§ 2). Mentre Licino lo immaginava ormai prossimo alla sua meta (οἶμαί γε μὴν οὐ πόρρω σε εἶναι), Ermotimo ribadiva di essere ancora all'inizio del cammino e, di conseguenza, lontano dal raggiungimento della virtù (νῦν ἄρχομαι παρακύπτειν ἐς τὴν ὁδόν; ἡ δ' Ἀρετὴ πάνυ πόρρω). Vedi *supra*, pp. 188 ss.

§ 70) κἂν εὕρωμεν ὑπισχνούμενόν τινα εἰδέναι τε ἀπόδειξιν καὶ ἄλλον διδάξειν, οὐκ αὐτίκα, οἶμαι, πιστεύσομεν αὐτῷ ... ὁρᾷς ὅποι τοῦτο ἀποτείνεται καὶ ὡς ἀπέραντον γίγνεται, στῆναί ποτε καὶ καταληφθῆναι μὴ δυνάμενον; Licino vanifica la speranza suscitata poco prima nel suo interlocutore (§ 69), illustrando le difficoltà che comporta l'individuazione di un filosofo capace di provare la validità delle sue dottrine. La bontà della facoltà di giudizio presumibilmente in possesso di un dato filosofo non può ritenersi convalidata in virtù di un semplice e ingiustificato atto di fiducia. Al contrario, la solidità delle sue affermazioni potrebbe essere stabilita solo da un arbitro (ὁ ἐπιγνώμων), che ne valuterebbe i contenuti con il massimo grado di obiettività. Nondimeno, appare altrettanto ingiustificato riporre una fiducia incondizionata in un arbitro, giacché per verificarne l'affidabilità sarebbe opportuno ricorrere al parere di un ulteriore arbitro e così via.

Licino costruisce questa argomentazione sul secondo tropo di Agrippa "εἰς ἄπειρον ἐκβάλλων", in base al quale la prova a sostegno di una determinata dimostrazione avrebbe bisogno di un'altra prova e così all'infinito, mancando un criterio di giudizio oggettivamente valido (vedi Sext. Emp. *Pyrrh. hyp.* 1.166: ὁ δὲ ἀπὸ τῆς εἰς ἄπειρον ἐκπτώσεως ἐστὶν ἐν ᾧ τὸ φερόμενον εἰς πίστιν τοῦ προτεθέντος πράγματος πίστεως ἑτέρας χρῄζειν λέγομεν, κἀκεῖνο ἄλλης, καὶ μέχρις ἀπείρου). Cfr. *Pyrrh. hyp.* 2.20, ma anche gli ulteriori riferimenti testuali forniti da Praechter, 1892, p. 288; Schwarz, 1914, p. 42 e Tackaberry, 1930, p. 57, n. 367.

Schwarz, inoltre, ritiene che l'esame della presunta dimostrazione vera rimandi alla discussione scettica sul criterio dell'agente, detto ὑφ' οὗ, che fa dipendere dall'uomo, ossia da un arbitro sempre nuovo, tutti i criteri di giudizio sulla conoscenza (Sext. Emp. *Pyrrh. hyp.* 2.21-28 e *Adv. math.* 7.263-282). Cfr. *Pyrrh. hyp.* 1.31-39 e Aul. Gell. 11.5.7 ("*omnes omnino res, quae sensus hominum movent,* τῶν πρός τι *esse dicunt*"), che allude ai contenuti dell'opera di Favorino sui tropi scettici. Su questo argomento vedi Barigazzi, 1966, pp. 172-174 e Opsomer, 1998, p. 57.

Tuttavia, in questo passo Licino sembra interessato a mettere in evidenza la relazione sussistente tra dimostrazione e criterio di giudizio, qui rappresentato in maniera esemplare dalla figura dell'arbitro. La dimostrazione, infatti, nel pensiero scettico rientra nell'ordine delle cose non-evidenti che, per riuscire a discernere il vero dal falso, necessitano di un criterio di giudizio oggettivamente valido. Tuttavia, lo stesso criterio è oggetto di controversia, visto che la dimostrazione addotta per evidenziarne l'attendibilità necessita a sua volta di un altro criterio, precipitando così nel ragionamento fallace del diallele. Un passo significativo sulla relazione tra criterio e dimostrazione è in Sext. Emp. *Pyrrh. hyp.* 1.114-117. Dinanzi a differenti rappresentazioni, una scelta fondata è possibile solo grazie ad un giudizio e ad una dimostrazione comprovati (ὁ γὰρ προκρίνων φαντασίαν φαντασίας καὶ περίστασιν περιστάσεως ἤτοι **ἀκρίτως** καὶ **ἄνευ ἀποδείξεως** τοῦτο ποιεῖ ἢ **κρίνων** καὶ **ἀποδεικνύς**). Il giudizio, però, si fonda su un criterio, la cui validità può essere constatata solo attraverso una dimostrazione (εἰ γὰρ κρινεῖ τὰς φαντασίας, πάντως κριτηρίῳ κρινεῖ ... εἰ δὲ ἀληθὲς εἶναι τοῦτο φήσει, ἤτοι ἄνευ ἀποδείξεως λέξει ὅτι ἀληθές ἐστι τὸ κριτήριον, ἢ μετὰ ἀποδείξεως. καὶ εἰ μὲν ἄνευ ἀποδείξεως, ἄπιστος ἔσται· εἰ δὲ μετὰ ἀποδείξεως, πάντως δεήσει καὶ τὴν ἀπόδειξιν ἀληθῆ εἶναι, ἐπεὶ ἄπιστος ἔσται). Questa dimostrazione, però, a sua volta richiede un ulteriore criterio che, di conseguenza, implica una nuova dimostrazione, e così via all'infinito. Vedi anche *Adv. math.* 7.340-342, 8.379-380 e *Pyrrh. hyp.* 1.122 e 2.128 e 183.

Come ha rilevato per primo Tackaberry, 1930, p. 57, in questo passo Licino fa risiedere nel medesimo maestro sia la capacità dimostrativa sia il criterio di giudizio (§§ 68-69), in modo tale che *"the choice of the teacher, who is to be the* κριτήριον *of truth, and the faculty of* ἐπίδειξις *and* διάκρισις *are interdependent ... Accordingly we move about in a circle"*. Sulla falsariga di questa interpretazione si muovono anche Nesselrath, 1992, p. 3475 ed Esposito, 1995, p. 173. Benché il testo non riproduca esplicitamente questa argomentazione, è evidente che Licino intende far cadere il suo interlocutore nella rete del quinto tropo di Agrippa (τρόπος ὁ διάλληλος). A proposito dei tropi di Agrippa vedi Goedeckemeyer, 1905, pp. 238-246 e il più recente Barnes, 1990, pp. 58-66.

L'aggettivo ἀπέραντος rimanda ai λόγοι ἀπέραντοι della logica stoica: si tratta di discorsi falsi in quanto inconcludenti e segnati da una contraddizione insolubile tra le premesse e le conclusioni raggiunte (*SVF* 2.238 e 240). Similmente, il ragionamento di Ermotimo risulta incapace di raggiungere una conclusione fondata, essendo condannato alla ricerca di prove mai definitive.

Il verbo ἵστημι è usato in senso figurato per indicare un risultato teorico invariabile. Questa accezione è testimoniata sin da Ar. *Eth. Nic.* 2.2.1104a3; Philod. *Rhet.* 2.38 (in riferimento ad un conoscere ἑστηκότως καὶ βεβαίως), 39 e 48 (οὐδ' οὕτω ... ἕστηκεν ὁ λόγος), ma anche in Pol. 21.11.3 (ἔστη τῇ διανοίᾳ) e nel più tardo Iambl. *Protr.* 21. Con il verbo successivo (καταληφθῆναι) Licino allude, invece, in maniera non troppo velata, alla κατάληψις stoica. Nella dottrina stoica essa rappresenta una comprensione intellettiva pienamente fondata, ponendosi come la condizione imprescindibile della conoscenza vera (cfr. il § 7). Sull'attacco scettico a questo principio centrale della gnoseologia stoica vedi *infra*, p. 541.

τὰς ἀποδείξεις αὐτάς, ὁπόσας οἷόν τε εὑρίσκειν, ἀμφισβητουμένας ὄψει ... αἱ γοῦν πλεῖσται αὐτῶν δι' ἄλλων ἀμφισβητουμένων πείθειν ἡμᾶς βιάζονται εἰδέναι, αἱ δὲ τοῖς πάνυ προδήλοις τὰ ἀφανέστατα συνάπτουσαι οὐδὲν αὐτοῖς κοινωνοῦντα ἀποδείξεις ὅμως αὐτῶν εἶναι φάσκουσιν: Licino espone le caratteristiche di due differenti tipologie di false dimostrazioni: da un lato quelle che pretendono di fondare la propria credibilità con l'ausilio di altre dimostrazioni controverse e, dall'altro, quelle che si basano su assunti oscuri e ingiustificati. Come è stato già opportunamente mostrato da Schwarz, 1914, pp. 44-45, la polemica contro la dimostrazione è rintracciabile in termini analoghi nelle fonti scettiche. In Sext. Emp. *Adv. math.* 8.353 si sostiene che le premesse di una prova possano essere controverse o sicure. Nel primo caso, ossia se una prova si basasse su premesse incerte, la prova stessa si rivelerebbe insicura, mentre è molto più raro imbattersi in circostanze in cui le premesse di una dimostrazione appaiano evidenti e siano garanti certe della verità (τὰ λήμματα ... ἀποδείξεως ... ἤτοι ἀμφισβητεῖται καὶ ἄπιστά ἐστιν ἢ ἀναμφισβήτητά ἐστι καὶ πιστά. ἀλλ' εἰ μὲν ἀμφισβητεῖται καὶ ἄπιστά ἐστιν, πάντως καὶ ἡ ἐξ αὐτῶν ἀπόδειξις ἄπιστος γενήσεται πρὸς τὴν τινος κατασκευήν. τὸ δὲ πιστὰ αὐτὰ εἶναι καὶ ἀναμφισβήτητα εὐχὴ μᾶλλόν ἐστιν ἢ ἀλήθεια). Per quanto riguarda il secondo caso, invece, Sext. Emp. *Adv. math.* 8.430 insiste sull'inferenza logica impropria praticata in alcuni ragionamenti, privi di una solida coerenza argomentativa tra le premesse e le rispettive conclusioni (φασὶ τετραχῶς γίγνεσθαι τὸν ἀπέραντον λόγον ... κατὰ διάρτησιν μέν, ὅταν μηδεμίαν ἔχῃ κοινωνίαν καὶ συνάρτησιν τὰ λήμματα πρὸς ἄλληλά τε καὶ πρὸς τὴν ἐπιφοράν). Cfr. la sezione analoga in *Pyrrh. hyp.* 2.177-182.

La discussione approfondita sulle dimostrazioni potrebbe apparire ridondante nel tessuto dei contenuti dell'*Hermotimus* se non fosse opportunamente contestualizzata all'interno della polemica antistoica, che Licino porta avanti durante tutto il dialogo. Per gli Stoici, infatti, la dimostrazione è un argomento vero, il cui valore persuasivo consiste nel modo in cui perviene ad una conclusione non manifesta attraverso la forza logicamente stringente che consegue dalla combinazione delle premesse. A questo riguardo vedi *Pyrrh. hyp.* 2.135 (ἔστιν οὖν, ὥς φασίν, ἡ ἀπόδειξις λόγος δι' ὁμολογουμένων λημμάτων κατὰ συναγωγὴν ἐπιφορὰν ἐκκαλύπτων ἄδηλον); *Adv. math.* 8.310 (ἡ ἀπόδειξις πρὸ παντὸς ὀφείλει λόγος εἶναι, δεύτερον συνακτικός, τρίτον καὶ ἀληθής, τέταρτον καὶ ἄδηλον ἔχων συμπέρασμα, πέμπτον καὶ ἐκκαλυπτόμενον τοῦτο ἐκ τῆς δυνάμεως τῶν λημμάτων) e Cic. *Ac. pr.* 2.26 ("*argumenti conclusio, quae est Graece* ἀπόδειξις, *ita definitur: ratio, quae ex rebus perceptis ad id, quod non percipiebatur, adducit*"). Al contrario, secondo gli Scettici il vero è qualcosa di non manifesto, che non può essere portato alla luce né mediante l'uso di segni (σημεῖα) né tantomeno facendo ricorso ad argomenti dimostrativi (ἀποδείξεις). In Sext. Emp. *Pyrrh. hyp.* 2.122 e *Adv. math.* 8.277, ad esempio, la dimostrazione è considerata della stessa natura del segno, dal momento che la combinazione delle premesse dovrebbe costituire il segno dell'esistenza della conclusione stessa. Cfr. Cic. *Ac. pr.* 2.27 ("*quo modo quemquam aut conclusisse aliquid aut invenisse dicemus, aut quae esset conclusi argumenti fides?*").

Si noti che nella fase precedente del dialogo (§§ 15-19) Licino si era concentrato sulla discussione dei segni presumibilmente capaci di condurre alla verità, mostrandone di volta in volta la completa infondatezza. Vedi *supra*, p. 257. In questo passo, invece, l'acume critico di Licino è diretto sulle dimostrazioni, un punto intorno al quale si è concentrata larga parte della speculazione logica stoica rappresentata da Ermotimo.

L'attacco scettico contro la dimostrazione è volto a mettere in luce l'assenza di un fondamento argomentativo tale da condurre a ciò che non è evidente, escludendo la possibilità di basarsi su premesse presumibilmente comprovate. A questo proposito, gli Scettici hanno preso di mira le cosiddette nozioni comuni degli Stoici, note anche come προλήψεις ο κοιναὶ ἔννοιαι: si tratta di elementi preliminari alla conoscenza, che si genererebbero naturalmente in tutti gli individui, originando tutte le preposizioni relative ai singoli casi particolari (Sext. *Adv. math.* 8.332; 9.61 e 124; 11.21). Su questo argomento si veda Baldassarri, 1985, pp. 8-9 e 284-285; Barnes, 1990, pp. 125-131 e Hankinson, 1995, pp. 209-212.

Nel nostro passo Licino sembra voler attaccare proprio le premesse dell'argomentazione stoica che, non essendo dimostrabili, inducono a conclusioni improprie ed inconsistenti. In tal modo, oltre a non essere sufficientemente giustificate, le dimostrazioni riflettono un uso tutt'altro che rigoroso della ragione. In definitiva, Licino, adattando adeguatamente motivi propriamente scettici, riesce nel suo intento di precludere al suo interlocutore ogni possibilità di pervenire per via logico-argomentativa alla verità, motivo per cui Ermotimo subito dopo dichiara apertamente la sua sconfitta (vedi *infra*, pp. 498-499).

ὥσπερ εἴ τις οἴοιτο ἀποδείξειν εἶναι θεούς, διότι βωμοὶ αὐτῶν ὄντες φαίνονται: Licino cita uno dei paradossi argomentativi stoici (*SVF* 2.1019 e Sext. Emp. *Adv. math.* 9.132). In *Iupp. trag.* 51 lo stoico Timocle riporta lo stesso paradigma, presentandolo nella forma di un sillogismo regolare diretto contro l'epicureo Damide (ἴδοις γὰρ εἰ ἀκόλουθα ταῦτα συλλογίζομαι, καὶ εἴ πῃ αὐτὰ δυνατόν σοι περιτρέψαι. εἰ γὰρ εἰσὶ βωμοί, εἰσὶ καὶ θεοί· ἀλλὰ μὴν εἰσὶ βωμοί, εἰσὶν ἄρα καὶ θεοί). Cfr. Coenen, 1977, p. 139. Analogamente, Cicerone fa cenno al ragionamento fallace in base al quale la presenza di astrologi interpreti delle divinità costituirebbe la prova dell'esistenza delle divinità stesse (*De nat. deor.* 2.12: "*quorum enim interpretes sunt, eos ipsos esse certe necesse est; deorum autem interpretes sunt; deos igitur esse fateamur*"). Cfr. *De div.* 1.9-10 e 2.14. A tal proposito vedi Pease, 1958, p. 578.

In generale, in questo passo Licino assesta un attacco contro la vacuità delle complesse formulazioni sillogistiche stoiche, che costituiscono i bersagli critici preferiti da Luciano (in *Vit. auct.* 21-25, per esempio, numerosi concetti stoici sono oggetto di un'arguta parodia, mentre in *Iupp. trag.* 35-52 emerge l'inettitudine dei ragionamenti stoici rispetto a quelli epicurei). Su questo aspetto della tecnica parodica lucianea vedi Dolcetti, 1996, pp. 73-81 e Schlapbach, 2010, soprattutto p. 6. Anche in Cic. *De fin.* 4.3-7 e 48-49 è descritta la futilità dei ragionamenti stoici, che cercano di esercitare una forza persuasiva di cui in realtà non dispongono. Cfr. Sen. *Ep.* 45.5, il quale parla delle *captiosae disputationes* logiche e degli effetti moralmente negativi provocati in chi le studia. In riferimento a questo tema vedi Barnes, 1997, pp. 1-23.

καθάπερ οἱ ἐν κύκλῳ θέοντες ἐπὶ τὴν αὐτὴν ἀρχὴν καὶ ἀπορίαν ἐπανεληλύθαμεν: Licino rimarca efficacemente la sterilità dell'intera discussione, che è ritornata alla medesima aporia attestata nella fase iniziale del dialogo (§§ 15-20). Questa dichiarazione, però, ha delle conseguenze molto più significative per Ermotimo, che non è riuscito a fornire una giustificazione sufficientemente valida per la sua scelta filosofica, cedendo dinanzi ai ragionamenti formulati da Licino. Di conseguenza, tutta la sezione centrale del dialogo appare come il vano tentativo da parte dell'aspirante stoico di trovare una soluzione al suo *deficit* argomentativo, che termina con la sua definitiva confutazione (§ 71: οἷά με εἰργάσω, ὦ Λυκῖνε, ἄνθρακάς μοι τὸν θησαυρὸν ἀποφήνας). In Plat. *Euthyd.* 291b-c Socrate ricorre ad una formulazione simile per constatare che, nel corso della conversazione, non c'è stato progresso, essendo bensì ritornati nelle medesime difficoltà riscontrate all'esordio del dialogo (ἐνταῦθα ὥσπερ εἰς λαβύρινθον ἐμπεσόντες, οἰόμενοι ἤδη ἐπὶ τέλει εἶναι, περικάμψαντες πάλιν ὥσπερ ἐν ἀρχῇ τῆς ζητήσεως ἀνεφάνημεν ὄντες καὶ τοῦ ἴσου δεόμενοι ὅσουπερ ὅτε τὸ πρῶτον ἐζητοῦμεν).

La sperimentazione dell'aporia costituisce un motivo ricorrente nei dialoghi "menippei" di Luciano. In *Icar.* 5 Menippo, dinanzi all'inspiegabilità dei fenomeni naturali e alle numerose e contrastanti dottrine filosofiche, resta a tal punto sconcertato da prendere la decisione di volare presso Zeus. Anche in *Nec.* 3-4 lo stesso Menippo è messo in difficoltà dalla molteplicità delle voci filosofiche, motivo per cui intraprende il viaggio nell'Ade con la speranza di interrogare Tiresia, ottenendone una risposta rassicurante. In entrambi i casi l'aporia iniziale costituisce l'*input* dell'azione che, dopo aver attraversato tutta una serie di peripezie, giunge alla soluzione del problema iniziale. Sui dialoghi menippei di Luciano vedi il quadro riassuntivo in Nesselrath, 2001[1], pp. 23-25 e Camerotto, 2014, pp. 83-104. L'aporia sperimentata da Ermotimo, invece, dà la stura ad un dialogo serrato con Licino, nel corso del quale questi riesce a ribaltare tutti i tentativi di difesa dell'aspirante stoico, manifestando la vanità delle sue pretese dogmatiche.

Critica testuale

§ 68) καὶ σὺ καὶ πρὸς τοῦτο ὅρα: si tratta del testo di E, stampato da Reitz, Jacobitz, Kilburn e Macleod, in cui il pronome personale σύ è costruito regolarmente con l'imperativo (ὅρα). Nel codice L, invece, è omessa la seconda congiunzione καί (καὶ σὺ πρός), mentre in Γ appare solo καὶ πρός. Fritzsche, viceversa, propone la lezione del manoscritto M καί σοι καί, facendo dipendere sintatticamente σοι dal verbo δεῖ che segue. Mentre Sommerbrodt approva il testo di Fritzsche, Bekker, seguito da Dindorf, stampa καὶ αὖ καί. Nonostante si tratti di emendazioni legittime dal punto di vista morfosintattico, esse non trovano adeguata giustificazione nell'economia del testo, dove il pronome personale σύ posto tra i due καί serve a dare enfasi al nuovo tema che sta per essere introdotto, richiamando così l'attenzione di Ermotimo.

εἴ ποτε τοιαύτην τινὰ δύναμιν καὶ τέχνην πορισάμενος ἴῃς ἐπὶ τὴν ἐξέτασιν τῶν λεγομένων: a partire da Reitz, la maggior parte degli editori stampa l'imperfetto ᾔεις, mentre Macleod preferisce il congiuntivo presente ἴῃς attestato in L. Al contrario, in ΓE il fenomeno dell'itacismo ha prodotto la forma εἴης, generando una certa confusione tra queste forme verbali. In realtà, in questo passo, secondo le regole della grammatica classica, la forma verbale sintatticamente più corretta sarebbe l'ottativo ἴοις suggerito da Bekker, dato che il congiuntivo nella protasi del periodo ipotetico del secondo tipo dovrebbe essere introdotto dalla congiunzione ἐάν. Tuttavia, Luciano utilizza spesso periodi ipotetici misti, così da rendere plausibile la presenza del congiuntivo in questa sede, tanto più perché si trova attestato in una parte della tradizione. In coerenza con l'affermazione pronunciata poco prima (§ 68: καὶ μόνη σοι αὕτη πιστὴ καὶ βέβαιος ἐλπίς), con il congiuntivo Licino riuscirebbe a presentare come concretamente attuabile la speranza di arrivare alla verità. Sulla portata semantica dei periodi ipotetici misti in questo dialogo vedi *supra*, p. 450.

Inoltre, la proposizione dubitativa introdotta da εἴ ποτε è da intendersi in stretto contatto con quanto precede, poiché fa accenno all'applicazione della medesima tecnica adottata sia nella disamina delle monete sia nel discernimento tra le dottrine dei filosofi. Al contrario, la proposizione introdotta da εἰ δὲ μή ha una valenza disgiuntiva, non solo rispetto all'enunciato dubitativo (εἴ ποτε τοιαύτην τινὰ δύναμιν καὶ τέχνην πορισάμενος ἴῃς κτλ.), ma anche in relazione a tutto il periodo precedente. Per questa ragione, l'aggiunta della particella μέν (εἴ μέν ποτε τοιαύτην τινὰ δύναμιν καὶ τέχνην πορισάμενος ἴῃς), proposta da Cobet ed accolta da Dindorf, Fritzsche e Sommerbrodt in correlazione con il δέ della proposizione successiva, appare inopportuna, in quanto segnala un'interpretazione impropria dell'intero periodo.

§ 69) **τὸ βέλτιστον**: si tratta della lezione presente in L e accolta da tutti gli editori, salvo Macleod che stampa τὸ βέλτιον attestato in ΓΕ. Il grado superlativo dell'aggettivo denota in maniera più efficace il bene supremo cui si allude in questo passo, corrispondente alla verità presente al culmine del percorso formativo. A partire da Reitz ("*quod optimum est*"), passando per Bekker, fino a Sommerbrodt ("*est enim ipsa veritas res omnium optima*") e Kilburn ("*the best*"), in questo passo è stata ripetutamente avvertita come più opportuna l'indicazione di un bene assoluto, piuttosto che relativo o subalterno ad altre condizioni. Su τὸ βέλτιον in Luciano vedi *Symp.* 23 (οὔπω γὰρ δύνασαι διακρίνειν τὸ βέλτιον) e 34; *Bis acc.* 21, in cui si discute della dottrina migliore tra quella stoica ed epicurea (τὸ βέλτιον ἐξ ἀμφοῖν δοκιμάσας εἵλετο); *Iupp. conf.* 7 e *Cont.* 3. Inoltre, τὸ βέλτιστον è presente ai §§ 49 e 64 del nostro dialogo, in *Philops.* 2 (τὸ χείριστον ἀντὶ τοῦ βελτίστου προαιροῦνται) e *Cont.* 3.

ὡς ἐγγυτέρω σε ποιήσειν τῆς ἐλπίδος: questo è il testo trasmesso dai codici e approvato da Reitz, Bekker, Dindorf, Jacobitz, Kilburn e Macleod. Nonostante il passo non richieda interventi emendativi, Fritzsche nota che sarebbe più opportuno un infinito aoristo (ποιῆσαι), benché introduca nel testo il participio futuro ποιήσων. Decisamente più interessante è la proposta di Schwartz, accolta da Sommerbrodt: ὅ σ' ἐγγυτέρω ποιήσει, che ha il vantaggio di rendere il testo più aderente ad un dettato dialogico diretto e sintatticamente meno elaborato. Tuttavia, il testo tradito non necessita di questi interventi, considerato che gli interlocutori ostentano talvolta un dettato particolarmente raffinato. Vedi *supra*, pp. 325, 368 e 429.

§ 70) **ἀλλά τινα ζητήσομεν**: Cobet, seguito da Fritzsche e da Sommerbrodt, espunge il pronome indefinito τινα, ritenendolo prodotto per analogia all'altro di poco precedente (§ 70: κἂν εὕρωμεν ὑπισχνούμενόν τινα εἰδέναι). Tuttavia, la ripetizione del pronome non è accessoria, né grava sulla struttura sintattica del testo. Al contrario, l'anafora del pronome esprime in maniera più pregnante la continua necessità di nuovi giudici, i quali verificando la validità delle valutazioni espresse precedentemente da altri, delineano così un procedimento che, in mancanza di un criterio oggettivamente valido, è destinato a protrarsi *ad infinitum*.

αἱ γοῦν πλεῖσται αὐτῶν δι' ἄλλων ἀμφισβητουμένων πείθειν ἡμᾶς βιάζονται εἰδέναι: il verbo βιάζεσθαι in questo passaggio assume il significato di πειρᾶσθαι (cfr. Nesselrath, 1990¹, p. 508). Cfr. il § 3, dove Ermotimo sostiene di essere ancora ai piedi del monte della virtù e di essersi appena sobbarcato alla fatica della salita (ἐν τῇ ὑπωρείᾳ κάτω ἔτι, ὦ Λυκῖνε, ἄρτι προβαίνειν βιαζόμενον).

Nesselrath propone di espungere il verbo εἰδέναι, senza il quale la frase risulterebbe meglio articolata. In realtà, nonostante in questo passo ci sia un indubitabile accumulo di verbi (πείθειν ἡμᾶς βιάζονται εἰδέναι), il verbo εἰδέναι appare del tutto integrato nel testo. Licino sostiene che non è possibile trovare un maestro affidabile perché tutti gli indirizzi filosofici esistenti pretendono di conoscere la verità, cercando di convincere i potenziali discepoli della loro autenticità. Si tratta di un *Leitmotiv* della satira filosofica architettata nel corso del dialogo, pur ricorrendo con formulazioni lievemente differenti. Cfr. i §§ 25 (ὅσον μὲν ἐπὶ τῷ ὑπισχνεῖσθαι καὶ φάσκειν εἰδέναι πολλὴ ἀφθονία τῶν ἡγησομένων); 26 (ἐν τῇ εἰσόδῳ μάλα τις ἀξιόπιστος ... προτρέπει κατὰ τὴν αὐτοῦ ἀπιέναι, λέγων ἕκαστος αὐτῶν μόνος τὴν εὐθεῖαν εἰδέναι); 68 (διακρῖναι τοὺς εἰδότας καὶ διαγνῶναι ἀπὸ τῶν οὐκ εἰδότων μέν, φασκόντων δέ) e 70 (κἂν εὕρωμεν ὑπισχνούμενόν τινα εἰδέναι τε ἀπόδειξιν καὶ ἄλλον διδάξειν, οὐκ αὐτίκα, οἶμαι, πιστεύσομεν αὐτῷ). La conoscenza della dottrina filosofica vera costituisce il tema centrale del dialogo, come pure l'argomento principe dell'antidogmatismo di Licino, che smaschera i vani convincimenti dell'aspirante stoico ed esige dimostrazioni solide a sostegno della sua presunta conoscenza. Di conseguenza, il verbo εἰδέναι non sovraccarica inutilmente la sintassi del periodo, riportando la discussione al tema centrale del dialogo.

§ 71) Ermotimo è costretto a prendere atto delle parole di Licino, che hanno inficiato la validità del cammino di studi percorso fino a quel momento, minando definitivamente ogni speranza di poter raggiungere la verità. Licino, invece, generalizza la condizione di Ermotimo, accomunandola a quella di tutti i filosofi che si dimenano in una lotta sterile, incapace di ottenere i risultati ambiti. In particolare, Licino suggerisce un paragone di più ampio respiro, equiparando la vana boriosità delle aspirazioni dei filosofi a desideri sproporzionati destinati a fallire, facendo precipitare nello sconcerto quanti si fossero illusi di poterli realizzare. Nonostante Ermotimo non introduca il termine tecnico di ἐποχή, egli sperimenta *de facto* la condizione di paralisi intellettuale delineata anche in altri dialoghi lucianei (cfr. *Icar.* 5 e *Nec.* 4-5). Un accenno diretto al termine tecnico scettico è in *Vit. auct.* 27, nelle parole della vita scettica impersonata da Pirria (**ἐπέχω** περὶ τούτου καὶ διασκέπτομαι) e in *Icar.* 25, in riferimento alle difficoltà in cui precipita Zeus di fronte alle richieste contrastanti degli uomini (**τὸ Ἀκαδημαϊκὸν ἐκεῖνο ἐπεπόνθει** καὶ οὐδέν τι ἀποφήνασθαι δυνατὸς ἦν, ἀλλ' ὥσπερ ὁ Πύρρων **ἐπεῖχεν** ἔτι καὶ διεσκέπτετο). In *Ver. Hist.* 2.18, invece, è descritta l'ἐπίστασις psicofisica dei filosofi scettici, che non riescono a raggiungere l'isola dei Beati. Sulla presenza di questo concetto in Luciano vedi Schwarz, 1914, p. 75 e Beaupère, 1967, vol. II, pp. 141-142.

οἷά με εἰργάσω, ὦ Λυκῖνε, ἄνθρακάς μοι τὸν θησαυρὸν ἀποφήνας, καὶ ὡς ἔοικεν ἀπολεῖταί μοι τὰ τοσαῦτα ἔτη καὶ ὁ κάματος ὁ πολύς: Ermotimo cita un proverbio particolarmente calzante per evidenziare l'instabilità delle fortune umane, esposte a rovesci improvvisi difficilmente prevedibili (Zenob. 2.1: ἄνθρακες ὁ θησαυρὸς πέφηνεν). Cfr. Rein, 1894, p. 84.

In *Nav.* 26 Licino redarguisce Adimanto poiché ripone le sue maggiori speranze nei beni materiali in suo possesso, ignorando la volubilità della sorte delle stesse ricchezze (οἶσθα οὖν, ὦ Ἀδείμαντε, ὡς πάνυ σοι ἀπὸ λεπτῆς κρόκης ὁ πᾶς οὑτοσὶ πλοῦτος ἀπήρτηται, καὶ ἢν ἐκείνη ἀπορραγῇ, πάντα οἴχεται καὶ ἄνθρακές σοι ὁ θησαυρὸς ἔσται;). Si tratta di un tema propriamente diatribico: vedi Husson, 1970, vol. II, p. 65 e *supra*, p. 320. Su questo motto vedi anche Alc. *Ep.* 4.18.13 e Phaedr. 5.6.6. In generale, sull'uso dei proverbi da parte di Luciano sono ancora utili le osservazioni di Otto, 1890, p. 76 e Bompaire, 1958, pp. 408-410. Una buona panoramica sul tema è in Tomassi, 2011². In *Tim.* 41 il misantropo Timone adotta una formulazione affine per esprimere il suo timore di trovare improvvisamente il tesoro appena scoperto trasformato in carboni (ὦ Ζεῦ … πόθεν τοσοῦτον χρυσίον; ἦ που ὄναρ ταῦτά ἐστι; δέδια γοῦν μὴ ἄνθρακας εὕρω ἀνεγρόμενος), mentre in *Zeux.* 2 questo stesso proverbio manifesta l'inconsistenza della fama ottenuta da Luciano (τὸ δὲ κατὰ τὴν παροιμίαν ἄνθρακες ἡμῶν ὁ θησαυρὸς ἦσαν). Si veda anche *Philops.* 32, in riferimento alla vanità del racconto pronunciato dal sapiente Arignoto (σὺ τοιοῦτος ἦσθα, ἡ μόνη ἐλπὶς τῆς ἀληθείας —καπνοῦ μεστὸς καὶ ἰνδαλμάτων; τὸ γοῦν τοῦ λόγου ἐκεῖνο, ἄνθρακες ἡμῖν ὁ θησαυρὸς πέφηνε).

Per quanto concerne l'espressione οἷά με εἰργάσω, Macleod, vol. IV, 1987, p. 73 e von Möllendorff, 2000¹, p. 179 rilevano un eventuale riferimento a Soph. *Phil.* 927-929, là dove Filottete esterna tutto il suo disappunto per essere stato ingannato da Neottolemo (ὦ πῦρ σὺ καὶ πᾶν δεῖμα καὶ πανουργίας / δεινῆς τέχνημ' ἔχθιστον, οἷά μ' εἰργάσω, / οἷ' ἠπάτηκας). Altri potenziali ipotesti tragici possono essere individuati anche in Aesch. fr. 311 Radt (πολλά … εἴργασται κακά); Soph. *Tr.* 1203 (τί εἶπας; οἷά μ' εἴργασαι) ed Eur. *Med.* 293 (μεγάλα τ' εἴργασται κακά). Su questa formula tragica vedi Rau, 1967, pp. 50 e 63. Accennando appena un riferimento tragico, Ermotimo innalza di sorpresa il livello del suo dettato al punto da proiettare un'ombra autoironica sul suo tormento personale. Luciano mostra una notevole abilità nell'adattamento di citazioni tragiche a contesti in cui finiscono per provocare effetti di segno opposto, secondo il gusto dello *spoudaiogeloion* che contraddistingue l'autore. Si veda a questo proposito Karavas, 2005, p. 173 e Camerotto, 2014, *passim*. In *Iupp. trag.* 1 Zeus pronuncia un'espressione tragica affine (σύ τ', ὦ Προμηθεῦ, οἷά μ' εἴργασαι κακά). Cfr. Coenen, 1977, p. 41. Sulla presenza di elementi tragici nei dialoghi di Luciano è particolarmente significativa l'intera sezione di *Iupp. trag.* 1-5 e *Fug.* 33, ove si parla di τραγικοὶ διάλογοι, con evidente allusione alla ripresa di parole o intere locuzioni tragiche rifunzionalizzate nel contesto satirico di arrivo. Su questo argomento vedi Russo, 1994-1995, pp. 247-260.

πάντες ὡς ἔπος εἰπεῖν περὶ ὄνου σκιᾶς μάχονται οἱ φιλοσοφοῦντες: Licino risponde al proverbio di Ermotimo con un altro altrettanto efficace. L'origine di questo modo di dire è fatto risalire dallo scoliaste di Luciano (Rabe, p. 245) ad un episodio occorso nella vita di Demostene. Accusato ingiustamente, al retore ateniese non sarebbe stata concessa la possibilità di una difesa sistematica, nel timore che la sua abilità oratoria potesse avere il sopravvento sui giurati. Tuttavia Demostene, sfruttando il poco tempo a sua disposizione, sarebbe riuscito ad esporre un racconto in maniera così efficace da guadagnarsi l'attenzione dei presenti. Un tale, giunto ad Atene, assoldò una guida perché lo aiutasse a trasportare i suoi beni sulla via del ritorno verso Megara. Sotto la canicola di mezzogiorno il conducente, deposto il carico dall'asino, si accomodò all'ombra dell'animale. Alla richiesta del passeggero di condividerla insieme con lui, il conducente rispose di aver dato in affitto solo l'asino e non anche la sua ombra, facendo scaturire un acceso dibattito (μάχη). A questo punto, Demostene avrebbe interrotto strategicamente la sua narrazione, suscitando la curiosità dei giudici, i quali, mentre prima gli avevano impedito di parlare, ora lo invitavano a proseguire il racconto della vicenda. Lo scoliaste commenta l'episodio, rilevandone il valore proverbiale (ὅθεν τό τε τοῦ διηγήματος εὔστοχον καὶ τὸ τοῦ φρονήματος παρρησιαστικὸν διαμνημονευθὲν παροιμίας ἔλαβε τάξιν). Nel nostro passo, infatti, l'espressione περὶ ὄνου σκιᾶς μάχονται, lungi dal riflettere qualsiasi contatto con il contesto originario, evidenzia i conflitti spesso insignificanti che hanno origine nell'ambito delle discussioni filosofiche.

Questo stesso proverbio ricorre in Arist. *Vesp.* 191, il cui scolio riporta il medesimo aneddoto, senza attribuirlo esplicitamente a Demostene. Vedi anche Arist. fr. 199 K.-A., mentre un riferimento indiretto si può cogliere in *Ran.* 186. Si noti che Archippo scrisse una commedia intitolata ὄνου σκιά, probabilmente successiva alle *Vespae* di Aristofane, il che conferma la diffusione di questo aneddoto prima di Demostene. Inoltre, esso è attestato anche in Soph. fr. 331 Radt, lasciando presupporre che la narrazione ricondotta a Demostene sia "*a piece of blague, an attempted explanation of a proverb that was really old*" (Starkie, 1968, pp. 150-151). Infine, si noti che lo scolio a Plat. *Phaedr.* 260c riconduce il proverbio a Demostene, così come avviene anche in Ps.-Plut. *Vit. dec. or.* 8.848A-B.

ὅμοιόν μοι δοκεῖς ποιεῖν ὥσπερ εἴ τις δακρύοι καὶ αἰτιῷτο τὴν τύχην, ὅτι μὴ δύναιτο ἀνελθεῖν εἰς τὸν οὐρανόν ... ἢ ὅτι μὴ ἀρθεὶς πτηνὸς αὐθημερὸν ἀπὸ τῆς Ἑλλάδος εἰς Ἰνδοὺς τελεῖ: l'India designa uno dei punti estremi del mondo conosciuto (§§ 4 e 27), in contrapposizione all'altro segnato dalle colonne d'Ercole (cfr. *Pseud.* 3). La percezione degli Indiani come popolo ai confini del mondo attraversa tutta la storiografia greca, dal noto resoconto erodoteo (3.98-106) fino ai ragguagli di età ellenistica. Cfr. Zambrini, 1987, pp. 139-154 (soprattutto a proposito degli *Indikà* di Arriano), e Asheri - Medaglia, 1990, pp. 324-325.

In questo passo Licino rimprovera Ermotimo perché sembra aspirare a qualcosa di difficilmente realizzabile, paragonandolo ad un viaggio impraticabile nel corso di una sola giornata. A tal proposito, in *Nav.* 44 Timolao esprime il desiderio di riuscire a compiere nell'arco di un giorno un *tour* straordinario, tale da consentirgli di annunciare a Babilonia il nome del vincitore ai giochi olimpici, di fare poi colazione in Siria ed infine di cenare in Italia (τὸ πάντων ἥδιστον, αὐθημερὸν ἀγγεῖλαι ἐς Βαβυλῶνα, τίς ἐνίκησεν Ὀλύμπια, καὶ ἀριστήσαντα, εἰ τύχοι, ἐν Συρίᾳ δειπνῆσαι ἐν Ἰταλίᾳ). Cfr. Anderson, 1976[1], p. 121, (secondo il quale questi due passi sono accomunati dalla descrizione di "*an absurd voyage*") e Husson, 1970, vol. II, pp. 92-93.

Meno cogente è il collegamento individuato da Schwartz, 1965, p. 90 tra il viaggio sottomarino descritto in questo passo e quello che il fiume Alfeo avrebbe compiuto dall'Arcadia a Siracusa, mosso dal desiderio di mescolarsi con le acque della fonte Aretusa (vedi *Dial. mar.* 3 e *Salt.* 48). Si tratta di due esempi differenti, il cui percorso sott'acqua è solo una parte del viaggio descritto da Licino, che si svolge in una direzione e verso punti topografici differenti rispetto a quelli presenti nel mito.

Si noti, infine, che il rimprovero diretto alla τύχη è un tema propriamente diatribico, diffuso tra i moralisti antichi. A questo proposito si veda Fuentes-González, 1998, p. 531 e le numerose indicazioni fornite *supra*, p. 322.

τὸ δ' αἴτιον τῆς λύπης, ὅτι ἠλπίκει, οἶμαι, ἢ ὄναρ ποτὲ ἰδὼν τοιοῦτον ἢ αὐτὸς αὑτῷ ἀναπλάσας, οὐ πρότερον ἐξετάσας εἰ ἐφικτὰ εὔχεται καὶ κατὰ τὴν ἀνθρώπου φύσιν: questa affermazione risulta pienamente comprensibile nel contesto della discussione precedente. Lo studio complessivo di tutte le filosofie, quale premessa imprescindibile per arrivare alla conoscenza della verità, oltrepassa i limiti cronologici consueti di una vita umana (§ 49), apparendo impraticabile. Nel corso del dialogo ricorre spesso il riferimento alla natura umana quale termine di comparazione concreto per valutare l'effettiva accessibilità di una scuola filosofica (§§ 50; 64; 67), ovvero il raggiungimento della verità. Cfr. il § 76 a proposito della dubbia percorribilità della via degli studi stoici.

L'esercizio della filosofia stoica, pertanto, assume i contorni paradossali di uno dei desideri esuberanti nutriti in sogno (πολλὰ καὶ θαυμαστὰ ὀνειροπολῶν), ma anche di una semplice immaginazione, meglio definita poco dopo nel corso della medesima battuta (τὴν κενὴν μακαρίαν ἑαυτοῖς ἀναπλάττοντες). Nel *corpus* lucianeo sono descritte numerose situazioni affini a questa. In *Gall.* 1 Micillo rimprovera duramente il gallo per averlo destato dai suoi lieti sogni, richiamandolo alle faccende quotidiane (ὅς με πλουτοῦντα καὶ ἡδίστῳ ὀνείρατι συνόντα καὶ θαυμαστὴν εὐδαιμονίαν εὐδαιμονοῦντα διάτορόν τι καὶ γεγωνὸς ἀναβοήσας ἐπήγειρας). In *Nav.* 46, invece, Licino mette alla berlina i suoi interlocutori, che hanno espresso a turno desideri inverosimili, presentati come il frutto di sogni destinati a soccombere dinanzi alle sollecitudini della realtà (ἐπειδὰν ἡ εὐδαιμονία μὲν ὑμῖν καὶ ὁ πολὺς πλοῦτος οἴχηται ἀποπτάμενος, αὐτοὶ δὲ καταβάντες ἀπὸ τῶν θησαυρῶν τε καὶ διαδημάτων ὥσπερ ἐξ ἡδίστου ὀνείρατος ἀνεγρόμενοι ἀνόμοια τὰ ἐπὶ τῆς οἰκίας εὑρίσκητε). La stravaganza degli interlocutori di Licino è tanto più significativa perché si tratta di filosofi che avrebbero dovuto esibire un carattere ragionevole ed equilibrato (cfr. Husson, 1970, vol. II, p. 102). Anche Ermotimo non è pienamente cosciente delle difficoltà che comporta il suo progetto, vale a dire la ricerca della verità filosofica, prendendo progressivamente coscienza nel corso della conversazione dei limiti invalicabili che ne precludono la realizzazione. Per questo motivo al § 83, dopo aver accettato l'azione del λόγος confutatorio di Licino, l'aspirante stoico ammette di aver riacquisito la sobrietà intellettuale e di poter valutare con maggiore obiettività la sua situazione. Cfr. *infra*, p. 566.

καὶ δὴ καὶ σέ, ὦ ἑταῖρε, πολλὰ καὶ θαυμαστὰ ὀνειροπολοῦντα νύξας ὁ λόγος ἀπὸ τοῦ ὕπνου ἐκθορεῖν ἐποίησεν· εἶτα ὀργίζῃ αὐτῷ ἔτι μόλις τοὺς ὀφθαλμοὺς ἀνοίγων καὶ τὸν ὕπνον οὐ ῥᾳδίως ἀποσειόμενος ὑφ' ἡδονῆς ὧν ἑώρας: in *Gall.* 1 Micillo manifesta la medesima reazione stizzita dopo che il canto mattutino del gallo lo ha destato dai suoi sogno felici. Il risentimento di Ermotimo, però, ha delle conseguenze di maggiore rilievo, poiché facendolo apparire ancora soggiacente alle passioni dell'ὀργή e dell'ἡδονή, ne palesa tutta l'imperfezione morale. Sull'assenza di passioni dal saggio stoico vedi *supra*, pp. 224-226 e *infra*, pp. 535-536. Inoltre, Micillo, rievocando il sogno meraviglioso, indugia sulla sensazione di piacere che persiste anche una volta sveglio e con un'intensità tale da permettergli a stento di riaprire le palpebre (*Gall.* 6: οὕτως μοι πολὺ τὸ μέλι ἐν τοῖς ὀφθαλμοῖς ὁ ὄνειρος καταλιπὼν ᾤχετο, ὡς **μόγις** ἀνοίγειν **τὰ βλέφαρα** ὑπ' αὐτοῦ εἰς ὕπνον αὖθις κατασπώμενα). Allo stesso modo, anche Licino sottolinea l'influenza dei piaceri procurati dalle cose viste in sogno, che non consentono ai suoi occhi di dischiudersi facilmente (ἔτι **μόλις τοὺς ὀφθαλμοὺς** ἀνοίγων καὶ τὸν ὕπνον οὐ ῥᾳδίως ἀποσειόμενος ὑφ' ἡδονῆς ὧν ἑώρας).

Nel nostro dialogo la causa del risveglio di Ermotimo è attribuita al λόγος, che Licino ha già invocato al § 63 con la richiesta di aiutarlo a valutare obiettivamente la sua condizione. Probabilmente Luciano ha dedotto quest'immagine dai dialoghi platonici, in cui i λόγοι di Socrate, paragonati ad un tafano, stimolano continuamente la facoltà intellettuale, oltre che la coscienza morale dei rispettivi interlocutori (*Ap.* 31a: ὑμεῖς δ' ἴσως τάχ' ἂν ἀχθόμενοι, ὥσπερ οἱ νυστάζοντες ἐγειρόμενοι, κρούσαντες ἄν με, πειθόμενοι Ἀνύτῳ, ῥᾳδίως ἂν ἀποκτείναιτε, εἶτα τὸν λοιπὸν βίον καθεύδοντες διατελοῖτε ἄν, εἰ μή τινα ἄλλον ὁ θεὸς ὑμῖν ἐπιπέμψειεν κηδόμενος ὑμῶν). Socrate, infatti, nel mettere in atto la cosiddetta *elenctic mission*, intreccia con i suoi interlocutori un intenso scambio dialogico, svelando la presunta sapienza posseduta da ciascuno (δοξοσοφία), nonostante insista nella volontà di condurre una ricerca condivisa della verità (vedi anche *Euthyd.* 275a; *Clit.* 408c e *Symp.* 181a). Su questo aspetto del metodo dialogico di Socrate vedi almeno Vlastos, 1983, pp. 27-54; De Strycker - Slings, 1994, pp. 133 ss.; Giannantoni, 2005, pp. 141-195 e Candiotto, 2013, pp. 47-60. Allo stesso modo, il λόγος di Licino ha risvegliato Ermotimo da un certo torpore intellettuale, richiamandolo ad una corretta valutazione della sua scelta filosofica, anche a costo di subire una reazione violenta da parte dell'aspirante stoico (vedi il § 72 e soprattutto il § 86). Lo stato di veglia cui si allude in questo momento del dialogo, dunque, ha delle peculiarità differenti rispetto a quello descritto all'inizio, là dove Ermotimo appariva impegnato in un'instancabile e dissennata attività di studio, tale da sacrificarvi anche il riposo notturno (§ 1: πάνυ τις ἐγρηγορώς). Nel corso della discussione, però, l'aspirante stoico, sotto la pressione delle argomentazioni di Licino, prende piena coscienza dei limiti della sua scelta filosofica, proponendosi di assumere per il futuro uno stile di vita radicalmente diverso (vedi i §§ 83-86). Sui tratti socratici della figura di Licino vedi von Möllendorff, 2000[1], pp. 197-210 e, in generale su questo passo, Tackaberry, 1930, p. 83.

πάσχουσι δὲ αὐτὸ καὶ οἱ τὴν κενὴν μακαρίαν ἑαυτοῖς ἀναπλάττοντες, ἣν μεταξὺ πλουτοῦσιν αὐτοῖς καὶ θησαυροὺς ἀνορύττουσιν καὶ βασιλεύουσιν καὶ τὰ ἄλλα εὐδαιμονοῦσιν: in *Nav.* 12 Adimanto descrive ai suoi amici le ricchezze che stava vagheggiando per il suo avvenire (τινα πλοῦτον ἐμαυτῷ ἀνεπλαττόμην) prima di esserne stato distolto da Licino. Nonostante sia impossibile definire i rapporti cronologici tra i due testi, la circostanza per cui in entrambi Licino intervenga direttamente sulla scena, infrangendo i sogni dei rispettivi interlocutori, rende tanto più significative le rispondenze tra le due opere. Sul gruppo dei cosiddetti "dialoghi di Licino" vedi Richard, 1886, soprattutto pp. 11-21 a proposito del nostro dialogo, e *supra*, p. 6 n. 26. Cfr. Schwartz, 1965, pp. 90-93 e Husson, 1970, vol. II, p. 29, che individuano i vari punti in comune tra i due testi. Tuttavia, occorre aggiungere che i sogni descritti nel *Navigium* e nell'*Hermotimus*, a differenza di quanto avviene nel *Gallus*, si verificano ad occhi aperti, intensificando il carattere lusinghiero dei contenuti immaginati. Cfr. von Möllendorff, 2000[1], p. 179.

La scoperta fortuita di un tesoro rappresenta un motivo topico in Luciano, che vi fa allusione nei contesti più disparati. In *Tim.* 40-41 Pluto invia una certa quantità di oro al misantropo Timone, che è colto da uno stupore tale da credere di sognare (cfr. Tomassi, 2011[1], pp. 93-95). In *Alex.* 24, invece, tra gli elementi determinanti per la fama di Alessandro è citata la sua presunta capacità di portare alla luce tesori nascosti. Infine, in *Nav.* 20 Timolao, con fare burlesco, accenna alla scoperta di un tesoro sotto il suo letto, mentre in *Gall.* 29 il calzolaio Simone nasconde sotto il suo giaciglio un tesoro di settanta talenti. Sulla ricorrenza di questo tema in ambito letterario vedi Thüry, 2000. Tuttavia Bompaire, 1958, p. 170, in maniera alquanto speculativa, relaziona questo motivo all'eredità desunta dai racconti popolari, negandogli qualsiasi connotazione letteraria o filosofica.

In realtà, la commedia rappresenta una plausibile fonte di ispirazione, giacché sono numerosi gli esempi offerti a questo riguardo. Il ritrovamento di un tesoro compare già in Arist. *Av.* 598-601, divenendo poi una situazione usuale nella commedia di mezzo ed in quella nuova (vedi Arched. frr. 2-3 K.-A.; Diox. fr. 2 K.-A.; Diph. fr. 47 K.-A.; Men. *Dysc.* 811-812, *Thes.* frr. 176-180 K.-A. e *Hydr.* frr. 355-361 K.-A.; Philem. frr. 32-33 K.-A.). In modo particolare, alla commedia di mezzo apparterrebbero diverse "*Schatzkomödien*", note solo attraverso brevi lacerti testuali. A questo proposito vedi Mesk, 1915, pp. 127 e 137-138, il quale rimanda ad ulteriori frammenti comici, in cui è plausibile che apparisse questo stesso motivo (Anax. fr. 17 K.-A. e Antiphan. fr. 210 K.-A., in cui presumibilmente si parlava anche di tesori). La scena del rinvenimento casuale di tesori trova una certa diffusione anche nella letteratura latina: vedi Plaut. *Aul.* 6-27; Hor. *Sat.* 2.6.10-13 e Pers. *Sat.* 2.10-12. A tal proposito sono importanti le considerazioni di Gaiser, 1977, pp. 301-314.

In *Nav.* 28 Samippo racconta il suo sogno di diventare re, ritenendolo superiore all'agognato possesso delle ricchezze. La figura dei re e dei condottieri del passato appare spesso oggetto della critica mordace di Luciano. In modo particolare, Alessandro, incarnando la figura esemplare del potente (cfr. i §§ 4-5: vedi *supra*, pp. 199-200), viene ritratto sia nei termini propri della tradizione retorica (in *Dial. mort.* 12, per esempio, si discute della natura umana e divina di Alessandro) sia in quelli tipici della tradizione diatribica, che indugia nell'analisi dei piaceri apparenti della vita dei potenti, senza trascurarne i numerosi svantaggi (*Dial. mort.* 13 e 14; *Gall.* 25-26; *Cat.* 13 e *Nav.* 39-40). A questo proposito vedi Oltramare, 1926, pp. 46-47 e 266 e Husson, 1970, vol. II, pp. 85-87.

In termini generici, sulla valutazione di sovrani storici e leggendari in Luciano vedi Bompaire, 1958, pp. 163-165; Husson, 1970, vol. II, pp. 70-71 e Tomassi, 2017.

οἷα πολλὰ ἡ θεὸς ἐκείνη ῥᾳδιουργεῖ, ἡ Εὐχή, μεγαλόδωρος οὖσα καὶ πρὸς οὐδὲν ἀντιλέγουσα, κἂν πτηνὸς θέλῃ τις γενέσθαι, κἂν κολοσσιαῖος τὸ μέγεθος, κἂν ὄρη ὅλα χρυσᾶ εὑρίσκειν: la personificazione di Εὐχή rende ancora più perspicuo il riferimento al *Navigium*, dove Adimanto, Samippo e Timolao descrivono a turno il proprio desiderio con la speranza di vederlo realizzato per ottenerne la massima felicità. Ogni desiderio diventa oggetto di una discussione controversa, rivelando tutta la sua vanità sotto la critica incalzante di Licino (§§ 15: ἄνθρωπε, μή μοι ἀνάλυε τὴν εὐχήν; 27: ἀεὶ σύ μοι, ὦ Λυκῖνε, ὑπεναντίος ... μου τῆς εὐχῆς ἐπηρεάζων). La centralità di questo tema nel contesto dell'opera è sottolineata a partire dal titolo (ΠΛΟΙΟΝ Η ΕΥΧΑΙ), che non è del tutto inverosimile attribuire allo stesso Luciano (cfr. Husson, 1970, vol. II, p. 17. In generale, per la questione dei titoli dei testi lucianei vedi Ureña Bracero, 1995, pp. 23-37). Cfr. *Iupp. conf.* 1, in cui la μικρὰ εὐχή formulata da Cinisco all'indirizzo di Zeus risulta essere l'elemento propulsivo del dialogo: una volta ottenuto il favore del padre degli dei, infatti, Cinisco gli rivolge una batteria di domande insistenti, fino a ridurlo in uno stato estremamente gravoso.

La parola εὐχή nel nostro passo, così come nel *Navigium*, assume il significato di augurio e desiderio (cfr. anche *Laps.* 12 e *Gall.* 6), mentre in *Dea Syr.* 46 appare nell'accezione di voto, il che è attestato soprattutto in Omero e altri autori antichi (vedi Hdt. 1.86.2; Pind. *Pyth.* 9.89, etc.). Al contrario, in *Philops.* 20 il sostantivo designa l'offerta votiva presentata ad una divinità (cfr. Call. *Ep.* 47 Pfeiffer = *Anth. Pal.* 6.301; *Anth. Pal.* 6.357, ma anche I. G. IV 1², 208), mentre in *Icar.* 25-26, *Tim.* 9 e *Alex.* 14 identifica genericamente una preghiera. Una dettagliata analisi diacronica sulla polisemia di questa parola è in Corlu, 1966, pp. 207-215.

Tuttavia, sia la personificazione che la divinizzazione di Εὐχή non sono registrate prima di Luciano, il quale si avvale di questa strategia retorica per evidenziare, non senza un certo intento ironico, il carattere sproporzionato delle richieste (la personificazione delle Λιταί in Hom. *Il.* 9.502-504 non implica alcuna pretesa cultuale poiché esse sembrano essere piuttosto delle "*finzioni poetico-*

*sapienziali ... inventate proprio in funzione di questo passo dell'*Iliade" (Gostoli, 2009, p. 528). Sulle personificazioni in Luciano vedi Dolcetti, 1997 e Jouanno, 2008, pp. 201-204.

L'Εὐχή è delineata nei termini di una divinità munificente e benevola, giacché non mostra nessuna renitenza a soddisfare tutti i desideri, anche quelli più astrusi, che le vengono presentati. Si noti che il verbo ῥᾳδιουργέω (cfr. *LSJ*, s.l. 1: "*do things with ease or offhand*") solo in questo passo manifesta la facilità nell'esecuzione di una determinata operazione. Ciò nonostante, non può essere esclusa una certa notazione sarcastica, visto che questo verbo solitamente qualifica un comportamento o un'azione ispirati ad intenti esplicitamente ingannevoli (vedi Xen. *Oec.* 20.17 e Plut. *De comm. adv. Stoic.* 34.1076E). Cfr. l'uso dei relativi sostantivi deverbativi in *Calumn.* 20; *Fug.* 16; *Iupp. trag.* 14 e *Pseud.* 6. L'epiteto μεγαλόδωρος, invece, è impiegato solitamente in riferimento a concetti astratti personificati oppure a divinità (in fr. 27 Democr. D 252 L.-M. qualifica la τύχη, mentre in Arist. *Pax* 394 è riferito ad Ermes), il che è riflesso nell'uso testimoniato in questo passo (cfr. *Saturn.* 14, in riferimento ad Apollo, mentre in *Tim.* 21 qualifica Pluto), ove Εὐχή assume le fattezze di un'entità divina, presentata in termini solenni, sfumati da una sottile vena irrisoria (cfr. *Alex.* 26, in cui l'aggettivo μεγαλόδωρος è riferito in senso mordace ai ricchi generosi).

Ad Εὐχή è riconosciuta la possibilità di esaudire tre desideri inverosimili. In primo luogo Licino vagheggia il sogno di riuscire a volare, il che trova un'espressione affine anche in *Nav.* 42-44, dove Timolao immagina di recarsi in volo fino alle estremità del mondo conosciuto, godendo di tutte le meraviglie lì presenti. Modello imprescindibile per il desiderio formulato in questo passo è il volo compiuto da Trigeo (Arist. *Pax* 62-179), cui si fa cenno, benché in termini differenti, in altri passi lucianei. Cfr. *Icar.* 1, 10, 22 (διὰ τῶν ἀστέρων πετόμενος τριταῖος ἐπλησίασα τῷ οὐρανῷ), in riferimento al volo straordinario di Menippo, e *Philops.* 3 (Tichiade narra il volo di Trittolemo su un carro alato, presentandolo come il caso esemplare di una storia poco credibile) e *ivi* 13. Vedi a questo proposito Anderson, 1976[1], p. 30. In generale, Bompaire, 1958, pp. 696-697 collega il desiderio di volare all'idea aristofanesca secondo la quale "οὐδέν ἐστ' ἄμεινον οὐδ' ἥδιον ἢ φῦσαι πτερά" (*Av.* 785), che Luciano ripropone variamente come motivo satirico.

La figura del colosso, invece, e in modo particolare quello di Rodi, compare ripetutamente in Luciano, che testimonia il valore proverbiale acquisito dalla sua grandezza smisurata (*Iupp. trag.* 11; *Icar.* 12; *Ver. Hist.* 1.18). Sulla presenza di questo monumento in Luciano vedi Helm, 1906, pp. 100-101, il quale lo ascrive al presunto modello menippeo dell'autore, dato che la mitica costruzione era già crollata diversi secoli prima. Tuttavia, è probabile che nel II sec. d.C. fosse ancora molto vivo il ricordo di quest'opera, cristallizzato nel valore paradigmatico assunto dalle sue dimensioni monumentali. In *Hist. conscr.* 23, per esempio, l'autore condanna la scarsa perizia mostrata nei racconti disarticolati di alcuni storici contemporanei, che sembrano aver collocato la testa del colosso di Rodi sul corpo di un nano. Sulla descrizione di antiche opere d'arte in Luciano vedi Borg, 2004². In altri passi di Luciano si fa cenno a statue di enormi dimensioni nei toni canzonatori propri della sua satira. In *Gall.* 24, per esempio, il gallo dice che all'interno delle mastodontiche e solenni statue delle divinità si nascondono oggetti di poco valore, compresi nidi di topi e ragnatele. Vedi anche *Philops.* 22-23, dove Eucrate racconta la visione sconcertante di una donna-colosso, prontamente messa in dubbio da Tichiade.

Infine, il desiderio di trasformare monti interi in oro riaffiora anche in *Nav.* 19, quando Adimanto accenna all'eventualità di mutare in oro il monte Parneto. Cfr. Husson, 1970, vol. II, p. 45. In generale, sui punti in comune tra il nostro dialogo e il *Navigium* vedi Schwartz, 1965, pp. 90-93 e Nesselrath, 1992, p. 3462.

ἢν τοίνυν ταῦτα ἐννοοῦσιν αὐτοῖς ὁ παῖς προσελθὼν ἔρηταί τι τῶν ἀναγκαίων ... οὕτως ἀγανακτοῦσιν ὡς ὑπὸ τοῦ ἐρομένου καὶ παρενοχλήσαντος ἀφαιρεθέντες ἅπαντα ἐκεῖνα τἀγαθὰ καὶ ὀλίγου δέουσι τὴν ῥῖνα τοῦ παιδὸς ἀποτραγεῖν: in *Gall.* 1 il gallo si difende dalle accuse di Micillo richiamando il calzolaio alle esigenze della vita quotidiana, affinché si metta all'opera sin dalle prime ore del mattino (Μίκυλλε δέσποτα, ᾤμην τι χαριεῖσθαί σοι προλαμβάνων τῆς νυκτὸς ὁπόσον ἂν δυναίμην, ὡς ἔχοις ἐπορθρευόμενος ἀνύειν τὰ πολλὰ τῶν ἔργων). Similmente, nel *Navigium* l'opposizione critica di Licino ai sogni raccontati di volta in volta dai suoi interlocutori "*consiste à opposer à l'univers imaginaire de ses amis, où tout est possible, les lois de la réalité*" (Husson, 1970, vol. II, p. 45). Per esempio, in *Nav.* 19, Licino consiglia ad Adimanto di considerare il peso di tutto l'oro che egli intende stipare sulla sua nave, in modo da evitare che questa affondi sotto un carico eccessivo. Cfr. *ivi* i §§ 35 e 46. In tutti questi casi il sognatore reagisce con esplicita ostilità, mostrando un profondo risentimento dinanzi alla dissoluzione del proprio sogno, ritenuto senza dubbio preferibile alla realtà cui è stato ricondotto. Sull'espressione τὴν ῥῖνα ἀποτραγεῖν vedi *supra*, pp. 236-237.

Critica testuale

§ 71) ἢ τίς ἄρα δύναιτο: i manoscritti più antichi (ΓΕL) riportano il testo ἢ εἴ τίς, corretto in ἢ τίς dalla tradizione più tarda (N). Siamo in presenza di un errore di duplicazione incorso nella tradizione come conseguenza del fenomeno dell'itacismo, in base al quale ἢ ed εἴ venivano pronunciati allo stesso modo. Jacobs, inoltre, emenda ἄρα in ἄν (ἤ τίς ἄν), proposta accolta successivamente anche da Fritzsche e da Sommerbrodt. Questo emendamento risulta ingiustificato almeno per due ragioni: da un lato l'uso problematico della particella ἄν in Luciano richiede una notevole cautela e dall'altro la particella asseverativa ἄρα in questo passo mette opportunamente enfasi sulla domanda formulata da Licino, dal momento che egli insiste sulle difficoltà insite in una conoscenza approfondita di tutte le scuole filosofiche esistenti.

ἀναπλάττοντες· ἦν μεταξύ: si tratta della lezione più antica, mentre in C è attestato ἀναπλάττοντες καὶ γάρ, ripreso da Fritzsche e Sommerbrodt con un'interpunzione differente (ἀναπλάττοντες. καὶ γάρ). Tuttavia, mantenendo il testo più antico (come fanno Reitz, Jacobitz, Kilburn e Macleod), una lieve modifica della punteggiatura assolverebbe alla medesima funzione delle congiunzioni esplicative introdotte nella tradizione più recente. La pausa breve, infatti, serve ad introdurre e a scandire una serie di situazioni affini descritte subito dopo, caratterizzate da una presunta felicità, destinata a rivelarsi ben presto profondamente instabile.

§ 72) Licino invita Ermotimo a non provare risentimento nei suoi confronti per le conseguenze derivanti dalla confutazione messa in atto. Al contrario, appellandosi al sentimento di amicizia stabilito sin dall'inizio del dialogo (§ 13), Licino esorta il suo interlocutore ad abbandonare ogni vano desiderio e a considerare con spirito pragmatico il suo futuro. Tutto ciò che l'aspirante stoico ha compiuto e pensato fino a quel momento, infatti, non differisce di molto dai racconti dei poeti, che immaginano ed illustrano realtà inesistenti.

ὦ φιλότης ... φίλος ὤν: è una formula allocutoria consueta, presente anche ai §§ 15 e 85, in *Philops*. 40; *Par*. 44; *Icar*. 16; *Apol*. 3; *Merc. cond*. 1 etc. La ripetizione di questa espressione dovrebbe servire a ricordare ad Ermotimo (cfr. il § 13) il legame di amicizia cui Licino, non senza una certa forzatura, si appellava sin dalle prime mosse del dialogo. Tuttavia, lo stesso Licino, nel corso della conversazione, non esibisce un comportamento corrispondente a questa presunta amicizia, interessato com'è a confutare il suo interlocutore e a ridurlo in una condizione di massima difficoltà. In questo passo l'espressione ὦ φιλότης, ricondotta da Tackaberry, 1930, p. 84 ad un modello platonico (*Phaedr*. 228d) riflette fedelmente il gioco di forze tra Socrate, ossia la figura dominante, e il suo allievo Fedro (vedi Dickey, 1996, pp. 138 e 276). Anche Licino, in questo caso, ribaltando la condizione di discepolo atteggiata all'inizio del dialogo (§ 13 ss.), rivendica una certa superiorità argomentativa, se non intellettuale, rispetto ad Ermotimo, che si è rivelato essere solo un ingenuo adepto stoico.

εἴ σε θησαυροὺς ἀνορύττοντα καὶ πετόμενον καί τινας ἐννοίας ὑπερφυεῖς ἐννοοῦντα καί τινας ἐλπίδας ἀνεφίκτους ἐλπίζοντα ... οὐ περιεῖδον: Licino riassume brevemente i sogni descritti precedentemente: la scoperta di tesori, la facoltà di volare e tutta la serie di pensieri straordinari e di speranze irrealizzabili esposte al suo interlocutore (cfr. il § 71). Si tratta di imprese che illustrano con una certa immediatezza la vana pretenziosità delle comuni aspirazioni umane.

Luciano ripresenta queste stesse azioni anche in altre opere, facendone il motivo centrale attorno al quale si dipana la sua operazione satirica. Per esempio, in *Tim.* 41 la scoperta del tesoro vale da efficace premessa per evocare sulla scena numerose figure e mettere così alla berlina prima un parassita (§ 46) e poi di seguito un adulatore (§§ 47-48), un oratore (§§ 49-52) ed un filosofo stoico (§§ 54-57). Invece, l'*Icaromenippus* si svolge intorno al volo audace di Menippo, che intraprende questa iniziativa per sfuggire all'aporia dei filosofi ed ottenere risposte rassicuranti direttamente da Zeus. L'ascesa offre l'occasione per guardare dall'alto tutto ciò che accade sulla terra, e quindi per esercitare una critica acuta verso i più svariati vizi umani (§§ 19-22 e 25), compreso il comportamento contraddittorio palesato dai filosofi (§§ 30-32). Infine, nel *Navigium* le speranze paradossali scandiscono l'andamento della conversazione poiché la voce critica di Licino attacca severamente i desideri espressi dai suoi interlocutori, che sono presumibilmente dei filosofi (vedi Husson, 1970, vol. I, pp. 6-7). Nel nostro caso, invece, tutte queste speranze stravaganti costituiscono il modello per la speranza altrettanto paradossale nutrita da Ermotimo, il quale si illude di poter raggiungere la verità filosofica senza considerare le difficoltà che ostacolano la riuscita di questa operazione.

Si noti che gli accusativi interni ἔννοιαν ἐννοοῦν ed ἐλπίδα ἐλπίζειν non sono attestati in altri autori classici. La presenza reiterata di questa figura retorica conferisce un tono particolare al dettato di Licino, che intende porre particolare enfasi sulla natura dei pensieri astrusi e sulla qualità delle speranze vacue del suo interlocutore. Vedi *supra*, pp. 179-180.

ἀξιῶ [σε] πράττειν τι τῶν ἀναγκαίων καὶ ὅ σε παραπέμψει ἐς τὸ λοιπὸν τοῦ βίου τὰ κοινὰ ταῦτα φρονοῦντα: in questa battuta è possibile rintracciare un riferimento indiretto al κοινὸς βίος, cui Licino fa cenno in termini più espliciti alla fine del dialogo (§ 84: ἐς τὸ λοιπὸν ἂν ἄμεινον ποιήσαις βίον τε κοινὸν ἅπασι βιοῦν). Ancor prima di descrivere il senso di questo genere di vita, Licino sottolinea la disposizione intellettuale che esso comporta. Si tratta del κοινὰ φρονεῖν, con cui si intende una certa sobrietà intellettuale, ovvero un sentire discreto e privo di vanità. Similmente, nel rivelare a Menippo lo stile di vita migliore (*Nec.* 21: ὁ τῶν ἰδιωτῶν ἄριστος βίος), Tiresia gli suggerisce un approccio più prudente nei confronti delle dottrine dei filosofi (ὅπως τὸ παρὸν εὖ θέμενος παραδράμῃς γελῶν τὰ πολλὰ καὶ περὶ μηδὲν ἐσπουδακώς). Allo stesso modo, Licino dissuade Ermotimo dall'esercizio della filosofia stoica che, oltre a deviarlo da un contatto diretto con la realtà, gli ha ispirato un atteggiamento sterilmente altezzoso (cfr. l'aneddoto del discepolo stoico ai §§ 81-82). Sugli effetti negativi prodotti dallo studio della filosofia vedi *Symp.* 34, là dove, al contrario, i profani esibiscono una condotta esemplare.

Probabilmente nell'espressione τὰ κοινὰ φρονεῖν può essere rintracciata una certa contrapposizione al μέγα φρονεῖν, che è una formula attica comune per indicare un atteggiamento di superbia (cfr. Plat. *Prot.* 342d; Arist. *Ach.* 986; Thuc. 6.16.4 e Xen. *Hell.* 7.1.27) o un errore di valutazione da parte del soggetto di riferimento (cfr. Soph. *Oed. Tyr.* 1078, *Ant.* 479; Eur. *Hipp.* 6, *Andr.* 1008 e fr. 140.2 Kannicht). Olson, 2002, p. 315 sostiene che "*in tragedy, to 'think' or 'talk big' (i.e. 'be proud') is generally presented as a miscalculation.*" Cfr. *LSJ* s.l. φρονέω 2.2.B. Questa era una delle peculiarità del medesimo Ermotimo, prima che Licino lo aiutasse a liberarsi di tutti i suoi falsi convincimenti, costringendolo gradualmente a rinunciare ad ogni pretesa dogmaticamente infondata. Luciano ricorre a questa espressione per mettere in rilievo non solo la boria dei presunti filosofi (*Demon.* 29), ma anche la vanità peculiare di un numero svariato di figure (*Icar.* 18; *Bis acc.* 28 e 34; *Tox.* 34; *Dial. mort.* 29.1; *Dial. deor.* 2.2). Su questo argomento vedi Caccia, 1989.

ὅ γε νῦν ἔπραττες καὶ ἐπενόεις, οὐδὲν τῶν Ἱπποκενταύρων καὶ Χιμαιρῶν καὶ Γοργόνων διαφέρει, καὶ ὅσα ἄλλα ὄνειροι καὶ ποιηταὶ καὶ γραφεῖς ἐλεύθεροι ὄντες ἀναπλάττουσιν οὔτε γενόμενα πώποτε οὔτε γενέσθαι δυνάμενα: Licino introduce tre figure della mitologia greca, la cui natura enigmatica ed irrazionale raffigura efficacemente le sterili pretese di Ermotimo, convinto di aver individuato la verità nella dottrina stoica.

L'ippocentauro, nato dall'unione di Issione con una nube, è una figura metà uomo e metà cavallo, impiegata da Luciano come immagine simbolica del disarmonico prodotto letterario fornito dal suo dialogo comico-filosofico. Cfr. *Prom. es* 5 (l'autore teme che l'unione di commedia e dialogo risulti discordante e contraddittoria, come nella forma del mitico ippocentauro) e *Bis acc.* 33 (il Dialogo accusa Luciano di avergli procurato l'aspetto di un ippocentauro, mescolandolo indegnamente insieme alla commedia e alla satira). Al contrario, in *Zeux.* 12 la stranezza della forma dell'ippocentauro, ovvero la sua assoluta novità, costituisce il motivo principale del successo riscosso dall'opera di Luciano, su cui lo stesso autore esercita una forte autocritica (vedi Baumbach - von Möllendorff, 2017, pp. 171-176). Infine, in *Fug.* 10 gli ippocentauri rappresentano la genia dei sofisti, ritratti come un misto di arroganza e filosofia (τὸ σοφιστῶν φῦλον ... οἷον τὸ

Ἱπποκενταύρων γένος, σύνθετόν τι καὶ μικτὸν ἐν μέσῳ ἀλαζονείας καὶ φιλοσοφίας πλαζόμενον).

La Chimera, un mostro con tre teste: una di leone, una di capra e una di serpente, invece, è raffigurata da Luciano nel mondo dei morti (*Nec.* 13-14 e *Dial. mort.* 24.1), impegnata a punire le anime con i supplizi cui sono state condannate. In *Philops.* 2 la Chimera è citata insieme alle Gorgoni, tre mostri marini con il nome di Steno, Euriale e Medusa, che si distinguono sia per una straordinaria bellezza (*Dom.* 19) sia per un aspetto terrificante (*Philops.* 22). Cfr. *Dial. deor.* 23.2. Per tutte queste figure mitiche Licino impiega il plurale enfatico, un espediente efficace per incrementare l'effetto comico complessivo. A questo proposito vedi *Philops.* 2 (Πηγάσους καὶ Χιμαίρας καὶ Γοργόνας καὶ Κύκλωπας); *Tim.* 4 (πόσοι Φαέθοντες ἢ Δευκαλίωνες ἱκανοί); *Iupp. conf.* 17 (Τιτυοὺς καὶ Ταντάλους); *Icar.* 1 e *Luct.* 3. Su questa strategia stilistica della satira lucianea vedi Cunningham Robertson, 1913, p. XLVI.

Licino, dunque, paragona l'esercizio filosofico, inteso non solo come stile concreto di vita (ὃ ἔπραττες), ma anche come impegno intellettuale (ὃ ἐπενόεις), a figure mitiche che non hanno nessuna consistenza reale, rappresentando al meglio l'irragionevolezza dello ψεῦδος prodotto dall'attività dei poeti e dei pittori (οὔτε γενόμενα πώποτε οὔτε γενέσθαι δυνάμενα).

In *Ver. Hist.* 1.4 Luciano dichiara esplicitamente di scrivere falsità, riproducendo situazioni che non ha mai né sperimentato in prima persona, né appreso da altri, e che non sono mai esistite né potrebbero mai esistere (γράφω τοίνυν περί ... μήτε ὅλως ὄντων μήτε τὴν ἀρχὴν γενέσθαι δυναμένων). A questo proposito von Möllendorff, 2000[1], p. 49, n. 48 menziona la tripartizione tra *fabula* (μυθικά: *quae neque veras neque verisimiles continet res*), *argumentum* (πλάσμα: *ficta res, quae tamen fieri potest*) e *historia* (γενόμενα: *gesta res*), formalizzata in ambito romano (*Rhet. ad Her.* 1.12; Cic. *De inv.* 1.27 e Quint. 2.4.2), ma presumibilmente nota anche nel mondo greco (Sext. Emp. *Adv. math.* 1.263-264: τῶν ἱστορουμένων τὸ μέν ἐστιν ἱστορία τὸ δὲ μῦθος τὸ δὲ πλάσμα, ὧν ἡ μὲν ἱστορία ἀληθῶν τινῶν ἐστι καὶ γεγονότων ἔκθεσις ... πλάσμα δὲ πραγμάτων μὴ γενομένων μὲν ὁμοίως δὲ τοῖς γενομένοις λεγομένων ... μῦθος δὲ πραγμάτων ἀγενήτων καὶ ψευδῶν ἔκθεσις). Luciano sembra voler assimilare *fabula* ed *argumentum*, contrapponendoli all'unico discorso vero, ossia quello prodotto dall'attività della filosofia autentica (su questo argomento vedi *Nigr.* 15; *Demon.* 11, 50 e *Iupp. trag.* 19). Anche un testo storiografico, però, potrebbe rivelarsi falso (*Hist. conscr.* 7 e *Ver. Hist.* 1.3 e 2.31), a meno che non presenti determinate caratteristiche e soddisfi talune condizioni a garanzia della sua veridicità (*Hist. conscr.* 41). Si veda Camerotto, 2014, 225-245. In questo passo l'attività filosofica di Ermotimo appare contrassegnata dalla medesima irragionevolezza tipica della creatività artistica, apparendo priva di qualsiasi fondamento logico-argomentativo.

In Plat. *Phaedr.* 229d-230a le medesime figure nominate da Licino vengono citate espressamente da Socrate come esempio dei racconti mitici cui i sapienti sono refrattari a credere, contrapponendovi una spiegazione razionalista. Al contrario, Socrate rifiuta qualsiasi impegno profuso per l'approfondimento di storie mitiche di questo genere, preferendo una maggiore sollecitudine rivolta alla conoscenza di sé (αἷς [*scil.* Χιμαίραις, Ἱπποκενταύροις, Γοργόσιν] εἴ τις ἀπιστῶν προσβιβᾷ κατὰ τὸ εἰκὸς ἕκαστον, ἅτε ἀγροίκῳ τινὶ σοφίᾳ χρώμενος, πολλῆς αὐτῷ σχολῆς δεήσει. ἐμοὶ δὲ πρὸς αὐτὰ οὐδαμῶς ἐστι σχολή· τὸ δὲ αἴτιον, ὦ φίλε, τούτου τόδε. οὐ δύναμαί πω κατὰ τὸ Δελφικὸν γράμμα γνῶναι ἐμαυτόν). Probabilmente anche Licino, rievocando le parole di Socrate, ha voluto ribadire la sua disapprovazione per le fatiche cui Ermotimo si è sobbarcato invano nel corso degli studi stoici, invitando l'aspirante stoico a concentrare i suoi sforzi sull'esame esclusivo dei propri limiti rispetto alla ricerca della verità (su questo punto vedi von Möllendorff, 2000[1], p. 180).

Anche in ambito scettico è espresso un rifiuto categorico verso i prodotti dell'immaginazione, comprese le figure mitiche della tradizione poetico-religiosa greca. Vedi Sext. Emp. *Adv. math.* 9.49 (οὐ πᾶν τὸ ἐπινοούμενον καὶ ὑπάρξεως μετείληφεν, ἀλλὰ δύναταί τι ἐπινοεῖσθαι μέν, μὴ ὑπάρχειν δέ, καθάπερ Ἱπποκένταυρος καὶ Σκύλλα). Cfr. anche *Adv. math.* 9.123-125 e *Pyrrh. hyp.* 1.162, ove gli ippocentauri sono presi ad esempio di storia favolosa inesistente. Cfr. *supra*, p. 509.

In tal modo, Licino riesce a coniugare abilmente l'invito propriamente scettico all'esercizio dell'ἀπιστεῖν con uno morale, di stampo socratico, che si sostanzia di una visione obiettiva del mondo e delle proprie facoltà razionali. Vedi Tackaberry, 1930, p. 56, n. 357.

ὁ πολὺς λεὼς πιστεύουσιν αὐτοῖς καὶ κηλοῦνται ὁρῶντες ἢ ἀκούοντες τὰ τοιαῦτα διὰ τὸ ξένα καὶ ἀλλόκοτα εἶναι: il potere di attrazione dello ψεῦδος è indagato da Luciano in numerosi passi della sua produzione. Per bocca di Tichiade l'autore mostra profondo disappunto nel constatare che non solo la gente comune (i cosiddetti ἰδιῶται), ma anche i filosofi, vale a dire i depositari del sapere presso le giovani generazioni, cadono nelle trappole dell'ignoranza allorché prestano fede a racconti falsi (*Philops.* 5 ss.). Questi racconti, infatti, costituiscono il contenuto della παιδεία, composta in larga parte di credenze e storie mitiche apprese sin da bambini e ritenute automaticamente vere (*Nec.* 3: ἐγὼ γάρ, ἄχρι μὲν ἐν παισὶν ἦν, ἀκούων Ὁμήρου καὶ Ἡσιόδου ... πάντα ταῦτα ἐνόμιζον εἶναι καλὰ καὶ οὐ παρέργως ἐκινούμην πρὸς αὐτά. Cfr. *Electr.* 2: ἐσιώπησα διαισχυνθείς, ὅτι παιδίου τινὸς ὡς ἀληθῶς ἔργον ἐπεπόνθειν πιστεύσας τοῖς ποιηταῖς ἀπίθανα οὕτως ψευδομένοις). Lo ψεῦδος, dunque, ha la facoltà di indurre chi ascolta o chi legge a lasciarsi persuadere dalle sue realtà immaginarie, al punto da poter essere respinto solo con molta difficoltà e a costo di notevoli sofferenze (vedi *Philops*. 1-4 e *Iupp. trag.* 53). A questo riguardo, in *Luct.* 2 Luciano manifesta un notevole acume critico, evidenziando la prontezza con cui la massa di ignoranti è incline a credere a poeti e a mitografi, che riescono così a imporre le proprie opere come legge indiscussa (ὁ μὲν δὴ πολὺς ὅμιλος, οὓς ἰδιώτας οἱ σοφοὶ καλοῦσιν, Ὁμήρῳ τε καὶ Ἡσιόδῳ καὶ τοῖς ἄλλοις μυθοποιοῖς περὶ τούτων πειθόμενοι καὶ **νόμον θέμενοι τὴν ποίησιν αὐτῶν**).

Nel nostro passo Licino indugia sulle cause del potere attrattivo esercitato dai racconti, vale a dire l'eccentricità (τὸ ξένον) e la novità (τὸ ἀλλόκοτον) degli argomenti rappresentati. Allo stesso modo, in *Philops*. 2 Tichiade definisce i racconti fantastici (compresi quelli sulla Chimera e sulle Gorgoni) πάνυ ἀλλόκοτα καὶ τεράστια μυθίδια παίδων ψυχὰς κηλεῖν δυνάμενα. Sulla critica lucianea al mito tradizionale greco vedi Hall, 1981, pp. 204-207 e Berdozzo, 2011, pp. 13-20, soprattutto p. 20, in cui richiama il passo di Minuc. Fel. *Oct.* 20.2, il quale sottolinea il piacere procurato ai lettori profani dal complesso dei miti poetici ("*maioribus enim nostris tam facilis in mendaciis fides fuit, ut temere crediderint etiam alia monstruosa, mera miracula: Scyllam multiplicem, Chimaeram multiformem et Hydram felicibus vulneribus renascentem et Centauros equos suis hominibus inplexos, et quicquid famae licet fingere, illis erat libenter audire*"). Allo stesso modo, anche Luciano rigetta la falsità di cui il mito si fa latore, benché ne rilevi la portata del τερπνόν che per suo tramite viene veicolato, al punto da incoraggiarne la fruizione (cfr. *Ver. Hist.* 1.1-2; *Philops*. 2; *Nec.* 3 e *Iupp. trag.* 39).

Licino sembra richeggiare anche la critica scettica alle credenze mitiche, considerate nel decimo tropo tra le cause della sospensione del giudizio (Sext. Emp. *Pyrrh. hyp.* 1.145-150 e D. L. 9.83-84). I racconti mitici, infatti, sono così numerosi e contraddittori da non permettere di stabilire a quale di essi si possa credere opportunamente (*Adv. math.* 1.264-265 e 292). Tuttavia, Sesto conosce la disponibilità che molti mostrano nel dare loro credito, giacché le connotazioni insolite di queste storie colpiscono l'attenzione di molti, guadagnandosene un notevole apprezzamento (*Pyrrh. hyp.* 1.147: μυθικὴ δὲ πίστις ἐστὶ πραγμάτων ἀγενήτων τε καὶ πεπλασμένων παραδοχή, οἷά ἐστιν ἄλλα τε καὶ τὰ περὶ τοῦ Κρόνου μυθευόμενα· ταῦτα γὰρ πολλοὺς εἰς πίστιν ἄγει).

In *Zeux.* 12 Luciano indaga ancora una volta il carattere originale di un prodotto letterario. In riferimento al suo dialogo comico-filosofico, egli teme che non sia stato considerato il valore intimo della sua opera, ma solo la sua eccentricità formale, che è il modo in cui viene solitamente recepito un racconto mitico (τοῦτο μόνον ἐκπλήττονται καί, ὥσπερ ἐστί, καινὸν καὶ τεράστιον δοκεῖ αὐτοῖς). Anche in *Prom. es* 3 l'autore non ritiene sufficiente l'ammirazione espressa per le sue opere esclusivamente in merito alla loro novità formale. Cfr. anche *Bacch.* 5. In modo particolare, Luciano teme che la *mixis* di commedia e dialogo filosofico produca un risultato strano (ἀλλόκοτος ξυνθήκη), ovvero privo di armonia e bellezza stilistica, che, proprio per questa ragione, sarebbe riuscito a richiamare l'attenzione di un nutrito pubblico. Su questo argomento vedi Camerotto, 1998, pp. 100-105; Cistaro, 2009, pp. 287-288; Baumbach - von Möllendorff, 2017, pp. 171-216 e Marquis, 2017, pp. 23-33.

§§ 73-74) Licino spiega il procedimento ingannevole che ha indotto Ermotimo a riporre la sua fiducia incondizionata nella scuola stoica. L'argomentazione si avvale di immagini e riferimenti mitici, spesso anche non coerenti tra di loro, ma utili al piano complessivo del discorso. Come primo esempio, Licino immagina che si diffonda la notizia di una donna dalla bellezza straordinaria. In tal caso, prima ancora di credere a questa voce, sarebbe necessario verificarne la reale attendibilità, così da evitare di cadere nell'inganno di vane menzogne. Allo stesso modo, se un poeta sostenesse che sia esistito un determinato mostro, sarebbe opportuno esaminare in primo luogo la plausibilità di queste parole. Una volta approvate, infatti, sarebbe difficile negare tutti i corollari derivanti da questo primo assenso. Fuor di metafora, Licino sostiene che, dopo aver accettato le premesse di un determinato percorso filosofico, c'è il rischio di procedere lungo questo cammino senza il sospetto di aver riposto la propria fiducia in qualcosa di errato. Infine, come postilla alla sua argomentazione, Licino associa al procedimento creativo adottato dai poeti quello tipico del metodo geometrico: dati per veri dei postulati indimostrati, è possibile costruire tutto il resto della dottrina in maniera a tal punto coerente da ricavarne un insieme intimamente fondato.

§ 73) μυθοποιοῦ τινος ἀκούσας ὡς ἔστιν τις γυνὴ ὑπερφυὴς τὸ κάλλος ... μὴ πρότερον ἐξετάσας εἰ ἀληθῆ λέγει καὶ εἰ ἔστι που τῆς γῆς <ἡ> ἄνθρωπος αὕτη, ἤρας εὐθύς: Licino manifesta la sua estrema prudenza ricorrendo ad un esempio accessibile ai suoi destinatari. Egli immagina che un μυθοποιός (in *Luct.* 2 questo sostantivo indica Omero ed Esiodo) riferisca di una donna dalla bellezza suprema, superiore a qualsiasi paradigma estetico immaginabile (sui paragoni paradossali vedi il § 20: ὑπὲρ τὸν Λυγκέα e gli altri riferimenti raccolti in Camerotto, 1998, p. 226, n. 96). A fronte di queste asserzioni, a suo parere, occorrerebbe accertare l'esistenza effettiva della donna, evitando di crederci affrettatamente. La necessità di un riscontro concreto a convalida di dichiarazioni perentorie riflette un approccio scettico-empirista (sul concetto di πεῖρα nel pensiero scettico e in Luciano vedi *supra*, pp. 371-372). Questo metodo di indagine prevede una massima conformità alla verificabilità dei singoli fenomeni, astenendosi da formulazioni assertorie ed esclusivamente teoriche (Sext. Emp. *Pyrrh. hyp.* 1.236-241). Su questo argomento vedi Brochard, 1887, pp. 309-330 e Dal Pra, 1975², vol. II, pp. 433 ss.

Il filosofo, dunque, è assimilato ad uno scrittore di storie immaginarie, il che impone la verifica del contenuto veritiero delle sue parole. Vedi *Ver. Hist.* 1.2, in cui i filosofi, insieme a poeti e storici, sono presentati come autori di τεράστια e μυθώδη. Benché già lo scoliaste di Luciano intravedesse in questa espressione un'allusione ai miti di Platone (cfr. anche Housholder, 1941, p. 35), è presumibile che l'autore intendesse, in termini più generici, le costruzioni concettuali contenute nei testi filosofici dogmatici. Cfr. anche von Möllendorff, 2000[1], pp. 51-52. L'immagine della donna straordinariamente bella, dunque, è il simbolo delle dottrine avanzate da ciascun filosofo, nella certezza di aver già raggiunto la vera filosofia. Anche in questo caso, infatti, è opportuno appurare l'effettiva fondatezza delle loro parole, poiché nessuno tra i filosofi può esprimersi in maniera tale da risultare immediatamente più persuasivo rispetto ad altri.

Mentre nel corso della discussione precedente si era fatta sempre più impellente l'esigenza di un criterio o di una regola oggettivamente validi per poter arrivare alla verità, pena un regresso all'infinito (§ 70), in questo caso Licino ammonisce Ermotimo perché ha creduto nello Stoicismo come nell'unica soluzione al problema della verità, che resta, al contrario, una questione aperta a numerose soluzioni. Su questo argomento vedi Schwarz, 1914, p. 46 e von Möllendorff, 2000[1], pp. 180-181.

In questo passo è stato intravisto anche "*un commento d'autore, un prezioso ausilio per comprendere la genesi progressiva del dittico*" composto da *Imagines* e *Pro Imaginibus* (Cistaro, 2009, p. 19). In *Imag.* 1-2, infatti, Licino riferisce a Polistrato di essere rimasto colpito dalla bellezza straordinaria di una donna. Polistrato, da parte sua, invita ripetutamente il suo interlocutore a descrivere questa donna, a rivelargliene l'identità, in modo che anch'egli possa conoscerla e costruirsi un'immagine precisa. Licino, al contrario, non fornisce un profilo univoco e concretamente individuabile, ma procede alla composizione di un τεράστιον κάλλος, che si presenta come il prodotto di numerosi riferimenti artistici abilmente assemblati con un sapiente impiego degli strumenti forniti dal λόγος letterario. In tal modo, Licino intende guadagnarsi da un lato l'attenzione di un uditorio meno esperto e pronto a dare credito alle sue parole mentre, dall'altro, suscita suggestioni all'altezza di un pubblico più colto ed esigente. Non è facile stabilire se Luciano in questo passo abbia in mente una delle sue opere composte precedentemente (sui richiami interni al *corpus* lucianeo vedi *supra*, p. 329). Tuttavia, è evidente che nel nostro passo l'autore ricorre ad un metodo argomentativo affine a quello messo in atto nelle *Imagines*, che qui è adattato ad esigenze non solo retoriche ma anche, e soprattutto, filosofiche, giacché serve ad orchestrare una parte della confutazione antistoica di Licino. Sulla mescolanza di retorica e filosofia nell'*Hermotimus* vedi *supra*, pp. 1-5.

ὥσπερ φασὶ τὴν Μήδειαν ἐξ ὀνείρατος ἐρασθῆναι τοῦ Ἰάσονος: si tratta di un riferimento al mito di Medea e Giasone. Quest'ultimo, com'è noto, arrivò in Colchide, presso la corte del re Eeta, a capo della spedizione degli Argonauti. Sua figlia Medea, innamoratasi subito dell'eroe greco, lo aiutò a procurarsi il vello d'oro custodito dal padre, anche a costo di uccidere il fratello Apsirto. Tuttavia, nelle fonti antiche del mito non appare alcun riferimento ad un innamoramento di Medea in sogno, bensì ad un sentimento sorto con estrema rapidità, come è descritto in Apoll. Rhod. 3.287-298, che narra il sogno travagliato di Medea successivo al primo incontro con Giasone (cfr. von Möllendorff, 2000[1], p. 180). Cfr. *Salt.* 53, in cui si fa cenno ad un sogno di Medea non ulteriormente specificato. Vedi anche Apoll. Rhod. 3.616-682.

τὸ τὸν λέγοντα ἐκεῖνον περὶ τῆς γυναικός, ἐπείπερ ἐπιστεύθη τὸ πρῶτον ὅτι ἀληθῆ λέγει, ἀκόλουθα ἐπάγειν: Licino insiste ancora una volta sulla cautela richiesta all'aspirante filosofo, il quale dovrebbe discernere la dottrina vera da quelle false, senza rimettersi alla prima cui incorra. Al § 28 lo stesso Licino avvertiva il suo interlocutore di non intraprendere il primo percorso filosofico che gli venisse proposto, né tantomeno di affidarsi ad una scelta casuale. Per questo motivo, introducendo la similitudine della navigazione, Licino insisteva sull'opportunità di scegliere il miglior timoniere e la nave più affidabile ancor prima di salpare e di trovarsi in balia del mare. In questo passo, lo stesso Licino suggerisce ad Ermotimo di non credere ingenuamente al racconto che gli è stato riferito, ma di avvalersi della sua facoltà di giudizio, in modo da verificare la veridicità della corrente stoica prescelta. Tuttavia, il riconoscimento della vera filosofia non rappresenta soltanto un problema cognitivo, ma anche una questione morale cruciale, dal momento che la posta in gioco è l'acquisizione della verità, da cui dipende la scelta di uno stile di vita retto e pienamente felice. Cfr. i §§ 64 e 68 sulla necessità di una ἐξεταστικὴ παρασκευή per il vero filosofo. Su questo argomento si veda Camerotto, 2014, p. 206, n. 42.

ἀλλ' ἠκολούθει τοῖς τῶν προωδευκότων ἴχνεσι, καθάπερ τὰ πρόβατα πρὸς τὸν ἡγούμενον, δέον ἐπὶ τῇ εἰσόδῳ καὶ κατὰ τὴν ἀρχὴν εὐθὺς σκέψασθαι, εἴπερ εἰσιτητέον: Licino descrive l'appoggio acritico ad un filosofo qualsiasi nei termini di un cammino compiuto calcando delle impronte già lasciate da altri. Al § 29 Ermotimo sostiene che, solo mettendosi sulle tracce di Crisippo e di Zenone, è possibile pervenire alla città ideale (κατὰ τὰ Χρυσίππου καὶ Ζήνωνος ἴχνη προϊών). In *Gall.* 18 Micillo illustra gli abitanti di Crotone, Metaponto e Taranto, che seguono e adorano le tracce lasciate da Pitagora lungo il suo cammino (οὐ τοσοῦτον [scil. καταγελῶ σου] ὅσον Κροτωνιατῶν καὶ Μεταποντίνων καὶ Ταραντίνων καὶ τῶν ἄλλων ἀφώνων σοι ἑπομένων καὶ προσκυνούντων τὰ ἴχνη ἃ σὺ πατῶν ἀπολιμπάνοις). In *Rhet. praec.* 8-9, invece, si parla delle poche impronte presenti sul sentiero più arduo, al seguito di grandi come Platone e Demostene, che esigono un impegno costante e una fatica considerevole.

In questo caso, Licino descrive l'appoggio avventato dato alla figura di un presunto sapiente, chiarendolo efficacemente con l'immagine di un gregge che segue automaticamente la sua guida, mosso da un impulso spontaneo piuttosto che da una decisione razionalmente calcolata. In *Alex.* 15 il falso profeta riferisce del successo riscosso presso la plebaglia insensata ricorrendo ad una metafora affine (ὑπερεπέπληστο ἀνθρώπων ἡ πόλις, ἁπάντων τοὺς ἐγκεφάλους καὶ τὰς καρδίας προεξῃρημένων οὐδὲν ἐοικότων σιτοφάγοις ἀνδράσιν, ἀλλὰ μόνῃ τῇ μορφῇ **μὴ οὐχὶ πρόβατα εἶναι διαφερόντων**). Si tratta, dunque, di una rappresentazione adeguata ad esprimere il comportamento acritico ed intellettualmente remissivo di quanti approvano senza intima convinzione una qualsiasi scuola filosofica. Su altre similitudini ispirate al mondo degli animali vedi *supra*, p. 201.

§ 74) λέγοντος γάρ τινος τῶν μεγαλοτόλμων τούτων ποιητῶν, ὡς γένοιτό ποτε τρικέφαλος καὶ ἑξάχειρ ἄνθρωπος ... ἡ δὲ λόγχην ἡφίει, ἡ δὲ τῷ ξίφει ἐχρῆτο: Licino corrobora il suo attacco confutatorio esponendo il procedimento usuale che presiede alla concezione e alla diffusione delle immagini false del mito, così da predisporre un serrato attacco critico contro i poeti (detti μεγαλότολμοι ποιηταί). Si tratta di un tema ricorrente nella satira di Luciano, il quale non si occupa tanto della corretta interpretazione della produzione poetica (come nel caso di Plut. *De aud. poet. passim* e Max. *Orr.* 4 e 26), quanto dell'esame dettagliato dei meccanismi dello ψεῦδος e delle modalità in cui agisce sui rispettivi destinatari (in *Philops.* 2 Tichiade attacca le menzogne dei poeti, mentre in *Hes.* 5 Esiodo si difende dall'acribia critica rivolta verso la sua opera. Cfr. anche *Iupp. conf.* 1-2 e *Hist. conscr.* 8). In modo particolare, l'accusa si fa più aspra quando Luciano esplora le conseguenze morali determinate da questi racconti e, in modo particolare, quelle risultanti da una rappresentazione indecorosa delle divinità (*Tim.* 1-4; *Nec.* 3; *Saturn.* 5; *Deor. conc.* 4-7; *Iupp. trag.* 1-2, 20, 40). Cfr. anche Dio Chrys. *Or.* 11 e Fornaro, 2002, pp. 547-560. In generale, su questo tema vedi Betz, 1961, pp. 23-28; Hall, 1981, p. 354; Camerotto, 1998, pp. 175-190 e Größlein, 1998, p. 16.

In questo passo Luciano dà prova di profondo acume analitico, non limitandosi ad attaccare l'ingenuità di chi acconsente ai racconti mitici, bensì indagando le ragioni per cui questi stessi miti diventino parte integrante della παιδεία comune (in *Luct.* 2 è ritratta la disponibilità mostrata da parte della collettività a credere ai poeti, ingannandosi e costruendovi sopra un sistema definito di valori e di consuetudini). La difficoltà maggiore, dunque, non risiede nel contrasto all'autorevolezza delle voci dei poeti, bensì nella lotta al consenso generale, che è la pericolosa missione condotta da Luciano per bocca dei suoi molteplici portavoce (cfr. Tichiade in *Philops.* 15, 32, etc. e la voce critica di Damide in *Iupp. trag.* 53). Su questo tema vedi Ebner, 2001, pp. 57-58 e Camerotto, 2014, pp. 61 e 261, n. 107. Inoltre, in *Peregr.* 39-41 è descritto il modo in cui vengono costruite e si propagano storie false fino ad essere ritenute vere da una porzione sempre più larga di pubblico. Cfr. anche *Philops.* 40 e *Demon.* 67.

La critica di Licino contro i poeti e le rispettive immaginazioni (cfr. il § 72) assume un significato più pregnante se si considera il valore di verità riconosciuto dai filosofi stoici ad Omero e ai poeti. In modo particolare, oltre all'interpretazione allegorica di Omero (su questo vedi Buffière, 1956 e Most, 1989), presso gli Stoici si era affermata l'idea della poesia come elemento propulsivo di κοιναὶ ἔννοιαι, ovvero di idee ed archetipi comuni, che contribuiscono ad arricchire il *background* culturale ed epistemologico condiviso da una comunità. Su questo vedi Obbink, 1992, soprattutto pp. 216-225. Di contro, Licino, dando voce all'approccio scettico, insiste sull'opportunità di verificare la portata di verità di ciascun racconto, invocando estrema cautela nel riporre fiducia in ogni minimo dettaglio del mito. In merito a questo argomento si veda Coenen, 1977, p. 117, che raccoglie altre testimonianze.

La figura delineata da Licino può essere ricondotta al mito di Gerione (Hes. *Th.* 287). Cfr. *Tox.* 62, in cui è descritto come un uomo con tre teste e sei mani, che Eracle uccise nel corso della decima fatica per impossessarsi dei suoi buoi (cfr. Eur. *Herc.* 423; Apoll. Rhod. 2.106-112 e Verg. *Aen.* 8.202-204). Si noti la consequenzialità logica con cui Licino desume gli ulteriori dettagli (ἀκολούθως ἂν ἐπάγοι τὰ λοιπά): ammesso che questo mostro avesse tre teste e sei mani, esso avrebbe dovuto avere anche sei occhi, sei orecchie, tre bocche e tre voci differenti, come pure trenta dita, che gli permettessero di brandire contemporaneamente sei armi diverse. Nonostante si tratti di dettagli ugualmente inverosimili, questi diventano plausibili nel contesto della realtà fittizia costruita dal mito con la massima coerenza. L'autore lascia intravedere, così, la sua solida formazione retorica, visto che proprio gli allievi delle scuole di retorica erano sollecitati a considerare un certo ventaglio di racconti mitografici, variandoli o escogitandone nuovi particolari al fine di incrementare la propria capacità inventiva (sull'*inventio* vedi Cic. *De inv.* 1.9-10 e *De or.* 1.142; 2.34-35). In merito a questo tema vedi Berdozzo, 2011, pp. 13-20.

Un esempio affine al procedimento descritto qui da Licino è l'episodio del fiume di vino ricolmo di pesci pieni di feccia delineato in *Ver. Hist.* 1.7-8 (cfr.

anche *Ver. Hist.* 2.30). Su questo vedi von Möllendorff, 2000², pp. 430-431. Una volta data per vera l'esistenza di un fiume oltremondano, Luciano aggiunge dettagli e costruisce vicende che aumentano il grado di πιθανότης dell'immagine e dell'intero racconto. Se il complesso di tutti questi particolari risulta coeso e consequenziale rispetto all'immagine iniziale (§ 74: ἀκόλουθα καὶ ὅμοια ... τῇ συγχωρηθείσῃ ἀρχῇ), la narrazione finisce per assumere lo statuto di verità dichiaratamente preteso dall'autore (*Ver. Hist.* 1.2: ψεύσματα ποικίλα πιθανῶς τε καὶ ἐναλήθως ἐξενηνόχαμεν). Nel seguito della narrazione, la verità dei contenuti è reclamata ripetutamente in virtù di dati precisi (§ 7, con la prova dell'incisione sulla colonna d'Eracle e di Dioniso), di prove autoptiche (§§ 13, 22, 29, etc.) e di appelli diretti al lettore (§ 26). Sullo statuto dello ψεῦδος letterario vedi Beltrametti, 1989, pp. 214-218; Camerotto, 1998, pp. 137-140 e von Möllendorff, 2000², pp. 56-61. In generale, sui meccanismi dello ψεῦδος vedi *Calumn.* 14-15, ove Luciano denuncia il modo in cui sono prodotte le varie forme di calunnia, rese credibili alle orecchie dei destinatari.

Si noti che Aristotele fornisce un'analisi affine a quella eseguita da Licino, evidenziando i procedimenti inferenziali che si attivano a partire da un semplice ψεῦδος (*Poet.* 24.1460a20-26: οἴονται γὰρ οἱ ἄνθρωποι, ὅταν τουδὶ ὄντος τοδὶ ᾖ ἢ γινομένου γίνηται, εἰ τὸ ὕστερον ἔστιν, καὶ τὸ πρότερον εἶναι ἢ γίνεσθαι· τοῦτο δέ ἐστι ψεῦδος. διὸ δεῖ, ἂν τὸ πρῶτον ψεῦδος, ἄλλο δὲ τούτου ὄντος ἀνάγκη εἶναι ἢ γενέσθαι ᾖ, προσθεῖναι· διὰ γὰρ τὸ τοῦτο εἰδέναι ἀληθὲς ὂν παραλογίζεται ἡμῶν ἡ ψυχὴ καὶ τὸ πρῶτον ὡς ὄν. παράδειγμα δὲ τούτου τὸ ἐκ τῶν Νίπτρων). Cfr. Camerotto, 1998, p. 186, n. 45. È messa così in luce la dinamica del ragionamento fallace (παραλογισμός) che sottende un racconto poetico, nonché la tendenza dei mitografi ad aggiungere una nutrita quantità di particolari alle scene inventate in modo da rendere il tutto più verosimile e avvincente (*Poet.* 24.1460a17-19: πάντες γὰρ προστιθέντες ἀπαγγέλλουσιν ὡς χαριζόμενοι). Cfr. Gallavotti, 1974, pp. 197-198 e Nesselrath, 2013, pp. 40-42.

Infine, è opportuno rilevare che, in termini analoghi a quelli impiegati da Luciano, Dione Crisostomo, nel contesto di un discorso critico verso Omero e i miti tradizionali, osserva che, una volta ammesso qualcosa di assurdo, si continua a credervi per inerzia (*Or.* 11.147: τί δεῖ τἀνθρώπεια λέγειν, ὅπου τὸν μὲν Οὐρανὸν τολμῶσι λέγειν καὶ πείθουσιν ὡς ἐκτμηθέντα ὑπὸ τοῦ Κρόνου, τὸν Κρόνον δὲ ὑπὸ τοῦ Διός; τοῦ γὰρ πρώτου καταλαβόντος, ὥσπερ εἴωθεν, ἄτοπον τὸ πεισθῆναί ἐστι). A questo proposito vedi Fornaro, 2002, p. 550. Si tratta, dunque, di un argomento ricavato presumibilmente da un contesto retorico, che Luciano adatta alle esigenze del dialogo filosofico, ribadendo la necessità di un'analisi attenta di ciascuna dottrina di pensiero.

τίς ἔτι ἂν ἀπιστήσειεν ταῦτα λέγοντι αὐτῷ; ... προχωρεῖτε ὑπὸ τῆς ἀκολουθίας ἑλκόμενοι, οὐκ ἐννοοῦντες εἴ τοι γένοιτο ἂν ἀκόλουθόν τι αὐτῷ καὶ ψεῦδος ὄν: Licino indaga il funzionamento del procedimento dell'ἀκολουθία in base al quale un soggetto mitico, non appena approvato, impone l'assenso di una serie di particolari, che si susseguono costringendo chi ha accettato la prima ad accogliere tutte le falsità successive. Il concetto di ἀκολουθία denota la consequenzialità logica necessaria in un discorso che intenda presentarsi intimamente validato. Vedi Plat. *Gorg.* 457e (νῦν ἐμοὶ δοκεῖς σὺ οὐ πάνυ ἀκόλουθα λέγειν οὐδὲ σύμφωνα οἷς τὸ πρῶτον ἔλεγες); *Rep.* 1.332d e 3.400d, e in più Ar. *Top.* 2.8.114a4-5; *Anal. pr.* 1.46.52b2-8, etc. In Philod. *De sign.* XXXVII, 11, invece, nel contesto di un ragionamento logico inferenziale, la parola assume il valore tecnico di "conseguenza". Cfr. *De ira* XLV, 20.

In modo particolare, l'ἀκολουθία indica il rapporto di coerenza logica su cui è fondato il sillogismo stoico (*SVF* 2.215 = D. L. 7.74: παρασυνημμένον δ' ἀληθὲς μέν ἐστιν ὃ ἀρχόμενον ἀπὸ ἀληθοῦς εἰς ἀκόλουθον λήγει, οἷον "ἐπεὶ ἡμέρα ἐστίν, ἥλιός ἐστιν ὑπὲρ γῆς." ψεῦδος δὲ <ὃ> ἢ ἀπὸ ψεύδους ἄρχεται ἢ μὴ εἰς ἀκόλουθον λήγει, οἷον "ἐπεὶ νύξ ἐστι, Δίων περιπατεῖ"). Cfr. anche *SVF* 2.216 e 253, là dove la parola ἀκολουθία indica una coerenza argomentativa a tal punto stringente, da riuscire a carpire l'approvazione del destinatario di turno. A conferma della presenza di questo *background* filosofico, in *SVF* 2.243 vengono citati diversi casi di solida coesione logica, tra i quali resta escluso il procedimento che perviene alla verità a partire dal falso (*SVF* 2.283). Nel nostro passo Licino contesta proprio un'implicazione di questo genere perché, a partire da un elemento falso, mostra come si possa arrivare ad un'unità mitica reputata vera. Luciano mostra, così, grande abilità ad adattare il lessico filosofico stoico alle istanze proprie del suo dialogo, rielaborando e riformulando un numero cospicuo di fonti in un complesso e variegato gioco di riferimenti intertestuali.

Si noti, infine, che l'argomentazione con cui Licino descrive il complesso inarrestabile e irreversibile delle operazioni che seguono ad una minima approvazione dello ψεῦδος (ἢν δὲ **ἅπαξ** ἐκεῖνα **δῷς**, ἐπιρρεῖ τὰ λοιπὰ καὶ οὔποτε στήσεται καὶ τὸ ἀπιστεῖν αὐτοῖς **οὐκέτι ῥᾴδιον**) ricalca la descrizione della similitudine della nave introdotta al § 28: una volta sciolti gli ormeggi e affidate le vele al vento, non è facile ritornare indietro né mettersi in salvo, ma è necessario lasciarsi sospingere qua e là sul mare (**οὐδὲ** γὰρ ἀναστρέψαι **ἔτι** καὶ ἀνασωθῆναι ὀπίσω **ῥᾴδιον**, ἢν **ἅπαξ** ἐπιδῷ τις αὐτὸν τῇ πνεούσῃ τὰ ἀπόγεια λυσάμενος, ἀλλὰ ἀνάγκη ἐν τῷ πελάγει διαφέρεσθαι). In modo particolare, è significativa la ripresa degli avverbi ἅπαξ, in riferimento al consenso, anche minimo ed unico, dato allo ψεῦδος, e οὐκέτι ῥᾴδιον, a proposito della difficoltà di ritornare alla posizione precedente al consenso.

Al contrario, nel corso del dialogo, Licino rimarca a più riprese l'opportunità di una scelta meditata, cioè di un'ἐξέτασις che possa contrastare ogni forma di consenso infondato. Cfr. i §§ 28; 35; 45; 61; 64; 67; 71; 73 (δέον ἐπὶ τῇ εἰσόδῳ καὶ κατὰ τὴν ἀρχὴν εὐθὺς σκέψασθαι, εἴπερ εἰσιτητέον), tutti passi in cui Licino insiste sulla cautela analitica necessaria sin dall'inizio del percorso di studi. A tal proposito, l'espressione ὑπὸ τῆς **ἀκολουθίας** ἑλκόμενοι richiama il § 68, là dove Licino avverte il suo interlocutore che, senza l'esercizio adeguato della sua facoltà di giudizio, non potrebbe discernere il vero dal falso, con il rischio di rimanere invischiato nei raggiri dei potenziali maestri (εὖ ἴσθι ὡς οὐδὲν κωλύσει σε **τῆς ῥινὸς ἕλκεσθαι ὑφ' ἑκάστων** [scil. dei filosofi]). In questo passo, invece, è la medesima consequenzialità logico-argomentativa dello ψεῦδος che, assumendo una certa consistenza reale, minaccia di circuire Ermotimo nella trappola delle sue parole. Su questo passo vedi Hall, 1981, p. 354.

εἴ τις λέγοι τὰ δὶς πέντε ἑπτὰ εἶναι καὶ σὺ πιστεύσειας αὐτῷ μὴ ἀριθμήσας ἐπὶ σαυτοῦ, ἐπάξει δηλαδὴ ὅτι καὶ τετράκις πέντε τεσσαρεσκαίδεκα πάντως ἐστὶν καὶ μέχρι ἂν ὅτε ἐθελήσῃ: come postilla esplicativa al suo ragionamento sulla forza logica del concetto di ἀκολουθία, Licino introduce nuovamente l'esempio del calcolo matematico, incentrato su un metodo razionale evidente ed oggettivamente valido (cfr. il § 35). Ne consegue che un errore di calcolo potrebbe essere facilmente individuato, senza richiedere indagini particolarmente complesse (vedi supra, p. 347). In questo passo, invece, Licino sostiene che, una volta ammesso come valido il risultato errato di un calcolo (5 x 2 = 7), sarebbe automatico approvarne anche altri a questo conseguenti (5 x 4 = 14). In Sext. Emp. Adv. math. 3.11 è attestato un esempio affine. Dando credito a determinati assunti senza un esame preventivo, tutte le conseguenze che ne derivano sarebbero accettate con il rischio di falsare ogni tipo di ricerca (εἴ τις οἷς ἂν ὑποθῆται, τούτοις τὰ ἀκολουθοῦντα πιστὰ τυγχάνειν ἀξιώσει, μήποτε πᾶσαν ἀναιρεῖ ζήτησιν). Per esempio, ammesso che tre sia quattro, sarebbe spontaneo inferire che sei sia otto in maniera coerente alla prima ipotesi (εὐθέως γὰρ ὑποθήσεται ἕκαστος ἡμῶν τὸ τὰ τρία τέσσαρα εἶναι, καὶ τούτου δοθέντος συνάξει ὅτι καὶ τὰ ἓξ ὀκτώ ἐστιν· εἰ γὰρ τὰ τρία τέσσαρά ἐστι, τὰ ἓξ ὀκτὼ γενήσεται· ἀλλὰ μὴν τὰ τρία τέσσαρά ἐστιν, ὡς ἡ ὑπόθεσις δίδωσιν· τὰ ἄρα ἓξ ὀκτώ ἐστιν). Cfr. Schwarz, 1914, pp. 46-47 e, sui riferimenti all'aritmetica nell'opera di Luciano, Householder, 1941, p. 77.

οἷα καὶ ἡ θαυμαστὴ γεωμετρία ποιεῖ ... ἐπὶ σαθροῖς τοῖς θεμελίοις τούτοις οἰκοδομεῖ τὰ λοιπὰ καὶ ἀξιοῖ εἰς ἀπόδειξιν ἀληθῆ λέγειν ἀπὸ ψευδοῦς τῆς ἀρχῆς ὁρμωμένη: Licino approfondisce l'analisi dell'ἀπόδειξις prendendo in considerazione la geometria che, sulla base di postulati indimostrati, pretende ingiustamente di dimostrare la verità dei suoi teoremi (cfr. il § 70).

A tal proposito, si noti che il terzo libro degli *Adversus Mathematicos* di Sesto Empirico è rivolto esplicitamente contro i geometri. In apertura del libro, il filosofo scettico chiarisce lo scopo del suo attacco, diretto verso la presunta fondatezza del metodo ipotetico (cfr. *Pyrrh. hyp.* 1.168), su cui i geometri hanno edificato la propria dottrina (*Adv. math.* 3.1: ἐπεὶ οἱ γεωμέτραι συνορῶντες τὸ πλῆθος τῶν ἐπακολουθούντων αὐτοῖς ἀποριῶν εἰς ἀκίνδυνον εἶναι δοκοῦν καὶ ἀσφαλὲς πρᾶγμα καταφεύγουσι, τὸ ἐξ ὑποθέσεως αἰτεῖσθαι τὰς τῆς γεωμετρίας ἀρχάς, καλῶς ἂν ἔχοι καὶ ἡμᾶς τῆς πρὸς αὐτοὺς ἀντιρρήσεως ἀρχὴν τίθεσθαι τὸν περὶ τῆς ὑποθέσεως λόγον). Contro una determinata ipotesi, infatti, potrebbe esserne addotta un'altra altrettanto plausibile, al punto che nessuna appare sufficientemente affidabile. In generale, Sesto ritiene che le argomentazioni dei geometri debbano essere edificate su solide basi, necessarie per poter ricavarne coerentemente tutte le inferenze successive (*Adv. math.* 3.12: **βέβαιον** γὰρ εἶναι δεῖ τὸν **θεμέλιον**, ἵνα συνομολογηθῇ καὶ τὸ ἀκόλουθον ... ἡμεῖς πάντα τὰ ὑποθετικῶς αὐτοῖς λαμβανόμενα οὐ προσησόμεθα χωρὶς ἀποδείξεως). Cfr. *Adv. math.* 3.17-18 e 92.

L'immagine delle fondamenta instabili è citata dallo stesso Licino, a conferma di una comune fonte scettica da cui i due autori avrebbero attinto il proprio materiale. Un ulteriore elemento in comune è nel riferimento di Licino ai "punti indivisibili" e alle "linee senza larghezza", argomenti discussi rispettivamente in Sext. Emp. *Adv. math.* 3.19-25 e 37-39. Nell'*Hermotimus*, però, sono trascurate le ragioni per cui questi assunti basilari (ἐν ἀρχῇ αἰτήματα) si rivelano bizzarri e insussistenti (ἀλλόκοτά ... οὐδὲ συστῆναι δυνάμενα), ragioni su cui, invece, Sesto si diffonde con particolare attenzione. Al contrario, per gli Stoici la geometria è una scienza teoretica (*SVF* 3.202), che si regge su principi illustrati dalla filosofia (in *SVF* 2.99 vengono citati i punti indivisibili e le linee senza larghezza). Su questo passo vedi Householder, 1941, p. 77, n. 78. Ancora una volta Licino rievoca stilemi argomentativi scettici, mettendoli al servizio della sua confutazione antistoica. Si veda *supra*, pp. 22-28.

Critica testuale

§ 73) ὑπὲρ τὰς Χάριτας αὐτὰς ἢ τὴν Οὐρανίαν, καὶ μὴ πρότερον: la tradizione manoscritta presenta il verbo εἶναι (Οὐρανίαν εἶναι, μή), che in questa sede sembra sintatticamente poco giustificato, diventando oggetto di numerose emendazioni. Pelletus e Marcilius propongono il testo Οὐρανίαν ἐκείνην, che Fritzsche approva, ritenendo opportuna l'enfasi posta sulle Grazie e sulla Venere Urania, superate in bellezza dalla donna descritta dal mitografo. Si veda Nesselrath, 1990[1], p. 505. Longolius, invece, suggerisce οἶμαι, che, in base al fenomeno dell'itacismo, risulterebbe pronunciato in maniera molto simile alla lezione tramandata (εἶναι). Bekker e Jacobitz (1836), invece, stampano fedelmente il testo della tradizione manoscritta, mentre quest'ultimo espunge il verbo εἶναι nell'*editio minor* (1851), allo stesso modo di Sommerbrodt.

Solanus, invece, emenda il testo Οὐρανίαν καὶ μή, accolto successivamente da Macleod (cfr. Dindorf, il quale stampa Οὐρανίαν, εἰ καὶ μή). Si tratta della soluzione migliore poiché essa stabilisce il legame sintattico con la proposizione successiva, evitando di lasciare vuoti paleografici arbitrari risultanti da mere espunzioni. Tuttavia, una differente scansione delle pause renderebbe ancora più perspicuo il significato del passo e la configurazione dell'intero periodo (Οὐρανίαν, καὶ μή).

§ 74) μὴ ἐξετάσας εἰ δυνατόν, ἀλλὰ πιστεύσας: la tradizione manoscritta più antica presenta il futuro πιστεύσεις, mentre quella più bassa attesta il participio aoristo πιστεύσας. Tale participio è accolto da Reitz e, in seguito, da tutti gli editori di Luciano, salvo Macleod, che congettura πιστεύσῃς. Questa emendazione tiene opportunamente conto del fenomeno dell'itacismo, impostando però una costruzione sintattica alquanto incoerente con i contenuti del periodo. Il congiuntivo aoristo πιστεύσῃς, infatti, determina un parallelismo con la medesima forma verbale ricorrente poco prima (ἄν ... ἀποδέξῃ), così da dare forma ai due membri contrapposti della protasi del periodo ipotetico. Tuttavia, in questo caso, la necessità di preservare l'antitesi tra i due participi ἐξετάσας e πιστεύσας esula da un livello meramente morfosintattico poiché riflette un problema centrale del dialogo. Sin dal § 7, infatti, è emerso che Ermotimo ha scelto la scuola filosofica stoica in virtù di un atto di fiducia nei confronti del suo maestro. Licino, da parte sua, fa notare ben presto all'aspirante stoico l'infondatezza di questa decisione, invitandolo alla ricerca razionalmente giustificata del vero filosofo (sull'uso reiterato del verbo πιστεύω nel corso del dialogo vedi *supra*, p. 253). Cfr. i §§ 28; 45; 64; 67; 71; 73, ma anche lo stesso § 74, in cui Licino suggerisce ad Ermotimo l'esercizio di un'ἐξέτασις dettagliata, senza la quale non sarebbe possibile arrivare alla verità (οὐκ ἐξετάσαντες τὰ κατὰ τὴν εἴσοδον ἑκάστην ὅπως ὑμῖν ἔχει).

Licino, dunque, contrappone ancora una volta l'atteggiamento di fede incondizionata al vigile esercizio critico, ponendolo come l'unica azione in grado di prevenire il rischio di incorrere in spiacevoli conseguenze. La πίστις, infatti, coincide con l'approvazione superficiale delle parole del mitografo (§ 74: ἂν τὸ πρῶτον ταῦτα ἀπραγμόνως ἀποδέξῃ), ponendosi così in alternativa alla verifica rigorosa dell'ἐξέτασις (come emerge anche grazie alla congiunzione avversativa ἀλλά), il che viene adeguatamente accentuato dalla costruzione con il doppio participio.

εἴπερ δεκτέα: si tratta del testo tramandato, stampato da Reitz, Jacobitz, Bekker e Macleod. Al contrario, Cobet emenda il passo in εἴπερ παραδεκτέα, presumibilmente ipotizzando un caso di aplologia, che avrebbe determinato la caduta di una tra le due sillabe affini e contigue (περ / παρ). Dindorf e Fritzsche, invece, seguiti da Kilburn, stampano, con una lieve modifica, εἰ παραδεκτέα. Il suggerimento di παραδεκτέα potrebbe trovare un certo sostegno in Platone (*Rep.* 10.595a), benché δεκτέα ricorra con una maggiore frequenza soprattutto in autori di età imperiale (cfr. Plut. *Quaest. Plat.* 8.2.1006D e Gal. *In Hipp. Epid. comm.* 6.6, vol. 17a, p. 836 Kühn; Strab. 1.2.28, 30, etc.). Del resto, oltre al fatto che δεκτέα sia semanticamente plausibile, la congiunzione εἴπερ mette nel giusto risalto le parole che seguono nella proposizione successiva.

οὐκ ἐννοοῦντες εἴ τοι γένοιτο ἂν ἀκόλουθόν τι αὐτῷ καὶ ψεῦδος ὄν: la tradizione manoscritta presenta la ripetizione del pronome τι (εἴ τι γένοιτο ἂν ἀκόλουθόν τι), che è il testo stampato da Macleod. Il codice N presenta in luogo del primo τι l'avverbio πῃ, stampato da Reitz, Jacobitz, Bekker e Dindorf. Solanus, invece, avanza la proposta emendativa εἴπερ, senza trovare il favore di altri editori, mentre Fritzsche espunge il primo τι e Sommerbrodt il secondo, avvertiti come un'inutile ripetizione nell'economia testuale. Considerato che in questo caso l'itacismo può aver alterato il testo tradito, è plausibile emendare il primo τι in τοι (cfr. lat. *quidem*), con cui Licino riuscirebbe a dare maggiore intensità argomentativa al motivo confutatorio concertato contro l'interlocutore stoico (cfr. *Nigr.* 32: εἰ γάρ τοι, ἔφη κτλ.).

μέχρι ἂν ὅτε ἐθελήσῃ: la maggior parte dei codici presenta l'avverbio ὅτε, accolto anche da Macleod benché sin dall'edizione Giuntina fino a quella più recente di Kilburn venga stampata la lezione ὅτου. Macleod, però, sospetta che in questo passo vi sia una lacuna testuale, avanzando due ipotesi. Nella prima suppone la presenza di un numero (<numerus aliquis> ὅτε ἐθελήσῃ), mentre nell'altra, sulla scorta di un'emendazione di Polus (μέχρι ἂν ὅτι ἐθελήσῃ), propone: μέχρις ἀνύσει ὅτι ἐθελήσῃ. Anche von Möllendorff suggerisce un'emendazione del passo, semanticamente orientata sulla linea ipotizzata da Macleod (μέχρι ὅσου ἂν ἐθελήσῃ). Tuttavia, il testo non appare a tal punto corrotto da far supporre una lacuna, né è plausibile immaginare che Licino abbia proposto un numero limite per i calcoli. L'avverbio di tempo, infatti, accenna generalmente alla prosecuzione del calcolo senza alcun limite predeterminato, incrementando il carattere inverosimile, oltre che provocatorio, del ragionamento di Licino.

Il costrutto μέχρι ... ὅτε, pur senza la particella ἄν, è attestato solo in autori tardi (cfr. Ps.-Clem. Alex. *Hom.* 18.21.2; Ps.-Ath. *Hom. de sem.* vol. 28, p. 144.27; Ioan. Chrys. *In Gen.* PG vol. 54, p. 552), il che lascia presupporre che possa essere circolato già al tempo di Luciano.

καὶ τὰ τοιαῦτα, ἐπὶ σαθροῖς τοῖς θεμελίοις τούτοις οἰκοδομεῖ τὰ λοιπά: la tradizione manoscritta presenta il testo οἰκοδομεῖ τὰ τοιαῦτα, che contiene la ripetizione particolarmente gravosa di τοιοῦτος. Già Gensius aveva deplorato questa ripetizione, che Struvius ha tentato di risolvere con l'emendazione del secondo τοιαῦτα in λοιπά (e non il primo come indica erroneamente Macleod in apparato), accolta in seguito da Dindorf, Fritzsche e Sommerbrodt. Il testo, in tal modo, guadagnerebbe in termini di eufonia e di una maggiore uniformità ai contenuti specifici del passo. Con τὰ λοιπά, infatti, sono intese tutte le conseguenze che deriverebbero dall'ammissione dei presupposti della geometria, rimandando alla consequenzialità logica discussa in questa sezione del dibattito (sul concetto di ἀκολουθία vedi *supra*, pp. 519-520). Inoltre, come fa notare Fritzsche, questo aggettivo ricorre ripetutamente nel corso del paragrafo ad indicare le conclusioni cui si potrebbe pervenire automaticamente dall'ammissione di presupposti errati, in maniera coerente all'argomento discusso dai due interlocutori (ἂν τὸ πρῶτον ταῦτα ... ἀποδέξῃ ... πιστεύσας, εὐθὺς ἀκολούθως ἂν ἐπάγοι τὰ λοιπά; ἢν δὲ ἅπαξ ἐκεῖνα δῷς, ἐπιρρεῖ τὰ λοιπά).

§ 75) Licino espone le conseguenze derivanti dalla scelta di una dottrina filosofica errata. Più specificamente, egli indugia sugli effetti non solo personali, ma anche sociali, che potrebbero comportare la constatazione della falsità della dottrina propugnata. Dinanzi alla consapevolezza di aver sostenuto una scuola di pensiero priva della verità ambita, infatti, sarebbero in pochi ad ammettere l'inganno subito, rinunciando ai benefici ottenuti grazie alla propria *mise* filosofica. L'unico degno di tale denominazione, invece, sarebbe chi, ammettendo coraggiosamente il proprio errore, distolga anche altri dallo studio di qualsiasi dottrina inefficace.

κατὰ ταὐτὰ τοίνυν καὶ ὑμεῖς δόντες τὰς ἀρχὰς τῆς προαιρέσεως ἑκάστης πιστεύετε τοῖς ἑξῆς καὶ γνώρισμα τῆς ἀληθείας αὐτῶν τὴν ἀκολουθίαν ἡγεῖσθε εἶναι ψευδῆ οὖσαν: in questo passo il discorso si sposta dal piano delle similitudini delineate precedentemente a quello della filosofia. Licino rimprovera il suo interlocutore per aver approvato i principi stoici, nonché tutto quanto ne deriva, nel fermo convincimento che la stessa inferenza logica sussistente tra i vari concetti provi sufficientemente la verità dei contenuti dell'intera dottrina. In realtà, questa coerenza è solo apparentemente vera, giacché prende avvio da un'operazione arbitraria, fondata su un mero atto di πίστις nei confronti dei fondamenti filosofici stoici o dei suoi rappresentanti. Si ricordi che al § 7 Ermotimo dichiara di aver creduto al suo maestro (τῷ διδασκάλῳ πιστεύω λέγοντι), mentre al § 15 Licino incalza il suo interlocutore chiedendogli di motivare la sua scelta (τῷ πότε πιστεύσας κτλ. e τῷ σὺ πιστεύσας τοὺς μὲν ἄλλους εἴας). Cfr. il § 27, là dove Ermotimo afferma di aver creduto a quanti hanno compiuto precedentemente il percorso di studi (τοῖς γὰρ προωδοιπορηκόσιν ... πιστεύσας οὐκ ἂν σφαλείης), e il § 29, che è il punto del dialogo in cui Licino pone due possibilità ugualmente paradossali (ἢ πᾶσι πιστεύειν χρή, ὅπερ γελοιότατον, ἢ ἀπιστεῖν ὁμοίως). Cfr. anche i §§ 30, 31, 33, 34 e 47, sull'opportunità di non riporre facilmente la propria fiducia nelle parole altrui; 53; 70; 72; 73; 74; 75).

Licino prende così di mira il concetto di ἀκολουθία nei termini in cui esso appare in ambito stoico. Secondo gli Stoici, infatti, l'uomo si distingue dagli altri esseri viventi proprio in virtù del possesso di una capacità logica, donde deriva la nozione di segno e la costruzione del ragionamento induttivo e dimostrativo (*SVF* 2.223). Del resto, Crisippo sembra aver rivolto particolare attenzione a questo principio facendone oggetto di uno scritto specifico (*SVF* 2.13). Su questo argomento vedi Bréhier, 1910, pp. 68-80. In termini più generici, il concetto di ἀκολουθία esprime la connessione ordinata e interdipendente tra tutto ciò che è stato creato dall'Εἱμαρμένη (*SVF* 1.98; 2.920 e 962), in conformità della quale il καθῆκον (il "dovere") è descritto come un atto razionalmente giustificato (*SVF* 1.230; 3.293 e 494).

A proposito dell'espressione γνώρισμα τῆς ἀληθείας al § 19 Licino insiste sulla necessità di un κοινὸν γνώρισμα per rendere a tutti immediatamente riconoscibile il discorso filosofico vero. Proprio la constatazione dell'assenza di questo segno di riconoscimento ha reso imprescindibile la ricerca di un metodo efficace, che consenta lo studio di tutte le dottrine filosofiche esistenti, garantendo in tempi congrui il riconoscimento di quella vera (vedi *supra*, pp. 275-276).

οἱ μὲν ὑμῶν ἐναποθνήσκουσιν ταῖς ἐλπίσι, πρὶν ἰδεῖν τἀληθὲς καὶ καταγνῶναι τῶν ἐξαπατησάντων ἐκείνων: si noti che al § 6 Licino critica la sicurezza ostentata da Ermotimo rispetto alla possibilità di raggiungere la vetta della virtù dopo vent'anni di studio. Il fato, infatti, potrebbe sopraggiungere in qualsiasi momento vanificando tutti gli sforzi compiuti per portare a termine l'arduo cammino (οὐ γὰρ δὴ σέ γε εἰκὸς ἐπὶ τῷ ἀδήλῳ, εἰ βιώσῃ μέχρι πρὸς τὴν ἀρετήν, τοσούτους πόνους ἀνέχεσθαι ... οὐκ εἰδότα εἴ σε πλησίον ἤδη τοῦ ἄκρου γενόμενον τὸ χρεὼν ἐπιστὰν κατασπάσει λαβόμενον τοῦ ποδὸς ἐξ ἀτελοῦς τῆς ἐλπίδος). Il riferimento generico a quanti hanno ingannato gli aspiranti filosofi, invece, ammicca al maestro di Ermotimo, il quale, sin dall'inizio del dialogo, costituisce uno dei bersagli della critica di Licino (vedi il § 3, dove è descritta l'immagine ironica della catena d'oro; il § 6, in cui si allude alla sapienza magica del maestro, che riuscirebbe a prevedere il futuro; i §§ 9-10 e 18: si parla della collera del maestro contro un discepolo moroso nel pagamento; i §§ 11-12: è illustrato il comportamento riprovevole del medesimo maestro in occasione di un banchetto). Il motivo dell'ἐξαπατᾶν, dunque, ricorre spesso nel corso del dialogo, sottolineando da un lato gli attriti e le difficoltà nella comunicazione tra i due interlocutori (§§ 16, 17, 19) e, dall'altro, gli effetti propri dell'attacco satirico di Licino, che provoca la reazione stizzita di Ermotimo (§ 51: δύσνουν ἐμὲ εἶναι ᾤου ἂν σαυτῷ διότι σε οὐκ εἴων ἐξαπατᾶσθαι).

Cfr. *Symp.* 28, in cui la voce narrante esprime la meraviglia dinanzi a quanti si lascino ingannare dal filosofo stoico (ἐθαύμαζον οὖν οἷος ὢν διαλάθοι αὐτοὺς ἐξαπατωμένους τῷ πώγωνι καὶ τῇ τοῦ προσώπου ἐντάσει). In *Pisc.* 8, invece, Parresiade si difende prendendo ironicamente le distanze da quanti abbiano ingannato i filosofi del passato (ὑμεῖς δὲ ἐς τοὺς ἐξαπατήσαντας ὑμᾶς καὶ παροξύναντας καθ' ἡμῶν τὴν ὀργὴν τρέψατε). Cfr. anche *Dial. mort.* 20.11.

In generale, il tema dell'ἐξαπατᾶν ha un certo rilievo per tutta la satira lucianea. In *Philops.* 2 i poeti sono reputati disonesti perché per mezzo delle loro creazioni fittizie diffondono false credenze, così come in *Electr.* 6 si sostiene che quanti prestino fede ai racconti mitici cadono inevitabilmente nell'inganno (πολλὰ τοιαῦτα ἐξαπατηθῆναι ἔστι πιστεύοντας τοῖς πρὸς τὸ μεῖζον ἕκαστα ἐξηγουμένοις). In generale, vedi anche *Iupp. trag.* 41; *Tim.* 25; *Saturn.* 26; *Gall.* 15; *Merc. cond.* 5 e 21 e *Phal.* 1.1. Su questo argomento vedi Camerotto, 2014, pp. 122 e 280.

οἱ δὲ κἂν αἴσθωνται ἐξηπατημένοι ὀψέ ποτε γέροντες ἤδη γενόμενοι, ὀκνοῦσιν ἀναστρέφειν ... παίδων πράγματα ἔχοντες οὐ συνίεσαν: questa è un'ulteriore categoria di discepoli, che riconoscono solo in età avanzata di essere stati traditi nelle loro speranze, pur non intendendo ritrattare le dottrine sostenute nel corso della loro vita. Alla vergogna (ὑπ' αἰσχύνης) per non aver compreso la trama dell'inganno in cui sono stati circuiti si aggiunge il timore di perdere il riconoscimento sociale che i presunti filosofi si sono guadagnati con le loro menzogne.

Il sentimento di vergogna contrassegna una delle risposte emotive degli interlocutori di Socrate nel momento in cui, posti dinanzi alla confutazione irreversibile di alcune convinzioni personali, non riescono ad ammettere ciò che non vorrebbero o avvertono l'imbarazzo di non saper rispondere adeguatamente. A tal proposito vedi Bowery, 2007, pp. 82 ss. e Candiotto, 2012, che riconosce nel meccanismo psicologico della vergogna uno degli esiti prodotti dall'ἔλεγχος: una volta riconosciuto il proprio errore, infatti, l'interlocutore avrebbe dovuto distanziarsene, disponendosi così favorevolmente alla ricezione della verità (*Soph.* 230b-e). In tal senso la confutazione, per sortire il suo effetto benefico, necessita di questa disponibilità da parte di chi la subisce, il quale così potrebbe essere purificato dai suoi falsi convincimenti e godere di una maggiore contezza di sé e del vero. Molto spesso la reazione alla confutazione dipende dallo *status* sociale dell'interlocutore socratico, giacché accettando di essere stato confutato egli ammetterebbe la sua sconfitta con il rischio di essere percepito in termini notevolmente differenti nel contesto della società di riferimento (in *Charm.* 164d, per esempio, Crizia, pur affermando di non vergognarsi di riconoscere l'errore commesso, non riesce a mettere in pratica questo proponimento; *Gorg.* 461c, sulla vergogna di Gorgia nel confessare la propria ignoranza, e *ivi* 482e, a proposito della vergogna provata da Polo dopo aver compreso di essere stato confutato). Si tratta di uno dei residui della cosiddetta "civiltà della vergogna", il cui bene supremo consiste nella conquista della pubblica stima. Una cultura di vergogna condiziona fortemente l'azione del singolo individuo, il quale, noncurante della propria coscienza morale, tende a conformarsi a schemi comportamentali in grado di tenerlo al riparo da qualsiasi forma di sanzione o di biasimo collettivi (a questo riguardo vedi Adkins, 1964, pp. 71 ss. e Dodds, 2017, pp. 71-107). Così come nel caso degli interlocutori socratici, anche per i filosofi cui allude Licino il senso di vergogna che ostacola il compimento di una vera conversione filosofica è dovuta al tessuto sociale di appartenenza, ovvero a ragioni meramente materiali, legate al pericolo di perdere il proprio prestigio e tutti i benefici che ne conseguivano. Nella fase finale del dialogo, però, Ermotimo sembra provare vergogna per il suo passato, ossia per lo stile di vita stoico strenuamente perseguito, riuscendo così coraggiosamente a dare una svolta alla sua condizione attuale e a mettere pienamente a frutto la purificazione elenctica ottenuta grazie a Licino. Vedi *infra*, § 86, pp. 571-579.

Anche nella δειλία è stato intravisto un riferimento alla posizione sociale dei membri della scuola stoica, in cui si rispecchiava gran parte dell'*élite* culturale del tempo. Cfr. *Vit. auct.* 25, dove a conferma dell'interesse riscosso dallo Stoicismo presso le categorie sociali più elevate i compratori della vita stoica sono definiti "dalle buone spalle" (τοὺς ὤμους καρτεροί), il che potrebbe alludere non solo alle ricchezze possedute, ma anche all'alto rango sociale goduto dagli adepti stoici. Si tratta dell'interpretazione suggerita da Berdozzo, 2011, p. 259, che ha precisato la lettura di Helm, 1902, p. 277, il quale aveva intravisto un'allusione più generica ai proseliti romani. La circostanza per cui si immagina che un filosofo ormai affermato e socialmente acclamato, anche nel momento in cui avesse preso coscienza della falsità delle dottrine professate, non le avrebbe rinnegate per non vedersi privato dei privilegi garantiti dalla sua posizione non fa che confermare la critica avanzata precedentemente nei confronti della contraddizione manifestata dai filosofi tra le dottrine professate e la rispettiva condotta morale. Su questo tema vedi i §§ 9-12 e le note *ad loc.*, *supra*, pp. 228-231.

La rinuncia ai propri principi filosofici è descritta nei termini di un cammino compiuto a ritroso, sulla scorta dell'immagine della via su cui è impostata larga parte del dialogo. In particolare, si ricordi che al § 5 Ermotimo fa cenno a numerosi aspiranti filosofi che, a metà strada, non riuscendo a sopportare ulteriormente le fatiche del cammino, desistono dall'impresa (ἐπειδὰν δὲ κατὰ μέσην τὴν ὁδὸν γένωνται, πολλοῖς τοῖς ἀπόροις καὶ δυσχερέσιν ἐντυγχάνοντες ἀποδυσπετοῦσί τε καὶ **ἀναστρέφουσιν** ἀσθμαίνοντες καὶ ἱδρῶτι ῥεόμενοι, οὐ φέροντες τὸν κάματον). Al § 28, invece, è sottolineata l'irreversibilità del percorso filosofico intrapreso (οὐδὲ γὰρ ἀναστρέψαι ... ῥᾴδιον), senza trascurare i pericoli che comporta il tentativo di ritornare al punto iniziale.

Si noti, infine, che il verbo ἐξομολογεῖσθαι oltre che in Luciano è attestato solo in Plutarco (cfr. *Num.* 16.2; *Adv. Col.* 20.1118E, etc.), mentre risulta particolarmente diffuso nei testi cristiani ad indicare la confessione dei peccati, il riconoscimento della propria fede o l'espressione di massima gratitudine alla divinità per i favori ottenuti. Mentre Gensius ritiene questo verbo "*solis fere sacris scriptoribus proprium*", il Reitz considera le attestazioni di Luciano e Plutarco (cui aggiunge anche Hel. *Aeth.* 9.12.1) sufficienti a mostrare che questo verbo "*etiam profanis scriptoribus non inusitatum esse*". Resta indubbio, però, che questa parola sia legata maggiormente ad un contesto religioso e che nel nostro passo mantenga una certa connotazione semantica in tal senso.

ἐμμένουσιν τοῖς αὐτοῖς ὑπ' αἰσχύνης καὶ ἐπαινοῦσι τὰ παρόντα ... ὡς ἂν μὴ μόνοι ἐξηπατημένοι ὦσιν ἀλλὰ ἔχωσιν παραμυθίαν τὸ καὶ πολλοὺς ἄλλους τὰ ὅμοια παθεῖν αὐτοῖς: la filosofia, lungi dal fornire indicazioni pratiche utili e parole di conforto nei momenti più difficili, si configura come un'operazione mendace, i cui effetti sul singolo presunto filosofo diventano sostenibili solo a condizione che in questo stesso inganno siano convolti numerosi altri aspiranti filosofi.

In *Dial. mort.* 26.3 la condivisione del male patito è definita espressamente come una forma di sollievo (φέρει δὲ παραμυθίαν καὶ ἡ κοινωνία τοῦ πράγματος καὶ τὸ μὴ μόνον αὐτὸν πεπονθέναι.). Cfr. *Dea Syr.* 26. Si tratta del cosiddetto tema del "*non tibi soli*", che appare con una certa ricorrenza nella letteratura consolatoria (vedi il *locus classicus* di Cic. *Tusc. disp.* 3.79: "*ne illa quidem firmissima consolatio est, quamquam et usitata est et saepe prodest: non hoc tibi soli*") e risulta particolarmente esplorato in epoca imperiale. Su questo argomento vedi Ciani, 1975, pp. 89-129.

In modo particolare, tale motivo ricorre frequentemente in Seneca. In *Prov.* 5.8, per esempio, il filosofo romano afferma che grande "**solacium** *est cum universo rapi*", mentre in *Cons. ad Marc.* 26.6 rileva che "*si tibi potest* **solacio** *esse desiderii tui* **commune fatum**, *nihil quo stat loco stabit, omnia sternet abducetque vetustas*". Cfr. anche *Cons. ad Pol.* 1.4 ("**maximum** *ergo* **solacium** *est cogitare id sibi accidisse, quod omnes ante se passi sunt omnesque passuri*") e *Ben.* 6.22.1. Il termine *solacium*, infatti, corrisponde alla παραμυθία di cui parla Licino, così come il *commune fatum*, vale a dire l'elemento determinante del conforto, coincide con la volontà del filosofo immaginato, il quale intende coinvolgere nel medesimo inganno un numero sempre maggiore di persone. Si veda anche il § 71, là dove Licino incoraggia Ermotimo ricordandogli la vanità dello studio compiuto da tutti i filosofi (ὦ Ἑρμότιμε, πολὺ ἔλαττον ἀνιάσῃ, ἢν ἐννοήσῃς ὅτι οὐ μόνος ἔξω μένεις τῶν ἐλπισθέντων ἀγαθῶν, ἀλλὰ πάντες ὡς ἔπος εἰπεῖν περὶ ὄνου σκιᾶς μάχονται οἱ φιλοσοφοῦντες). In *Luct.* 16-19, invece, numerosi motivi propri della letteratura consolatoria sono rivisitati parodicamente con la celebrazione paradossale dei vantaggi apportati presumibilmente dalla morte. Su questo tema vedi Andò, 1984 e Berdozzo, 2011, pp. 63-64. Un ulteriore ribaltamento comico della letteratura consolatoria è offerto da Petronio (soprattutto in *Sat.* 115, nella scena del riconoscimento del cadavere del nemico Lica), il quale mostra di conoscere numerosi temi consolatori, compreso quello citato nel nostro passo. A questo proposito vedi Petrone, 1987, pp. 95-103 e Stucchi, 2005, pp. 135-157. Generalmente, sulla letteratura consolatoria vedi Kassel, 1958 e Johann, 1968.

καὶ γὰρ αὖ κἀκεῖνο ὁρῶσιν, ὅτι ἢν τἀληθὲς εἴπωσιν οὐκέτι σεμνοὶ ὥσπερ νῦν καὶ ὑπὲρ τοὺς πολλοὺς δόξουσιν οὐδὲ τιμήσονται ὁμοίως. οὐκ ἂν οὖν ἑκόντες εἴποιεν εἰδότες, ἀφ' οἵων ἐκπεσόντες ὅμοιοι τοῖς ἄλλοις δόξουσιν: si tratta dello stesso timore espresso da Ermotimo sin dall'inizio del dialogo, ove l'alternativa ad una vita felice vissuta secondo i dettami della vera filosofia consisteva nel rischio di disperdersi nel volgo anonimo degli stolti (§ 1: ἄθλιον εἶναι ἐν τῷ πολλῷ τῶν ἰδιωτῶν συρφετῷ παραπολόμενον ἢ εὐδαιμονῆσαι φιλοσοφήσαντα). In questo passo il riferimento alla τιμή rimanda alla stima e all'elevata considerazione cui questo filosofo non intende rinunciare per amore di verità (alla fine della lunga battuta Licino critica nuovamente i presunti filosofi perché, pur conoscendo la verità, la tengono nascosta ὑπὸ δειλίας καὶ αἰσχύνης καὶ τοῦ **προτιμᾶσθαι** βούλεσθαι).

Se è data per vera l'ipotesi di Berdozzo (vedi *supra*, p. 527), Luciano, in questo caso, avrebbe preso di mira il valore socialmente riconosciuto alla figura del saggio stoico, facendolo apparire ben poco interessato alla difesa della vera dottrina, bensì incline a salvaguardare il suo interesse personale (vedi Berdozzo, 2011, p. 260: "*bedenkt man die weite Verbreitung und das hohe Ansehen des Stoizismus damals, so erscheint dieses Urteil Lukians in all seiner wahren entmutigenden Bitterkeit*"). A sostegno di questa interpretazione si ricordi che in *Fug.* 12 è dichiarato apertamente il movente che avrebbe indotto numerosi filosofastri ad assumere la veste propria del sapiente. Essa garantiva non solo un notevole rispetto sociale, ma anche un vasto seguito, come pure massima libertà di espressione, costituendo una forma di potere particolarmente appetibile (ἐπεὶ δὲ εἰς ἄνδρας τελεῖν ἤρξαντο καὶ κατεῖδον τὴν **αἰδῶ**, ὅση παρὰ τῶν πολλῶν ἐστιν τοῖς ἑταίροις τοῖς ἐμοῖς ... ταῦτα πάντα **τυραννίδα οὐ μικρὰν** ἡγοῦντο εἶναι). Si veda anche *Merc. cond.* 25 e su questo passo Hafner, 2017, pp. 261-269. Tutti questi vantaggi risultano tanto più significativi considerando che la maggior parte di questi filosofi o presunti tali proveniva da una classe sociale di basso livello. Soprattutto sotto Marco Aurelio molti artigiani abbandonarono il proprio mestiere per adottare il semplice costume cinico e godere così dei benefici che potevano ricavarne, cambiando radicalmente il proprio tenore di vita. Sull'estrazione sociale di questi pseudo-filosofi vedi anche *Bis acc.* 6 e *Pisc.* 31. Una spiegazione in termini economici è in Hahn, 1989, pp. 172-181, ma soprattutto in Gerlach, 2005, il quale oltre ad illustrare attentamente la dinamica di questo fenomeno socioculturale, intravede nella descrizione a tratti burlesca dei falsi filosofi il riflesso dell'"*elitäre Sichtweise des Lukian und seines gebildeten und amüsierten Publikums*" (pp. 167-168). Altri riferimenti all'apprezzamento goduto dai filosofi sono in *Demon.* 11, a proposito dell'onore tributato dagli Ateniesi a Demonatte (τὸ ἀπ' ἐκείνου ἀρξαμένους τιμᾶν καὶ αἰδεῖσθαι καὶ τὰ τελευταῖα θαυμάζειν) e *Peregr.* 29, in cui Teagene invita a rendere omaggio a Peregrino. In generale, sul desiderio di onore da parte degli uomini vedi *Cont.* 20 (ὁρᾷς οἷα ποιοῦσι [*scil.* homines] καὶ ὡς φιλοτιμοῦνται πρὸς ἀλλήλους ἀρχῶν πέρι καὶ **τιμῶν** καὶ κτήσεων ἀμιλλώμενοι). Cfr. Braun, 1994, p. 91; Bowersock, 2002, pp. 157-170; Berdozzo, 2011, pp. 239-252 e Nesselrath, 2012. A questo proposito sono utili anche i due studi di Hahn, 2010 e 2011 e Horst, 2013, pp. 110-112, che indagano i rapporti intercorsi tra un'educazione di carattere filosofico e l'accesso ai ranghi dell'aristocrazia, e quindi presso le più alte cariche politiche del tempo.

Tuttavia, lo spregio di Ermotimo per la massa incolta può essere letto, più semplicemente, come l'espressione spocchiosa di un senso di superiorità intellettuale e morale che, in questa fase finale del dialogo, rivela tutta la sua insussistenza. Cfr. il § 5 (Licino immagina Ermotimo nell'atto di rivolgere dall'alto dell'empireo uno sguardo sprezzante sui profani). Sugli antecedenti comici di questo passo vedi *supra*, p. 203. Se all'inizio del dialogo il filosofo stoico rivendicava arbitrariamente la preferibilità della dottrina stoica rispetto ad altri indirizzi di pensiero, in questo momento egli stesso appare consapevole della vanità delle sue convinzioni, cui non riesce a rinunciare per timore di esporsi al ludibrio del suo interlocutore. Sulla ripresa di motivi presenti nella fase iniziale del dialogo vedi *infra*, pp. 575-576.

ὀλίγοις δ' ἂν πάνυ ἐντύχοις ὑπ' ἀνδρείας τολμῶσι λέγειν ὅτι ἐξηπάτηνται καὶ τοὺς ἄλλους ἀποτρέπειν τῶν ὁμοίων πειρωμένοις: i filosofi delineati in questo caso sono consapevoli dell'inganno subito e, mossi da un senso di coraggio (ὑπ' ἀνδρείας), piuttosto che di viltà (ὑπὸ δειλίας) come quelli descritti precedentemente, ammettono l'inganno subito, distogliendo gli altri dal commettere gli stessi errori (ἀποτρέπειν τῶν ὁμοίων πειρᾶσθαι, al contrario del προτρέπειν proprio dei filosofi precedenti, che spingono molti altri a τὰ ὅμοια παθεῖν). Si tratta del modello positivo di filosofo, che Licino provvederà a definire con maggiore precisione subito dopo. Tuttavia, già in questa sezione vengono presentate due caratteristiche essenziali del vero sapiente.

In primo luogo egli gode di uno sguardo disilluso, libero da ogni forma di ἀπάτη. Su questo concetto vedi *Tim.* 27, dove Pluto afferma che l'ignoranza e l'illusione stendono una fitta nebbia sugli occhi degli uomini (ἡ ἄγνοια καὶ ἡ ἀπάτη, αἵπερ νῦν κατέχουσι τὰ πάντα, ἐπισκιάζουσιν αὐτούς). Cfr. *Cont.* 21 (οὐκ οἶσθα ὅπως αὐτοὺς ἡ ἄγνοια καὶ ἡ ἀπάτη διατεθείκασιν) e le personificazioni di questo concetto presenti in *Calumn.* 5 e *Merc. cond.* 42. Nelle fonti stoiche l'illusione è una caratteristica propria dello stolto, dotato di una facoltà razionale distorta (*SVF* 3.389), mentre il saggio appare del tutto indenne da questo vizio (*SVF* 3.567).

Inoltre, il saggio stoico, come si evince anche da questo passo, dimostra un particolare coraggio nelle sue scelte (cfr. i §§ 9 e 22). Tuttavia, il coraggio non è solo una virtù (*SVF* 1.200 e 3.95, 264), ma anche una tecnica, o meglio una scienza, che consente di discernere gli obiettivi da perseguire con fermezza da quelli da evitare (*SVF* 3.262), ovvero ciò che è temibile da ciò che non lo è (*SVF* 3.274-275). Il coraggio dei filosofi che ammettono il proprio errore, dunque, è frutto di una consapevolezza superiore di sé stessi, che Licino ammira presentandola nei termini di vera sapienza.

εἰ δ' οὖν τινι τοιούτῳ ἐντύχοις, φιλαλήθη τε κάλει τὸν τοιοῦτον καὶ χρηστὸν καὶ δίκαιον καί, εἰ βούλει, φιλόσοφον: nel momento culminante dell'ἔλεγχος scettico Licino identifica il vero filosofo in colui che riconosce le proprie vane illusioni, confessando l'inutilità del sapere appreso, pur restando aperto alla ricerca della verità (φιλαλήθης).

In *Pisc.* 20 Parresiade, dopo aver elencato le sue qualità in senso negativo (con il prefisso μισο-), cita quelle positive, mostrando una certa apertura verso la libera ricerca della vera dottrina di pensiero (**φιλαλήθης** τε γὰρ καὶ φιλόκαλος καὶ φιλαπλοϊκὸς καὶ ὅσα τῷ φιλεῖσθαι συγγενῆ). Sulla figura del φιλαλήθης vedi il *locus classicus* in Ar. *Eth. Nic.* 4.7.1127b1-9, che ne mette in evidenza la grande statura morale. Il sapiente ideale delineato da Licino, infatti, non è autorevole solo nelle sue caratteristiche intellettuali, bensì anche nel possesso delle virtù morali ad esso pertinenti, vale a dire l'onestà (χρηστός) e la rettitudine (δίκαιος). Solo nei limiti di queste condizioni Licino concede al suo interlocutore, anche se con una certa reticenza (εἰ βούλει), l'uso della parola φιλόσοφος, che appare risemantizzata in senso antidogmatico.

L'epiteto χρηστός in Luciano designa sia un'autentica figura di saggio (in *Pisc.* 46, per esempio, Parresiade alla fine dell'opera appare ben disposto verso la filosofia) sia, in senso ironico, un presunto filosofo (vedi i §§ 19 e 84, in cui Licino impiega questo epiteto in funzione allocutoria verso Ermotimo; *Iupp. trag.* 27, attribuito allo stoico Timocle, che verrà battuto da Damide; *Peregr.* 15 e *Fug.* 1, in riferimento al ciarlatano Peregrino; *Tim.* 55, a proposito dello pseudo-filosofo Trasicle). Per quanto riguarda il secondo attributo (δίκαιος), uno dei beni apportati dal compimento del percorso filosofico è la giustizia (cfr. il § 7: τὸ δίκαιον). Vedi anche i §§ 9; 22 e 79, dove i veri filosofi sono detti giusti, così come viene ribadito nella nota formula stoica citata in *Vit. auct.* 20 (μόνος οὗτος σοφός, μόνος καλός, μόνος **δίκαιος ἀνδρεῖος** κτλ.). Su questa espressione vedi *supra*, p. 218.

οἱ δ' ἄλλοι ἢ οὐδὲν ἀληθὲς ἴσασιν οἰόμενοι εἰδέναι ἢ εἰδότες ἀποκρύπτονται ὑπὸ δειλίας καὶ αἰσχύνης καὶ τοῦ προτιμᾶσθαι βούλεσθαι: von Möllendorff ritiene che la prima parte di questa formulazione sia una variante del noto enunciato socratico del "non-sapere" (2000[1], p. 181: "*in seinem ersten Teil ist dies eine Variante der bekannten Sokratischen Formulierung vom Nicht-Wissen*"). Mentre Socrate manifestava l'intima consapevolezza di non possedere alcuna verità, apparendo disponibile ad intraprendere una ricerca in comune con i propri interlocutori (vedi il § 47: ὁ Σωκράτης ... ἐκεκράγει πρὸς ἅπαντας οὐχ ὅπως μὴ πάντα, ἀλλὰ μηδ' ὅλως εἰδέναι τι ἢ τοῦτο μόνον ὅτι οὐκ οἶδεν), i filosofi intesi qui da Licino credono di conoscere la vera dottrina che, in realtà, sfugge ancora al loro dominio. Si tratta, dunque, di filosofi solo apparentemente tali, contraddistinti dalla medesima boria che connota larga parte dei presuntuosi interlocutori di Socrate, sottoposti ad un duro attacco elenctico al fine di metterne a nudo la vana conoscenza. Vedi *Ap.* 22c; 23c (κἄπειτα οἶμαι εὑρίσκουσι πολλὴν ἀφθονίαν οἰομένων μὲν εἰδέναι τι ἀνθρώπων, εἰδότων δὲ ὀλίγα ἢ οὐδέν); 29a (οἰόμενος σοφὸς εἶναι οὐκ ὤν); 33c; *Alc.* 1.118a; Cfr. *Charm.* 166d, in cui è Socrate stesso a temere di incorrere in un simile errore (φοβούμενος μή ποτε λάθω οἰόμενος μέν τι εἰδέναι, εἰδὼς δὲ μή). Sulle tracce del "non-sapere" socratico nel nostro dialogo vedi *supra*, pp. 380-381.

Critica testuale

§ 75) ὡς ἂν μὴ μόνοι ἐξηπατημένοι ὦσιν ἀλλὰ ἔχωσιν παραμυθίαν: in ΓΕ il verbo ἔχω è tramandato al presente indicativo. Esso dipende sintatticamente da ὡς, visto che la preposizione avversativa ἀλλά marca una scansione interna alla proposizione finale. I filosofi intesi in questo passo, infatti, continuano a sostenere la propria corrente filosofica: pur consapevoli della sua infondatezza, essi cercano di coinvolgere nella medesima menzogna il maggior numero possibile di aspiranti filosofi, trovando in questa condivisione una certa consolazione. La forma verbale al congiuntivo (attestata in NL), che preserva una certa uniformità sintattica nel passo, è accolta da tutti gli editori, salvo Macleod, il quale propende per il presente indicativo ἔχουσιν. Cfr. Nesselrath, 1990¹, p. 507.

ὀλίγοις δ' ἂν πάνυ ἐντύχοις ὑπ' ἀνδρείας τολμῶσι λέγειν ὅτι ἐξηπάτηνται καὶ τοὺς ἄλλους ἀποτρέπειν τῶν ὁμοίων πειρωμένοις: la tradizione manoscritta tramanda il participio πειρωμένους in accusativo, costruito con ἄλλους e dipendente sintatticamente dall'infinito ἀποτρέπειν, a sua volta retto dal precedente τολμῶσι. La maggior parte degli editori accoglie questa lezione (Reitz, Dindorf, Jacobitz, Macleod).

Bekker, Sommerbrodt e Fritzsche, invece, accolgono il dativo πειρωμένοις, una congettura presente già in un'Aldina di Luciano. Il participio πειρωμένοις, parallelamente al precedente τολμῶσι, farebbe così riferimento agli ὀλίγοι citati all'inizio della proposizione (ὀλίγοις δ' ἂν πάνυ ἐντύχοις). Sul piano sintattico si tratta di una *lectio difficilior*, poiché appare più immediato e intuitivo istituire un legame tra il verbo πειράομαι e il vicino ἄλλους piuttosto che con il più lontano ὀλίγοις. Del resto, la questione non trova facile soluzione sul piano semantico, visto che entrambi i testi produrrebbero un significato pienamente coerente con il contesto. Da un lato con l'accusativo si avrebbe: "ne troveresti ben pochi che osino dire coraggiosamente di essere stati ingannati e (che osino) distogliere gli altri dal provare le medesime cose". Con il dativo, invece, la traduzione sarebbe: "ne troveresti ben pochi che osino dire coraggiosamente di essere stati ingannati e che cerchino di distogliere gli altri dalle medesime cose". Da un punto di vista stilistico, mentre il dativo dà forma ad una proposizione più elaborata e raffinata, l'accusativo si conforma ad un dettato più diretto e adatto all'immediatezza di uno scambio dialogico. Com'è noto, la lingua del nostro dialogo non è sempre improntata alla ricerca di una massima colloquialità: al contrario, l'uso dell'attico e la rifinitura a tratti altamente formale delle battute di entrambi gli interlocutori (vedi *supra*, pp. 325, 368 e 429) fanno apparire il dativo come una soluzione preferibile all'accusativo. Cfr. Nesselrath, 1990¹, p. 507, che si schiera ugualmente a favore di questa congettura, anche se con una motivazione differente ("*πειρωμένοις gibt einen wesentlich besseren Sinn als πειρωμένους*").

§ 76) Licino ricapitola l'insieme delle promesse stoiche, ovvero dei beni che l'aspirante filosofo dovrebbe ottenere sulla cima del monte della verità. Una volta raggiunta questa vetta, infatti, il discepolo stoico manifesterà con il suo concreto modo di agire il pieno raggiungimento della sapienza, contrassegnato dal pieno dominio di ogni passione e da una condotta morale ineccepibile. Al contrario, chi risulti ancora marchiato da comportamenti viziosi non ha compiuto a perfezione il suo cammino, mostrandosi così indegno della denominazione di filosofo.

λήθη τις ἔστω αὐτῶν ὥσπερ τῶν πρὸ Εὐκλείδου ἄρχοντος πραχθέντων: Euclide è stato arconte ateniese nel 403-402 a. C., anno in cui ad Atene fu restaurata la democrazia dopo il dominio oligarchico dei Trenta. In questa circostanza furono cancellati tutti i misfatti compiuti dagli oligarchi, in modo da pacificare le due fazioni in conflitto, che avevano fatto precipitare la città in un'aspra guerra civile. Tuttavia, nelle fonti non si parla di amnistia; piuttosto, la formula di giuramento tra le parti fu μὴ μνησικακεῖν: manifestando il proposito di non nutrire più alcun risentimento reciproco per il male compiuto in precedenza, essa intendeva gettare le basi per una riconciliazione reale nel corpo politico della πόλις (cfr. Xen. *Hell.* 2.4.43; Ar. *Ath.* 39.6; Thuc. 8.73.6). Su questo argomento vedi Sordi, 1997, pp. 80-81 e Moggi, 2009, pp. 176-177. Tenuto conto del significato di questo evento storico, risulta perspicuo il senso della battuta. Non senza una certa ironia, Licino appare pronto a fare un passo indietro, rinunciando alla posizione guadagnatasi con il suo ἔλεγχος (la λήθη, infatti, è destinata a coprire le parole pronunciate dallo stesso Licino: ἅπαντα μὲν ἃ ἔφην, ἐάσωμεν αὐτοῦ καταβαλόντες καὶ λήθη τις ἔστω αὐτῶν) e lasciando intravedere ad Ermotimo un ultimo barlume di speranza, destinato a svanire poco dopo (vedi § 77, p. 537). Su questo passo vedi Rein, 1894, p. 22 e von Möllendorff, 2000[1], pp. 181-182. La necessità della λήθη è invocata anche al § 86, quando Ermotimo, in chiusura del dialogo, dopo aver rinunciato allo studio della filosofia stoica, si augura di poter dimenticare tutti gli insegnamenti filosofici appresi, dichiarandosi pronto a bere dell'elleboro (οὐκ ἂν ὤκνησα καὶ ἐλλέβορον πιεῖν ὅπως μηδὲν ἔτι νοήσαιμι ὧν φασιν).

In *Cat.* 6 il riferimento ad eventi precedenti all'arcontato di Euclide allude ad un passato molto lontano in termini evidentemente proverbiali (τί γάρ με δεῖ πράγματα ἔχειν τὰ πρὸ Εὐκλείδου νῦν ἐξετάζουσαν;). Vedi anche Schol. *ad loc.*, Rabe, p. 44, in cui si accenna al *background* storico-politico dell'espressione, atta ad identificare un passato remoto. Cfr. Dem. 24.133 ed Aeschin. 1.39.

σὺ ἄμεινον εἰδείης, εἴ τινι ἐντετύχηκας τοιούτῳ Στωϊκῶν τῶν ἄκρων ... ὁ γὰρ καὶ κατὰ μικρότατον ἐνδέων ἀτελής, κἂν ⟨τἄλλα⟩ πάντα πλείω ἔχῃ — εἰ δὲ τοῦτο οὐχί, οὐδέπω εὐδαίμων: ai §§ 7-8 Ermotimo aveva descritto il saggio stoico come colui che disprezza le ricchezze (πλούτους ... καὶ ὅσα τοῦ σώματος ταῦτα πάντα κάτω ἀφῆκεν καὶ ἀποδυσάμενος ἀνέρχεται) e, reso perfetto nella virtù, non è più soggetto all'ira, ai desideri, e ad ogni genere di passione (ἀλλ' ὃς ἂν ἀποτελεσθῇ πρὸς ἀρετήν, οὔτε ὀργῇ οὔτε φόβῳ οὔτ' ἐπιθυμίαις ὁ τοιοῦτος ἂν δουλεύοι οὐδὲ λυποῖτο οὐδὲ ὅλως πάθος ἔτι τοιοῦτον πάθοι ἄν). Licino aveva replicato adducendo l'esempio contraddittorio del maestro stoico dello stesso Ermotimo (vedi i due aneddoti raccontati ai §§ 9-12): pur sostenendo di aver raggiunto la vetta del monte, il precettore stoico non aveva dato prova di comportamenti virtuosi, rivelandosi ancora lontano dall'acquisizione del profilo morale proprio del vero filosofo. Ora, nella fase finale della confutazione, Licino concede ad Ermotimo che la filosofia stoica sia quella vera, senza rinunciare all'esigenza di contemplare modelli concreti di filosofi rimasti fedeli alla regola della propria scuola.

In questo passo Licino utilizza la similitudine del κανών e del γνώμων. Mentre il primo oggetto è stato già citato al § 18 (κανών καὶ στάθμη: vedi *supra*, pp. 272-273), il secondo è rintracciabile indirettamente nella figura dell'ἀργυρογνώμων al § 68 e in quella dell'ἐπιγνώμων al § 70. In *Harm.* 3 entrambi questi termini specificano il personaggio esemplare da imitare al fine di ottenere un sicuro e rapido successo (σὺ ἔμελλες ἡμῖν φαίνεσθαι ... ὁ γνώμων, φασί, καὶ ὁ ὀρθὸς κανὼν τῶν τοιούτων). Un uso metaforico di questa parola è attestato sin da Theogn. 543 (χρή με παρὰ στάθμην καὶ γνώμονα τήνδε δικάσσαι, / Κύρνε, δίκην, ἴσόν τ' ἀμφοτέροισι δόμεν), che lo cita insieme con lo strumento della στάθμη, riportato al § 18. Cfr. anche Plut. *Brut. anim.* 7.990A; Num. fr. 11 des Places e Gal. *De temp.* 1.565, p. 35 Helmreich. Licino intende dire che, se Ermotimo disponesse di un esempio perfetto di sapiente, potrebbe conformarvi adeguatamente la sua condotta e certificare la bontà della filosofia stoica. Le conseguenze di questa argomentazione sono duplici: da un lato essa sferra una stoccata verso il presunto maestro di Ermotimo e, dall'altro, rimarca l'estremo grado di idealizzazione del saggio stoico. In *SVF* 3.589 è detto sapiente colui che possiede ogni bene: i beni, infatti, sono virtù e la virtù rende il sapiente indefettibile e stabilmente felice (*SVF*. 3.582 e 587). Inoltre, il sapiente stoico è esente dall'influenza negativa delle passioni, manifestando una piena imperturbabilità (*SVF* 1.215 e 434; 3.381). Anche Cic. *Tusc. disp.* 5.48 ("*parumne cognitum est sapientem ab omni concitatione animi ... semper vacare, semper in animo eius esse placidissimam quietem?*") e Sen. *Ep.* 59.14 ("*sapiens ille plenus est gaudio, hilaris et placidus, inconcussus*") e 72.4 indulgono sulla medesima immagine calma e serena del saggio stoico. Sulla perfezione del filosofo stoico vedi Vimercati, 2011, pp. 577-614.

Per quanto riguarda l'ἡδονή e il desiderio di ricchezze vedi il § 7, dove Ermotimo descrive il disprezzo dei piaceri e di ogni genere di bene apparente, che contraddistingue la condotta del saggio stoico rispetto ai comuni profani (πλούτους δὲ καὶ δόξας καὶ ἡδονὰς καὶ ὅσα τοῦ σώματος ταῦτα πάντα κάτω ἀφῆκεν ... ἀνελθόντες ἐπὶ τὸ ἄκρον εὐδαιμονοῦσι πλούτου καὶ δόξης καὶ ἡδονῶν ἀλλ' οὐδὲ μεμνημένοι). Tuttavia, il maestro di Ermotimo ha manifestato una brama spasmodica nell'accumulo e nella difesa delle proprie ricchezze (§§ 9-10), che è anche il tratto caratteristico del precettore stoico descritto al § 80. Su questo argomento vedi *supra*, pp. 551-552.

A proposito di λύπη ed ὀργή, al § 8 Licino contrappone al disegno ideale del sapiente tracciato da Ermotimo (*SVF* 3.36 e l'intera sezione: *Sapiens malis non afficitur*: 3.567-581), l'immagine concreta e contraddittoria del maestro stoico. Cfr. *Cat.* 6 e *Par.* 53, dove viene riproposta la descrizione dell'animo del filosofo soggetto ai dolori e ad ogni genere di passioni. Su questo tema vedi le note di commento *supra*, pp. 224-226.

Infine, ai §§ 21 e 63 Licino ed Ermotimo si rivolgono reciprocamente l'accusa di invidia (φθόνος). Su questa passione vedi la nota dettagliata *supra*, p. 453.

In definitiva, in questa sezione Licino pur riproponendo il modello ideale del sapiente tracciato inizialmente da Ermotimo (§§ 7-8), mostra le difficoltà che comporta la ricerca di un suo esempio concreto pienamente attendibile, a conferma della bontà della stessa dottrina stoica.

Critica testuale

§ 76) εἴ τινι ἐντετύχηκας τοιούτῳ Στωϊκῶν τῶν ἄκρων: la tradizione manoscritta più antica in questo passo tramanda Στωϊκῷ τοιούτῳ καί (al posto di καί, presente in Γ, EL hanno ἐς) Στωϊκῶν τῷ ἄκρῳ (mentre TVR hanno ἐς Στωϊκὸν τὸ ἄκρον). Il testo dei codici è stato accolto da Reitz (εἴ τινι ἐντετύχηκας Στωϊκῷ τοιούτῳ καὶ Στωϊκῶν τῷ ἄκρῳ, che ha tradotto: "*inciderisne unquam in Stoicum talem, et summum Stoicorum*") e da Bekker. Al contrario, Jacobitz stampa καὶ Στωϊκῶν τῷ ἄκρῳ nell'*editio maior*, mentre nella *minor* espunge l'intera espressione, seguito in questo da Dindorf. Sommerbrodt, invece, propone il testo εἴ τινι ἐντετύχηκας Στωϊκῶν τῶν ἄκρων, tralasciando la prima parte (Στωϊκῷ τοιούτῳ καί), ritenuta irrilevante nella determinazione del significato del passo. Adottando l'emendazione di Sommerbrodt, Fritzsche vi apporta una lieve modifica, così da proporre un testo ancora più aderente alla tradizione, riuscendo a fare a meno della ripetizione che viziava il passo attestato dai manoscritti (εἴ τινι ἐντετύχηκας τοιούτῳ Στωϊκῶν τῶν ἄκρων). Diversamente, Macleod stampa Στωϊκῷ τοιούτῳ ἐς Στωϊκῶν τὸ ἄκρον, suggerendo in apparato di espungere la sezione ἐς ... ἄκρον, secondo quanto proposto precedentemente già da Jacobitz (*ed. min.*) e Dindorf. Da ultimo, invece, von Möllendorff stampa: εἴ τινι ἐντετύχηκας Στωϊκῷ τοιούτῳ τῶν ἐπ' ἄκρῳ, introducendo nel testo elementi non attestati nella tradizione del testo. A fronte delle testimonianze manoscritte fortemente discordanti e delle numerose congetture avanzate, la soluzione di Fritzsche sembra essere quella maggiormente fedele al testo tramandato, oltre che la più efficace nella resa semantica del passo, al punto da guadagnarsi anche l'approvazione di Kilburn.

κἂν ⟨τἄλλα⟩ πάντα πλείω ἔχῃ: Nesselrath, 1990[1], p. 505 considera il testo tramandato poco chiaro e in contraddizione con quanto è stato appena affermato da Licino. Questi sostiene che il presunto filosofo, anche in assenza di una sola, benché minima virtù, non potrebbe considerarsi sapiente, nonostante sia in possesso di tutto il resto delle prerogative necessarie. Si comprende così perché Fritzsche abbia integrato τἄλλα dinanzi a πάντα, mentre Reitz tempo prima aveva concepito una traduzione immaginando questa stessa integrazione nel testo greco ("*quantumvis omnibus in rebus **aliis** superet*"). Solo Bekker, probabilmente avvertendo la contraddizione del passo, espunge πάντα stampando: κἂν πλείω ἔχῃ. In tal caso πλείω non sarebbe più in funzione attributiva ma, assumendo un valore sostantivato, alluderebbe alla maggior parte delle virtù possedute dal filosofo in questione, a fronte di una sua minima incompletezza. Tuttavia, il passo acquisisce maggiore chiarezza solo accogliendo l'integrazione di Fritzsche, il quale pur senza alterare il testo tramandato, risparmia alle parole di Licino una certa, inevitabile ambiguità. Del resto ἄλλα πάντα è attestato in numerosi *loci* lucianei, indicando genericamente un complesso di cose non precisate, la cui sola allusione, come nel nostro passo, serve a corroborare il senso del discorso (*Icar.* 23; *Tim.* 51; *Cat.* 27; etc.).

§§ 77-78) Al termine della lunga argomentazione di Licino (§§ 71-76) Ermotimo non riesce a replicare con parole adeguate, limitandosi ad ammirare la forza dell'ἔλεγχος di Licino e ad ammettere la sua resa, oltre a quella già pronunciata al § 71. Licino ritorna sul tema dei presunti precettori stoici, tra i quali non è possibile trovarne uno perfettamente saggio e tale da giustificare la scelta compiuta da Ermotimo. Senza seguire un ragionamento coerente e ordinatamente strutturato, subito dopo Licino avverte Ermotimo del fatto che, proponendosi di non raggiungere più la verità, bensì di avvicinarla soltanto, acuirebbe la sofferenza alla vista di un bene ormai prossimo, eppure non pienamente posseduto. Inoltre, non è certo che Ermotimo alla fine del percorso riesca ad ottenere davvero il bene sperato: il lungo cammino formativo non offre nessuna garanzia di compimento, giacché nel migliore dei casi consentirebbe di godere del bene ottenuto solo per poco tempo, in prossimità ormai della morte. L'insinuazione finale secondo cui Ermotimo si starebbe preparando alla vita nell'aldilà ha un'intonazione esplicitamente ironica, con cui è messa nuovamente in dubbio l'opportunità del faticoso percorso filosofico intrapreso.

§ 77) εἰς τί δ' οὖν ἀποβλέπων φιλοσοφεῖς, ὅταν ὁρᾷς μήτε τὸν διδάσκαλον τὸν σὸν μήτε τὸν ἐκείνου ... μηδ' ἂν εἰς δεκαγονίαν ἀναγάγῃς μηδένα αὐτῶν σοφὸν ἀκριβῶς καὶ διὰ τοῦτο εὐδαίμονα γεγενημένον; Licino propone una variante del *regressus in infinitum*, non più in riferimento al fondamento logico-argomentativo della dottrina filosofica, bensì rispetto alle figure concrete dei maestri avvicendatisi all'interno della scuola stoica: pur procedendo a ritroso nelle generazioni precedenti, non sarebbe possibile dimostrare che almeno uno dei maestri del passato abbia raggiunto la perfezione intellettuale e morale imprescindibile per aderire allo statuto del vero sapiente. Di conseguenza, anche la scelta di Ermotimo appare infondata poiché si è ispirata ad un filosofo solo apparentemente tale e ad una scuola priva di esempi concreti del suo presunto sapere (§ 7).

La parola δεκαγονία è un *hapax* lucianeo, che stende un velo d'ironia sull'intera battuta pronunciata da Licino (si veda Schmid, 1887, vol. I, p. 381). Si tratta, infatti, di un'affermazione parossistica non strettamente necessaria al piano confutatorio, ma efficace per rimuovere definitivamente qualsiasi dubbio sulla possibilità di trovare un filosofo stoico moralmente ineccepibile (punto sul quale Licino si era concentrato sin dal § 8).

Al § 2 il verbo ἀποβλέπω denota lo sguardo fisso diretto sulla filosofia, che costituisce la condizione imprescindibile per raggiungere la meta finale (φιλοσοφία δὲ καὶ μακρῷ τῷ χρόνῳ ἀνέφικτος, ἣν μὴ πάνυ τις ἐγρηγορὼς ἀτενὲς ἀεὶ καὶ γοργὸν ἀποβλέπῃ ἐς αὐτήν). Cfr. anche i §§ 61 e 64. In questo caso, invece, il verbo evidenzia lo smarrimento dell'aspirante filosofo, il quale, in assenza di una guida affidabile sul cammino verso la virtù, si ritrova sprovvisto dei mezzi per poter pervenire alla cima su cui essa viene immaginata. In merito all'importanza del ruolo dei precettori vedi *infra*, pp. 562-563.

οὐδὲ γὰρ ἂν ἐκεῖνο ὀρθῶς εἴποις ὡς ἀπόχρη κἂν πλησίον γένῃ τῆς εὐδαιμονίας, ἐπεὶ οὐδὲν ὄφελος·... διαλλάττοιεν δ' ἄν, ὅτι μᾶλλον οὗτος ἀνιάσεται ὁρῶν ἐγγύθεν οἵων ἐστέρηται: Licino ha buon gioco nell'uso della dottrina stoica morale più rigorosa e intransigente, che non ammetteva variazioni o gradualità nel vizio o nella virtù, bensì la totale mancanza o pienezza di uno dei due. In *SVF* 3.527 (= D. L. 7.120) è tramandata l'idea, condivisa da Zenone, Perseo e Crisippo, secondo la quale chi sia lontano cento e chi un solo stadio dalla città di Canopo, sarebbe ugualmente fuori dalla città: di conseguenza, chi commette un piccolo e chi un grande errore sarebbe allo stesso modo fuori dal retto cammino (καὶ γὰρ ὁ ἑκατὸν σταδίους ἀπέχων Κανώβου καὶ ὁ ἕνα ἐπίσης οὐκ εἰσὶν ἐν Κανώβῳ· οὕτω καὶ ὁ πλέον καὶ ὁ ἔλαττον ἁμαρτάνων ἐπίσης οὐκ εἰσὶν ἐν τῷ κατορθοῦν). La forma più irrilevante di male o di vizio, dunque, potrebbe incidere negativamente sull'aspirante filosofo tanto quanto una grave, trattenendolo dal raggiungimento del suo obiettivo (*SVF* 3.524 e 528). Similmente, Cicerone sostiene che tra chi sia immerso in profondità e chi quasi in superficie non sussiste nessuna differenza giacché entrambi non potrebbero respirare. Ne consegue che chi si sia avvicinato per poco alla virtù è nella medesima condizione di miseria di chi non abbia compiuto nessun progresso (*De fin.* 3.48: "*item qui processit aliquantum ad virtutis habitum nihilo minus in miseria est quam ille, qui nihil processit*"). Fuor di metafora, gli Stoici ritengono che chi fa progressi resterebbe stolto e vizioso finché non abbia raggiunto la virtù (Plut. *De comm. adv. Stoic.* 10.1063A: οἱ προκόπτοντες, ἄχρι οὗ τὴν ἀρετὴν ἀναλάβωσιν, ἀνόητοι καὶ μοχθηροὶ διαμένουσιν). A tal proposito si veda soprattutto Plut. *Quis suos in virt.* 2.75D-76A, là dove Plutarco attacca la rinuncia alla προκοπή tipica della scuola stoica, mostrando la quantità di aporie che derivano dall'idea di un subitaneo passaggio dallo stato vizioso a quello virtuoso.

Su questo argomento vedi il § 76 (ὁ γὰρ καὶ κατὰ μικρότατον ἐνδέων ἀτελής, κἂν ⟨τἄλλα⟩ πάντα πλείω ἔχῃ), in cui si fa cenno alla mancanza di una certa gradualità interna alle figure degli stolti. Sul valore dialettico di questa battuta nella più vasta economia confutativa scettica vedi *supra*, pp. 534-535.

Tuttavia, nelle fonti stoiche vi sono anche tracce di una discussione latente sul concetto di progresso morale (cfr. D. L. 7.91; *SVF* 3.217 e 226 e Cic. *Ac. post.* 1.20), che diventa preponderante nello Stoicismo di età imperiale. Vedi Plut. *De comm. adv. Stoic.* 19-20.1067F-1068A; Sen. *Ep.* 5.1; 71.30; 109.15; *Vit. beat.* 16.3 *passim*; Epict. *Diss.* 1.4; 4.2.4 e *Ench.* 51.2. Su questo tema vedi Inwood, 1985, pp. 182-215 e Dobbin, 1998, pp. 88-90. Sul problema del progresso morale nella scuola stoica vedi almeno Luschnat, 1958, p. 178 e Kidd, 1971, p. 164, mentre Seddon, 2005, pp. 13-22 e Brandt, 2015, pp. 33-36 analizzano soprattutto testi di Epitteto.

Licino prende posizione contro la προκοπή stoica mostrando la vanità del progresso morale, ritenuto improbabile per due motivi: da un lato Ermotimo non dispone di esempi concreti di sapiente perfetto, che abbia portato a compimento il lungo e difficile cammino di avanzamento morale e, dall'altro, non c'è nessuna garanzia sul raggiungimento della meta finale (cfr. il § 6).

παραδεδράμηκέν σε ὁ βίος ὁ τοσοῦτος ἐν ἀκηδίᾳ ... καί εἰσαῦθις πονήσεις, ὡς φής, ἄλλα εἴκοσιν ἔτη τοὐλάχιστον, ἵνα ὀγδοηκοντούτης γενόμενος (εἴ τις ἐγγυητής ἐστί σοι ὅτι βιώσῃ τοσαῦτα) ὅμως ᾖς ἐν τοῖς μηδέπω εὐδαιμονοῦσιν: al § 2 Ermotimo appare piegato sui libri e impegnato in una fatica che si protrae da quasi vent'anni (σχεδὸν εἴκοσιν ἔτη ταῦτά ἐστιν ἀφ' οὗ σε οὐδὲν ἄλλο ποιοῦντα ἑώρακα, ἢ παρὰ τοὺς διδασκάλους φοιτῶντα καὶ ὡς τὸ πολὺ ἐς βιβλίον ἐπικεκυφότα), corrispondente alla durata del percorso che rimane per raggiungere la virtù. Considerato che Licino ha cominciato i suoi studi stoici all'età di quarant'anni (§ 13), egli dovrebbe pervenire al traguardo tanto ambito non prima di aver compiuto ottant'anni (§ 6). Questa affermazione acquista maggiore pregnanza solo alla luce dei numerosi filosofi che Licino immaginava ormai ottantenni, eppure incapaci di dominare l'intero complesso delle dottrine della propria scuola di pensiero (§ 48: ὡς δὲ οὐ πολλὰ ταῦτα τίθημι, ἐκεῖθεν μάθοις ἄν, ἢν ἐννοήσῃς ὅσοι ὀγδοηκοντούτεις εἰσὶν Στωϊκοὶ ἢ Ἐπικούρειοι ἢ Πλατωνικοὶ ὁμολογοῦντες μὴ πάντα εἰδέναι τὰ τῆς ἑαυτοῦ προαιρέσεως ἕκαστος). Anche per quanto riguarda Ermotimo, non è sicuro che questi possa raggiungere la felicità dopo ulteriori vent'anni di studio: al contrario, sulla base degli esempi concreti a disposizione, è verosimile immaginare che l'aspirante stoico presenterà ancora delle manchevolezze, tanto da dover prolungare di nuovo il termine del suo percorso formativo. Cfr. von Möllendorff, 2000[1], p. 182.

L'espressione κάτω νενευκώς, oltre al § 2 (ἐς βιβλίον ἐπικεκυφώς), ritorna anche in *Somn.* 13 (κάτω νενευκὼς εἰς τὸ ἔργον) e *Merc. cond.* 23 (θητεύσεις κάτω νενευκὼς ἕωθεν εἰς ἑσπέραν), per sottolineare l'estrema fatica cui sono sottoposti quanti esercitano un lavoro, sia esso di genere intellettuale o manuale. Altri passaggi sono discussi in Nesselrath, 1985, p. 460 e Hafner, 2017, p. 245. A questo proposito Licino impiega la parola ἀκηδία, poco attestata tra gli autori classici (cfr. Cass. Dio 22.73.2, ma anche LXX *Is.* 61.3 e le tante attestazioni presenti negli autori cristiani), e il termine κάματος, che, sin dall'inizio del dialogo, denota l'insieme degli sforzi necessari per portare avanti gli studi (§§ 5-6), ovvero per percorrere fino in fondo la strada diretta verso la città ideale (§§ 23 e 25). Cfr. anche il § 71.

εἰ μὴ μόνος οἴει τεύξεσθαι τούτου καὶ αἱρήσειν διώκων ὃ πρὸ σοῦ μάλα πολλοὶ καὶ ἀγαθοὶ καὶ ὠκύτεροι παρὰ πολὺ διώκοντες οὐ κατέλαβον: von Möllendorff, 2000[1], p. 182 ritiene che qui vi sia un riferimento ad Hom. *Il.* 21.106 ss. Solitamente Luciano, quando allude in maniera indiretta al testo omerico, introduce nel suo testo minimi elementi lessicali, tali da attivare nel lettore il riconoscimento dell'ipotesto epico. In questo passo, però, non vi sono le condizioni né lessicali né semantiche a sostegno di un raffronto con la scena dell'uccisione di Licaone da parte di Achille, tornato in battaglia dopo la morte di Patroclo.

Piuttosto, è più opportuno intravedere una ripresa della similitudine descritta al § 33, dove Licino ha fatto cenno agli arcieri sciti che cercano di colpire il proprio bersaglio in movimento (πρῶτον μὲν αὐτοὶ κινούμενοι ἀφ' ἵππων ὡς τὸ πολὺ τοξεύουσιν, ἔπειτα δὲ καὶ τὰ τοξευόμενα κινεῖσθαι ἀξιοῦσιν). Il maestro di Ermotimo, invece, lungi dal mostrare una tale valentia, pare aver combattuto con delle frasche secche, giacché ha preferito confutare le tesi dei suoi avversari, evitando di intraprendere un confronto diretto con loro (cfr. *supra*, p. 341). In questo passo, continuando a parlare dei precettori stoici, Licino li descrive ironicamente come pronti all'inseguimento del proprio obiettivo, ma non altrettanto veloci ed abili quanto i propri avversari. Sulla tecnica della ripresa e della variazione delle medesime immagini rispetto alle esigenze contingenti della confutazione vedi *supra*, p. 199.

§ 78) κατάλαβε, εἰ δοκεῖ, καὶ ἔχε ὅλον συλλαβών: nell'uso del verbo καταλαμβάνω è opportuno intravedere un riferimento alla dottrina stoica della κατάληψις, che trova eco anche nell'espressione immediatamente successiva (ἔχε ὅλον συλλαβών). Sul verbo συλλαμβάνω, invece, vedi il § 36 e la nota in von Möllendorff, 2000[1], p. 183.

Altri accenni ironici a questo principio stoico sono al § 82, così come in altri *loci* lucianei. In *Symp.* 23 lo stoico Etimocle sostiene che Aristeneto non lo ha invitato al suo banchetto perché, non disponendo di nessuna rappresentazione catalettica, non è in grado di discernere il meglio (οὔπω γὰρ δύνασαι διακρίνειν τὸ βέλτιον οὐδὲ τὴν καταληπτικὴν φαντασίαν ἔχεις). In *Vit. auct.* 21, invece, il compratore non comprende le parole di Crisippo, riconducendo questa difficoltà alla mancanza di dimestichezza con i concetti stoici, compresa la rappresentazione catalettica (οὐ γὰρ εἶ συνήθης τοῖς ἡμετέροις ὀνόμασιν οὐδὲ τὴν καταληπτικὴν φαντασίαν ἔχεις). Su questo argomento vedi Neef, 1940, p. 42; Beaupère, 1967, vol. II, pp. 110-111 e le considerazioni in Dolcetti, 1996, p. 75.

οὐχ ὁρῶ ὅ τι ποτ' ἂν εἴη τἀγαθόν ... ἐς πόσον ἔτι τὸν λοιπὸν χρόνον ἀπολαύσεις αὐτοῦ γέρων ἤδη καὶ παντὸς ἡδέος ἔξωρος ὢν καὶ τὸν ἕτερον πόδα φασὶν ἐν τῇ σορῷ ἔχων; Licino riprende un'idea già espressa all'inizio del dialogo, quando avvertiva Ermotimo dell'assenza di garanzie rispetto ad un futuro conseguimento della virtù: l'aspirante stoico, infatti, potrebbe goderne solo per poco tempo o nemmeno per un breve istante nel caso in cui la sorte avversa sopraggiungesse proprio in prossimità della fine del suo percorso (§ 6: σε πλησίον ἤδη τοῦ ἄκρου γενόμενον τὸ χρεὼν ἐπιστὰν κατασπάσει λαβόμενον τοῦ ποδὸς ἐξ ἀτελοῦς τῆς ἐλπίδος).

Similmente, in questo passo Licino immagina il suo interlocutore giunto presso la virtù, ma ormai anziano e non più nelle condizioni di poter godere delle gioie apportate dal massimo bene. L'aggettivo ἔξωρος è particolarmente significativo perché accenna non solo all'età avanzata del soggetto di riferimento, ma anche all'inopportunità delle azioni intraprese (cfr. *Suda* ε 1850: ὁ γεγηρακώς. ἢ ἄκαιρος. ὅσοι ἀπόλεμοι ἦσαν καὶ ἔξωροι τὴν ἡλικίαν, ἐξωθοῦνται). Su questo aggettivo vedi *Merc. cond.* 40 (σε οὐκ ἄν τις ἄλλος δέξαιτο ἔξωρον ἤδη γεγονότα καὶ τοῖς γεγηρακόσιν ἵπποις ἐοικότα); *Tim.* 22; *Symp.* 15; *Adv. ind.* 25; *Pseud.* 13 e *Alex.* 6. Cfr. anche Soph. *El.* 618 (ἔξωρα πράσσω κοὐκ ἐμοὶ προσεικότα); Aeschin. 1.95; Tel. fr. 3.24 Fuentes-González; Philostr. *Imag.* 1.31.1 e Gal. *Meth. med.* 1.1, vol. 10, p. 4 Kühn.

Sul proverbio impiegato da Licino (τὸν ἕτερον πόδα ἐν τῇ σορῷ ἔχειν) si veda Arist. *Plut.* 277-278, dove Carione si prende gioco del corifeo, ormai anziano e destinato a ricevere presto la tessera non dall'arconte, bensì da Caronte in persona (cfr. Schol. ad *loc.*: δέον εἰπεῖν αὐτὸν ἐν τῷ δικαστηρίῳ σου τὸ γράμμα ἔλαχεν, εἶπεν ἐν τῇ σορῷ, ἐπεὶ γέρων. οἱ δὲ γέροντες πλησίον εἰσὶ τῆς σοροῦ). Allo stesso modo, anche Licino impiega questo motto per indicare l'approssimarsi del momento della morte di Ermotimo, il che potrebbe vanificare ogni suo progetto futuro.

ἐς ἄλλον, ὦ γενναῖε, βίον προγυμνάζεις ἑαυτόν, ὡς ἐς ἐκεῖνον ἐλθὼν ἄμεινον διαγάγοις, εἰδὼς ὅντινα τρόπον χρὴ βιοῦν: sin dal § 4 la lunghezza del percorso stoico diventa il bersaglio dell'attacco irrisorio di Licino. In termini affini, in *Bis acc.* 21 Epicuro difende Dionisio per aver rinunciato agli studi stoici, rifuggendo così dal pericolo di soffrire tutta la vita nella vana speranza di conquistare la felicità nell'aldilà (ἀποκλείειν ἐχρῆν αὐτόν ... ὥσπερ ἱκέτην ἐπὶ τὸν τοῦ Ἐλέου βωμὸν ἐπὶ τὴν Ἡδονὴν καταφυγόντα, ἵνα τὴν πολυθρύλητον ἀρετὴν δηλαδὴ ἐπὶ τὸ ὄρθιον ἱδρῶτι πολλῷ ἀνελθὼν ἤδη κᾆτα δι' ὅλου πονήσας τοῦ βίου εὐδαιμονήσῃ μετὰ τὸν βίον;). In maniera simile a Licino, Epicuro prospetta con tono apertamente ironico l'eventualità di una vita oltremondana, cui entrambi, evidentemente, non credono, alludendovi in funzione meramente dialettica contro il modello filosofico stoico. Su questo passo vedi Berdozzo, 2011, p. 257. L'idea consolatoria di una vita dopo la morte, quale riscatto dalle sofferenze e dalle ingiustizie subite nel corso della vita terrena, è molto diffusa al tempo di Luciano, non solo in autori cristiani, ma anche in esponenti pagani. Si veda per esempio Ael. Arist. 22.10 (τό γε κέρδος τῆς πανηγύρεως οὐχ ὅσον ἡ παροῦσα εὐθυμία ... ἀλλὰ καὶ περὶ τῆς τελευτῆς ἡδίους ἔχειν τὰς ἐλπίδας ὡς ἄμεινον διάξοντας, καὶ οὐκ ἐν σκότῳ τε καὶ βορβόρῳ κεισομένους, ἃ δὴ τοὺς ἀμυήτους ἀναμένειν), in riferimento agli iniziati ai misteri eleusini. A questo proposito si veda Döring, 1979, pp. 13-14 e Braun, 1994, pp. 198-199. Licino attribuisce con malizia questo motivo alle intenzioni del suo interlocutore, facendone un elemento efficace della sua strategia confutatoria.

Critica testuale

§ 77) ἔξω τοῦ ὁδοῦ ἐστιν: la lezione tradita τῆς ὁδοῦ viene emendata da Solanus in τοῦ οὐδοῦ, correzione accolta successivamente dall'edizione di Reitz ("*quis enim extra viam stare eum dici ferat, qui foribus adstat? Audacter itaque repono τοῦ οὐδοῦ, ut extra limen, quod rei accommodatissimum, stare jam dicatur*"), che rinvia ad altri passi lucianei in cui è attestata la parola οὐδός (*Dom.* 18; *Demosth.* 49. In *Apol.* 4, invece, ricorre in senso traslato) o espressioni affini (*Merc. cond.* 23: τὴν ἐλευθερίαν, τοὺς προγόνους ἔξω τοῦ οὐδοῦ καταλείψων ἴσθι κτλ.). L'opportunità di questa emendazione si coglie solo considerandone la piena coerenza rispetto alla scena delineata. Licino, infatti, rappresenta chi, stando al di fuori della soglia di una porta, probabilmente di quella che segna l'accesso alla città ideale (cfr. *supra*, pp. 283-287), resta così nel campo aperto che si estende al suo esterno (ἔξω τοῦ οὐδοῦ ἐστιν καὶ ἐν τῷ ὑπαίθρῳ). In questa posizione la maggiore o minore distanza dalla porta non comporta nessuna differenza, poiché si resterebbe ugualmente esclusi dallo spazio al di qua della porta (sull'immagine della porta nel nostro dialogo vedi il § 15). Diversamente, con la parola ὁδός si introdurrebbe un'immagine certamente presente nel dialogo, ma impropria in questo frangente della discussione. Inoltre, è verosimile ipotizzare che, nella tradizione del testo, il semplice errore di spirito possa essere stato commesso inavvertitamente, tanto più perché la scena della via è uno dei motivi maggiormente ricorrenti nel corso del dialogo. La congettura οὐδός è stata perciò accolta da tutti gli editori, che preferiscono stampare la forma attica ὀδοῦ: pur non essendo attestata altrove in Luciano (al contrario, per le attestazioni di οὐδός, vedi i passi citati sopra), la parola ὁδός oltre ad essere paleograficamente più vicina al testo tramandato, si configura come *lectio difficilior* rispetto alla più comune, e nel nostro dialogo particolarmente ricorrente, ὁδός.

§ 78) εἰ μή τι ἐς ἄλλον ... βίον προγυμνάζεις ἑαυτόν: alcuni codici antichi attestano il congiuntivo presente (ΓΕ: προγυμνάζῃς), mentre in L appare il presente indicativo (προγυμνάζεις). Tutti gli editori, a parte Macleod, stampano il presente indicativo, che in questa sede risulta sintatticamente più adeguato. Con εἰ μή, infatti, viene introdotta una proposizione eccettuativa cui fa seguito normalmente un verbo all'indicativo (cfr. vedi Kühner-Gerth, 1963, vol. II, p. 486, n. 8 e Smyth, 1974, p. 636, § 2796). Si noti che in Platone questa proposizione si trova soprattutto nelle risposte (cfr. *Ap.* 17b; *Rep.* 10.608d), così come avviene anche nel nostro caso, nonostante la domanda e la successiva risposta siano pronunciate retoricamente dallo stesso Licino.

§ 79) Licino dichiara apertamente il carattere pragmatico della sua idea di virtù: rifiutando l'uso astuto e spregiudicato del linguaggio, il vero filosofo deve aspirare a conformarsi ad una condotta giusta, saggia e coraggiosa. In caso contrario, tutti i suoi sforzi sarebbero destinati a rivelarsi vani, che è quanto accadrà di lì a poco al suo interlocutore.

ἡ μὲν ἀρετὴ ἐν ἔργοις δήπου ἐστίν, οἷον ἐν τῷ δίκαια πράττειν καὶ σοφὰ καὶ ἀνδρεῖα: si tratta di una definizione pragmatica di virtù, in base alla quale la consistenza di una dottrina trova conferma nei comportamenti moralmente positivi di chi la professa. In *Apol.* 14 Luciano sostiene che l'uomo di valore debba essere operoso (χρὴ δὲ τὸν ἀγαθὸν ἄνδρα ἐνεργὸν εἶναι) e pronto ad aiutare i suoi amici nel compimento di imprese virtuose. Sulla qualificazione delle azioni del saggio stoico come giuste e coraggiose vedi i §§ 7, 9 e 22.

Una concezione simile della virtù è condivisa dai Cinici, il cui pensiero non dà forma ad un sistema dottrinario preciso, ispirando piuttosto un'ἔνστασις βίου peculiare per i propri adepti (vedi SSR VA 134 = D. L. 6.11: τὴν τε ἀρετὴν τῶν ἔργων εἶναι, μήτε λόγων πλείστων δεομένην μήτε μαθημάτων. αὐτάρκη τε εἶναι τὸν σοφόν e 135. Cfr. anche SSR VA 104 = Gnom. Vat. 743 n. 12: ὁ αὐτὸς [scil. Ἀντισθένης] ἔφη τὴν ἀρετὴν βραχύλογον εἶναι τὴν δὲ κακίαν ἀπέραντον). A tal proposito, Cratete distingue due percorsi in direzione della felicità: uno, più lungo, consiste nell'apprendimento di discorsi teorici, mentre l'altro, più breve, si fonda sul compimento di azioni concrete (SSR VH 108 = Epist. 21: μακρὰ γὰρ ἡ διὰ τῶν λόγων ὁδὸς ἐπ' εὐδαιμονίαν, ἡ δὲ διὰ τῶν καθ' ἡμέραν ἔργων μελέτη σύντομος). Si comprende, così, il motivo per cui nella scuola cinica e poi in quella stoica Eracle diventi il simbolo della fatica morale, che consente di raggiungere la virtù, liberando l'anima da ogni genere di passione e di condizionamento sociale. Si veda Höistad, 1948, pp. 49-50 e Goulet-Cazé, 1986, pp. 208-209. Lo stesso accade anche con il personaggio di Odisseo (cfr. Max. Orr. 34.7-8 e 38.7), per il quale vedi Höistad, 1948, pp. 94-102; Buffière, 1956, pp. 365-391 e Moles, 1996, pp. 105-120. L'esigenza di una morale espressa nelle azioni non è limitata ai Cinici, ma viene ripresa e fatta propria anche dagli Stoici. Per esempio, Zenone avrebbe preferito vedere un Indiano che sopporta la prova del rogo piuttosto che imparare tutti i discorsi dimostrativi sulla sofferenza (SVF 1.241 = Clem. Alex. Strom. 2.20.125). Anche Cleante poneva una netta distinzione tra azioni e parole lamentando che, mentre nel passato la filosofia trovava riflesso nelle opere dei suoi sostenitori, al suo tempo era ridotta a mera questione di discorsi (Gnom. Par. 81). Nella scuola stoica si fa progressivamente largo la concezione della filosofia come τέχνη περὶ τὸν βίον, ovvero un'arte che mira all'ἀρετή e che identifica nel filosofo uno stile di vita specifico (τρόπος βίου), caratterizzato non tanto da vane esibizioni di sapere, bensì da una disposizione interiore ottimale e da una condotta morale esemplare. A tal proposito, in Epict. Diss. 1.26.4 l'applicazione concreta delle dottrine costituisce un punto particolarmente problematico. Su questo argomento vedi anche Diss. 1.29.56, in cui si denuncia la sovrabbondanza di conoscenze astratte e la scarsità di testimoni credibili dei rispettivi sistemi filosofici (γέμει τὰ βιβλία τῶν Στωικῶν λογαρίων. τί οὖν τὸ λεῖπόν ἐστιν; ὁ χρησόμενος, ὁ ἔργῳ μαρτυρήσων τοῖς λόγοις). Inoltre, in Diss. 4.4.14 Epitteto insiste sulla funzione pratica delle dottrine apprese, considerato che la filosofia è intesa come guida morale per la vita del singolo individuo (Diss. 1.15.2: ὡς γὰρ τέκτονος ὕλη τὰ ξύλα, ἀνδριαντοποιοῦ ὁ χαλκός, οὕτως τῆς περὶ βίον τέχνης ὕλη ὁ βίος αὐτοῦ ἑκάστου. Cfr. anche Diss. 3.26.13 e 4.8.11) e il filosofo è chiamato ad offrire un modello di vita ineccepibile (*Ench.* 46). Su questo tema vedi Hadot, 2005, pp. 155-167 e Sellars, 2007, pp. 91-117.

Anche Seneca condivide la necessità di una conferma concreta delle dottrine filosofiche (*Ep.* 16.3: "*non in verbis, sed in rebus est*"), al punto tale che la filosofia diventa un *remedium* indispensabile nelle singole circostanze della vita ("*sine hac nemo intrepide potest vivere, nemo secure*"). Cfr. *Ep.* 11.3 ("*talis est, mi Lucili, verus et rebus, non artificiis philosophus*") e 117.33, in cui alla filosofia sono attribuiti risultati evidenti e moralmente costruttivi ("*cur ergo potius inter vocabula me sapientiae detines quam inter opera? Fac me fortiorem, fac securiorem, fac fortunae parem, fac superiorem. Possum autem superior esse si derexero eo omne, quod disco*"). Questo tema è presente anche in Dione Crisostomo, che mostra un'attenzione altrettanto sensibile nella precisazione di un esempio tangibile di vita virtuosa. A questo proposito vedi *Or.* 3.11 (sulla visibilità delle opere), mentre in *Or.* 55.4 l'imitazione di un filosofo autentico come Socrate implica la ripresa non solo delle sue parole, ma anche della sua condotta morale. In *Or.* 70.7, invece, trova chiara espressione la necessità per un aspirante filosofo di conciliare le dottrine apprese con un βίος corrispondente (ἀλλὰ δὴ καὶ λόγοι τινές εἰσιν, ὧν δεῖ τὸν φιλοσοφοῦντα ἀκούειν, καὶ μαθήματα, ἃ δεῖ μανθάνειν, καὶ δίαιτα, ἣν δεῖ διαιτᾶσθαι, καὶ καθόλου βίος ἄλλος μὲν τοῦ φιλοσοφοῦντος, ἄλλος δὲ τῶν πολλῶν ἀνθρώπων). Cfr. anche Max. *Orr.* 15 e 16 (sul rapporto contrastante tra vita contemplativa e vita attiva) e Mus. *Diatr.* 5 Hense. Su questi autori vedi Trapp, 1997, pp. 132-134 e Fornaro, 2009, pp. 12-13 e 181-182.

Il richiamo ad una prassi virtuosa da parte dello scettico Licino non è del tutto casuale. Se è necessario sottrarre la virtù ad ogni sorta di inutile speculazione teorica, lo è altrettanto evitare di cadere nel pericolo dell'ἀπραξία, che è una delle accuse mosse allo Scetticismo da parte degli Stoici e degli Epicurei. Nonostante buona parte di questo dibattito si sia svolto nel IV sec. a.C., l'*Adversus Colotem* di Plutarco ce lo riporta come uno degli argomenti filosofici ancora attuali in epoca imperiale. Dopo aver declinato ogni presunto criterio di giudizio (26-27.1122B-F), gli Scettici avrebbero incorso il rischio di precipitare in una sorta di inerte immobilismo (vedi *Vit. auct.* 27, in cui Pirria si definisce ἄκριτός γε προσέτι καὶ ἀναίσθητος καὶ ὅλως τοῦ σκώληκος οὐδὲν διαφέρων). Inoltre, lo stesso Colote pare abbia scritto un'opera (*Secundum aliorum philosophorum decreta ne vivi quidem posse*) in cui condannava tutte quelle dottrine filosofiche sfocianti nell'inattività, mostrando una certa attenzione ai risvolti etici e pratici dell'educazione filosofica (cfr. Corti, 2014, p. 101: "*i filosofi sono giudicati a partire dalla possibilità di attuazione delle dottrine che essi professano: la vivibilità diventa così la prova a cui tutte le filosofie devono sottoporsi per vagliare la loro eccellenza e preferibilità*").

Luciano, dunque, pur mostrandosi disponibile ad accogliere concetti o motivi argomentativi propri dello Scetticismo antico, non appare pronto a condividerne le estreme conseguenze. Piuttosto, l'autore cerca di adattare l'armamentario scettico alla sua personalità antidogmatica e alla *verve* satirica che gli è propria, evitando di schierarsi apertamente anche per la corrente di pensiero che potrebbe essergli più congeniale. Su questo argomento vedi *supra*, pp. 22-38.

τοὺς ἄκρους τῶν φιλοσοφούντων φημί: riferimenti alla vetta del monte sono sparsi in tutto il dialogo, giacché il vero sapiente può essere solo colui che sia riuscito a pervenire alla fine del lungo percorso in salita. A questo proposito vedi il § il 5, dove sono evidenziate le fatiche necessarie per compiere un'impresa così ardua (ὅσοι δ' ἂν εἰς τέλος διακαρτερήσωσιν οὗτοι πρὸς τὸ **ἄκρον** ἀφικνοῦνται), mentre al § 7 l'arrivo sulla cima è identificato con l'ottenimento della felicità (ἀνελθόντες ἐπὶ τὸ **ἄκρον** εὐδαιμονοῦσι). Infine, al § 76 Licino schizza l'immagine del filosofo ideale, pur non avendone avuto ancora alcun riscontro concreto (εἴ τινι ἐντετύχηκας τοιούτῳ Στωϊκῶν τῶν **ἄκρων**).

ῥημάτια δύστηνα μελετᾶτε καὶ συλλογισμοὺς καὶ ἀπορίας καὶ τὸ πλεῖστον τοῦ βίου ἐπὶ τούτοις διατρίβετε, καὶ ὃς ἂν κρατῇ ἐν αὐτοῖς καλλίνικος ὑμῖν δοκεῖ: Licino torna ad accusare il suo interlocutore di riservare una cura eccessiva a questioni poco attinenti alla formazione morale. La parola συλλογισμός allude indubbiamente alla dottrina logica stoica, che nel sillogismo aveva trovato una delle ragioni del suo vigore filosofico (§ 82). In *Vit. auct.* 22, nel corso dell'esibizione della dottrina stoica, Crisippo fornisce un campione della δύναμις del sillogismo che, alla stessa stregua di una rete di parole, lega il proprio interlocutore, riducendolo al silenzio (αἷς [*scil.* ταῖς πλεκτάναις τῶν λόγων] συμποδίζω τοὺς προσομιλοῦντας καὶ ἀποφράττω καὶ σιωπᾶν ποιῶ, φιμὸν ἀτεχνῶς αὐτοῖς περιτιθείς· ὄνομα δὲ τῇ δυνάμει ταύτῃ ὁ ἀοίδιμος συλλογισμός). Cfr. anche *Vit. auct.* 24. Su questo passo vedi Beaupère, 1967, vol. II, p. 114 e Solitario, 2017.

Altri riferimenti ai sillogismi stoici sono sparsi in diversi testi lucianei. In *Symp.* 23 Etimocle si vanta di poter chiudere la bocca dei suoi interlocutori escogitando un solo sillogismo (συλλογισμῷ ἑνὶ ἀποφράξαι ἄν μοι τάχιστα δοκῶ τὰ στόματα). Invece, in *Pisc.* 41 Parresiade definisce i sillogismi come tratto distintivo del sapiente (πέντε δὲ συλλογισμοὺς ἐξ ἅπαντος· οὐ γὰρ θέμις ἄνευ τούτων εἶναι σοφόν), mentre Filosofia tra i suoi vizi cita anche quello di comporre sillogismi (*ivi* 42: πανταχοῦ πήρα κολακεία πώγων ἀναισχυντία βακτηρία λιχνεία συλλογισμὸς φιλαργυρία). Infine, in *Nec.* 21, tra le motivazioni addotte da Tiresia nel definire migliore la vita dei profani, vi è il rifiuto dei sillogismi (ὁ τῶν ἰδιωτῶν ἄριστος βίος ... καταπτύσας τῶν σοφῶν τούτων συλλογισμῶν), che in *Icar.* 24

vengono considerati come mera banalità. Su questo tema vedi Alexiou, 1990, pp. 39-42 e 127-128; Dolcetti, 1996, pp. 70-89 e Nesselrath, 2001², p. 144.

Il sostantivo ἀπορία, invece, ricorre per due volte in questa battuta. Nel primo caso, esso indica uno strumento argomentativo come gli altri elencati in precedenza (cfr. *Icar.* 30: τὰς τῶν λόγων ἀπορίας ἐκδιδάσκουσι [*scil.* φιλόσοφοι]), mentre nel secondo si riferisce alle conseguenze prodotte da questi stessi artifici sofistici (in *Vit. auct.* 24 Crisippo sostiene di riuscire ad indurre in difficoltà chiunque egli voglia). Vedi anche *Dial. mort.* 20.8, in cui il filosofo descritto porta con sé pensieri contorti e questioni difficili (ὅσην μὲν τὴν ἀλαζονείαν κομίζει, ὅσην δὲ ἀμαθίαν καὶ ἔριν καὶ κενοδοξίαν καὶ ἐρωτήσεις ἀπόρους καὶ λόγους ἀκανθώδεις καὶ ἐννοίας πολυπλόκους); *Bis acc.* 21 e *Fug.* 10. In *Cont.* 15, invece, vi è una personificazione del concetto di ἀπορία che, insieme con altre passioni e vizi, aleggia come parte di uno sciame invisibile sugli uomini.

La predilezione di argomenti logici fini a sé stessi nella discussione filosofica dei primi due secoli dell'età imperiale è testimoniata da Epict. *Diss.* 3.6.3, il quale si schiera contro un uso sterile della logica, illustrato in maniera esemplare nella soluzione dei sillogismi (νῦν μὲν ὥστε συλλογισμοὺς ἀναλύειν ἐκπεπόνηται καὶ προκοπαὶ γίνονται). In aggiunta, in *Diss.* 1.8.6-10 è messa in evidenza l'influenza negativa degli esercizi retorico-argomentativi nella formazione morale degli studenti. Cfr. *Diss.* 2.21.17-22. A questo riguardo, Epitteto dichiara che numerosi allievi sono attratti dalla varietà dei contenuti filosofici e dalla forma in cui essi trovano espressione, restandone irretiti come dal canto delle Sirene (*Diss.* 2.23.41: τινες τούτων ἁλισκόμενοι καταμένουσιν αὐτοῦ, ὁ μὲν ὑπὸ τῆς λέξεως, ὁ δ' ὑπὸ συλλογισμῶν, ὁ δ' ὑπὸ μεταπιπτόντων, ὁ δ' ὑπ' ἄλλου τινὸς τοιούτου πανδοκείου, καὶ προσμείναντες κατασήπονται ὡς παρὰ ταῖς Σειρῆσιν). Al contrario, è preferibile un uso costruttivo, mai fine a sé stesso, degli strumenti argomentativi (*Diss.* 2.12.1-17). Su questo tema si veda anche Sen. *Ep.* 45.5-6, che denuncia il dispendio di tempo nelle "*captiosae disputationes*", mentre in *Ep.* 48.6-7 descrive il metodo sillogistico fuorviante impiegato dai filosofi per provare talune verità immaginarie (definito in *Ep.* 71.6 come "*ludus litterarius philosophorum, qui rem magnificentissimam ad syllabas vocant*"). Infine, in *Ep.* 111.2 Seneca considera le sottigliezze linguistiche impiegate dai filosofi inefficaci nel lasciare un'impronta moralmente proficua sui propri discenti ("*quibus* [*scil.* cavillationibus] *quisquis se tradidit, quaestiunculas quidem vafras nectit, ceterum ad vitam nihil proficit, neque fortior fit neque temperantior neque elatior*"). Cfr. anche *Ep.* 117.25 (dove parla di "*disputatiunculae inanes*"). Su questo aspetto della filosofia di età imperiale vedi Moreschini, 1994, pp. 5101-5133 e Dobbin, 1998, pp. 161-168.

τὸν διδάσκαλον τουτονὶ θαυμάζετε γέροντα ἄνδρα, ὅτι τοὺς προσομιλοῦντας ἐς ἀπορίαν καθίστησιν καὶ οἶδεν ὡς χρὴ ἐρέσθαι καὶ

σοφίσασθαι καὶ πανουργῆσαι καὶ ἐς ἄφυκτα ἐμβαλεῖν: Licino assimila il maestro stoico ad un sofista, interessato solo all'efficacia esercitata dalle sue parole sull'interlocutore di turno, senza preoccuparsi di intrecciare uno scambio dialogico effettivo (§ 82).

Nel *corpus* di Luciano le domande dei sofisti tormentano la Filosofia, che manifesta un'aperta ostilità verso il loro metodo discorsivo (*Fug*. 10: αἱ κομψαὶ καὶ ἄποροι καὶ ἄτοποι ἀποκρίσεις καὶ δυσέξοδοι καὶ λαβυρινθώδεις ἐρωτήσεις). Cfr. *Iupp. conf.* 6 (οἶδα ὅθεν σοι τὰ κομψὰ ταῦτα ἐρωτήματά ἐστιν, παρὰ τῶν καταράτων σοφιστῶν). Il verbo πανουργέω fa riferimento all'abilità dialettica e all'impiego di ogni sorta di capziosità argomentativa, che garantisce al sofista-filosofo la vittoria sul proprio avversario. In *Pisc*. 9 e 18, per esempio, i filosofi resuscitati definiscono a più riprese Parresiade πανοῦργος nella scelta delle parole e degli strumenti retorici.

Si noti che l'aggettivo ἄφυκτος è attestato per indicare argomenti o discorsi che non lasciano possibilità di replica, rivelandosi del tutto invincibili. Vedi Plat. *Euthyd.* 276e (τοιαῦτα ἡμεῖς ἐρωτῶμεν ἄφυκτα) e *Theaet*. 165b, ma anche Arist. *Eq*. 756-757 ([σε δεῖ] φορεῖν καὶ λόγους ἀφύκτους) e *Nub.* 1047 (εὐθὺς γάρ σε μέσον ἔχω λαβὴν ἄφυκτον). Cfr. Aeschin. 3.17.

In questa proposizione, dunque, Licino rievoca i termini della contrapposizione tra un dialogo propriamente socratico, ossia volto alla discussione libera e sincera verso la verità, ed uno di carattere sofistico, i cui interlocutori discutono con intenti meramente polemici. Su questo argomento vedi *Theaet*. 167e-168a; *Phaedr*. 276b-278b e *Men*. 75c-d. Cfr. *supra*, pp. 246-247.

τὸν καρπὸν ἀτεχνῶς ἀφέντες —οὗτος δὲ ἦν περὶ τὰ ἔργα— περὶ τὸν φλοιὸν ἀσχολεῖσθε τὰ φύλλα καταχέοντες ἀλλήλων ἐν ταῖς ὁμιλίαις: si tratta di un riferimento alla celebre similitudine stoica, che paragona la filosofia ad un giardino: la logica corrisponde alla recinzione, la metafisica agli alberi e alle piante e l'etica ai frutti (*SVF* 1.38 e 44; 2.39 e 3.282). Per mezzo di questa immagine è dato il giusto rilievo all'insegnamento etico, che assicura il guadagno del prodotto finale concretamente visibile della filosofia. La virtù filosofica, infatti, raggiunge la sua maturità dopo un lungo percorso di formazione morale, quando trova un opportuno riflesso nelle azioni del singolo aspirante filosofo (cfr. il § 79: ἡ μὲν ἀρετὴ ἐν ἔργοις). Tuttavia, a parere di Licino, i filosofi stoici, compresi quelli che hanno presumibilmente portato a termine il proprio cammino, concentrandosi sulle loro disquisizioni teoriche, hanno trascurato il frutto reale della filosofia, occupandosi solo delle vane, quanto inutili, foglie. Cfr. von Möllendorff, 2000[1], pp. 183-184.

ὀρθῶς τις φαίη τὴν σκιὰν ὑμᾶς θηρεύειν ἐάσαντας τὸ σῶμα ἢ τοῦ ὄφεως τὸ σῦφαρ ἀμελήσαντας τοῦ ὁλκοῦ: il motivo della σκιαμαχία, che ricorre più volte nel corso del dialogo come immagine esemplificativa della vanità delle fatiche dei filosofi (§ 33: i maestri stoici, confutando le dottrine scettiche in assenza della controparte, riescono a prevalere facilmente sulle ombre dei propri avversari; § 71: Licino ritiene che tutti i filosofi si affatichino invano lottando per l'ombra di un asino), in questo passo assume la forma di una caccia (θήρευσις) alle ombre, rappresentando in termini ugualmente ironici l'ἔργον inane del filosofo. Probabilmente Luciano ha ripreso questa immagine dal repertorio favolistico. In modo particolare, in Phaedr. 1.4 si parla di un cane che trasporta un pezzo di carne mentre attraversa un fiume. Alla vista dell'immagine della carne riflessa nell'acqua, mosso da una cieca avidità, questi tenta di afferrarla lasciando involontariamente la presa di quella vera, che finisce nel fondo del fiume. Cfr. anche Babr. 79 Luzzatto - La Penna, benché il medesimo motivo sia già presente in Theogn. 347. Su questo parallelismo vedi von Möllendorff, 2000[1], p. 184. L'immagine della muta del serpente, invece, appare in senso metaforico anche in *Nav.* 44 (τὸ γῆρας ἀποδυόμενον) ad indicare la possibilità di sbarazzarsi facilmente della vecchiaia. Su questo passo vedi Husson, 1970, vol. II, p. 92. Cfr. *Dial. mort.* 15.2.

Critica testuale

§ 79) οὐκ εἰδὼς ὅτι κἂν ἀποβάλῃ φασὶ τοὺς ὤμους: mentre la tradizione tramanda ἂν ἀποβάλῃ, Dindorf emenda il testo in κἂν ἀποβάλῃ, introducendo una proposizione concessiva particolarmente congeniale per sottolineare il senso del proverbio citato, vale a dire l'inanità degli sforzi compiuti in vista del raggiungimento di un determinato obiettivo. Anche Fritzsche e Sommerbrodt accolgono questa congettura, nonostante quest'ultimo emendi in aggiunta ἀποβάλῃ in ἀπόλῃ, conformandosi a *Suda* α 2031 (ἂν ἀπολῇς τοὺς ὤμους ὕδωρ πτίσσων, ὁμοίως ὕδωρ μένει). Al contrario, Reitz, Jacobitz, Bekker e, più recentemente, Kilburn, Macleod e von Möllendorff stampano il testo tramandato, in cui il valore ipotetico di ἂν si conforma debolmente al senso delle parole pronunciate da Licino. Tuttavia, la scelta di attenersi fedelmente alla tradizione è legittima almeno tanto quanto quella di optare, in questo caso, per una lieve emendazione, nondimeno capace di incrementare il brio espressivo della battuta di Licino (altri esempi di proposizione concessiva affine sono ai §§ 35, 70, 76, etc. Vedi anche *Cat.* 14; *Nigr.* 9; *Gall.* 19, etc.). Del resto, anche Kilburn (1959, p. 407), pur stampando il testo tramandato, traduce presupponendo la congiunzione κἂν ("*although you bray your arms off*").

§§ 80-82) Licino ritorna a considerare dettagliatamente il comportamento di un maestro stoico, il cui insegnamento si è rivelato inefficace per il progresso morale del discepolo che gli è stato affidato. In maniera affine, benché meno esplicita, all'inizio del dialogo Licino aveva indirizzato il proprio biasimo al maestro di Ermotimo, giacché avrebbe potuto risparmiare al suo discepolo numerose fatiche, aiutandolo a pervenire in brevissimo tempo alla cima del monte (al § 3, però, Ermotimo si era assunto tutta la responsabilità del ritardo nel compimento del suo cammino formativo). La circostanza per cui questo argomento ritorna anche nell'ultima fase del dialogo, concludendolo quasi in senso circolare, sottolinea l'importanza che il tema della sterilità dei discorsi filosofici riveste non solo nel dialogo ma, generalmente, nella satira filosofica lucianea (su questo argomento vedi Hall, 1981, pp. 190 ss.; Nesselrath, 2001[2], pp. 135-152 e Gerlach, 2005, pp. 151-197).

Licino riporta un aneddoto simile a quello narrato ai §§ 9-10. Tuttavia, in questo passo, alla luce della vanità degli insegnamenti trasmessi all'allievo, è messo in dubbio il merito del compenso rivendicato dal maestro stoico. Licino immagina che il precettore difenderebbe strenuamente il suo operato, evidenziando da un lato l'azione frenante esercitata dalle sue lezioni sul comportamento del discente e, dall'altro, rivendicando l'utilità pratica dell'educazione impartita al ragazzo. Il filosofo, dunque, reclamerebbe il suo compenso, distinguendo nettamente il fine della sua azione dall'ammaestramento morale cui è preposto, a suo dire, esclusivamente il pedagogo.

§ 80) οὕτω μὲν ὀργίλος, οὕτω δὲ μικρολόγος, οὕτω δὲ φιλόνικος ὢν καὶ φιλήδονος: nel *corpus* lucianeo sono attestati numerosi composti in φιλ- con intento prevalentemente ironico-parodico. Vedi il § 16 (φιλόδοξος) in riferimento ai filosofi platonici, mentre in *Pisc.* 20 Parresiade, parlando di sé, si definisce φιλαλήθης, φιλόκαλος e φιλαπλοϊκός, che è un esempio del tono serio-comico con cui Luciano parla di sé stesso. Cfr. Ureña Bracero, 1995, pp. 126-127. Vedi anche *Peregr.* 38 (a proposito della forza della φιλοδοξία, che costituisce l'unico vero movente del suicidio spettacolare di Peregrino).

Per quanto riguarda l'ὀργή vedi il riferimento ai §§ 8-9 e la nota *supra*, p. 225. Cfr. anche il § 81. Si tratta di una passione cui molti dei filosofi lucianei sembrano assoggettati. In *Pisc.* 8 i filosofi appena resuscitati, spinti dall'ira, rischiano di compiere un'ingiustizia contro Parresiade (πρὸς ὀργὴν ἀκούετε καὶ οὐδὲν τῶν δικαίων προσίεσθε). In *Icar.* 29, invece, la genia dei sedicenti filosofi è detta φιλόνεικον e ὀξύχολον, in maniera simile al modo in cui vengono descritti i falsi filosofi in *Pisc.* 34 (**ὀργιλώτεροι** μὲν τῶν κυνιδίων ὄντες ... **φιλονικότεροι** δὲ τῶν ἀλεκτρυόνων) e in *Fug.* 19. Sul carattere litigioso tipico dei filosofastri si veda anche *Pisc.* 44 e *Symp.* 1 e 36. Al contrario, il vero filosofo mostra sempre una certa modestia intellettuale e una particolare delicatezza nei costumi (cfr. *Nigr.* 26 e *Demon.* 7).

Il vizio della μικρολογία, invece, consiste nella tendenza ad usare argomenti sofisticati e cavillosi. Oltre a *Dial. mort.* 20.8 (κατάθου ... **μικρολογίαν**, νὴ Δία ... καὶ **ὀργὴν** καὶ τρυφὴν καὶ μαλακίαν), in cui è stilato un catalogo dei vizi dei filosofi (vedi Nesselrath, 1985, p. 468), in *Vit. auct.* 17 questa propensione è attribuita esclusivamente alla filosofia platonica rappresentata da Socrate. Vedi Beaupère, 1967, vol. II, pp. 97-98. Cfr. *Nav.* 28 e, più generalmente, *Iupp. trag.* 26 e *Prom.* 7. A tal proposito, in Plat. *Theaet.* 175a e *Hipp. mai.* 304b la parola μικρολογία identifica un metodo di discussione vano ed inefficace. Si veda anche Isocr. 13.8.

Anche in epoca imperiale questa parola continua a denotare una discussione intricata ed oscura, che impedisce il pieno apprezzamento dei veri contenuti di una discussione. Cfr. Gal. *Meth. med.* 4.4, vol. 10, p. 250 Kühn (οὐκ οὖν ἐν ὀνόμασι μικρολογεῖσθαι καλόν); Ael. Arist. 1.152 e Dio Chrys. *Or.* 65.7.

Diversamente da quanto visto al § 16, l'aggettivo φιλήδονος non implica un riferimento automatico alla dottrina epicurea. Piuttosto, in questo caso Licino allude alla propensione dei filosofi ad ogni sorta di piaceri, in aperta contraddizione con quanto essi sostengono nei propri insegnamenti. In *Vit. auct.* 8, ad esempio, Diogene dichiara di combattere alla maniera di Ercole contro i piaceri; in *Fug.* 19, invece, tutti i sedicenti filosofi ritengono ostile il piacere, benché costituisca prevalentemente il fine delle loro azioni. Sul comportamento discordante dei filosofi si veda *Icar.* 30 (πλούτου καὶ ἡδονῆς καταπτύουσι, μόνοι δὲ καὶ καθ' ἑαυτοὺς γενόμενοι τί ἂν λέγοι τις ὅσα μὲν ἐσθίουσιν, ὅσα δὲ ἀφροδισιάζουσιν, ὅπως δὲ περιλείχουσι τῶν ὀβολῶν τὸν ῥύπον;) e *Nec.* 5 (ἡδονῆς τε αὖ σχεδὸν ἅπαντας κατηγοροῦντας, ἰδίᾳ δὲ μόνῃ ταύτῃ προσηρτημένους). In *Pisc.* 46, invece, le ricchezze e i piaceri costituiscono il contenuto del bando con cui Filosofia discerne i cattivi dai buoni filosofi.

ἀπαιτῶν γὰρ παρά τινος τῶν μαθητῶν τὸν μισθὸν ἠγανάκτει, λέγων ὑπερήμερον εἶναι καὶ ἐκπρόθεσμον τοῦ ὀφλήματος: ai §§ 9-10 Licino narra un episodio simile, descrivendo il comportamento disonorevole del maestro di Ermotimo. Vedi *supra*, pp. 231-233. L'accusa di μισθοφορία costituisce uno dei motivi satirici particolarmente sfruttati da Luciano. Su questo si veda il § 59, in cui la vendita degli insegnamenti da parte dei filosofi è paragonata al commercio sleale di vino. Cfr. *Symp.* 36 e *Iupp. trag.* 27 (σύνεστιν ἐπὶ φιλοσοφίᾳ πολλοῖς τῶν νέων καὶ μισθοὺς οὐκ ὀλίγους ἐπὶ τούτῳ ἐκλέγει), sempre in riferimento ad un filosofo stoico. Particolarmente efficace è la discussione in *Vit. auct.* 24, ove Crisippo sostiene paradossalmente di richiedere il salario a beneficio del discepolo perché quest'ultimo, versandolo, impari a diventare prodigo e liberale (ἐκχύτης). In *Icar.* 16, invece, è descritta la reazione violenta di un filosofo stoico nei confronti del discepolo refrattario al pagamento del compenso (ἑώρων ... τὸν Στωϊκὸν δὲ Ἀγαθοκλέα περὶ μισθοῦ τῷ μαθητῇ **δικαζόμενον**), mentre in *Symp.* 32 il maestro stoico ricorre ad azioni aggressive per ottenere in tempo l'emolumento pattuito con i suoi allievi. Cfr. *Pisc.* 34 e *Nec.* 5 (i filosofi litigano per difendere il proprio interesse personale). Su questo tema vedi Beaupère, 1967, vol. II, pp. 124-125 e Nesselrath, 1985, p. 465, che segnala i passi comici cui Luciano può essersi ispirato per la messinscena di questo motivo satirico.

§ 81) ἄγροικος ἄνθρωπος καὶ ἰδιώτης ὡς πρὸς τὰ ὑμέτερα: nella qualificazione del profano di dottrine stoiche come ἄγροικος è possibile individuare una contrapposizione al maestro stoico, che vive in città ed è quindi educato e dotato di una certa cultura. Al contrario, sembra inopportuno rintracciare in questo passo riferimenti all'impostazione del contrasto tradizionale tra l'ottima vita agreste e la difficile e perversa vita di città (secondo il modello classico a partire da Arist. *Nub.* 42-45, come viene indicato da Camerotto, 2014, p. 133, n. 64. Cfr. Tomassi, 2011[1], p. 258), che qui non troverebbe nessuna giustificazione. Piuttosto, Licino intende sottolineare il carattere rozzo del personaggio descritto, soprattutto perché è rimasto estraneo ai principi della dottrina stoica. Nonostante l'ἀπαιδευσία che contrassegna la figura dello zio, egli rivela una notevole attenzione per la condotta del nipote, al punto da denunciare la completa inefficacia della dottrina stoica rispetto alla formazione morale del discente. Cfr. *Dial. mort.* 1.2: Polluce immagina che, rimproverando i filosofi perché mettano fine alle loro contese, potrebbe essere tacciato di ignoranza (ἀλλὰ ἐμὲ ἀμαθῆ καὶ ἀπαίδευτον εἶναι φάσκουσι κατηγοροῦντα τῆς σοφίας αὐτῶν).

Ancora una volta Licino contrappone l'ἰδιώτης al saggio, a tutto vantaggio del primo, che sembra condurre uno stile di vita decoroso e di gran lunga preferibile a quello impersonato dal filosofo (cfr. *Symp.* 34 e *Nec.* 21).

L'aggettivo ἄγροικος è attestato comunemente con un valore negativo, poiché denota non solo l'ἀμαθία, vale a dire la carenza di una formazione culturale di base (Plat. *Theaet.* 174d; *Symp.* 194c; Ar. *Eth. Nic.* 2.13.1108a26), ma anche una certa grossolanità dei modi (cfr. Theophr. *Char.* 4). Queste due valenze si trovano riassunte nell'ἄγροικος della commedia, un personaggio-tipo isolato nella sua realtà agreste e riluttante a qualsiasi genere di insegnamento. Cfr. Arist. *Nub.* 628; Apoll. Car. fr. 5 K.-A.; Eup. fr. 222 K.-A. e Men. frr. 14 e 780 K.-A. In merito a questo argomento vedi Belardinelli, 2016, pp. 17-35.

Luciano, dunque, si serve di tale figura, facendo della scarsità di cultura filosofica e dell'ingenuità intellettuale proprie del personaggio (cfr. *Iupp. trag.* 32, là dove Eracle cita il noto verso comico di Arist. fr. 927 K.-A.: ἄγροικός εἰμι τὴν σκάφην σκάφην λέγων) un suo punto di forza, perché, svincolato dall'inutile peso delle complesse dottrine filosofiche, questi è nelle condizioni favorevoli per valutare adeguatamente la realtà. Nonostante i modi spesso aspri e triviali del suo comportamento (cfr. *Iupp. trag.* 32: ἄγροικον τοῦτο εἴρηκας e *Rhet. praec.* 12), l'ἰδιώτης, in contrapposizione al σοφός, acquista una valenza positiva, ribaltando parodicamente il paradigma imposto sin dall'inizio del dialogo (§ 1 *passim*), al punto che lo stesso Ermotimo approva l'invito del suo interlocutore a vivere in maniera semplice (§ 84), rifuggendo ogni contatto con i filosofi (§ 86). Sulla valutazione favorevole dell'ἰδιώτης rispetto al filosofo vedi *supra*, p. 186.

ἃ μὲν ἡμῖν πέπρακας, ἔχεις ἔτι καὶ αὐτὸς καὶ οὐδὲν ἔλαττον γέγονέ σοι τῶν μαθημάτων: Licino immagina il procedimento paideutico nei termini di una transazione commerciale (a tal proposito vedi Berdozzo, 2011, p. 254. Sulla critica della richiesta del μισθός vedi *supra*, pp. 231-233), cioè di un trasferimento concretamente quantificabile di sapere dal sapiente al discente. Si tratta del modello educativo propriamente sofistico, impostato sul rapporto unidirezionale tra chi insegna e chi apprende. A tal proposito, Platone impiega l'immagine di un liquido che, per la proprietà della capillarità, si riversa attraverso un filo di lana da un recipiente pieno ad uno vuoto (*Symp.* 175d: εὖ ἂν ἔχοι, φάναι, ὦ Ἀγάθων, εἰ τοιοῦτον εἴη ἡ σοφία ὥστ' ἐκ τοῦ πληρεστέρου εἰς τὸ κενώτερον ῥεῖν ἡμῶν, ἐὰν ἁπτώμεθα ἀλλήλων, ὥσπερ τὸ ἐν ταῖς κύλιξιν ὕδωρ τὸ διὰ τοῦ ἐρίου ῥέον ἐκ τῆς πληρεστέρας εἰς τὴν κενωτέραν). Benché nel nostro passo Licino non adotti esplicitamente questa similitudine, il nucleo tematico di fondo è pressoché identico. Al maestro stoico, infatti, è rimproverata la mancata trasmissione del suo presunto sapere, che si evince dal comportamento immorale mostrato dal discepolo, nonostante egli abbia frequentato regolarmente le sue lezioni. In aggiunta, il fatto che il sapere del precettore sarebbe rimasto inalterato senza subire nessuna perdita, non giustifica la richiesta di rendergli il compenso pattuito.

Sull'immissione di sapere da parte del maestro al proprio discepolo è indicativo il tono polemico in *Rep.* 7.518b-c (τὴν παιδείαν οὐχ οἵαν τινές ἐπαγγελλόμενοί φασιν εἶναι τοιαύτην καὶ εἶναι. φασὶ δέ που οὐκ ἐνούσης ἐν τῇ ψυχῇ ἐπιστήμης σφεῖς ἐντιθέναι, οἷον τυφλοῖς ὀφθαλμοῖς ὄψιν ἐντιθέντες). Cfr. *Theaet.* 198b. Al contrario, il metodo d'insegnamento socratico è quello maieutico, caratterizzato da un intenso scambio dialogico, in cui il discente è spinto a trovare dentro di sé le verità cercate, senza ottenerle istantaneamente dal maestro (come è efficacemente descritto in *Theaet.* 145e-151d). Su questo metodo vedi l'allusione ironica di Licino al § 50 (ἐγὼ δὲ μετὰ σοῦ σκεπτόμενος εὗρον τὸ ἐκ τοῦ λόγου ἀποβάν). Sulla differenza tra i due metodi di insegnamento si veda Erler, 1991, pp. 123-138 e Ferrari, 2011, pp. 470-471.

Si noti che al § 61 l'insegnamento delle dottrine filosofiche è paragonato alla vendita di vino, che un oste attinge dalle sue botti, determinando una riduzione del contenuto corrispondente alla quantità di liquido estratto. In realtà, Licino, nel tratteggiare questa similitudine, ha messo in evidenza una sostanziale differenza: se nel caso del vino la retribuzione all'oste è giustificata dal fatto che, nell'atto della compravendita, i suoi beni subiscono effettivamente una perdita, per ciò che concerne la filosofia avviene che, pur attingendo numerosi principi da un determinato indirizzo di pensiero, i contenuti della rispettiva dottrina restano invariati. Su questo passo vedi *supra*, pp. 433 ss.

τὰ δὲ ἄλλ' ὧν ἐξ ἀρχῆς ἐπιθυμῶν συνέστησά σοι τὸν νεανίσκον, οὐδὲν ἀμείνων γεγένηται διὰ σέ ... μακρῷ τινι ἄμεινον εἶχε πέρυσιν ἢ νῦν: all'accusa dell'inefficacia degli insegnamenti stoici si aggiunge l'insinuazione che questa dottrina solleciti una condotta immorale, segnata da una maggiore inclinazione alle passioni.

Per quanto riguarda l'ὀργή vedi il § 9 e nota *ad loc.*, pp. 224-226. Il θυμός, invece, rappresenta uno stato d'animo molto affine alla collera (cfr. Isocr. 12.81; Philod. *Ir.* XII, 26 *passim*; Plat. *Prot.* 323e), mentre l'ἀναισχυντία e il τόλμα denotano il comportamento indecoroso e impudente del giovane aspirante stoico. Su questi due vizi vedi *Fug.* 13, dove essi diventano strumenti al servizio dei falsi filosofi. In *Rhet. praec.* 15 e 22 il cattivo maestro suggerisce al suo discepolo questi stessi comportamenti viziosi ritenendoli indispensabili per poter raggiungere in poco tempo una certa notorietà.

I due πάθη in questione vengono citati spesso insieme fino a formare una sorta di endiadi. Cfr. Arist. *Thesm.* 702 (ὡς ἅπαντ' ἄρ' ἐστὶ τόλμης ἔργα κἀναισχυντίας; *Pax* 182 e *Ran.* 465. Cfr. anche Plat. *Ap.* 38d (ἀπορίᾳ μὲν ἑάλωκα, οὐ μέντοι λόγων, ἀλλὰ τόλμης καὶ ἀναισχυντίας) e Dem. 38.6. Sulla violenza alle fanciulle vedi l'accusa mossa al filosofo assoldato in *Merc. cond.* 39 e al tiranno in *Cat.* 26. Infine, lo ψεῦδος è uno dei bersagli della satira lucianea, che lo condanna in tutte le sue manifestazioni, preferendogli la ricerca genuina della verità (*Dial. mort.* 20.8: τὸ ψεῦδος δὲ ἀπόθου; *Philops.* 1; *Ver. Hist.* 1.1-4; *Nigr.* 15; *Pisc.* 45; *Rhet. praec.* 22-23). Si veda *supra*, pp. 396-397.

In *Par.* 53 vi è un elenco affine delle passioni che attanagliano il filosofo (εὕροις δ' ἂν ... ἄλλα πάθη, οἷον λύπας καὶ ὀργὰς καὶ φθόνους καὶ παντοίας ἐπιθυμίας. ὅ γε μὴν παράσιτος ἔξωθεν τούτων ἐστὶν ἁπάντων), inquadrandolo in un'aura negativa rispetto al parassita che ne risulta indenne. Vedi Nesselrath, 1985, pp. 467-470. Cfr. il § 8, in cui è svolta una riflessione più dettagliata sulle passioni che agitano il sedicente filosofo e sull'imperturbabilità del sapiente (vedi le note *ad loc. supra*, pp. 224-226).

Secondo Helm, 1906, p. 194 la descrizione dell'allievo in questo passo ricorda quella fornita da Alc. *Ep.* 3.28. Alcifrone parla di un fanciullo affidato dal proprio padre ad un maestro stoico con l'intento di assicurargli la migliore educazione possibile. Tuttavia il fanciullo, prestando attenzione non tanto alle dottrine, quanto piuttosto alla condotta del proprio maestro, finisce per imitare perfettamente tutti i suoi comportamenti più abietti (ὁ δὲ παῖς ἐς τὸ ἀκριβέστατον ἐξεμάξατο τὸν διδάσκαλον· οὐ πρότερον γὰρ <τῶν> λόγων γενέσθαι μαθητὴς ἀλλὰ τοῦ βίου καὶ τῆς ἀγωγῆς ἐσπούδασε).

La parola συμβολή al plurale acquista il significato di "contributo ad un convito comune". Poiché il discepolo stoico intende portare al banchetto una giara di vino, è probabile che qui venga descritto un δεῖπνον ἀπὸ σπυρίδος (detto anche ἔρανος), in cui l'organizzatore metteva a disposizione la sala e gli unguenti, mentre gli invitati si impegnavano a portare cibo e bevande. Le testimonianze relative a questa forma di banchetto risalgono ad Hes. *Op.* 722-723. Cfr. Xen. *Mem.* 3.14.1; Arist. *Vesp.* 1251 e *Ach.* 453; Pherecr. fr. 57 K.-A. e Iuv. 3.249. Al contrario, in un δεῖπνον ἀπὸ συμβολῶν uno dei convitati era solito acquistare tutto il cibo e le bevande necessarie, salvo poi richiedere a ciascuno dei partecipanti una quota ripartita in uguale misura. Cfr. Arist. *Ach.* 1211 (su cui vedi Olson, 2002, p. 361), e la spiritosa discussione in Alex. fr. 15 K.-A. Tra i numerosi esempi, vedi Alex. fr. 102.1 K.-A.; Diph. fr. 42.28 K.-A.; Bat. fr. 2.5 K.-A. e Ter. *Eun.* 539-540 ("*heri aliquot adulescentuli coimus in Piraeo / in hunc diem ut de symbolis essemus*").

Il caso concreto del giovane descritto in questo passo dimostra che la filosofia ha smarrito la sua funzione originaria di τέχνη τοῦ βίου e promuove uno stile di vita immorale. In tal modo, risulta contraddetta l'idea stoica di filosofia, ossia la sua vocazione come concreta guida morale. Cfr. il § 79 (ἡ μὲν ἀρετὴ ἐν ἔργοις δήπου ἐστίν) e *infra*, pp. 543-546. In *SVF* 2.36 (= Sext. Emp. *Adv. math.* 9.13), per esempio, la filosofia è presentata nei termini di un'ἐπιτήδευσις σοφίας, diretta verso la conoscenza e il dominio di ogni aspetto della vita (cfr. *SVF* 2.35), mentre in *SVF* 3.202 alla parte speculativa della virtù viene affiancata quella pratica di gran lunga più importante.

Seneca dichiara che la *subtilitas* delle dispute filosofiche non rende buoni, bensì solo più scaltri (*Ep.* 106.12: "*non faciunt bonos ista, sed doctos*"), cosicché tutte queste presunte conoscenze preservano una certa validità solo tra le mura della scuola ("*non vitae sed scholae discimus*"). In *Ep.* 82.24 e 88.42-43 si ribadisce che tutte le capziosità trattate dai filosofi rendono abili più nel parlare che nel vivere, influendo negativamente sulle abitudini del singolo discepolo ("*sic effectum est, ut diligentius loqui scirent quam vivere. Audi, quantum mali faciat nimia subtilitas et quam infesta veritati sit*"). Analogamente, Epitteto presenta l'apprendimento di argomentazioni logiche come un'operazione pericolosa per il giovane ἀπαίδευτος, in quanto potrebbe deviarne la facoltà razionale, rendendolo particolarmente borioso e violento (*Diss.* 1.8.8). Inoltre, in *Diss.* 3.10.11 e 3.15.13 è preso di mira l'impegno profuso dagli aspiranti filosofi ad imparare sillogismi ed argomenti capziosi, senza acquisire un comportamento fermo e imperturbabile. In

Diss. 3.13.20-23, invece, i maestri stoici sono esortati ad evitare di riversare sul proprio discepolo tutto un vasto complesso di minuzie linguistiche. Cfr. anche *Diss.* 4.4.14 e 4.8.9. In Plut. *De Stoic. rep.* 1.1033B, invece, è rifiutata l'idea della filosofia come gioco di parole, a favore di una sua concezione in quanto esercizio degno della massima serietà. Invece, in *Quis suos in virt.* 6-7.78E-F sono messi in rilievo i limiti, oltre che i rischi, dell'uso improprio di argomenti logici, che nelle mani dei giovani diventano strumento di sopraffazione reciproca, piuttosto che di libero e proficuo scambio dialettico.

καθ' ἑκάστην ἡμέραν πρὸς ἡμᾶς οὐδὲν δεομένους ἐπὶ τὸ δεῖπνον διεξέρχεται ... οὐκ οἶδ' ὅπως περιπλέκων τὸν λόγον: la polemica contro l'insegnamento stoico si fa più concreta nella critica a due precise forme argomentative di cui l'allievo fa sfoggio: il dilemma del coccodrillo e quello delle corna. Una rappresentazione efficace del primo argomento è in *Vit. auct.* 22, dove Crisippo lo adopera nella discussione con il suo potenziale compratore. Un coccodrillo, dopo aver rapito un bambino, promise di riconsegnarlo ai suoi genitori solo se questi avessero indovinato le sue intenzioni, cioè se lo avrebbe restituito o no; nel caso in cui non le avessero indovinate, avrebbe divorato il bambino. La madre rispose che il coccodrillo avrebbe sbranato il figlio, ponendo così una questione non facilmente risolubile. Da un lato, se il coccodrillo avesse riconsegnato il bambino, avrebbe contraddetto l'ipotesi della madre, che aveva fatto una previsione differente, perdendo il diritto di ricevere il figlio. Dall'altro, invece, se avesse mangiato il bambino, il coccodrillo avrebbe confermato l'ipotesi della madre e, a rigore, avrebbe dovuto consegnare il fanciullo. Questo argomento è trasmesso in versioni differenti. Cfr. Schol. ad *Herm. de Statibus*, Rhet. Gr. VII.1, p. 162 e Aul. Gell. 5.10, in cui il sofisma continua a restare senza una soluzione definitiva. Vedi Beaupère, 1967, vol. II, p. 115. In *Dial. mort.* 1.2 questo motivo, insieme a quello delle corna, viene citato tra gli elementi rappresentativi delle inezie filosofiche (παύσασθαι αὐτοῖς [*scil.* φιλοσόφοις] παρεγγύα **ληροῦσι** καὶ περὶ τῶν ὅλων ἐρίζουσιν καὶ **κέρατα φύουσιν ἀλλήλοις καὶ κροκοδείλους ποιοῦσι** καὶ τὰ τοιαῦτα ἄπορα ἐρωτᾶν διδάσκουσι τὸν νοῦν). In *Gall.* 11, invece, il ragionamento delle corna è riferito dallo stoico Tesmopoli (ἐνίοτε δὲ καὶ κέρατα ἔφασκεν εἶναί μοι), mentre in *Symp.* 23 è riportato dallo stoico Etimocle (cfr. Schol. *ad loc.*, Rabe, p. 32, che lo classifica tra le σοφισματώδεις πλεκτάναι).

Sull'argomento delle corna si consideri anche Sen. *Ep.* 45.8 e 49.8 ("*quod non perdidisti habes; cornua autem non perdidisti; cornua ergo habes*") e Aul. Gell. 18.2.9. In D. L. 7.187 il paradosso è attribuito a Crisippo, nonostante sia plausibile anche la paternità di Eubulide megarico (εἴ τι οὐκ ἀπέβαλες, τοῦτο ἔχεις· κέρατα δὲ οὐκ ἀπέβαλες· κέρατ' ἄρα ἔχεις. οἱ δὲ Εὐβουλίδου τοῦτό φασιν). Cfr. D. L. 2.108 (= T 65 Döring). In termini più generici, sui sofismi stoici vedi le testimonianze raccolte in *SVF* 2.270-287. Altri riferimenti sono in Quint. 1.10.5, che definisce questi argomenti "*exquisitae ambiguitates*", utili non tanto a rendere sapienti, bensì ad evitare di compiere errori anche nei casi più banali.

Infine, nell'alternanza contraddittoria tra giorno e notte è possibile rinvenire un riferimento alla formulazione basilare del sillogismo stoico: "se è giorno, c'è luce, ma è giorno, dunque c'è luce" (D. L. 7.76: λόγος δέ ἐστιν ... τὸ συνεστηκὸς ἐκ λήμματος [ἢ λημμάτων] καὶ προσλήψεως καὶ ἐπιφορᾶς, οἷον ὁ τοιοῦτος, "εἰ ἡμέρα ἐστί, φῶς ἐστι· ἡμέρα δέ ἐστι· φῶς ἄρα ἐστί". λῆμμα μὲν γάρ ἐστι τὸ "εἰ ἡμέρα ἐστί, φῶς ἐστι"· πρόσληψις τὸ "ἡμέρα δέ ἐστιν"· ἐπιφορὰ δὲ τὸ "φῶς ἄρα ἐστί". τρόπος δ' ἐστὶν οἱονεὶ σχῆμα λόγου, οἷον ὁ τοιοῦτος, "εἰ τὸ πρῶτον, τὸ δεύτερον. ἀλλὰ μὴν τὸ πρῶτον· τὸ ἄρα δεύτερον"). Cfr. *Gall.* 11 (εἰ ἡμέρα ἐστί, νὺξ οὐκ ἔστιν). Su questo argomento vedi le testimonianze raccolte in *SVF* 2.231-269, tutte concernenti i sillogismi stoici. Sul sillogismo stoico anapodittico vedi Mates, 1961, pp. 67-74; Baldassarri, 1984, pp. 227-231 e Frede, 1999, pp. 300-316.

ἐπιβυσάμενος τὰ ὦτα μελετᾷ πρὸς αὐτὸν ἕξεις τινὰς καὶ σχέσεις καὶ καταλήψεις καὶ φαντασίας καὶ τοιαῦτα πολλὰ ὀνόματα διεξιών: si tratta di termini propri della logica stoica, che ricorrono ripetutamente nel mirino critico di Luciano. In *Symp.* 23 (οὔπω γὰρ δύνασαι διακρίνειν **τὸ βέλτιον** οὐδὲ **τὴν καταληπτικὴν φαντασίαν** ἔχεις ... συλλογισμῷ ἑνὶ ἀποφράξαι ἄν μοι τάχιστα δοκῶ τὰ στόματα. ἢ εἰπάτω τις αὐτῶν, τί ἐστι φιλοσοφία; ἢ τὰ πρῶτα ταῦτα, τί διαφέρει **σχέσις ἕξεως**; ἵνα μὴ τῶν ἀπόρων εἴπω τι, **κερατίναν ἢ σωρείτην ἢ θερίζοντα λόγον**) e in *Vit. auct.* 21 (οὐ γὰρ εἶ συνήθης τοῖς ἡμετέροις ὀνόμασιν οὐδὲ τὴν **καταληπτικὴν φαντασίαν** ἔχεις, ὁ δὲ σπουδαῖος ὁ **τὴν λογικὴν θεωρίαν** ἐκμαθὼν οὐ μόνον ταῦτα οἶδεν, ἀλλὰ καὶ **σύμβαμα καὶ παρασύμβαμα** ὁποῖα καὶ ὁπόσον ἀλλήλων διαφέρει) appaiono elenchi affini dei vari concetti stoici, citati senza fornirvi alcuna spiegazione. In tutti questi passi i vari principi stoici sembrano smarrire il loro peso filosofico specifico, diventando semplici nomi privi di qualsiasi efficacia intellettuale e morale. Su questo aspetto della tecnica parodica di Luciano vedi Beaupère, 1967, vol. II, pp. 110-111. A proposito dei riferimenti lucianei al linguaggio tecnico stoico vedi Dolcetti, 1996, pp. 73-81 e Solitario, 2017.

ὁ θεὸς οὐκ ἐν οὐρανῷ ἐστιν ἀλλὰ διὰ πάντων πεφοίτηκεν, οἷον ξύλων καὶ λίθων καὶ ζῴων ἄχρι καὶ τῶν ἀτιμοτάτων: gli Stoici consideravano la teologia come parte della fisica, orientata verso l'individuazione dei principi che governano e danno coerenza e unità a tutto il cosmo in un disegno teleologico organico (D. L. 7.137: λέγουσι δὲ κόσμον τριχῶς· αὐτόν τε τὸν θεὸν τὸν ἐκ τῆς ἁπάσης οὐσίας ἰδίως ποιόν, ὃς δὴ ἄφθαρτός ἐστι καὶ ἀγένητος, δημιουργὸς ὢν τῆς διακοσμήσεως). La ragione (νοῦς) si estende per tutte le parti dell'universo, proprio come fa l'anima rispetto al corpo umano. Mentre Zenone e Cleante identificavano questa ragione con il fuoco, a partire da Crisippo essa è individuata in un composto di fuoco ed aria, il cosiddetto πνεῦμα. Questo respiro universale si fa veicolo del λόγος, ponendosi come principio vitale, latore di un movimento razionalmente preordinato. La divinità è assimilata a questo πνεῦμα, che permea tutti i corpi e, in quanto principio immanente, dà forma e produce l'universo (*SVF* 2.442 = Alex. Aphrod. *De mixt*. p. 224, 14 Bruns, in cui ricorre una formulazione simile al nostro passo: τὸ πνεῦμα γεγονὸς ἐκ πυρός τε καὶ ἀέρος **διὰ πάντων πεφοίτηκε τῶν σωμάτων**. Vedi l'intera sezione *SVF* 2.1028-1048: "*Deum esse corpus: spiritum per omnem materiam percurrentem*"). Si consideri anche la definizione stoica di divinità in *SVF* 2.1021 (= D. L. 7.147: θεὸν δ' εἶναι ζῷον ἀθάνατον, λογικόν, τέλειον ἢ νοερὸν ἐν εὐδαιμονίᾳ, κακοῦ παντὸς ἀνεπίδεκτον ... μὴ εἶναι μέντοι ἀνθρωπόμορφον. εἶναι δὲ <αὐ>τὸν μὴν δημιουργὸν τῶν ὅλων καὶ ὥσπερ πατέρα πάντων, κοινῶς τε καὶ τὸ μέρος αὐτοῦ τὸ διῆκον διὰ πάντων). Su questo argomento sono utili le considerazioni di Algra, 2003, pp. 153-178.

Alla luce di tutte queste considerazioni si può cogliere meglio la portata ironica delle parole di Licino. Poiché gli Stoici intendevano la divinità non come qualcosa di trascendente, bensì nei termini di un principio logico razionale diffusamente presente nella materia cosmica, non sarebbe implausibile pretendere di riscontrarlo anche nel legno e nella pietra. Licino, infatti, carica i toni, dilatando fino ai limiti del parossismo l'onnipresenza della sostanza divina, al punto da riconoscerla negli oggetti più vili, pervenendo così ad esiti esplicitamente parodici. A tal proposito si veda anche *Vit. auct*. 21-25 e le utili osservazioni di Dolcetti, 1996, pp. 86-89. Riferimenti al medesimo argomento riaffiorano anche in Tat. *Ad Graec*. 3.2.

Infine, nelle fonti comiche sulla dottrina stoica solo Philem. fr. 95 K.-A. tratta il tema della divinità, descrivendone sia la sua presenza ampiamente estesa sia la sua vasta conoscenza (ὃν οὐδὲ εἷς λέληθεν οὐδὲ ἓν ποιῶν, / {οὐδ' αὖ ποιήσων, οὐδὲ πεποιηκὼς πάλαι,} / οὔτε κακὸν οὔτε γ' ἐσθλόν, οὗτός εἰμ' ἐγώ, / Ἀήρ, ὃν ἄν τις ὀνομάσειε καὶ Δία. / ἐγὼ δ', ὃ θεοῦ 'στιν ἔργον, εἰμὶ πανταχοῦ, / ἐνταῦθ' ἐν Ἀθήναις, ἐν Πάτραις, ἐν Σικελίᾳ, / ἐν ταῖς πόλεσι πάσαισιν, ἐν ταῖς οἰκίαις / πάσαις, / ἐν ὑμῖν πᾶσιν· οὐκ ἔστιν τόπος, / οὗ μή 'στιν Ἀήρ· ὁ δὲ παρὼν ἁπανταχοῦ / πάντ' ἐξ ἀνάγκης οἶδε {πανταχοῦ παρών}).

Nonostante il panteismo stoico nelle parole di Licino risulti fedelmente osservato, al lettore colto di Luciano non sarà sfuggita la rappresentazione della divinità come ὁ θεός. La divinità stoica, infatti, non è mai delineata nei termini di un individuo concretamente riconoscibile, bensì come una sorta di forza o sostanza che permea il tutto. Per questo motivo, "*korrekt müsste es also in der lukianischen Passage* τὸ θεῖον *an Stelle von* ὁ θεός *heißen*" (Berdozzo, 2011, p. 254).

ἢν τὸν λῆρον τοῦτον, ἔφη, ἐκμάθω ἀκριβῶς, οὐδὲν κωλύσει με μόνον πλούσιον μόνον βασιλέα εἶναι, τοὺς δὲ ἄλλους ἀνδράποδα καὶ καθάρματα νομίζεσθαι ὡς πρὸς ἐμέ: in questa breve battuta il discepolo stoico rievoca parzialmente la nota formula relativa alla superiorità esclusiva del saggio stoico (cfr. i §§ 5 e 16, ma anche l'efficace rivisitazione parodica in *Vit. auct.* 20), benché definisca complessivamente le dottrine stoiche come vano chiacchiericcio. La parola λῆρος e il verbo corrispettivo contraddistinguono solitamente in senso negativo il modo di parlare dei filosofi. Vedi *Dial. mort.* 1.2, dove i filosofi sembrano impegnati in un vano quanto inarrestabile cicaleccio anche nell'aldilà, e 20.8; in *Pisc.* 25, invece, Diogene biasima Parresiade per aver disdegnato tutte le dottrine filosofiche qualificandole come mere inezie (λήρους ἀποκαλῶν τὰ σὰ καὶ τὰ σπουδαιότατα ὧν ἡμᾶς ἐπαίδευσας), mentre in *Pisc.* 43 gli Stoici accusano Platonici e Pitagorei di diffondersi in inutili vaneggiamenti. In *Nec.* 21 Tiresia usa il medesimo sostantivo per esprimere un giudizio sfavorevole sulle dottrine professate da tutti i filosofi (τὰ τοιαῦτα λῆρον ἡγησάμενος ... παραδράμῃς γελῶν τὰ πολλὰ καὶ περὶ μηδὲν ἐσπουδακώς), in maniera affine a quanto avviene in *Tim.* 9 e *Deor. conc.* 17. In termini complessivi, vedi *Cat.* 8; *Lex.* 18 e *Rhet. praec.* 23. Cfr. anche *Bis acc.* 16 (l'Accademia è accusata di insegnare sciocchezze), 21 e *Vit. auct.* 11 (Diogene ritiene vani i principi degli altri filosofi). Sulla varietà semantica di questa parola nella produzione lucianea vedi Zweimüller, 2008, p. 417 e Tomassi, 2011[1], p. 200.

Inoltre, in questo passo trova nuovamente espressione il sentimento di borioso disdegno manifestato dallo stoico verso la massa degli ignoranti (vedi *supra*, pp. 185-187). In modo particolare, la parola κάθαρμα indica generalmente i rifiuti ed è largamente attestata in senso traslato come formula allocutoria. In *Iupp. trag.* 52 lo stoico Timocle insulta il suo interlocutore epicureo, che lo ha messo ormai alle strette (εἰρωνεύῃ ταῦτα πρὸς ἐμέ, τυμβωρύχε καὶ μιαρὲ καὶ κατάπτυστε καὶ μαστιγία καὶ κάθαρμα;). Vedi anche *Symp.* 16, 40 e *Demon.* 30, in cui il termine κάθαρμα ritorna nelle polemiche tra filosofi. In *Pisc.* 34, invece, denota quei filosofastri che, con il loro comportamento sconveniente, si sono attirati lo scherno della massa (οἱ ἰδιῶται δὲ ὁπόσοι πάρεισιν, γελῶσι δηλαδὴ καὶ καταπτύουσιν φιλοσοφίας, εἰ τοιαῦτα καθάρματα ἐκτρέφει). Cfr. *Dial. mort.* 3.1 (Creso denuncia a Pluto il comportamento di Menippo, che insulta i ricchi ormai morti chiamandoli ἀνδράποδα e καθάρματα); *Dial. mort.* 6.2; *Par.* 42 e *Cat.* 16.

Altri paralleli significativi sono in Arist. *Pl.* 454 e fr. 686 K.-A.; Eup. fr. 384 K.-A.; Men. *Sam.* 481; Apoll. Rhod. fr. 13.1 e *Anth. Pal.* 11.275. Cfr. anche Dem. 18.128; 21.185 e 199, e Philostr. *VA* 1.12; 4.30; 5.23. Su questa parola vedi le considerazioni di Dickey, 2003, p. 289.

Per quanto riguarda la parola ἀνδράποδον, in *Pisc.* 5 Platone accusa Parresiade di rivolgersi ai filosofi come se fossero degli schiavi (οὕτως ἀνδραπόδοις ὡς ἀληθῶς οἴει διαλέγεσθαι;), mentre in *Nec.* 17 ricorre in riferimento alle anime dei potenti, divenute ormai insignificanti nell'oltretomba.

Infine, in *Vit. auct.* 11 Diogene impiega la formula οὐδέν σε κωλύσει per assicurare al suo potenziale acquirente che, una volta appresa l'efficacia di un comportamento aggressivo ed oltraggioso, potrebbe guadagnarsi la massima stima altrui (**οὐδέν σε κωλύσει** θαυμαστὸν εἶναι, ἢν μόνον ἡ ἀναίδεια καὶ τὸ θράσος παρῇ καὶ λοιδορεῖσθαι καλῶς **ἐκμάθῃς**). Cfr. anche *Rhet. praec.* 6 e 26. A tal proposito si veda Zweimüller, 2008, p. 424, n. 1137.

§ 82) εἴ γε μὴ ἐμοὶ ἐπλησίαζεν οὗτος, οὐκ οἴει μακρῷ χείρω ἂν αὐτὸν ἐξεργάσασθαι ... φέρει γάρ τινα αἰσχύνην αὐτῷ, εἰ ἀνάξιος φαίνοιτο τοῦ σχήματος καὶ τοῦ ὀνόματος, ἃ δὴ παρακολουθοῦντα παιδαγωγεῖ αὐτόν: la risposta del filosofo è impostata in senso difensivo e con l'intento di mostrare non tanto l'apporto positivo del suo insegnamento sul discepolo, quanto i potenziali comportamenti negativi che quest'ultimo, in assenza dell'insegnamento filosofico, avrebbe potuto assumere. La filosofia, infatti, ha posto un freno al giovane, rappresentato concretamente come il morso messo ai cavalli (χαλινός) per garantirsene il controllo (cfr. Hdt. 1.215.2 e Xen. *Eq.* 10.12). È molto diffuso l'uso in senso traslato di questo sostantivo, soprattutto per indicare qualcosa che possa ostacolare l'esecuzione di una determinata azione (si veda Pind. *Pyth.* 4.24; Aesch. *Ag.* 238; Plut. *Quaest. conv.* 1.2.613C e Philostr. *VA* 6.11). Luciano sembra conoscere l'uso figurato del termine, impiegandolo per dare forma ad una similitudine icasticamente efficace dell'azione deterrente esercitata dalla filosofia sul fanciullo. Su questo argomento vedi Berdozzo, 2011, p. 256.

Per quanto riguarda la difesa impostata dal filosofo stoico, Plutarco polemizza probabilmente contro la richiesta del compenso in anticipo avanzata dal filosofo stoico per evitare di essere defraudato (*De Stoic. rep.* 20.1044A: καὶ πῶς ἢ χρημάτων καταφρονητὴς ὁ σοφός, ὑπὸ συγγραφὴν ἐπ' ἀργυρίῳ τὴν ἀρετὴν παραδιδούς, κἂν μὴ παραδῷ τὸ μισθάριον εἰσπράττων ὡς πεποιηκὼς τὰ παρ' αὐτόν, ἢ βλάβης κρείττων, φυλαττόμενος μὴ ἀδικηθῇ περὶ τὸ μισθάριον;). A questa accusa il filosofo stoico replica ribadendo il pieno assolvimento del suo dovere, rivendicando così il diritto di ottenere in tempo il denaro pattuito. Probabilmente siamo in presenza di motivi scettici noti, che Luciano integra abilmente nel contesto del suo dialogo.

αἱ τίτθαι τοιάδε λέγουσι περὶ τῶν παιδίων, ὡς ἀπιτητέον αὐτοῖς ἐς διδασκάλου· καὶ γὰρ ἂν μηδέπω μαθεῖν ἀγαθόν τι δύνωνται, ἀλλ' οὖν φαῦλον οὐδὲν ποιήσουσιν ἐκεῖ μένοντες: le balie (τίτθαι) si occupavano dei bambini soprattutto nella fase di crescita immediatamente successiva alla nascita, provvedendo al loro sostentamento primario. Cfr. *Anach.* 20 (τὴν μὲν δὴ πρώτην ἀνατροφὴν αὐτῶν μητράσι καὶ τίτθαις καὶ παιδαγωγοῖς ἐπιτρέπομεν ὑπὸ παιδείαις ἐλευθερίοις ἄγειν τε καὶ τρέφειν αὐτούς). Su queste figure vedi Arist. *Eq.* 716a e Schol. *ad loc.*: (τίτθας καλοῦμεν τὰς τοῖς τιτθίοις καὶ τῷ γάλακτι τρεφούσας τὰ παιδία); Antiphan. fr. 157.4 K.-A. ed Eub. fr. 109 K.-A. Cfr. Plat. *Leg.* 7.789e, che delinea il ruolo della nutrice; Theophr. *Char.* 20.5 e *Suda* τ 687-688.

Durante i primi sette anni di vita il bambino era affidato alle cure di sua madre o di una balia che, schiava o libera che fosse, finiva per far parte integrante del nucleo familiare (*IG*² II 9079; Arist. *Thesm.* 609; Dem. 57.35). Già in questa fase la nutrice provvedeva all'educazione del fanciullo con il racconto di favole e storie mitiche, esercitando una notevole influenza sull'apprendimento dei primi rudimenti della lingua (Plat. *Leg.* 10.887d; Dio Chrys. *Orr.* 33.10, 55.11 e 72.13 in merito alla funzione educativa dei miti narrati dalle balie). La scelta della nutrice era perciò di cruciale importanza per evitare che il bambino potesse essere danneggiato anche solo dal suo accento eventualmente non del tutto corretto (*SVF* 3.733-735 e Plut. *De lib. educ.* 5-6.3E-4A). Sulla balia vedi Girard, 1889, pp. 65-82 e Marrou, 1957, pp. 209-211, da cui dipendono molte delle osservazioni presenti.

Al contrario, il pedagogo è colui che originariamente accompagnava il bambino a scuola e poi da scuola a casa (cfr. Plat. *Lys.* 208c; Plut. *An virt.* 1.439F e *De cohib. ira* 10.459A), proteggendolo dai pericoli in cui poteva incorrere per strada. Rispetto alla nutrice, il pedagogo svolgeva un ruolo moralmente più incisivo, poiché a lui veniva assegnato l'incarico di impartire al fanciullo tutti gli insegnamenti necessari a foggiarne positivamente il carattere. Su questa figura vedi Schuppe, 1942, coll. 2375-2385. L'educatore, però, non era preposto a trasmettere quel sapere o quelle nozioni tecniche che il fanciullo, invece, avrebbe appreso a scuola dal maestro, il cosiddetto διδάσκαλος. Sulla differenziazione dei ruoli tra queste figure vedi Marrou, 1957, pp. 211-212. In realtà, nelle fonti a nostra disposizione, non è possibile tracciare una distinzione netta, visto che spesso anche l'azione del maestro sembra essere connotata in senso esplicitamente morale (vedi Plat. *Prot.* 325c e *Leg.* 7.808e). Sembra, dunque, paradossale che in questo passo il maestro di filosofia, in qualità di διδάσκαλος, cerchi di negare al suo insegnamento qualsiasi valenza educativa, che resta una delle peculiarità essenziali del vero filosofo e della sua dottrina. Vedi *infra*, pp. 562-563.

ὄψει τε ὅπως ἐρωτᾷ καὶ πῶς ἀποκρίνεται καὶ ὅσα μεμάθηκεν καὶ ὅσα ἤδη ἀνέγνωκε βιβλία περὶ ἀξιωμάτων, περὶ συλλογισμῶν, περὶ καταλήψεως, περὶ καθηκόντων καὶ ἄλλα ποικίλα: Licino si limita a menzionare i termini filosofici fondamentali della filosofia stoica contenuti negli insegnamenti impartiti al discepolo. Si noti la struttura sintattica impostata su due membri paralleli.

Nel primo caso la ripetizione di ὅπως e πῶς (sull'avverbio πῶς nelle proposizioni interrogative indirette vedi Kühner-Gerth, 1963, vol. II, p. 517) accenna alle tecniche sofistiche adottate nell'elaborazione delle domande e delle risposte, mentre il politoto di ὅσα sottolinea la grande quantità di dottrine apprese e di libri letti dal discepolo per garantirsi la solida acquisizione del sapere stoico. A questo addottrinamento eminentemente teorico (si noti il riferimento esplicito alle dottrine logiche degli ἀξιώματα, ai συλλογισμοί e alla κατάληψις), si aggiungono i cosiddetti καθήκοντα. Con questa parola sono intese le azioni giuste e moralmente appropriate, suscitate non tanto dall'impulso del singolo individuo, quanto dalla direzione rigorosa della ragione (*SVF* 1.230; 3.493 e 495 = D. L. 7.107-108). Su questo concetto vedi Dyck, 1979, pp. 408-416; Rist, 1980, pp. 173-200 e Long, 1989, pp. 248-251.

Altri riferimenti a questa dottrina sono in *Symp.* 22 (ἐμοὶ γὰρ ἡ εὐδαιμονία οὐκ ἐν ὑὸς ἀγρίου μοίρᾳ ἢ λαγωοῦ ἢ πλακοῦντος, ἃ παρ' ἄλλοις ἀφθόνως ἀπολαύω τὰ καθήκοντα εἰδόσιν) e *Gall.* 10 (τὰ καθήκοντα ... οὐ χρὴ προδιδόναι, καὶ ταῦτα φιλόσοφον ἄνδρα, κἂν μυρίαι νόσοι ἐμποδὼν ἱστῶνται), caratterizzati da un tono ironico affine.

La parola ἀξίωμα, invece, fa cenno ad un principio dotato di un'evidenza immediata, tale da non necessitare del supporto di un argomento dimostrativo che è alla base della sua stessa formulazione. Aristotele riflette su questo principio, considerandolo come un elemento imprescindibile per fondare un sapere scientifico (vedi Ar. *Met.* 4.3.1005a20 e *Anal. sec.* 1.2.72a14-24), che sia precisamente ordinato e intimamente strutturato. Gli Stoici, invece, intendono questo concetto nei termini di un enunciato completo rispetto ad un oggetto specifico: in tal senso, l'assioma si configura come un giudizio, che può essere sia vero sia falso, a seconda della corrispondenza con lo stato reale delle cose (D. L. 7.65: ἀξίωμα δέ ἐστιν ὅ ἐστιν ἀληθὲς ἢ ψεῦδος· ἢ πρᾶγμα αὐτοτελὲς ἀποφαντὸν ὅσον ἐφ' ἑαυτῷ, ὡς ὁ Χρύσιππός φησιν ἐν τοῖς Διαλεκτικοῖς ὅροις· "ἀξίωμά ἐστι τὸ ἀποφαντὸν ἢ καταφαντὸν ὅσον ἐφ' ἑαυτῷ, οἷον Ἡμέρα ἐστί, Δίων περιπατεῖ ... οὔσης μὲν οὖν ἡμέρας, ἀληθὲς γίνεται τὸ προκείμενον ἀξίωμα· μὴ οὔσης δέ, ψεῦδος"). Su questo argomento vedi l'intera sezione in *SVF* 2.193-220. Infine, per quanto riguarda i sillogismi stoici, vedi il § 79 e *supra*, pp. 546-547, mentre per la fantasia catalettica vedi il § 81 e *supra*, p. 541. Alla luce del carattere moralistico delle filosofie ellenistiche e imperiali, è evidente la distorsione parodica operata da Licino, il quale insiste intenzionalmente sulle nozioni logiche della scuola stoica fino a ridurne l'intera dottrina ad un coacervo di parole e di termini incomprensibili.

οὐ γὰρ παιδαγωγόν με ἐπεστήσατε αὐτῷ: l'estraneità di qualsiasi funzione moralmente rilevante all'insegnamento della filosofia nelle parole del maestro stoico è motivata sia dai contenuti trasmessi, per la maggior parte di ordine logico-linguistico, sia dalla pratica filosofica prediletta, ovvero un dialogo sofistico rivolto alla mera confutazione del proprio interlocutore. Il filosofo delineato nel nostro dialogo, infatti, sembra aver ridotto la filosofia ad un semplice gioco verbale, in modo particolare ad un prontuario di mezzi retorico-sofistici utili per garantirsi una posizione predominante nel corso di una discussione. Considerando il ruolo socialmente attivo svolto dal saggio stoico, è chiaro lo stravolgimento parodico operato da Licino. Sull'impegno sociale del filosofo stoico vedi *SVF* 1.216 e 3.628-630, da cui si evince che "*il saggio è socievole e [...], nonostante la sua autosufficienza morale, non nutre distacco o disprezzo nei confronti del mondo o del prossimo*" (Vimercati, 2011, p. 583). Su questo tema vedi Long, 1989, pp. 270-274 e Annas, 2007, pp. 140-152, che esamina numerosi passi di Epitetto riguardanti la portata sociale del σοφός stoico.

Al contrario, il filosofo stoico alla fine dell'*Hermotimus* è delineato come un vano ciarlatano, venditore di cavilli inutili e dannosi, ma anche come campione nell'uso tendenzioso della lingua. È un tratto tipico dei falsi filosofi, infatti, il disinteresse per il progresso morale dei propri discepoli, cui non offrono nessun esempio edificante di vita. Si veda *Peregr.* 21-24; *Fug.* 15-16; *Tim.* 54; *Pisc.* 34 e *Symp.* 34-35 (l'ignoranza filosofica dei profani appare preferibile alla sapienza dei filosofi, i quali manifestano un comportamento sconveniente) e il commento di Nesselrath, 2001[2], pp. 140-143. Invece, in *Demon.* 8 ss. la figura positiva di Demonatte mostra costantemente una saggezza pratica e propositiva. Su quest'opera vedi Fuentes-González, 2009 e Beck, 2016.

Critica testuale

§ 80) εἰ καὶ μὴ τοῖς πολλοῖς δοκεῖ. τί σιγᾷς, ὦ Ἑρμότιμε; la tradizione manoscritta (ΓΕ) presenta τίσι γε al posto di τί σιγᾷς, mentre in E e G[a] τίσι γε; è attribuito a Ermotimo. Questo testo è stampato da Reitz, che traduce: "... *licet vulgo talis non videatur.* **Herm.** *Quibusdam certe.* **Lyc.** *Visne, Hermotime, tibi referam ...*". Tuttavia, sin dall'*editio princeps* fiorentina, τίσι γε è attribuito opportunamente al lungo monologo di Licino, che altrimenti verrebbe interrotto da una domanda alquanto superflua. Tutti gli editori, però, hanno accolto l'emendazione di Graevius τί σιγᾷς, in cui si può percepire un certo comprensibile imbarazzo di Ermotimo dinanzi alle parole di Licino. Solanus richiama il parallelo al § 55 (τί σιγᾷς; ἢ βούλει ἐγὼ ἀποκρίνωμαι ὑπὲρ σοῦ κτλ.), mentre Fritzsche nota che al § 83, nell'invito che Licino rivolge ripetutamente al suo interlocutore (τί οὖν οὐκ ἀποκρίνῃ καὶ τοῦτο;), e quindi soprattutto in καὶ τοῦτο, ci sia un riferimento alla mancata risposta di Ermotimo al § 80. Questi paralleli testuali confermano la bontà dell'emendazione di Graevius, che può essere integrata pienamente nello sviluppo del dialogo.

θέλεις διηγήσομαι: la tradizione manoscritta attesta il futuro indicativo, mentre Dindorf, Fritzsche e Bekker accolgono l'emendazione di Schwidop nel congiuntivo aoristo (διηγήσωμαι). Questo modo verbale appare anche al § 42 (θέλεις ἀντείπω τά γ' ἐμοὶ δοκοῦντα) ed è usuale dopo il verbo βούλομαι (su cui vedi i §§ 4; 9; 32; 48; 55). Nonostante sia molto più frequente l'uso del congiuntivo, in Luciano sono attestati almeno altri due casi in cui il verbo θέλω regge un futuro (*Bis acc.* 4: θέλεις εἰς νέωτα προαγγελοῦμεν; e *Nav.* 4: ἐθέλεις ἐγὼ αὖθις ἐπάνειμι ἐς τὸ πλοῖον;). Non sembra perciò del tutto immotivata la scelta di seguire la tradizione manoscritta, rispettando così una peculiarità sintattica già attestata altrove nel *corpus* dell'autore.

§ 81) ὀλίγου δίκην ἔφυγεν βιαίων: mentre i codici e le edizioni antiche presentano ἔφυγον, nell'edizione *Salmuriensis* del 1619 appare l'emendazione ἔφυγεν (Reitz la modifica leggermente in ἔφυγε), che ristabilisce adeguatamente l'ordine sintattico del periodo. Al contrario, stampando la lezione manoscritta, come fa Macleod, la frase acquisirebbe un significato bizzarro, perché lo zio risulterebbe stranamente accusato del sopruso compiuto dal nipote. L'azione dello zio, invece, consiste nell'evitare al nipote questa pesante imputazione, trovando una soluzione pacifica con il padre della fanciulla violentata. Evidentemente, anche in questo caso siamo in presenza di un errore verificatosi in una fase alta della tradizione, motivo per cui esso appare già nei testimoni più antichi. Per un simile caso vedi *supra*, p. 473.

ὡς ἔχοι συμβολὰς οἶμαι καταθεῖναι: i codici più antichi (ΓΕ) attestano il presente indicativo ἔχει, mentre in LN appare il congiuntivo ἔχῃ. Si tratta di una lezione certamente migliore rispetto al presente indicativo, sintatticamente errato nella proposizione finale introdotta da ὡς. Già Reitz appare favorevole all'ottativo ἔχοι, introdotto nell'edizione *Salmuriensis* e stampato da tutti gli editori successivi, salvo Macleod, che opta per il congiuntivo. L'ottativo in questo caso non può ritenersi giustificato dalla presenza di tempi storici nella proposizione reggente, circostanza in cui è solitamente preferito al congiuntivo. Luciano, infatti, nelle frasi finali sembra scegliere il modo verbale non tanto sulla base di quello presente nella proposizione principale, bensì in riferimento alla particella introduttiva (Sims, 1952, p. 63). Per quanto concerne ὡς l'autore presenta 235 volte l'ottativo contro le 78 occorrenze con il congiuntivo, una discrepanza riflessa anche nel nostro dialogo (a fronte di una sola occorrenza con il congiuntivo (§ 57), l'ottativo ricorre, anche più di una volta, in ben 17 paragrafi (§§ 1, 3, 19, 21, 24, 28, 30, 35, 56, 58, 61, 64, 68, 78, 81, 83, 86)). Sembra, dunque, più plausibile immaginare che in questo passo il fenomeno dell'itacismo abbia corrotto un ottativo piuttosto che un congiuntivo originario.

ἐπὶ τὸ δεῖπνον: i codici presentano ἐπὶ τὸ δεῖπνον, che è la lezione accolta da Reitz, Jacobitz, Bekker e Macleod. Tuttavia, mentre Dindorf stampa l'emendazione alquanto incisiva di Cobet (παρὰ τὸ δεῖπνον), Sommerbrodt e Fritzsche stampano ἐπὶ τῷ δείπνῳ che, con una lieve modifica della tradizione, produce un costrutto grammaticale più usuale, benché ininfluente quanto al significato del testo. Cfr. Nesselrath, 1990[1], p. 505. In Luciano quest'ultimo sintagma ricorre anche in *Ver. Hist.* 2.15; *Adv. ind.* 20; *Merc. cond.* 35 e *Tox.* 44. Tuttavia, a sostegno della lezione tramandata ci sono anche altri passi (*Symp.* 6 e 36; *Gall.* 7), sufficienti a testimoniare la bontà del testo tradito.

§§ 83-85) In questi tre paragrafi Licino cerca di confortare il suo interlocutore Ermotimo, in preda ormai allo sconforto, avendo compreso pienamente la vanità degli sforzi cui si è sottoposto nel corso della lunga formazione stoica. Licino ricorre ad una favola di Esopo, esortando il suo interlocutore a non disperare, ma a cambiare dottrina filosofica e, soprattutto, stile di vita nonostante la sua età avanzata. Si tratta nello specifico di un invito ad abbracciare il κοινὸς βίος, il che non implica soltanto un impegno sociopolitico attivo, ma anche l'abbandono di tutte le false dottrine approvate fino a quel momento. Licino dichiara, infine, la validità del suo attacco per ogni indirizzo filosofico dogmatico, a partire da quello stoico che, nel corso dell'*Hermotimus*, è stato preso di mira solo per ragioni contingenti dovute all'incontro casuale con Ermotimo (§ 1).

§ 83) ἐπ' ἄλλαις ἐλπίσιν ἐξ ἀρχῆς φιλοσοφεῖν ἠξιοῦμεν, οὐχ ὡς τῶν ἰδιωτῶν κοσμιώτεροι εἴημεν περινοστοῦντες; si tratta di un'idea diffusa soprattutto tra gli Stoici di età imperiale, i quali pretendono dal filosofo un comportamento nettamente distinto da quello esibito dalla massa degli ignoranti e reso immediatamente evidente dalla veste indossata (cfr. Mus. *Diatr.* 16 Hense e Dio Chrys. *Orr.* 70.8: καὶ γὰρ στολὴ ἑτέρα μὲν τοῦ φιλοσοφοῦντος, ἑτέρα δὲ τῶν ἰδιωτῶν ... τὸν δὲ ἐν μηδενὶ τούτων διαφέροντα μηδὲ ὅλως ἕτερον ὄντα τῶν πολλῶν <οὐχ> ἕνα ἐκείνων θετέον e 71.1). In realtà questa idea appare già in Cic. *De off.* 1.41.147-148, dove Panezio sembra insistere sul *decorum* del filosofo. Su questo tema vedi Brunt, 1973 e Fornaro, 2009, p. 140.

La dichiarazione di Licino non può prescindere da un riferimento ai falsi filosofi, i quali, ostentando la *mise* propria del filosofo, miravano a trarne il massimo profitto possibile. In *Bis acc.* 6 Zeus descrive il fenomeno sociale, consueto in quell'epoca, che vedeva molti artigiani abbandonare il proprio mestiere e mettersi in viaggio abbigliati alla maniera dei sapienti, tessendo le lodi della giustizia e della virtù (πολλοὶ γοῦν τὰς τέχνας ἀφέντες ἃς εἶχον τέως, ἐπὶ τὴν πήραν ἄξαντες καὶ τὸ τριβώνιον ... αὐτοσχέδιοι φιλόσοφοι ἐκ σκυτοτόμων ἢ τεκτόνων περιέρχονται, σὲ καὶ τὴν σὴν ἀρετὴν ἐπαινοῦντες). Questa descrizione probabilmente riproduce una circostanza reale dell'età imperiale, "*in der – ganz besonders unter Marc Aurel – das kynische Bettlerleben für die wirtschaftlich und sozial Schwächsten unter den humiliores eine wirkliche Alternative zu ihrem mühsamen und wenig einträglichen Handwerksberuf darstellte*" (Braun, 1994, p. 91). Su questo fenomeno vedi anche *Fug.* 14-17 e le considerazioni di Hahn, 1989, pp. 172-181 e Gerlach, 2005, pp. 151 ss.

Un valore negativo del verbo περινοστέω è attestato anche in *Adv. ind.* 4, là dove il bibliofilo ignorante va in giro esibendo le opere acquistate, cui non corrisponde il possesso effettivo delle conoscenze contenutevi.

ἐς τοσοῦτό μου καθίκετο ὁ λόγος ἀληθὴς ὤν, καὶ ὀδύρομαι ... νυνὶ γὰρ ὥσπερ ἐκ μέθης ἀνανήφων ὁρῶ οἷα μέν ἐστιν ὧν ἤρων, ὁπόσα δὲ πέπονθα διὰ ταῦτα: Ermotimo confessa la μεταβολή intellettuale verificatasi in seguito alla confutazione di Licino: dopo vent'anni di studio l'aspirante stoico prende finalmente atto della vanità delle sue fatiche e dei limiti congeneri alle sue facoltà intellettive. In *Bis acc.* 21 l'aspirante stoico Dionisio, dopo aver compreso la paradossalità della dottrina stoica, se ne allontana, rigettando tutte le speculazioni stoiche sulla bontà delle fatiche fisiche (ἐπεὶ ... ὁ πόνος ἀληθέστερος αὐτοῦ καθίκετο, ἰδὼν τὸ σῶμα τὸ ἑαυτοῦ ἀντιφιλοσοφοῦν τῇ Στοᾷ καὶ τἀναντία δογματίζον, αὑτῷ μᾶλλον ἢ τούτοις ἐπίστευσεν). Su questo passo vedi Braun 1994, pp. 201-203.

In merito alla similitudine dell'ebbrezza vedi *infra*, p. 572. Si noti che è il λόγος stesso ad agire attivamente su Ermotimo, poiché è proprio la parola di Licino a ricondurlo alla realtà. In *Nigr.* 35, invece, il λόγος filosofico ha agito sull'anima del narratore arrecandogli una profonda ferita (οὐ γὰρ ἐξ ἐπιπολῆς οὐδ' ὡς ἔτυχεν ἡμῶν ὁ λόγος **καθίκετο**, βαθεῖα δὲ καὶ καίριος ἡ πληγὴ ἐγένετο). Sulla personificazione del λόγος vedi i §§ 51, 63 e 66.

§ 84) τὸ γὰρ τοῦ μύθου ἐκεῖνο πάνυ συνετόν, οἶμαι, ὃν Αἴσωπος διηγεῖτο ... δέον τὰ ἐντεῦθεν ἀρξάμενον ἀριθμεῖν ἀμελήσαντα ἐκείνων; Licino fa riferimento ad una favola di Esopo (*Aesopica* 429 Perry: ἄνθρωπος ἀριθμῶν τὰ κύματα), che ricorre anche in Theocr. 16.60 e Ps.-Luc. *Am.* 2. Com'è stato rilevato in precedenza, la favola costituisce un modello particolarmente fecondo per Luciano (vedi i §§ 20, 65 e 68), il quale sfrutta non solo la bellezza estetica dei racconti (a tal proposito vedi Berdozzo, 2011, p. 22 rispetto ai *Dialogi Deorum*), ma anche e soprattutto la portata satirico-morale veicolata da ciascuno di essi (cfr. *Ver. Hist.* 2.18, in cui Esopo appare come γελωτοποιός; *Fug.* 13 e *Pseud.* 5). Su questo argomento restano ancora utili Bompaire, 1958, pp. 443-469 e Anderson, 1994, pp. 13-17. Licino non si limita a citare un'espressione proverbiale, riportando interamente l'intero racconto favolistico da cui essa deriva, in modo da metterla al servizio della sua strategia confutativa.

La conta delle onde è un'operazione futile ed insignificante, che rappresenta al meglio la vanità degli studi filosofici compiuti da Ermotimo. Riferimenti analoghi a questa azione si trovano in Ael. *VH* 13.15; Dio Chrys. *Or.* 20.12; Diogen. 5.56 e, in ambito latino, in Verg. *Georg.* 2.108; Ov. *Tr.* 5.2.28 e Mart. 6.34. Licino, dunque, attraverso le parole della volpe, esorta il suo interlocutore a non indugiare nella disperazione e ad assumere un nuovo stile di vita, che viene precisato subito dopo (vedi la nota successiva).

ἐς τὸ λοιπὸν ἂν ἄμεινον ποιήσαις βίον τε κοινὸν ἅπασι βιοῦν ἀξιῶν καὶ συμπολιτεῦσαι τοῖς πολλοῖς οὐδὲν ἀλλόκοτον καὶ τετυφωμένον ἐλπίζων: in questo passo Licino suggerisce ad Ermotimo la soluzione all'*impasse* intellettuale in cui è stato costretto dalla sua critica antidogmatica. Non si tratta di un sapere alternativo a quello stoico, bensì di un approccio differente alla realtà personale e alla dimensione sociale in cui l'aspirante stoico vive. Da un lato, infatti, Licino invita il suo interlocutore a non nutrire più vane speranze, ispirate da un sentimento di ingannevole superbia (sul concetto di τῦφος in Luciano vedi Caccia, 1989, pp. 26-39). Dall'altro, invece, l'esortazione al κοινὸς βίος è da intendersi non solo come un appello ad un approccio pragmatico verso la realtà, ma anche come uno sprone ad un impegno sociale più attivo, in coerenza con il modello del sapiente elaborato all'interno della scuola stoica. Sul modello del sapiente stoico vedi *supra*, pp. 534-535.

Come conclusione al suo discorso confutatorio Licino non propone ad Ermotimo la sospensione del giudizio, ovvero una paralisi dell'azione, che sarebbe stato l'esito naturale di tutto l'armamentario argomentativo scettico impiegato nel corso del dibattito. Al contrario, l'invito alla vita comune è formulato in continuità con la sua idea di virtù, identificata in una prassi concreta e libera da qualsiasi vano apparato concettuale. In *Nec.* 21, nel momento culminante del suo viaggio nel mondo degli inferi, Menippo incontra Tiresia cui chiede finalmente quale sia lo stile di vita migliore. La risposta è priva di ambiguità: si tratta del τρόπος βίου dei profani, che è dispensato da ogni vacua speculazione fisica, metafisica o logica, risolvendosi in una sapienza pratica e in una disposizione positiva nei confronti della vita quotidiana (ὁ τῶν ἰδιωτῶν ἄριστος βίος καὶ σωφρονέστερος. παυσάμενος τοῦ μετεωρολογεῖν καὶ τέλη καὶ ἀρχὰς ἐπισκοπεῖν καὶ καταπτύσας τῶν σοφῶν τούτων συλλογισμῶν καὶ τὰ τοιαῦτα λῆρον ἡγησάμενος τοῦτο μόνον ἐξ ἅπαντος θηράσῃ, ὅπως τὸ παρὸν εὖ θέμενος παραδράμῃς γελῶν τὰ πολλὰ καὶ περὶ μηδὲν ἐσπουδακώς). A tal proposito vedi Bonazzi, 2010[1], pp. 45-46. A questo si aggiunga che in *Apol.* 14 Luciano dichiara di riconoscere l'uomo virtuoso nella sua azione quotidiana, in modo particolare nella collaborazione zelante con gli amici e nell'esecuzione diligente dei compiti che gli vengono affidati (εἰ ... χρὴ ... τὸν ἀγαθὸν ἄνδρα ἐνεργὸν εἶναι, τί ἂν ἄλλο ἐς δέον αὐτῷ χρῷτο, ἢ φίλοις συμπονῶν πρὸς τὰ βέλτιστα κἂν τῷ μέσῳ ὑπαίθριος πεῖραν αὐτοῦ διδοὺς ὅπως ἔχει πίστεως καὶ σπουδῆς καὶ εὐνοίας πρὸς τὰ ἐγκεχειρισμένα;).

Tutte queste considerazioni di Licino non sono assimilabili in pieno all'idea del κοινὸς βίος proposta dagli Scettici. Essi, infatti, alla sospensione del giudizio facevano seguire una semplice e quasi spontanea considerazione dei fenomeni, cioè dei costumi e delle leggi, senza implicare nessuna forma di partecipazione piena né di adesione consapevole ad un consorzio sociale ben definito (*Pyrrh. hyp.* 1.23: τοῖς φαινομένοις οὖν προσέχοντες κατὰ τὴν βιωτικὴν τήρησιν ἀδοξάστως βιοῦμεν, ἐπεὶ μὴ δυνάμεθα ἀνενέργητοι παντάπασιν εἶναι. Cfr. *ivi* 1.226-237 e D. L. 9.103). Sulla differenza tra il modello di vita scettico e quello proposto da Licino vedi Schwarz, 1914, p. 31; Longo, 1964, p. 19 ed Esposito, 1995, pp. 176-177. Anche Bonazzi, 2010[1] segue questa linea interpretativa, marcando l'approccio polemico degli Scettici rispetto al modo comune di sentire, che si concretizza in uno stile di vita fondato sull'ἀταραξία. A questo proposito si veda anche Spinelli, 2005, pp. 148-150. Al contrario, Praechter, 1892, pp. 289-290 prima e Nesselrath, 1992, p. 3479, in seguito, hanno cercato di evidenziare i punti in comune tra la proposta di vita attiva avanzata da Licino e quella scettica, con il rischio di fare di Luciano un discepolo scettico. Al contrario, proprio in questo momento del dialogo l'autore, attraverso le parole di Licino, cerca di prendere le distanze dalla dottrina scettica così da evitare di essere annoverato tra i suoi adepti. Luciano, infatti, conosce bene quali possano essere le conseguenze di un impegno fedele alla dottrina scettica, rappresentata in *Vit. auct.* 27 sotto forma di un βίος immobile, incapace di giudizio e simile ad un verme (ἄκριτός γε προσέτι καὶ ἀναίσθητος καὶ ὅλως τοῦ σκώληκος οὐδὲν διαφέρων). Su questo passo vedi Beaupère, 1967, vol. II, pp. 140-141 e Dolcetti, 1996, pp. 110-131.

οὐκ αἰσχυνῇ, ἤνπερ εὖ φρονῇς, εἰ γέρων ἄνθρωπος μεταμαθήσῃ καὶ μεταχωρήσεις πρὸς τὸ βέλτιον: l'efficacia della critica di Licino si riscontra nel cambiamento di opinione e nel mutamento concreto dello stile di vita messo in atto da Ermotimo (vedi il § 86: ἄπειμι γοῦν ἐπ' αὐτὸ τοῦτο, ὡς μεταβαλοίμην καὶ αὐτὸ δὴ τὸ σχῆμα e τάχα δὲ καὶ πορφυρίδα μεταμφιάσομαι). Tuttavia, il ravvedimento non è la soluzione usuale poiché la parola satirica è spesso recepita in termini ostili al punto che, in taluni casi, è rigettata perentoriamente dal bersaglio di turno. Su questo tema vedi Camerotto, 2014, p. 160, n. 152-153. Si noti che al § 63 Ermotimo ha reagito con una certa diffidenza alle parole di Licino, accusandolo di invidia per i progressi da lui compiuti negli studi filosofici. Inoltre, al § 75 Licino ha descritto quanti, vergognandosi di ammettere l'inganno subito nonostante l'età avanzata, rifiutano di abbracciare dottrine differenti rispetto a quelle professate fino a poco tempo prima. Essi, dunque, preferiscono rimanere nella menzogna, piuttosto che accettare la verità, affrontando tutte le conseguenze che ne potrebbero derivare. In questo passo, invece, Ermotimo, seppure con molta sofferenza, sembra accettare la portata delle critiche scettiche di Licino, mostrandosi risoluto a cambiare vita e quindi a rinunciare non solo ai principi filosofici stoici, ma anche alla *mise* indossata fino a quel momento.

Analogamente, in *Bis acc.* 21 un certo Dionisio è presentato in una luce positiva perché, subito dopo aver appreso le dottrine stoiche, ne ha preso le distanze, consegnandosi nelle mani di Epicuro (τίς ἂν κριτὴς δικαιότερος δόξειεν αὐτοῦ ἐκείνου [*scil*. Dionisius], ὃς καὶ τὰ παρὰ τῆς Στοᾶς εἰδώς, εἰ καί τις ἄλλος, καὶ μόνον τέως τὸ καλὸν ἀγαθὸν οἰόμενος εἶναι, μεταμαθὼν ὡς κακὸν ὁ πόνος ἦν, τὸ βέλτιον ἐξ ἀμφοῖν δοκιμάσας εἵλετο;). Al contrario, Ermotimo non si converte a nessuna nuova dottrina, proponendosi di evitare qualsiasi contatto futuro con i filosofi. Vedi *infra*, pp. 578-579.

§ 85) ὁπόσα εἶπον, μή με νομίσῃς κατὰ τῆς Στοᾶς παρεσκευασμένον ἢ ἔχθραν τινὰ ἐξαίρετον πρὸς Στωϊκοὺς ἐπανῃρημένον εἰρηκέναι ... πρὸς τὴν Στοὰν ἀποτετάσθαι ὁ λόγος ἔδοξεν οὐδὲν ἐξαίρετον πρὸς αὐτὴν ἔχων: con questa dichiarazione Licino rimarca l'ampia destinazione dell'ἔλεγχος architettato contro Ermotimo, dissimulando così il suo risentimento esclusivo verso la dottrina stoica. Licino, infatti, ritiene di poter attaccare con lo stesso spirito critico anche le dottrine filosofiche di Platone e Aristotele, cui si fa cenno in altri passi lucianei. Per ciò che concerne Aristotele, non vi sono riferimenti sufficienti per giustificare una considerazione tendenzialmente negativa, più esplicita, invece, verso singole figure di peripatetici (*Eun.* 3 *passim*; *Symp.* 6, 15, 30; *Philops.* 6: si veda Tackaberry, 1930, pp. 86-87). Del tutto differente appare il complesso delle allusioni a Platone: questi, infatti, costituisce uno dei modelli più significativi per il *corpus* di Luciano, di fronte al quale l'autore assume un atteggiamento non del tutto concorde. Da un lato si riscontra un attacco all'apparato dottrinale dogmatico della filosofia di Platone (a questo proposito si consideri la scena in *Vit. auct.* 15-18, in cui Socrate si fa portavoce di un certo numero di principi platonici, e *Bis acc.* 7), mentre dall'altro vi è un apprezzamento esplicito delle modalità stesse della filosofia platonica, ossia della sua configurazione dialogica vivace e finemente ironica (*Symp.* 37 e *Pisc.* 22-23). Benché Luciano non si esprima in termini apertamente favorevoli verso il dialogo di Platone (*Bis acc.* 34), i numerosi prestiti e richiami sparsi nel suo *corpus* sono indice di un'indubitabile stima (vedi Nesselrath, 1992, pp. 3472-3474). Al contrario Berdozzo, 2011, pp. 191-213, propende per un'interpretazione troppo letterale dell'attacco lucianeo a Platone, trascurando la profonda riconoscenza mostrata dall'autore verso l'assetto formale della filosofia platonica. Cfr. Tackaberry, 1930, pp. 62-92 e il più recente Segoloni, 2014.

La critica allo Stoicismo, invece, ritorna con una maggiore frequenza, oltre che in maniera intimamente coerente negli scritti filosofici lucianei. Questa avversione è dovuta da un lato al robusto sistema dogmatico della dottrina stoica e dall'altro al modello di sapienza perfetta e insuperabile ostentata dal sapiente stoico. Queste due linee critiche sono particolarmente visibili nel nostro dialogo, ove Licino attacca non solo la *facies* del maestro stoico (§§ 9-12), ma anche, e soprattutto, il suo presunto sapere, che si rivela infondato e facilmente oppugnabile. Su questo argomento vedi Tackaberry, 1930, pp. 15-22; Dolcetti, 1996, pp. 70-89 e Nesselrath, 2001[2], pp. 143-150.

Critica testuale

§ 83) ἐς τοσοῦτό μου καθίκετο ὁ λόγος: nella tradizione manoscritta del passo il verbo καθικνέομαι regge sia l'accusativo (EL: με) che il genitivo (Γ: μου, apparendo come una correzione tarda). Mentre Macleod preferisce l'accusativo (che compare solo in Hom. *Il.* 14.104 e *Od.* 1.342), il resto degli editori stampa il genitivo, che è l'unico caso con cui Luciano costruisce questo verbo (*Nigr.* 35; *Tox.* 46; *Electr.* 3; *Symp.* 16; *Bis acc.* 21 etc.). In prosa il verbo in questione è attestato quasi esclusivamente con il genitivo, anche presso autori contemporanei di Luciano (cfr. i passi raccolti in *LSJ*, s.l. 1), motivo per cui, escludendo la possibilità che l'accusativo με rappresenti una *lectio difficilior*, il genitivo μου si è guadagnato un più ampio consenso.

§ 84) ἐπὶ τῇ ἠϊόνι καθεζόμενον ἐπὶ τὴν κυματωγὴν ἀριθμεῖν τὰ κύματα: già il Reitz, sulla scorta di Graevius, ammette la possibilità per cui ἐπὶ τῇ ἠϊόνι sia una glossa, lasciando aperta la possibilità che lo sia anche ἐπὶ τὴν κυματωγήν. Schmieder, al contrario, appare propenso a ritenere quest'ultima espressione come glossa, mentre Lehmann prende in considerazione entrambe le ipotesi. Nessun editore abbraccia l'espunzione di una delle due espressioni, che servono a precisare progressivamente la scena: la prima, infatti, indica genericamente la spiaggia, mentre la seconda individua la battigia, cioè quella parte di spiaggia contro cui si infrangono le onde. Infine, Solanus ritiene a tal punto genuino il testo tradito da voler mantenere anche κυματώδη (attestato in ΓΕ[1]L), cui occorre sottintendere γῆν. Tutti gli editori, però, a partire da Reitz, hanno preferito κυματωγήν (N). Inoltre, mentre Reitz, Jacobitz, Bekker e Macleod stampano ἐπὶ τὴν κυματωγήν, Fritzsche opta per κατὰ τὴν κυματωγήν, Dindorf per πρὸς τὴν κυματωγήν e Sommerbrodt, invece, sulla scorta di Cobetus, per παρὰ τὴν κυματωγήν. La varietà di queste soluzioni è giustificata dalle reggenze altrettanto diversificate testimoniate con questa parola. Oltre alla preposizione πρός seguita dal dativo (*Suda* κ 2678: πρὸς τῇ κυματωγῇ) è registrata anche παρά con accusativo (Hdt. 4.196.4) e dativo (Sext. Emp. *Adv. math.* 7.117), come pure ἐπί seguito dal genitivo (Hdt. 9.100.3). Pertanto, la lezione attestata dai codici (ἐπὶ τὴν κυματωγήν) può essere ritenuta genuina poiché nessuna tra le congetture proposte è sostenuta da ragioni sufficientemente valide per emendare il testo tradito.

ἐς τὸ λοιπὸν ἂν ἄμεινον ποιήσαις βίον τε κοινὸν ἅπασι βιοῦν ἀξιῶν καὶ συμπολιτεῦσαι τοῖς πολλοῖς οὐδὲν ἀλλόκοτον καὶ τετυφωμένον ἐλπίζων, καὶ οὐκ αἰσχυνῇ: si tratta del testo tramandato, stampato quasi invariabilmente da tutti gli editori. Tuttavia, è solo con Fritzsche che il tradito αἰσχύνη (ΓEL, ma in N c'è αἰσχύνῃ) è corretto in αἰσχυνῇ, in modo che esso collimi con gli altri futuri presenti nel periodo (συμπολιτεύσῃ; μεταμαθήσῃ e μεταχωρήσεις). Mentre questa emendazione è stata accolta da tutti gli editori, la correzione di συμπολιτεύσῃ in συμπολιτεῦσαι proposta da Sommerbrodt è passata inosservata. A differenza delle forme in futuro che seguono nel medesimo periodo (αἰσχυνῇ e μεταχωρήσεις), il verbo συμπολιτεύσῃ sembra produrre una certa rottura nell'ordine sintattico del periodo, in cui sarebbe più naturale che dal participio ἀξιῶν dipenda un altro infinito in maniera affine al βιοῦν immediatamente precedente. Inoltre, con l'introduzione dell'infinito συμπολιτεῦσαι anche la particella enclitica τε acquisterebbe significato, poiché altrimenti resterebbe ingiustificata. La corruttela di συμπολιτεῦσαι in συμπολιτεύσῃ è facilmente spiegabile con il fenomeno dell'itacismo, che avrebbe provocato la confusione tra le due forme (su questo argomento vedi *supra*, pp. 522-523). Appare, dunque, del tutto ragionevole ammettere questa emendazione nel testo, che ne guadagna in termini sia di maggiore coerenza sintattica sia di resa più efficace dei contenuti.

§ 85) τὰ γὰρ αὐτὰ πρὸς σὲ εἶπον ἄν: Reitz, Dindorf, Jacobitz e Macleod stampano l'enclitica tonica σέ, che normalmente non mantiene l'accento quando ricorre dopo preposizioni ossitone (vedi Smith, 1974, p. 43). Tuttavia, in questo caso la forma accentata risulta preferibile perché nel discorso di Licino il riferimento al suo interlocutore riceve maggiore rilievo (vedi Kühner-Gerth, 1963, vol. I, p. 557): Ermotimo, infatti, e in modo particolare la sua affiliazione filosofica con la scuola stoica restano il bersaglio dell'attacco critico dello scettico. Al contrario, Fritzsche e Sommerbrodt stampano l'emendazione di Bekker in atona (πρός σε εἶπον ἄν), senza tener conto delle esigenze semantiche e pragmatiche del dialogo.

§ 86) Ermotimo si dichiara pronto a cambiare non solo il suo aspetto, ma anche lo stile di vita seguito fino al momento in cui ha incontrato Licino, così come viene rappresentato all'inizio del dialogo. In aggiunta, l'aspirante stoico proclama apertamente non solo di rinunciare alle dottrine filosofiche apprese, ma anche di volersene liberare, con l'impegno di evitare in futuro il contatto con qualsiasi filosofo. Questo mutamento è espresso con l'ausilio di due immagini. Da un lato l'abbandono dello Stoicismo è assimilato al ritorno da uno stato di ebbrezza e alla rottura di una cortina di nebbia che offuscava la vista di Ermotimo. Dall'altro, invece, Licino, quale artefice di questo processo, diventa il destinatario delle parole di lode pronunciate da Ermotimo, che lo ritrae come il *deus ex machina* del suo dramma, visto che, strappandolo dal turbine vorticoso delle dottrine stoiche, lo ha riportato ad una considerazione ragionevole della sua realtà. Licino subisce così una rivalutazione tale da farlo apparire come l'eroe satirico vincente del dialogo (sulla reazione avversa alla voce critica di Licino vedi *supra*, pp. 392, 471 e 501-502). A proposito della funzione dell'eroe satirico in Luciano vedi Camerotto, 2014, pp. 103-107, il quale mette in evidenza le somiglianze, ma anche le sostanziali differenze, con l'eroe comico da cui il primo deriva. In termini più generici, il dialogo ha un esito aporetico sul piano della conoscenza, ma rifugge dalla rappresentazione di un esito del tutto negativo. La consapevolezza dell'errore cui perviene Ermotimo costituisce il risultato più significativo della confutazione messa in atto da Licino. Egli, infatti, proprio come Socrate, si è servito del dialogo nelle stesse modalità di un farmaco, somministrandolo, non sempre pacificamente, al proprio interlocutore al fine di liberarlo dalle sue false credenze e indirizzarlo così verso uno stile di vita virtuoso e felice (vedi almeno Plat. *Soph*. 230b-d, in cui la "nobile sofistica" socratica purifica l'interlocutore da false opinioni preconcette). Su questo aspetto vedi Capra, 2001, pp. 128-131 e Candiotto, 2013, pp. 56-59.

ἄπειμι γοῦν ἐπ' αὐτὸ τοῦτο, ὡς μεταβαλοίμην καὶ αὐτὸς δὴ τὸ σχῆμα ... τάχα δὲ καὶ πορφυρίδα μεταμφιάσομαι, ὡς εἰδεῖεν ἅπαντες ὅτι μηκέτι μοι τῶν λήρων ἐκείνων μέτεστιν: le conseguenze dell'ἔλεγχος portato avanti da Licino si manifestano concretamente nel cambio dell'aspetto esteriore di Ermotimo. Questi, infatti, rinuncia alla barba lunga e irsuta, che è un tratto topico del filosofo che appare nel *corpus* lucianeo (cfr. il § 18 e vedi *supra*, pp. 271-272). In questo passo, accanto al consueto aggettivo βαθύς (vedi il § 18; *Pisc*. 11 e 41; *Icar*. 21; *Fug*. 27; *Salt*. 5; *Hist. conscr*. 17; *Merc. cond*. 12, 25 e 33; *Eun*. 8; *Philops*. 5; *Dial. mort*. 20.8; *Bis acc*. 6 e l'uso dell'aggettivo βαθυπώγων in *Bacch*. 2; *Dial. mer*. 10.1 e *Iupp. trag*. 26) vi è anche l'epiteto λάσιος, solitamente impiegato per descrivere il vello irsuto di capre e pecore (come appare in *Dial. deor*. 2.1 in riferimento a Pan). Cfr. *Eun*. 9, dove l'eunuco Bagoa replica all'avversario peripatetico che, se il vero filosofo dovesse essere distinto a partire dalla barba, allora le capre, dotate naturalmente di una barba particolarmente folta, si troverebbero in una posizione di assoluto vantaggio (εἰ γὰρ ἀπὸ πώγωνος ... βαθέος κρίνεσθαι δέοι τοὺς φιλοσοφοῦντας, τὸν τράγον ἂν δικαιότερον προκριθῆναι πάντων).

Lo stile di vita filosofico (δίαιτα) che Ermotimo ha seguito fino a quel momento viene detto κεκολασμένη. Il participio perfetto del verbo κολάζω denota non tanto la moderazione (cfr. Ar. *Eth. Nic.* 3.12.1119b12-13), quanto la severità della condotta osservata dagli aspiranti Stoici, che Ermotimo, ormai rinsavito, percepisce come una sorta di autopunizione paradossale e inefficace. Al posto dello studio incessante e della ricerca continua della verità (cfr. il § 1), Ermotimo propende adesso per uno stile di vita improntato alla libertà (ἄνετα πάντα καὶ ἐλεύθερα) e indipendente da una dottrina filosofica rivelatasi falsa. In *Bis acc.* 21 Epicuro descrive in termini analoghi la liberazione di Dionisio dai lacci della Stoà: in quanto uomo libero e in una città libera, Dionisio si è persuaso della stoltezza dell'ardua felicità stoica, preferendole il piacere offerto da Epicuro. Su questo passo vedi Braun, 1994, pp. 169 e 193.

Presso gli Stoici di età imperiale, invece, è particolarmente diffuso il richiamo ad una libertà interiore che, al rifiuto dell'opinione comune, ovvero al disprezzo delle ricchezze e dei facili piaceri, congiunge una vita guidata dalla ragione e diretta verso la virtù (Epict. *Diss.* 4.1.1-5, su cui si veda Willms, 2011, pp. 94-100 e Forschner, 2013, pp. 99-100). Per questo motivo, la libertà è esclusiva di colui che possiede un λόγος maturo, in grado di dominare le proprie affezioni e di svincolarsi dalla loro schiavitù.

Al contrario, Ermotimo, dopo aver acquisito maggiore contezza di sé, rinuncia alla dottrina, proponendo un modello di libertà specularmente opposto. In modo particolare, egli evidenzia questo suo radicale cambiamento indossando una veste di porpora, che tradisce un approccio favorevole alle ricchezze rispetto al rifiuto perentorio pronunciato all'inizio del dialogo (al § 7 la rinuncia ai beni materiali costituiva il presupposto per accedere alla virtù, mentre ai §§ 9-11 si insisteva sul comportamento contraddittorio del maestro). A questo proposito si veda *Nigr.* 15, là dove il narratore, riportando le parole del filosofo, sostiene che chi ama le ricchezze al punto da misurare la felicità dalla porpora che possiede non ha gustato la libertà poiché è rimasto soggetto alle proprie passioni. Al contrario, Ermotimo sceglie di indossare con una certa spettacolarità la veste di porpora moralmente screditata per evidenziare nettamente la rottura di ogni vincolo con le prescrizioni filosofiche stoiche (vedi *Bis acc.* 21, 28 e *Vit. auct.* 22). La πορφυρίς, infatti, è la veste propria dei ricchi (*Nigr.* 13; *Cat.* 28; *Dial. mort.* 20.4, ma anche *Tim.* 56, in cui è contrapposta al semplice mantello), che Ermotimo preferisce al semplice ἱμάτιον (vedi il § 23). Un uso metaforico della porpora è presente anche in *Rhet. praec.* 16 e *Hist. conscr.* 15. Sul valore della veste come criterio di giudizio del vero filosofo vedi i §§ 18-19. Inoltre, se in *Fug.* 4 e *Peregr.* 18 il cambio di veste dei falsi filosofi è un atto imprescindibile per atteggiarsi in maniera opportuna alla maniera dei veri filosofi (a questo proposito vedi *supra*, pp. 235-236), in questo caso la rinuncia all'abbigliamento tipico del filosofo evidenzia il rifiuto polemico della filosofia *tout court* da parte di Ermotimo. Un cambio di veste si verifica anche in *Somn.* 16, nel momento in cui Luciano è condotto sul carro di *Paideia*, che gli ha fatto indossare un abito di porpora. Sulle implicazioni ironiche implicite in questa descrizione vedi Iannucci, 2009, pp. 110-111, mentre Baldwin, 1973, pp. 13 ss. e Bompaire, 2003, pp. XII-XV hanno optato per una lettura biografica del testo.

ὡς εἴθε γε καὶ ἐξεμέσαι δυνατὸν ἦν ἅπαντα ἐκεῖνα, ὁπόσα ἤκουσα παρ' αὐτῶν: in *Lex.* 16 Licino prega Lessifane di arrestare il suo racconto perché le parole che ha ascoltato lo hanno stordito e se non riuscisse a rigettarle rischierebbe di impazzire (ἐγὼ γοῦν ἤδη μεθύω σοι καὶ ναυτιῶ καὶ ἦν μὴ τάχιστα ἐξεμέσω πάντα ταῦτα ὁπόσα διεξελήλυθας, εὖ ἴσθι, κορυβαντιάσειν μοι δοκῶ). In seguito, a Lessifane viene somministrato un purgante affinché riesca a liberarsi di tutti i suoi bizzarri vocaboli neoattici, sottoposti alla critica graffiante di Licino (*Lex.* 20). Inoltre, in *Philops.* 39, alla fine del resoconto dei racconti fantastici da parte dei filosofi dialoganti, Tichiade dichiara di averne lo stomaco pieno e di sentire il bisogno di vomitare o di prendere un farmaco che gli faccia dimenticare le cose udite. Cfr. *Cont.* 7, in cui il motivo del rigurgito di parole è riproposto in termini più generici. A proposito di questo tema, si veda Helm, 1906, pp. 172-173.

In termini affini ai passi appena citati, Ermotimo esprime l'augurio di poter rimettere le dottrine stoiche apprese e ritornare in possesso di una limpida facoltà razionale.

οὐκ ἂν ὤκνησα καὶ ἐλλέβορον πιεῖν διὰ τοῦτο ἐς τὸ ἔμπαλιν ἢ ὁ Χρύσιππος, ὅπως μηδὲν ἔτι νοήσαιμι ὧν φασιν: in *Ver. Hist.* 2.18 si dice che Crisippo potrà accedere all'isola dei Beati solo dopo aver bevuto quattro volte l'elleboro, mentre in *Vit. auct.* 23 il compratore allude ironicamente all'attività di usuraio esercitata da Crisippo, definendola propria di chi ha bevuto l'elleboro ed è perfettamente virtuoso. Su questo motivo vedi Plut. *De comm. adv. Stoic.* 26.1071D-E, in cui si fa riferimento alle proprietà curative attribuite dagli Stoici a questa pianta e il relativo rovescio paradossale di questo motivo. Un ulteriore accenno ricorre anche in Petr. *Sat.* 88.4 ("*Chrysippus, ut ad inventionem sufficeret, ter elleboro animum detersit*"). Si noti, però, che in Plin. *Nat. hist.* 25.52 il consumo di elleboro è attribuito a Carneade, il che trova conferma anche in Aul. Gell. 17.15 e Val. Max. 8.7. Sulla relazione tra lucidità razionale e assunzione di elleboro vedi Stob. 2.2.23, p. 24 Wachsmuth ed Epict. *Diss.* 2.15.14, mentre Hipp. *Epid.* 6.5.15 e Strab. 9.3.3 espongono le proprietà curative largamente attribuite a questa pianta nell'antichità. Infine, anche in commedia si trovano allusioni all'elleboro come mezzo per guadagnarsi un animo pacato e un contegno misurato (Arist. *Vesp.*

1489; Diph. fr. 125 K.-A.: Ἑλλεβοριζόμενοι e Men. fr. 69 K.-A. Cfr. anche Plaut. *Men*. 950).

Su questo passo si considerino anche Anderson, 1976[1], p. 115 e von Möllendorff, 2000[2], p. 360.

σοὶ δ' οὖν οὐ μικρὰν χάριν οἶδα, ὦ Λυκῖνε, ὅτι με παραφερόμενον ὑπὸ θολεροῦ τινος χειμάρρου καὶ τραχέος, ἐπιδιδόντα ἐμαυτὸν καὶ κατὰ ῥοῦν συρρέοντα τῷ ὕδατι, ἀνέσπασας ἐπιστάς, τὸ τῶν τραγῳδῶν τοῦτο, θεὸς ἐκ μηχανῆς ἐπιφανείς: le parole di apprezzamento che Ermotimo pronuncia nei confronti di Licino per averlo tratto in salvo dal turbinio furioso delle dottrine stoiche conferma il rovesciamento della situazione iniziale come effetto della parola satirica dello scettico. Mentre nella fase precedente della conversazione Ermotimo era apparso contrariato dagli argomenti confutatori del suo interlocutore, nelle battute finali della discussione, invece, il contraddittorio di Licino è percepito dallo stesso aspirante stoico in termini pienamente positivi. In maniera affine, nella fase conclusiva del *Protagoras* il sofista Protagora riconosce con rassegnazione la sconfitta subita, rivolgendo a Socrate dei sinceri complimenti (*Prot*. 361d-e). Su questo passo vedi Capra, 2001, p. 129.

Il motivo del *deus ex machina* appare anche in *Philops*. 29 per ritrarre il filosofo pitagorico appena sopraggiunto, in cui Tichiade spera di trovare un valido sostegno nella difficile operazione elenctica diretta contro i filosofi radunati a casa di un certo Eucrate. Cfr. *Icar*. 13 (Menippo è grato ad Empedocle per averlo aiutato nella sua visione satirica); *Cont*. 24 (Caronte definisce Ermes suo benefattore perché lo ha guidato nel corso del suo viaggio presso il mondo dei vivi) e *Salt*. 85.

Licino è ritratto come una di quelle divinità che, negli spettacoli drammatici, compariva sulla scena calata dall'alto per mezzo di rudimentali gru in legno con la funzione di sciogliere l'intreccio del dramma (cfr. Blume, 1999, coll. 1083-1084). Sopraggiunto presso Ermotimo, il filosofo scettico è riuscito a liberarlo dagli inganni della filosofia stoica, districandolo così dai dubbi angosciosi in cui era ormai avviluppato. Alla fine del dialogo, dunque, Licino appare come il vero eroe satirico, poiché godendo di una visione dall'alto comprensiva della complessità dei singoli fenomeni, è riuscito a mostrare al suo interlocutore la condizione effettiva in cui si trova. Se inizialmente era il maestro stoico ad essere immaginato in cima al monte della virtù, là dove avrebbe potuto far pervenire facilmente il suo discepolo (§ 3: ὁ διδάσκαλός σοι τοῦτο ἱκανὸς ποιῆσαι ἄνωθεν ἐκ τοῦ ἄκρου ... καθιεὶς τοὺς αὑτοῦ λόγους, ὑφ' ὧν σε **ἀνασπᾷ** δηλαδὴ καὶ ἀνακουφίζει πρὸς αὑτόν), nel finale è Licino a garantire una posizione elevata all'aspirante stoico (ἐπιδιδόντα ἐμαυτὸν καὶ κατὰ ῥοῦν συρρέοντα τῷ ὕδατι, **ἀνέσπασας** ἐπιστάς). La ripetizione del medesimo verbo (ἀνασπᾶν), assieme al ribaltamento della situazione iniziale e al mutamento dei giochi di forza tra i due interlocutori, sottolineano la *Ringkomposition* del dialogo, supportata dalla presenza di numerosi altri concetti impiegati nelle prime mosse del dibattito (vedi *supra*, p. 530).

Si veda anche lo scolio al passo, che riporta il proverbio ἀπὸ μηχανῆς θεὸς ἐπεφάνης (cfr. Men. fr. 213 K.-A.), impiegato per descrivere il personaggio accorso in aiuto ad altre figure presenti sulla scena (ἐπὶ τῶν ἀπροσδοκήτως ἐπ' ὠφελείᾳ ἢ σωτηρίᾳ φαινομένων. ἐν γὰρ ταῖς τραγῳδίαις ἐξ ἀφανοῦς θεοὶ ἐπὶ τῆς σκηνῆς ἐφαίνοντο. Μένανδρος Θεοφορουμένη). L'uso appropriato di questo motto a conclusione del dialogo rivela la sensibilità dell'autore verso le peculiarità drammatiche del suo testo che, pur essendo concepito per un contesto declamatorio, mantiene una cornice scenica ben definita, sottolineata in questo caso dall'accenno ad uno degli stratagemmi più spettacolari del teatro antico.

Anche Platone si avvale dell'immagine di una corrente d'acqua, auspicando che un fanciullo riesca a preservare la sua libertà intellettuale senza lasciarsi sopraffare dall'opinione della massa (*Rep.* 6.492c: ἐν δὴ τῷ τοιούτῳ τὸν νέον, τὸ λεγόμενον, τίνα οἴει καρδίαν ἴσχειν; ἢ ποίαν [ἂν] αὐτῷ παιδείαν ἰδιωτικὴν ἀνθέξειν, ἣν οὐ κατακλυσθεῖσαν ὑπὸ τοῦ τοιούτου ψόγου ἢ ἐπαίνου οἰχήσεσθαι φερομένην κατὰ ῥοῦν ᾗ ἂν οὗτος φέρῃ). Vedi Tackaberry, 1930, p. 82, che accenna a questo eventuale modello platonico.

δοκῶ δέ μοι οὐκ ἀλόγως ἂν καὶ ξυρήσασθαι τὴν κεφαλὴν ὥσπερ οἱ ἐκ τῶν ναυαγίων ἀποσωθέντες ἐλεύθεροι: il naufragio costituisce una delle situazioni di pericolo maggiormente temute nel mondo antico (vedi gli utili consigli formulati in Hes. *Op.* 618-645) e spesso viene adoperato come immagine metaforica di un'emergenza sia personale (Pind. *Isth.* 1.36) sia sociale (Alc. fr. 208a Voigt; Aesch. *Sept.* 63-64), fino ad entrare pienamente nel repertorio figurativo largamente esplorato dagli oratori (come viene rilevato da Manning, 1981, p. 127) e dagli autori di diatribe (a tal proposito vedi Oltramare, 1926, p. 276). Sulla storia e sull'uso molteplice di quest'immagine vedi i numerosi riferimenti in Casson, 1971 e Péron, 1974, pp. 278-290. Si veda anche *supra*, pp. 323-324.

Solitamente la vita dello stolto è raffigurata in balia delle sue passioni, che sembrano travolgerlo con lo stesso impeto di acque in tempesta (cfr. Epict. *Diss.* 2.18.29 e Sen. *De ira* 3.10.2 e *Cons. ad Pol.* 9.6). Al contrario, il filosofo dispone dei mezzi per poter condurre la sua esistenza in un porto sicuro (Sen. *Ep.* 16.3) e indirizzare gli stolti verso il sommo bene (*De Ira* 2.8). Su questo tema vedi Oltramare, 1926, pp. 53 e 276, mentre per Seneca vedi Steyns, 1906, pp. 71-78 e le dettagliate indicazioni in Armisen-Marchetti, 1989, pp. 40-42.

In questo passo, con l'accenno al naufragio, Ermotimo riprende la scena della navigazione, introdotta precedentemente da Licino (§ 28), quando paragonava lo studio della filosofia ad una traversata rischiosa, sottolineando la necessità di affidarsi ad un pilota esperto e ad una nave solida, ossia alla guida filosofica migliore.

Alla fine del dialogo, invece, presentandosi come un naufrago, Ermotimo riconosce il rischio prospettato inizialmente dal suo interlocutore, che riesce a salvarlo dai pericoli incorsi per aver seguito la falsa dottrina stoica. Similmente, in *Bis acc.* 21 Epicuro sostiene di aver accolto Dionisio in fuga dalla scuola stoica, descrivendolo come naufrago in cerca di un approdo sicuro (ὥσπερ ἐκ ναυαγίου λιμένι προσνέοντα καὶ γαλήνης ἐπιθυμοῦντα). Vedi Braun, 1994, pp. 195-196. In aggiunta, è opportuno ricordare che nelle fonti stoiche imperiali, e soprattutto in Epitteto e Dione, il filosofo è delineato come un messaggero divino, che ha il compito di guidare il profano e di salvarlo dai pericoli in cui potrebbe indurlo la sua ignoranza. Su questo tema vedi soprattutto Ierodiakonou, 2007, pp. 63-67. Nel nostro dialogo, però, a garantire la salvezza non è il maestro stoico, come sarebbe stato giusto aspettarsi vista l'alta stima nutrita nei suoi confronti da Ermotimo, bensì Licino, lo scettico che riesce ad allontanare definitivamente l'aspirante stoico dal proseguimento dei suoi studi. Del resto, Licino non propone ad Ermotimo una soluzione contraria alla filosofia, cui non rinuncia mai definitivamente (§ 52), reinterpretandola piuttosto in senso pragmatico ed antidogmatico.

La portata parodica del passo si fa ancora più perspicua considerando che, nelle fonti stoiche, l'immagine del naufragio è intesa come prova del valore del vero filosofo, il quale dovrebbe mostrarsi capace di fronteggiare con coraggio e lucidità le situazioni di estrema difficoltà (vedi Sen. *De tranq.* 14.3; Epict. *Diss.* 2.19.15 e D. L. 7.2). Al contrario, nel nostro caso l'aspirante stoico sfoggia una forma differente di coraggio: l'approvazione dell'ἔλεγχος di Licino e la rinuncia alle dottrine stoiche studiate per lunghi anni. Si veda Stückelberger, 1965, p. 111.

In termini più generici, in *Pisc.* 29 Parresiade sostiene di aver abbandonato l'attività ingannevole di oratore per entrare, come dopo una tempesta, nel porto tranquillo della filosofia (ἐγὼ γὰρ ἐπειδὴ τάχιστα συνεῖδον ὁπόσα τοῖς ῥητορεύουσιν ἀναγκαῖον τὰ δυσχερῆ προσεῖναι ... ἀπέφυγον, ἐπὶ δὲ τὰ σά, ὦ Φιλοσοφία, καλὰ ὁρμήσας ἠξίουν ... καθάπερ ἐκ ζάλης καὶ κλύδωνος εἰς εὔδιόν τινα λιμένα ἐσπλεύσας ὑπὸ σοὶ σκεπόμενος καταβιῶναι). Sulla metafora dei naufraghi in Luciano vedi anche Schmidt, 1897, pp. 36-37 e Gerhard, 1909, pp. 98 ss., che esamina numerosi altri passi della letteratura greca.

δοκῶ δέ μοι οὐκ ἀλόγως ἂν καὶ ξυρήσασθαι τὴν κεφαλήν ... ἅτε καὶ σωτήρια τήμερον ἄξων τοσαύτην ἀχλὺν ἀποσεισάμενος τῶν ὀμμάτων: in *Cont.* 7, in presenza della nebbia che ostacola la vista, Ermes cita un verso di Omero per procurare a Caronte uno sguardo acuto, consentendogli così di sferrare al meglio il suo attacco satirico verso il mondo degli uomini (*Il.* 5.127-128: ἀχλὺν δ' αὖ τοι ἀπ' ὀφθαλμῶν ἕλον, ἣ πρὶν ἐπῆεν, / ὄφρ' εὖ γιγνώσκῃς ἠμὲν θεὸν ἠδὲ καὶ ἄνδρα). Allo stesso modo, in *Icar.* 14 Empedocle fornisce a Menippo indicazioni utili perché acquisisca una vista più potente e dissipi la nebbia che gli ostruisce uno sguardo ampio e nitido ("μὰ Δί'", ἦν δ' ἐγώ [*scil*. Menippus], "ἢν μὴ σύ μοι τὴν ἀχλύν πως ἀφέλῃς ἀπὸ τῶν ὀμμάτων· νῦν γὰρ δὴ λημᾶν οὐ μετρίως δοκῶ"). Inoltre, in *Calumn.* 1 l'ignoranza è presentata come l'origine dei mali per gli uomini poiché ne offusca la vista, precludendo loro la possibilità di esaminare adeguatamente la realtà (δεινόν γε ἡ ἄγνοια καὶ πολλῶν κακῶν ἀνθρώποις αἰτία, ὥσπερ ἀχλύν τινα καταχέουσα τῶν πραγμάτων καὶ τὴν ἀλήθειαν ἀμαυροῦσα καὶ τὸν ἑκάστου βίον ἐπισκιάζουσα). Il tema dell'ὀξυδερκία ricorre a più riprese nella satira lucianea, denotando la necessità di una conoscenza libera da qualsiasi schema ideologico e fondata su un esame critico disinteressato. Su questo tema vedi Camerotto, 2014, pp. 209-216 e p. 283, n. 167. In termini affini, Ermotimo riconosce di aver sgombrato la sua mente dal complesso dottrinario che gli impediva una valutazione appropriata della sua condizione, ispirandogli speranze vane e infondate. Cfr. von Möllendorff, 2000[1], pp. 185-186.

φιλοσόφῳ δὲ εἰς τὸ λοιπὸν κἂν ἄκων ποτὲ ἐν ὁδῷ βαδίζων ἐντύχω, οὕτως ἐκτραπήσομαι καὶ περιστήσομαι ὥσπερ τοὺς λυττῶντας τῶν κυνῶν: in *Nigr.* 38 il riferimento ai cani rabbiosi assume un valore del tutto differente. Il racconto dell'incontro con Nigrino, infatti, ha colpito anche l'ascoltatore di Luciano, che avverte su di sé gli stessi effetti provocati dalle parole del filosofo su chi lo ha conosciuto in prima persona (μεταξὺ σοῦ λέγοντος ἔπασχόν τι ἐν τῇ ψυχῇ, καὶ παυσαμένου ἄχθομαι καὶ ἵνα δὴ καὶ κατὰ σὲ εἴπω, τέτρωμαι· καὶ μὴ θαυμάσῃς· οἶσθα γὰρ ὅτι καὶ οἱ πρὸς τῶν κυνῶν τῶν λυσσώντων δηχθέντες οὐκ αὐτοὶ μόνοι λυσσῶσιν, ἀλλὰ κἄν τινας ἑτέρους [καὶ αὐτοὶ] ἐν τῇ μανίᾳ τὸ αὐτὸ τοῦτο διαθῶσιν, καὶ οὗτοι ἔκφρονες γίγνονται· συμμεταβαίνει γάρ τι τοῦ πάθους ἅμα τῷ δήγματι καὶ πολυγονεῖται ἡ νόσος καὶ πολλὴ γίγνεται τῆς μανίας διαδοχή). Tuttavia, se le persone affette dalla rabbia sono in grado di trasmettere il morbo ad altri, infondendo in loro il germe della follia, Luciano, invece, ha contagiato il suo amico con gli stessi risultati positivi suscitati in lui dall'ascolto diretto di Nigrino.

Cfr. *Philops.* 40, là dove Filocle, alla fine del racconto delle storie fantastiche riportate da Tichiade, sostiene di esserne stato colpito alla stessa maniera del suo interlocutore che le aveva ascoltate *viva voce* (καὶ αὐτός, ὦ Τυχιάδη, τοιοῦτόν τι ἀπέλαυσα τῆς διηγήσεως. φασίν γέ τοι μὴ μόνον λυττᾶν καὶ τὸ ὕδωρ φοβεῖσθαι ὁπόσους ἂν οἱ λυττῶντες **κύνες δάκωσιν**, ἀλλὰ κἄν τινα ὁ δηχθεὶς ἄνθρωπος δάκῃ, ἴσα τῷ κυνὶ δύναται τὸ δῆγμα, καὶ τὰ αὐτὰ κἀκεῖνος φοβεῖται). Su questi passi vedi Anderson, 1978, p. 373, n. 18 e Branham, 1989, p. 266, n. 34.

In termini più generici, il cane è associato, com'è noto, alla figura del filosofo cinico. In *Bis acc.* 33 il Dialogo rimprovera Luciano per avergli aizzato contro

Menippo, descritto come un cane aggressivo e dai denti seghettati (Μένιππόν τινα τῶν παλαιῶν κυνῶν μάλα ὑλακτικὸν ὡς δοκεῖ καὶ κάρχαρον ἀνορύξας, καὶ τοῦτον ἐπεισήγαγεν μοι φοβερόν τινα ὡς ἀληθῶς κύνα καὶ τὸ δῆγμα λαθραῖον). Si veda anche *Dial. mort.* 1.1; 2.3 e 3.1. Sul carattere mordace della critica filosofica cinica insistono anche *Vit. auct.* 10 e *Pisc.* 44. In *Salt.* 4, invece, Licino presenta l'attacco satirico di Cratone nei termini di un cane ringhioso (παπαῖ, ὦ Κράτων, ὡς κάρχαρόν τινα ἔλυσας ἐφ' ἡμᾶς τὸν σαυτοῦ κύνα). A tal proposito, vedi il contributo di Schlapbach, 2010, p. 27. Diversamente, in *Fug.* 16 le buone qualità del cane (τὸ φυλακτικὸν ἢ οἰκουρικὸν ἢ φιλοδέσποτον ἢ μνημονικόν) sono distinte da quelle negative, imitate astutamente dai falsi filosofi (ὑλακὴ δὲ καὶ λιχνεία καὶ ἁρπαγὴ καὶ ἀφροδίσια συχνὰ καὶ κολακεία καὶ τὸ σαίνειν τὸν διδόντα καὶ περὶ τραπέζας ἔχειν).

Critica testuale

§ 86) ἅτε καὶ σωτήρια τήμερον ἄξων τοσαύτην ἀχλὺν ἀποσεισάμενος τῶν ὀμμάτων: mentre il codice N attesta ἅτε ... ἄξων, che è la lezione assunta da pressoché tutti gli editori di Luciano, compreso Macleod, i codici manoscritti antichi presentano ἅτε ... ἄξειν (ΓEL), in cui l'infinito è stranamente retto dalla congiunzione causale ἅτε, costruita generalmente con un participio, come risulta anche da varie ricorrenze nel *corpus* lucianeo (nel nostro dialogo vedi i §§ 20, 34 e 51). Fritzsche ha emendato il passo riformulandolo in una maniera differente, facendo seguire alle decisioni plateali prese da Ermotimo (ξυρήσασθαι τὴν κεφαλήν e σωτήρια ἄξειν) la ragione di questo proponimento (ἅτε τοσαύτην ἀχλὺν ἀποσεισάμενος τῶν ὀμμάτων). Cfr. Nesselrath, 1990[1], p. 505. Evitando di spostare ἅτε in un'altra posizione e limitando l'intervento sul testo tramandato alla sola espunzione di questa congiunzione, sarebbe possibile preservare la lezione tramandata dai codici più antichi (ἄξειν), ottenendo un testo sintatticamente corretto. Tuttavia, la soluzione più coerente con lo stato della tradizione testuale resta quella stampata dalla maggior parte degli editori, in coerenza con la prassi osservata da Luciano nella costruzione della congiunzione ἅτε.

ποτὲ ἐν ὁδῷ βαδίζων: Fritzsche emenda il testo tramandato ἐν ὁδῷ espungendo la preposizione ἐν e richiamandosi ad una formula che appare sin da Dem. 25.10. In realtà, questa espressione ricorre anche al § 1 del nostro dialogo, quando Licino ritrae Ermotimo che cammina per strada, tutto assorto nella meditazione delle dottrine filosofiche stoiche (ἐνενόεις γοῦν τι ... ὡς μηδὲ ὁδῷ βαδίζων σχολὴν ἄγοις). Il costrutto ὁδῷ βαδίζων privo della preposizione ἐν ritorna in altri passi lucianei (*Tim.* 5; *Iupp. trag.* 21; *Demon.* 17; *Merc. cond.* 25). Poiché la preposizione ἐν è attestata dalla tradizione manoscritta senza alterare il significato dell'espressione, l'espunzione (proposta da Fritzsche e accolta da Dindorf, Jacobitz e Sommerbrodt) sembra rispondere solo ad un criterio di eccessiva uniformazione testuale. Al contrario, Reitz e Macleod sono gli unici a stampare il testo tramandato, che è quello accolto anche in questa sede. Al di fuori del *corpus* lucianeo vedi Plut. *De comm. adv. Stoic.* 1.1059A; *De gen. Socr.* 29.595F e Gal. *De puls. diff.* 2, vol. 8, p. 602 Kühn.

Bibliografia

Edizioni critiche di Luciano

T. Hemsterhusius – J. F. Reitz, *Luciani opera*, Amsterdam 1743
K. Jacobitz, *Lucianus*, Leipzig 1836-1841 (editio maior)
K. Jacobitz, *Lucianus*, Leipzig 1852-1853 (editio minor)
I. Bekker, *Lucianus*, Leipzig 1853
W. Dindorf, *Luciani Samosatensi Opera*, Leipzig 1858
F. V. Fritzsche, *Lucianus Samosatensis*, Rostock 1860-1882
J. Sommerbrodt, *Lucianus*, Berlin 1886-1899
A. M. Harmon, *Lucian*, voll. 1-5, London 1913-1936
K. Kilburn, *Lucian*, vol. VI, London 1959
M. D. Macleod, *Lucian*, voll. VII-VIII, London 1961-1967
M. D. Macleod, *Luciani Opera*, Oxford 1972-1987
H. Rabe, *Scholia in Lucianum*, Leipzig 1906

Raccolte di testi e di frammenti

CMG: J. Mewaldt et al. (eds.), *Corpus Medicorum Graecorum*, Berlin 1907-
CPG: E. Leutsch – F. Schneidewin (eds.), *Corpus Paroemiographorum Graecorum I-II*, Göttingen 1839-1851 (rist. Hildesheim 1965).
D.-K.: H. Diels – W. Kranz, (eds.), *Die Fragmente der Vorsokratiker*, 3 voll., Berlin^8 1956
FGrH: F. Jacoby et al. (eds.), *Die Fragmente der griechischen Historiker*, Berlin – Leiden 1923-
K.-A.: R. Kassel – C. Austin (eds.), *Poetae Comici Graeci*, Berlin – New York 1983-
L.-M.: A. Laks – G. W. Most (eds.), *Early Greek Philosophy*, 9 voll., Cambridge, MA – London 2016
PMG: D. L. Page (ed.), *Poetae Melici Graeci*, Oxford 1962
RE: A. Pauly – G. Wissowa – W. Kroll et al. (eds.), *Real-Enzyklopädie der klassischen Altertumswissenschaft*, Stuttgart – München 1893-1980
SH: H. Lloyd-Jones – P. Parsons (eds.), *Supplementum Hellenisticum*, Berlin – New York 1983
SSR: G. Giannantoni (ed.), *Socratis et Socraticorum reliquiae*, 4 voll., Napoli 1990-1991
SVF: H. von Arnim (ed.), *Stoicorum Veterum Fragmenta*, 4 voll., Leipzig 1903-1924
TrGF: B. Snell – R. Kannicht – S. Radt (eds.), *Tragicorum Graecorum Fragmenta*, Göttingen 1971-2004

Bibliografia secondaria

Adkins 1964: A. W. H. Adkins, *La morale dei Greci. Da Omero ad Aristotele* (intr. di A. Plebe e trad. it. a cura di R. Ambrosini), Bari 1964
Alain 1993: M. Alain, *Rhétorique et philosophie au second siècle ap. J.-C.*, in ANRW (2.34.1) 1993, pp. 3-78
Algra 2003: K. Algra, *Stoic Theology*, in Inwood 2003, pp. 153-178

Algra – Barnes – Mansfeld – Schofield 1999: K. Algra – J. Barnes – J. Mansfeld – M. Schofield (eds.), *The Cambridge History of Hellenistic Philosophy*, Cambridge 1999
Alexiou 1990: A. S. Alexiou, *Philosophers in Lucian*, New York 1990
Amandry 1950: P. Amandry, *La mantique apollinienne à Delphes*, Paris 1950
Amato 2004: E. Amato, *Luciano e l'anonimo filosofo celta di Herc., 4: proposta di identificazione*, in SymbOsl (79) 2004, pp. 128-149
Amato 2005: E. Amato, *Favorinos d'Arles. Oeuvres, t. I: Introduction générale – Témoignages – Le discours aux Corinthiens – Sur la Fortune*, Paris 2005
Amato – Marganne 2015: E. Amato – M.-H. Marganne, *Le traité* Sur l'exil *de Favorinos d'Arles*, Rennes 2015
Amato – Schamp 2005: E. Amato – J. Schamp (eds.), ΗΘΟΠΟΙΙΑ. *La représentation de caractères entre fiction scolaire et réalité vivante à l'époque impériale et tardive*, Salerno 2005
Anderson 1976[1]: G. Anderson, *Lucian. Theme and Variation in the second Sophistic*, Leiden 1976
Anderson 1976[2]: G. Anderson, *Lucian's classics: some short cuts to culture*, in BICS (23) 1976, pp. 59-68
Anderson 1978: G. Anderson, *Lucian's Nigrinus: the Problem of Form*, in GRBS (19.4) 1978, pp. 367-374
Anderson 1982: G. Anderson, *Lucian: A Sophist's Sophist*, in YCS (27) 1982, pp. 61-92
Anderson 1986: G. Anderson, *Philostratus: Biography and Belles Lettres in the Third Century A.D.*, London 1986
Anderson 1989: G. Anderson, *The* pepaideumenos *in Action: Sophists and their Outlook in the Early Empire*, in ANRW (2.33.1) 1989, pp. 79-208
Anderson 1993: G. Anderson, *The Second Sophistic. A cultural Phenomenon in the Roman Empire*, London – New York 1993
Anderson 2009: G. Anderson, *It's how you tell them: Some Aspects of Lucian's Anecdotes*, in A. N. Bartley (ed.), *A Lucian for our Times*, Newcastle 2009, pp. 3-10
Andò 1984: V. Andò, *Il lutto*, Palermo 1984
André 1987: J. M. André, *Les écoles philosophiques aux deux premiers siècles de l'Empire*, in ANRW (2.36.1) 1987, pp. 5-77
Andrieu 1954: J. Andrieu, *Le dialogue antique. Structure et présentation*, Paris 1954
Andrisano 2016: A. M. Andrisano, *Luciano e la satira antica*, in Annali online di Ferrara – Lettere (11.2) 2016, pp. 8-105
Angeli Bernardini 1995: P. Angeli Bernardini, *Anacarsi, o sull'atletica. Luciano. Introduzione, traduzione e commento*, Pordenone 1995
Annas 1980: J. Annas, *Truth and Knowledge*, in M. Schofield – M. Burnyeat – J. Barnes (eds.), *Doubt and Dogmatism. Studies in Hellenistic Epistemology*, Oxford 1980, pp. 84-104
Annas 1990: J. Annas, *Stoic Epistemology*, in S. Everson (ed.), *Epistemology*, Cambridge 1990, pp. 184-203
Annas 1992: J. Annas, *Platon le sceptique*, in RMM (95) 1990, pp. 267-291
Annas 1994: J. Annas, *Plato the Skeptic*, in P. A. Vander Waerdt (ed.), *The Socratic Movement*, Ithaca 1994, pp. 309-340
Annas 1998: J. Annas, *Doing without Objective Values: Ancient and Modern Strategies*, in S. Everson (ed.), *Ethics*, Cambridge 1998, pp. 193-220
Annas 2007: J. Annas, *Epictetus on Moral Perspectives*, in T. Scaltsas – A. S. Mason (eds.), *The Philosophy of Epictetus*, Oxford 2007, pp. 14-152

ANRW: H. Temporini – W. Haase (eds.), *Aufstieg und Niedergang der römischen Welt*, Berlin – New York 1974-1998
Arends 1988: J. F. M. Arends, *Die Einheit der Polis. Eine Studie über Platons Staat*, Leiden – New York 1988
Armisen-Marchetti 1989: M. Armisen-Marchetti, *Sapientiae facies. Études sur les images de Sénèque*, Paris 1989
Asheri – Medaglia 1990: D. Asheri – S. M. Medaglia (eds.), *Erodoto. Le Storie. Libro III*, Milano 1990
Aujac 1975: G. Aujac, *Geminos. Introduction aux phénomènes*, Paris 1975
Aygon 2002: J.-P. Aygon, *Le Dialogue comme genre dans la rhétorique antique*, in Pallas (60) 2002, pp. 197-208
Bäbler 1998: B. Bäbler, *Fleissige Thrakerinnen und wehrhafte Skythen: Nichtgriechen im klassischen Athen und ihre archäologische Hinterlassenschaft*, Stuttgart – Leipzig, 1998
Bailey 2002: A. Bailey, *Sextus Empiricus and Pyrrhonean Scepticism*, Oxford 2002
Baldassarri 1985: M. Baldassari, *Introduzione alla logica stoica*, Como 1985
Baldwin 1961: B. Baldwin, *Lucian as a Social Satirist*, in CQ (11) 1961, pp. 199-208
Baldwin 1973: B. Baldwin, *Studies in Lucian*, Toronto 1973
Baltzly 2017: D. Baltzly, *The Skopos Assumption: Its Justification and Function in the Neoplatonic Commentaries on Plato*, in IJPT (11) 2017, pp. 173-195
Barigazzi 1966: A. Barigazzi, *Favorino di Arelate. Opere*, Firenze 1966
Barigazzi 1988: A. Barigazzi, *Plutarco e il dialogo 'drammatico'*, in Prometheus (14) 1988, pp. 141-163
Barnes 1990: J. Barnes, *The Toils of Scepticism*, Cambridge 1990
Barnes 1997: J. Barnes, *Logic and the Imperial Stoa*, Leiden 1997
Bartley 2009: A. N. Bartley (ed.), *A Lucian for our Times*, Newcastle 2009
Bastianini – Sedley 1995: G. Bastianini – D. Sedley (eds.), *Commentarium in Platonis Theaetetum*, in *Corpus dei papiri filosofici greci e latini*, Parte III: Commentari, Firenze 1995, pp. 227-562
Baudy 1996: D. Baudy, *Amphithaleis paides*, in DNP, vol. I, 1996, coll. 618-619
Baumbach – von Möllendorff 2017: M. Baumbach – P. von Möllendorff, *Ein literarischer Prometheus. Lukian aus Samosata und die Zweite Sophistik*, Heidelberg 2017
Beaupère 1967: T. Beaupère, *Philosophes à l'encan*, voll. I-II, Paris 1967
Beck 2014: M. Beck, *A Companion to Plutarch*, Oxford 2014
Beck 2016: M. Beck, *Lucian's Life of Demonax*, in K. De Temmerman – K. Demoen (eds.), *Writing Biography in Greece and Rome: Narrative Technique and Fictionalization*, Cambridge 2016, pp. 80-96
Becker 1937: O. Becker, *Das Bild des Weges und verwandte Vorstellungen im frühgriechischen Denken*, Berlin 1937
Belardinelli 1998: A. M. R. Belardinelli – O. Imperio – G. Mastromarco – M. Pellegrino – P. Totaro (eds.), *Tessere. Frammenti della commedia greca*, Bari 1998
Belardinelli 2016: A. M. R. Belardinelli, *A proposito dell'Agroikos. Riflessioni su una figura della scena comica nel IV sec. a.C.*, in Maia (68), pp. 17-35
Bellinger 1928: A. R. Bellinger, *Lucian's Dramatic Technique*, in YClS (1) 1928, pp. 1-40
Beloch 1909: K. J. Beloch, *La popolazione del mondo greco-romano* (trad. it. a cura di V. Pareto), Milano 1909 [Leipzig 1886]

Beltrametti 1989: A. Beltrametti, *Mimesi parodica e parodia della mimesi*, in D. Lanza – O. Longo (eds.), *Il meraviglioso e il verosimile tra antichità e Medioevo*, Firenze 1989, pp. 211-225
Beltrametti 2000: A. Beltrametti, *L'utopia dalla commedia al dialogo platonico*, in M. Vegetti (ed.), *Platone. La Repubblica*, vol. IV, Napoli 2000, pp. 233-256
Benitez – Guimaraes 1993: E. Benitez – L. Guimaraes, *Philosophy as Performed in Plato's "Theaetetus"*, in The Review of Metaphysics (47) 1993, pp. 297-328
Benson 1995: H. H. Benson, *The Dissolution of the Problem of the Elenchus*, in OSAP (13) 1995, pp. 45-112
Berardi 2011: F. Berardi, *Il potere della parola evidente: le soluzioni della retorica dinanzi alla forza delle immagini*, in J. A. Caballero Lopez et all. (eds.), *Entre Ologaza y Sagasta: retorica, prensa y poder*, Logrono 2011, pp. 33-42
Berardi 2012: F. Berardi, *La dottrina dell'evidenza nella tradizione retorica greca e latina*, Perugia 2012
Berdozzo 2011: F. Berdozzo, *Götter, Mythen, Philosophen. Lukian und die paganen Göttervorstellungen seiner Zeit*, Berlin – Boston 2011
Bertelli 1983: L. Bertelli, *L'utopia sulla scena: Aristofane e la parodia della città*, in Civiltà classica e cristiana (4.2) 1983, pp. 215-261
Bertelli 1992: L. Bertelli, *Utopia*, in Cambiano – Canfora – Lanza 1992, pp. 493-524
Beta 2004: S. Beta, *Il linguaggio nelle commedie di Aristofane: parola positiva e parola negativa nella commedia antica*, Roma 2004
Bett 1989: R. Bett, *Carneades' pithanon: A reappraisal of its role and status*, in OSAP (7) 1989, pp. 59-94
Bett 2017: R. Bett, *Skepticism*, in Richter – Johnson 2017, pp. 551-562
Betz 1961: H. D. Betz, *Lukian von Samosata und das Neue Testament: religionsgeschlichtliche und paränetische Parallelen*, Berlin 1961
Bevan 1913: E. Bevan, *Stoics and Sceptics*, Oxford 1913 (rist. New York 1979)
Biles – Olson 2015: Z. P. Biles – D. Olson, *Aristophanes. Wasps*, Oxford 2015
Billault 1994: A. Billault (ed.), *Lucien de Samosate. Actes du colloque international de Lyon organisé au Centre d'études romaines et gallo-romaines les 30 septembre- 1er octobre 1993*, Paris 1994
Billerbeck 1996: M. Billerbeck, *The Ideal Cynic from Epictetus to Julian*, in Branham – Goulet-Cazé 1996, pp. 205-221
Blecher 1905: G. Blecher, *De extispicio Capita Tria*, Numburgi ad Salam 1905
Blume 1999: H.-D. Blume, *Mechane*, in DNP, vol. VII, 1999, coll. 1083-1084
Blümner 1866: H. Blümner, *De locis Luciani ad artem spectantibus*, Berlin 1866
Bolisani 1936: E. Bolisani, *Varrone menippeo*, Padova 1936
Bompaire 1958: J. Bompaire, *Lucien écrivain. Imitation et création*, Paris 1958
Bompaire 1980: J. Bompaire, *Quelques personnifications littéraires chez Lucien et dans la littérature impériale*, in J. Duchemin (ed.), *Mythe et personnification. Actes du colloque du Grand Palais, Paris 7-8 mai 1977*, Paris 1980, pp. 77-82
Bompaire 1994: J. Bompaire, *L'atticisme de Lucien*, in Billault 1994, pp. 65-75
Bompaire 2001: J. Bompaire, *Lucien, la médecine et les médecins*, in M. Woronoff – S. Follet – J. Jouanna (eds.), *Dieux, héros et médecins grecs*, Paris 2001, pp. 145-154
Bonazzi 2002: M. Bonazzi, *Scetticismo e probabilismo nel pensiero greco*, in Problemata (2) 2002, pp. 5-28

Bonazzi 2003: M. Bonazzi, *Academici e Platonici. Il dibattito antico sullo scetticismo di Platone*, Milano 2003

Bonazzi – Helmig 2007: M. Bonazzi – C. Helmig (eds.), *Platonic Stoicism – Stoic Platonism. The Dialogue between Platonism and Stoicism in Antiquity*, Leuven 2007

Bonazzi – Lévy – Steel 2007: M. Bonazzi – C. Lévy – C. Steel (eds.), *A Platonic Pythagoras. Studies on Platonism and Pythagoreanism in the Imperial Age*, Turnhout 2007

Bonazzi – Opsomer 2009: M. Bonazzi – J. Opsomer (eds.), *The Origins of the Platonic System. Platonisms in the Early Empire and their Philosophical Contexts*, Leuven 2009

Bonazzi 2010[1]: M. Bonazzi, *Luciano e lo Scetticismo del suo tempo*, in Mestre – Gómez 2010, pp. 37-48

Bonazzi 2010[2]: M. Bonazzi, *I Sofisti*, Roma 2010

Bonazzi 2010[3]: M. Bonazzi, *Platone. Menone*, Torino 2010

Bonazzi 2011: M. Bonazzi, *Il platonismo nel secondo libro dell'Anthologium di Stobeo: il problema di Eudoro*, in Reydams-Schils 2011, pp. 441-456

Bonazzi 2013: M. Bonazzi, *Le commentateur anonyme du Théétète et l'invention du platonisme*, in D. El Murr (ed.), *La mesure du savoir. Études sur le Théétète de Platon*, Paris 2013, pp. 309-333

Bonazzi 2014: M. Bonazzi, *Plutarch and the Skeptics*, in Beck 2014, pp. 121-134

Bonazzi 2015: M. Bonazzi, *La teoria della conoscenza nel medioplatonismo*, in M. Bonazzi – P. Donini – F. Ferrari (eds.), *Sistema, tradizioni, esegesi. Il medioplatonismo*, Milano 2015, pp. 339-357

Bond 1963: G. W. Bond, *Euripides. Hypsipyle*, Oxford 1963

Borg 2004[1]: B. E. Borg (ed.), *Paideia. The World of the Second Sophistic*, Berlin – New York 2004

Borg 2004[2]: B. E. Borg, *Bilder zum Hören – Bilder zum Sehen: Lukians Ekphraseis und die Rekonstruktion antiker Kunstwerke*, in AA. VV., *Millennium. Jahrbuch zu Kultur und Geschichte des ersten Jahrtausends n. Chr.*, vol. I, Berlin – New York 2004, pp. 25-57

Borg 2005: B. E. Borg, *Eunomia or "make love not war"? Meidian personifications reconsidered*, in E. J. Stafford – J. Herrin (eds.), *Personification in the Greek World*, Aldershot 2005, pp. 193-210

Borg 2009: B. E. Borg, *Das Bild der Philosophen und die römischen Eliten*, in Nesselrath 2009[1], pp. 211-240

Bornmann 1994: F. Bornmann, *Gioco allusivo e parodia letteraria nelle Vere Storie di Luciano*, in F. Del Franco et al. (eds.), *Storia, poesia e pensiero nel mondo Antico. Studi in onore di Marcello Gigante*, Napoli 1994, pp. 63-67

Borowski 2013: Y. Borowski, *Bômolochos in Aristophanean Comedy*, in Collectanea Philologica (16) 2013, pp. 61-72

Bosman 2012: P. R. Bosman, *Lucian among the Cynics: The Zeus Refuted and Cynic Tradition*, in CQ (62.2) 2012, pp. 785-795

Bosman 2017: P. R. Bosman, *Tailored for School: A Comparison of Lucian's Zeus Rants and Zeus Refuted*, in Marquis – Billault 2017, pp. 223-235

Boudon-Millot 2007: V. Boudon-Millot, *Galien, t. I: Introduction générale, Sur l'ordre de ses propres livres, Sur ses propres livres, Que l'excellent médecin est aussi philosophe*, Paris 2007

Bouquiaux-Simon 1968: O. Bouquiaux-Simon, *Les lectures homériques de Lucien*, Bruxelles 1968

Bowersock 1969: G. W. Bowersock, *Greek Sophists in the Roman Empire*, Oxford 1969

Bowersock 2002: G. W. Bowersock, *Philosophy in the Second Sophistic*, in G. Clark – T. Rajak (eds.), *Philosophy and Power in the Graeco-Roman World. Essays in Honour of Miriam Griffin*, Oxford 2002, pp. 157-170

Bowery 2007: A. M. Bowery, *Know Thyself: Socrates as Storyteller*, in G. A. Scott (ed.), *Philosophy in Dialogue: Plato's Many Devices*, Evanston Illinois 2007, pp. 82-110

Bowie 1970: E. L. Bowie, *Greeks and their Past in the Second Sophistic*, in P&P (46) 1970, pp. 3-41 (rist. in M. I. Finley (ed.), *Studies in Ancient Society*, London 1974, pp. 166-209)

Boys-Stones 2001: G. R. Boys-Stones, *Post-Hellenistic Philosophy. A study of its development from the Stoics to Origen*, Oxford 2001

Boys-Stones 2003: G. R. Boys-Stones (ed.), *Metaphor, Allegory, and the Classical Tradition: Ancient Thought and Modern Revisions*, Oxford 2003

Brancacci 1985: A. Brancacci, *Rhetorike philosophousa: Dione Crisostomo nella cultura antica e bizantina*, Napoli 1985

Brancacci 1990: A. Brancacci, *Oikeios logos. La filosofia del linguaggio di Antistene*, Napoli 1990

Brancacci 1992: A. Brancacci, *I κοινῇ ἀρέσκοντα dei Cinici e la κοινωνία tra cinismo e stoicimo nel libro VI (103-105) delle 'Vite' di Diogene Laerzio*, in ANRW (2.36.6) 1992, pp. 4049-4075

Brancacci 1994: A. Brancacci, *Cinismo e predicazione popolare*, in Cambiano – Canfora – Lanza 1994, pp. 433-455

Brandão 2001: J. L. Brandão, *A poética do hipocentauro: literatura, sociedade e discurso ficcional em Luciano de Samósata*, Belo Horizonte 2001

Brandt 2015: U. Brandt, *Kommentar zu Epiktets Encheiridion*, Heidelberg 2015

Branham 1984: R. B. Branham, *The Comic as Critic: Revenging Epicurus. A study of Lucian's Art of Comic Narrative*, in CA (3) 1984, pp. 143-163 (ristampato, con alcune variazioni, in *Id.* 1989, pp. 179-210).

Branham 1989: R. B. Branham, *Unruly Eloquence. Lucian and the Comedy of Traditions*, Cambridge (Mass.) – London 1989

Branham – Goulet-Cazé 1996: R. B. Branham – M.-O. Goulet-Cazé (eds.), *The Cynics: The Cynic Movement in Antiquity and Its Legacy*, Berkeley – Los Angeles 1996

Braun 1994: E. Braun, *Lukian. Unter doppelter Anklage*, Frankfurt a. M. 1994

Bréhier 1910: E. Bréhier, *Chrysippe*, Paris 1910

Brennan 1998: T. Brennan, *The Old Stoic Theory of Emotions*, in J. Sihvola – T. Engberg-Pedersen (eds.), *The Emotions in Hellenistic Philosophy*, Dordrecht 1998, pp. 21-70

Brennan 2005: T. Brennan, *The Stoic Life. Emotions, Duties, and Fate*, Oxford 2005

Briand 2017: M. Briand, *Tel un hippocentaur... Méta-dialogue et satire dans* La Double Accusation ou les tribunaux *de Lucien*, in Briand – Dubel – Eissen 2017, pp. 65-77

Briand – Dubel – Eissen 2017: M. Briand – S. Dubel – A. Eissen (eds.), *Rire et dialogue*, Rennes 2017

Brickhouse – Smith 1991: T. C. Brickhouse – N. D. Smith, *Socrates' Elenctic Mission*, in OSAP (9) 1991, pp. 131-159

Brisson 1993: L. Brisson, *La Lettre VII de Platon, une autobiographie?*, in M.-F. Baslez – P. Hoffmann – L. Pernot (eds.), *L'invention de l'autobiographie d'Hésiode à saint Augustine*, Paris 1993, pp. 36-46

Brittain 2007: C. Brittain, *Middle Platonists on Academic Scepticism*, in R. W. Sharples – R. Sorabji (eds.), *Greek & Roman Philosophy 100 BC–200 AD*, vol. II, London 2007, pp. 297-315

Brochard 1887: V. Brochard, *Les sceptiques grecs*, Paris 1887

Bruns 1888: I. Bruns, *Lucian's philosophische Satiren*, in RhM (43) 1888, pp. 86-103 e 161-196

Brunschwig 1988: J. Brunschwig, *Sextus Empiricus on the Kritêrion, the Skeptic as Conceptual Legatee*, in J. M. Dillon – A. A. Long (eds.), *The Question of "Eclecticism": Studies in Later Greek Philosophy*, Berkeley – Los Angeles 1988, pp. 145-175
Brunschwig – Sedley 2003: J. Brunschwig – D. Sedley, *Hellenistic philosophy*, in D. Sedley (ed.), *The Cambridge Companion to Greek and Roman Philosophy*, Cambridge 2003, pp. 163-175
Brunt 1973: P. A. Brunt, *Aspects of the social thought of Dio Chrysostom and of the Stoics*, in PCPhS (199/19) 1973, pp. 9-34
Brunt 1994: P. A. Brunt, *The Bubble of the Second Sophistic*, in BICS (39) 1994, pp. 25-52
Bücheler 1922: F. Bücheler, *Petronii Saturae et Liber Priapeorum*, Berlin 1922
Buffière 1956: F. Buffière, *Les Mythes d'Homère et la pensée greque*, Paris 1956
Burnyeat 1987: M. F. Burnyeat, *The Sceptic in His Place and Time*, in R. H. Popkink – C. B. Schmitt (eds.), *Scepticism from the Renaissance to the Enlightment*, Wiesbaden 1987 (rist. in M. F. Burnyeat – M. Frede, *The Original Sceptic: A Controversy*, Indianapolis 1997, pp. 92-126)
Busolt 1920^3: G. Busolt, *Griechische Staatskunde I*, München 1920^3
Buxton 2004: R. Buxton, *Similes and other Likeness*, in R. Fowler (ed.), *The Cambridge Companion to Homer*, Cambridge 2004, pp. 139-155
Caccia 1989: G. Caccia, *Implicazioni semantiche e concettuali di* τῦφος *in Luciano*, in A&R (34) 1989, pp. 26-39
Caciagli – Corradi – Giovannelli – Regali 2014: S. Caciagli – M. Corradi – M. Giovannelli – M. Regali, *Un lessico per il teatro comico. Buffoni e 'bomolochoi'*, in Stratagemmi (29/30) 2014, pp. 73-101
Calboli Montefusco 2005: L. Calboli Montefusco, Ἐνάργεια *et* ἐνέργεια: *l'évidence d'une démonstration qui signifie les choses en acte (Rhet. Her. 4, 68)*, in Pallas (69) 2005, pp. 43-58
Calogero 1938: G. Calogero, *Platone. L'Ippia minore*, Firenze 1938
Cambiano 1971: G. Cambiano, *Platone e le tecniche*, Torino 1971 (1991^2)
Cambiano – Canfora – Lanza 1992: G. Cambiano – L. Canfora – D. Lanza (eds.), *Lo spazio letterario della Grecia antica*, vol. I, Roma 1992
Cambiano – Canfora – Lanza 1994: G. Cambiano – L. Canfora – D. Lanza (eds.), *Lo spazio letterario della Grecia antica*, vol. III, Roma 1994
Camerotto 1996: A. Camerotto, *L'aurea catena di Luciano: l'ipotesto rovesciato*, in Lexis (14) 1996, pp. 137-157
Camerotto 1998: A. Camerotto, *Le metamorfosi della parola*, Pisa – Roma 1998
Camerotto 2009: A. Camerotto, *Luciano di Samosata. Icaromenippo o l'uomo sopra le nuvole*, Alessandria 2009
Camerotto 2012: A. Camerotto, *Parole altre per la città*, in A. Camerotto – F. Pontani (eds.), *Classici contro*, Milano – Udine 2012, pp. 123-136
Camerotto 2014: A. Camerotto, *Gli occhi e la lingua della satira. Studi sull'eroe satirico in Luciano di Samosata*, Milano – Udine 2014
Camerotto – Maso 2017: A. Camerotto – S. Maso (eds.), *La satira del successo. La spettacolarizzazione della cultura nel mondo antico (tra retorica, filosofia, religione e potere)*, Sesto San Giovanni 2017
Campese 2005: S. Campese, *L'oikos e la decadenza delle città*, in M. Vegetti (ed.), *Platone. La Repubblica. Libri VIII-IX*, vol. VI, Napoli 2005, pp. 189-261

Cancik 1984: H. Cancik, *Bios und Logos: Formengeschichtliche Untersuchungen zu Lukians „Demonax"*, in H. Cancik (ed.), *Markus-Philologie: Historische, literargeschichtliche und stilistische Untersuchungen zum zweiten Evangelium*, Tübingen 1984, pp. 115-130

Candiotto 2012: L. Candiotto, *Le vie della confutazione. I dialoghi socratici di Platone*, Milano – Udine 2012

Candiotto 2013: L. Candiotto, *Socrate: il dialogo come farmaco*, in L. Candiotto – L. V. Tarca (eds.), *Primum Philosophari. Verità di tutti i tempi per la vita di tutti i giorni*, Milano – Udine 2013, pp. 47-60

Canfora 2014: L. Canfora, *La crisi dell'utopia. Platone contro Aristofane*, Bari 2014

Capra 2001: A. Capra, *Agon Logon. Il Protagora di Platone tra eristica e commedia*, Milano 2001

Carsana 2008: C. Carsana, *Gli "altri mondi" nella satira di Luciano*, in C. Carsana – M. S. Schettino (eds.), *Utopia e utopie nel pensiero storico antico*, Roma 2008, pp. 177-184

Casertano 2007: G. Casertano, *Paradigmi della verità in Platone*, Roma 2007

Cassio 1977: A. C. Cassio (ed.), *Aristofane. Banchettanti. I frammenti*, Pisa 1977

Cassio 1985: A. C. Cassio, *Commedia e partecipazione. La Pace di Aristofane*, Napoli 1985

Càssola 1964: F. Càssola, *Solone, la terra e gli ectemori*, in PdP (19) 1964, pp. 25-67

Casson 1971: L. Casson, *Ships and Seamanship in the Ancient World*, Princeton 1971

Caster 1937: M. Caster, *Lucien et la pensée religieuse de son temps*, Paris 1937

Caster 1938: M. Caster, *Études sur Alexandre ou le faux prophète de Lucien*, Paris 1938

Cèbe 1972 – 1998: J.-P. Cèbe, *Varron. Satires ménippées. Édition, tradution e commentaire*, voll. I-XII, Roma 1972-1998

Centrone 1996: B. Centrone, *Introduzione ai Pitagorici*, Roma – Bari 1996

Centrone 1997: B. Centrone (ed.), *Platone. Teage, Carmide, Lachete, Liside*, Milano 1997

Centrone 2000: B. Centrone, *Platonism and Pythagoreanism in the Early Empire*, in C. Rowe – M. Schofield (eds.), *The Cambridge History of Greek and Roman Political Thought*, Cambridge 2000, pp. 559-584

Cerrato 2002: J. A. Cerrato, *Hippolytus between East and West. The Commentaries and the Provenance of the Corpus*, Oxford 2002

Chabert 1897: X. Chabert, *L'atticisme de Lucien*, Paris 1897

Chantraine 1933: P. Chantraine, *La Formation des Noms en Grec Ancien*, Paris 1933

Chantraine 1999: P. Chantraine, *Dictionnaire étimologique de la langue grecque. Histoire des mots*, Paris 1999 (prima edizione 1968)

Charalabopoulos 2012: N. Charalabopoulos, *Platonic Drama and its Ancient Reception*, Cambridge 2012

Chiaradonna 2007: R. Chiaradonna, *Platonismo e teoria della conoscenza stoica tra II e III secolo d. C.*, in Bonazzi – Helmig 2007, pp. 209-242

Chiesara 2003: M. L. Chiesara, *Storia dello Scetticismo Greco*, Torino 2003

Ciani 1975: M. G. Ciani, *La "consolatio" nei tragici greci: elementi di un topos*, in Bollettino dell'Istituto di Filologia Greca dell'Università di Padova (2) 1975, pp. 89-129

Cistaro 2009: M. Cistaro, *Sotto il velo di Pantea. Imagines e Pro imaginibus di Luciano*, Messina 2009

Clarke 1951: M. L. Clarke, *The Thesis in the Roman Rhetorical Schools of the Republic*, in CQ n. s. (1) 1951, pp. 159-166

Classen 1959: C. J. Classen, *Sprachliche Deutung als Triebkraft platonischen und sokratischen Philosophierens*, München 1959

Clay 1992: D. Clay, *Lucian of Samosata: four philosophical lives (Nigrinus, Demonax, Peregrinus, Alexander Pseudomantis)*, in ANRW (2.36.5) 1992, pp. 3406-3450

Clay 1994: D. Clay, *The origins of the Socratic dialogue*, in P. A. Vander Waerdt (ed.), *The Socratic Movement*, Ithaca 1994, pp. 23-47

Clayman 2009: D. L. Clayman, *Timon of Phlius: Pyrrhonism into Poetry*, Berlin 2009

Cobet 1873: C. G. Cobet, *Variae lectiones quibus continentur observationes criticae in scriptores Graecos*, Leiden 1873

Coenen 1977: J. Coenen (ed.), *Lukian. Zeus Tragodos: Überlieferungsgeschichte, Text und Kommentar*, Meisenheim 1977

Collard 1975: C. Collard (ed.), *Euripides. Supplices*, Groningen 1975

Condello 2014: F. Condello, *Settembrini e Luciano: norme e costanti di una traduzione (primi sondaggi)*, in S. Cerasuolo – M. L. Chirico et al. (eds.), *La tradizione classica e l'unità d'Italia, Atti del Seminario Napoli – Santa Maria Capua Vetere 2-4 ottobre 2013*, Napoli 2014, pp. 39-68

Contri 2017: L. Contri, *L'infelicità del successo. La doxokopia secondo Dione Crisostomo*, in Camerotto – Maso 2017, pp. 175-198

Corbeill 2004: A. Corbeill, *Nature Embodied: Gesture in Ancient Rome*, Princeton 2004

Corcella 1984: A. Corcella, *Erodoto e l'analogia*, Palermo 1984

Corcella 1993: A. Corcella (ed.), *Erodoto. Le storie. Vol. IV. Introduzione e commento*, Milano 1993

Corlu 1966: A. Corlu, *Recherches sur les mots relatifs à l'idée de prière d'Homère aux tragiques*, Paris 1966

Cornford 1957: F. M. Cornford, *Plato's Theory of Knowledge*, London 1957

Corti 2014: A. Corti, *L'Adversus Colotem di Plutarco: Storia di una polemica filosofica*, Leuven 2014

Cozzo 2017: A. Cozzo, *La mediazione o la difficile arte di mettere d'accordo nella Grecia antica. Cosa dire e come dirlo*, in P. Angeli Bernardini – M. G. Fileni (eds.), *Tipologie e modalità della mediazione nella Grecia antica. Le fonti letterarie*, Pisa – Roma 2017, pp. 17-27

Cribiore 2007: R. Cribiore, *Lucian, Libanius, and the Short Road to Rhetoric*, in GRBS (47) 2007, pp. 71-86

Croiset 1882: M. Croiset, *Essai sur la vie et les oeuvres de Lucien*, Paris 1882

Cunningham Robertson 1913: J. Cunningham Robertson, *Humor in Three Philosophical Dialogues of Lucian*, in TaPha (44) 1913, pp. XLV-XLVII

Cuvigny 1994: M. Cuvigny, *Dion de Pruse. Discours Bithyniens (Discours 38-51)*, Paris 1994

D'Agostino 1956: V. D'Agostino, *Figurazioni simboliche della vita umana nelle opere di Luciano*, in RSC (4.3) 1956, pp. 208-209

D'Arms 1999: J. D'Arms, *Performing Culture: Roman Spectacle and the Banquets of the Powerful*, in B. Bergmann – C. Kondoleon (eds.), *The Art of Ancient Spectacle*, New Haven – London 1999, pp. 301-320

Dal Pra 1975^2: M. Dal Pra, *Lo scetticismo greco*, Bari 1975^2

Dalby 2003: A. Dalby, *Food in the Ancient World from A to Z*, London – New York 2003

De Giorgio 2015: J. P. De Giorgio, *Auditeurs et personnages muets dans le dialogue: quelques remarques sur la définition d'un genre réinvesti à Rome*, in Dubel – Gotteland 2015, pp. 107-126

De Lacy 1974: P. H. De Lacy, *Plato and the Intellectual Life of the Second Century A. D.*, in G. W. Bowersock (ed.), *Approaches to the Second Sophistic. Papers presented at the 150th Annual Meeting of the American Philological Association*, Pennsylvania 1974, pp. 4-10

De Lacy 1978: P. H. De Lacy – E. A. De Lacy, *Philodemus. On Methods of Inference*, Napoli 1978

De Luise – Farinetti 2000: F. De Luise – G. Farinetti, *La* techne antilogike *tra* erizein *e* dialegesthai, in M. Vegetti (ed.), *Platone. La Repubblica. Libro V*, vol. IV, Napoli 2000, pp. 209-231

De Luna – Zizza – Curnis 2016: M. E. De Luna – C. Zizza – M. Curnis (eds.), *Aristotele. La Politica. Libri V-VI*, Roma 2016

De Rijk 1986: L. M. De Rijk, *Plato's Sophist. A philosophical commentary*, Amsterdam 1986

De Strycker – Slings 1994: E. de Strycker – S. R. Slings, *Plato's Apology of Socrates. A Literary and Philosophical Study with a Running Commentary*, Leiden – New York – Köln 1994

Decharneux 2010: B. Decharneux, *Lucien doit-il être rangé dans la boîte des philosophes sceptiques?*, in Mestre – Gómez 2010, pp. 63-71

Decker 2000: W. Decker, *Pankration*, in DNP, vol. IX, 2000, col. 250

Decleva Caizzi 1980: F. Decleva Caizzi, *Τῦφος. Contributo alla storia di un concetto*, in Sandalion (3) 1980, pp. 53-66

Decleva Caizzi 1981: F. Decleva Caizzi, *Pirrone. Testimonianze*, Napoli 1981

Deferrari 1916: R. J. Deferrari, *Lucian's Atticism. The Morphology of the Verb*, Princeton 1916 (rist. Amsterdam 1969)

Del Forno 2005: D. Del Forno, *La struttura numerica dell'anima del mondo (Timeo 35 B 4-36 B 6)*, in Elenchos (26.1) 2005, pp. 5-32

Della Corte 1953: F. Della Corte, *Varronis Menippearum fragmenta*, Torino 1953

Delz 1950: J. Delz, *Lukians Kenntnis der athenischen Antiquitäten*, Basel 1950

Denniston 1954²: J. D. Denniston, *The Greek Particles*, Oxford 1954²

Deriu 2017: M. Deriu, *Mixis e poikilia nei protagonisti della satira: studi sugli archetipi comico e platonico nei dialoghi di Luciano di Samosata*, Trento 2017

Desideri 1978: P. Desideri, *Dione di Prusa. Un intellettuale greco nell'impero romano*, Messina – Firenze 1978

Desmond 2006: W. D. Desmond, *The Greek Praise of Poverty. Origins of Ancient Cynicism*, Notre Dame (Indiana) 2016

Destrée – Edmonds 2017: P. Destrée – R. G. Edmonds, *The Power and the Problems of Plato's Images*, in Id. (eds.), *Plato and the Power of Images*, Leiden – Boston 2017, pp. 1-10

Deubner 1902-1909: L. Deubner, *Personifikationen abstrakter Begriffe*, in W. H. Roscher (ed.), *Ausführliches Lexikon der griechischen und römischen Mythologie*, vol. 3.2, Leipzig 1902-1909, coll. 2068-2169

Diarra 2017: M. Diarra, *La mise en scène de soi chez Lucien. De la fausse (auto)biographie à la véritable autofiction*, in Marquis – Billault 2017, pp. 149-161

Dickey 1996: E. Dickey, *Greek Forms of Address: from Herodotus to Lucian*, Oxford 1996

Di Marco 1989: M. Di Marco, *Timone di Fliunte. Silli*, Roma 1989

Di Marco 2013: M. Di Marco, *Satyrika. Studi sul dramma satiresco*, Lecce – Brescia 2013

Dillon 1977: J. Dillon, *The Middle Platonists. A Study of Platonism 80 B.C. to A.D. 220*, London 1977

Dobbin 1998: R. F. Dobbin, *Epictetus. Discourses. Book I*, Oxford 1998

Dobrov 2002: G. W. Dobrov, *The Sophist on his Craft: Art, Text, and Self-Construction in Lucian*, in Helios 29.2 (2002), pp. 173-192

Dodds 1959: E. R. Dodds (ed.), *Plato. Gorgias. A revised Text with Introduction and Commentary*, Oxford 1959

Dodds 1965: E. R. Dodds, *Pagan and Christian in an Age of Anxiety. Some aspects of religious experience from Marcus Aurelius to Constantine*, Cambridge 1965

Dodds 2017: E. R. Dodds, *I Greci e l'irrazionale*, (intr. di M. Bettini, pres. di A. Momigliano e trad. it. a cura di V. Vacca De Bosis) Milano 2017 [Berkeley 1951]
Döring 1979: K. Döring, Exemplum Socratis. *Studien zur Sokratesnachwirkung in der kynisch-stoischen Popularphilosophie der frühen Kaiserzeit und im frühen Christentum*, Wiesbaden 1979
Dörrie 1963: H. Dörrie, *Pythagoreismus*, in RE (vol. 24.1) 1963, coll. 268-277
Dolcetti 1996: P. Dolcetti, *Filosofia e filosofi in Luciano. Stoici, epicurei, scettici*, in Memorie dell'Accademia delle Scienze di Torino. Classe di Scienze Morali, Storiche e Filologiche (20) 1996, pp. 57-157
Dolcetti 1997: P. Dolcetti, *Personificazioni, scelte di vita e scelte letterarie nell'opera di Luciano*, in Quaderni del Dipartimento di Filologia, Linguistica e Tradizione Classica A. Rostagni (9) 1997, pp. 245-261
Donini 1988: P. Donini, *The History of the concept of eclecticism*, in J. M. Dillon – A. A. Long (eds.), *The Question of "eclecticism": Studies in Later Greek Philosophy*, Berkeley – Los Angeles 1988, pp. 15-33
Dorandi 1999: T. Dorandi, *Organization and structure of the philosophical schools*, in Algra – Barnes – Mansfeld – Schofield 1999, pp. 55-62
Dorandi – Queyrel 1994: T. Dorandi – F. Queyrel, *Carnéade de Cyrène*, in R. Goulet (ed.), *Dictionnaire des philosophes antiques*, vol. II, Paris 1994, pp. 224-227
Doty 1992: R. Doty, *The Criterion of Truth*, New York – Frankfurt a. M. 1992
Dover 1967: K. Dover, *Portrait Masks in Aristophanes*, in *Komodotragemata. Studia Aristophanea viri Aristophanei W. J. W. Koster in honorem*, Amsterdam 1967, pp. 16-28
Dronkers 1892: A. J. Dronkers, *De comparationibus et metaphoris apud Plutarchum*, Diss. Utrecht 1892
Dubel 1994: S. Dubel, *Dialogue et autoportrait: les masques de Lucien*, in Billault 1994, pp. 19-26
Dubel – Gotteland 2015: S. Dubel – S. Gotteland, *Formes et genres du dialogue antique*, Bordeaux 2015
Dudley 1937: D. R. D. Dudley, *A History of Cynicism*, London 1937
Dumont 1993: J.-P. Dumont, *Lucien. Hermotime ou comment choisir sa philosophie*, Paris 1993
Dunbar 1995: N. Dunbar (ed.), *Aristophanes. Birds*, Oxford 1995
Dyck 1979: A. R. Dyck, *The Plan of Panaetius' Peri tou Kathêkontos*, in AJP (100) 1979, pp. 408-416
Dyck 2003: A. R. Dyck, *Cicero. De Natura Deorum. Book I*, Cambridge 2003
Ebner 2001: M. Ebner, *Die Schrift. Philopseudeis*, in Ebner – Gzella – Nesselrath – Ribbat 2001, pp. 35-61
Ebner – Gzella – Nesselrath – Ribbat 2001: M. Ebner – H. Gzella – H.-G. Nesselrath – E. Ribbat (eds.), *Lukian. Die Lügenfreunde oder der Ungläubige*, Darmstadt 2001
Edwards 1993: M. J. Edwards, *Lucian and the rhetoric of philosophy: the Hermotimus*, in AC (62) 1993, pp. 195-202
Edwards 2011: M. W. Edwards, *"Similes"*, in M. Finkelberg (ed.), *The Homer Encyclopedia*, Malden, MA – Oxford 2011, pp. 801-803
Ehrenberg 1946: V. Ehrenberg, *Aspects of the Ancient World. Essays and Reviews*, Oxford 1946
Emeljanow 1965: V. Emeljanow, *A note on the cynic short cut to happiness*, in Mnemosyne (18) 1965, pp. 182-184
Ercolani 2010: A. Ercolani (ed.), *Esiodo. Opere e giorni: introduzione, traduzione e commento*, Roma 2010

Erler 1991: M. Erler, *Il senso delle aporie nei dialoghi di Platone: esercizi di avviamento al pensiero filosofico* (intr. di G. Reale e trad. it. a cura di C. Mazzarelli), Milano 1991 [Berlin – New York 1987]
Erler 2007: M. Erler, *Platon*, in H. Flashar (ed.), *Die Philosophie der Antike*, vol. II.2, Basel 2007
Eshleman 2012: K. Eshleman, *The Social World of Intellectuals in the Roman Empire. Sophists, Philosophers, and Christians*, Cambridge 2012
Esposito 1995: G. Esposito, *Il contenuto e le fonti scettiche dell'Ermotimo di Luciano*, in Rendiconti della Accademia di archeologia, lettere e belle arti (65) 1995, pp. 163-184
Evans 1941: E. C. Evans, *Physiognomy in Second Century A. D.*, in TAPhA (72) 1941, pp. 96-108
Fantham 1982: E. Fantham, *Quintilian on Performance*, in Phoenix (36) 1982, pp. 243-263
Favreau-Linder 2009: A.-M. Favreau-Linder, *Le sophiste et son public dans les déclamations de Lucien*, in G. Abbamonte – L. Miletti – L. Spina (eds.), *Discorsi alla prova, Atti del Quinto Colloquio italo-francese: Discorsi pronunciati, discorsi ascoltati: contesti di eloquenza tra Grecia, Roma ed Europa (Napoli 21-23 settembre 2006)*, Napoli 2009, pp. 421-447
Favreau-Linder 2015: A.-M. Favreau-Linder, *Le Charon de Lucien: un dialogue des morts?*, in Dubel – Gotteland 2015, pp. 197-210
Favreau-Linder 2017: A.-M. Favreau-Linder, *«Ici tu pourras rire sans fin ... »: Lucien et le rire des morts (Dialogues des morts)*, in Briand – Dubel – Eissen 2017, pp. 47-64
Ferrari 2010: F. Ferrari, *Struttura e funzione dell'esegesi testuale nel medioplatonismo: il caso del Timeo*, in Athenaeum (89) 2010, pp. 525-574
Ferrari 2011: F. Ferrari (ed.), *Platone. Teeteto. Introduzione, traduzione e commento*, Milano 2011
Ferrari 2016[1]: F. Ferrari, *Platone. Menone*, Milano 2016
Ferrari 2016[2]: F. Ferrari, *Il De Iside et Osiride di Plutarco e l'interpretazione del Timeo*, in P. De Simone (ed.), *Mito e verità. Uno studio sul De Iside et Osiride di Plutarco*, Milano 2016, pp. 39-53
Flacelière 1969: R. Flacelière, *La vie quotidienne en Grèce au siècle de Périclès*, Paris 1969
Flinterman 2002: J. J. Flinterman, *"... largerly fictions ...": Aelius Aristides on Plato's Dialogues*, in Ancient Narrative (1) 2002, pp. 32-54
Floridi 2002: L. Floridi, *Sextus Empiricus. The Transmission and Recovery of Pyrrhonism*, New York – Oxford 2002
Focke 1923: F. Focke, *Synkrisis*, in Hermes (58) 1923, pp. 327-368
Föllinger 2013: S. Föllinger, *Charakteristika des "Lehrdialogs"*, in S. Föllinger – G. M. Müller (eds.), *Der Dialog in der Antike. Formen und Funktionen einer literarischen Gattung zwischen Philosophie, Wissensvermittlung und dramatischer Inszenierung*, Berlin 2013, pp. 23-35
Fornaro 2002: S. Fornaro, *Omero cattivo storico: l'orazione XI di Dione Crisostomo*, in F. Montanari – P. Ascheri (eds.), *Omero tremila anni dopo*, Roma 2002, pp. 547-560
Fornaro 2009: S. Fornaro, *Wahre und falsche Philosophen in Dions Werk und Zeit*, in Nesselrath 2009, pp. 163-182
Forschner 2003: M. Forschner, *Philosophie und Politik. Dions philosophische Botschaft im Borysthenitikos*, in H. G.Nesselrath – B. Bäbler – M. Forschner – A. de Jong (eds.), *Dion von Prusa. Menschliche Gemeinschaft und göttliche Ordnung. Die Borysthenes – Rede*, Darmstadt 2003, pp. 128-156
Forschner 2013: M. Forschner, *Epiktets Theorie der Freiheit im Verhältnis zur klassischen stoischen Lehre (Diss. IV, 1)*, in R. Hirsch-Luipold (ed.), *Epiktet: Was ist wahre Freiheit? Diatribe IV, 1*, Tübingen 2013, pp. 97-118

Foucault 2012: M. Foucault, *La Parrêsia*, in Anabases (16) 2012, pp. 157-188
Fowler 2000: R. Fowler, *The Second Sophistic*, in L. Gerson (ed.), *The Cambridge History of Philosophy in Late Antiquity*, Cambridge 2000, pp. 100-114
Frede 1984: M. Frede, *The Sceptic's two kinds of assent and the question of the possibility of knowledge*, in R. Rorty – J. B. Schneewind – Q. Skinner (eds.), *Philosophy in History. Essays on the Historiography of Philosophy*, Cambridge 1984, pp. 255-277 (rist. in M. Frede, *Essays in Ancient Philosophy*, Oxford 1987, pp. 201-222)
Frede 1986: M. Frede, *The Stoic Doctrine of the Affections of the Soul*, in M. Schofield – G. Striker (eds.), *The Norms of Nature*, Cambridge 1986
Frede 1999: M. Frede, *Stoic Epistemology*, in Algra – Barnes – Mansfeld – Schofield 1999, pp. 295-321
Free 2015: A. Free, *Geschichtsschreibung als Paideia. Lukians Schrift «Wie man Geschichte schreiben soll» in der Bildungskultur des 2. Jhs. n. Chr.*, München 2015
Frère – Hizaac 1961: H. Frère – H. J. Hizaac, *Stace. Silves. Tome II*, Paris 1961
Fritzsche 1869: F. Fritzsche, *Luciani Opera, 2.2* (Prolegomena de Hermotimo), Rostock 1869
Froleyks 1973: W. J. Froleyks, *Der Agon Logon in der antiken Literatur*, Bonn 1973
Fuentes-González 1998: P. P. Fuentes-González (ed.), *Les diatribes de Télès. Introduction, texte revu, traduction et commentaire des fragments*, Paris 1998
Fuentes-González 2005: P. P. Fuentes-González, *Lucien de Samosate*, in R. Goulet (ed.), *Dictionnaire des philosophes antiques*, vol. IV, Paris 2005, pp. 146-147
Fuentes-González 2009: P. P. Fuentes-González, *Le Démonax de Lucien entre réalité et fiction*, in Prometheus (35.2) 2009, pp. 139-158
Fuhrmann 1964: F. Fuhrmann, *Les Images de Plutarque*, Paris 1964
Fumarola 1964: V. Fumarola, *La più recente critica su Luciano*, in A&R (9) 1964, pp. 97-107
Funghi 2004: M. S. Funghi, *Aspetti di letteratura gnomica nel modo antico*, vol. II, Firenze 2004
Funk 1907: K. Funk, *Untersuchung über die lukianische Vita Demonactis*, in Philologus (10) 1907, pp. 559-674
Furley – Gysembergh 2015: W. Furley – V. Gysembergh, *Reading the Liver. Papyrological Texts on Ancient Greek Extispicy*, Tübingen 2015
Fusaro 2007: D. Fusaro (ed.), *Luciano di Samosata. Tutti gli scritti*, Milano 2007
Fusillo 1988: M. Fusillo, *Le miroir de la Lune: L' 'Histoire vraie' de Lucien de la satire à l'utopie*, in Poétique (73) 1988, pp. 109-135
Fusillo 1992: M. Fusillo, *La citazione menippea (sondaggi su Luciano)*, in A. De Vivo – L. Spina (eds.), *"Come dice il poeta ..." Percorsi greci e latini di parole poetiche*, Napoli 1992, pp. 21-42
Gaiser 1977: K. Gaiser, *Menanders 'Hydria': eine hellenistische Komödie und ihr Weg ins lateinische Mittelalter*, Heidelberg 1977
Gallavotti 1932: C. Gallavotti, *Luciano nella sua evoluzione artistica e spirituale*, Lanciano 1932
Gallavotti 1974: C. Gallavotti, *Aristotele. Dell'arte poetica*, Milano 1974
Gallo 1981: I. Gallo, *Teatro ellenistico minore*, Roma 1981
Gargiulo 1982: T. Gargiulo, *Epicuro e il 'piacere del ventre'*, in Elenchos (3) 1982, pp. 153-158
Gargiulo 1988: T. Gargiulo, *Una parodia epicurea nel "De Parasito" di Luciano*, in SIFC (6) 1988, pp. 232-235
Gargiulo 1989: T. Gargiulo, *Dione 'filosofo' in Luciano, Paras. 2*, in Maia (41) 1989, pp. 119-121
Gargiulo 2003: T. Gargiulo, *Adesp. Trag. 295 TrGF (= Luc. Musc. Enc. 11), frammento tragico o paratragico?*, in Lexis (21) 2003, pp. 179-192

Garnsey 1988: P. Garnsey, *Famine and Food Supply in the Graeco-Roman World*, Cambridge 1988

Gassino 2002: I. Gassino, *Voir et savoir: les difficultés de la connaissance chez Lucien*, in L. Villard (ed.), *Couleurs et vision dans l'Antiquité classique*, Rouen 2002, pp. 167-177

Gassino 2017: I. Gassino, *Le mélange des genres chez Lucien: le cas de la rhétorique judiciaire*, in Marquis – Billault 2017, pp. 203-221

Gastaldi 2003: S. Gastaldi, *L'allegoria della nave*, in M. Vegetti (ed.), *Platone. La Repubblica. Libri VI-VII*, vol. V, Napoli 2003, pp. 187-216

Gazza 1955: V. Gazza, *Luciano di Samosata e la polemica sulla filosofia*, in RIL (88) 1955, pp. 373-414

Gentili – Catenacci – Giannini – Lomiento 2013: B. Gentili – C. Catenacci – P. Giannini – L. Lomiento (eds.), *Pindaro. Le Olimpiche*, Milano 2013

Georgiadou – Larmour 1998: A. Georgiadou – D. H. J. Larmour, *Lucian's Science Fiction Novel. True Histories: Interpretation and Commentary*, Leiden 1998

Gerhard 1909: G. A. Gerhard, *Phoinix von Kolophon. Texte und Untersuchungen*, Leipzig – Berlin 1909

Gerlach 2005: J. Gerlach, *Die Figur des Scharlatans bei Lukian*, in P. Pilhofer et al. (eds.), *Lukian: Der Tod des Peregrinos. Ein Scharlatan auf dem Scheiterhaufen*, Darmstadt 2005, pp. 151-197

Gerson 2009: L. P. Gerson, *Ancient Epistemology. Key Themes in Ancient Philosophy*, Cambridge – New York 2009

Giannantoni 1981: G. Giannantoni, *Pirrone, la scuola scettica e il sistema delle successioni*, in G. Giannantoni, (ed.), *Lo scetticismo antico. Atti del convegno organizzato dal Centro di studio del pensiero antico del C.N.R. Roma, 5-8 novembre 1980*, Roma 1981, pp. 11-34

Giannantoni 1990: G. Giannantoni, *Socratis et Socraticorum Reliquiae*, Napoli 1990

Giannantoni 1993: G. Giannantoni, *Antistene fondatore della scuola cinica?*, in M.-O. Goulet-Cazé – R. Goulet (eds.), *Le Cynisme ancien et ses prolongements. Actes du Colloque international du C.N.R.S. (Paris, 22-25 juillet 1991)*, Paris 1993, pp. 15-34

Giannantoni 2005: G. Giannantoni, *Dialogo socratico e nascita della dialettica nella filosofia di Platone* (edizione postuma a cura di B. Centrone), Napoli 2005

Gibson 2012: C. A. Gibson, *How (not) to learn Rhetoric: Lucian's Rhetorum Praeceptor as Rebuttal of a School Exercise*, in GRBS (52.1) 2012, pp. 89-110

Gigante 1977: M. Gigante, *Settembrini e l'antico*, Napoli 1977

Gildersleeve 1900: B. L. Gildersleeve, *Syntax of Classical Greek from Homer to Demosthenes*, New York 1900

Girard 1889: P. Girard, *L'éducation athénienne aux Ve et au IVe siècle avant Jésus-Christ*, Paris 1889

Glucker 1978: J. Glucker, *Antiochus and the Late Academy*, Göttingen 1978

Goedeckemeyer 1905: A. Goedeckemeyer, *Die Geschichte des griechischen Skeptizismus*, Leipzig 1905

Görler 1994: W. Görler, *Skeptiker und Akademiker*, in H. Flashar (ed.), *Grundriss der Geschichte der Philosophie. Die Hellenistische Philosophie*, vol. IV, Basel 1994, pp. 721-725

Goldhill 2009: S. Goldhill (ed.), *The End of Dialogue in Antiquity*, Cambridge 2009

Goldschmidt 1947: V. Goldschmidt, *Le paradigme dans la dialectique platonicienne*, Paris 1947

Gómez 2007: P. Gómez, *Luciano y la escuela*, in J. A. Fernández Delgado – F. Pordomingo – A. Stramaglia (eds.), *Escuela y literatura en Grecia antigua. Actas del Simposio internacional, Universidad de Salamanca, 17-19 noviembre de 2004*, Cassino 2007, pp. 485-496

Gómez Espelosín 2010: F. J. Gómez Espelosín, *Luciano y el viaje: una estrategia discursiva*, in Mestre – Gómez 2010, pp. 169-182

Gómez – Montserrat 2010: P. Gómez- J. Montserrat, *Llucià a taula: aliments i simposi*, in Mestre – Gómez 2010, pp. 99-113

Gomme 1956: A. W. Gomme, *A Historical Commentary on Thucydides*, vol. II, Oxford 1956

Gorman 2005: R. Gorman, *The Socratic Method in the Dialogues of Cicero*, Stuttgart 2005

Gostoli 2007: A. Gostoli (ed.), *Omero. Margite: introduzione, testimonianze, testo critico, traduzione e commento*, Pisa – Roma 2007

Goulet-Cazé 1986: M.-O. Goulet-Cazé, *L'ascèse cynique. Un commentaire de Diogène Laërce VI 70-71*, Paris 1986

Goulet-Cazé 1990: M.-O. Goulet-Cazé, *Le cynisme à l'époque impériale*, in ANRW (36.4) 1990, pp. 2720-2833

Goulet-Cazé 2003: M.-O. Goulet-Cazé, *Les Kynika du Stoïcisme*, Stuttgart 2003

Goulet – Hadot – Queyrel 1994: R. Goulet – P. Hadot – F. Queyrel, *Chrysippe de Soles*, in R. Goulet (ed.), *Dictionnaire des philosophes antiques*, vol. II, Paris 1994, pp. 329-365

Gow 1884: J. Gow, *A Short History of Greek Mathematics*, Cambridge 1884

Granatelli 1990: R. Granatelli, *L'in utramque partem disserendi exercitatio nell'evoluzione del pensiero retorico e filosofico dell'antichità*, in Vichiana (1) 1990, pp. 165-181

Grasso 2013: E. Grasso, *Images dans le texte: l' eikonologia platonicienne*, in RMM (80.4) 2013, pp. 525-541

Graziosi – Haubold 2010: B. Graziosi – J. Haubold (eds.), *Homer. Iliad Book VI*, Cambridge 2010

Grenet 1948: P. Grenet, *Les origines de l'analogie philosophique dans les dialogues de Platon*, Paris 1948

Grimal 1953: P. Grimal, *Sénèque. De constantia sapientis. Commentaire*, Paris 1953

Griswold 1988: C. L. Griswold (ed.), *Platonic Writings – Platonic readings*, London 1988

Größlein 1998: P. Größlein, *Untersuchungen zum 'Juppiter confutatus Lukians'*, Bern – Frankfurt a. M. 1998

Guastella 1988: G. Guastella, *La contaminazione e il parassita. Due studi su teatro e cultura romana*, Pisa 1988

Guidorizzi 1996: G. Guidorizzi (ed.), *Aristofane. Le Nuvole*, (intr. e trad. a cura di D. Del Corno), Milano 1996

Gzella – Ebner 2001: M. Ebner – H. Gzella, *Anmerkungen*, in Ebner – Gzella – Nesselrath – Ribbat 2001, pp. 111-132

Hadot 1979: P. Hadot, *Les divisions des parties de la philosophie dans l'Antiquité*, in Mus. Helv. (36) 1979, pp. 201-223

Hadot 2005: P. Hadot, *Esercizi spirituali e filosofia antica*, (trad. it. a cura di A. M. Marietti e A. Taglia) Torino 1988 [Paris 1987]

Hafner 2017: M. Hafner, *Lukians Schrift "Das traurige Los der Gelehrten": Einführung und Kommentar zu De Mercede Conductis Potentium Familiaribus, lib. 36*, Stuttgart 2017

Hahn 1989: J. Hahn, *Der Philosoph und die Gesellschaft. Selbstverständnis, öffentliches Auftreten und populäre Erwartungen in der hohen Kaiserzeit*, Stuttgart 1989

Hahn 2010: J. Hahn, *Aristokratie und Philosophie im Imperium Romanum*, in Gymnasium (117) 2010, pp. 425-450

Hahn 2011: J. Hahn, *Philosophy as Socio-political Upbringing*, in M. Peachin (ed.), *Social Relations in the Roman World*, Oxford 2011, pp. 119-143

Hall 1981: J. Hall, *Lucian's Satire*, New York 1981

Hallich 2013: O. Hallich, *Platons Menon*, Darmstadt 2013

Halliwell 2008: S. Halliwell, *Greek Laughter. A Study of Cultural Psychology from Homer to Early Christianity*, Cambridge 2008

Haltenhoff 1998: A. Haltenhoff, *Kritik der akademischen Skepsis: ein Kommentar zu Cicero, Lucullus 1-62*, Frankfurt a. M. 1998

Hankinson 1991: R. J. Hankinson, *Galen. On the Therapeutic Method. Books 1 and 2*, Oxford 1991

Hankinson 1995: R. J. Hankinson, *The Sceptics. The Arguments of the Philosophers*, London – New York 1995

Helm 1902: R. Helm, *Lucian und die Philosophenschulen*, in NJbb (9) 1902, pp. 188-213

Helm 1906: R. Helm, *Lucian und Menipp*, Leipzig – Berlin 1906

Helm 1927: R. Helm, *Lukianos*, in RE (vol. 26) 1927, coll. 1725-1777

Hermann 1886: R. Hermann, *Über die Lykinosdialoge des Lukian*, Hamburg 1886

Herwerden 1897: H. van Herwerden, *Aristophanous Eirēnē: cum scholiorum antiquorum excerptis passim emendatis*, Leiden 1897

Hirsch-Luipold 2000: R. Hirsch-Luipold, *Der Autor: Plutarch von Chaironeia*, in U. Berner – R. Feldmeier – B. Heininger – R. Hirsch-Luipold (eds.), *Plutarch. Ist 'Lebe im Verborgenen' eine gute Lebensregel?*, Darmstadt 2000, pp. 11-30

Hirsch-Luipold 2005: R. Hirsch-Luipold, *Einleitung*, in Hirsch-Luipold – Feldmeier – Hirsch – Koch – Nesselrath 2005, pp. 11-37

Hirsch-Luipold – Feldmeier – Hirsch – Koch – Nesselrath 2005: R. Hirsch-Luipold – R. Feldmeier – B. Hirsch – L. Koch – H.-G. Nesselrath (eds.), *Die Bildtafel des Kebes. Allegorie des Lebens*, Darmstadt 2005

Hirzel 1895: R. Hirzel, *Der Dialog. Ein literarhistorischer Versuch*, Leipzig 1895

Hock – O' Neil 2002: R. F. Hock – E. N. O' Neil, *The Chreia and Ancient Rhetoric. Classroom Exercises*, Atlanta 2002

Høffding 1931: H. Høffding, *Le Concept d'Analogie* (trad. fran. a cura di R. Perrin), Paris 1931

Höistad 1948: R. Höistad, *Cynic Hero and Cynic King*, Uppsala 1948

Hösle 2006: V. Hösle, *Der philosophische Dialog. Eine Poetik und Hermeneutik*, München 2006

Holford-Strevens 1997: L. Holford-Strevens, *Favorinus: The Man of Paradoxes*, in J. Barnes – M. Griffin (eds.), *Philosophia Togata II*, Oxford 1997, pp. 188-217

Holford-Strevens 2003: L. Holford-Strevens, *Aulus Gellius. An Antonine Scholar and his Achievements*, Oxford 2003[2]

Horst 2013: C. Horst, *Marc Aurel. Philosophie und politische Macht zur Zeit der Zweiten Sophistik*, Stuttgart 2013

Hose 2016: M. Hose, *Philosophical Writing: Treatise, Dialogue, Diatribe, Epistle*, in M. Hose – D. Schenker (eds.), *A Companion to Greek Literature*, Malden – Oxford 2016, pp. 235-255

Householder 1941: F. W. Householder, *Literary quotation and allusion in Lucian*, New York 1941

Hubaux – Leroy 1939: J. Hubaux – M. Leroy, *Le mythe du Phénix dans les littératures grecque et latine*, Paris 1939

Humble – Sidwell 2006: N. Humble – K. Sidwell, *Dreams of Glory: Lucian as Autobiographer*, in B. McGing – J. Mossman (eds.), *The Limits of Ancient Biography*, Swansea 2006, pp. 213-225

Hunter 2004: R. Hunter, *Homer and Greek literature*, in R. L. Fowler (ed.), *The Cambridge Companion to Homer*, Cambridge 2004, pp. 235-253

Hussey 1990: E. Hussey, *The beginnings of epistemology: from Homer to Philolaus*, in S. Everson (ed.), *Epistemology*, Cambridge 1990, pp. 11-38

Husson 1970: G. Husson (ed.), *Lucien. Le Navire ou les Souhaits*, voll. I-II, Paris 1970

Husson 1994: G. Husson, *Lucien philosophe du rire ou "pour ce que rire est le propre de l'homme"*, in Billault 1994, pp. 177-184
Iannucci 2009: A. Iannucci, *Da Samosata a Oxford. Il 'Sogno' di Luciano (e Thomas Hardy) tra biografia, finzione letteraria e parodia*, in Annali Online di Ferrara – Lettere (2) 2009, pp. 99-118
Ierodiakonou 2007: K. Ierodiakonou, *The Philosopher as God's Messenger*, in T. Scaltsas – A. S. Mason (eds.), *The Philosophy of Epictetus*, Oxford 2007, pp. 56-70
Imperio 1998¹: O. Imperio, *La figura dell'intellettuale nella commedia greca*, in Belardinelli – Imperio – Mastromarco – Pellegrino – Totaro 1998, pp. 43-130
Imperio 1998²: O. Imperio, *Callia*, in Belardinelli – Imperio – Mastromarco – Pellegrino – Totaro 1998, pp. 195-254
Inwood 1985: B. Inwood, *Ethics and Human Actions in Early Stoicism*, Oxford 1985
Inwood 2003: B. Inwood (ed.), *The Cambridge Companion to the Stoics*, Cambridge 2003
Inwood – Donini 1999: B. Inwood – P. Donini, *Stoic ethics*, in Algra – Barnes – Mansfeld – Schofield 1999, pp. 675-738
Ioppolo 1980: A. M. Ioppolo, *Aristone di Chio e lo stoicismo antico*, Napoli 1980
Ioppolo 1986: A. M. Ioppolo, *Opinione e scienza. Il dibattito tra Stoici e Accademici nel III e nel II sec. a. C.*, Napoli 1986
Ioppolo 1993: A. M. Ioppolo, *The Academic position of Favorinus of Arelate*, in Phronesis (38) 1993, pp. 183-213
Isebaert 1992: L. Isebaert, *Le loisir selon Platon: paix, épanouissement et bonheur*, in LEC (60) 1992, pp. 297-311
Isnardi Parente 1966: M. Isnardi Parente, *Techne. Momenti del pensiero greco da Platone a Epicuro*, Firenze 1966
Isnardi Parente 1969: M. Isnardi Parente, *La VII Epistola e Platone esoterico*, in Rivista critica di Storia della Filosofia (24) 1969, pp. 416-431
Itzkowitz 1986: J. P. Itzkowitz, *Prolegomena to a New Text of Lucian's* Vitarum Auctio *and* Piscator, Hildesheim 1986
Janáček 1972: K. Janáček, *Sextus Empiricus' Sceptical Methods*, Prague 1972
Janni 1978: P. Janni, *Etnografia e mito. La storia dei Pigmei*, Roma 1978
Jedan 2009: C. Jedan, *Stoic Virtues. Chrysippus and the Religious Character of Stoic Ethics*, London 2009
Jocelyn 1982: H. D. Jocelyn, *Diatribes and sermons*, in LCM (7.1) 1982, pp. 3-7
Johann 1968: H. T. Johann, *Trauer und Trost*, München 1968
Johnson 2010: W. A. Johnson, *Readers and Reading Culture in the High Roman Empire: A Study of Elite Communities*, Oxford 2010
Johnson 2011: W. A. Johnson, *Constructing Elite Reading Communities in the High Empire*, in W. A. Johnson – H. N. Parker (eds.), *Ancient Literacies. The Culture of Reading in Greece and Rome*, Oxford 2011, pp. 320-330
Joly 1963: R. Joly, *Le Tableau de Cébès et la philosophie religieuse*, Bruxelles 1963
Joly 1981: R. Joly, *La réfutation des analogies dans l'Hermotime de Lucien*, in AC (50) 1981, pp. 417-426
Joly 1991: R. Joly, *L'eau sur la table: lorsque Lucien éclaire Hippocrate*, in AC (60) 1991, pp. 208-213
Jones 1978: C. P. Jones, *The Roman World of Dio Chrysostom*, Harvard 1978
Jones 1986: C. P. Jones, *Culture and Society in Lucian*, Harvard 1986

Jones 2004: C. P. Jones, *Multiple identities in the age of the Second Sophistic*, in Borg 2004, pp. 13-22
Jüthner 1949: J. Jüthner, *Pankration*, in RE (vol. 36.2) 1949, coll. 619-625
Karadimas 1996: D. Karadimas, *Sextus Empiricus against Aelius Aristides. The Conflict between Philosophy and Rhetoric in the Second Century A. D.*, Lund 1996
Karavas 2005: O. Karavas, *Lucien et la tragédie*, Berlin – New York 2005
Kassel 1958: R. Kassel, *Untersuchungen zur griechischen und römischen Konsolations-Literatur*, München 1958
Kasulke 2005: C. T. Kasulke, *Fronto, Marc Aurel und kein Konflikt zwischen Rhetorik und Philosophie im 2. Jh. n. Chr.*, München 2005
Kemmann 1996: A. Kemmann, *Evidentia*, in Historisches Wörterbuch der Rhetorik (vol. 3) 1996, pp. 33-47
Kennedy 1963: G. Kennedy, *The Art of Persuasion in Greece*, Princeton 1963
Kerferd 1987: G. B. Kerferd, *What does the wise man know?*, in J. M. Rist (ed.), *The Stoics*, Berkeley 1978, pp. 125-136
Kidd 2012: S. Kidd, *The Meaning of bōmolokhos in Classical Attic*, in TAPhA (142) 2012, pp. 239-255
Kim 2010: L. Kim, *Homer between History and Fiction in Imperial Greek Literature*, Cambridge 2010
Kindstrand 1973: J. F. Kindstrand, *Homer in der zweiten Sophistik. Studien zu der Homerlektüre und dem Homerbild bei Dion von Prusa, Maximos von Tyros und Ailios Aristeides*, Uppsala 1973
Kindstrand 1976: J. F. Kindstrand (ed.), *Bion of Borysthenes. A Collection of the Fragments with Introduction and Commentary*, Uppsala 1976
Kindstrand 1986: J. F. Kindstrand, *Diogenes Laertius and the "Chreia" Tradition*, in Elenchos (7) 1986, pp. 219-243
King 1971: C. M. King, *Seneca's Hercules Oetaeus. A Stoic interpretation of the Greek myth*, in G&R (18) 1971, pp. 215-222
Kinzel 2002: T. Kinzel, *La filosofía como manera de vivir. Sobre la relación entre conocimiento y vida según el diálogo platónico de Luciano Hermotimus*, in Espinosa (2) 2002, pp. 7-22
Klauck 2000: H.-J. Klauck (ed.), *Dion von Prusa. Olympische Rede*, Darmstadt 2000
Koch 1899: E. Koch, χειροτονεῖν, χειροτονία, in RE (vol. 3) 1899, coll. 2225-2226
Köpke 1857: E. Köpke, *Über die Gattung der apomnemoneumata in der griechischen Literatur*, Brandenburg 1857
Kokolakis 1960: M. Kokolakis, *The Dramatic Simile of Life*, Athens 1960
Konstan 1997: D. Konstan, *The Greek Polis and Its Negations: Versions of Utopia in Aristophanes' Birds*, in G. W. Dobrov (ed.), *The City as Comedy. Society and Representation in Athenian Drama*, Chapel Hill 1997, pp. 3-22
Konstan 2007: D. Konstan, *Lucrezio e la psicologia epicurea* (trad. it. a cura di I. Ramelli), Milano 2007
Korenjak 2000: M. Korenjak, *Publikum und Redner: ihre Interaktion in der sophistischen Rhetorik der Kaiserzeit*, München 2000
Korus 1984: K. Korus, *The Theory of Humour in Lucian of Samosata*, in Eos (72) 1984, pp. 295-313
Kühner – Gerth 1963: R. Kühner – B. Gerth, *Ausfürliche Grammatik der Griechischen Sprache. Erster Teil: Elementar- und Formenlehre*, Hannover – Leipzig 1890-1892 (rist. Darmstadt 1963); *Zweiter Teil: Satzlehre*, Hannover – Leipzig 1898-1904 (rist. Darmstadt 1963)

Kyriakidi 2007: N. Kyriakidi, *Aristophanes und Eupolis. Zur Geschichte einer dichterischen Rivalität*, Berlin – New York 2007

Lakoff – Johnson 2003: G. Lakoff – M. Johnson, *Metaphors We Live By*, Chicago 2003²

Lane 1998: M. S. Lane, *Method and Politics in Plato's Statesman*, Cambridge 1998

Lapini 2006: W. Lapini, *Incatenati alla lingua (Gellio, Noctes Atticae 16,3,1 = Favorino T 41 Barigazzi)*, in AA (6) 2006, pp. 443-453

Laurenti 1981: R. Laurenti, *Epitteto e lo Scetticismo*, in Giannantoni 1981, pp. 377-392

Lauwers 2009: J. Lauwers, *The Rhetoric of Pedagogical Narcissism: Philosophy, Philotimia and Self-Display in Maximus of Tyre's First Oration*, in CQ (59.2) 2009, pp. 593-607

Lauwers 2012: J. Lauwers, *Reading Books, Talking Culture: The Performance of Paideia in Imperial Greek Literature*, in E. Minchin (ed.), *Orality, Literacy and Performance in the Ancient World*, Leiden 2012, pp. 227-244

Lauwers 2014: J. Lauwers, *Systems of Sophistry and Philosophy: The Case of the Second Sophistic*, in HSCPh (107) 2014, pp. 331-363

Lauwers 2015: J. Lauwers, *Philosophy, Rhetoric, and Sophistry in the High Roman Empire: Maximus of Tyre and Twelve Other Intellectuals*, Leiden – Boston 2015

Law 1926: H. H. Law, *Hyperbole in mythological comparisons*, in AJPH (47) 1926, pp. 361-372

Lecointe 2017: J. Lecointe, *"L'homme est le propre du rire". Le dialogue lucianique au prisme de l'humanisme renaissant*, in Briand – Dubel – Eissen 2017, pp. 81-95

Ledergerber 1905: P. I. Ledergerber, *Lukian und die altattische Komödie*, Einsiedeln 1905

Legrand 1910: P. E. Legrand, *Daos. Tableau de la Comédie grecque pendant la période dite nouvelle (Κωμοπδία Νέα)*, Lyon 1910

Leonhardt 1999: J. Leonhardt, *Ciceros Kritik der Philosophenschulen*, München 1999

Levêque 1959: P. Levêque, *Aurea Catena Homeri. Une étude sur l'allégorie grecque*, Paris 1959

Lévy 1992: C. Lévy, *Cicero Academicus. Recherches sur les Académiques et sur la philosophie cicéronienne*, Rome 1992

Lévy – Pernot 1997: C. Lévy – L. Pernot (eds.), *Dire l'évidence. Philosophie et rhétorique antiques*, Paris 1997

Litt 1909: T. Litt, *Lucians philosophische Entwicklung*, Köln 1909

Long 1978: A. A. Long, *Timon, Pyrrhonist and Satirist*, in PCPhS (24) 1978, pp. 68-91

Long 1980: A. A. Long, *Stoa and sceptical Academy. Origins and growth of a tradition*, in LCM (5) 1980, pp. 161-174

Long 1988: A. A. Long, *Socrates in Hellenistic Philosophy*, in CQ (38) 1988, pp. 150-171 (rist. in A. A. Long, *Stoic Studies*, Cambridge 1996, pp. 1-34)

Long 1989: A. A. Long, *La filosofia ellenistica. Stoici, epicurei e scettici* (trad. it. a cura di A. Calzolari), Bologna 1989

Long 1996[1]: A. A. Long, *Stoic readings of Homer*, in A. A. Long, *Stoic Studies*, Cambridge 1996, pp. 58-84

Long 1996[2]: A. A. Long, *The Socratic Tradition: Diogenes, Crates, and Hellenistic Ethics*, in Branham – Goulet-Cazé, 1996, pp. 28-46

Long 1999: A. A. Long, *The Socratic Legacy*, in Algra – Barnes – Mansfeld – Schofield 1999, pp. 617-738

Long 2002: A. A. Long, *Epictetus. A Stoic and Socratic Guide to Life*, Oxford 2002

Long 2006: A. A. Long, *From Epicurus to Epictetus: Studies in Hellenistic and Roman Philosophy*, Oxford 2006

Long – Sedley 1987: A. A. Long – D. N. Sedley, *The Hellenistic Philosophers*, Cambridge 1987

Longo 2000: A. Longo, *La tecnica della domanda e le interrogazioni fittizie in Platone*, Pisa 2000
Longo 1964: V. Longo, *Luciano e l' 'Ermotimo'*, Genova 1964
Longo 1976 – 1993: V. Longo, *Dialoghi di Luciano*, voll. I-III, Torino 1976-1993
Louis 1945: P. Louis, *Les metaphores de Platon*, Paris 1945
Lucarini 2001[1]: C. Lucarini, *Ad Luciani Hermot. 24*, in SCO (47) 2001, p. 609
Lucarini 2001[2]: C. Lucarini, *De duobus locis Horatianis Aristippo pendentibus*, in RhM (144.1) 2001, pp. 108-110
Luzzatto 2004: M. T. Luzzatto, *L'impiego della chreia filosofica nell'educazione antica*, in M. S. Funghi 2004, pp. 157-187
Lynch 1972: J. P. Lynch, *Aristotle's School. A Study of a Greek Educational Institution*, Berkeley – Los Angeles 1972
MacDowell 1978: D. M. MacDowell, *The Law in Classical Athens*, Ithaca 1978
Macleod 1977: M. D. Macleod, *Syntactical Variation in Lucian*, in Glotta (55) 1977, pp. 215-222
Macleod 1979: M. D. Macleod, *Lucian's activity as a Μισαλάζων*, in Philologus (123) 1979, pp. 326-328
Macleod 1994: M. D. Macleod, *Lucianic Studies since 1930*, in ANRW (2.34.2) 1994, pp. 1362-1421
Madden 1975: J. D. Madden, *Boulomai and Thelo: The Vocabulary of Purpose From Homer to Aristotle*, Ann Arbor 1975
Männlein 2000: I. Männlein, *What can go wrong at a dinner-party: the unmasking of false philosophers in Lucian's Symposium or The Lapiths*, in K. Pollmann (ed.), *Double standards in the ancient and medieval world*, Göttingen 2000, pp. 247-262
Maffei 1994: S. Maffei, *Luciano. Descrizioni di opere d'arte*, Torino 1994
Mankin 2011: D. Mankin, *Cicero. De Oratore. Book III*, Cambridge 2011
Mansfeld 1986: J. Mansfeld, *Diogenes Laërtius on Stoic philosophy*, in Elenchos (7) 1986, pp. 295-382 (rist. in J. Mansfeld, *Studies in the Historiography of Greek Philosophy*, Assen – Maastricht 1990)
Mansfeld 1994: J. Mansfeld, *Prolegomena. Questions to be settled before the Study of an Author or a Text*, Leiden 1994
Mansfeld 1995: J. Mansfeld, *Aenesidemus and the Academics*, in L. Ayres (ed.), *The Passionate Intellect. Essays for I. Kidd*, New Brunswick – London 1995, pp. 235-248
Mansouri 2011: S. Mansouri, *Athènes vue par ses métèques (Ve – IVe siècle av. J.-C.)*, Paris 2011
Manuwald 1999: B. Manuwald, *Platon, Protagoras. Übersetzung und Kommentar*, Göttingen 1999
Marquis 2013: É. Marquis, *Les textes de Lucien à tradition simple*, in RHT (8) 2013, pp. 1-36
Marquis 2017: E. Marquis, *L'art de la mixis*, in Marquis – Billault 2017, pp. 23-33
Marquis – Billault 2017: E. Marquis – A. Billault (eds.), *Mixis. Le mélange des genres chez Lucien de Samosate*, Paris 2017
Marrou 1957: H.-I. Marrou, *Geschichte der Erziehung im klassischen Altertum* (ed. ted. a cura di R. Harder), Freiburg – München 1957
Martin 1931: J. Martin, *Symposion. Die Geschichte einer literarischen Form*, Paderborn 1931
Martínez-Astorino 2001 – 2002: P. Martínez-Astorino, *Prometeo y las versiones romanas de la creacion del hombre*, in Auster (6-7) 2001 – 2002, pp. 53-67
Mates 1961: B. Mates, *Stoic Logic*, Berkeley 1961
Mattioli 1980: E. Mattioli, *Luciano e l'Umanesimo*, Napoli 1980

McCarthy 1934: B. P. McCarthy, *Lucian and Menippus*, in YCS (4) 1934, pp. 3-55
McCall 1969: M. H. McCall, *Ancient rhetorical theories of simile and comparison*, Cambridge 1969
McDowell 1973: J. McDowell (ed.), *Plato. Theaetetus*, Oxford 1973
Mejier 2007: P. A. Mejier, *Stoic Theology: Proofs for the Existence of the Cosmic God and of the Traditional Gods*, Delft 2007
Melandri 1968: E. Melandri, *La linea e il circolo. Studio logico-filosofico sull'analogia*, Bologna 1968
Menninger 1958: K. Menninger, *Zahlwort und Ziffer: eine Kulturgeschichte der Zahl*, Göttingen 1958
Merry 1900: W. W. Merry (ed.), *Aristophanes. Peace*, Oxford 1900
Mesk 1915: L. Mesk, *Lukians Timon*, in RhM (70) 1915, pp. 107-144
Mestre – Gomez 2010: F. Mestre – P. Gómez (eds.), *Lucian of Samosata: Greek Writer and Roman Citizen*, Barcelona 2010
Meyer 1915: G. Meyer, *Laudes Inopiae*, Göttingen 1915
Michel 1993: A. Michel, *Rhétorique et philosophie au second siècle ap. J.-C.*, in ANRW (2.34.1) 1993, pp. 3-78
Milazzo 2002: A. M. Milazzo, *Un dialogo difficile: la retorica in conflitto nei 'Discorsi Platonici' di Elio Aristide*, Hildesheim – Zürich – New York 2002
Miletti 2011: L. Miletti, *L'arte dell'autoelogio. Studio sull'orazione 28 K di Elio Aristide con testo, traduzione e commento*, Pisa 2011
Mittelstrass 1981: J. Mittelstrass, *On Socratic Dialogue*, in C. L. Griswold (ed.), *Platonic Writings, Platonic Readings*, New York – London 1988, pp. 126-142
Moggi 2009: M. Moggi, *Strategie e forme della riconciliazione. Μὴ μνησικακεῖν*, in I Quaderni del ramo d'oro (2) 2009, pp. 167-191
Moles 1996: J. L. Moles, *Cynic Cosmopolitanism*, in Branham – Goulet-Cazé, 1996, pp. 105-120
Momigliano 1971: A. Momigliano, *La libertà di parola nel mondo antico*, in Rivista Storica Italiana (83) 1971, pp. 499-524
Monaco 1966: G. Monaco, *Paragoni burleschi degli antichi*, Palermo 1966
Montano 2014: A. Montano, *Methodos. Aspetti dei metodi e dei processi cognitivi nella Grecia antica*, Napoli 2014
Moore 2009: H. G. Moore, *Plato's analogical thought*, Chicago 2009
Moreschini 1994: C. Moreschini, *Aspetti della cultura filosofica negli ambienti della Seconda Sofistica*, in ANRW (2.36.7) 1994, pp. 5101-5133
Moretti 1995: G. Moretti, Acutum dicendi genus. *Brevità, oscurità, sottigliezze e paradossi nelle tradizioni retoriche degli Stoici*, Bologna 1995
Moretti 2004: G. Moretti, *Mezzi visuali per le passioni retoriche: le scenografie dell'oratoria*, in G. Petrone (ed.), *Le passioni della retorica*, Palermo 2004, pp. 63-96
Moretti – Bonandini 2012: G. Moretti – A. Bonandini (eds.), Persona ficta: *la personificazione allegorica nella cultura antica fra letteratura, retorica e iconografia*, Trento 2012
Moretti 1987: L. Moretti, *Olympionikai, i vincitori negli antichi agoni olimpici*, Roma 1987
Morgan 2011: T. Morgan, *The Miscellany and Plutarch*, in F. Klotz – K. Oikonomopoulou (eds.), *The Philosopher's Banquet*, Oxford 2011, pp. 49-73
Mosshammer 1979: A. Mosshammer, *The Chronicle of Eusebius and Greek Chronographic Tradition*, Lewisburg 1979
Most 1989: G. Most, *Cornutus and Stoic Allegoresis*, in ANRW (2.36.3) 1989, pp. 2014-2065
Moulton 1977: C. Moulton, *Similes in the Homeric Poems*, Göttingen 1977

Mras 1911: K. Mras, *Die Überlieferung Lukians*, Wien 1911
Musti 1995: D. Musti, *Demokratía. Origini di un'idea*, Roma – Bari 1995
Musti 2001: D. Musti, *Il simposio nel suo sviluppo storico*, Roma – Bari 2001
Musti 2003: D. Musti, *Anonimo di Giamblico. La pace e il benessere. Idee sull'economia, la società, la morale*, Milano 2003
Musti 2006: D. Musti, *Storia greca. Linee di sviluppo dall'età micenea all'età arcaica*, Roma – Bari 2006
Nádor 1962: G. Nádor, *Il metodo analogico di Platone*, Helikon (2) 1962, pp. 465-484
Natorp 1883: P. Natorp, *Untersuchungen über die Skepsis im Alterthum*, in RhM (38) 1883, pp. 28-91
Neef 1940: E. Neef, *Lukians Verhältnis zu den Philosophenschulen und seine mimesis literarischer Vorbilder*, Berlin 1940
Nesselrath 1985: H.-G. Nesselrath, *Lukians Parasitendialog. Untersuchungen und Kommentar*, Berlin – New York 1985
Nesselrath 1990[1]: H.-G. Nesselrath, Recensione a M.D. Macleod (ed.), *Luciani Opera*, vol. IV, Oxford 1987, in Gnomon (62) 1990, pp. 498-511
Nesselrath 1990[2]: H.-G. Nesselrath, *Lucian's Introductions*, in D. A. Russell (ed.), *Antonine Literature*, Oxford 1990, pp. 111-140
Nesselrath 1992: H.-G. Nesselrath, *Kaiserzeitlicher Skeptizismus in Platonischem Gewand: Lukians 'Hermotimos'*, in ANRW (2.36.5) 1992, pp. 3451-3482
Nesselrath 1993: H.-G. Nesselrath, *Utopie-Parodie in Lukians Wahren Geschichten*, in W. Ax – R. F. Glei (eds.), *Literaturparodie in Antike und Mittelalter*, Trier 1993, pp. 41-56
Nesselrath 1997: H.-G. Nesselrath, *Einleitung in die griechische Philologie*, Wiesbaden 1997
Nesselrath 1998: H.-G. Nesselrath, *Lucien et le Cynisme*, in AC (67) 1998, pp. 121-135
Nesselrath 2001[1]: H.-G. Nesselrath, *Der Autor. Lukian von Samosata*, in Ebner – Gzella – Nesselrath – Ribbat 2001, pp. 11-31
Nesselrath 2001[2]: H.-G. Nesselrath, *Lukian und die antike Philosophie*, in Ebner – Gzella – Nesselrath – Ribbat 2001, pp. 135-152
Nesselrath 2005: H.-G. Nesselrath, *Von Kebes zu Pseudo-Kebes*, in Hirsch-Luipold – Feldmeier – Hirsch – Koch – Nesselrath 2005, pp. 38-66
Nesselrath 2009[1]: H.-G. Nesselrath (ed.), *Dion von Prusa: Der Philosoph und sein Bild*, Tübingen 2009
Nesselrath 2009[2]: H.-G. Nesselrath, *A tale of two cities – Lucian on Athens and Rome*, in A. Bartley (ed.), *A Lucian for our times*, Newcastle upon Tyne 2009, pp. 121-135
Nesselrath 2012: H.-G. Nesselrath, *Philosophers and Philotimia in Lucian's Perspective*, in G. Roskam – M. de Pourcq – L. van der Stockt (eds.), *The Lash of Ambition: Plutarch, Imperial Greek Literature and the Dynamics of Philotimia*, Louvain 2012, pp. 153-167
Nesselrath 2013: H.-G. Nesselrath, *Wundergeschichten in der Perspektive eines paganen satirischen Skeptikers: Lukian von Samosata*, in T. Nicklas – J. E. Spittler (eds.), *Credible, Incredible: The Miraculous in the Ancient Mediterranean*, Tübingen 2013, pp. 37-55
Nestle 1925: W. Nestle, *Lukian. Der Tod des Peregrinus*, München 1925
Newiger 1957: H.-J. Newiger, *Metapher und Allegorie. Studien zu Aristophanes*, München 1957
Ní Mheallaigh 2010: K. Ní Mheallaigh, *The game of the name: onymity and the contract of reading in Lucian*, in Mestre – Gómez 2010, pp. 121-132
Ní Mheallaigh 2014: K. Ní Mheallaigh, *Reading Fiction with Lucian. Fakes, Freaks and Hyperreality*, Cambridge 2014
Nickel 2014: R. Nickel, *Antike Kritik an der Stoa*, Berlin 2014

Nicosia 1994: S. Nicosia, *La Seconda Sofistica*, in Cambiano – Canfora – Lanza 1994, pp. 85-116
Nightingale 1995: A. W. Nightingale, *Genres in Dialogue. Plato and the construct of Philosophy*, Cambridge 1995
Nilén 1907: N. Nilén, *Lucianus. Prolegomena*, Leipzig 1907
Norden 1891: E. Norden, *In Varronis Saturas menippeas observationes selectae*, Lipsiae 1891 (= *Kleine Schriften zum klassischen Altertum*, Berlin 1966, pp. 1-87)
Notargiacomo 2009: S. Notargiacomo, *Medietà e proporzione. Due concetti matematici e il loro uso da parte di Aristotele*, Milano 2009
Noussia-Fantuzzi 2010: M. Noussia-Fantuzzi, *Solon the Athenian. The Poetic Fragments*, Leiden – Boston 2010
Nüsser 1991: O. Nüsser, *Albins Prolog und die Dialogtheorie des Platonismus*, Stuttgart 1991
Obbink 1992: D. Obbink, *What all men believe – must be true: common conceptions and consensio omnium in Aristotle and Hellenistic Philosophy*, in OSAP (10) 1992, pp. 193-231
Oepke 1934: A. Oepke, Ἀμφιθαλεῖς *im griechischen und hellenistischen Kult*, in ARW (31) 1934, pp. 42-56
Oesch 1916: J. Oesch, *Die Vergleiche bei Dio Chrysostomus*, Diss. Zürich 1916
Olson 1998: S. D. Olson (ed.), *Aristophanes. Peace*, Oxford 1998
Olson 2002: S. D. Olson (ed.), *Aristophanes. Acharnians*, Oxford 2002
Oltramare 1926: A. Oltramare, *Les origins de la diatribe romaine*, Lausanne – Gèneve – Neuchatel – Vevey – Montreux – Berne 1926
Opsomer 1998: J. Opsomer, *In Search of the Truth. Academic Tendencies in Middle Platonism*, Brussel 1998
Opsomer 2010: J. Opsomer, *Arguments non-linéaires et pensée en cercles. Forme et argumentation dans les Questions platoniciennes de Plutarque*, in X. Brouillette – A. Giavatto (eds.), *Les dialogues platoniciens chez Plutarque. Stratégies et méthodes exégétiques*, Leuven 2010, pp. 93-116
Osborne – Byrne 1994: M. J. Osborne – S. G. Byrne, *A Lexicon of Greek Personal Names*, vol. I-II, Oxford 1994
Otto 1890: A. Otto, *Die Sprichwörter und sprichwörtlichen Redensarten der Römer*, Leipzig 1890
Parke 1939: H. W. Parke, *History of the Delphic Oracle*, Oxford 1939
Parker 2000: R. Parker, *Theophoric Names and the History of Greek Religion*, in S. Hornblower – E. Matthews (eds.), *Greek Personal Names. Their Value as Evidence*, Oxford 2000, pp. 53-79
Pasquier 2011: A. Pasquier, *Une écriture du visuel au temps de la Seconde Sophistique: Clément d'Alexandrie (Protreptique) et Philostrate (Imagines)*, in T. Schmidt – P. Fleury (eds.), *Perceptions of the Second Sophistic and Its Times*, Toronto 2011, pp. 87-102
Patillon 1997: M. Patillon (ed.), *Aélius Théon. Progymnasmata*, Paris 1997
Pease 1923: A. S. Pease (ed.), *M. Tulli Ciceronis. De Divinatione. Liber secundus*, Urbana 1923 (rist. anast. Darmstadt 1963)
Pease 1955: A. S. Pease (ed.), *M. Tulli Ciceronis. De natura Deorum. Liber Primus*, Cambridge (Mass.) 1955 (rist. anast. Darmstadt 1968)
Pease 1958: A. S. Pease (ed.), *M. Tulli Ciceronis. De natura Deorum. Libri secundus et tertius*, Cambridge (Mass.) 1958 (rist. anast. Darmstadt 1968)
Pellegrin 2010: P. Pellegrin, *Sextus Empiricus*, in R. Bett (ed.), *The Cambridge Companion to Ancient Scepticism*, Cambridge 2010, pp. 120-142

Pelletier 1967: A. Pelletier, *Notes sur les mots* διατριβή, ἱερόν, διάθησις *dans P. Gen. inv. 108*, in RecPap (4) 1967, pp. 175-186

Pender 2003: E. E. Pender, *Plato on Metaphors and Models*, in Boys-Stones 2003, pp. 55-81

Perelman – Olbrechts Tyteca 1977: C. Perelman – L. Olbrechts Tyteca, *The New Rhetoric. A Treatise on Argumentation*, Notre Dame – London 1977

Peretti 1948: A. Peretti, *Ottativi in Luciano*, in SIFC (23) 1948, pp. 69-95

Perin 2010: C. Perin, *The Demands of Reason. An Essay on Pyrrhonian Scepticism*, Oxford 2010

Péron 1974: J. Péron, *Les images maritimes de Pindare*, Paris 1974

Peterson 2016: A. Peterson, *Philosophers Redux: The Hermotimus, the Fisherman, and the Role of Dead Philosophers*, in ICS (41) 2016, pp. 185-199

Petrone 1987: G. Petrone, *Petronio e la demistificazione della cultura della morte e del dolore*, in Pan (8) 1987, pp. 95-103

Petrucci 2012: B. Centrone (ed.), *Platone. Ippia maggiore, Ippia minore, Ione, Menesseno* (Traduzioni e note di F. M. Petrucci), Torino 2012

Petty 1993: R. D. Petty (ed.), *The Fragments of Numenius: Text, Translation and Commentary*, Santa Barbara 1993

Pflaum 1959: H.-G. Pflaum, *Lucien de Samoste, archistator praefecti Aegypti, d'après une inscription de Césarée de Maurétanie*, in MEFR (71) 1959, pp. 281-286

Pilhofer et al. 2005: P. Pilhofer – M. Baumbach – J. Gerlach – D. U. Hansen (eds.), *Lukian: Der Tod des Peregrinos. Ein Scharlatan auf dem Scheiterhaufen*, Darmstadt 2005

Pinto 1974: M. Pinto, *Presenza di Esiodo nelle opere di Luciano*, in RIL (108) 1974, pp. 972-990

Piot 1914: H. Piot, *Les procédés littéraires de la IIe Sophistique chez Lucien: l'ecphrasis*, Rennes 1914

Pirrotta 2009: S. Pirrotta (ed.), *Plato Comicus: die fragmentarischen Komödien. Ein Kommentar*, Berlin 2009

Pirrotta 2012: S. Pirrotta, *Il lavoro onirico di Luciano: alcune riflessioni sui meccanismi allusivi e sulla funzione del* Somnium *tra (pseudo)autobiografia, autocelebrazione e dichiarazione poetica*, in SemRom (1.2) 2012, pp. 363-381

Platzeck 1954: E. W. Platzeck, *Von der Analogie bis zum Syllogismus. Ein systematisch-historischer Darstellungsversuch der Entfaltung des methodischen Logos bei Sokrates, Platon, Aristoteles*, Paderborn 1954

Pohlenz 1939: M. Pohlenz, *Plutarchs Schriften gegen die Stoiker*, in Hermes (74) 1939, pp. 1-33 (= H. Dörrie (ed.), *Kleine Schriften*, Hildesheim 1965, vol. I, pp. 448-480)

Pohlenz 1967: M. Pohlenz, *La Stoa. Storia di un movimento spirituale* (trad. it. a cura di O. De Gregorio e B. Proto), voll. II, Firenze 1967 [Göttingen 1959]

Pollmann 2000: K. Pollmann (ed.), *Double standards in the ancient and medieval world*, Göttingen 2000

Pollitt 1974: J. J. Pollitt, *The Ancient View of Greek Art: Criticism, History, and Terminology*, New Haven – London 1974

Pomelli 2011: R. Pomelli, *Le aporie della fiducia e i dilemmi del discepolo: una lettura dell'«Ermotimo» di Luciano di Samosata*, in AOFL (6.1-2) 2011, pp. 103-132

Porod 2013: R. Porod, *Lukians Schrift "Wie man Geschichte schreiben soll". Kommentar und Interpretation*, Wien 2013

Porod 2016: R. Porod, *Neue Perspektiven zu Lukians Schrift "Wie Man Geschichte schreiben soll"* (Quomodo historia conscribenda sit), in RFIC (144.2) 2016, pp. 436-451

Praechter 1892: K. Praechter, *Skeptisches bei Lukian*, in Philologus (51) 1892, pp. 284-293

Pratesi 1985: R. Pratesi, *Timone, Luciano e Menippo: rapporti nell'ambito di un genere letterario*, in Prometheus (11) 1985, pp. 40-68
Preller – Robert 1894: L. Preller – C. Robert, *Griechische Mythologie. Vol. I. Theogonie und Götter*, Berlin 1894
Puigalli 1983: J. Puiggali, *Étude sur les Dialexeis de Maxime de Tyr, conférencier platonicien du IIème siècle*, Lille 1983
Quacquarelli 1956: A. Quacquarelli, *La retorica antica al bivio (L'*Ad Nigrinum *di Luciano e l'*Ad Donatum *di Cipriano)*, Roma 1956
Quarch 2001: C. Quarch, *Der Abschied des Sokrates. Die Bewegung der philosophischen paideia im Phaidon*, in A. Havlíček – F. Karfík (eds), *Plato's Phaedo. Proceedings of the Second Symposium Platonicum Pragense*, Prague 2001, pp. 48-77
Rabbow 1954: P. Rabbow, *Seelenführung. Methode der Exerzitien in der Antike*, München 1954
Raina 1994: G. Raina, *Pseudo-Aristotele: Fisiognomica; Anonimo Latino: Il trattato di fisiognomica*, Milano 1994
Raina 2001: G. Raina, *Il sogno di Luciano, tra autobiografia e mitopoiesi*, in Maia (53) 2001, pp. 399-409
Raina 2008: G. Raina, *Semantica della δόξα in Luciano*, in Sandalion (31) 2008, pp. 83-103
Ramelli 2006: I. Ramelli, *Ermete*, in Enciclopedia filosofica, vol. IV, Milano 2006, p. 3558
Ramelli 2009: I. Ramelli, *Hierocles the Stoic: Elements of Ethics, Fragments, and Excerpts*, Atlanta 2009
Rau 1967: P. Rau, *Paratragodia. Untersuchung einer komischen Form des Aristophanes*, München 1967
Ready 2017: J. L. Ready, *The Homeric Simile in Comparative Perspectives: Oral Traditions from Saudi Arabia to Indonesia*, Oxford 2017
Reardon 1971: P. Reardon, *Courants littéraires grecs des IIe et IIIe siècles après J.-C.*, Paris 1971
Reed 2002: B. Reed, *The Stoic Account of the Cognitive Impression*, in OSAP (23) 2002, pp. 147-180
Rein 1894: T. W. Rein, *Sprichwörter und sprichwörtliche Redensarten bei Lucian*, Tübingen 1894
Reis 1999: B. Reis (ed.), *Der Platoniker Albinos und sein sogenannter Prologos. Prolegomena, Überlieferungsgeschichte, kritische Edition und Übersetzung*, Wiesbaden 1999
Remacly 1854-1855: H. I. Remacly, *Observationum in Luciani Hermotimum*, part. II, Progr. Bonn, 1854-1855
Reydams-Schils 2011: G. Reydams-Schils (ed.), *Thinking Through Excerpts. Studies on Stobaeus. Monothéismes et philosophie*, Brepols 2011
Richard 1886: H. Richard, *Über die Lykinosdialoge des Lukian*, Hamburg 1886
Richter 2017: D. S. Richter, *Lucian of Samosata*, in Richter – Johnson 2017, pp. 327-344
Richter – Johnson 2017: D. S. Richter – W. A. Johnson (eds.), *The Oxford Handbook of the Second Sophistic*, Oxford – New York 2017
Ricoeur 1975: P. Ricoeur, *La métaphore vive*, Paris 1975
Ricoeur 1978: P. Ricoeur, *The Metaphorical Process as Cognition, Imagination, and Feeling*, in S. Sacks (ed.), *On Metaphor*, Chicago 1978
Rist 1980: J. M. Rist, *Stoic Philosophy*, Cambridge 1980
Robin 1944: L. Robin, *Pyrrhon et le scepticisme grec*, Paris 1944
Robinson 1953: R. Robinson, *Plato's Earlier Dialectic*, Oxford 1953^2
Romano 1991: E. Romano (ed.), *Q. Orazio Flacco. Le Opere. Vol. I: le Odi, il Carme Secolare, gli Epodi. Vol. II: Commento*, Roma 1991

Romano 1994: F. Romano, *La scuola filosofica e il commento*, in Cambiano – Canfora – Lanza 1994, pp. 587-611

Romeri 2001: L. Romeri, Ἰδιῶται *et* φιλόσοφοι *à la table de Lucien*, in REG (114) 2001, pp. 647-655

Romeri 2002: L. Romeri, *Philosophes entre mots et mets. Plutarque, Lucien et Athénée autour de la table de Platon*, Grenoble 2002

Romm 1990: J. Romm, *Wax, Stone, and Promethean Clay: Lucian as Plastic Artist*, in ClAnt 1990 (9), pp. 74-98

Rossetti 1991: L. Rossetti, *Logoi Sokratikoi anteriori al 399 a. C.*, in L. Rossetti – O. Bellini (eds.), *Logos e logoi*, Napoli 1991, pp. 21-40

Rossetti 2008: L. Rossetti, *I Socratici della prima generazione: fare filosofia con i dialoghi anziché con trattati o testi paradossali*, in L. Rossetti – A. Stavru (eds.), *Socratica 2005. Studi sulla letteratura socratica antica presentati alle Giornate di studio di Senigallia*, Bari 2008, pp. 39-72

Rossetti 2011: L. Rossetti, *Le dialogue socratique in statu nascendi,* in L. Rossetti (ed.), *Le dialogue socratique*, Paris 2011, pp. 11-35

Roussel 1976: D. Roussel, *Tribu et cité. Études sur les groupes sociaux dans les cités grecques aux époques archaïque et classique*, Paris 1976

Rütten 1997: U. Rütten, *Phantasie und Lachkultur. Lukians »Wahre Geschichten«*, Tübingen 1997

Russell 1968: D. A. Russell, *On Reading Plutarch's Moralia*, in G&R (15) 1968, pp. 130-146

Russell 1983: D. A. Russell, *Greek Declamation*, Cambridge 1983

Russell – Wilson 1981: D. A. Russell – N. G. Wilson (eds.), *Menander Rhetor*, Oxford 1981

Russo 1994-1995: G. Russo, *La mediazione comica nelle citazioni tragiche in Luciano*, in Annali della Facoltà di Lettere e Filosofia dell'Università degli studi di Bari (37-38) 1994-1995, pp. 247-260

Russo 2012: G. Russo, *Contestazione e conservazione. Luciano nell'esegesi di Areta*, Berlin – Boston 2012

Saïd 1993: S. Saïd, *Le "Je" de Lucien*, in M.-F. Baslez – P. Hoffmann – L. Pernot (eds.), *L'invention de l'autobiographie d'Hésiode à Saint Augustin*, Paris 1993, pp. 265-266

Saïd 1994: S. Saïd, *Lucien ethnographe*, in Billault 1994, pp. 149-170

Saïd 2015: S. Saïd, *La «Double Accusation»: une introduction au dialogue lucianesque*, in Dubel – Gotteland 2015, pp. 179-196

Sakezles 2008: P. K. Sakezles, *The Aristotelian Origins of Stoic Determinism*, in J. J. Cleary – G. M. Gurtler (eds.), *Proceedings of the Boston Area Colloquium in Ancient Philosophy*, vol. 24, Leiden – Boston 2008, pp. 163-185

Salmon 1984: J. B. Salmon, *Wealthy Corinth. A History of the City to 338 B.C.*, Oxford 1984

Sandbach 1975: F. H. Sandbach, *The Stoics*, London 1975

Santas 1979: G. Santas, *Socrates. Philosophy in Plato's early Dialogues*, Boston – London – Melbourne – Henley 1979

Scarcella 1998: A. M. Scarcella, *Plutarco. Conversazioni a tavola I*, Napoli 1998

Schaerer 1969: R. Schaerer, *La question platonicienne. Étude sur les rapports de la pensée et de l'expression dans le dialogues*, Paris 1969

Schäublin 1985: C. Schäublin, *Konversionen in antiken Dialogen?*, in C. Schäublin (ed.), *Catalepton. Festschrift für Bernhard Wyss zum 80. Geburtstag*, Basel 1985, pp. 117-131

Schlapbach 2010: K. Schlapbach, *The logoi of philosophers in Lucian of Samosata*, in ClAnt (29.2) 2010, pp. 250-277

Schlapbach 2016: K. Schlapbach, *The Spectacle of a Life: Biography as Philosophy in Lucian*, in M. Bonazzi – S. Schorn (eds.), Bios Philosophos. *Philosophy in Ancient Greek Biography*, Turnhout 2016, pp. 127-155

Schmid 1887-1897: W. Schmid, *Der Atticismus in seinen Hauptvertretern von Dionysius von Halikarnass bis auf den zweiten Philostratus*, 5 voll., Stuttgart 1887-1897

Schmid 1891: W. Schmid, *Bemerkungen über Lukians Leben und Schriften*, in Philologus (50) 1891, pp. 297-319

Schmidt 1897: O. Schmidt, *Metapher und Gleichnis in den Schriften Lukians*, Winterthur 1897

Schmitz 1997: T. A. Schmitz, *Bildung und Macht. Zur sozialen und politischen Funktion der zweiten Sophistik in der griechischen Welt der Kaiserzeit*, München 1997

Schmitz 2017: T. A. Schmitz, *Professionals of Paideia? The Sophists as Performers*, in Richter – Johnson 2017, pp. 169-180

Schoepsdau 2011: K. Schoepsdau, *Platon. Nomoi Buch VIII-XII*, Göttingen 2011

Schofield 1991: M. Schofield, *The Stoic idea of the city*, Cambridge 1991

Schofield 1999: M. Schofield, *Academic Epistemology*, in Algra – Barnes – Mansfeld – Schofield 1999, pp. 323-351

Schofield 2003: M. Schofield, *Stoic ethics*, in Inwood 2003, pp. 233-256

Schofield 2009: M. Schofield, *Ciceronian Dialogue*, in S. Goldhill (ed.), *The End of Dialogue in Antiquity*, Cambridge 2009, pp. 63-84

Scholz 1998: P. Scholz, *Der Philosoph und die Politik. Die Ausbildung der philosophischen Lebensform und die Entwicklung des Verhältnisses von Philosophie und Politik im 4. u. 3. Jh. v. Chr.*, Stuttgart 1998

Schütrumpf – Gehrke 1996: E. Schütrumpf – H.-J. Gehrke, *Aristoteles. Politik Buch IV-VI*, Darmstadt 1996

Schulze 1883: P. Schulze, *Quae ratio intercedat inter Lucianum et comicos Graecorum poëtas*, Diss. Berlin 1883

Schuppe 1942: E. Schuppe, *Paidagogos*, in RE (vol. 18.2) 1942, coll. 2375-2385

Schwartz 1951: J. Schwartz, *Lucien de Samosate. Philopseudès et De morte Peregrini*, Paris 1951

Schwartz 1964: J. Schwartz, *La «conversion» de Lucien de Samosate*, in AC (33) 1964, pp. 384-400

Schwartz 1965: J. Schwartz, *Biographie de Lucien de Samosate*, Bruxelles 1965

Schwartz 1982: J. Schwartz, *Onomastique des philosophes chez Lucien de Samosate et Alciphron*, in AC (51) 1982, pp. 259-264

Schwarz 1877: A. Schwarz, *Über Lukians Hermotimos*, Progr. Horn 1877

Schwarz 1914: B. Schwarz, *Lukians Verhältnis zum Skeptizismus*, Tilsit 1914

Schwenn 1922: F. Schwenn, *Korybanten*, in RE (vol. 11.2) 1922, coll. 1441-1446

Schwyzer 1968: E. Schwyzer, *Griechische Grammatik. Allgemeiner Teil: Lautlehre, Wortbildung, Flexion*, München 1968[4]

Schwyzer – Debrunner 1950: E. Schwyzer – A. Debrunner, *Griechische Grammatik. Syntax und syntaktische Stilistik*, München 1950

Scott 2009: W. C. Scott, *The Artistry of the Homeric Simile*, Hannover – London 2009

Seddon 2005: K. Seddon, *Epictetus' Handbook and the Tablet of Cebes: Guides to Stoic Living*, London 2005

Sedley 1982: D. Sedley, *On Signs*, in J. Barnes – J. Brunschwig – M. Burnyeat – M. Schofield (eds.), *Science and Speculation: Studies in Hellenistic Theory and Practice*, Cambridge 1982, pp. 239-272

Sedley 2003: D. Sedley, *The School, from Zeno to Arius Didymus*, in Inwood 2003, pp. 7-32
Sedley 2004: D. Sedley, *The Midwife of Platonism. Text and Subtext in Plato's "Theaetetus"*, Oxford 2004
Segoloni 1994: L. M. Segoloni, *Socrate a banchetto. Il Simposio di Platone e i Banchettanti di Aristofane*, Roma 1994
Segoloni 2012: L. M. Segoloni, *Un genere letterario privo di leggi scritte, legge a se stesso: il dialogo*, in SemRom (1.2) 2012, pp. 339-350
Sellars 2007: J. Sellars, *Téchnê perì tòn bíon. Zur stoischen Konzeption von Kunst und Leben*, in W. Kersting – C. Langbehn (eds.), *Kritik der Lebenskunst*, Frankfurt a. M. 2007, pp. 91-117
Settembrini 1861-1862: L. Settembrini, *Opere di Luciano voltate in italiano da Luigi Settembrini*, Firenze 1861-1862
Shapiro 1993: H. A. Shapiro, *Personification in Greek Art*, Zurich 1993
Sharples 1985: R. W. Sharples (ed.), *Plato. Meno*, Chicago 1985
Shields 1993: C. Shields, *The Truth Evaluability of Stoic Phantasiai: Adversus mathematicos VII 242-46*, JHP (31) 1993, pp. 325-347
Shields 1994: C. J. Shields, *Socrates among the Skeptics*, in P. A. Vander Waerdt (ed.), *The Socratic Movement*, Ithaca 1994, pp. 341-366
Shipp 2007: G. P. Shipp, *Studies in the Language of Homer*, Cambridge 2007
Siciliano 1995: R. Siciliano, *Origine del mito della Fenice: dall'Egitto al mondo greco*, in Annali della Facoltà di Lettere e Filosofia dell'Università degli studi di Bari (37) 1995, pp. 309-318
Sidwell 2009: K. Sidwell, *The Dead Philosophers' Society: New Thoughts on Lucian's Piscator and Eupolis' Demes*, in A. Bartley (ed.), *A Lucian for our Times*, Cambridge 2009, pp. 109-118
Silk 2003: M. S. Silk, *Metaphor and Metonymy: Aristotle, Jakobson, Ricoeur, and Others*, in Boys-Stones 2003, pp. 115-147
Simon 2014: A. Simon, *Affekt, Körper, Performanz: Der rednerische Vortarg bei Cicero*, in Z. Kulcsár-Szabó – C. Lőrincz (eds.), *Signaturen des Geschehens. Ereignisse zwischen Öffentlichkeit und Latenz*, Bielefeld 2014, pp. 259-286
Sims 1952: B. J. Sims, *Final Clauses in Lucian*, in CQ n. s. (2) 1952, pp. 69-72
Sluiter – Rosen 2004: I. Sluiter – R. M. Rosen, *General Introduction*, in I. Sluiter – R. M. Rosen (eds.), *Free Speech in Classical Antiquity*, Leiden – Boston 2004, pp. 1-19
Smith Pangle 2003: L. Smith Pangle, *Aristotle and the Philosophy of Friendship*, Cambridge 2003
Smyth 1974: H. W. Smyth, *The sounds and inflections of the Greek dialects*, Hildesheim 1974 (rist. dell'edizione Oxford 1894)
Solitario 2015: M. Solitario, *Leonidas of Tarentum: between Cynical polemic and poetic refinement*, Rome 2015
Solitario 2017: M. Solitario, *La messinscena della parola filosofica in Luciano di Samosata*, in Camerotto – Maso 2017, pp. 121-154
Sorabji 2000: R. Sorabji, *Emotion and Peace of Mind. From Stoic Agitation to Christian Temptation*, Oxford 2000
Sordi 1997: M. Sordi, *Amnistia, perdono e vendetta nel mondo antico*, Milano 1997
Spickermann 2012: W. Spickermann, *Der brennende Herakles: Lukian von Samosata und Proteus-Peregrinos*, in S. Fuhrmann – R. Grundmann (eds.), *Martyriumsvorstellungen in Antike und Mittelalter: leben oder sterben für Gott?*, Leiden – Boston 2012, pp. 111-132
Spinelli 2000: E. Spinelli, *Sesto Empirico. Contro gli astrologi*, Roma 2000

Spinelli 2002: E. Spinelli, *Socratismo, platonismo e arte della vita. Ancora sulla digressione del 'Teeteto'*, in G. Casertano (ed.), *Il 'Teeteto' di Platone. Struttura e problematiche*, Napoli 2002, pp. 201-215

Spinelli 2005: E. Spinelli, *Questioni scettiche. Letture introduttive al pirronismo antico*, Roma 2005

Spinelli 2015: E. Spinelli, *Neither Philosophy nor Politics? The Ancient Pyrrhonian Approach to Everyday Life*, in J. C. Laursen – G. Paganini (eds.), *Skepticism and Political Thought in the Seventeenth and Eighteenth Centuries*, Toronto 2015, pp. 17-35

Spinelli 2016: E. Spinelli, *Stoic Utopia Reconsidered: Pyrrhonism, Ethics, and Politics*, in C. Arruzza – D. Nikulin (eds.), *Philosophy and Political Power in Antiquity. Studies in Moral Philosophy*, Leiden – Boston, 2016, pp. 148-163

Spinelli 2017: E. Spinelli, *Some Blunt Instruments of Dogmatic Logic: Sextus Empiricus' Sceptical Attack*, in B. Rebiger (ed.), *Yearbook of the Maimonides Centre for Advanced Studies*, Berlin – Boston 2017, pp. 15-27

Staab 2009: G. Staab, *Das Kennzeichen des neuen Pythagoreismus innerhalb der kaiserzeitlichen Platoninterpretation: „Pythagoreischer" Dualismus und Einprinzipienlehre im Einklang*, in M. Bonazzi – J. Opsomer (eds.), *The Origins of the Platonic System. Platonisms in the Early Empire and their Philosophical Contexts*, Leuven 2009, pp. 55-88

Stahl 1907: J. M. Stahl, *Kritisch-historische Syntax des griechischen Verbums der klassischen Zeit*, Heidelberg 1907

Stanford 1963: W. B. Stanford, *The Ulysses Theme*, Oxford 1963

Stanton 1973: G. R. Stanton, *Sophists and Philosophers: Problems of Classification*, in AJPh (94) 1973, pp. 350-364

Starkie 1968: W. J. M. Starkie, *The Wasps of Aristophanes*, 1968 (rist. dell'edizione del 1897)

Steindl 1970: E. Steindl, *Lucianus. Schytharum Colloquia*, Leipzig 1970

Stemmer 1992: P. Stemmer, *Platons Dialektik. Die frühen und mittleren Dialoge*, Berlin – New York 1992

Stern 2008: P. Stern, *Knowledge and Politics in Plato's 'Theaetetus'*, Cambridge 2008

Stevens 1976: P. T. Stevens, *Colloquial Expressions in Euripides*, Wiesbaden 1976

Steyns 1906: D. Steyns, *Étude sur les métaphors et comparisons dans les oeuvres en prose de Sénèque le philosophe*, Ghent 1906

Stößl 1937: F. Stößl, *Personifikationen*, in RE (vol. 19.1) 1937, coll. 1042-1058

Stoneman – Gargiulo 2007: R. Stoneman – T. Gargiulo (eds.), *Il Romanzo di Alessandro*, vol. I, Roma – Milano 2007

Storey 2003: I. C. Storey, *Eupolis. Poet of Old Comedy*, Oxford 2003

Striker 1974: G. Striker, *Kritêrion tês alêtheias*, Göttingen 1974 (rist. in traduzione inglese in Striker 1996, pp. 22-76)

Striker 1980: G. Striker, *Sceptical Strategies*, in M. Schofield – M. Burnyeat – J. Barnes (eds.), *Doubt and Dogmatism. Studies in Hellenistic Epistemology*, Oxford 1980, pp. 54-83

Striker 1996: G. Striker, *Essays on Hellenistic Epistemology and Ethics*, Cambridge 1996, pp. 150-165

Striker 2001: G. Striker, *Scepticism as a Kind of Philosophy*, in Archiv für Geschichte der Philosophie (83) 2001, pp. 113-129

Strohmaier 1976: G. Strohmaier, *Übersehenes zur Biographie Lukians*, in Philologus (120) 1976, pp. 117-122

Stucchi 2005: S. Stucchi, *La topica consolatoria in Petronio*, in Acme (58.2) 2005, pp. 135-157

Stückelberger 1965: A. Stückelberger, *Senecas 88. Brief. Über Wert und Unwert der Freien Künste. Text, Übersetzung, Kommentar*, Heidelberg 1965
Stumpf 2000: G. Stumpf, *Nummularius*, in DNP (vol. 8) 2000, coll. 1062-1063
Süß 1912: W. Süß, *Hestia*, in RE (vol. 8.1) 1912, coll. 1257-1304
Swain 2007: S. Swain (ed.), *Seeing the Face, Seeing the Soul: Polemon's Physiognomy from Classical Antiquity to Medieval Islam*, Oxford 2007
Szarmach 1983: M. Szarmach, *Über Begriff und Bedeutung der "Philosophia" bei Maximos Tyrios*, in P. Oliva – A. Proliková (eds.), *Concilium Eirene XVI. Proceedings of the 16th International Eirene Conference, Prague 31.8 – 14.9.1982*, Prague 1983, vol. I, pp. 223-226
Tackaberry 1930: W. H. Tackaberry, *Lucian's Relation to Plato and the Post-Aristotelian Philosophers*, Toronto 1930
Taillardat 1965: J. Taillardat, *Les images d'Aristophane*, Paris 1965
Talbot 1912: E. Talbot, *Œuvres complètes de Lucien de Samosate, traduction nouvelle avec une introduction et des notes*, Paris 1912
Tarrant 1928: D. Tarrant, *The Hippias Major attributed to Plato. With Introductory Essay and Commentary*, Cambridge 1928
Tarrant 1985: H. Tarrant, *Scepticism or Platonism? The Philosophy of the Fourth Academy*, Cambridge 1985
Tarrant 2000: H. Tarrant, *Plato's First Interpreters*, London 2000
Telò 2007: M. Telò (ed.), *Eupolidis Demi*, Firenze 2007
Thom 1998: J. Thom, *The Problem of Evil in Cleanthes' Hymn to Zeus*, in AC (41) 1998, pp. 45-58
Thomas 2017: E. Thomas, *Performance Space*, in Richter – Johnson 2017, pp. 181-201
Thüry 2000: G. Thüry, *Warum und wo verbirgt man einen Münzschatz? Die antike Literatur als numismatisch nicht verwertete Quelle*, in B. Kluge – B. Weisser (eds.), *XII. Internationaler Numismatischer Kongress Berlin 1997*, Berlin 2000, pp. 142-148
Tomassi 2011[1]: G. Tomassi, *Luciano di Samosata. Timone o il misantropo*, Berlin – New York 2011
Tomassi 2011[2]: G. Tomassi, *Proverbi in Luciano di Samosata*, in PhilAnt (4) 2011, pp. 99-121
Tomassi 2017: G. Tomassi, *La satira del potere: Luciano e gli Antonini*, in Camerotto – Maso 2017, pp. 317-350
Trabattoni 2011: F. Trabattoni (ed.), *Platone. Fedone*, Torino 2011
Trabucco 1960: F. Trabucco, *La polemica di Aristocle di Messene contro lo scetticismo e Aristippo e i Cirenaici*, in Rivista critica di Storia della Filosofia (15) 1960, pp. 115-140
Trapp 1990: M. B. Trapp, *Plato's Phaedrus in Second-Century Greek Literature*, in D. A. Russell (ed.), *Antonine Literature*, Oxford 1990, pp. 141-173
Trapp 1997: M. B. Trapp, *Philosophical sermons: the "Dialexis" of Maximus of Tyre*, in ANRW (2.34.3) 1997, pp. 1945-1976
Trapp 2007: M. Trapp, *Philosophy in the Roman Empire: Ethics, Politics and Society*, Aldershot 2007
Trédé 2002: M. Trédé, *Le théâtre comme métaphore au II siècle ap. J.-C.: survivances et métamorphoses*, in CRAI (146) 2002, pp. 581- 605
Tsirimbas 1936: D. A. Tsirimbas, *Sprichwörter und sprichwörtliche Redensarten bei den Epistolographen der zweiten Sophistik*, München 1936
Tuci 2004: A. P. Tuci, *Arcieri sciti, esercito e democrazia nell'Atene del V secolo a. C.*, in Aevum (78.1) 2004, pp. 3-18
Tullio Messina 2011: M. Tullio Messina, *Filosofi e filosofia nelle "Saturae Menippeae" di Varrone Reatino*, in Acme (64.3) 2011, pp. 265-279

Ureña Bracero 1995: J. Ureña Bracero, *El diálogo de Luciano: ejecución, naturaleza, y procedimientos de humor*, Amsterdam 1995
van der Broek 1972: R. van der Broek, *The Myth of the Phoenix according to Classical and Early Christian Tradition*, Leiden 1972
van Leeuwen 1898: J. van Leeuwen, *Aristophanis Nubes*, Leiden 1898
van Leeuwen 1901: J. van Leeuwen, *Aristophanis Acharnenses*, Leiden 1901
van Leeuwen 1904: J. van Leeuwen, *Aristophanis Plutus*, Leiden 1904
van Nijf 2004: O. M. van Nijf, *Athletics and paideia: Festivals and physical Education in the World of the Second Sophistic*, in Borg 2004, pp. 203-228
Vegetti 1975: M. Vegetti, *Filosofia e sapere nella città antica*, in AA. VV., *Filosofia e società*, vol. I, Bologna 1975
Vegetti 1995: M. Vegetti, *Galeno e la rifondazione della medicina*, in Dynamis (15) 1995, pp. 67-101
Vegetti 2000: M. Vegetti (ed.), *Platone. La Repubblica. Libro V*, vol. IV, Napoli 2000
Vegetti 2006: M. Vegetti (ed.), *Platone. La Repubblica. Libro X*, vol. VII, Napoli 2006
Vegetti 2013: M. Vegetti, *Galeno. Nuovi scritti autobiografici*, Roma 2013
Victor 1997: U. Victor, *Lukian von Samosata. Alexander oder der Lügenprophet*, Leiden – New York – Köln 1997
Vimercati 2011: E. Vimercati, *Stobeo sul saggio stoico*, in Reydams-Schils 2011, pp. 577-614
Visa-Ondarçuhu 2006: V. Visa-Ondarçuhu, *La notion de parrhèsia (παρρησία) chez Lucien*, in Pallas (72) 2006, pp. 261-268
Vischer 1965: R. Vischer, *Das einfache Leben*, Göttingen 1965
Vlastos 1981: G. Vlastos, *Happiness and Virtue in Socrates' Moral Theory*, in PCPS (30) 1981, pp. 181-213
Vlastos 1983: G. Vlastos, *The Socratic Elenchus: Method is All*, in OSAP (1) 1983, pp. 27-54
Vlastos 1991: G. Vlastos, *Socrates, Ironist and Moral Philosopher*, Ithaca 1991
Vogt 2006: K. M. Vogt, *Skeptische Suche und das Verstehen von Begriffen*, in C. Rapp – T. Wagner (eds.), *Wissen und Bildung in der antiken Philosophie*, Stuttgart 2006, pp. 325-339
Vogt 2012: K. M. Vogt, *Belief and Truth. A Skeptic Reading of Plato*, Oxford 2012
von Armin 1921: H. von Arnim, *Kebes*, in RE (vol. 11.1) 1921, coll. 101-104
von Arnim 1964: H. von Arnim, *Stoicorum Veterum Fragmenta*, voll. 4, Stuttgart 1964
von Koppenfels 2001: W. von Koppenfels, *Kataskopos oder der Blick von der Höhe: ein menippeischer Streifzug*, in A&A (47) 2001, pp. 1-20
von Möllendorff 2000[1]: P. von Möllendorff, *Hermotimos oder lohnt es sich, Philosophie zu studieren*, Darmstadt 2000
von Möllendorff 2000[2]: P. von Möllendorff, *Auf der Suche nach der verlogenen Wahrheit. Lukians 'Wahre Geschichten'*, Tübingen 2000
von Möllendorff 2010[1]: P. von Möllendorff, *„So weit meine offenen Worte an dich ..." – Form und Funktion von Polemik in den Schriften des Lukian von Samosata*, in O. Wischmeyer – L. Scornalenchi (eds.), *Polemik in der frühchristlichen Literatur. Texte und Kontexte*, Berlin – New York 2010, pp. 55-75
von Möllendorff 2010[2]: P. von Möllendorff, *λόγος ἄπιστος: Der Logos als Helfer und Gegenspieler bei Lukian*, in F. R. Prostmeier – H. E. Lona (eds.), *Logos der Vernunft – Logos des Glaubens*, Berlin – New York 2010, pp. 5-23
Wälchli 2003: P. Wälchli, *Studien zu den literarischen Beziehungen zwischen Plutarch und Lukian*, München – Lepizig 2003

Walbank 1967: F. W. Walbank, *A historical Commentary on Polybius, Vol. II. Commentary on Books VII-XVIII*, Oxford 1967
Webb 2009: R. Webb, *Ekphrasis, imagination and persuasion in ancient rhetorical theory and practice*, Farnham 2009
Webb 2017: R. Webb, *Schools and Paideia*, in Richter – Johnson 2017, pp. 139-153
Weber 1887: E. Weber, *De Dione Chrysostomo Cynicorum sectatore*, in LS (10) 1887, pp. 77-268
West 1978: M. L. West, *Hesiod. Works and Days*, Oxford 1978
West 2005: M. L. West, *The New Sappho*, in ZPE (151) 2005, pp. 1-9
Whitmarsh 2001: T. Whitmarsh, *Greek Literature and the Roman Empire. The Politics of Imitation*, Oxford 2001
Whitmarsh 2005: T. Whitmarsh, *The Second Sophistic*, Oxford 2005
Whittaker 1987: J. Whittaker, *Platonic Philosophy in the early Centuries of the Empire*, in ANRW (2.36.1) 1987, pp. 81-123
Wifstrand 1942: A. Wifstrand, *Die griechischen Verba für Wollen*, in Eranos (40) 1942, pp. 16-36
Wilkins 2000: J. Wilkins, *The Boastful Chef. The Discourse of Food in Ancient Greek Comedy*, Oxford 2000
Williams 2003: G. D. Williams, *Seneca. De Otio – De Brevitate Vitae*, Cambridge 2003
Willms 2011-2012: L. Willms, *Epiktets Diatribe Über die Freiheit (4.1). Einleitung, Übersetzung und Kommentar*, 2 voll., Heidelberg 2011-2012
Wisse – Winterbottom – Fantham 2008: J. Wisse – M. Winterbottom – E. Fantham, *M. T. Cicero. De Oratore Libri III. A Commentary on Book III. 96-230*, Heidelberg 2008
Witt 1937: R. E. Witt, *Albinus and the History of Middle Platonism*, Cambridge 1937
Wittek 1952: M. Wittek, *Liste des manuscrits de Lucien*, in Scriptorium (6) 1952, pp. 309-323
Wöhrle 2009: G. Wöhrle (ed.), *The Milesians. Thales*, Berlin 2009
Worman 2015: N. Worman, *Landscape and the Spaces of Metaphor in Ancient Literary Theory and Criticism*, Cambridge 2015
Yunis 2011: H. Yunis (ed.), *Plato. Phaedrus*, Cambridge 2011
Zambrini 1987: A. Zambrini, *A proposito degli Indika di Arriano*, in ASNP (17) 1987, pp. 139-154
Zanker 1995: P. Zanker, *The Mask of Socrates. The Image of the Intellectual in Antiquity*, Berkeley – Los Angeles, 1995
Ziegeler 1872: E. Ziegeler, *De Luciano poetarum judice et imitatore*, Diss. Gottingae 1872
Zimmermann 1983: B. Zimmermann, *Utopisches und Utopie in den Komödien des Aristophanes*, in WJA (9) 1983, pp. 57-77
Zimmermann 2012: B. Zimmermann, *Le personificazioni nella commedia greca del V secolo a.C.*, in Moretti – Bonandini 2012, pp. 15-27
Zweimüller 2008: S. Zweimüller, *Lukian. "Rhetorum praeceptor". Einleitung, Text und Kommentar*, Göttingen 2008
Zymner 1997: R. Zymner, *Gleichnis*, in RLW (1) 1997, pp. 724-727

Indici analitici

Indice delle cose notevoli

Accademia: 18, 30, 35 e n. 145, 37, 39-40, 41 n. 172, 51, 559
– evoluzione scettica della scuola platonica: 29-34, 51, 60, 343, 471
– distinzione dalla corrente pirroniana: 35-36, 48-49, 265
– elementi accademici nel dialogo: 35 n. 146-147, 40 n. 167, 211, 251, 254-255, 261-262, 320-321, 335, 375, 424, 468, 480
andatura: 176-179, 268
aneddoto: 76, 80, 84, 89, 228-231, 233, 239, 241, 245, 257, 332, 343, 410, 415, 499-500, 509, 534, 550
apistia (ἀπιστία): 377
aporia: 206, 249, 349-350, 356, 358, 375, 390, 393, 422, 434, 489, 494-495, 508, 539, 572
argomentazione fittizia: 20, 77-84, 328, 352
argomenti per *adunata*
– fenice: 404-405
– formiche: 70, 201
– Pigmei: 201-202
– Aorno: 196, 199, 202
Areopago: 86, 463-464
ascesi: 198, 215-216, 309-310
atticismo / iperatticismo: 6 n. 26, 179, 208, 256, 454, 475, 488

Bildersprache: 19, 43 n. 183, 61-72, 284

caso
– caso: 320-321
– caso e fato: 206
– scelta della vera filosofia compiuta casualmente: 321, 389-390, 515
Cinismo
– modello del filosofo cinico: 199, 214-215, 221, 223, 251, 271, 297, 300-301, 394, 489

– motivi cinici nel dialogo: 215, 219-220, 223, 247, 264, 286-287, 297, 320, 324, 340, 397, 424, 437, 488-489, 544, 578-579
– stile di vita cinico: 197, 219-220, 224, 271, 303, 309-310, 424-425, 489, 544
citazioni
– di Epicarmo: 377
– di Esiodo: 189, 193
– di Ippocrate: 189
– di Omero: 305, 341-342, 456-458
– dalla tragedia: 183, 318, 376-377, 445, 498-499
coerenza logica (ἀκολουθία): 519-520, 524-525
commedia (vedi *dialogo*)
compenso: 212, 231-233, 404, 433, 444, 550, 552-553
confutazione
– strategie confutatorie di Licino: 211-212, 236, 275, 282, 349, 357, 381, 429-430, 465, 472, 515-516, 523, 540-542
– modelli della confutazione di Licino: 184, 248-249, 268, 324, 335-336, 339, 515, 521
– reazione di Ermotimo: 223, 367, 399, 404, 451, 501, 507, 526
– effetti della confutazione: 194, 248, 281, 292, 391, 472, 483, 526, 566-567, 572, 575
congiuntivo / ottativo: 319, 369, 407, 495-496, 564-565
conversione alla filosofia: 6 e n. 24, 8 n. 32, 9, 12 e n. 49, 13-14 n. 58, 21, 172, 247-248, 527
criterio di giudizio (vedi *argomenti scettici*)

datazione dell'*Hermotimus* 5-10, 395
deus ex machina: 58 n. 241, 90, 194, 572, 575
diafonia (vedi *argomenti scettici*)
diallele: 267, 413, 485, 491

dialogo
- caratteristiche del dialogo filosofico lucianeo: 3 n. 9, 4 e n. 14, 5 n. 21, 6 e n. 24, 11-22, 24 n. 104, 27 n. 119, 55, 56 n. 232, 72, 176-177, 187, 204, 331, 390, 400, 498-499, 569-570
- dialogo nell'*Hermotimus*: 6-8, 10 n. 44, 17-18, 18 n. 76-77, 19, 22-25, 44, 52 e n. 220, 56 e n. 231, 57 e n. 238, 60-61, 65-66, 69-71, 77, 82, 90, 171, 203, 213, 282, 325, 328-329, 343, 365, 390, 393, 410, 413, 419, 429, 449, 468, 492, 519, 530, 533, 576
- dialoghi di Licino: datazione: 9, 173, 395; caratteristiche generali: 6 n. 26, 9 e n. 39, 57 n. 239, 173, 206, 395, 503
- dialogo aristotelico: 17 e n. 74, 18 e n. 75
- dialogo ciceroniano: 17 n. 73, 19 n. 79
- dialoghi menippei: 494-495
- dialogo in età imperiale: 17 n. 73, 18 n. 75, 24 n. 105, 38, 40 n. 168, 49-50
- dialogo e commedia
come modello lucianeo: 173-174, 178, 185, 188, 203, 205, 206-207, 224, 232, 241-242, 256, 268, 270-271, 285, 288, 298-299, 330-331, 339, 341, 353, 363-364, 391, 424, 430, 435, 441, 444, 446, 453-454, 456, 467, 499-500, 503, 530, 552, 558
elementi comici nell'*Hermotimus*: 180, 188, 231, 233, 239, 241, 243, 244, 256, 269, 271, 329, 339, 345, 444, 453, 499, 510, 558
commistione tra commedia e dialogo filosofico: 19 n. 80, 22, 28 n. 122, 391, 509, 512-513
- dialogo filosofico platonico-socratico: 3 n. 9, 4 e n. 15, 5 e n. 18 e 20, 12 n. 49, 13 e n. 55, 12 n. 49, 16 e n. 69, 17, 19 n. 79, 20 e n. 83, 21, 30, 51 n. 216, 52-55, 57 e n. 234-235, 59 n. 243, 60, 63, 72, 77, 171, 176, 182, 202, 204, 213, 241, 247, 252, 282-283, 338, 340, 356, 375, 381-382, 385, 391, 393, 406, 409, 443, 453, 460, 502, 532, 548, 553, 569, 572
- contrapposizione all'eristica: 16, 234-235, 548, 553
- dialogo e amicizia: 246-247, 249, 268, 453
- dialogo e retorica: 10, 15 e n. 65-66, 18 n. 76, 19, 20 n. 81, 65-66, 69-70, 284, 340, 410, 420, 518
- dialogo e ricerca della verità: 21, 34 n. 143, 43, 57 n. 234, 58, 66, 86, 317-318, 334, 351, 363, 372, 402-403, 423, 431, 497, 522, 548
- dialogo e scetticismo: 22, 30, 33, 46, 48, 50, 53-55, 57 n. 235, 58 n. 241, 80, 86, 90, 206, 231, 262, 321, 343, 352, 355, 381, 390, 438, 447-448, 452, 471, 494, 560, 572
- personificazione del dialogo: 9, 14 n. 62, 15-16, 337, 394, 455, 509, 578
dialogi: 20, 50
diatriba cinico-stoica: 19-20, 28 n. 122, 69-70, 207, 219-220, 238, 247, 257, 271, 324, 338, 340, 405, 409, 429, 498, 500, 504, 576
divinità
- critica alla religione tradizionale: 274, 399, 421-422
- rappresentazione stoica della divinità: 172, 322, 557-558
- critica alla concezione teologica stoica (vedi *Stoicismo*)

ebbrezza: 335, 429, 437-438, 566, 572
elenco
- come peculiarità stilistica: 37 n. 155, 88, 228, 309, 531, 557
- dei beni ideali: 213, 216, 284
- delle caratteristiche del filosofo: 217, 225, 304, 397, 459, 554
- dei filosofi: 22 n. 94, 36 n. 151, 251, 262, 383
enargheia (ἐνάργεια): vedi *strategie argomentative*
elleboro: 534, 574
epoché (ἐποχή): 32 e n. 139, 33 e n. 140, 43 e n. 179, 46, 59 n. 242, 327, 480, 497-498

eristica/eristi (vedi anche *dialogo*): 3 n. 9, 58 n. 240, 234-235, 249, 264

fatica (πόνος): 215 (Cleante e Crisippo: φιλόπονοι), 220-221 (come valore cinico), 293, 310 (Epicuro), 460 (Epitteto)
fato: 205-206, 525
favole esopiche: 90, 278, 441, 466, 484, 565-566
felicità
– come fine della filosofia: 186-187, 191-192, 196, 212, 283, 293, 297, 328, 459, 487-489, 540, 546
– idee contrastanti sulla felicità: 191, 207, 213-214, 351-352, 470-471, 544, 573
– virtù e felicità: 190-191, 196-197, 307, 387-388, 421, 470, 472
filosofia
– ricerca della vera filosofia: 17, 21, 42 n. 178, 45, 55-57, 68, 71, 246, 261, 273, 288, 318, 328, 354-355, 358, 363, 370, 378, 381, 386, 393, 396-397, 399, 404, 420, 423, 431, 441, 453, 455, 460, 469, 473-474, 486, 502, 515, 529, 531-532, 554, 573
– difficoltà nella ricerca della vera filosofia: 22 n. 96, 46, 53-54, 58, 68, 252, 254, 276, 293, 306, 317, 334, 353, 356-357, 365-366, 370, 372-373, 388-389, 392, 402, 406, 412, 422, 446, 458, 466, 469-470, 472, 476, 501, 511, 514
– concezione dogmatica della filosofia: 10, 21, 24, 27, 29, 31, 36-37, 40-41, 45, 51, 59, 65, 212, 238, 250-252, 256, 259, 264, 267, 317, 327, 333, 340, 381, 399, 402, 406, 413, 415, 418, 422, 454, 459, 462, 468, 479, 509, 570
– interpretazione pragmatica della filosofia: 20 n. 81, 47, 57, 247, 284, 373, 401, 423, 460, 489, 543-546, 567, 577
– funzione educativa della filosofia: 58, 186, 299, 335, 372, 397, 399, 401, 420, 563
– filosofia come preparazione alla morte (μελέτη θανάτου): 54 n. 226, 188

filosofo
– caratteristiche del vero filosofo: 229, 271, 274, 276, 279-280, 296, 328, 337, 358, 448, 515, 522, 531, 535, 543, 550, 561, 572-573, 577
– chiarezza dell'eloquio del vero filosofo: 179, 371, 396-397
– caratteristiche del falso filosofo: 178, 186, 218, 220, 230, 237, 243, 246, 271, 275, 280, 288, 291, 316, 374, 402, 406-407, 431, 436, 456, 466, 530, 550, 554, 563, 565, 573, 579
– capziosità linguistiche dei filosofi-sofisti: 186, 224, 241, 343, 376, 398, 420, 434, 483, 547-548, 555-556
– aspetto del filosofo: 188, 219, 256, 269-270, 273, 301, 310, 396, 469, 571
– *paraphernalia* del filosofo: 235-236, 269, 425, 573
– *parrhesia* del filosofo: 248-249, 297, 397-399, 465, 529
– caricatura del filosofo stoico: 203, 217-218, 230-231, 240, 551-552, 563
– contrapposizione filosofi / profani (ἰδιῶται): 185-187, 202, 219, 262, 266-268, 274, 311, 386, 475, 509, 511, 535, 546, 563, 567
fisiognomica: 179

gloria: 172, 214, 219-220, 265, 286, 290-291
gnoseologia: 198, 217, 348, 403, 492

Halbphilosoph: 2 n. 7
hapax legomena
– sostantivi: 538
– aggettivi: 255, 426, 443
– verbi: 192, 292, 435

indovino (vedi *mantica*): 73, 85 n. 327, 204-205, 253, 387, 420-421, 423-424, 489
iperbole: 200, 202, 209, 244, 440
ipse dixit (vedi *auctoritas*): 211, 331, 415
ironia
– di Luciano nei suoi testi: 23 n. 102, 24 n. 103, 25, 175, 189, 192, 199, 203, 223, 226, 230, 236, 245, 250, 264, 266,

275, 281, 310, 350, 354, 366-367, 391, 402, 423, 426, 455, 504, 532, 541-542, 550, 562, 574
- di Licino verso Ermotimo: 54 n. 226, 59, 73, 75, 80, 85, 173, 176, 182, 186-187, 194, 201, 209, 227, 245, 255, 281, 293, 301, 309, 342, 346, 357-358, 373, 380, 386, 388, 391, 395, 408, 422-423, 433, 436, 438-439, 442, 449, 458, 467, 485, 534, 537-538, 540, 549, 553, 558
- di Socrate come modello per Luciano: 58, 255, 381-382, 385, 473, 483
itacismo: 305, 319, 360, 368-369, 383, 428, 451, 495, 506, 522-523, 565

Licino
- come *persona ficta*: 10, 173, 302, 395
- tratti socratici di Licino: 17, 173-174, 212-213, 229, 247-248, 255, 260, 282-283, 356, 382, 385, 399, 406, 443, 454, 460, 472-473, 502, 511, 572
- elementi scettici in Licino: 22-28, 34-36, 75, 204, 231, 238, 249-255, 258, 261-262, 267-268, 273, 275, 280, 307, 314, 317, 321, 327, 350-352, 354-355, 357, 372, 375, 380-381, 383, 389, 392-393, 402-403, 413-414, 416, 418, 422, 447-448, 462, 469-470, 477, 479-480, 486, 490-493, 511-513, 517, 521, 545-546, 560, 568
- linguaggio di Licino: 59, 88, 239, 255-256, 320, 407, 440
Lobrede: 315-316, 431
logica stoica: 216, 326-327, 422, 491, 493, 519, 546-547, 557
logomachia (λογομαχία): 238

mantica: 253, 387, 424-426, 439-440
medicina: 184-185
metodo
- della filosofia: 190, 197, 212, 258-259, 279, 317, 333, 340, 358, 363, 366, 372, 377, 382, 406, 418, 441, 453, 459, 476, 486, 489, 525, 547
- della mantica: 253, 425

- della matematica/geometria: 347-349, 411, 469, 513, 520-521
- della medicina: 185
- della retorica: 262, 276, 308, 335-336, 376, 393, 430, 453, 514-515, 548, 551
mimica: 180-181

paradossi (vedi *Stoicismo*)
paragoni mitici
- Teseo e Arianna: 375-376
- Eracle: 221-223, 237, 304, 437, 544
- Odisseo: 436-437
- Pigmalione: 398
- Danaidi: 445-446
- Ippocentauro: 509
- Chimera: 510
- Gorgone: 510, 512
parodia
- della filosofia e del filosofo: 10, 22, 26 n. 114, 28, 33-35, 46, 172, 178, 181, 188, 190, 198, 217-218, 226, 231, 266, 306, 327, 350, 404, 424-425, 488-489, 494, 553, 557-559, 562-563, 577
- di Esiodo: 189
- di Omero: 189, 194, 300, 395
- del simposio: 242-244
- del dialogo socratico-platonico: 18 n. 77, 391, 399
parrhesia (vedi *filosofo*)
parte e tutto (vedi *argomenti scettici*)
passioni
- piacere (ἡδονή): 222, 501, 535; dolore (λύπη): 224; gloria (δόξα): 265; ira (ὀργή): 224-225, 236, 501, 534, 550; invidia (φθόνος): 453, 536; paura (φόβος): 224
- differenziazione tra le passioni: 225-226, 233, 263, 554
- lotta contro le passioni: 221-222, 224-225, 237, 240, 437, 533, 544
- rifiuto cinico-stoico delle passioni: 222, 224, 240, 297, 533-535, 554
- parodia della dottrina stoica delle passioni: 226, 445, 536
periodo ipotetico
- particolarità nell'uso di Luciano: 209, 319, 331, 348, 450, 495

Indici analitici —— **617**

- *exemplum fictum*: 209, 348
- uso della particella ἄν: 363, 373, 378, 507, 523

Plato scepticus: 51, 60
- origini della questione: 30, 51-52
- argomento discusso nel II sec. d.C.: 52-53, 60
- riflessi in Luciano: 51-61, 265, 343, 471

plurale enfatico: 200
povertà: 219, 291
progresso morale: 451-452, 539, 550, 563, 568
prosopopea (vedi *strategie drammatiche*)
progymnasmata: 3 n. 9-10, 18 n. 76, 189, 228
proverbi: 183-184, 193, 316-317, 319, 321, 331, 341, 344, 376, 388, 393, 398, 410, 416-417, 432, 445-446, 448, 483, 489, 498-500, 534, 541, 549, 566, 576
pubblico: 179, 235, 240, 270, 317, 320, 359, 395, 415, 513-514, 517
punto di vista elevato: 200-201

remunerazione (vedi *compenso*)
retorica
- nel contesto della Seconda Sofistica: 1-4, 8, 13, 20, 43 n. 183, 48, 71, 179, 209, 228, 256, 356
- retorica *vs* filosofia: 2-3, 5, 8-13, 15-16, 18-19, 20-21, 28, 61, 66, 71, 232, 247, 303, 315, 337, 356, 515
- Luciano e gli studi retorici: 1-2, 4, 6-13, 15, 18, 21, 39, 61, 68
- elementi retorici nell'*Hermotimus*: 4-5, 10, 18-19, 21, 23 n. 97, 28, 43 n. 183, 61, 63-66, 69-72, 173, 177, 180-181, 189, 193, 200, 202, 212, 226, 262, 269, 283, 307-308, 311, 316, 320, 326, 329, 331-332, 335, 343, 382, 398, 409-410, 420, 425, 430, 432, 439, 447, 460, 466, 473, 504, 508, 517-518, 547, 563
ricco / ricchezze: 187, 207, 210, 214, 218-220, 226, 231-233, 237, 240, 246, 263-264, 266, 271, 285, 287-288, 290-291, 296, 303-304, 316, 320, 322, 396, 399, 444, 446, 466, 498, 502-503, 527, 534-535, 551, 559, 573
Ringkomposition: 187, 576
riso: 223-224, 283

saluto, formule di -: 227, 351, 507, 559
satira
- caratteri della satira lucianea: 25, 26 n. 113, 178, 200-201, 221, 223-224, 231, 237, 277-278, 280-281, 295-296, 310, 329, 359, 377, 396-397, 399, 409, 421, 456, 499, 505-506, 508-510, 516, 526, 551-552, 554, 566, 568, 578
- eroe satirico: 26 n. 113, 58 n. 241, 223, 283, 297, 572
- maschera satirica: 173
- satira filosofica: 10 n. 44, 22, 24, 28, 55 n. 228, 61, 69-70, 172, 187, 205, 216, 238, 243, 247, 264, 298, 330, 352, 392, 394-395, 497, 526, 546, 550, 575, 577, 579
- satira menippea: 6 n. 24, 22, 25 n. 109, 175, 238, 242
- motivi menippei: 22 n. 94, 25 n. 109-110, 223, 238, 242, 262, 340, 383, 494, 505
- dialoghi menippei di Luciano: 6 n. 24, 9 n. 38, 38 n. 157, 55 n. 230, 495
Scetticismo
- tracce scettiche nel *corpus* lucianeo: 27-28, 30-38, 47 n. 196
- elementi scettici nell'*Hermotimus* argomenti scettici: contro l'*auctoritas* (vedi *ipse dixit*); contro l'affidabilità della Τύχη: 320-321; contro il mito: 511-512, 517; contro il ragionamento induttivo: 332-333, 413; diafonia tra le varie scuole di pensiero: 250-252, 262, 307, 352, 355, 383, 422, 470-471; dottrina degli ἄδηλα: 275-276, 317, 357, 365, 402-403, 468, 477; parte e tutto: 413-414, 416-418; *petitio principii* / diallele: 43, 267, 314, 354, 413, 485, 491; sul criterio dell'agente (ὑφ' οὖ): 42 n. 178, 490; sul criterio di maggioranza: 258, 261-262; sulle dimostrazioni: 379, 414,

486, 490-493; sul segno: 68, 254, 275-277, 414; tropi di Agrippa: 25 n. 110, 48, 250, 252, 307, 355, 383, 422, 490-491; tropi di Enesidemo: 29 n. 124, 37 n. 155, 48 n. 204, 51, 258, 447-448, 512; argomenti scettico-empiristi: 26, 314, 372, 513-514; κοινὸς βίος: 372, 568
- interpretazione scettica di Socrate (vedi *Socrate*)
- interpretazione scettica di Platone (vedi *Accademia*)
- impiego scettico del dialogo (vedi *dialogo*)
- Scetticismo e satira antidogmatica: 22-28, 35, 50 n. 213, 56, 72, 206, 231, 284, 335, 343, 387, 400, 418, 423, 471, 497, 531, 546, 567, 577

scuole filosofiche
- Platonici: 37 e n. 156, 81, 265, 270, 291, 352, 550, 559
- Medioplatonici: 14, 37, 42 e n. 178, 51 e n. 216, 53 n. 223, 222, 265
- Neoplatonici: 15 n. 63, 455
- Peripatetici: 12 n. 49, 19 n. 79, 35 n. 148, 74, 234, 236-238, 241, 243, 248, 251, 262-265, 291, 311, 390, 440, 569, 572
- Pitagorici: 171, 188, 251, 380, 559, 575
- Scettici: 26, 30-31, 33, 41-42, 47 n. 196, 48-49, 53, 55, 56 n. 233, 61, 198-199, 204, 240, 251, 257, 264, 280, 287, 293, 314, 324, 366, 372, 375, 380, 385, 387, 389, 392, 402, 414, 416, 422, 446, 493, 498, 521, 545, 568, 571, 575, 577
- Stoici: 12 n. 49, 16, 18 n. 77, 19 n. 79, 23-24, 34, 40, 41 n. 168, 42, 45, 59, 67, 71, 73-74, 76-81, 83-86, 88-89, 181, 189-190, 193, 199, 204-205, 214-216, 220, 231-232, 234, 257, 259, 261, 265-267, 270-271, 284, 294, 297, 304, 309-310, 326, 328, 336, 345-349, 351-355, 360, 371, 376, 379-380, 386, 388, 397, 420-421, 432, 437, 441, 459, 470, 478, 488, 492-493, 517, 521, 524-525, 527, 537, 539-540, 544-545, 548-549, 556-559, 562, 565, 573-574
- numero esorbitante di scuole filosofiche: 382-383

Seconda Sofistica: 3-4, 22 n. 92, 37, 69 n. 292, 179, 278, 316, 339, 437

segno: 68, 81-82, 86, 254-255, 277, 279, 355, 358, 361, 413-414, 418, 493, 525

sillogismi stoici
- valore argomentativo dei sillogismi: 232, 367, 454, 493, 519, 546
- attacco scettico contro i sillogismi: 216, 493-494
- peculiarità della filosofia stoica: 326, 546-547, 555, 557, 561-562, 567

similitudine
- delle formiche: 70, 200-201, 223, 332-334, 344
- del naufragio: 323, 576-577
- della via: 46, 76, 179, 188, 190-192, 205, 208-209, 252, 267, 286, 306-310, 312-315, 317-318, 323, 328-329, 388, 424-425, 439-440, 476, 486, 488-489, 501, 527, 543
- della città ideale: 282, 284-288, 292, 294-300, 302-304, 306, 309, 314, 319, 340, 346, 515, 540, 543
- nave / pilota: 321, 323-324, 366, 515, 519, 577
- navigazione / naufragio: 293, 319, 321, 323-324, 375, 388, 515, 576-577
- etiope: 44 n. 187, 78-79, 328, 332
- atleta / scene sportive: 79, 82, 277, 336-338, 341-342, 359-365, 404, 484
- furto dal tesoro del tempio: 67, 81, 301, 353, 361, 365
- cimelio d'oro: 357, 389, 469-470
- efedro: 44 n. 188, 360-361, 363, 368-370, 469
- coppa di vino e botte dell'oste: 85, 366, 429, 432, 434, 437, 439-440; botte di semi: 441-442
- veleno: 434, 446-449
- labirinto: 82 n. 322, 83, 376
- tribunale: 34, 329-330, 337, 378, 464
- amore paradossale per una statua: 274, 398

- unghia del leone: 408, 411, 413, 416, 419
- pesca e rete: 434, 466-467
- fave nascoste: 465
- saggiatore di monete: 480, 486
- gregge di pecore: 483
- acqua: 484
- canna: 484-485
- strumenti di falegnameria: 272-273, 535
- parti della filosofia e giardino: 421, 548
- filosofia come morso per i cavalli: 560

similitudini paradossali: 19, 77, 84-85, 184, 279, 298, 442, 513

sintagmi platonici: 204, 227, 237, 252, 283, 443, 494

sintassi
- particolarità sintattiche: 19, 192, 209-210, 319, 333-334, 345, 348, 369, 564
- *lex Wackernagel*: 419
- terminazioni rare: 208
- periodo ipotetico (vedi *supra*)

sogno, motivo del -: 88, 183, 501-503, 505-506, 515

Socrate
- dialoghi "socratici": 5 n. 20
- "non sapere" socratico: 59, 83, 380-382, 406-407, 532
- tratti socratici di Licino (vedi *Licino*)
- interpretazione scettica di Socrate: 30 e n. 129, 51-52, 58-59, 381, 406-407

sofisti: 183, 202, 205, 212, 232, 234, 241, 249, 260, 281, 283, 316, 338, 381-382, 421, 426, 456, 509, 548, 575
- insegnamento sofistico *vs* insegnamento maieutico-socratico: 3 n. 9, 4, 235, 246-247, 249, 260, 381-382, 393, 453, 454, 572
- sofista/retore: 12 n. 51, 13 n. 54

sofista/filosofo: 2 n. 6-8, 3 n. 9, 12 n. 51, 38, 233-234, 316, 349, 395, 407, 421, 509, 548
- argomenti sofistici: 12 n. 49, 16, 190, 202, 235, 242, 308, 335, 376, 407, 434, 435, 454, 467, 547, 548, 551, 553, 562, 563

spoudaiogeloion: 28 n. 120, 499

stile di vita (τρόπος βίου)
- del profano: 186-187, 292, 387, 444, 474-475, 508, 552, 567
- del filosofo: 190, 196, 198, 214-215, 218-220, 223, 229, 262, 271, 293, 319, 372, 380, 388, 393-394, 397, 400, 441-442, 444, 470, 488-489, 502, 515, 544, 568, 572

del falso filosofo: 279, 310

Stoicismo
- caratteristiche del saggio stoico: 74, 224-226, 232, 236, 237, 240, 266, 269, 292, 295, 297, 371, 388, 453, 472, 478-479, 501, 529, 531, 534-535, 544, 559, 563
- nomi dei filosofi stoici: 172, 234
- potere e filosofi stoici: 527, 529-530
- dottrine logiche: 216, 326-327, 421, 422, 491, 493, 519, 520, 546-547, 548, 555-556, 557, 562
- satira dei termini filosofici stoici (vedi *satira*)

paradossi stoici: 493, 551, 556, 566
argomento delle corna: 556
dilemma del coccodrillo: 556
teologia stoica: 322, 557-558
- Stoicismo e Platonismo: 372-373
- Stoicismo di mezzo: 190, 489

strategie argomentative
- *enargheia* (ἐνάργεια) 34, 69 n. 292, 310, 320, 415, 420
- ironia (vedi *supra*)
- paralogismi: 267, 354, 413, 485, 491
- poliptoto: 75, 385, 387, 463
- ragionamento induttivo: 253, 413, 418, 525
- *synkrisis* (σύγκρισις): 262-263, 308, 415, 430-431
- *variatio*: lessicale: 384, 412; sintattica: 319, 345, 369, 495, 532-533, 564, 571

strategie drammatiche
- allocuzione al pubblico: 233
- gesti delle mani: 176, 179, 180-181

strategie comico-parodiche
- aggettivi in παν-: 408-409, 439-440
- *adunata* (vedi *supra*)

– personificazioni: 191, 197, 277, 288-289, 294, 505, 531, 547; dell'εὐχή: 504-505; del λόγος: 394, 456, 472-473, 566; della τύχη: 320; del χρεών: 206

tecnica
– come mestiere manuale: 1 n. 2, 267, 356, 431, 441, 480
– come disciplina paragonata alla filosofia: 279, 480
– filosofia come tecnica di vita: 190, 487, 531, 555
– retorica come tecnica: 12 n. 51, 425
– tecnica eristica: 235, 249
– tecniche argomentative: 57, 66 n. 282, 61-72, 77, 80, 83, 119, 202, 366, 420, 430, 478, 485-488

teoforo: 171-172

tesoro, motivo del -:
– tesoro sottratto dal tempio (vedi *similitudine*)
– tesoro scoperto fortuitamente: 498, 503, 508

titoli dei dialoghi lucianei: 171, 378, 504
tropi scettici (vedi *Scetticismo*)

utopia: 76, 284-288, 295, 299

variatio (vedi *strategie argomentative*)
vergogna (αἰσχύνη): 526-527, 568-569
verità
– concetto di verità: 26-28
– ricerca della verità: 21, 23, 41, 44-45, 47, 52, 54-58, 76-77, 183, 188, 237, 246, 251, 261, 284, 288, 293, 323, 334, 357, 372, 381, 388, 392-393, 397, 404, 407, 412, 420, 422, 431, 434, 448, 452, 455, 460, 464, 466, 469, 476, 489, 501-502, 508, 511, 526, 531, 573
– criterio / metodo di verità: 42 n. 177, 43, 44 n. 186, 46, 58, 76, 254, 257, 272-273, 282, 355, 357-358, 386, 402-403, 414, 421, 429, 431, 438, 459, 465, 469, 479, 486, 493, 514, 522, 524, 547
– pretese di verità da parte di tutte le scuole filosofiche: 23, 42, 254, 314, 328, 334, 342, 348, 355, 378, 390, 460, 462-463, 475, 497
– critiche scettiche alla verità dogmatica: 40 n. 166, 45-46, 58, 251, 254, 257, 273, 280, 284, 323, 353, 392-393, 402, 446, 468, 471, 492, 517
– dialettica vero / falso: 34 n. 143, 42 n. 178, 46 n. 193, 279-280, 323, 349, 396, 402, 485, 518-519, 554
– metafore / similitudini relative alla verità (vedi *supra*)

via breve (= σύντομος ὁδός): 190, 308, 424-425, 450, 474, 488-489, 544; via lunga: 190, 194, 211, 215, 379-380, 436, 440, 489, 539-540, 542, 546, 548; schema della doppia via: 307-308

virtù
– come fine del percorso filosofico: 190, 197, 209-210, 220, 237, 281, 283, 286, 288, 300, 306, 313, 341, 358, 374, 387, 469, 534-535, 541, 548, 573
– cammino verso la virtù: 188, 190-193, 197, 199, 252, 259, 267, 284, 304, 307, 309, 323, 348, 358, 394, 424, 439, 451, 490, 525, 538-539, 575
– elenco delle virtù: 216-218, 298, 316, 387-388, 397, 454, 482, 531
– parti della virtù: 216-217, 356, 410
– differenti concezioni della virtù: 182, 189-190, 214, 216, 251, 284-285, 288, 307, 309-310, 387, 470, 543-544

vizio: 182, 186, 190, 211, 214, 220, 226, 237, 291, 307, 323, 340, 397, 400, 422, 508, 531, 533, 538-539, 546-547, 551, 554
– pigrizia: 400

Indice dei nomi

Ade: 34, 54, 56 n. 230, 187, 250, 253, 272, 276, 288, 290, 301, 330, 387, 476, 495
Alessandro: 196, 199-200, 202, 209-210, 280, 311, 331, 348, 377, 395, 438, 440, 488, 503-504
Andromaca: 300
Antistene: 251, 262, 264
Aorno: 196, 199, 202
Apollo: 257, 423, 425, 440, 454, 505,
Arcesilao: 30 e n. 129, 40 e n. 167, 47 n. 196, 51 e n. 216, 59, 198, 265, 335, 381, 403
Arginuse: 331
Arianna: 82, n. 322, 375-376
Aristofane: 9 n. 41, 12 n. 49, 173, 188, 203, 239, 242, 256, 263, 270, 285, 288, 298-299, 341, 363, 430, 435, 456, 500
Aristone di Chio: 214
Aristotele: 17, 61, 62 n. 265, 83, 180, 202, 235, 262-263, 289, 296, 344, 371, 383, 400, 461, 518, 562, 569
Atena: 208, 442
Atene: 7, 17 n. 71, 173, 175, 208, 229, 287-288, 296, 299, 330, 343, 399, 499, 534

Caldei: 204-205
Carmide: 415
Carneade: 30 e n. 130 e 132, 35 n. 146, 40 n. 167, 41 e n. 172, 47 n. 196, 51 n. 216, 340, 574
Caronte: 186, 193, 200, 277, 281, 301, 542, 575, 577
Cherefonte: 188, 256-257, 380
Cicerone: 19 n. 79, 46 n. 193, 53 n. 223, 55 n. 228, 59 n. 243 e 245, 181, 202, 204, 254, 335, 411, 480, 494, 538
Cinismo: 69 n. 293, 182, 189, 197, 199, 213-215, 219-221, 223-224, 232, 236, 245, 247, 251, 264, 270-271, 286-287, 297, 300, 303-304, 309-310, 320, 324, 340, 357, 387-388, 394, 397-398, 409, 424-425, 437, 442, 444, 488-489, 530, 544, 578-579

Cleante: 180, 190, 215, 229, 310, 315, 322, 544, 557
Colosso di Rodi: 505-506
Corinna: 344
Corinto: 82, 294, 314, 316-319, 326, 370, 430
Crisippo: 15, 77, 80, 83, 175, 177, 196, 207, 214-217, 225, 232, 251, 262, 266, 270, 286, 310, 320, 326, 334, 350, 367, 383, 410, 420, 515, 525, 538, 541, 546-547, 551, 556, 558, 574
Cristiani: 37 n. 154, 185, 207, 253, 405, 435, 484, 528, 540, 542
Crizia: 63 n. 268, 415, 527

Damide: 12 n. 49, 21 n. 88, 23 n. 102, 176, 239, 245, 280, 324, 336, 351, 366, 394, 399, 494, 517, 532
Danaidi: 85 n. 328, 445-446
Delfi: 256, 380, 440
Demonatte: 11, 38 n. 159, 39 n. 164, 179, 218, 226, 229, 243, 246, 259, 271, 280, 291, 297, 311, 316, 382, 394, 397, 399, 458, 530, 563
Demostene: 499-500, 516
Diogene il cinico: 185, 220, 222-224, 251, 262, 264, 297, 300-301, 320, 394, 397, 424, 488, 551, 559-560
Dione Crisostomo: 274, 475, 518, 545
Dionisio: 183, 274, 343, 374, 376, 426, 542, 566, 569, 573, 577
Dioniso: 81-82, 199, 205, 416-417, 518

Efesto: 76, 277-279
Eliano: 208
Elio Aristide: 2 n. 8, 283, 311, 330, 475
Ellanodici: 82 n. 321, 359-360, 364
Empedocle: 223, 277, 575, 578
Epicarmo: 375, 377
Epicureismo: 12 n. 49, 23 n. 102, 28 n. 122, 42, 43 n. 179, 47 n. 196, 81, 83, 175, 179, 198, 211, 220, 234, 238-239, 245, 251, 262-263, 265, 274, 280, 291, 296, 310, 314, 324, 333, 336, 349, 352, 366, 372, 374, 376, 383, 394,

399-400, 412, 421-422, 438, 456, 461, 467, 470, 494, 496, 542, 545, 551, 559, 569, 573, 577
Epigene: 416
Epitteto: 2 n. 8, 40 e n. 168, 42 n. 179, 49, 50 n. 208, 180, 223, 233, 257, 310, 388, 460, 478, 487, 539, 544, 547, 555, 577
Eracle: 82 n. 322, 190, 199, 210, 221-224, 237, 304, 307, 411, 437, 461, 517-518, 544, 552
Ermes: 171-172, 187, 201, 217, 263, 266, 275, 277, 288, 301, 329, 357, 404, 448, 455, 505, 575, 577
Erodoto: 341, 404
Eros: 426
Eschilo: 435
Esiodo: 189-190, 193, 287, 294, 306-307, 377, 393, 513, 516
Esopo: 278, 565-566
Estia: 346
Eta: 210, 222, 224, 237
Ettore: 300, 342, 454-455
Euclide: 534
Eupoli: 330
Euripide: 278
Evandride: 359

Favorino: 2 n. 8, 37 n. 152, 38-52, 71, 198, 228, 230, 257, 278, 321, 490
Fidia: 84, 275, 408, 410, 415, 419-420
Filostrato: 2 n. 8, 12 n. 51, 39 n. 163, 48, 208

Galeno: 1 n. 1, 2 n. 8, 40 n. 166, 40 n. 168, 42 n. 179, 50 n. 208, 51, 52 n. 218, 175, 178-179, 184–185, 198, 212, 242, 257, 265, 277, 283, 416, 487, 489
Gelone: 80, 333, 343-344
Gerione: 517
Giasone: 88, 515
Giuliano: 224

Indiani: 500
Ippocrate: 184-185, 189,

Linceo: 281, 445

Marco Aurelio: 172-173, 175, 248, 303, 530
Margite: 268
Massimo Tiro: 2 n. 8, 50 n. 209, 71, 223, 265, 338, 487
Medea: 88-89, 279, 515
Medioplatonismo: 14, 37, 42, 51, 53, 222, 265
Menippo: 32, 56 n. 230, 187, 200-203, 218, 230, 238, 242, 246, 250, 273, 276-277, 281, 290-291, 301, 334, 350, 357, 366, 377, 387, 401, 405, 422-423, 494-495, 505, 508, 559, 567, 575, 578-579
Momo: 76, 231, 233, 249, 277-279, 281-282, 367, 397-398, 406, 426
Musonio: 215, 234, 310, 388

Neoplatonismo: 15 n. 63, 53 n. 223, 254, 455, 471
Nigrino: 8, 11, 175, 179, 218, 220, 276, 291, 297, 302, 397, 406, 438, 459, 578
Numenio: 51 n. 216, 265, 324

Odisseo: 85, 436-437, 450, 544
Olimpiadi: 209, 220, 223
Omero: 62, 190, 268, 305, 311, 362, 393, 437, 441, 505, 514, 518, 577

Panatenee: 208
Panezio: 175, 204, 565
Pantea: 276
Paride: 300, 454-455
Parresiade: 5, 7 n. 30, 15, 16 n. 68, 24 n. 104, 27, 45, 54 e n. 227, 178, 230, 238, 252, 258, 273, 275, 279-280, 288, 291, 310, 317, 329, 337, 358, 394, 396, 399, 431, 447, 466, 482-483, 526, 531, 546, 548, 550, 559-560, 577
Pausania: 359
Peregrino: 220, 223, 230, 243, 265, 280-281, 297, 395, 397, 405-406, 488, 530, 532, 550
Persiani: 341
Petronio: 529
Pigmalione: 398
Pigmei: 201-202
Pirria: 31-33, 199, 403, 418, 498, 545

Pirrone: 25, 29, 31-37, 188, 198-199
Pitagora: 188, 194, 210, 241, 262, 348, 357, 380, 383, 411, 423, 515
Pizia: 439-440
Platone: 4 n. 15, 5 n. 21, 13-17, 20, 30, 42 n. 178, 49, 51-55, 57, 59-61, 63-65, 72 n. 306, 80, 83, 171-172, 177, 180, 202, 204, 210, 216, 222, 227, 232, 234-235, 241-242, 247-249, 251, 257-262, 264-265, 270, 281, 283, 285, 289, 292-293, 296, 299, 301, 303-304, 322, 338-339, 341, 343, 348-349, 352, 356, 358, 363, 371, 373, 375-376, 383, 400, 409, 411, 415, 421-422, 434-435, 453, 456, 461, 467, 471, 486, 514, 516, 523, 553, 560, 569, 576
Plutarco: 1 n. 8, 13 n. 54, 18 n. 75, 24 n. 105, 40 n. 168, 43 n. 179, 47 n. 196, 49, 50 n. 208, 71, 228, 242, 254, 262, 267, 283, 308, 334, 339-340, 344, 410-411, 430, 479, 487, 528, 539, 545, 560
Polibio: 178, 359, 432
Polo: 258, 527
Prodico di Ceo: 190-191, 242, 307
Prometeo: 278, 455

Sciti: 341, 540
Seneca: 3 n. 10, 387, 528, 545, 547, 555, 576
Senofonte: 5 n. 20, 190, 228, 242, 400
Sesto Empirico: 24 n. 107, 37, 287, 418, 468, 521
Simone: 46 n. 194, 250, 263, 278-279, 347, 350, 431, 480, 503
Siracusa: 332, 500
Socrate: 13, 16 n. 69, 30, 51-52, 57-59, 69 n. 293, 73 n. 308, 83, 173-174, 177-178, 188, 197, 202-203, 213, 224, 228-229, 232, 235, 241-242, 247-248, 255-256, 258, 260, 265, 270, 276, 279, 281-283, 297, 323, 330, 339, 343, 349, 352, 376, 380-382, 385, 388, 390-391, 393, 397, 399, 406-407, 409, 415, 434, 438, 443-444, 453-454, 460, 463, 467, 472, 478, 483, 494, 502, 507, 511, 526, 532, 545, 551, 569, 572, 575

Talete: 13 n. 56, 270
Teeteto: 348
Teofrasto: 180
Teseo: 82 n. 322, 295-296, 359, 375-376
Tichiade: 240, 242, 377, 396, 399, 505-506, 511-512, 516-517, 574-575, 578
Timeo: 209, 411
Timocle: 176, 179, 232, 239, 245, 322, 324, 327, 337, 351, 366, 390, 493, 532, 559
Timone di Fliunte: 25, 26 n. 114, 38 n. 157
Tiresia: 25 n. 110, 187, 387, 401, 423, 495, 508, 546, 559, 568
Titono: 393
Tucidide: 209, 292, 341

Varrone: 38 n. 157, 175, 238, 242, 262, 340, 383
Venere: 521

Zenone: 20 n. 86, 77, 184, 190, 213, 215-217, 225, 229, 231, 251, 262, 286, 326-327, 387, 441-442, 515, 538, 544, 557
Zeus: 3 n. 9, 21 n. 88, 25 n. 110, 31-32, 56 n. 230, 172, 178, 180, 187, 193-194, 218, 231, 233-234, 245, 249-250, 266, 269, 278, 280, 287-288, 291, 296, 322, 332, 336, 366, 393, 407, 421, 426, 445-446, 476, 494, 498-499, 504, 508, 565

Indice dei termini greci notevoli

ἄγροικος: 552-553
ἀγχώμαλος: 239, 244
ἄδηλον: 316-317, 344, 351, 355, 357, 365, 402-403, 476-477
ἀδιάφορα: 214
ἀδύνατον: 346, 365, 391-392, 468, 475
ἆθλον: 187
αἵρεσις: 174-176, 265, 384, 412, 476
αἰσχύνη: 526, 528-529, 560, 568, 571
ἀκηδία: 539-540
ἀκολουθία: 483, 519, 524-525
ἀκριβολογία: 390
ἀλήθεια / ἀληθές: 188, 226-227, 251-252, 260, 279-280, 301, 315, 317, 322, 327-328, 336, 344, 346, 349, 351, 374, 385-386, 388-391, 396-398, 402-403, 405-406, 464, 468-469, 471-473, 476, 479, 513, 515, 520, 524-525, 529, 532, 566
ἀμφισβητεῖν: 242, 348-349, 353, 485-487, 492, 497
ἀμφιθαλής: 426
ἀναλογία: 411
ἀνδρεία: 216-217, 265-266, 284, 304, 530, 532-533, 543
ἀνενδοίαστος: 476-477
ἀνόητος: 405-406
ἀντεξετάζειν: 431
ἀντίδικος: 337
ἀντιλέγειν: 242, 248-249, 504
ἀξιόπιστος: 310-311, 313, 370
ἀξίωμα: 561-562
ἄπαγε: 206
ἀπάθεια: 222, 225, 297
ἀπαίδευτος: 186, 552, 555
ἀπιστία: 377
ἀποβλέπειν: 183, 206, 218, 443, 449, 463-464, 537-538
ἀπόδειξις: 211, 418, 485-486, 490-493, 497, 520
ἀποδύειν: 218, 300, 353, 356-357, 370
ἀπομνημονεύματα: 228
ἀποπροηγμένα: 214
ἀπορία: 250, 317, 391-392, 494, 546-547
ἀποφαίνειν: 200, 202, 391, 405, 418, 476

ἀπραξία: 26 n. 115, 30, 47 n. 196, 198, 545
ἀρετή: 47 n. 198, 60 n. 248, 189, 196-197, 199, 213, 216, 219, 224, 226, 230, 232, 265, 272, 284, 352, 388, 401, 424, 436, 471, 479, 488, 490, 525, 534, 539, 542-544, 548, 555, 560, 566
ἄσκησις: 197-198, 215, 309, 379, 489
ἀταραξία: 480, 568
ἀτενής: 176, 182-183, 350, 449, 538
ἀφανής: 254, 279, 337, 352, 388, 492, 576

βάδισμα / βαδίζειν: 178, 181, 269-270, 396, 578-579
βέλτιστον: 245, 385, 486-487, 496, 568
βίαιος: 451, 454, 457
βιβλίον: 177-178, 183, 350, 460, 539, 561
βίος: 184, 186, 192, 229-230, 262-263, 293, 310, 356, 403, 452, 460, 463, 470, 475-476, 482, 508, 539, 542-543, 545-546, 567-568

γλυκύθυμος: 263
γνώμων: 481-482, 490, 535
γνώριμα: 177, 357-358, 435
γοργός: 176, 182-183, 449

δεῖγμα: 252, 437, 443
δεκαγονία: 537-538
διαγνωστικός: 487-488
διακριτικός: 459, 481-482, 487-488
διαλέγεσθαι: 15, 20, 268, 282, 382, 385, 397
διάνοια: 252, 315, 351, 443, 459, 461-462, 492
διατείνειν: 406-407
διατριβή: 174, 409
διαφωνία: 250, 307
διδάσκαλος: 175, 193, 204, 211-212, 241, 245, 248, 265, 283, 314-315, 334, 339, 395, 485-487, 537, 547, 560-561, 575
δίκαιον: 216-217, 266-267, 284, 392, 531-532, 569
δοκιμάζειν: 267, 374, 481, 487
δόξα: 213, 218, 220, 223, 226, 265, 290-291, 304, 424, 462, 488, 535

δύναμις: 459, 479-482, 485, 487, 546
δυσαπόκριτος: 367

εἱμαρμένη: 205-206, 525
ἐκεχειρία: 239, 244
ἔλεγχος: 23, 28, 57 π. 239, 58, 80, 83, 90, 174, 213, 246, 254, 282, 293, 318, 323, 336, 339, 358, 367, 370, 377, 388, 390-391, 394, 397, 404, 406, 443, 451-452, 454, 458, 467, 473-474, 526, 531, 534, 537, 569, 572, 577
ἕλκεσθαι: 483, 520
ἐμπειρία: 371-372
ἐνάργεια: 310, 320, 415, 420
ἐνεργός: 182
ἐξαπατᾶν: 260, 350, 398, 525-526
ἐξεταστικός / ἐξέτασις / ἐξετάζειν: 273, 346, 370, 430-431, 459-461, 479-480, 495, 500, 513, 515, 520, 522
ἐξομολογεῖσθαι: 528
ἔξωρος: 541
ἐπιθυμία: 224-225, 247, 534, 554
ἐπίσκοπος / ἐπισκοπεῖν: 200-201, 223, 368, 462
ἐπίστασθαι: 216-217, 230, 265, 284, 417
ἐποχή: 198, 327, 480, 497
ἐριστικός: 234-235, 241, 263-264
ἐρώτημα: 179, 182
εὐδαιμονία / εὐδαιμονεῖν: 177, 187, 196-197, 211-212, 218, 223, 229, 239, 282, 291, 293, 307, 316, 374, 387, 470-472, 475, 501-502, 529, 537-539, 546
εὐπάθεια: 225
Εὐχή: 504-505
ἐχεμυθία: 380

ἡδονή: 213, 218-220, 223, 226, 263, 290-291, 304, 337, 351-352, 470-471, 501-502, 535, 542, 551
ἦθος: 179, 185, 228, 275, 311

ἰδιώτης: 185-186, 219, 255, 262, 266-268, 274, 282, 401, 475, 511, 529, 552-553, 565, 567
ἰδρώς: 189, 192, 200, 243, 307, 309, 528, 542
ἱμάτιον: 235-236, 270, 357, 573

κάθαρμα: 402, 559
καθήκοντα: 525, 561-562
κακομετρεῖν: 435-436
καλόν: 216-217, 266, 272, 284, 351-352, 372-373, 421, 470, 532, 569
κάματος: 200, 207, 309-310, 312
κανών: 43 π. 183, 272-273, 535
καταγελᾶν: 218, 223, 283
κατάληψις / φαντασία καταληπτική / καταλαμβάνειν: 217, 257, 492, 541, 557, 561-562
κατασκέλλεσθαι: 187
κεφάλαιον: 349, 412, 421, 434
κλῆρος: 362
κοινὸς βίος: 292, 508, 565, 567-568, 571
κόλαξ: 241, 430
κραυγή / κράζειν: 243, 382
κρίσις: 184, 189, 226, 357, 378, 385-386, 439, 476
κυνοκέφαλος: 367

λεοντοκέφαλος: 367
λήθη: 534
λογομαχία: 238
Λόγος: 172, 394, 451, 455-461, 472-473, 502, 566
λύπη: 224-226, 236, 453, 500, 536, 554

μάθημα / μάθησις: 182, 190, 230-232, 310, 350, 379, 388, 435, 444-445, 452, 460, 489, 544-545, 551-553, 561
μαστιγοφόρος: 362
μεγαλόμισθος: 425
μισθός / μισθαρνία / μισθοφορία: 214, 231-232, 237, 323, 425-426, 428, 435-436, 551-553, 560
μυθοποιός: 512-513

νοῦς: 454, 459, 461, 557

ὁδός: 181, 188, 190-193, 262, 265, 298, 304, 306-307, 309, 311, 313, 315, 317-318, 328, 374, 402, 424, 488-490, 543-544, 578
ὁμολογία: 259, 334, 348-349, 351, 355, 381, 383-385, 406, 435, 528, 540
ὀξυδερκής / ὀξυδερκία: 276-277, 281, 578

ὀργή: 224-226, 236, 249, 395, 399, 501, 526, 534, 536, 550-551, 554

πάθος / παθεῖν: 178, 210, 224-225, 293, 442, 453, 531, 534, 554
πανσπερμία: 441-442
παράδειγμα: 229-230, 272, 351-352, 366, 397, 442, 456, 518
παραλογισμός / παραλογίζεσθαι: 350, 518
παρρησία: 249, 297, 394, 397-399, 465
πετρώδης: 309, 312
πίστις / πιστεύειν: 211, 253, 314-315, 327-328, 331, 377-378, 405, 490, 512, 522, 524-525
πλῆθος: 258, 260-261, 311, 315, 386, 389, 392, 405, 407, 521
πλοῦτος: 213-215, 218, 223, 226, 263-264, 285, 290-291, 304, 502, 535, 551
πόνος: 184, 200, 215, 220-221, 293, 310, 374, 446, 460, 471, 525, 566
πρᾶγμα: 184, 199, 228, 230, 250, 280, 292, 299, 327, 337, 345-346, 424, 435, 445, 460, 476, 485-487, 526
προαρπάζειν: 351
προηγμένα: 214
προκοπή: 221, 452, 539
προσοχή: 183, 215

σημεῖον: 254, 275, 414, 417
σκέμμα: 179, 182
σκιαμαχία: 339-340, 548
σύγκρισις: 262-263, 308, 415, 430-431
συλλογισμός: 232, 418, 463, 546-547, 557, 561-562
σύλλογος: 233, 332
συμβαίνειν: 475
συμβολή: 555, 564
συμπόσιον: 240-241
συρφετός: 185-187, 203, 282, 443, 475, 529
σχῆμα: 178, 269-270, 273-275, 322, 355, 396, 458, 462, 560, 572
σχολή: 174, 181-182, 511, 579

τέκμαρ / τεκμήριον / τεκμαίρεσθαι: 177, 252-254, 258, 365-366

τέλος: 196-197, 212, 215, 316, 347, 349-350, 372, 421, 470-471
τέχνη: 184, 190, 215, 267, 272, 279, 323, 371-372, 387-388, 410, 415, 423, 452, 461, 480-482, 485-487, 495-496, 565
τέχνη τοῦ βίου: 190, 470, 487, 544, 555
τεχνίτης: 253, 267, 374, 459, 482
τί ἐστιν: 213, 470-471
τιμή: 218, 291, 303, 529
τίτθαι: 560-561
τρόπος βίου: 198, 214, 220, 271, 292, 489, 542, 544, 567
τῦφος: 264-265, 340, 567, 571
τύχη: 206, 320, 322, 388-389, 469, 473-474, 500, 505

ὕβρις: 344-345, 394
ὕλη: 355-356, 461, 544
ὑπερδιατείνειν: 311-312
ὑπερήμερος: 476, 551
ὑπερνέφελος: 203
ὑποτονθορύζειν: 179-181

φάρμακον: 446-447
φθόνος: 282, 451-453, 536, 554
φιλαλήθης: 531, 550
φιλήδονος: 263, 291, 352, 470, 550-551
φόβος: 224, 293, 398
φρόνησις: 216
φύσις: 205, 392-393, 500

χαμαιπετής: 202, 210
χείρ: 176, 181, 195, 310, 313, 362, 388, 426-427, 434, 443, 469, 479, 516
χειροτονία: 259, 362, 365
χρεία: 228-229
χρεών: 205-206, 525, 541
χρηστός: 275, 431, 448, 531

ψεῦδος: 279-280, 322, 349, 396, 431, 468, 479, 481, 487-488, 510-512, 516, 518-520, 523-524, 554, 562

ὠχρός: 269, 274

Indice dei passi

Lucianus
Abd.
7: 399; **9:** 276; **10:** 373; **22:** 201
Adv. ind.
177; **1:** 401, 404; **2:** 482; **4:** 666; **4-5:** 401; **9:** 362; **14:** 223; **18:** 369, 443; **20:** 483, 565; **21:** 178, 406; **23:** 269, 276; **25:** 541; **29:** 185, 327
Alex.
280; **1:** 226, 426; **3:** 183, 243; **4:** 280, 311, 426; **5:** 409; **6:** 541; **8:** 425; **14:** 183, 218, 504; **15:** 342, 516; **17:** 226, 377; **20:** 185; **23-24:** 425; **24:** 503; **25:** 438; **27:** 426; **31:** 485; **32:** 467; **39:** 425; **42:** 406; **43:** 395; **47:** 28 n. 122, 327, 411; **55:** 172, 358; **60:** 359; **61:** 443
Anach.
17 n. 71, 176, 359; **1-4:** 338; **4-5:** 337; **5:** 318; **6:** 347; **11-12:** 364; **16:** 182; **17:** 242, 419; **19:** 180; **20:** 292, 485, 561; **22:** 292; **24:** 425; **30:** 400; **32:** 484; **33:** 347; **34:** 237, 292; **35:** 446
Apol.
1: 200; **3:** 507; **8:** 344; **14:** 47 n. 97, 567; **15:** 8 n. 35, 232, 401, 426
Astrol.
387; **27:** 423
Bacch.
2: 572; **5:** 454, 513; **6:** 417; **8:** 278
Bis acc.
5-6, 7 n. 30, 9, 14 n. 62, 15-16, 18, 20 n. 81, 23 n. 98, 24 n. 103, 329, 337; **1:** 440; **2:** 7 n. 28, 376, 476; **3:** 476; **4:** 24 n. 104, 179, 564; **6:** 178, 530, 565, 572; **7:** 238, 569; **8:** 226, 255, 269, 374, 448; **9:** 330; **11:** 2 n. 5, 22 n. 95, 55 n. 227, 243, 250, 271, 311, 343, 352, 422, 426, 459; **12:** 329, 332, 389; **14:** 394; **15-16:** 331, 335; **16:** 559; **19-22:** 421; **20:** 271, 337, 406, 426; **20-21:** 310; **20-22:** 23 n. 102; **21:** 183, 189, 190, 263, 274, 296, 374, 438, 470, 496, 542, 547, 566, 569-570, 573, 577; **22:** 215, 389; **23:** 197, 482; **25:** 31 n. 134, 34, 43 n. 182, 199; **26-34:** 13 n. 57; **27:** 7 n. 29; **27-28:** 1 n. 2; **28:** 14 n. 60, 15, 21 n. 91, 509; **30-32:** 50 n. 212; **32:** 6 n. 23, 245, 247, 315; **33:** 6 n. 68, 52 n. 220, 244, 340, 509, 578; **34:** 18 n. 75, 187, 422, 569

Calumn.
1: 578; **5:** 188, 531; **7:** 358; **9:** 337, 398; **13:** 280, 311; **14-15:** 518; **20:** 505; **27:** 311; **30:** 11 n. 47; **31:** 378
Cat.
6: 534, 536; **8:** 559; **13:** 185, 218, 437, 504; **14:** 462, 549; **15:** 288; **16:** 559; **17:** 187; **20:** 206; **21:** 206; **22:** 295; **24:** 301, 357, 447; **26:** 554; **27:** 465, 537; **28:** 300, 573
Cont.
22 n. 92, 176; **1:** 182, 281, 462; **1-7:** 290; **3:** 485, 496; **4:** 185, 193; **5:** 434; **5-6:** 200; **6:** 277; **7:** 193, 281, 364, 574, 577; **7-8:** 194; **8:** 319, 339; **9:** 319; **11:** 291, 425; **12:** 347; **13:** 399; **13-15:** 223; **15:** 200, 292, 547; **16:** 409; **18:** 206; **20:** 301, 530; **21:** 11 n. 47, 237, 531; **22:** 309; **24:** 575
Dear. iud.
2: 278; **3:** 374
Dea Syr.
18: 319; **25-26:** 235; **26:** 528; **46:** 504
Demon.
228; **2:** 229; **3:** 218, 220, 230, 259, 291, 297, 397; **4:** 218, 384, 448; **5:** 269, 382; **5-6:** 39 n. 164, **6:** 11 n. 48, 179, 271; **7:** 226, 243, 312, 551; **8:** 218, 563; **10:** 246, 458; **11:** 399, 510, 530; **12:** 38 n. 158; **12-13:** 38 n. 159; **13:** 176, 482; **14:** 35 n. 145, 316, 327, 409; **16:** 338; **17:** 427, 579; **29:** 509; **30:** 559; **32:** 422; **37:** 423, 425; **48:** 243, 280; **49:** 339; **50:** 344, 510; **67:** 517
Deor. conc.
194, 422; **1:** 180; **1-14:** 278; **2:** 249, 397; **3:** 231, 398; **4-7:** 516; **7:** 327; **8:** 393; **11:** 367; **12:** 358, 425, 444; **13:** 279; **14:** 389; **17:** 559
Dial. deor.
194, 422, 566; **2.1:** 572; **2.2:** 509; **9.1-2:** 394; **9.3:** 483; **13:** 398; **13.1:** 338; **18.1:** 423; **19.1:** 394; **20.1:** 454; **21.2:** 226; **23.2:** 510

Dial. mar.
3: 500; **8**: 446; **14.1**: 373; **14.3**: 434; **15.3**: 315
Dial. mer.
1.2: 446; **2.2**: 339; **4.1**: 477; **6**: 344; **7.1**: 404; **7.3**: 392; **8.1**: 443; **10.1**: 271, 572; **10.2**: 35 n. 145; **12.4**: 272
Dial. mort.
66 n. 281; **1.1**: 238, 373, 399, 579; **1.2**: 552, 556, 559; **1.3**: 301; **1.4**: 295; **2.3**: 579; **3.1**: 559, 579; **3.2**: 394; **4**: 194; **5**: 194; **5.1**: 301; **5.2**: 182, 240; **6.1**: 412; **6.2**: 559; **6.4**: 276; **6.5**: 59 n. 244, 226, 343; **8.2**: 295; **9.1**: 281, 443; **9.3**: 423; **11**: 194; **11.4**: 422; **12**: 504; **12.4**: 327; **12.6**: 200; **13**: 504; **13.5**: 263-264; **14**: 504; **14.2**: 187, 446; **15.2**: 549; **15.4**: 237; **17.1**: 393; **17.2**: 488; **19.4**: 272; **20.2**: 201; **20.4**: 573; **20.5**: 301; **20.7**: 288; **20.8**: 218, 266, 269, 271, 301, 357, 547, 554, 559, 572; **20.11**: 232, 422, 526; **21.1**: 204; **21.3**: 297, 397; **21.4**: 446; **22.1**: 374, 409; **22.7**: 446; **22.9**: 318; **24.1**: 358, 510; **24.3**: 373; **26.2**: 295; **26.3**: 528; **29.1**: 509; **29.2**: 301; **29.3**: 295; **30.2**: 295
Dips.
2: 467; **6**: 446
Dom.
2: 401; **6**: 350, 364; **17**: 350; **18**: 463, 542; **19**: 510; **19-21**: 69 n. 290
Electr.
280; **2**: 511; **3**: 444, 570; **5**: 11 n. 47, 183; **6**: 526
Eun.
6 n. 26, 9 n. 38, 21 n. 88, 172-173, 175, 177, 250, 337, 395; **1**: 12 n. 49, 24 n. 104; **1-3**: 237; **2**: 237, 238, 243, 311, 447; **3**: 175, 264, 402, 569; **4**: 234, 264; **7**: 38 n. 159; **8**: 269, 474, 572; **8-9**: 273; **9**: 482, 572; **12**: 201, 301, 357; **13**: 337
Fug.
177; **1**: 532; **1-3**: 223; **2**: 46 n. 194, 223; **3**: 246, 402, 456; **4**: 178, 186, 279, 394, 573; **5**: 288, 292; **7**: 223; **10**: 183, 281, 376, 459, 509, 547-548; **12**: 316, 529; **12-21**: 230; **13**: 399, 554, 566; **13-14**: 269; **14**: 232; **14-17**: 566; **15**: 230, 482; **15-16**: 563; **15-20**: 288; **16**: 505, 579; **19**: 237, 263, 550, 551; **19-20**: 55 n. 227; **20**: 232; **21**: 186; **26**: 275; **27**: 271, 572; **33**: 499
Gall.
503; **1**: 501, 506; **2**: 466; **4**: 12 n. 51, 380; **5**: 176, 246; **6**: 245, 502, 504; **7**: 565; **10**: 240, 562; **10-11**: 240; **11**: 22 n. 95, 23 n. 102, 240, 409, 556-557; **12**: 244; **12-15**: 219; **15**: 526; **18**: 246, 440, 515; **22**: 219, 240; **23**: 207; **24**: 274-275, 410, 506; **25**: 183, 446; **25-26**: 504; **26**: 206; **29**: 187-188, 431, 477, 503; **29-33**: 219; **33**: 444
Harm.
3: 419, 535
Herc.
4: 38 n. 158, 172, 415; **6**: 461
Hermotimus
1: 175-176, **177**, 189, 195, 255, 268, 270, 282, 366, 368, 422, 444, 452, 462, 475, 485, 502, 529, 553, 564-565, 573, 579; **1-2**: 21, 24 n. 104, 215, 268-269, 365, 485; **1-3**: 73, 176, 417; **1-6**: 379; **2**: 7, 176, 177, 183, **187**, 189, 193, 195, 208, 298, 306, 328, 380, 440, 449, 462, 472, 490, 538-540; **2-3**: 189, 191, 307; **2-5**: 489; **2-7**: 186; **3**: 73, 189, 191-192, **193**, 197, 203, 237, 284, 309, 312, 377, 433-434, 440, 457, 473, 497, 525, 550, 564, 575; **4**: 7, 73, **196**, 202, 208, 298, 349, 472, 475, 500, 542, 564; **4-5**: 70 n. 297, 504; **4-6**: 196; **5**: 70 n. 294, 185, 189, 191-192, **199**, 200, 209, 223, 259, 309-310, 317, 331, 348, 377, 527, 530, 546, 559; **5-6**: 540; **6**: 60 n. 248 e 250, 73, 192, **204**, 212, 221, 301, 309-310, 320, 373, 380, 386, 423, 433, 471, 525, 539, 541; **7**: 73 e n. 308-309, 74 n. 310, 82 n. 322, 187, **211**, 227, 237, 253, 265, 284, 290, 292, 314-315, 331, 349, 356, 372-373, 472, 483, 492, 522, 524, 532, 535, 538, 544, 546, 573; **7-8**: 70 n. 297, 210, 212, 304, 534, 536; **8**: 60 n. 252, 74, 197, 221, 223, **224**, 231, 233, 236, 237, 351, 377, 445, 465, 536, 538, 554; **8-9**: 550; **8-12**: 211; **9**: 208, 217, 219, 231, **233**, 236, 239, 241, 264, 282, 291, 329, 404, 435, 531-532, 544, 554; **9-10**: 74, 231, 246, 306, 344, 433, 444, 525, 535, 550-551; **9-11**: 573; **9-12**: 74, 89, 195, 197, 226, 276, 380, 433, 527, 534, 564, 570; **9-13**: 228; **10**:

208, 233, **237**, 239, 282, 318-319; **11**: 175, 182, **239**, 241-242, 246, 382, 393, 429; **11-12**: 70 n. 295, 74, 238-239, 248, 525; **12**: 236, **244**, 319, 346, 440, 486; **13**: 16, 74, 78, 80, 171, 182, 204, 208, 212-213, 224, 242, **246**, 248, 282-283, 303, 319, 328, 350, 390, 393, 406, 450, 452-454, 507, 539; **13-15**: 17 n. 70; **14**: 60 n. 252, 75, 171, 191, 226, **251**, 262, 306, 317, 355-356, 369-370, 390; **14-15**: 250, 352, 355, 383; **14-70**: 246; **15**: 43 n. 184, 56 n. 233, 75 n. 312-313, 179, 185, 251, **252**, 253, 257, 262, 268, 282, 308, 315, 318, 326, 366, 383, 386, 395, 420, 423, 462, 467, 482, 504, 507, 524; **15-19**: 493; **15-20**: 494; **16**: 43, 48 n. 204, 75 n. 314, 218, 234, 237, **257**, 266, 268, 291, 308, 350, 352, 405, 430, 458, 482, 526, 550-551, 559; **16-17**: 75, 257, 277, 393, 462; **17**: 43, 70 n. 297, 176, 186, 208, 260, **266**, 277, 315, 350, 373, 406, 526; **17-18**: 315; **18**: 43 n. 183, 178, **270**, 355, 475, 525, 535, 572; **18-19**: 75, 257, 268, 277, 355, 425, 458, 462, 573; **19**: 44, 253, 260-261, 271, **273**, 350, 355, 358, 402, 410, 428, 525-526, 532, 564; **20**: 44 n. 186, 202, 253, 276, **277**, 357, 386, 420, 467, 486, 513, 566, 579; **21**: 76, 176, 179, 185-186, 208, **282**, 358, 444, 473, 476, 536, 564; **22**: 284, **287**, 292, 298, 472, 475, 531-532, 544; **22-24**: 283; **22-25**: 76, 314; **22-28**: 44; **23**: 221, 232, 292, **298**, 307, 309, 374, 457, 540, 573; **24**: 8, 292, 299, **301**, 302, 305-306, 433, 564; **25**: 189, 208, 252, **306**, 312-313, 317, 336, 370, 374, 402, 497, 540; **25-26**: 284, 305, 314; **25-27**: 250; **25-28**: 358; **26**: 60 n. 253, 76, 192, 307, **310**, 313, 315, 369, 390, 392, 429, 439, 497; **26-27**: 284; **27**: 76, 252-253, 313, **314**, 318-319, 325-326, 328, 357, 370-371, 392, 500, 525; **28**: 60 n. 250 e 252, 76, 176, 252, 261, 299, 318, **319**, 324-326, 365, 370, 375, 388, 452, 469, 474, 485, 515, 519-520, 522, 528, 564, 576; **29**: 77, 226, 267, 307, 315, **326**, 327-328, 346, 371, 431, 475, 515, 525; **30**: 77-78, 226, 235, **328**, 337, 344-345, 350, 371, 394, 431, 475-476, 481, 486, 525, 564; **30-31**: 315, 328; **30-33**: 84 n. 326; **31**: 44 n. 187, 60 n. 248 e 251, 78, **332**, 333-334, 393, 525; **32**: 34, 79 n. 316, 212, 246, **333**, 334, 336, 340, 345, 393, 418, 486, 564; **32-33**: 447; **33**: 70 n. 295, 79 e n. 317, 224, 226, 315, **336**, 340, 342, 345, 359, 525, 540, 549; **34**: 44 n. 187, 80, 317, 328, 332, **343**, 345, 357, 371, 394, 475, 525, 579; **35**: 80, 200, 209, 226, 334, 336, **345**, 347, 365, 431-432, 520, 549, 564; **35-36**: 7, 354, 406, 469; **36**: 60 n. 252, 81, 217, 224, 227, 242, 246, 259, 263, 314, 317, 319, 347, **348**, 352, 356-357, 400, 403, 418, 421, 429, 470, 474-475, 541; **37**: 7, 81, 179, 319, 326, **353**, 360, 370, 475; **37-39**: 67, 81, 277, 337, 353; **38**: 34, 81, 259, 265, 301, 317, **354**, 356, 360, 364-365, 412, 465; **38-39**: 363; **39**: 82, 301, 317, 357, **358**, 361, 369, 392, 429; **39-44**: 277; **40**: 201, **361**, 364, 368, 427, 431, 443, 469; **40-42**: 348; **40-44**: 360; **41**: 60 n. 250 e 252, 82, 201, 319, **363**, 368, 431, 450, 473-474; **41-42**: 404; **42**: 82 n. 321, 319, 364, **365**, 369, 431, 450, 564; **42-44**: 82, 465; **43**: 253, 364, **365**, 367, 369; **44**: 201, 364, **367**, 368-369, 404; **44-45**: 370; **45**: 44 n. 188, 60 n. 250-251, 82, 226, 252, 258, 301, 310, 315, 356, **370**, 371, 373, 400, 405, 520, 522; **46**: 262, 371, **374**, 472, 486; **46-47**: 412; **46-48**: 447; **47**: 44, 60 n. 250, 70 n. 297, 83, 201, 320, **375**, 378, 384, 393, 406, 419-420, 438, 465, 473, 476, 525, 532; **48**: 83 e n. 323, 176, 262, **379**, 383, 393, 403, 406, 410, 412, 417, 422, 429, 447, 450, 463, 474, 540, 564; **48-49**: 44, 83 n. 324, 363, 438; **49**: 34, 194, 226, 245, 277, 320, 357, 371, **385**, 423, 427, 439, 449, 452, 463-464, 469, 472, 486, 496, 501; **49-50**: 417; **49-51**: 384; **50**: 14 n. 62, 21, 206, 226-227, 386, **390**, 501, 553; **51**: 83-84, 226-227, 260, 274, 391, 393, **394**, 472, 486, 526; **52**: 60 n. 253, 83-84, 186, 239, 249, 300, 317, 357, 364, 373, 392, **400**, 407, 431, 465, 475-476, 577; **52-53**: 371, 400; **53**: 84, 226, 261, 314-315, 319, 381, 384, **404**, 406-407, 431, 482, 525; **54**: 60 n. 252, 85, 176, 364, 390, **408**, 412, 419, 482; **55**: 84 n. 325, 85, 202, 254, 320, **412**, 418, 563-564; **56**: 60 n. 252, 349, 409, 412, **421**, 427-428, 434, 473-

474, 476, 489, 564; **56-57**: 85, 420, 447; **57**: 192, **425**, 428-429, 564; **58**: 85, 421, **429**, 433, 445, 564; **58-59**: 70 n. 296; **59**: 70 n. 297, 192, 195, 201, 242, 259, 320, 357, 380, 429, 432-433, **434**, 435, 441, 449, 467, 551; **59-62**: 433; **60**: 319, **437**, 443, 446, 450; **60-61**: 202; **61**: 85 n. 328, 86, 185-186, 192, 320, 366, 429, 436-437, **441**, 445, 450, 469, 520, 538, 553, 564; **62**: 48 n. 204, 250, 442, **446**, 451; **63**: 14 n. 62, 44, 86, 184, 321, 371, 385, 394, **451**, 456, 472, 502, 536, 568; **64**: 43 n. 182, 86, 201, 227, 245, 385, **458**, 459, 464, 466, 476, 479, 482, 485-487, 496, 501, 515, 520, 522, 538, 564; **65**: 86, 227, 317, 434, 464, **465**, 473, 566; **65-66**: 465, 475; **66**: 14 n. 62, 34, 44, 60 n. 248, 250 e 252, 87, 227, 250, 259, 273, 317, 319, 351, 357, 385, 389, 394, 403, 414, 456, 458, **469**, 473, 476, 486; **66-67**: 358, 392; **66-70**: 389; **67**: 45, 176, 186, 227, 317, 469, **474**, 476-477, 501, 520, 522; **68**: 34, 43 n. 182, 60 n. 252, 87, 226, 310, 319, 331, 371, 459, 464, **479**, 483, 486-487, 495, 497, 515, 520, 535, 564, 566; **68-69**: 491; **68-70**: 475, 478, 482, 485; **69**: 227, 242, 245, 393, 409, 473, 482, **485**, 486-487, 489-490, 496; **69-70**: 478; **70**: 17-18, 45, 60 n. 252, 208, 242, 315, 317, 357, 402, 431, 446, 474, 482, 487, 489, **490**, 496-497, 514, 520, 525, 535, 549; **71**: 8, 58 n. 241, 88, 193, 219, 300, 309, 320, 325, 377, 391-392, 404, 456, 476, 494, **497**, 506, 508, 520, 522, 529, 537, 540, 549; **71-76**: 10 n. 43, 183, 537; **71-83**: 88; **72**: 70 n. 297, 88, 246, 396, 476, 502, **507**, 517, 525; **73**: 60 n. 252-253, 88, 313, 318, 483, **513**, 520-522, 525; **73-74**: 513; **74**: 88, 377, 426, 450, 483, 516, 518, **522**, 525; **75**: 89, 226-227, 369, 402, **524**, 525, 532, 568; **76**: 43 n. 183, 89, 226, 501, **533**, 536, 539, 546, 549; **76-77**: 472; **77**: 17, 89, 192, 208, 309-310, 380, 389, 391, 433, 449, 452, 480, **537**, 542; **77-78**: 537; **78**: 54 n. 226, 207, 227, 319, 351, **541**, 543, 564; **79**: 47 n. 198, 60 n. 252, 89, 179, 284, 342, 348, 409, 484, 532, **543**, 548-549, 555, 562; **80**: 89, 231, 236, 404, 476, 535, **550**, 563; **80-82**: 344, 550; **81**: 70 n. 296, 212, 218, 224, 248, 266, 395, 397, 422, 438, 444, 475, 550, **552**, 562, 564; **81-82**: 89, 380, 509; **82**: 208, 541, 546, 548, **560**; **83**: 14 n. 62, 377, 385, 394, 456, 458, 501, 563-564, **565**, 570; **83-84**: 224; **83-85**: 565; **83-86**: 401, 502; **84**: 60 n. 252, 227, 292, 318, 351, 373, 391, 394, 429, 508, 532, 553, **566**, 570; **84-85**: 248; **84-86**: 58 n. 241-242, 397; **85**: 454, 507, **569**, 571; **85-86**: 56, 458; **86**: 19 n. 79, 194, 208, 271, 277, 281, 437-438, 457, 469, 502, 534, 553, 564, 568, **571**, 579

Herod.
3: 488; **5**: 347; **7**: 454; **8**: 185

Hes.
6 n. 26, 57 n. 239, 172, 280; **5**: 390, 516; **8**: 440

Hipp.
1-2: 395

Hist. conscr.
2: 318; **4**: 426; **7**: 510; **8**: 94, 338, 396, 516; **10**: 342, 481; **11-13**: 316; **13**: 396; **15**: 573; **16**: 210; **17**: 430, 572; **23**: 506; **25**: 474; **28**: 474; **29**: 332; **31**: 289; **35**: 188; **39**: 300; **41**: 398, 510; **47**: 359, 461; **57**: 426; **61**: 398; **63**: 272

Icar.
56 n. 230, 66 n. 281, 177, 508; **1**: 200, 505, 510; **2**: 203, 281; **3**: 238, 250; **4**: 218-220, 291, 369; **5**: 25 n. 110, 55 n. 227, 187, 232, 273, 250, 334, 395, 422, 459, 465, 494, 498; **6**: 202, 281, 332, 401, 421; **6-10**: 290; **7**: 259, 311, 418; **8**: 238; **10**: 210, 377, 505; **11**: 201; **12**: 183, 281, 505; **13**: 245, 575; **13-14**: 277; **14**: 578; **15**: 446; **15-16**: 223; **15-18**: 290; **16**: 172, 232, 354, 507, 551; **17**: 409; **18**: 509; **19**: 200, 237, 366; **21**: 35 n. 145, 186, 409, 572; **22**: 505; **23**: 537; **24**: 266, 410, 546; **25**: 31 n. 134, 32, 498; **25-26**: 504; **27**: 245, 454; **29**: 22 n. 94, 269, 279, 376, 550; **30**: 220, 230, 291, 426, 547, 551; **31**: 243, 278, 407; **32**: 347, 394

Imag.
6 n. 26, 172-173, 176-177, 276, 514; **1**: 224; **1-2**: 514; **4**: 410; **6**: 410; **10**: 237, 364; **11-12**: 276; **13-15**: 243; **14**: 419; **17**: 272; **18**: 426

Iupp. conf.
3 n. 9, 10 n. 44, 21 n. 88, 23 n. 98, 24 n. 103, 177, 280; **1**: 218, 291, 504; **1-2**: 516; **4**: 194; **5**: 226, 249; **6**: 12 n. 51, 399, 421, 548; **7**: 496; **8**: 358; **9**: 394; **10**: 422; **12**: 423; **14**: 423, 425; **17**: 200, 309, 510

Iupp. trag.
10 n. 44, 21 n. 88, 23 n. 98, 24 n. 103, 56 n. 232, 177, 250; **1**: 180, 187, 426, 499; **1-2**: 516; **1-5**: 499; **4**: 172, 399; **6-12**: 422; **7**: 185, 274-275, 390; **10**: 311; **11**: 505; **13**: 224; **14**: 194, 206, 426, 462, 505; **16**: 234, 243, 269, 271, 407; **17**: 239, 421; **18**: 280; **18-49**: 278; **19**: 12 n. 51, 358, 397, 510; **20**: 406, 516; **21**: 233, 579; **22**: 226; **24**: 399; **24-25**: 245; **25**: 336, 488; **26**: 240, 551, 572; **26-27**: 331; **27**: 179, 232, 461, 532, 551; **28-30**: 423; **30**: 12 n. 51, 425, 440, 454; **31**: 239; **32**: 394, 399, 552-553; **33**: 239; **35**: 23 n. 102, 238, 358, 447; **35-52**: 12 n. 49, 24 n. 104, 421, 494; **38**: 194, 351; **39**: 512; **40**: 176, 245, 516; **41**: 327, 526; **42**: 367; **45**: 194; **46-49**: 324; **48**: 358; **49-51**: 366; **51**: 493; **52**: 399, 559; **53**: 512, 517

Laps.
12: 504

Lex.
6 n. 26, 12 n. 51, 57 n. 239, 172, 176, 256; **1**: 283; **2-4**: 252; **5**: 341; **9-16**: 252; **13**: 210; **16**: 376, 435, 454, 574; **17**: 406; **18**: 559; **20**: 447, 574; **23**: 179; **24**: 185

Luct.
280; **1-2**: 399; **2**: 185, 512-513, 516; **3**: 200, 510; **5**: 309; **15**: 373; **16-19**: 529

Merc. cond.
1: 507; **1-2**: 293; **3**: 390; **5**: 526; **7-8**: 220; **8**: 291, 437; **10**: 201, 373; **12**: 572; **13**: 203, 237; **14**: 206; **14-18**: 244; **17**: 183; **18**: 241; **21**: 467, 526; **23**: 540, 542; **24**: 402, 431; **25**: 181, 236, 530, 572, 579; **26**: 179; **26-29**: 241; **27**: 322; **33**: 270, 327, 466, 485, 572; **35**: 565; **38**: 300; **39**: 554; **40**: 345, 387, 541; **42**: 187, 191, 193, 322, 415, 531

Musc. enc.
3 n. 9, 316; **4**: 426, 452; **7**: 171

Nav.
6 n. 26, 17 n. 71, 172, 177, 395, 503-504, 506, 508; **4**: 564; **6**: 281; **10**: 178, 271; **12**: 502; **13**: 206; **15**: 203; **19**: 506; **20**: 313, 503; **24**: 200; **26**: 207, 498; **28**: 503, 551; **35**: 237, 506; **39**: 183; **39-40**: 504; **42-44**: 505; **44**: 405, 500, 549; **46**: 399, 501, 506

Nec.
56 n. 230, 66 n. 281, 177; **1**: 318; **2**: 227, 246, 290; **3**: 422, 511-512, 516; **3-4**: 494; **4**: 22 n. 94, 23 n. 102, 25 n. 110, 36 n. 151, 55 n. 227, 189, 193, 214, 250, 262, 310, 350, 369, 421; **4-5**: 498; **5**: 220, 230, 232, 237, 291, 551-552; **6**: 204, 374, 405, 423; **7**: 179; **11**: 187, 309, 466; **13-14**: 510; **15**: 276, 295, 301, 443; **16**: 207, 269, 320, 322; **17**: 560; **17-20**: 296; **18**: 59 n. 244, 382, 391; **21**: 47 n. 197, 186-187, 238, 250, 309, 387, 401, 421, 465, 508, 546, 552, 559, 567; **22**: 462

Nigr.
8 e n. 32, 67 n. 287, 302-303; **1**: 172, 271, 405; **2**: 175, 302; **3**: 11 n. 47, 179; **4**: 218, 220, 276, 291, 297; **5**: 438; **6**: 438; **6-7**: 458; **7**: 324; **8-9**: 67 n. 287; **9**: 549; **10**: 11 n. 47; **10-12**: 227; **11**: 179; **13**: 573; **14**: 344, 359; **15**: 226, 397, 510, 554, 573; **16**: 220, 291; **18**: 201; **19**: 374, 437; **20**: 320, 322; **24**: 185-186; **24-25**: 244; **25**: 232, 241, 243, 409, 436; **26**: 551; **27**: 217, 259; **28**: 437; **32**: 278, 523; **33**: 310; **35**: 566, 570; **36-37**: 11 n. 47; **37**: 431, 447-448; **38**: 578

Par.
3 n. 9, 18 n. 76, 177, 316; **1**: 227, 467; **2**: 234, 410; **4**: 278, 371, 374, 387, 415, 459, 480, 482, 488; **8**: 323, 482; **10**: 400, 437; **11**: 421-422; **11-12**: 263; **13**: 184, 310; **25**: 5 n. 22, 202; **26**: 308, 431; **26-30**: 317; **27**: 22 n. 94, 35 n. 145, 238, 250, 346-347, 349; **27-28**: 46 n. 194; **28**: 25 n. 110, 317; **31**: 227, 351, 443; **32**: 409; **34**: 343; **40**: 301, 357; **42**: 559; **43**: 59 n. 244, 283, 391; **44**: 185, 507; **45**: 467; **47**: 346, 467; **50**: 187; **51**: 244, 271; **52**: 36 n. 151, 218, 220, 232, 262, 402; **53**: 536, 554; **59**: 446

Peregr.
207; **1**: 172, 220, 223, 245, 265; **3**: 281, 394; **6**: 410; **7**: 334; **11**: 334; **11-13**: 207; **13**: 12 n.

51, 185, 253; **15**: 395, 532; **18**: 185, 233, 297, 388, 397, 573; **21-24**: 563; **22**: 280; **23**: 488; **24**: 358; **27**: 405; **28**: 406; **31**: 359; **33**: 406; **38**: 550; **39-41**: 517; **42**: 220; **43-45**: 230

Phal.
1.1: 526; **1.2**: 292; **1.9**: 176

Philops.
7 n. 30, 17 n. 71, 57 n. 239, 177, 280, 303; **1**: 396, 447, 554; **1-4**: 512; **2**: 200, 496, 510, 512, 516, 526; **3**: 268, 377, 505; **5**: 240, 345, 377, 511, 572; **6**: 407, 439, 569; **8**: 377; **9**: 185, 481; **11**: 204; **13**: 505; **15**: 517; **16**: 281; **19**: 245; **20**: 355, 504; **22**: 83, 510; **22-23**: 506; **23**: 483; **24**: 259, 456, 477; **25**: 476; **29**: 575; **30**: 399; **32**: 498, 517; **38**: 427; **39**: 242, 399, 574; **40**: 507, 517, 578

Pisc.
7 n. 30, 15, 23 n. 98, 24 n. 103, 45, 54, 176, 262, 317, 329, 337, 394, 466; **1**: 395; **1-4**: 399; **2**: 45; **5**: 560; **6**: 16 n. 68; **7**: 227, 351; **8**: 526, 550; **11**: 465, 572; **11-13**: 23 n. 96; **12**: 45 n. 190, 178, 236, 258, 270-271, 273, 301, 425, 483; **12-13**: 317, 396; **13**: 46 n. 194, 54, 252, 270, 358, 458; **14**: 28 n. 120, 235, 358, 399, 456; **15**: 24 n. 104; **16**: 197, 301, 330; **17**: 397; **19**: 337; **20**: 27, 531, 550; **22**: 15 n. 67; **22-23**: 569; **23**: 16 n. 68, 227, 238, 373, 351; **25**: 559; **26**: 14 n. 60, 52 n. 220, 340, 447; **29**: 577; **30**: 183, 310; **31**: 220, 230, 530; **31-37**: 316; **33**: 235, 362; **34**: 186, 217-218, 230, 232, 237, 241, 550, 552, 559, 563; **35**: 22 n. 95, 55 n. 227, 214, 243, 339, 409; **36**: 246, 288; **37**: 259, 271, 402; **38**: 197; **41**: 546, 572; **42**: 200, 275, 546; **43**: 22 n. 94, 234, 263, 559; **44**: 197, 482, 550, 579; **45**: 232, 279-280, 482, 554; **46**: 218, 220, 291, 374, 531, 551; **50**: 263; **52**: 35 n. 145, 431, 476

Pro imag.
6 n. 26, 172-173, 177, 514; **1-3**: 316; **11**: 359; **12**: 226; **15**: 180, 332; **16**: 321; **17**: 443; **19**: 431; **20**: 281; **23**: 476

Prom.
4: 455-456; **6**: 180; **7**: 551

Prom. es
2: 443; **3**: 278, 513; **5**: 394, 509; **6**: 14 n. 61, 409; **7**: 27 n. 119, 206

Pseud.
3: 500; **4**: 397; **5**: 566; **6**: 505; **10**: 412; **13**: 541; **29**: 426; **31**: 244

Rhet. praec.
12 n. 51, 208, 256, 307; **1**: 481; **3**: 184, 200, 307, 308, 434, 488; **4**: 189, 226, 425; **6**: 191, 560; **7**: 189, 199, 307, 313; **8**: 176, 329, 369, 377; **8-9**: 516; **9**: 178, 209; **11**: 178, 439, 485; **13**: 257; **14**: 406; **15**: 226, 396, 446, 554; **16**: 269-270, 573; **22**: 180, 316, 447, 554; **22-23**: 554; **23**: 396, 427, 559; **24**: 193, 226, 334; **26**: 560

Sacr.
280; **11**: 410

Salt.
6 n. 26, 172-173, 177; **2**: 8 n. 35, 247, 401; **3**: 227, 351; **4**: 202, 366, 466, 579; **5**: 359, 572; **8**: 333; **25**: 257; **26**: 308, 431; **32**: 359; **35**: 410; **41**: 443; **46**: 437; **53**: 515; **61**: 412; **66**: 180; **70**: 422; **83**: 185, 318; **85**: 575

Saturn.
1: 218, 291; **4**: 443; **5**: 465, 516; **7**: 285, 296, 358; **14**: 505; **17**: 296; **18**: 244; **20**: 419; **24**: 245; **25**: 390; **26**: 526; **27**: 454; **31-32**: 296; **32**: 437; **33**: 292

Scyth.
7: 443; **11**: 243, 347

Soloec.
177, 256; **2-3**: 346; **9**: 381, 394; **12**: 381

Somn.
1 n. 2, 9, 308; **1-2**: 184; **3**: 193, 338; **6**: 269-270, 425; **9**: 333, 404; **9-14**: 401; **13**: 210, 540; **14-18**: 401; **15**: 201; **16**: 574

Symp.
6 n. 26, 24 n. 104, 56 n. 232, 172, 177, 250, 395; **1**: 550; **3**: 206, 227; **5**: 240; **6**: 376, 565, 569; **9**: 238; **10**: 176; **11**: 240; **12**: 179, 398; **13**: 206, 220; **14**: 183, 245; **15**: 541, 569; **16**: 559, 570; **17**: 178, 180; **21**: 23 n. 102; **22**: 562; **23**: 217, 496, 541, 546, 556-557; **25**: 334; **28**: 274, 526; **30**: 241, 326, 569; **31**: 345, 215; **32**: 232, 237, 243, 446, 552; **34**: 2 n. 5, 36 n. 151, 177, 182, 230, 262, 350, 438, 465, 496, 509, 552; **34-35**:

563; **35**: 186, 243, 274, 395, 401; **36**: 214, 218, 220, 232, 291, 550-551, 565; **37**: 382, 409, 569; **38-43**: 244; **39**: 242; **40**: 559; **43-46**: 22 n. 94; **44**: 236; **44-45**: 241; **45**: 245; **47**: 215, 310
Tim.
176; **1-4**: 516; **2**: 201, 281; **4**: 200, 510; **5**: 579; **6**: 240; **9**: 2 n. 5, 238, 250, 290, 300, 358, 504, 559; **13**: 187; **17**: 318; **18**: 446; **19**: 439; **20**: 183; **21**: 505; **22**: 272, 541; **23**: 200, 207; **24**: 194, 482; **25**: 281, 526; **26**: 454; **27**: 281, 531; **28**: 373; **36**: 219-220, 291; **40**: 338; **40-41**: 503; **41**: 498, 508; **44**: 276; **46**: 508; **47-48**: 508; **49-52**: 508; **51**: 537; **54**: 178, 220, 244, 270-271, 274, 563; **54-55**: 22 n. 95, 241; **54-57**: 232, 508; **55**: 243, 532; **56**: 218, 573
Tox.
17 n. 71, 177; **1**: 373; **8**: 180; **12**: 379; **13**: 427; **15**: 398; **20**: 474; **24-26**: 392; **27**: 198; **28**: 354-355, 367; **32**: 446; **34**: 509; **35**: 426; **38**: 235; **44**: 476, 565; **46**: 570; **62**: 517
Tyr.
11: 390; **15**: 373
Ver. Hist.
280, 285; **1.1-2**: 512; **1.1-4**: 554; **1.2**: 514, 518; **1.3**: 358, 510; **1.4**: 359, 510; **1.5**: 323; **1.6**: 485; **1.7-8**: 517; **1.18**: 505; **1.25**: 465; **1.28**: 313; **1.29**: 463; **2.3**: 278; **2.5-26**: 285; **2.5**: 309, 347, 485; **2.15**: 565; **2.17**: 59 n. 244, 391; **2.18**: 32, 33 n. 141, 34, 43 n. 182, 47 n. 196, 190, 263, 326, 498, 566, 574; **2.19**: 242; **2.21**: 223, 292; **2.22**: 359; **2.23**: 391; **2.28**: 172; **2.29**: 407; **2.30**: 518; **2.31**: 510
Vit. auct.
12 n. 50, 22 n. 95, 23 n. 98, 24 n. 103, 66 n. 281, 177, 262, 399; **1**: 389; **1-2**: 24 n. 104; **2**: 423; **3**: 380; **3-27**: 465; **4**: 477; **6**: 357; **7**: 198; **8**: 222, 224, 397, 551; **9**: 218, 300, 310, 440; **10**: 579; **10-11**: 394; **11**: 185, 424, 444, 488, 559-560; **14**: 423; **15**: 59 n. 244, 382; **15-18**: 343, 569; **16**: 224; **17**: 551; **18**: 276, 352, 422; **19**: 263, 343; **20**: 217, 266, 270-271, 532, 559; **21**: 215, 217, 334, 541, 557; **21-25**: 23 n. 102, 216, 326, 494, 558; **22**: 226, 367, 454, 546, 556, 573; **23**: 178, 350, 574; **23-24**: 232; **24**: 546-547, 551; **25**: 527; **26**: 237, 263-264, 390, 422; **27**: 31, 33, 41 n. 169, 47 n. 196, 199, 350, 403, 418, 498, 545, 568
Zeux.
2: 461, 498; **5**: 185; **12**: 509, 512

Ps.-Luc.
Am.
1: 398; **2**: 566; **37**: 474
Cyn.
19: 271
Epigr.
15.5-6: 484
Macr.
19: 327; **20**: 30 n. 132

Aelianus
NA **6.58**: 404; *VH* **2.44**: 183; **13.15**: 567

Aelius Aristides
1.152 Behr: 551; **1.344**: 283; **2.118-120**: 415; **3.365**: 330; **3.487**: 330; **4.34**: 183; **13.156**: 466; **22.10 Keil**: 542; **23.27-40**: 290; **24.4-21**: 290; **24.41-44**: 290; **26.14-33**: 308; **27.40-41**: 341; **28.1**: 340; **33.3**: 340; **45.9**: 466

Ps.-Ael. Arist.
Rhet. **1.160-166**: 316

Aeschines
1.1: 332; **1.39**: 534; **1.95**: 41; **2.165**: 337; **3.3**: 259-260; **3.17**: 548; **3.199**: 482

Aeschylus
Ag. **41**: 337; **238**: 560; **967**: 309; **1115**: 467; *Pers.* **800**: 211; *Prom.* **452-458**: 201; **495**: 424; **1056**: 318; **1078**: 467; *Sept.* **7**: 435; **29**: 290; **31**: 300; **63-64**: 576; **537**: 183; fr. **311 Radt**: 498

Aesopus
13 Hausrath – Hunger: 466; **71**: 484; **102**: 278; **429 Perry**: 566

Albinus
Prol. **1**: 20 n. 83; **2.1-8**: 14 n. 62; **2.4-6**: 16 n. 69; *Epit.* **30.3**: 324

Alcaeus
208a Voigt: 576; **438**: 410

Alciphron
Ep. **1.2.2**: 445; **2.11**: 442; **2.26.2**: 404; **3.23.3**: 183; **3.28**: 554; **4.18.13**: 498

Alcman
fr. **64 Davies**: 294

Anonymus
In Theaet. **2.18-32**: 53 n. 225; **2.23-32**: 42 n. 178; **54.39-43**: 51 n. 216; **54.38-55.13**: 53 n. 223; *Prol. Plat. phil.* **10.6-9**: 471; **10.7-15**: 60 n. 249; **10.23-26**: 53 n. 223; **14.4-6**: 16 n. 69

Anthologia Palatina
6.301: 504; **6.357**: 504; **10.45**: 264; **11.275**: 559; **11.323**: 430; **11.346**: 320; **12.73**: 485

Antiphon
1.2: 337; **1.10**: 427; **3.2.1**: 298; **3.2.7**: 279; **5.10**: 353; **5.33**: 332

Aphthonius
Prog. **11.1**: 329; **13**: 3 n. 9; **13.3**: 18 n. 76

Apollonius Rhodius
1.1264: 320; **2.106-112**: 517; **3.287-298**: 515; **3.616-682**: 515; **3.651**: 320

Apostolius
11.4 Leutsch – Schneidewin: 268; **15.62**: 432

Aristophanes
Ach. **47-50**: 173; **94**: 224; **453**: 555; **504-505**: 233; **683**: 180; **801**: 442; **985**: 244; **986**: 509; **988**: 443; **1211**: 555; *Av.* **44**: 299; **54**: 453; **118**: 431; **277**: 224; **506**: 441; **598-601**: 503; **704**: 449; **757**: 299; **785**: 505; **1200**: 363; **1244**: 364; **1281-1282**: 270; **1296**: 188, 256; **1564**: 256; **1737**: 426; *Eccl.* **606**: 442; **635**: 299; **1123**: 436; *Eq.* **716a**: 561; **756-757**: 548; **884**: 279; **1009**: 435; **1142**: 452; **1151**: 206; **1158**: 453; **1226**: 391; **1358**: 430; *Lys.* **551**: 263; *Nub.* **19**: 427; **42-45**: 552; **102-104**: 188; **130**: 391; **225-227**: 203; **332-333**: 205; **358-363**: 270; **362-363**: 178; **497-510**: 232; **503-504**: 256; **504**: 188; **628**: 552; **640**: 435; **706**: 263; **743**: 363; **889-1114**: 456; **901**: 340; **910**: 430; **1047**: 548; **1055**: 409; **1112**: 188; **1170-1173**: 188; *Pax* **62-179**: 505; **90**: 318; **180**: 224; **182**: 554; **394**: 505; **699**: 321; **821-823**: 201; **906-908**: 239; **1053**: 206; **1136**: 442; **1145**: 441; *Pl.* **30**: 353; **192**: 442; **210**: 281; **395**: 345; **435-436**: 435; **454**: 559; **508**: 318; **679**: 431; **888**: 391; **1004**: 442; **1054**: 426; **1061**: 453; **1085**: 439; **1172**: 246; **1181**: 424; *Ran.* **177**: 329, 407; **186**: 499; **298**: 224; **326**: 309; **339**: 363-364; **344**: 309; **351**: 309; **358**: 430; **360**: 290; **465**: 554; **718-737**: 481; **726**: 331; **747**: 180; **814-829**: 239; **1085**: 430; **1279**: 279; **1339**: 427; **1487**: 391; **1498**: 409; **1521**: 430; *Thesm.* **191**: 272; **230**: 364; **347-348**: 435; **472**: 233; **560-561**: 446; **609**: 561; **702**: 554; *Vesp.* **119**: 454; **191**: 499; **614**: 180; **718**: 441; **811**: 442; **845-846**: 353; **1251**: 555; **1389-1390**: 435; **1412-1414**: 256; **1446-1448**: 353; **1489**: 574-575

Aristoteles
Anal. pr.: **1.46.52b2-8**: 519; **2.27.70a32**: 346; *Anal. sec.* **1.2.72a14-24**: 562; *Ath.* **9.1**: 332; **35.1**: 36; **39.6**: 534; **44.2**: 239; **54.3**: 298; **61.1**: 259; *De An.* **3.9.432a16**: 461; *De cael.* **2.13.293a33**: 411; *De part. an.* **3.2.663a35**: 277; *Eth. Nic.* **1.8.1098b12-20**: 264; **1.13.1102b7-8**: 400; **2.2.1104a3**: 491; **2.7.1108a24-25**: 430; **2.7.1108a26**: 552; **3.4.1113a33**: 272; **3.12.1119b12-13**: 573; **4.7.1127b1-9**: 531; **6.2.1139a26**: 461; **6.7.1141a10**: 410; **6.11.1143a20**: 386; **7.2.1155b33-34**: 294; **8.6-8.1158a-1159b**: 295; **9.6.1167a22-1167b34**: 289; **9.8.1169a17**: 487; **9.12.1172a5**: 240; **10.8.1178a16**: 365; *Eth. Eud.* **1.1.1214a29**: 461; **2.1.1218b33-**

34: 264; 7.7.1241a15-33: 289; *Magn. mor.* 1.2.1184a20-24: 487; 1.17.1189a17-19: 461; 2.7.1205a28: 386; *Met.* 1.1.981a1-5: 482; 1.1.981a5: 372; 4.3.1005a20: 562; 4.4.1006a14-15: 198; 5.1.1025b6: 461; 10.7.1057a33: 354; 12.4.1078b17-23: 213; *Poet.* 9.1451b4-7: 62 n. 265; 24.1460a: 350; 24.1460a17-19: 518; 24.1460a20-26: 518; 26.1462a: 180; *Pol.* 2.4: 299; 3.8.1280a1: 304; 4.8.1294a1: 294; 5.7.1307b: 350; 5.9.1310a25-38: 296; 6.2.1317a40-1317b17: 296; 7.1.1323a21-27: 264; *Protr.* fr. 1-4 Düring: 264; 43: 297; 47: 272; 49: 340; *Rhet.* 1.1.1355a3-8: 211; 1.2.1356a4-13: 311; 1.2.1357b: 211; 1.5.1361a12-25: 264; 1.9.1368a19-26: 316; 2.1.1378a9-18: 311; 2.21.1395a11: 228; 3.1.1403b-1404a: 180; 3.2.1405a8: 62 n. 264; 3.4.1406b24-25: 62 n. 260; 3.10.1410b10-13: 63 n. 266; 3.10.1410b12: 62 n. 265; 3.11.1411b22-25: 63 n. 266; 3.11.1413a15-16: 202; 3.19.1420a4-6: 308; *Soph. el.* 1.4.166b: 350; 11.171b23-24: 235; 11.171b24-26: 235; 11.171b35-172a2: 235; 11.172b1-4: 235; *Top.* 1.2.101b1-4: 461; 1.5.102b14-20: 262; 1.10.104a28-30: 308; 2.8.114a4-5: 519; 4.5.126a36-38: 482; 8.1.156b38: 475

Ps.-Ar.
Rhet. ad Alex. 1426a25: 308; 1427b13-30: 460; 1445a30-35: 460

Arrianus
An. 4.28.1-2: 199; 4.28: 202; 7.17.1: 204; 7.17.4: 204; *Ind.* 5.10: 199

Athenaeus
2.46D: 277; 3.101D: 442; 4.156E: 445; 4.156F: 442; 4.158A-B: 441; 14.648B: 442; 15.672A: 417; 15.693D: 437

Avianus
16: 484

Babrius
36 Luzzatto – La Penna: 484; 59: 278; 79: 549

Boethius
Cons. phil. 3.12: 376

Callimachus
*Ep.*41.1 Pfeiffer: 485; 47: 504; *In Ap.* 109: 185; 113: 277; fr. 393 Pfeiffer: 277

Cassius Dio
22.73.2: 540; 65.1: 239; 72.31.3: 175

Cebes
Tab. Ceb.: 191-192, 286, 425, 489; 1-2: 302; 6.2-11.2: 191; 7.1-2: 320; 11.1-13: 396; 12.1-14.4: 191; 15.1-4: 191; 15.1-20.4: 191; 16.4: 191

Cicero
Ac. post. 1.19: 421; 20: 539; 38: 216; 44-45: 30 n. 129; 45: 33 n. 142, 56 n. 233; 45-46: 35 n. 146, 51 n. 215; 46: 53 n. 233, 55 n. 228, 59 n. 245; *Ac. pr.* 2.8: 480; 9: 211; 9-10: 375; 23: 217; 26: 493; 27: 493; 32: 392; 34: 254; 35: 254; 36: 254-255, 404, 468; 76-78: 35 n. 146; 115: 46 n. 193; 117: 424; 130: 214; 132: 46 n. 193; 147: 46 n. 193; *Att.* 1.19.6: 377; 13.19.3: 17 n. 73; *De am.* 5.18: 379-380; *De div.* 1.82-83: 387; 2.28: 233; 2.41: 427; 2.42-47: 204; 2.52-53: 387; 2.86: 427; 2.115-118: 387; *De fato* 1: 335; *De fin.* 1.61: 470; 2.6: 20 n. 86; 3.45-46: 207; 3.48: 539; 3.75: 266; 4.3-7: 494; 4.6: 19 n. 79; 4.48-49: 494; 4.79: 19 n. 79; *De inv.* 1.9-10: 517; 1.27: 510; 1.29-30: 311; *De nat. deor.* 1.5: 46 n. 193, 251, 468; 1.6: 251; 1.10: 211; 1.11: 375; 1.13: 251; 1.86: 243; 1.95: 243; 1.98: 320; 2.12: 494; 3.1: 262; 3.7: 255; 3.44: 277; *De off.* 1.37.134-135: 20 n. 84; 1.41.147-148: 565; *De or.* 1.30-34: 356; 1.41-44: 356; 1.142: 517; 2.8: 410; 2.30: 46 n. 193; 2.34-35: 517; 2.266: 202; 3.67: 30 n. 129, 51 n. 215; 3.67-68: 35 n. 146; 3.80: 335; 3.107: 335; 3.213-227: 181; 3.216: 181; 3.220: 181; *Fam.* 9.2.2: 281; 11.14.1: 340; *Or.* 32: 20 n. 86; *Par. Stoic.* 6: 266; *Tim.* 31c2-4: 411; *Tusc. disp.* 1.7: 19 n. 79; 1.16: 19 n. 79; 3.18: 226; 3.79: 528;

4.14: 225; 5.47: 229; 5.48: 535; 5.83: 211;
5.87: 467
[Rhet. ad Her.] 1.12: 510; 1.16: 311; 4.65: 20 n. 84

Clemens Alexandrinus
Strom. 2.20.125: 544; 24.3: 211; 5.3.17: 386; *Protr.* 2.39.6: 466; 4.57.3: 398

Cornutus
Theol. Gr. Comp. 16.1-3: 172

Demetrius
De eloc. 148: 202; 156: 410; 183: 16 n. 69; 238: 184

Demosthenes
1.22: 452; 3.23: 357; 8.40: 290; 9.14: 290; 18.26: 346; 18.128: 559; 19.94: 345; 19.128: 244; 19.230: 302; 19.259: 358; 21.185: 559; 21.199: 559; 22.69: 353; 24.122: 203; 24.133: 534; 24.177: 353; 25.9: 239; 25.10: 579; 38.6: 554; 39.4: 302; 57.6: 332; 57.35: 561

Dio Chrysostomus
Or. 1.55: 478; 1.59-84: 221; 1.66-67: 192; 1.75: 289; 3.11: 545; 3.77: 192; 4.7-11: 297; 4.37: 437; 4.88: 179; 4.116-132: 220; 4.131: 233; 7.86: 437; 8.24-26: 220; 8.33: 233; 8.34-35: 223; 10.7: 400; 11.147: 518; 12.5: 233; 12.13-14: 382; 12.49-83: 410; 13.10: 437; 18.4: 192; 20.12: 567; 30.4: 178; 31.162: 178; 32.12-13: 478; 33.10: 561; 33.60: 355; 35.8-10: 233; 38.10-14: 290; 39.2: 290; 40.26: 290; 42.3: 192; 45.1: 478; 47.5: 219; 53.9: 219; 54.2: 219; 55.4: 545; 55.8: 219; 55.11: 561; 60.5-8: 223; 65.7: 551; 68.7: 487; 70.6: 460; 70.7: 545; 70.8: 186, 565; 71.1: 565; 71.3: 437; 72.13: 561; 77.35: 400

Diodorus Siculus
12.25: 261; 15.7.2: 180; 17.85.1-6: 199

Diogenes Laertius
1.17: 265; 1.20: 36 n. 150; 1.21: 42 n. 178; 1.55: 400; 2.108: 556 3.48: 14 n. 63, 16 n. 69, 20 n. 83; 3.57: 171; 3.80: 264; 4.3: 174; 4.14: 174; 4.16: 174; 4.28: 30 n. 129, 35 n. 146; 4.36: 59 n. 246; 4.53-54: 233; 5.42: 451; 5.62: 174; 6.2: 221, 224; 6.3: 220; 6.7: 264; 6.11: 544; 6.18: 223; 6.26: 264; 6.30: 224; 6.31: 271; 6.36: 224; 6.63: 320; 6.70-71: 215, 220; 6.73: 424; 6.76: 223; 6.85: 219, 340; 6.93: 320; 6.95: 223; 6.100: 223; 6.103: 36 n. 149; 6.104: 488; 6.105: 488; 7.2: 577; 7.10: 229; 7.13: 231; 7.32-33: 287; 7.47: 217; 7.48: 412; 7.54: 40 n. 167; 7.65: 562; 7.74: 519; 7.76: 557; 7.91: 539; 7.101: 216; 7.107-108: 562; 7.117: 225; 7.120: 538; 7.121: 424; 7.137: 558; 7.147: 558; 7.148: 205; 7.171: 180; 7.176: 315; 7.181: 189; 7.187: 556; 7.191: 175; 8.5: 171; 8.10: 380; 8.39: 380; 8.41: 188; 9.12: 448; 9.21: 33 n. 140; 9.61: 32 n. 139, 33 n. 140; 9.62-64: 30 n. 127; 9.64: 180; 9.69: 180; 9.69-70: 31 n. 135; 9.70: 31 n. 136; 9.72: 53 n. 223; 9.74: 56 n. 233; 9.83-84: 512; 9.84-85: 448; 9.86: 447; 9.88: 25 n. 110, 250; 9.103: 568; 9.111: 26 n. 114

Diogenianus
1.252 Leutsch – Schneidewin: 410; 2.22: 445; 4.50: 388; 5.56: 567; 7.54: 341

Dionysius Halicarnassensis
Ant. Rom. 3.17.6: 180; 4.71: 261; *Isocr.* 3.6: 275; *Rhet.* 11 Usener – Radermacher: 272; *Th.* 34: 461

Epictetus
Diss. 1.2.32: 460; 1.2.34: 479; 1.4: 198, 226; 1.5: 41 n. 169, 374; 1.7.7-9: 481; 1.7.8: 487; 1.7.28: 480; 1.8.6-10: 547; 1.8.8: 555; 1.9.23-26: 478; 1.12.26: 203; 1.15.1-4: 356; 1.15.2: 229, 544; 1.15.3: 198; 1.17: 388; 1.17.6: 43 n. 183; 1.20.7: 374; 1.20.7-8: 481; 1.20.13: 460; 1.24: 220; 1.26.4: 544; 1.27.2: 36 n. 153; 1.27.15: 36 n. 153; 1.29.56: 544; 1.32-36: 221; 2.3.3: 481; 2.6.3: 460; 2.9: 388; 2.9.13: 198, 215;

2.9.22: 229; **2.11.19-25**: 220; **2.12.1-17**: 547; **2.12.3-4**: 192; **2.12.9**: 412; **2.15.8-9**: 341; **2.15.14**: 574; **2.16.44-45**: 221; **2.18.29**: 576; **2.18.30**: 294; **2.19.15**: 577; **2.19.27**: 478; **2.20.7**: 350; **2.20.21**: 43 n. 183; **2.20.37**: 41; **2.21.17-22**: 547; **2.23.41**: 547; **2.25**: 388; **3.1.27-29**: 272; **3.2.1**: 356; **3.14-16**: 310; **3.14-20**: 480; **3.6.3**: 547; **3.7.5-9**: 220; **3.8.4**: 372; **3.10.11**: 555; **3.13.11**: 289; **3.13.20-23**: 556; **3.14.2-3**: 180; **3.15**: 338; **3.15.13**: 555; **3.21-23**: 229; **3.22.19-21**: 356; **3.22.20**: 461; **3.22.26**: 192; **3.22.40**: 297; **3.22.57**: 223; **3.23.33-38**: 4 n. 13; **3.23.36**: 190; **3.24.13**: 437; **3.24.67-68**: 297; **3.26.1-3**: 219; **3.26.3**: 192; **3.26.13**: 544; **3.26.31**: 223; **3.26.33**: 437; **3.26.36-38**: 219; **4.1**: 297; **4.1.1-5**: 573; **4.1.81**: 460; **4.1.91**: 192; **4.2.4**: 539; **4.3.7**: 372; **4.4.4**: 338; **4.4.14**: 544, 556; **4.4.11**: 460; **4.4.13**: 372; **4.6.20**: 220; **4.8**: 229; **4.8.9**: 556; **4.8.11**: 544; **4.8.12**: 356; **4.8.15**: 271; **4.8.43**: 460; **4.12**: 215; **4.12.13**: 198; **4.12.15**: 183; **4.12.19**: 183; *Ench.* **1.5**: 374; **2**: 225; **7**: 324; **10**: 220; **12**: 219, 226; **22.1**: 460; **29**: 338; **29.5**: 346; **33**: 219; **34**: 220; **41**: 220; **45**: 372; **46**: 545; **51.2**: 487, 539

Euripides
Andr. **1008**: 509; *Bacch.* **120**: 454; **123**: 454; **419-420**: 287; **458**: 309; *Cycl.* **131**: 453; *Hec.* **225**: 453; **444**: 485; **876-878**: 446; *Hel.* **55**: 363; **255**: 365; **315**: 453; **827-829**: 424; **1617**: 377; *Heracl.* **287**: 296; **448**: 490; *Herc.* **318**: 398; **423**: 517; *Hipp.* **6**: 509; **209**: 443; **421-422**: 296; **469-470**: 467; **1256**: 205; *Ion* **96**: 443; **616-617**: 446; **671-672**: 296; **843-845**: 446; *Iph. T.* **345**: 293; *Med.* **293**: 498; **384-385**: 446; **516**: 481; **625**: 467; *Or.* **279**: 293; **728**: 293; *Phoen.* **146**: 183; **494**: 425; **535-545**: 295; **1571**: 309; *Suppl.* **354**: 443; **405**: 296; **429-441**: 295; **488-491**: 287; fr. **140** Kannicht: 509; **397**: 321; **453**: 287; **484**: 376; **752d**: 293; **899**: 245; **1079**: 293

Favorinus
T 1 Amato: 39 n. 163; **16**: 47 n. 199; **24**: 47 n. 199; **27**: 39 n. 163; **37**: 40 n. 165; **65**: 39 n. 163; **67-68**: 39 n. 163; fr. **20** Amato: 387; **26**: 230; **27**: 204; **29**: 3 n. 9; **30-32**: 48 n. 203; **31**: 198; **32**: 47 n. 200; **33-34**: 36 n. 153; **33-37**: 257; **35**: 40 n. 168, 50 n. 208, 257; **39-58**: 228; fr. **26** Barigazzi: 36 n. 153, 41 n. 174-175; *Cor.* **26** Barigazzi: 39 n. 163; **44**: 278; *De exil.* **8.2** Tepedino Guerra: 321; **10.3**: 405; **17.4**: 278

Galenus
De animi cuiusl. pecc. dign. et cur. CMG V 4,1,1, 1.6, p. 42: 36 n. 153, 468; **3.12**, p. 49: 425, 489; *De comp. med. sec. loc.* 4, vol. 12, p. 778 Kühn: 277; *De dign. puls.* 1.105, vol. 8, p. 772 Kühn: 451; 1.108, vol. 8, pp. 782-783: 324; *De indol.* 63 Boudon-Millot – Jouanna: 416; *De libr. propr.* 8.4 Boudon-Millot: 178; **11**: 41 n. 168; **12**: 52 n. 218; 14.4-7: 347; *De nat. fac.* 1.51, p. 138 Helmreich: 412; *De opt. doc. gen.* CMG V 1,1, 1.1, p. 92: 33 n. 142; 1.1-3, pp. 92-95: 198; **1.2**, p. 92: 50 n. 208; **1.3**, p. 92: 41 n. 171, 42 n. 179; **1.3**, p. 94: 40 n. 166; **2.2**, p. 94: 318; 3.2-3, p. 100: 272; 3.2-4.3, pp. 100-105: 43 n. 183; **5.3**, p. 108: 42 n. 179; *De opt. med. cogn.* 2.1, CMG Suppl. Or. IV, p. 47: 185; *De ord. libr. suor.* 1 Boudon-Millot: 211; **1.1**: 174-175; **2.1-3**: 304; *De plac. Hipp. et Plat.* CMG V 4,1,2, 7.1.25, p. 434: 487; *De puls. diff.* 2, vol. 8, p. 602 Kühn: 580; **3**, vol. 8, p. 672: 443; **4**, vol. 8, p. 711: 51 n. 216; *De sect.* 1, vol. 3, pp. 1-2 Helmreich: 174; **6**, vol. 3, p. 15: 452; *De simpl. med. temp. et fac.* 1.10, vol. 11, p. 417 Kühn: 462; 10.284, vol. 12, p. 279: 277; *De temp.* 1.565, p. 35 Helmreich: 535; 2.614, p. 66: 350; *De usu part.* 6.2, vol. 1, p. 301 Helmreich: 283; *In Hipp. Aphor. comm.* 28, vol. 18a, pp. 42-43 Kühn: 400; *In Hipp. De fract. comm.* vol. 18b, p. 321 Kühn: 263, 431; *In Hipp. Epid. comm.* 6.6, vol. 17a, p. 836 Kühn: 523; *Meth. med.* 1.1, vol. 10, p. 4 Kühn: 541; **1.3**, vol. 10, p. 19: 332; **2.5**, vol. 10, p. 113: 430; **2.39**, vol. 10, pp. 114-115: 184; **4.4**, vol. 10,

p. 250: 551; *Protr.* 5, CMG V 1,1, 5.1, p. 119: 185; *Quod animi mor.* 797, pp. 56-57 Müller: 179

Ps.-Gal.
De part. phil. 11 Wellmann: 261; *Hist. Phil.* 3, p. 602,5 Diels: 36 n. 149

Gellius
1.1: 411; **1.8.4**: 317; **2.2.2**: 175; **3.1**: 47 n. 199; **5.10**: 556; **9.2.2**: 271; **9.2.4**: 236; **11.5.5**: 47 n. 200; **11.5.6**: 29 n. 124, 41 n. 174; **11.5.7**: 490; **11.5.8**: 41 n. 175; **13.8.5**: 236; **17.15**: 574; **18.2.9**: 556; **19.8.2**: 20 n. 84; **20.1.9**: 40 n. 165

Heliodorus
Aet. **3.10.2**: 417; **9.12.1**: 528

Hermogenes
De id. **2.8**: 69 n. 291; **2.226**: 256; **2.320-368**: 311; **2.381-384**: 256; **2.395**: 256

Ps.-Herm.
Progymn. **3.1**: 228; **3.4**: 412; **7.1-3**: 316; **9.2**: 329; **11.8**: 18 n. 76; *Meth.* **5**: 16 n. 66; **36**: 16 n. 65

Herodianus
1.9.3-5: 4 n. 13

Herodotus
1.6.3: 296; **1.8.2**: 68 n. 290; **1.24.2**: 211; **1.48**: 279; **1.62.1**: 296; **1.65-66**: 294; **1.86.2**: 504; **1.94.2**: 306; **1.181.5**: 204; **1.215.2**: 560; **2.7.1**: 309; **2.36.8**: 441; **2.40.3**: 443; **2.73.1-4**: 404; **2.177.2**: 400; **3.4.2**: 452; **3.52.4**: 316; **3.80.6**: 295; **3.81.1**: 304; **3.83.2**: 362; **3.119.5**: 290; **3.142.2**: 296; **3.158.2**: 407; **4.46.3**: 341; **4.53.2**: 443; **4.191.4**: 367; **4.196.4**: 571; **5.28**: 290; **5.84.1**: 418; **6.66.2**: 440; **6.76.2**: 424; **6.82.2**: 424; **6.86.5γ.2**: 344; **6.112.2**: 341; **7.33**: 365; **7.50.3**: 321; **7.111.2**: 440; **7.134.2**: 424; **7.141.2**: 440; **8.83.2**: 180; **9.34.2**: 452; **9.100.3**: 571

Hesiodus
Op. **40**: 193; **109-126**: 285; **289-292**: 189; **311**: 400; **369**: 438; **589**: 309; **606**: 185; **618-645**: 576; **722-723**: 555; *Th.* **214**: 277; **287**: 517; **454**: 346; **901-902**: 294; **984**: 393; fr. **128** M.-W.: 309; **304**:405

Hippocrates
Aphor. **1.1**: 184

Homerus
Il. **1.606**: 407; **2.303**: 331; **2.570**: 316; **3.1-9**: 202; **3.325**: 362; **5.127-128**: 577; **5.201**: 305; **5.441-442**: 202; **6.518**: 300; **7.182**: 362; **8.18-27**: 193; **9.502-504**: 504; **11.1-2**: 393; **11.632-637**: 245; **13.79**: 300; **13.775**: 454, 456; **14.104**: 570; **16.70**: 341; **17.363**: 245; **17.497**: 245; **21.106**: 540; **22.103**: 305; **23.445**: 305; **23.853-855**: 322; **23.865-867**: 322; **24.783**: 365; *Od.* **1.32**: 322; **1.342**: 570; **5.1-2**: 393; **5.72**: 309; **5.245**: 272; **7.20**: 427; **9.228**: 305; **12.135**: 306; **15.47**: 365; **18.149**: 245; **24.364**: 436; **24.486**: 287; *H. Aphr.* **22-30**: 346; **218-238**: 393

Horatius
Carm. **1.1.16-18**: 436; **1.16.8**: 454; **1.34.12-16**: 207; **3.11.49**: 320; **3.21.9**: 438; **3.21.9-10**: 20 n. 84; *Epist.* **1.1.28-29**: 281; **1.1.45**: 436; **1.17.34**: 317; *Epod.* **16.21**: 320; *Sat.* **1.1.6**: 436; **1.2.90-92**: 281; **1.3.124-128**: 266; **1.4.137-138**: 180; **1.8**: 242; **1.9.1-4**: 182; **2.2.129-132**: 207; **2.3.45**: 218; **2.4.1-9**: 182; **2.6.10-13**: 503

Iamblichus
Vit. Pyth. **72**: 380; **103**: 380; **162**: 193; *Protr.* **21**: 492

Isocrates
6.94: 345; **7.1**: 302; **12.18**: 402; **12.28**: 466; **12.81**: 554; **12.158**: 290; **13.8**: 551; **15.2**: 410; **15.54**: 443; **15.295**: 402; **20.6**: 354

Iulianus
Or. **2.82d**: 476; **4.153c**: 239; **6.184c**: 489; **7.255b**: 489

Iuvenal
3.249: 555; **7.228-229**: 232; **10.105-107**: 224

Libanius
Ep. **64.5**: 410

[Longinus]
Subl. **15.1-2**: 69 n. 291

Macrobius
Sat. **7.5.2**: 376; **7.12.13-16**: 439

Marcus Aurelius
1.14.1: 372; **2.5.1**: 372; **3.6.2**: 372; **3.13**: 183; **4.22.1**: 372; **5.29.1**: 297; **7.35**: 201; **11.1**: 248; **12.22**: 294; **6.16.4**: 297; **8.48.1**: 297

Maximus Tyrius
Or. **1.1**: 320; **1.2-3**: 230; **1.6**: 338; **1.8-10**: 4 n. 13; **3.1**: 415; **4**: 516; **5.4**: 416; **5.6**: 226; **6.5**: 289; **7**: 230; **7.6**: 456; **8.6**: 410; **8.7**: 192; **10.4**: 400; **10.6**: 456; **11.2**: 364; **14.1**: 178, 192; **15**: 545; **15.6**: 410, 437; **15.10**: 487; **16**: 545; **16.6**: 437; **17.1**: 415; **18.3**: 481; **19.1**: 192; **22**: 230; **22.5**: 437; **25**: 230; **25.7**: 415; **26**: 516; **26.2**: 22 n. 94; **27.2**: 364; **27.7**: 410; **27.9**: 192; **28**: 226; **30-32**: 220; **30.1**: 22 n. 94; **30.2**: 192; **31.2**: 481; **33**: 219; **34.7-8**: 544; **36**: 219; **37.17**: 476; **38.7**: 437, 544; **39.5**: 466; **40.2**: 192

Menander
Dysc. **811-812**: 503; **920**: 207; *Epitr.* **140**: 444; *Sam.* **481**: 559; fr. **14** K.-A.: 552; fr. **64** K.-A.: 321; fr. **69** K.-A.: 575; frr. **176-180** K.-A.: 503; fr. **213** K.-A.: 576; fr. **270** K.-A.: 241; frr. **355-361** K.-A.: 503; **463** K.-A.: 344; fr. **779** K.-A.: 288; fr. **780** K.-A.: 552

Mimnermus
fr. **14** West^2: 393

Musonius
5 Hense: 198, 545; **9**: 297; **11**: 297; **16**: 565; fr. **21**: 272

Numenius
fr. **11** des Places: 535; **18**: 324; **24**: 251; **24-28**: 51 n. 216; **27**: 33 n. 142; **33** n. 142

Ovidius
Am. **1.15.36**: 440; *Met.* **1.76-88**: 278; **10.243-297**: 398; **15.392-410**: 404; *Tr.* **5.2.28**: 567

Pausanias
1.8.2: 288; **5.9.5**: 359; **6.8.1**: 359; **9.16.2**: 288; **10.4.4**: 278; **10.24.7**: 440

Persius
Sat. **2.10-12**: 503

Petronius
Sat. **24-78**: 242; **42.4**: 201; **56**: 480; **88.4**: 575; **115**: 529

Philo Alexandrinus
Abr. **245**: 477; *De ebr.* **88**: 410; **178**: 448; **184**: 447; **189-191**: 448; *De vit. cont.* **16**: 184; *Quaest. in Gen.* **3.33**: 36 n. 153; **3.58**: 477

Philodemus
De ira XII, 26 Indelli: 554; XLV, 20: 519; *Rhet.* **1.27** Sudhaus: 476; **1.134**: 350; **1.180**: 62 n. 265; **2.38**: 491; **2.39**: 491; **2.48**: 491; *De sign.* De Lacy – De Lacy: col. XVIII, 20-25: 414; XXX, 47: 333; XXXVII, 11: 519

Philosophi Praesocratici
Anonymus Iamblichi: 40 fr. 7 L.-M.: 294
Antiphon: 37 D 38a L.-M.: 289
Democritus: 27 D 228-229 L.-M.: 293; D 252 L.-M.: 505; D 357 L.-M.: 289; R 99 L.-M.: 293
Parmenides: 19 D 4: 188, 211, 308; D 6: 188; D 7: 188, 308; D 8: 188; D 8.20: 386
Pythagoras: 18 R 48: 349

Xenophanes: 8 D 49 L.-M: 389; D 61.19 L.-M.: 294

Philostratus
VA 1.12: 559; 1.15: 427; 1.28: 404; 1.32: 410; 3.49: 405; 4.30: 559; 5.23: 559; 6.11: 560; 6.12: 437; 6.40: 398; 8.5: 367; *VS* 1.480: 4 n. 13; 1.483: 256; 1.5.486: 240; 1.7.487-488: 233; 1.22.523: 205; 2.1.557: 172; 2.2.566-567: 175; 2.27.618: 183; 2.587: 483; 2.599: 398; *Gymn.* 11: 338; 57: 341; *Imag.* 1.31.1: 541

Phrynichus
Ecl. 243: 262

Pindarus
Isth. 1.36: 576; 8.15: 296; *Nem.* 10: 281; *Ol.* 3.12: 359; 8.3: 253; 12.1: 296; 13.4: 316; 13.6-11: 294; 13.7: 287; 13.114: 467; *Pyth.* 1.61: 296; 4.24: 560; 5.66-67: 294; 6.32: 245; 9.89: 504; fr. 122 Maehler: 361

Plato
Alc. 1.105c: 259; 118a: 532; 119b: 338; 132a: 301; 135e: 227; [*Alc.* 2] 147a: 323; 147c-d: 268; *Ap.* 17a-b: 260; 18d: 339; 20e-23c: 380; 22c: 381, 532; 23c: 532; 29a: 532; 31a: 502; 31c: 232; 32b-c: 399; 33a-b: 232; 33c: 532; 38a: 460; 38d: 554; 42a: 346; *Charm.* 154e: 301; 156b: 249; 159e: 213; 161b: 415; 161c: 463; 162d: 180; 164c: 385; 164d: 527; 165b: 247, 380; 165e: 202, 356; 166d: 532; 166d-e: 472; 167a: 460; 170e: 482; 171a: 371; *Clit.* 408c: 502; *Crat.* 384c: 247; 396b: 390; 398a: 384; 407e-408b: 172; 409d: 443; 415a: 391; 425c: 259; *Crit.* 44d: 204; 48c: 455; 50a: 330; 50e: 443; 52d: 385; 52e: 294; 107b: 63 n. 268; 118b: 309; *Euthyd.* 272a-b: 235, 453; 272b: 249; 273b: 212; 275a: 502; 276e: 548; 277b: 261; 278d: 283; 285d: 227; 291b-c: 494; 291d-e: 356; 292e: 435; 302b: 435, 467; 302c: 306; 304e-305a: 346; *Euthyphr.* 3a: 279; 6c-d: 467; 7c-d: 386; 8a: 243; 10d: 384; 11e: 197; 13d: 443; *Gorg.* 449a: 356; 452a: 260; 452c: 243; 452e: 261, 332; 453c: 455; 454c: 455; 455b-c: 356; 457d: 453; 457e: 519; 459b: 475; 461b: 375; 461c: 527; 461d: 385; 462b: 213; 464c: 487; 464e-465a: 482; 466b: 303; 470d: 331; 471e-472c: 258; 475d: 455; 479c: 394, 455; 482e: 527; 485a-d: 248; 485c: 297; 484c-485e: 13 n. 56; 486e: 404; 487a-b: 249; 487e: 246; 489c: 185; 491a: 70 n. 293; 493d-494b: 446; 494e: 227; 499b-c: 260; 505d: 454-455; 506a: 247; 508e-509a: 455; 513c: 390; 514b: 460; 515a: 246; 517d: 63 n. 268; 521a-522e: 229; 522e: 279; *Hipp. min.* 364d-e: 349; 369d: 381; 370e: 260; 371a-372a: 381; *Hipp. mai.* 282e: 232; 284a-b: 294; 284e: 391; 286e: 346; 298c: 435; 300d: 260; 304b: 551; *Ion* 533a-c: 58 n. 241; 534a: 454; 541e: 260; *Lach.* 178a: 249; 187e-188a: 472; 189d: 390; 192e: 356; 194a-c: 58 n. 241; 196b: 246; 200e: 197; *Leg.* 2.658d: 181; 2.659b: 259; 3.677d: 331; 4.718e: 189; 5.732d: 474; 5.747b: 349; 6.753e: 193; 6.757a: 295; 6.767c: 242; 7.789e: 561; 7.791a: 293; 7.808e: 561; 7.819b: 363; 8.830b: 341; 8.830c: 340; 9.856a: 345; 9.858b: 467; 10.887d: 561; 10.903b-d: 416; 10.904b-c: 322; 11.914d: 242; 11.918a-920c: 435-436; 12.962c-d: 463; *Lys.* 204a: 409; 206b: 283; 207c: 243; 208c: 561; 211b: 235; *Menex.* 236c: 227; 238a: 441; *Men.* 71b: 380; 75a: 443; 75c: 453; 75c-d: 548; 80c-d: 380; 80e: 235; 82b-85e: 212; 87a: 346; 93b: 212; 97d-98a: 212; 97e-98a: 482; *Parm.* 132d-133a: 65 n. 275; *Phaed.* 58d: 467; 67a-69c: 222; 69a-b: 216; 72a: 385; 80a: 283; 81a: 188; 84a: 293; 85c: 487; 87a: 455; 90c: 249; 91a: 453; 91d: 462; 95c: 418; 103a: 376; 109b: 201; 115a: 296; 115b-117a: 229; 115c-117b: 270; *Phaedr.* 228a-b: 177; 228c: 227; 228d: 507; 229b: 443; 229d-230a: 511; 230d: 483; 233b: 227; 239c: 309; 247c: 323; 249c: 461; 250c-d: 373; 255a: 205; 256b: 297; 260c: 409, 500; 263a: 243; 264c: 455; 265d: 415; 268c: 180; 269e-270a: 14 n. 56; 273c: 337; 276b-278b: 548; 276d: 327; 277a: 385; *Phil.* 14c: 385; 15d-

16a: 235; 16c-17a: 415; 27c: 386; 41b: 338; 43a: 455; 46a: 283; 53e: 455; 56b: 272; *Pol.* 272b-d: 182; 272e: 323; 284a-e: 411; 291d: 261; 306a-311c: 63 n. 269; *Prot.* 173b-c: 182; 310d: 204; 311c-e: 410; 313c: 212; 313c-d: 435; 314a-b: 444; 317b: 467; 323e: 554; 325c: 561; 326d: 427; 327e: 407; 331d-e: 65 n. 275; 332d: 385; 333a: 58 n. 241; 333c: 455, 460; 334e-335c: 16 n. 69; 336d: 476; 337a-b: 242, 246; 340d: 189; 342d: 509; 348a: 371; 348c: 381; 348d: 462; 349b: 216; 359c: 213; 361a-c: 455; 361d-e: 575; *Rep.* 1.329c: 296; 1.332d: 519; 1.336a: 213; 1.337e: 246; 1.340e: 390; 1.342b: 390; 1.345c: 260; 1.351d: 289; 2.360e: 386; 2.364d: 189; 2.372c: 442; 2.380b: 294; 3.400d: 519; 3.401c: 485; 4.432a: 289; 4.432c: 204; 4.434a-c: 292; 5.450c: 390; 5.450d: 211; 5.450e-451a: 283; 5.454a: 249; 5.461d-e: 299; 5.464b: 292; 5.476a-d: 415; 6.487a: 277; 6.488a-489b: 323; 6.488d: 323; 6.489c: 487; 6.492c: 576; 6.494a: 261; 6.499a: 235; 6.508c-d: 281; 6.509d: 411; 7.518b-c: 212, 553; 7.520c: 340; 7.524d: 411; 7.524d-531c: 349; 7.525a: 349; 7.536d: 349; 8.546a: 334; 8.546c: 365; 8.550c: 303; 8.557b-563e: 295; 8.557b-564a: 296; 8.558c: 357; 10.595a: 523; 10.595c: 443; 10.605e: 390; 10.606c: 430; 10.607b: 455; 10.608d: 543; 10.612a: 309; 10.617e: 322; 10.619d: 362; *Soph.* 217d-e: 16 n. 69; 217e: 476; 218c-d: 65 n. 273; 224a-d: 212; 224c-d: 435; 225a-b: 249; 226a: 235; 230b-d: 572; 230b-e: 526; 231a-b: 65 n. 275; 231e: 235, 338; 235b: 434; 236e: 376; 251b: 248; 253c-254b: 415; 253d-e: 482; 264a: 461; 268b: 376; *Symp.* 173e: 243, 318; 175a-b: 270; 175d: 553; 177a: 376; 177e: 474; 181a: 502; 186c: 482; 187b: 385; 194c: 552; 201d: 385; 215a-216d: 279; 216b: 249; 220c: 270; 221e: 70 n. 293; *Theaet.* 145c: 385; 145e-151d: 553; 146e: 53 n. 225; 147c-148b: 348; 150c: 380; 151b: 467; 152c: 185; 153b: 400; 157c: 53 n. 225; 158a: 466; 165a: 348; 165b: 548; 165d-e: 434; 167e-168a: 548; 168b: 346; 170c: 475; 171a: 258; 171d: 198, 330; 172c: 182; 172c-177c: 13; 173e: 13; 174a: 13 n. 56, 270; 174d: 552; 175a: 551; 185e: 482; 187e: 327; 198b: 553; 198d: 63 n. 268; 200c: 455; 201c: 415; 210a-b: 53; *Tim.* 27d-28a: 59 n. 245; 31b-32c: 411; 42d-e: 322; 44b: 293; 52b: 67 n. 286; 73c: 442; 89c: 407; *Epist.* 7.330e: 327; 337e: 343; 340b-341c: 346; 344a: 281; 344b: 453

Plautus
Amph. 310: 207; *Aul.* 6-27: 503; *Capt.* 209: 207; *Men.* 950: 575; *Trim.* 288-295: 236

Plutarchus
Alex. 1.2.665A: 228; *Cic.* 24.6: 240; *Mar.* 11.12: 261; *Nic.* 10.4: 452; 29.2: 437; *Num.* 7.5: 426; 16.2: 528; *Per.* 33.5: 324; *Adv. Col.* 13.1114A: 340; 20.1118E: 528; 26.1121F-1122A: 55 n. 228; 26.1122A-B: 198; 26-27.1122B-F: 545; 26.1122C: 56 n. 233; 29.1124B: 43 n. 179; *Amat.* 16.759D: 489; *Apophth. reg.* 3.175C: 344; *Brut. anim.* 7.990A: 535; *De adul. et am.* 2.49E: 481; 7.52C: 271; *De cohib. ira* 1.452F-16.464D: 226; 2.453E-454A: 324; 6.455F: 178; 10.459A: 561; 14-15.462F-463A: 442; *An virt.* 1.439F: 561; *Anim. an corp. affect.* 1.500B-4.502A: 226; *De cap. ut.* 7.90B: 344; *De comm. adv. Stoic.* 1.1059A: 580; 10.1063A: 539; 19-20.1067F-1068A: 539; 26.1071D-E: 574; 34.1076E: 505; *De cup. div.* 1.523C-10.528B: 226; *De ex.* 14.605A: 174; *De def. orac.* 3.410C: 410; 15.418A: 426; *De gen. Socr.* 29.595F: 580; *De glor. Athen.* 1.345D: 339; 3.347A: 69 n. 292; *De inv. et od.* 1.536E-8.538E: 226; *De lib. educ.* 5-6.3E-4A: 561; *De prim. frig.* 23.955C: 47 n. 199; *De Is. et Os.* 3.352C: 271; 68. 378B-C: 254; *De rect. rat. aud.* 7.41D: 4 n. 13; 9.42C-D: 13 n. 54; *De sera num.* 18.561A: 338; *De soll. an.* 1.959B: 13 n. 54; *De Stoic. rep.* 1.1033B: 556; 7.1034D: 183; 10.1036A: 334; 10.1036A-B: 22 n. 94; 15.1040E: 470; 17.1042A: 479; 20.1043E-1044A: 232; 20.1044A: 560; 23.1045E-F: 320; 26.1046D-E: 207; 28.1047A: 181; 31.1048E: 479; *De tuen. san.* 24.135C: 400; *De virt. et*

vit. 4.101D: 219; *De virt. mor.* 3.441C: 479; 7.447F-448A: 22 n. 94; 12.452D: 192; *Garrul.* 22.513E: 434; 23.514D: 340; *Praec. ger. reip.* 10.804C: 192; 10.805E: 290; 15.812C: 324; 32.824D: 290; *Quaest. conv.* 1.612E: 417; 1.2.613B: 198; 1.2.613C: 560; 2.4.638D: 338; 3.2.649B: 192; 6.2.671E: 417; 7.3.701D-702C: 439; 8.3.735C: 340; 8.4.724A: 283; 8.9.732E: 46 n. 193; 9.1.1008A: 324; 9.15.747C: 180; *Quaest. Plat.* 1.2.1000A-B: 267; 1.2.1000B: 462; 1.2-3.1000C-D: 46 n. 193; 2-4.1000A-D: 487; 8.2.1006D: 523; *Quaest. Rom.* 30.271E: 234; *Quis suos in virt.* 2.75D-76A: 539; 5.77D: 192; 6-7.78E-F: 556; 7.79B: 487; 10.81B: 178; 10.81C: 271; 12.83B: 192; 17.86A: 341; *Quom. adol.* 6.24D: 189; 27.68A: 430; 28.68E: 476; 31.70E: 175; *Sept. sap. conv.* 2.146E: 404; 12.155C: 201

Ps.-Plut.
De Hom. 2.86: 277; *Vit. dec. or.* 8.848A-B: 500

Poetae Comici Graeci (PCG)
Com. adesp. 620 Kassel-Austin: 435
Alex. fr. 15: 555; 102: 555; 139: 442; 167: 442; 191: 444; 223: 241; 291: 244
Amphis fr. 13: 270
Anax. fr. 17: 503; 46: 345
Antiphan. fr. 27: 224; 75: 425; 105: 427; 157: 561; 164: 203; 210: 503; 282: 246
Apoll. Car. fr. 5: 552
Arist. fr. 3: 444; 23: 442; 28: 446; 171: 430; 199: 499; 255: 242; 372: 442; 552: 256; 584: 256; 592: 364; 686: 559; 770: 329; 866: 391; 927: 552; 929: 321
Arched. frr. 2-3: 503
Bat. fr. 2: 555
Callias fr. 15: 270
Crat. fr. 16: 285; 52: 329; 215: 256
Cratin. fr. 19: 339; 175: 285
Damox. fr. 2: 441
Diox. fr. 2: 503
Diph. fr. 42: 555; 47: 503; 81: 345; 125: 575
Ephipp. fr. 13: 442; 14: 232, 270-271

Epich. fr. 32: 241; 52: 456; 218: 375, 377
Eub. fr. 74: 442; 106: 246; 109: 561
Eup. fr. 9: 185; 62: 288; 99: 331; 99-146: 330; 157b: 270; 222: 552; 253: 256; 316: 295; 378: 442; 384: 559; 386: 270
Euphr. fr. 1: 424; 7: 424; 9: 185
Nicostr. fr. 5: 444; 22: 435
Pherecr. fr. 6: 364; 37: 241; 57: 555; 114: 309; 137: 285; 150: 430; 201: 442; 287: 439
Philem. fr. 32-33: 503; 88: 441; 95: 558
Philipp. fr. 9: 444
Plat. fr. 86: 288; 139: 329
Sophr. fr. 105: 410
Sosipp. fr. 1: 441
Strat. fr. 1: 345, 425
Telecl. fr. 1: 285
Theop. fr. 32: 244; 56: 444
Timocl. fr. 20: 329; 31: 241

Polybius
1.2.1-2: 308; 1.4.6-11: 414; 1.43.1: 345; 3.94.9: 345; 3.108.2: 180; 6.3.5: 298; 12.25a: 432; 18.14.12: 318; 21.11.3: 492; 30.25.17: 427

Porphyrius
Ep. ad Aneb. 21: 426; *Quaest. Hom.* 1.91.4: 263, 431; *V. Pyth.* 45: 171

Pyrrho
T 11 Decleva Caizzi: 180; T 17A: 293; T 58: 198; T 74: 198

Quintilianus
1.6.4: 349; 1.10.5: 557; 2.4.2: 510; 4.2.52-60: 311; 6.2.29: 69 n. 291; 6.3.57-59: 202; 9.1.4: 71 n. 300; 9.2.31: 20 n. 84; 9.2.37: 20 n. 85; 10.1.129: 20 n. 82; 11.1.27: 211; 11.3.84-106: 181; 12.10.7: 275

Sappho
fr. 58 Voigt: 393

Scholia
Schol. ad Ael. Arist. *Or.* 3.365: 330

Schol. ad Arist. *Av.* 54: 454; Schol. ad Arist. *Eq.* 716a: 561; Schol. ad Arist. *Plut.* 1054: 426; Schol. ad Arist. *Vesp.* 831a: 424
Schol. ad Eur. *Hec.* 225: 453
Schol. ad Luc. *Bacch.* 5: 454; Schol. ad Luc. *Cat.* 6: 534; Schol. ad Luc. *Gall.* 12: 244; Schol. ad Luc. *Herm.* 4: 209; Schol. ad Luc. *Herm.* 5: 204; Schol. ad Luc. *Herm.* 61: 445; Schol. ad Luc. *Herm.* 66: 472; Schol. ad Luc. *Herm.* 76: 534; Schol. ad Luc. *Herm.* 82: 561; Schol. ad Luc. *Hist. conscr.* 17: 429; Schol. ad Luc. *Icar.* 25: 36 n. 152; Schol. ad Luc. *Symp.* 23: 556

Seneca
Cons. ad Marc. 10.3: 320; 26.6: 528; *Cons. ad Pol.* 1.4: 528; 9.6: 576; *Const. sap.* 2.1: 437; *De ben.* 2.35: 445; *De brev.* 1.1: 184; *De ira* 2.8: 576; 3.10.2: 576; *De tranq.* 14.3: 577; *Ep.* 2.6: 219; 5.1: 539; 5.2: 271; 6.6: 229; 11.3: 545; 14.10: 453; 15.5: 215; 16.3: 576; 33.4: 211; 40.4: 179; 42.1: 405; 45.5: 179, 494; 45.5-6: 547; 48.6-7: 547; 48.10: 179; 59.14: 535; 71.6: 547; 71.30: 539; 72.4: 535; 72.7: 320; 76.32: 301; 78.16: 338; 80.3: 338; 82.24: 555; 88.1: 3 n. 10; 88.42-43: 555; 88.44: 36 n. 153; 90.46: 198, 215; 92.21: 366; 94.5: 470; 95.8: 215; 102.13: 46 n. 193; 106.12: 555; 108.15: 215; 109.7: 197; 109.15: 539; 111.2: 547; 117.25: 547; 117.33: 545; *Nat. quaest.* 5: 201; *Vit. beat.* 16.3: 539

Sextus Empiricus
Adv. math. 1.8-12: 33 n. 142; 1.16: 421; 1.26: 33 n. 142; 1.40: 350; 1.60-65: 372; 1.157: 351; 1.176-240: 256; 1.182: 204; 1.192: 448; 1.263-264: 510; 1.264-265: 512; 1.280: 189; 1.292: 512; 2.7: 20 n. 86; 2.16: 46 n. 193; 2.56: 256; 2.78: 350; 2.440: 43 n. 183; 3.1: 521; 3.11: 520; 3.12: 521; 3.17-18: 521; 3.19-25: 521; 3.37-39: 521; 3.92: 521; 5.1-48: 387; 5.2: 204; 5.67: 204; 5.70-71: 204; 7.27: 43 n. 183; 7.27-37: 254; 7.32-33: 273; 7.47: 42 n. 177; 7.51: 403; 7.51-52: 389; 7.52: 357, 389, 469; 7.55: 267; 7.55-56: 459; 7.55-59: 267; 7.111: 189; 7.150-158: 35 n. 146; 7.263-282: 490; 7.266: 351; 7.276-280: 414; 7.313-349: 25 n. 110; 7.315: 418; 7.320: 258; 7.320-323: 463; 7.327-334: 258; 7.329: 261; 7.332: 468; 7.340-342: 491; 7.341: 486; 7.348: 488; 7.348-352: 462; 7.368: 403; 7.393: 317; 7.432: 280; 8.1-31: 468; 8.15: 418; 8.15-16: 468; 8.17-31: 402; 8.54: 258; 8.141-299: 254; 8.277: 493; 8.310: 492-493; 8.310-314: 317, 486; 8.314: 486; 8.316-319: 403; 8.324: 259; 8.324-325: 468; 8.325: 470; 8.332: 493; 8.338: 414; 8.353: 492; 8.364: 351; 8.379-380: 491; 8.430: 492; 9.27: 372; 9.36: 422; 9.49: 56 n. 233, 511; 9.61: 493; 9.110: 252; 9.117: 414; 9.123-125: 511; 9.124: 493; 9.132: 493; 9.133: 379; 9.191: 250; 10.13: 414; 10.133: 26 n. 115; 10.164: 26 n. 115; 10.269: 414; 11.21: 493; 11.45: 264; 11.110: 459; 11.141: 293; 11.173: 55 n. 228, 262, 383, 470; 11.179: 470; 11.189-194: 287; *Pyrrh. hyp.* 1.1-4: 251, 317, 471; 1.1-7: 55 n. 230; 1.3: 33 n. 140; 1.5: 350; 1.7: 31 n. 135; 1.8: 480; 1.10: 293; 1.13-15: 26; 1.16-17: 36 n. 150; 1.23: 568; 1.31-39: 490; 1.57: 447; 1.62: 24 n. 107, 264; 1.79-90: 252; 1.81: 447; 1.85: 252; 1.88: 55 n. 228, 258, 262, 327, 383, 422; 1.89: 25 n. 110; 1.90: 315, 351; 1.98: 267; 1.99: 462; 1.100-117: 448; 1.114-117: 491; 1.117: 413; 1.122: 491; 1.124-128: 448; 1.128: 462; 1.129-134: 447; 1.138: 402; 1.145-150: 512; 1.147: 512; 1.162: 511; 1.165: 250; 1.166: 490; 1.168: 521; 1.170: 418; 1.187-219: 59 n. 246, 471; 1.210: 418; 1.220-222: 37 n. 155; 1.221: 252; 1.226-235: 37 n. 155; 1.226-237: 568; 1.232-234: 35 n. 146; 1.235: 30 n. 131; 1.236-241: 514; 1.145-150: 512; 2.7: 418; 2.7-8: 402; 2.15: 273; 2.15-20: 486; 2.18: 42 n. 177; 2.20: 490; 2.21-28: 490; 2.32-33: 462; 2.35: 315, 351; 2.43-44: 258; 2.57: 351; 2.58-59: 459; 2.57-60: 351, 462; 2.59: 252; 2.60: 351; 2.64: 314-315; 2.65: 314, 351; 2.67: 351; 2.85: 468; 2.88-93: 402; 2.100: 414; 2.102: 414; 2.121: 351; 2.122: 493; 2.124: 402; 2.128: 491; 2.135: 492; 2.140-143: 317; 2.177-182: 492; 2.183: 491;

2.204: 413; **2.218**: 416; **2.229**: 488; **2.246**: 372; **3.3**: 250; **3.22**: 413; **3.23**: 315; **3.52**: 351; **3.74**: 351; **3.98-101**: 414; **3.174**: 413; **3.180**: 264; **3.240**: 379; **3.245-249**: 287; **3.254**: 402; **3.259**: 267

Socratis et Socraticorum reliquiae (SSR)
Antisthenes: VA 22-26 Giannantoni: 251; **80-83**: 219; **104**: 544; **122**: 220; **134**: 544; **135**: 219, 488
Diogenes: VB 27 Giannantoni: 223; **55**: 264; **70**: 297, 340; **73**: 297; **228**: 219; **264-265**: 223; **266-269**: 220; **291**: 215, 220, 297; **353**: 220; **360**: 320; **361**: 219
Crates: VH 31 Giannantoni: **67-78**: 189; **70**: 219, 286; **72**: 442; **83**: 219; **103**: 488; **108**: 544

Solon
fr. 3 Gentili – Prato: 290, 294, 322; fr. **15**: 322; fr. **30**: 295

Sophocles
Ant. **397**: 404; **456**: 331; **479**: 509; **774**: 309; *El*. **618**: 541; *Oed. Tyr*. **1078**: 509; *Phil*. **728-729**: 222; **927-929**: 498; *Tr*. **190-191**: 404; **953**: 485; **955**: 306; **1203**: 498; fr. **331** Radt: 500; fr. **479**: 467; fr. **565**: 484; fr. **932**: 467

Statius
Silv. **4.6**: 484

Stobaeus
2.2.23, p. 24 Wachsmuth: 574; **2.7.3, p. 46**: 196; **2.7.4, p. 55**: 55 n. 228; **2.7.5, p. 73**: 217; **2.7.6, p. 77**: 196; **2.7.11, p. 99**: 445; **2.7.11, p. 110**: 445; **2.15.44, p. 192**: 230; **2.33.15, p. 257**: 289; **4.5.42, p. 269**: 344; **4.25.53, pp. 640-644**: 412

Stoicorum veterum fragmenta (SVF)
1.5 von Armin: 215; **8**: 229; **38**: 548; **40**: 461; **44**: 548; **46**: 470; **66**: 217; **68**: 217; **72**: 190; **98**: 525; **126**: 470; **185**: 470; **187**: 470; **188**: 216; **190**: 213-214, 310; **191-196**: 214; **192**: 214; **195**: 214; **199**: 387; **199-200**: 216; **200**: 531; **202**: 386, 479; **205**: 225; **211**: 224; **212**: 225; **215**: 535; **216**: 225, 280, 371, 563; **217**: 441; **222**: 286; **226**: 286; **230**: 525, 562; **232**: 186; **241**: 544; **259-271**: 287; **262**: 286; **323**: 184; **361-362**: 214; **362**: 470; **374**: 217; **434**: 225, 535; **449**: 320; **463**: 215, 310; **490**: 190; **517**: 186; **537**: 322; **552**: 196; **553**: 220; **557**: 216; **559**: 386, 459; **563**: 183; **611**: 215
2.1: 189; **13**: 525; **13-18**: 420; **35**: 215, 555; **35-36**: 216; **36**: 555; **38**: 421; **39**: 548; **53**: 217; **90**: 217; **93**: 217; **94**: 371; **99**: 521; **105**: 371; **110**: 280; **117**: 217; **118**: 257; **130**: 472, 487; **132**: 478; **193-220**: 562; **215-216**: 519; **223**: 525; **228**: 461; **231-269**: 557; **238**: 491; **240**: 491; **243**: 519; **253**: 519; **270-287**: 557; **283**: 519; **294**: 20 n. 86, 217; **295**: 181; **297**: 181; **442**: 558; **714**: 259; **823-833**: 479; **879**: 479; **912**: 206; **913**: 205; **914**: 205; **915-920**: 205; **920**: 525; **937**: 206; **962**: 525; **965**: 206; **965-967**: 320; **970**: 320; **976**: 205; **988**: 386; **1000**: 205; **1018**: 423; **1019**: 493; **1028-1048**: 558; **1021**: 558; **1132**: 205; **1187-1195**: 423
3.2: 196; **4**: 196, 371, 470; **11**: 259; **12**: 371; **14**: 470; **15**: 371; **16**: 196, 470; **21**: 214; **23**: 196; **25**: 196; **28**: 216; **29-37**: 216; **30**: 216, 470; **31**: 452; **36**: 470, 536; **49-56**: 470; **58**: 216; **70**: 213-214; **73**: 470; **75**: 213; **95**: 531; **110**: 213, 470; **111**: 190; **112**: 479; **117**: 214; **117-123**: 214; **119**: 214; **122**: 214; **127**: 214; **129**: 214; **136**: 214; **138**: 214; **147**: 461; **149**: 461; **155-156**: 214; **168**: 461; **169**: 259; **176**: 461; **178**: 220; **180**: 461; **181**: 214; **202**: 521, 555; **208**: 470; **214**: 388; **217**: 539; **225**: 388; **226**: 539; **229a**: 310; **230**: 220; **256**: 217; **262**: 531; **264**: 531; **274-275**: 531; **278**: 183; **280**: 197, 310; **282**: 548; **292**: 289; **293**: 525; **295**: 388; **301**: 410; **307**: 259; **355-356**: 225; **377-379**: 225; **378**: 224; **380**: 225; **381**: 472, 535; **385**: 225; **385-387**: 225; **389**: 531; **391**: 224-225; **393**: 225; **394**: 453; **397**: 224; **395-398**: 225; **407**: 225; **409**: 224; **412-415**:

453; **414**: 224; **419**: 224; **426**: 225; **431-442**: 225; **443-455**: 224; **444**: 216; **448**: 225, 297, 472; **459**: 226, 479; **463**: 225; **465**: 225; **473**: 183; **481**: 225; **493**: 562; **494**: 525; **495**: 562; **511**: 371; **517**: 186; **524**: 538; **527**: 538; **528**: 538; **554**: 280; **563**: 240, 371; **567**: 225, 240, 371, 445, 531; **567-581**: 445; **578**: 445; **579**: 445; **580**: 445; **581**: 186; **582**: 535; **587**: 535; **589**: 535; **589-603**: 218, 266; **591**: 297; **592-602**: 297; **603**: 297; **625**: 289; **625-636**: 287, 453; **628**: 453; **628-630**: 563; **630**: 289, 453; **630-631**: 186; **634**: 186; **643**: 429; **654**: 423, 459; **655**: 266; **657**: 280, 472, 478; **658**: 213; **658-670**: 186; **661**: 289; **733-735**: 561; **741-742**: 387, 423; Ant.67: 175; Apollod.17: 425; Diog.39: 213

Strabo
1.2.28: 523; **1.2.30**: 523; **8.6.22**: 316; **9.3.3**: 574; **9.4.14**: 222; **17.3.1**: 261

Suda
α 2031 Adler: 549; β **489**: 430; γ **419**: 427; δ **797**: 409; **1511**: 454; ε **1850**: 541; **2824**: 32 n. 139; **2898**: 175; κ **219**: 424; **2116**: 454; **2678**: 571; λ **683**: 207; ν **109**: 339; ο **806**: 416; **924**: 317; π **383**: 350; **404**: 318; σ **598**: 339; **1672**: 185; τ **578**: 393; **687-688**: 561; φ **4**: 39 n. 163, 52 n. 218; **427**: 244; **667**: 355

Tacitus
Ann. 6.28.2-6: 404; *Hist.* 1.22: 204

Teles
fr. 2 Fuentes González: 220, 320, 324, 338; 3: 541; 6: 324

Tertullianus
Apol. 3.6-7: 265; *De an.* 17.11-12: 54 n. 226

Theocritus
Id. 5.148: 424; 10.54-55: 442; 13.70: 320; 14.5-6: 188; 14.42: 320; 16.60: 566

Theognis
119-128: 481; **133-142**: 322; **347**: 549; **489**: 244; **543**: 535; **678**: 295; **885-886**: 287; 963-966: 481

Theon
Progymn. 1.59-65, pp. 1-9 Patillon: 3, n. 10; 2.69, pp. 13-14: 335; 5.84-85, pp. 46-48; 311; 3.96.18-106.2, pp. 18-30: 228; 6.106.4, pp. 62-63: 316; 11.120.12-128, pp. 82-94: 3 n. 9; 11.124-126, pp. 89-91: 15 n. 65

Theophrastus
Char. **4**: 552; **20.5**: 561; **27**: 248; *Hist. plant.* 8.2.3: 442; 8.4.2: 441; fr. 666 Fortenbaugh: 181

Thucydides
1.13.5: 316; **1.24.2**: 306; **1.26.1**: 279; **1.41.3**: 290; **1.81.1**: 294; **1.127.3**: 298; **2.22.1**: 332; **2.36-37**: 298; **2.37.1**: 295; **2.96.1**: 341; **3.49.1**: 259; **3.63.1**: 418; **3.82.2**: 346; **3.82.8**: 295; **4.47.3**: 362; **4.71.1**: 363; **4.78.3**: 295; **4.85.4**: 321; **4.95.2**: 321; **4.117.3**: 239; **4.134.2**: 244; **5.16.2**: 440; **5.85**: 180; **6.16.4**: 509; **6.22.1**: 441; **6.60.4**: 290; **6.104.2**: 298; **7.71.4**: 244; **8.73.6**: 534; **8.92.8**: 363

Tibullus
El. 1.3.11-13: 427; 1.3.39: 436

Timon
frr. 13-14 Di Marco: 441; **21-22**: 238; **25**: 391; **41**: 231; **50**: 180; **59**: 189; **63-64**: 293; **65**: 231; **66**: 231

Tragica Adespota
fr. 89 Kannicht – Snell: 445; fr. **368**: 205

Varro
frr. 242-243 Cèbe (Λογομαχία): 238; fr. 244 (*Longe fugit qui suos fugit*): 441; *Agatho*: 242, 238, 242; *Andabatae*: 238; *Armorum iudicium*: 238; *Caprinum proelium*: 238; *Eumenides*: 238; Περὶ αἱρέσεων: 238, frr. 400-402: 175, 383; Περὶ

ἐξαγωγῆς: 262; Περὶ φιλοσοφίας: 262, fr. 418: 190; *Quinquatrus V*: 238; frr. 506-510 (Σκιαμαχία): 340, fr. 510: 489

Vergilius
Aen. 2.65: 411; 8.202-204: 517; *Georg.* 2.108: 567

Xenophon
Ages. 10.2: 272; *An.* 5.7.2: 332; *Ap.* 14: 256; 27: 178; *Cyr.* 1.6.17: 400; 3.2.11: 309, 313; 3.3.7: 334; 8.3.9: 362; *Eq.* 10.12: 560; *Hell.* 1.7.5: 331; 1.7.22: 354; 2.2.6: 358; 2.4.43: 534; 4.2.16: 239; 4.4.6: 294; 6.2.29: 485; 7.1.27: 509; *Mem.* 1.1.7: 460; 1.2.37: 70 n. 293; **1.2.48**: 256; **2.1.21-34**: 9 n. 41, 307; **2.1.29**: 191; **2.2.14**: 344; **2.7.2**: 346; **3.1.9**: 481-482; **3.9.15**: 298; **3.14.1**: 555; **4.2.9**: 228; **4.3.18**: 229; **4.4.11**: 290; **4.4.16**: 289; **4.4.19**: 443; **4.4.25**: 229; **4.6.12**: 304; **6.4.6**: 441; *Oec.* 7.33: 400; **18.8**: 443; **20.17**: 505; *Symp.* 3.3: 407; **6.1**: 443

Ps.-Xen.
Ath. 1.2: 362; 1.8-9: 294; 2.18: 261

Zenobius
1.29 Leutsch – Schneidewin: 398; 1.75: 445; 2.1: 498; 3.71: 388

Addendum

Purtroppo prima della chiusura del lavoro non mi è stato possibile accedere al lavoro di C. Freu, "Lucien à la lumière des papyrus: un philosophe en apprentissage dans l'Hermotimos 80-82", in Cahiers des études anciennes (54) 2017, pp. 11-38, che ha il merito di aver mostrato l'abilità con cui Luciano si è servito in senso comico-parodico del lessico tecnico dei contratti di lavoro e di apprendistato testimoniatoci da un certo numero di papiri egizi contemporanei all'autore.

www.ingramcontent.com/pod-product-compliance
Lightning Source LLC
Chambersburg PA
CBHW022131300426
44115CB00006B/144